Urs Pulver
Die Bausteine des Alltags

Urs Pulver

Die Bausteine des Alltags

Zur Psychologie des menschlichen Arbeitens und Handelns

Roland Asanger Verlag Heidelberg 1991

Der Autor:
Urs Pulver, Dr., Jahrgang 1927, ist Leiter der akademischen Berufsberatungsstelle in Bern.

CIP-Titelaufnahme der Deutschen Bibliothek

Pulver, Urs:
Die Bausteine des Alltags : zur Psychologie des menschlichen Arbeitens und Handelns / Urs Pulver. – Heidelberg : Asanger, 1991
ISBN 3-89334-157-9

Umschlaggestaltung: Doris Bambach / Ingrid Decher
Umschlagabbildung: Doris Bambach
ISBN 3-89334-157-9

Vorwort

„Glaub mir: nichts kann so ungewöhnlich sein wie das sogenannte Alltägliche!“, sagt Sherlock Holmes zu seinem Freund Dr. Watson.

Sir Arthur Conan Doyle (1887/1977, 218)

Hat es einen Sinn, Selbstverständlichkeiten unseres Lebens zu untersuchen? Der Alltag bildet für jeden von uns solch eine Selbstverständlichkeit. Ob sich die Beschäftigung mit ihm empfiehlt, mag eine Erfahrung der letzten Jahre zeigen. Gelegentlich habe ich in Gesprächen erwähnt, ich hätte eine langfristige Erhebung über den Ablauf meiner Tage durchgeführt. Ungefähr jeder zweite Partner gestand, das selber auch einmal versucht zu haben, nur sei er nicht weit damit gekommen. Deshalb würde ihn sehr interessieren, was denn bei mir herausschaute.

Von hierher gesehen, dürfte es unserem Unternehmen an Neugierigen nicht fehlen. Beim Bemühen, den eigenen Tageslauf zu erfassen, stranden offenbar die meisten; und wenn da nun einmal einer ist, der durchhielt, so kann das für manche Anregung, Hilfe und Herausforderung bedeuten. Das zu bieten, setzt sich dieses Buch zum Ziel. Darum wird sich die Leserschaft wahrscheinlich nicht so sehr aus Fachkollegen denn aus der großen Zahl jener Personen verschiedener Ausbildungs- und Tätigkeitsrichtungen rekrutieren, die man „gebildete Laien“ nennt.

Da sich der Bericht in erster Linie an sie wendet, ließ ich mich beim Schreiben des Textes von sechs regulativen Ideen leiten, nämlich: Verständlichkeit; Substanz; Empirie; Integration; Reflexion; Umschau.

Rahmenanliegen war es, ein Buch zu verfassen, das sich mühelos lesen läßt. Gleichwohl sollte alles, was darin zur Sprache kommt, substantiell sein, interessant genug, übermittelt und auch von andern bedacht zu werden. Dabei sollten die Überlegungen sich nie zu weit entfernen von der erlebten, uns allen vertrauten Wirklichkeit des Alltags.

Wenn der Bericht auch diesen Alltag zum Gegenstand nahm, so durfte er doch nicht im Alltäglichen versinken; er sollte vor allem auch Zusammenhänge aufdecken. Was sich in zahllosen, verstreuten Stunden an Ergebnissen herauskristallisiert hatte, war in eine Gesamtschau zu integrieren. Diese sollte immer wieder anregen zu vertieftem Nachdenken über Grundfragen unseres Lebens und Erlebens; und nach gegebenen Möglichkeiten war auch beizuziehen, was andere über unser Thema schon herausgefunden hatten. Freilich wird sich das hier Entwickelte zu einem guten Teil doch als neu und erstmalig erweisen; und vielleicht entdecken Leserin und Leser, wieviel Ungewöhnliches sich im Alltag verbirgt.

Vieles läßt sich an diesem Buche bemängeln. Vor allem wird man bedauern, daß es bloß über die Erfahrungen eines einzigen Mannes berichtet. Wer jedoch die Methode der Datengewinnung in Betracht zieht, wird verstehen, warum man dem breit ausladenden Forschungsgegenstand nur auf diesem Wege erste Erkenntnisse abringen konnte.

Beanstanden mag der eine oder die andere auch den Umfang des Werkes. Aber mit der Lektüre braucht sich niemand zu beeilen; der Text ist kaum an den Augenblick gebunden. Auch wird ihn wohl selten jemand ganz durchlesen. Nicht alles Berichtete ist für einen jeden interessant. Aber durch alles dürfte sich jeweils die eine oder der andere angesprochen fühlen, und für jeden dürfte etwas da sein, das ihn persönlich angeht.

Wir konnten nicht die ganze Stoffmenge in diesem einen Buch unterbringen. Der Band befaßt sich darum nur mit Thematik und Struktur (also mit den Bausteinen) des Alltags. Eine spätere Publikation über Fragen von Dynamik und Steuerung ist in Vorbereitung.

Da fast niemand sonst am Projekt beteiligt war, fällt die Liste jener, denen hier zu danken ist, recht kurz aus. Das wird dem Leser nicht zuwider sein. Die Institution, bei der ich beschäftigt war, hat an mein Unternehmen eigentlich nur als Objekt beigetragen, was natürlich dankbar anerkannt werden muß. Die Arbeit selber wurde zum allergrößten Teil außerhalb der Anstellung geleistet. Aber mein ehemaliger Chef, Herr Dr. med. Kurt Kipfer, damals Schuldirektor der Stadt Bern, hat in entgegenkommender Weise ermöglicht, daß die Reinschrift der ersten, vor einem halben Jahrzehnt abgeschlossenen Fassung durch eine Sekretärin unseres Amtes besorgt wurde. Diese anspruchsvolle Arbeit hat Frau Brigitte Kohler im Jahr 1984/85 mit viel Schwung und großer Zuverlässigkeit geleistet; ihr gebührt mein besonderer Dank.

Den Anstoß zum letzten Anlauf in der Bereitstellung des Manuskripts hat mir Herr Roland Asanger gegeben, der sich, nach Einsichtnahme in den Text, mit spontaner Überzeugung zu dessen Herausgabe entschloß. Zum freudigen Dank an den Verleger gesellt sich jener an drei schweizerische Unternehmen, die durch großzügige Beiträge an die Herstellungskosten dafür sorgten, daß das Buch trotz seines Umfangs zu einem erschwinglichen Preis angeboten werden kann. Es sind dies die Beratenden Psychologen Dr. phil. Fred W. Schmid & Partner in Küsnacht/Zürich, die Firma Ciba-Geigy AG in Basel und die Generaldirektion der Schweizerischen Volksbank in Bern. So viel wohlwollendes Interesse an der Publikation eines sicher sehr ungewöhnlichen Werkes hat mir, nach einer längeren Pause, Motivation und Mut zur definitiven Bereinigung des Textes in diesem Winter wiedergegeben.

Zu danken habe ich natürlich auch meiner Familie für die unendliche Geduld, die sie einem stets wieder absorbierten Gatten und Vater gegenüber anderthalb Jahrzehnte lang aufbrachte.

Ganz besonders dankbar bin ich schließlich meinem Freund Fred W. Schmid in Küsnacht am Zürichsee, der nie aufgehört hat, ans Gelingen dieses Werkes zu glauben, der zur Fassung 1985 ausführlich und konstruktiv Stellung nahm und der sich im Falle zu frühen Ablebens des Autors als „Vollstrecker" zur Verfügung gestellt hätte.

Zum Schlusse hoffe ich aber, bald vielen Leserinnen und Lesern für ihr Interesse danken zu dürfen. Während dieses Buch für mich den Abschluß eines langdauernden Bemühens bildet, sollte es für sie eigentlich ein Anfang sein – der Beginn eigener, gezielter Beschäftigung mit ihrem Tageslauf und ihrer Arbeit, vielleicht sogar der Auftakt zu neuen wissenschaftlichen Untersuchungen über unseren so wenig bekannten und doch so interessanten Alltag.

Bern, im Februar 1989 Urs Pulver

Inhalt

A. Die Erforschung des Alltags

Es dürfte nur wenige Leserinnen und Leser geben, die ein Buch wie das vorliegende von der ersten bis zur letzten Seite, schön der Reihe nach, durcharbeiten. Neugierde, Zeitknappheit, Lesegewohnheiten, vielleicht auch Mißtrauen werden jene, die es zur Hand nehmen, dazu bewegen, ein wenig herumzublättern, sich da und dort etwas einzulesen, wo sie sich (wenn überhaupt) angesprochen fühlen, dann neuen Versuchungen und Querverweisen zu folgen und andere Seiten aufzuschlagen. So fangen sie die große Menge an Stoff gleichsam mit einem Netz – einem eigenen, persönlichen – ein.

Wenn irgendwo, dann ist dieses Vorgehen bei unserem Text legitim und sinnvoll, breitet er doch ein Material aus, das selber in der publizierten Reihenfolge weder erarbeitet noch geschrieben worden ist. (Das heißt freilich nicht, daß der für die Präsentation gewählte Ablauf rein zufällig und sachlich ohne Bedeutung wäre.) Wer aber beim Blättern nicht bald einmal zum Schluß gelangt, daß für ihn hier nichts zu holen sei, der wird früher oder später wohl doch ein Bedürfnis verspüren, sich auch ein wenig über Zielsetzungen, Hintergründe und nähere Umstände eines Unterfangens zu orientieren, das ein so dickes Buch hervorgebracht hat. Die beiden Einführungskapitel wollen ihm dabei helfen.

Im ersten Kapitel vernehmen Leserin und Leser, was das Buch, so wie es nun dasteht, als Publikation eigentlich will, an wen es sich wendet und an wen nicht und auf welche Eigentümlichkeiten und Sonderbarkeiten (wenn nicht gar Unarten) derjenige sich gefaßt machen muß, der sich damit abgibt. In mancher Hinsicht steht unser Buch quer in der Landschaft der Psychologie und aller Wissenschaften vom Menschen und seinem Tun; und manch einer wird sich Ärger ersparen, wenn er sich rechtzeitig davon überzeugt, daß unser Unternehmen nach Geist und Stil seinen wissenschaftlichen Vorstellungen nicht entspricht.

In Kapitel 2 kann man erfahren, wie die Erhebung der in diesem Buch verarbeiteten Daten vonstatten ging, welche Instrumente dabei Verwendung und welche Aspekte Berücksichtigung fanden.

Die hier vorgelegten Beobachtungen und Erwägungen über Tageslauf und Arbeitsjahr dürften unabhängig von der Person des Präsentators interessant und anregend sein. Gewonnen wurden sie aber durch ein Verfahren, das in sicher ungewöhnlichem Maße persönliche Züge trägt. Es schien dem Autor darum gerechtfertigt, ja notwendig, in der Einführung diese persönlichen Elemente offen darzulegen.

Kapitel 1

Zielsetzungen und Eigenart dieses Buches

„So mache es, mein Lucilius: Erhebe Anspruch auf dich für dich, und die Zeit, die dir bisher entweder geraubt oder gestohlen wurde oder zerrann, die Zeit sammle und bewahre! Überzeuge dich, daß dies so ist, wie ich schreibe: manche Zeit wird uns entrissen, manche entwendet, manche zerrinnt uns. Am beschämendsten aber ist der Verlust, der durch Nachlässigkeit entsteht. Und wenn du einmal darauf acht haben willst: Der größte Teil des Lebens entgleitet uns, während wir Verkehrtes tun, ein großer Teil, während wir nichts tun, das ganze Leben, während wir Gleichgültiges tun. Wen kannst du mir nennen, der seiner Zeit einen Wert beimißt, der den Tag wertschätzt, der einsieht, daß er täglich stirbt? Denn darin täuschen wir uns, daß wir den Tod erst noch kommen sehen; ein großer Teil von ihm ist schon vorübergegangen. Alles, was an Lebenszeit hinter uns liegt, gehört dem Tod.

Mache es also, mein Lucilius, wie du schreibst: Alle Stunden halte fest. So wird es kommen, daß du weniger vom morgigen Tage abhängst, wenn du deine Hand auf den heutigen gelegt hast. Während es aufgeschoben wird, geht das Leben vorüber.

Alles Lucilius, ist fremdes Gut; die Zeit allein ist unser eigen."

Aus Senecas *Briefen an Lucilius*,
übersetzt von Klaus Bartels

1.1 Gegenstand, Leser und Autor

*„Der Alltag ist in der Regel so grau wie die Theorie,
die nicht zu ihm vordringt, weil er ihr nicht fein genug ist."*

Klaus Laermann (1975, 87)

Wovon handelt dieses Buch?

In diesem Buch geht es darum, den menschlichen Alltag – soweit der Arbeit gewidmet – zu analysieren und das längerfristige Geschehen zu studieren, das ihn zu einem guten Teil bestimmt. Wir stellen uns damit eine sehr allgemeine und breit ausladende Aufgabe. Um mit ihr zurechtzukommen, stützen wir uns auf eine umfangreiche Sammlung von Daten, die allerdings bloß aus dem Arbeitsleben einer einzelnen Person gewonnen wurde. Anhand dieses empirischen Materials werden wir den Versuch unternehmen, Begriffe und Konzepte zur Erfassung von Tageslauf und Arbeitsjahr bereitzustellen; und die Präsentation erster Ergebnisse einer qualitativen und quantitativen Auswertung soll demonstrieren, was man damit etwa anfangen kann.

Ansatz, Vorgehen und Material der diesem Buch zugrundeliegenden Untersuchung sind weitgehend neu und sicher ungewöhnlich. Das hat zur Folge, daß sich unsere Beiträge nicht ohne weiteres in die bekannte Landschaft der Psychologie, und insbesondere der Arbeitspsychologie, einordnen lassen. Der Leser trifft nicht auf manches, was er aus Forschung und Schrifttum bereits bestens kennt. (Vieles hingegen wird ihn aus seinem täglichen Leben vertraut anmuten.) Er wird, will er Gewinn aus der Lektüre ziehen, Brücken zu schlagen haben zu seinen eigenen Erfahrungen und zu den Denksystemen, die er selber schon mitbringt. Es erwartet ihn also geistige Arbeit. Wir hoffen, daß sie ihm Vergnügen mache und ihn bereichere.

Die Befunde, die wir präsentieren, erheben von vornherein nicht – oder nur in Ausnahmefällen und mit gebührender Einschränkung – den Anspruch auf Allgemeingültigkeit; das würde den Daten nicht anstehen. Vielmehr dienen sie dazu, Ideen und Hypothesen zu liefern zu einer weiteren Bearbeitung der angeschnittenen Themen. Sinn und Zweck dieses Buches ist es vor allem, neue Möglichkeiten aufzuweisen und alternative Wege zu eröffnen zum Studium der menschlichen Arbeitswelt und der einzelnen Arbeitstage; es will Anregungen vermitteln zu eigenem Beobachten, Nachdenken und Forschen.

Ob die Methoden, die entwickelt, die Befunde, die vorgestellt, die Theorien, die abgeleitet werden, als „wissenschaftlich" zu bezeichnen sind, muß jeder Leser selber entscheiden; sein Urteil hängt wohl vor allem von der Enge oder Weite seines Wissenschaftsbegriffes ab. Uns scheint aber die Antwort auf diese Frage unwesentlich zu sein. Wir sind überzeugt, daß das, worüber hier berichtet wird, so oder so sinnvoll, vielleicht gar nützlich und für manchen Leser interessant und anregend bleibt, wie immer man es auch benenne. Und wie eng man „Wissenschaft" auch definieren mag: aus unserem Bericht dürften sich viele präzise Fragestellungen ableiten lassen, die einer strengen Erforschung lege artis durchaus zugänglich sind.

Persönliche Interessen, die Gevatter standen

Es läßt sich dabei nicht leugnen und soll auch keineswegs verschwiegen werden, daß zum Teil persönliche Motive des Autors die Arbeit an diesem Buch – und vor allem an der Untersuchung, die ihm zugrundeliegt – in Gang hielten. Zwar faszinierte ihn die theoretische Fragestellung seit Jahrzehnten; aber Anlaß und Antrieb zum aufwendigen Unternehmen der Datensammlung, Verarbeitung und Niederschrift bildete doch in hohem Maße seine praktische „Betroffenheit“ (um ein Modewort unserer Zeit zu gebrauchen).

Persönliche Betroffenheit durch Probleme der Arbeitsorganisation und der Tagesgestaltung – aber gewiß nicht einfach idiosynkratische. Den Autor haben im Verlaufe seines Berufslebens immer wieder Fragen beschäftigt und oft bedrängt, mit denen ohne Zweifel auch andere zu ringen haben. Wir können sie hier nicht alle aufzählen; ein paar Hinweise müssen genügen.

So ist für des Autors Berufsarbeit typisch das ständige Neben- und Durcheinander vieler und verschiedener Aufgaben, das er manchmal als recht belastend empfindet. Es hat zur Folge, daß man kaum je für längere Zeit bei einer Arbeit verbleiben kann, auch wenn sie für ihr Gelingen auf Kontinuität angewiesen wäre. Gleichzeitig vermag man sich, unter solchen Umständen, nie ganz aus der Schuld des noch Unerledigten zu befreien; der Berg des zu Besorgenden scheint unabtragbar. Aber da kommen einem immer noch die Überraschungen in die Quere. Sie „bestehen aus unvorhergesehenen neuen Problemen, Tätigkeiten und Pflichten, die Sie der grundsätzlichen Belastung hinzufügen“ (Cooper, 1986, 63).

In diesem Zusammenhang hat das „Phänomen der wegschmelzenden Tage“ den Autor noch und noch beschäftigt. Viele unserer Tage sind in ihrem Ablauf von vornherein festgelegt. Andere kommen auf einen zu mit der Verheißung von Freiraum, den man zum Abtragen längst aufgestauter Pflichten oder Pläne zu nutzen hofft. Wie oft aber geschieht es, daß solch ein Tag schließlich im Schmelztiegel unerwarteter aktueller Notwendigkeit zerrinnt! Vor solchem Zerrinnen hat ja auch Seneca den Lucilius gewarnt.

Aber schon viel früher machte dem Autor dieses Buches das Problem der Zeit und ihrer Verwendung zu schaffen. Mit fünfzehn Jahren, am 17.9.42, schrieb er beispielsweise in sein Tagebuch: „Der Tag ist mir zu kurz! Was ich doch alles machen möchte! Er sollte so lange dauern, daß man zu allem, was man tun muß, noch alles erledigen könnte, was man tun will; denn am nächsten Tag hat man wieder zu etwas anderem Lust.“

Der Schreiber dieser naiven Zeilen sah noch nicht voraus, welches komplexe Problem er damit angerissen hatte. Tun müssen und tun wollen – gewiß ein grundlegendes Gegensatzpaar der Tageslauf-Dynamik. Frei Verfügender, Herr seiner Arbeit, Steuermann seines Tageslaufes ist man allzu selten. Ständig wird man herumgezerrt und -gestoßen durch wechselnde Umstände und unerbittliche Notwendigkeiten, durch hunderterlei, „was man tun muß“. Aber tun *muß* man heute oft Dinge (und vielleicht, ohne dazu „Lust“ zu verspüren), die man – und gerade weil man sie – gestern tun *wollte*. Da kam man nämlich noch nicht dazu, weil anderes den Weg versperrte – dafür plante man, gab Zusicherungen, verabredete, legte zum voraus fest. Und so hängt man heute an hundert Fäden, die man sich selber knüpfte. In weitgehender Freiheit hat man sich auf höherer Ebene zum Begründer seiner täglichen Unfreiheit gemacht. Das dürfte ein Grundproblem abendländischer Lebensgestaltung sein.

Kommt das dem Leser nicht alles sehr vertraut vor? Kennt er darüber hinaus nicht auch jene Tage, an denen man ständig beschäftigt war und abends doch nicht recht sagen konnte, was man eigentlich getan hatte? Oder jene Nebenaufgaben, die man ganz beiläufig glaubt zur Strecke bringen zu können und denen dann doch, wie einer Hydra, immer neue Köpfe nachwachsen?

Probleme und Sorgen dieser und ähnlicher Art – gewiß sind es solche, die wir alle miteinander teilen – haben den Autor wesentlich mitbestimmt, den Geheimnissen von Tageslauf und Arbeitsjahr nachzuspüren. Daß er selber ein Mensch ist, bei dem Leistung und Aufgabenbewältigung stets konkurrenziert und in Frage gestellt werden durch ein Bedürfnis nach entspanntem, kontemplativem, erlebnisbetontem Dasein, hat ihn vielleicht erst recht zu diesem Unternehmen prädestiniert. Er stellte sich der vita activa – aber unter der Bedingung, daß sie sich von ihm durchschauen lasse.

Eine Lücke in der Forschung

Es ging dem Autor also darum, die „Struktur des menschlichen Tageslaufes“ aufzudecken (so der Titel einer ersten, provisorischen Berichterstattung aus dem Jahre 1976). Man mußte studieren, wie so Tage ablaufen: aus welchen Bausteinen sie sich zusammensetzen, wie die Abfolge dieser Teile gesteuert wird, wie die verschiedenen Inhalte und Aufgaben miteinander konkurrieren, sich verbinden und durchkreuzen. Dieses Geschehen ist jedoch kaum verstehbar, wenn wir den Blick nicht erheben über den einzelnen Tag hinaus, wenn wir nicht das Vor- und Nachher einbeziehen. Gearbeitet wird tagsüber meist an langfristigen Aufgaben; und durch Planung, Festlegungen und Wiederaufnahmetendenzen sind die Teilstücke oft über weite Zeitstrecken hin miteinander verknüpft. Um den einzelnen Tageslauf verstehen zu können, müssen wir ihn also untersuchen im Rahmen des Geflechtes jener dauerhafteren Anliegen, die das „Arbeitsjahr“ ausmachen.

Fred Massarik hat der „integrativen“ Funktion des einzelnen Tages eine sehr lesenswerte Betrachtung gewidmet. Er umreißt, was an diesem Phänomen des „heutigen Tages“ alles zu erforschen wäre, und schließt seinen Aufsatz dann mit der Feststellung: „But ‚today‘ as a topic for humanistic research ... has not yet come into its own“ (1968, 398). Man habe den Weg noch nicht gefunden, diesem wichtigen, aber höchst komplexen Forschungsgegenstand zu Leibe zu rücken; und vor allem müsse man dafür die alten methodologischen Scheuklappen ablegen. „Methodologies are required that will do justice to the interwoven sequential, simultaneous, and cumulative significance of a day’s living. They will need to take into account the stream of other orientations, such as the past and the overlapping futures, ultimately extending to life as a whole, that establish the context of today's experiencing. Within this time-linked, uneven mélange of goal configurations, ‚today' with its unique relevance provides an opportune rallying point for philosopher and scientist in their joint quest for a more thorough understanding of human goal setting" (399). Im gleichen Jahr schrieb Hans Thomae: „Im Unterschied zur psychologischen Analyse der Handlung ist jene des Tageslaufes noch kaum entwickelt" (1968, 147).

Auch wenn der inzwischen eingetretene allgemeine Stimmungsumschwung die Psychologen für die aufgeworfenen Fragen aufgeschlossener gemacht hat, so sind wir doch, in den zwei Jahrzehnten seit diesen Feststellungen, mit ihrer Beantwortung nur wenig weitergekommen. Zwar erwarb sich gerade Hans Thomae große Verdienste um das Studium „durchschnittlicher" Tagesläufe von Individuen zwecks Erschließung ihrer „Welt". Aber die Erforschung der von Massarik geschilderten Struktur und Strukturierungsleistung konkreter Tage ist kaum vorangeschritten. Noch immer besteht hier eine Lücke, so etwas wie ein blinder Fleck im Gesichtsfeld der Wissenschaft vom täglichen Leben des Menschen – aber nicht irgendwo an der Peripherie, sondern eher im Zentrum. Unser Buch steuert mit seinem Thema auf diese Lücke und diesen Fleck zu.

Methodologische Schwierigkeiten

Daß diese Lücke trotz neuer Haltung der Psychologen bisher offen blieb, hat seine guten Gründe: Der umschriebene Bezirk ist mit den üblichen wissenschaftlichen Methoden kaum zugänglich. Im Jahr 1960 haben George A. Miller, Eugene Galanter und Karl H. Pribram in einem Buch, das (nach Volpert, 1980, 14) einen „Wendepunkt in der Psychologie" markiert, die Frage aufgeworfen: „Wie integrieren wir verschiedene Pläne zu jenem einzigen Verhaltensablauf, den wir allein ausführen können?" (1960/73, 93). Die Antwort verderben sie sich zum Teil selber mit zeittypischen Vorurteilen. Sie sind nämlich davon überzeugt, daß der Wissenschaftler menschlichem Handeln am besten beikommt, wenn er „Gemeinschaftspläne" studiert, das heißt Unternehmungen, die nur durch Zusammenarbeit mehrerer realisiert werden können. Einen der Hauptgründe dafür „bildet ihre leichte Zugänglichkeit. Ein solcher Plan muß den Gliedern einer Gruppe mitgeteilt werden; damit kann er auch einem wissenschaftlichen Beobachter vermittelt werden. Wenn man sich mit den persönlich geplanten Handlungen eines Individuums befaßt, kommt man oft nie aus der Unsicherheit heraus, welchen Plan es befolgt, da es unfähig oder nicht gewillt sein kann, diesen zu enthüllen" (Miller, Galanter und Pribram, 1960/73, 98).

Nun ist das Studium der „shared plans" gewiß höchst interessant. Man kann damit zahlreiche Fragen beantworten – nur nicht jene (früher zitierte), mit der Miller und seine Kollegen ihr Kapitel über die „Integration von Plänen" eingeleitet haben. Dort fragten sie nämlich nach deren

Integration in den Verhaltensablauf eines einzelnen (nicht eines „gemeinsamen") Menschen. Soweit sein Tag nicht total öffentlich gesteuert wird, wie etwa jener der englischen Königin an ihrem Geburtstag, spielen „persönliche" Pläne und Überlegungen, auch wenn sie beruflicher Natur sind, eine mitbestimmende Rolle, die man nicht ungestraft außer acht lassen darf. (Wobei die „Strafe" eben darin besteht, daß sich der Gegenstand der Einsicht verschließt.)

Wollen wir, nach gängigem Psychologen-Credo, daran festhalten, daß brauchbare Daten nur durch einen außenstehenden Beobachter erhoben werden können und daß subjektiven Berichterstattern nichts anderes entgegenzubringen sei als Mißtrauen und Skepsis, dann müssen wir auf die Erforschung des „heutigen Tages" von vornherein verzichten.

Es gibt aber noch andere methodologische Hürden, die einer Erfassung dieses komplexen Gegenstandes im Wege stehen. Fast ein wenig im Tonfall der Resignation haben Jutta Dotterweich und ihre Mitautorinnen und -autoren in einem Aufsatz über die „Bedeutung der Handlungstheorie für die Untersuchung der Stellensuche von aktuell und potentiell arbeitslosen Jugendlichen" davon gesprochen. Ursprünglicher Gegenstand der Handlungstheorie, so führen sie aus, sei die industrielle Arbeitstätigkeit, wo vorgegebene Produktionsprozesse an bestimmten, bekannten Stellen Eingriffe des Arbeiters erfordern. Mit dem Vorgang der Stellensuche haben sie aber einen völlig anders ablaufenden Prozeß zum Gegenstand ihrer Untersuchung gemacht. Nun müssen sie realisieren, daß er auch nach ganz andern Methoden der Bearbeitung verlangt. „Bei der Tätigkeit ‚Stellensuche' sind die möglichen Eingriffspunkte in viel geringerem Maße festgelegt. Daraus ergibt sich, daß die systematische Erfassung der Tätigkeit ‚Stellensuche' eine nahezu kontinuierliche Beobachtung über einen Zeitraum von mehreren Monaten voraussetzt. Dies ist aber nicht nur eine Frage des Aufwandes, sondern stellt grundsätzliche methodische Probleme, da eine solch andauernde Beobachtung praktisch kaum durchführbar ist. Als Konsequenz ergibt sich, daß Tätigkeiten, die in ihren Eingriffspunkten so wenig festgelegt sind und die gleichzeitig eine große zeitliche Erstreckung haben, insgesamt nicht mehr durch Beobachtung, sondern nur noch durch sprachlichen Bericht erfaßt werden können ..." (1980, 206).

Gerade darauf aber konzentriert sich ja auch unser Interesse: wir wollen langfristige „Pläne" studieren, damit wir hier und dort zuschauen können, wie sie – voraussehbar oder nicht – konkret in den Tageslauf eingreifen.

Unübliche Wege

Auf den üblichen Wegen kommt man den Phänomenen, die uns interessieren, also nicht bei. Versuchen Sie einmal eine Moorlandschaft zu erforschen, indem Sie mit einem Lastwagen voller exakter Geräte und noch exakterer Wissenschaftler hinfahren! Wenn Sie nur solch massiven Vorgehensweisen trauen, dann müssen Sie Ihr Projekt halt fallen lassen. In die schönsten und interessantesten Gebiete gelangt man oft nur einzeln, auf Holzstegen und mit Botanisierbüchse.

Auch wir haben unseren Gegenstand „alternativ" angegangen. Im Detail werden wir über unsere Methoden später reden; hier nur ein erster Blick auf das Grundsätzliche. In Zitaten und Kommentaren des letzten Abschnitts lernten wir die Rahmenbedingungen für ein Studium von Tageslauf und Arbeitsjahr kennen: (1) Man muß alle, auch die persönlichen, nicht-„gemeinsamen" Pläne eines Individuums einbeziehen. (2) Einem anderen kann und will es sie aber manchmal nicht mitteilen. (3) Die Unternehmungen sind zeitlich vielfach so ausgedehnt und die „Eingriffspunkte" so wenig festgelegt und vorhersehbar, daß praktisch eine Dauerbeobachtung über Monate nötig wäre.

Problem erkannt; Lösung klar; der Leser wird, falls nicht noch voll im Banne adversativer Vorentscheidungen, selber draufkommen, was in dieser Lage zu tun ist: ein genügend motiviertes Individuum muß, über Monate hinweg und kontinuierlich, seine eigenen Pläne und Eingriffe beobachten und registrieren.

Genau das ist es, was der Autor dieses Buches getan hat, und auf diese Datensammlung stützt sich der folgende Bericht.

Unüblich – und unbekümmert um die Usancen im heutigen Wissenschaftsbetrieb – ist dieser Ansatz zur Untersuchung; ungewöhnlich sind zu einem guten Teil aber auch Verarbeitungsmethoden und Darstellungsweise. Es ist die Arbeit eines Praktikers, nicht eines Hochschulmannes, über die hier berichtet wird; das wird man wohl durchgehend spüren. Als ich mit der Arbeits-Beobachtung begann, hätte ich Gelegenheit gehabt, zuerst teilweise, dann voll von der Praxis an die Universität umzusteigen (freilich mit anderer Fragestellung). Das hätte die Schwangerschaft mit diesem Buch entweder abgebrochen oder aber beschleunigt. Anders wäre die Sache aber auf jeden Fall herausgekommen. Wahrscheinlich hätte dann auch ich gemeint, mich in eine Forschungs-Tradition einordnen zu müssen, nur Fragen angehen zu dürfen, deren wissenschaftliche Zulässigkeit durch Fleiß und Einsatz vieler anderer vor mir besiegelt gewesen wäre, und vor allem mich methodologischen Beschränkungen unterziehen zu sollen, die mich sicher ganz anderswohin geführt hätten.

Diesem Schicksal ist das Buch entgangen. Ich blieb der Praxis treu und fühlte mich, gleichsam unter der Narrenkappe des Privatforschers, frei das zu tun, was mir richtig, notwendig und verantwortbar erschien.

Explorativer Charakter

Kein Wunder denn, daß die hier vorgestellte Untersuchung gänzlich vom Schema abweicht, dem die zünftigen Publikationen heute normalerweise folgen. Eine Fragestellung bildete zwar den Ausgangspunkt, veränderte und entwickelte sich aber mit dem Fortgang des Unternehmens laufend; es wurde keine Bestandsaufnahme in der Literatur durchgeführt, keine Hypothese daraus abgeleitet, kein Design für die Untersuchung entworfen, kein Papierberg an reinen Ergebnissen aufgetürmt, dem dann erst die Interpretation (und damit die Beantwortung der Ausgangsfrage) folgte. (Das ging vielmehr alles mitund durcheinander; darauf werden wir noch zurückkommen.) Gleichwohl dürfen wir sagen, daß es sich um eine grundlegend und konsequent empirische Untersuchung handelt, sowohl in der Durchführung der Erhebung wie auch in der Auswertung, die sich stark auf statistische Auszählungen stützt.

Typisch für die Arbeit ist, daß sie durchwegs, vom ersten Moment an bis zur Erstellung dieses abschließenden Berichtes, explorativen Charakter trug. Es ging darum, eine nicht von vornherein präzisierte und kanalisierte Realität einmal anzuschauen und auszuhorchen. Das Bild vom Manne, der einsam ins Moor (oder, um die Gefahr zu mildern, in einen unbekannten Wald) zieht, paßt gut. Ein Neugieriger machte sich hier, mit wenig Vormeinungen, ans Sammeln; und während des Sammelns und Betrachtens bestimmte er erst und immer genauer seinen Gegenstand, entwickelte Methoden zur Ergänzung und Auswertung, erfaßte und formulierte die Fragen, die an die beobachtete Realität zu stellen waren. Während und nach Abschluß der Datenerhebung wurde das Material immer neu „exploriert", und das fast bis zum letzten Tag der Manuskript-Erarbeitung.

In diesem Zusammenhang kam dem (mehr oder weniger unfreiwilligen) Verzicht auf Beizug der elektronischen Datenverarbeitung eine grundlegende Bedeutung zu. Wie bereits mehrfach erwähnt, wurde hier Neuland erforscht. Einspurung auf EDV- Auswertung hätte relativ früh zu begrifflichen, kategoriellen und methodologischen Festlegungen verpflichtet. Die unternommenen Ansätze zeigten das deutlich. Zu manchen Fragen wäre eine nachträgliche Klärung bloß noch im engen Rahmen des längst Kategorisierten möglich gewesen. Durch den Wegfall solcher Bindungen verlief die Sache aber völlig anders. Bei vielen der untersuchten Fragen sind bis zur Schlußfassung hin immer wieder neue Erkenntnisse aufgetaucht, denen nur eine angemessene neue Befragung und Organisation des Datenmaterials gerecht werden konnte.

Man mißverstehe mich nicht: So, wie die Dinge nun im Buche dargelegt werden, könnten sie sich ausgezeichnet für eine elektronische Datenverarbeitung eignen; sie ließe sich sogar jetzt noch mit einigem Aufwand nachholen. Bei allfälligen Nachfolge-Studien wird sie selbstverständlich einzubauen sein. Hätte ich aber, wie damals geplant und erhofft, seit dem Schlußteil der Erhebung EDV zur Verfügung gehabt, dann gäbe es das jetzt vorliegende Buch gewiß nicht. Die vorzeitig erstarrten Daten wären dann einer echten Klärung des Stoffes im Wege gestanden.

An wen sich dieses Buch *nicht* wendet

An der Beratungsstelle, von der in diesem Buch immer wieder die Rede sein wird, machten wir vor ein paar Jahren eine sehr aufschlußreiche Erfahrung. Ein Mitarbeiter, der eine Untersuchung über das Beratungsgeschehen plante und noch im Stadium der Exploration stand, ließ uns anhand der Videoaufnahme eines Gesprächs und der nachträglichen Kommentare der Beteiligten erleben, wie unterschiedlich die Präokkupationen von Berater und Klient während einer Besprechung sein können. Das war Neuland für alle Teilnehmer; und die Einsichten, die uns dabei aufgingen, waren nicht bloß prall gefüllt mit neuen Fragestellungen und Hypothesen, sondern enthielten auch wichtige Fingerzeige und Belehrungen für unsere praktische Beratungsarbeit. Das ist die fruchtbarste Art, so dachte ich damals, mit einem noch wenig erforschten Material umzugehen.

Indessen war das keineswegs die Meinung aller. Die „älteren“, gestandenen Beraterinnen und Berater waren zwar mit mir einig, nicht aber die „jungen“, die erst vor kurzem die Universität verlassen hatten (meist mit der Hoffnung, möglichst bald wieder zur Forschung zurückkehren zu können). Ihnen als Beratungs-Neulingen hätte diese unmittelbare Lektion eigentlich am meisten zu bieten gehabt; aber sie konnten (und wollten) damit wenig anfangen. Was sie daran störte, war das Fehlen eines theoretischen Rahmens. Es geht doch nicht an, so fanden sie, einfach in den beruflichen Alltag hinein „drauflos“ zu beobachten, Material zu sammeln, Schlüsse zu ziehen. Bevor man da weiterfahre, müsse man gefälligst einmal die Theorie aufarbeiten, die Literatur durchforsten, klar umschreiben, was man wolle, wonach man suche und wo das alles einzuordnen sei. Erst dann könne man sich in verantwortbarer Weise wieder an die empirische Arbeit machen.

Ein Unterschied von Welten! Und weil ich ja während meiner ganzen Tageslauf-Untersuchung im Grundlegenden stets so vorgegangen war wie unser Kollege mit uns Seminarteilnehmern, so sah ich mich gleich ins Bild gesetzt darüber, wie ich mit meinem Unternehmen bei der Hochschule ankommen dürfte. Weder deren überzeugte Absolventen noch ihre Lehrmeister werden explorativen Wildwuchs dieser Art zu schätzen wissen. Bin ich doch seinerzeit ohne Theorie, ohne klar formuliertes Ziel und ohne Hypothesen auf eine unbekümmerte Forschungsexpedition aufgebrochen und vergaß dabei erst noch, Kisten voller wissenschaftlicher Zeitschriften mitzuschleppen. Müßte ich mich nicht – auch vor meinen jungen Mitarbeiterinnen und Mitarbeitern – eines so unqualifizierten Unternehmens schämen? Freilich, vielleicht ist das kaum mehr nötig. In den Augen intellektueller Puritaner sind unsere Tage ohnehin gezählt, und in den Ohren gewisser junger Hochschulpsychologen, die bereits voll sind von der Sphärenharmonie einer kommenden Ära rein wissenschaftlicher Weltsicht, tönen unsere Verlautbarungen nur noch wie der Schwanengesang einer zum Glück bald überwundenen epistemologischen Naivität.

Wenn dem so wäre, hätte ich mir die Mühe ersparen können, dieses Buch zu schreiben. Seine potentiellen Leser stürben demnächst aus. Daß ich die Anstrengungen gleichwohl auf mich nahm, rührt her von meiner anderen Sicht der Zukunft menschlichen Erkennens. Wie wir später sehen werden, mehren sich die Zeichen, daß nicht nur der Mensch, sondern sogar der Psychologe allmählich versteht, daß ihn die wissenschaftliche „Kärrnerarbeit" – wie sie früher etwa despektierlich genannt wurde – nicht zum erhofften Ziel einer umfassenden Sicht seiner Welt führen kann. Erkenntnis wird nicht nur mit dem Mittel zeitschriftenreifer Einzelstudien gewonnen, die sich dann wie Mosaiksteinchen zu einem sinnvollen Muster zusammensetzen lassen (so wichtig solche Fleißarbeit auch im „context of justification" sein mag). Wollte der kontemplative Mensch einzig auf diesen Weg setzen, so dürfte er allmählich unter seinem unübersehbaren Papierberg begraben werden und ersticken, ohne noch einen letzten Blick zum Sternenhimmel getan zu haben.

An wen sich dieses Buch wendet

Es ist mir also klar, an wen sich dieses Buch (leider) nicht wenden kann. Es vertritt ein ursprüngliches Verhältnis zur „Erkenntnis" und versteht sie als Bemühen des Menschen, sich in seiner Welt zurechtzufinden. Wer eine solche Haltung geringschätzt und nur ausgetüftelten, hochspezialisierten, berufsmäßig gehandhabten Methoden einen Erkenntniswert zuschreibt, der wird kaum Freude haben an einer Schrift, die etwas anderes anstrebt – nämlich zu demonstrieren, wie man relevante Fragestellungen des täglichen Lebens selber aufspüren und schrittweise ausformulieren, wie man interessantes Material selber sammeln und sichten, wie man vorläufige, aber wegweisende Ergebnisse selber gewinnen und verarbeiten kann. Eine solche Profanierung und Demokratisierung des Erkenntnisprozesses muß er ablehnen wie weiland Metternich die Demokratisierung der Politik. Schon von Korf und Palmström mußten die Erfahrung machen: „Doch die Wissenschaft, man weiß es, achtet nicht des Laienfleißes" (Morgenstern, 1910/65, 248).

Aber gerade zu solchem Tun möchte dieses Buch Mut machen. Fast könnte man es als Leitfaden zum „Do it yourself" des Erkennens bezeichnen. Dem Autor würde es größte Genugtuung bereiten, wenn es ihm gelänge, die einen oder andern seiner Leser zu alternativen Wegen der Forschung zu ermuntern. Aus diesem (hintergründigen) Ziel des Buches läßt sich somit ein besonderer Kreis möglicher Adressaten ableiten.

Indessen wendet sich der Autor keineswegs bloß an jene, die das Erforschen „selber tun" möchten. Auch all diejenigen sind ihm als Leser herzlich willkommen, die einfach gerne über Dinge des Alltags nachdenken. Er freut sich, ihnen erzählen zu dürfen, was er selber zu deren Erhellung tat und herausfand. In erster Linie werden es ja wohl Leute sein, die – wie er –

manchmal Probleme haben mit ihrem Arbeitstag und die vom Autor gebeichteten Schwierigkeiten (und andere) ebenfalls kennen. Aber Mühen und Sorgen mit dem Tageslauf sind keineswegs Zulassungsbedingungen zur Lektüre. Auch Sie, liebe Leserinnen und Leser, die Sie die verschlungenen und sich überkreuzenden Aufgaben Ihres Alltags spielend meistern, sind zum Mitdenken eingeladen (und hoffentlich melden Sie uns zurück, wie man Tag und Jahr besser bewältigen kann, als es dem Autor gelang!). Interesse an Fragen des Alltags, des Tageslaufes und Arbeitsjahrs, gepaart mit einer Bereitschaft, vertieft darüber nachzudenken – das dürfte das Band sein, das jene verbindet, die mit diesem Buch etwas werden anfangen können.

Daß der Autor, selber Psychologe und mit seinem Fache stark verbunden, beim Berichten zunächst einmal an seine Kolleginnen und Kollegen denkt, versteht sich dabei wohl von selbst. Wenn auch nicht fachspezifisch, so ist sein Begriffsinstrumentarium doch weitgehend durch psychologische Überlegungen geprägt. Auch die beigezogene Literatur ist zum größeren Teil psychologischen Ursprungs. Aber Psychologen sind keineswegs die einzigen Angesprochenen. Ich vermute, am Fache wird es nicht liegen, ob man sich auf den folgenden Seiten zurechtfindet. (Am ehesten könnten wohl die Ausführungen der Unterkapitel 1.3 und 1.5 als Fachsimpelei empfunden werden.) Es wäre sogar sehr wünschenswert, daß sich über die aufgeworfenen Fragen ein interdisziplinäres Gespräch entspinnt. Auch eine Schulung an der Universität ist für die Teilnahme durchaus nicht erforderlich; wer immer bereit ist, ein praktisches Problem auch theoretisch zu ergründen, kann mühelos mithalten.

Bücher können sich eben in ihrem Lese-Appeal stark unterscheiden. Im Vorwort zu seiner „Grundlegung der Psychologie“ (1983, 20) schreibt beispielsweise Klaus Holzkamp: „Wenn man Gewinn von diesem Buch haben will, so muß man sich vor allem anderen vornehmen, es in Ruhe von Anfang bis Ende zu lesen“; spätere Ausführungen ließen sich (auch terminologisch) nur aufgrund früherer begreifen. „Man versteht also nichts, wenn man in dem Text nur herumliest.“ Also: alles oder nichts. (Wer wagt es, Rittersmann oder Knapp? So vorbehaltlos in einen sechshundertseitigen Schlund tauchen werden wohl ohnehin nur Angehörige einer – adeligen? – Minderheit.)

Was unseren eigenen Text betrifft, so wiederholen wir hier das in der Einleitung zu Teil A Gesagte: blättern Sie, liebe Leserin, lieber Leser, nur mutig hin und her! Zu unserem Gedankengebäude findet man den Zugang auch durch Seiten- und Hintertüren!

Sprache und Präsentation

Wir haben uns große Mühe gegeben, dem Leser die Lektüre so leicht und angenehm wie möglich zu machen. Vor allem versuchten wir, verständlich zu schreiben. Alles, was wir vorzutragen haben, hätte man durchaus auch in einen Fachjargon kleiden können, wie das ja heute üblich ist, um Abhandlungen den nötigen wissenschaftlichen Anstrich zu geben. Wie oft hat sich der Autor dieses Buches über Kollegen seines Faches oder aus verwandten Gebieten ärgern müssen, die glauben, durch sprachliche Hürden unberufene Zuschauer fernhalten und Exaktheit und Tiefsinn vortäuschen zu müssen! Wie manchen solchen Text hat er ungelesen wieder weggelegt! Je älter er wurde, desto mehr reute ihn die Zeit, sich mühsam in neue Terminologien einzuarbeiten und an späteren Stellen immer wieder nachzuschlagen, was der Verfasser mit seinen Begriffen meint.

Was gewinnt man denn eigentlich mit solch einem kunstvollen Begriffsnetz? Die Wirklichkeit, mit der sich Psychologen und Soziologen zu befassen haben, besteht ja nicht aus exakten Kategorien und ein für allemal scharf abgrenzbaren, konstanten Phänomenen. Es ist eine Illusion, sich auf solche versteifen zu wollen. Begrifflich entwickelte Denk-Welten spalten sich nur immer verbindungsloser von der erlebten Wirklichkeit ab. Das auf Seite 5 an ein Dutzend Bedingungen gebundene Wort steht auf Seite 100 schon weit seitab von der inzwischen entfalteten Realität.

Wir werden demgegenüber versuchen, auch sprachlich stets mit der Realität Tuchfühlung zu halten, oft bis zu einem Grade, den manche als naiv bezeichnen mögen. Die Orientierung an der konkreten, vielfältigen Wirklichkeit soll uns auch dort leiten, wo wir selber eine Art von „Eigenjargon" entwickeln müssen, um neuartige Überlegungen zu vermitteln. Die gewählten Ausdrücke werden wir wieder und wieder mit Beispielen unterlegen.

Nicht nur dem Leser, sondern sogar der Leserin zuliebe werden wir übrigens auch darauf verzichten, überall im Text männliche und weibliche Formen nebeneinanderzustellen. Vielleicht wird er/sie nicht ganz abschätzen können, was wir ihm/ihr damit ersparen. Der/die eine oder andere wird uns diese Versäumnis gewiß nicht verzeihen. Aber wir nehmen es nun einmal in Kauf, zehn Leserinnen zu verärgern, um nicht hundert Leserinnen und Lesern die Lektüre ungenießbar zu machen.

Vor allem aber sind wir in unserer Darlegung darauf ausgegangen, unseren Stoff, unsere Ideen, unsere Begriffe schrittweise vor dem Leser zu entfalten. (Leserin, du bist auch gemeint.) Wir wählten eine Gangart, die müheloses Folgen, Aufnehmen und Einverleiben ermöglichen sollte. Ob wir dieses Ziel erreichen konnten, ist offen. Unbestreitbar ist immerhin die Durchsetzung des Textes mit illustrativen Beispielen, die stets erlauben, das Vorgebrachte selber nachzuprüfen und an eigenen Erfahrungen zu messen.

Dieser didaktischen Zielsetzung muß es der Leser (/...), der(/...) sich allenfalls mehr Systematik gewünscht hätte, zur Last legen, wenn durchs ganze Buch hindurch Empirie, Methodik und Theorie durchmischt zur Behandlung kommen. Es ging uns darum, ihm eine interessante Welt zu erschließen, und nicht darum, nach den starren Regeln der Zunft einen wissenschaftlichen Rechenschaftsbericht abzulegen. Die Abfolge der behandelten Gebiete, wie sie sich in der Anordnung der Kapitel ausdrückt, entspricht ihrerseits solchen didaktischen Überlegungen. Wer ihr folgt, dürfte kaum je Verständnisschwierigkeiten haben. Aber auch all jene, die eigene Wege einschlagen, werden sich leicht zurechtfinden. Mit didaktischen Mitteln versuchte der Autor dem Leser möglichst weit entgegenzukommen; sein bester Didakt ist aber der Leser selber.

1.2 Vorbemerkungen zum Inhalt

„Typically, ‚today' serves as the phenomenological focal point of the forces of the past, the arena of action for present events, and the base for orientation toward short- and long-range goals. Minor chores are defined and collated under the heading, ‚Things to do today'; long-term and complex objectives are subdivided into smaller, directly manageable tasks and finally allocated on a day-to-day basis. In the streams of events that constitute the course of life, it appears to be the day that thus emerges as most experientially salient in the study of goals, perhaps because it proves to be both long enough to contain diversified content and short enough to be conveniently grasped. It stands at the juncture, somehow, of the ineffable moment of fleeting experience – too brief for reflection – and of the ‚long haul' of weeks, months and years, often too remote and abstract to penetrate deeply into the fibers of consciousness and selfhood."

Fred Massarik (1968, 393/4)

Erhebung und Bericht

In diesem Buch wird also berichtet über Methoden und Ergebnisse einer ausgedehnten Untersuchung über die Arbeitstage eines Berufsmannes in administrativ-intellektueller Funktion. Es handelt sich um eine Analyse meiner eigenen Berufstätigkeit in der Zeit von Anfang September 1972 bis Anfang Januar 1976. Während dieser Zeit habe ich mir laufend notiert, welchen beruflichen und paraberuflichen Aufgaben ich mich widmete, und wie lange; so stapelten sich Informationen über rund 35000 „Arbeitseinheiten" auf. Die Annahme liegt nahe, daß das Studium solcher Einheiten und ihrer Abfolge Einsichten vermitteln kann über die Struktur von Tageslauf und Arbeitsjahr in einer komplexen beruflichen Situation.

Um das Material zu versachlichen, werden wir das Subjekt der untersuchten Tätigkeit im ganzen Buch den „Berufsmenschen P." nennen. (Das soll nicht etwa eine Anspielung sein auf den „Landvermesser K.") Wir machen somit den Versuch, uns selber nach verschiedenen Funktionen aufzuspalten: da ist ein Beobachter und Registrator, der Daten über den Berufstätigen P. sammelt, und da ist ein Psychologe, der dieses Material verarbeitet, interpretiert und ein Buch darüber schreibt. Ein hübsches Grüppchen zusammenarbeitender Fachleute, das freilich, wie wir noch hören werden, nicht immer ohne gegenseitige Spannungen durchgekommen ist.

Erhebung und Bericht stehen dabei in einer nicht ganz einfachen Beziehung zueinander. Das vorliegende Buch ist gänzlich aus der Untersuchung herausgewachsen; aber es ist auch weit darüber hinausgewachsen. Ohne die Erhebung gäbe es das Buch nicht und – für den Autor – auch kaum die entsprechende Idee und Thematik. Aber auf den folgenden Seiten wird keineswegs bloß über dieses Unternehmen berichtet. Zur Sprache kommen, grob zusammengefaßt, drei Dinge: die Methodik unserer Untersuchung, einige aus ihr gewonnene qualitative und quantitative Befunde und eine lange Reihe grundsätzlicher Überlegungen zum Alltag und Arbeitsgeschehen. Das gehört alles eng zusammen: Die Vorgehensweisen haben sich auf Ergebnisse und theoretische Vorstellungen stark ausgewirkt, aber durch sie auch schrittweise gewandelt und verfeinert; und Befunde und Theorie gingen ohnehin Hand in Hand.

Das Buch probiert nicht, das ineinander Verschlungene fein säuberlich zu trennen. Einem doppelten Ziel verpflichtet, versucht es viel eher, aus dieser Situation Nutzen zu ziehen. Es will Fragen des Alltags klären; aber das unternimmt es nicht, ohne die Quelle näher zu schildern, aus der wir immer wieder geschöpft haben. Der Leser soll nicht dem Irrtum verfallen, wir schwätzten aus dem Lehnstuhl; aber er soll auch wissen, wie beschränkt und einseitig unser Beweismaterial ist. Anderseits möchte das Buch jedoch da und dort eine Leserin, einen Leser ermuntern, unsere Arbeit weiterzuführen und zu verbessern. Darum beschreibt es die Untersuchung so liebevoll wie möglich; und die theoretische Diskussion soll dabei nachhelfen und zeigen, daß die Erhebung nicht bloß unterhaltsam, sondern auch sinnvoll war.

Erzählen vom Alltag

Wenn wir uns nun in kleinem Vorgriff dem Inhalt zuwenden, so erleben wir zunächst eine Überraschung. Das, worüber unser Buch seinem Titel gemäß zu reden verspricht, scheint gar nicht zu existieren. Nach Klaus Laermanns Forschungen in deutschen Wörterbüchern gibt es den Begriff „Alltag" überhaupt nicht. „Die großen Lexika haben allesamt ein beneidenswertes Verhältnis zum Alltag. Sie kennen ihn nicht" (1975, 88). Und doch, meine Leserinnen und Leser: als Sie diesem Wort auf dem Buchdeckel begegneten, wußten Sie sofort, was damit gemeint ist, nicht wahr? Nur zu gut ist Ihnen der Alltag vertraut.

Auch Laermann hat ihn anderswo in der Literatur und in der Praxis gefunden. Kulturgeschichtlich sei festzustellen, daß das Wort erst seit Ende des 18. Jahrhunderts in Gebrauch ist (nun gut, das reicht ja wohl für uns) und daß es zuerst vor allem „wegwerfend und herabsetzend" verwendet wurde: „Alltagsgesicht, langweiliges Alltagsgewäsch (Lessing) ...“ usw. (89). Das steuert seine pessimistischen Überlegungen, die in einem trüben Bild enden. Das Phänomen Alltag ist nach Laermann entstanden, seit und weil wir unsere Zeit als „Arbeitszeit“ verkaufen und unsere „Arbeitskraft als Ware zu Markte tragen“ müssen (93), und vor allem seit dem und durch den „Verlust eigenmächtiger Zeit- und Handlungsperspektiven, der sich mit der Fremdbestimmung in der Arbeitszeit durchsetzt“ (96). So ist der Alltagsbegriff bei Laermann der Ausdruck der durch Industrialisierung und Technisierung veränderten und „gleichförmiger“ gewordenen Welt der letzten zweihundert Jahre. Vorher absolvierten die Menschen keinen Alltag, sondern ihr Tagewerk (90).

Gleichwohl hat ein Zürcher Historiker unlängst ein prächtiges Buch über den „Schweizer Alltag vom 15. bis 18. Jahrhundert“ herausgegeben (Hauser, 1987). Unbekümmert um die Jugendlichkeit des Wortes braucht er den Alltagsbegriff in einem andern, uns sicher besser vertrauten Sinn. Geschichte, so wie wir sie in der Schule lernten, handelt von großen Ereignissen, von Kriegen, politischen Krisen und Wendungen, Verträgen und ihren Verletzungen usw.; und wenn nun ein Historiker den „Alltag“ erforscht, so sucht er das andere, von dem wir beim Abitur nichts zu wissen brauchten: die Art und Weise nämlich, wie der Mensch einer Epoche und einer Region von Tag zu Tag lebte, wohnte, sich kleidete, seiner Arbeit nachging. Aus dieser Sicht ist sein „Tagewerk“ für uns nun Alltag – Alltag einer früheren Zeit. (Besonders aktuell ist im Gedenkjahr 1989 Bertauds Buch „Alltagsleben während der Französischen Revolution“; 1983/89.)

In diesem Sinne hat es „Alltag“ stets gegeben (auch ohne entsprechende Vokabel) und muß es Alltag immer geben. Jeder lebt „ein Alltagsleben, aber niemand lebt *nur* seinen Alltag. Wir müssen also unterscheiden zwischen Alltäglichem und Nichtalltäglichem, zwischen Alltag und ‚Sonntag‘, Regel und Ausnahme ...“ (Paris, 1975, 109). Damit ist der Gegensatz allgemein und wertneutral geworden. Die Grenze verläuft allerdings fließend. Bei Hauser gehören auch Feiern und Feste, Spiele und Rituale zum Alltag. Den Gegensatz zum Alltag „repräsentiert eher das Sensationelle, das Außergewöhnliche, das Einmalige“ (Michel, 1975, 24). Es kommt also darauf an, was man ihm als unalltäglich gegenüberstellen will. Besonders pikant – aber in gewissem Sinne durchaus angemessen – wird es, wenn sich eine von Walter Keller herausgegebene Schweizer Zeitschrift, die sich voll dem „Alltag“ widmet, im Untertitel (bis vor kurzem) als „Sensationsblatt des Gewöhnlichen“ vorstellte.

Neben dem negativen Alltagsverständnis Laermanns und dem neutralen Hausers gibt es aber auch eine Begriffsverwendung, die den Alltag als Positivum, als Garanten der „Bodennähe“ abhebt von weltfremdem Verlust des Realitätskontaktes. Auf ihn berufen sich immer wieder vereinzelte Psychologen, wenn sie sich dem Mainstream ihres Faches entgegenstemmen, der seit Jahrzehnten, abgeschottet vom unmittelbaren Erfahrungsschatz des

„Alltagsmenschen", in Gefilde künstlicher Experimente und Begriffe abdriftet. So hat etwa Richard Müller-Freienfels 1940 ein vergnügliches Psychologiebuch über und für den Alltag geschrieben (1940/51); und seit Fritz Heiders „Psychology of Interpersonal Relations" (1958) wird die „Alltagspsychologie" auch als Forschungsgegenstand ernstgenommen. Wir Fachleute können aus dem „alltagspsychologischen Denken" (Holz-Ebeling, 1989) sehr viel lernen (vgl. auch Laucken, 1974, Wegner und Vallacher, 1977, u.a.). In grundsätzlichen Besinnungen wie jener Ernst Plaums (1988) über den Weg unseres Faches wird der Einbezug des Alltags wieder und wieder gefordert. Eklektisch arbeitenden Psychologen sei seine Berücksichtigung ein besonderes Anliegen. „Demgegenüber bevorzugen Eklektiker einen lebensweltorientierten Ansatz, bei dem die Wissenschaft ihre Fragestellungen aus den Anliegen des alltäglichen Lebens bezieht und sich mit dem beschäftigt, was für konkrete Individuen bedeutsam ist" (Dieterich und Plaum, 1988, 180).

Und wir? Unser Buch verwendet den Alltagsbegriff wertneutral. Fast fühlen wir uns der Aussage von Pauleikhoff nahe, der (oder die? – AutorIn ohne Vornamen) die Begriffe Tageslauf und Alltag glaubt gleichsetzen zu dürfen. „Denn anstatt ‚Alltag' können wir ohne weiteres auch ‚Tageslauf' sagen. Beide Worte bedeuten weitgehend dasselbe" (1965, 70). Wir werden von dem erzählen (müssen, dürfen), was in keiner Weise „besonders" oder sensationell ist. Damit gehen wir freilich ein Risiko ein. Wenn ein Mensch ohne Zusatzabsicht einem andern seinen Tag erzählt, handelt er sich leicht die Qualifikation „verrückt" ein. Karl Markus Michel hat uns das anschaulich vorgeführt (1975, 1 f.). „Aber nicht der Alltag, von dem jener erzählt hat, erschiene ihm verrückt, sondern das Erzählen von diesem Alltag." „Vom Alltag kann man nicht erzählen. Aber *ohne* Alltag gäbe es gar nichts zu erzählen. Er ist der Normalzustand, von dem sich das (erzählenswerte, erzählbare) Außergewöhnliche abhebt wie das Besondere vom Allgemeinen." (3)

Unser Buch will also vom Nichterzählbaren erzählen. Und was soll da erzählt werden?

Die Hauptteile des Buches

Wir schreiben keinen Kriminalroman, und wir verderben dem Leser keineswegs die Spannung, wenn wir eine Art Zusammenfassung unserer Überlegungen gleich an den Anfang stellen. Echte Überraschungen wird sie allerdings kaum verursachen; was wir an Neuem zu bieten haben, tritt wohl erst bei der detaillierten Analyse hervor. Darum fragen wir zunächst einmal: Welche Wesensmerkmale weist der Alltag auf?

Der menschliche Tageslauf besteht unserer Meinung nach in einer Abfolge von Zuwendungen: Zuwendungen zu Aufgaben oder zu Gegenständen des Interesses. Wir wollen sie Themen nennen. Diese Themen sind gruppierbar nach Bereichen; und die Zuwendung erfolgt in Form wechselnder Ausführungstätigkeiten (von uns Vollzüge genannt). Konstellationen von Zuwendungen und Vollzügen – von uns bezeichnet als Arbeitseinheiten – geben den Abschnitten des Tageslaufes für beschränkte Zeit eine gewisse psychologische Konstanz. Themen – als Elemente der Zuwendung – und Arbeitseinheiten – als Elemente des Zeitablaufs – bilden somit die grundlegenden Bausteine des Alltags. Die Abfolge von Themen und Vollzügen wird gesteuert durch eine Anzahl dynamischer Größen, wie Neugierde, Nahelegung durch die Umstände usw. Manche der Determinanten sind aber nicht eigentlich momentaner Natur, sondern bereits über kürzere oder längere Zeit vorausbestimmt, etwa durch Planung, Verabredung oder früher gefaßte, konkrete Handlungsabsichten.

Aus dieser kurzen Charakterisierung des Tageslaufes ergeben sich fünf Fragenkomplexe, nämlich:

- die Thematik der Arbeit,
- die Kategorien der Arbeit (Zuwendungsbereiche, Vollzüge),
- die Gliederung (Struktur) des Tages,
- die Steuerung der Arbeitsabfolge (Dynamik), und
- die Vorausbestimmung der Arbeit.

Den ersten drei dieser fünf Komplexe ist das vorliegende Buch gewidmet. Jeder beansprucht einen Hauptteil (B, C, D). Die Behandlung der beiden letzten Fragen wird aufgespart für eine (allfällige) spätere Publikation.

Aufgaben und interessierende Gegenstände bleiben nicht immer auf einzelne Tage beschränkt; sie erstrecken sich häufig über längere Zeiten. Auch können Pläne weit in die Zukunft hinausgreifen und das Geschehen lange im voraus bestimmen. Darum ist die Untersuchung einzelner Tagesläufe in sich selber unvollständig; sie bedarf einer Ergänzung durch das Studium längerfristiger Prozesse. Die dafür gewählte Zeitspanne darf nicht zu kurz, muß aber doch vernünftig begrenzt sein; das Jahr hat ungefähr die passende Größe.

Die Ausweitung des zeitlichen Rahmens ist nicht für alle Teile des Buches gleich relevant. Als absolut unerläßlich erweist sie sich für die Diskussion von Thematik und Vorausbestimmung der Arbeit; unnötig dagegen ist sie für die Behandlung der Struktur des Tageslaufes.

Die fünf Hauptkomplexe – Thematik, Kategorien, Struktur; später auch Dynamik, Vorausbestimmung – werden wir je von verschiedenen Seiten her beleuchten. Normalerweise können wir fünf Hauptgesichtspunkte unterscheiden, drei mehr allgemeine und zwei mehr auf unsere Untersuchung bezogene. Es sind dies

- die begriffliche Fassung des Phänomens,
- sein Platz in der Erfahrungswelt des Menschen,
- die qualitative Beschreibung seiner verschiedenen Erscheinungsformen anhand der von uns gesammelten Daten,

- die Gliederung und Systematik des betreffenden Komplexes,
- statistisch-quantitative Angaben aus dem Datenmaterial (Vorkommenshäufigkeiten und Zusammenhänge).

Recht systematisch wird dieser Fünfschritt angewandt in Teil B (Thematik); dort ist jedem der genannten Aspekte ein eigenes Kapitel gewidmet. In den späteren Teilen werden dann die Betrachtungsweisen stärker miteinander vermischt; auch erhält nicht jeder stets das gleiche Gewicht. Das ergibt sich ganz natürlich aus der Sache selber, entspricht aber auch Bedürfnissen der Darstellung: nichts Öderes als eine strikt durchgehaltene Systematik, bei der Zitrone um Zitrone voll ausgepreßt wird! (Oder wer hat bei der Lektüre von Rempleins Buch über die seelische Entwicklung Vergnügen? Sie nimmt zweihundertmal soviel Zeit in Anspruch wie Ravels Bolero und reizt derweil den Nerv nicht auf, sondern reißt bloß an ihm.)

Alltag und Arbeitswelt

Wie der letzte Abschnitt zeigte, steht im Zentrum unserer Betrachtungen der menschliche Tageslauf mit seinen verschiedenen Aspekten wie Thematik, Struktur und Dynamik. Aber zu dieser Aussage müssen wir gleich eine Einschränkung anbringen. Zur Behandlung kommen nur jene Teile des Tages, die der Arbeit gewidmet sind. Rein private Tätigkeiten und Erlebnisse bleiben ausgeschlossen. (Wie wir Arbeit von Nichtarbeit abgrenzen, werden wir in Kapitel 8.4 besprechen.) Diese Restriktion geht auf des Autors ursprüngliche Absicht zurück; sie ist nicht etwa bedingt durch das gewählte Erhebungsverfahren. Dieses ließe sich ohne Zweifel leicht auch adaptieren an die Zwecke einer umfassenden Tageslauf-Analyse. (Da wartet eine faszinierende Aufgabe auf interessierte Leserinnen und Leser!)

Vielleicht ist es allerdings gut, sich auf das eine *oder* das andere zu beschränken. Die Bemühungen Thomaes, ganze Tagesläufe berufstätiger Menschen zu erfragen, führte offenbar fast jeden Angesprochenen dazu, die berufliche Arbeitstätigkeit einfach als Block zu sehen, in sich selber weder durch unterschiedliche Inhalte noch durch wechselnde Vollzüge gegliedert (vgl. 1968, 150–156). Auch in Alexander Szalais großangelegter internationaler Untersuchung über den Gebrauch der Zeit (1972) wird berufliche Arbeit „en bloc" behandelt. Das tun wir umgekehrt mit der rein privat verbrachten Zeit.

Wir haben also nicht nur ein Buch über den Alltag vor uns, sondern auch eines über die Arbeit. Soweit es vom Tag handelt, ist es nicht nur für den Tag geschrieben; Tage wird der Mensch (solange es ihn noch gibt) stets wieder verbringen. Daß es auch dem Studium der Arbeit gewidmet ist, macht es hingegen schon abhängiger vom Tag; denn die Arbeit könnte nach und nach schwinden. Das wird heute nicht selten prognostiziert. Zur Zeit der Abfassung dieser Seiten war der Autor Mitglied einer Arbeitsgruppe der Universität Bern (unter Leitung von Alfred Lang), die sich mit der

Problematik des allmählichen „Schwindens der Arbeitswelt" befaßte. Frühzeitig, muß man sagen; denn es ist noch lange nicht so weit – leider!

Bedeutung der Arbeit

Leider? Da gehen die Meinungen weit auseinander. Während der Jahre unserer Untersuchung konnte man noch in Berns Gassen, als allen bekanntes und lächelnd bewundertes Original, Madame de Meuron antreffen, Glied einer der begüterten Aristokratenfamilien, die einst Berns Geschicke geleitet und die gnädigen Herren gestellt hatten. Ihr geht die Fama nach, sie hätte neue Bekannte einzustufen gepflegt nach der Antwort auf ihre Frage: „Syt Dihr öpper oder müeßt Dihr schaffe?" (Sind Sie jemand, oder müssen Sie arbeiten?) In den Kreisen, für die sie sprach, galt Arbeit offenbar als etwas Herabsetzendes. Auch Sigmund Freud betrachtete die Arbeit bloß als ein lebensnotwendiges Übel. „Die große Mehrzahl der Menschen arbeitet nur notgedrungen" (1930). Günter Ammon – nach dem wir diese Stelle zitieren (1983, 120) – hält hingegen dafür, daß nur die Arbeit „den Menschen zum Menschen" mache (130). Er schließt sich dabei sowjetrussischen Theoretikern an. Erst die Arbeit gebe dem Menschen „Ausdruck, die Möglichkeit zur Gestaltung, zur Selbsterfahrung, zur Kreativität, zur Auseinandersetzung und zum Miteinander mit anderen Menschen und Gruppen". Und: „‚Der Grundwert Arbeit', beschlossen die Sozialdemokraten Baden-Württembergs,‚ist die Grundlage unseres Lebens.'" (Burgdorff, 1984b, 74.)

Wenn wir uns in unserer Untersuchung also auf jenen Teil des Tages (und des Lebens) beschränken, der der Arbeit gewidmet ist, so konzentrieren wir uns, nach der einen Auffassung, auf einen naturwidrigen, aufgezwungenen, entwürdigenden Aspekt der Existenz, nach der anderen hingegen auf deren eigentlichen Kern. Es gäbe eben seit alters zwei konträre Standpunkte, die „im Laufe der Menschheitsgeschichte die Einstellung zur Arbeit bestimmt" hätten, sagt Ammon (119). Auch die Vorstellungen über das Verhältnis von Arbeit und Freiheit sind offenbar sehr widersprüchlich (Besems, 1983, 13 f.). Wer heute noch davon schwärmt, daß Arbeit die Verwirklichung von Freiheit bedeute, der vergißt, wo einen seinerzeit die Aufschrift „Arbeit macht frei" empfing. (Der ausgezeichnete Aufsatz von André Gorz, 1988, zu dieser Problematik wurde mir leider erst nach der Überarbeitung des Manuskripts bekannt.)

Welchen Standpunkt wir aber auch einnehmen – sicher ist eines: „Arbeit ist für den Menschen von zentraler Bedeutung. Der Mensch ist sozusagen ein ‚Arbeitstier', und von daher muß eine Psychologie des Menschen immer auch die menschliche Tätigkeit in der Arbeit mit einbeziehen" (Frese, 1985, 139). Und in Anbetracht des gewaltigen Blocks „Arbeit" stellt auch die „use of time"-Studie fest: „... most adults most of the time in all societies see work in one or another of its forms as a central and unavoidable requirement of their waking hours“ (Robinson, Converse and Szalai, 1972, 117. Darum erwartet man mit Neugierde das demnächst erscheinende, von Hendrik Bullens herausgegebene Buch „Zukunft der Arbeit“.)

Allerdings geht es nicht an, Arbeit als Einheit zu betrachten und zu beurteilen. Es ist zweierlei, ob Sie den ganzen Freitagnachmittag für Ihre Firma Zahlen in den Bildschirm eintippen oder den ganzen Samstagnachmittag in Ihrem Schrebergarten Setzlinge in den Boden pflanzen. Das erste *müssen* Sie tun, damit Sie das zweite tun können und *dürfen*. Das erste ist fremdbestimmt, das zweite eigenbestimmt. Unter „Arbeit“ versteht man heute meist das fremdbestimmte Tun, dem man sich mehr oder weniger freiwillig unterzieht, um seinen Lebensunterhalt zu verdienen; das andere „wird oft vorschnell der Sphäre der ‚Freizeit‘ zugeschlagen“ (Schwendter, 1983, 28). „Wenn heute in Mitteleuropa von ‚Arbeit‘ gesprochen wird, ist fast immer ... von ‚Lohnarbeit‘ die Rede“. Und ausgangs unseres Jahrhunderts hört der Mensch auf, darin einen Wert an sich selbst zu sehen. „Nur jeder sechste Bundesbürger bewertet seine Arbeit als ‚Erfüllung einer Aufgabe‘. Jeder dritte sieht die Arbeit lediglich als ‚Möglichkeit, Geld zu verdienen‘“ (Burgdorff, 1984 b, 76).

Natürlich verrichten auch Madame de Meurons wohlhabende Verwandte gewisse Arbeiten. Es ist bloß die Lohnarbeit, die uns in ihren Augen zu Nobodies degradiert. Der Mann freilich, über den in diesem Buch berichtet wird, muß sich zu diesen Niemanden zählen. Mit der Arbeit, die da registriert und ausgewertet wurde, verdiente er sein Brot. Oder präziser: mit einem Teil dieser seiner Arbeit. Denn es war auch eigengewählte und uneinträgliche dabei – beispielsweise die mit der Erhebung selber verbundene. Durchführung der Untersuchung und Abfassung dieses Buches waren reines Schrebergarten-Werk, freiwillige Samstagsarbeit, Leistung ohne jede Bezahlung (im Gegenteil: verbunden mit Kosten auf eigene Rechnung).

Die Arbeitswelt, die wir da kennenlernen werden, ist also komplex und vielgestaltig. Sie setzt sich aus Tätigkeiten verschiedener Freiheitsgrade und Personnähe zusammen, aus Elementen, die den Geschilderten auf die eine wie die andere Art als „Menschen“ qualifizieren. Jene Teile eigener Wahl, die auch vor Aristokraten Gnade fänden, könnten allerdings in hundert oder gar schon fünfzig Jahren selbst bei armen Schluckern die Mehrheit ausmachen, und damit gewinnt vielleicht sogar unsere Schilderung einer Arbeitswelt Bedeutung über den heutigen Tag hinaus.

Grundsätzliche und erkenntnistheoretische Fragen

Wir werden im nächsten Unterkapitel sehen, daß wir es in diesem Buch mit einem Material besonderer Art zu tun haben, das beim Leser mancherlei Fragen und Zweifel aufwerfen dürfte. Das Arbeitsgeschehen wird in Aufgaben, Zuwendungsgegenstände, Vollzüge, Abschnitte auseinandergelegt werden. Bei allen diesen Größen werden wir Einheiten bilden und voneinander abgrenzen müssen. Sie sind jedoch eng ineinander verzahnt und mannigfach voneinander abhängig, manchmal auch durch einander definiert oder doch schwerlich sauber zu scheiden. Aber mehr noch: Es handelt sich um Phänomene, die in zeitlich sich erstreckenden Prozessen ablaufen und die ihrer Natur nach inhaltlich-qualitativ bestimmt und zum Teil bloß subjektiv-erlebnismäßig faßbar sind.

Waghälse! mag man uns zurufen – und in ein solches Gestrüpp epistemologischer Nesseln wollt ihr euch setzen? Nein, wir wollen nicht – wir sitzen schon voll drin, und zwar wir Menschen überhaupt. Unsere Wirklichkeit besteht nicht bloß aus französischen Gärten, und mit den elektrischen Rasenmähern der modernen Wissenschaft allein kommen wir bei ihrer Meisterung nicht zurecht. Doch wenn wir uns schon durch eine erkenntnistheoretische Wildnis werden durchschlagen müssen, so wollen wir es wenigstens bewußt tun und uns über unsere Schritte Rechenschaft geben. Leserinnen und Leser müssen sich deshalb darauf gefaßt machen, an allen Ekken und Enden dieses Buches auf grundsätzliche Erörterungen zu stoßen. Manche werden solche Betrachtungen überspringen (das geht problemlos). Unterdrücken durften wir sie aber nicht, wenn wir nicht zulassen wollten, daß die heutige Scientific Community unsere Beobachtungen und Befunde auf billigste Weise vom Tische wischt.

Zwei Probleme seien kurz erwähnt, die immer wieder zur Sprache kommen werden. Zum einen wird uns wiederholt die Frage heimsuchen, wie man im Rahmen kontinuierlich vor uns ausgebreiteter Realitäten Einheiten erfassen und abgrenzen kann. Vor allem: Wie lassen sich zeitliche Abläufe in Stücke aufbrechen? Oder auch: Wie können wir im Teppich der Inhalte unseres Bewußtseins getrennte Figuren auseinanderhalten? Wie können wir Aspekte der Betrachtung, die fließend ineinander übergehen, einzeln herauslösen und damit verschiedene, sich ergänzende und gegenseitig bereichernde Zugänge zu unserem Material erschließen?

Die Beantwortung solcher Fragen wird immer erschwert sein durch die subjektiv-erlebnismäßige Natur unserer Gegenstände und durch ihre schillernde, sich wandelnde Erscheinung im Wechsel der zeitlichen Perspektiven. Gerade daraus erwächst denn auch ein weiteres Problem. Wir werden uns nämlich immer aufs neue mit der Frage herumschlagen müssen: sind das, was wir da aussondern, erfassen, zählen und bearbeiten, sind das wirkliche, echte Realitäten, oder sind es bloß künstliche Produkte unserer Erhebungsmethode?

Selbstverständlich wird es uns nicht gelingen, diese und ähnliche Fragen endgültig und zu jedermanns Zufriedenheit zu lösen. Wir gehören nicht der Zunft der Philosophen an (und auch deren Mitglieder würden sich wohl kaum auf eine gemeinsame Antwort einigen können). Aber auch hier möchten wir wiederum zeigen, daß und wie man selbst als Laie solche grundsätzlichen und erkenntnistheoretischen Probleme angehen und durchdenken darf, soll und kann.

Was dieses Buch nicht bieten kann

Der wichtigste Rahmenbegriff in diesem Buch dürfte wohl die Zeit sein. Es geht – in einem sehr breit verstandenen Sinne – immer darum, wie der Mensch mit seiner Zeit umgeht. Darum steht auch das Seneca-Zitat über unserem Einführungsteil. Wir hätten allerdings nicht so weit in die Kulturgeschichte zurücktauchen müssen, um Ermahnungen zu zweckmäßiger Verwendung unserer Zeit zu finden. Auch heutige Autoren entwickeln ganz ähnliche Gedanken. „Sie können Zeit weder speichern noch vermehren. Zeit zerrinnt. Zeit ist Ihnen anvertrautes Kapital, mit dem Sie in eigener Verantwortung gut oder schlecht umgehen. Verlorene Zeit können Sie nicht wiedergewinnen ... Sie vergeuden Ihre Zeit, indem Sie Falsches oder Unnötiges tun. Sie verschwenden aber auch Zeit, wenn Sie das Richtige falsch tun." Solches gibt Martin Ochsner in seiner Schrift über „Persönliche Arbeitstechnik" einleitend zu bedenken (1987, 5).

Ein Buch, das sich mit diesen Fragen abgibt, müßte eigentlich fast jedermann interessieren. Gewiß handelt es sich doch, wie Joseph D. Cooper schreibt, um ein „universelles Problem". „Die gewinnbringende Zeitverwendung ist nicht nur das Problem der Führungskräfte ... Es ist das Problem aller, die den Gebrauch ihrer Zeit selbst *organisieren* oder *kontrollieren*, die Termine einhalten und Arbeiten liefern müssen trotz widriger Umstände oder Unterbrechungen ... Es ist das Problem der leitenden Angestellten, der Ärzte, Rechtsanwälte, Ingenieure, Handelsvertreter, Schriftsteller, Direktionssekretärinnen, der Betriebsleiter und Verwaltungsbeamten" (1986, 15).

Damit hätten wir uns fürwahr ein breites Publikum gesichert. Aber man kann dieses „Problem fast aller" verschieden angehen; und gar manche dürften von unserem Approach enttäuscht sein. Sie erhoffen sich etwas anderes; und um vermeidbarem Mißmut vorzubeugen, wollen wir gleich eingangs klarlegen, was dieses Buch nicht bietet – nämlich keine Anleitung zu zweckmäßiger und effizienter Tages- und Arbeitsgestaltung.

Wer solcherlei sucht, wird im vorliegenden Band vergeblich herumblättern. Aber Verzweiflung ist deswegen noch lange nicht am Platze. Es *gibt* Leitfaden, wie er sie sucht, und zwar in beträchtlicher Zahl; jeder Buchhändler wird ihn bei der Auswahl beraten können. Wir haben selber soeben zwei Beispiele erwähnt und zitiert. Ein internationaler Klassiker ist das Buch von Joseph D. Cooper mit dem verheißungsvollen Titel „So schafft man mehr in weniger Zeit" (1986). Die Tips, die man da erhält, gehen in die Dutzende, ja Hunderte. Einige davon (wie könnte es heute anders sein) beziehen sich auf schnelleres und selektiveres Lesen – wohl mit Ausnahme der Lektüre von Coopers Buch selber; denn wollen Sie wirklich etwas daraus lernen, so verlangt das Zeit, Nachdenken, Wiederlesen. (Aber vielleicht helfen Ihnen die Ratschläge Coopers, *andere* Bücher rascher hinter sich zu bringen, etwa das dicke, das Sie eben jetzt in Händen halten.)

Schlanker ist die Schrift des andern oben zitierten Fachmannes, Martin Ochsners „Persönliche Arbeitstechnik“ (1987), ein Schweizer Geheimtip, der schon fast nicht mehr geheim ist. Hier haben Sie ein Arbeitsheft, das Ihnen nicht bloß Tricks verrät, sondern Sie auch gleich durch Übungen vorwärtsbringt. Auch zahlreiche Trainingskurse gibt es natürlich. Beispielsweise verspricht das Hernstein-Seminarprogramm 1989 bei einem Kurs über „Zeitmanagement“: „Am Ende des Seminars werden Sie in der Lage sein, durch systematische Planung – Organisation der Routine und des Unvorhersehbaren – Dauerstreß abzubauen. Sie werden Ihre Tätigkeiten in kürzerer Zeit und effizienter erledigen.“ Greifen Sie also zu!

Von solchen anwendungsorientierten Büchern unterscheiden sich natürlich die analytischen, obgleich auch da gelegentlich aufpickbare Brosamen vom Seziertisch fallen. So hat 1974 Walter Volpert ein lesenswertes Kapitel seiner „Handlungsstrukturanalyse“ dem effizienten Handeln gewidmet. Auch aus unserem Werk wird der interessierte Leser da und dort selber nützliche Lehren ziehen können; aber zu direkten Ratschlägen sind wir nicht vorgestoßen. Wir haben nur einfach beschrieben – und zwar keineswegs etwa einen Musterfall. Wäre der Autor dieses Buches ein Held effizienten Arbeitens, so wäre er wohl gar nie auf die Idee verfallen, seinen Tageslauf zu untersuchen. Er tat es gerade darum, weil seine Arbeitstechnik und -planung (bestenfalls) durchschnittlich ist, und weil ihn die Schwächen solch durchschnittlicher Tagesgestaltung zunehmend irritierten.

Allerdings: Die angewandte Methode ist wenig geeignet, Schwächen ans Licht zu ziehen. Das hat zwei Gründe. Wir werden uns zwar eingehend damit befassen, was der „Berufsmensch P.“ effektiv tat. Wir werden nachzeichnen, welche Arbeiten im Verlaufe des Tages bei ihm zum Zuge kamen und wieviel Zeit sie beanspruchten. Aber wir werden diese Arbeiten als globale Gegebenheiten, gleichsam als „Blöcke“ im Tageslauf stehen lassen und nicht untersuchen, wie sie konkret angepackt wurden, und ob man sie auch hätte anders (und besser) machen können. Die Art der Erledigung einzelner Aufgaben gehört also nicht zum Untersuchungsgegenstand dieses Buches. Das ergibt sich schon aus dem unteren zeitlichen Limit, das wir für die Beobachtung setzen mußten (und das uns immer wieder zu reden geben wird).

Wir tun also – und müssen wohl von der gewählten Methode her so tun –, als ob der Arbeitsablauf, den wir im untersuchten Berufsleben vorfinden, der allein mögliche, der sachlich zwingende gewesen wäre. Dasselbe tun wir auch mit den registrierten äußeren Bedingungen, den Umweltseinflüssen oder „environmental force units“ (Schoggen, 1963), die den Tageslauf mitbestimmten. Wir nehmen sie so, wie der beobachtete Berufsmensch sie damals nahm: als Gegebenheiten, mit denen einfach zu rechnen war; wir hinterfragen sie nicht. Andere Berufstätige, faulere so gut wie tüchtigere, hätten vielleicht andere Dringlichkeiten wahrgenommen, andere Prioritäten gesetzt, andere Signale beantwortet und manche bewußt oder unbewußt übersehen.

Das kann uns hier nicht kümmern. Ungeprüft auf „objektive“ Notwendigkeiten kommt, was nun einmal geschehen ist, in unserer Analyse auf den Seziertisch; und der Leser wird nicht mit Sicherheit beurteilen können, ob sich auch pathologische Proben darunter befinden.

Nachtrag: Ein eben erschienenes Buch kann vielleicht helfen, diesen Mangel auszugleichen. In mancher Hinsicht läßt sich nämlich Siegfried Preisers Trainingsprogramm „Zielorientiertes Handeln“ als Übungsbuch zu unserer Studie verwenden (wobei Preisers „Ziele“ viel mit unseren „Themen“ gemein haben).

Vom allfälligen Nutzen dieses Buches

Auch wenn die „Bausteine des Alltags“ keinen Leitfaden zum effizienteren Aufbau Ihres Alltags abgeben, so könnten Sie Ihnen – je nach Ihrer eigenen Veranlagung – aber doch zum Nutzen gereichen. Tips und Tricks finden Sie darin nicht, aber vielleicht etwas ebenso Wichtiges. Wir gehen nämlich ein paar Schritte weiter zurück. Wir wollen nicht lehren, wie man seine Tage praktisch gestalten soll, sondern wir wollen dazu ermuntern, über den Tag und seine Gestaltung nachzudenken. Im günstigen Fall kann das einen instand setzen, aus besserer Kenntnis der Hintergründe seinen Tageslauf bewußter in die Hand zu bekommen. Das mag eine Ähnlichkeit aufweisen mit dem neuen Stil in Sozialarbeit oder Entwicklungshilfe, der nicht mehr nur Unterstützung im konkreten Einzelfall bieten, sondern den Empfänger befähigen will, unter wechselnden Bedingungen selber die angepaßten Maßnahmen zu finden und zu ergreifen. Manche Leute – und der Autor dieses Buches gehört zu ihnen – können mit Tips allein nicht genug anfangen (auch und gerade dann, wenn sie zu Dutzenden auf sie einströmen); sie müssen etwas von seiner Basis her verstehen, um es wirklich nutzen zu können.

Vielleicht hängt das auch zusammen mit grundsätzlichen Fragen der Lebenseinstellung. Joseph D. Cooper freut sich, daß sich jetzt „auch Ärzte und Anwälte von dem Nutzen solcher Methoden“, das heißt wissenschaftlicher Organisationstechniken, überzeugen lassen, und führt als leuchtendes Beispiel folgenden Fall an: „In einer medizinischen Fachzeitschrift fand ich die Schilderung der Arbeitsweise eines praktischen Arztes, der pro Tag durchschnittlich fünfundsiebzig Patienten behandelt und berät“ (1986, 53). Auch berät. Wie glücklich schätze ich mich doch, mit harmlosen und ernsten Sorgen zu einem weniger tüchtigen Arzt gehen zu können! Und wie oft haben meine Klientinnen und Klienten ihre Dankbarkeit dafür bezeugt, in mir einen nach Cooperschen Maßstäben totalen Versager als Berater gefunden zu haben! Wir dürfen unserer Leserschaft freilich den Hinweis darauf nicht vorenthalten, daß es auch Anleitungen zu besserem Umgang mit der Zeit gibt, die von ganz anderen philosophischen Voraussetzungen ausgehen, wie etwa Harald Braems 1988 erschienenes Buch „Selftiming“.

Nichts liegt dem Autor dieses Buches so fern wie die Absicht, zum Zeitraffen zu erziehen. Was er lehren möchte, ist Nachdenken – Nachdenken über sich, das Phänomen der Zeit, die Arbeit. Wer sich dazu bewegen läßt, findet vielleicht eigene, neue Wege zum Umgang mit seinem Alltag. Aber er könnte noch mehr gewinnen. Viel wichtiger, als daß meine Leserin, mein Leser pro Tag mehr Leistungen durchjagt (und mehr Geld scheffelt), scheint mir zu sein, daß sie oder er zufriedener wird, dem Tag wieder mehr Interesse, ja Freude abgewinnt. Das ist, wenn wir Seneca richtig verstehen, ebenso dringlich, wie das rationelle Ausnützen der Zeit. Man soll seine Zeit nicht ausbeuten – man soll ihr einen echten Wert beimessen; man soll den Tag wertschätzen. Wer kann wissen, ob es der letzte ist?

Wer *das* aus unserem Buch lernt, hat freilich auch etwas gewonnen.

1.3 Eigenart des Materials und seiner Gewinnung

„Oben im Trichter sollte man zunächst ‚Käfer sammeln'. D.h. man sollte sehr genau viele Einzelfälle betrachten, und zwar in möglichst unrestringierten Umgebungen. Nur dadurch gewinnt man einen Blick für die bedeutsamen Faktoren."

Dietrich Dörner (1983, 25)

Naturalistische Forschung

Wenn wir im dritten Unterkapitel die Leserin und den Leser mit einigen charakteristischen Eigenarten jenes Materials vertraut machen wollen, auf das sich unser Bericht stützt, so müssen wir sicher beim „Naturalismus" beginnen. Naturalistische Forschungsbedingungen sind nach Tunnell (1977, 426f.) dann gegeben, wenn weder die Situation noch das Verhalten, das man untersucht, gänzlich oder vorwiegend induziert werden durch die Untersuchungsabsicht (wie das natürlich beim Experiment der Fall ist). Sie müssen sich aus dem untersuchungsunabhängigen Geschehen von selber ergeben. Damit kann man der Psychologie neue Gegenstände erschließen und neue Erkenntnisse einbringen.

Solcher Forschung haben – wohl als erste? – Edwin P. Willems und Harold L. Raush ein methodologisches Buch gewidmet, das viele Aspekte dieses Vorgehens ausleuchtet (1969). Daß gerade die Erforschung des menschlichen Handelns in „realen und natürlichen Situationen" erfolgen sollte, hat Mario von Cranach mit Nachdruck gefordert (1982, 51ff.).

Naturalistische Forschung wäre zunächst einmal nötig, um überhaupt die Welt kennenzulernen, in der wir leben und die wir studieren möchten. Dieses Bedürfnis haben die Psychologen bisher offenbar wenig verspürt. Dietrich Dörner schreibt: „Bestimmte, vielleicht notwendige Phasen der Wissenschaftsentwicklung hat die Psychologie glatt übersprungen. Wieviel Mühe hat man sich in der Biologie ... zunächst einmal mit der genauen *Beschreibung* der untersuchten Sachverhalte gegeben. Eine gleichartige Phase des, Käfer- und Schmetterlingssammelns' sucht man in der Psychologie vergebens. Es gibt kaum Ansätze zu einer generellen Morphologie menschlichen Verhaltens und Erlebens" (1983, 24). Darum sollte man, nach Dörner, nun endlich nach dem „Trichterprinzip" (vom Groben zum Detail) vorgehen, also vorerst in aller Breite „Käfer sammeln".

In diesem Sinne stellt unsere Erhebung über die Arbeitszeitverwendung des Berufsmenschen P. zunächst einmal ein Käfersammeln unter natürlichen Bedingungen dar. Das Vorgehen ist geradezu extrem „naturalistisch". Es wurden nicht bloß, wie sonst etwa üblich, Stichproben aus dem natürlichen Geschehen herausgegriffen und untersucht. Vielmehr sind hier über vierzig Monate hin die kompletten Daten aus einem Arbeitsleben gesammelt worden. Damit sind, für dieses einzelne Leben, zugleich auch die Erfordernisse einer „ökologischen Psychologie" (nach Barker, 1968) in höchstem Maße erfüllt: Wir können in ungewöhnlicher Vollständigkeit darüber Auskunft geben, was in dieser Arbeitswelt, wann und wie oft „von selber" aufgetreten ist.

Wie sich eine ökologisch-naturalistische Untersuchung von einer experimentellen unterscheidet, zeigt ein verblüffendes Beispiel. Vor Jahrzehnten hat Narziß Ach Untersuchungen über den „Willen" durchgeführt (1935) und als typische Willenshandlung ein Phänomen umschrieben und experimentell erzeugt, das ich in meiner eigenen Arbeitserhebung unter Zehntausenden registrierter „Auslösungen" bloß ein- bis zweimal angetroffen und mit dem Begriff „abgepaßte Gelegenheit" bedacht habe. Im naturalistischen Kontext läßt sich somit dreierlei dazu sagen: a) das Phänomen gibt es auf der freien Wildbahn tatsächlich (man trifft es, wenn man lange genug darauf wartet); b) es kommt aber äußerst selten vor – so selten, daß es statistisch gar nicht in Betracht fällt; c) deshalb kann es „naturalistisch" gar nicht näher untersucht werden; die Zahlen reichen dazu nicht aus. Für Forschungszwecke muß man es also künstlich erzeugen. Aber dann läuft man das große Risiko, etwas als „normale" Willenshandlung auszugeben, das im natürlichen Geschehen einen extremen Sonderfall darstellt. Dieser Gefahr ist Ach erlegen (wie hätte er auch wissen sollen, welch seltenen Vogel er da in seinem Käfig aufzog?). Das ist der Grund, warum die herkömmlichen psychologischen Forschungsmethoden, wie Roger G. Barker zu betonen nicht müde wurde, unbedingt durch „öko-behaviorale" zu ergänzen sind.

Feldstudien

Will man ökologische Untersuchungen durchführen, so müssen die Methoden den Bedingungen der realen Welt angepaßt werden, in denen natürliches Verhalten stattfindet, und nicht den Bedürfnissen und Bequemlichkeiten des Forschers. Aber diese Welt ist kompliziert, oft unkontrollierbar und neugierigen Beobachtern häufig abhold (Sells, 1969, 23). So wichtig also das Studium natürlicher Phänomene, so schwer der Zugang zu ihnen für Forschungszwecke – ein Dilemma, aus dem es Auswege zu suchen gilt. Die erfolgversprechendste, aber aufwendigste Möglichkeit dazu ist die Errichtung einer Feldstation. Der Forscher macht sich dann nämlich selber zum Teil jener Welt, die er – nun von innen heraus – beobachtet und untersucht.

Auf ein eindrückliches Beispiel hierfür werden wir in unserem Buch immer wieder verweisen müssen. Es ist die Station, welche Roger G. Barker und Herbert F. Wright im Herbst 1947 in Oskaloosa, Kansas, eröffneten. In jenem Städtchen des amerikanischen Mittelwestens („Midwest"), das ihm Anlaß zu so vielen psychologischen Erkenntnissen und Entdeckungen bot, lebt Roger Barker seit vier Jahrzehnten. Längst ist er mitsamt seiner Familie ein echter Teil jenes Feldes geworden, in das er einst von außen, als neugieriger Beobachter, einzog. Mit großem Stolz hat er mir vor wenigen Jahren eine Ausgabe des „Oskaloosa Independent" geschickt (vom 24.1.85), in dem die Ehrung seiner Frau Louise mit dem „Hall of Fame"-Award rapportiert wird. „This award is being presented to individuals who devote a ‚lifetime of service' to the community", erklärt das Lokalblatt. Genau jenen Aufgaben und Aktivitäten des Gemeinwesens, die Herr und Frau Barker über Jahre hinweg auf ganz neue Weise wissenschaftlich erschlossen, haben sie sich jahrzehntelang auch aktiv zur Verfügung gestellt. Kann man sich eine extremere Form der Feldforschung vorstellen?

Ja, vielleicht kann man das in gewissem Sinne wenigstens und mit stark verschobener Optik. Denn in unserer eigenen Untersuchung haben wir das Feld-Prinzip gleichsam ins Extrem gezerrt. Für dreieinhalb Jahre nämlich lebten wir nicht bloß in einer Feldstation, sondern wir bildeten sie höchstpersönlich selber. Wir benutzten die eigene Person als „Feld". Das bot enorme Vorteile. Man konzentrierte sich auf ein Objekt, das man ständig zur Verfügung hatte, pausenlos gleichsam; wenn es wach war, war man sofort auch da; wenn es verreiste, reiste man mit; man konnte stets einen großen Teil der Bedingungen kontrollieren, war über alle Begleitumstände orientiert; wußte aus erster Hand, was das Objekt bezweckte und woran es sich erinnerte; im vollständigsten Sinne konnte man darum eine „Längsschnittstudie" betreiben. Und erst noch der größte Vorteil: Die Beobachtung, so lückenlos sie auch war, kostete wenig an Zeit und Aufwand; sie ließ sich ganz beiläufig und nebenamtlich betreiben.

Kurz – wir können das Unternehmen, über das hier berichtet wird, schlagwortartig als „integrale Feldstation" bezeichnen. Das ist wohl sein charakteristischster Zug. Aus diesem Wesenskern entspringen eine ganze Reihe weiterer Merkmale und Probleme, die wir nun kurz skizzieren und diskutieren wollen.

Beobachtung, Gegenstand, Beobachter

Mario von Cranach hat ein sehr nützliches Schema der „complete research situation" für die Handlungsforschung entwickelt (1982, 50). Da gibt es unten ein Feld, in welchem die Handlung stattfindet, mit dem Akteur, seinem Partner und allfälligen weiteren (beteiligten oder unbeteiligten) Personen. Außerhalb dieses Feldes, gleichsam auf einer Tribüne, stehen (möglicherweise) naive Beobachter, die das Geschehen verfolgen und alltagspsychologisch zu erklären versuchen. Der wissenschaftliche Forscher aber hat ein weiteres, noch etwas höheres Podest zur Verfügung, von dem aus er die Handlung, aber auch ihre naive Deutung studiert. Das letzte tut er darum, weil die Alltags-Interpretationen der Zuschauer Aufschluß geben über die soziale Bedeutung der Handlung. Handelnder, Zuschauer, Forscher – ein Trio mit abnehmendem Involvement im Geschehen und zunehmender Hinwendung zu erkennerischer Reflexion.

Wir wollen hier nicht darüber philosophieren, in welchen Punkten sich Beobachter der beiden Tribünen voneinander unterscheiden und in welchen anderen sie sich gleichen (oder: unterscheiden sollten, sich gleichen sollten ...). Ein Gegensatz ist jedoch in unserem Zusammenhang besonders wichtig. Naives Zuschauertum – ob gewollt oder ungewollt, ob vom Handelnden wahrgenommen oder nicht – ist meist angewiesen auf zufällig gegebene und schlecht kontrollierbare Umstände und erfolgt höchst selten systematisch. Damit kann sich aber wissenschaftliches Beobachten nicht begnügen. Es muß Vorkehrungen treffen für eine geordnete Sammlung der benötigten Daten. Durch solche Systematik dringt gleichsam ein Fremdkörper in den normalen Geschehensablauf ein: eine neue, sich ungewohnt verhaltende Person, Apparate, Utensilien usw. Diese Elemente folgen in ihrer hartnäckigen, vom Handelnden kaum beeinflußbaren und schwer durchschaubaren Eigendynamik Gesetzen von außerhalb der Situation (vielleicht so, wie gewisse, seltene Themen innerdeutscher oder -schweizerischer Politik plötzlich von Rom her mitdirigiert werden). Bei psychologischen Experimenten ist diese Fremdbestimmung so selbstverständlich, daß die Forscher sie gar nicht mehr wahrnehmen, sondern glauben, was die Versuchsperson im Labor oder auf dem Fragebogen antworte, sei pure Alltagsrealität. (Dabei sitzt diese Person, um unser Bild weiterzuspinnen, von vornherein in der Kirche.) Daß die Forschung gerade darum die Kontrolle über ihren Gegenstand verliert, haben Rufer in der Wüste immer wieder betont (vgl. etwa Levine, 1974). Der zu Beobachtende tauscht im Experiment eben seine Normalwelt gegen eine Sonderwelt aus. A.R. Louch vertritt (und begründet) sogar die Ansicht, daß all die „Gesetze", welche die Psychologen mittels Experimenten herausfinden, reine Erzeugnisse dieser Situation sind (1966, 36.) Bei der Feldstudie dagegen bleibt der Handelnde in der natürlichen Welt; dafür dringt der Forscher – als Fremdkörper – in sie ein. Feldforscher haben darum viel klarer als Experimentalpsychologen das Problem des Beobachter-Einflusses begriffen. Die Beobachtungssituation kann das natürliche Verhalten verändern; „... awareness of being observed can have a critical effect on research outcomes ..." (Tunnell, 1977, 427).

Bei der Tageslauf-Forschung in „Midwest" sind den untersuchten Kindern zum Beispiel (ihnen zwar wohlbekannte) Beobachter einen vollen Tag lang überallhin gefolgt. Damit, wie sich das ausgewirkt haben mag, setzen sich Barker und Wright in ihrem Bericht gründlich auseinander (1955/71, 210ff.). Sie geben sich keineswegs der Illusion hin, die „observer influence" sei verhinderbar. Nach ihrer Meinung geht es vielmehr darum, sie zu minimalisieren (vor allem durch lange Angewöhnung), zu definieren und konstant zu halten.

In unserer eigenen Untersuchung war nun aber die Lage ganz ungewöhnlich. Die drei Rollen und Podien des von Cranach'schen Schemas – Handelnder, naiver Zuschauer, wissenschaftlicher Registrator – wurden in Personalunion ausgeübt und eingenommen. Die gleiche Person tat, deutete und untersuchte. Wie wirkt sich ein solcher Eintopf auf die „observer influence" aus? Verschärft er ihre Wirkungen oder dämpft er sie? Für den eingeschworenen Behavioristen der letzten Jahrzehnte war der Fall klar: Eine solche Kontamination bedeutete jenen Sündenfall, für den man endgültig aus dem Paradies der Wissenschaft verstoßen wurde. (Sein Paradies war das Labor. Welche Befreiung, daraus vertrieben zu sein!)

Wir selber sehen es natürlich schon recht anders. Auch wenn wir unsererseits – und für unsern Spezialfall – eine gewisse Verfärbung des Materials durch die Beobachtung keineswegs leugnen wollen, so glauben wir doch eine ganze Reihe mildernder Umstände geltend machen zu können. Da gibt es einmal, im Sinne der Forderungen von Barker und Wright, eine eindeutige Definition und eine eiserne Konstanz des Untersuchungseinflusses. Die „Selbstbeobachtung" (in jener bescheidenen Form, die wir in Kapitel 2.1 beschreiben werden) ist während der Erhebungsjahre zur festen Institution geworden, und außerdem – bei einer Arbeitsanalyse! – sogar zum Bestandteil des Beobachtungsgutes.

Dieser Teil kann ohne weiteres ausgezählt und damit auch aus der Verarbeitung ausgeklammert werden. Soweit sich unsere Untersuchung auf das letzte von drei Erhebungsjahren konzentriert, kann man zudem sagen, daß langwährendes Training, intensive Angewöhnung und systematische Abhärtung der kritischen Zeit vorausgegangen sind. Zwar warnt Cooper nicht ohne Grund: „Sowie Sie oder andere mit der Bestandesaufnahme Ihrer Tätigkeiten beginnen, versuchen Sie, Ihre Leistung zu verbessern und erhalten daher kein genaues Bild Ihrer Arbeitsweise unter typischen Bedingungen" (1986, 33). Aber wenn Sie das zwei bis drei Jahre lang getan und damit eine Verbesserung auf Dauer erreicht haben (schön wär's!), dann ist Ihr neues Niveau eben „typisch" geworden.

Im übrigen hängt es auch von der Zielsetzung des Unternehmens ab, die in unserem Falle nicht auf Fehlersuche ausging. Auch lag es im Interesse der Sache, den Beobachtungsaufwand auf ein Minimum zu beschränken; wer den natürlichen Gang der Dinge untersuchen will, darf ihn so wenig wie möglich unterbrechen. P's Seitensprünge auf die Tribünen mußten so kurz sein, daß sie auf dem Feld drunten kaum auffielen.

Und schließlich: Es ist zweierlei, ob man von jemand anderem beobachtet wird oder von sich selber. Sofern Selbstwertfragen und Beurteilungen von Qualität und Leistung ausgeklammert bleiben (wie in unserer Erhebung), so dürfte einen der Selbstbeobachter wenig genieren. Dafür ist man umso motivierter, mitzuhelfen, möglichst viel „Wahrheit" zu finden.

Eine persönliche Welt

Eine integrale Feldstation wird von einer Person getragen und „verantwortet" (wie das unser Kollege Alfred Lang auszudrücken beliebt; 1978, 140); und was sie zutage fördert, ist wohl oder übel eine persönliche Welt. Nichts von der vornehmen Distanz des Forschers, der „*den* Menschen", „*den* Berufstätigen", oder lieber *den* Arbeitsprozeß, *das* Anspruchsniveau, *die* gelernte Hilflosigkeit, im reinsten Zugriff „*die* Reaktion", untersucht (und sich selber dabei möglichst versteckt). Willst du „integral" erheben und erforschen, dann bist du dran, mein Lieber – du selber. Da tritt kein anderer für dich ein; auf dir selber stehst du da ganz allein.

Für den typischen Psychologen unseres Jahrhunderts muß diese Vorstellung ein Greuel sein. Lewis W. und Elisabeth P. Brandt haben 1974 geschildert und an vielen Beispielen belegt, daß Psychologen den „Menschen" als Gegenstand wie auch als Vollzieher ihrer Forschung möglichst auszuschalten streben. (Von Cranach: deren Untersuchungsobjekt könnte ebensowohl eine Kuckucksuhr sein. 1982, 37.) Im gleichen Jahr 1974 beschrieb umgekehrt Murray Levine, daß der Mensch unvermeidbar auch immer selber in seiner Forschung mit drin stecke, als Vergleichsmaßstab, als persönlich Interpretierender und als – sensibelstes – Untersuchungsinstrument. Man täte, nach Levine, besser daran, das auszunützen statt es wegzuleugnen. (Hat sich in den letzten fünfzehn Jahren viel daran geändert?)

Das vorliegende Buch siedelt sich am Gegenpol jener Haltung an, welche die Brandts bei psychologischen Forschern beobachteten. Es ist persönlich und will es sein. Auch wenn es sich auf einen sachlichen Teil der Lebenswelt seines Autors, auf die berufliche Arbeit nämlich, konzentriert, so geht es notwendigerweise doch um einiges über die Darstellung reiner

Sachprobleme hinaus. Auch die Arbeitswelt eines Menschen ist ja mitgeprägt durch seine Persönlichkeit. Das soll hier nicht vertuscht werden; im Gegenteil. Unsere Bereitwilligkeit, offen und persönlich zu reden, mag manchem zu weit gehen. Aber wahrscheinlich schadet es unserem Fache nicht, wenn für einmal etwas zuviel Mensch in eine Untersuchung einfließt, statt, wie sonst in der Psychologie üblich, zuwenig.

Für den Autor bildet dieses Buch sogar eine Art von Abrechnung über ein Stück Lebens- und Berufsgeschichte, über ein langfristiges Engagement für eine Reihe beruflicher und paraberuflicher Aufgaben und Anliegen, durchgeführt an einem längeren Zeitabschnitt irgendwo in der Mitte seiner Laufbahn. Nun werden persönliche Rechenschaftsberichte zwar oft geschrieben, gekauft und offensichtlich auch gelesen; Psychologen machen da keine Ausnahme (vor kurzem fand beispielsweise Fritz Heiders faszinierender Lebensbericht große Beachtung). Aber daß selbsterhobene persönliche Daten sich in die Forschung (oder zumindest in die Erkenntnistätigkeit) einschleichen, ist wohl ziemlich neu auf dem Büchermarkt. (Einen Anlauf dazu hat 1979 Roger G. Barker genommen.) Es braucht schon Außenseiter der Psychologie, um solches Tun sogar zu propagieren – zu propagieren selbst für den Gebrauch im Psychologie-Unterricht an Hochschulen, wie das Eva Jaeggi letzthin tat (sie hat 1983 übrigens selbst eine Autobiographie veröffentlicht). Sie vertritt die Meinung, „der unmittelbare Lebensraum, die eigene Erfahrung könnte sinnvoll befragt und reflektiert werden“ (1984, 68); damit ließe sich die Psychologie endlich wieder interessant machen.

„Wieder“ – denn sie ist es ab und zu schon gewesen. Darf ich verraten, wie ich ursprünglich „Psychologe“ geworden bin? Kurz nach meinem fünfzehnten Geburtstag fand ich in meines Vaters Büchergestell Charlotte Bühlers „Seelenleben des Jugendlichen“, ein Buch, das Pubertät und Adoleszenz von Tagebüchern her zu erschließen versucht. Selber seit zwei Jahren Tagebuchschreiber, fühlte ich mich unwiderstehlich hineingerissen: Da gab es eine Wissenschaft, die Leben und Entwicklung des Menschen anhand seiner Äußerungen erforschte und verstand! Die das erfaßte, was einem zentral und wichtig war! Mein Leben lang habe ich seither nie daran gezweifelt, daß es eine der vornehmsten Aufgaben der Psychologie sein müßte, auch „persönliche Welten“ zu untersuchen.

In einem Aufsatz über die Bedeutung des Tagebuchs für die Jugendpsychologie hat Charlotte Bühler übrigens die Benutzung von Tagebüchern als Quellenmaterial zu rechtfertigen versucht (1925, Vf.) Sie hebt folgende für die Forschung unschätzbaren Vorzüge hervor: Wir haben eine geschlossene Folge von Selbstbeobachtungen vor uns, die ganz von selber, ohne künstliche Absicht, ohne Einfluß einer bestimmten Fragestellung und „nicht für andere“ niedergelegt wurden, und zwar in einer Ausführlichkeit und Kontinuität der Darstellung, die es erlaubt, in verschiedensten Zusammenhängen wiederkehrende Belege als Kriterium für Bedeutung und Realitätsgehalt der Aussagen zu verwenden.

Damit hat Charlotte Bühler eine ganze Reihe von Punkten aufgezählt, die auch uns wichtig scheinen und die in diesem Kapitel diskutiert werden. Auch wenn P.'s Arbeitsprotokolle kein „Tagebuch" darstellen, so sind sie doch in weiterem Grade damit verwandt. Ob unser Buch persönlich genug ausgefallen ist, um der von Eva Jaeggi genannten Zielsetzung gerecht zu werden, das soll die Lesergemeinde beurteilen. Für mich jedenfalls bildet es eine Genugtuung zu denken, daß möglicherweise meine Rückschau auf ein Stück persönlicher Lebensgeschichte gleichzeitig auch einen Beitrag leisten kann zur Psychologie der Arbeit und des alltäglichen Handelns.

Eine spezifische Welt

Wir bedauern also keineswegs, daß die von uns untersuchte Welt eine persönliche ist. Hingegen bedauern wir es sehr, daß wir uns auf eine einzige solche Welt beschränken müssen. Unsere Einmann-Feldstation hat es uns ermöglicht, gleichsam à discrétion Material aus der Arbeitswelt eines einzelnen Mannes zu requirieren. Über diesen stehen uns nun eine Unmasse von Daten zur Verfügung, während unseres Wissens von niemand sonst vergleichbare Sammlungen existieren. Das ist schade, war aber nicht anders zu machen. Hätte man deswegen auf die ganze Untersuchung verzichten oder das Material unbearbeitet der Kehrichtverbrennungsanstalt überantworten sollen? Sie, liebe Leser, sagen wohl alle: nein; sonst wären Sie nämlich mit Ihrer Lektüre gar nicht bis hier vorgedrungen. Aber bedenken Sie, wie vielen Psychologen wir mit unserem Vorschlag zum Wegschmeißen soeben aus dem Herzen gesprochen haben! „Gerade diese naheliegende Art einer gegenstandsangemessenen Erkenntnisgewinnung auf dem ‚Umweg' über eine sorgfältige Untersuchung von Individuen ... blieb jedoch bis heute tabu", stellt Gerd Jüttemann 1985 fest (S. 56) – um wieviel mehr dann erst das Studium eines einzigen Falles. Die Frage von Krappmann, Oevermann und Kreppner (1976, 264; zitiert nach Hofmann, 1982, 47), „ob die stringente Erklärung eines einzigen Falles nicht mehr an Beweiskraft bieten kann, als die statistische Auswertung einer angeblich repräsentativen Stichprobe", verhallt ungehört im Raume.

In seinem oben erwähnten Lebensrückblick von 1979 erzählt Roger G. Barker, wie ihm der Zufall einst ein „very rare natural experiment on the effects of physique on personality" in die Hände spielte, in Form eines Paars eineiiger Zwillinge in der Adoleszenz, von denen einer seit Geburt körperlich stark behindert war. Barker studierte den Fall eingehend; aber er wurde angewiesen, das Material nicht zu publizieren, denn „one case means nothing". Er und seine Kollegen lernten jedoch daraus, daß man unter bestimmten Bedingungen auch singuläre Daten sammeln durfte und mußte, „namely, when the problem to which the data refer is important, when fully acceptable data cannot be obtained ..., and when the data are such that investigators at other times and in other places can add to them" (1979, 2143).

Diese drei Bedingungen halte ich im Falle unserer Tageslauf-Erhebung für erfüllt. Ihr Problem erscheint wohl nicht bloß mir allein als hochrelevant; das Material ist fürs erste nicht anders zu gewinnen als durch das Mittel einer integralen Feldstation. Aber meine Meinung ist keineswegs, daß es damit sein Bewenden haben soll. Falls sich nicht die Menschheit morgen selbst vernichtet (nur einmal oder mehrfach, aber das ist ja dann nicht mehr wesentlich), so dürften P.'s Tagesläufe keineswegs als einzige in die Ewigkeit der Erkenntnis eingehen. Dann liegt es an Ihnen zu schauen, daß P. mit seinen Daten nicht allein bleibt. (P. hat das Seine ja nun wohl getan.) Nutzen Sie die Jahre, die bis zum Overkill noch zur Verfügung stehen!

P. ist Berufsberater, und er hat seine Erhebung zum Teil mit Seitenblick auf diese seine Tätigkeit gestartet. Er ist überzeugt, daß die Berufe, aber auch die einzelnen Berufsträger, sich nach den hier behandelten Gesichtspunkten deutlich voneinander unterscheiden – nach Thematik, Kategorien, Struktur, Dynamik, Stil ihrer Arbeit. Das Wohlbefinden des einzelnen dürfte stark von richtigen Zuordnungen auch in dieser Hinsicht abhängen; aber bis heute wurde davon wenig erfaßt, formuliert und systematisiert.

In diesem Sinne trägt unsere Untersuchung Piouiercharakter. Wir sind, anhand eines Beispiels, intensiv in den Fragenkomplex eingestiegen und haben einiges an Zeit und Kräften investiert. Es war uns schlechterdings nicht möglich, auch noch berufskundlich-vergleichende Studien anzuhängen. Die erhoffen wir uns dringend von anderen. Zum Beispiel von Ihnen. (Warum eigentlich nicht?)

Ein weiteres Moment kommt dazu. Wir wollten nicht Einzelaspekte des Alltags oder der Arbeit studieren, sondern vielmehr Tageslauf und Themenstruktur und Planungsgeschehen undsoweiter in ihrem gegenseitigen Zusammenspiel. Vor allem interessierte uns die Art und Weise, wie Steuerung und Struktur der Arbeit von Tag zu Tag aus langfristigen Aufgaben und Interessen, aus längst getroffenen Entscheidungen hervorgehen. Dafür muß man aber beides, Tageslauf und Arbeitsjahr, in einem Ausmaß in sein Studium einbeziehen, das verbietet, Forderungen nach einer „repräsentativen Population" gleich auch noch zu stellen. Einzelprobleme hätte man wohl an größeren Stichproben nach wissenschaftlichen Usancen durchaus angehen können. Das Zusammenspiel läßt sich hingegen nur im Rahmen geschlossener Arbeitswelten packen. Solche aber sind stets individuell; und mehr als eine einzige stand uns nun einmal nicht zur Verfügung.

Eine komplexe Welt

Aber deswegen keine voreiligen Sorgen, bitte. Die von uns untersuchte Arbeitswelt ist die eintönigste nicht. Sie erschöpft sich keineswegs in immer gleichen oder ähnlichen Besorgungen. Aufgaben und Tätigkeiten, die in diesem Buche geschildert werden, sind recht vielfältig; und wir werden uns Mühe geben, diese Breite auszunützen, um den Leser mit bunt wechselnden Kostproben bei guter Laune zu halten.

Arbeitswelten können eben verschieden aussehen. In einem Aufsatz über die Handlungstheorie setzen sich von Cranach und Kalbermatten mit deren Verhältnis zur herkömmlichen Arbeitspsychologie auseinander (1982). Sie stellen dabei eine Liste auf über die Unterschiede zwischen der „ordinary action" – den Alltagshandlungen wie Zubereitung eines Essens, Gang ins Kino, Einkaufen oder Diskutieren – und der „labour activity" – der üblichen Arbeitstätigkeit, wie man sie in Mensch-Maschine-Systemen bei der industriellen Güterproduktion vorfindet. Die zweite sei stark vordeterminiert, vorgeschrieben, institutionalisiert, oft routinisiert, mit wenig Freiheitsgraden, automatischer Regulierung durch Rückmeldung, vorwiegend extrinsischer Motivation und geringer Reflexion von Wertfragen (120f.). In all diesen Hinsichten weiche die „ordinary action" deutlich vom Alltagshandeln ab.

Bei Durchsicht dieser Liste – deren Richtigkeit wir nicht in Frage stellen – könnten uns Zweifel befallen, ob denn Berufsleute wie P. überhaupt „arbeiten". In vielen Punkten gleicht das, was sie tagsüber am Schreibtisch, im Sitzungszimmer, in der Beraterecke treiben, wesentlich mehr der ordinary action denn der labour activity – so sehr, daß es uns gerechtfertigt erschien, dieses Buch im Untertitel auch als einen Beitrag zur Psychologie des Handelns – und nicht bloß des Arbeitens – zu bezeichnen. Das wird an zahlreichen Stellen des Buches deutlich werden.

Für Berufstätigkeiten wie die P.'s ist wohl besonders typisch (und hebt sie vielleicht am krassesten ab von der Arbeit im Industriebetrieb) die Komplexität. Als „komplex" wollen wir eine Arbeitsstruktur dann bezeichnen, wenn die eine, andere oder beide der folgenden Bedingungen gegeben sind: wenn verschiedene Aufgaben gleichzeitig, neben- oder miteinander, Aktualität besitzen und man sie selber zeitlich und kräftemäßig in Koordination zu bringen hat, und/oder wenn zumindest einzelne Aufgaben einen längeren, schrittweisen Arbeitsablauf erforderlich machen, bei dem die eine Teilhandlung jeweils die Voraussetzung für weitere bildet. Erst diese Struktur liefert uns die volle Begründung für einiges, was im letzten Abschnitt behauptet wurde. Bei „einfachen" Tätigkeiten, wie sie für Funktionen im Rahmen der industriellen Produktion typisch sind, ist es nämlich leicht möglich, Arbeitsstichproben herauszugreifen, die stellvertretend für ganze Tagesläufe untersucht werden können; auch der Bezug auf die – sich wenig verändernde – Aufgabenstellung bleibt unkompliziert. Völlig anders aber ist das bei „komplexen" Berufswelten. Hier verlangen Umstellungen und Tätigkeitswechsel im Verlaufe des Arbeitstages – oft „uneinsehbar" für einen neu hinzutretenden Beobachter – für ein wirkliches Verständnis zumeist die Kenntnis einer umfangreichen Vorgeschichte und Rahmenstruktur.

Später werden wir sehen, daß die Arbeitspsychologie oft so tut, als wäre die oben beschriebene „labour activity" das charakterisierende Muster für Arbeitswelten überhaupt. Dagegen möchten sich P. und seine Kollegen – und müßten sich, aufgrund eigener, persönlicher Erfahrungen, eigentlich auch die Arbeitspsychologen selber – verwahren. Es gibt kraß entgegengesetzte Beispiele. Aber fallen wir darum nicht etwa in den gleichen Fehler der Verallgemeinerung! Die in diesem Buch untersuchte Arbeitswelt ist nicht „typisch" für jedermann. P.'s Berufstätigkeit – wohl die einzige, für die bisher je eine „integrale Feldstation" errichtet wurde – gehört vielmehr einer ganz besonderen Gruppe von Arbeitssituationen an. Auf andere von ähnlicher Struktur läßt sie vielleicht Schlüsse zu, keineswegs aber auf die Arbeitstätigkeit an sich.

Eine „von außen" schwer zugängliche Welt

Fügen wir noch ein weiteres Merkmal an, das Berufstätigkeiten wie die P.'s von den traditionell untersuchten „labour activities" abhebt. Sie stützen sich nämlich vor allem auf „geistige" – oder meinetwegen „intellektuelle" – Vollzüge. Während eines ganz beträchtlichen Teils seiner Arbeitszeit liest oder schreibt (oder liest und schreibt) ein Berufsmensch wie P. (Unsere Erhebung wird uns in die Lage setzen, diesen Anteil auf einige Kommastellen genau anzugeben.) Gelegentlich „denkt" er auch einfach, mit oder ohne Bleistift in der Hand, und behauptet gleichwohl kühn, er „arbeite" (und sein Arbeitgeber nimmt ihm das glatt ab und zahlt den Lohn weiter).

„Intellektuelle" Arbeiten sind – naiv ausgedrückt – Tätigkeiten, bei denen man „von innen" mehr sieht als „von außen" – ja, die man nur „von innen" adäquat erfassen kann. Da sitzt einer stundenlang an seinem Schreibtisch, einen Haufen Papiere verschiedener Art, vielleicht auch Bücher vor sich, blättert, notiert, verschiebt, wechselt aus; steht nur ab und zu auf, geht kurz zur Toilette, holt einen Ordner, blättert darin, stellt ihn wieder zurück. Unter den Texten befinden sich möglicherweise auch französische und englische. Träte allerdings ein Industriearbeiter in sein Büro, so käme ihm das alles eher spanisch vor. Er würde – wie auch wir vorhin – daran zweifeln, ob da denn wirklich Arbeit geleistet werde. (Diese Aussage ist nicht etwa übertrieben. Tatsächlich gibt es unter den Ratsuchenden der Akademischen Berufsberatung Bern gelegentlich Kinder aus bildungsfernem Milieu, die von ihren Eltern zurechtgewiesen werden, wenn sie einfach „am Tisch sitzen und lesen": So würden sie das Abitur sicher nie schaffen; dafür müsse man intensiv arbeiten.)

Darum holen wir mal einen Fachmann herbei, der so einen fragwürdigen Tageslauf protokollieren und analysieren soll. Ein gerissener Kerl wird uns zu diesem Zweck vermittelt, der in Industriebetrieben prächtige Analysen erstellt und damit manchen Franken eingespart hat. Er kommt, grüßt und setzt sich vis-à-vis; sonst sagt und fragt er nichts; da er wissenschaftlich ganz sauber arbeitet, will er seine Notizen nicht mit den subjektiven Auskünften des Beobachteten kontaminieren.

Zuerst wirkt er recht beschäftigt. Er notiert sich jedes Umblättern, Verschieben im Bürostuhl, Zurechtrücken der Brille. Sollte der Schreibtischmensch telefonieren, so „beobachtet" und registriert sein Gegenüber auch dieses „verbale Verhalten". („Verbalverhalten *objektiv*, reliabel und valide zu erfassen", gelingt nämlich nur durch sauber geprüfte „Beobachtungsverfahren"; siehe Manns, Schultze, Herrmann, Westmeyer, 1987, z.B. S. 166. Hier irrt Seiler, wenn er behauptet: „Äußerungen sind aber keine Beobachtungsdaten, sie haben Mitteilungscharakter und müssen als solche behandelt werden"; 1987, 61. Das würde ja Verstehen erfordern – welche Horror-Vision für objektive Leute!) Da der Beobachtete dann aber stundenlang bloß noch liest und schreibt und sich kaum mehr bewegt, überkommt seinen Zuschauer allmählich das große Gähnen. (Erinnere ich mich richtig? Machte er gegen halb zwölf nicht sogar ein kurzes Nickerchen?)

Sein Bericht wurde als unergiebig ad acta gelegt. Er gliederte den Vormittag in ein paar Hauptabschnitte, die jeweils von einem Verlassen des Schreibtisches bis zum nächsten dauerten. Im übrigen stand darin – wie auf dem Krankenblatt in Gerhard Meiers Roman „Der Besuch" (1976, 130) – einfach zu lesen, der Observand „lege Schreibverhalten an den Tag". Aber selbst wenn sein Opfer etwas „getan" hätte (zum Beispiel ins Stadtzentrum gefahren wäre, um einen Einkauf zu tätigen), müßte der stumme Beobachter „ein extrem dogmatischer Behaviorist sein und dazu ein in ‚irdischen' Gewohnheiten unerfahrener ‚Marsmensch', um aus seinem Tun einen Erkenntnisgewinn zu ziehen, der entfernt die große Mühe lohnt" (Volpert, 1974, 24).

Die „Sicht von innen"

Der Handelnde selber hätte uns, auf Befragen hin, eine völlig andere Struktur jenes Vormittags angeboten. Für ihn lagen die Einschnitte seines Tuns keineswegs bei den Gängen zu Aktenschrank und Toilette, sondern vielmehr bei einigen der tausend kleinen Bewegungen und Unterlagenverschiebungen, die sich der Beobachter anfangs getreulich notiert hatte. (Allerdings hoben sie sich für Außenstehende nicht von den übrigen ab.) Hier hat er sich nämlich jeweils neuen Aufgaben zugewandt. Daß an diesen Stellen die „Wendepunkte" des Morgens liegen, das ist ihm unmittelbar klar; er „weiß" es, problemlos und mit größter Selbstverständlichkeit. Der Beobachter dagegen weiß es nicht – falls er nicht vernünftig genug ist, den Berufsmenschen seine Tätigkeit kommentieren zu lassen, oder eifrig genug, sich selber in sämtliche Akten und Bücher einzulesen (im Glauben, „objektiver" urteilen zu können als der Handelnde, der ja schließlich „Partei" sei). „In einigen Untersuchungen wurden Manager intensiv beobachtet (regelrecht „beschattet") ...", erzählt Henry Mintzberg (1976, 53). Wetten, daß ihre Aussagen und Erklärungen mit in die Analyse einbezogen wurden?

Man müßte auf der Einfachheits-Dimension der Arbeiten schon sehr weit nach unten gehen, um Tätigkeiten zu finden, bei denen unser Behaviorist allein und ohne Rückfragen durchkommt. Winfried Hacker demonstriert an eindrücklichen Beispielen, daß das bereits beim Industriearbeiter nicht mehr klappt. Er bespricht die individuelle Arbeitsplanung bei Produktionstätigkeiten, die sich in voll beobachtbaren Bewegungsverläufen abspielen, und kommt zum Schluß: „Damit sind die Grenzen eines behavioristischen Arbeitsstudiums, welches die geistigen (kognitiven) Leistungen des Arbeiters ausklammert, obgleich gerade sie den determinierenden Sachverhalt darstellen, verdeutlicht" (1978, 234). Um wieviel mehr dürfte also bei komplexen Berufstätigkeiten „der eindeutige Rückschluß von der äußeren Handlung unmöglich sein"! (Bromme und Hömberg, 1980, 111.)

Das gilt aber nicht bloß für den beruflichen Bereich. „... in vielen, vielleicht den wichtigsten Fragestellungen der Psychologie möchten wir Aufschluß bekommen über die subjektive Welt einer Person, über ihre wahrnehmungsmäßigen und kognitiven Einordnungen und Beziehungsbildungen, über ihre emotionalen und normativen Bewertungen und die sich aus ihnen ergebenden Handlungs- und Reaktionstendenzen" (Seiler, 1987, 62). Darum „möchte ich dafür plädieren, daß psychologische Empirie, die diesen Namen verdient, sich auch und vielleicht vor allem um die Erfassung der ‚inneren' Ereignisse, Strukturen und Bedingungen des Subjektes bemühen sollte" (60). So empfiehlt sich dringend die „‚Beförderung' von ‚Versuchspersonen' zu echten ‚Untersuchungspartnern'", gemäß einem von Wolfgang Lempert (1986, 162) zitierten Vorschlag von Felix Frei.

Im Hinblick auf unser eigenes Anliegen, nämlich das Studium von Alltag und Tageslauf, hat Pauleikhoff diesen Grundsatz schon 1965 formuliert: „Um das Ganze sehen zu können, ist jedoch weniger der äußere Ablauf des Tages, sondern vielmehr seine innere Gestalt wichtig. Auf das Innere kommt es in erster Linie an. Alle Einzelheiten und das Ganze müssen wir aus der Sicht dessen kennenlernen, der den Tag lebt und erlebt" (75). Tatsächlich haben wir uns von allem Anfang an dazu entschlossen und durchwegs daran gehalten, die „Sicht von innen" in unserer Untersuchung voll zu akzeptieren. Bewußt, gezielt und mit Überzeugung werden wir Erkenntniskategorien benutzen, die bei vielen Psychologen noch durchaus tabu sind: unmittelbares Erleben, subjektives Erfahren. Da und dort in diesem Buche werden wir begründen, warum wir so vorgehen (und unbedingt so vorgehen müssen, wenn wir zu brauchbaren Erkenntnissen gelangen wollen). Wem vor derlei schaudert, der möge das Buch jetzt schleunigst weglegen. Immerhin sei erwähnt, daß nicht alles, was wir vorzulegen gedenken, nur auf solchen Kategorien gründet; es sind auch „härtere" Daten dabei. Aber eine der Grundkategorien, auf denen unsere Analyse aufbaut, das „Thema", ist doch eine Größe, die nur „von innen her" zu packen ist. Es ist der vom Subjekt erlebte inhaltliche Zusammenhang, der Sinn, der für den Handelnden (aber nicht immer auch für den Beobachter) hier die Einheiten prägt. So definieren auch Max Weber die menschlichen Handlungen und Hans Thomae die „Thematiken" des Daseins durch den gemeinten Sinn.

Daß es Methoden gibt, auch „weiche" Daten verantwortbar zu handhaben, kritisch zu prüfen und seriös abzusichern, wurde immer wieder gezeigt (vgl. etwa Levine, 1974; Jüttemann, 1981; insbesondere die neuen Sammelbände Jüttemann, 1985 und Jüttemann/Thomae, 1987).

Psychologische Grundentscheidung

Wir haben damit von vornherein eine psychologische Grundentscheidung getroffen. Gerade an der Frage der Einheitenbildung scheiden sich ja die Geister. Seit jeher gibt es da Formalisten und Thematiker oder „Sinnsucher".

Die ersteren haben es natürlich einfacher, sie können sich an operationalisierbare (das heißt auch von jedem Dummkopf nachvollziehbare, nicht zu verfehlende) Kriterien halten, bei der Einteilung von Gesprächsprotokollen etwa an das Hin und Her der Wortübernahme. Die zweiten – zum Beispiel Eric Klinger mit seiner Analyse von Fantasieabläufen (1971, 95ff.) – müssen dagegen stets nach jenem Sinn fahnden, der Dummköpfen manchmal verborgen bleibt.

Meiner Meinung nach verpaßt man als Psychologe die von Menschen wirklich gelebte Realität, wenn man sich auf das erste beschränkt und versteift. Natürlich bin ich dazu – wenn auch durch frühe erkenntnistheoretische Bemühungen bereits so vorgespurt – durch meinen Lehrer Richard Meili erzogen worden, der ja in der Intelligenzforschung diesen Weg gegangen ist und selbst die hochtechnisierte Methode der Faktorenanalyse dazu verwendete, sinnhaltige Intelligenzfaktoren ausfindig zu machen statt der aus rein formalen Kriterien abgeleiteten (vgl. Meili, 1981). Es ist für die Psychologen, unter denen unsere Generation zu leben hatte, charakteristisch, daß er mit diesem Bemühen kaum ein Echo fand. (Umso wichtiger war für unangepaßte Exemplare dieser Gattung wie mich die Unbeirrbarkeit und Festigkeit, mit der Einzelgänger der Forschung – etwa Thomae, schon 1960 – die Ergiebigkeit des „Weges von innen" vordemonstrierten.)

Der Streit um die Introspektion hat die Psychologen in Lager und die Psychologiegeschichte in Epochen aufgeteilt. Nachdem diese Methode – freilich zum Teil in Zerrformen – vor hundert Jahren noch die unbestrittene via regia zum Gegenstand der Psychologie bildete, wurde sie durch John B. Watsons Fanfarenstoß von 1913 aus angelsächsischen und – nach 1945 – dann auch aus deutschen Landen vertrieben. Erst in den letzten Jahren wagt sie sich schüchtern wieder hervor und gewinnt allmählich ihre Salonfähigkeit zurück (vgl. etwa Liebermann, 1979). Den Gesinnungswandel der jüngsten Zeit und den sozialen Druck, den es dabei zu überwinden gibt, beschreibt Mario von Cranach recht eindrücklich mit den Worten: „Erst im Laufe der Arbeit konnten wir uns von der heute in der Psychologie vorherrschenden Auffassung von der prinzipiellen Untauglichkeit ‚introspektiver' Methoden freimachen und den Schluß ziehen, die Handelnden direkt zu befragen." (1980, 108.)

Aber für einen großen Teil der Scientific Community der Psychologen verbleiben das nach wie vor verbotene Äpfel am Baume der Erkenntnis. Solche Chancen der Einsichtnahme halten sie für Einflüsterungen des Teufels und richten alle Anstrengungen auf den Nachweis, wie sehr sich der Mensch beim Blick nach innen täuschen kann („Telling more than we can know", Nisbett und Wilson, 1977!) – nicht etwa, um die Täuschungen schließlich zu überwinden, sondern um diese Blickrichtung endgültig zu verbauen. Das ist eine Sturheit, vor welcher oft gewarnt wurde. „Instead of crippling himself by renouncing this source of invaluable information, ... the psychologist should discover and correct for all the determinants of error in the communication of memories, plans, valuations, self-estimates, and so forth." (Henry A. Murray, 1967, 440.)

Aber bei solchen Grundentscheidungen nützen Gespräch und Argumente eben wenig. Es „sind nicht aus der Weltwirklichkeit *ableitbare* Grundannahmen der Deutung eben dieser Weltwirklichkeit, sondern ... vielmehr *geglaubte* und damit nur von einem jeweils Gläubigen annehmbare Voraussetzungen der Weltorientierung", also Entscheidungen, die „über das Seiende apriorisch, vor aller Erfahrung", bestimmen (Matthias Rath, 1988, 100). Wie weit man schon bei der Wahl seiner epistemologischen Kriterien durch sein persönliches Wertsystem gesteuert ist, hat George S. Howard (1985, 259) gezeigt.

Leserin und Leser, nun haben wir uns zu unserem Glauben bekannt. Woran glauben Sie?

1.4 Umstände der Entstehung

„Im selben Jahr ... 1878 unterschrieb James den Vertrag für ein Handbuch der Psychologie, das er hoffte, in zwei Jahren vollenden zu können. Es wurden zwölf: die Principles erschienen 1890. Dieses Buch hat ihm viel Sorgen bereitet. Obgleich er seine Arbeit 1882 wegen einer Reise nach Europa unterbrach, ... wurde er fortwährend von ihr in Anspruch genommen. Wenn etwas Gutes darin steht, so ist dies das Produkt vieler Arbeit, schrieb er: alles wurde vier bis fünf Mal von neuem geschrieben. Der frische und lebendige Stil läßt das nicht vermuten."

Johannes Linschoten (1961, 13)

Ein Ferien- und Wochenend-Job

Dieses Buch und die Untersuchung, über die es berichtet, sind das Freizeitwerk eines theoretisch interessierten Praktikers, ein Wochenend- und Ferien-Job, der sich über mehr als ein Jahrzehnt hinzog. Wer es genauer durchsieht und nachrechnet, was an Arbeit darin verborgen ist – Ausdenken und Weiterentwickeln der Erhebung; Erstellen von Karteien, Listen und Tabellen; Auszählungen und Berechnungen aller Art; Erarbeitung des Manuskripts in mehreren Fassungen – , der wird wohl weniger über die Jahre staunen, die da draufgegangen sind, als über die Zähigkeit, mit der ein solches Freizeit-Hobby aufrechterhalten wurde. Vielleicht wird er sich fragen, ob dieser Mann noch ganz zurechnungsfähig gewesen sei.

Aber warum auch nicht? Andere schreinern sich in ihrer Freizeit sukzessive ganze Wohnungsausstattungen zusammen, bauen sich eine große Sammlung seltener Steine oder alter Stiche auf, spielen Abend für Abend und Sonntag um Sonntag Karten oder perfektionieren sich allmählich als Zauberkünstler. Sollte nicht einmal einer seine Berufsarbeit analysieren und ein Buch darüber schreiben? Freilich, das muß auch gesagt sein: noch einmal andere untersuchen solche Themen und verfassen solche Berichte in ihrer regulären Arbeitszeit, als Bestandteil ihrer Berufsaufgabe (und basteln, sammeln, spielen oder zaubern daneben in ihrer Freizeit).

Diese Chance war dem Autor nicht vergönnt. Im Rahmen des arbeitswütigsten Völkleins der Welt, dem er zugehört, absolvierte er getreulich Woche um Woche seine (mindestens) 44 Stunden für eine ganz andere, ihrerseits recht anspruchsvolle Berufsaufgabe – die wir noch genauer werden kennen lernen – , und ließ sein Hobby-Zuschauertum (das sich ja gerade auf diese Arbeit bezog) die Pflichtstunden nur in seltenen Fällen und in ganz bescheidenem Ausmaße anknabbern. (Erst in der Ungeduld der Abschlußphase kam es etwas häufiger zu Durchlöcherungen dieses Prinzips.) Hingegen bezog er während dieser Zeit insgesamt rund drei Monate unbezahlten Urlaubs. (Neid ist gewiß eine unerfreuliche Regung, aber manchmal schwer zu unterdrücken. Hätte ich – wie vorübergehend geplant – den Lehrerberuf ergriffen, so wären mir in der gleichen Zeitspanne rund anderthalb Jahre mehr an gut bezahlter Zeit für eigene Arbeiten zur Verfügung gestanden ...)

Von der Berufssituation her nur ganz spärlich ernährt, mußte sich dieses Hobby um so gefräßiger auf die Freizeit stürzen und anderen Anwärtern auf freie Stunden – Familie, Liebhabereien, Freunden usw. – das saftigste Gras vorwegschnappen. Zur Gänze hat sich der Autor freilich nie dieser privaten Arbeit verschrieben; ein gewisses Lebensrecht räumte er den Konkurrenten auch ein; und das führte schließlich zur langen Zeit, die das Projekt benötigte, um groß und stark zu werden.

Diese weit ausgedehnte Entstehungsgeschichte – vom Beginn der Erhebung (1972) bis zum Erscheinen des ersten Buches dauerte es mehr als anderthalb Jahzehnte, also ein Fünftel Menschenleben – ist ein weiteres zentrales Charakteristikum dessen, was hier einer interessierten Leserschaft vorgelegt wird. Im Jahr 1985 stand das Werk ein erstes Mal im Manuskript da; dann ruhte es drei Jahre, bis es einer Durchsicht unterzogen wurde. Die lange Erstreckung des Unternehmens hat zu einer ganzen Reihe von Begleiterscheinungen, Konsequenzen, Problemen geführt, mit denen wir uns in diesem neuen Unterkapitel etwas beschäftigen wollen. Das Buch handelt nicht bloß – wie das Seneca-Zitat andeutet – vom Problem der Zeit, sondern die Zeit war auch ein Problem für das Buch – und vor allem für seinen Autor.

Ein Jahrzehnt(e)-Job

Die lange Entwicklungsdauer habe ich keineswegs vorausgesehen. Als ich 1974 beschloß, meine Arbeitserhebung zu einem Buch zu verarbeiten, veranschlagte ich dieses Unternehmen auf zwei bis drei Jahre. Vermutlich hätte ich das Material liegen lassen, auf eine Auswertung verzichtet, das Buch nie zu schreiben angefangen, wenn ich geahnt hätte, wie lange das alles dauern wird. Nicht bedacht habe ich damals, wie stark eine „explorative" Studie sich entwickeln und entfalten, immer neue Aspekte gewinnen kann; nicht einberechnet habe ich, wie zäh sich die Sprache wehrt, eine Form anzunehmen, die man dem Leser zumuten mag; nicht erwartet habe ich das fast pausenlose Hindernisrennen, das man mit solch einem Projekt aufnimmt, die immer neuen Überraschungen in Beruf und Privatleben, die die Arbeit hintanhalten; weit unterschätzt habe ich schließlich die großen Zeitverluste, die durch die mangelnde Kontinuität der Arbeit an einem so komplexen Gegenstand erwachsen (immer aufs neue mußte ich mich, nach kürzeren und langen Pausen, wieder eindenken). Bei Voraussicht der Arbeitsdauer hätte ich dieses „Freizeitwerk" wohl auch darum kaum in Angriff genommen, weil ich mir die nötige Ausdauer nicht zugetraut hätte.

Denn das muß hier doch in Klammern kurz angemerkt werden: Es braucht ein kräftiges Maß an Frustrationstoleranz und fast verbissenem „Dennoch", um mehr als ein Jahrzehnt an einer Sache zu bleiben, die man rasch einmal zu bewältigen gehofft hatte. Ich kam zwar durchaus voran, sah mich aber, weil das Projekt stets wuchs, trotzdem vom gesteckten Ziel immer etwa gleich weit entfernt. Und weil ich mir die Arbeitszeit in kleinen Stücken zusammensuchen mußte, kam es mir oft so vor, als mühte ich mich ab mit der Erstellung einer kilometerlangen Straße, an der mich die Umstände stets nur zentimeterweise weiterbauen ließen. Nie hätte ich vermutet, soviel Ausdauer und Geduld zu besitzen. (Vielleicht haben auch Sie, liebe Leserin, lieber Leser, noch ähnliche Überraschungen mit und durch sich selbst zu gewärtigen?)

Auch die Frage, die wir dem staunenden Zuschauer oben aus der Hand schlugen, jene nach der Zurechnungsfähigkeit des Autors nämlich, hat mich dennoch selber oft heimgesucht. Zum Glück konnte ich da Trost oder doch Entlastung bei Großen finden. In einem Moment tiefer Resignation bin ich zum Beispiel auf die Passage in Linschotens Buch über William James gestoßen, die diesem Unterkapitel vorangestellt ist. Sie hat mich damals aufgerichtet und mich seither bei der Arbeit wie ein Konfirmationsspruch begleitet. Seit meinen Studientagen bewundere ich die „Principles of Psychology"; aber ich habe früher nicht gewußt, wieviel Lebenszeit und Arbeitskraft hinter diesem Buch steckt. Mit James wage ich mich freilich nicht zu vergleichen; aber wenn wir die bescheidenere Kapazität und die ungünstigeren Umstände im eigenen Fall in Rechnung stellen, so dürfen wir uns, hämisch angesprochen auf das Dutzend Jahre der Verzögerung, zur Rechtfertigung gewiß auf das James'sche Dutzend berufen.

Ein wenig anders wirkte sich eine ähnliche Entdeckung neulich auf mich aus. Fritz Heiders „Psychology of Interpersonal Relations" gehört seit ihrem Erscheinen vor fast dreißig Jahren ebenfalls zu meinen liebsten Büchern; aber ihre Entstehungsgeschichte wurde mir erst vor kurzem bekannt (Heider 1983/84). Auch sie erstreckte sich über weit mehr als ein Jahrzehnt. Heider trug sich schon anfangs der vierziger Jahre mit dem Projekt, aber kam zunächst nicht damit voran, weil ihm – wie er schmerzlich empfand – zuwenig freie Zeit zur Verfügung stand. Seine Ideen brauchten Ruhe und Kontinuität, um reifen zu können. Gegen 1950 erlaubte ihm dann ein Stipendium, ein volles Jahr auszusetzen und sich auf sein Buch zu konzentrieren, und später kam offenbar noch eine zweite solche Pause dazu. Dennoch erschien das Werk erst 1958.

Diesen Bericht Heiders durfte ich zwar als weitere Rechtfertigung für die eigene lange Arbeitszeit verbuchen; aber er hinterließ doch auch einen etwas bitteren Nachgeschmack auf der Zunge. Das klägliche Vierteljährchen verzettelten Freiraums, das ich mir allmählich zusammenrackern konnte, erschien mir in einem neuen Licht. Im Vergleich darf man wohl sagen, daß die Umstände diesem Buch das Entstehen nicht leicht gemacht haben.

Mit dem Erscheinen eines ersten Bandes ist natürlich der Prozeß noch nicht abgeschlossen. Wie manches weitere Jahr des zweiten – und vielleicht eines dritten? – Arbeitsjahrzehnts werden wohl noch an diese Unternehmung gehen?

Ein One-Man-Job

Immerhin läßt sich daraus eine Lehre ziehen. Es erweist sich nämlich, daß man auch ohne ernsthafte zeitliche Entlastung, ohne finanzielle Unterstützung, ohne Auftrag und Absegnung ein anspruchsvolles Projekt durchziehen kann. Über Neugier und Entdeckerfreude hinaus braucht es dafür allerdings ein gerüttelt Maß an Ausdauer, Geduld und Frustrationstoleranz.

Ob Sie das eher ermuntert oder einschüchtert, weiß ich nicht. Wichtig scheint mir aber in diesem Zusammenhang der Hinweis, daß eine solche Arbeit ohne Auftrag, ohne Geldquelle und ohne Freistellung neben vielen Erschwernissen auch große Vorteile bietet. Ich war nämlich während der ganzen Schwangerschaft mit diesem Buch niemandem verpflichtet. Niemand wartete auf die Geburt, niemand drängte, kein Geldgeber, kein Verleger, kein Kompagnon, keiner, der sich selber hierfür zurückgestellt hatte. Ich war gleichsam vogelfrei in meiner Aktion und brauchte mich bei niemandem zu entschuldigen, wenn es halt noch ein Jahr länger dauerte und noch eins und noch eins.

Diese Freiheit war und ist mir bei eigenen Arbeiten außerordentlich wichtig. Anders als bei meiner Frau, die unter Termin- und Erwartungsdruck besonders schöpferisch wird, können bei mir Ideen nur reifen, wenn ich die Möglichkeit sehe, sie voll auszutragen. (Ganz ähnlich muß es sich offenbar bei Fritz Heider verhalten.) Aber dafür hat unsereiner dann eben auch zu zahlen.

Die Ungebundenheit mit ihren Licht- und Schattenseiten hing natürlich auch damit zusammen, daß unser Unternehmen als One-man-job betrieben wurde. In einer Epoche, da alles von Teamarbeit spricht, bildete es ein unzeitgemäß einsames Vergnügen. (Gelegentlich hätte man sogar versucht sein können, es als heimliches Laster zu bezeichnen.) Das liegt bereits in jenem Charakteristikum begründet, das wir im vordern Unterkapitel ins Zentrum stellten. Eine integrale Feldstation gleicht natürlich viel mehr einem Ein-Mann-Kabarett als einer Theatergruppe; und solche Ein-Mann-Daten auszuhorchen und auszuzählen konnte wohl ebenfalls nur diesem selben einen zugemutet werden.

Glücklicherweise können auch einsame Vergnügen zeitweilig recht vergnüglich sein. P., in dessen Beruf soziale Kontakte eine große Rolle spielen (vgl. Kapitel 9.5), wußte es durchaus zu schätzen, mit der Arbeitsstudie einen stillen Ausgleich zu finden. Nach einer ersten Berichterstattung im Jahre 1976 legte er seine Daten anderen nicht mehr vor und besprach seine Ideen nur selten mit jemandem; über den engsten Umkreis hinaus wußte kaum einer um seine Pläne. Und je länger die Arbeit sich hinzog, desto froher wurde er darüber; denn so konnte er sich ungezählte Fragen nach ihrem Stand vom Leibe halten. (Das Antworten hätte ihn im Verlauf der Jahre immer verlegener gemacht.)

Gleichwohl bildete auch dieses Projekt in gewissem Sinne ein soziales Unternehmen. P. redete zwar kaum mit anderen darüber, aber er dachte beim Schreiben immer wieder an sie. Leserinnen und Leser waren für ihn fast ständig präsent; er unterhielt sich dauernd mit ihnen. Er freute sich darauf, Echos zu hören. Dabei mußte er sich freilich in immer weitere Fernen hinaus vertrösten und sich allmählich damit abfinden, daß seine Botschaft erst viel später gehört werden und eine Antwort noch lange nicht eintreffen konnte. Auch diese Frustration mußte durchgestanden werden.

Das Ringen um die Zeit

Bei der Arbeit an diesem Buch erlebten wir es als Wohltat, nicht unter äußerem Zeitdruck zu stehen. Aber das ersparte uns gleichwohl nicht, mit der Zeit und um die Zeit zu ringen. Wir haben versucht, genügend von ihr zu finden, um mit unserem Projekt voranzukommen (ohne sie doch restlos dafür aufzubrauchen) – und dies, während und weil wir sie an uns vorbeifließen und entschwinden sahen. „Fugit irreparabile tempus", hat der Berner Physiker André Mercier seine Rektoratsrede vom Jahre 1967 überschrieben. Sie rückte vor, die Zeit, sowohl im Leben von P., dessen einst dunkles, dichtes Haar bleich und schütter wurde, wie auch im Erscheinungsbild unserer Länder, wo sattes Grün zuerst zu grauem Beton erstarrte und jetzt zu kahlen Gerippen abblättert. Das blieb nicht ohne Wirkung auf die Arbeit an unserer Studie.

Mein Freund Fred W. Schmid in Zürich (einer der wenigen in unser Projekt Eingeweihten) hat zu diesem Buch jenes Zitat beigesteuert, das wir dem Kapitel 1 voranstellten. Seneca beschreibt, wie wir täglich ein Stück weit sterben, weil wir endgültig Zeit abschreiben müssen, die uns einst für unsere Anliegen zur Verfügung stand. Darum sei es wichtig, die verbleibenden Stunden festzuhalten und sinnvoll zu verwenden. Mit zunehmendem Alter wird uns das deutlicher. Erich Stern beschreibt mit eindrücklichen Worten die Veränderung des Zeiterlebens beim „Menschen in der zweiten Lebenshälfte" (1955, 106f.): „... und dort der Mann, der die Zeit dahinschwinden sieht. Unwiederbringlich enteilt sie, ein durch nichts zu ersetzender Verlust ... Der junge Mensch glaubt, daß er noch zu allem, was er tun will, die Zeit finden wird, daß er das, was er heute nicht tut, morgen, übermorgen, in einem Monat, in einem Jahre tun kann; der ältere Mensch weiß, daß das, was er heute nicht erfüllt, vielleicht nie mehr erfüllt werden kann. Die Zeit mangelt, zumal er sich bewußt ist, daß jeder Tag neue Anforderungen und neue Aufgaben an ihn stellt ... Diese Tatsache des Wertes der Zeit, die vor dem Menschen liegt und die eine Folge des Zusammenschrumpfens der Zukunft, der Begrenztheit des Lebens durch den Tod ist, gibt dem Leben einen ganz besonderen Charakter. Es begrenzt die dem Menschen gegebenen Möglichkeiten."

Besser könnte man wohl kaum ausdrücken, was dem Autor dieses Buches zunehmend zu schaffen machte. Während er seinem Jahrzehnt(e)-Job nachging, sah er, daß die Reihe allmählich auch an seine Generation kam; und die ersten Abendschatten begannen an seiner Unternehmung emporzuklettern. Würde er, so mußte man sich jetzt fragen, seinen Lesern überhaupt noch mitteilen können, was er getan, herausgefunden und gedacht hatte? Konnte er je vernehmen, was sie dazu sagten? Je mehr sich die noch zu leistende Arbeit vor ihm ausdehnte – weil sie immer vielgestaltiger, reicher, faszinierender wurde – und je weiter sich die Zukunftsperspektive bis zum erhofften Abschluß nach vorne erstreckte, desto beklemmender meldete sich die Frage: „Bringe ich es überhaupt noch hin?" Er fühlte sich zur Eile angetrieben, wie ein Bauer, der bei drohendem Gewölke seine Ernte einbringen will.

Der Bezug zur Zeit

Was in diesem Unterkapitel bis dahin beschrieben wurde, war freilich allein des Autors Sorge. Daß er einsam und nur in seiner Freizeit am Projekt arbeitete, daß die endlos hingezogene Entstehungsgeschichte in ihm allmählich Bangnis erzeugte, das sind Dinge, die für ihn zwar sehr bedeutungsvoll, für das abgeschlossene Manuskript indessen unwesentlich sind. Der Leser aber gibt sich mit dem fertigen Text ab. Für ihn ist dessen lange Inkubationszeit nur insoweit von Belang, als sie die Aktualität des Gegenstandes und seiner Präsentation beeinträchtigt haben könnte. Ich habe schon mit jungen Leuten zu tun gehabt, die behaupteten, in der Wissenschaft dürfe man bloß ernstnehmen, was aus den zwei letzten Jahren stamme. Das „Erhebungsjahr", über das in diesem Buch hauptsächlich berichtet wird, liegt nun aber bereits anderthalb Dezennien zurück.

Im Scheinwerferlicht der Untersuchung stehen nämlich die Jahre 1974 und 1975. Schauen wir sie uns kurz an! Ohne Zweifel war das eine denkwürdige Zeit. Nach jahrelanger Hochkonjunktur erfolgte damals, für jedermann sichtbar, ein (erster) scharfer Einbruch in die Wirtschaftslage. Dies hatte seine Auswirkungen auch auf den hier beschriebenen Gegenstand, die Arbeit des Berufsmenschen P., des Leiters einer Berufsberatungsstelle. Drei Beispiele mögen das veranschaulichen.

Da war zum Beispiel im Spätsommer 1974 eine Sekretärin zu ersetzen. Um den ausgeschriebenen Posten bewarben sich – man konnte sich damals glücklich schätzen – ganze zwei Damen. Nachdem wir uns für die eine entschieden hatten, wollten wir der andern bedauernd die Absage bekanntgeben; aber sie kam uns zuvor mit der Mitteilung, inzwischen habe sie bereits eine andere Stelle angenommen. Die Gewählte blieb ein Jahr bei uns; dann wollte sie eine Bibelschule besuchen. Wieder schrieben wir, gegen Ende 1975, die (gleiche!) Stelle aus – und siehe da, diesmal gingen gegen fünfzig Bewerbungen ein. Sechs Damen kamen in die engere Wahl, und alle hätten zugesagt. So rasch und radikal hatte die Szene gewechselt.

Nicht weniger dramatisch verlief damals die Entwicklung auf dem Sektor Wohnraum. Seit 1973 mußte die Akademische Berufsberatung Bern nach einer neuen Unterkunft suchen. Die Sache schien fast aussichtslos. Bei den prächtig florierenden privaten Firmen war die Nachfrage nach Büros im Zentrum Berns enorm. Ende 1974 erhielten wir dann aber Angebote von Firmen, die sich „redimensionierten". (Eine unserer damaligen Verhandlungspartnerinnen machte ein Jahr später Konkurs.) Schließlich konnten wir an der Gutenbergstraße ein Haus beziehen, in welchem zwei Zürcher Datenverarbeitungsfirmen ihre Berner Filialen untergebracht hatten, die sie nun aufgeben mußten. Die Erfahrung der zweijährigen Suchzeit bewog uns, rasch umzuziehen und ohne Bedenken die bisher gemieteten Räume vorzeitig zu verlassen. Aber da bekamen wir zu spüren, wie stark und rasch der Wind gedreht hatte. Plötzlich schien es nun fast unmöglich, für unsere zentral gelegenen Büros Ersatzmieter zu finden. Betriebe, die vorher wie Aasgeier auf unseren Weggang gewartet hatten, wollten und konnten nun kein Risiko mehr eingehen.

Und ein letztes, besonders instruktives Beispiel. Noch im Frühsommer 1975 griffen wir in unserem internen Weiterbildungsseminar ein Thema auf, das uns in den ersten siebziger Jahren viel zu schaffen gemacht hatte, nämlich das Problem der „Leistungsverweigerung" bei der jungen Generation. Unsere Klienten, verwöhnt, weil sie alles haben konnten, was sie wünschten, fanden es vielfach unnötig und unpassend, sich anzustrengen. Noch im Herbst des gleichen Jahres aber mußten wir mit hausinternen Kursen zum Thema „Akademikerbedarf" beginnen, da die „Absatzfrage" für unsere Klienten allmählich brenzlig wurde; und unser Dokumentationsfachmann Peter Graf lancierte aus dem gleichen Grunde eine erste Untersuchung über das berufliche Schicksal der Universitäts-Neuabsolventen.

Wer Aktualität der Probleme braucht, um sich für einen Gegenstand erwärmen zu können, darf sich also durch unsere Untersuchung gut bedient fühlen. Der Zufall will es, daß wir ihm alles bieten können. Seither ist es bekanntlich auf und ab gegangen: Sekretärinnen wurden wiederum rar und wiederum Legion; und wie es sich damit verhalten wird, wenn das Buch erscheint und wenn Sie es lesen, kann niemand voraussagen. Es braucht uns auch weiter nicht zu kümmern; in beiden Fällen dürfen wir lächelnd darauf verweisen: So war's schon zur Zeit unserer Untersuchung!

Aber davon, meine lieben Leserinnen und Leser, hängt's ja ohnehin nicht ab, ob unser Bericht etwas taugt. Was wir hier analysieren, sind Arbeitsstile und Arbeitsabläufe; und die verlieren ihre Aktualität kaum so schnell. Sie sind nicht an Jahreszahlen gebunden. Vielleicht werden einige unserer Beschreibungen obsolet werden, wenn Arbeitstätige – auch Berater – bloß noch vor dem Bildschirm sitzen; und etliche der in Teil D berichteten Nöte werden dahinfallen, wenn dereinst die Zwanzigstundenwoche realisiert ist. Aber auch da dürfte die Aktualität unseres Buches nur außerhalb der eidgenössischen Landesgrenze schwinden. Der Schweizer, der sich im Dezember 1988 noch einmal landesweit gegen eine Verkürzung der Arbeitszeit entschied, wird wohl noch das zweiundzwanzigste Jahrhundert mit mehr als vierzig Wochenstunden einläuten und selbst beim atomaren Untergang mit stolzer Genugtuung ausrufen: Unser Leben war Arbeit (für Liebe hatten wir kaum Zeit).

Berichterstattung und wissenschaftlicher Zeitgeist

In einer Hinsicht freilich haben sich seit fünfzehn Jahren Veränderungen eingestellt, die die Arbeit an diesem Buch keineswegs unberührt ließen. Wir haben sie nun schon einige Male angesprochen. Stark gewandelt hat sich nämlich die Wissenschaft, welcher sich der Autor zugehörig fühlt. Als er vor Jahr und Tag beschloß, einen Beitrag an sie zu leisten, spürte er Bedürfnis und Notwendigkeit, dem Zeitgeist, der sie damals noch beherrschte, zu widersprechen. Wie manche andere wollte auch er ein Gegenbeispiel dazu statuieren.

Heute muß er sich nun eher fast die bange Frage stellen, ob sein Beitrag nicht als bloßer Mode-Gag aufgefaßt werden könnte. Offenbar ist seit der Geburt seiner Ideen genügend Zeit verflossen, daß die Psychologie die Chance gehabt hat – und ein ansehnlicher Teil der Psychologen sie auch zu nutzen wußte – , eine Wendung um fast 180° zu machen. Damals stand man noch unter dem starren Regime von Neopositivismus und Behaviorismus (um es etwas plakativ auszudrücken); wissenschaftlich-akademische Ehren gebührten allein den Harten, Methodenstrengen; ja, eben erst hatten sie noch dazu ausgeholt, in neues Territorium vorzudringen; mit der Verhaltenstherapie sollten endlich auch aus den klinischen Softies eiskalte und stahlharte Westernhelden der Wissenschaft gemacht werden.

Hätte ein Schiffbrüchiger von damals zehn Jahre auf einer Insel ausharren müssen, er traute heute, endlich heimgeholt, seinen Augen kaum, wenn er psychologische Texte (auch und vor allem amerikanische!) in die Hand bekäme. Mit Burrhus F. Skinner, dem Fahnenträger unbeugsamer Härte (der allerdings auf Festland blieb), müßte er verdutzt ausrufen: „Whatever happened to psychology as the science of behavior?" (1987)

Mir selber blieb zwar das Schicksal eines Robinson erspart; aber ein anderes Bild mag meine eigene Erfahrung mit dem wissenschaftlichen Zeitgeist ausdrücken. Ich zog einst aus, gegen den Strom zu rudern, und kam gegen die starke Strömung nicht an. Da ging ich an Land, um stärkere Ruder zu rüsten. Und wie ich damit nun wieder ins Wasser steige, sehe ich, daß der Fluß jetzt nach der andern Richtung fließt. (Sowjetische Ingenieure würden daran vielleicht nichts Besonderes finden. Ich aber komme mir vor wie in einem Bild von René Magritte oder einer Erzählung von Marcel Aymé.)

Die Stimmungswende dokumentiert sich für mich am eindrücklichsten bei jener klinischen Richtung, die sich (trotz allem) nach wie vor „Verhaltenstherapie" nennt. Innerhalb weniger Jahre ist auch sie „kognitiv" geworden und wird betrieben von Männern und Frauen, die nach Sinn und Zielen und subjektiven Zusammenhängen fahnden. Nach Wittmann ist ein wahrer Boom kognitiver Verhaltenstherapie entstanden (1981, 37; zitiert nach Jüttemann, 1983, 43). Über die „kognitive Wende" insgesamt schrieb Otto Ewert 1979: „Was noch jüngst als Rückfall in eine ‚mentalistische' Denkweise galt, erscheint bisweilen als Ausdruck fortgeschrittenen Problembewußtseins." (Zitiert ebenfalls nach Jüttemann, S. 46, der von der „Aufhebung eines lange bewahrten Tabus" spricht.) Der Mensch wird wieder als aktiv handelndes Wesen gesehen, das man – zumindest – auch mit ganzheitlichen, verstehenden, interpretierenden Verfahren erfassen und erforschen sollte.

Es ist einige Zeit her, da wurde von einem Schweizer Gletscher die Leiche eines vor mehreren Jahrzehnten verunfallten Touristen ausgestoßen, tiefgekühlt und bestens erhalten in der Montur der damaligen Zeit. So ungefähr kam es mir vor, als ich Gregory A. Kimbles Untersuchung über „Psychology's two cultures" (1984) zu Gesicht bekam. Hatte ich diese Gegenüberstellung zweier Hauptstraßen psychologischen Denkens und Forschens, diese dutzendlangen Listen gegensätzlicher Werte, Ziele, Methoden, Interpretationsweisen nicht schon einmal und irgendwo gesehen? Aber natürlich, das beschäftigte, vor der langen Eiszeit der Seelenkunde, schon unsere Väter. Meiner hatte in seinem Büchergestell, mit verschiedenfarbigen Unterstreichungen, Richard Müller-Freienfels' Schrift „Die Hauptrichtungen der gegenwärtigen Psychologie" von 1929 – ein Buch, das nach sechs Jahrzehnten Tiefkühltruhe heute fast gespenstisch aktuell wirkt. Kimble könnte abgeschrieben haben (hat er aber nicht – jede Zeit fängt wieder vorne an). Das heißt doch: es *gibt* die andere Psychologie – endlich! – wieder (auch wenn, nach Friedrich Lösel, 1985, 72, „ein Großteil der Forschungspraxis aus ‚Überschneidungen' und ‚Mischformen'" besteht).

Gewiß: noch klammert sich der Geist der letzten Jahrzehnte an den Lehrstühlen der Universitäten fest. Aber die Tatsache, daß zumindest die Diktatur des Positivismus seit einem Jahrzehnt endgültig gebrochen ist, hat sich auf die Abfassung dieses Textes massiv ausgewirkt. Es gibt aus der Ur- und Frühzeit meiner Erhebung zahlreiche Notizen und Textentwürfe, die angelegt sind auf eine scharfe Abrechnung mit der damaligen Zeitströmung. Ich versuchte zu zeigen und zu begründen, daß und warum man so, wie der wissenschaftliche Brauch es vorschrieb, jene Probleme nicht lösen konnte, die mich zentral beschäftigten. Ein damals verfaßter Text hätte eine Streitschrift werden müssen. Sie bleibt meiner Leserschaft nun weitgehend erspart. Die Bausteine aus jener Zeit durfte und mußte ich zum größten Teil auf die Schutthalde werfen. Sollten Leserin oder Leser gleichwohl ab und zu noch über zurückgebliebene Brocken stolpern, so mögen sie dem Autor verzeihen. Ihm und seiner Generation wollen sie zugute halten, daß sie – anders als die heutigen Jungen – sich jahrzehntelang in einer psychologischen Einöde aufhalten mußten und die von damals her aufgestaute Verbitterung nicht so einfach von sich ab- und aus sich herausschütteln konnten.

Der Boom der Handlungspsychologie

Den Wandel des Zeitgeists in der Psychologie können wir noch spezifischer beschreiben. Vor einem Vierteljahrhundert habe ich ein Manuskript verfaßt, das am Beispiel fremder und eigener („alternativer“) Untersuchungen eine Handlungstheorie umriß. Der Text kam beim Verleger nicht an; er war unzeitgemäß. Die Psychologie befaßte sich nicht mit Handlungen, nur mit Verhalten. Der Mensch, so schrieb die Wissenschaft vor, handle nicht, er reagiere. Handeln blieb in der Psychologie bloß Domäne von Einzelgängern, deren Bücher man im Gestell hinter der Tür, zwischen Astrologie und Alchemie, versteckte. So kam „Handlung“ als zentraler Begriff etwa vor bei Autoren wie Paul Häberlin (1924) oder Arnold Gehlen (1940); davon nahm die Wissenschaft aber kaum Notiz. Es kümmerte sie auch wenig, daß in Nachbardisziplinen dem menschlichen Handeln zum Teil wahre Ehrenplätze zugewiesen wurden. Der Psychiater Pierre Janet zum Beispiel vertrat bereits in seiner ersten Vorlesung die Auffassung, die Psychologie müsse von der Handlung ausgehen, das sei ihre einzig relevante Frage (Fraisse, 1957/85, 17), und er stellte sie in seinem Gesamtwerk in den Mittelpunkt (Schwartz, 1951, 77). Und der Soziologe Max Weber eröffnete sein berühmtes Werk „Wirtschaft und Gesellschaft“ mit einer ausführlichen Diskussion des Handlungsbegriffs, weil dieser auch die Basis für seine eigene Definition der Soziologie bildete. Hätten doch die Psychologen damals über den Zaun ihres Faches geschaut!

Als mein Manuskript vom Tisch des Verlegers fiel, hatten auch die handlungspsychologischen Anregungen und Neuansätze Kurt Lewins noch wenig Nachhall gefunden, Parsons und Shils (1951) sprachen fast nur die Soziologen an, und die Saaten Heiders (1958) und Miller-Galanter-Pribrams (1960) schlummerten noch unter der Schneedecke der Verhaltenspsychologie. In der Ausgabe 1959 des von Wilhelm Witte überarbeiteten „Psychologischen Wörterbuchs“ von Friedrich Dorsch wurden dem Begriff „Handlung“ gerade zwölf halbe Zeilen gewidmet; und es mutet wie Ironie an, wenn sie in den Satz ausmünden: „Die Handlungen bilden ... einen der wichtigsten Gegenstände der Psychologie“ (136). Zwei- bis dreimal so wichtig waren damals offenbar – auf der gleichen Doppelseite – die Hand (33 Zeilen), die Hautsinne (22) und der Hautwiderstand (20). Aber noch anderthalb Jahrzehnte später, im Jahr 1973 erstand ich mir ein eben erschienenes amerikanisches Handbuch über das Gesamtgebiet der Psychologie, einen mächtigen Wälzer in Folioformat mit tausend Seiten (Herausgeber Benjamin B. Wolman), den ich vergeblich auf dieses Problem hin durchforstete.

Das, liebe Studentinnen und Studenten der Psychologie, könnt ihr mir wohl heute kaum mehr glauben. Bücher über Handlungspsychologie erscheinen dieser Zeit in einem Rhythmus, mit dem der Leser – und jedenfalls ein vollamtlich anderweitig beschäftigter – kaum Schritt zu halten vermag. Im Jahr 1980 habe ich mir eine Schreibpause gegönnt und mich während der Freizeit mit psychologischer Literatur (statt mit meiner Untersuchung) beschäftigt; ich wollte die handlungstheoretischen Publikationen der Vorjahre aufarbeiten. Dazu kam ich aber nur wenig, da Schlag um Schlag neue Titel auftauchten, die zu studieren waren. (Im gleichen Jahr 1980 erschienen zum Beispiel Bücher von Aebli, Boesch, von Cranach, Heckhausen, Thomas und Brackhane, Volpert zu diesem Thema). Inzwischen mußte ich es aufgeben, auf der Höhe bleiben zu wollen (vgl. nächstes Unterkapitel).

Hätte es mir meine Arbeit erleichtert, wenn der handlungspsychologische Boom ein Jahrzehnt früher eingesetzt hätte? Im Gegenteil. Ich bin heute überzeugt, daß es ein Glück für mich war, theoretisch unbeeinflußt ans Werk gehen zu können. Die „natürlichen" Einheiten, die „Bausteine des Alltags", die sich meiner naiven Selbstbeobachtung enthüllten und die nun die Grundpfeiler meiner Theorie bilden, hätten sich sonst wohl von vornherein zersetzt; kaum hätte ich noch den Mut zu derart unbefangener Sichtweise und Begriffsbildung gefunden. Auch eine Beschränkung auf die „Makroperspektive" des Handelns hätte ich mir gewiß nicht gestattet. Betrachten wir etwa Gerhard Kaminskis Analysen der Handlung des Skifahrens, so müssen wir uns fast entschuldigen für das unvergleichlich gröbere Niveau, auf dem unsere Beobachtungen ansetzen; und doch weist Kaminski mit Recht darauf hin, wie grobschlächtig auch seine Methoden noch seien (1982, 102). Die Mikroebene der Handlungsanalyse birgt jedoch ihre Probleme; man befaßt sich dann bloß mit einfachen, geradlinigen kleinen Vorgängen, den „konkreten Handlungen", wie von Cranach sie nennt, und verliert darob die großen, langfristigen, komplex aufgebauten aus den Augen.

Als sich – etwa zu Beginn der siebziger Jahre – die deutschsprachigen Psychologen wieder der Handlung zuzuwenden begannen, mußten sie feststellen, wie verschieden dieser Begriff verwendet wurde (Thomas, 1976, 2). Seither wurde zwar wesentlich mehr Übereinstimmung im Sprachgebrauch und in den Modellvorstellungen erzielt. Dennoch gibt es recht unterschiedliche Ansätze und Theorien; und es scheint mir für die Sache durchaus günstig, daß die Handlungspsychologie von vielen Seiten her angegangen wird. Der eine gründet seine Theoriebildung auf selber erlebte und durchdachte Beispiele (besonders anregend etwa Fankhauser, 1962), der oder die andere auf den Sprachgebrauch (etwa Brennenstuhl, 1975, oder Rehbein, 1977), die dritten auf Interaktionen (so Parsons und Shils, 1951), da und dort jemand sogar auf Experimente (etwa Werbik, 1978). Der fünfte geht das Phänomen durch Analyse alltagspsychologischer Vorstellungen (Laucken, 1974), der sechste von der „Handlungsgeschichte" (Schwemmer, 1983), der siebente vom erdkundlichen Raum her an (Werlen, 1987). Analysen langer Verhaltensabläufe auf Handlungen hin sind hingegen noch kaum unternommen worden; uns ist eigentlich nur der Ansatz von Barker und Wright bekannt.

In diesem Sinne eröffnet unsere Untersuchung – die das Werk Barkers und Wrights weiterführt und stark modifiziert – einen neuen und gewiß ungewöhnlichen Zugang zur Psychologie des Handelns. Sie mag bei ihrer Publikation wie ein Kniefall vor dem Zeitgeist erscheinen. Daß sie nun genau in die Landschaft paßt, ist aber eine Koinzidenz, die sich aus der langen Entstehungszeit herleitet. Unsere Grobanalyse des Arbeitens, ursprünglich wider den Zeitgeist unternommen, hat dank der langen Wartezeit nun doch wohl eine gewisse Aktualität gewonnen. Das Hindernisrennen, das schließlich zur vorliegenden Publikation führte, hat uns wenigstens in diesem einen Punkte Glück gebracht.

1.5 Empirie, Theorie, Literatur

„Truly good research means that one allows the investigation to be guided by the experiences of the investigation."

David Bakan (1967/73, xiv)

Die Rolle der Methode in der Psychologie

Täuschen wir uns, wenn wir vermuten, der Mann von der Zunft, der strenge Hochschulforscher, werde zuerst einmal das Kapitel 2.1 – Durchführung der Untersuchung – aufschlagen, um sich zu vergewissern, ob dieses Buch überhaupt etwas tauge? Es ist längst kein Geheimnis mehr, daß dem wissenschaftlichen Psychologen die Methode wichtiger geworden ist als der untersuchte Gegenstand. Bei der Beurteilung eines Stückleins Forschung fragt er nämlich nicht zuerst: Was will der Mann, was will die Frau? und dann erst: Hat er dafür eine angemessene Methode gewählt?, sondern umgekehrt: a) Benützt der Autor eine zuverlässige Methode? b) Hat er sich dafür ein angemessenes Problem ausgesucht?

Mit diesem Eindruck stehen wir bei weitem nicht allein. Fachleute, die die Szene weit besser kennen als wir, haben diese Eigentümlichkeit psychologischer Forschung noch und noch beschrieben und benannt. Schon 1946 äußerte Abraham H. Maslow: „By means-centering, I refer to the tendency to consider that the essence of science lies in its instruments, techniques, procedures, apparatus and its methods rather than in its problems, questions, functions or goals ... Means-centering at the highest intellectual levels most usually takes the form of making synonyms of ‚science' and ‚scientific method'... Means-centered scientists tend, in spite of themselves, to fit their problems to their techniques rather than the contrary."

(326f.) Edwin P. Willems und Harold L. Raush, von denen wir dieses Zitat übernehmen, ergänzen es wie folgt: „One by-product is the tendency to try to fit every research problem, every hypothesis, every hunch about behavior, every question, to that mode. Second, and more important, if a question or hunch does not fit or lend itself to that mode, there is the tendency to view it as not amenable to scientific study ... The issue is that we believe such an imperialism of method puts the cart before the horse" (1969, 6f.). Am schärfsten geht wohl Sigmund Koch mit dieser Haltung ins Gericht. Er bezeichnet sie als „Methoden-Fetischismus" (1981, 260) und höhnt, daß Wissenschaftler dieser Couleur jeden nach geheiligter Methode gewonnenen Befund allen eigenen Erfahrungen vorziehen, und seien sie noch so durchsichtig und noch so oft bestätigt (258).

Eine sehr differenzierte Analyse dieses Tatbestandes verdanken wir neuerdings Gerd Jüttemann, der die „grundsätzlich unzuläßige Umkehrung des Verhältnisses von Gegenstand und Methode" (also von Pferd und Wagen) als „Inversionsprinzip" bezeichnet hat. Die „Nomologische Psychologie" (gemäß Herrmann, 1979) gehe von solch „einem absoluten Vorrang der Methode vor dem Gegenstand" aus (1981, 36). Qualitativ-interpretative Methoden seien bei ihr bloß im Rahmen von „Erkundungsstudien" oder „Vorversuchen" (und bestenfalls als „uneigentliche Wissenschaft") zugelassen (59). Ganz ähnlich weisen Willems und Raush darauf hin, daß zünftige Psychologen „naturalistische" Forschungen höchstens als Methoden zur Rekognoszierung einschätzen, während die eigentlichen epistemologischen Feldzüge im Labor und mit experimentellen Waffen geführt würden (1969, 7).

Das anankastische Weltverhältnis heutiger Wissenschaft

Es gibt also bereits viele Namen für das Phänomen; wir lernten soeben etwa „means-centeredness", Methoden-Fetischismus, Methoden-Imperialismus, Inversionsprinzip kennen. Bedauerlich daran ist nicht nur der Ausschluß so vieler wichtiger Gegenstände und brennender Probleme aus dem Kreis der Erkenntnisgegenstände; peinlich ist auch der naive Glaube, die richtige Methode bringe per se, wo und von wem auch immer angewandt, Erkenntnisse hervor. Das gefällt natürlich einer professionalisierten Wissenschaft, „weil der Eindruck erweckt wird, es könne jeder Beliebige, der den Kanon der wissenschaftlichen Methoden ordentlich gelernt hat, unabhängig von seiner Lebenserfahrung, seiner Bildung, seiner Klugheit oder sonstiger persönlicher Fähigkeiten jedes beliebige Erkenntnisproblem durch Anwendung der vorgeschriebenen Routinen lösen." (Aschenbach, Billmann, Straub und Werbik, 1983, 117.) Sigmund Koch formuliert, der Erkenntnisprozeß sei dermaßen durchgehend durch Regeln festgelegt, daß der Erkennende überflüssig werde (1981, 258). Scherzhaft brüstet er sich, Erfinder eines neuen Wissenschaftszweiges „Epistemopathologie" zu sein, und sucht die „Vorrangigkeit eines erkenntnissichernden Vorgehens gegenüber einem erkenntniserweiternden" (Jüttemann, 1983, 40) aus einem geradezu pathologischen Sicherheitsstreben vieler Wissenschafter zu erklären. Nichts sei für sie offenbar beklemmender als verbleibende Spuren der Ungewißheit. Auch ich habe seinerzeit vom Verlangen der Methodiker nach Asepsis gesprochen (Pulver et al., 1978, 118; 194). Offenbar war es nichts mit dem Westernhelden. Der Colt dient nur der Absicherung gegen vermeintliches Ungeziefer. (Vielleicht bräuchte man besser das Bild eines Flohhalsbandes.)

Das entspricht dem „anankastischen Weltverhältnis" unserer Zeit, wie es Gion Condrau treffend benennt. „Es ist die Welt der Genauigkeit und Zuverlässigkeit, beruhend auf der Meßbarkeit, Wägbarkeit und Verfügbarkeit der Dinge", die den Zeitgeist beherrscht (1988, 158). „Die Industrie, die Wirtschaft, aber auch die Politik fordern den zwangsneurotischen Menschen ... Gefragt ist nicht mehr der große Könner, der Mensch mit den genialen Entwürfen, sondern der kleinliche Buchhalter, der buchstabenmäßig am Gesetz klebt – , und dieser entwirft unsere Gesetze" (159). Wie sollte es denn in der Wissenschaft anders sein?

Die absurdeste Konsequenz des Inversionprinzips ist wohl die, daß es neue Einsichten verhindert. David Bakan schildert dies recht drastisch im Vorwort zu seinem Buch „On Method" (1967/73, xiii). Wenn man einen Versuch sehr sorgfältig vorbereitet, durch Definition des Problems, Aufstellung von Hypothesen, Festlegung der Durchführung, Planung der Auswertung – also ein „well-designed experiment" unternimmt – dann läßt man den Fakten bloß noch die Chance, zur vorformulierten Frage ja oder nein zu sagen. „... the outcomes of the experiment have been completely anticipated, and ... one will not allow the experience of conducting the experiment to lead one to consider alternatives outside the ones already thought of beforehand." Es ist, als fürchte man sich nicht nur vor möglichen Zweifeln und Fehlschlüssen, sondern auch vor neuen Entdeckungen und unerwarteten Einsichten. Auch dagegen sichert man sich also ab.

Erkenntnissicherung und Erkenntnisgewinnung

Praktisch tätiger Psychologe! Du atmest tief durch. Diesem sterilen Zwang glaubst du entkommen zu sein. In der Praxis, denkst du, hat schematischer Methodenglaube nichts zu suchen; da darf, ja muß man sich vom meaningful thinking Sigmund Kochs leiten lassen und den Phänomenen frei gegenübertreten, „to learn what they have to teach" (Bakan, 1967/73, xiv). Doch nimm dich in acht und sprich nicht zu laut! Bald wirst du als Querschläger dastehen. Am 25. Juli 1982, zu einer Zeit, als sich der Autor dieses Buches Rechenschaft zu geben versuchte über sein ungewöhnliches Vorgehen, tadelte es der Präsident der Europäischen Föderation der Berufsverbände von Psychologen (EFBP) anläßlich einer Rede in Edinburgh zum Thema

„Was ist und was kann ein Psychologe?" (Michael Hockel, 1984.) „Jeder Psychologe", so ermahnte er die Praktiker, „hat sein Berufshandeln nach dem Schema zu organisieren: 1. Formulierung der Fragestellung ... 2. Formulierung erkenntnisleitender Hypothesen. 3. Experimentelle/praktische Bearbeitung der Hypothese. 4. Sammlung der ... Daten und deren Auswertung unter dem Gesichtspunkt der Auftragsfrage. 5. Abschließende Evaluation ..."(73). Auch in seiner praktischen Arbeit solle der Psychologe also so vorgehen, wie es ihm als „Wissenschaftsproduzenten" selbstverständlich sei. Bist du, Praktiker, allenfalls auch psychodiagnostisch tätig, so zeigt dir etwa Hans Westmeyer (1972), was du zu tun hast.

Daß er in seiner Beratungspraxis recht anders verfahre, hat der Autor bereits in einem Sammelwerk von 1978 geschildert und begründet. Im vorliegenden Buche nun überträgt er die Häresie sogar auf den Prozeß der Erkenntnisgewinnung. In beiden Zusammenhängen huldigt er einem Vorgehen, das er als „konsequent empirisch" bezeichnen möchte. Für den linientreuen Wissenschaftler besteht Empirie darin, daß man, nach der Formulierung von Hypothesen und der Operationalisierung der Begriffe, Versuchsreihen durchführt und Treffer auszählt. Die Begriffe „empirisch" und „experimentell" werden praktisch gleichgesetzt (Bakan, 1967/73, xiv; Levine, 1974, 662; Schwemmer, 1983, 66). Nach dieser Lehrmeinung dient Empirie dazu, Hypothesen statistisch zu verifizieren.

Wir unserseits bevorzugen eine andere Wortverwendung, mit der sich vielleicht „die gegenwärtig noch gegebene *Verengtheit* des Empiriebegriffs erfolgreich überwinden läßt" (Jüttemann, 1985, 19). Thomas Bernhard Seiler umschreibt sie wie folgt: „Entgegen dem empiristischen Mißverständnis von wissenschaftlicher Empirie als einer ausschließlichen Geltungsmaschinerie sehe ich mich den Auffassungen verpflichtet, die ihr eine Rolle im Findungskontext zuschreiben. Wichtiger als die Geltungsfunktion ist die heuristische Funktion: Gerade im Bemühen, unsere Annahmen und Voraburteile, die in nicht entscheidbarer Weise sowohl auf Allgemeinerfahrung, auf unsere subjektiven Erfahrungen und auf wissenschaftliche Diskussionen und Theorien zurückgehen, mit systematischen Beobachtungen, Erhebungen, Befragungen zu konfrontieren, setzt ein Prozeß ein, der zu ihrer Präzisierung, Differenzierung, Erweiterung und Integration führt" (1987, 58). Diese ausgezeichnete Formulierung charakterisiert genau die Art von Empirie, der wir uns mit unserer Untersuchung über den beruflichen Alltag verschrieben haben. Mit Gerd Jüttemann möchten wir nämlich zugleich darauf bestehen, „daß unsere Alltagserfahrung grundsätzlich ebenso als eine wissenschaftlicher Betrachtung zugängliche *empirische* Basis angesehen wird wie der Beobachtungsraum des Feldforschers oder Experimentators" (1985, 20). Ein Vorgehen scheint uns in ausgeprägtestem Maße empirisch zu sein, wenn es darin besteht, natürlich ablaufende Phänomene zu beobachten und festzuhalten, sie zu ordnen und zu durchdenken und neue Fragestellungen daraus abzuleiten (zu deren Prüfung man dann – mit geschärftem Blick – neue Beobachtungen anstellen kann).

Konsequent empirisches Vorgehen

Das Vorgehen während unserer ganzen Untersuchung war konsequent empirisch; es unterscheidet sich deutlich vom wissenschaftlichen Usus (und Kanon). Um untersuchungswürdige Fragen zu finden, pflegt man normalerweise die wissenschaftlichen Befunde und Vormeinungen anderer über ein Gebiet zu sammeln und aufzuarbeiten und späht nach bislang noch unbearbeiteten oder ungeklärten Partien. Dann stellt man eine „Hypothese" auf, die man „überprüft". So augmentiert und modifiziert man den Vorbestand an Wissen. Die „theoretische" Arbeit leistet man im voraus. (Ob man auch den ganzen Untersuchungsbericht im voraus schreiben könnte, wie Bakan meint, lassen wir offen.)

Bei einem Unternehmen wie dem unseren dagegen tritt man der Realität nur erst mit einer recht allgemeinen Frage gegenüber (zum Beispiel: Wie rollt eigentlich der Tageslauf ab?). Man läßt sich zunächst einmal treiben von einer noch wenig kanalisierten Neugier und von der Freude an den Phänomenen selbst. Man stellt sich ihnen; man hört zu, was sie einem erzählen; dabei greift man schrittweise ins Gespräch ein; äußert erste Vermutungen und zunehmend präzisere Fragen, läßt sich aber weiterhin auch gerne durch neue Tatsachen und Aspekte überraschen. So arbeitet man sich – Beobachter und Gegenstand „gemeinsam" – allmählich einer Struktur, einer Lösung, einem Verständnis entgegen.

(Was habe ich da eben geschildert? Meinen letzten Beratungsfall? Genau so geht es nämlich zu, wenn ein Ratsuchender bei mir vorspricht. Dieses Grundmuster der Erkenntnisgewinnung wende ich offensichtlich in der Praxis wie in der Forschung gleich an; und ich stehe in beiden Zusammenhängen voll dazu. Eine theoretische Untermauerung, für Vorgehen und Parallelsetzung, hat Fred W. Schmid 1978 mit Berufung auf Michael Polanyi geliefert.)

Eine historische Feinanalyse des „Jahrzehnt(e)-Jobs" meiner Untersuchung würde dieses Verfahren reichlich belegen und in hundert Farben illustrieren. Da kam zunächst die Erhebung. Sie wurde ausgelöst durch eine Fragestellung, die nach kürzestem in der Irrelevanz versank; ernährt aber wurde sie durch globale Neugierden aus der Vorzeit. Ich wollte mehr wissen über den Tageslauf – was, das mußte sich erst weisen. Die Realität sollte mir den Weg zeigen. So ist die Empirie von allem Anfang an der Hypothesen- und Theoriebildung vorangegangen. (In gleichem Sinne spricht Hans Thomae von seinen „theorie-frei" vorgenommenen Untersuchungen. 1968, 304.) Alle in der Erhebung entwickelten und verwendeten Begriffe und Größen können als Versuche betrachtet werden, mich der (systematisch registrierten) täglichen Erfahrung anzunähern und die Erhebungsmethodik immer differenzierter und adäquater zu machen. In diesem Sinne stellte die Erarbeitung des Beobachtungsinstruments bereits selber einen Erkenntnisprozeß dar.

Aber diese unsystematische Empirie der Neugierde war mit Abschluß der Erhebung noch keineswegs zuende. Als ich die gesammelten Daten ordnete, studierte und auszählte, ließ ich mich Mal für Mal von ihnen wieder verblüffen, umdirigieren und zu neuen Fragestellungen verlocken. Auch jetzt noch leiteten mich nicht „Hypothesen", sondern bloß die Daten selbst, die mich nun in einem neuen Idiom anredeten. Von Anfang bis Ende handelte es sich also um eine Untersuchung, die voll im Dienste der „Erkenntniserweiterung" stand (Ewert, 1983, 35) und bei welcher exploratives Vorgehen „als umfassendes problemsuchendes und problemfindendes Verhalten aufgefaßt" wurde (Facaoaru, 1985, 72). Vielleicht liegt sie nur scheinbar quer in der Landschaft; gibt es doch Stimmen, die eine Umkehrung der traditionellen Einschätzung explorativer und exakter Untersuchungsverfahren sich ankündigen sehen (Krappmann, Oevermann und Kreppner, 1976, 263; zitiert nach Hofmann, 1982, 47).

Wie könnte man demnach das Wesen der von uns ausgeübten Empirie charakterisieren? Darf man es wohl so ausdrücken: Beim klassischen Vorgehen sucht man empirische Antworten auf theoretisch abgeleitete Fragen; wir aber suchen bereits unsere Fragestellungen auf empirischem Weg?

Theoretische Klärung und Weltverständnis

Auf den ersten Blick mag sich für den Leser ein Widerspruch zum eben Ausgeführten ergeben, wenn sich der Autor als theoretisch interessierten Praktiker bezeichnet. Und doch kommt er nicht drum herum, das zu tun. Er kannte schon eh und je Neigung und Absicht, sein praktisches Tun auch theoretisch zu klären und zu untermauern. Daß die (explizit gemachte) Theorie bei ihm (fast) immer der Empirie und Praxis nachhinkt, bedeutet dabei keineswegs, daß er sie bloß als Pflichtübung oder Epiphänomen betriebe. Ganz im Gegenteil: Er hielte es kaum aus ohne sie. Er erlebt sich als theoriehungrigen Menschen, der danach strebt, seine Welt zu verstehen; er hat (noch) mehr Freude an dieser, wenn er sich auf eine ihn befriedigende Weise ein zusammenfassendes Bild von ihr machen kann. Dieses Bild aber muß nahe und flexibel mit dem gelebten Leben verbunden sein.

Thomas S. Kuhn hat die Erkenntnisgewinnung in der Geschichtswissenschaft folgendermaßen dargestellt (1978, 66f.): „Der arbeitende Historiker scheint mir einem Kind nicht unähnlich, das ein Bilderpuzzle ... vor sich hat". Die Bestandteile dieses Spieles muß er nun aber so zusammensetzen, daß sie ein Ganzes ergeben, wobei er sich an bestimmte Regeln zu halten hat. „Doch diese Regeln schränken die Lösung lediglich ein, sie legen sie nicht fest." Ziel seiner Bemühungen ist es, zur Überzeugung zu gelangen: „Jetzt gibt es einen Sinn; jetzt verstehe ich; was bisher für mich eine bloße

Aufzählung von Tatsachen war, bildet jetzt eine erkennbare Struktur." (Kuhn empfiehlt uns dringend, die hier beschriebene Erfahrung für wissenschaftliches Forschen ernst zu nehmen.)

Damit ist in etwa umschrieben, was wir selber mit dem Wort „Theorie" meinen und welchen Weg wir zu dieser zu gehen suchen. Uns ist schlicht daran gelegen, die Phänomene des Alltagslebens in einen sinnvollen Zusammenhang zu bringen und so zu „verstehen". Wir suchen das „geistige Band", das – nach dem Spott des Mephistopheles – bei philosophischer und wissenschaftlicher Zerlegung des Lebendigen so oft verloren geht.

Die Welt, in der er lebt, zu verstehen, ist ein kernhaftes Anliegen des Menschen. „Die Fähigkeit, Erkenntnisse zu gewinnen, ist ein Wesensbestandteil des Menschen. Seit *Descartes* ... wurde die ‚Bestimmung zur Erkenntnis' immer als anthropologischer Wesensaspekt des Menschen herausgestellt. *Litt* und *Rothacker* ... waren bestrebt, ‚den Menschen als ein die Welt verstehendes Wesen' darzustellen" (Dieterich, 1981, 26). Entstehung, Rolle und Spielarten menschlichen Weltverständnisses wurden von Karl Jaspers in seinem frühen Werk „Psychologie der Weltanschauungen" (1919/54) und von Richard Müller-Freienfels in einer ebenso faszinierenden, kurzen „Psychologie der Weltbilder" (1931, 145ff.) geschildert. Solches Verständnis soll den vorgefundenen Realitäten möglichst gerecht werden, aber auch dem subjektiven Bedürfnis nach einem sinnvollen, konsistenten Weltbild entgegenkommen. Auch wenn es dabei längst nicht immer (oder längst nicht mehr) um praktische Nutzbarmachung geht, so soll uns das Verstehen – in einem viel grundsätzlicheren Sinne – leben helfen. Es bestimmt die ganze innere Entwicklung mit. „What personal development is possible will depend on the theories actors hold" (Harré, 1984, 256).

Es versteht sich von selbst, daß solche Theorien und Weltverständnisse jedem „Systempurismus" (Rath, 1988) abhold und ihrem Wesen nach eklektisch sind. Daß auch (und gerade) „Eklektiker" sinnvolle, stimmige und wissenschaftlich verantwortbare „Weltbilder" gewinnen können, haben soeben Ernst Plaum und die in seinem Buch vertretenen Autoren eindrücklich gezeigt (1988). Eklektiker fördern „eine relativierende Betrachtungsweise verschiedener wissenschaftlicher bzw. epistemologischer Rahmenkonzeptionen, die zu einer ‚demokratisch-pluralistischen' Sicht verschiedener Erkenntniswege unserer Wirklichkeit führt. Entscheidend ist dabei, daß auch nichtwissenschaftliche Zugänge ernstgenommen werden. Dies kommt dem Praktiker, der sich mit der komplexen Alltagsrealität befassen muß, besonders entgegen" (Plaum, 1988, 131f.).

EDV-Pläne: eine lehrreiche Sackgasse

Ich habe – zumal als freischaffender Hobby-Forscher – selber wählen dürfen, welches empirische Vorgehen ich anwenden und welchen Weg zu welcher Art theoretischer Einsichten ich begehen wollte. Euch, liebe Kinder und Großkinder, wird das nicht mehr so leicht fallen. Eine veränderte Welt wird euch diktieren, was ihr zu tun und zu denken habt. Ich spiele damit nicht etwa auf Orwell an; das Jahr 1984 ist spurlos an uns vorübergegangen. Vielmehr wird man euch künftig ein weiteres abgewandeltes Schiller-Wort zurufen: „Mach deine Rechnung mit dem Computer, Forscher!"

Eine Zeitlang habe auch ich – und mit großem Eifer! – an dieser Rechnung herumgebastelt. Ich glaubte, ohne EDV nicht über meine Materialberge klettern zu können. Also mußte ich lernen, meine Daten und Überlegungen computergerecht zusammenzustutzen. Das machte zunächst einmal Spaß. Aber allmählich begann ich zu merken, was ich dafür zu zahlen hatte. Beim Zurüsten meines Stoffes war ich fast unversehens, Stück um Stück, dazu übergegangen, die Gesetze des Computers ernster zu nehmen als jene der beobachteten Welt. Ich war gar nicht mehr der Realität meines Erlebens auf der Spur, sondern jener des künstlichen Denkens.

Beispielsweise durfte ich nicht mehr dazu stehen, daß viele Phänomene sich im Verlaufe der Zeit nun halt einfach wandeln (vgl. Kapitel 4.4). Das fraß mir die Maschine nicht. Phänomene hatten über Zeit konstant zu sein. Ich durfte auch nicht mehr behaupten, es gebe zwischen ihnen fließende Übergänge, und das eine würde sich zum Teil mit dem andern decken. Der Computer verlangte klare Abgrenzungen; *das* war *das* und das war das; und ich hatte mich zu entscheiden, was es war. Und dafür zu entscheiden hatte ich mich von vornherein, noch bevor ich – Empiriker auch der Problementwicklung – das Phänomen richtig durchschaute; für meine Bitte, mancherlei zunächst noch offen lassen zu dürfen, zeigte mein Partner kein Verständnis.

Kurios und instruktiv zugleich war für mich die folgende Erfahrung. Schon bei der Lektüre des klassischen Werks von Miller, Galanter und Pribram hatte sie mich ein erstes Mal verblüfft. Das Buch ist bekanntlich in der Anfangszeit der Begeisterung für den Computer entstanden. Das ganze menschliche Denken und Handeln wurde darin so beschrieben, als ginge es lochkartengesteuert vor sich. (Test-Operate-Test-Exit.) Das zwang nun die Autoren gelegentlich, zu Hilfskonstrukten zu greifen. In Kapitel 12 behandelten sie beispielsweise das Problemlösungs- und Suchverhalten. Dabei kamen sie nicht um die Frage herum: Wann hört ein Mensch, der keinen Erfolg verbucht, zu suchen auf? Um ihre Theorie durchziehen zu können, ließen sie nun tatsächlich das Kapitel in die Behauptung ausmünden, man baue in solche Unternehmungen von vornherein „Stop-Befehle" ein; vor der Aufnahme neuer Schleifen müße der Handelnde dann jeweils prüfen, ob die selbstzugestandene Suchzeit bereits abgelaufen sei. Infolge der Schwierigkeit, die nützliche Zeitspanne im voraus richtig einschätzen zu können, gebe es oft vorzeitige Abbrüche der Aktionen. Tragisch; aber nichts zu machen. Mich dauert allerdings noch mehr der arme Teufel, der vergaß, solch einen Test in sein Suchverhalten aufzunehmen. Bis ans Ende seiner Tage muß er ja wohl seine programmkonformen Schleifen ziehen. Er wird damit zum Kollegen jenes berühmten Insekts, das seine Beute bis nahe an den Eingang seines Loches schleppt, um zunächst einen Kontrollgang ins Innere anzutreten. Falls sie inzwischen von Forscherhand zurückgeschoben wird, sieht sich das Tier von seinem Instinkt gezwungen, den Vorgang bis zur Erschöpfung zu wiederholen.

Liebe Leute! Auch ich könnte heute (und bis zum Jüngsten Gericht) noch die Bürden meines Jahres 1975 mit mir herumtragen. Damals wollte ich auch die (systematisch erfaßten) Handlungsabsichten dem Computer füttern, um ihr späteres Schicksal maschinell zu erforschen: wann wurden sie ausgeführt, abgeschrieben, erneuert oder durch andere ersetzt? Da gab es nun, o Schande!, etwelche, die ich glatt vergaß. („Auch ich ein Mensch unter Menschen", lautete seinerzeit eines der Themen für unseren Prüfungsaufsatz beim Abitur.) Um mich vor dem Dauer-Würgegriff unabschreibbarer, weil in die Vergessenheit versunkener Pläne zu retten, gab es nur eines: Ich mußte ihnen allen von vornherein den Befehl mitgeben, wann sie zu vergessen seien. Zwanzig Tage, guter Mann, sei dir diese Handlungsabsicht zugestanden – und laß dir ja nicht einfallen, sie am einundzwanzigsten früh doch noch in die Tat umsetzen zu wollen; da ist sie nämlich endgültig weg vom Fenster (lies: vom Bildschirm).

Ja, das ist es wohl. Computer sind bessere Menschen als wir. Sie halten den Dingen die Treue, sie sehen messerscharf durch, und vor allem: sie vergessen nicht! Ist es nicht eine miese Verunglimpfung dieser idealen Gehirne, wenn heute behauptet wird, der hinfällige menschliche Intellekt arbeite prinzipiell gleich wie sie?

Was unsere eigene Untersuchung betrifft, ging der Spuk vorüber. Aber wir könnten kaum sagen, wir hätten nichts dabei gelernt. Es war interessant zu erfahren, wie bessere Menschen denken – wie perfekt und wie realitätsfern zugleich. Perfektion ist faszinierend. Aber wer Realitäten auf freier Wildbahn aufspüren, Empirie von Grund auf betreiben will, tut sicher gut daran, zugunsten der Realitätsnähe ihren Verlockungen zunächst einmal zu widerstehen. Erst in späteren Phasen solcher Unternehmungen, wenn der Stoff sinnvoll geordnet und theoretisch geklärt ist, sollte man den gescheiten Bruder beiziehen. (In unserem eigenen Falle ginge das jetzt problemlos.) Über seine Welt nachdenken, so finde ich, muß man ohne Computer.

Der Beizug von Literatur

Außeruniversitäres Nachdenken über die Welt braucht heute Überlebensstrategien; und wir hoffen, unser Buch könne dazu einen kleinen Beitrag leisten. Das Ausbleiben einer EDV- Auswertung darf aus dieser Sicht vielleicht gar als Glücksfall begrüßt werden(?). Vielleicht steht ja auf den kommenden Seiten doch etwas Interessantes und Nützliches; und dann darf es demjenigen, der weder Geld noch Elektronik für seine Studien zur Verfügung hat, als Trost und Ansporn gelten: Es geht auch anders – selbst heute noch.

Vielleicht schließt sich da gleich noch eine zweite Rückenstärkung an. Dem Erkenntnishungrigen des Alltags ist es heute völlig unmöglich, neben seinen zweitausend Jahresstunden an Deck des ordentlichen Berufes noch mit der Flut der Fachliteratur im Hobby-Gebiet zurechtzukommen. Bringt er nicht einmal recht die Zeit zusammen für seine eigene wissenschaftliche Zusatzarbeit, so kann er nicht regelmäßig auch noch alles lesen, was publiziert wird. Das muß er anderen überlassen, die unter günstigeren Vorzeichen arbeiten.

Unser Buch mag dem Verunsicherten nun aber zeigen, daß man einer Fragestellung auch zuleibe rücken kann ohne systematisches Durchackern der einschlägigen Literatur. Ob er das freilich als Trost empfindet, hängt ab von der Art theoretischer Klärung, die er anstrebt. Wer überzeugt ist, sich mit seiner Forschungstätigkeit an der Erstellung der großen Landkarte des Wissens zu beteiligen, muß dafür sorgen, alle schon erarbeiteten Partien dieses Werkes gründlichstens zu kennen, bis hinab auf den Maßstab des Grundbuch-Geometers. Nur so entdeckt er die noch immer weißen (oder seiner Meinung nach falsch gefärbten) Stellen. Und seinen Kollegen muß er präzise aufzeigen können, wo sein eigenes Stück Forschung auf der Karte einzusetzen ist. Das ist die Sprache, die man in wissenschaftlichen Zeitschriften miteinander spricht. (Dissertant, warum dein Seufzer, wenn du das liest?) Es gibt Leute, die soweit gehen, theoretische Fundierung praktisch gleichzusetzen mit Aufarbeitung der Literatur.

Bei der oben beschriebenen Haltung zur Theorie erfüllt die Lektüre dagegen eine andere Funktion. Hier darf man sich ihr – schillersch-unkantisch – aus Neigung zuwenden statt aus Pflicht. Sie soll einem helfen, sich eine allgemeine Übersicht zu verschaffen über das Gebiet seines Interesses und es besser zu strukturieren. Sie dient weiter dazu, das eigene Denken anzuregen und zu bereichern, eigene Einsichten und Einfälle zu bestärken oder zu korrigieren, oft auch notwendige Abgrenzungen vorzunehmen und mögliche Mißverständnisse zu antizipieren. Für all das ist Vollständigkeit – zum Glück – nicht vonnöten.

In solcher Weise ist Literatur in unsere Untersuchung eingeflossen. Allenthalben wird sie auftauchen, aber recht unsystematisch. Im Laufe der Jahre hat der Autor mancherlei gelesen; aber als Kenner der Fachliteratur darf er sich noch lange nicht bezeichnen. Was er von dieser aufgenommen hat, verdankt er weit weniger einem ordentlichen Suchverfahren als dem Zusammenspiel auftauchender Zufälle, einschnappender Interessen und wohlmeinender Umstände: Nur wenn er unter günstigen zeitlichen Bedingungen auf Publikationen stieß, die seinen Lesehunger zu wecken vermochten, kam die Sache zum Klappen.

Konkret hinzuweisen ist vor allem auf vier Eigenarten oder Schwächen der hier getätigten Literaturverwendung. Zum ersten ist der Autor kein Zeitschriften-Leser. Seine sehr beschränkte Lesezeit wendet er vor allem Publikationen zu, in denen zusammenfassende, grundsätzliche, oft eigenwillige Überlegungen vorgetragen werden. Darunter befinden sich gelegentlich auch nichtpsychologische Bücher. Allerdings drängt sich da gleich eine zweite Vorwarnung auf: Mit gewissen Gebieten, etwa mit der Philosophie, hat der Autor sich vor manchem Jahrzehnt abgegeben und seither kaum mehr; der Leser hat hier also Zutaten zur Hauptspeise zu erwarten, die nicht eben aus der neuesten Küche stammen. Ob er sie sich gleichwohl schmecken läßt, weiß ich nicht; der eine wird so alten Kram undiskutabel, der andere so grundsätzliche Überlegungen unverwüstlich finden.

Weiter dürfte der Leserin und dem Leser dieses Buches bald einmal auffallen, daß sich der Autor auch bei seiner Literaturbenützung als hemmungsloser Eklektiker gebärdet. Er findet (fast) alles interessant, was Menschen über den Menschen gedacht und geschrieben haben, und wäre es auch recht ungewöhnlich. Gelegentlich könnte das dem Buch sogar zum Schaden gereichen. Ein früher Leser einzelner Partien hat den Rest unangetastet zurückgegeben mit dem Hinweis, „mit Husserl habe er halt nie etwas anfangen können". Richtig, Husserl ist auch dabei (fast hätte ich's vergessen). Husserlianer vor: Sagt mir, ob ihr mich deswegen als euresgleichen wiedererkennt?

Die vierte – und wohl wichtigste – Bemerkung betrifft die Arbeitspsychologie. Die Literatur über dieses Gebiet ist riesig; aber der Leser wird hier wenig davon zu Gesicht bekommen. Zu meinen Spezialgebieten zählte die Arbeitspsychologie nie. Erst im Dienste meiner Tageslauf-Untersuchung versuchte ich mich etwas in sie einzulesen. Aber ich mußte rasch einsehen, daß hier wenig für mein Anliegen zu holen war: Gegenstand dieses Forschungsfeldes ist eine ganz andere Art von „Arbeit" als jene, die ich selber betreibe und zu analysieren versuche. Darauf werden wir noch mehrfach zu sprechen kommen.

Autistische und individuelle Theoriesysteme

Locker betriebene Lektüre macht Spaß, und man freut sich auch, den Leser auf den einen oder anderen seiner Funde hinzuweisen (selbst wenn man sich dabei bewußt bleiben muß, wie zufällig und unsystematisch man ihn bedient). Leserin und Leser bleiben natürlich frei, anzunehmen oder abzustoßen nach eigenem Gutdünken. Aber es dürfte für sie jedenfalls beruhigend sein, anhand von Hinweisen und Zitaten zu erkennen, daß sie sich während der Lektüre nicht allein mit dem Ausstoß eines einzigen Gehirns werden begnügen müßen; durch das Buch bleiben oder geraten sie auch ein wenig in Kontakt mit weiteren Köpfen.

Es gibt allerdings Autoren, die auf solche Vermittlungstätigkeit total verzichten. Paul Häberlin hat im Jahre 1924 eine „Elementarpsychologie" unter dem Titel „Der Geist und die Triebe" herausgegeben, worin er – auf einem halben Tausend Seiten – keinen einzigen andern Namen erwähnt (falls ich ihn nicht etwa verpaßt habe). Lesenswert scheint mir das Buch trotzdem – aber befremdlich genug; man wird das Gefühl nicht ganz los, der Entfaltung einer zwar sehr gescheiten und umgreifenden, aber gänzlich autistischen Weltschau beizuwohnen. Gibt es so etwas auch heute noch? Wenn ja, würde es wohl kaum mehr auf Beachtung hoffen dürfen. In früheren Zeiten war das anders. Da wurde über so persönliche Gebiete wie Erleben und Benehmen des Menschen unter Zustimmung der Fachwelt „autistisch", aber klug nachgedacht. Erinnern wir uns nur etwa der großartigen Gesamtsicht des psychischen Lebens, die Carl Gustav Carus in der Mitte des letzten Jahrhunderts vorgelegt hat!

Wer heute eine Gesamtschau bieten möchte, wird eher dem Gegenpol zuneigen. Diesem Pol haben sich, als Amundsens der Psychologie, wohl Bernard Berelson und Gary A. Steiner mit ihrem „Inventory of Scientific Findings" am meisten angenähert, das 1964 erstmals erschien. Es stellt einen heroischen Versuch dar, all das in einem System zusammenzutragen und zu organisieren, was (andere) Autoren über das „Human Behavior" erforscht und herausgefunden haben. Hier unterliegt man beinah der Versuchung, von einer „kollektiven Theorie" zu sprechen.

Irgendwo zwischen diesen beiden Polen siedeln sich alle Bücher über allgemeinere psychologische Fragen an – auch unseres. Zum Schrecken vieler Zeitgenossen (aber jetzt, am Ende dieses ersten Kapitels, dürften sie abgehärtet genug sein, um auch dieses letzte Geständnis noch zu verkraften) fühlen wir uns dem Häberlin'schen Pol näher. Wir bekennen offen, daß die hier vorzutragende Theorie recht individuelle Züge trägt. Jedenfalls darf sie keinerlei Anspruch erheben, „Kollektivgut" zu sein. Gegen ihre Charakterisierung als „autistisch" müßten wir uns allerdings gleichwohl zur Wehr setzen: Damit würde man nicht bloß die vielen empirischen Bezüge, sondern auch die ständige Tuchfühlung mit andern Autoren übersehen. (Daß man übrigens mit Fug und Recht auch der Gegenseite „Autismus" vorwerfen kann, zeigte Sigmund Koch: 1981, 259.) Hingegen dürfte der Begriff eines „individuellen" Theoriesystems durchaus am Platze sein.

Zugegeben: ich habe nun einmal ein Faible für individuelle Theorien und Weltsichten in der Psychologie. Seit jeher habe ich außerordentlich viel profitiert von großen und kleinen Werken eigenwilliger Einzelgänger. Ich möchte nur ein paar wenige aufzählen, denen ich besonders viel verdanke: etwa Gordon W. Allport (1937), Isidor Chein (1972), Fritz Heider (1958), Paul Helwig (1958), Ludwig von Holzschuher (1949), George A. Kelly (1955), Eric Klinger (1977), Joseph Nuttin (1980), Horst Sacher (1978). Einigen dieser Namen werden wir später wieder begegnen. Ich bin überzeugt, daß ich manchen anderen psychologischen Denkern das Unrecht (und mir selber den Schaden) zufüge, sie (noch) nicht zu kennen. Einmal werde ich vielleicht sogar die Ferienwoche finden, die ich bräuchte, um mich auch mit der geforderten Bedingungslosigkeit Holzkamps Werk auszuliefern.

Freizeit-Forschern bleibt wohl kaum etwas anderes übrig, als „individuelle Theorien" zu entwickeln. In der kärglichen Zeit, die Ihnen da zur Verfügung steht, schaffen Sie den Aufstieg zum Berelson kaum. Aber diese Vorgehensweise ist nicht eine beklagenswerte Ausgeburt der Not; ich betrachte sie vielmehr als eine autochthone Tugend. Meiner Überzeugung nach kommen wir in der Psychologie ohne kreativ-individuelles Nachdenken nicht mehr weiter. Andere huldigen entgegengesetzten Überzeugungen. Für ein sauberes Stück Landkartenarbeit gäben sie dutzendweise individuelle Sichten hin. Ihnen können wir entgegenhalten, was kürzlich Dietrich Dörner über ein ihm vertrautes Spezialgebiet der Forschung niederschrieb: „Jenseits einiger kleiner Befunde, die für die Gedächtnis- und Denkpsychologie bedeutsam sind, hat sich die ganze Forschungsrichtung als l'art pour l'art erwiesen, und es würde m.E. nicht viel fehlen, wenn man die vielen tausend Publikationen auf diesem Gebiet einfach vergessen würde." (1983, 21.) Dem kann ich mich durchaus anschließen; und wenn man mir eine individuelle Theorie anbietet, so packe ich bündelweise Forschungsbeiträge zusammen und rufe mit Mörike aus: „Nimm tausend für eine, nimme alle dafür!"

Dank und Undank

Natürlich ist ein solcher Ausruf ungerecht und undankbar. Man sollte die methodentreue Landkartenarbeit und die individuelle Verarbeitung nicht so gegeneinander ausspielen; sie sind aufeinander angewiesen. Das gilt jedoch gegenseitig; und die Methodiker waren früher und erfolgreicher in der Abqualifizierung ihrer Antipoden; kein Wunder, daß nun ab und zu auch die Gegenrechnung präsentiert wird.

Allerdings bedrückt mich dieser Undank weniger als ein anderer. Es war mir, wie geschildert, unmöglich, mit der Literatur Schritt zu halten; und die Selektion, die ich traf, war maßgeblich gesteuert durch Zufälle und Umstände. Darum bin ich sicher, daß ich Autoren „verfehlte", die mir viel hätten helfen und geben können. Das bedaure ich für mein eigenes Unternehmen – ebensosehr aber auch für sie. Die Wahrscheinlichkeit ist groß, daß unser Buch Personen in die Hände kommt, die genau zu unseren Themen, einem oder mehreren, Aussagen gemacht haben (möglicherweise sogar fast dieselben wie wir); und nun müßen sie feststellen, daß uns das verborgen blieb. Es mag sogar sein, daß wir aus ungenügender Kenntnis Lorbeeren falsch verteilen. Das tut mir aufrichtig leid. Jedermann, der etwas erdenkt und erarbeitet und andern zugänglich macht, hat gewiß das Recht darauf, ernstgenommen zu werden; und es wirkt wie Undank, wenn man achtlos daran vorüber geht.

Solchermaßen übersehene Autoren möchten wir hiermit um Nachsicht und Entschuldigung bitten. Das ist nun einmal das Risiko, das Freizeit-Forschung mit ihrem lockeren Verhältnis zur Literatur beinhaltet; und die fleißigen publish-or-perish-Vielschreiber mit ihren jährlich größeren Papier-Eruptionen sind daran natürlich mitschuldig. Es würde uns sehr freuen, wenn übergangene „Geistesverwandte" sich nicht auf ein ärgerliches Achselzucken beschränkten, sondern dem Zufall nachhülfen und uns auf ihre Publikationen aufmerksam machten – weitere Bände stehen noch in und vor der Bearbeitung.

Dafür möchte ich nicht versäumen, jenen zu danken, die die Hürde des Zufalls nahmen und auf mein Unternehmen, so oder so, Einfluß ausgeübt haben, und sei es auch bloß jener der Bestätigung meiner eigenen Gedanken oder der Vermittlung der Chance, mich mit entgegenstehenden auseinanderzusetzen. Der Sache nach wurden von solchen Einflüßen mehr betroffen die Theoriebildung und die Berichterstattung als der Gang der Untersuchung selber (der vor allem durch die Aufgabestellung und die begegnende Realität gesteuert wurde). Unter den zitierten Autoren gibt es einige, deren Werke den Denkrahmen maßgeblich mitbestimmten, in dem sich dieses Buch bewegt. Man dürfte es an Zitierung und Zitaten erkennen.

Bei der Lektüre dieses Buches wird der Leser jedoch unschwer erkennen, welches Werk in seiner Vorgeschichte die entscheidendste Rolle gespielt hat. Im Jahre 1955, eben im Mittelwesten der Vereinigten Staaten eingetroffen, hatte ich eines der spannendsten Lektüreerlebnisse meines Lebens. Ich lernte, in unmittelbarer Umgebung des Orts der Handlung, den eben erschienenen Bericht „Midwest and Its Children" von Roger G. Barker und Herbert F. Wright kennen. Hier wurde ein für mein Empfinden wirklich relevantes, alltagsbezogenes psychologisches Problem auf völlig neue, originelle Weise angepackt und einem echten Verständnis wesentlich näher geführt. Faszinierend war aber auch die Darbietung: die Schilderung der Methoden-Entwicklung, die mit dem Gewinn an Einsichten Hand in Hand ging. Ich erfuhr, wie sinnvolle neue Methoden selber schon ein gutes Stück Erkenntnis, ein neues Verständnis der Welt beinhalten können.

Ich muß gestehen, daß mich die Erinnerung an die damalige Lektüre, das Vorbild jenes Buches, bei der Abfassung des eigenen begleitet hat (wenn auch keineswegs etwa eine Imitation versucht wurde). Sollte nur da und dort eine Leserin, ein Leser unseres Berichtes einen Teil jener Anregung und Bereicherung erleben, die mir durch „Midwest and Its Children" zuteil wurden, so hat sich mein Jahrzehnt(e)-Job gelohnt.

Kapitel 2

Eine Erhebung über den beruflichen Alltag

Die Basis für das, was in diesem Buch besprochen wird, bildet eine Erhebung über den Alltag in einem komplexen Berufsleben, die vor anderthalb Jahrzehnten durchgeführt wurde. Wie es dazu kam, welche Daten gesammelt wurden und wie, das soll uns in diesem zweiten Kapitel beschäftigen. Einen eigentlichen methodologischen Bericht dürfen Sie allerdings nicht erwarten. Vor allem schildert das Kapitel zwar das Vorgehen bei der Datengewinnung, nicht aber jenes der Datenauswertung. Wenn Sie uns fragen, warum, dann haben wir nur eine Antwort bereit: Es *gibt* die einheitliche, das ganze Buch fundierende Methode nicht. In zahlreichen Anläufen und differenziert nach wechselnder Eigenart der Gegenstände wurden diese ausgefragt und abgetastet. Die Struktur der Daten dirigierte das jeweilige Vorgehen.

Damit wollen wir uns nicht etwa billig der Pflicht entziehen, Leserinnen und Lesern zu sagen, wie wir zu unseren verschiedenen Befunden kamen. Sie brauchen die Katze nicht im Sack zu kaufen. Nur geben wir diese Auskunft nicht generell und nicht im voraus. In allen folgenden Teilen sind methodologische Erörterungen zum vorgetragenen Stoff eingebaut.

Die jetzt vorliegenden Erhebungsdaten wurden mit „primären" und „sekundären" Instrumenten erfaßt. Primär nennen wir die laufende Registrierung, sekundär die Übertragung in Register und Karteien. Davon handelt das erste Unterkapitel. Die durch die Erhebung gewonnenen Größen werden im zweiten Unterkapitel zusammengestellt und kommentiert. Einige von ihnen sind zu eigentlichen Gegenständen der Untersuchung geworden. Dies soll in Unterkapitel 4 zur Sprache kommen. Allerdings scheint es uns nützlich, zuvor ein paar damit zusammenhängende grundsätzliche Fragen über die „Individualität" der registrierten Fakten aufzuwerfen (Unterkapitel 3) und anschließend Leser und Leserin auch darüber aufzuklären, was nicht erhoben wurde und warum (Unterkapitel 5).

Soweit wir in diesem Buch Daten statistisch auswerten, stützen wir uns vor allem auf Zeitmessungen. Welcher Natur sie sind, soll im letzten Unterkapitel zur Sprache kommen. Eine Erörterung grundsätzlicher Fragen des menschlichen Verhaltens im Zeitablauf wird zugleich als Überleitung zu den systematischen Hauptteilen unseres Berichtes dienen.

2.1 Die Durchführung der Erhebung

Geschichte des Unternehmens

Wie es zu der Erhebung über den Alltag eines Berufstätigen kam und wie sich das Unternehmen schrittweise entwickelte und ausgestaltete, habe ich 1976 in einem (unveröffentlichten) Bericht dargestellt. Ich fasse es hier in kurzen Worten zusammen, weil Kenntnis der „Geschichte" des Unternehmens für das Verständnis des Ganzen unerläßlich ist.

Der Berufsmensch P. – so wollen wir ihn künftig nennen – stand im Sommer 1972 vor der Frage, ob er neben seiner beruflichen Hauptaufgabe, der Leitung der Akademischen Berufsberatung Bern, eine 40%-Funktion an der Universität übernehmen wolle. Um zu sehen, wo und wie er die 40% Arbeitszeit einsparen könnte, begann er, was er schon lange gerne hätte tun wollen, nämlich laufend seine beruflichen Tätigkeiten zu registrieren. Der Anfang – man schrieb den 4. September 1972 – war sehr schlicht. Auf einem weißen Blatt Papier notierte er sich jeweils, wenn er von einer Arbeit zur nächsten hinüberwechselte, *was* er soeben getan hatte und *wann* der Wechsel zu etwas Neuem erfolgt war. Dabei hatte er sich, nach einigem Zögern, entschlossen, Zeiten auf fünf Minuten genau anzugeben (warum er das tat und was es bedeutete, werden wir in Teil D dieses Buches sehen). Auch entschied er sich von vornherein, Arbeiten eigener Wahl, wie etwa psychologische Lektüre zuhause, ebenfalls einzuschließen, hingegen das Privatleben wegzulassen.

Aus diesem lapidaren Anfang entwickelte sich stufenweise ein kompliziertes Vorgehen, das wir im folgenden kennenlernen werden (freilich nicht einmal in seiner ganzen Breite). Dabei waren einige Hauptschritte entscheidend.

Acht Wochen nach Beginn seiner Erhebung begriff P., daß Arbeitswechsel auf zwei verschiedene Arten zustandekommen konnten, die auseinanderzuhalten sich lohnte. Man konnte sich einer neuen Sache zuwenden (zum Beispiel beim Lesen zum nächsten Buch greifen); oder man konnte – bei der gleichen Sache verbleibend oder zu einer neuen übergehend – eine andere Arbeitsweise einschlagen (zum Beispiel den Lesestoff überhaupt weglegen und Notizen niederschreiben, sei es über das eben gelesene Buch oder über ein anderes Thema). Bei jedem registrierten Übergang konnte also entweder der Inhalt der Arbeit oder ihr „Vollzug" wechseln oder beides.

Jede Zeile auf dem Protokollblatt beschrieb somit einen einheitlichen Vollzug an einem einheitlichen Gegenstand, der zwischen zwei Wechseln P.'s Arbeitsleben bestimmte. P. nannte das eine „Arbeitseinheit". Um das Registrieren dieser Einheiten zu vereinfachen, entwarf er ein Kategoriensystem, in welchem „Vollzüge" und „Bereiche" jeweils in einem 10×10-Raster angeordnet waren, so daß er von nun an bloß noch ein Paar zweistelliger Zahlencodes einzutragen brauchte, die er bald einmal auswendig handhaben konnte.

Wieder einige Wochen später merkte P., daß seine Bereichs-Codes nicht immer genügten, um inhaltliche Umstellungen zu erklären und den Gegenstand seiner Arbeit unverwechselbar festzuhalten. Oft waren es verschiedene konkrete Aufgaben aus dem gleichen inhaltlichen Bereich, die einander ablösten. P. begriff, daß er seine Arbeit nicht würde analysieren können, ohne auch die konkreten Gegenstände zu erfassen, denen er sich zuwandte. Diese Aufgaben und Gegenstände bezeichnete er als „Themen". Auch sie fing er nun in seinen Protokollen ein, und zwar mit Hilfe einer besonderen Technik, die wir bald kennenlernen werden. (Inzwischen hatte er sich natürlich ein Formular schaffen müssen, um seine Arbeiten rationell registrieren zu können.)

So war Ende 1972 das Instrumentarium beieinander, mit dem wir uns in diesem Buch herumschlagen werden. Aber die Geschichte der Erhebung war damit noch keineswegs zu Ende. Neue Aspekte wurden in die Untersuchung eingeschlossen, und es scheint sinnvoll, daß Leserin und Leser auch davon Kenntnis nehmen. Wir hoffen, in einem späteren Buch Methoden und Ergebnisse dieser zusätzlichen Erweiterungen vorlegen zu können. Die eine der Neuerungen bestand darin, daß P. laufend bei jedem Tätigkeitswechsel beurteilte, wie die neue Arbeitseinheit „ausgelöst" worden war. Die andere bezog sich auf Planung und Vorwegnahme künftiger Arbeiten: Es wurde nun ebenfalls erfaßt, was P. sich zu tun „vornahm", wobei auch seine Agenda ihren Platz in seiner Erhebung fand.

Der Einbezug dieser beiden Größen, der „Auslösungen" und der „vorgesehenen Arbeiten", brachte Probleme verschiedener Art mit sich, und die Entwicklung einer angemessenen Methodik nahm viel Zeit in Anspruch. Das war einer der Gründe, warum sich die Erhebung immer mehr in die Länge zog. Inzwischen hatte sich aber auch P.'s Interesse an der Untersuchung verschoben. Die ursprüngliche praktische Frage war längst nicht mehr aktuell (der 40%-Job hatte sich zerschlagen); dafür war P. immer neugieriger geworden, was sich aus einer solchen – stets differenzierter gehandhabten – Arbeitszeiterhebung alles herausholen lasse. Nach gut zwei Jahren ununterbrochenen Registrierens, im Frühherbst 1974, war das Instrumentarium ausgefeilt und die Protokollierung voll routinisiert, und P. beschloß, statt aufzuhören nun noch ein Jahr lang ganz systematisch eine „Vollerhebung" durchzuführen. Sie erstreckte sich vom 21. September 1974 bis zum 9. Januar 1976, also über 476 Tage. Seither verrichtet P. seine Arbeiten wieder so unreflektiert wie jeder normale Alltagsmensch.

Datensammlungen

Nach Abschluß der Geschichts-Lektion begeben wir uns nun zunächst einmal ins Archiv der Arbeitserhebung von 1972 – 1975 und schauen uns nach den Instrumenten um, mit deren Hilfe damals die Daten gesammelt wurden. Sie dem Leser vorzustellen, ist keine unproblematische Aufgabe. Wir müssen genug darüber sagen, damit jedermann klar sieht, auf welche Art von Material sich die Ausführungen im Hauptteil stützen. Andererseits müssen wir Sorge tragen, den Leser nicht mit technischen Details zu langweilen. Oder richtiger gesagt: nicht auch den gutwilligen Leser zu verstimmen. Denn klar ist von vornherein, daß Ausführungen über die Methode immer auf ein gespaltenes Publikum treffen. Die einen öden sie sehr rasch an; andere möchten oft noch Genaueres wissen.

Wir werden versuchen, uns in der Mitte zwischen diesen beiden Erwartungen zu bewegen. Wem die Angaben dann gleichwohl zu weit gehen, der mag das Kapitel überspringen; wer aber noch nicht genug bekommt, darf sich mit seinen Fragen getrost an den Autor wenden (der natürlich noch stundenlang erzählen könnte) – mit allzu vielen Neugierigen muß er ja wohl nicht rechnen.

Wir unterscheiden zwischen primären und sekundären Datensammlungen. Was das heißt, dürfte klar sein. Primäre Daten sind die Aufzeichnungen während des Arbeitsablaufes selber – Notizen über das, was direkt beim realen Geschehen zu beobachten war. Kern der ganzen Erhebung bildete dabei das „Tagesblatt“, auf dem zu jedem erfolgten Arbeitswechsel mehrere Merkmale festgehalten wurden. Dazu gesellten sich gegen Schluß der Erhebungszeit, ab April 1975, zwei Nebeninstrumente: die Rückseite des Tagesblattes mit der laufend nachgeführten Liste neuer Pläne und die in den Dienst der Erhebung eingegliederte (und mit bereicherten Einträgen versehene) Agenda. Sie werden uns in diesem Buch noch nicht beschäftigen. Sekundär dagegen nennen wir Daten, die erst aus den primären Sammlungen abgeleitet werden.

Die Primär-Instrumente haben sich im Verlaufe der Erhebung gewandelt. Wir vernahmen schon, daß das „Tagesblatt“ zuallererst aus einem blanken Blatt Papier bestand, auf dem nichts anderes vorzufinden war als eine handerstellte Kolonne von Tageszeiten mit kurzen Hinweisen auf die aufgenommenen Arbeiten. In einer Abfolge, deren Stufen nie gezählt wurden, hat sich daraus schließlich ein raffiniertes Instrument entwickelt. Wir präsentieren es in seiner Schlußform, von Ende 1975 – oder noch genauer: in der Form, die wir heute verwenden würden, möchten wir die gleichen Daten noch einmal erheben. Das heißt, wir haben zusätzlich einige wenige Verbesserungen angebracht, die das Blatt übersichtlicher machen (ohne freilich irgend einer neuen Erhebungsgröße Zugang zu verschaffen). Damit gewinnt das Procedere an Durchsichtigkeit für den Leser. Und wer selber mit diesem Instrument ein wenig herumprobieren möchte, kann dann gleich von unserem besten Stand aus starten.

Bekanntschaft mit unseren Instrumenten macht man am besten anhand eines konkreten Beispiels. Wir wählen einen Tag des Jahres 1975 aus, der verhältnismäßig einfach strukturiert war, und erzählen ihn unseren Leserinnen und Lesern zunächst einmal in ganz gewöhnlicher Sprache. Es handelt sich um einen schlichten Arbeitstag ohne jede dramatische Zuspitzung – erwarten Sie nichts, was Ihnen den Atem raubt oder kalte Schauer über den Rücken jagt!

Der Donnerstag, 28. August 1975

Gibt es den „Normaltag", den Arbeitstag, der ganz durchschnittlich und „prototypisch" verläuft? Beim Berufsmenschen P. ist dies kaum der Fall. Aus Teil D (Kapitel 11) wird das klar hervorgehen. Jedenfalls: der 28. August 1975 war kein „typischer" Arbeitstag P.'s, und es hätte sich nicht leicht ein anderer Tag als solcher angeboten.

Schon der Beginn fiel aus dem Rahmen. P. mußte sich nämlich bereits um halb acht Uhr früh auf der kantonalen Erziehungsdirektion – damals am Berner Münsterplatz – einfinden (freilich gab es 1975 die Sommerzeit noch nicht). P. ist eher Abendarbeiter (und Morgenschläfer); auf den meisten Tagesblättern setzt seine Arbeit so rund um halb neun Uhr ein. (Habe ich etwa unbewußt für meine Präsentation einen Tag ausgewählt, der vor den morgenfleißigen germanischen Völkern bessere Figur macht als die meisten sonst?)

Was suchte P. am Münsterplatz? Ein Vierteljahr zuvor war er zu einem „Hearing" betreffend Verlängerung der Primarlehrerausbildung im Kanton Bern eingeladen worden (einer Verlängerung von vier auf fünf Jahre, die dann ein paar Jahre später realisiert wurde). Das Datum wurde anfangs Juni provisorisch, Ende Juni definitiv anberaumt, der frühe Zeitpunkt (7.30) erst Mitte Juli fixiert. Am Hearing nahmen neben P. auch der Berner Studentenberater (PL) sowie der kantonale Beauftragte für den zweiten Bildungsweg (Ldgr) teil; geleitet wurde es vom Projektbearbeiter Wyss; ein oder zwei Beamte der Erziehungsdirektion wohnten der Sitzung ebenfalls bei. P. kam nicht dazu, alles zu sagen, was ihm zur Frage wichtig schien; einiges holte er bei einer Nachbesprechung nach Sitzungsschluß im schrittweise kleiner werdenden Kreis nach, anderes hoffte er (auf noch ungeklärte Weise) später anbringen zu können. Auf dem Rückweg vereinbarte er mit dem Beauftragten für den zweiten Bildungsweg, einmal mit seinen Mitarbeitern bei ihm vorzusprechen.

Im Stadtzentrum trennte P. sich von seinem Begleiter; und da er sich in der Nähe verschiedener Buchhandlungen befand, fiel ihm ein, daß er sich, im Rahmen seiner neuen Arbeitsanalyse-Pläne, nach Einführungsliteratur in die EDV hatte umsehen wollen. Der Plan stammte vom Dienstag vorher. Er erstand schließlich in einem der Geschäfte drei Bücher, natürlich mit der Absicht, sie zu lesen (womit am kommenden Wochenende zu beginnen wäre). Anschließend verpflegte er sich in einem nahegelegenen Restaurant; vor zwölf findet man natürlich am besten Platz.

So traf P., bereits verpflegt, kurz nach zwölf im Büro ein und begegnete dort gleich zwei Mitarbeitern, die sich nach dem Verlauf der Lehrerbildungs-Sitzung erkundigten (sie war tags zuvor im Mitarbeiterstab vorbesprochen worden). Das rief ihm einen Beratungsfall aus dem Lehrerseminar in Erinnerung, nach dessen Stand er sich erkundigte. Dann begab er sich in sein Zimmer, richtete sich dort ein, blätterte die eingetroffene Post durch, führte – nach Zeit-Notizen und Stichworten vom Vormittag – das Tagesblatt auf Vorder- und Rückseite nach (es hatte sich so viel angestaut, daß er dafür eine Viertelstunde benötigte) und plante dabei den weiteren Tagesverlauf. Dem Wochenblatt in der Agenda entnahm er, daß in dieser Woche unbedingt noch das Budget für die an die Akademische Berufsberatung mitzahlenden andern Gymnasiumsgemeinden zu bearbeiten war; er beschloß, das heute, nach der Beratung, aufzugreifen. In der Post hatte aber auch ein Brief aus Zürich gelegen, in dem, wie er bei genauerer Lektüre feststellte, die Mitarbeiter der dortigen Beratungsstelle Kritik übten an einem von P. unterbreiteten Statutenrevisions-Entwurf für die Berufsorganisation der akademischen Berufsberater. Er notierte sich, was in dieser Sache zu tun sei. Dann erlag er der Versuchung, in einem der eben gekauften Bücher zu lesen.

Auf 14 Uhr war (vor drei Tagen) eine Beratung angesetzt worden. P., der für seine Verhältnisse früh aufgestanden war, spürte das Bedürfnis, sich zuvor in der Büro-Küche noch einen Kaffee zu genehmigen. Die traditionelle „Kaffeepause" machte er erst nach der Besprechung, die über zwei Stunden dauerte (ein Vater hatte seinen noch ratlosen Sohn begleitet). Dabei suchten ihn zwei Mitarbeiter auf, die ihn eingehend über die schwierige Beratung einer Ausländerin orientierten und seine Meinung dazu einholten. Er wollte wieder in sein Büro zurück; da kam Herr B., Fachmann eines städtischen Werkbetriebes, der die Herrichtung eines Vervielfältigungsraumes im Keller geleitet hatte, um sich zu verabschieden. Man besichtigte gemeinsam den fertig renovierten Raum, und der Gast benutzte die Gelegenheit, die Arbeit seiner Dienststelle zu schildern. Damit stieß er beim Berufsberater P. natürlich auf Interesse; das Gespräch dehnte sich über zwanzig Minuten aus.

Als Herr B. das Haus verließ, war es fünf Uhr vorbei. P. führte das Tagesblatt nach und versuchte zwei Telefonate zu erledigen, die in der Agenda vermerkt waren; beide Personen (ein EDV-Fachmann und der Mitorganisator eines Diagnostik-Kurses) waren heute nicht mehr erreichbar; die Telefon-Absichten wurden auf den folgenden Tag übertragen. Es lohnte sich nun nicht mehr, die Budgetierungs-Aufgabe für die Gemeinden aufzunehmen (tatsächlich beanspruchten sie, tags darauf, volle drei Stunden). Hingegen war eben noch die neue Auflage des „Schweizer Studienführers" (mit einem Beitrag P.'s) erschienen; P. blätterte darin und orientierte sich über die neugestalteten Teile. Dann räumte er die auf dem Schreibtisch vom Tage herumliegenden Papiere weg, kontrollierte – da die sonst damit beauftragte Sekretärin in den Ferien war – , ob Fenster und Türen im Haus geschlossen waren, wechselte beim Weggehen ein paar Worte mit dem Dokumentationsfachmann der Stelle und ging dann heim. Dort blätterte er kurz in zwei eben eingetroffenen psychologischen Zeitschriften, machte aber am Abend nichts mehr, was als „Arbeit“ hätte registriert werden können.

Tagesblatt: Zeitlicher Ablauf

Solche Arbeitstag-Schilderungen könnten wir über die Vollerhebungszeit bei P. zu Hunderten liefern; und jede würde etwas anders ausfallen. (Keine Angst: wir lassen es vorderhand bei dem einen Beispiel bewenden!) Was wir an diesem Tageslauf zeigen wollen, ist die damals gewählte Methode, ihn in einem einheitlichen und quantifizierbaren Datensammlungs-System einzufangen.

Hauptinstrument dafür ist das Tagesblatt beziehungsweise dessen Vorderseite. Es handelt sich um ein Formular mit Vordruck, das in 60 numerierten Zeilen und 11 (bzw. 31) zum Teil betitelten Kolonnen Platz läßt für Code-, Zahlen- und Stichwort-Eintragungen. In Figur 2.1 ist das Formular mit den Angaben für den 28. August 1975 abgebildet (aus Platzersparnisgründen wurden die leeren Zeilen 36 bis 60 nicht aufgeführt). An diesem Beispiel sei nun der Aufbau des Blattes erörtert, wobei wir der Reihe nach die Erfassung der zeitlichen Abfolge, jene der Arbeitsinhalte und jene der übrigen Aspekte behandeln.

Arbeitseinheit. Von den 60 vorgedruckten Zeilen (die gelegentlich nicht ausreichten) hat der 28. August 1975 deren 33 (resp. 34) beansprucht; das sind verhältnismäßig wenige. Jede dieser Zeilen (außer der 9. und der 32.) charakterisiert eine „Arbeitseinheit“.

Zeit. Wenn wir von der Eintragung des „Ortes“ (Kolonne 0) absehen, beginnt die Zeile normalerweise mit einer Zeitangabe. Sie sagt aus, wann die entsprechende Einheit begann (meist also: wann der Wechsel von der vorhergehenden zu dieser Einheit stattfand). Zeitpunkte wurden auf fünf Minuten genau festgehalten (vgl. Kapitel 10.4); sie wurden aber grundsätzlich nur dann eingetragen, wenn sie effektiv (durch Blick auf eine Uhr) sichergestellt worden waren. War das nicht der Fall, so schätzte P. nachträglich die relative Länge zweier (im Ausnahmefall: dreier oder mehrerer) soeben abgelaufener Einheiten. (Im Beispiel: Zeilen 4, 6, 14, 16, 24.)

Kombinierte Einheiten. Normalerweise sind die Arbeitseinheiten einander zeitlich gefolgt. In einzelnen Fällen aber – am Stichtag in den Perioden von 12.20 bis 12.30 und von 12.30 bis 12.50 – liefen zwei Tätigkeiten neben- und durcheinander ab; das wird mit der Klammer rechts von der Zeitangabe bekundet. Einen „Arbeitswechsel“ anzugeben, wäre hier also kaum möglich. (Wir werden in den Kapiteln 10.5 und 12.3 noch ausführlich über dieses Phänomen sprechen.)

Fig. 2.1: Tagesblatt (Vorderseite)

Tag: Do 28.8.75 Wo: 35

	O	Zeit	Dau	A	Ber	Voll	Th	F 65	T 16	A 79	M 43	BB 53	B 79	O 41	XV 43	FG 19	ZE 79	G 95	A 85	A 56	A 93	Ab	Qu	Kont	Ggst
1		7.30	5	F	65	93																	(2.6.)	Wyss,PL,ED	Sitzung,
2		.35	150	|	|	65																B	30.6	|	Seminarfrage
3		10.05	15	|	|	54																Z		|	Nachbesprechung
4			10	|	|	53																		Wyss, Ldgr	|
5		.30	5	|	|	53/92																		Ldgr	Rückweg
6			10	G	16	|																	Z		|	über seine Stelle
7		.45	5	E	79	92																				
8		.50	25	(A)	|	96																	Z	26.8.	uBuchh.	Francke, EDV-Bücher
9		11.15	(45)																							Mittagessen Mövenpick
10		12.00	10	N'	65	92																				Rückweg Büro
11		.10	5	(Ü)	|	52																			IB, Nu	Frage Sitzung
12		.15	5	K	43	|																			Nu	orientiert über Fall H.
13		.20	5	O	00	15	M																			
14			5	R	01	91	R																			
15		.30	15	R	94	03	R																Z			
16			5	R	01	27	R																Z			
17		.50	5	O	53	15																	Z			Statutenrevision: Schreiben ZH
18		.55	60	I	79	13																				Baumgartner
19		13.55	5	I	01	94	R																			
20		14.00	135	F	41	56/57																	N	25.8.	W.+Vater	Besprechung
21		16.15	5	T	01	94	R																			
22		.20	10	Ü	43	52																			IB+la	Holländer Juristin in Beratung
23		.30	15	Ü	19	59																			Herr B.	Kontrolle Keller, Abschied
24			20	G	79	55																			|	Werkhof, seine Arbeit
25		17.05	5	R	94	03	R																			
26		.10	5	A	95	49																		20.8.	uSekr	Hü
27		.15	5	A	85	|																		27.8.		FWS
28		.20	20	O	56/72	11																				4. Auflg. Studienführer durchs.
29		.40	5	N	00	02	M																			
30		.45	5	R	01	96	R																			Kontrolle Haus
31		.50	5	G	00	52	M																Z		PG	
32		.55	(30)																							
33		18.25	5	O	93	11																				Eingetroffene Zeitschriften
34		.30																								
35																										

Pausen. Um 11.15 hat unser Gewährsmann den Arbeitstag unterbrochen, um eine Mittagsverpflegung einzunehmen; um 17.55 verließ er das Büro, um heimzugehen; um 18.30 beendete er auch das Durchblättern der Zeitschriften. Diese Zeitpunkte, die jeweils das Ende einer eben abgeschlossenen, nicht aber den Beginn einer neuen Arbeitseinheit bedeuteten, wurden auf der nachfolgenden Zeile notiert. Falls später im Verlauf des Tages die Arbeitstätigkeit weiterlief, wurde die Zeile durch einen waagrechten Strich als Pause markiert; der „Schluß" des Arbeitstages steht dagegen einsam auf der letzten Zeile. Bei allen andern Arbeitseinheiten (oder Kombinationen) fällt der Endpunkt natürlich zusammen mit dem Anfang der nächsten Einheit, also ebenfalls dem Zeiteintrag auf der nächsten Zeile.

Dauer. In der mit „Dau" überschriebenen Kolonne wird die zeitliche Länge der betreffenden Arbeitseinheit in Minuten angegeben. Gemäß Anlage der Erhebung sind das immer 5 Minuten oder ein Mehrfaches davon. Die Dauern eingelegter Pausen sind durch Umrahmung herausgehoben. In dieser Kolonne muß jede Zeile einen Eintrag enthalten. Meist wurden die Dauern effektiv „gemessen" (dann stehen in der Kolonne „Zeit" zwei Angaben direkt untereinander), gelegentlich aber auch „geschätzt". Darüber werden wir in Kapitel 10 alles Nötige erfahren. – Die Summe aller Eintragungen in Kolonne „Dau" entspricht der zeitlichen Ausdehnung von der ersten Zeitangabe bis zur Schlußeintragung (am 28.8.75: 660 Min. = 11 Std., von 7.30 bis 18.30); zieht man die Pausen ab (zusammen 75 Min.), erhält man die Dauer des Arbeitstages (585 Min., also 9 Stunden 45 Minuten).

Tagesblatt: Arbeitsinhalte

Wir überspringen zunächst die Kolonne „A" und betrachten die vier nächsten Säulen.

Bereich. „Bereiche" und „Vollzüge" wurden auf dem Tagesblatt, wie im ersten Abschnitt dargelegt, je mit einem zweistelligen Zahlencode notiert, wobei die erste Stelle die Sammelgruppe angibt. Beispielsweise heißt Bereich „65" folgendes: Zusammenarbeit und Kontakte mit Drittinstanzen (6), darunter: Beizug als „Experte" aufgrund spezifischer Fachkenntnisse aus dem Beruf (5). Nun bringt nicht jede neue Arbeitseinheit auch einen Bereichswechsel mit sich; wenn nur der Vollzug wechselt, der Bereich aber konstant bleibt, so wird in der entsprechenden Kolonne („Ber") ein senkrechter Strich durch die nächsten Arbeitseinheiten gezogen. Das gleiche gilt, mutatis mutandis, auch für die Vollzüge. (Liste der Bereichs-Codes: Tabelle 9.21, Seiten 466f.)

Vollzug. Der Code „65" bedeutet beim Vollzug natürlich etwas anderes als bei den Bereichen, nämlich: Sitzung oder Zusammenkunft (6), dabei (aktive) Teilnahme ohne Leitung (5). Die Liste der Vollzüge mit Codes findet sich in Tabelle 9.32 auf Seite 487. Gelegentlich drängt sich eine Doppelnotation auf. Um 10.30 trat P. zusammen mit dem Leiter für Erwachsenenbildung den Rückweg an (Vollzug 92: Weg, Reisen). Dabei unterhielt er sich mit ihm jedoch noch über die Seminarfrage, dann über dessen Stelle und Aufgabe (53: Besprechung mit Drittpersonen). Zwei Vollzüge liefen also gleichzeitig ab: die Unterredung als „Primärvollzug“, der Rückweg als (begleitender) „Sekundärvollzug“; der Rest des Weges, ab Viertel vor elf, wurde dann, weil nichts anderes dazukam, selber „Primärvollzug“. (Darüber mehr in Kapitel 9.4, Seiten 505ff.)

Themen-Raster. Die Kolonne „Th“ besprechen wir im Anschluß an den optisch auffallendsten Teil des Formulars, dessen Prunkstück sozusagen, den Themenraster. Dieser Raster besteht aus 20 „vorgespannten“ Fäden, die senkrecht aufgezogen sind (es könnten natürlich auch mehr sein; zwanzig reichen manchmal nicht hin). Jedem Thema, das im Verlaufe des Tages zur Behandlung kommt, wird – in der „Reihenfolge des Auftritts auf der Bühne“- ein solcher Faden zugeteilt. Solange das Thema in Bearbeitung steht, wird der Faden – auf der Höhe der betreffenden Arbeitseinheit – durch Bleistiftstrich verstärkt. Um die Ablaufstruktur deutlich werden zu lassen, erfolgt die Markierung verschieden je nach Dauer der Einheit: mit einfachem Strich bei 5 oder 10 Minuten, mit Doppelstrich bei 15, 20 oder 25 Minuten, und mit breitem Balken bei mindestens halbstündiger Arbeitseinheit. (Am 28.8. gab es bloß drei Balken-Einheiten.) Rückkehr zu einem früher behandelten Thema am gleichen Tag wird ersichtlich aus der Weiterführung des Striches tiefer unten. Am 28.8. kam das bloß in einem Falle (um 12 Uhr mittags) vor; sonst zeichnet sich dieser Tag durch die „treppenartige“ Aufnahme immer neuer Themen aus. In Kapitel 11.5 werden wir andere Muster kennenlernen. Gestrichelte Linien (Zeile 6) bezeichnen „Sekundärthemen“ (vgl. Kapitel 5.5, Seite 261), punktierte (Zeile 31) Teilhabe an „Mischeinheiten“ (Seite 267; über Mischeinheiten: Kapitel 10.5, Seiten 579ff). Oberhalb jedes Fadens werden der Bereich sowie die (nachträglich zugeteilte) Buchstaben- „Nummer“ des Themas innerhalb dieses Bereichs notiert.

Themen-Ersatz. Nicht jede aufgenommene Arbeit wird jedoch einem Themen-Faden zugeordnet. Es gibt zwei wichtige Ausnahmen. Damit kommen wir zurück auf die Kolonne „Th“. Sozusagen aus Spargründen wurden einmal immer wiederkehrende Routinen (die für den betreffenden Tag nicht typischer sind als für jeden anderen) nicht in den Themen-Raster aufgenommen. Dazu sind etwa das Nachführen des Tagesblattes (Code 94 03), Ankunft und Weggehen (01 91), Arbeitsplanung (01 27) oder Kaffeetrinken (01 94) zu zählen. Ersatzweise wurde dafür in Kolonne „Th“ ein R eingetragen. Geradezu unmöglich wurde die Bezeichnung des Themas dann, wenn innerhalb einer kurzen Zeitspanne mehrere von ihnen mit- oder nacheinander gestreift wurden, wie bei der Durchsicht der Tagespost

(Zeile 13), beim Verräumen der Tages-Unterlagen (Zeile 29) oder bei einem beiläufigen Kurzgespräch mit einem Mitarbeiter (Zeile 31). Wir nennen das Mischeinheiten, die mit einer Sammel-Registration („M“) abgetan werden müssen, allenfalls mit punktierter Notation auf den Themen-Fäden, wenn Themen des Tages dabei auch anklangen (Zeile 31). – Während der Erhebung selber wurden auch mutmaßliche „Zwischenthemen“ hier (und nicht auf einem Themenfaden) notiert, das heißt Themen, die mit großer Wahrscheinlichkeit keine spätere Wiederaufnahme finden würden. Am 28. August war das der Fall bei Zeile 24, dem Gespräch über den Werkhof. (Heute würden wir auf eine solche Vorauslese unter den Themen verzichten. Die Korrektur ist in Figur 2.1 bereits vorgenommen.)

Tagesblatt: übrige Aspekte

Ort. Während der Erhebung selber wurden Hinweise auf den Arbeitsort durch Stichworte in der letzten Kolonne gegeben. Besser aber würde man sie in einer Begleit-Kolonne graphisch erfassen (wie in Figur 2.1 geschehen). Bei P. sähe das etwa so aus: einfache Linie für Arbeit zuhause, doppelte für Arbeit an einem andern, dem Publikum nicht frei zugänglichen Ort, doppelte mit Schraffierung für Arbeit an einem öffentlich zugänglichen Ort (z.B. in einer Buchhandlung oder einem Restaurant). Wellenlinie stände für Ortsverschiebung, gestrichelte Linie für Arbeit auf der eigenen Stelle, aber nicht im eigenen Raum. Ohne Markierung blieben alle Arbeiten im eigenen Büro.

Auslösung. In der Kolonne „A“ wird der Anlaß für die Aufnahme der betreffenden Arbeitseinheit (bei Arbeitsbeginn oder bei Wechsel) mit Buchstabencode angegeben. Beispielsweise erfolgte sie zu Beginn des 28.8.75 aufgrund einer früheren Festlegung (F), der Benützung einer sich bietenden Gelegenheit (G) und eines Einfalles (E). Falls ein aufgenommenes Thema mit wechselnden, aber „sachlogisch“ sich aus dem Ablauf ergebenden Vollzügen weitergeführt wird (etwa die Seminarfrage durch Anschlußplaudereien nach der Sitzung), so ersetzt ein senkrechter Strich die Buchstaben. Da die Fragen der „Auslösung“ erst in einem späteren Buch behandelt werden, ersparen wir uns hier eine Liste der verwendeten Kategorien.

Abschluß. Gegenstück zur Kolonne „Auslösung“ bildet die Kolonne „Abschluß“ (Ab), rechts vom Themen-Raster. Die hier vorgenommenen Eintragungen wurden nie wirklich systematisiert. Vermerkt wurde vor allem, wenn aus einer Arbeitseinheit neue Absichten oder „Ziele“ (Z), Datenfestlegungen (D), Bedürfnisse (B) hervorgingen oder wenn eine eben abgeschlossene oder unterbrochene Arbeit nach Weiterführung (W) oder nach Hilfsarbeiten (wie der Erstellung von Protokoll-Notizen, N) rief.

Quell-Datum. Bei planungs- oder vereinbarungsgemäß aufgenommenen Arbeiten wurde in der Kolonne „Qu“ das Datum notiert, an welchem der

Plan gefaßt oder die Abmachung eingegangen worden war. Die Sitzung über die Seminarfrage zum Beispiel wurde am 2. Juni 1975 provisorisch auf den 28. oder 29. August, am 30. Juni dann definitiv auf das erste dieser Daten festgelegt; der Plan, demnächst EDV-Einführungsliteratur zu kaufen, war am 26. August, also zwei Tage vor dem 28., entstanden.

Kontakte. Viele Vollzüge sind sozialer Art; man bespricht sich mit anderen oder arbeitet sonstwie mit ihnen zusammen. Entsprechende Vermerke werden in der Kolonne „Kont" angebracht, greifen aber sehr oft in die äußerste Spalte rechts über. Wo die Kolonne „Kont" leer bleibt, hat P. allein gearbeitet. Die Personen sind meist mit Abkürzungen angegeben (sicher stets die Mitarbeiter der Stelle); oft gehören die Partner auch Gruppen oder Institutionen zu, etwa der „ED" (Erziehungsdirektion). Gruppenangaben treten an den Platz von Einzelnamen, wenn ein geschlossener oder größerer Kreis versammelt ist (AGAB-Vorstand, Vortragspublikum u.a.). Sitzungsleiter und wichtigste Partner werden dann gegebenenfalls zusätzlich benannt (Zeilen 1 – 3). Manchmal hat man es auch mit „namenlosen" Partnern zu tun: der „unbekannten" Buchhändlerin, die einem die EDV-Bücher zeigt, der "unbekannten" Sekretärin, die einem am Telefon mitteilt, Herr Hü. sei heute nicht da, sondern erst morgen wieder zu erreichen. (Das Problem wird in Kapitel 9.5, Seiten 511ff., ausführlich behandelt.)

Gegenstand. Am rechten Rand des Formulars ist Platz ausgespart für ergänzende, erklärende Stichworte. Über das hinaus, was die Codes leisten können, muß die spezifische Tätigkeit hier identifizierbar gemacht werden. Was für eine Sitzung fand da am frühen Morgen statt, wo suchte P. die EDV-Bücher aus, was besichtigte er mit Herrn B. und worüber sprach er mit ihm? Solche Angaben sind vor allem notwendig, um später das Thema wiederzuerkennen. (Ohne die Stichworte vom 28.8.75 hätte P. bei der Erstellung der Themen-Kartei im Jahr 1977 kaum mehr wissen können, worum es damals bei den Themen 16 T, 43 M, 79 ZE gegangen war.) Eine klare Regelung, was festzuhalten war, gab es allerdings nicht; Stichworte wurden so spärlich wie möglich, aber so vollständig wie nötig gesetzt; zwischen diesen beiden Gesichtspunkten war jeweils der Mittelweg zu finden.

Themen-Kartei und Themen-Register

Zum Abschluß unserer Darstellung des „primären Instrumentariums" müssen wir noch einmal kurz auf folgendes hinweisen: In der letzten großen Phase der Erhebung (die wir „Vollerhebungszeit" nennen werden) wurde auch die Rückseite des Tagesblattes verwendet, und zwar für die laufende Registrierung neu gefaßter Handlungsabsichten und auf spätere Zeitpunkte fixierter Abmachungen, und gleichzeitig P.'s Agenda in die Untersuchung eingeschlossen, um das Schicksal solcher Festlegungen und aufgeschobener Pläne genauer verfolgen zu können. Das vorliegende Buch wird noch nicht über die Ergebnisse dieser Bemühungen berichten; deshalb übermitteln wir hier auch keine Details.

Zum Zwecke der Materialbearbeitung wurde der geschilderten primären Datensammlung nachträglich eine sekundäre angefügt. So etwas kann durchaus post festum passieren. Es geht ja darum, aus den direkt erstellten Unterlagen eine bestimmte Auslese in neuer Gruppierung zu gewinnen. Im Falle unserer Themen-Kartei war die zeitliche Staffelung sogar beträchtlich; die Sammlung wurde erst etwa zweieinhalb Jahre nach Abschluß der Erhebung fertiggestellt.

Das Vorgehen war wie folgt. Für jedes Thema, das P. im Laufe der Vollerhebungszeit (21.9.74 – 9.1.76) bearbeitete, wurde eine Karteikarte erstellt (Format A 6), auf deren Kopf das Thema bezeichnet, der Arbeitsbereich angegeben und eine vorläufige „Nummer“ (in Form eines Buchstabens) zugeteilt wurde. Darunter enthielt die Karte nichts weiter als die Daten, an denen das betreffende Thema aufgegriffen wurde, mit der Bearbeitungszeit in Minuten, ausnahmsweise noch dem einen oder anderen inhaltlichen Hinweis. Die Kartei entstand bei einem „themenzentrierten“ Durchgang durch alle Tagesblätter. Für die sogenannten „Zwischenthemen“ – davon hören wir in Kapitel 5.3 – gab es Sammelkarten. Nachträglich wurden durch Addition die Gesamt-Zuwendungszeit, außerdem nach bestimmten Regeln das Vorkommen sogenannter Vor- und Nachspiele ermittelt (Kapitel 7.4).

Die Themen-Kartei hatte allerdings einen – differenzierteren – Vorgänger im ersten Halbjahr 1974. Hier wurde jedes Thema mit einem A-4-Formular erfaßt. Pro Datum wurden alle Arbeitseinheiten eingetragen. Auf dem Formular waren zeilenweise die Vollzüge vorgegeben. Jeder Bearbeitungstag beanspruchte eine Kolonne, in welche sämtliche dem betreffenden Thema gewidmeten Arbeitseinheiten durch Angabe ihrer Dauer notiert wurden. Dieses Register führte P. täglich (oder alle paar Tage) nach. Leider ist es nicht koordiniert mit der Vollerhebungszeit, und daher haben wir diese Quelle differenzierter Informationen bisher nur sehr beschränkt genutzt. Immerhin wird sie einiges zur Bereicherung unserer Themen-Statistik in Kapitel 7 beitragen können.

Daß daneben noch eine zweite, wesentlich komplizierter aufgebaute Kartei als weitere sekundäre Datensammlung aufgebaut wurde, braucht hier nur angedeutet zu werden. Sie diente der Erfassung aller Absichten und terminlichen Fixierungen P.'s und der Nachzeichnung ihres „Schicksals“ im Laufe der Vollerhebungszeit.

Charakteristika der vorliegenden Erhebung

„Who does what (and what else simultaneously) during the day, for how long, how often, at what time, in what order, where, and with whom – these are roughly the facets of active social behavior in everyday life we have touched upon." So beschreibt Alexander Szalai zusammenfassend die Auskünfte, die er und seine Mitarbeiterinnen und Mitarbeiter bei der internationalen Untersuchung über die Verwendung der Zeit im Alltag eingeholt haben (1972, 5). Wie wir gesehen haben, gilt das im großen und ganzen auch für P. (der damals die „use of time"-Studie noch nicht kannte) und die 1972 von ihm begonnene Erhebung über seine Arbeitszeit. Kernstück ist, hier wie dort, die Erfassung ganzer Tage. Von Szalais Untersuchung und anderen Ansätzen zur Erforschung des Tageslaufes hebt sich P.'s Vorgehen allerdings durch eine Konstellation besonderer Merkmale ab, die wir in neun Punkten kurz zusammenstellen wollen.

1. Die Tagesläufe werden nicht von außen her beobachtet, sondern aus innerer Sicht rapportiert (dies im Unterschied etwa zu den Kinder-Tagen der „Midwest Study" Roger G. Barkers und Herbert F. Wrights).
2. Anderseits werden sie aber nicht (wie etwa in der Schule Hans Thomaes oder „use of time"-Studie Alexander Szalais) vom Betroffenen im Rückblick nacherzählt, sondern unmittelbar während ihres Verlaufs registriert.
3. Der Tageslauf wird dabei nicht als kontinuierlich abrollender Prozeß festgehalten (was auch durch Erzählungen nur annäherungsweise möglich ist), sondern als Abfolge in sich mehr oder weniger geschlossener Einheiten. (Die Schilderung gleicht einem Comic, in dem jedes Bild eine neue Situation festhält.)
4. Die Einheiten, in welche sich der Tag gliedert, werden weder von außen vorgegeben und abgegrenzt (wie bei vielen Tageslauf-Formularen, etwa jenem der Trierer Arbeitsgruppe unter Schwenkmezger), noch willkürlich festgelegt oder „zufallsgeneriert" (wie beim seinerzeit angewandten „Frequensor-System"), sondern, gemäß subjektivem Erleben, durch die Versuchsperson selber bestimmt.
5. In die Tageslauf-Erhebung wird nur die „Arbeitszeit" eingeschlossen, allerdings verstanden in einem recht weiten Sinn.
6. Die einzelnen Tätigkeiten werden nicht bloß – wie etwa in der „use of time"-Studie – nach allgemeinen Kategorien ausgewertet, sondern in ihrem (thematisch) individuellen Charakter erfaßt und bearbeitet.
7. Das Interesse gilt nicht dem „typischen" oder „durchschnittlichen" Tag (wie bei Thomae), noch werden Stichproben-Tage ausgewählt (wie bei Barker und Wright, bei Szalai, bei Schwenkmezger), sondern die Untersuchung dehnt sich hin über eine lange, lückenlos erfaßte Reihe von Tagen. Nicht nur die Arbeiten eines Tages, sondern die einander folgenden Arbeitstage werden als ununterbrochene Kette registriert.
8. Dabei richtet sich der Blick nicht nur auf die aufeinander abfolgenden Ereignisse selber, sondern auch auf ihre kurz- und längerfristige Verklammerung, indem die auslösenden Momente von Tätigkeitswechseln sowie das Planungs- und Festlegegeschehen in die Erhebung einbezogen werden.

9. Im Gegensatz zu allen andern uns aus Publikationen bekannten Tageslauf-Untersuchungen beschränkt sich die Sammlung auf Daten über eine einzige Person.

Bei der vorliegenden „Erhebung über den beruflichen Alltag“ handelt es sich also um die (9) durch eine einzelne Person (7) über lange Zeit (1) aus ihrer Sicht (2) laufend durchgeführte Registrierung (4) erlebnismäßig abgegrenzter, (6) durch individuelle Charakteristika bestimmter und (8) durch Planung verbundener (3) Einheiten – „Bausteine“ – (5) des Arbeitslebens.

Obgleich die ursprüngliche Absicht schlicht darin bestand, zu praktischen Zwecken ein persönliches „time-budget“ zu erarbeiten, wuchs sich das Unternehmen zu einer der gründlichsten und umfassendsten Erhebungen über die „Benützung der Zeit“ aus, die wohl bisher je durchgeführt worden ist. Sie erstreckte sich über Dutzende von Monaten. Darum wäre es falsch, bloß von einer „Tageslauf-Untersuchung“ zu sprechen. Erfaßt wurden zugleich ganze Arbeitsjahre. Das ist weit mehr, als was andere Untersuchungen bieten. Erkauft wurde es freilich durch die Beschränkung auf eine einzige Versuchsperson.

2.2 Die Erhebungsgrößen

Einleitendes

Die Darstellung des „Instrumentariums“, mit dem wir unsere Arbeitserhebung durchgeführt haben, dürfte engagierte Methodiker der Sozialwissenschaften in eine gewisse Verlegenheit setzen. In ihren Lehrbüchern ist dieser Fall und sind diese Vorgehensweisen nicht vorgesehen; und dennoch werden sie wohl zugeben müssen, daß damit etwas erfaßt wird, dessen Untersuchung legitim, wenn nicht sogar dringlich ist, und für das zur Zeit noch keine wissenschaftlich sanktionierten Instrumente zur Verfügung stehen. Neugierig und mißtrauisch dürften sie darum jene Größen mustern, die wir erhoben und untersucht haben.

Wir wollen ihnen dabei entgegenkommen, indem wir uns vor Aufnahme der systematischen Darlegung unseres Stoffes selber noch ein wenig auf die Größen besinnen, mit denen wir es hauptsächlich zu tun bekommen. Wir wollen versuchen, ihren Eigenarten, Unterschieden, Zusammenhängen und Funktionen etwas nachzugehen. Dabei werden wir nur einige Grundbegriffe in Betracht ziehen, nicht einmal zwei Dutzend; alle Untergruppen, Kategorien, abgeleiteten Größen lassen wir vorläufig weg. Es geht um jene Begriffe, denen wir wieder und wieder begegnen werden, und zwar in wechselnden Zusammenhängen. Eine Übersicht bietet Tafel 2.4. auf Seite 103. Da unsere Datensammlung in der Vollerhebungszeit eine Einheit bildete, werden wir zwar die in diesem Buche nicht bearbeiteten dynamischen Aspekte (Zeilen 52 bis 63 der Tabelle 2.4) mit einbeziehen, aber keine näheren Ausführungen darüber machen.

Im eben eröffneten Unterkapitel wollen wir uns zunächst die Grundstruktur der gesammelten Daten ansehen. Durch Erstellung von Querschnitten haben wir im Ablauf der Zeit drei Ereignisketten und ihre wichtigsten Merkmale laufend festgehalten. Dabei kamen erhebungstechnisch recht unterschiedliche Verfahren zur Anwendung. Wir werden nacheinander die folgenden Gesichtspunkte betrachten: den Zeitpunkt der Registrierung, die Erfassungsweise und den Festhaltemodus. Aber mit Querschnittdaten allein kommen wir nicht durch. Es gibt auch Größen über Zeit, die man im Längsschnitt erfassen muß.

Schließlich gilt es hier nochmals hinzuweisen auf die Grundregel der „Induktion", die für unsere ganze Untersuchung charakteristisch ist. Auch die „Erhebungsgrößen", die wir in den folgenden Abschnitten besprechen, waren uns zu Beginn der Erhebung nämlich keineswegs klar, vielfach noch gar nicht bekannt. Die einen unter ihnen „entdeckten" oder realisierten wir – wie Kapitel 2.1 zeigte – im Verlaufe der Datensammlung, andere ergaben sich erst aus der anschließenden Ordnung und Bearbeitung des Materials. Eine Übersicht, wie sie hier geboten werden soll, stand nicht am Anfang, sondern steht am Ende der Untersuchung.

Grundereignisse

Die Grundidee vom September 1972 bestand darin, bei jedem Wechsel der Tätigkeit rückblickend zu notieren, was ich eben getan hatte. Mit zunehmender Differenzierung hielt ich so alle Arbeitseinheiten fest. Später kamen auch die Begleitumstände der Wechsel in den Genuß vermehrter Aufmerksamkeit; und schließlich hielt ich zusätzlich alle Akte fest, durch welche ich künftige Tätigkeiten vorausbestimmte.

Es waren somit drei grundlegende Ereignisreihen, die in der (Voll-)Erhebung laufend festgehalten und nach verschiedenen Gesichtspunkten beschrieben und qualifiziert wurden:

- Tätigkeitswechsel
- Tätigkeiten zwischen solchen Wechseln
- Dispositionen über zukünftige Tätigkeiten.

Auf deren Registrierung baut sich unser ganzes Material primär auf. Die ersten beiden Ereignisreihen sind dabei natürlich untrennbar miteinander verknüpft. Zwischen zwei Wechseln liegt immer eine Tätigkeit, zwischen zwei Tätigkeiten immer ein Wechsel. Insofern sind die Charakteristika des einen Ereignisses immer auch Charakteristika des andern. Ein Tätigkeitswechsel erhält sein spezifisches Gesicht beispielsweise auch durch das vorangehende und das nachfolgende Tun.

Da wir uns nur für das Arbeitsgeschehen interessierten, mußten wir alle andern Tätigkeiten schlicht als „Pausen“ bezeichnen. Sie bilden somit die Ausschußware der Erhebung – ein „Abfallprodukt“, das uns gleichwohl wichtige Einsichten vermitteln wird (Kapitel 11.1).

Tätigkeitswechsel. Wie ich bald nach Beginn der Registrierung begriff, stellte ich immer dann einen „Tätigkeitswechsel“ fest, wenn das Thema und/oder der Vollzug der Arbeit, zumeist aber auch dann, wenn die „Kontaktperson“ wechselte. Auf ungefähr die gleichen Voraussetzungen kam man offenbar auch bei der „use of time“-Studie. Dort zählte man fünf Konstanten auf, die eine einheitliche Aktivität begründeten: die von der Versuchsperson genannte primäre oder sekundäre Tätigkeit (im Sinne des „Vollzugs“), der Gegenstand (ähnlich unserem „Thema“), der Handlungsort, der Partner. „... as soon as any one of the five dimensions in characterizing behavior changed, this would mark the beginning of a new ‚activity‘“ (Scheuch, 1972, 77).

Hauptmerkmal des Tätigkeitswechsels ist sein Zeitpunkt (Datum und Uhrzeit). Allerdings werden wir in Kapitel 10.5 vernehmen, daß es aus Gründen der Untersuchungstechnik zwischen zwei Tätigkeiten gelegentlich auch andere Grenzen geben kann als „Zeitpunkte“.

Die interessanteste Frage, die man an Tätigkeitswechsel stellen kann, betrifft allerdings ihr Zustandekommen. Oft ist sie mit einer einfachen Aussage zu erledigen (vor allem dann, wenn eine neue Tätigkeit in eine alte „eingebrochen“ ist); häufig aber sind hier zwei Dinge nebeneinander zu erheben: der Grund für den Abschluß der einen und jener für die Auslösung der andern Arbeit. Der Schlüssel zum zweiten muß oft bei früher gefaßten Handlungsabsichten gesucht werden.

Tätigkeiten. Zwischen zwei Wechseln findet entweder eine bestimmte Arbeitstätigkeit oder aber eine Arbeitspause statt. Im ersten Falle ist das Geschehen gekennzeichnet durch einen (gleichbleibenden) Vollzug an einem spezifischen Thema; das Thema läßt sich seinerseits einem Aufgabenbereich zuordnen. Das sind die zentralen Bestimmungsmerkmale jenes Stükkes Arbeit, das wir als „Arbeitseinheit“ bezeichnen und im Rahmen unserer Untersuchung nicht mehr weiter aufbrechen.

Darüber hinaus haben wir natürlich zusätzliche Aspekte der Tätigkeit erhoben: den Ort, wo sie stattfindet, allenfalls beteiligte Personen, allfällige Konsequenzen für spätere Arbeiten, allfällige engere Verwandtschaften mit vorangehenden oder nachfolgenden Einheiten (Abschnittsbildung). Als wichtiges Rahmenmerkmal kristallisierte sich die „Arbeitssituation“ heraus (z.B. Abendarbeit, Wochenendarbeit). Am meisten aber werden uns die zeitlichen Ausmessungen der Tätigkeiten interessieren.

Dispositionen über die Zukunft. In gewisser Hinsicht bilden die „Dispositionen über die Zukunft“ – die wir im vorliegenden Buch noch nicht behandeln – eine dritte Ereigniskette. Diese Abspaltung drängte sich uns auf, als wir eine EDV-Auswertung unserer Daten vorbereiteten. Es wurde damals für jede Arbeitseinheit eine eigene Lochkarte vorgesehen, die alle Informationen nicht nur über die betreffende Tätigkeit, sondern auch über den vorangehenden Wechsel und die abzuleitenden Konsequenzen aufnehmen sollte. Als wir dort auch neuen Handlungsabsichten einen Platz zuweisen wollten, gebärdeten sie sich als enfants terribles. Während gewisser Arbeitseinheiten (ganz besonders natürlich solchen der Planung!) traten sie gleich scharenweise auf; sie gehörten, als Blitzeinfälle, oft ganz andern Themen an als dem eben bearbeiteten; ja sie machten mit ihrem überraschenden Auftreten selbst die Freizeit unsicher; sie hüpften einem in den Schoß, wenn man Musik hörte, oder ins Bett, vor dem Einschlafen. Wohl oder übel mußte ich mich dazu bequemen, ihnen Autonomie und eigene Lochkarten zuzusichern.

Der Zeitpunkt der Datenerhebung

Durch die laufende Registrierung aller Glieder der drei genannten Ereignisketten entstand – mit Erwin K. Scheuch zu reden (1972, 70f.) – ein „chronologischer Self-Report via Tagebuch“. In der „use of time“-Studie wurde dieses Tagebuch zumeist erst im nachhinein erstellt. Bei uns dagegen lag es für Nachträge stets auf dem Tisch. Diese unmittelbare Registrierung hat einen großen Vor- und einen großen Nachteil. Der Vorteil besteht in der Unmittelbarkeit der Wahrnehmung und der Frische der Eindrücke; man ist nicht auf Erinnerungen und Interpretationen angewiesen. (Auf Ausnahmen werden wir gleich noch zu sprechen kommen.) Sind die Daten einmal registriert, so sind sie auch sichergestellt; man ist sie los, kann sie vergessen, hat den Kopf frei für neue. Neue aber kommen unablässig auf einen zu; dies ist der Nachteil. Man ist ständig unter Beobachtungs- und Registrierzwang; Pausen, Aufschub kann man sich nicht gönnen, sonst geht man genau jenes großen Vorteils verlustig. Andersartige Erhebungen kann man jeweils dann weiterführen, wenn man dazu Zeit und Gelegenheit findet. Ereignisketten-Registrierung ist hingegen „allgegenwärtig“.

Wir haben die oben erwähnten Daten also „on the spot“ erheben müssen. Das heißt nun allerdings nicht, daß sie jederzeit mit Sekunden- oder auch nur Minutenschnelle registriert worden sind. Das hätten die Bedingungen der Erhebung, die ja den natürlichen Verhaltensablauf weder beeinträchtigen durften noch sollten, keineswegs zugelassen. Die Notizen erfolgten zwar im besten Falle (und recht häufig) gleich unmittelbar nach dem Ereignis, aber oft auch einige Stunden danach. Allerdings achteten wir darauf, daß nie mehr als etwa drei bis vier Zeitpunkte ununterstützt im Kopfe behalten werden mußten; war das Nachführen des Tagesblattes nicht möglich, so wurden – etwa während Sitzungen, Besprechungen etc. – auf einem Blatt provisorische Notizen mit Zeitangaben sowie Bereichs- und

Vollzugscodes gemacht und dann so bald wie möglich auf das Tagesblatt übertragen. Das vernahmen wir bereits bei der Beschreibung des 28. August 1975. Bei Handlungsabsichten war die Gedächtnis-Toleranz größer; Notierung am gleichen Tag genügte; ausnahmsweise erfolgte sie sogar tags darauf (was jeweils bei der Eintragung vermerkt wurde). Bei den Arbeitseinheiten wäre eine solche Zusammenfassung und Verschiebung gedächtnismäßig völlig aussichtslos gewesen; die Daten wären dann schlicht verlorengegangen. (Darüber mehr auf Seiten 561f. – Eigentlich ist es erstaunlich, daß während der ganzen Erhebungszeit kein einziger derartiger Verlust zu beklagen ist!)

Was hingegen ab und zu geschah, war das Verpassen gewisser Feststellungen: Ich vergaß, bei kleineren Wechseln – etwa bei Umstellungen des Gesprächsthemas – auf die Uhr zu schauen und die Zeit festzuhalten (oft zwang die Höflichkeit dem Partner gegenüber zu einem absichtlichen Verzicht). Es war dann nur die Themenfolge bekannt; beim Eintragen aufs Tagesblatt mußte die relative Dauer der Gesprächsteile geschätzt werden (stets innerhalb einer Frist, die der unmittelbaren Erinnerung noch eine faire Chance gab; nicht direkt abgelesene Zeitpunkte wurden übrigens nie ins Tagesblatt eingetragen).

Die Erfassungsweise

Aus allem bisher Dargelegten wurde schon klar, daß es im Rahmen unserer Erhebung recht verschiedene Arten gegeben hat, Ereignisse und ihre Merkmale festzustellen. Puritaner der Methode werden sich nicht mit allen von ihnen anfreunden können. „Zeigerablesen", das Paradigma des Operationalismus, kommt zwar auch vor, ist aber umgeben und umrahmt von weit weniger stubenreinen Übertragungsmechanismen. Wir können etwa die folgenden neun Hauptgruppen unterscheiden.

Ablesen. „Abgelesen" wurden einerseits etwa die Uhrzeiten, anderseits aber (nachträglich!) auch Eintragungen von Vorhaben in die Agenda.

Registrierung von Umständen. Gewisse natürliche Umstände des Geschehens konnten zwar unmittelbar festgestellt, mußten aber explizit festgehalten werden; vor allem handelt es sich dabei um das Datum, den Ort, die beteiligten Personen, aber auch gewisse Ereignisse des Wechsels wie etwa die Unterbrechungen (schellendes Telefon, eintretender Mitarbeiter). Diese Umstände waren zum Teil derart „selbstverständlich", daß ihre Registrierung gelegentlich unterblieb, so daß sie dann nachträglich – weit mühsamer und weit weniger zuverlässig – rekonstruiert werden mußten.

Beobachtung innerer Ereignisse. In direkter Weise „beobachtet" (oder schlicht „festgestellt") wurden – vom Moment an, da sie in die Erhebung eingeschlossen waren – die sogenannten „vorgesehenen Arbeiten". Ihre

Festhaltung in der Agenda gehörte bei P. zur untersuchungsunabhängigen Routine; während der Erhebungszeit wurden zusätzliche Details bewußtgemacht. Zu den „inneren Ereignissen“, deren Vorkommen direkt beobachtet wurde, gehörten auch gewisse „Auslösungen“, etwa solche durch Einfall, durch Wahrnehmen einer Chance oder durch Bewußtwerden, daß ein verabredeter Zeitpunkt bevorstand.

Feststellung von Zugehörigkeiten. Die registrierten Ereignisse mußten zur Zeit ihrer Erfassung in mancher Hinsicht qualifiziert und bestimmten Kategorien zugeteilt werden: Arbeitsbereichen, Themen, Vollzugsarten, Auslösekategorien, gelegentlich auch früher gefaßten Plänen. Sehr häufig spielte sich das ebenfalls in Form einer reinen „Feststellung“ ab – Feststellung auch von außen beobachtbarer Tatsachen („ich habe telefoniert“) oder Feststellung innerer Zusammenhänge („im Dienste der Erstellung des Budgets 1976“).

Zuordnung. Gelegentlich ließ sich aber die „Zugehörigkeit“ eines Ereignisses nicht derart unmittelbar und zweifelsfrei einfach „feststellen“. Zwei oder drei Varianten der Zuordnung boten sich an. In solchen Fällen waren kurzes Abwägen und Treffen eines Entscheides erforderlich.

Errechnen. Gewisse Angaben wurden im Normalfalle laufend errechnet, nämlich die Dauer der Arbeitseinheiten, sofern die Zeitpunkte der sie umrahmenden Wechsel von der Uhr abgelesen worden waren.

Schätzung. Konnte mindestens einer der beiden Zeitpunkte nicht direkt abgelesen werden oder liefen vorübergehend zwei Arbeiten parallel, so mußte die Dauer der Arbeitseinheit (im Rahmen eines bestimmten Zeitabschnitts und in Abwägung gegenüber den „Konkurrenten“) geschätzt werden. (Davon werden wir in Kapitel 10.4 ausführlich sprechen.)

Erinnerung. Auf die Erinnerung haben wir uns nur in ganz wenigen Zusammenhängen verlassen, nämlich ausschließlich bei der Feststellung nicht unmittelbar notierter Orte oder Kontaktpersonen.

Rekonstruktion. Wo die Erinnerung versagte, mußten solche Angaben aus andern Unterlagen rekonstruiert, gelegentlich erschlossen oder gar vermutet werden.

Datenfeststellungen der drei letztgenannten Arten wurden – zuhanden der ursprünglich geplanten EDV-Auswertung – speziell gekennzeichnet, in den beiden letzten Fällen mit Schätzungen des Sicherheitsgrades und allfälligen Quellenhinweisen.

Festhaltemodus

Um die Vorteile einer laufenden Registrierung weitgehend nutzen und dennoch die daraus erwachsenden Nachteile möglichst klein halten zu können, wurde das Erhebungsverfahren so weit wie möglich routinisiert und vereinfacht. Dazu dienten einmal die Verwendung praktischer Formulare (der „Tagesblätter“, vgl. Figur 2.1), anderseits die Anwendung auswendiggelernter und eingeübter Codes und Abkürzungen. Allerdings haben wir es nicht zustandegebracht, auch die Festhaltung der Planungsereignisse gleicherweise zu vereinfachen wie jene der Tätigkeitswechsel und der Arbeitseinheiten.

Die Übersetzung festgestellter Gegebenheiten in registrierte Daten erfolgte von Größe zu Größe verschieden. Wir können hauptsächlich die folgenden neun Varianten unterscheiden.

Numerische Kennzeichnung. Selbstverständlich wurden Daten und Zeitpunkte in Zahlen wiedergegeben.

Zahlenwerte. Zeitdauern wurden in Zahlenwerten festgehalten, und zwar in Minuten; dabei kamen nur durch 5 teilbare Zahlen zur Anwendung. (Wir werden in unserem Bericht Dauern meist in Fünfminuteneinheiten ausdrücken, also Minutenzahl durch 5; vgl. Schluß dieses Kapitels.)

Zahlencode. Ein Zahlencode wurde durchwegs angewendet bei Bereichen und Vollzügen (auswendiggelernte Dezimalklassifikation; je zweistellig.)

Buchstabencode. Er wurde angewendet bei Auslösungen, Abschlüssen und Konsequenzen (systematisch und durchgehend nur im ersten Falle) sowie bei drei Sonderarten von Themen. Innerhalb jedes dieser Gebiete bildeten die verwendeten Buchstaben Abkürzungen von Stichworten (Anfangsbuchstaben!). Damit war auch hier eine Routinisierung leicht möglich.

Abkürzungen. Für Büro-Mitarbeiter wurden natürlich die büro-internen Abkürzungen verwendet. Aber auch andere häufig auftretende Personen, sich wiederholende Arbeiten, reguläre Arbeitsorte oder langfristige Themen konnten mit Abkürzungen gekennzeichnet werden.

Namen. Seltener getroffene Personen und nur gelegentlich aufgesuchte Orte, Bücher und ähnliche Gegebenheiten wurden mit Namen genannt.

Stichworte. Wo es zur näheren Bezeichnung nötig war (namentlich zwecks Wiedererkennung von Thema und vorgesehener Arbeit), wurden Stichworte beigefügt.

Kurzbeschreibung. Kurzbeschreibungen (meist mit Hilfe von Infinitivkonstruktionen) wurden verwendet auf der Tagesblatt-Vorderseite zur allenfalls erforderlichen näheren Kennzeichnung oder Charakterisierung einer Tätigkeit (Präzisierung von Vollzugs- oder Kontaktart, Umschreibung der Aufgabe oder der Funktion eines Handlungsschrittes u.dgl.).

Linie. Durch Nachziehen einer senkrechten Linie auf der Tagesblatt-Vorderseite wurde die Zugehörigkeit der Arbeitseinheit zu einem bestimmten Thema markiert.

Im Längsschnitt erfaßte Größen

Unsere Erhebung bestand also in der lückenlosen Sammlung von Querschnitten durch das Arbeitsgeschehen. Wir registrierten reihenweise auftretende Ereignisse samt ihren Merkmalen. Ein Teil dieser „Schnitte" korrespondierte mit (mehr oder weniger „ausdehnungslosen") Zeitpunkten, nämlich den Tätigkeitswechseln und manchen blitzartig erfolgenden Konzeptionen neuer Vorhaben. Die übrigen beschrieben zeitlich sich zwar erstrekkende, aber inhaltlich kompakte Arbeitsstücke, die (mit geringen Ausnahmen) in einer unendlichen Einerkolonne durch die (Arbeits-)Zeit marschierten.

So verlief zwar die primäre Datenerhebung, aber die Schilderung des gesammelten Materials und die Beschreibung der Erhebungsgrößen wäre absolut unvollständig, wenn wir dabei stehenblieben. Die Ereignisse des Arbeitstages liegen nicht wie fensterlose Monaden hintereinander. Einige der wichtigsten Merkmale und Bestimmungsstücke sind Gegebenheiten eigener Art, deren wesentlichstes Charakteristikum ihre Existenz über Zeit ist. Sie erstrecken sich manchmal über Tage oder Wochen und binden weit auseinanderliegendes Geschehen zusammen. Erlebnismäßig sind sie mindestens so real und evident wie die bisher besprochenen Querschnitt-Ereignisse.

In erster Linie haben wir dabei Themen und Handlungsabsichten im Auge. Themen sind Aufgaben oder Interessezuwendungen, die uns oft über längere Zeit beschäftigen; und „vorgesehene Arbeiten" bestehen ihrem Wesen nach darin, daß eine Absicht für späteres Handeln über einige Zeit zurückgestellt (schließlich aber zumeist doch realisiert) wird.

Zu den laufend erhobenen Daten-Querschnitten stehen nun die Längsschnittgrößen in einem recht merkwürdigen Verhältnis. Zwar bilden sie, wie das nächste Kapitel darlegen wird, unabhängig von den einzelnen Querschnitten bestehende und direkt erfahrbare Gegebenheiten, die deshalb als charakterisierende Merkmale in Arbeitseinheiten und Dispositionen über zukünftiges Tun einfließen. Wenn wir sie im Rahmen unserer Untersuchung aber als Gegenstände erfassen und studieren wollen, so müssen wir sie umgekehrt aus diesen ihren querschnittmäßigen Realisierungen erst einmal zusammenbauen. Hätten wir EDV benutzt, so wäre das besonders deutlich geworden. Wir hätten dann, um ein Thema zu untersuchen, alle Ereignisse, die sein individuelles Kennzeichen tragen, ausdrucken lassen und so anhand der vollständigen Geschichte seine Individualität rekonstruiert.

Längsschnitt-Größen stellen uns oft vor Probleme. Dann und wann geraten wir nämlich in Zweifel, ob das, was wir da treiben oder zu treiben planen, eigentlich immer noch das „gleiche" Thema, das „gleiche" Vorhaben ist wie vor ein paar Tagen oder Wochen. Die oft recht bewegte Weiterentwicklung und Differenzierung solcher Gebilde konfrontiert uns – namentlich wenn sie schrittweise erfolgt – mit der Frage ihrer Identität. Ein faszinierendes Problem; in Kapitel 4 wollen wir uns gründlich damit auseinandersetzen.

Themen und Absichten sind natürlich nicht die einzigen Größen mit Längsschnitt-Qualität. Alles, was in unserer Welt einen konstanten Charakter hat, was zur „Bühne" des Geschehens, zu den festen Requisiten, aber auch zu den langfristigen Akteuren gehört, wäre hier einzuordnen. Im Rahmen unserer Erhebung bilden beispielsweise viele unserer Kontaktpersonen, aber auch die Arbeitsorte, solche Größen über Zeit. Mittels EDV hätten wir in der Tat auch die „Geschichte" bestimmter Personen und damit ihre Rolle im Rahmen von P.'s Arbeitswelt analysieren wollen. Ohne EDV müssen wir das bleibenlassen.

Rahmengrößen und resultierende Größen

Die eben besprochenen Größen – Themen und Absichten – haben somit im Rahmen unserer Untersuchung einen doppelten Status. Einerseits sind sie wahrgenommene Gegebenheiten in P.'s Arbeitswelt, die als Merkmale anderer Größen direkt „erhoben" werden können. Anderseits aber lassen sie sich, zum Zweck einer genaueren Untersuchung, aus Einzelstücken zusammensetzen; sie werden so zu Gebilden, die als „Resultate" aus der Untersuchung hervorspringen.

Einen etwas anderen, aber teilweise vergleichbaren Doppelstatus besitzen zwei andere wichtige Größen: der Tag und das Jahr. Einerseits bilden sie natürliche Rahmen-Gegebenheiten aller unserer Erhebungen; jedes festgehaltene Ereignis spielt sich an einem Tag, und jeder Tag spielt sich in einem Jahr ab. Zugleich können wir Tagesläufe und Arbeitsjahre als individuelle, komplexe Phänomene betrachten, die eines gründlicheren Studiums wert sind. Individualität und Komplexität aber erhalten sie in unserer Untersuchung ebenfalls erst dann, wenn wir sie „zusammensetzen" aus alledem, was wir über sie in Erfahrung bringen.

Nehmen wir beispielsweise den 28. August 1975! Für alle Geschehnisse dieses Tages bildet das Datum ein Rahmen-Merkmal. Aber der 28.8.75 ist damit auch zu einem Gebilde mit unverwechselbarer Identität geworden, einem Arbeitstag mit ungewöhnlichem Verlauf, den wir zu Beginn dieses Kapitels anhand des Tagesblattes rekonstruiert haben. Damit hat sich's aber noch nicht. Der 28. August erwachte nicht erst am Morgen nach dem 27. zum Leben, sondern schon am 2. Juni; von da an war er Zieldatum bestimmter Vorstellungen, die sich bis zum Vorabend zunehmend konkretisierten; und er hörte auch nicht abends oder um Mitternacht auf, sondern zeugte Folgen für spätere Tage, deren Wirkung schon am nächsten einsetzte (der 29. mußte am 28. versäumte Dinge nachholen). In diesem breiten Sinne verstehen wir den „Tag", wenn wir ihm hier ein Buch widmen.

Tage und Jahre bilden also gleichzeitig Rahmengrößen und resultierende Größen. Unsere Untersuchung arbeitet aber zum Teil auch mit Begriffen, die sie nur im einen oder andern Sinne verwendet. Wir denken da einmal an die „Arbeitssituationen" wie Werktage, Freizeit usw., die als Rahmenbedingungen das Arbeitsgeschehen stark beeinflussen, selber aber nicht zu "Individualitäten" werden können. Bloß „resultierende Größe" ist umgekehrt ein Gebilde, das sich, obgleich eine begriffliche Neuschöpfung, in unserer Untersuchung einen führenden Platz erobert hat und das wir etwas willkürlich „Tagestätigkeit" tauften. Es liegt im Schnittpunkt zweier individueller Größen: eines bestimmten Tages und eines bestimmten Themas. Das, was ich unter den Arbeitstätigkeiten des Tages X dem Thema Y widme, nennen wir eine Tagestätigkeit – und umgekehrt natürlich auch das, was von den Arbeiten am Thema Y auf den Tag X entfällt. (Die beiden Gesichtspunkte werden in verschiedenen Kapiteln zur Anwendung kommen; wir werden allmählich auch begreifen, daß ihre Unterscheidung nicht bloß eine Spielerei darstellt.)

2.3 Individuen, Kategorien, Merkmale

Individualität als Problem

Auf den letzten Seiten haben wir wiederholt von „Individuen" gesprochen und damit Leserinnen und Leser möglicherweise ein wenig verwirrt. Spontan denken sie bei diesem Wort wohl an Personen; diese nennt man ja, wenn man sich gespreizt ausdrücken will, Individuen. (In der Einzahl tönt's dann freilich etwas anders.) Nun war aber die Rede von Tagen, Plänen oder gar Arbeitseinheiten, die damit zu unerwarteten Ehren kamen. Was soll diese Ausdrucksweise?

Freilich, nimmt man den Ausdruck in seinem ursprünglichen Sinne, so bildeten die „Arbeitseinheiten" im Rahmen unserer Untersuchung in der Tat eigentlich (die einzigen) „Individuen", das heißt: unteilbare Größen; wir haben sie ja als nicht weiter zerlegbare Ganzheiten erfaßt. Aber das meinen wir hier mit dem Begriff nicht. Vielmehr wollen wir Größen, deren konkrete Auftritte während der Erhebung „individuell" unterscheidbar sind, von solchen abtrennen, die nur „kategorial" erhoben werden konnten. Wir müßten also eher von „Individualitäten" als von „Individuen" sprechen, obgleich die Begriffe fließend ineinander übergehen.

„Die Einzigkeit, Einmaligkeit und Unvergleichbarkeit des Individuums bezeichnet man als Individualität", so definiert Wilhelm Hehlmann in seinem „Wörterbuch der Psychologie" (1974, 225). Ähnliche Angaben findet man auch in anderen Lexika; aber die Sache erweist sich bei näherem Zusehen doch als komplizierter. Der Philosoph Heinrich Rickert (mit dem wir uns ab und zu noch beschäftigen werden) charakterisiert die „Wirklichkeit“ durch zwei durchgehende Züge: die Stetigkeit zwischen allen Phänomenen (es gebe allerorten nur fließende Übergänge) und die individuelle Einzigartigkeit jedes Phänomens (1899/1926, 31 ff.). Die Wirklichkeit bilde ein „heterogenes Kontinuum“; erst die rationale Erkenntnis reiße das auseinander. Auf das Problem der Unterteilung dieses Kontinuums werden wir in Kapitel 10.2 zurückkommen (Seite 544); hier interessiert uns nur erst die behauptete „Individualität“ aller Gegenstände der Wirklichkeit, die auch von Staudinger und Behler betont wird: „Da es in der vorgefundenen Wirklichkeit niemals zwei Menschen, zwei Tiere, zwei Pflanzen, zwei Steine oder auch nur zwei Atome gibt, die in jeder Hinsicht absolut gleich sind, ist jede mathematische Aussage problematisch, wenn man sie auf reale Gegebenheiten anwendet“ (1984, 31).

Bei einigem Nachdenken entdecken wir, daß diese Sicht der Dinge, so bestechend sie zunächst auch erscheinen mag, mit dem Wirklichkeitserleben des Menschen nicht ganz übereinstimmt. Viele von uns zieht es sommers immer wieder an die Sandstrände der Meere. (Ausnahmen wie P. bestätigen nur die Regel.) Nun wissen wir zwar alle, daß das, worauf wir uns da jeweils niederzulegen pflegen, aus ungezählten individuellen Partikelchen besteht. Theoretisch könnten wir sie einzeln numerieren und – mit viel Geduld und unerhörtem Glück – eine Stunde oder selbst ein Jahr später individuell wiederfinden. Aber unsere erlebte Wirklichkeit beinhaltet dennoch keineswegs diese Billionen individueller Sandkörner, sondern einen allgemeinen, anonymen „Gegenstand“ Sand, der zwar ein Gattungsbegriff ist, den wir aber doch als unmittelbare Realität erleben und beschreiben. (Nach der Gegenstandslehre Rudolf Carnaps fungieren solche realen Gegenstände unter der Kategorie „Ganze“, Subkategorie „Kollektionen“; 1928, 48.)

Ein klein wenig anders ist es bereits mit der Mücke, die uns oftmals belästigt, wenn wir so hingestreckt daliegen. Stechen tut uns (jedesmal) tatsächlich ein „Individuum“ – , aber wenn wir zuschlagen oder Anti-Brumm-Milch auftragen, so wehren wir uns keineswegs gegen Individualitäten, sondern bloß gegen die ganze anonyme Mückenbrut; wir zweifeln gewiß auch hier an der „persönlichen Besonderheit und Unverwechselbarkeit“, die nach Siegert und Chapman die Individualität charakterisieren (1985, 1). Für uns Alltagsmenschen sind alle diese Plaggeister „genau gleich“. (Schimpft der Mann: Wer sticht mich da? Grinst die Mücke: Was hilft es Ihnen, wenn Sie meinen Namen kennen?)

Kein Zweifel: jedes Sandkorn, jede Mücke, und – falls es sie gibt – jedes Atom ist eine „Individualität“, zwar verwechselbar (für uns nämlich), aber, wenn das Bild gestattet ist, „unverwechselbar für Gott“. Wir Menschen können sie indessen als Individualitäten nicht unterscheiden; in unsere erlebte Wirklichkeit gehen sie nur als Masse oder als Gattung ein. Für sie gilt der Satz von Watzlawick, Weakland und Fisch: „Unser Welterleben beruht auf der Zuordnung der Objekte unserer Wahrnehmung zu Klassen" (1974, 123) – und zwar im radikalsten Sinne.

Stufen der Individualität

Vom individuellen Sandkorn zum individuellen Menschen führt ein weiter Weg; und die „Individuen", die wir in diesem Buch zu beschreiben haben, liegen irgendwo verstreut auf dieser Strecke. Sie beanspruchen unterschiedliche "Stufen" der Individualität. Mit diesen Stufen wollen wir uns nun kurz befassen. Gewiß sind auch hier wieder die „fließenden Übergänge" typisch, und Stufeneinteilungen bringen ein Stück Vergewaltigung der Realität; dennoch können sie vielleicht als Versuch einer Annäherung an diese recht nützlich sein.

Wir unterscheiden grob die folgenden fünf Stufen:

1. Da haben wir zunächst die eben besprochene „Individualität" des Atoms, des Sandkorns, der Mücke. Sie bedeutet für uns Menschen nichts anderes mehr als die Existenz des konkreten Exemplars gegenüber dem Gattungsbegriff oder dem „Haufen". Individuell unterscheidbar würden diese Exemplare für uns nur dann werden, wenn wir ihnen Nummern anheften könnten.

2. Auf einer zweiten Stufe gibt es die – noch immer namenlosen – Individualitäten mit für uns zwar unterscheidbaren, aber uns kaum je interessierenden Besonderheiten. „Kein Kieselstein ist wie der andere" – aber wen kümmert das schon, außer allenfalls das spielende Kind. Man könnte hier (mindestens) zwei Unterstufen voneinander trennen: Phänomene, deren Besonderheiten sich erst bei aufmerksamer Zuwendung erschließen (wie die Kieselsteine), und Phänomene, die wir zwar spontan als verschieden wahrnehmen, deren Unterschiede uns aber normalerweise nicht interessieren (etwa die Bäume eines Hains). Der Begriff, den Rickert synonym braucht für Individualität, nämlich „Andersartigkeit" (1926, 32; 81), fällt unseres Erachtens (für den erlebenden Menschen) erst auf dieser Stufe in Betracht.

3. Irgendwo oberhalb eröffnet sich uns dann das Reich der eigentlichen Individualitäten. Wer selber Tiere hat oder liebt, kennt seine Kühe im Stall oder kennt die Hunde und Katzen im Quartier, oft mit Namen, jedenfalls nach Aussehen und Eigenart. Auch die Straßen unserer Stadt sind uns individuell bekannt. Das charakteristische Merkmal der Individualitäten dritter Stufe besteht darin, daß sie Namen tragen oder tragen könnten.

4. Wer aber würde zweifeln, daß – zumindest im Normalfall – die Individualität unseres Nachbarn Max doch noch um einiges nuancierter ist als diejenige seines Hundes Rex? Gordon W. Allport schrieb einmal: „I venture the opinion that all of the infrahuman vertebrates in the world differ

less from one another in psychological functioning and in complexity of organization, than one human being does from any other" (1968, 83). Nun haben wir also erst eigentlich die Stufe erklommen, auf der der Alltagsmensch spontan den Begriff der „Individualität" ansiedelt. Individuell in diesem ausgeprägten Sinne sind aber nicht bloß Personen; auch andere Dinge, etwa Sonne und Mond, Dörfer und Städte gehören dazu. Daniel Lukas Bäschlin weist in seinem interessanten Buch „Wehrwille und grüne Kraft" darauf hin, daß „die Erde als eine Wirklichkeit besteht, die in Orte einmalig-individueller Prägung differenziert ist" (1983, 21). Solche Individualitäten können nur durch spezifische Beschreibung adäquat erfaßt werden.

5. Ganz oben auf unserer Stufenleiter finden wir schließlich – falls wir gewissen Kulturphilosophen folgen wollen – Gebilde, die wir als „historisch bedeutsame, sinntragende Individualitäten" bezeichnen können (Rikkert, 1926, 80). Es sind jene Gegenstände der Kulturwissenschaft, „welche in ihrer individuellen Eigenart entweder selbst als Träger von Sinngehalten Kulturwerte real verkörpern oder mit ihnen in Beziehung stehen" (81). Dazu gehören etwa die römischen Päpste, die den Historiker Mommsen interessiert haben (im Gegensatz zu den Wiener Neurotikern, die den Psychologen Freud faszinierten).

Wir unterscheiden also grob die fünf folgenden Stufen der Individualität:

1. Numerierbare Individualität
2. Unterscheidbare Individualität
3. Benennbare Individualität
4. Ausgeprägte Individualität
5. Historische Individualität

Individualität und Erkenntnis

Für das Bemühen des Menschen, seine Welt erkenntnismäßig zu erschließen, ist die Stufenleiter der Individualität ihm begegnender Phänomene von großer Bedeutung. Ganz allgemein ist ja bekannt, daß er dabei „generalisierend" oder aber „individualisierend" vorgehen kann, auch wenn es seit Galilei immer wieder Wissenschaftler gibt, die das zweite wegdiskutieren möchten, selbst Psychologen. „In den zeitgenössischen Diskussionen ist es durchaus umstritten, ob und inwieweit die individuelle Besonderheit einer Person Forschungsgegenstand der Psychologie sein kann und soll", stellen Siegert und Chapman fest (1985, 6). Unser Buch ist nicht der geeignete Platz, um näher auf diese Frage einzugehen; nur ein paar wenige Hinweise seien gestattet.

„Generalisierend" kann man jedes Phänomen zu erkennen versuchen; „individualisierendes" Studium jedoch läßt sich nur bei den höheren Individualitätsstufen anwenden und lohnt sich bloß bei den höchsten. Die Meinungen gehen allerdings auseinander, wie hoch man da ansetzen muß. Noch im Jahr 1926 konnte sich der Wissenschaftstheoretiker Rickert, der sich durch seine detaillierte Analyse des individualisierenden Vorgehens in der Fachwelt einen Namen gemacht hatte (1896 – 1902), für die Psychologie kein solches Vorgehen denken (Phänomene der Stufe 4 konnten seiner Meinung nach nur generalisierend angegangen werden), während beispielsweise die Philosophin Anna Tumarkin 1929 in ihrer Abhandlung über die „Methoden der psychologischen Forschung“ umgekehrt zum Schlusse kam, die „moderne Psychologie“ wolle und könne „eine Wissenschaft des Individuellen“ sein (117).

Beim Individualisieren und Generalisieren bewegen wir uns – mit Blick auf unsere Stufenleiter gesprochen – in entgegengesetzter Richtung. Im ersten Falle schieben wir das Objekt unserer Betrachtung gegebenenfalls um eine Stufe nach oben, im zweiten rücken wir es hinunter. Beides wird im Rahmen unserer Untersuchung relevant werden; und es ist für das Verständnis unserer Erhebungsgrößen wichtig, uns vor Augen zu führen, was dabei passiert. (Da wir vom Begriff der Individualität ausgehen, betrachten wir hier nur einen Aspekt des Generalisierens, nämlich die Bewältigung und Reduktion individueller Unterschiede zwischen den Phänomenen.)

Gegenstände der Individualitätsstufe 2 setzen sich, so haben wir gesagt, durch gewisse Besonderheiten voneinander ab, die im ausgeprägteren Falle schwerlich zu übersehen sind. Wie können wir sie ent-individualisieren? Am besten bilden wir aufgrund ihrer Unterscheidungsmerkmale Kategorien, denen wir die Individuen dann zuteilen; damit gründen wir homogene Teilgruppen, deren Exemplare sich nun auf Stufe 1 zusammenscharen. Das ist ein alltägliches Verfahren. Phänomenen auf Stufe 3, die wir einzeln und mit Namen kennen, müssen wir bereits Gewalt antun, um sie dahin zu bringen. Beamte der Steuerverwaltung, der Rechtspflege usw. bringen das allerdings ohne Mühe auch mit uns Stufe-4-Existenzen fertig. Im allgemeinen ist es jedoch eher üblich, ausgeprägtere Individualitäten durch Bildung von „Typen“ auf eine niedrigere Stufe zu reduzieren. Sie hören dann auf, Namen zu tragen, sondern werden Extravertierte, Leptosome, Gaulloise-Typen, Jungfrauen oder Stiere. Solchen Gruppen wird immerhin eine gewisse Schwankungsbreite zugestanden.

Was schließlich die Degradierung der „Träger von Sinngehalten“ zu kommunen Allerweltsmenschen betrifft (Reduktion von Stufe 5 auf Stufe 4), so würden Historiker kaum zögern, die Vertreter „psychologistischer“ Geschichtsschreibung dieser Sünde zu bezichtigen. Unter deren Feder wird Winston Churchill ein Mensch wie du und ich. Auch Josef Stalin. Merde.

Dieses Stufen-Spiel können auch Sie selber mit den beliebigsten Gegenständen Ihrer Welt betreiben. Nehmen Sie zum Beispiel nur die Kleidung an Ihrem Leib! Ihre einzelnen Pullover, Kittel, Mäntel, auch Ihre Schuhe kennen Sie so präzise wie des Nachbarn Hund; sie stehen auf Stufe 3.

Unterwäsche und Socken hingegen übersteigen selten Stufe 2, vielleicht mit Ausnahme Ihrer geringelten Lieblinge. Je nach Umständen können allerdings auch Kleidungsstücke mit Individualitäts-Potential auf Stufe 2 absinken (oder denken Sie, die Frau des philippinischen Ex-Diktators Marcos habe ihre rund tausend Paar Schuhe einzeln gekannt?). Aufstiege dagegen sind Kleidungsstücken selten vergönnt. Allenfalls lebt, wie uns Christian Morgenstern erzählt, in Süditalien eine Weste an einer Kirche dämmrigem Altar; oder in unserer Jugendzeit liebten wir einen amerikanischen Film mit dem Titel „Tales of Manhattan", in welchem ein Frack die Hauptrolle spielte.

Es ist wie überall: hinunter geht's leicht. Hinaufzuklettern aber, von Sprosse zu Sprosse, ist bedeutend schwieriger. Wer will sich beispielsweise anheischig machen, die Mücke, die er eben erschlug, oder eine ihrer hundert Nachfolgerinnen, individualisierend zu beschreiben? Bei Phänomenen der Stufen 2 und 3 erreichen zunehmende Vertrautheit und wachsendes Interesse am Gegenstand in dieser Hinsicht immerhin einiges. Über unseren Hund Puck könnte jedes Mitglied der Familie einen ausführlichen individualisierenden Bericht schreiben. Auch einige seiner verblüffenden Sprünge fänden darin wohl Erwähnung – freilich nicht der Sprung auf Individualitätsstufe 5; den schafft kein „Hundelvieh" (jedenfalls nie „ohne Gott", um Ernst Jandl zu zitieren). Auch die meisten Menschen bekunden damit ausgesprochene Mühe. Weder P. noch eine seiner „Kontaktpersonen" hat es bisher zur historischen Individualität gebracht.

Individualität und Erhebungsgrößen

Im Rahmen unserer Erhebung haben wir zahllose reale Ereignisse und Gegenstände „erfaßt": Arbeitseinheiten, Arbeitswechsel, Handlungsabsichten, Zeitpunkte, Themen, Tage und anderes. Sie besitzen alle eine gewisse Individualität, die sich jedoch auf verschiedenen Stufen ansiedelt. Von der obersten müssen wir dabei respektvoll Abstand nehmen. Hätte freilich ein Bismarck, ein Lenin, ein Roosevelt unsere Arbeitsanalyse durchgeführt, so kämen zahlreiche Themen mit Individualitätsstufe 5 darin vor.

Nicht alle unsere Begriffe beherbergen Individuen; das muß zunächst klargestellt werden. Bereiche, Vollzüge, Arbeitssituationen, Auslösearten sind von vornherein nur abstrakte Klassen, denen unsere Individuen zugeordnet werden können. (Darüber mehr in Kapitel 8.3.)

Aber der Unterschied wird fließend; denn auch manche unserer individuell erfaßten Phänomene werden wir generalisierend zu erklären suchen und zu diesem Zweck auf Kategorien und Typen reduzieren. Nehmen wir beispielsweise die Tätigkeitswechsel, deren jeder ein zwar namenloses, aber unterscheidbares individuelles Ereignis in P.'s Arbeitsleben darstellt. Eine ihrer besonders häufigen und prägnanten Erscheinungsformen ist die Unterbrechung durch das Schrillen des Telefons. Greifen wir diese Vorkommnisse heraus und sammeln sie, so werden sie für uns zu Mücken; wir unterscheiden nicht mehr, wir zählen bloß noch – es sind nun einfach Individualitäten der Stufe 1. (In diesem Falle trägt die Analogie sogar noch über den Stufenvergleich hinaus.)

Themen hingegen sind ihrem Wesen nach (und normalerweise) Größen der Stufe 3. Sie haben einen eigenen, unverwechselbaren Inhalt, der in etwas zu Besorgendem oder Interessierendem besteht; folglich sind sie benennbar (ihr „Name" steht oben auf den entsprechenden Karteikarten). Es gibt bei ihnen allerdings auch Serienware, etwa das, was uns in Kapitel 5.3 als „Themensammlung" begegnen wird. Um das Volk der Themen von allen Seiten her kennenzulernen, wollen wir sie in unserem Bericht treppauf und treppab hetzen: Wir werden sie, unten auf Stufe 2, in Typologien zu fassen suchen, und wir werden einzelne von ihnen, droben im vierten Stock, als ausgeprägte Individuen beschreiben und analysieren.

Es kommt also vor, daß uns der gleiche Begriff auf verschiedenen Stufen begegnet. Erstaunlicherweise gilt das sogar für die „Kontaktpersonen". Menschen, so denkt man, gehören doch allermindestens auf Stufe 3. Wenn etwas auf der Welt, so sind sie es, die Namen tragen! Und doch mußte P., als er seine soziale Welt zu ergründen suchte (Kapitel 9.5), kleinlaut zugeben, daß es da auch „anonyme" Partner gab, Individualitäten, die eine kümmerliche Existenz auf Stufe 2 fristen – unbekannte Sekretärinnen und Verkäuferinnen etwa, bloße „role relations", wie Murray S. Davis sie nennt (1973, xix). Ist P. ein Unmensch? Dann wären wir es wohl alle. Wer daran zweifelt, daß Menschen uns auch „anonym" begegnen können, soll nächsten Sommer am Badestrand darüber nachdenken oder schon heute nachmittag auf der Bahnhofstraße (und dann am Abend Erving Goffmans Analyse des Fußgängers auf belebter Straße nachlesen: 1971, 9 ff.). Pierre Janet vertritt offenbar sogar die Meinung, daß wahrgenommene Menschen, an die uns kein Interesse bindet, für uns unwirklich werden (vgl. Schwartz, 1951, 115).

Auf der ganzen Tonleiter der Individualitäts-Harfe spielt aber die zentralste und komplexeste aller von uns untersuchten Größen: der Tag. Er begegnet uns als Sandkornphänomen der Stufe 1, wenn wir ihn als Folge einzelner, konkreter Erdumdrehungen über Jahrmillionen hinweg betrachten. Für den erlebenden Menschen, gewiß schon jenen der Urzeit, steigt er dabei aber, durch Unterschiede von Licht- und Wetterverhältnissen, mindestens auf Stufe 2 auf. Für den Menschen als Planer und Registrator wird er durch sein Datum benennbar und genau identifizierbar; so gibt er sich auch im Rahmen unserer Untersuchung: als Individualität mit unverwechselbarer Thematik und persönlichem Stil (Stufe 3). Einige von P.'s Arbeitstagen werden wir darüber hinaus sogar einer individualisierenden Darstellung unterziehen (Stufe 4). Um noch weiter zu steigen, müßten wir allerdings P.'s Arbeitswelt verlassen und uns Tage herausgreifen wie den 14. Juli 1789, den 30. Januar 1933 oder den 6. Juni 1944.

Die Bildung von Kategorien und Typen

Die Bildung sinnvoller Kategorien und Typen und die richtige Zuordnung realer Ereignisse und Gegenstände zu ihnen gehören zu den wichtigsten Verfahren menschlicher Erkenntnis. Wir wollen uns deshalb Rechenschaft geben, wie wir im Laufe unserer Untersuchung zu jenen Kategorien gekommen sind, nach denen wir unser Datenmaterial nun schließlich analysieren. Daß sie nicht von Anfang an feststanden, haben wir längst vernommen.

Die Kategorienbildung verlief unterschiedlich. Es lassen sich drei Hauptvarianten nennen.

1. Bei Bereichen und Vollzügen, also zwei rein kategoriellen Größen, wurden die Kategorien in einem frühen Zeitpunkt der Erhebung (aufgrund der Erfahrungen der ersten paar Wochen) festgelegt und dann im Prinzip beibehalten, wenn auch mit einigen Ergänzungen.
2. Für einige weitere Größen – Auslösung, Abschluß, Konsequenzen – wurde das System dagegen erst im Verlaufe der Erhebung selber entwickelt, dauernd geprüft und unablässig weitergestaltet. Jenes der Auslösungen kam sogar erst lange nach Abschluß der Erhebung einigermaßen zur Ruhe.
3. Bei den Größen mit benennbaren Individuen (Themen, Plänen, aber auch Tagen, Kontaktpersonen, Arbeitsorten) gelangte während der Erhebung im allgemeinen noch gar kein Kategoriensystem zur Anwendung. Die Daten wurden durch stichwortartige qualitative Beschreibungen, oft Abkürzungen, im Falle der Themen manchmal bloß durch Striche, identifiziert; eine Kategorisierung erfolgte erst nachträglich.

Diese drei Verfahren sind charakteristisch nicht nur für unsere Untersuchung, sondern für kategorisierendes Erkennen beim Menschen überhaupt. Unter den „persönlichen Konstrukten", mit denen sich, gemäß George A. Kelly (1955), jeder von uns in seiner Welt orientiert, finden sich Proben aller drei Macharten – prüfen Sie doch einmal Ihre eigenen! Soweit sie zur Auswertung einer Erhebung dienen sollen, sind aber alle drei Vorgehensweisen mit gewissen Problemen verknüpft.

Schauen wir uns zunächst die dritte Variante an! Sie ist gewiß die flexibelste. Während der Datensammlung stellt sie uns frei, festzuhalten, was uns wichtig erscheint, und nach Bedarf neue Beobachtungen hinzuzufügen. Nach geschlagener Schlacht kann man dann in Ruhe und unbeeinflußt von weiterem Geschehen verschiedene Klassifikationsweisen miteinander vergleichen, um die angemessenste zu finden. Dies sind die Vorzüge des letzten Verfahrens. Problematisch kann dabei aber werden, daß man während der Datensammlung die Gesichtspunkte noch nicht kennt, die sich schließlich als besonders ergiebig erweisen werden. So versäumt man vielleicht die explizite Registrierung von Angaben, auf die man dann dringend angewiesen wäre.

Völlig anders ist das bei der erstgenannten Methode. Hier hat man sich von vornherein festgelegt, worauf es ankommen soll. Auswahl der Merkmale und Modus des Festhaltens sind deshalb problemlos. Hingegen sind spätere Differenzierungen der Betrachtungsweise nur sehr beschränkt möglich; man tut gut daran, nach Erhebungsbeginn auf ernsthafte Verbesserungen, selbst wenn noch so klärend, zu verzichten (und sollte man sich der Elektronik anvertraut haben, so sitzt man während der Datensammlung ohnehin auf einem fahrenden Zug, der keine neuen Passagiere aufnehmen kann). Ungemütlich wird es dabei, wenn man Mühe bekommt, die beobachteten Phänomene passend unterzubringen. Man sieht sich dann in der Lage des Richters, der gezwungen ist, einen widerspenstigen Tatbestand in eine der vom Gesetz vorgegebenen Schachteln (Mord, Totschlag, Körperverletzung mit tödlichen Folgen usw.) unterzubringen. (Zugegeben: unsere Entscheidungen haben nicht ganz das gleiche Gewicht.) Der Glaube an die realitätsaufdeckende Kraft kategorisierenden Denkens kann dabei ganz schön ins Wanken geraten.

Mit diesem Problem versucht die mittlere Methode zu Rande zu kommen. Sie leitet das Kategoriensystem schrittweise aus laufenden Erfahrungen ab und unterwirft es einem dauernden Anpassungsprozeß. Wie mühsam sich solche Prozesse aber gelegentlich gestalten können, werden wir in einem späteren Buch zeigen. Wir sind jedoch der Meinung, daß sich diese Mühe lohnt, weil es sich hier im Grunde genommen um die adäquateste Form handelt, neue Erkenntnisse zu gewinnen. Kategorien darf man nicht einfach aus rein theoretischen Vorüberlegungen aufstellen und dann sinnvolle Aufschlüsse über die zu untersuchende Realität von ihnen erwarten. Wie Eleanor Rosch und Barbara Lloyd darlegen (1978, 2), sind Kategorien zwar sicher nicht einfach Gegebenheiten der Welt als solcher, ebensowenig aber bloß willkürliche Setzungen des erkennenden Individuums, wie die (amerikanische) Psychologie lange Zeit angenommen habe; man müsse sie vielmehr betrachten als das Ergebnis einer Interaktion zwischen Charakteristiken des Erkenntnisprozesses und realen Eigenarten der Phänomene. Dürfen wir in diesem Sinne bei unserem Vorgehen 2 von einer „interaktiven Methode“ der Kategorienbildung sprechen und sie – obgleich unüblich, unbequem und computerresistent – als ideale Erkenntnisform angelegentlich weiterempfehlen?

Individuen und ihre Merkmale

In unserer Untersuchung haben wir, wie im letzten Unterkapitel besprochen, serienweise individuelle Ereignisse und Gegenstände festgehalten und einige ihrer Merkmale notiert. Als solche Merkmale dienten vor allem die Zugehörigkeiten oder Verbindungen zu anderen „Individuen“ (wie Tagen, Themen, Kontaktpersonen) und Kategorien (wie Bereichen, Vollzügen, Auslöseformen, Arbeitssituationen) sowie die Ergebnisse zeitlicher

Ablesungen und Messungen (Zeitpunkte, Dauer, Erstreckung). Auch jene Individuen, die wir zur Charakterisierung unserer „Grundereignisse" beiziehen mußten (wie Tage, Themen, vorgesehene Arbeiten), sind ihrerseits durch Merkmale geprägt.

Merkmale können verschiedenes Aussehen und verschiedenen Status haben. Im folgenden wollen wir kurz eine lapidare „Merkmalskunde" vortragen. Zur Illustration dienen uns die obersten Zeilen von Figur 2.1: der 28. August 1975 als Tag, seine erste Arbeitseinheit und das Thema „Seminar-Verlängerungs-Frage".

Konstituierende Merkmale. Gewisse Merkmale konstituieren das Individuum erst eigentlich als solches; wir nennen sie „das Individuum konstituierende Merkmale" (ad hoc abgekürzt mit „IK"). Beim Tag übernimmt diese Rolle das Datum, beim Thema die Aufgabe oder der Gegenstand der Zuwendung (darüber mehr im nächsten Kapitel). Komplizierter liegt der Fall bei der Arbeitseinheit. Deren Individualität wird nämlich bestimmt durch eine ganze Kombination von Merkmalen: die Ausführung eines bestimmten Vollzugs an einem bestimmten Thema während der Zeitspanne zwischen zwei Zeitpunkten an einem bestimmten Tag.

Zusätzliche globale Merkmale. Daneben gibt es natürlich beliebig viele das Individuum zusätzlich charakterisierende Merkmale. Zahlreiche unter ihnen sind ganzheitliche Gegebenheiten; sie charakterisieren das „Individuum global" (Abkürzung: „IG"). So war der 28. August 1975 ein Donnerstag und, weil außerhalb der Ferienzeit P.'s, ein Werktag. Seine erste Arbeitseinheit wurde durch eine Festlegung ausgelöst, fand statt in den Räumen der Erziehungsdirektion und im Kontakt mit einer bestimmten Gruppe von Personen, und das behandelte Thema gehörte dem Bereich 65 an.

Summative Merkmale. Schauen wir uns das Thema „Seminar-Verlängerungs-Frage" an! Das Thema wurde an zwölf verschiedenen Tagen aufgegriffen und beanspruchte insgesamt eine Arbeitsdauer von 655 Minuten. Das sind ebenfalls Merkmale, die das Thema charakterisieren; aber sie ergeben sich erst durch Aufsummierung mehrerer Bestandteile; sie kennzeichnen das „Individuum summativ" (= IS). Auch Tage weisen solch summative Merkmale auf; der 28. August 1975 besteht beispielsweise aus 31 Arbeitseinheiten und behandelt, abgesehen von den Routinen, 14 Themen.

Typen und ihre Merkmale

Die bisher entwickelte Merkmalslehre ist aber noch zu einfach. Gewisse jener Merkmale, die die Individuen zusätzlich, global oder summativ, charakterisieren (IG oder IS), können benutzt werden, um Typen zu unterscheiden (Stufenreduktion 3↕2!). Sie verwandeln sich dann in „typus-konstituierende" Merkmale (abgekürzt TK). Das hängt von unserer Interessensrichtung und unserer Setzung ab.

Konstituierende Merkmale können somit Individuen bezeichnen (IK) oder Typen voneinander abgrenzen (TK); sie identifizieren Gegenstände oder schaffen Kategorien. Will man Individuen oder Typen näher erforschen, so muß man sich auf die zusätzlichen Merkmale stützen. Auf Individuen können die verschiedensten globalen Merkmale zutreffen. Der 28. August 1975 beispielsweise ist ein Werktag, hat eine treppenartige Struktur, eine klar abgegrenzte Mittagspause, einen uneinheitlichen Arbeitsort, eine verhältnismäßig starke Kernbildung (all das wird uns in Kapitel 11 beschäftigen). Typen hingegen setzen sich aus einer größeren oder kleineren Zahl von Individuen zusammen, die oft nichts anderes gemeinsam haben als eben das typus-konstituierende Merkmal. Fast alles übrige ergibt sich erst summativ – indem man nämlich die zusätzlichen Merkmale der beteiligten Individuen statistisch auszählt.

Die eben entwickelte Merkmalslehre versuchen wir in einem dreidimensionalen Schema wiederzugeben, das freilich nicht ganz leicht zu lesen ist (Figur 2.3). In seiner Tiefe sind die Merkmale aufgeführt, im Vordergrund die Merkmalsträger. Oben finden wir die Typen, unten die Individuen. Und die Rechts-Links-Dimension bezieht sich auf den Unterschied im

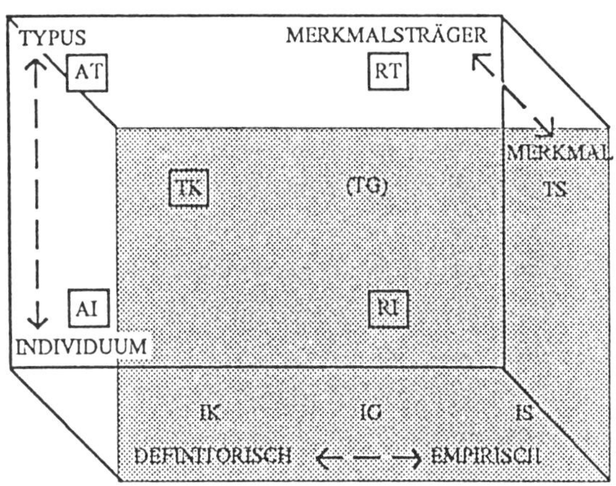

I	Individuum — Typus	T
AI	als Ausgangs-Gegenstand	AT
RI	als resultierender Gegenstand der Untersuchung	RT
IK	das Individuum / den Typus konstituierende Merkmale	TK
IG	das Individuum / den Typus zusätzlich global charakterisierende Merkmale	TG
IS	das Individuum / den Typus summativ charakterisierende Merkmale	TS

Fig. 2.3

empirisch-definitorischen Status. Links haben wir die „Ausgangsgegenstände“ (etwa die vorgefundenen Arbeitseinheiten), individuell oder zu Typen zusammengefaßt, und die sie konstituierenden (oder „definierenden“) Merkmale. Wollen wir mehr über sie wissen, so müssen wir in unserer Figur nach rechts rutschen. Durch Beobachtung und Beurteilung finden wir dann zusätzliche globale Charakteristika unserer Gegenstände, und wenn wir zählen und messen, gewinnen wir über sie zudem „summative“ Angaben. Dadurch differenziert sich das Bild der erforschten Individuen und Typen wesentlich; es ergeben sich „resultierende“ Erkenntnisbilder unserer Untersuchungsgegenstände (vorne rechts).

2.4 Zusammenfassende Übersicht

Erhebungsgrößen und Untersuchungsgrößen

Das vorangehende Unterkapitel hat uns mit einigen grundsätzlichen Aspekten unserer Erhebungsgrößen bekannt gemacht. Wir lernten die Unterschiede zwischen „Individuen“ und Typen, zwischen verschiedenen Stufen der Individualität, zwischen Merkmalsträgern und Merkmalen, zwischen definitorischen und empirischen und zwischen globalen und summativen Merkmalen kennen. Wer gut hinhörte, konnte gegen Schluß darüber hinaus noch einige zusätzliche Entdeckungen machen. Aus der Darstellung wurde nämlich ersichtlich, daß die von uns bearbeiteten Größen nicht einfach ihren fest abonnierten Platz im System beanspruchen, sondern in gewissen Hinsichten verschiebbar und austauschbar sind. Zum Beispiel können die meisten von ihnen, je nach Blickrichtung, sowohl Merkmalsträger wie auch Merkmale sein – einmal bilden Themen Merkmale des Tages, einmal Tage Merkmale des Themas – ; und man kann sie teils als „Ausgangs-Gegenstände“, teils als „resultierende Gegenstände“ der Untersuchung betrachten (vgl. Fig. 2.3). Auf diese Aspekte wollen wir nun noch kurz eingehen.

Bisher konzentrierten wir unsere Aufmerksamkeit vor allem auf die Ausgangs-Gegenstände und ihre Merkmale. Im Zentrum stand die Erhebung der „Grundereignisse“, insbesondere der Arbeitseinheiten. Aber es war nicht unsere vordringliche Absicht, eine Studie über Arbeitseinheiten durchzuführen und vorzulegen. Was wir vor allem ergründen wollten, war zunächst einmal der Tageslauf. Die unablässige Beschattung der Arbeiten und ihrer Wechsel erfolgte ja nicht um ihrer selbst willen; unseren Beobachter und Registrator hatten wir engagiert, um endlich dem Tag und seinen Geheimnissen auf die Schliche zu kommen. Deshalb galt es, bei der Auswertung die Verhältnisse auf den Kopf zu stellen: Man mußte diesmal den Tag zum Merkmalsträger erheben; die darin ablaufenden Ereignisse hatten sich nun mit dem Status von Merkmalen abzufinden.

Als die Erhebung fortschritt, traten dann noch andere Größen ins Rampenlicht unseres Interesses. Die Neuentdeckungen, Themen, Auslösungen und „vorgesehene Arbeiten", strahlten ihrerseits jeweils einen kaum widerstehbaren Forschungs-Appeal aus. Aus bloßen Merkmalen erhoben sie sich folglich rasch zu zentralen Untersuchungsgrößen, das heißt zu Trägern von Merkmalen, die um ihrer selbst willen studiert werden wollten.

Wir können also „Erhebungsgrößen" und „Untersuchungsgrößen" unterscheiden. Aber wenn wir uns nun den zweiten zuwenden, ziehen wir nicht eine andere, völlig neue Liste aus der Schublade; wir wechseln bloß die Brille aus, oder – vielleicht noch zutreffender – wir drehen einfach das Opernglas um. Wir begucken uns nicht mehr des nähern die Gegenstände, die da eingehen in die Beobachtung; vielmehr versuchen wir das Feld als Ganzes zu überblicken und konzentrieren uns jetzt auf jene Größen, über die wir uns Auskunft erhoffen im Prozeß der Verarbeitung. Der Leser wird wohl kaum etwas dagegen haben, daß diese Sichtweise in den kommenden Hauptteilen des Buches vorherrschen wird.

Übersicht über die wichtigsten Größen

In Tafel 2.4 haben wir die wichtigsten Größen unserer Erhebung und Untersuchung zusammengestellt. Wir schließen dabei nur Begriffe ein, die in irgendeiner Weise für unser Unternehmen konstituierend sind und/oder in verschiedenen Zusammenhängen für uns relevant werden. Die Tafel kann man von oben nach unten durchgehen; man findet dann 21 teils altvertraute, teils neuartige Wörter, die normalerweise einen geschlossenen Aspekt bezeichnen. In einem Falle („Abschnitt", Nr. 12) handelt es sich allerdings um einen Sammelbegriff für mehrere nah verwandte Größen; und andere Zeilen (namentlich „Tag", Nr. 72) sind von so schillernder Vielfältigkeit, daß einen der Zusammenzug unter einen einzigen Begriff fast etwas verlegen macht.

Tafel 2.4 kann aber, und zwar mit Vorteil, auch von links nach rechts gelesen werden. Das erlaubt uns, die Überlegungen aus dem letzten Unterkapitel noch etwas zu konkretisieren; die Verwandlung der Erhebungs- zu Untersuchungsgrößen wird dabei besonders deutlich. Ganz links, in Kolonne 1, haben wir die Eingangs-Ereignisse, ganz rechts, in Kolonnen 13 und 14, jene Größen, über die wir die Untersuchung am weitesten vorangetrieben haben. Auf dem Marsch quer über die Seite spielt sich dabei etwa folgendes ab.

Wir nehmen den Ausgang von den drei (oder, mit den Pausen als Ersatz-Größe, vier) systematisch registrierten Ereignisketten: Arbeitseinheiten, Tätigkeitswechsel, Planungsereignisse (Kolonne 1). Sie stehen stets unter bestimmten Rahmenbedingungen (2). Während der Erhebung wurden sie laufend nach verschiedenen Merkmalen qualifiziert (3). Daraus ergaben sich zum Teil neue Merkmale, oder bereits erhobene – etwa ein Thema

Tafel 2.4: Übersicht über die Größen

		Erhebungsgrößen				„Individuen“					Untersuchungsgrößen				
											mit-untersucht			Haupt-größen	
		Grund-ereignisse	Rahmen-größe	als Merkmal erhoben	resultierende Größe	punktuell	kompakt	zusammen-hängend	Längsschnitt-größe	nur Kategorien, nicht „Individuen“	nicht	wenig	stark	später	hier
		1	2	3	4	5	6	7	8	9	10	11	12	13	14
Struktur	11 Arbeitseinheit	X					X						X		
	12 Abschnitt*				X		X					X			
	13 Tagestätigkeit				X				X				X		
	2 Pause	X					X					X			
Inhalt	31 Bereich			X						X			X		
	32 Thema			X	X				X						X
	4 Vollzug			X						X					X
Wechsel	51 Tätigkeitswechsel	X				X						X			
	52 Abschluß			X						X	X				
	53 Auslösung			X						X				X	
Wirkung über Zeit	61 Planungsereignis	X				X					X				
	62 Vorgesehene Arbeit			X	X				X					X	
	63 Konsequenz			X						X	X				
Zeit	71 Zeitpunkt			X						X	X				
	72 Tag		X		X			X						X	X
	73 Arbeitsjahr		X		X			X						X	X
Arbeits-umstände	81 Arbeitssituation			X						X			X		
	82 Arbeitsort				X				X		X				
	83 Kontaktperson				X				X			X			
Ausdeh-nung	91 Erstreckung				X	(nur als Merkmale in die Untersuchung eingegangen)									
	92 Dauer				X										

* Sammelbegriff für verschiedene Größen

oder Tag – gewannen dadurch eine neue Dimension (4). So wurde ein Schatz von Informationen über eine ganze Reihe möglicher Untersuchungsgegenstände zusammengetragen. Die meisten von ihnen bestehen aus einer Sammlung unterscheidbarer „Individuen“ (Stufen 2 bis 4), sieben bloß aus einem System von Kategorien; die Zeitmaße (91 und 92) eignen sich natürlich nicht als Zielscheibe einer Untersuchung.

Die Individuen differieren (unter anderem) nach ihrer zeitlichen Struktur. Es gibt punktuelle Ereignisse (Kolonne 5), dann zeitlich und inhaltlich kompakte (meist kurzfristige) Gegebenheiten (6), weiter zeitlich ebenfalls zusammenhängende (höchstens durch Arbeitspausen unterbrochene), aber inhaltlich aufgegliederte Größen (7). Und schließlich treffen wir auf Individuen, die ihrem Wesen nach längere Zeiträume überdauern und intermittierend immer wieder ihre Wirkung entfalten können (8).

Unsere Untersuchung war angelegt auf Erkenntnisse über Größen, die wir in die Erhebung einschlossen. Neunzehn Variablen eigneten sich im Prinzip als Untersuchungsgegenstände; wir schenkten ihnen ein sehr unterschiedliches Maß an Beachtung. Ein Viertel von ihnen (Kolonne 10) fiel für diesmal ganz aus der Betrachtung. Ohne EDV ließen sie sich schwerlich studieren. Über vier weitere (11) werden wir immerhin ein paar vorläufige Befunde mitteilen können. Ein drittes Viertel (12) genoß schon beträchtlich mehr Aufmerksamkeit; wir werden darüber teils in geschlossener Darstellung, teils in wechselnden Zusammenhängen Bericht erstatten. Die letzten fünf Größen hingegen sind zu den eigentlich zentralen Gegenständen unserer Untersuchung aufgestiegen. Zweien von ihnen – Auslösungen und vorgesehenen Arbeiten – soll ein späteres Buch gewidmet werden; eine weitere – das Thema – wird zusammen mit den Kerngegenständen unserer Neugierde, dem Tag und dem Jahr, die meisten Kapitel der vorliegenden Publikation dominieren. Den vierzehn untersuchten Größen haben die andern jeweils als Merkmale gedient, teils konstituierend, teils zusätzlich-global, teils summativ.

Verhaltensgrößen und kognitive Größen

Im Anschluß an unseren Überblick über Erhebungs- und Untersuchungsgrößen sollen noch zwei weitere Aspekte kurz beleuchtet werden. Den einen Gesichtspunkt verdanken wir Mario von Cranach. In seiner Handlungstheorie nimmt er eine auch für uns interessante Begriffsklassifikation vor (1982, 4 ff.). Er unterscheidet nämlich zwischen Handlungskonstrukten, die Bezug nehmen auf – auch von außen – beobachtbares Verhalten, und solchen, die sich auf Kognitionen des Handelnden beziehen. Unter den ersten erwähnt er etwa Handlungsschritte mit ihren Anfangs- und Endpunkten oder Umgebungsfaktoren, unter den zweiten Ziele, Pläne, Werte, Emotionen usw. Er spricht von Begriffsklassen I und II, fügt ihnen aber noch eine Klasse III bei, die er als „social meaning“ bezeichnet und die aus sozial repräsentierten Größen (wie Normen und Regeln) bestehen. Größen der drei Klassen, so führt er weiter aus, werden auf verschiedenen Wegen empirisch erhoben (vgl. dazu seine Schemata in 1982, 49 und 50); sie stellen uns auch jeweils andere theoretische Probleme. So unentbehrlich und unvermeidlich ihre Integration sei, so müßten sie darum doch zunächst getrennt erfaßt und analysiert werden.

Wir kommen damit auf einen Punkt zurück, der uns in Kapitel 1.3 eingehend beschäftigt hat. Erinnern Sie sich an den Arbeitsanalytiker, der Ihnen schräg gegenüber am Schreibtisch saß und Sie bei Ihrem Tun beaufsichtigte? Als Beobachter von außen hat er sich auf Größen der Klasse I beschränken müssen. In der Reihenfolge der Tafel 2.4 sind das gewesen: Pausen, Vollzüge und Zeitpunkte, dazu Tag, Jahr, Arbeitssituation, Arbeitsort und Kontaktpersonen (sich selber mit eingerechnet) – mehr kaum; kein Wunder, daß er damals wenig Schwarz auf viel Weiß nachhause trug! (Daß selbst die Registrierung der Vollzüge nicht ganz so glatt vonstatten ging, werden wir in Kapitel 8 noch darlegen.) Gar nichts mitbekommen hätte er dagegen natürlich von Planungsereignissen, vorgesehenen Arbeiten und „Konsequenzen" sowie von Themen, Tagestätigkeiten und Bereichen – das sind nämlich Größen der Klasse II , über die nur der Handelnde selber Bescheid weiß. Für jeden etwas, könnte man also sagen, wenn man die Klassifikation auf unsere Erhebung überträgt. Nur Konzeptklasse III geht vorderhand leer aus.

Wie hielten wir's dabei mit der Empfehlung von Cranachs, Ereignisse I und II in getrennten Schachteln einzusammeln? Damit hätten wir wenigstens einen Korb voller potentiell „wissenschaftsfähiger" Ware heimtragen können. Aber selbst diese Chance, wenigstens einen Teil unseres Tuns vor strengen Blicken zu rechtfertigen, haben wir leichtfertig verscherzt. Denn als Basis-Individuen, aus denen wir unsere ganze Erhebung aufbauten, wählten wir ausgesprochene Bastarde, hervorgegangen aus rassenschänderischer Ehe über die Klassengrenzen hinweg. Arbeitseinheiten werden nämlich zu gleichen Teilen konstituiert durch eine Verhaltensgröße (Vollzug) und eine kognitive Größe (Thema) – dem gegenübersitzenden Arbeitspsychologen, der eine kognitionsausblendende Brille trägt, bleiben sie somit verborgen. Eine Entflechtung wird erst durch selektive Abschnittsbildungen möglich, wie sie in Kapitel 10.6 besprochen werden sollen: in den „thematischen Abschnitten" haben wir reine II-Größen, in den „instrumentalen" reine I-Größen vor uns. Für unseren Beobachter sind die einen im Dunkeln, und die andern sind im Licht. Noch verfilztere Verhältnisse werden wir vorfinden bei den Auslösungen, die durch innere wie äußere Ereignisketten und oft erst noch durch deren Interaktion bestimmt werden.

In dieses verwirrliche Licht- und Schattenspiel haben wir sogar hineingezogen, was sonst als paradigmatisch gilt für methodische Objektivität, das Zeigerablesen nämlich. Wenn etwas, so sind doch Zeitmessungen, also Distanzen zwischen zwei Zeigerständen der Uhr, über (fast) alle Zweifel erhaben. Bei uns aber mußte sehr oft eine – und wäre es eine noch so präzise – Ablesung dann stattfinden, wenn der verblüffte Zuschauer von außen her gar nichts merkte, sondern bloß den Handelnden murmeln hörte: „Jetzt! Eben habe ich wieder das Thema gewechselt!“.

Man wird es also besser so sagen: In unserer Erhebung wurde konsequent die „Sicht von innen“ angewandt, das heißt, Ereignisse und Merkmale wurden dann und so registriert, wenn und wie sie in den Kognitionen des Handelnden aufschienen. Dieser Handelnde säße allerdings schon lange in einer Heil- und Pflegeanstalt, wenn er dabei nicht ebenfalls Dinge sähe, die auch Dritten zugänglich sind. (Wer umgekehrt nur solche Dinge sieht und sehen will, der wird noch lange nicht in eine Nervenheilanstalt eingeliefert; ganz im Gegenteil, er kommt zu hohen wissenschaftlichen Ehren.)

Untersuchungsspezifische Formulierungen

Das Problem, mit dem wir die Übersicht über erhobene und untersuchte Größen abschließen möchten, dürfte unsere Leserinnen und Leser am unmittelbarsten interessieren. Es gibt nämlich Begriffe, die ihnen aus ihrem täglichen Umgang mit Dingen und Wörtern bestens vertraut sind; denken wir nur an Tag, Jahr und Arbeitsort. Andere dagegen, deren häufigen Gebrauch wir angekündigt haben, sind für sie völlig neu, etwa die „Tagestätigkeit“. Das wirft die Frage auf, was in diesem Buch an Neologismen, aber auch, was an unvertrautem Gebrauch vertrauter Wörter zu gewärtigen ist.

Wir müssen also erklären, woher wir unseren Wortschatz beziehen und wie wir mit ihm umzugehen gedenken. Was das erste betrifft, so machen wir Anleihen sowohl bei der Alltags-Sprache (z.B. Pause, Thema, Abschluß, Dauer) wie auch bei der „gehobenen“ Ausdrucksweise der Fachleute. (Dadurch wirken Begriffe wie Bereich, Vollzug, Konsequenz, Erstreckung von vornherein etwas gestelzt.) Aber wir setzen Wörter auch zum Teil ad hoc und etwas künstlich neu zusammen (Arbeitseinheit, vorgesehene Arbeit, Arbeitssituation, Tätigkeitswechsel, Tagestätigkeit). Bei Begriffen der letztgenannten Art sind Leserin und Leser darauf angewiesen, daß man erklärt, was damit gemeint sein soll. Auch bei vertrauteren Wörtern kann das vom Leser her erwünscht oder vom Autor her nötig sein. Wer etwa im administrativen oder juristischen Bereich beheimatet ist, wird Auskunft über unseren Anspruch auf Begriffe verlangen, die in seiner Welt ganz präzise Bedeutungen haben, wie beispielsweise Vollzug und Erstrekkung. Oder wenn der Autor unter Pause nur etwas ganz Bestimmtes, unter Dauer etwas spezifisch Definiertes verstehen will, wird er das unmißverständlich dartun müssen.

Gleichwohl bleibt vieles am alten Ort stehen. Arbeitsorte sind schlichtweg einfach Arbeitsorte, Tage einfach Tage; da gibt es nichts zu tüfteln und nichts zu klären. Wenn freilich ein Phänomen selbst sich im Verlaufe der Untersuchung als äußerst komplex und vielschichtig erweist (wen erstaunt es, daß wir hier an den „Tag" denken?), so haben auch wir kein Heilmittel dagegen. Für die Tatsache selber müssen wir dann jede Verantwortung zurückweisen; man kann uns bloß dafür belangen, daß wir sie vor dem Leser ans Licht zerren.

Im ganzen besteht allerdings keine Veranlassung, sich vor terminologischen Kunststücken zu fürchten. Kein Wort wird hier so spezifisch verwendet, daß der Leser es nicht nach erster Erklärung unmittelbar verstehen und dann auch seinem Sinne nach im Kopf behalten könnte. Das kommt daher, daß die ganze Untersuchung einen sehr niedrigen technischen Spezialisierungsgrad aufweist. Im Prinzip halten wir uns an Dietrich Dörners Empfehlung, von Variablen auszugehen, die unmittelbare alltagspsychologische Bedeutung haben (1983, 26).

Die gute Verständlichkeit der Begriffe hängt sicher auch zusammen mit der Größenordnung der von uns untersuchten Einheiten. Mit Abschnitten, Arbeitseinheiten, Themen, Bereichen, Vollzügen, Tagen, Jahren bewegen wir uns in einem Rahmen, der übereinstimmt mit der Alltagswahrnehmung des Durchschnittsmenschen. Wir bleiben oberhalb jener Größen, um die sich die Handlungspsychologien von Cranachs, Kaminskis und anderer bemühen, und zugleich bleiben wir zurück hinter so weitgespannten Sichtweisen, wie sie manchen Studien etwa Hans Thomaes eignen. Wir arbeiten weder mit Bausteinen für die Cheops-Pyramide, noch mit solchen für einen Schweizer Chronometer, sondern schlicht mit Bausteinen des Alltags.

2.5 Nicht Erhobenes

Wir haben nun stolz ausgebreitet, was in unserer Erhebung alles erhoben und was in unserer Untersuchung alles untersucht wurde. Nicht entgangen ist uns aber die Enttäuschung auf dem Gesichte jener Leserin, dieses Lesers. Gibt es doch so vieles im Arbeitstag des Menschen, das Interesse wecken kann; und so weniges von alledem ist in unserer Aufzählung anzutreffen! Wer immer sich in dieses Kapitel vertieft, kann wohl ohne langes Suchen etwas nennen, was er in unserer Untersuchung vermißt. Wahrscheinlich darf ich darüber froh sein, nicht die ganze Liste unerfüllter Wünsche zu kennen; mir genügen bereits die paar wenigen Dinge, die ich selber noch gerne in mein Unternehmen eingebaut hätte.

Ursprünglich wollte ich darauf verzichten, diese eigens aufzuzählen. Aber da geriet mir Winfried Hackers Aufsatz von 1982 in die Hände; und ich kam mir vor wie der arme Sünder, der sich in der Sonntagspredigt anhören muß, wie er doch alles hätte anders anstellen müssen. Darum will ich mich in diesem Unterkapitel zur Beichte begeben.

Die Randbedingungen der Erhebung

Zunächst aber noch ein Wort der Rechtfertigung. Wer ohne vorgefaßte Fragestellungen auf eine Entdeckungsreise geht, mit offenen Augen und breiten Interessen, wird hunderterlei beobachten, das ihm bemerkens- und verfolgenswert erscheint. Er könnte in Gefahr geraten, in all dem Material, das seine Neugier aufstöbert, zu ertrinken. Das wäre gewiß auch bei einer Erhebung über den Tageslauf zu befürchten. Daß wir dieser Gefahr nicht erlegen sind, hat zwei Hauptgründe, der eine von innen, der andere von außen her wirkend. Einmal nämlich hat der Untersuchende bald einmal das getan, was man in heutigem Jargon mit „Prioritäten setzen" zu bezeichnen pflegt. Er hat seine Entdeckungen und Ideen gewichtet und beschlossen, einigen von ihnen den Vorrang zu geben.

Gerne hätte er allerdings auch andere Fragen weiterverfolgt, die ihm interessant und wichtig erschienen. Aber daran hinderten ihn Umstände, die die ganze Erhebung wesentlich mitbestimmten, ihre „Rahmenbedingungen". Gründe inner- wie außerhalb der Sache selber erforderten nämlich, daß die Erhebung über den Arbeitsablauf möglichst unauffällig verlief und möglichst wenig mit diesem interferierte. Das kam zum einen schlicht davon her, daß die Durchführung einer Arbeitsanalyse offiziell nie ein Teil der beruflichen Aufgabe P.'s war – bloß so etwas wie eine Gratiszugabe. Anders hätte das aussehen können, wenn die Erhebung durch einen Hochschulmann durchgeführt worden wäre. P. aber behielt seine vollamtliche Aufgabe als Leiter einer Beratungsstelle bei und konnte schwerlich rechtfertigen, mehr als jenen Anteil seines Tages an die Arbeits-Reflexion zu verwenden, der im beiläufig zu Bewältigenden aufging. Sich dauernd über Hintergründe und Finessen des Geschehens Rechenschaft abzulegen, hätte ihn in die Situation des berühmten Tausendfüßlers gebracht, dessen Ausmarsch aus eben diesem Grunde zum Stillstand kommt. P.'s Beruf verlangte, daß er nicht stehenblieb und auch nicht wieder und wieder den Schritt verlangsamte.

Damit sind jedoch auch schon die sachimmanenten Bedingungen genannt, die dem Umfang der Erhebung Grenzen setzten. Ein Tausendfüßler, der immer neuen Zusammenhängen zwischen der Bewegung seiner Beine nachgeht, der sich ständig überlegt, welcher Fuß jetzt und warum an die Reihe kommt, er wird über seinen natürlichen Gang gewiß wenig in Erfahrung bringen – denn er hat ihn ja eben durch diese grübelnde Beobachtung eingebüßt. (Ein berühmtes Problem der introspektionistischen Psychologie. Es gibt auch Ratsuchende unserer Stelle, die deswegen vor einem Psychologiestudium zurückscheuen.)

P. war es aber genau darum zu tun, den natürlichen, alltäglichen Arbeitsfluß und seine Bedingungen kennenzulernen, nicht darum, einzelne Phasen mit aller Präzision zu beobachten. Es lag somit im Interesse der Untersuchung selber, das beobachtete Geschehen möglichst wenig zu stören und zu unterbrechen. Sichergestellt wurde das dadurch, daß die Niederschriften während des Arbeitstages routinemäßig erfolgten und ein minimales Maß an Ablenkung vom natürlichen Lauf der Dinge erforderten. Der Differenzierung und Erweiterung der Erhebung setzte das recht enge Grenzen, und auf manch wünschbare (und prinzipiell durchaus gewinnbare!) Information mußte verzichtet werden.

Motivationale Aspekte

Einige dieser Verzichte wollen wir uns nun also kurz ansehen. Die Liste wird eröffnet durch zwei Aspekte, die wir allenfalls auch unter die „Erhebungsgrößen" hätten einreihen können, da sie in bestimmten Zusammenhängen durchaus Eingang gefunden haben in unsere Daten, jedoch bei weitem nicht im möglichen und wünschbaren Ausmaß.

Bedürfnisnähe. Noch einmal: Die Datensammlung begann zunächst damit, trocken festzuhalten, was P. soeben effektiv getan hatte: eine Beratung durchgeführt, einen Text überarbeitet, in einem Buch gelesen. Bald einmal gesellte sich jedoch die Frage dazu, wie P. denn dazu gekommen war, gerade diese oder jene Arbeit aufzugreifen. Warum nicht eine andere? Oft hatte er selber wählen können (nicht oft genug, findet er.) Dabei folgte er gelegentlich – wenn leider auch selten während der werktäglichen Arbeitszeit – schlicht und einfach einem momentanen Bedürfnis. Dem sind wir am 28. August 1975 gleich zweimal begegnet: über Mittag konnte er es sich nicht versagen, seine neu gekauften EDV-Bücher hervorzuziehen, und danach, sich einen Kaffee zu rüsten. (Figur 2.1, Zeilen 18 und 19). Wir sahen uns genötigt, für solche Fälle einen eigenen Auslöse-Code zu schaffen (I wie Interesse, da B anderweitig benötigt wurde).

Meist wandte P. sich in solchen Wahlsituationen hingegen Dingen zu, die er sich früher zu tun vorgenommen hatte und die deshalb als „Agendum" vorgemerkt waren. Zu diesen gehörten am 28. August zwei Telefonanrufe und, seit Mittag, der Plan, das Budget für eine mitzahlende Gemeinde zu berechnen. Auch da hatte er schließlich zu wählen, was den Vortritt erhalten sollte; und P. entschied sich für die beiden Telefonate – an einen alten Bekannten in der EDV-Sache, an seinen Zürcher Freund im Rahmen der Diagnostik-Aktion. Zweifelt jemand daran, daß sich in dieser Bevorzugung auch eine größere „Bedürfnisnähe" ausdrückt? Das EDV-Telefonat schloß sich ja zudem an ein „Interesse" vom Mittag an. Codiert wurden diese Unternehmungen aber mit dem genau gleichen „A" (für Agendum), das auch der Budget-Arbeit zugekommen wäre.

Die unterschiedliche Attraktivität einzelner Tätigkeiten spielt für den Ablauf der Arbeit eine große Rolle; sie entscheidet oft über die eingeschlagene Reihenfolge und damit gelegentlich auch über Erledigung oder Nichterledigung – beim einen häufig, beim anderen seltener, bei Immanuel Kant nie. Es wäre darum für eine Arbeitsanalyse wichtig, sie zu kennen. Zweimal machte P. einen Anlauf, alle Arbeitseinheiten on the spot auch nach diesem Gesichtspunkt zu beurteilen; er fügte den Zeilen, falls zutreffend, ein bis zwei Plus- oder Minussymbole bei. Aber das erwies sich als zu aufwendig und wurde beide Male fallen gelassen.

Bedürfnisnähe ist ein Aspekt, der durchgehend beurteilt werden könnte. Jeder Arbeitende, mit Ausnahme vielleicht des Computers, erlebt gewisse Bereiche, Themen, Vollzüge, Arbeitssituationen, Arbeitsorte, Auslösearten, und allen voran natürlich gewisse Kontaktpersonen als anziehender, beflügelnder denn andere. Die Übernahme eines zu bearbeitenden Themas zum Beispiel „can range from grudging acceptance of the inevitability of an assigned project to the passionate consecration of one's life to a cause." (Little, 1983, 280.) Bei glücklichem Zusammentreffen kann sich das alles zu idealen Konstellationen kumulieren (beatus ille homo, bei dem das häufig zutrifft); aber gelegentlich kann sich auch alles gegen die eigenen Bedürfnisse verschwören. Der Rolle emotionaler Faktoren für Dynamik und Struktur des Arbeitsgeschehens wären wir gerne nachgegangen. Für die geplante EDV-Analyse hätten wir darum beabsichtigt gehabt, wenigstens den oben genannten allgemeinen Größen nachträglich „Bedürfnispunkte" zuzuteilen.

Wie unsere Aufstellung zeigt, hat uns die subjektiv erlebte Valenz von „Gegenständen" (Arbeiten, Themen usw., aber auch Personen) interessiert. Eine etwas andere Blickrichtung wurde in den meisten anderen Versuchen zur Tageslaufanalyse eingenommen, wie aus Peter Schwenkmezgers Bericht hervorgeht (1987, 16–21). Man kümmert sich da mehr um globale Befindlichkeiten und Stimmungen des Subjekts („Befindensanalyse" nach Brandtstätter, 1977; 1981). Das entspricht am ehesten dem von uns vorübergehend auch erwogenen Verfahren, „bessere" und „schlechtere" Tage zu unterscheiden.

Verpflichtungsgrad. Unsere eigenen Handlungsanalysen haben uns dazu geführt, wie unsere Vorväter Pflicht und Neigung – oder, um mit Else Frenkel und Edith Weisskopf zu reden (1937), „Wunsch und Pflicht" – als Urpaar motivationaler Antriebe zu betrachten. (So auch Heider und von Wright.) Im Nachfolgewerk werden wir uns ausführlicher darüber äußern. Wer die Dynamik des Bedürfnisses untersuchen will, sollte sie mit der Dynamik der „Verpflichtung" vergleichen. Dem Computer hätten wir auch das zugemutet; der Grad der Verpflichtung, den P. vor allem den Arbeitsinhalten (Bereichen, Themen, Handlungsabsichten) gegenüber verspürte, wäre in unsere Datenbank eingegangen. In die jetzt erfolgte Analyse wurde nur wenig davon hinübergerettet.

Nachbeurteilung der Arbeit

Effizienz. Die Datensammlung, so sagten wir, hielt laufend alles fest, was P. eben getan hatte. Eines der wichtigsten Merkmale, das dabei erhoben wurde, war die Dauer der Arbeiten. Mit kühler Objektivität wurde der Arbeitsaufwand für alle ausgeführten Tätigkeiten registriert. Das war gewiß eine sehr nützliche Information. Angesichts einiger Hoffnungen, die man mit einem Studium des Tageslaufs verbinden mag (vergleiche die ersten Abschnitte von Kapitel eins!), kann sie allerdings nicht voll befriedigen.

Der erbrachte Zeitaufwand für eine Arbeit ist zwar durchaus eine objektiv feststellbare Größe, aber keineswegs ein Merkmal, das ihr zwingend anhaften würde. Bei einübbaren, routinisierten Bewegungsfolgen im Rahmen der industriellen Fertigung mag eine feste Verknüpfung zwischen Arbeiten und Zeitbedarf oft gegeben sein; die Arbeitspsychologie hat viel Zeit und Kraft auf ihre Erforschung verwendet. In einer komplexen Berufstätigkeit wie der P.'s, wo stets wechselnde, oft neue und unbekannte und nicht selten einmalige Aufgaben an den Handelnden herantreten, hängt das Maß der aufgewendeten Zeit hingegen nicht bloß von der Arbeit selber, sondern ebensosehr vom Ausführenden ab: von der Art, wie er die Sache anpackt, von seiner Effizienz. Winfried Hacker zählt diese zu den generellen Grundmerkmalen jeder Arbeit. „The most important evaluation criterion is efficiency. Efficiency is a ratio of effort and result." (1982, 85).

Das Verhältnis zwischen Arbeitsleistung und Zeitaufwand kann nun zunächst einmal ein konstantes individuelles Charakteristikum sein, so etwas wie eine „persönliche Gleichung" für den Berufsmenschen X. Als ich vor Jahrzehnten meine Beraterfunktion im Rahmen der Berner Schuldirektion antrat, war dort ein Beamter tätig, der ohne Zweifel für sämtliche Arbeiten das doppelte Quantum an Zeit beanspruchte, das andere benötigten. (Filmproduzenten hätten sich bei Leuten wie ihm jedes zweite Bild und damit die Hälfte des Zelluloids ersparen können.) Als könnte und müßte das damals Verzögerte ein Vierteljahrhundert danach aufgeholt werden, waltet heute ein später Nachfolger an seinem Platze, der mit allen Verrichtungen doppelt so schnell fertig ist wie wir gewöhnlichen Sterblichen. Das ist offenbar eine Frage des individuellen Maßstabes. Der eine schlägt sich durch die Arbeitslandschaft mühsam mit dem Blatt 1:25000, der andere durcheilt sie anhand der Hunderttausender-Karte.

Wenn wir bedauert haben, die „Effizienz" nicht unter die Erhebungsgrößen aufnehmen zu können, so meinten wir natürlich nicht diese (nur für interindividuelle Vergleiche interessante) Konstante. Vielmehr beschäftigte P. die Tatsache, daß seine eigene Effizienz von Arbeit zu Arbeit wechseln konnte. Bei der Nachführung des Tagesblattes wurde ihm bewußt, daß er das eine oder andere schneller, rationeller, eventuell eleganter, kurz: effizienter hätte tun können. „How to get more done in less time", lautet der Originaltitel des früher zitierten Buches von Joseph D. Cooper. (Auch manche Abschnitte dieses Buches sind im Schwung hingeworfen worden, an anderen wurde mühsam herumgebastelt – merkt wohl der Leser den Unterschied?)

Bedürfnisnähe und Effizienz. P. wurde während des Registrierens seiner Arbeiten aufmerksam auf Schwankungen der Effizienz; und er glaubte sich allmählich auf die Schliche zu kommen. Auffällig war der Zeitaufwand für Arbeiten, die er besonders gerne verrichtete – etwa bei Erstellung und Interpretation der Jahresstatistik seines Amtes. (Sic!) Hier tat er oft ein mehreres (und überflüssiges) und büßte damit Arbeitszeit ein, die ihn dann gelegentlich reute. Aber dasselbe geschah, wenn auch aus anderen Gründen, ebenfalls bei Aufgaben, die ihm zuwider waren – etwa bei der Bearbeitung und Entscheidung heikler Personalfragen; da zogen oft Zögern, Unlust, Unentschlossenheit, Absicherungsbedürfnis die Arbeit ungebührlich in die Länge. (Hier P.'s stärkste Ineffizienz-Erlebnisse. Tüchtige nehmen gerade unliebsame Arbeiten mit dem Schwung der Verzweiflung. So bringt man es zu etwas.)

Es ließe sich demnach die Hypothese aufstellen, daß bei Durchschnittsmenschen wie P. Bedürfnisnähe und Effizienz von Arbeiten in U-förmiger Beziehung zueinander stehen: Sowohl was man besonders gerne wie auch was man ungern tut, dürfte über das („objektiv") Arbeits-Inhärente hinaus zeitaufwendig sein. (Daneben beeinflussen natürlich noch andere Faktoren die Effizienz.) Von hierher beschäftigte P. vorübergehend der Plan, bei der Registrierung größerer Arbeiten auch die Frage zu beurteilen, ob der nachgewiesene Zeitaufwand sachlich nötig gewesen war oder (und in welchem Maße) auf Ineffizienz, genußvolles Sich-Entfalten, Widerborstigkeit, Anwandlungen von Perfektionismus oder ähnliches zurückzuführen waren. Die Arbeitserhebung hätte dann noch eine ganz neue Note erhalten.

Vorausbeurteilung der Arbeit

Erwarteter Zeitaufwand. Verwandt damit ist ein Problem, das P. gegen Ende der Datenerhebung beschäftigte. Damals war klar geworden, daß und wie die gesammelten Daten der EDV zugänglich gemacht werden sollten, und die Registrierung der vorgesehenen Arbeiten war in vollem Gange. Das erzeugte kühne Hoffnungen. Eine davon bestand im Traum, mittels Computer „Tagespläne" zu simulieren. Aufgrund der angesammelten, auf einen bestimmten Tag bezogenen Handlungsabsichten (der „Tageslast", wie wir das im Nachfolgeband anschaulich bezeichnen werden) hätte unser elektronischer Freund die Aufgabe erhalten, Programme für die bevorstehende Tagesarbeit zu errechnen, die dann einen Vergleich mit dem effektiven Tageslauf erlaubt hätten. Aber dazu fehlte ein wichtiges Element. Man hätte nämlich auch eingeben müssen, mit welchem Zeitaufwand P. für die Ausführung der einzelnen Absichten etwa rechnete. Diese Einschätzung beeinflußt natürlich die Planung stark. Wenn P. sich am späteren Nachmittag des 28. August 1975 dafür entschied, zwei Telefonate zu tätigen statt in die mühsame Budgetarbeit einzusteigen, so läßt sich das nicht bloß der unterschiedlichen Bedürfnisnähe anlasten. P. zog damals auch in Betracht, daß der noch verfügbare Tagesrest hinreichte für das eine, nicht aber für das andere. Und welche „Agenden" man bevorstehenden Tagen zumutet, hängt vor allem auch vom erwarteten Zeitbedarf ab. Kurze Arbeiten lassen sich reihenweise im Pflichtenheft eintragen; der schwierige Bericht aber, den man übermorgen einzureichen hat, wird den kommenden Tag für sich allein beanspruchen.

Zeitweilig versuchten wir deshalb – wenn auch wiederum erfolglos –, den geschätzten Zeitbedarf in die Erhebung der Absichten einzubeziehen. Auch das übrigens ein Aspekt, den Hacker nachdrücklich hervorhebt. Die Handlungsstruktur sei entscheidend mitgeprägt durch die Beurteilung des Aufwandes – wobei er allerdings nicht allein an den Zeitbedarf, sondern auch an die Verausgabung geistiger Kräfte denkt. (1982, 87).

Tagesplan. Einen anderen Verlust haben wir erst nachträglich realisiert. Wir haben kumulativ die „Tageslast" ermittelt, das Bündel von Absichten, das sich auf jeden kommenden Tag hin zusammenschnürt; der Computer hätte uns eine entsprechende Liste von Vorabend zu Vorabend ausspucken können. Aber wir steigen morgens ja nicht einfach mit einer ungeordneten Liste der Tagesaufgaben ins Geschäft (oder ins Büro) ein. Jede Hausfrau würde sich schämen, bloß nach Zufall oder Zeilenfolge ihres Zettels im Quartier herumzurennen. Sie plant – zumindest legt sie sich die zweckmäßige Reihenfolge zurecht, in der sie die Läden aufsucht (und zwar jeden nur einmal). Derweil sitzt ihr Gatte zwar bequem im Bürosessel und reckt nicht nach dem Zwieback zuoberst auf dem Regal, sondern gräbt nach den Umbau-Unterlagen zuunterst in der Beige. Aber der Plan, nach dem er vorgeht, ist auch bei ihm ein Resultat des Auslesens, Ordnens und Staffelns anstehender Aufgaben.

Diese Staffelung hätten wir jeweils auch festhalten und in die Erhebung eingliedern müssen. Nur ganz vereinzelt – an Engpaß-Tagen mit vielen dringlichen Besorgungen – finden wir jedoch entsprechende Vermerke in P.'s Agenda; sonst wurden sie unterlassen. Das hat wohl zwei Gründe. Einmal haben wir diesen Aspekt seinerzeit gewiß unterschätzt. Zum anderen aber haben P.'s Tagespläne sich zumeist nur „implizit" geformt. Sie bewußt und systematisch auszuformulieren, hätte eine Veränderung der natürlichen Ablaufbedingungen bedeutet – und somit wohl eine Verfälschung des eigentlichen Untersuchungsgegenstandes.

Die Einschätzung der Arbeit

Ein erster großer Mangel unserer Erhebung besteht also – um das bisher Aufgeführte zusammenzufassen – im Ausfall aller Aspekte der Einschätzung der Arbeit und der Einstellung zu ihr. Andere Tageslauf-Untersuchungen legen – wenn auch mit Zielsetzungen, die von den unsern etwas verschieden sind – gerade darauf ein Schwergewicht. So hat Peter Schwenkmezger bei seiner Untersuchung „Tagesablauf und Persönlichkeit" die Versuchspersonen mit einem Ratingverfahren die „subjektive Erlebensqualität der ausgeführten Tätigkeit" beurteilen lassen (1987, 29ff.). Er erkundigte sich nach deren Valenz (gern/ungern), der erlebten Anstrengung und der Eigenbestimmtheit. (Das letzte haben wir mit unseren „Auslöse"-Kategorien erfaßt.) Dabei zeigte sich, daß diese Einschätzungen ebensosehr oder noch stärker als die Tagesläufe selber mit bestimmten Persönlichkeitszügen korrelieren. Sie bilden also so etwas wie ein Bindeglied zwischen objektivem Tun und individueller Eigenart.

Der in unserer eigenen Erhebung entstandene Informationsverlust ist zu beklagen vor allem im Hinblick auf die Auswertungen, die wir im Nachfolgeband vorlegen werden und welche die Dynamik des Geschehens zum Inhalt haben. Für das Entstehen der Lücke lassen sich allerdings gute Gründe aufführen. Gerade solche Beurteilungen hätten dem Tausendfüßler zu schaffen gemacht. Da sie sich normalerweise nicht ins Bewußtsein drängen, hätte das systematische Heraufholen jeweils eine Abwendung der Blickrichtung von der laufenden Arbeit um 90° erfordert – zwanzig bis achtzig Mal am Tag. Genau das aber war zu vermeiden.

Aber vielleicht war ich während der Datensammlung einfach zu fest fixiert auf die laufende Registrierung der „Grundereignisse". Für ein andermal ließe sich ein Einbezug weiterer Aspekte auf andere Weise denken. Die Beurteilungen bräuchten nämlich nicht laufend zu erfolgen, sondern könnten anläßlich einer allabendlichen Besinnung stattfinden. In dieser wären drei Arbeitsgänge zu besorgen. Man müßte sich, zum Zwecke einer nachträglichen Bewertung, alle neu gefaßten Handlungsabsichten, alle heute besorgten Tagestätigkeiten und das Agendablatt von morgen vornehmen.

Hier streifen wir nur kurz die Behandlung der Themen. Diese „Tagestätigkeiten" läse man mit einem Blick vom Tagesblatt ab; hat doch jedes aufgegriffene Thema seinen eigenen „Faden" im Themenraster. Unten ließen sich nun mit Leichtigkeit zwei Beurteilungen anbringen (und zwar immer dann, wenn bemerkenswerte Abweichungen vom Durchschnitt zu verzeichnen sind): ob der Handelnde die betreffende Arbeit gerne oder ungern leistete, und ob er glaubt, dabei besonders effizient oder ineffizient vorgegangen zu sein. Allenfalls könnte dann auch gleich noch der Tag als ganzer beurteilt werden. Ist der Berufsmensch heute mit dem rechten oder dem linken Bein aufgestanden? (Auch das hat zwei Subvarianten: fühlte er sich frisch und munter oder lustlos und mürrisch, und war er in seinem Tun durchschlagskräftig oder flügellahm?)

Wie weit man bei der Einschätzung von Themen gehen kann, zeigen andere Arbeiten. Brian R. Little zum Beispiel hat uns ein Instrument in die Hand gegeben, mit dem man laufende „persönliche Projekte" – die wir „Themen" nennen – nach nicht weniger als 17 Dimensionen beurteilen kann, darunter so relevanten wie Bedeutsamkeit, Erfreulichkeit, Schwierigkeit, persönlichem Engagement, Vorankommen und Verträglichkeit mit anderen Projekten (1983, 304f.). Wer sich schon freiwillig einer solchen Untersuchung unterzieht, könnte diese Akte der Selbsteinkehr auch noch gleich in seine abendliche Arbeits-Andacht einschließen. Das würde die Auswertungsmöglichkeiten natürlich stark erweitern.

Irgendwann im Verlaufe seiner Untersuchung obläge es dem Berufstätigen schließlich, eine zusammenfassende Beurteilung der Bereiche, Vollzüge und Kontaktpersonen seiner gesamten Arbeitswelt vorzunehmen und Plus- oder Minuspunkte zu verteilen für bestimmte Tageszeiten, Arbeitsorte, Auslöseformen (wie Termindruck oder Unterbrechungen durch Telefonanrufe) usw.

All das zu tun wäre freilich sinnvoll nur dann, wenn eine Auswertung mittels EDV in Aussicht stände. Aber wer wird künftig noch auf eine solche verzichten?

Die Nicht-Erfassung des Umfeldes

Daneben gibt es eine zweite systematische Lücke im gesammelten Material. Weitgehend unerfaßt blieb nämlich das jeweils spezifische „Umfeld" von P.'s Arbeitstätigkeit. Was damit gemeint ist, soll unter drei Aspekten kurz beleuchtet werden. Gewarnt sei allerdings vor möglichen Mißverständnissen. Handlungen sind nur im Rahmen einer „Welt" interpretier- und verstehbar; diese seine Grundüberzeugung hofft der Autor im Nachfolgewerk darlegen zu können (vgl. Kapitel 4.3). Auch in unseren vielen Beispielen werden wir eine ganze „Arbeitswelt" kennenlernen. Hingegen haben sich drei Einschränkungen aus methodologischen Gründen aufgedrängt.

1. Es liegt im Wesen der gewählten Methode, daß P. in seiner Erhebung bloß erfaßte, was er selber tat. Darum können wir heute zwar umfassend seinen eigenen Beitrag zu allen bearbeiteten Themen nachweisen; nicht dokumentiert blieb dagegen der Anteil anderer an deren Realisierung. Nun war manches Unternehmen aber von vornherein als Teamarbeit konzipiert; manchmal spielte P. auch den Grandseigneur, der Arbeiten auf andere delegiert, manchmal den Diener, der bloß dem Helden Hut und Stock auf die Bühne bringen muß. Aber solche Unterschiede schlugen sich in der Datensammlung nur rudimentär nieder.

In der herkömmlichen Arbeitspsychologie wird den Aspekten der Zusammenarbeit – richtigerweise! – wesentlich mehr Gewicht beigemessen als das hier möglich war. Tatsächlich ist in einem Produktionsbetrieb das Ineinandergreifen der Arbeitsbeiträge vieler einzelner von maßgeblicher Bedeutung. Winfried Hacker behauptet sogar kühn: „Work actions accomplish meaningful tasks only by means of cooperation." (1982, 84.) Aus dieser Sicht betrachtet, hätte unsere Untersuchung also nur sinnlosen Stoff gesammelt. Aber wir wollen uns dadurch nicht gleich entmutigen lassen: Sie folgte eben einer ganz anderen Blickrichtung; sie wollte eine persönliche Arbeitswelt, nicht eine gemeinsame, ergründen (und konnte mit den verfügbaren Mitteln auch nichts anderes tun).

2. Diese Beschränkung ist natürlich auch durch unsere Analyseeinheit gegeben. Erfaßt haben wir Arbeitsblöcke von mindestens fünf Minuten; manchmal dauerten sie auch zwei bis drei Stunden (so etwa Beratungsgespräche). Der Handlungsablauf innerhalb solcher Blöcke war nicht Gegenstand unserer Erhebung. Spezifische Umstände, Bedingungswechsel, Hindernisse wurden im einzelnen nicht registriert. Der differenzierte Austausch mit der Umwelt, insbesondere auch mit der sozialen, findet aber gerade im Detail-Vollzug statt. Um an die spezifische Interaktion des Handelnden mit seiner Welt heranzukommen, sind Methoden nötig, die das Geschehen in kleinen Schritten zu analysieren erlauben. Auf ihren Beizug mußten wir von vornherein verzichten.

Andere Forscher konnten und können sich da anders verhalten. Die Tageslauf-Beschreibungen bei Midwest-Kindern beispielsweise werden auf dem Hintergrund der jeweiligen Umwelt erfaßt (vgl. etwa Barker und Wright, 1955/71, 188ff., 217, oder Barker, 1984, 12ff.) – bis zu dem Grade, daß man auch „Environmental Force Units" zum Gegenstand der Untersuchung machen konnte (Schoggen, 1963). Unser Material würde dergleichen nicht gestatten. Und auf nochmals andere Art wird die Fein-Interaktion des Handelnden mit seiner Welt zum Thema gemacht in den Arbeiten der Berner Handlungsforscher unter der Leitung Mario von Cranachs (1980). In diesem Rahmen hat beispielsweise Josef Lang die tägliche Arbeit des Berufsberaters untersucht, indem er an der Akademischen Berufsberatung Bern Beratungsgespräche auf eine vertiefte Weise analysierte (1986).

3. Aber noch in einem dritten Sinne ist das Arbeits-„Umfeld" in unserer Untersuchung zu kurz gekommen. Den Tiefenpsychologen wird dieser Mangel am meisten stören. Nicht berücksichtigt wurden nämlich auch Stimmungen, emotionale Gehalte und andere Farbtöne des Arbeitsgeschehens. So brachte etwa der Juni 1974 eine der hitzigsten, dramatischsten Vorstandssitzungen der Schweizerischen Arbeitsgemeinschaft für akademische Berufs- und Studienberatung (AGAB), reich an Vorgeschichte und Konsequenzen vor allem im Bereich der persönlichen Beziehungen. P. wohnte ihr bei und war maßgeblich (als „Partei") am Geschehen beteiligt. Da die Sitzung hauptsächlich einem einzigen Traktandum gewidmet war, tritt sie auf dem entsprechenden Tagesblatt bloß in zwei geschlossenen Blöcken von 150 und 235 Minuten in Erscheinung, ausgelöst durch eine „Festlegung". Das genügte für den Zweck der Analyse; was das „Umfeld" damals charakterisierte – Emotionen, Spannungen, Verletzungen hüben und drüben – wurde nicht registriert. Nach Tagesblatt unterscheidet sich die Sitzung wenig von früheren und späteren, unvergleichlich friedfertiger verlaufenden. (Vgl. dazu aber auch Kapitel 5.1 und 12.2.)

2.6 Tun und Handeln im Ablauf der Zeit

Von zwei Merkmalen, denen wir während der Auswertung unseres Materials wohl am meisten nachgejagt sind, war bisher noch kaum die Rede: nämlich von den zeitlichen Meßwerten Erstreckung und Dauer. Höchste Zeit, daß wir uns mit ihnen noch etwas beschäftigen. Nun setzt das allerdings voraus, daß wir vorgängig ein Grundproblem des menschlichen Verhaltens diskutieren: den Unterschied zwischen Tun und Handeln, zwischen Vorgängen auf der Tätigkeits- und auf der Planebene. Das bildet einen schönen Abschluß unserer Einführung; denn die aufgeworfene Frage ist übergreifender Natur und ihre rechtzeitige Erörterung dürfte sich günstig auf das Verständnis aller kommenden Teile auswirken. Auch kann sie den Leser vielleicht auf den Übergang zum systematischen Hauptteil einstimmen.

Das Transzendieren des Tuns

Während des Schlußjahres unserer Erhebung sind wir, von zwei Seiten her gleichzeitig, auf ein zentrales Problem des Handelns gestoßen. Der eine Anlaß ergab sich aus der Entwicklung unseres Unternehmens. In aller Naivität (wie zu Beginn einer jeden Neuerung) hatten wir eben wieder die Untersuchung ausgeweitet und auch das Planungsgeschehen in sie eingeschlossen; und nun mußten wir entdecken, daß es uns etliche Rätsel aufgab. Die „vorgesehenen Arbeiten" wollten nämlich in unserem Arbeitsalbum nicht richtig kleben; wir mußten sie gleich dreifach anheften. Unser schlichtes Registrierverfahren genügte nun plötzlich nicht mehr; es mußte einem ganzen Instrumentenkoffer Platz machen; und das geht allein auf ihre Kosten. Ebenso widerspenstig gebärdeten sich die Handlungsabsichten bei der Vorbereitung der EDV-Auswertung; sie ließen sich nicht auf die vorgesehene Lochkarte zwängen, sie wollten ihre eigene.

Ich staunte; dann verstand ich allmählich, daß ich mit dem Planungsgeschehen gleichsam in ein neues Reich vorgestoßen war. (So etwa, denke ich, müßte es dem Mathematiker ergangen sein, der begriff, daß er mit $\sqrt{-1}$ die Welt der reellen Zahlen verließ und in die Transzendenz entschwebte.) Bis dahin nämlich hatten wir uns stets nur auf dem Boden des effektiven („reellen") Tuns bewegt; wir erfaßten Handgreifliches, Dinge, die konkret und aktuell bearbeitet und vollzogen wurden. So hatten sich bisher denn auch sämtliche Beobachtungen mühelos an jener Stelle eintragen lassen, wo das Arbeitsgeschehen eben im Gange war.

Das änderte sich nun. Vorgesehene Arbeiten vollzogen sich eben nicht, oder *noch* nicht. Darin bestand ja gerade ihr Wesen: Sie waren zwar beschlossene, aber noch nicht realisierte Tätigkeiten, die von einer bloßen Absicht lebten – vorläufig wenigstens, aber in Fällen der Nichtausführung sogar ausschließlich und endgültig. Aber sie lebten doch – und wie!

Manchmal machten sie P. gehörig die Hölle heiß, lange noch bevor sie in die Tat umgesetzt (und damit gezähmt) wurden. Ein quickreales Stück Realität; das wird uns ein späteres Buch so richtig vor Augen führen.

Mit den „vorgesehenen Arbeiten" verließen wir also die Ebene bloßen Tuns. Wir hoben vom Boden ab, wie ein Flugzeug.

Nachdem wir die neue, „senkrechte" Dimension entdeckt hatten, drängte sich auf, auch frühere Bestände unseres angesammelten Erhebungswissens hervorzuholen und im veränderten Lichte zu analysieren. Da zeigte sich gleich, daß allein schon die Existenz der Themen uns hätte zwingen müssen, die Vorstellung einer linearen Tuns-Abfolge zu transzendieren. Zwar rollt beim Arbeitshandeln durchaus eine Tätigkeit schön nach der anderen ab. Ist die eine fertig, setzt die nächste ein. Aber das ergibt sich nicht durch Parthenogenese; die neue Tätigkeit entspringt nicht jungfräulich dem Hirne des Handelnden. Die Stücke Tuns, die sich da folgen, haben meist ihre Vorgeschichte. Oft wurden sie lange zuvor geplant; sehr häufig setzen sie fort, was früher einmal begonnen und dann unterbrochen wurde – fast so, als hätte man seit jeher nichts als diese Arbeit getan. Über lange Zeitstrecken hinweg können verstreute Tätigkeiten zusammengehören und ein sinnvolles Ganzes bilden, das wir „Thema" nennen.

Themen besitzen also oft ein zähes, ausgedehntes Leben; und dennoch greifen sie in die Operationenfolge, die wir mit unserer Erhebung erfaßt haben, nur ab und zu ein. Bloß zeitweilig melden sie sich „am Boden"; existent und real sind sie aber auch in den Zwischenzeiten. Sie begleiten uns während des anders bestimmten Tuns, wie Helikopter, die über unsern Köpfen mitfliegen, um jederzeit Lotsendienste für den Kurs unserer Fahrt übernehmen zu können.

Auch Themen beanspruchen also den Raum nach oben.

Tätigkeitsebene und Planebene

Zur gleichen Zeit führte mich der Zufall auf ganz anderem Weg an das nämliche Problem heran. In den Neujahrsferien 1974/75 verschlang ich mit größtem Interesse Georg Henrik von Wrights Schrift „Erklären und Verstehen" (1971/74), und etwas später folgte Waltraud Brennenstuhls „Handlungstheorie und Handlungslogik" (1975). Die beiden Bücher brachten mir eine entscheidende Klärung des Handlungsbegriffes. Ich realisierte, daß menschliches Handeln nur dann adäquat verstanden werden kann, wenn man aufhört, es mit Tun und Tätigsein zu identifizieren. Das Wesentliche am Handeln ist nicht, was man tut, sondern was man damit (absichtlich) bewirkt, das Hervorbringen (oder Verhindern) eines „change in the world" (von Wright, 1968, 38), die Manipulation oder Umgestaltung physikalischer, sozialer oder kultureller Objekte (Tolman, 1951/67, 281), die „Umgestaltung der Wirklichkeit durch das Subjekt" (Tomaszewski, 1978, 54). Es sei wichtig, zwischen Tun und Herbeiführen zu unterscheiden, sagt von

Wright (1971/74, 68f.). „Dadurch, daß wir gewisse Dinge *tun*, führen wir andere herbei." Solche Wirkungen können sich zeitlich und örtlich fernab einstellen. Das Tun einer gewissen Margaret Thatcher in London hat Wochen später vis-à-vis auf dem Erdball die beabsichtigten Folgen gezeitigt. Daß Tun und Handeln zweierlei sind, läßt sich an Beispielen leicht demonstrieren. Wer plan- und ziellos in seinem Zimmer auf und abgeht, der *tut* etwas, aber *handelt nicht*; wer reglos im Lehnstuhl sitzen bleibt, während ihn sein Nachbar draußen zu Hilfe ruft, der *tut nichts*, aber er *handelt*.

Im geplanten Nachfolgewerk werde ich darlegen, daß und warum ich Handlung definiere als „beabsichtigte Einflußnahme auf den Gang der Dinge". Zuallermeist ist dabei ein Stück Tätigsein beteiligt. Um aber sein Tun so zu gestalten, daß es – oft weit draußen und lange danach – die gewünschten Folgen erzielt, muß der Mensch darüber hinaus sehen, aus der Immanenz bloßer Tätigkeit heraustreten. Handeln „transzendiert" das Tun (sofern unter Tun nicht bereits, wie etwa bei Helwig, 1958, das bewirkende Handeln selber verstanden wird.) Oder im Bild: Auch im Handeln heben wir uns vom Boden des Tuns ab.

Wir setzen uns vielleicht der Gefahr aus, zu übertreiben; aber irgendwie spiegelt sich in diesen Entdeckungen der Gegensatz von „Verhaltenspsychologie" und „Handlungspsychologie". Verhalten (im Sinne von behavior) kriecht gleichsam dem Boden nach; es wird ausgeführt von einem durch Lernvorgänge geprägten Lebewesen, das seinen Bedürfnissen und Gewohnheiten folgt und auf aktuelle Reize seiner Umgebung reagiert. Solches Tun läßt sich „immanent", als linearer Ablauf, schildern und untersuchen. Die Aufreihung von Arbeitseinheiten während des Tageslaufes ließe sich allenfalls in dieses Schema einordnen.

Betrachten wir aber den Menschen als handelndes Wesen, so drängt sich eine ganz andere Sicht der Dinge auf. Das Operationsfeld weitet sich dann zu einem Raum, der offen ist für Absichten und Wirkungen über das Hier, das Jetzt und das Selbst hinaus. Zwar bleibt der Mensch mit seinem konkreten Tun, seinen „Vollzügen", nach wie vor an den Boden gebunden; er verbleibt ein Wesen, dem die Kunst des Fliegens versagt wurde. Aber sehen und wirken kann er längst über die Reichweite seiner Schritte und Handgriffe hinaus. (Schon früh hat mir die Schilderung der menschlichen Fernwelt durch den finnischen Psychologen Eino Kaila großen Eindruck gemacht; vgl. 1951, 196.) Wie ein Symbol mag wirken, daß der Mensch seine Bindung an den Boden durch zahlreiche technische Erfindungen, durch elektromagnetische Wellen und durch fliegende Maschinen, aufgebrochen hat.

In der heute zum Blühen erwachten Handlungspsychologie setzt sich die Einsicht, daß menschliches Verhalten weit mehr ist als eine Operationenfolge, explizit oder implizit immer stärker durch. Abgestritten wird die These, daß Handeln als ein Bewirken und nicht als ein Tun verstanden werden muß, nur noch selten; in ihrer ganzen Bedeutung gesehen und nachdrücklich unterstützt wird sie freilich nur von wenigen unter den Handlungspsychologen (vielleicht ändert sich das aber bereits, bis dieses Buch erscheint). Interessant ist vor allem die Wandlung, die die sogenannte „Verhaltenstherapie“ durchgemacht hat. Sie beruft sich bekanntlich auf den führenden Bodenakrobaten Skinner; ursprünglich ging sie darauf aus, falsch eingespurte „Boden-Operationen“ des Menschen bodennah umzutrainieren. Neuerdings aber stößt sie zum Teil weit von diesem Boden ab. Der in Bern tätige Therapeut Klaus Grawe besteht darauf, daß man unangepaßte und störende Reaktionen nicht verstehen und beheben kann, ohne die Ebene des Tuns zu transzendieren. Man muß dafür in die „Planebene“ aufsteigen (Grawe, 1980, 185), auf der die Therapie anzusetzen hat.

Den Begriff der „Planebene“ wollen wir von Grawe übernehmen. Seinen Gegenbegriff der „Handlungsebene“ dagegen ersetzen wir aus grundsätzlichen terminologischen Erwägungen durch jenen der „Tätigkeits-“ oder „Tuns-Ebene“; der Sache nach meinen wir dasselbe.

Bildliches Modell vom Tun und Handeln in der Zeit

Manchmal erweist es sich als nützlich, komplizierte Sachverhalte in ein Bild zu fassen. Dabei erlauben wir uns, die „Produktivkraft Phantasie“ beizuziehen, eingedenk der Ermahnung Kurt Martis, sie nicht bloß ins „Freigehege der Kunst“ zu verbannen (1972/84, 51ff.). Wir wollen nämlich ein eindrückliches, naturnahes Bild Wilhelm Diltheys verbinden mit unseren bisherigen, viel trockeneren und technischen Ansätzen. „Das Schiff unseres Lebens wird gleichsam auf einem beständig fortrückenden Strom dahingetragen, und Gegenwart ist immer und überall, wo wir auf diesen Wellen sind, leiden, erinnern oder hoffen, kurz wo wir in der Fülle unserer Realität leben. Wir fahren aber unablässig auf diesem Strom dahin ...“ So schreibt Dilthey (1927, 193); und es lohnt sich, auch seine weiteren Ausführungen zu lesen.

Wir entnehmen diesem Bild den Strom und das Schiff, das unablässige Fortgetriebenwerden durch die Zeit und das Erlebnis der dauernden Gegenwart, fügen aber aktiv steuernde Elemente und vorausblickende Beurteilung hinzu. Den Strom müßte man sich sehr breit vorstellen, wie den Mississippi im südlichen Louisiana, aber zugleich das Gelände zerklüftet und unübersichtlich. Auf dem Schiff befindet sich ein Steuermann: der Handelnde. Er lenkt es durch die Strömung, entlang wechselnden Gestaden, zwischen Inseln durch, an Felsen vorbei. Der Schiffer paßt die Fahrt den aktuellen Bedingungen an, vermeidet Klippen und Untiefen. Manchmal ist die Sicht klar; manchmal muß er unter erschwerten Bedingungen handeln (eine Ergänzung unseres Bildes, die wir von Hellmuth Benesch übernehmen: „Wie im Nebel stochert man herum, um sich zu orientieren.“ 1984, 72).

Aber die Rücksichtnahme auf Ufer und Grund genügt dem Steuermann allein noch nicht. Der Strom verliert sich in gewaltige Breiten und teilt sich auf in verschiedene Wasserläufe. Wohin soll unser Mann denn sein Schiff nun lenken? Er bedarf längerfristiger Ziele für seine Fahrt, dann aber auch der Hilfen beim Ansteuern dieser Ziele. Er braucht Mitarbeiter, die einen weiteren Überblick über das Gelände haben, am besten von oben her.

Darum müssen wir das Bild in die dritte Dimension erweitern. Zum Beispiel so: Hoch über dem Boot gleite ein Raumschiff mit, von dem aus sich das kommende Gebiet einsehen läßt, wenn manchmal auch bloß im Dunst. In diesem Luftschiff möge eine Reihe von Lotsen sitzen, jeder beauftragt, das Boot zu einem bestimmten Ziel zu dirigieren. Abwechslungsweise übernehme der eine oder andere die Funkverbindung mit dem Schiff unten und lotse es während der ihm zugeteilten Frist durch die Gewässer. (Wie es dabei zu den Ablösungen kommt und welche Rolle der Steuermann unten spielt, beschäftigt uns in diesem Buch noch nicht.)

Das Bild, so gekünstelt es scheinen mag, eignet sich recht gut, um einiges zu veranschaulichen, was für menschliches Tun und Handeln charakteristisch ist. Es ist dreidimensional. Die konkrete Tätigkeit des Menschen vollzieht sich dabei auf einer Fläche, deren einer Dimension er aber restlos ausgeliefert ist, während ihm in der anderen ein gutes Stück Bewegungsfreiheit verbleibt. Er schwimmt einmal mit im Strom der Zeit; Stillstehn oder gar Rückkehr gibt es nicht. Wo er indessen sein Schiff durchlenkt, das kann er selber mitbestimmen; die Richtungswahl nach der Seite hin steht ihm offen. Darin besteht die eigentliche Freiheit des Tuns. Er verläßt sich – als Mensch – dabei jedoch auf die dritte Dimension, die Transzendierung des Hier und Jetzt. Mittels Radar und Telekommunikation wird der weite Raum nach vorne hin geistig übersprungen. Der Handelnde verschafft sich ein Bild des weiteren Flußlaufes. Nach diesem werden Aktionen geplant und Aufträge an die Begleiter erteilt, die dann ihrerseits zeitweilig die Steuerbewegungen dirigieren.

So wird jetzt schon, durch solche Steuerbewegungen im Nahbereich der unmittelbaren Fahrt, der spätere Lauf des Bootes vorbereitet; der Handelnde bestimmt mit, wo er durchfahren und wie das Gelände aussehen wird, das er später zu Gesicht bekommt. Diese Fahrtbestimmung auf weite Sicht nennen wir Handeln; sie ist nur möglich, wenn wir die dritte Dimension mit einbeziehen.

Aspekte des Zeitablaufs

Soweit unser bildliches Modell vom Tun und Handeln des Menschen. Später werden wir freilich noch andere verwenden; man darf solche Analogien nie überfordern; sie haben stets ihre Grenzen. Vor allem das Phänomen der Zeit hat man mit den verschiedensten Vorstellungen einzufangen versucht. Dicke Sammelbände (wie etwa jener von Fraser, 1966) zeugen von seiner Vielschichtigkeit und Widersprüchlichkeit; aber selbst kurze Aufsätze können eine verwirrende Fülle von Aspekten aufzeigen (von Uslar, 1969). Wir werden uns in diesem Buch – vor allem dann aber auch im Nachfolgewerk – immer wieder mit der Zeit beschäftigen müssen; hier geht es zunächst nur um einige Hauptformen, in denen sich der zeitliche Charakter unseres Untersuchungsgegenstandes geltend macht.

Zeitablauf. Auf unseren Erhebungsblättern haben wir P.'s Arbeitsgeschehen im Ablauf der Zeit erfaßt. Die Abfolge von Ereignissen und Tätigkeiten in ihrer zeitlichen Reihenfolge ist unser eigentlicher Untersuchungsstoff. Es handelt sich um die Standorte des Schiffes in Bezug auf die Strömung des Flusses. Eine Schiffsreise kann natürlich in einem Bordbuch festgehalten werden; unsere Protokolle bilden ein solches Dokument festgefrorener Vergangenheit, das nun zu Analysezwecken zur Verfügung steht.

Zeitliche Erstreckung. Manche der „Individuen", die in unserer Erhebung eine Rolle spielen – Kontaktpersonen, Themen, Handlungsabsichten – sind Entitäten, deren Existenz und Wesen durch eine bestimmte Lebensdauer, eine vorübergehende Präsenz im Ablauf der Zeit, gekennzeichnet sind. Sie beginnen und enden irgendwo auf dem unendlichen Wege des Flusses. Die Distanz vom Anfang bis zum Ende, gemessen in der Strömungsrichtung, nennen wir ihre „Erstreckung". Zwar machen sie während der Reise durchaus Entwicklungen, vielleicht gar Umformungen mit; aber ihre Identität bleibt darüber hinaus erhalten. Damit sind allerdings Probleme verknüpft, denen wir in Kapitel 4 nachgehen werden.

Zeitliche Dauer. Für unsere Untersuchung ist es wichtig, Erstreckung und Dauer zu unterscheiden (die Wahl der Wörter ist dabei recht zufällig). Unsere Themen/Lotsen begleiten uns, ob sie nun Funkkontakt mit dem Schiffe haben oder nicht. Die Fahrtstrecken aber, während welcher sie unsere Richtung bestimmen, nennen wir ihre „Dauer". Trotz eines lange sich „erstreckenden" Fluges können sie allenfalls nur eine geringe Dauer unserer Arbeitszeit beanspruchen. Aus der Summe aller einzelnen Funkkontakte ergibt sich die „Gesamtdauer" eines Themas. Der Begriff der Dauer, so wie wir ihn hier verwenden, bezieht sich also auf den Kontakt mit dem „Boden des Tuns" oder, gemäß unserem Bilde, mit dem Schiff. Für die meisten Erhebungsgrößen kann diese Dauer berechnet werden.

Antizipierter Zeitablauf. Zeit läuft aber nicht nur realiter ab, sondern dieser Ablauf wird vom handelnden, planenden Menschen antizipierend vorausgenommen. Die Welt des Menschen ist charakterisiert nicht bloß durch inhaltliche und räumliche Vielfalt und Ausbreitung hier und jetzt. Sie enthält vielmehr (fast) immer auch einen nach vorne, in die Zukunft sich hinausstreckenden „Vorhof", der in allem mit-„gesehen" (und das heißt hier: voraus-gesehen) wird. Das dort Erblickte ist zwar nur erst Vorstellung, wird aber vom Handelnden doch bereits – in vielen Schattierungen – als reale Gegebenheit erlebt. Man fährt „nach Zürich" an eine Sitzung; das ist für den Reisenden nicht minder Tatsache, als daß sein Zug eben aus dem Bahnhof Bern über die Aarebrücke rollt (auch wenn er bei Zollikofen durchaus noch entgleisen und stecken bleiben könnte). „Real" ist auch der Fortgang dessen, was eben im Gange ist; eine recht festgefügte, wenn auch in Grenzen biegsame Realität.

In verschiedenen Formen gehört „Antizipation" zu unserer alltäglichen Realität. „Wir leben ständig so oder anders im Vorwegnehmen, gehen darin auf, wir sind selber nichts als das ...", sagt Carlo Sganzini (1940/51, 130), der in seinen – freilich schwierig zu lesenden – Texten eine solche Auffassung nachdrücklich entwickelt. Auch in den modernen Handlungstheorien spielt die Antizipation zum Teil wieder eine wichtige Rolle (vgl. etwa Hacker, 1982, 81 ff.). Hans Thomae rechnet die Aussage, „menschliches Verhalten sei primär durch das Merkmal der Antizipation bestimmt", sogar unter die wenigen Punkte, über die „in der gegenwärtigen Psychologie ein gewisses Maß an Übereinstimmung" bestehe (1967/85, 63).

Darstellung des Zeitablaufs in diesem Buch

Wie verlockend wir uns die Flußlandschaft des Tuns und Handelns aber auch vorstellen mögen – zur Darstellung des Zeitablaufs in unserem Buche taugt sie wenig. Unsere Präsentation wird vor allem durch zwei Dinge beeinflußt. Wenn der abendländische Mensch sich nacheinander Dinge notiert, so tut er es von oben nach unten. Auch die Zeitrapporte der Arbeitstechnik-Studien (Naef, 1971/77, 130ff.) und die Protokollbogen der verschiedenen Tageslauf-Erhebungen (etwa Schwenkmezger, 1987, 28) werden so gut wie unsere eigenen Tagesblätter so ausgefüllt; und ich sehe keinen Anlaß, bei den folgenden Ausführungen von dieser Anordnung abzuweichen – aber auch keinen Hinderungsgrund, es doch das eine oder andere Mal zu tun (vgl. etwa die Tafel 6.43).

Anderseits haben wir den Zeitablauf nicht kontinuierlich erfaßt, sondern in „Quanten". Leider war uns nicht vergönnt, einen Fluß zu filmen, der unendlich dahinströmt, und ein Schiff, das auf ihm vorwärtsgleitet. Vielmehr hielten wir „Arbeitseinheiten" fest, also Zeitstücke verschiedener Länge. Das eröffnet uns zwei Wege der Darstellung. Wenn wir uns am Zeitrhythmus orientieren und die Zeitsäule maßstabgetreu nach Uhrzeit abbilden, dann wird sie durch unsere Beobachtungen in ungleiche Blöcke aufgegliedert. Wir können aber auch die Beobachtungen gleichmäßig aneinanderreihen; das führt zu einer verzerrten Repräsentation des Zeitablaufs. Eine Arbeitseinheit von bloß fünf Minuten beansprucht dann den gleichen Raum wie eine zweistündige. Diese Vorgehensweise hat aber einen immensen praktischen Vorteil: wir sparen sehr viel Platz!

Wir werden, je nach Problem, beide Darstellungsformen benützen, jene nach Zeitrhythmus vor allem dann, wenn wir uns mit der Struktur des

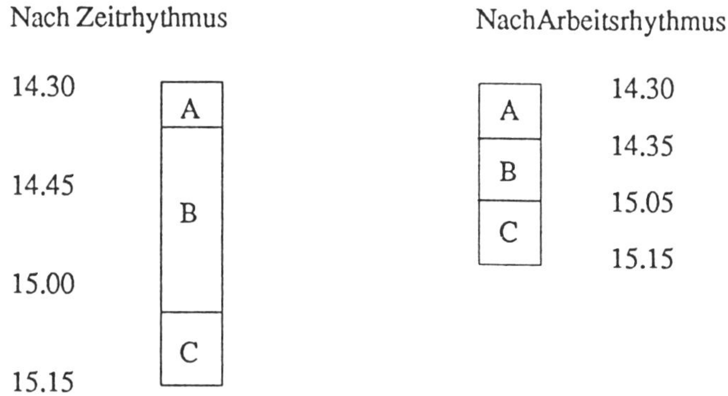

Fig. 2.6

Tages und der Verteilung des Arbeitsaufwandes befassen, die andere bei Fragen von Reihenfolge, Staffelung und Wechsel der Arbeiten. Diesem „Arbeitsrhythmus" sind wir natürlich bereits auf dem Tagesblatt gefolgt, das jeder Arbeitseinheit, wie lange sie auch immer dauere, eine einzige Zeile zur Verfügung hielt.

Gerade das Tagesblatt aber bringt darüber hinaus erst noch einen Ansatz, die eindimensionale „Operationenfolge" – die seine linke Seite beherrscht – zu „transzendieren" (Figur 2.1). Beim Themen-Raster rechts davon sind nämlich, in der Form senkrecht aufgespannter Fäden, die „Flugbahnen" der den Tag begleitenden Themen eingezeichnet. Damit wird auch die Planebene in die Darstellung einbezogen.

Maßeinheiten der Zeitdauer

Für die statistische Auswertung unseres Erhebungsmaterials wird die „Dauer" der Arbeiten die wichtigste Grundlage bilden. Wir werden uns für sie in den verschiedensten Zusammenhängen interessieren; uns wird wunder nehmen, wieviel Zeit eine kurze Tagesroutine, wieviel aber auch ein volles Arbeitsjahr in Anspruch nimmt; und sehr häufig werden wir solche Größen miteinander vergleichen.

Gerade daraus entstehen jedoch Probleme. Wer, wie etwa Alexander Szalai in der „use of time"-Studie, nur innerhalb von 24-Stunden-Folgen Vergleiche anstellt, mag meinetwegen die Minute als Maßeinheit wählen; über die Zahl 1440 kommt er dann ohnehin nie hinaus. Unsere Erhebung dagegen erstreckte sich über mehr als eindreiviertel Millionen Minuten. Darin bekamen wir es mit Gegenständen ganz verschiedener Größenordnung zu tun. Das zwingt uns verschiedene Maßeinheiten auf; Jahresleistungen können wir nicht in Minuten und Telefongespräche nicht in Bruchteilen von Jahren ausdrücken; und die nicht-dezimale Struktur unserer Zeitmessung erschwert Vergleiche zwischen solchen Größen ungemein. Der Telefonanruf, der mich eben im Schreiben unterbrach, hat zehn Minuten gedauert. Aber er war nicht der erste und wird nicht der letzte sein. Vielleicht möchte ich wissen, wieviel Zeit ich heute, diese Woche, dieses Jahr am Telefon sitze. Zu diesem Zwecke können wir natürlich alle die Telefonminuten zusammenzählen. Die erhaltene Zahl sagt uns jedoch nur etwas, wenn wir sie als Anteil am Arbeitsjahr oder als Prozentsatz der Wochenarbeit ausdrücken können. Wer aber, er sei denn Angelsachse, hat Geduld und Lust, querliegende Größen ineinander umzurechnen, Minuten in Stunden und Tage, Tage in Wochen und Jahre! (Den Engländern ist das vor einigen Jahrzehnten sogar bei den Münzen verleidet.) Kommt dazu, daß Arbeiten ja gar nicht durchwegs kontinuierlich verlaufen. Zwischen zwei Uhr mittags und fünf Uhr nachmittags liegen drei Arbeitsstunden; aber von heute zwei Uhr bis morgen fünf Uhr sind es nicht drei plus vierundzwanzig, sondern zehn bis fünfzehn.

Babylonisches Sprachgewirr bei den Zeitmaßen! Wollen wir uns verständigen, so gilt es, von Anfang an eine praktikable, leicht manipulier- und interpretierbare Vergleichsbasis zu schaffen. Bei diesem unserem Bemühen haben wir unerhörtes Glück; zwei Umstände kommen uns tatkräftig zuhilfe.

Einmal gibt es ja bei unserer Zeiterfassung eine absolute untere Grenze. Das Fünfminutenstück ist die kürzeste gemessene Zeitspanne. Mit der Minute brauchen wir uns folglich gar nicht erst herumzuschlagen; wir bilden eine neue Grundeinheit von 5 Minuten, die wir „D" nennen (für „Dauer"). Durch Zwölfteilung läßt sie sich leicht in Stunden umwandeln. Darauf wird der Leser aber kaum angewiesen sein; Fünfminutenstücke sind ihm ohnehin vom Alltag her recht vertraut, und sie sollen es bald noch mehr werden, da wir die meisten unserer Güter in „D" handeln.

Noch verblüffender und noch nützlicher aber ist folgendes. Einhundert D ergeben eine Zeitdauer von 500 Minuten oder 8 Stunden und 20 Minuten. Das entspricht aber einem – heute noch üblichen – schweizerischen Normal-Arbeitstag. Mit 100 D erfassen wir somit einen für das Arbeitsgeschehen relevanten Durchschnittstag. Darum prägen wir, für unsere Untersuchung, eine weitere Einheit zu 100 D, die wir aber nicht etwa „Hekto-D", sondern „Normal-Arbeitstag" nennen und mit „AT" abkürzen. Sie läßt sich spielend in D umrechnen; und beide Größen besitzen unmittelbare Aussagekraft für jene Realitäten, die sie messen.

Damit haben wir das dornige Problem der Zeitmessung gelöst. Je nach Bedarf werden wir zwar durchaus von Minuten, Stunden, Tagen, Wochen reden; aber gleichzeitig werden wir immer auch AT- und D-Masse beifügen, um alle Aussagen über Dauer miteinander vergleichbar zu machen.

Und nun ist der Weg frei für die systematische Darstellung unserer Befunde und Überlegungen. Wir hoffen auf neugierige und mitdenkende Leserinnen und Leser.

B. Themen – Die Inhalte des Alltags

Wir eröffnen die systematische Darlegung unserer Untersuchungsbefunde mit einer Abhandlung über die „Thematik" der Arbeit. „Themen" haben sich als die wichtigsten Bausteine des Alltags in der Arbeit erwiesen. Wir widmen ihnen fünf Kapitel, drei davon (die beiden ersten und das vierte) mehr grundsätzlich-theoretischer Art, wobei wir uns – in wenig systematischer Weise – auch mit einschlägiger Literatur auseinandersetzen. Die beiden anderen Kapitel sind mehr empirischer Natur; sie berichten vor allem über unsere Erhebung. Das eine will durch Beschreibungen die Mannigfaltigkeit der Themenwelt sichtbar machen, das andere vermittelt einen statistischen Überblick über das thematische Geschehen im Arbeitsjahr P.'s.

Die Kapitelfolge ergibt sich ganz natürlich. Zunächst erarbeiten wir in Kapitel 3 den Themenbegriff und diskutieren in Kapitel 4 seine Wesensmerkmale und seinen Realitätsgehalt. In Kapitel 5 schildern wir an zahlreichen Beispielen die Vielfalt thematischer Erscheinungen. Das erlaubt uns dann in Kapitel 6, den thematischen Aufbau des Arbeitsgeschehens in einem Modell zu fassen. Dieses Modell stellt uns die nötigen Kategorien für eine Themen-Statistik (Kapitel 7) zur Verfügung.

Kapitel 3

Der Begriff des Themas

Von den verschiedenen Erhebungsgrößen, die wir in der Einleitung kennengelernt haben, stand während der Datensammlung selber die „Arbeitseinheit" im Zentrum, also das kürzeste registrierte Tätigkeitsstück (von mindestens fünf Minuten Dauer), während welchem sowohl der Gegenstand der Arbeit wie auch seine Bearbeitungsweise konstant blieben. Mit der Erfassung solcher Arbeitseinheiten fing die Untersuchung an, ihrer bediente sie sich durchwegs als Trägerin der gesammelten Informationen.

Schicken wir uns nun aber an, das Arbeitsgeschehen systematisch zu untersuchen, so wie es sich im Tageslauf und im Jahresturnus abspielt, dann läuft zweifellos eine andere Größe der Arbeitseinheit den Rang ab. Es ist jene Einheit, der die Arbeitspsychologie in den letzten Jahren zunehmend ihre Aufmerksamkeit zugewandt hat und die sie meist als „Aufgabe" bezeichnet. Wir werden dafür den Namen „Thema" wählen (und diese Abweichung im vorliegenden Kapitel begründen).

Die Arbeitspsychologie hat – soweit ich mich darüber orientieren konnte – allerdings lange gezögert, bevor sie dem Aufgabenaspekt der Arbeit die gebührende Beachtung schenkte. Sie hat sich vorwiegend mit den „ausführenden Tätigkeiten" befaßt, die wir in unserer Untersuchung „Vollzüge" nennen (vgl. Kapitel 9.3). Das hat sicher verschiedene Gründe. Einmal sind diese der Beobachtung leichter zugänglich und entsprechen der erkenntnistheoretisch-methodologischen Haltung der bisherigen Psychologie weit besser. Dazu kommt, daß früher hauptsächlich Produktionstätigkeiten in der Industrie analysiert worden sind, für welche die zu besorgende Aufgabe meist den mehr oder weniger konstanten Rahmen bildet und wo „die gesamte tägliche Arbeit nahezu identisch mit einem einzigen Situationsbereich ist" (Hoff, 1986, 46). Am Ablauf des Arbeitsgeschehens interessierte dann fast ausschließlich der Wechsel der ausführenden Tätigkeiten (als den Mitteln zur Bewältigung dieser Aufgaben). Ein konstanter Rahmen läßt sich natürlich vernachlässigen.

Ganz anders verhält es sich dagegen mit komplexer aufgebauten Berufstätigkeiten, wie sie uns hier beschäftigen werden. Fachleute in solchen Berufen haben meist mehrere Aufgaben nebeneinander in Bearbeitung. Darum sind bei ihnen nicht nur Arbeitsvollzüge, sondern auch Arbeitsinhalte häufigen Wechseln ausgesetzt. Studiert man ihren Tageslauf, so drängt sich stets eine Frage auf, die bei Industriearbeitern von vornherein beantwortet ist: In welchen inhaltlichen Zusammenhang gehört die eben aufgenommene neue Arbeit? Führt sie das vorher Betriebene weiter, oder hat der Handelnde sich einer anderen Aufgabe zugewandt?

Die Frage nach dem „Zusammenhang“, in den eine Tätigkeit eingebettet ist, scheint uns die Kernfrage der Psychologie des Arbeitens zu sein, so wie wir diese verstehen. Aber sie ist nicht immer ganz einfach zu beantworten, und man ist dabei auf Informationsquellen angewiesen, deren Benutzung in der Psychologie der letzten Jahrzehnte verpönt war.

Wie man zum Themen-Begriff kommt, wie man ihn definieren und differenzieren kann, das bildet den Gegenstand dieses Kapitels. In unserer systematischen Darlegung des Arbeitsgeschehens steht es also am Anfang. Das darf uns nicht darüber hinwegtäuschen, daß die hier vorgetragenen Überlegungen zum Themenbegriff ein Resultat unserer Untersuchung waren und nicht ihr Ausgangspunkt.

3.1 Zugänge zum Themenbegriff

Vorbereitung und Durchführung eines Informationstages

In den Aufzeichnungen des Berufstätigen P. findet sich am Montag, 16. Oktober 1972, zwischen 17.35 und 17.40 eine Arbeitseinheit mit dem Code 32/47, das heißt Aktionen an Schulen/Telefon. In einem kurzen Anruf teilt der Rektor des Realgymnasiums Kirchenfeld mit, am Freitag, 26. Januar 1973 werde der Unterricht an allen städtischen Gymnasien wegen der Durchführung von Aufnahmeprüfungen ausfallen; und er fragt an, ob allenfalls die Akademische Berufsberatung an diesem Datum einen berufs- und studienkundlichen Informationstag durchführen könnte. P. sagt zu.

Gut drei Monate später, am vereinbarten 26. Januar, können die Früchte dieser kurzen Unterredung geerntet werden. Das Ergebnis läßt sich zwar in einem einzigen Satz schildern, aber einem recht komplizierten. Rund 450 Schüler der beiden obersten Klassen der Gymnasien Kirchenfeld, Neufeld und Köniz finden sich an diesem Tag zu sechs verschiedenen Zeitpunkten in neun verschiedenen Räumen zweier weit auseinanderliegender Schulhäuser ein, um sich – gemäß einem auf ihre fragebogenmäßig ermittelten Wünsche abgestimmten Programm – an 42 Orientierungsveranstaltungen durch insgesamt 36 Referenten, eingeführt von insgesamt 10 Mitarbeitern der Akademischen Berufsberatung Bern, über Studien und Berufe orientieren zu lassen, für die sie sich besonders interessieren.

Was sich in den gut hundert Tagen zwischen Telefonanruf und Informationstag abspielte, war ein zusammenhängender Akt des Organisierens. Der erforderte Arbeitsaufwand läßt sich dank P.'s Arbeitszeiterhebung genau belegen, allerdings nur für P. selber, nicht für andere Mitarbeiter, die natürlich zunehmend auch einbezogen wurden. P. hat bis am frühen

Morgen des 26. Januar insgesamt 48 Stunden und 15 Minuten seiner Arbeitszeit dafür eingesetzt, also gegen sechs volle Arbeitstage („5.79 AT" – man vergleiche hierzu die Erklärung am Schluß des letzten Kapitels). Das geschah in 143 Arbeitseinheiten von durchschnittlich 20 Minuten Dauer. Seine Vorbereitungs-Arbeit für den Informationstag hat sich im Rahmen von 29 verschiedenen Arbeitsvollzugs-Kategorien abgewickelt, mit Belegungen von 5 Minuten bis zu 7½ Stunden (88D oder 0.88AT). Den größten Anteil beanspruchten amtsinterne Mitarbeiter-Besprechungen. Soweit die Vorgeschichte des Informationstages vom 26. Januar 1973.

Seine Durchführung mit Überwachung des ganzen Ablaufes selber kostete P. dann 10½ Arbeitsstunden (1.25 AT). Die Aktion ging – nach einem letzten vorbereitenden Telefongespräch um 7 Uhr – von 7.50 bis 18.15 Uhr pausenlos über die Bühne; selbst der Arbeitslunch (von 12.35 bis 13.35 Uhr) war restlos der Besprechung und weiteren Organisation des Tages mit den Mitarbeitern gewidmet. Der Ablauf fügte sich – für P. – aus 32 Arbeitseinheiten zusammen, die sich dadurch voneinander abgrenzten, daß neun verschiedene Vollzüge (Besprechungen, Vortragsteilnahmen, Ortsverschiebungen, praktische Handreichungen usw.) immer wieder untereinander abwechselten.

Der Informationstag 1973 – auf den wir mehrfach wieder Bezug nehmen werden – bildet in P.'s Berufsgeschichte eine von anderen Arbeiten klar abgehobene Aufgabe, eine geschlossene thematische Einheit. Wir brechen sie, aus Gründen, die später zu erörtern sein werden, in zwei – engstens miteinander verwandte – „Themen" auf, in die „Vorbereitung" und die „Durchführung" dieses Tages.

Das Zusammengehören von Tätigkeiten

Im Winter 1972/73 haben sich also einmal 143, das andere Mal 32 von P. registrierte, verschieden lange Arbeitseinheiten zu größeren Einheiten zusammengeschlossen. Die in ihnen ausgeführten Tätigkeiten wurden von P. als „zusammengehörig" erlebt, weil sie der gleichen Aufgabe, der gleichen Sache dienten.

Dabei erweist es sich im einen Falle – bei der „Durchführung des Informationstages" – als problemlos, von „zusammengehörigen Tätigkeiten" zu reden. Die Arbeitseinheiten folgten sich in einer ununterbrochenen Reihe. Was P. am 26. Januar 1973 von zehn vor acht bis viertel nach sechs tat, war auch äußerlich gesehen „aus einem Guß".

Das andere Beispiel – die „Vorbereitung des Informationstages" – muß uns hingegen etwas mehr beschäftigen. Haben sich hier doch die Tätigkeitsstücke über eine Zeitspanne von nicht weniger als 103 Tagen verteilt (16.10.72–26.1.73), notgedrungen also über viele Pausen hinweg, die zu einem guten Teil mit anderen Arbeiten gefüllt waren. Das als einheitlich erlebte Thema tat mancherlei „Sprünge".

Verblüffend ist in diesem Falle allerdings die Verteilung der einzelnen Stücke. Das wird deutlich, wenn wir ein kleines Gedankenexperiment durchführen. Zehn der 143 Arbeitseinheiten spielten sich an Wochenend- und Feiertagen ab, die restlichen 133 während der 71 Arbeitstage der fraglichen Zeitspanne. Stellen wir nun eine „Null-Hypothese“ auf und nehmen wir an, es bestände kein innerer Zusammenhang zwischen den Einheiten. Sie müßten sich dann nach Wahrscheinlichkeitsrechnung beliebig über die verfügbaren Tage verstreuen, im Durchschnitt also zu zweit pro Tag auftreten, mit dazwischenliegenden Pausen von ein paar Stunden. Nur eine Laune des Zufalls würde ab und zu bewirken, daß zwei von ihnen ganz nahe zueinander- oder ganz weit auseinanderrückten; Abstände von einer halben Stunde wie auch solche von mehreren Tagen hätten entsprechenden Seltenheitswert.

Das trifft nun auf die Vorbereitung des Informationstages 1973 überhaupt nicht zu. Bei einem Viertel der Wechsel von Arbeitseinheit zu Arbeitseinheit entstand überhaupt keine Pause, bei einem weiteren Viertel eine solche von weniger als einer halben Stunde. Ganze sieben Mal dagegen schoben sich vor die Weiterbearbeitung Unterbrüche von vier oder mehr Arbeitstagen ein. Von einer gleichmäßigen Verteilung der Teilstücke war also keine Rede; die Arbeitseinheiten „drängten“ sich vielmehr zusammen, sowohl innerhalb der Arbeitstage wie auch bezüglich der beanspruchten Daten; sie bildeten prägnante Blöcke.

Tabelle 3.1: Weiterführung des Themas „Vorbereitung des Informationstages vom 26.1.73“ nach Abschluß der einzelnen Arbeitseinheiten

Unmittelbar (ohne Pause)	38 ×	27 %
Nach Pausen von		
– weniger als einer Viertelstunde	20 ×	23 %
– weniger als einer halben Stunde	13 ×	
– weniger als einer Stunde	10 ×	25 %
– weniger als zwei Stunden	9 ×	
– weniger als einem Tag	16 ×	
Am nächsten Tag	20 ×	25 %
Gleich nach dem Wochenende	3 ×	
Nach Überspringen von		
– einem bis drei Arbeitstagen	6 ×	
– mindestens vier Arbeitstagen	7 ×	
	142 AE-Wechsel	

Aus der bisherigen Diskussion wäre somit zweierlei festzuhalten:

1. Manche Elemente beruflichen Tätigseins („Arbeitseinheiten“) stehen inhaltlich nicht isoliert da, sondern werden – unmittelbar oder nach Unterbrechung – von anderen Elementen gefolgt, die erlebnismäßig zu ihnen gehören, die „um das gleiche“ gehen.
2. Solche inhaltlich zusammengehörigen Arbeitseinheiten haben häufig die Tendenz, sich auch zeitlich zusammenzudrängen, sei es zu geschlossenen Abfolgen oder zu Häufungen und „Blöcken“. Was wir subjektiv als inhaltliche Einheit erleben, kann somit oftmals auch statistisch einigermaßen belegt werden. (Eine EDV-Analyse von P.'s Material hätte darüber Aufschluß geben können.)

Das zweite ist freilich nicht zwingend. Thomas Mann hat, wie die veröffentlichten Tagebücher zeigen, die Arbeit an seinen Romanen mit eiserner Regelmäßigkeit von Vormittag zu Vormittag vorangetrieben, mit ungefähr gleich langen Intervallen zwischen den einzelnen Arbeitsphasen.

Themen als zusammengehörige Tätigkeiten

Dergestalt zusammengehörige Tätigkeiten bezeichnen wir als Themen. Das ist der *eine* Zugang zum Themenbegriff. Themen sind also inhaltlich geschlossene Tätigkeitsfolgen oder aber Serien von Tätigkeiten, die, über Unterbrüche hinweg, inhaltlich zusammengehören.

Das zusammenbindende Moment steht in unseren bisherigen Beispielen gewiß außer Zweifel; handelt es sich doch um eine ganz bestimmte Aufgabe, auf die in allen Einzelstücken immer wieder ausdrücklich Bezug genommen wird. (Später werden wir uns mit komplizierteren Fällen befassen müssen.)

Von allem Anfang an haben wir somit *zwei* Spielarten zusammengehöriger Tätigkeiten vorgefunden. Die eine Variante ist das geschlossene Verhaltensstück. Wir lernten sie am Beispiel eines – vielfältig gegliederten – Informationstages kennen, an welchem 32 Arbeiten eine ununterbrochene thematische Kette bildeten. Diese „Verkettung“ verschiedener Arbeiten ist aber kein unabdingbares Erfordernis, um ein geschlossenes Verhaltensstück zum „Thema“ erklären zu können; es gibt auch unvergleichlich simplere Fälle. So hat sich P. am Mittwoch, 7. Januar 1976, von zehn vor elf bis fünf vor elf der „Aufgabe“ gewidmet, eine widerspenstige Mine in seinen Kugelschreiber einzupflanzen, den er für verschiedene Arbeiten nötig hatte. Von den Bedingungen unserer Untersuchung her sind solche Fünfminuten-(„1D“-)Stücke die kürzestmöglichen Themen.

Bei „geschlossenen Verhaltensstücken“ – fünfminütigen wie zehnstündigen – ist die Bearbeitung des Themas identisch mit einer bestimmten Zeitspanne in der Tätigkeitsabfolge des Handelnden. Sie wird damit auch zu einem kompakten „Abschnitt“ im Verhaltensstrom. Das hat manche Theoretiker dazu verführt, thematische Gebilde (wie Handlungen, Aufgaben, Episoden etc.) zum Gliederungsprinzip dieses Stroms zu erklären – eine Auffassung, die wir gründlich relativieren werden. Vor allem aber erscheint das Thema in solchem Zusammenhang – gemäß einem früher gebrauchten Bilde – als etwas „Boden-Gebundenes", das sich in unmittelbarem Tun erschöpft.

Es ist darum wichtig, auch die andere Themen-Variante danebenzustellen: Thema als intermittierendes Tun, als mehrfaches „Zurückkommen" auf die gleiche Sache, wie wir das bei der Vorbereitung des Informationstages 1973 durch P. kennengelernt haben. Zwar wird Thema hier ebenfalls noch als „Tätigkeit" verstanden; diese wird jedoch gelegentlich unterbrochen und dann für einige Zeit zurückgestellt. Und damit heben wir mit dem Themenbegriff bereits vom „Boden des Tuns" ab. Denn es wäre sicher falsch zu sagen, auch hier erschöpfe sich das Thema in der – wiederholt aufgenommenen – Tätigkeit; das hieße nämlich behaupten, daß das Thema in den Pausen dazwischen gar nicht mehr existiere. Der kommende Informationstag ist aber keineswegs einfach aus P.'s Bewußtsein und Traktandenliste verschwunden, wenn es einige Tage lang in dieser Sache nichts mehr zu besorgen gibt. Vielmehr existiert das Thema weiter, wenn auch nur „latent".

Eine eindrückliche (allerdings bloß beiläufige) Darstellung dieser „Tiefendimension" der menschlichen Handlungswelt habe ich bei March und Simon gefunden, die in ihrer Verhaltenstheorie (1958, 9ff.) von einer Figur-Grund-Vorstellung ausgehen. Aus der Fülle latenter Reizsituationen und Bedürfnisse heben sich, so legen sie dar, jeweils einige Aspekte als aktuell heraus und bestimmen vordergründig das Verhalten, während die übrigen die Szene mehr oder weniger sprungbereit umstellen. So ist im Handlungsablauf immer *eines* der Themen aktuell, während stets eine ganze Reihe anderer Themen auf ihre Stunde warten.

Themen fallen also faktisch oft mit aktuellen Tätigkeiten zusammen, sind aber grundsätzlich mehr als das. Das inhaltliche Prinzip, das sie zusammenbindet (bisher lernten wir es als „Aufgabe" kennen), hält ihre Existenz auch zwischen den einzelnen Tätigkeitsstücken und darüber hinaus aufrecht.

Diese Tatsache bringt es mit sich, daß die zeitliche Ausdehnung eines Themas nach zwei verschiedenen Maßen bestimmt werden kann. Einerseits läßt sich die eigentliche Dauer der Ausführungstätigkeit berechnen. In unseren bisherigen Beispielen betrug sie 48½ Stunden, 10½ Stunden und 5 Minuten (oder anders ausgedrückt: 5.79, 1.25 und 0.01 „Arbeitstage"). Anderseits erstreckt sich die Existenz von Themen über eine gewisse Zeitspanne, in unseren Beispielen über 103 Tage, 10½ Stunden und 5 Minuten. Bei „geschlossenen Verhaltensstücken" fallen also die beiden Maße zusammen, bei Tätigkeits-Serien dagegen ist die Erstreckung immer größer als die Ausführungsdauer. (Auf diese beiden Maßzahlen, ihre Unterschiede und ihre Beziehungen werden wir im Laufe unserer Darlegungen immer wieder stoßen.)

Themen als Gegenstände beabsichtigten Handelns

Daß Themen nicht an den „Boden des Tuns" geheftet bleiben, wird noch deutlicher, wenn wir einen zweiten Zugang zum Themenbegriff betrachten. Wir gehen wiederum von einem instruktiven Beispiel aus.

Am 28. August 1973 frühnachmittags hatte P. eine Besprechung mit einem ehemaligen Testassistenten. In deren Verlauf bat der Partner P. beiläufig darum, ihm gelegentlich ein Arbeitszeugnis auszustellen; es eile damit freilich nicht. Auf dem Tagesblatt wurde diese Gesprächsphase – weil kaum mehr als eine oder zwei Minuten dauernd – überhaupt nicht registriert. Aktenkundig wurde sie hingegen in P.'s Agenda – und da nun freilich serienweise. Denn mit seinem beruhigenden Hinweis auf die Terminlosigkeit hatte der Ex-Assistent einer Schwäche P.'s Vorschub geleistet: Der kleine, unwichtige, aber doch verpflichtende Auftrag wurde von P. immer wieder zurückgestellt; periodisch wurde er auf neue Seiten der 73er Agenda, dann 1974 auch auf die Blätter der Nachfolgerin übertragen. Erst am 13. Juni 1974 (!), vor dem Einrücken P.'s in einen militärischen Dienst, wurde die Sache, mitgeschwemmt auf einer Welle anderer kleiner Erledigungen, in Ordnung gebracht. Endlich erschien sie damit auch auf einem Tagesblatt, unter der Bezeichnung „Arbeitszeugnis S.", und mit einem zeitlichen Gesamtaufwand von sage und schreibe 20 Minuten (0.04AT – man fragt sich: hätte P. diese paar Minuten nicht schon Ende August 1973 frei machen können?).

Auch ins Themenregister des ersten Halbjahres 1974 hat das „Arbeitszeugnis S." damit Eingang gefunden, als Gebilde mit 20 Minuten Dauer und 20 Minuten Erstreckung – eine Eintagsfliege, schön begrenzt auf den 13.6.74. So manifestierte es sich in der Tat als „zusammengehörige Tätigkeit". Aber wird man diesem Thema mit einer solchen Beschreibung gerecht? Seit jenem spätsommerlichen Nachmittag, da Herr S. dem Herrn P. – mit allzuviel Diskretion – seinen „Floh hinters Ohr setzte", hatte das Problem „Arbeitszeugnis S." ein eigenes, unscheinbares, aber sehr zähes Leben in der Arbeitswelt P.'s gewonnen – ein Leben, das sich subjektiv und objektiv in nicht wegzuleugnender Weise manifestierte: objektiv in zahlreichen Agendeneintragungen, die noch heute nachzulesen sind, und subjektiv im „schlechten Gewissen" P.'s, wann immer er wieder auf eine entsprechende Eintragung stieß. Es wäre gewiß absurd, diesem „Thema" bis zum 13. Juni 1974 das Leben abzusprechen – wie aber sollte man es ihm, da es kein entsprechendes Tun gab, untersuchungstechnisch einhauchen?

Wie bei so manchen anderen Fragen war es schließlich die Vorbereitung der EDV-Auswertung, die uns zwang, das Problem in aller Schärfe zu artikulieren und endgültig zu regeln. Diese Auswertung wurde so konzipiert, daß es möglich sein sollte, alle eingegebenen Daten in chronologischer Reihenfolge durchzukämmen und für jeden Zeitpunkt festzustellen, wieviele und welche Themen in P.'s Arbeitswelt eben vorhanden waren. Die Themen mußten also zu irgendeinem Zeitpunkt „eröffnet" werden (und zu irgend einem anderen wieder abgeschlossen, durch Erledigung oder anderweitige Aufgabe). Daß diese „Eröffnung" durch die Aufnahme einer entsprechenden Arbeitstätigkeit geschehen könnte – und bestehe sie auch nur in der Entgegennahme der kurzen telefonischen Bitte eines Rektors um einen Informationstag – war sonnenklar. Konnte dazu aber auch das bloße, gleichsam blitzartige Fassen einer Handlungsabsicht – ausgelöst durch einen Herrn S. oder manchmal gar durch eigenen, jungfräulichen Einfall – genügen? In anderen Worten: begründen auch vorgesehene Arbeiten, noch ohne registrierbare Tätigkeiten, Themen?

Die Frage stellen hieß natürlich sie bejahen. Handlungspläne sind Beabsichtigungen von Tätigkeiten; von Tätigkeiten, die, wie alle, thematisch bestimmt sind. Folglich sind auch geplante Tätigkeiten thematisch bestimmt, und sobald und solange die Absicht lebt, lebt auch das Thema. Ohnehin war die Frage ja nur durch die künstlichen Begrenzungen der Erhebung entstanden. Hätten wir einen feineren Raster als den des Fünfminuten-Gitters angewandt, wäre auch der einschlägige Abschnitt im Gespräch mit Herrn S. als „Arbeitseinheit" auf dem Tagesblatt vom 28. August erschienen. Das Fassen einer Absicht ist immer auch ein Stückchen „Arbeitstätigkeit", sehr oft freilich unterhalb unserer Fünfminuten-Schwelle.

Daß nicht bloß aktuelle, sondern auch vorgesehene Tätigkeiten Themen gründen können, hat nun aber eine wichtige Konsequenz. Wie wir in einem späteren Buch sehen werden, kommen Handlungsabsichten gelegentlich gar nicht zur Ausführung, sei es, daß sie sich als überflüssig erweisen, daß sie „abgeblasen" werden oder daß sie unbeachtet eines langsamen Todes sterben. So gibt es dann – eine unausweichliche Folge unseres Beschlusses! – Themen, die sich gar nie in einer Tätigkeit verwirklichen, sondern sich in der bloßen Beabsichtigung des Handelns erschöpfen. (Ins Private gedreht: auch Träume können Themen sein.) Im Rahmen unserer auf 476 Tage beschränkten Vollerhebungszeit führte das sogar zu einer besonderen Klasse solcher Gebilde, die wir mit dem poetischen Namen „überschwebende Absichten" bedacht haben: Themen, die, aus früher gefaßten Plänen herstammend, während der ganzen Erhebungsdauer erfolglos auf ihre Realisierung warteten.

Damit wird aber auch die „Ontologie" der Themen immer komplexer. Zwischen Aktualisierungs- und Latenzphasen von Themen, wie wir sie im letzten Abschnitt unterschieden haben, schieben sich noch Zwischenformen ihrer Existenz: Grade (es gibt verschiedene) der Beabsichtigung. Damit werden wir uns im Nachfolgeband (über die Dynamik des Arbeitsgeschehens) noch gründlich auseinandersetzen.

Halten wir vorderhand also fest: Themen sind (zusammengehörige) Tätigkeiten und/oder beabsichtigte Tätigkeiten. Sie können de facto ausschließlich in (begrenztem) Tun bestehen oder ausschließlich in einer Absicht. Sehr oft aber ist beides miteinander kombiniert. Bei der „Vorbereitung des Informationstages" war es ja doch schließlich das am 16. Oktober 1972 gegebene Versprechen, am 26. Januar 1973 einen solchen Tag durchzuführen, welches das Unternehmen als Thema zusammenband.

Themen als Anliegen und Gegenstände der Zuwendung

Hier gilt es nun noch einen Schritt weiter zu gehen. Wir haben vorhin den Fall erwähnt, daß die Ausführung einer Absicht sich „erübrigt". Es kommt beispielsweise vor, daß jemand anderes die Sache besorgt. Da sitzen wir etwa, leicht fröstelnd, im Vortragssaal und fühlen den Entschluß in uns reifen, aufzustehen und das Fenster zu schließen. Bevor wir dazu kommen, tut es der Herr, der vor uns sitzt. Das Anliegen, das uns einige Augenblicke lang beschäftigte, wurde von jemand anderem wahrgenommen.

Was hier im kurzfristigen Handeln passiert, kann sich auch oberhalb der Fünfminutenschwelle abspielen. Wir nehmen uns etwa vor, eine Fehlmeldung in der Zeitung richtigzustellen und vernehmen dann, daß das bereits anderweitig besorgt wird. Nun annullieren wir zwar unsere Absicht; aber die Angelegenheit beschäftigt uns weiter. Wir interessieren uns dafür, ob die Richtigstellung auch gedruckt und beachtet wird, bereit, allenfalls doch noch einzugreifen, wenn die Sache schiefläuft.

Da haben wir also ein Thema, begründet durch eine Absicht, die bald einmal hinfällig wird. Aber das Thema bleibt weiter bestehen: weil die Sache uns interessiert, beschäftigt, ein Anliegen ist. Das kann aber auch der Fall sein, wenn wir gar nie die Absicht hatten, uns einzuschalten: viele Dinge interessieren und beschäftigen uns ganz unabhängig von unserem eigentlichen Tun. Nicht einmal die Möglichkeit, selber zu handeln, ist dafür erforderlich. Was können wir zum Beispiel tun, um die Weltpolitik zu steuern, oder das Wetter, oder das Weltmeisterschafts-Finale im Fußballstadion? Dennoch verfolgen viele von uns weltpolitische oder sportliche Ereignisse mit größtem Interesse; es sind für sie zentrale Themen, auch wenn sie in der Sache nichts unternehmen können als Kenntnis nehmen, miterleben, kommentieren. Viel häufiger noch – das gilt wohl für alle von uns – ist die kleine rezeptive Zuwendung des Alltags, die Plauderei mit dem Nachbarn über seine Kinder oder mit Handwerker B. über die Arbeit des städtischen Werkhofs (vgl. S. 72).

Themen sind also keineswegs immer nur Dinge, die wir selber tun oder tun wollen. Uns können auch Sachen zum Anliegen werden – das ist ein Charakteristikum des Menschen – , an denen wir nur zum Teil, am Rande, oder überhaupt nicht handelnd beteiligt sind (ja die, wie das Meisterschaftsspiel zwischen Italien und Deutschland, uns Schweizer eigentlich gar nicht berühren). Für uns sind das Themen so gut wie die Anliegen, für die wir mit die Verantwortung tragen.

Aber nicht einmal auf das „Anliegen“ kommt es an: Um ein Thema zu stiften, genügt bereits die Tatsache, daß wir uns einer Sache für einige Zeit innerlich zuwenden. (Ehrlich gesagt: am 28. August 1975 lag P. nicht allzu viel daran, Einblicke in die Arbeit des Werkhofs zu erhalten.) Manche Berufe leben zum Teil davon, daß sich ihre Träger immer wieder kenntnisnehmend Gegenständen zuwenden, mit denen sie handelnd kaum etwas zu tun haben und die ihnen auch kein direktes, unmittelbares Anliegen bedeuten. Zu ihnen gehört auch jener des Berufsberaters, der sich – im Interesse seiner Ratsuchenden (an denen ihm freilich „gelegen“ sein sollte) – ständig und gleichsam auf Vorrat über fernab liegende Ausbildungen und Berufe orientieren muß, die selber einzuschlagen ihm nicht im Traum einfielen.

Damit erweitert sich unsere Vorstellung vom „Thema“ noch einmal. Themen können entweder ausgeführte und/oder beabsichtigte Bemühungen um eine Sache (eine „Aufgabe“) sein oder aber bloße Gegenstände unserer Zuwendung. Die rezeptive (oder nachvollziehende) Teilnahme an Bereichen der Welt, die außerhalb meines Zugriffs oder meiner Zugriffs-Absicht liegen, gehören zweifellos *auch* zur „Thematik“ des menschlichen Daseins und Arbeitslebens. (Damit ist ein Gegensatz angesprochen, auf den wir wieder und wieder zurückkommen werden. Ausführlich erörtert wird er in den Unterkapiteln 4.2 und 5.1.)

Tätigkeiten und Gegenstände

Wir können hier einen ersten Marschhalt einschieben und kurz Rückschau halten. Die via regia zur Erfassung von Themen – jedenfalls bei Arbeitsanalysen, wie wir sie hier vornehmen – ist gewiß das beobachtbare Tun. Wir haben Themen dort registriert, wo sie sich für einige Zeit in Arbeitstätigkeiten niederschlagen (so auf den Tagesblättern); und unsere Register und Karteien listeten Themen als „zusammengehörige Tätigkeiten“ auf. In den nächsten Kapiteln wird dieser Gesichtspunkt der maßgebliche oder gar ausschließliche sein.

Aber unsere weiteren Beobachtungen haben uns etwas Zusätzliches gelehrt. Auch wenn Themen sich in Tätigkeiten manifestieren (oder manifestieren können) und so am leichtesten erfaßbar werden, so *sind* sie doch nicht einfach Tätigkeiten. Es sind Inhalte, „Gegenstände“, auf die sich die Tätigkeiten – und handle es sich dabei auch nur ums Zuschauen – beziehen. Themen sind nicht Teile des Tuns, sondern Teile der „Welt“, an der getan wird.

Wollen wir die Beziehung zwischen Tun und Gegenstand sehr einfach fassen, so können wir sagen: Themen sind Gegenstände, die unser Tun (oder meinetwegen unser psychisches Leben) für eine gewisse Zeit stabilisieren, binden, kanalisieren – sei es, daß sie bloß unsere Aufmerksamkeit beanspruchen, sei es, daß sie unser aktives Handeln bestimmen, oder sei es schließlich auch nur, daß sie unsere Handlungsabsichten beeinflussen. Als solche Gegenstände sind sie nicht an die „Ebene des Tuns“ gebunden; sie transzendieren diese, können – für den Handelnden – darüber hinaus und unabhängig von allem Tätigsein existieren.

Deutlicher als in P.'s trockenen Arbeitsrapporten und Registern läßt sich dieser Themenbegriff aus den Tagebüchern Thomas Manns herauslesen. Diese Bücher sind recht eigentlich Listen der (wichtigeren) Dinge, die Thomas Mann tagsüber der Reihe nach beschäftigt haben. Das können Tätigkeiten sein wie die allmorgendliche Arbeit am Werk, gefolgt vom Spaziergang mit oder ohne Hund; es können Personen sein, mit denen man, zu Tische oder sonst, zusammen war; es können Pläne sein, etwa ins Engadin oder ans Mittelmeer zu fahren; schließlich können es auch weltpolitische oder anderweitige Ereignisse sein, die Thomas Mann am Tage beschäftigt haben, wie der spanische Bürgerkrieg (und die Haltung der Neuen Zürcher Zeitung diesem gegenüber) oder der Sieg eines Negers während Hitlers Olympiade. (Solchen „Zuwendungsgegenständen“ widmet er meist besonders viele Zeilen.) Wir werden auf diese Berichte – ich beschäftigte mich vor allem mit dem Sommer 1936 – noch ab und zu zurückkommen.

Den einen oder anderen Leser mag allerdings der Begriff „Gegenstand“ in unserem Zusammenhang etwas seltsam anmuten. In unserem weitgefaßten Sinne wird er ihn vielleicht noch kaum angetroffen haben. Dieser Leser sei immerhin verwiesen beispielsweise auf Hoffmeisters „Wörterbuch der philosophischen Begriffe“ (Ausgabe 1955, 246): „Gegenstand heißt heute alles, was gegenübersteht, worauf sich daher das Bewußtsein zu richten vermag“, auch leibliche wie seelische Zustände, geistige Strebungen, Inhalte, Ideen usw. Nach der Theorie Alexius Meinongs sei Gegenstand „alles, was irgendwie gemeint oder beurteilt werden kann, ganz gleich, ob er möglich oder unmöglich, wirklich oder unwirklich ist.“ (247) So kann man offenbar auch das französische Wort „objet“ gebrauchen; Joseph Nuttin – dem wir noch oft begegnen werden – bezieht ihn auf die verschiedensten Bestandteile unserer „Welt“: auf Ereignisse, Personen, Situationen, Relationen – „en un mot, tout ce qui est ‚objet‘ de connaissance ou de motivation“ (1980a, 136).

Psychische und geistige Gegenstände

Wenn Themen etwas anderes sind als die Tätigkeiten, in denen sie sich manifestieren (können) – was liegt da näher, als sie dem „Psychischen“ zuzuschlagen? Sind doch Zuwendungen der Aufmerksamkeit, Beschäftigungen mit einer Sache ohne Zweifel Vorgänge des Bewußtseins. Können wir so die Themen orten?

Gegen diese Auffassung würden nun allerdings die Phänomenologen Sturm laufen. Besonders Franz Brentano hat scharf unterschieden zwischen Bewußtseinsvorgängen und dem, worauf sie sich „richten"; und ohne in seine „Intentionalitäts"-Lehre näher eingedrungen zu sein, muß ich ihm darin recht geben. Das, womit ich mich beschäftige – und sei es selbst mein eigenes Seelenleben –, ist etwas anderes als der Prozeß der Zuwendung. Diese Inhalte der Zuwendung möchte ich darum als „geistige Gegenstände" bezeichnen.

Um auch vor wissenschaftsideologisch orientierten Lesern damit nicht als Schwarmgeist und Mystiker dazustehen, will ich mich auf einen „harten" Mann der Gegenseite berufen, jenen nämlich, den Bochenski (1947, 61) als „Führer" der Schule des Neupositivismus bezeichnet: Rudolf Carnap. Ich halte mich dabei an sein 1928 erschienenes Werk „Der logische Aufbau der Welt".

Carnap, der einen sehr breiten Gegenstandsbegriff verwendet (1), unterscheidet drei Hauptarten (und viele Nebenarten) von Gegenständen, nämlich physische (einschließlich physischer Vorgänge), psychische (bewußte und unbewußte, „eigenpsychische" und „fremdpsychische") und geistige. „Zu den geistigen Gegenständen gehören Einzelereignisse und umfassende Vorgänge, soziologische Gruppen, Einrichtungen, Strömungen auf allen Kulturgebieten; ferner auch Eigenschaften und Beziehungen solcher Vorgänge und Gebilde." (30). Wie weit auch unsere Themen damit gemeint und getroffen sind, lassen wir offen. Was aber genau auf sie anwendbar ist, sind Carnaps weitere Beschreibungen dieser „geistigen Gegenstände". Ihre Erkennung und Konstitution beruhe nämlich ausschließlich auf zwei Beziehungen zu den Gegenständen anderer Sphären: den Manifestationen und den Dokumentationen. „Ein geistiger Gegenstand, der während einer gewissen Zeit existiert, braucht nicht zu allen Zeitpunkten dieser Zeitstrecke aktuell zu sein, d.h. in Erscheinung zu treten. Die psychischen Vorgänge, in denen er jeweils in Erscheinung tritt oder ‚manifestiert' wird, nennen wir seine ‚(psychischen) Manifestationen' ... Auch ein physischer Gegenstand kann Manifestation eines geistigen sein." (31). So manifestieren sich unsere Themen in psychischen Ereignissen (Zuwendungen oder Absichten) und in physischen Vorgängen (Handlungen, Vollzügen), erschöpfen sich aber keineswegs darin. Sie sind „nicht aus psychischen (und etwa physischen) zusammengesetzt" (30; 77). Das haben wir oben schon festgehalten mit unserer Aussage, daß Themen nicht einfach aus den Arbeitseinheiten bestehen, die ihnen gewidmet sind.

„Als Dokumentationen eines geistigen Gegenstandes bezeichnen wir dauernde physische Gebilde, in denen das geistige Leben gewissermaßen erstarrt ist, Produkte, dingliche Zeugen und Dokumente des Geistigen." (31). Dazu rechnet Carnap nicht nur Kulturobjekte im exklusiven Sinne wie etwa Gemälde oder Bücher, sondern zum Beispiel auch das feste und rollende „Bahnmaterial" und die „Schriftstücke des Bahnbetriebes". Bei unseren Themen bestehen die Dokumentationen – wo es solche gibt (und es gibt sie keineswegs bei jedem Thema!) – in Texten, Protokollen, Verträgen, Tabellen usw. In sekundärer Form allerdings sind, im Falle von P.'s Erhebungsjahren, sämtliche Themen dokumentiert, nämlich auf den Erhebungsformularen.

(Philosophen der ersten Jahrhunderthälfte aus verschiedenen Schulen sprachen gerne von „geistigen Gegenständen" – z.B. Rickert, Hartmann, Carnap – und betonten dabei deren „Subjekt-Unabhängigkeit". Warum wir diese Auffassung nicht teilen, werden wir im Unterkapitel 4.1 zwar andeuten, aber in diesem Buche nicht ausdiskutieren.)

3.2 Abgrenzung von verwandten Begriffen

Wie kommen wir dazu, für das, was wir hier meinen, einen neuen Begriff zu prägen? Sind nicht Worte genug im Umlauf (oder bereits von anderen gemünzt worden), die ungefähr das gleiche bezeichnen?

Wenn wir uns auf den nächsten Seiten mit anderen Worten und Begriffen auseinandersetzen, so verfolgen wir damit das Ziel, unsern Themenbegriff noch weiter zu klären und zu verdeutlichen. Wir werden uns dabei zunächst mit Begriffen abgeben, die eine etwas andere Bedeutung haben, als wir sie anvisieren; im Unterkapitel 3.3 werden wir dann zeigen, wer unseres Wissens (und unter welchen Bezeichnungen) weitgehend bereits unsere „Themen" beschrieben hat. Wer sich für begriffliche Finessen weniger interessiert, kann das Unterkapitel 3.2 ohne weiteres überspringen.

Geschäft

Daß es inhaltliche Einheiten von der Art und Größenordnung unserer Themen gibt, ist in vielen Gebieten des praktischen Lebens selbstverständlich. So redet man in Parlamenten, Verwaltungen oder Betrieben zum Beispiel von „Geschäften". Es gibt Gesetze und Reglemente für die Abwicklung der anstehenden Geschäfte, etwa das „Bundesgesetz über den Geschäftsverkehr der Bundesversammlung" vom 23. März 1962 und die „Geschäftsreglemente" des Nationalrats und des Ständerats; es gibt Kommissionen, die die ordnungsgemäße Erledigung dieser Geschäfte überprüfen (etwa die „Geschäftsprüfungskommission" des Stadtrates von Bern, die auch die Geschäfte der Akademischen Berufsberatung Bern – und somit auch einige von P.'s Themen – überwacht). Auf manchem Briefkopf wird man aufgefordert, in jedem Schreiben bloß *ein* „Geschäft" zu behandeln – denn auch die Korrespondenz wird meist nach Geschäften getrennt eingeordnet. Manches dieser Geschäfte füllt allein einen ganzen Ordner und prangt dann in Filzstiftlettern auf dessen Rücken.

Der Begriff wird also selbstverständlich und ganz offiziell verwendet – mit solcher Selbstverständlichkeit sogar, daß niemand sich die Mühe nimmt, ihn zu definieren. In meinem alten Brockhaus, Ausgabe 1954, fand ich nicht einmal einen Verweis auf diesen Wortgebrauch; und im eidgenössischen „Geschäftsverkehrsgesetz" wird er offensichtlich als allgemein bekannt vorausgesetzt.

So verwandt das Wort „Geschäft" unserem Thema in manchem Belang auch sein mag, der Leser dürfte doch gefühlsmäßig spontan erfassen, daß es sich für unsere Zwecke nicht eignet. Geschäfte haben etwas Massives und Gestelztes; sie müssen sich über eine bestimmte Größenordnung und bestimmte formale Eigenschaften ausweisen. Wenn der Vorsitzende seinen Kugelschreiber nicht einsetzen kann, wenn ein Zuschauer ohnmächtig wird und weggetragen werden muß, so begründet das noch längst kein Geschäft – es sei denn, ein Parlamentarier mache einen entsprechenden Vorstoß. Vor allem aber: Geschäft ist ein ausgesprochen interindividueller Begriff. Es beschäftigt meist mehrere Personen (in den Parlamenten bis zu mehreren Hundert gleichzeitig); es kann, ohne seinen Charakter zu verändern, vom einen Bearbeiter zum andern übertragen werden.

Was wir im folgenden jedoch unter „Thema" verstehen wollen, ist etwas Individuelles, etwas, das einen einzelnen Berufstätigen ganz spezifisch in seinen Bann schlägt. Durchaus möglich, daß das *sein* Anteil an einem gemeinsamen Geschäft ist; möglich aber auch, daß niemand anderes damit etwas zu schaffen hat (belustigtes Zuschauen – dem Vorsitzenden etwa, wie er da mit seinem Kugelschreiber ringt – bleibt vorbehalten). Auch wenn ein Geschäft einem Fachmann voll und ganz zur Bearbeitung überlassen wird, so interessiert uns unter dem Aspekt des „Themas" doch vor allem, was er selber in dieser Sache sich vornimmt und unternimmt.

Motiv

Geisteswissenschaftlicher Wortgebrauch. Ähnliches gilt für das Wort „Motiv". Es kam für uns allerdings schon darum kaum in Betracht, weil es in verschiedenen Zusammenhängen sehr unterschiedlich verwendet wird. In den Geisteswissenschaften etwa wird damit teilweise eine kleinere Einheit anvisiert als wir sie im Auge haben (Musik!), teilweise etwas kulturgeschichtlich Konstantes, das von Autor zu Autor, von Maler zu Maler (oder gar von Zeitalter zu Zeitalter) weitergegeben wird. Beides ist in unserem Zusammenhang irrelevant. Eher könnte uns schon der Motivbegriff ansprechen, wie ihn der Dramatiker zur Bezeichnung auf der Bühne auftretender und abgehandelter Probleme benutzt.

Der interindividuelle Aspekt wird dabei nun allerdings noch deutlicher als beim „Geschäft". Denn das Drama lebt – normalerweise und fast ausschließlich – vom zwischenmenschlichen Zusammenspiel. Motive sind hier meist Probleme zwischen Menschen – Wünsche und Ziele des einen, die dem anderen in die Quere kommen – , oft mit starken emotionalen Begleiterscheinungen.

Wiederum gilt, daß solche Motive für jeden der Beteiligten zu „Themen“ in unserem Sinne werden können. (Gewisse Personalprobleme erlangten bei P. zeitweise beinahe die Qualität eines bühnenreifen Motivs.) Allerdings wären Themen mit dramaturgischem Motiv-Charakter gewiß bedeutend häufiger im Privatleben anzutreffen als bei einer Analyse der Berufstätigkeit – wobei die zu meisternden Probleme den Handelnden des Alltags weit wirrer und unübersichtlicher anfallen als den Zuschauer im Theater, wo der Autor die Lebenserscheinungen bereits entsprechend ausgelesen und präpariert hat. (Aus der Literatur sind uns einige interessante Versuche bekannt, das Leben als dramaturgische Aufgabe zu verstehen: etwa die „Dramaturgie des menschlichen Lebens“ von Paul Helwig, 1958, oder „Life as Theater“, herausgegeben 1974 von Dennis Brissett und Charles Edgley.)

Psychologischer Wortgebrauch. Dem Psychologen ist der Motivbegriff freilich in einem anderen Sinne geläufig. Nach der klassischen Definition von P. T. Young beschäftigt sich die Motivationspsychologie mit allen Bedingungen, die das Verhalten in Organismen auslösen und steuern. (1936, 45. Andernorts: alle Faktoren, die das Verhalten „auslösen, inganghalten und lenken“; vgl. Madsen, 1959, 43.) Oder, wie es Graumann generell faßt, „ihr Studium betrifft die Begründung unseres Verhaltens“ (1969, 1). „Motive“ sind nach psychologischem Sprachgebrauch also auf das Individuum und sein Verhalten bezogen; sie besagen, was eine bestimmte Person zum Handeln antreibt. Insofern könnte der psychologische Motivbegriff in unserem Zusammenhang eher in Betracht fallen, zumindest wenn wir an den Aufgaben- und Anliegen-Charakter der Themen denken.

Es steht aber doch mancherlei dem Beizug dieses Wortes für unsere Zwecke im Wege. Einmal pflegt die Psychologie im allgemeinen anzunehmen, daß solche Beweggründe des Handelns der Art nach allen Menschen gemeinsam, wenn auch bei den einzelnen in verschiedener Ausprägung vorhanden seien (vgl. etwa Heckhausen, 1980, 30). Nur wenige Psychologen, allen voran natürlich Gordon W. Allport (1937; 1961), weichen von dieser Vorstellung ab und verstehen Motive als auch qualitativ verschiedene, individuell gestaltete Handlungsbereitschaften. Auch sie aber betrachten Motive als mehr oder weniger überdauernde und immer wiederkehrende Verhaltensdeterminanten. Das trifft jedoch nur für einen (kleinen) Teil unserer Themen zu. Selbst wenn die individuelle Motivation konstant bleibt, sind die konkreten Inhalte und Gegenstände der Zuwendung, also die Themen, immer wieder andere.

Es gibt allerdings Motiv-Definitionen, die auch dieses „Hindernis“ aus dem Wege räumen. William Stern zum Beispiel empfahl, den Ausdruck Motiv auf die „innere Verursachung einer Einzeltat“ zu beschränken (1935/1950, 558), und nicht auf „dauernde Beschaffenheiten der Person“ anzuwenden. Nach Heckhausen (1980, 26f.) entspricht das dem frühen wissenschaftlichen wie dem heute noch üblichen alltäglichen Begriffsgebrauch. So verwendet ebenfalls der Jurist das Wort (vgl. etwa Hauser und Rehberg, 1980, 62). Für uns wird es aber auch in dieser Form nicht dienlich, denn es zielt ja auf die Begründung des Tuns ab und nicht auf seinen Inhalt.

Soziale Episode

Im deutschen Sprachbereich dürfte es wenig einleuchten, warum man auch das Wort „Episode“ als möglichen Konkurrenten unseres „Themas“ betrachten sollte. Die angelsächsische Literatur der letzten fünfzig Jahre hat diesen Begriff aber gerne und mit wechselnden Bedeutungen verwendet, darunter auch im Sinne des Themas. Da wir auf späteren Seiten oft von Episoden reden werden, müssen wir hier kurz abgrenzen, welchen Wortgebrauch wir damit *nicht* meinen.

In seinen „Explorations in Personality“ hat Henry A. Murray 1938 die Episoden als kürzeste molare Einheiten des menschlichen Lebenslaufes, als kleinste Stücke sinnhaltigen Austausches zwischen dem Lebewesen und seiner Umwelt beschrieben (Ausgabe 1967, 40ff.). Er charakterisiert damit etwas, das Roger G. Barker und Herbert F. Wright 1955 als „Phasen“ bezeichneten (Ausgabe 1971, 252ff.). Diesen Episodenbegriff haben auch spätere Autoren wieder benützt. Spiegel und Machotka zum Beispiel halten ihn für geeignet, kleinste sinnvolle Abschnitte innerhalb geschlossener psychischer Abläufe zu kennzeichnen, die eingegrenzt werden durch Stil- und Richtungswechsel (1974, 92 f.). Damit rücken sie ihn in definitorische Nähe zu unseren „Arbeits-einheiten“ – allerdings meinen sie damit Einheiten von vergleichsweise winziger Dauer.

Im Jahr 1972 haben Harré und Secord in der „Explanation of Social Behaviour“ die Episode zu einem ihrer zentralen Begriffe erhoben. Sie haben ihn zu diesem Zwecke kräftig ausgeweitet und ihm, wie sie selber sagen, eine „extreme generality“ verliehen. Als Episode bezeichnen sie alle Ereignisabfolgen, individuelle wie kollektive, bei denen Menschen beteiligt sind und die eine gewisse Einheit aufweisen (Ausgabe 1976, 154f.). Als Beispiele zählen sie so verschiedene Dinge auf wie eine Studentendemonstration, eine Heiratszeremonie, den Kauf eines Schokoladestengels, das Lesen eines Buches, die Änderung einer „attitude“, das Aufkommen eines „leaders“ in einer Gruppe. Dieser Wortgebrauch ist für uns natürlich viel zu weit. Zusammenfallen solcher Einheiten mit dem, was wir Themen nennen – zum Beispiel beim „Lesen eines Buches“ – ist rein zufällig; so nützlich der hier vorgeschlagene Begriff als Ausgangspunkt für soziologische Handlungstheorien sein mag, mit unserem Anliegen hat er kaum etwas zu tun.

Das wird noch deutlicher dort, wo eine ähnlich ausgerichtete Begriffsbedeutung wieder straffer gefaßt wird. Joseph P. Forgas hat den „social episodes" 1979 ein ganzes Buch gewidmet. Er definiert sie als „cognitive representations of stereotypical interaction sequences, which are representative of a given cultural environment", das letzte in dem Sinne, daß allgemeine Einigkeit über die Namen, Regeln und Erwartungen in einer Episode herrsche (1979, 15). Der Episodenbegriff wird von ihm ungefähr gleichgesetzt mit den „social situations" anderer Autoren (12) oder den „behavior settings" von Barker und Wright (115). Forgas' Definition zeigt präzise, wo die Unterschiede zum „Thema" liegen: Für den Themenbegriff sind weder die Interaktion, noch die „stereotype" Wiederholung, noch kulturell geprägte Regeln und Erwartungen irgend konstituierend. Gerade der Hinweis auf Barker und Wright dient hier zur Klärung; denn diese Autoren haben ihren „behavior settings" einen Gegenbegriff gegenübergestellt, den nun sie – pikanterweise – als „behavior episode" bezeichnen (1971, 4ff.) und der mit unserem „Thema" weitgehend übereinstimmt. Im folgenden Unterkapitel werden wir darauf näher eintreten.

Handlung; Plan

Bisher haben wir uns mit Begriffen auseinandergesetzt, die vorwiegend in der sozialen Praxis oder der Sozialpsychologie verwendet werden. Nun müssen wir uns noch danach umsehen, was die Handlungspsychologie uns allenfalls für Alternativen zum Themenbegriff anzubieten hat.

Handlung. Kronanwärter wäre da natürlich zunächst das Wort „Handlung" selber. Seiner Begriffsgeschichte wollen wir nicht nachgehen, weil wir beabsichtigen, das in einem späteren Werk über „Tageslauf und Handlungstheorie" zu tun; überdies ist der Handlungsbegriff, nachdem er von der Psychologie lange Zeit den Soziologen – wie Max Weber (1921/56) – oder Außenseitern der eigenen Zunft – wie Paul Häberlin (1924) – überlassen blieb, seit gut einem Jahrzehnt voll en vogue; der interessierte Leser findet heute an jeder Wegecke eine Definition (wenn auch immer wieder eine andere).

Ich beschränke mich hier darauf, zu wiederholen, was ich selber unter „Handlung" verstehe – ohne Begründung; ein paar einschlägige Erläuterungen folgen in Unterkapitel 4.3 – und warum ich das Wort für etwas anderes reservieren möchte als das Wort „Thema". Handlung möchte ich, wie im vorangehenden Kapitel angedeutet, definieren als „beabsichtigte Einflußnahme auf den Gang der Dinge". Handlungen können in eigenen Tätigkeiten bestehen (gelegentlich aber auch im Unterlassen solcher); sie schließen oft auch die Steuerung der Tätigkeiten anderer oder von außerpersönlichen Prozessen ein; vom bloßen „Tun" unterscheidet sich Handeln durch die Dimension des (beabsichtigten und günstigenfalls erreichten) Bewirkens von etwas.

Solche Einflußnahmen sind typisch für viele Themen; manche von diesen machen, wollen sie sachgerecht erledigt werden, eine ganze Reihe verschiedener Handlungen erforderlich. Ein Thema kann zwar praktisch mit einer einzelnen Handlung zusammenfallen, etwa beim Bemühen, einen Kugelschreiber-Stift einzusetzen; meist aber ist der Themenbegriff breiter und umschließt mehrere Handlungen; bei der Vorbereitung des Informationstages 1973 unternahm P. *eine* solche nach der anderen. Umgekehrt können Themen jedoch auch „Nichthandlungen" einschließen – um einen Begriff von Waltraud Brennenstuhl (1975) zu verwenden – oder ganz aus solchen bestehen. Grundsätzlich ist festzuhalten, daß Themen – selbst wenn sie sich in einer Einzelhandlung erschöpfen sollten – nicht selber Handlungen sind, sondern der Gegenstand, auf den sich das Handeln bezieht.

Plan. Klassiker der modernen Handlungspsychologie sind Miller, Galanter und Pribram. Sie haben 1960 von Kalifornien aus ein Buch mit langfristiger Sprengwirkung in die Welt gesetzt, das den Titel trug „Plans and the Structure of Behavior". Der „Plan" (auch im Englischen mit großem P) bildete für sie den Schlüsselbegriff zum Verständnis des Verhaltens. Dieses Wort hat einen ausgesprochen prospektiv-programmatischen Klang; auch paßt die Definition (1960, 16) keineswegs auf das, was wir in unserem Buch studieren. (Der Plan sei ein hierarchischer Prozeß im Organismus, der den vorgeschriebenen Ablauf einer Operationenfolge kontrollieren kann.) Dennoch verwendeten Miller, Galanter und Pribram diesen Begriff in vielen Zusammenhängen auch genau in dem Sinne, den wir unserem Wort „Thema" geben möchten, und manche ihrer Charakterisierungen und Differenzierungen können auch uns in unserem Unternehmen weiterbringen. Dann aber meint „Plan" an vielen anderen Stellen des Buches wiederum etwas völlig anderes. Das Dreimännerbuch aus Kalifornien war eben ein Wurf, der ein ganz neues Denken in die Psychologie des menschlichen Handelns einführte; und die „Pläne" waren es, die das charakteristisch Neue in allen möglichen Zusammenhängen und Schattierungen sichtbar machen sollten. Kein Wunder denn, daß der „Plan"-Begriff damals überstrapaziert wurde. Auch unsere Themen sind zwar nur aus einem Denken heraus zu verstehen, wie es damals entwickelt wurde; aber der viel zu weit gefaßte Begriff „Plan" eignet sich nicht als Name für sie.

Aufgabe

Ganz anders steht es da mit der „Aufgabe". Zu Beginn dieses Kapitels haben wir das Wort wiederholt als Synonym zu „Thema" gebraucht, und im Rahmen der Arbeitspsychologie steht es diesem gewiß am nächsten. Freilich gilt das nicht in gleichem Maße für alle Fassungen des Begriffs, und darum bringen wir ihn im Rahmen unserer Abgrenzungsbestrebungen zur Diskussion.

Hören wir uns einige Aufgaben-Definitionen an, wie sie uns Carl Graf Hoyos vermittelt (1974). Aufgabe sei, nach Miller 1962, „eine Gruppe von Aktivitäten, die häufig in zeitlicher Nähe mit den gleichen Anzeigen und Bedieneinrichtungen vorkommen und einem gemeinsamen Zweck dienen" (106) oder bestehe, nach Hackman 1970, „aus einem Reiz-Komplex und einer Reihe von Anweisungen, die spezifizieren, was gegenüber den Reizen zu tun ist." (108). Aufgabe definiert mit Bedienvorrichtungen und Reiz-Komplexen! Welch himmelweiter Unterschied zu den Aufgaben, die sich dem Berufsmenschen P. in der akademischen Berufsberatung (aber auch seinem amerikanischen Kollegen im College Counseling) stellen! Auch wenn „task" hier mehr im Sinne von Einzelaufgaben (etwa: Test-Aufgaben) gemeint sein mag – man gewinnt doch den Eindruck, daß gewisse amerikanische Arbeitspsychologen sich, zumindest noch bis vorgestern, zu keinerlei grundsätzlichen Überlegungen aufzuschwingen vermochten. (Was hätte uns ein gründliches Studium solcher Wissenschaft bei unserem Unterfangen nützen können!)

Eine Psychologie, die die Arbeit gleichsam eindimensional von der Ausführung her studiert, muß auch „Aufgaben" von den Vollzügen her definieren. So beschreibt etwa De Greene (1970, 21; zitiert nach Hoyos, 1977, 107) Aufgabe als „eine Konfiguration von ähnlichen Aktivitäten, die von einem Individuum ausgeführt werden und auf die Ausführung einer speziellen Arbeit innerhalb eines Arbeitszusammenhangs gerichtet sind." Sie bildet damit einfach eine Zusammenfassung ähnlicher Vollzugselemente, verwandt etwa den „instrumentalen Sequenzen", die wir in Kapitel 10 besprechen werden. Ein solcher Aufgabenbegriff kreuzt damit unseren Themenbegriff in einem Winkel von 90°.

Die Arbeitspsychologie des Ostblocks hat einen ganz anderen Aufgabenbegriff herausgearbeitet, der unserem Thema viel näher kommt. (Vgl. etwa Rubinstein, 1946/1973, 673, oder Tomaszewski, 1978, 63.) Winfried Hacker betrachtet in seiner „Allgemeinen Arbeits- und Ingenieurpsychologie" die Aufgabe als „das grundlegende Ausgangsmoment jeder psychologischen Analyse der Arbeitstätigkeit." (1978, 54). „Die Aufgabe entsteht beim Übernehmen des objektiven Arbeitsauftrags. Dabei muß das geforderte Ergebnis als Ziel antizipiert und die Ausführungsbedingungen der erforderlichen Handlungen müssen berücksichtigt werden. Das entstehende mehr oder minder adäquate Abbild vom Ergebnis (Ziel) und seinen Erreichungsbedingungen gehört zum inneren Modell. Die Einstellung zum gesellschaftlich vorgegebenen Ziel und den Verwirklichungsbedingungen bildet den *Sinn der Aufgabe* und des Handelns, das diese Aufgabe löst. Der Sinn ist am Aufbau des Handelns entscheidend beteiligt." (1978, 58). Obgleich einige Retuschen nötig wären, könnte diese Beschreibung mit Leichtigkeit auf viele unserer Themen übertragen werden.

Nicht Vorrichtungen und Anweisungen, nicht Ähnlichkeiten von Aktivitäten machen das Wesen der Aufgabe aus, sondern der Auftrag (allenfalls auch ein selbstgestellter), der zur Antizipation einer Lösung und zu einer Vorstellung vom Lösungsweg führt. Eine solche Aufgabe bildet erlebnismäßig eine Einheit, etwas, das ich erledigen, besorgen, betreuen muß. Maßgebend sind darin das Erfordernis meiner eigenen aktiven Beteiligung und der Verpflichtungsaspekt, der sich, nach Hacker, aus dem gesellschaftlichen Sinn der Aufgabe ableitet.

Heute beginnt die westliche Arbeitspsychologie, wenn auch vorderhand bloß zaghaft, auf „östliche" Vorstellungen einzuschwenken, wie sich etwa im Lehrbuch von Frieling und Sonntag zeigt (1987, 29, mit ausdrücklichem Verweis auf Tomaszewski). Zur Zeit meiner Untersuchung war derlei noch kaum zu finden; auch hier hat der Fluß seine Strömungsrichtung gewechselt.

Im Sinne Hackers verstanden, kann das Wort „Aufgabe" auf weite Strekken synonym gebraucht werden mit unserem Wort „Thema". Eine ganze Reihe von Themen im Berufsleben P.'s entsprechen weitgehend dieser Beschreibung – sie *sind* Aufgaben! Aber das gilt längst nicht für alle. Interessengebiete, denen man sich zuwendet, Lektüren, Gespräche mit Werkhof-Beamten – sie bilden zwar Themen, aber haben keinen Aufgabencharakter im Sinne der Beschreibung Hackers. Der Aufgabenbegriff ist also enger, einschränkender als der des Themas; Aufgaben bilden eine Subkategorie von Themen.

Zusammenfassende Abgrenzungen

Nach Studium dieses halben Dutzends von Alternativbegriffen zum „Thema" – wahrscheinlich ließe sich bei einigem Suchen das Dutzend leicht voll machen – können wir uns wiederum überlegen, welche Einsichten wir gewonnen haben.

Bestätigt hat sich noch einmal, daß Themen nicht Tätigkeiten sind – auch dann nicht, wenn wir an Beschäftigungen denken, die wirkend und einflußnehmend über sich selber hinaus weisen, also an Handlungen. Auch Handlungen beziehen sich auf „Gegenstände", sind also nicht selber Themen, sondern Themen eingeordnet. Noch weniger als Handlungen oder Tätigkeiten sind Themen aber „Ereignisse", die sich bei oder zwischen Menschen abspielen und von da her definiert werden könnten (Episoden-Definition in Harré und Secord). Sie haben zwar oft Ereignisse zur Folge, und Ereignisse können ihrerseits zu Gegenständen der Zuwendung, also zu Themen werden; begrifflich besteht jedoch keine Verbindung.

Viele der Einschränkungen, Spezifikationen, Konnotationen, die wir bei den betrachteten Begriffen vorfanden, haben für die Themen keine Gültigkeit. So sind Themen unabhängig davon,

- ob der Gegenstand in gleicher oder ähnlicher (eventuell gar stereotyper) Weise wiederkehrt (im Gegensatz zu Motiven oder zu „sozialen Episoden);

- ob formalisierte, gesellschaftliche oder routinemäßige Bearbeitungs- und Verhaltensregeln zu ihrer Bewältigung bestehen (im Gegensatz zu Geschäften oder Episoden);
- ob ihre Behandlung in vorgesehener, ordnungsgemäß ablaufender Weise erfolgt (im Gegensatz zum Plan);
- ob sie auch von anderen, von Partnern wahrgenommen, geteilt, mitbearbeitet werden (im Gegensatz zu Geschäften, dramaturgischen Motiven, sozialen Episoden);
- ob die behandelten Gegenstände hinlänglich relevant und bedeutsam sind (im Gegensatz zu Geschäften, geisteswissenschaftlich verstandenen Motiven, Aufgaben im Sinne Hackers);
- ob ein dynamischer Druck auf ihre Bearbeitung oder Beantwortung besteht (im Gegensatz zu den Motiven der Psychologie, zu Aufgaben, zu Episoden im Sinne sozialer Situationen).

All diese Gesichtspunkte sind für die Definition der „Themen" irrelevant; und soweit sie charakteristisch sind für Geschäfte, Motive, Episoden und so weiter, haben wir es eben mit anderen Begriffen zu tun. Deren Beziehungen zum Thema sind freilich vielfältig. Geschäfte und Episoden können für uns zu Themen werden, und die Geschäftsprüfungskommission kontrolliert dann, was wir aus diesen Themen gemacht haben; manchmal bildet auch, was für uns als ein Thema auftritt, für den soziologischen Beobachter ein „Geschäft" oder eine „Episode" (oder beides), und manchmal dient es dem Dramatiker sogar als Motiv. Wenn wir uns mit Themen befassen, tun wir es meist mittels Handlungen – besonders dann, wenn die Themen den Charakter von Aufgaben annehmen (was viele von ihnen, aber keineswegs alle, tun). Dann folgen wir oft – aber keineswegs immer – einem Plan. Der Zusammenhänge zwischen diesen Begriffen und dem Thema sind also viele; eine inhaltliche Deckung aber besteht nicht.

3.3 Der Themenbegriff in der Fachliteratur

„Themen"-Definitionen von der Tätigkeit her

Mit unseren Abgrenzungen wollten wir nun aber keineswegs den Eindruck erwecken, daß vor uns noch niemand von Themen gesprochen habe und daß wir mit unserem Begriff Neuland beträten. Es gibt verschiedene „Vorläufer", auf die wir uns beziehen können – und ich bin überzeugt, daß mir längst nicht alle bekannt geworden sind. Freilich haben sie für das, was wir hier meinen, zumeist andere Worte verwendet. Dabei sind einzelne von ihnen mehr von dem ausgegangen, was wir „zusammengehörige Tätigkeiten" nannten; andere beschäftigte mehr der Gesichtspunkt des „Anliegens" und der Zuwendung. Wir wenden uns zunächst den Autoren der ersten Gruppe zu.

Serial. Einer unserer Gewährsleute hat allerdings schon früher von „Themen" gesprochen, aber freilich etwas anderes damit gemeint. Henry A. Murray fand nämlich in seinen „Explorations in Personality", daß jede Episode (vgl. S. 143) ein „Thema" der Auseinandersetzung zwischen Individuum und Umwelt habe (1938/1967, 42). Neu und für uns besonders interessant daran ist, daß Thema hier einen Inhalt, einen Gegenstand bezeichnet, wenn auch von minimaler Größenordnung. Mit der anschließend vorgetragenen Vorstellung „komplexer" Themata kommt Murray unserem Begriff schon wesentlich näher. Fast deckungsgleich vorausgenommen hat er ihn dann in einem späteren Aufsatz, aber nun unter dem Namen „serial" (1951, 439). Allerdings hat er dafür eine Art von Doppel-Definition offeriert. „Serial" bezeichnet einerseits eine geplante, gesteuerte Abfolge verschiedener (zeitlich getrennter) Schritte auf ein (fernes) Ziel hin, etwa wenn es darum gehe, etwas zu produzieren. Anderseits soll die Bezeichnung auch auf „relatively long functional units" zutreffen, wie etwa eine Freundschaft, eine Ehe oder eine Karriere.

Das „Serial" war eine der vielen beachtenswerten Einsichten und Vorwegnahmen, die man in Murrays ideenreichen Schriften vorfindet. Er hat sie (meines Wissens) nicht weiter ausgebaut und verwendet, aber dazu ein paar sehr wichtige Dinge gesagt. Keine Einzelaktion im Rahmen eines Serials sei aus sich selber allein verstehbar; man müsse den Zusammenhang und die Absichten des Handelnden dafür kennen. Die meisten Leute befinden sich normalerweise mitten in einem Geflecht verschiedener laufender Serials, die ihren Geist beschäftigen, solange nicht dringendere Dinge ihre Aufmerksamkeit beanspruchen; wenn immer sie können, kehren sie eifrig und von selber zu ihnen zurück. Im Dienste solcher Serials kommen ihre Handlungen nicht „reaktiv" zustande, sondern „proaktiv", wobei anderslaufende Impulse unterdrückt und kontrolliert und zuwiderlaufende Handlungspläne zurückgestellt werden. – Das sind Einsichten, die wir direkt auf unseren Themenbegriff übertragen können.

Tätigkeit. Die sowjetrussische (Rubinstein) und polnische Handlungspsychologie hat einen Begriff herausgearbeitet, der ebenfalls in manchen Hinsichten mit jenem unseres Themas (oder wenigstens der großen Untergruppe „Aufgaben") übereinstimmt. Übersetzt wurde er mit „Tätigkeit". Tadeusz Tomaszewski beschreibt Tätigkeiten als Einheiten des Verhaltens, die sich aus dem Strom der Aktivitäten des Individuums als von andern Verhaltensakten abgegrenzte organisierte Ganzheiten herausheben und das Erreichen eines bestimmten Zustandes durch Umgestaltung der Ist-Situation in eine Soll-Situation intendieren (1978, 70). Auch Tomaszewskis Ausführungen über die Struktur solcher Tätigkeiten (78–80) sind für unsere Themen-Analyse von höchster Relevanz.

Episode. Noch viel näher aber kommt unserem Thema der Begriff der „behavior episode", den die Forscher der Feldstation im amerikanischen Midwest aus ihrem systematischen Studium des Verhaltensstroms bei Kindern gewonnen haben. Verhaltensepisoden nennen sie Stücke oder Kombinationen verschiedener Stücke aus dem Verhaltensablauf, die auf das gleiche Ziel ausgerichtet sind (constancy in direction). Das Vorgehen bei deren Identifizierung und die dabei verwendeten Kriterien haben sie eingehend diskutiert (Wright und Barker, 1950; Barker und Wright, 1955/1971; Barker, 1963). Wir treten hier noch nicht näher darauf ein, da wir die wichtigsten ihrer Unterscheidungsmerkmale fast unverändert auf unsere Themen übertragen werden (Unterkapitel 4.6). Der Episodenbegriff wurde aus der Verhaltensbeobachtung durch unbeteiligte Zuschauer gewonnen; Barker und Wright nehmen aber an, daß sie auch inneren Realitäten der Handelnden entsprechen.

Personal projects. Mit Bezugnahme auf Murrays „serial" hat der in Kanada tätige Psychologe Brian R. Little einen Begriff entwickelt, der – aus anderem Gesichtswinkel – unserem Thema ebenfalls weitgehend entspricht, nämlich jenen der „persönlichen Projekte". „A personal project will be regarded as a set of interrelated acts extending over time, which is intended to maintain or attain a state of affairs foreseen by the individual. As suggested in an earlier work (Little, 1972), personal projects reflect cognitive, affective, and behavioral aspects of human conduct." (1983, 276). In einem kurzen, prägnanten Aufsatz beschreibt er Struktur und Verlauf solcher Projekte, charakteristische individuelle Unterschiede in ihrer Konzeption und Ausführung bei verschiedenen Personen sowie geeignete Methoden zu ihrer Erfassung und Analyse. Freilich scheint er in erster Linie an größere und komplexere Gebilde zu denken (also etwa an Dinge wie die Organisation eines Informationstages durch einen Berufsberater); in diesem Sinne sagt er zum Beispiel: „The planning and management of industrial or governmental projects can serve as useful models for understanding personal projects." (286). Aber er betont doch auch, daß der „time frame ranges from a few seconds to a lifetime" (294).

Viele von Little angeführte Aspekte und Differenzierungen passen genau auf das, was wir mit Themen meinen. Dabei nimmt er in seinem Aufsatz immer auf beides Bezug, auf die „innere Seite" wie auch auf den Tuns-Aspekt; die Erhebung von personal projects nimmt er von innen her vor, durch Befragung des Handelnden. Insofern bildet diese Definition den Übergang zur zweiten Gruppe, der sie ebenso gut zugerechnet werden könnte.

Den Begriff „Projekt" benützen offenbar auch andere Autoren – ob in ähnlichem Sinne wie Little, konnte ich nicht überprüfen. Nach Angaben von Peter Weber (1986, 206) scheint das zumindest beim schwedischen Geographen Hägerstrand (1970) nahezuliegen.

„Themen“-Definitionen vom Anliegen her

Current concern. Den „inneren Realitäten“ des Verhaltensablaufs hat sich Eric Klinger zugewandt. Ohne sich irgend an den Midwest-Vorstellungen zu orientieren, hat er versucht, den Bewußtseinsstrom zu gliedern, und dabei ist er (unter anderem) zu seinem neuen Begriff der „current concerns“ geführt worden. Das geschah ebenfalls durch Beobachtungen beziehungsweise Untersuchungen, nämlich durch das Studium des von Studenten durch „lautes Denken“ übermittelten Ablaufgeschehens. „A current concern“, so Klinger (1978, 249), „is defined as the state of an organism between the time it becomes committed to pursuing a goal and the time it either gains the goal or abandons the pursuit.“ Es geht also um das Engagement für eine Sache (eine Zielvorstellung – darüber werden wir uns in Kapitel 4 noch unterhalten), das sich über eine kürzere oder längere Zeit erstrecken kann. Solange es beim Individuum wirksam ist, kann es bestimmend werden für Wechsel und Abschnitte der inneren Zuwendung, zum Beispiel in der Phantasie-Tätigkeit (Klinger, 1971, 201); es lebt, solange nicht erledigt oder aufgegeben, in der Person eben weiter, auch wenn sie sich zur Zeit nicht um die Sache kümmert. Nach Klinger ist der Mensch ständig und typischerweise gleichzeitig im Griffe mehrerer solcher Concerns.

Der Begriff des „concern“ läßt sich wohl am besten mit „Anliegen“ übersetzen; die Beschreibung seines Auftretens und seiner Wirkung paßt ausgezeichnet auf unsere Themen. Freilich betont Klinger immer wieder – sehr nachdrücklich etwa in 1977, 350f., wo er die dynamische Natur der „current concerns“ hervorhebt – , daß sein Begriff sich auf den „Zustand eines Organismus“ beziehe und nicht „mentalistisch“ gemeint sei; für die eigentlichen Inhalte des Concerns zieht er das Wort „incentive“ (Anreiz) vor – selbst wenn es um große Anliegen geht, die dem Leben eines Individuums seinen Sinn verleihen (1977, 6 ff.). Da aber jeder Concern praktisch nur durch solche „Anreize“, das heißt durch die Gegenstände, mit denen der Mensch sich beschäftigt, bestimmt ist, bietet die Gleichsetzung mit den „Themen“ dennoch kaum Probleme.

Motiv. Ungefähr das gleiche Phänomen hat 1980 Joseph Nuttin in seiner Arbeit über „Motivation et Perspectives d'Avenir“ untersucht, wobei er es nun aber zentral vom Inhaltlichen her faßte. Er spricht von den „objets qui, d'une façon ou d'une autre, préoccupent, intéressent ou motivent les sujets étudiés. On admet que de tels objets agissent, de façon plus ou moins latente, au niveau de la vie mentale des sujets et, par là, sur le comportement en général. Marqués de leur signe temporel et spatial, ils constituent le monde personnel, étendu dans l'espace et dans le temps, dans lequel se comportent les sujets.“ (1980a, 37). Damit liefert Nuttin praktisch eine Definition der Themen. Er braucht dieses Wort zwar nicht und gibt der Sache überhaupt keinen eigentlichen Namen außer „objet“, es sei denn jenen des „Motivs", der das ganze Buch durchzieht. Aber wir haben in der Literatur niemanden gefunden, der so präzise ausdrückte, was wir unter Themen verstehen. In seiner kurzen Kennzeichnung erwähnt Nuttin auch einen Aspekt, der uns besonders wesentlich erscheint: daß Themen die Bestandteile der persönlichen Welt eines Menschen bilden, ja daß sie diese Welt konstituieren.

Thema. Schließlich gibt es einen Autor, der ungefähr für das von uns Gemeinte bereits den Begriff „Thema" verwendet hat, nämlich Hans Thomae. In der zweiten, völlig neu überarbeiteten Auflage seines Werkes „Das Individuum und seine Welt" definiert er wie folgt: „‚Themen' als wiederholt geäußerte Gedanken, Wünsche, Befürchtungen und/oder Hoffnungen sind nicht aus dem Verhalten erschlossene intrapsychische Konstrukte wie Motive. Sie sind nach eindeutigen Kriterien aus biographischen Dokumenten wie einem Bericht über einen Tageslauf oder über eine biographische Episode ableitbare Inhalte personaler Prozesse, in denen es nicht nur um die kognitive Repräsentation von Situationen, sondern um Art und Ausmaß des Betroffenseins von ihnen, der inneren und äußeren Auseinandersetzung mit ihnen geht." (1988, 53). Auch das kann von uns weitgehend als Kennzeichnung unserer eigenen Vorstellung vom „Thema" verstanden werden.

Allerdings wurde der Themenbegriff in der ersten Auflage des Buches (von 1968) weniger präzise umrissen. Die Worte Thema und Thematik wurden dort gleichgesetzt und wechselweise verwendet, nämlich im Sinne wiederholt (oder immer wieder) auftretender Grundthemen eines individuellen Daseins. Das wären dann nicht einfach „current", sondern „recurrent concerns". (So spricht übrigens auch George A. Kelly von „recurrent themes": 1955, 52.) Eine der Hauptintentionen des Buches von 1968 ist es zudem, überindividuelle „Basisthemen" zu finden (312ff.), was Hans Thomae auf beeindruckende Weise gelingt. In ähnlichem Sinne hat offenbar auch Erik H. Erikson von „Themen" gesprochen, wie Thomae berichtet: „Entwicklung der Persönlichkeit ist danach eine Folge von ‚Themen', die durch Veränderungen in der Bedürfnisstruktur des Individuums, aber auch durch solche der Umwelt bestimmt sind. Jedes dieser Themen wird durch die Pole definiert, zwischen denen sich der Mensch in jeder dieser Stufen ‚entscheiden' muß." (1988, 53). Daß wir unseren (konkret und individuell verstandenen) Themenbegriff deutlich gegen solche allgemeinen Problemfelder des Menschseins abheben wollen, soll in den nächsten Kapiteln dargelegt werden.

Ein wenig ist das Schillernde in der Verwendung des Wortes Thema auch in der 88er Ausgabe von Thomaes Werk noch da, etwa wenn später gesagt wird, es ginge dabei um „Gedanken, Wünsche, Gefühle, Äußerungen von Betroffenheit oder Genugtuung, die unabhängig von dem jeweiligen Gesprächsgegenstand ... mehrfach spontan von den Befragten geäußert wurden" (1988, 64). Dennoch dürfen wir erfreut feststellen, daß von

Hans Thomae und seiner Schule wenigstens zum Teil der gleiche Themenbegriff verwendet wird wie von uns.

Hauptelemente des Themenbegriffs

So haben wir also in der Literatur sieben – und wenn wir die „Aufgaben" halbwegs dazunehmen, siebeneinhalb – Begriffe gefunden, die von ganz verschiedenen Autoren weitgehend ohne gegenseitige Bezugnahme definiert wurden und die in etwa das bezeichnen, was wir hier unter „Themen" verstehen wollen. Sicher gäbe es noch einige andere zutreffende Beschreibungen, auf die wir bei unserer Lektüre (noch) nicht gestoßen sind – nochmals bitten wir allenfalls übergangene Autoren um Nachsicht!

Wenn wir, in Abgrenzung von den zuvor diskutierten Begriffen, die sieben(einhalb) Vorschläge zusammenfassend betrachten, so können wir ein paar Wesensmerkmale des Themenbegriffs herauslesen.

- Themen sind Inhalte, Teile unserer (persönlichen) Welt. Das können Gegenstände sein, Personen, Zustände, Geschehnisse, Vorgänge, Entwicklungen – gegenwärtige wie auch zukünftige, vorausgesehene oder befürchtete.
- Diese Inhalte haben für das Individuum (vorübergehend oder dauernd) eine – aktive – Bedeutung; es beschäftigt sich mit ihnen, oder ist, während sie zurücktreten, aber noch lebendig sind, bereit, sich mit ihnen zu beschäftigen. (Insofern tragen sie „motivationalen" Charakter und bestimmen den „Zustand des Organismus".)
- Die einzelnen Inhalte bilden für das betroffene Individuum mehr oder weniger eine Einheit, die sich von anderen Inhalten abhebt.
- Einige dieser Inhalte beschäftigen das Individuum auf die Dauer; weitaus die meisten tun es nur auf (kürzere oder längere) Zeit – zum Beispiel bis ein angestrebtes Ziel erreicht ist. (Die Themen haben also eine zeitliche Erstreckung.)
- Die (persönliche) Welt des Menschen besteht jederzeit aus vielen Teilen, die ihn beschäftigen. Zu jedem Zeitpunkt sind darum viele Themen nebeneinander lebendig und wirksam.
- Das thematische Engagement bewirkt, daß das betroffene Individuum zeitweise in dieser Sache etwas tut (und sei es auch bloß: zuschauen), oder daß es etwas zu tun beabsichtigt.
- Damit belegen solche Inhalte zeitweise, sei es einmalig oder geschehe es wiederholt, den „Boden des Tuns" und dominieren den Verhaltensstrom. (Die Gesamtzeit solcher Zuwendung bezeichnen wir als Dauer der Themen.) Durch die Einheitlichkeit des Inhalts ist das Verhalten während dieser Zeit stabilisiert („constancy in direction").
- Der Wechsel zwischen den verschiedenen Inhalten, mit denen sich das Individuum befaßt, bestimmt zur Hauptsache die Gliederung des Verhaltensstromes.

Die Begriffe, die wir uns in den beiden letzten Abschnitten ansahen, haben jeweils den einen oder andern dieser Aspekte in den Vordergrund gestellt. Unser Themenbegriff versucht, sie alle in einem geschlossenen Bild zu vereinigen. Das Wort „Thema“ haben wir spontan gewählt, als sich uns kurz nach Beginn unserer Arbeitszeiterhebung das Faktum aufdrängte und einen Namen suchte (vgl. Pulver, 1976, 17), also lange bevor wir den ganzen Kranz von Vorschlägen vor uns ausgebreitet und studiert hatten. Wir bleiben aber auch jetzt dabei. Die andern Namen können uns nicht in gleicher Weise zufriedenstellen. Bezeichnungen, die in ganz verschiedenen Bedeutungen gebraucht werden, wie Tätigkeit, Episode, Motiv, sollten wir ohnehin tunlichst vermeiden (das erste, die „Tätigkeit“, werden wir selber in einem ganz anderen Sinne verwenden). „Serial“ – für das uns keine vernünftige Übersetzung einfällt – , Projekt und „current concern“ (oder gar „incentive“) haben Konnotationen, die uns bei der Verwendung einschränken oder irreführen könnten.

Und schließlich – oder ist es nur eigenes Vorurteil und Gewöhnung? Der Leser soll selber darüber urteilen: Ist „Thema“ nicht eine geradezu ideale Bezeichnung für das, worüber wir hier sprechen wollen?

3.4 Eigene Definition des Themas

Arbeitsdefinition

Wir versuchen, als Grundlage für den Fortgang unserer Darlegungen den Begriff des Themas zu definieren. Dabei wählen wir mit voller Absicht die Ich-Form (man hätte sie ebensogut vermeiden können). Das hat mehrere Gründe. Einmal war die persönliche Perspektive für die Herausbildung des Themenbegriffs konstituierend. Entsprechend möchten wir, zweitens, auch den Leser stimulieren, den Begriff auf seine eigene, persönliche Welt anzuwenden. Und drittens unterstreichen wir damit ein Hauptelement unserer Themen-Vorstellung, mit dem wir uns anschließend noch eingehender auseinandersetzen möchten.

Als Thema bezeichnen wir einen Inhalt (eine Aufgabe, oder einen Gegenstand der Zuwendung), mit dem ich mich einmal oder wiederholt für eine gewisse Zeit ausschließlich oder vorwiegend beschäftige oder zu beschäftigen beabsichtige und den ich als zusammengehörige, von anderen Aufgaben oder Zuwendungsgegenständen abgehobene Einheit empfinde, sei es, weil ich ihn als von außen real gegebene Einheit wahrnehme, oder sei es, weil ich ihn von mir aus in einen einheitlich ausgerichteten Zusammenhang stelle.

Diese Arbeitsdefinition enthält also auf der einen Seite ein paar einheitlich für alle Themen gültige Bestimmungsstücke: Beschäftigung mit einem

Inhalt; Zusammengehörigkeit; Abgrenzbarkeit von andern Themen. Anderseits kommen darin aber auch einige variable Elemente vor, Charakteristika, die im konkreten Einzelfall in der einen oder anderen Form realisiert sein können. Die meisten von ihnen haben wir schon kennengelernt (Aufgabe oder Zuwendung; effektive Beschäftigung und/oder Beabsichtigung; einmaliges oder wiederholtes Auftreten). Eine sehr wesentliche Variable dagegen haben wir in der Definition neu eingeführt; es betrifft dies die Herkunft der „Einheit" des Themas. Dieser Frage werden wir vor allem im nächsten Kapitel nachgehen. Sie stellt sich als Konsequenz aus der subjektiven, erlebnismäßigen Qualität des Themenbegriffs, der wir uns nun zuwenden wollen.

Die Erfassung von Themen

Der subjektive Gehalt bildet gleichsam die Achillesferse des Themenbegriffs. Was seinem Wesen nach subjektiv ist, muß auch subjektiv erfaßt werden, und das ist (oder war) der Wissenschaft des 20. Jahrhunderts weitgehend ein Greuel. Wir werden noch wiederholt Gelegenheit finden, uns mit dieser Frage auseinanderzusetzen (vor allem im nächsten Kapitel). Dabei werden wir uns gegen Angreifer nicht zu wehren versuchen, indem wir unsere Ferse verbergen (etwa durch Wegdiskutieren oder Herabspielen der Frage); vielmehr hoffen wir zeigen zu können, daß hier gerade eine Stärke unseres Vorgehens liegt. Wir sind zuversichtlich, daß unser Hektor vergeblich zuschlägt. Es gibt eben – darin deckt sich unsere Überzeugung mit jener Wolfgang Lemperts (1986, 159) – „Gegenstände, die auch ohne den Gebrauch besonderer Methoden und Mittel der Erkenntnis zutreffend erfaßt werden können, vielmehr der unmittelbaren Anschauung oder auch der Selbstbeobachtung und -reflexion zugänglich sind."

Die Methodengeschichte der Erfassung dessen, was wir Themen nennen, zeigt, wie man sich schrittweise deren subjektivem Wesen genähert hat. Unser eigenes Vorgehen bildet sozusagen die letzte Konsequenz dieser Reihe.

Barker und Wright gingen in den fünfziger Jahren so vor, daß sie das Verhalten von Kindern während ganzer Tagesläufe objektiv registrierten und dann anhand der bereinigten Protokolle unterschieden und formulierten, welches die Themen waren, die das Kind beschäftigten. Sie fragten sich: worum geht es dem Kind? Das Vorgehen nannten sie „episoding" und haben es ausführlich beschrieben (1955/1971, 234ff.). Dabei entwickelten sie Kriterien, die sich auch für uns als sehr nützlich erweisen werden (vgl. Kapitel 4.6).

Während der sechziger Jahre wurde dann versucht, Themen „von innen her" zu erfassen. Hans Thomae schreibt: „Ein erster Ansatz zur systematischen Erfassung thematischer Einheiten auf der Basis von Explorationen über die gegenwärtige soziale, psychische und gesundheitliche Lage wurde von Lehr (1961) begonnen. Dabei wurden Berichte von 20–60jährigen Frauen ausgewertet, wobei in diesem Falle zukunftsgerichtete Gedanken, Befürchtungen und Hoffnungen als Indikatoren von Themen angesehen wurden, sofern diesen eine besondere Bedeutung beigemessen wurde." (1988, 59).

Eric Klinger wählte Ende der sechziger Jahre einen anderen, ebenfalls indirekten Weg. Er ließ Studenten während Fünfminuten-Perioden „laut denken", sowohl beim Lösen kleiner Aufgaben wie auch beim Tagträumen (1971, 96ff.). So erhielt er Protokolle, in denen die Versuchspersonen selber ihre Denkinhalte formulierten. Seine eigene Aufgabe bestand dann darin, diese Inhalte nach Zusammengehörigkeiten zu gruppieren. So gelangte er zu den thematischen Einheiten.

In den siebziger Jahren ging er direkter vor. Mittels Fragebogen erkundigte er sich bei Studenten, was ihr Leben lebenswert mache (1977, 6ff.). Ein ähnliches Verfahren benützte Joseph Nuttin. Er konstruierte einen Satzergänzungsbogen, dessen Items die Versuchspersonen zur Nennung von Anliegen und Problemen induzierten, die sie im Hinblick auf die Zukunft beschäftigten. Dieses Instrument wandte er bei verschiedenen Personengruppen an (1980 a, 37ff., 170f.). Beide Methoden führten dazu, daß die Befragten selber Themen formulierten.

Ganz direkt stellte schließlich, anfangs der achtziger Jahre, Brian R. Little seinen Versuchspersonen die Frage nach ihren Themen. „We would appreciate it if you could begin by just writing down in the next ten minutes as many personal projects as you can that you are engaged in or thinking about at the present time – remember these are not necessarily formal projects, or important ones – we would prefer you to give us more of the everyday kinds of activity or concerns that characterize your life at present." (1983, 303). Wer denkt, das sei nicht verständlich genug, der irrt. Unter den Dutzend und aber Dutzend Personen, denen diese Bitte vorgelegt wurde (nach einer kurzen Vorbemerkung und Präsentation einiger Beispiele), sollen nach Little überhaupt nie Probleme aufgetaucht sein (291).

Von Schritt zu Schritt wurde also der Tatsache immer unverhüllter Rechnung getragen, daß Themen etwas Subjektives sind. Es sind Anliegen, Ziele, Teile der Welt, die für das betroffene Individuum (und allenfalls nur für es allein) Gültigkeit haben, Teile der Welt, die *es* wahrnimmt und *so wie es* sie wahrnimmt. Dieser subjektive Charakter der Themen wird wohl am deutlichsten dort, wo Tätigkeiten durch Pläne zusammengebunden werden oder allenfalls sich sogar in einer nicht ausgeführten Absicht erschöpfen. Vielleicht hat dann von außen überhaupt nie jemand etwas von der Existenz eines solchen Themas wahrgenommen. Wenn es nicht zufällig im Phantasie-Strom aktiviert oder von einem „Induktor" angesprochen wird, läßt es sich auch gar nicht „objektiv" erfassen. (Konsequenterweise läßt denn Little seine Versuchspersonen auch die „visibility" ihrer personal projects – visibility für andere, wohlverstanden – beurteilen.)

Barker und Wright gehen zwar objektiv vor. Sie fragen die Kinder nicht nach dem, was sie beschäftigt; sie erschließen es aus ihrem Tun und ihren Gesprächen mit Dritten. Gleichwohl gehen sie von der Überzeugung aus, daß „Episoden" subjektive, wenn auch von außen beurteilbare Größen sind.

Das ergibt sich aus ihrer konsequent Lewinischen Lebensraum-Vorstellung. Sie *mußten*, bei Kindern, die Beurteilung selber vornehmen und *konnten* es offenbar auch. Erwachsene dagegen kann man fragen, und das tut man mit Vorteil auch, weil sich „concerns" bei ihnen weniger häufig und weniger unmittelbar in Handlungen ausdrücken. Klinger, Nuttin und Little sind – jeder auf seine Weise – diesen Weg gegangen. Unsere eigene Untersuchung schließlich hat die Schritte der Fremdbeurteilung und der Befragung überflüssig gemacht, weil wir Themen ganz direkt wahrgenommen und erhoben haben.

Themen als Erlebnis-Gegenstände

Nun könnte man eigentlich meinen: je direkter Themen erfaßt werden, desto besser und wissenschaftlicher werden sie erfaßt. Aber das Seltsame ist eben, daß die heutige (oder gestrige?) Wissenschaft da grundsätzlich anderer Meinung ist. Je direkter man ein subjektives Phänomen zu packen sucht, desto fragwürdiger und verdächtiger wird den Wissenschaftern, die gegenwärtig zur Hauptsache noch den Ton angeben, die Sache. Statt sich über die Verbesserung der Erkenntnismittel freuen zu dürfen, muß man – schreitet man den Weg aus, den wir nachgezeichnet haben – ein immer schlechteres Gewissen in Kauf nehmen.

Wer aus der „objektiven" Tradition herkommt, findet es verantwortbarer, jemand von außen zu beobachten und anschließend durch fünf Beurteiler abschätzen zu lassen, *was* das Subjekt mit seinem Tun wollte. Falls die Beobachter miteinander übereinstimmen, so hat man eine echte wissenschaftliche Erkenntnis gewonnen – unabhängig von der Tatsache, daß die beobachtete Person, gemäß eigenem Erleben, vielleicht etwas anderes meinte. Denn wenn das Subjekt etwas selber feststellt und aussagt, so muß das Anlaß sein zu größter Skepsis: wie leicht kann es sich doch täuschen! (Die Übereinstimmung von fünf unabhängigen Beobachtern dagegen beweist, daß sie sich nicht täuschen.)

Das Problematische am subjektiven Erlebnisbericht besteht offenbar eben darin, daß ich wohl der einzige bin, der es direkt und unmittelbar „weiß", aber mich auf keine andern Zeugen berufen kann. Das ist ein erkenntnistheoretisches Grundproblem, und der Wissenschafter muß sich entscheiden, was er will. Ich selber halte das Mißtrauen gegenüber dem Subjekt keineswegs für eine oberste Richtschnur. Vielmehr glaube ich, daß uns ein wenig mehr Vertrauen in den einzelnen bei vielen Problemen wesentlich weiterhelfen kann.

Diese Haltung habe ich auch in dem klugen Buch von Joseph P. Forgas über die „sozialen Episoden“ angetroffen. Auch soziale Episoden können nach ihm schließlich nur unter Einbezug subjektiver Aussagen und Sichtweisen studiert werden. Forgas sagt: „Some of the factors which make up a social episode are simply not accessible to objective assessment, other than through the judgements and perceptions of the individuals participating in them. The effective episode, that is the episode which is salient to an individual in his normal social routines, may not be the one which can be studied objectively. The only approach likely to reveal the significant characteristics of an episode is one which relies on the cognitive faculties of the individual interpreting them.“ (1979, 72). Oder andernorts: „The only alternative left to derive a representative sample of social episodes is to rely on some form of self-report by the subjects regarding their typical and recurring activities. Using this approach, the task of unitization is simply left to the implicit judgements of subjects, which is probably the most sensible solution, since they are likely to know much better than the investigator which sequences of their social activities can be regarded as episodic units.“ (1979, 118. – Dieser Abschnitt schließt an einen Hinweis auf Barkers Aussage über die Problematik der Einheiten-Beurteilung von außen an.) Wenn das für „soziale Episoden“ gilt, die per definitionem zwischenmenschliche Geschehnisse sind, wie sehr muß es dann für Themen zutreffen, die auch „einsame Größen“, subjektive Realitäten bloß eines Einzelnen sein können!

Wir werden in unserem Buch bewußt und konsequent das subjektive Urteil des Handelnden, vor allem auch in der Abgrenzung von Einheiten, als Kriterium benützen, weil wir überzeugt sind, auf solche Weise neue und andere Erkenntnisse zu gewinnen, als wenn wir im Geiste der Wissenschaft dieses Jahrhunderts dem Subjekt nichts als Mißtrauen entgegenbrächten. Das, was wir untersuchen wollen – die Themen im Arbeitsleben eines Berufstätigen – *sind* nun einmal subjektive, erlebnismäßige Größen.

Kapitel 4

Themen als reale Gegenstände in der Zeit

Sie haben, liebe Leserin, lieber Leser, ein recht seltsames Buch in der Hand. Fast vor jedem Kapitel müßte man jemand warnen, und fast jedesmal jemand anderen. Im nun bevorstehenden sind es die „matter of facts"-Leute, jene unter Ihnen also, die ein gespanntes Verhältnis zu allem Grübeln haben. Man braucht eine gewisse Bereitschaft zum „Philosophieren" – wenn auch beileibe keine Kenntnis der Fachphilosophie -, um der Frage nachzugehen, ob Themen „reale Gegenstände in der Zeit" sind. Vielleicht tut man klug daran, sich mit den Phänomenen Zeit und Wirklichkeit nicht näher einzulassen; dann kann man sich mit dem Anschein zufriedengeben, sie seien ganz einfach und natürlich. Jenem hingegen, der diese Selbstverständlichkeiten packen will, gleiten sie immer wieder aus den Händen.

Die Nachdenklichen unter Ihnen möchte ich nun aber einladen zu einem Seminar über genau diese Fragen. Wir werden uns darüber unterhalten, was „real" ist, wie Zeit über unsere Welt und ihre Gegenstände hinläuft, was Vergangenheit und Zukunft für uns bedeuten, wie vielfältig menschliches Handeln sein kann – und was das alles für unseren ersten großen Untersuchungsgegenstand, die Themen, heißt. Am Schluß werden wir auch sagen können, nach welchen Kriterien sich diese abgrenzen lassen.

Wir treffen uns zu diesem Seminar im Bibliothekszimmer, damit wir ab und zu einen Wälzer vom Regal herunterholen und – manchmal nach Abblasen des Staubs – die Meinung anderer nachschlagen können. Das Sitzen, Reden, Blättern und Denken sollte uns kaum zum Schaden gereichen; im nächsten Kapitel werden wir dann wieder hinausgehn an die frische Luft empirischer Beobachtungen.

4.1 Die Realität der Themen

Die Frage des realen Gehaltes

Es dürfte Leser geben, denen gegen Ende des letzten Kapitels immer unheimlicher zumute wurde. Schritt um Schritt, so mögen sie denken, hat sich der harte, faßbare Gehalt aus unserem „empirischen" Unternehmen verflüchtigt. Was wir zu untersuchen uns anschickten, wurde immer weniger greifbar: Es verlor zunächst die klaren Konturen; es wurde dann zu einem rein geistigen Gegenstand; und nun verflüchtigt es sich gar noch zu bloß subjektivem Erleben, von dem sonst niemand etwas zu wissen braucht. Reden wir denn überhaupt noch von etwas Realem, das eine Untersuchung lohnt und ein (dickes) Buch rechtfertigt? Der Positivist hat ohnehin längst den Deckel zugeklappt; wer noch am Lesepult verblieben ist, dürfte innerlich zerrissen sein: Fühlt er doch gewiß, daß da irgendwie Tatsachen seines eigenen Alltags zur Diskussion stehen, deren Realitätsgehalt er aber jetzt, da eine so problematische Definition vorliegt, zu mißtrauen beginnt.

Wohl oder übel sehen wir uns also gezwungen, uns mit der Frage der Realität der Themen auseinanderzusetzen. Damit begeben wir uns nun freilich auf philosophisches Glatteis. Aber es bleibt uns keine andere Wahl; denn bevor wir unser großes Unternehmen starten, müssen wir Gewißheit darüber erlangen, ob wir nicht etwa bloß Phantasiegebilden nachhangen. Schnallen wir uns denn die Schlittschuhe an die Füße und wagen wir uns aufs Eis! Wiederum werden wir uns an Leuten orientieren, die darüber viel nachgedacht haben. In erster Linie müßte man da allerdings wohl an die Ontologen vom Fach denken (z.B. an Nicolai Hartmann, 1948). Aber sie werden uns nicht viel weiterhelfen; denn ihr Ehrgeiz geht meist darauf hinaus, nachzuweisen, daß vom „primären Weltbewußtsein" nicht mehr viel übrigbleibt, wenn man es raffiniert genug hinterfragt. Uns aber geht es hier genau um diese primäre Welterfahrung.

Drei Dinge waren es, die Zweifel an der Realität der Themen zuließen: ihre unscharfe Abgrenzung, ihre Immaterialität und schließlich ihre Subjektivität. Wir wollen uns zunächst die drei Probleme kurz ansehen.

Am einfachsten kommen wir wohl mit dem ersten Aspekt zurecht. Themen sind oft in ihrem Auftreten wenig kohärent und ohne klare Grenzen gegen außen. Das beruht nicht (nur) auf ihrer Unstofflichkeit. Wir finden Phänomene von vergleichbarer Struktur auch in der materiellen Welt – denken wir etwa an ein über eine größere Fläche verstreutes Dorf, an einen Wirbelsturm oder an das Tropfen eines Wasserhahns. Was bei derartigen Dingen in Zweifel gezogen werden kann, ist ihre „Einheit", nicht aber die – von jedermann feststellbare – Wirklichkeit der in ihnen zusammengefaßten Erscheinungen. Unsere Welt besteht beileibe nicht bloß aus monolithischen Realitäten.

Nach Rudolf Carnap wäre allerdings die Frage, ob derlei „Gegenstände" wirklich seien oder nicht, von vornherein falsch gestellt. Zur Diskussion stehe hier, so findet er, ob eine Beurteilung nach dem Wirklichkeits-Kriterium für sie überhaupt in Betracht falle. Er unterscheidet „wirklichkeitsartige" Gegenstände (für die das zutrifft) von nicht wirklichkeitsartigen (1928, 240). Die Grenzen würden allerdings von verschiedenen Beurteilern sehr ungleich gezogen. Ein „Wald" werde beispielsweise wohl allgemein als wirklich empfunden; die Vorstellung der „Eichen Europas" hingegen stände gewiß für fast jedermann außerhalb der Wirklichkeitsdimension; sie bestehe in einer begrifflichen Zusammenfassung ohne einen „real zugrunde liegenden" Gegenstand (242). Nach diesem und weiteren Beispielen frage ich mich, ob es hier nicht einfach um den Wirklichkeitsgehalt entsprechender Einheitsbildungen gehe. Darauf und auf einige weitere Probleme nicht kohärenter Gegenstände werden wir später wieder zurückkommen.

Die Realität geistiger Gegenstände

Niemand bezweifelt, daß der Stuhl, auf dem er sitzt, „real" ist. (Es sei denn, sein Geist entschwebe auch souverän der Wirklichkeit eigener Körperlichkeit.) Dieser Stuhl – kann man sich etwas Realeres wünschen? – ist Teil der Möblierung seines Zimmers. Ein solches Möbel-Arrangement, wir sahen es eben, beruht zwar auf klaren materialen Grundlagen, bildet aber doch eine andersartige, schon etwas problematischere Realität. Um sie als Einheit zu sehen, bedarf es immerhin eines menschlichen Auffassungsvermögens, einer „Subjektivität". Freilich wird uns der moderne Physiker gleich belehren, daß da kein grundsätzlicher Unterschied zum Stuhl vorhanden sei: auch dieser Stuhl bestehe ja „in Wirklichkeit" bloß aus einer Häufung von Energie auf bestimmtem Raum, die nur dem wahrnehmenden Subjekt als „Ding" erscheine.

Vielleicht gefällt uns nun die gegenwärtige Möblierung unseres Zimmers nicht; wir grübeln daran herum, wie man sie ändern könnte. (Ehemänner klagen gelegentlich, daß ihre Frauen ständig ummöblieren wollen – dabei sei doch kaum ein Jahrzehnt verstrichen seit der letzten Umstellung!) Die Möblierung – als materielle Tatsache manchem Analytiker der Wirklichkeit suspekt – wird dann zum „Thema" für die ganze Familie, ohne Zweifel zu einem „wirklichen" Thema; und damit ist eine neue Ebene der Realität konstituiert, nämlich eine „geistige". Allerdings bezieht sie sich auf eine bestehende materielle, die Wirklichkeit meines Arbeitszimmers oder doch seiner einzelnen Möbelstücke.

Als jedoch die Akademische Berufsberatung Bern im Erhebungsjahr 1975 in neue Räume umzog, mußten im voraus Zimmer „im Geiste" möbliert werden, ehe noch materielle Entsprechungen existierten. Mehrere Mitarbeiter sannen diesem Thema über etliche Zeit nach; es war eine gemeinsame Realität – genauso „real" wie es zu anderer Zeit die Überlegungen über eine bereits bestehende, aber nicht befriedigende Einrichtung gewesen waren. Ihre Realität schlug sich schließlich auch in einer materiellen Wirklichkeit nieder: die Planung führte zur „Realisierung". Andere Möblierungsplanungen der Berichtszeit allerdings blieben im rein „Geistigen" stecken (die Möblierung zusätzlich gemieteter Räume, die dann nicht bezogen wurden) – darum waren sie als „Themen", die einige Mitarbeiter beschäftigten, nicht weniger real.

Der Wirklichkeitsgehalt geistiger Gegenstände wird an anderen Beispielen vielleicht noch klarer. Niemand wird wohl daran zweifeln, daß die „Geschäftsprüfungskommission" des Parlamentes reale Geschäfte prüft und nicht irgendwelche Chimären oder Phantasiegebilde – oft sind sie millionenschwer und voller harter Konsequenzen. Solche Geschäfte können von jedermann wahrgenommen werden. Sie werden im Rat verhandelt, von Fachleuten bearbeitet, zwischen Verwaltungsstellen hin- und hergeschoben und von der hierzu einberufenen Kommission eingesehen und begutachtet. Sie sind Gegenstände zwischenmenschlicher Verständigung und schlagen sich nieder in Traktanden, Akten, Protokollen, Transaktionen, Aktivitäten usw. Fast gleich werden aber auch „Kulturobjekte" gehandelt (Individualitäten der 5. Stufe – um auf früher Besprochenes zurückzukommen). Goethes „Faust" hat wieder und wieder zu Arbeiten, Besprechungen und selbst zu Einkünften Anlaß gegeben. Isidor Chein wendet in seiner Diskussion des Wirklichkeitsproblems sogar ein paar Seiten auf, um uns zu überzeugen, daß selbst der imaginäre Mr. Pickwick, eine sehr bekannte Figur von Charles Dickens, als „Person" zu einer (geistigen) Realität geworden sei (1972, 142ff.).

Wer sich gegen die Realität geistiger Gegenstände stemmen möchte, darf sich dabei nicht an den Führer der neopositivistischen Schule anlehnen. Für Rudolf Carnap können geistige Gegenstände genau so real sein wie physische. Sie müssen bloß, so argumentiert er, wie diese auch, gewissen Kriterien genügen. Jenes Kriterium, das uns hier am meisten interessiert, ist die Intersubjektivität. „Jeder wirkliche Gegenstand ist entweder selbst ein intersubjektiver Gegenstand oder gibt unmittelbar Anlaß zur Konstitution eines solchen." (1928, 239.) Und damit wird die Sache für uns heiß.

Die Realität subjektiver Gegenstände

Die „Realität" von Geschäften haben wir soeben damit belegt, daß es Mitwisser, Zeugen, auch Nutznießer und Opfer gibt – Geschäfte sind, wenigstens dem Prinzip nach, allen, also öffentlich zugänglich. Auch Mr. Pickwicks Realität beruht offenbar darauf, daß sie in Tausenden von Leserköpfen existiert. Trost für den eingeschworenen Positivisten: wenigstens kein Gegenstand der verpönten „privaten" Welt!

Indes: kein Trost für uns! Haben wir doch gerade darum vom Begriff „Geschäft" Abstand genommen, weil wir unser „Thema" vom Kriterium des Interindividuellen lösen wollten. Wir definierten Thema als etwas, was „mich", den einzelnen, beschäftigt, gleichgültig, ob das andere auch mitbetrifft oder nicht, und wir gedenken im folgenden die Themen nur von dieser Seite her zu betrachten. Wollten wir uns die eben entwickelte Sicht zu eigen machen, so kämen wir in die höchst seltsame Lage, daß wir zwar jenen unserer Themen Realität zugestehen dürften, die wir mit anderen teilen, die auch andere involvieren. Jene dagegen blieben als mögliche Chimären in der Luft hängen, die ausschließlich oder vorwiegend „mich" in Anspruch nehmen, auch wenn sie das noch so massiv tun. Solange ich allein in meinem Kopfe Möbel verschiebe, ist das unwirklich; kaum weihe ich meine Frau ein oder meine Mitarbeiter, so tritt das Problem in den neuen Status des Realen. Und komme ich nach intensivem Abwägen, ob ich der problematischen Eigenart eines Mitarbeiters entgegentreten sollte, zum Schlusse, nichts zu tun und nichts zu sagen, so müßte ich die dafür investierte Arbeitszeit schließlich in den Abfallkübel des Inexistenten werfen.

Das mag allenfalls einem Beobachter einleuchten – mir als Handelndem aber sicher nicht! Nun könnten wir uns zwar etliche Tricks ausdenken, um uns die Zusicherung der Realität durch interindividuelle Bestätigung gleichsam zu erschleichen. So könnten wir uns etwa verpflichten, sämtliche unserer Themen „öffentlich" zu machen, indem wir andere zu Mitwissern und Zeugen beriefen (wie wir das, in rudimentärer Form, im Rahmen unserer Erhebung durch schriftliche Festnagelung auf Tagesblättern und Registern ja bereits vorbereiteten). Oder man könnte grundsätzlich darauf pochen, daß potentiell jedes Thema, das mich beschäftigt, mitteilbar, mit-anderen-teilbar, somit auch realitätsfähig sei. Wir glauben indessen nicht, daß man über solche gekünstelten Umwege zu echten Einsichten gelangen kann. Wir lassen sie jenen, für die „wissenschaftliche" Prinzipien höher stehen als eine unvoreingenommene Sicht der erlebten Welt, und wagen die kühne Behauptung, in dieser Welt seien auch – und vor allem auch! – subjektiv erfaßte Gegenstände wirkliche Realitäten.

Freilich: wir wissen (oder ahnen), was uns auf diesem Wege für Gefahren dräuen. In meinen Jugendjahren beeindruckte mich eine lange Passage aus dem Buche von Jules Suter über Grundlagen und Aufbau der Psychologie. Im ersten Kapitel, über „die Wirklichkeit" (1942, 28–71), ringt Suter verzweifelt mit dem Problem „Sein" und „Schein" – das ihn durch das ganze Buch dann immer wieder heimsucht – , nur um Mal für Mal (halb resigniert, halb triumphierend) festzustellen, daß alles persönlich Erlebte gleicherweise real sei und daß sämtliche Realitäten auf einer einzigen, ununterscheidbaren Ebene der Subjektivität lägen.

Wenn ich mir also spielerisch ausdenke, meine Mitarbeiter könnten mir nach dem Leben trachten – der Leser mag sich beruhigen: ich denke es mir nicht einmal im Spiele aus – , dann wäre also das Thema „Bedrohung durch meine Mitarbeiter" ebenso real wie die „Möblierung des Sitzungszimmers".

Verschiedene „Wirklichkeiten"

Offensichtlich kommen wir nicht darum herum, uns mit der „Wirklichkeit" noch etwas eingehender zu beschäftigen. Und wenn wir das tun, werden wir auch kaum darum herumkommen, verschiedene „Wirklichkeiten“ zu differenzieren. Wir gestatten uns hierbei wieder einmal eine grobe Vereinfachung und unterscheiden versuchsweise fünf oder sechs Schichten der Realität.

Unmittelbare Wirklichkeit. Da haben wir zunächst die unmittelbare Wirklichkeit. Wir finden sie beschrieben etwa in der „Analyse der Empfindungen“ Ernst Machs (1885/1906), oder – in einer ganz anderen Form – in den inneren Monologen Mrs. Dalloways oder Molly Blooms. Manchem Theoretiker erscheint sie als unsere echteste, unverfälschteste Wirklichkeit, gleichsam als Basis, auf der wir alles aufbauen. „Sieht man von allen Theorien und Begriffen ab, die unsere Erkenntnis ausmachen, so verbleibt als deren Fundament einzig die unumstößlich gewisse Wirklichkeit dessen, was man persönlich unmittelbar erlebt. Das ist *die* Wirklichkeit.“ (Suter, 1942, 70.) Zu ihr gehört natürlich auch alles, was Angstvorstellungen uns einflößen oder Wahrnehmungsmechanismen uns vorgaukeln, auch wenn wir es als nicht realitätsgerecht durchschauen.

Erlebte Wirklichkeit. Aber wenn darin auch für den Säugling noch die echte und einzige „Wirklichkeit“ liegen mag – für uns Erwachsene gilt das doch schon lange nicht mehr. Wir müssen uns reichlich Mühe geben – tagsüber und bei vollen geistigen Kräften wenigstens – , um unsere Welt auf den flachen Bildschirm unmittelbarer Eindrücke zu projizieren. Was wir als uns umgebende, uns tragende Wirklichkeit erleben, unterscheidet sich davon in mancher Hinsicht stark. Zum einen scheiden wir spontan manche unserer Erlebnisse als „nicht wirklich“ aus – optische Täuschungen zum Beispiel, Traumgestalten, die phantasierte „Bedrohung“ durch unsere Mitarbeiter usw. Wie es zu dieser Ausscheidung kommt, hat schon William James zu erklären versucht (1890, II, 287 ff.). Umgekehrt ist meine erlebte, natürliche Wirklichkeit mit zahllosen Dingen bevölkert, die ich bloß vom Hörensagen – aus der Schule oder irgendwoher – kenne. Ich selber war weder in Südamerika noch in Australien – dennoch gehören diese Erdteile zu meiner Wirklichkeitswelt. Der Mensch lebt, wie Eino Kaila es bezeichnet, in einer „Fernwelt“, die weit über das unmittelbar Erfahrene hinausgeht (1951, 196).

Dazu gehört nun aber auch der „Umstand, daß wir in der Regel in den *Bedeutungen* der Wahrnehmungsphänomene ‚leben‘ und nicht in ihnen selbst“ (Kaila, 1951, 193). Die Erlebnisse unseres natürlichen Alltags genießen wir nicht “nature“, sondern strukturiert und interpretiert. Durch solche Strukturierung sehen wir etwas „beyond what we have seen before“ (Polanyi, 1958/73, 99).

Konstruierte Wirklichkeit. Auf diesem Wege stoßen wir aber bald einmal zu einer weiteren Schicht der Wirklichkeit durch. Denn selbst unsere Theorien gehen in die erlebte Wirklichkeit ein. Der Mensch des Alltags, so sagen Daniel M. Wegner und Robin R. Vallacher in ihrem Buch über „Implicit Psychology" (1977, 21), lege sich – wie ein Wissenschafter – seine Welt in Theorien zurecht; ein Hauptunterschied zum Vorgehen in der Wissenschaft bestehe darin, daß der Laie diese Theorien für ein Stück Wirklichkeit selber halte. „The systems we call ‚implicit theories' are the individual's *reality*." Und Hellmuth Benesch formuliert: „Wir kommen nicht erst nach langem Nachdenken und vieler Schulung zu hypothesenartigen Umweltbestimmungen, sondern im Prinzip ist das menschliche Existieren immer schon ein aktiver Konstruktionsprozeß." (1984, 35f.).

Dabei gibt es einmal die persönlichen Weltbilder. „... each person puts the puzzle of reality together in his own way", sagen Wegner und Vallacher (1977, 3). Solchen „persönlichen Konstrukten" hat George A. Kelly sein berühmtes Buch gewidmet (1955). Aber auch – und vor allem auch! – Interpretationen der Welt, die durch soziale Gruppen und durch die ganze kulturelle Umwelt vermittelt werden, gehen als Selbstverständlichkeiten in unsere „erlebte Wirklichkeit" ein. Peter Berger schildert den Dreischritt, der da stattfindet (1975, 234). Der Mensch legt seine eigenen Strukturen in die Welt hinaus (er "externalisiert" sie), nimmt sie dann dort als „objektive Realitäten" wahr und „internalisiert" sie als solche schließlich wieder. Die vom Menschen produzierten Strukturen erlangen somit „a reality that confronts its original producers as a facticity external to and other than themselves." Thomas Scheff formuliert sogar: „... the reality within which members of society conduct their lives is largely of their own construction." (1975, 205f.)

Dahin führte uns offenbar der Weg menschlichen Nachdenkens über die Ordnung der Welt. Er „endete in einem allumfassenden Konstruktivismus ... Der Mensch erkor sich zum Schöpfer seiner Welt. Die Ordnung der Welt, in der er lebte, war nicht dieser immanent, der Mensch erschuf sie sich stets aufs neue." (Laucken, 1985, X). Es geht hier also um die Tatsache, daß der Mensch seine erlebte Wirklichkeit selber (mit-)schafft. Schon für Carlo Sganzini lag in diesem ständigen Schöpfungsakt das eigentliche Wesen der Wirklichkeit. Eine ähnliche Sicht wird heute auch von Ernst E. Boesch vertreten (1976; 1980, etwa S. 101).

Die „konstruierte Wirklichkeit" ist Teil der (individuell) erlebten wie auch der „gemeinsamen" Wirklichkeit (von der wir gleich reden werden). Für unsere Thementheorie ist sie ohne Zweifel von großer Bedeutung. Gewiß ist, daß der Mensch seine erfahrene Welt auch mitgestaltet; aber meiner Meinung nach wird dieser Aspekt, dessen Entdeckung sehr verdienstvoll war, so wie wohl jede Entdeckung von manchen Autoren bis zur „Realitätsverfälschung" übertrieben. In unserer erlebten Wirklichkeit gibt es eine sehr breite Basis von schlicht „Widerfahrendem" im Sinne Wilhelm Kamlahs. Dazu gehören grundlegendste Dinge. Der Tod zum Beispiel – jener unserer Nächsten wie unser eigener – ist eine Gegebenheit, keine Konstruktion – außer für den Solipsisten. „Unser aller Leben ist eingespannt zwischen den Widerfahrnissen Geburt und Tod. Gleichsam das erste und das letzte Wort hat für uns nicht unser eigenes Handeln. Aber auch, wenn wir handeln, widerfährt uns stets etwas. Es gibt Widerfahrnisse ohne Handeln, aber es gibt kein pures Handeln. Auch ein so mächtiges Handeln wie das sogenannte ‚schöpferische' ist doch stets auf vorgegebene Bedingungen angewiesen und Störungen ausgesetzt, so daß es mehr oder weniger oder gar nicht ‚gelingt'." (Kamlah, 1973/84, 35).

Gemeinsame und private Wirklichkeit. Nun müssen wir aber *von* und *in* der „erlebten Wirklichkeit" eine weitere Realitätsschicht unterscheiden. Dem Menschen des Alltags ist nämlich völlig klar, daß er nicht sämtliche Realitäten seiner erlebten Welt mit seinen Mitmenschen teilt. Ist er nicht ein naiv dahinlebender Voll-Extravertierter, so besitzt er auch eine „geheime" Welt. Heiße Dinge mögen dazugehören, wie sein Gefallen an der Frau des Nachbars, sein Entschluß, einem Rivalen eine für diesen nützliche Information vorzuenthalten, seine heimlichen Pläne, um das große Geld zu machen. Davon weiß niemand anderes. Aber viel Harmloseres gehört ebenfalls dazu. Zum Beispiel findet er die Ummöblierung des Zimmers zu Hause überflüssig, macht aber nicht bloß gute Miene, sondern gar konstruktive Vorschläge zum „bösen Spiel" seiner Frau. Oder er beschließt, nach Austrag einer längeren inneren Auseinandersetzung, ein heikles Thema im Mitarbeiterstab nicht zur Sprache zu bringen, und vieles andere mehr.

Dennoch scheint ihm selbstverständlich, daß all das Realitäten sind. Ebenso genau aber weiß er, daß es sich dabei bloß um Realitäten seiner höchsteigenen, subjektiven Welt handelt. Ihre Kenntnis teilt er mit niemand sonst, außer – falls gläubig – mit Gott. Und selbst dann, wenn er ausnahmsweise mit einer Vertrauensperson darüber zu reden versucht, entdeckt er manchmal, daß niemand ihn wirklich versteht: auch dann kann er mit seiner privaten Realität einsam bleiben.

Dieser Bereich hebt sich für ihn ab von einem anderen, den er nicht als seinen bloß persönlichen erlebt, sondern von dem er weiß, daß er ihn mit seinen Mitmenschen teilt – je nach Inhalt mit allen oder mit einem Teil von ihnen. Es ist die „gemeinsame Wirklichkeit", die – normalerweise – so etwas wie den Kern seines Weltbildes ausmacht, um den sich dann die Schichten nur privater Realitäten legen. Wenn der Mann von der Straße von der „Welt" redet, meint er zunächst einmal und vorzugsweise diese gemeinsame Realität. „Die Realität der Welt: das ist das Ergebnis des kollektiven Willens, eine einheitliche Welt durch die Verschiedenheit ihrer Aspekte hindurch festzuhalten" (Schwemmer, 1983, 71).

Die Sphäre, die wir als „geistiges Privateigentum" bezeichnen können, hat unter den Soziologen schon früh einen überzeugten Verteidiger gefunden. Georg Simmel hat sie 1906 unter der Bezeichnung „Geheimnis" beschrieben; er nennt dieses „eine der größten Errungenschaften der

Menschheit; gegenüber dem kindischen Zustand, in dem jede Vorstellung sofort ausgesprochen wird, jedes Unternehmen allen Blicken zugänglich ist, wird durch das Geheimnis eine ungeheure Erweiterung des Lebens erreicht, weil vielerlei Inhalte desselben bei völliger Publizität überhaupt nicht auftauchen können" (1908/1968, 272. Zitiert nach dem Buch von Lenelis Kruse (1980, 76), in welchem die Privatheit als Problem und Gegenstand der Psychologie umfassend abgehandelt wird.). Gustav Ichheiser, der sich auch intensiv damit beschäftigt hat, unterscheidet sogar eine innere, „unsichtbare" und eine äußere, sozial wahrnehmbare Persönlichkeit (1970, 19).

Das „Geheimnis", die „innere Persönlichkeit", sie sind natürlich alles andere als „intersubjektive Gegenstände" – das macht ja ihr Wesen aus. Sind sie deswegen unwirklich, wie uns der Neopositivist glauben machen möchte? (Oder erlangen sie Realität nur um den Preis der Lüftung des Geheimnisses und der Sichtbarmachung der inneren Person?) Der Mensch des Alltags ist da gewiß anderer Ansicht. Für ihn gibt es ohne Zweifel beides: eine erlebte Wirklichkeit, zu der auch private, nur-subjektive Realitäten gehören, und eine Wirklichkeit gemeinsam mit (den) anderen. Diesem Unterschied pflegt er nun allerdings im ganzen kaum Beachtung zu schenken – außer vielleicht eben dann, wenn es für ihn „heiß" wird und er beginnt, ein kompliziertes Doppelspiel zu treiben.

Erschlossene Wirklichkeit. Damit ist das Wirklichkeitsproblem noch keineswegs erschöpft. „Mehrere Wissenschaften", so schrieb Wolfgang Köhler in seiner Abhandlung über „Psychologische Probleme" (1933, 2f.), „haben jedoch schon vor Jahrhunderten begonnen, das einfache Zutrauen zu zerstören, mit welchem die Menschen ihre selbstverständliche Welt als *die* Wirklichkeit anzusehen pflegen ... Zum Glück war sie aber auch imstande, eine andere Welt, sozusagen hinter jener, zu entdecken, deren Eigenschaften zwar von denen der selbstverständlichen oder unmittelbar zugänglichen Welt stark abweichen, aber dafür wenigstens ein in sich widerspruchsfreies Bild zu ergeben scheinen. Ich meine die Welt der physischen Realitäten und der Naturwissenschaften." Während also ein Mann wie Suter die eingangs geschilderte „unmittelbare" Wirklichkeit als *die* Wirklichkeit postuliert, tun (oder taten) das die Naturwissenschafter erst mit einer überhaupt nicht mehr erlebbaren, sondern bloß „erschlossenen". Daß sich deren Bild aber stets weiterentwickelt, hat viele von ihnen zusehends stutzig gemacht; und heute ist die „physikalische Realität" sehr umstritten (vgl. Battista, 1978, 56)

Hält man an der Idee der *einen* Wirklichkeit fest, so kann sich voll der Zank darüber entfalten, *wer* sie im Besitze habe. So wird nach Hugo Staudinger (1982, 49) durch die klassischen Naturwissenschaften „das wissenschaftlich Formulierte zum Maßstab der Realität erhoben. Es wird nicht zugegeben, daß die Naturgesetze zur Erfassung der Realität unzulänglich sind, sondern es wird statt dessen unterstellt, daß die Wirklichkeit, insofern sie diesen Gesetzen nicht voll entspricht, unzulänglich sei." (Zitiert nach Staudinger und Behler, 1984, 32 f.)

Themen und Realität

Unser Exkurs über verschiedene Wirklichkeiten wurde nötig, weil wir mit unserem Problem des Realitätsgehalts von Themen im Gestrüpp der Meinungen hängen blieben. Der Naturwissenschafter will nur wissenschaftlich erschlossene Realität gelten lassen, der Konstruktivist nur selbsterschaffene, der Neopositivist nur intersubjektive. Unter psychologischen Forschern ist seit Jahr und Tag vor allem das letzte in Mode; und fast wollten wir uns überreden lassen, durch allerlei Tricks auch unseren persönlichen Anliegen den von ihnen allein sanktionierten Status des Überpersönlichen zu sichern.

Das können wir uns nun ersparen. Nachdem wir uns überzeugen konnten, daß es verschiedene Schichten der Realität gibt, sehen wir keinen Grund mehr, uns aus methoden-ideologischen Erwägungen auf eine unter ihnen abdrängen zu lassen, die unserem Gegenstand nicht angemessen ist. Wir werden uns vielmehr konsequent mit *erlebten* Wirklichkeiten abgeben. Manchmal werden sie zugleich „gemeinsamen" Wirklichkeiten entsprechen, manchmal nicht; manche werden „konstruierte" Elemente einschließen, manche kaum – das kann für uns weder ein Auswahl- noch ein Bewertungs-Kriterium sein.

Darüber rechten, welche Wirklichkeit „wirklicher" (oder die „wahre") sei, wollen wir nicht. Immerhin könnten wir dem Neopositivisten, der die Palme dem Intersubjektiven überreicht, doch auch eine Gegenrechnung präsentieren. Betrachten wir nochmals die „Geschäfte", die im Rahmen einer Verwaltung, eines Parlamentes, eines Betriebes zur Bearbeitung kommen! Nur in besonders offenkundigen Fällen handelt es sich da effektiv um zwischenmenschliche Entitäten, die von allen so gesehen werden, wie sie „wirklich" sind. Vielmehr hat jeder Beteiligte sein eigenes Bild dieses Geschäftes, seine persönliche Sicht der Dinge (die wesentlich mitbestimmt sein kann durch die Sicht der anderen) – eben sein dem Geschäft entsprechendes Thema. Für uns sind das die eigentlichen Realitäten, die das zwischenmenschliche Gebilde überhaupt erst begründen. Gerade das „absolute" Geschäft, unabhängig gedacht von all den individuellen Interpretationen, scheint uns in seiner Realität bezweifelbar. Wir betrachten es als eine Abstraktion. Sie versinkt schrittweise im Nebel – bis hin zum Nichts –, wenn die „Geschäfte" weniger strukturiert festgehalten, weniger amtlich beglaubigt und geregelt sind. An der Realität seines Themas hat sich für den einzelnen dabei nichts geändert.

Zwei Eheleute haben einen Streit. Das sieht man von außen, wenn man das Pech hat, zufällig Zeuge zu werden. Beide wissen und erleben, daß sie

Streit haben; sie nennen es auch ihren „Streit" und können sich rückblikkend, günstigenfalls im Sinne einer Versöhnung, darüber verständigen, wovon sie reden. Aber beide haben doch ein sehr verschiedenes subjektives Erlebnis. Freilich bezieht sich Annemaries „Streit mit Hans" auf dieselben öffentlich registrierbaren, vom Behavioristen protokollierbaren Ereignisse; er bildet aber eine andere Realität als Hanses „Streit mit Annemarie". Das wird noch deutlicher, wenn mehr nur Verstimmungen oder Mißverständnisse vorliegen. Der französische Meisterregisseur André Cayatte (der zuvor Anwalt war) hat ein faszinierendes Experiment unternommen: Er schuf 1963 einen Zwillingsfilm über eine junge, trotz gegenseitiger Liebe scheiternde Ehe („La vie conjugale"). Im einen Film wird die Ehegeschichte aus der Sicht des Mannes, im anderen aus der Sicht der Frau gezeigt – und beidemale sind wir Zuschauer überzeugt, mit *der* gültigen Wirklichkeit konfrontiert zu sein. (Das ist, nehme ich an, die tägliche Realität im Gerichtssaal: zwei ganz verschiedene subjektive Themen zum gleichen „Geschäft"...)

Damit dürfte sich unsere Vorstellung betreffend der Realität geistiger Gegenstände geradezu umkehren. Unsere Themen, also die subjektiv erfaßten Inhalte unserer Beschäftigung, sind im Grunde „realer" als die davon abstrahierten, gemeinsamen, „objektiven" Gebilde, die bloß eine Art Grenzwert darstellen. Durch die Erfassung der Thematik aus der Sicht des einzelnen bekommen wir etwas viel Zuverlässigeres und Handfesteres in den Griff als der Positivist, der uns Themen als Realitäten bloß dann abzukaufen gewillt war, wenn sie jedermann zugänglich und von mehreren getragen sind.

Brian R. Little sieht gerade hier eine große Chance für seine Wissenschaft von den „personal projects". Mit seiner Erfassungsmethode hofft er ein Instrument bereitstellen zu können, das korrespondierende Themen verschiedener Menschen, etwa Hanses Streit mit Annemarie und Annemaries Streit mit Hans, vergleichbar macht. Ein solches Vorgehen kann seines Erachtens besonders für Analyse und Therapie von „family settings" fruchtbarer werden als der fragwürdige Versuch, nach einer „objektiven" Wahrheit zu fahnden.

Wirklichkeit des Erlebens und des Erlebten

Damit brauchen wir uns aber noch lange nicht dem Suterschen Schicksal auszuliefern. Die Themen, mit denen wir uns befassen wollen – und so, wie wir das zu tun gedenken – sind Gegenstände unserer *erlebten* Wirklichkeit und nicht der sogenannten „unmittelbaren". (Ernst Mach ist der Auffassung, dort gebe es überhaupt keine „Gegenstände". „Das Ding, der Körper, die Materie ist nichts außer dem Zusammenhang der Elemente, der Farben, Töne usw., außer den sogenannten Merkmalen." 1906, 5.) In der erlebten Wirklichkeit liegt aber nicht alles auf der gleichen Realitätsebene;

hier gibt es durchaus den Unterschied zwischen Wirklichem und nicht Wirklichem.

Im Zusammenhange unserer Themen-Theorie müssen wir jedoch eine Differenzierung vornehmen. Es stellen sich da mindestens zwei Wirklichkeits-Probleme neben- (oder besser: über-) einander. Vereinfachend könnten wir sie als die Frage nach der Wirklichkeit des Erlebten und jene nach der Wirklichkeit des Erlebens (oder der Thematik) bezeichnen. In seiner täglichen Welt unterscheidet nämlich jeder normale Mensch zwischen wirklichen und nicht wirklichen Gegebenheiten: zwischen effektiven und bloß spielerisch erdachten Bedrohungen, zwischen ernsthaften und erträumten Zukunftsplänen, zwischen bestehenden und phantasierten Beziehungen, zwischen echter und vorgetäuschter Freude. Die „Ausscheidung" zwischen den beiden Varianten kann von vornherein klar sein; ein andermal kann ich aber auch darüber nachgrübeln, ob meine Freude über den Erfolg meines Gegenspielers echt sei oder nicht.

Ob sie es nun aber sei oder nicht sei: Die Tatsache, daß ich darüber nachdenke (und Zeit darauf verwende), macht das Problem als solches zum Thema – und zwar zu einem wirklichen, realen Thema. Ebenso verhielte es sich, wenn ich mir den Luxus gönnte, mir Nachstellungen durch meine Mitarbeiter auszudenken; auch das wäre dann ein Thema (wenn auch keines, das legitim zu meiner Arbeitswelt gehört). Womit auch immer ich mich – unserer Arbeitsdefinition gemäß – für eine gewisse Zeit ausschließlich oder vorwiegend beschäftige, es ist, falls als Einheit erlebt, ein Thema und damit eine Tatsache der subjektiven Realität. "So gesehen stellt die wirklichkeitsferne Spekulation eines Denkers ein Faktum dar und sei es auch nur eines, das lediglich auf der Irrealitätsebene existiert." (Plaum, 1988, 135).

Es scheint darum fast unmöglich, die Wirklichkeitsprüfung auch auf die Themen selber auszudehnen. Und doch: falls mich ein Kollege während einer Sitzung beiläufig fragt, ob ich seinen Bericht gelesen habe, und ich antworte – statt die Wahrheit zu sagen – mit: „Ja, ich habe mich damit beschäftigt", dann nenne ich ihm ein Thema, das nicht wirklich ist: Es hat (bisher) als Thema bei mir noch gar nie existiert. Allenfalls könnte darüber hinaus sogar einmal der Fall eintreten, daß ich der Illusion erliege (oder mir vorzumachen versuche), ich sei einer Sache nachgegangen, die mich re vera überhaupt nicht kümmerte. (Über all das, was wir hier beiläufig erwähnen, haben natürlich manche Psychologen gründlich nachgedacht. Verweisen möchten wir etwa auf das lesenswerte Kapitel über „Echtheit und Unechtheit" bei Philipp Lersch, 1962, 565ff.)

Wenn es also auch „nicht-wirkliche" – anderen vorgespielte, mir selber vorgemachte, fälschlich erinnerte – Themen geben kann, wie sind wir dann in unserer Untersuchung gefeit gegen solche Irrtümer und Täuschungen? Der Leser, der nicht an krankhaftem Mißtrauen leidet, kann sich in dieser Hinsicht weitgehend beruhigen. Die angewandte Methode selber sichert uns gegen die meisten Quellen der Verfälschung ab. P. hat laufend registriert, was er tat; er mußte sich an Ort und Stelle auf fünf Minuten genau ausweisen; die Themen sind alle taufrisch dokumentiert. Was darüber hinaus an Verdachtsmomenten bestehen bleiben könnte, wäre bloß die Möglichkeit, daß P. gelegentlich gemogelt hätte, sich selber oder der Nachwelt gegenüber. Der Leser, der das befürchtet, müßte wohl auf die Lektüre verzichten – aber nicht bloß auf die Lektüre dieser einen Schrift, sondern fast aller Bücher überhaupt. (Mich würde dann freilich interessieren zu vernehmen, warum P. gemogelt haben sollte.)

Reale Gegenstände und ihre Erfassung

Wir schließen unsere Betrachtungen über die Realität der Themen mit dem Hinweis auf zwei damit eng verbundene Probleme. David D. Clarke, der „activity sequences“ verschiedenster Größenordnungen (durchaus verstanden als Realitäten) unter dem Begriff „incidents“ zusammenfaßt, schreibt (1982, 192): „Incidents have a beginning and an end ... These may reflect the purpose of the study more than the nature of the phenomenon, may be imposed by the analyst and may change from one occasion to another. Nonetheless it remains feasible and useful to treat some objects, events and relations as being within the immediate domain of enquiry, while other entities constitute an environment ... (An) argument, on one occasion, is seen in the context of a relationship, and on another occasion the whole relationship can be seen in the context of a person's life-story.“

In einem kurzen Abschnitt schneidet Clarke hier zwei wichtige Fragen an. Einmal: Die „Gegenstände“, für die wir uns interessieren, sind nicht absolute und einmalige Größen; vielmehr sind in unserer Welt stets Realitäten verschiedener Größenordnungen ineinander verschachtelt. Ist der Stoffüberzug auf dem Sitz meines Stuhles abgewetzt, so kann er zum spezifischen Gegenstand meiner Aufmerksamkeit werden. Suche ich nach einem Ersatz, so wende ich mich mehr dem Stuhl als Ganzem wie auch der Möblierung meines Zimmers zu: zu ihnen sollte der neue Stoff passen. Sitz, Stuhl, Möblierung sind gleichermaßen Realitäten; daß ich meinen innern Blick verschieden „fokussieren“ kann, stellt sie jeweils nicht in Frage. Welche Bedeutung solche Perspektiven-Wechsel aber für das Themen-Geschehen haben, werden wir in Unterkapitel 4.6 erörtern.

Zweitens: Durch die Wahl der Perspektive werden auch die Grenzen eines Gegenstandes gesetzt und verändert. Dabei ist die Grenzziehung oft Schwankungen unterworfen; sie kann bis zu einem gewissen Grade willkürlich festgelegt werden. Bei der Möblierung eines Zimmers kann man Tapeten und Wandschmuck mit einbeziehen oder nicht. Das gilt, wie wir noch sehen werden, in ganz besonderem Maße für die Anfänge und Abschlüsse zeitlich ausgedehnter Gegenstände. Es wäre falsch, die „Realität“ einer solchen Einheit von der Schärfe ihrer Grenzen abhängig zu sehen. Die Realität wird konstituiert durch die Kern-Ereignisse; die Grenzbereiche verschwimmen oft und sind willkürlicher Interpretation ausgesetzt, ohne daß dies der Einheit des Ganzen Abbruch tun müßte.

Nehmen wir etwa einen Verkehrsunfall! Kern sind sicher der Zusammenprall der beiden Fahrzeuge und der daraus entstehende Schaden – zweifellos eine einheitliche Realität. Wo beginnt sie? Da, wo es kracht? Oder im Augenblick, da der eine Fahrer den Fehler macht, zum Beispiel das Rotlicht übersieht? (Obgleich er nachher vielleicht noch hätte bremsen oder durch Zufall der Zusammenprall hätte vermieden werden können – dann wäre kein „Unfall" entstanden.) Oder schon, als der Mann beschloß, sich trotz hohem Alkoholspiegel doch ans Steuer zu setzen? Und wo liegt anderseits der Abschluß? Wenn der Platz geräumt ist? Wenn Karosserien und Knochengerüste geflickt sind? Wenn die Versicherungen bezahlt haben? Das sind Fragen der Perspektiven wie auch der Festlegungen von Fall zu Fall, selten eindeutig zu beantworten. Aber die Realität des Ereignisses Unfall hängt davon nicht ab.

Das einfachste und einleuchtendste aller Demonstrationsbeispiele bilden jedoch Tag und Nacht. Nach Abwägung verschiedener möglicher Grenzziehungen zwischen ihnen kommt Joseph Weizenbaum zu folgendem Schluß: „Das ist doch alles willkürlich. Man kann doch gar nicht sagen, wann genau die Nacht aufhört und der Tag beginnt. Also kann die Grenze gar nicht gezogen werden. Wir wissen aber, daß es um 12 Uhr nachts ... Nacht ist, und um 12 Uhr tags ... Tag ist. Das wissen wir bestimmt." (1984, 26). Der Realitätsgehalt einer Sache ist also in keiner Weise abhängig von der Schärfe ihrer Abgrenzungen gegen andere Sachen.

Zusammenfassend und abschließend möchten wir uns also zur Meinung bekennen, daß wir uns bei der Erforschung von (subjektiv erlebten) Themen mit etwas Realem beschäftigen. Zum Teil gründen und konstruieren wir diese zwar selber, zum Teil mit anderen zusammen, zum Teil werden sie uns auferlegt oder finden wir sie schlicht einfach vor – aber dann sind sie „da", als unbestreitbare Realitäten. Insofern bin ich, auch im philosophischen Sinne, durchaus „Realist". (Mit der nominalistischen Gegenposition hat sich unlängst Rainer Dieterich gründlich auseinandergesetzt; 1981, 102ff.) Little stellt lapidar fest, personal projects seien „typically real events in time and space, with an ontological status of their own" (1983, 302). Daß subjektive Mechanismen in einem engeren Sinne bei ihrer Erfassung oft beteiligt sind, wollen wir keineswegs leugnen; aber das haben viele andere Gegenstände menschlicher Erkenntnis mit ihnen gemein.

4.2 Zuwendungen, Aufgaben, Ziele

Der Zielbegriff in der Handlungspsychologie

Nun müssen wir uns noch einer Frage zuwenden, die wir bisher stillschweigend übergangen haben. In unserer Definition des „Themas" kommt das Wort „Ziel" überhaupt nicht vor. Beim Nachlesen der allfälligen Alternativdefinitionen dagegen sehen wir, daß es dort meist eine zentrale Rolle spielt. Tätigkeit ist nach Tomaszewski „Zielverhalten", das darauf ausgeht, eine Anfangssituation durch eine Endsituation zu ersetzen (1978, 63); Aufgaben sind nach Hacker auf die Erreichung eines Ziels gerichtet, das, als Abbild des angestrebten Ergebnisses, das Handeln bestimmt (1978, 58); current concerns werden definiert als Zeit zwischen der Verpflichtung auf ein Ziel und seinem Erreichen oder Fallenlassen (Klinger, 1977, 37); thematische Einheiten heben sich im personalen Geschehen durch ihren Bezug auf eine „Endqualität" von anderen Einheiten ab (Thomae, 1988, 80); Episoden steuern auf einen erstrebten Endzustand, ein Ziel hin (Barker und Wright, 1955/71, 240); „serials" sind Handlungsfolgen auf ein fernes Ziel hin (Murray, 1951, 439). Warum also glauben wir beim Thema ohne dieses Bestimmungsmoment auszukommen?

Schauen wir zunächst, was wir unter „Zielen" zu verstehen haben. Der Begriff wird in Literatur und Praxis recht verschieden gebraucht (dieses Schicksal teilt er natürlich mit den meisten anderen Begriffen). Zu Beginn von Kapitel 8 werden wir ihn zum Beispiel in einer recht allgemeinen Gestalt antreffen, als „Berufsziel" (Bürgi, 1976, 54). Er meint hier so etwas wie die Rahmenaufgabe, eventuell gar den „Sinn" einer Berufstätigkeit. Recht oft wird Ziel auch mehr in der Bedeutung von „Leitlinie" oder regulativem Prinzip verstanden, etwa in der Individualpsychologie Alfred Adlers (1929, 13f.); Lebensziele wie dasjenige, „ein guter Mensch zu sein", gehörten dazu.

Hier reden wir von Zielen in einem viel „zugespitzteren" Sinne, so, wie der Begriff heute die Handlungspsychologie beherrscht, die Handeln fast durchwegs als Verhalten auf Ziele hin versteht. Während man im streng behavioristischen Schrifttum nach dem Begriff „Ziel" im Zusammenhang der Erklärung menschlichen Verhaltens meist vergeblich suchte, wird man heute in der handlungspsychologischen Literatur bei der Definition des Handelns selten mehr um ihn herumkommen. Er kann dabei klar die Definition dominieren, wie etwa bei Leontjew: „Unter Handlung verstehen wir einen einem bewußten *Ziel* untergeordneten Prozeß" (1977, 34); er kann sich aber auch nur aus dem Zusammenhang ergeben, wie etwa bei Heckhausen (1980, 24). Mit einer außerordentlichen Prägnanz, die das ganze Werk auszeichnet, wurde der Zusammenhang zwischen Ziel und Handlung formuliert durch Mario von Cranach und seine Mitautoren in einem Buch, das ihn bereits in seinem Titel mitträgt („Zielgerichtetes Handeln", 1980).

„Mit dem Wort ‚Handeln' bezeichnen wir das zielgerichtete, bewußte, geplante und beabsichtigte Verhalten eines Handelnden (Aktors). Als ‚Handlung' bezeichnen wir eine Einheit des Handelns, die sich durch ihre Ausrichtung auf ein bestimmtes Ziel kennzeichnen läßt" (77). „Ein Ziel ... ist der vorgestellte und angestrebte Zustand am Ende einer Handlung" (88). „Der am Ende der Handlung liegende, vorgestellte und angestrebte Zustand soll konkret und spezifisch sein: darin unterscheidet sich das Ziel vom Wert" (89).

Was ein Ziel ist, läßt sich also klar umschreiben. Es ist ein bestimmter Zustand, der jetzt nicht realisiert ist, vom Handelnden aber (nach den meisten Autoren: bewußt „gesehen" und) angestrebt wird. Uwe Laucken definiert: "Das ... Ziel ist jener antizipierte, von der gegenwärtigen Lage einer Person abweichende (diskrepante) Zustand, den eine Person erreichen will" (1974, 126). Dieser Definition dürften sich wohl die meisten heutigen Autoren anschließen.

Zugespitzter und verallgemeinerter Gebrauch des Begriffs

Wenn wir den „Zielen" nicht jene Universalität im Rahmen der Handlungspsychologie zugestehen, die ihnen heute in der einschlägigen Literatur attestiert wird, so bedeutet das keineswegs, daß wir ihre Existenz und Wirksamkeit abstreiten. Wir begrüßen es vielmehr sehr, daß man in der Psychologie nach dem jahrzehntelangen Umherirren in der Wüste des Behaviorismus zurückgefunden hat zu grundlegenden Einsichten, wie sie schon gewisse Stammväter der Psychologie vor fast hundert Jahren formuliert haben. („The pursuance of future ends and the choice of means for their attainment are thus the mark and criterion of the presence of mentality in a phenomenon." James, 1890, I, 8). Aber die dankbare Begeisterung für einen wiedergewonnenen grundlegenden Begriff hat unseres Erachtens die Psychologen dazu verführt, seine Universalität zu überschätzen.

Zwar haben einige unter ihnen realisiert, daß nicht jedermann jederzeit auf einen bestimmten, vom jetzigen abweichenden Endzustand hinstrebt. Man sucht sich dann so zu helfen, daß man den Zielbegriff entsprechend erweitert. So schließt er bei Werner Langenheder auch Zustände ein, deren Eintreten die Person verhindern will („negative Zielsituationen"; 1975, 72), wie auch solche, die mit der gegenwärtigen Situation identisch sind (75). Es ließe sich leicht zeigen, wie stark der Begriff damit an Präzision einbüßt. Oder es kommt etwa zu Aussagen wie dieser: „Auch die spontan gewünschten, unüberlegt gewählten Ziele einer Affekthandlung oder die nicht bewußt registrierten Folgen einer Gewohnheitshandlung gelten als ‚Ziele' einer Handlung." (Krapp, 1979, 67).

Mit anderen Worten: man realisiert, daß es auch andere als im engeren Sinne zielgerichtete Handlungen gibt. (Schon Max Weber hat diese nur als eine von vier Grundformen des Handelns betrachtet. Vgl.1921/56, 12.)

Statt nun aber deswegen die Universalität des Begriffs anzuzweifeln, dehnt man diesen derart aus, daß er alle vorkommenden Phänomene umfaßt. Damit raubt man ihm jedoch die Chance, dort präzise nützlich zu sein, wo er Unterscheidungen erleichtern könnte. (So ist es unter Miller, Galanter und Pribram schon dem Wort „Plan“ ergangen.) Im günstigsten Falle versucht man wenigstens, besondere, abweichende Zielformen zu spezifizieren. So finden sich z.B. im 1982er Werk „The analysis of action“ an verschiedenen Stellen Hinweise etwa auf „maintenance goals“ (Kaminski, 1982, 109) oder auf „process goals“ (von Cranach und Kalbermatten, 1982, 124), die sich von den üblichen Zielformen („attainment goals“ oder „result goals“) unterscheiden.

Wir unsererseits möchten lieber umgekehrt vorgehen. Wir wollen an jenem zugespitzten Zielbegriff zunächst einmal festhalten, dem wir bei Tomaszewski, Cranach und Laucken begegnet sind. Er eignet sich unseres Erachtens vorzüglich, um unterschiedliche Varianten von Handlungen, Themen und Aufgaben gegeneinander abzugrenzen. Wir halten es nicht nur für irreführend, sondern auch für schade, diese Grundphänomene unterschiedslos als „zielgerichtetes Verhalten“ zu charakterisieren. Wir möchten lieber zu Max Webers „pluralistischer“ Handlungsauffassung zurückkehren. „Ziele“ sind für uns typen-charakterisierende und nicht definitorische Merkmale von Handlungen und Themen, welche wir in diesem Falle meinetwegen „zweckrational“ nennen mögen. Ob man – auf andere Weise – den Zielbegriff allenfalls auch wieder erweitern kann, werden wir im Anschluß an unsere Begründung noch erwägen.

Ziele und Zuwendungen

Unsere Untersuchung hat den Vorteil der „naturalistischen“ Methodik (Willems und Raush, 1969). Wir lesen die zu beobachtenden und zu erklärenden Erscheinungen nicht aus, wie das sowohl der experimentierende Labor- wie auch der philosophierende „Lehnstuhl“-Psychologe tun (tun müssen, tun dürfen). Wir nehmen sie, wie sie sich uns „auf der freien Wildbahn“ darbieten, und stellen dann erst ihre Charakteristika fest. (Wie uns Kapitel 2 zeigte, liefert die Erhebung über P.'s Arbeit wohl fast ein extremes Beispiel für dieses Vorgehen.) Während andere Handlungsforscher oder -philosophen zur Überzeugung gelangen mögen – oder sich der heutigen allgemeinen Überzeugung anschließen –, Handlungen oder Aufgaben seien per definitionem zielgerichtet, und folglich in ihrer weiteren Arbeit nach zielgerichteten Einheiten in Verhalten und Erleben Ausschau halten, mußten wir sehr rasch einsehen, daß in P.'s Tageslauf und Arbeitsjahr zahlreiche Themen vorkommen, bei denen der Begriff „Ziel“ in keinem natürlichen Sinne des Wortes Anwendung finden kann. P. strebte mit dem, was er tat, nichts an, und er hatte auch keinen divergenten Zustand im Auge, den er erreichen wollte.

Wenn P. beispielsweise am 28. August 1975 um 17 Uhr zwanzig Minuten lang mit Herrn B. vom Werkhof über dessen Funktion plauderte (vgl. S. 72), so mußten wir das als eigenständiges Thema bezeichnen, weil es keiner anderen Aufgabe diente. P. (und übrigens wohl auch B.) verfolgte damit kein Ziel; er wandte sich bloß, aus Gründen der Situation, diesem Inhalt zu, der ihn mehr oder weniger interessierte. Nicht einmal die Absicht, sich über den Werkhof zu informieren, hat damals irgendeine nennenswerte Rolle gespielt. Natürlich kann es ab und zu sein, daß man bei solchen Gesprächen eine „Zusatzabsicht“ hat, wie das Waltraud Brennenstuhl nennen würde – etwa die, Herrn B. günstig zu stimmen, um ihn zu einem besonderen Dienst bereitwillig zu machen. Der Volksmund sagt dann, man habe „Hintergedanken“, und betont damit das Ungewöhnliche und Unerwartete an dieser Motivation. Aber in diesem Falle hätte das Gespräch mit Herrn B. nicht mehr selber ein Thema gebildet, sondern einem anderen gedient und zugehört. Jeder von uns führt aber – glücklicherweise! – fast jeden Tag einige Male Unterhaltungen mit anderen, die bloß um der Situation willen und ohne darüber hinausgehende Absicht stattfinden, und das sind ziel-freie Themen.

Auch echte und starke Interessen an einer Sache sind häufig „zielfrei“. P. hat zum Beispiel mit großer Anteilnahme verfolgt, wie sich Ausbau und Probleme der anderen Stellen für Akademische Berufsberatung in der Schweiz entwickelten, wenn immer seine Amtskollegen sich ihm gegenüber aussprachen. Oder sehr bekannt ist das teils bange Interesse, das die meisten informierten Zeitgenossen für die Frage aufbringen, wie die Weltpolitik weiterläuft – man hat da wahrscheinlich seine Hoffnungen und Wünsche, aber kaum je eigene „Ziele“, also Endzustände, die man selber anstrebt. Vor einem halben Jahrhundert konnte unsereiner ja nicht das geringste tun, um Chamberlain am Nachgeben in München oder Hitler am Überfall auf Polen zu hindern, auch wenn einem, schon als Zehnjährigem, vor Spannung der Atem stockte. Daß solche Zuwendungen Teil-Ziele erzeugen können, etwa die, sich eine Zeitung zu kaufen oder – wie nach dem Tschernobyl-Unfall – sein Ohnmachtsgefühl umzumünzen in Teilnahme an einer Demonstration, steht auf einem anderen Blatt; sie sind für die Existenz des Themas als solchem nicht konstituierend. Jene Themen also, die wir „Gegenstandszuwendungen“ nannten, sind ziel-freie „current concerns“; nur mittels gewundener theoretischer Gedankengänge könnten wir sie zum Zielverhalten umdeuten.

Im privaten, vor allem dem rekreativen Leben, und besonders bei Kindern, ist der Kreis solchen „a priori zielfreien“ Tuns und Handelns aber noch viel weiter gespannt (und wesentlich breiter als in der Berufsarbeit). Verhaltensweisen sind da sehr oft unmittelbar bedürfnis- und/oder situationsgesteuert; man denke zum Beispiel nur an Ferienbeschäftigungen auf der Wiese oder am Strand. Man will nirgendwo „hin“, man strebt keinen

Endzustand an; das Verhalten ist auf nichts anderes „aus“ als darauf, sich „auszuleben“.

Eine andere Art des Handelns, auf die keine der üblichen Ziel-Definitionen sinnvoll angewendet werden kann, ist das Verhalten, das Routinen, Schemata oder Regeln folgt – und das ist nach manchen Psychologen das übliche. Gordon W. Allport (1960, 61) zum Beispiel schreibt: „For the most part the course of man's behavior runs according to certain schemata, or in prolonged channels. Only now and then are these channels marked by lights or buoys that represent specific goals.“ Oder R.S. Peters (1958/67, 5) formuliert: „Man is a rule-following animal. His actions are not simply directed towards ends; they also conform to social standards and conventions ...“ Solchen „Konventionen“ entspringen auch Themen wie die Gespräche mit Leuten vom Werkhof, von denen wir ausgegangen sind.

Es gibt also auch zielfreies Verhalten, vor allem im nicht-beruflichen Leben und bei Kindern. Widersprechen dem nun aber nicht die Befunde der Midwest-Study? Wurde dort nicht dem Mitarbeiter, der „Episoden“ aus dem Verhaltensstrom ausgliedern wollte, (unter anderem) der Ratschlag erteilt, jeweils den angestrebten Endzustand des Kindes, sein „Ziel“, ausfindig zu machen, um rückblickend die dazu hinführenden Verhaltensstücke den thematischen Einheiten zuordnen zu können? (Barker und Wright, 1955/1971, 240). Gewiß; aber zu einem beträchtlichen Teil blieb das doch nur Theorie. Denn bei gut der Hälfte aller im Rahmen der Midwest-Untersuchung eruierten Episoden war es nicht möglich zu beurteilen, ob ein „Ziel“ erreicht wurde oder nicht; sie mußten zwar als „komplett“, das heißt als sinnvoll abgeschlossen bezeichnet werden; aber keine von verschiedenen auf Ziele bezogenen Kategorien – Zielerreichung, Gratifikation, Erfolg, abgeschlossene Konsumation – war anwendbar (Barker und Wright, 1955/1971, 281ff., 298). Wir interpretieren das so, daß Barker und Wright – „Naturalisten“ wie wir selber – zwar die gleichen Erfahrungen machten wie wir, aber, mitgerissen von einer im Jahre 1955 noch neuen und unzeitgemäßen Einsicht in die Bedeutung von Zielen für menschliches Verhalten, die Konsequenzen für die Theorie nicht daraus zogen.

Vage und negative Zielvorstellungen

„Gegenstandszuwendungen“, die eigene Themen bilden, sind also „zielfrei“. Klärt sich damit die Frage von Themen und Zielen? Zuwendungen haben wir als die eine, Aufgaben als die andere Hauptgruppe von Themen unterschieden – stellen „Aufgaben“ etwa die ziel-gerichtete Grundvariante unter den Themen dar? Hacker jedenfalls betrachtet Ziele als konstituierendes Merkmal jeder Aufgabe. Dabei faßt auch er, wie die meisten Autoren, Ziel als zu erreichenden Endzustand auf. Von diesem „zugespitzten“ Zielbegriff müssen wir bei unserer eigenen Prüfung der Frage zunächst ausgehen.

Ohne Zweifel stellen sich einem Berufsmenschen wie P. viele Aufgaben, bei denen es darum geht, einen klar angebbaren, konkreten, antizipierbaren, von der gegenwärtigen Lage abweichenden Endzustand zu erreichen. Es ist der sauber niedergelegte Budgetantrag, als Resultante komplexer Erwägungen und Besprechungen, der abdruckreife Jahresbericht, die (gut) wiederbesetzte, jetzt vakante Sekretärinnenstelle, oder meinetwegen das im Druck vorliegende Buch „Die Bausteine des Alltags“, die P. gegebenenfalls vor sich sieht und die ihn zeitweilig zum Handeln veranlassen und bei seiner Tätigkeit steuern. Mit leichter Adaption des Wortes „Zustand“ ist es auch der dank umfassender Vorbereitung reibungslos ablaufende Informationstag von Freitag, 26. Januar 1973. Das alles sind eindeutig „zielgerichtete“ Themen, unter jeder denkbaren Definition des Wortes „Ziel“.

Aber es gibt auch andere Aufgaben, die sich Stufe um Stufe von diesem klaren Modell entfernen. Zwar ist es für Aufgaben – sofern man sie als für einen selber relevant und bindend annimmt – charakteristisch, daß man etwas „erreichen“ will, etwas „anstrebt“, daß man dem Lauf der Dinge also nicht nur mit Interesse „zuschaut“ oder sich von den Launen der eigenen Bedürfnisse oder der zufälligen Umstände treiben läßt. Aber der Endzustand, den man zu erreichen trachtet, ist keineswegs immer vorausgesehen oder auch nur voraussehbar. In P.'s Arbeitsjahr finden sich viele Themen, die zwar – im günstigen Falle – zu einem konkreten Endzustand führen, der von P. durchaus „angestrebt“, aber zu Beginn der Aktion, ja vielleicht bis kurz vor ihr Ende, keineswegs vorausgesehen wurde. Alle Vorkommnisse, bei denen P. sich vornahm, ein anstehendes Problem zu „klären“ oder zu „regeln“, ohne noch zu wissen wie, gehören zu dieser Kategorie. So war in den Jahren 1974/75 „das Testassistenten-Problem zu regeln“, der Fall des problemreichen Beraters X irgendwie „zu lösen“ (was jahrelang nicht, oder bestenfalls nur immer provisorisch gelang), die zweckmäßigste Regelung zu finden, als eine verheiratete Beraterin ein Kind erwartete (was Monate dauerte, aber zum Erfolg führte); und seit 1973 drängte es sich immer gebieterischer auf, „das Mietproblem zu lösen“.

In allen diesen Fällen schwebte P. am Anfang – und oft über Monate, im letzten Beispiel sogar über Jahre hinweg – nur das vage „Ziel“ vor Augen, daß die Angelegenheit schließlich stabil und zufriedenstellend geregelt sei. Der konkrete Endzustand aber, der in dreien dieser Fälle endlich erreicht wurde, stand während der Lösung der Aufgabe keineswegs als „Abbild“ und Vorlage zur Verfügung, wie das Hacker für die von ihm untersuchten Arbeiten beschreibt (1978, 82), sondern mußte schrittweise erst entworfen, korrigiert, präzisiert, also von Grund auf neu erarbeitet werden. Das war vielleicht der wichtigste Teil der Aufgabe. Henry A. Murray beschreibt diese Erarbeitung eines Ziels bei seiner Besprechung der „creative needs“ (1951, 447): „ ... the goal being something that has never existed ... Thus, the goal is something that must be constructed step by step.“

Der erstrebte Endzustand kann aber auch darin bestehen, daß eine „Gefahr“ abgewendet wird; man bemüht sich darum, ihr Eintreten zu vermeiden; man „sieht“ vor dem inneren Auge konkret nicht den gewünschten, sondern den unerwünschten Zustand. So bestand vor einigen Jahren in der Schweiz die Gefahr, daß das Parlament die Berufsberatung für obligatorisch erklären könnte, was zu verhindern fast alle Berater aus grundsätzlichen Erwägungen als ihre Aufgabe betrachteten (was immer sie auch sonst über Beratung dachten).

Das mag man allenfalls als „negatives Ziel“ im Sinne Langenheders gelten lassen, wenn es auch dem Zielbegriff eine neue Färbung gibt. Aber wir kennen auch andere Arten „negativer“ Bestrebung, die weit vager sind als unser Zielbegriff es zuläßt. „Jeder erlebt in einer drängenden Unruhe, die auf Veränderung gerichtet ist, ein solches Streben, das immer auf einen neuen Zustand gerichtet ist, ohne daß dieser in einer festen Zielvorstellung festgestellt wäre.“ (Dilthey, 1927, 66). Manche unserer jugendlichen Zeitgenossen empfinden es als ihre (politische) Aufgabe, gegen unsere derzeitigen Zustände irgendetwas zu unternehmen – egal was. Sie zielen nicht – wie das noch die Achtundsechziger taten – eine bestimmte Gesellschaftsform oder politische Ordnung an; dazu sind sie zu illusionslos geworden. Sie wollen nur, daß „sich etwas ändert“, daß es Bewegung gibt, daß „etwas geschieht“; sie wollen an unserer Ordnung „rütteln“ – jede Erschütterung ist für sie besser als der geölte Ablauf unseres allzu wohlgeregelten Zusammenlebens.

Welche Enttäuschung oft für wohlmeinende Politiker, die solchen Demonstranten durch Erfüllung ihrer „Ziele“ entgegenkommen wollen! Viele mußten das während der schweizerischen Jugend-Unruhen 1980 erfahren. Man wollte den Jugendlichen „angestrebte Endzustände“ unterschieben und verhalf ihnen zu „autonomen Jugendzentren“, nur um schließlich feststellen zu müssen, daß sich an Unruhe und Unzufriedenheit wenig änderte – denn positive Ziele dieser Art gab es gar nicht.

Daß formulierte „Ziele“, sicher oft unbewußt, auch vorgeschoben werden können, um vagen Unzufriedenheiten mehr Stoßkraft zu verleihen, mußte auch P. – wie wohl jeder Amtsleiter? – im Laufe seiner Berufstätigkeit wiederholt erfahren. Wenn seine Mitarbeiterinnen und Mitarbeiter sich zeitweise nicht mehr wohl fühlten, fanden sie das eine Mal, man sollte „Privilegien abbauen“ und alle gleich behandeln, das andere Mal, es dürfe nicht jedermann über den gleichen Leisten geschlagen werden; das eine Mal riefen sie nach strafferer Führung, das andere Mal nach weniger Autorität. Armer Chef, der sich durch solche „Ziele“ herumhetzen läßt, nur damit das Unbehagen sich das nächste Mal den umgekehrten Namen umhängen kann!

Verhaltensablauf als Aufgabe

Immerhin – in allen diesen Fällen finden wir doch ein gewisses Streben auf etwas (Neues, anderes) hin und/oder von etwas Gegenwärtigem oder Befürchtetem weg. Nun gibt es aber auch Aufgaben, die von grundsätzlich anderer Natur sind. Nehmen wir etwa den Straßenbahn-Führer. Seine Aufgabe besteht darin – etwas pointiert ausgedrückt – ein paar Stunden lang fahrplangemäß vom einen Ende der Stadt zum anderen zu fahren. Welches Ziel verfolgt er damit? Welchen „divergenten Endzustand" hat er dabei im Auge und strebt er an? Jetzt zu dieser Endstation zu gelangen, nun zu jener? Diesen Passagier dahin, jenen dorthin geführt zu haben? Es am Abend hinter sich zu haben, heimgehen zu dürfen? Auch heute unfallfrei geblieben zu sein? Als Beschreibung seiner konkreten Zielsetzung wären alle diese Vorstellungen eher absurd; nichts davon charakterisiert seine Aufgabe wirklich. Diese kennt keinen anzustrebenden Endzustand; sie besteht schlicht und einfach darin, laufend etwas zu tun, nämlich gemäß Fahrplan eine bestimmte Strecke zu befahren. „Der Auftrag des Tramwagenführers ... besteht in der sicheren und pünktlichen Beförderung von Passagieren", heißt es in Dokumentations-Blatt 631/1987 der Fachgruppe der allgemeinen Berufsberater der deutschen Schweiz; aber diese Beförderung von Personen ist „Ziel" nur in der Bedeutung eines „Sinnes" dessen oder Grundes für das, was er zu tun beauftragt ist (vgl. Bürgi, 1976, 55).

Die Aufgabe kann aber noch anders lauten. Ich pflege sommers oft, bei gutem wie bei schlechtem Wetter, in einem kleinen Restaurant mit Garten bei der Kleinen Schanze in Bern zu Mittag zu essen. Bei Sonnenschein ist Hochbetrieb, bei Regen und Kälte kann es vorkommen, daß ich der einzige Gast bin. Das Servierpersonal aber steht bereit. Seine Aufgabe ist es, Gäste zu bedienen. Meint es Petrus schlecht, so muß es oft lange auf einen Unentwegten wie mich warten, steht jedoch während dieser Zeit ebenfalls „im Dienst". Es fehlt nicht nur – wie beim Straßenbahn-Führer – am zu erreichenden Endzustand, sondern auch an der auszuführenden Arbeit. „Bereit sein" heißt dann die Aufgabe. (Wohl nicht von ungefähr leitet sich „warten" wortgeschichtlich von den Bedeutungen „wohin schauen, seine aufmerksamkeit auf etwas richten, versorgen, pflegen, einem dienen" ab; vgl. Grimm 1922/84, 2125.)

Wenn wir diesen Weg zu Ende ausschreiten, so gelangen wir zu einem verblüffenden Phänomen. Da kommt ein Teenager ins Nachbarhaus, treibt einen Abend lang, was ihm am besten gefällt (liest ein mitgebrachtes Buch, sieht fern oder träumt tag); und nach ein paar Stunden wird er dafür bedankt und bezahlt: er hat eine Aufgabe erfüllt. Wer war es? würde im Unterhaltungsblatt danach stehen; und in der nächsten Nummer folgte als Auflösung: der Baby-Sitter. Es gibt also auch Aufträge, die normalerweise gar nicht in einem bestimmten Tun liegen, sondern in einer bloßen Tuns-Bereitschaft für den Fall, daß – erwartungswidrig – gewisse Bedingungen eintreten. Den Überwachungskräften von Regelpulten geht es ganz ähnlich. Jürgen Habermas kommentiert ihre „Arbeit" wie folgt: „Diesem nichtqualifizierten Arbeitspersonal wird eine stets bereit gehaltene Aufmerksamkeit und vor allem eine außerordentliche Verantwortung abverlangt. Jedoch entspricht dieser ‚Bereitschaft an sich' kein irgend nennenswerter Arbeitsvollzug." (1958, 223; zitiert nach Laermann, 1975, 96.)

Kommen wir schließlich noch einmal zum „Tun als Aufgabe" zurück. In der Sportpsychologie unterscheidet man nach Volpert offenbar zwischen „zielorientierten" und „bewegungsorientierten" Sportarten (Brackhane, 1980, 287). Bei den ersten geht es um das Erzielen eines Ergebnisses, etwa einen Sprung von 7 Metern, bei den zweiten dagegen um die korrekte, elegante Ausführung, etwa einer Turnübung am Reck oder eines Kürlaufes auf dem Eis.

Es gibt also Handlungen und Leistungen, die zwar meinetwegen charakterisiert werden können als gerichtet auf ein „Ziel". Dieses Ziel liegt aber nicht an ihrem Ende (nicht die Gage oder die Auszeichnung, die allenfalls nachher auf den Handelnden wartet, ist das handlungsbestimmende Moment), sondern im richtigen Ablauf selber. Charles Taylor unterscheidet diesen Fall deutlich vom Zielverhalten; es gehe dabei nicht um das Erreichen eines Endzustandes, sagt er, sondern darum, daß das Verhalten eine bestimmte Beschreibung verwirkliche. „In these cases it would perhaps be less misleading to speak of a ‚criterion' being fulfilled rather than a ‚goal' being aimed at in the action." (1964, 28. Interessant für unsere Kriteriendiskussion ist dabei, daß Taylor beide Arten des Verhaltens „gerichtet", aber nur die auf ein Schlußergebnis hinstrebende „zielgerichtet" nennt.) In gewissen Berufen, namentlich bei reproduzierenden Künstlern – Musikern, Tänzern, Schauspielern – , aber auch bei Tätigkeiten wie etwa der des Masseurs, ist dieses Erfüllen eines Standards oder Kriteriums im Tun selber die eigentliche Aufgabe. (Man vergleiche dazu auch die Diskussion des Leistungsverhaltens bei Heckhausen, 1974, 11ff.) Wenn wir statt der Begriffe Standard oder Kriterium „Wertvorstellung" einsetzen und anerkennen, daß menschliches Handeln auch bestimmt sein kann „durch bewußten Glauben an den – ethischen, ästhetischen, religiösen oder wie immer sonst zu deutenden – unbedingten *Eigen*wert eines bestimmten Sichverhaltens rein als solchen und unabhängig vom Erfolg", so stoßen wir schließlich auf Max Webers Kategorie des „wertrationalen" Handelns (1921/56, 12).

Ziele und Aufgaben

Es bedarf wohl keiner weiteren Nachweise für die Behauptung, es sei nicht sinnvoll, Aufgaben durch „Ziele" (im Sinne angestrebter, divergenter Endzustände) zu definieren. Offensichtlich handelt es sich lange nicht bei allen (beruflichen oder sonstigen) Aufgaben darum, an einen vorausgesehenen, neuen Ort hin zu gelangen. Sie bestehen häufig auch darin, sich etwas einfallen zu lassen, oder etwas laufend zu tun, oder etwas besonders gut zu tun, oder bereit zu sein, gegebenenfalls etwas zu tun oder zu verhindern – Probleme zu lösen, am Schalter Auskünfte zu erteilen, Bücher auszuleihen, Akten zu erledigen, ein Regelpult zu überwachen, mit Tellern zu jonglieren, von Fall zu Fall passende Maßnahmen zu ergreifen. Das können Routinetätigkeiten sein; aber es kann sich durchaus auch um je individuelle, spezifische Handlungen in variablen, einmaligen Situationen handeln.

Wie eng wir dabei den Zielbegriff fassen wollen, ist eine Frage definitorischer Willkür. Die früher zitierte Fassung von Uwe Laucken (S. 174) scheint mir zwar die sauberste Variante zu sein; aber wir können sie schrittweise erweitern und immer mehr und neue Phänomene einschließen. Nur, so möchte ich empfehlen, sollten wir uns darüber im klaren sein, *was* jeweils eingeschlossen ist und was nicht.

Zu diesem Zwecke kann vielleicht das Schema 4.2 dienlich sein, das die Aufgaben versuchsweise in Kategorien aufgliedert, die uns nach den vorstehenden Ausführungen nun vertraut sein sollten. Es bietet uns fünf Stufen der Ziel-Definition an. Bis zur vierten sollte es möglich sein, durch zunehmende Ausschleifung der Definition 1 – sie entspricht jener Lauckens – zu einer passenden neuen Formulierung zu kommen. Bei der fünften jedoch (die sämtliche Aufgaben einschließt) kommen wir meines Erachtens nicht um eine grundsätzliche Umformulierung herum, die wir im folgenden versuchen werden. Dafür müssen wir allerdings zunächst ein Stückchen Handlungspsychologie entwickeln.

Welche Zieldefinition wir aber vorziehen: es bleibt doch dabei, daß keinesfalls die Themen selber durch Ziele charakterisiert werden dürfen. Bloße Gegenstands-Zuwendungen sind in praktisch jedem Sinne „zielfrei“. Das werden wir anhand der nachstehenden Überlegungen nochmals klar erkennen.

4.3 Grundriß eines Handlungsmodells

Das „dualistische“ Modell des Handelns

Die präzise Zieldefinition, die wir oben kennenlernten, und vor allem ihre Universal-Erklärung implizieren ein ganz bestimmtes Bild der Welt des Handelnden. Der Mensch befindet sich nach dieser Vorstellung jeweils in einem Zustand, den er als Ganzes oder in einzelnen seiner Teile als unbefriedigend empfindet. Er antizipiert einen anderen, besseren Zustand. Diesen neuen Zustand (den vorgesehenen „Endzustand“) strebt er nun an. Das setzt sein Handeln in Bewegung und steuert es. Am neuen Ort angekommen, realisiert er wieder einige Unzukömmlichkeiten seiner Lage und setzt sich neue Ziele.

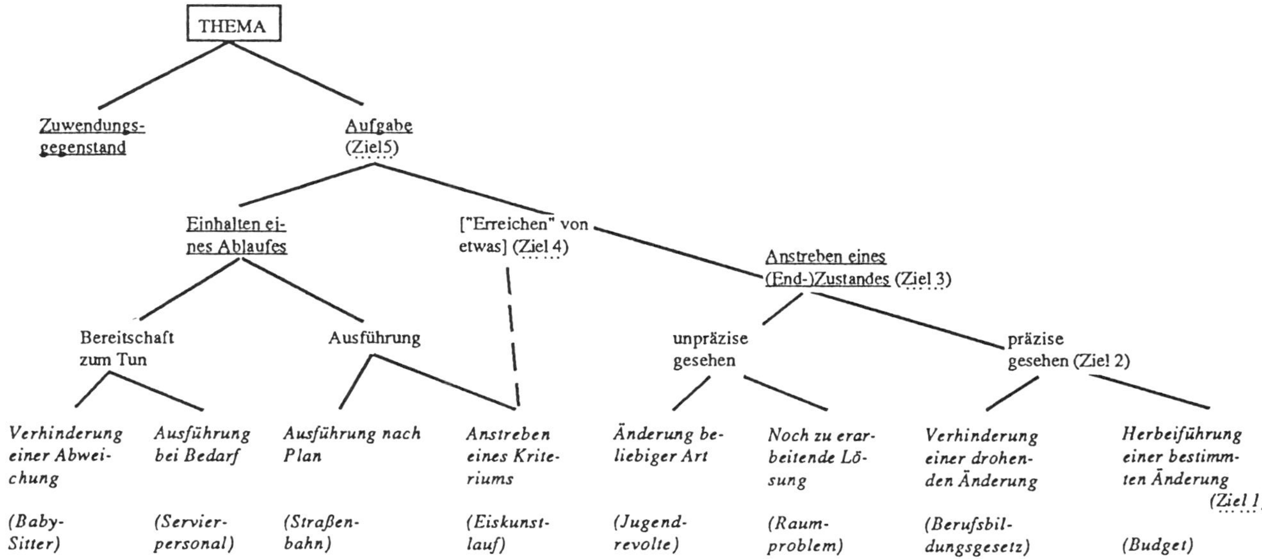

Schema 4.2: Zuwendungen, Aufgaben, Ziele

Oswald Schwemmer hat sich mit dieser Handlungsvorstellung auseinandergesetzt (1983). So betrachtet, werde Handeln rein „funktional" verstanden. Die festgestellte Diskrepanz erzeuge einen „Entschluß zum Handeln", der „vom Handeln selbst getrennt" bleibe; die „Handlungswirklichkeit ... reduziert sich auf Verwirklichung oder Ausführung" (1983, 78). Auf diese Weise müsse Handeln in „Blöcken" erfolgen, und der Handelnde fahre „mit der Sensibilität eines Panzers" gradlinig auf seinen Zweck zu (79).

Dies ist das eine Problem. Wir sehen ein weiteres. Die Vorstellungsreihe: unbefriedigender Zustand → Antizipation eines besseren → Anstreben des neuen → „Lokomotion" auf diesen hin, sie entspringt einem Denken, das den Zeitablauf als eine Aneinander-Reihung an sich statischer Zustände zu verstehen sucht. Das wird besonders deutlich, wenn sich die – logisch daraus hervorgehende und heute so beliebte – „Feedback"-Vorstellung damit verbindet. Klassiker dieses Modells der Handlungspsychologie sind Miller, Galanter und Pribram (1960). Sie stellen den Handelnden in eine Welt, die geradezu einen dualistischen Charakter trägt: hier die Realität, wie er sie jetzt eben vorfindet (der Ist-Zustand), daneben das Bild der Welt, wie er sie haben möchte (der Soll-Zustand). Und nun das Handeln als ein dauerndes Arbeiten nach Plan, ein vergleichendes Hin- und Herblicken zwischen den beiden Welten, ein „Testen" des durch die Bearbeitung sich verändernden Ist-Zustandes am Soll-Zustand: wie weit bin ich? komme ich meinem Planbild entsprechend voran? Dieses sogenannte „TOTE"-Modell (Test-Operate-Test-Exit unit; 1960, 26f.) ist von Winfried Hacker in den hier besprochenen Zügen noch schärfer herausgearbeitet worden (Vergleichs-Veränderungs-Rückkoppelungseinheit oder VVR-Einheit; 1978, 92f.). Für ihn erfolgt das Handeln (zumindest im Bereich der Arbeit) so gut wie ausschließlich mit Hilfe relativ stabiler, mehr oder weniger invarianter innerer Modelle, die er „operative Abbildsysteme" nennt (OAS; 1978, 82).

Als langjähriger Beobachter des Handelns und Arbeitens in allen ihren Spielarten kann ich mich mit diesen Vorstellungen nun aber wenig befreunden. Je länger und intensiver ich mich mit meinem eigenen Handeln befaßte, dem Arbeits-Handeln im Rahmen der Erhebung wie auch dem ausführenden Tun im Detail, desto mehr gelangte ich zur Überzeugung, daß das „Abbild-Handeln" einen Sonderfall darstellt und das normale, durchschnittliche Handlungserleben keine derart dualistischen Züge aufweist. Sicher baut der Architekt ein Haus nach Plänen, die er sogar als papierenen Soll-Zustand neben den jeweiligen fragmentarischen Ist-Zustand auf den Lehm legen kann. Wenn P. sein nächstjähriges Budget erstellt, liegt als Modell zum Abchecken meist sogar das letztjährige daneben auf dem Schreibtisch.

Wenn aber P. seine Klienten berät, wenn er seine Texte verfaßt, wenn er auf Anliegen seiner Mitarbeiter reagiert, wenn er Rechnungen signiert, wenn er ein Buch liest und sonst die meiste Zeit den ganzen Tag über, dann lebt er einfach nicht in „zwei Welten“, der Ist-Welt und der Soll-Welt. Seine Welt ist dann viel einheitlicher und geschlossener als das Modell es haben möchte, und die Vorstellung einer Aufteilung zu TOTE-Zwecken empfindet er als ausgesprochen gekünstelt. Wie kann man diese Abweichung erklären?

Welt als Prozeß

Der Schlüssel zu einem anderen Modell liegt in der Auffassung der zeitlichen Struktur unserer Welt. Das Zeiterleben ist außerordentlich schwer zu fassen, weil uns nur räumliche Analogien zur Verfügung stehen. Diese legen uns das Bild sich folgender statischer Zustände und damit auch die Vorstellung vom hiesigen Ort des Jetzt und dem dortigen Ort der Ziel-Zeit nahe. Besonders interessiert an einer solchen Vereinfachung der für sie unbequemen Realität zeigt sich die Wissenschaft; sie stützt sich auf die „assumption that static, atemporal entities are the fundamental kind of existing things“ und betrachtet Zeit „as the accrual of static events in a world of static entities“ (Faulconer und Williams, 1985, 1182f.).

Wie sieht aber die erlebte Realität aus? Sicher ganz anders. Wir leben kaum je in einer statischen, ruhenden Jetzt-Welt (außer vielleicht, wenn wir voll entspannt im Grase oder eben auf einem Sandstrand liegen). Unsere Welt ist in ständiger Bewegung. „Der Mensch lebt im Wechsel. Bevor er erkennt, daß er sich selbst verändert, ist er der Beobachter eines universellen Wechsels ... Alles ist in Veränderung begriffen“, so eröffnet Paul Fraisse sein Buch „Psychologie der Zeit“ (1957/85, 9).

Die Gegenwart des Menschen – und hier steckt der eigentliche Kern der Sache – ist kein „Zustand“, sondern ein Prozeß; sie steht nicht da, sondern sie „läuft“; und zwar läuft sie nach vorne hin, auf Dinge zu, die sich eben am Entwickeln sind oder die natürlicher- oder angekündigterweise „ins Haus stehen“. (Wir werden uns in Kapitel 10.3 noch eingehend damit befassen.) Das Bild kann man ebenso gut auch umdrehen. Wenn wir da stehen, hier und jetzt, strömt die Zukunft ständig und unausweichlich auf uns zu; vorhersehbare Ereignisse kommen uns entgegen, Veränderungen, die bereits im Gange sind, nähern sich uns Schritt um Schritt. (Als Mensch – das ist unser auszeichnendes Merkmal – „sehen“ wir eben voraus.) Daß in dieser bewegten Welt auch vieles Bestand hat und konstant bleibt, ja daß das ganze Geschehen sich gleichsam auf einer Bühne abspielt, die sich nur träge wandelt, versteht sich von selber.

Nun sind aber zwei Dinge an dieser „Welt als Prozeß“ charakteristisch. Der Verlauf der Dinge, der unsere erweiterte Gegenwart bildet, ist in vielen Punkten nicht definitiv festgelegt. Zwar gibt es meist einen „wahrscheinlichsten Fortgang“ (in vielem sogar einen unvermeidlich zwingenden); aber normalerweise stehen auch Alternativen nebeneinander; gelegentlich ist der Fortgang sogar noch völlig offen und unbestimmt. Das gilt vom handelnden Menschen her gesehen und wird für diese Sicht auch von Leuten nicht bestritten, die sich vehement gegen die Vorstellung einer „unbestimmten" Zukunft wenden (vgl. die Diskussion bei Nicolai Hartmann, 1966, 208ff.) Dies das eine.

Der Handelnde in seiner Welt

Aber dieser Prozeß – und das ist das zweite Charakteristikum – läuft nun nicht einfach draußen, gleichsam vor unserem Fenster ab, wie ein Gewitter, dem wir gespannt oder bange zusehen. Vielmehr sind wir selber unwegdenkbarer Teil des Geschehens. Im „wahrscheinlichsten Ablauf" ist meist mit Selbstverständlichkeit unser eigenes Handeln und Tun mit inbegriffen. Als tätige, aktive Wesen gehören wir mit dazu, leisten wir unseren unerläßlichen Beitrag an das reguläre Geschehen; und wo wir Alternativen für den Gang der Dinge sehen, sind es auch Alternativen für unser Mittun, die uns einen Handlungsspielraum eröffnen. Dann erleben und wissen wir mit ebenso großer Selbstverständlichkeit, „daß die Zukunft in der Gegenwart gewählt wird" (Rammstedt, 1975, 56) – und zwar (auch) durch uns.

Das gilt natürlich – solange wir nicht Präsident der Vereinigten Staaten werden – nur für unseren Nahbezirk; großen Teilen der ablaufenden Prozesse, etwa der Weltpolitik, können wir bloß zuschauen (sie zu „Zuwendungsgegenständen" machen); wir müssen sie geschehen lassen. Im Bereich unseres alltäglichen Wirkens aber ergäbe solches „Geschehenlassen" einen höchst ungewöhnlichen, ganz und gar nicht „wahrscheinlichen" Fortgang.

Es ist Morgen eines Werktages, wir liegen noch im Bett. Es ist klar, daß nun, Stunde für Stunde, ein Tag ablaufen wird, mit Sitzungen, Besprechungen, zu besorgenden Arbeiten. Dieses Bevorstehende gehört bereits zu unserer Realität. Und selbstverständlich sind wir selber „mit von der Partie"; dank unserer Mitwirkung – und keineswegs einfach „von selber" – wird der Tag so verlaufen, wie wir das jetzt antizipieren, werden Besprechungen stattfinden und Arbeiten erledigt werden. Da liegen wir noch und haben es in der Hand: wir könnten auch anders (wer denkt schon je daran?). Wir könnten ganz einfach im Bett liegen bleiben und nicht zur Arbeit gehen, meinetwegen unter irgend einem Vorwand. Dann würde eine ganz andere Ablauf-Variante realisiert, und zwar durch uns selber, vielleicht eine wesentlich angenehmere. Warum tun das die meisten von uns, die verhältnismäßig Normalen und psychisch Gesunden, nicht und kommen auch gar nicht auf den Geschmack? Doch einfach darum, weil es eine selbstverständliche „Realität" für uns ist, daß der Tag sich im vorgesehenen Sinne abspielen muß, und daß wir unsere Rolle darin zu spielen haben – das ist unsere „Aufgabe". Eine Wiener Hausfrau antwortete auf die Frage nach Pflichten in ihrem gegenwärtigen Leben: „Wenn ich morgens von hier wegginge und nichts kochen würde, wäre es pflichtlos. Es wäre sehr unangenehm für die Familie, geradeso, wie wenn ein Rad stillsteht." (Frenkel und Weisskopf, 1937, 106). Die fraglose Gewißheit, daß die Räder rollen müssen und nicht stillstehn dürfen, sie bestimmt – ob als „Pflicht" bezeichnet oder anders – die meisten von uns heute so gut wie vor fünfzig Jahren.

Am Sonntag, so hofft man, wird es dann anders sein; da möchten wir frei zwischen Alternativen wählen und nach Lust und Laune der einen vor der andern den Vorzug geben können. – Hausfrauen aller Länder, ihr freut euch zu früh. Für euch gilt das viel weniger. Das hat die internationale Zeit-Budget-Studie nachgewiesen. (Robinson, Converse und Szalai, 1972, 131.)

Von einem „Dualismus" Ist-Zustand/Soll-Zustand ist meist gar keine Rede. Wir sehen *eine* Welt, nicht deren zwei: den Ablauf nämlich, der stattfinden soll und wird. Wir schreiten den Weg aus, der sich vor uns als selbstverständlich hinzieht und den wir als *die* eine Realität, eine zeitlich erstreckte, erleben. Erst wenn sich Hindernisse ergeben oder wir vom Weg abkommen, beginnen Vergleiche, Korrekturen und Tests.

So sind wir eingespannt in den Lauf der Welt, weil wir – durch unsere Wünsche, Hoffnungen, Interessen einerseits, durch unsere Verpflichtungen, übernommenen Aufgaben, zugesagten Besorgungen anderseits – selber Teil dieser Welt sind. Unsere Welt ist, so wie wir sie erleben und weiterlaufen sehen wollen, ebenso auf uns angewiesen wie wir auf sie.

Eine solche Sicht berücksichtigt auch die „grundlegende Erfahrung, daß sich vielfach erst im Handeln selbst herausstellt, was wir wollen und was wir tun", ermöglicht also im Sinne Oswald Schwemmers (1983, 78) eine „historische Handlungsdarstellung" (80). Wir bewegen uns in unserer Welt, die sich dauernd verändert, die uns zum Dialog herausfordert und von uns „Antworten" will; und unsere Antwort bildet sich, wie bei Kleist die Rede, zu einem guten Teil erst im Verlaufe des Prozesses selber. „Die ‚allmähliche Verfertigung' unserer Handlungsdarstellungen in einer Geschichte unseres Handelns bringt es mit sich, daß sich die Situationen dieses Handelns während des Handelns selbst oft und vielfach ändern" (83). (Diese Auffassung vom „Handelnden und seiner Welt" möchte ich in späteren Texten näher ausführen. Ähnliche Vorstellungen findet man etwa bei Schütz/Luckmann, 1979, bei George A. Kelly, 1955, vor allem aber bei Joseph Nuttin, 1956, 1980b. Bis zur Abfassung des Nachfolgebandes hoffe ich noch manchen Verwandten im Geiste zu entdecken!)

Umformulierung des Zielbegriffs

Und daraus können wir nun unseren erweiterten Zielbegriff ableiten. „Ziel" (im weiteren Sinne) nennen wir jene antizipierte Ablaufs-Variante, die wir durch eigenes Handeln (mit-) zu realisieren versuchen, sei es, weil sie uns am meisten anzieht („Wunsch"), oder weil wir der Meinung sind, sie sei richtig oder notwendig („Pflicht", Aufgabe. – Wir werden im Nachfolgeband Wunsch und Pflicht als maßgebliches Kräftepaar der Motivation kennenlernen. Im Falle geglückter Berufsfindung können die beiden im Arbeitstag auch zur Deckung kommen – vgl. etwa Frenkel und Weisskopf, 1937.) Ziel i.w.S. ist also jene unter den möglichen Spielarten der Weiterentwicklung meiner „Welt", der ich den Vorzug gebe, deren Realisierung aber von meinem Mittun abhängt und auf die ich folglich mein Handeln ausrichte. Die antizipierte Ablauf-Variante braucht dabei keinen konkreten, vom jetzigen diskrepanten Endzustand zu beinhalten, das heißt also kein „Ziel im engeren Sinne". Sie kann auch schlicht in der Aufrechterhaltung des Status quo bestehen (friedlich weiterschlafender Säugling zum Beispiel); sie kann im Einhalten eines Fahrplanes oder der kunstvollen Ausführung einer Bewegung oder im schrittweisen Suchen einer Lösung oder in der Herstellung von etwas Neuem, Unvorhergesehenem bestehen.

Damit gelangen wir auch zu einer neuen Umschreibung des Aufgaben-Begriffs. Wenn ich eine „Aufgabe" erhalte oder sie mir – aus dem Selbstverständnis meines Berufes – selber stelle, so nehme ich mir zum Ziel, daß der Gang der Ereignisse auf eine bestimmte Weise verläuft. Ich lasse darum die Dinge nicht einfach treiben, wie sie wollen, nehme sie nicht bloß mit mehr oder weniger Interesse, aber tatenlos zur Kenntnis (etwa das Weinen des Kindes im Nebenzimmer); sondern ich wache über das Geschehen und tue das Meine, damit die bevorzugte Variante realisiert wird. Manchmal kann mich, als Alternative, das entsprechende Handeln eines andern entlasten, wie in den Beispielen des Fensterschließens oder der Richtigstellung der Zeitungsente (S. 136). Wenn im Büro zweier Sekretärinnen das Telefon klingelt, so kann die an der Maschine Beschäftigte sagen: nimmst du's, oder soll ich? Klar aber ist (im Normalfall): der Anruf muß beantwortet werden. Je einsamer der Beauftragte und je spezifischer seine Aufgabe, desto ausschließlicher lastet das Handeln allerdings auf ihm.

So verstanden ist „Ziel" tatsächlich eine Konstituente jeder Aufgabe. Einer entsprechend gefaßten Zieldefinition bin ich bei meiner Fachlektüre jedoch bisher nicht begegnet. Nahe kommt ihr auf der einen Seite Werner Langenheder in seiner Handlungstheorie. Grundlegend ist für ihn die Entscheidung des Handelnden „für eine der wahrgenommenen alternativen Handlungsmöglichkeiten" (1975, 38 – wobei „Entscheidung" bei ihm als sehr abgeschwächter Begriff verwendet wird, der stets zutrifft, wenn eine Person auch anders hätte handeln können). Dann geht er aber weiter und postuliert, jede solche Entscheidung setze zunächst „die Entscheidung für eine bestimmte künftige Situation voraus", die er „Zielsituation" nennt. Diesem zweiten Postulat können wir, wie oben dargelegt, nicht folgen.

Unserer Auffassung am ähnlichsten sind die Gedanken, die Ernst E. Boesch an verschiedenen Orten über Wesen, Rolle und Varianten von Zielen vorgetragen hat (z.B. 1963/1971, 946f.; 1976, 20ff.; 1980, 108ff.). Ziele sind für ihn „nicht einfach Vorstellungen von Zuständen, sondern von Vorgängen, von Prozessen." (1980, 119.) Auch das Handeln selber, nicht nur sein Ergebnis, könne zum Ziel unseres Tuns werden (1976, 21). Zielantizipationen könnten zunächst sehr vage sein (1980, 114); sie müßten sich flexibel den Situationen anpassen können (140). Für eine allfällige neue Theorie der Ziele wird es sich gewiß lohnen, Boeschs reichhaltige, verstreute Aussagen zu sammeln und zu organisieren (Boesch selber ist offensichtlich kein Freund präziser Definitionen).

Die „Themen-Geschlechter"

Unsere Diskussion hat uns nun in die Lage versetzt, die beiden Grundvarianten von Themen, die wir von Anfang an unterschieden haben, genauer zu definieren. Wiederholen wir noch einmal – nun mit etwas andern Worten – was wir unter einem Thema verstehen. Ein Thema ist ein abgrenzbarer Bezirk meiner Welt, mit dem ich mich (zur Zeit, aktuell oder potentiell) beschäftige. Da ich die Welt vorwiegend als Ablauf erlebe und ihre in Bewegung befindlichen Teile meine besondere Aufmerksamkeit anziehen, sind sehr viele meiner Themen Prozesse oder Geschehnisse in dieser Welt.

Eine *Aufgabe* entsteht für mich nun immer dann, wenn ich a) akzeptiere (und normalerweise auch wünsche), daß das Geschehen – in einem sehr weiten Sinne verstanden – einen bestimmten Verlauf nehmen sollte (daß *das* passiert oder nicht passiert; daß etwas oder nichts in dieser Richtung passiert), und zugleich b) einsehe, daß dazu ein bestimmtes Verhalten meinerseits unerläßlich oder zumindest wichtig ist (und bestehe es auch nur in bloßer Präsenz, Aufmerksamkeit, Tunsbereitschaft).

Wenn dabei ein bestimmter Endzustand erreicht werden soll, so handelt es sich um eine *zielgerichtete* Aufgabe (im engeren Sinne).

Von einem *Zuwendungsgegenstand* anderseits sprechen wir dann, wenn meine Aufmerksamkeit oder mein Tun einem Geschehen (oder auch einem statischen Teil meiner Welt) zugewendet ist, das meiner Meinung nach keinen bestimmten Verlauf zu nehmen braucht oder dessen Verlauf ich jedenfalls nicht (mit-) zu beeinflussen habe oder gar nicht beeinflussen kann.

Im Anschluß an Rudolf Carnap haben wir Themen als „geistige Gegenstände" bezeichnet. Im zweitgenannten Falle kommt diese Auffassung in reiner Form zum Tragen. Es handelt sich um Gegenstände meiner Welt, die sich (und nach Carnap: insofern sie sich) in meiner Zuwendung manifestieren. Aber der Mensch ist nicht bloß wohlwollender Betrachter der Welt. Er ist mit ihr und in ihr auch selber verhängt. Dann kommt es zur ersten Spielart von Themen. Er sitzt nun als wesentlicher Bestandteil mitten in seinen Gegenständen selber und erfährt den laufenden Prozeß als eine Sache, der man diese oder jene Richtung zu geben hat.

Hans Thomae hat zwei Arten der „Thematisierung" unterschieden, die er „Zentrierung" und „Strukturierung" nennt, und die in gewissem Maße mit unserer Unterscheidung von Aufgaben und Zuwendungen korrespondieren mögen (1968, 144). Die Übereinstimmung hat freilich ihre Grenzen; denn auch das Lesen eines Romans von Georges Simenon oder eines Zeitungsartikels über das Doping an Olympiaden erfolgt in hohem Maße „zentriert". Hier ist mehr eine Frage der Dynamik angesprochen, die in unserem Buch noch nicht zur Sprache kommt.

Auf die beiden Hauptformen von Themen, Aufgaben und Zuwendungsgegenstände, werden wir in unseren Ausführungen immer wieder treffen; die Unterscheidung liegt praktisch quer zu allen andern Kategorien, die wir bilden werden. Es drängt sich darum auf, diesem Paar, dem wir überall begegnen, einen einfachen Namen zu geben. Nach langem Zögern haben wir uns, im Anklang an das Menschen- und Tierreich, zum Begriff „Themen-Geschlechter" entschlossen. Wie weit die darin angesprochene Analogie trägt, werden wir später sehen.

Die „Geschlechtsbestimmung" eines Themas war meist problemlos; aber es gab doch auch viele Grenz- und Übergangsfälle, bei denen eine Entscheidung nur durch Abwägen, gelegentlich sogar durch einen Akt des Entschlusses für das passender Erscheinende möglich war. Bei einem Beratungsmethodik-Kurs im Herbst 1974 zum Beispiel wurde die Vorbereitung als Aufgabe, die Teilnahme generell als Zuwendung, die Gruppenarbeit dagegen wiederum als Aufgabe qualifiziert.

Ob ein Thema Aufgabe wird oder nicht, hängt oft auch von der Haltung, dem „Einschnappen" des Handelnden ab. Eine Sekretärin beklagt sich – zum x-ten Male – bei P. über eine neue Kollegin, die bestimmte Fehler mache. Das hätte bei P. zu einer Aufgabe führen können (durch sein Eingreifen hätte dieser Gang der Dinge verändert werden müssen). P. aber hörte sich die Klagen bloß an, nahm das Problem zur Kenntnis, wartete zu (durch eine lange Vorgeschichte gewitzigt) – er räumte dem Thema also nur den Status eines Zuwendungsgegenstandes ein.

4.4 Gegenstände über Zeit

Unsere Analyse des Themenbegriffs führte uns, im Laufe des letzten Unterkapitels, auf Fragen des Zeiterlebens und der zeitlichen Struktur des Handelns. Wir müssen dieser Frage noch weiter nachgehen. Der Zeitablauf ist für die Themen von größter Bedeutung; Themen sind zeitlich sich erstreckende Gegenstände. Daraus ergeben sich verschiedene Probleme.

Zwei Arten der Themen-Erfassung

Ausdehnung und Vielgestaltigkeit unserer Erhebung haben Probleme aufgewiesen, mit denen uns Einzeluntersuchungen kaum konfrontiert hätten.

Die ganze Komplexität des Themenbegriffs erfährt man erst, wenn man sich der Thematik des Arbeitens von verschiedenen Seiten her annähert. Der Zugang, mit dem wir uns bisher vor allem befaßten, war P.'s Unternehmen, die natürlich auftretenden Ereignisse seines Arbeitslebens laufend nach ihrem thematischen Gehalt zu begutachten. Es gehörte zur Routine der Erhebung, alle Arbeitseinheiten einem Thema zuzuordnen. Das geschah, wie früher besprochen, mit Hilfe der „vorgespannten Fäden" auf dem Tagesblatt. So stellte P. während jedes Tages unmittelbar fest, welchen Aufgaben und Inhalten er sich zuwandte (beziehungsweise eben zugewandt hatte).

Wenn wir von erlebnismäßiger „Selbst-Evidenz" der Themen gesprochen haben, so galt das praktisch einschränkungslos für diese Themen-Erfassung innerhalb des Tagesrahmens. Während der Tages-Erhebung konnte eigentlich nichts „schiefgehen"; es war fast immer eindeutig klar, wann eine neue Aufgabe oder Zuwendung anhob und wann zu einer vorher behandelten zurückgekehrt wurde. Tage sind hinsichtlich ihrer Themen-Struktur – mit verschwindend seltenen Ausnahmen – sehr durchsichtig. Auch über ein paar aufeinanderfolgende Tage hinweg entstanden kaum je ernsthafte Zuordnungsprobleme. Größere Aufgaben, die an einem einzelnen Tage nicht erledigt werden konnten, behielten erlebnismäßige Konstanz auch über dieses Datum hinaus, und bald erfolgende Wiederaufnahmen, „Nachträge" und Rückbezüge auf gestern oder vorgestern Behandeltes ließen sich meist zweifelsfrei feststellen.

Aber wir wollten ja nicht bloß wissen, was für Themen uns am einen oder andern Tag der Reihe nach beschäftigten, sondern auch in Erfahrung bringen, wie sich die Arbeit eines halben oder ganzen Jahres thematisch zusammensetzte. Es nahm uns wunder, wie viele und was für Aufgaben und Zuwendungen während solch einer Zeitspanne auftraten, wie lange und wie oft sie einen in Anspruch nahmen, wie sie untereinander konkurrierten, abwechselten, sich verbanden usw. Zu diesem Zwecke haben wir Themen auf zwei weitere Arten zu erfassen versucht.

Im ersten Halbjahr 1974 übertrugen wir die damals zur Bearbeitung gelangenden Themen laufend in ein Register. Jedes neu auftretende Thema erhielt sein eigenes Formular, auf welchem von nun an jedes spätere Aufgreifen registriert wurde. Und nach Abschluß unserer Untersuchung erstellten wir für die ganze sechzehnmonatige Vollerhebungszeit eine Themen-Kartei. Wir trugen die Daten aller Themenauftritte in entsprechende Karten ein.

Bei dieser Arbeit bekamen wir es nun mit Themen als zeitlich sich erstreckenden, teils lange dahinlebenden Gegenständen zu tun, und dabei zeigten sie sich von einer ganz neuen Seite.

Identität und Konstanz von Themen

Es stellte sich nämlich jetzt die Frage der Identität und Konstanz von Themen über Zeit. Wann hatten wir es mit der Wiederaufnahme eines früher bearbeiteten, wann mit dem Auftritt eines neuen Themas zu tun? Das Problem meldete sich vor allem in zwei Hauptformen.

Entwicklung und Aufgliederung thematischer Einheiten. Für die Darlegung der ersten Form wählen wir zwei Beispiele. In der Berichtszeit begann die Theorie der Beziehung des Menschen zu seiner Welt P. besonders zu faszinieren. Überlegungen und Notizen, die P. sich dazu etwa machte, oft angeregt durch seine Lektüre, wurden zunächst als geschlossenes, längerfristiges Thema erlebt. Mit der „Entdeckung" Georg Henrik von Wrights und der Verarbeitung seines Buches „Verstehen und Erklären" (1974) hob sich dann eine spezifische Problemgruppe „Erklären" heraus, die P. anfangs 1975 vordringlich beschäftigte und zu einem eigenen „Gegenstand" wurde. (Während des Jahres 1975 verselbständigten sich schließlich in ähnlicher Weise noch weitere Aspekte dieses Problemkomplexes.) Anläßlich der Eintragungen auf das Tagesblatt wurde jeweils naiv das spezifische Stichwort notiert (manchmal noch weitere); beim karteimäßigen Zusammenzug der Themen mußten Einheiten und Zuteilung hingegen oft neu überprüft und durchdacht werden.

Noch deutlicher zeigte sich das bei sehr komplexen thematischen Gebilden. Am 22. Februar 1975 ergab sich, nach anderthalbjährigem Suchen, endlich die Chance, eine günstige neue Unterkunft für die Akademische Berufsberatung Bern zu mieten, auf fünf Stockwerken des Hauses Gutenbergstraße 21. Das war allerdings, wie sich von Anfang an, dann in immer neuen Überraschungen herausstellte, mit zahlreichen Komplikationen verbunden. Der Umzug mußte in Teilschritten von Mitte April bis Mitte Juli erfolgen, mehrfach rück- und vorverschoben. Planung der – im Mitarbeiterstab umkämpften – Raumaufteilung, Wahl der zweckmäßigsten Telefoneinrichtung, Organisation verschiedener Umbauarbeiten, Umzugsvorbereitungen, Gestaltung des Mietvertrages, Klärung von Einrichtungsfragen, Schwierigkeiten mit der Wiedervermietung der verschiedenen Teile der vorzeitig verlassenen alten Unterkunft (und vieles andere mehr) beschäftigten P. durch das ganze Jahr sehr intensiv. Bis zum Ende der Erhebungszeit (also in gut 10 Monaten) hat ihn der Komplex „Umzug" rund 37 Arbeitstage (AT) oder siebeneinhalb volle Arbeitswochen gekostet. Erlebnismäßig war dabei durchwegs sowohl die inhaltliche Zusammengehörigkeit des ganzen Komplexes wie auch die Aufteilung in gewisse Untergruppen klar; aber die Grenzen verschoben sich gelegentlich, neue Ausgliederungen drängten sich auf, alte Differenzierungen schmolzen zusammen. Eine eigentliche (teilweise hierarchische) Struktur konnte erst im rückschauenden Überblick anhand der Kartei-Aufstellung erkannt werden.

„Sammlung“ eng verwandter Zwischenspiele. Beispiel: Beim Erstellen der Kartei trafen wir immer wieder „Zwischenthemen“ an, die in der Entgegennahme von Informationen oder in Gesprächen über den drohenden Numerus Clausus an den Medizinischen Fakultäten der Schweizer Universitäten bestanden. (Der NC konnte im Schweizer Hochschulwesen bis heute vermieden werden.) Das Thema war damals bildungspolitisch – und besonders natürlich für akademische Berufsberater – hochaktuell. Im Tagesrahmen wurden solche Intermezzi stets klar ausgeschieden. Anfänglich jeweils mit „Zw“ – als fortsetzungslose Zwischenthemen – registriert, wurden sie später meist als zusammenhängendes „Thema“ erlebt und aufgezeichnet. Die jeweils aktuelle erlebnismäßige Zuordnung durch P. schwankte also; es war kein durchgehendes „Zusammengehörigkeits-Bewußtsein“ da. Dennoch haben wir rückblickend schließlich die – über das ganze Jahr verstreute – Beschäftigung mit der NC-Frage als einheitlichen Gegenstand der Zuwendung (und somit als geschlossenes Thema) registriert.

Themen zeigen also ein verschiedenes Gesicht und die Beurteilung ihrer Einheit und Identität stellt unterschiedliche Probleme, wenn man sie aus der Gegenwartsperspektive als unmittelbare Erlebnis-Gegenstände oder wenn man sie im Rückblick als zeitlich ausgedehnte Gebilde erfassen will.

Die drei Perspektiven

Die Feststellung eines eben aktuellen Themas ist also *eine* Sache. Sie erfolgt aus der Gegenwartsperspektive und schafft kaum Probleme. Wenn aber solche je gegenwärtigen Zuwendungserlebnisse sich wiederholen und uns die Frage aufdrängen: geht es bei der jetzt aufgenommenen Arbeit wieder ums gleiche wie gestern oder wie damals, vor einem Monat oder vor einem Jahr?, dann müssen wir uns auf die Vergangenheitsperspektive umstellen. Das Erlebnis der thematischen Einheit unseres Gegenstandes gewinnt dann rückschauenden Charakter; es ändert sein Wesen und wird oft wesentlich ungewisser. Manchmal erscheinen die Dinge in einem neuen Licht. Zeitlich auseinander liegende, je isoliert erlebte Beschäftigungen schließen sich unversehens zusammen; und länger währende Zuwendungsgegenstände können sich als vielgestaltiger und zerspaltener erweisen denn ursprünglich angenommen. Das wurde uns rasch bewußt, als wir die Themen nicht nur auf Tagesblättern, sondern auch in Registern und Karteien sammelten.

Und noch einmal anders präsentierte sich uns die Themenwelt, seit wir auch vorgesehene Arbeiten in die Erhebung einbezogen. Als Dritte im Bunde gesellte sich da die Zukunftsperspektive hinzu. Sie hob sich so recht plastisch heraus, wenn P. gelegentlich Listen der noch hängigen Aufgaben erstellte und eine Hauptmusterung unter den bevorstehenden Arbeiten durchführte. Die Schar seiner prospektiven Themen stand dann schön geordnet in Reih und Glied vor ihm. Einige Wochen später, wenn sich nach geschlagener Schlacht eine besinnende Rückschau aufdrängte, hatte sich mancher stramme Anwärter von damals in Nichts aufgelöst. Da zeigte sich erst so richtig, wie Themen durch den Lauf der Zeit Gesicht und Wesen verändern können.

Wie wir früher schon erwähnten, gibt es eben Themen, die sich in bloßen Absichten (oder gar Träumen) erschöpfen und nie zur Realisierung kommen. Man will zu einer Frage Stellung nehmen und unterläßt es; man will ein Buch lesen und kommt nicht dazu. Die Stellungnahme als erlebte Aufgabe, die Lektüre als (vorgesehener) Zuwendungsgegenstand sind zwar Themen; sie haben uns – zum Zeitpunkt ihrer Planung – während (allenfalls vernachlässigbar) kurzer Zeit beschäftigt. Aus der Vergangenheitsperspektive beurteilt sind sie aber schließlich zu defizienten Themen geworden; statt der (geplanten) Stellungnahme geht zuletzt bloß noch der Plan zu einer solchen in die Ewigkeit ein.

Im Begriff des „Plans" nach Miller, Galanter und Pribram (1960) stellt natürlich die Zukunftsperspektive das für alle Themen grundlegende Element dar. Freilich erkennen auch diese Autoren an, daß Plänen oft die Realisierung versagt bleibt. Weniger Sinn haben sie für eine andere alltägliche Erscheinung: das Wegfallen des prospektiven Aspekts bei manchen Handlungen und Arbeiten. Der Handelnde wird nämlich durch neue Inhalte und Aufgaben sehr oft ganz unvorhergesehenerweise, sei es durch Überrumpelung von außen her oder durch einen Geistesblitz von innen, direkt in Anspruch genommen, ohne daß sich daraus eine weitergehende Absicht oder gar ein „Plan" ergibt. In gewissem Sinne könnten – jedenfalls aus der Sicht der drei Stammväter der Planungs-Theorie – auch solche Themen als „defizient" bezeichnet werden.

Wenn Themen nicht einen dieser Ausfälle aufweisen – Auftreten ohne Vorausnahme oder Planung ohne Realisierung – , so passieren sie also drei Erscheinungsbilder: Sie treten zunächst einmal als Zukunftsaufgaben auf (als „Traktanden" oder „Agenda"). Bestimmen sie dann das Handeln (das kann auch zum gleichen Zeitpunkt einsetzen), so werden sie zu gegenwärtigen, aktuellen Gegenständen des Erlebens. Im Rückblick schließlich lassen sie sich gleichsam als geschichtliche Größen fassen. Sie weisen also eine dreifaltige Realität auf. Unter diesen drei Aspekten handelt auch Little seine „personal projects" ab. Dabei lassen sich nun „harte", widerstandsfähige, und „weiche", flexible Themen unterscheiden. Die ersten verändern ihr Gesicht unter dieser wechselnden Beleuchtung nur wenig. Sie sehen vorher, jetzt und danach ungefähr gleich aus. Stark vorstrukturierte Aufgaben, etwa die P. sich jährlich stellende, einen Budgetantrag für das kommende Jahr zu entwerfen, gehören zu dieser Sorte. Andere verändern ihre Gestalt wie eine Qualle und entwickeln sich ganz anders, als wir im voraus geplant oder vermutet hatten. Sie geben uns dann in der Rückschau die großen Probleme auf.

Sich entwickelnde Gegenstände und ihre Identität

Fast alle Gegenstände, die der Mensch in seiner Welt unterscheidet, haben neben andern Eigenschaften auch eine zeitliche Ausdehnung; und nicht allzu viele bleiben während der Dauer ihrer Existenz unverändert. (Das deckt sich natürlich mit unserer Vorstellung von „Welt als Prozeß".) Dinge, die sich mit der und durch die Zeit verändern, kennen wir zur Genüge, und oft werden wir in die Ungewißheit versetzt, ob sie mit sich selber identisch bleiben. Wie steht es mit der Wolke, die wir, im Liegestuhl hingestreckt, vorbeisegeln sehen? Und sind denn das bißchen Glut im Gras, wo ein Autofahrer seinen Zigarettenstummel hingeworfen hat, und der Waldbrand, der in den Tagen danach weite Gebiete Südfrankreichs verwüstet, unter einen gemeinsamen Namen zu bringen? (Wir lesen schließlich in der Zeitung: „der Brand entstand, als ein Automobilist ..." – das ist also der Beginn „des" Waldbrandes).

Daneben gibt es aber Fälle, wo wir mit dem Identitätsurteil überhaupt nicht zögern. Bereits „als kleiner Bube" – von anderer Größe und Gestalt, mit anderen Hirnzellen, anderem Weltbild, anderen Wünschen und anderen Kenntnissen als später – hat Wolfgang Amadeus Mozart komponiert; und ums Jahr 1780 war sämtlichen Zeitgenossen klar, daß der erzbischöfliche Konzertmeister Mozart „derselbe" war wie das vor knapp zwanzig Jahren stürmisch gefeierte Wunderkind. (Und der heute wirkende Mozart-Forscher oder -Biograph stellt das ebenso wenig in Frage.) Der früher zitierte Hans hat es damals (und später) viel weniger weit gebracht – aber wir zweifeln nicht daran, daß auch er schon als kleiner Knirps dieselbe Person war, die später Annemarie so zu schaffen machte.

Auf phantastische Weise wird diese beharrliche Identität offenbar demonstriert in Herbert George Wells' „Zeitmaschine". Im Geiste der Relativitätstheorie – deren Sprecher in dieser Sache H. Minkowski zu sein scheint – soll die Zeit dort für Wells die vierte Dimension einer statischen Welt bilden – jene Dimension, der unser Bewußtsein entlangwandert. Erscheinungsbilder („Statuen") des Hans mit acht, fünfzehn, einundzwanzig Jahren undsoweiter entsprächen dann sozusagen dreidimensionalen Schnitten durch sein vierdimensionales, unveränderliches Wesen. (Ich stütze mich hier auf die Darstellung von Milič Čapek, 1966, 435.)

Es gibt also Einheiten „über Zeit", die sich, nach unserer Erlebnisweise zumindest, verändern. Die festgestellten Wandlungen bilden ihre vierte Dimension. Können wir im gleichen Sinne auch von vierdimensionalen Wolken, vierdimensionalen Waldbränden in Südfrankreich, vierdimensionalen Verstimmungen unter Eheleuten reden – an der einen Kante der Zigarettenstummel oder das böse Wort, an der andern das Zertreten der letzten Glut oder das Verstummen des letzten Vorwurfs?

Das ist zunächst einmal eine Frage unserer Auffassungsgabe. Ist die Zeitspanne kurz, so drängt sich uns die „vierdimensionale" Wahrnehmung einer geschlossenen Einheit gleichsam auf. Denken wir etwa an die Rakete am Seenachtsfest, die in den Himmel steigt und sich dort für kurze Zeit farbenprächtig entfaltet! William Stern hat dafür den Begriff der „Präsenzzeit" geprägt. „Es gibt also Wahrnehmungen, die – ohne ihre Einheitlichkeit und Anschaulichkeit zu verlieren – eine gewisse Zeitspanne ausfüllen und den zeitlichen Inhalt dieser Spanne zum Gegenstand haben können. Diese Zeitspanne, innerhalb deren direkte Zeitwahrnehmung möglich ist, bezeichnete ich als ‚Praesenzzeit'." (1934/50, 212; Sperrungen weggelassen.)

Bei länger ausgedehnten Geschehnisketten kann man künstlich nachhelfen. Wer etwa den Film „Koyaanisqatsi" von Godfrey Reggio und Philip Glass mit seinen Zeitraffer-Aufnahmen durchziehender Wolken gesehen hat, weiß wohl, was ich meine: da gab es eine in sich geschlossene Darbietung nach der andern am Himmel. Auch Schriftsteller können uns ausgedehnte Entwicklungen als Einheiten erleben lassen. In Jeremias Gotthelfs „Geld und Geist" bildet, entwickelt und löst sich vor unseren Augen ein langdauerndes Zerwürfnis zwischen Eheleuten.

Gewiß sind Einheit und Identität sowohl bei amorph verlaufenden wie auch bei schwer abgrenzbaren Geschehnisfolgen – Wolkenbildern, Waldbränden, Zwisten – weit fragwürdiger als bei hochbegabten Komponisten und ganz kommunen menschlichen Wesen. Sie sind dort weit stärker abhängig von Beurteilungen und (manchmal etwas willkürlichen) Grenzziehungen durch Beobachter, Bearbeiter und Berichterstatter. In andern Worten: es sind vorwiegend Einheiten der „erlebten" und weniger solche einer „gemeinsamen" Wirklichkeit. Aber die Unterschiede, so kraß sie manchmal auch sein mögen, dürften weniger prinzipieller denn gradueller Natur sein.

Wie steht es nun in dieser Hinsicht mit unseren Themen? Sie gleichen wohl manchmal mehr dem einen, manchmal mehr dem andern Beispiel. Klar scheint mir etwa, daß das Buch „Ist Psychodiagnostik verantwortbar?", das im Herbst 1978 im Verlag Hans Huber erschien, das „gleiche" ist wie das am 2. Oktober 1975, um 19 Uhr, anläßlich des AGAB-Kurses über Psychodiagnostik in Gwatt in einem viertelstündigen Gespräch konzipierte. Ob jedoch das Buch, das der Leser eben in Händen hält, das gleiche ist wie das, welches P. am Abend des 18. April 1974 bei einem Spaziergang auf den Gurten, den Hausberg von Bern, plötzlich vor sich sah, ist schon weit fraglicher. Die Vorstellung vom Frühling 1974 hat enorme Wandlungen durchgemacht.

4.5 Zeitablauf und Wirklichkeit

Die Unwirklichkeit des Nicht-Jetzt

Mit unserem Entschluß, Tätigkeiten nicht bloß als Erscheinungen des Tages zu studieren, sondern sie auch in ihren langfristigen Zusammenhängen zu untersuchen, haben wir uns viele dornige Probleme eingehandelt. Der Ablauf der Zeit, über den sie sich nun hinstrecken, gehört zu jenen seltsamen Phänomenen in der Welt des Menschen, die absolut selbstverständlich und komplikationslos erscheinen, solange wir nicht über sie nachdenken, uns aber höchst widersprüchlich und verwirrlich anmuten, sobald wir unser Augenmerk darauf richten. Beim Zeitablauf stellt sich vor allem noch einmal, und auf ganz neue Weise, die Frage der Wirklichkeit.

Detlev von Uslar hat ein Büchlein über die „Wirklichkeit des Psychischen" geschrieben, mit einem faszinierenden Kapitel über die „Zeitstruktur des Psychischen". Darin handelt er in konzentrierter, aber gut verständlicher Weise eine ganze Reihe zentraler Probleme unseres Zeiterlebens ab. Vor allem stellt er „die Frage nach der Wirklichkeit des Zukünftigen und des Vergangenen, denn im eigentlichen Sinne wirklich scheint doch nur das Gegenwärtige zu sein" (1969, 22), und gibt darauf die provisorische Antwort: „Nur die Gegenwart ist wirklich. Vergangenheit und Zukunft sind nur im Bewußtsein ... Vergangenheit und Zukunft also gibt es eigentlich gar nicht, es gibt immer nur die Gegenwart." (31)

Mit dieser Aussage steht er nun keineswegs allein; ihm gesellen sich Zeugen aus ganz andern Zeiten und Lagern zu. Vor mir liegt ein Zitat des Augustinus (leider ohne genaue Quellenangabe), worin zu lesen steht: „Weder das Zukünftige ist, noch das Vergangene. Und man kann auch nicht sagen, es gebe drei Zeiten: Vergangenheit, Gegenwart und Zukunft. Vielleicht sollte man richtiger sagen, die drei Zeiten sind: Gegenwart des Vergangenen, Gegenwart des Gegenwärtigen und Gegenwart des Zukünftigen; denn diese drei sind in der Seele, und anderswo sehe ich sie nicht." Und noch viel schärfer und auf etwas anderes zugespitzt läßt Friedrich Dürrenmatt in der Erzählung „Der Auftrag" seinen Kameramann „Polyphem" die folgende Ansicht entwickeln: „... die Wirklichkeit sei nur vermittels der Kamera objektiv erfaßbar, aseptisch, diese allein sei fähig, die Zeit und den Raum festzuhalten, worin sich das Erlebnis abspiele, während ohne Kamera das Erlebnis davongleite, sei es doch, kaum erlebt, schon Vergangenheit, damit nur noch Erinnerung und wie jede Erinnerung verfälscht, Fiktion ..." (1986, 111).

Augustinus, Dürrenmatt und von Uslar zerren hier, jeder auf seine Weise, eine Anschauung ans Licht, die bei den meisten Diskussionen der „Wirklichkeit" stillschweigend vorausgesetzt wird. Als Wirklichkeit erleben wir das „ewige Jetzt", die ständige Gegenwart, durch welche die Zeit „hindurchfließt". Das andere, das Nicht-Jetzt, *ist* nicht mehr oder noch nicht.

Die Unwirklichkeit des Jetzt-Punktes

Aber mit dieser Definition der Wirklichkeit schaffen wir uns die Probleme nicht vom Hals. Hören wir, wie Dürrenmatts Gewährsmann Polyphem weiter argumentiert. „,... die Kamera sei dazu da, eine Zehntel-, eine Hundertstel-, ja Tausendstelsekunde festzuhalten, die Zeit aufzuhalten, indem sie die Zeit vernichte, auch der Film gebe ja die Wirklichkeit, lasse man ihn ablaufen, nur scheinbar wieder, er täusche einen Ablauf vor, der aus aneinandergereihten Einzelaufnahmen bestände, habe er einen Film gedreht, so zerschneide er den Film wieder, jede dieser Einzelaufnahmen stelle dann eine kristallisierte Wirklichkeit dar, eine unendliche Kostbarkeit ..." (1986, 112).

Wenn das aber die „echte" Wirklichkeit ist, dann erlebt der Mensch überhaupt nie etwas Reales; denn Hundertstel-, ja Tausendstelsekunden kann er gar nicht wahrnehmen (nicht einmal der Sportler, der danach gemessen wird). „Die Wirklichkeit", so kommentiert von Uslar diese Auffassung zu Recht, „schmilzt zusammen in die Unwirklichkeit eines Jetzt-Punktes, einer Grenze zwischen Vergangenheit und Zukunft" (1969, 23) – der, philosophisch gesehen, ein ausdehnungsloser, mathematischer Punkt sein muß.

Wenn wir also Gegenwart definieren als jetzigen Augenblick, so verschwinden nicht bloß alle Prozesse (und damit natürlich auch alle „Themen") aus unserer Wirklichkeit, sondern die „Wirklichkeit" selber verflüchtigt sich.

Wir müssen wohl zugeben, daß wir uns damit auf einem Irrweg verlaufen haben. Polyphems Filmaufnahme hält „in Wirklichkeit" keine Wirklichkeit fest. Nie schwebt der Leichtathlet ruhend vier Meter über dem Boden. Ihn dort gleichsam festzuheften, das bringt nur ein künstliches Verfahren zuwege – ein echter dreidimensionaler (beim Film sogar zweidimensionaler) Schnitt durch eine Wirklichkeit, der diese Wirklichkeit tötet, weil sie in Wirklichkeit vierdimensional ist. Natürlich konnte man den Sportler zu gegebener Zeit dort oben abknipsen, denn während einer Tausendstelsekunde ist er „wirklich" in jener Höhe vorbeigekommen. Wollen wir aber die Wirklichkeit ganz und unverfälscht haben, so brauchen wir den Sprung als Ablauf, als Prozeß, nicht das irreführende „Ruhen" im Nichts. Selbst Stabhochspringer winden sich zwar jeweils eine „Ewigkeit" lang über die Latte – gleichwohl: sie bewegen sich und bleiben nicht einfach dort liegen.

Die Gegenwart, in der wir leben und die wir als Realität erleben, hat stets eine Ausdehnung, eine „Dauer". Bei kurzen Geschehnissen – Raketen am Seenachtsfest, Hochsprüngen im Stadion, Jeepexplosionen in der Wüste (um auch Polyphem sein Vergnügen zu gönnen) – ist diese Vierdimensionalität der aktuellen Wirklichkeit unmittelbar einsichtig. Handelt es sich hier doch eben um die psychische „Präsenzzeit" William Sterns, die „von verschiedenen Forschern mit 6 bis 12 Sekunden angegeben" wurde (Rohracher, 1946/88, 144). Es wäre wohl aber absurd, deswegen die „Wirklichkeit" auf diese 6 bis 12 Sekunden begrenzen zu wollen. Die Präsenzzeit mag man mit einem Lichtkegel vergleichen, der sich in dunkler Nacht einer Wand entlang tastet. Auch hier hört die Wirklichkeit ja nicht mit dem jeweils eben beleuchteten, stets wechselnden Stück Mörtel auf: Für uns bleibt, auch in der Nacht, die Wand als Ganze stehn.

Tatsache ist, daß unsere erlebte Gegenwart normalerweise weit über die psychische Präsenzzeit hinausreicht. Auch in dieser Hinsicht ist der Mensch, mit Nietzsches Wort, nicht „angebunden ... an den Pflock des Augenblicks". Gegenwart ist weder ein mathematischer Punkt noch eine kurze Spanne unmittelbarer Wahrnehmung. Sie ist eine Strecke von verschieden langer Ausdehnung. „Der Horizont dessen etwa, was wir als Gegenwart erleben, kann weit oder eng sein. Er kann sich über Minuten, Stunden oder Tage erstrecken." (von Uslar, 1969, 23. Wir werden darauf in Kapitel 10.3 zurückkommen.)

Die vorhin herangezogene Analogie mit dem Raum hat freilich ihre Grenzen. Wir können in der vierten Dimension unsere Stablampe nicht nach Belieben hin- und herschwenken; die Hand wird uns hier mit unerbittlicher Strenge geführt. So können wir auch nicht einfach mit einem Blick nachprüfen, was links war und was rechts sein wird. Darum sind wir auf Erinnerungen, Zeugnisse, Schlüsse und Antizipationen angewiesen. Und ob das, was rechts kommt, jetzt überhaupt schon feststeht, ist erst noch umstritten. (Wir halten nicht dafür.)

Die Wirklichkeit gegenwärtiger und künftiger Themen

Zurück zu unseren Themen. Themen sind, solange wir uns mit ihnen beschäftigen, aber auch den ganzen Tag über, reale Gegenstände mit zeitlicher Ausdehnung. In der Gegenwartsperspektive erleben wir normalerweise alle Themen eines einzelnen Tages als koexistente Realitäten, die sich neben-, hinter- und durcheinander abspielen. Unsere Gegenwart besteht in einem Konglomerat verschiedener aktueller Abläufe. Aber diese Abläufe haben Vorgeschichten und spätere Konsequenzen, die sich nicht immer leicht abgrenzen und als „irreal" abtun lassen.

Zum Beispiel haben wir festgestellt, daß Themen auch durch Absichten begründet werden können. Wir konstituieren dann einen geistigen Gegenstand, der uns künftig beschäftigen soll, und fassen damit einen Beschluß über noch bevorstehende Teile unseres Arbeitslebens. Für heute sehen wir vom Handeln ab. Sind nun solche noch nicht ausgeführte, nur erst beabsichtigte Tätigkeiten, sind Pläne Realitäten? Im Sinne rein psychischer Tatbestände zweifellos. Jede unserer Vorstellungen ist als „psychischer Gegenstand" wirklich, auch wenn sie sich auf eine in der Welt „real" nicht existierende Sache bezieht. Aber das ist es ja nicht, was wir hier meinen. Vielmehr fragen wir uns, ob in diesem Falle die gemeinte „Sache" selber einen Realitätsgehalt habe.

Da gilt es nun folgendes zu bedenken. Es kann kein Zweifel über die Tatsache bestehen, daß (ernstgemeinte) Absichten und Pläne eine prägende Wirkung auf nachfolgendes „reales" Geschehen ausüben können: sie steuern und gestalten es. Das haben zum Beispiel Miller, Galanter und Pribram (1960) für die Handlungstheorie, Hacker (1978) für die Arbeitspsychologie und March und Simon (1958) für die Organisationspsychologie eindrücklich gezeigt. Dieses nachfolgende Geschehen, früher oder später zu einer Realität der Gegenwartsperspektive aufsteigend, gewinnt seine Einheit meist gerade dank dem Plan oder der Absicht, die es zusammenhalten. Auch zuvor schon kann Vorgesehenes Wirkungen zeitigen, und zwar in meinem Bewußtsein. Immer wieder kommen Tage, da das zu Tuende als „gesolltes" Thema in meinem Tagesbestand seine Präsenz geltend macht (selbst wenn es sich nur um ein noch ungeschriebenes Zeugnis für einen ehemaligen Testassistenten handelt).

Diese enge Verknüpfung zwischen dem jetzt für die Zukunft Vorgesehenen und den später daraus hervorgehenden Wirklichkeiten der Gegenwartsperspektive zeigt, daß geplante und (einigermaßen plangerecht) ausgeführte Tätigkeit eine einheitliche, gemeinsame Realität bilden. Ich muß das Vorgesehene allerdings wirklich später tun (oder wenigstens zu tun versuchen); sonst sackt es eben zu einer „defizienten" Realität ab.

Wir befinden uns beim Übergang von der Zukunfts- zur Gegenwartsperspektive also gleichsam an der (oder einer) Geburtsstätte der Realität. Dies hat vor allem Carlo Sganzini in seiner Wirklichkeits-Theorie vertreten. Wirklichkeit ist für ihn stets „Verwirklichung", unter anderem im eben entwickelten Sinne (1951). Damit wird auch der seltsame Widerspruch aufgehoben, daß man einer Sache, die noch gar nicht ist – nur sein soll, aber vielleicht gar nie sein wird – bereits Wirklichkeitscharakter zuschreibt.

Das Eindringen der Vergangenheitsperspektive in die Gegenwart

In den folgenden drei Kapiteln werden wir uns aber vor allem mit Themen im Rückblick beschäftigen, so wie sie gesammelt und archiviert in unserer Themen-Kartei vorliegen – mit lauter Themen also, die im Leben P.'s heute keine aktuelle Realität mehr bilden (und meist schon zur Zeit der Kartei-Erstellung keine mehr waren); bei ihnen gibt es nichts mehr zu „verwirklichen". Damit drängt sich noch einmal Detlev von Uslars bohrende Frage auf: „Was ist das Sein der Vergangenheit? *Ist* das Vergangene oder ist es nicht?" (1969, 30)

Um diese Frage einigermaßen sinnvoll beantworten zu können, müssen wir nochmals von der Gegenwart ausgehen. Diese hat, wie wir hörten, eine „Dauer", deren Erstreckung sich durchaus verändern kann. Für die Arbeitsthematik gibt dabei der Rahmen des Tages gleichsam das Normalmaß ab. Müssen wir heute jedoch den gestern oder vorgestern begonnenen Budget-Entwurf zu Ende führen, so überschreitet die entsprechende Gegenwart die

Grenze des heutigen Tages. Die geistige Arbeit an dieser Aufgabe ist noch keineswegs in jene erlebnismäßige Vergangenheit entrückt, die den Charakter aktueller Realität bereits eingebüßt hat. Das Thema ist in mir ja noch unmittelbar lebendig. Ebenso lebendig bleibt auch das Thema „Abrechnung", mit dem ich mich seit ganzen zwei Wochen herumschlage. Auch sucht mich vielleicht das Thema „Mitarbeiter X." – ungelöst wie eh und je – nach wie vor heim („es", nämlich das heute noch quälende Problem, hat mich schon vor fünf Monaten beschäftigt). Die „Gegenwart" dehnt sich in solchen Fällen noch weit länger aus, auch wenn sie sich intern sicher bereits in Stufen zu gliedern beginnt.

Die Gegenwartsperspektive kann sich also, bei diesem oder jenem Thema, als zäh und langlebig erweisen. Aber unmerklich (und manchmal auch merklich) verändert sie sich während dieser Zeit. Vielleicht hatte ich die ersten beiden Male, da ich Informationen zum Thema „Numerus Clausus" entgegennahm, den Eindruck, bloß kleine Seitenblicke auf flüchtige Zwischenthemen zu werfen, wie auf so manches andere den lieben langen Tag hindurch. Beim dritten oder vierten Auftauchen aber macht es „klick" in mir: ah, wiederum „das" Thema NC! Durch wiederholtes Erleben hat sich die Sache zur weiterhin – und nun erst recht – aktuellen Einheit zusammengeschlossen. Auch der Komplex „Umzug an die Gutenbergstraße" strukturiert und gliedert sich ständig mehr. Ein neues Gegenwartserleben setzt das alte außer Kraft (und gleichsam ins Unrecht). Was geht da vor sich? Nähern wir uns damit immer mehr der „Wirklichkeit" oder verfälschen wir sie zunehmend?

Das Problem stellt sich natürlich nicht bloß dem Analytiker der Arbeitswelt; es tritt auch im ganz großen Maßstabe auf. Als Hitler vor fünfzig Jahren in Polen einfiel, begann ein (kurzer) Krieg zwischen zwei europäischen Ländern. Aber schon bald danach, während das Völkermorden überall voll im Gange war, sprachen wir alle von jenem Ereignis nur noch als dem „Beginn des zweiten Weltkrieges". Am 26. April 1942 schilderte die niederländische Jüdin Etty Hillesum in ihrem Tagebuch, wie sie „nach vielen Jahren" eine vertrocknete Anemone zwischen Buchseiten wiederentdecken und sich „ein bißchen wehmütig" der Gelegenheit erinnern würde, da sie sie im Haar trug. „Es war im dritten Jahr des zweiten Weltkrieges", würde sie dann erzählen. (1985, 100. – Man hat ihr die Chance geraubt, die Blume wiederzufinden.) Oder ein anderes Beispiel: Als vor zweihundert Jahren der „Tiers Etat" im Ballspielhaus schwor, sich nicht zu trennen, bis das Land eine Verfassung hätte, wollte er gewiß weder den König noch Tausende von Bürgern Frankreichs umbringen (vgl. Lefebvre, 1939/89, 89). Dennoch dürften das die Zeitgenossen schon wenige Jahre nachher als Auftakt zu jenem Geschehen interpretiert haben, das seither allen nachfolgenden Generationen als „die" Französische Revolution übermittelt wird.

Noch während der Gegenwart eines komplexen Prozesses beginnt sich also die Vergangenheitsperspektive einzumischen und redet immer stärker mit, das klärend, umgruppierend, neu verbindend, was zur Zeit, als volle Realität, noch lebt. „Noch ist der Krieg nicht beendet und schon ist er in bedrucktes Papier hunderttausendfach umgesetzt", schrieb Friedrich Nietzsche im Jahr 1874, also lange vor den beiden Weltkriegen unseres Jahrhunderts (S. 144). Aber einmal ist dann der Vorgang abgeschlossen und das Geschehene scheidet aus der Gegenwart aus. Das kann sich mit einem Fanfarenstoß ausdrücken, einem „Victory Day" etwa, wie 1945; häufig spielt es sich auch fast unbemerkt ab. Aus dem Gesichtswinkel der Realitätsfrage aber ändert sich mit diesem Wendepunkt wenig. Der längst schon in Gang gesetzte Prozeß der Wirklichkeitsklärung geht weiter (oder stabilisiert sich nun auf dem erreichten Stand). Das Buch ist erschienen, der Mitarbeiter ist weg, der Krieg ist aus – deswegen ist die vergangene Zuwendungsserie, ist der historische Ablauf, sind die ausgestandenen Nöte nicht plötzlich „unwirklich" geworden.

Daß die Gegenwart Zukunft stifte und „verwirkliche", begründe deren Realitätsgehalt, so argumentierten wir einige Seiten früher. In analoger Weise können wir die Wirklichkeit der Vergangenheit nun damit belegen, daß aus dieser die Gegenwart hervorging. Der inzwischen überholte Zustand X wird dabei, wie Rammstedt sagt (1975, 52), zu einer „Wirklichkeit, die der von Y vorausgegangen ist, im Zeitpunkt von Y nun nicht mehr Wirklichkeit ist, aber notwendig war, damit Y Wirklichkeit werden konnte." Auf dieser Notwendigkeit des Vorausgegangenen für die „Verwirklichung" der Gegenwart gründet der Realitätsgehalt der Vergangenheit; „beide sind Teile *der* Wirklichkeit."

Mehr als die Frage: sind vergangene Themen wirklich? muß uns somit eine andere beschäftigen: welches ist die „gültige" Wirklichkeit langdauernder Prozesse?

Die Wirklichkeit vergangener Themen

Geistige Gegenstände und Prozesse – Themen der Arbeitswelt so gut wie Revolutionen – manifestieren und dokumentieren sich in physischen und psychischen Erscheinungen; so haben wir von Rudolf Carnap gelernt. Sinkt einmal das Geschehen in die Vergangenheit, so sind dann allerdings die „Manifestationen" vorbei, das heißt unmittelbares Wahrnehmen und Erleben durch Zeitgenossen; zur Verfügung stehen uns bloß noch „Dokumente" (in Carnaps weitem Sinne verstanden) und – solange Mitakteure und Zeugen leben – Erinnerungen an gewesene Manifestationen. Daraus muß, wollen wir uns weiter damit beschäftigen, die Realität des Vergangenen wiederaufgebaut werden. Bei komplexen Vorgängen – der Französischen Revolution, dem Zweiten Weltkrieg, aber auch der langwierigen Vorbereitung eines Kurses oder Buches (vgl. Kapitel 6.4) – wird damit oft zum erstenmal die „volle Realität" in ihrer umfassenden Gestalt sichtbar. Sie wird erforscht und in Büchern zusammengefaßt. Vorher, so nimmt man an, hat die Gegenwartsperspektive die Sicht aufs Ganze noch nicht ermöglicht.

Wenn also eine komplizierte Ereignisfolge in die Vergangenheit zurücktaucht, gewinnt sie eine neue Realität. Jetzt erst gibt es die Ganzheit „Französische Revolution" oder „Zweiter Weltkrieg" als in sich ruhende Wirklichkeit. Sie ist entstanden durch Umgestaltung, Zusammenfassung, Neustrukturierung, schlußfolgernde Ergänzung der Erinnerung an (tausendfach belegte, dokumentierte, übermittelte) Geschehnisse. Diese Realität halten wir jetzt nachträglich für die echte, eigentliche. Wir wissen ja nun mehr darüber als die Zeitgenossen; wir kennen Hintergründe und Zusammenhänge, die den Miterlebenden vielfach verborgen blieben. Was die Ereignisse inzwischen an unmittelbar erlebter Wirklichkeit eingebüßt haben, wird gleichsam wettgemacht durch den Gewinn an definitiver geistiger Realität.

Aber damit erhebt sich doch eine grundsätzliche Frage. Sie lautet: Hat rückblickende Erinnerung und Durchdringung früher abgelaufener Ereignisse eine Realitäts-aufdeckende Kraft, oder ist sie so gut wie ausschließlich ein erfinderischer Akt, der in der menschlichen Vorstellungswelt Gegenstände gründet, die in solcher Gestalt gar nie Realität waren? (Dort, wo Dokumente rar sind, wird die Frage besonders dringlich.) Etwas *war*, das ist gewiß; aber *wie* es genau war, darüber erhitzen sich oft die Gemüter; der klärende Lichtstrahl direkter Wahrnehmung kann eben nicht mehr dahin zurückkehren. Deshalb müssen Deutung und Interpretation einsetzen, die manchmal Realität aufdecken, manchmal verzerren. Mit wachsender Distanz wird die Vergangenheit immer mehr zum Gegenstand geistiger Nachschöpfung, zu einem Schulbeispiel „konstruierter Wirklichkeit". „Weil ein Ereignis immer erst *im nachhinein* zu einem bestimmten Ereignis werden kann, ist Geschichte *retrospektive Konstruktion*", schreibt Günter Zurhorst (1987, 101), und er zitiert Angehrn, der offenbar die völlige Unvereinbarkeit von Gegenwarts- und (historischer) Vergangenheitsperspektive postuliert: „Geschichte ist für die an ihr Beteiligten nicht wahrnehmbar ... Sie rückt Ereignisse in eine Perspektive, zu der Zeitgenossen keinen privilegierten Zugang haben, sondern die ihnen im Gegenteil per definitionem verschlossen bleibt" (1985, 20). Ähnlich äußert sich Augé über die „Geschichte, die diejenigen, die sie gemacht haben, nicht mit Bewußtsein erlebten, und von der alle, die sie erlebt zu haben meinen, eine andere Erinnerung haben" (1988, 27).

Das letzte weist auf einen Aspekt hin, der verwirrend und erschwerend hinzukommt. Rückblick und Geschichte haben für den Menschen ja nicht bloß die Aufgabe, Wirklichkeit zu klären. Die Lektion, die uns Friedrich Nietzsche erteilt hat, sollte sitzen. Historie habe ihre Dienste „dem Leben zu leisten" (1874/1906, 133); ihre Kenntnis müsse „im Dienste der Zukunft und Gegenwart" stehen (134). „Richtigkeit" der Sicht erweist sich für solches Bestreben aber oft als zweitrangig, und dann lauert die Gefahr gezielter Verschleierung einer Realität, von der gleichwohl nicht zu zweifeln ist, daß es sie auf diese oder jene Weise effektiv gab. „Konstruierte Wirklichkeit" kann sich so gelegentlich zu wirklichkeitsfremder Konstruktion verkehren.

Wahrscheinlich ist in der Vergangenheitsperspektive immer beides, Realitäts-Aufdeckung und Realitäts-Schöpfung, unauflösbar ineinander verflochten, und es hängt entscheidend von der Art des Vorgehens, von der Einhaltung kritischer Überprüfung ab, wie stark man sich dem einen oder andern Pol nähert. Michael Polanyi hat in seinem erkenntnistheoretischen Hauptwerk (1958) gezeigt, daß es praktisch kaum möglich ist, Realität ohne ein gewisses Maß gestalterischen Nachkonstruierens zu erkennen. Die rückblickende Durchdringung vergangener Abläufe ist nur ein Spezialfall dieses allgemeinen Gesetzes. Die neuere Geschichtsforschung – die sich von der Geschichtsschreibung stark abhebt, wie sie bis vor 150 Jahren betrieben wurde –, kann uns zeigen, wie man das unumgängliche „erfinderische" Moment kontrollieren und an den vorhandenen Quellen überprüfen kann. Eine ähnliche Quellenkritik empfiehlt Mario von Cranach auch der Handlungspsychologie. (1982, 71).

Auch bei der rückblickenden Beurteilung der in P.'s Arbeitsjahr 1974/75 aufgetretenen Themen – anläßlich ihrer Zusammenfassung in einer Kartei sowie der Beschreibung in diesem Buch – sind echtes Erinnern, „Aufdecken" und erschließendes Konstruieren Hand in Hand gegangen, orientierten sich aber stets an den – für diese Epoche reichlich verfügbaren – „zeitgenössischen" Quellen. (Vielleicht kam P. bei dieser Arbeit seine Nebenfach-Schulung in Geschichte gut zustatten.) In den rückblickend festgehaltenen langhingestreckten Themen, die wir noch kennenlernen werden, dürfte jedenfalls so viel Realität festgehalten sein, daß das unumgängliche Maß konstruierender Nachhilfe in Kauf genommen werden darf.

Verschiedene Gesichter der Wirklichkeit

Das alles lehrt uns, daß die Wirklichkeit noch viel komplizierter ist als wir zu Beginn von Kapitel 4 angenommen haben. Sie hat sehr viele Gesichter. Bei ablaufenden Prozessen stellt sich die Realitätsfrage recht anders als bei den statischen „Dingen" unserer Welt, die sich gar nicht oder nur ganz langsam verändern. Wir denken beim Problem der Realität normalerweise nur an diese. Nehmen wir beispielsweise ein Gebäude. Es kann drei „Zustände" haben: es kann nur erst im Kopfe des Bauherrn oder auf den Plänen des Architekten existieren; es kann leibhaftig vor uns stehen; und es kann abgebrochen oder ausgebombt oder sonst verschwunden sein (nur noch Bilder und Berichte zeugen vom alten Christoffelturm in Bern). Nun können wir diese drei Zustände durchaus auf ihren Realitätsgehalt hin in eine Stufenfolge bringen. Weitaus „am wirklichsten" ist das jetzt und hier stehende Bauwerk. Wir können drum und drin herumspazieren, es ausmessen und benützen. Die beiden andern Gebäude dagegen gibt es nur „im Bewußtsein“ (oder flachgedrückt auf den Papieren des Baumeisters oder des Fotografen). Allerdings *war* das vergangene Gebäude wenigstens einst da; man kann es sogar, wie manches Bauwerk nach dem Kriege, ein zweites Mal Gegenwart werden lassen; ob das künftige je einmal physisch existieren wird, ist noch offen.

Anders verhält es sich mit den ablaufenden Prozessen, jedenfalls den komplizierteren und ausgedehnteren unter ihnen. (Kurzfristige wie etwa unsere „Zwischenthemen“ nehmen eine Übergangs-Stellung ein.) Jene einfache, fraglose Wirklichkeit, die etwa den Stephansdom in Wien auszeichnet, gibt es bei ihnen nicht; oder genauer: jede aktuelle Realität solcher Abläufe ist unvollständig. Wer Mozart bei einem Auftritt, die alliierten Truppen bei der Landung in der Normandie, P. beim Telefongespräch mit einem Referenten sah (– die Gleichsetzung dieser drei Ereignisse hat ausschließlich für unsere augenblickliche Diskussion Gültigkeit –), bekam nicht die Realität W.A. Mozart, Zweiter Weltkrieg oder Vorbereitung einer Diagnostik-Tagung als Ganzes vor Augen, sondern nur einen kleinen Ausschnitt daraus, eine der vielen „Manifestationen“. Das Leben eines bedeutenden Menschen, der historische Prozeß, das komplexe Thema – sie waren nie in ihrer umfassenden Gestalt „gegenwartswirklich“. Prozesse greifen immer aus in die „Unwirklichkeit“ der Zukunft und der Vergangenheit; ihre volle Wirklichkeit übersteigt stets jene Gegenwartsperspektive, die uns am Stephansdom so beeindruckt.

Auch bei Prozessen gibt es verschiedene „Zustände“; aber sie sind weder so scharf voneinander geschieden wie bei statischen Dingen noch so klar abgestuft nach Wirklichkeitsgehalt. Freilich kann man vielleicht auch hier eine minder „wirkliche“ Phase unterscheiden, jene nämlich, da der Prozeß erst im Planungsstadium steht. (Wird er dann nicht realisiert, so nennen wir ihn „defizient“.) Setzt die Absicht jedoch erst einmal das Geschehen in Gang, dann beginnt eine Wirklichkeit abzulaufen, die zwei gleichwertige Aspekte hat, oder besser: die zwei Stadien durchläuft. Die Gegenwartsperspektive ist an beiden Stadien beteiligt; am ersten immer, am zweiten über mehr oder weniger lange Zeit hinweg.

Die erste dieser Wirklichkeiten ist die des „Drinseins“, sei es durch eigenes Handeln und Mittun oder sei es bloß durch Mitverfolgen. Hier geht Zukunft laufend in Gegenwart über. Mit Sganzini haben wir diese Wirklichkeit als „Verwirklichung“ bezeichnet. Die zweite dieser Wirklichkeiten bildet sich schrittweise heraus durch Zusammenschauen und Überblicken des ablaufenden und abgelaufenen Prozesses; sie entsteht bei der Umwandlung von Gegenwart in Vergangenheit. Eine scharfe Trennung zwischen den beiden Stadien gibt es nicht; der Übergang ist fließend; es handelt sich mehr um eine Frage der Blickrichtung, die langezeit auch hin und zurück wechseln kann: nach vorne, auf das Werdende und zu Tuende; nach rückwärts, auf das Geschehene und Geleistete.

Die Wirklichkeit ablaufender Prozesse ist folglich in ständiger Entwicklung begriffen, jedenfalls solange das Geschehen andauert. Nach dessen Abschluß geht die Bewegung dann allmählich in Ruhe über. Aber oft verändert sich die „Wirklichkeit“ solcher Gegenstände auch nachher weiter, wenn neue Erkenntnisse und bessere Deutungen sie umgestalten. Die Französische Revolution oder der Zweite Weltkrieg, beide zu geistigen Gegenständen geworden und als solche nach wie vor lebendig, werden noch lange nicht und vielleicht nie ganz „zur Ruhe kommen“.

4.6 Kriterien zur Erfassung von Themen

Katalogisierung von Themen und „Episoding“

Als wir vor der Aufgabe standen, nach unseren Tagesblättern die Themen eines Arbeitsjahres zusammenzustellen, war unsere Lage nicht ganz unähnlich jener der Midwest-Forscher, welche aus ganztägigen Verhaltensprotokollen von Kindern die „Episoden“ herausziehen wollten, die deren Tageslauf bestimmten. Auch uns lagen – zwei bis drei Jahre „post festum“ – praktisch nur noch „Protokolle“ vor, die wir gleichsam von außen her durchkämmen mußten, wobei uns freilich die „Sicht von innen“ in Form der Erinnerung zustatten kam. Wir hatten natürlich noch andere Vorteile, die den Leuten in Midwest fehlten: Unsere Versuchsperson hatte uns sehr kräftig vorgearbeitet, indem sie die Themen bereits aus der Gegenwartsperspektive festhielt; wir konnten von selbstregistrierten Erlebnisgrößen ausgehen. Dafür waren unsere Gegenstände um ein Erkleckliches komplexer als die Midwest-Episoden und erstreckten sich über ungleich längere Zeitspannen. Die Midwest-Leute hatten es je nur mit einem Tag, wir dagegen mit mehr als einem Jahr zu tun; und das war es ja eben, was unseren Job bei der Erstellung des Themen-Katalogs so erschwerte.

Um die Episoden im Tag eines Kindes zu erfassen, stützte man sich in Midwest auf bestimmte Kriterien, die zugleich die Definition und Umschreibung des Episodenbegriffs bildeten. Sie waren so präzise, so praktikabel und so sehr der zu begutachtenden Realität abgelauscht, daß das „Episoding“ im großen und ganzen wenig Schwierigkeiten bereitete. Auch für die Protokoll-Leser waren die Episoden meist klar zu erkennen, und vor allem die größeren unter ihnen – die unseren Themen am verwandtesten sind – führten zu guter Übereinstimmung verschiedener Beurteiler (Barker und Wright, 1955/1971, 270–273).

Bei unserer Zusammenstellung von Themen aus der Perspektive des Rückblicks gingen wir zunächst und normalerweise nicht von Kriterien aus, sondern vom Erlebnis-Bericht und Zeugnis des Mannes, der die Themen seinerzeit direkt beobachtet und registriert hatte. Sein auf den Tagesblättern dokumentiertes on-the-spot-Urteil war uns oberste Richtschnur. Aber oft genügte sie nicht (wie im vorletzten Unterkapitel angedeutet); wir waren dann ebenfalls auf Kriterien angewiesen. Und hier erwies sich nun, daß Barker und Wright mit ihren Episoden offensichtlich das gleiche gemeint und untersucht hatten wie wir mit unseren Themen: denn wir konnten einfach ihre Gesichtspunkte, mit geringfügiger Adaption, übernehmen und für unsere Arbeit nutzbar machen. Der Benützer der Tagesblätter hatte sie bei seiner Themen-Zuteilung der Arbeit implizit auch schon angewandt. Ganz vereinzelt kam es dann dazu, daß seine Spontanbeurteilung aufgrund der expliziten Anwendung der Midwest-Regeln korrigiert werden mußte.

Es sind drei Kriterien, die Barker und Wright unterbreiten (Barker und Wright, 1955/1971, 236–252; Schoggen, Barker und Barker, 1963, 161–162; Barker, 1978, 9–11).

Einheit der Ausrichtung

Als erstes (und wichtigstes) Kriterium nennen Barker und Wright die „constancy in direction" (1955/1971, 236ff.), also die Richtungskonstanz. Nach ihrer Auffassung ergibt sie sich durch das Ziel, den erstrebten Endzustand, auf den das Verhalten während der ganzen Episode zusteuert. Der „Episoder" soll beim Einteilen des Protokolls ständig vorausblicken, um diesen Endzustand zu diagnostizieren. Alle Verhaltensstücke, die darauf hinzielen, gehören der entsprechenden Episode zu.

Nach unseren früheren Erwägungen über Themen und Ziele ist klar, daß wir diese Charakterisierung an unsere Situation adaptieren müssen. Wir können nicht die Gerichtetheit auf ein „Ziel" als Maßstab wählen. Nicht alle Themen (und übrigens auch nicht alle Episoden) sind durch einen angestrebten „Endzustand" bestimmt; das gilt nur für einen Teil von ihnen.

Der Richtungsbegriff aber bleibt durch diese Einschränkung weitgehend unberührt. Allerdings ziehen wir das Wort „Ausrichtung" vor. „Richtungskonstanz" bezieht sich vor allem auf ein aktives Verhalten; unsere Themen könnte sie vorwiegend als „zusammengehörige Tätigkeiten" charakterisieren. Themen haben wir aber auch als „Gegenstände der Zuwendung" vorgefunden; auf sie würde „Richtungskonstanz" schwerlich zutreffen.

„Einheit der Ausrichtung" möchten wir darum etwas allgemeiner fassen. Wir verstehen darunter eine innere Zusammengehörigkeit aller einem Thema angeschlossenen Arbeitseinheiten wie auch Pläne, die auf eine von zwei verschiedenen, wenn auch verwandten Arten realisiert sein kann. Entweder geht es um ein einheitliches Ziel im Sinne jener erweiterten Definition, die wir auf Seite 187f. offeriert haben, also um eine gemeinsame Aufgabe, der die einzelnen Tätigkeiten und Absichten dienen. „Einheitlich ausgerichtet" heißt dann: in den gleichen Zusammenhang gehörend, aus dem gleichen Grunde stattfindend, dem gleichen Anliegen unterstellt. Oder aber es geht um einen einheitlichen Inhalt, ein Problem oder einer Sache, der man sich zuwendet ohne umschreibbares Ziel, mit der man sich aber, oft immer aufs neue, beschäftigt (einem bestimmten Buch, einem Ratsuchenden und seinen Sorgen, den problematischen Eigenheiten eines Mitarbeiters).

Die Prinzipien der Einheitsbildung sind also bei den beiden „Themen-Geschlechtern" recht verschieden. Im ersten Falle – bei der gleichbleibenden Aufgabe – ist die Einheit der Ausrichtung der einzelnen Tätigkeitsstücke zwar nur mittelbar gegeben, für Außenstehende auf den ersten Blick oft kaum ersichtlich; es können verschiedenste Verhaltensweisen involviert sein, und unter Umständen äußert sich die Beschäftigung mit der gleichen Aufgabe in sukzessiven Zuwendungen zu scheinbar ganz diversen Gegenständen, die für sich selber kaum Ähnlichkeiten aufweisen (Telefonieren, Nachdenken, Gang zur Bibliothek, Lesen in einem Buch, Schreibmaschine-schreiben, Bedienen eines Fotokopierers, Rennen auf den Bahnhof, Plaudern mit Leuten, laut Reden von einem Podium herab). Typischerweise aber sind diese verschiedenartigen Verhaltensteile recht eng miteinander verbunden. Barker und Wright reden von einem „genotypischen" Faktor im Verhalten, der sich in ganz verschiedene Phänotypen kleiden könne (1955/1971, 243).

Anders im zweiten Falle, wenn Themen durch Zuwendungsgegenstände gebildet werden. Da sind es gerade diese, die die einheitliche Ausrichtung gewährleisten. Die Einheitlichkeit ist dann viel unmittelbarer, auch direkter sichtbar von außen; dafür ist die Verbindung der Teile oft lockerer. Auf diesen Unterschied, der unseres Erachtens für eine Handlungstheorie grundlegend ist, werden wir noch mehrfach zurückkommen.

Nun dürfen wir allerdings nicht meinen, die Einheit der Ausrichtung sei ein Kriterium, das in jedem Falle entweder klar erfüllt oder eben nicht erfüllt sei. Es gibt, wie uns unsere Untersuchung lehrte (wenn wir es nicht schon zum voraus gewußt hätten), fließende Übergänge von eindeutig gleicher Ausrichtung bis zum eindeutigen Fehlen jeder Ähnlichkeit. Wir dürfen uns nicht etwa am Lichtschalter („ein" – „aus") und auch nicht am Schalter eines elektrischen Kochherds orientieren (wenn der auf Position 6 steht, steht er nicht auf 5). Vielmehr haben wir es mit „stufenloser Regulation" zu tun, wie etwa beim Windrichtungszeiger. Vom Fenster meines Ferienhauses blicke ich auf das Windrad eines Nachbars. Eben hat es sich leicht bewegt – hat nun die Windrichtung gewechselt oder nicht? Es dreht zurück – immer leicht hin und her: Offenbar weht noch der „gleiche" Wind, mit leichten Schwankungen. Vormittags aber stand der Hahn eindeutig anders.

„Gleichheit" ist, beim Handeln wie beim Wind, auch eine Frage des Maßes. Wir werden in unseren kommenden Beschreibungen darum gelegentlich von „ähnlicher" Ausrichtung reden – einer wichtigen Zwischenform, wie uns scheint. Aber auch den Ausdruck „sehr ähnlich" werden wir ab und zu gebrauchen (und so bezeichnete Phänomene unter „gleicher Ausrichtung“ subsumieren, die aber doch leicht differiert). Daß die Richtung graduell wechseln kann, ändert jedoch nichts daran, daß in den meisten Fällen eine klare Zuordnung möglich (und auch durch den Handelnden erlebnismäßig realisiert) ist.

Normale Verhaltensperspektive

Als zweites Kriterium nennen Barker und Wright die „occurrence within the normal behavior perspective“ (243ff.). Sie gehen dabei aus von der Tatsache, daß menschliches Verhalten in sehr verschieden großen Einheiten verstanden werden kann. Der siebenjährige Raymond Birch in Midwest macht am 26. April 1949 einen Schritt vom Trottoirrand auf die Straße (vgl. Barker und Wright, 1951, 51). Dieses Verhalten (beschrieben als kleinste molare Einheit) läßt sich einordnen in folgende größere Zusammenhänge: Überqueren der Straße, Zur-Schule-gehen, Absolvieren des dritten Schuljahres, Erwerben einer Ausbildung usw. bis hinauf zu „Climbing to the Top in Life“. (Auf die hierarchische Vorstellung, die darin involviert ist, werden wir in Unterkapitel 6.1 näher eingehen.) Die kleinsten wie die größten dieser Einheiten werden nun vom Durchschnittsmenschen im Alltagsleben gar nicht wahrgenommen oder spielen für die Durchführung der Handlung doch praktisch keine Rolle. In seiner normalen Verhaltensperspektive sind nur die mittleren Glieder wirklich präsent (im Beispiel etwa: Überqueren der Straße, Zur-Schule-gehen).

Barker und Wright stellen nun die Regel auf, episodenbildend sei jeweils die größte Einheit im Rahmen der normalen Verhaltensperspektive der handelnden Person (247). Hätte man unseren Buben gefragt: was tust du?, so hätte er wohl entweder von vornherein oder jedenfalls bei entsprechendem Nachfragen gesagt: „Ich gehe zur Schule“. Maßgebend ist also die Erlebnisweise des Handelnden. In welchem Rahmen sieht er das, was er gegenwärtig tut?

Dieses Kriterium läßt sich ebenfalls ausgezeichnet auf unsere Themenwelt übertragen. Auch wenn der Erwachsene sicher besser in der Lage und häufiger geneigt ist als das Kind, ferne Zusammenhänge und Zielsetzungen seines Handelns zu bedenken (hierzu schaltet er gelegentlich etwa Stunden der Besinnung ein), so ist er, während seinen Unternehmungen, doch jeweils auf eine „normale“ Perspektive ausgerichtet; und auch er würde Fragen nach seinem Tun auf dieser Ebene beantworten und nicht auf einer höheren („ich bereite einen Diagnostik-Kurs vor“ und nicht „ich bin daran, die Psychodiagnostik in der akademischen Berufsberatung wieder aufzuwerten“). Auch der Berufstätige ist in seinem Alltagsleben auf eine Perspektive mittlerer Reichweite ausgerichtet, und sie bestimmt (mit), was ihm zum Thema wird.

Ja, gerade diese Formulierung von Barker und Wright führt uns recht eigentlich dazu, Episoden und Themen als sich deckende Begriffe zu sehen. Zwar steht der Schein dem entgegen. Denn: kann es sich um das gleiche Phänomen handeln, wenn Episoden (nach Barker und Wright, 1955/1971, 290f.) durchschnittlich um ein bis anderthalb Minuten dauern (und sich, wenn es hoch geht, auf maximal eine bis zwei Stunden ausdehnen), während Themen, wie wir in Kapitel 7 hören werden, durchschnittlich rund zwei Stunden Tätigkeit in Anspruch nehmen und in ihrer Erstrekkung gar nicht selten ein Jahr überdauern? Die Antwort aber kann nur lauten: ja. Denn Barker und Wright haben Episoden im Alltagsleben von zwei- bis zehnjährigen Kindern erhoben, wir aber im beruflichen Leben eines fünfzigjährigen Mannes. Die Episodenlänge hat in Midwest mit wachsendem Alter sehr regelmäßig zugenommen. Die längsten der „Themen" Zweijähriger dauerten um die fünf Minuten, jene der Zehnjährigen um eine bis zwei Stunden. Wir zweifeln nicht daran, daß sich auch vom Schul- und Spieltag eines Viertkläßlers bis zum Arbeitstag eines Berufstätigen in dieser Hinsicht noch einiges tut.

So kann der Vergleich der beiden Untersuchungen sehr schön die Zunahme der „normalen Verhaltensperspektive" zeigen, in welcher Kinder verschiedenen Alters und Erwachsene ihr Handeln eingebettet erleben.

Es gibt natürlich einen zweiten Grund für die großen Differenzen, der sich allerdings nur auf die Durchschnittsdauern auswirkt. Durch unsere Methode der Erhebung haben wir Themen von kürzerer Dauer als 5 Minuten überhaupt nicht erfaßt. Das ganze Tagewerk der jüngeren Midwest-Kinder wäre so praktisch durch unser Sieb hindurchgerutscht. (Damit werden wir uns in Kapitel 12.4 noch ausführlich befassen.)

Anwendung dieses Kriteriums

Gerade die eben zitierte Fünfminutenschwelle hat es mit sich gebracht, daß das Kriterium der „normalen Verhaltensperspektive" – das bei Barker und Wright dazu dient, die richtige „Mitte" zu finden – bei uns bloß der Grenzziehung nach oben dienen kann. Dank dieser Schwelle haben wir in unserer Erhebung nichts erfaßt, was unterhalb der normalen Verhaltensperspektive läge. Was uns der Registrierung wert schien (Arbeitseinheiten wie auch vorgesehene Arbeiten), ist eo ipso schon in die normale Verhaltensperspektive gerückt. Selbst wenn wir es nicht einer größeren Einheit zuordnen können oder müssen, wenn es also thematisch eigenständig ist, so bildet es gleichwohl bereits ein Thema. (Kleinste Themen sind also die Fünfminuten-Arbeiten; sie machten bei P. über ein Viertel aller Themen aus.)

Hingegen ist die Abgrenzung nach oben für uns von einiger Bedeutung. Das wird in drei Hinsichten deutlich. Einmal haben wir gesehen, daß die in unserer Erhebung erfaßten Themen begrifflich verwandt sind mit Gegenständen, die von anderen Autoren (und unter anderer Namensgebung) auf ganz andere Weise erhoben worden sind. Klinger hat „current concerns" (zum Teil) mit der Frage an seine Versuchspersonen zu erfassen versucht, was ihr Leben sinnvoll mache (1977, 6); Frenkel und Weisskopf fragten sie: „Welches sind die Wünsche und Pflichten, die in Ihrem gegenwärtigen Leben vorkommen?" (1937, 6); und Nuttin ging mittels eines sentence completion-Verfahrens darauf aus, von den Versuchspersonen ihre Pläne, Hoffnungen und Besorgnisse zu erfahren (1980a, 177–181). Alle diese Vorgehensweisen haben die befragten Personen dazu gebracht, zu nennen, was sie zur Zeit beschäftigt. Dabei wird aber ganz deutlich, daß es „Themen" in einem weiteren und einem engeren Sinne gibt. Zu den ersten gehört alles, was dem Menschen – besonders wenn er dergestalt zu Besinnung und Einkehr aufgerufen wird – als Gegenstand des Wünschens und Hoffens, des Interesses, der Befürchtung gegeben ist, wenn auch zum Teil nur vage, allgemein oder auf sehr ferne Sicht. Joseph Nuttin zitiert zahlreiche Beispiele (Seiten 158–167 und 222–229). Neben näheren und ferneren konkreten Zielen (einem Fußballmatch beizuwohnen, etwas abzumagern, das Examen zu bestehen, schöne Ferien zu verbringen) kommen da „Themen" vor wie: Realist zu werden, meinem Volk zu dienen, meine Kinder gut zu erziehen (oder zu verheiraten), mir einen Namen zu machen, bei guter Gesundheit zu bleiben, meine innere Ruhe wiederzufinden, reich zu werden. Dies alles liegt praktisch außerhalb der Perspektive, in der sich mein alltägliches, auch berufliches Handeln abspielt.

Hier liegt auch der allfällige Unterschied zum Themenbegriff von Hans Thomae. An manchen Stellen seiner Werke empfiehlt Thomae, bei der Bestimmung von Themen zu abstrahieren „von dem jeweiligen Gesprächsgegenstand (wie z.B. Wohnungssituation, Einkommensverhältnisse, familiäre Beziehungen, gesundheitliche Verfassung, Erlebnisse und Erfahrungen im letzten Jahr ...)" (1988, 64). Damit kommt man auf verallgemeinerte Anliegen und Betroffenheiten, die als Themen gleichsam per definitionem nicht „abschließbar" sind und somit keine konkrete „Verhaltensperspektive" haben. Darum ist es auch möglich, solche Themen – die Thomae zwar grundsätzlich als individuelle Größen auffaßt – als typisch für bestimmte Personengruppen zusammenzufassen.

Wenn – wie hier bei Thomae – der Untersuchende selber solche Zusammenfassungen und Abstraktionen vornimmt (etwa „das Haus in Ordnung halten", „Kontaktpflege", „Fürsorge für Ehefrau oder Kinder" – häufig vorkommende „thematische Einheiten" bei pensionierten Angestellten und Beamten: 1968, 301), dann bewegt er sich an der Grenze zu einer andern Größe, die wir „Bereich" nennen. Auch von dieser hebt die „normale Perspektive" den Themenbegriff ab. Wir werden die Unterscheidung in Kapitel 8 möglichst präzise vornehmen. Hier genüge der Hinweis, daß Arbeitsbereiche verallgemeinerte Aufgaben oder generelle Gegenstandsgruppen sind. Sie haben den Charakter von überdauernden Aufgabenserien („Personalführung"; „eigene Beratungsfälle"; „Bulletinredaktion") oder mehr kategorisierende Funktion („außenpolitische Aufgaben“ der Arbeitsgemeinschaft, Grundlagenarbeiten in „Beratungspsychologie“). In dieser Eigenschaft bilden sie für mein Verhalten bloß den mehr oder weniger stabilen Rahmen. Erst wenn er sich in einer bestimmten Aufgabe oder einem spezifischen Gegenstand konkretisiert, eröffnet sich für mich eine (normale) „Verhaltensperspektive“.

Was gemeint ist, sei an zwei Beispielen erläutert. „Das nächstjährige Budget erstellen“ wäre ein Thema im hier gemeinten Sinne; „meinen beruflichen Pflichten nachkommen“ wäre ein Thema oder Anliegen im weiteren Sinne; „die Finanzfragen des Amtes bearbeiten“ ist dagegen ein verallgemeinerter Bereich. „Der Tochter bei der Wahl ihrer Arbeitsstelle behilflich sein“ ist wiederum ein konkretes Thema, „den Kindern eine gute Mutter sein“ ein erweitertes, „Probleme der Kinder“ ein Bereich. Aus dieser Gegenüberstellung wird vielleicht ersichtlich, daß beidemale nur das erste eine echte „Verhaltensperspektive“ besitzt.

Die normale Verhaltensperspektive ist also auf nah- bis mittelfristige Ziele und auf mehr oder weniger konkrete Gegenstände ausgerichtet, nicht auf „Lebensaufgaben“, globale Erfüllung beruflicher Rollen oder Betreuung bestimmter Aufgabengruppen. Vielleicht könnten wir ebensogut vom Kriterium der „Konkretheit“ sprechen; denn Themen haben stets konkrete, bestimmte, im Verhalten anpackbare Aufgaben und Inhalte zum Gegenstand. Geht man, im Sinne der „Lebensaufgaben“, nach oben darüber hinaus, so verwischt sich das Bild, und es kann „sehr bald nicht mehr von ‚Zielen‘, sondern nur noch von allgemeinen Zielrichtungen gesprochen werden“, die „nun in aufdringlicher Beziehung zu den wurzelhaften Stammantrieben des menschlichen Daseins“ stehen (Wilhelm Keller, 1954, 72). Oder, nach Mario von Cranach (1980, 18), wir haben es dann nicht mehr mit Zielen, sondern mit „Werten“ zu tun, die sich von diesen durch ihren allgemeinen Charakter unterscheiden. Für Thomaes Themenbegriff dürfte es bezeichnend sein, daß „keine prinzipiellen Unterschiede zwischen dem Wertbegriff und jenem des Themas“ gesehen werden (1988, 58). Hier möchten wir klarer abgrenzen, auch wenn wir mit Thomaes anschließender Erklärung einig gehen, „daß Themen eine Ausdrucksform bestimmter Wertorientierungen sind“.

Im Rahmen unserer Katalogisierung von Themen spielte das Kriterium der „normalen Verhaltensperspektive“ aber noch in einem viel banaleren Sinne eine Rolle. Viele Aufgaben wiederholen sich. Ein Budget zum Beispiel muß jährlich erstellt werden, auf fast identische Weise, wenn auch mit immer etwas andern und – hélas! – ständig wachsenden Zahlen. Die entsprechenden Arbeiten in diesem, dem vergangenen und dem kommenden Jahr gleichen sich, und sie dienen in gewissem Sinne der „gleichen Aufgabe“. Also: *ein* Thema? Vom Kriterium 1 her ist das unklar. Kriterium 2 aber regelt die Sache. Meine Verhaltensperspektive, wenn ich heuer meine Zahlen auftürme, bildet nur das „diesjährige Budget“. *Soweit* will ich kommen, noch nicht weiter. Es geht mir nicht darum, in der Reihe all jener Budgets, die ich bis zu meiner Pensionierung noch unter Dach zu bringen habe, einen weiteren Schritt voranzukommen. Das zweite Kriterium dient somit auch dazu, die thematische Struktur von „Themen-Serien" zu klären. Serien sind *nicht* geschlossene thematische Einheiten.

Übergewicht des Ganzen über die Teile

Bleibt noch das dritte und letzte Kriterium. Nach Barker und Wright dient es vor allem der inneren Strukturierung komplexer thematischer Einheiten. Wir werden sehen, daß es Aufgaben gibt, die sehr viele Handlungen erfordern. Die schon erwähnte Verlegung der Akademischen Berufsberatung an die Gutenbergstraße oder die Organisation und fachliche Vorbereitung eines Diagnostikkurses gehörten im Jahre 1975 in vorderster Front dazu. Man muß sich da Teilziele setzen, und manche Einzelprobleme dehnen sich mächtig aus. Solche Unteraufgaben können sich zeitweilig im Bewußtsein stark in den Vordergrund schieben, und Einzelaspekte entwickeln oft so etwas wie ein Eigenleben. Sollen wir sie als Themen eigenen Rechts anerkennen, und wenn ja, wann?

Barker und Wright haben dafür ein spezielles Kriterium entwickelt, das sie mit „superior whole potency" bezeichnen (1955/1971, 250ff.) Sie gehen dabei aus von Kurt Lewin (1938), der die Überlegung bereitgestellt hat, daß das Gewicht des Ganzen und der Teile relativ zueinander variiere: Steigt das eine, fällt notwendigerweise das andere ab. Barker und Wright formulieren nun, daß eine Episode als Ganzes immer größeres Gewicht habe als jeder ihrer Teile. Wenn ein Teil übergewichtig wird, so gründet er eine eigene Episode.

Auf die Themen-Theorie übertragen bedeutet das folgendes. Eine Unter-Aufgabe, ein Unter-Ziel, ein Teil-Inhalt wird immer dann zu einem eigenen Thema, wenn er im Handeln, das heißt in der Verhaltensperspektive des Handelnden, das Übergewicht bekommt, so daß das übergeordnete Ziel oder der umfassendere Inhalt für die Dauer seiner Bearbeitung ein Stück weit aus den Augen verloren wird. Auch prägnante Gliederungen eines Ablaufs, manchmal verbunden mit schwachen Richtungsänderungen, können diesen Effekt haben. So hat P. sich vom 16. Oktober 1972 bis zum 26. Januar 1973 früh voll der „Vorbereitung eines Informationstages" gewidmet, am 26. tagsüber dann voll seiner Durchführung; das ließ ihn die beiden Abschnitte als je eigene Themen erleben, auch wenn die Richtungsänderung nicht genügte, um von zwei verschiedenen Aufgaben zu sprechen.

Auch dieses Kriterium konnten wir also aus der Midwest-Theorie übernehmen. Allerdings haben wir zwei Adaptationen anbringen müssen, eine mehr untersuchungstechnisch-praktischer Natur und eine auf grundsätzlicher Ebene. Zum ersten mußten wir bei der Beurteilung der „superior whole potency" wesentlich restriktiver und grobschlächtiger vorgehen als Barker und Wright. Das wird sofort klar, wenn wir uns eines ihrer Beispiele ansehen (Wright und Barker, 1950, 108–110). Es geht wieder um Raymond Birch – dessen beobachteter Tageslauf dann übrigens in extenso veröffentlicht worden ist (Barker und Wright, 1951) – , der auf seinem Schulweg die Straße überquert. Das dauert zweieinhalb Minuten, mit Passierenlassen des Verkehrs, aber auch einer – eingeschobenen – Inspektion einiger zufällig gefundenen Gummistücke. Anschließend tut Raymond noch weiteres: er schaut sich nach dem Beobachter um und grinst ihm zu, studiert kurz die Auslage eines Schaufensters, rührt spielerisch einen Haufen Laub auf und zerquetscht ein noch grünes Blatt.

Diese ganze Abfolge – das Schlußstück seines Schulweges – hat fünf Minuten gedauert, von 8.28 bis 8.33 Uhr. Das ist die Zeitspanne, die bei uns als kürzeste Analyse-Einheit fungiert. Während dieser Zeit aber hat sich, nach dem Urteil der Midwest-Leute, bei Raymond Birch das Gewicht der Aufmerksamkeit insgesamt sechsmal auf Unterziele (Straße) oder andere Gegenstände verschoben, und zwar für höchstens zweieinhalb Minuten. Alle diese kleinen Ablenkungen sind, allerdings nicht bloß nach dem dritten Kriterium, als eigene Episode registriert worden; in unserer Arbeitsanalyse dagegen hätten sie sich allesamt rein technisch gar nicht erfassen lassen. (Das zeigt noch einmal, woher die krassen Unterschiede in der Durchschnittsdauer von „Episoden" und „Themen" herrühren.)

Auch im Makro-Spektrum ist P. als Registrator seiner Themen mit dem Urteil, einer ihrer Teile werde übergewichtig, recht zurückhaltend umgegangen, und wir haben ihn beim Erstellen der Themen-Kartei dabei nicht etwa korrigiert, sondern durchaus unterstützt. Das „Teilziel" mußte schon recht aufdringlich sein, damit es den Durchbruch zum eigenen Thema schaffte. Wir verfolgten damit eher die umgekehrte Policy als Barker und Wright.

Übergewicht des Themeninhalts

Wir haben uns durch die Erfahrungen unserer Untersuchung aber auch veranlaßt gesehen, das dritte Midwest-Kriterium zu verallgemeinern. Nicht nur damit hatten wir uns auseinanderzusetzen, daß Teile mit dem Ganzen um das „Übergewicht", die größere „Potenz" rangen. Vielmehr kam es nicht selten auch vor, daß ein und dasselbe Tätigkeits-Stück nicht bloß einem, sondern gleich zwei Herren diente. Ein klassisches Beispiel bietet etwa die Dame, die in die Stadt fährt, um Einkäufe zu machen *und* ihre Freundin zu treffen – Paradigma für alle, die ihre Arbeit in ähnlichem Sinne zu rationalisieren wissen! (Miller, Galanter und Pribram behaupten, es gebe Leute, die dreimal an einem Nachmittag zur Stadt fahren, um drei verschiedene Pläne auszuführen. 1960, 121. Wer weiß, ob nicht ein raffinierter Inspizient in P.'s Dokumenten Beispiele von ähnlicher Struktur ausgraben könnte!) Zwei „Ausrichtungen", beide innerhalb der „normalen Verhaltensperspektive", marschieren also Hand in Hand durch die gleiche Arbeitseinheit.

In diesem Falle – und wir werden noch andere Varianten davon kennenlernen – kann uns Kriterium drei in erweiterter Form gute Dienste tun. Wir haben dann nämlich grundsätzlich zwei Möglichkeiten des Vorgehens zur Wahl. Die eine ist: (künstliche) „Aufteilung" der Arbeitseinheit in zwei zeitlich kombinierte Einheiten. Wir werden diese Methode in Kapitel 10.5 kennenlernen. Wenn das aber technisch nicht geht (bei Fünfminuteneinheiten), wenn es der Geschlossenheit des Arbeitsgangs zu sehr Gewalt antäte oder wenn die Gewichtsverteilung eindeutig ist, so halten wir uns an die Frage: welche Aufgabe, welches Ziel, welcher Gegenstand hat für den Handelnden das Übergewicht? Geht unsere Dame in erster Linie in die Stadt, um ihre Freundin zu treffen, und benutzt diese Fahrt daneben auch für Einkäufe, oder umgekehrt?

Bei Verbindung zweier „Vollzüge" ist das noch deutlicher. Wenn wir im Abteil eines Zuges mit einem Mitarbeiter eine geplante Informationsschrift besprechen, während wir zu einer Tagung nach Basel fahren, so hat unser Diskussionsthema ohne Zweifel das Übergewicht, auch wenn wir eines andern Themas wegen im Zug sitzen. Unser Kriterium wird uns also helfen, zwischen „Primär"- und „Sekundär-Themen" zu unterscheiden. (Das wird uns aber erst zu Ende des nächsten Kapitels beschäftigen.)

Kriterium drei stellt gleichsam eine Anwendung der Figur-Grund-Gesetze auf die Thementheorie dar. Wechsel von Figur und Grund – einmal steht das Ganze scharf vor Augen, einmal der Teil, einmal dieser Aspekt, einmal jener (während das Zurücktretende aber als Hintergrund wirksam bleibt) – müssen zweifellos zu den Grundphänomenen des Handelns gerechnet werden.

Zusammenfassend läßt sich sagen: Wir können alle drei Kriterien aus der Midwest-Studie für unsere Aufgabe, Themen zu erfassen und abzugrenzen, übernehmen. Alle Verhaltensstücke, die auf das Gleiche ausgerichtet sind, bilden zusammen ein Thema, soweit dieser Inhalt noch in der normalen Verhaltensperspektive liegt und solange er gegenüber Teilinhalten oder gleichzeitig angesprochenen anderen Inhalten übergewichtig bleibt.

Kapitel 5

Die Vielfalt der Themenwelt

Es wäre nichts als natürlich, wenn sich der Leser, nach den langen Ausführungen über den Themenbegriff, mit Theorie nun etwas übersättigt fühlte. Schließlich hat er sich zur Lektüre eines Buches entschlossen, das empirische Beiträge zu vermitteln versprach. Er möchte endlich konkrete Themen aus dem Alltagsleben näher kennenlernen.

Wir wollen ihn nicht enttäuschen. Das folgende Kapitel ist einem Gang durch den Botanischen Garten der Themenwelt gewidmet. Das Bild mag komisch wirken; aber es ist nicht ganz unzutreffend. Tatsächlich dürften wir beim Rundgang, den wir nun antreten, mehr vorfinden als wir erwartet haben. Wir könnten überrascht sein, wie verschiedenartige Pflanzen und Gewächse es da gibt. Themen nehmen vielfältige Gestalt an. Und wie es ja auch im Botanischen Garten üblich ist, haben wir immer ein paar typische Exemplare ausgesucht, präsentieren sie in sinnvollen Gruppen und versehen sie mit Namensschildern und kurzen Erklärungen. Die Ordnung, in der wir die Phänomene vorführen, ist allerdings noch keine wissenschaftliche. Der Linné des menschlichen Arbeitslebens muß erst noch kommen (im Kapitel 6 werden wir für ihn ein Stück Vorarbeit leisten). Was wir an Unterscheidungen und Gruppierungen hier vorbringen, ist vorwiegend das, was uns während der Erhebung selber aufgefallen ist. Abgrenzungsprobleme suchten wir damals spontan und ad hoc zu bewältigen; ein Modell der thematischen Struktur der Arbeit stand uns zunächst nicht zur Verfügung (das haben wir erst viel später erarbeitet). Die Erhebung selber sollte ja dazu dienen, durch Beobachtung des natürlichen Arbeitsablaufs möglichst unvoreingenommen Phänomene zu sammeln, über die man theoretisch noch wenig Vorstellungen hatte (außer allenfalls der falschen und bald widerlegten, daß sie alle „auf ein Ziel gerichtet" seien).

Der Leser nimmt nun also an dieser Sammel- und Sortiertätigkeit teil. Er wird auf den folgenden Seiten (und auch in späteren Kapiteln) reichlich konkrete Themen aus dem Arbeitsleben P.'s kennenlernen – vielleicht wird er denken: zuviele? Immerhin: aus den knapp zweitausend, die in den 16 Monaten der Voll-Erhebung anfielen, bilden sie eine sehr kleine Auswahl. Wir hoffen, daß die Schilderungen den einen oder andern Leser dazu anregen, seine eigene Themenwelt genauer zu untersuchen. Vielleicht wird er ab und zu sagen: Ja, genau so ist es auch bei mir! Vielleicht aber – wie sollte man das im voraus wissen – wird er bei sich selber Gebilde entdekken, die auf jenem Erdteil des Arbeitslebens, den P. bewohnt, einfach nicht anzutreffen sind. Es wäre dann wertvoll, über solch unterschiedliche Erfahrungen miteinander in Verbindung zu treten.

5.1 Einheit und Gliederung längerer Themen

Nochmals der Informationstag

Nicht von ungefähr haben wir, im letzten Kapitel, unsere Diskussion des Themenbegriffs mit der Darstellung des Informationstages 1973 und seiner Vorbereitung eröffnet. So wie diese Unternehmung verlief, sind Themen schön, klar und unproblematisch. Ein richtiges Paradebeispiel haben wir da vor uns; und wir stehen nicht allein, wenn wir etwas so Abgerundetes zur Schau stellen. Jede Stadt hat ihre besonders repräsentablen Schulhäuser, ihre idealen Wohnstraßen, ihre industriellen Musterbetriebe, die sie voller Stolz den Delegationen aus Übersee vorführt; und jede psychotherapeutische Schule hätschelt ihre besonders erfolgreichen Fälle, an denen sie die Vorzüge ihrer Methode demonstriert. Warum sollte gerade P. ein unansehnliches Exemplar aus seinem Themengarten pflücken und unter das Eingangstor hängen, durch das er seinen Leser erwartet?

Aber nun ist der Leser drin und will mehr sehen als nur die Paradestükke. Er möchte auch die unscheinbareren Pflanzen der Arbeitswelt kennenlernen; und er soll das tun können. Unsere unselektive, naturalistische Erhebungsmethode hat zu einer recht umfassenden Ökologie des Arbeitslebens geführt und hat – darauf mache sich der Leser gefaßt – auch viel Unkraut zutage gefördert. Wir werden in unserer Darstellung auch vor seiner Präsentation nicht haltmachen.

Was zeichnet unser Thema Nummer eins, die Vorbereitung des Informationstages 1973, aus? Es handelt sich um eine klar umschriebene Aufgabe, die durch eine Reihe funktional zusammengehöriger und aufeinander abgestimmter Einzelhandlungen in *einem* recht eleganten, wenn auch sich lange hinziehenden und in sich deutlich gegliederten Zuge besorgt und zu einem klaren Abschluß geführt wurde. Das alles kann auch anders sein. Ein Thema kann unansehnlich kurz dauern (wir erinnern uns vielleicht an das Einsetzen der Kugelschreiber-Mine); es kann, wenn ausgedehnt, kaum gegliedert sein oder umgekehrt so stark, daß es immer wieder in verschiedene Einzelthemen auseinanderbricht; seine Teile brauchen nicht immer funktional verbunden zu sein, sondern können sich auch bloß locker, mehr oder weniger zufällig, zusammenfügen; der klare Abschluß kann wegbleiben; vielleicht ist das Thema überhaupt nicht abschließbar, und vielleicht kehrt es immer wieder, so daß wir gar nicht recht wissen, ob und wie weit es sich eigentlich „individualisiert". Manches von dem allem finden wir, zumindest ansatzweise, schon bei unserem Paradigma Informationstag: auch bei ihm unterschieden wir zwei Hauptteile, auch er kehrte wieder (es gab einen Informationstag 1974 und einen Informationstag 1975, wenn auch beide weniger groß aufgezogen), auch er kannte natürlich lockere Partikel. Bei anderen Themen aber werden solche Züge zum charakterisierenden

Merkmal; oder sie haben überhaupt kaum mehr etwas mit unserem Beispiel gemein.

Wir betrachten diese abweichenden Formen in der ersten Hälfte des Kapitels. Dabei machen wir drei Teile. Den dritten (Unterkapitel 5.3) werden wir dem Kleingewächs im Themengarten widmen, die beiden ersten den größeren Gebilden. Im ersten Teil sollen Fragen und Probleme der Einheitsbildung und der Gliederung zur Sprache kommen, im zweiten solche der „Einmaligkeit" der Themen und ihrer beiden Gegensätze: der Wiederholung und der Unabschließbarkeit.

Inhaltliche Einheit

Im ersten Vierteljahr 1974 widmete P. sich unter anderem der Aufgabe, eine Vorlesung über „differentielle Psychologie" für das Sommersemester 1974 vorzubereiten. Dabei griff er auch zu dem von Thomas B. Seiler 1973 herausgegebenen Buch „Kognitive Strukturiertheit", das ihm in diesem Zusammenhang relevant erschien. Im April erfolgte dann P.'s Verzicht auf den angebotenen Lehrauftrag; er studierte aber Teile des Buches um ihrer selbst willen, „aus purer Neugierde", weiter; die Vorlesungs-Vorbereitung war dahingefallen. Später zog er das Buch nochmals in anderem Zusammenhange bei; als er sich nämlich bei der Bearbeitung einer handlungspsychologischen Frage daran erinnerte, daß das Maß „kognitiver Strukturiertheit" beim Handeln eine enorm wichtige Rolle spielt.

Auf den Tagesblättern hat P. die Beschäftigung mit diesem Buch durchwegs einem Thema „Seiler" zugeteilt; und so ist sie auch, als eine Einheit, ins Themen-Register 1974 eingegangen. Dieser Gegenstand, dem er sich da wiederholt und unter recht verschiedenen Bedingungen zuwandte, bildete für ihn den primären Rahmen seiner „Ausrichtung". Am Anfang der Erhebungszeit mag er in solchen Fällen bei der Themen-Benennung vielleicht gezögert haben – ich erinnere mich nicht mehr –; während der ganzen Untersuchungszeit aber war dann dieses Prinzip der Einheitsbildung unbestritten.

Das ist leicht verständlich. Zur beruflichen und paraberuflichen Tätigkeit eines akademischen Berufstätigen wie P. gehören auch rezeptive Arbeiten, auch die Kenntnisnahme und Erarbeitung von Literatur und anderen Informationsgegenständen (mündlichen Mitteilungen, Besichtigungen, neuen Arbeitsmitteln etc.). Charakteristisch ist dabei – sicher nicht nur für P. –, daß die Lektüre nicht immer, nicht nur und nicht erst im Dienste eines bestimmten (anderwärtigen) Ziels erfolgt, sondern auch aus unmittelbarem, vorläufig nichts Speziellem dienendem Interesse. Manchmal könnte man dabei so etwas wie einen berufsbezogenen „Weiterbildungswillen" geltend machen, oder ein Verpflichtungsgefühl, sich „auf der Höhe zu halten". Wir hätten dann eines jener vagen „Themen im weiteren Sinne" genannt, von denen wir in Unterkapitel 4.6 gesprochen und die wir als außerhalb der „normalen Verhaltensperspektive" liegend bezeichnet haben. Oft – etwa wenn P. sich handlungspsychologischer oder erkenntnistheoretischer Literatur zuwendet – dürfte man auch diese Triebfeder vergeblich suchen. Es gibt Themen – und wir hoffen sehr, daß das für alle Leser zutrifft –, denen wir uns schlicht und einfach aus Interesse, und zu keinem andern Behuf, zuwenden. Hier ist das Prinzip der Einheitsbildung wohl jedem Zweifel entzogen.

Konkurrenz einheitsbildender Prinzipien

Aber das Seiler-Beispiel zeigt, daß die Sache nicht immer so eindeutig ist. Lektüre kann – in ihrer Gesamtheit oder beim einzelnen Griff nach einem bestimmten Buch – auch konkreten anderen Zielen dienen. Das geht oft wirr durcheinander. Gerade P.'s Arbeitsjahre 1974 und 1975 liefern dazu reichlich weiteres Anschauungsmaterial.

Weil P. glaubte, demnächst Vorlesungen über psychologische Diagnostik und differentielle Psychologie halten zu müssen, unterstellte er in den ersten Jahren der Erhebungszeit seine Lektüre ziemlich weitgehend dieser Aufgabe. Aber dabei las er vorwiegend Bücher, die er – vielleicht auf etwas andere Weise – sonst auch hätte lesen können und wollen. Als ihn später andere Aufgaben und Ziele in Beschlag nahmen, übten sie ihrerseits einen starken Einfluß auf P.'s Bücherwahl aus. Sehr ausgeprägt war das etwa im September 1975 der Fall, da P. bei der Fertigstellung seines Vortrages für die Diagnostik-Tagung im Oktober zu vielen ihm bekannten Diagnostik-Büchern griff, darin blätterte, wieder und weiterlas, um Beispiele anführen oder Zitate einflechten zu können. So kamen im Verlaufe der Erhebungszeit etwa die Werke Lee J. Cronbachs wiederholt und in verschiedenen Zusammenhängen zum Zuge: im Rahmen der Vorlesungs-Vorbereitung, der Bearbeitung eines Beratungsfalles, der Vortrags-Abfassung und gelegentlich auch einfach spontanen Interesses.

Und da haben wir uns nun also erlaubt, aus diesen Werken „Einheiten" über alle Verwendungszwecke hinüber zu bilden, ein Thema „Essentials of Psychological Testing", eines „Psychological Tests and Personnel Decisions" usw. Jede Lektüre oder anderweitige Beschäftigung mit dem betreffenden Gegenstand – soweit sich die Zuwendung nicht in einem kurzen Nachschlagen zum Füllen einer spezifischen Informationslücke erschöpfte – wurde gleicherweise diesem Thema zugeschlagen. Anhänger einer rein „dynamischen" Verhaltenstheorie hätten gewiß anders entschieden. Was P. beschäftigte, würden sie wohl sagen, war die Vorlesung, der Beratungsfall, der Vortrag. Einheiten bilden diese jeweiligen Zielsetzungen, und nur den Lektüren aus schlichtem Interesse würden sie, mangels anderer Zusammenhänge, allenfalls ein eigenes Thema zugestehen. Es gäbe mithin so viele Cronbach-Themen in P.'s Arbeitswelt – beziehungsweise entsprechende Subthemen zu Vorlesungs-, Fall- und Vortragsaufgaben – wie Ziele, denen das Lesen zu dienen hatte. Eine Auffassung, die theoretisch durchaus verfechtbar ist.

Nur: dem Erlebnis P.'s würde das nicht entsprechen. (Wir lassen offen, daß es Berufsleute geben kann, die anders empfinden.) Zwar erlebte er in solchen Fällen durchaus eine doppelte, sich überschneidende Einheitsbildung – da eine Aufgabe, da ein Gegenstand. Aber die eine Einheit – der Inhalt – war für ihn stärker als die andere. Das Bewußtsein, die geschlossene Gedankenwelt eines Autors aufzunehmen, schob sich vor jenes (dahinter weiterlebende), an einem Vortrag zu arbeiten. Es hatte das „größere Gewicht". (Später begriffen wir, daß hier das „Kriterium 3" des vorangehenden Unterkapitels zum Tragen kam.)

Der konkurrierenden Einheit war freilich auch Rechnung zu tragen. Wir taten das, indem wir die Aufgabe, der die Lektüre diente, als „Sekundärthema" vermerkten. Darüber werden wir im Unterkapitel 5.5 mehr vernehmen.

Mit diesem Problem haben wir gewiß eine anthropologische Grundtatsache angesprochen. Der Mensch ist eben ein doppelsinniges Wesen. Sicher geht er seinen Zielen nach und erfährt die Welt in erheblichem Ausmaß in deren Licht. Aber er wendet sich dabei auch Objekten zu, paßt seine subjektive Erfassung diesen an, erfährt dabei das, was die Gestaltpsychologen „Objektkonstanz" nennen. Und diese Konstanz kann für ihn die gewichtigere Realität bilden als die – oft als flüchtig und vorübergehend erlebten – Ziele. Das schlägt sich auch in der Themenbildung nieder.

Objektzuwendungen gibt es schon in der Kindheit. Urie Bronfenbrenner und seine Mitarbeiter haben die Tätigkeiten von Kindern analysiert und kategorisiert und dabei unter anderem auch den folgenden wichtigen Bereich entdeckt: „Tätigkeiten, bei deren Ausübung die Person anderen Leuten und Ereignissen Aufmerksamkeit widmet, ohne sich aktiv zu beteiligen" (1981, 65).

Erlebnismäßiges Zusammengehören

Aber nicht immer liegt der Zuwendungsinhalt, der thematische Einheiten stiftet, so klar für jedermann greifbar, sauber gebunden (in Schweinsleder oder Paperback) vor einem. Es gibt ganz andere Fälle. Das gleiche Jahr 1974 liefert auch dafür ein sehr instruktives Beispiel. Aus der Sicht des Amtsleiters P. war es unter anderem charakterisiert durch das Auftreten und Akutwerden verschiedener Personalprobleme auf der Akademischen Berufsberatung Bern. Wir wollen sie nicht alle aufzählen, aber doch ein paar Hinweise geben.

Bei zwei Mitarbeitern nahmen seit längerer Zeit spürbare Probleme ein solches Ausmaß an, daß der Amtsleiter sich zum Eingreifen entschließen mußte. Das veranlaßte dann wiederum einzelne andere Mitarbeiter, teils aus Unkenntnis der Zusammenhänge, zum Schulterschluß gegen den Chef. Dieser war selber noch damit beschäftigt, eine recht bewegte Auseinandersetzung mit einem weiteren Kollegen zu verdauen. Außerdem hatten zwei Mitglieder des Teams Spannungen untereinander, die die Zusammenarbeit blockierten, und weitere Animositäten beeinträchtigten das Klima. Das war viel auf einmal. Aber es schien noch nicht zu genügen. Wünsche nach Pensenreduktion, die Frage der Beteiligung oder Dispensation der Teilzeitmitarbeiter von Amtsaktivitäten, überhaupt das Problem einer gerechten Verteilung der Arbeitslasten, lagen zugleich noch in der Luft, Belange, die sich auf die Arbeitszufriedenheit des Teams auswirken mußten.

Ursprünglich erlebte P. das als einen Schwarm einzelner, zufällig zur gleichen Zeit akut werdender Aufgaben und Beunruhigungen. Sie finden sich im Themen-Register des ersten Halbjahres 1974 auch je gesondert aufgeführt; rund die Hälfte der damals 35 registrierten „Personal"-Themen dürfen zu diesem Komplex gerechnet werden. Nach den Sommermonaten hingegen, als P. nach einigen Wochen Militärdienst und Ferien ins Amt zurückkehrte, schloß sich das Ganze für ihn (vorübergehend) zusammen zu einem erlebnismäßig kaum mehr zu entwirrenden Knäuel „Amts-Personal-Probleme" – einem richtigen Gordischen Knoten. Seine Überlegungen, Besprechungen und Maßnahmen galten nun für einige Zeit nicht mehr (oder jedenfalls längst nicht mehr ausschließlich) den unterscheidbaren Einzelfragen, sondern diesem miteinander verflochtenen, scheinbar nur durch umfassende Maßnahmen (wenn nicht gar einen gordischen Schwerthieb) zu bewältigenden Konglomerat aus Mitarbeiter-Unzufriedenheit und Beunruhigung P.'s über die Personalfrage. Die entsprechenden Beschäftigungen wurden zu dieser Zeit, bei der thematischen Kategorisierung auf dem Tagesblatt, einem einzigen generellen Thema zugeordnet. Gerade diese Gesamt-Aussprachen und -Analysen, verbunden mit gewissen Maßnahmen und da und dort sich ergebenden Änderungen, führten im Herbst 1974 dann wieder zu einer Entflechtung des ganzen Fragen-Komplexes – aber nun in einer neuen Gruppierung. Es wurden jetzt drei recht scharf voneinander unterscheidbare Hauptprobleme erkannt und erlebt, die getrennt angegangen und gelöst werden konnten.

Wir haben das etwas ausführlicher geschildert, unter anderem darum, weil es vielen Berufskollegen zwar recht bekannt vorkommen mag, aber wahrscheinlich doch selten klar bewußt wird. Für unsere Fragestellung ist dabei eine Tatsache wichtig. Bei den angedeuteten Personalproblemen handelt es sich während des ganzen Jahres 1974 teilweise um die gleichen Beobachtungen, Ansprüche und Störmomente. Aber die Erlebnis- und Erfassungsweise änderte sich stark. Die an Zahl immer größer werdenden Einzelprobleme, die viele Querverbindungen aufwiesen, werden im ersten Halbjahr als unterscheidbare Entitäten erfahren. Dann fusionierten sie im Erlebnis eines einzigen kompakten Gesamtproblems, um schließlich auszumünden in drei sauber trennbare Aufgaben auf dem Sektor der Personalführung. (Ob das echte „Problembewältigung" war, oder bloß Glück, oder gar kognitive Simplifizierung, bleibe dahingestellt – jedenfalls handelte es sich um einen klassischen Fall der Umstrukturierung.) Die beteiligten Themen wandelten, vereinigten und entfalteten sich.

Probleme und Arten der Einheitsbildung

Mit diesen zwei Beispielen für thematische „Einheits"-Bildungen, die vom Paradigma Informationstag abweichen, wollen wir es hier bewenden lassen. (Die Frage wird uns in mancherlei Gestalt immer wieder beschäftigen.) Zwei Dinge aber sollten wir aus der kurzen Diskussion festhalten.

Einmal: „Einheit" ist – hier wie in der ganzen Psychologie – kein Absolutum. Längere Themen sind Prozesse im Zeitverlauf; und während (und durch) solcher Prozesse wandeln sich die Situation und die erlebende Person. Aber die Prozesse richten sich auf etwas, klammern sich gleichsam daran; und dieser Gegenstand bildet ein stabilisierendes Moment. Verhältnismäßig einfachen Charakters ist die so erzeugte Einheit dann, wenn ein äußerer, an sich unveränderlicher Gegenstand den Halt vermittelt. Das war bei unseren ersten Beispielen der Fall. Die Bücher von Cronbach oder von Seiler sind, einmal in die Welt gesetzt, stationäre Gegebenheiten. Beim Registrieren der Themen machen sie es uns dann bequem: der Zuwendungsgegenstand bleibt stehen, wie ein Felsen im Strom, während der Leser, sein Wissen und sein Weltbild sich durch die Lektüre weiterentwickeln und mehrfach verändern können. Ein innerer, emotional gebildeter und zusammengehaltener Komplex wie das „Amtswirren"-Problem P.'s dagegen entbehrt eines solchen Fixpunktes; es kann sich als Einheit halten, solange das erlebnismäßige Zusammengehören Bestand hat; dann aber muß es umkippen in andere Erlebnisformen.

So haben unsere zwei Beispiele also gleichsam Extrempositionen der Themenbildung markiert. Eine Theorie muß sicher beiden Fällen Rechnung tragen. Die klassische Themenart, die „Aufgabe", liegt in gewissem Sinne dazwischen und hat von beidem etwas. Die Aufgabe selber, das was man tun will, stabilisiert das Geschehen; es bildet, vom Subjekt her gesehen, als gewollte Zukunft einen festen „Halt", scheinbar so „fest" oft, daß der Handelnde gar nicht merkt, wie stark es sich manchmal wandelt (auch hier gelegentlich bis zum „Kippen" in ein anderes Thema).

Damit haben wir – dies unsere zweite Bemerkung – drei Grundarten der Einheitsbildung unterschieden. Natürlich gibt es hunderterlei Schattierungen dazwischen; aber die drei Varianten bilden gleichsam die Eckpunkte – die Eckpunkte eines Dreiecks. Gegenstände der „äußeren Welt", solche der „inneren Welt" sowie „Aufgaben" können Themen zusammenhalten; einheitsbildend wirkt dann die Objektkonstanz, die Erlebniskonstanz oder die Aufgaben- (oder Ziel-)konstanz.

Dieser zweite Aspekt läuft nun allerdings mit dem erstgenannten nicht völlig parallel. Äußere Objekte sind nicht immer so „stabil" wie Bücher; wir können uns auch Prozessen zuwenden, die stark in Bewegung sind.

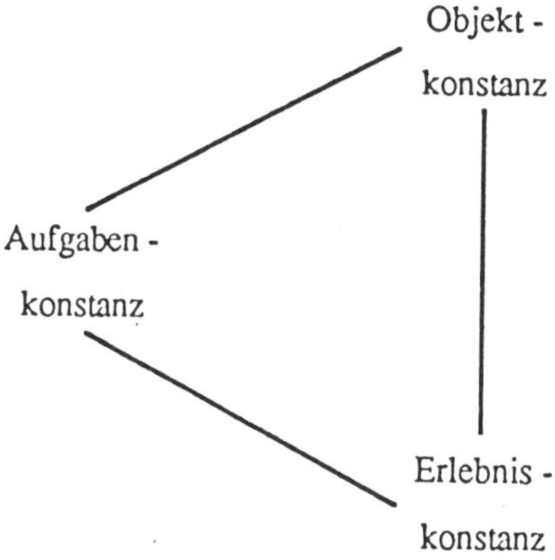

Fig. 5.11

Und Aufgaben anderseits können, wie wir in Kapitel 4.2 sahen, ausnahmsweise gerade darin bestehen, über die Unveränderlichkeit einer Sache zu wachen.

Erlebnismäßig konstituierte Themen werden wir auf den weiteren Seiten dieses Buches kaum mehr antreffen. Im Arbeitsleben P.'s waren nur ganz wenige Themen von der im letzten Abschnitt geschilderten Art. Würde man jedoch die Methode aufs Privatleben übertragen – und wir sind überzeugt, daß dieses sich ebenfalls um „Themen" dreht (Klinger, der das untersuchte, nannte sie bekanntlich „current concerns") –, so träfe man diese emotionale Art der Einheitsbildung nicht selten an, bei manchen Leuten vielleicht sogar als vorherrschenden Stil. In Werken von Dichtern und in Tagebüchern spielen sie als „Motive" eine bedeutende Rolle. Joseph Forgas berichtet in seinem Buch „Social Episodes" über eine Arbeit von L. A. Pervin (1976), welche nachwies, wie verschieden die Menschen soziale Situationen wahrnehmen. Wenn man es ihnen selber überläßt, die für sie charakteristischen zu definieren, gibt es Leute, die vorwiegend emotional-erlebnismäßige Einheiten sehen, und andere, die hauptsächlich nach sachlichen Gesichtspunkten kategorisieren. (Die Gegenüberstellung von Jennifer und Harry in Pervin, 1976, 467/468 – wiedergegeben in Forgas, 1979, 212/213 – ist sehr instruktiv.)

Beratungsfall A: monolithische Struktur

Wir haben die Frage der Wandelbarkeit von Themen angeschnitten; nun müssen wir uns dem Aspekt ihrer inneren Gliederung zuwenden. Das Erlebnis der Einheit kann nicht bloß durch Wandlungen des Gegenstandes, sondern auch durch die Prägnanz seiner einzelnen Teile in Frage gestellt werden. Welch unterschiedliches Ausmaß die Gliederung der Themen annehmen kann, werden wir an zwei Beispielpaaren zu demonstrieren versuchen.

P. ist akademischer Berufsberater, und von dieser Tätigkeit haben wir bisher noch wenig vernommen. Das sei nun nachgeholt. Wir sehen uns zwei Beratungsfälle an, die ihn während der Zeit der Vollerhebung stark beanspruchten (es sind der „längste" und der drittlängste dieser Periode).

Der eine, Herr A., war ein klassischer „Dauerbrenner". Als berufstätiger Mann mit nicht abgeschlossener handwerklicher Berufslehre und sehr originellen, aber oft etwas verwirrten Ideen war er P. Ende der sechziger Jahre von einem befreundeten Theologie-Professor zugeschickt worden, weil er sich mit dem Gedanken trug, auf dem zweiten Bildungsweg das Abitur nachzuholen. Der Versuch zerschlug sich; aber seither war Herr A. ein treuer, dankbarer Kunde der Beratungsstelle beziehungsweise des Beraters P. geblieben. An allen Wendepunkten seines sehr bewegten, sehr abwechslungs- und überraschungsreichen Lebensweges suchte er – oft unangemeldet, oft nach Voranmeldung – P. auf, um ihn zu orientieren und sich mit ihm zu beraten. In der Berichtszeit häuften sich seine Besuche; er kam am 1. Oktober 1974, am 21. und 27. Januar, 6. März, 20. Mai und 1. November 1975 bei P. vorbei und blieb je etwa anderthalb bis zweieinhalb Stunden; dazwischen fanden einige wenige telefonische Kontakte statt und machte P. sich Notizen (wie bei jedem Beratungsfall). Der Zeitaufwand P.'s summierte sich während der 15½ Monate der Vollerhebung auf knapp 14 Arbeitsstunden (1.66AT).

Dieses sich über 14 Monate erstreckende Thema „Fall A." (26.9.74–21.11.75) hatte für P. eine ausgesprochen homogene Struktur. Wohl ließe der Ablauf sich nach den verschiedenen Vorsprache-Initiativen zeitlich gliedern; wohl waren verschiedene Arbeitsvollzüge beteiligt (neben telefonischen und persönlichen Besprechungen vor allem auch Protokollerstellen). Bei einer eingehenden Bearbeitung des Falles (etwa für ein Beratungs-Seminar, zu Instruktionszwecken o .ä.) hätte sich gewiß auch eine Feinstruktur des Ablaufs herausgestellt, eine Entwicklung des Problems oder ein fortschreitender Prozeß in der Art der Intervention. Solchen Fragen wird teilweise in beratungspsychologischen Untersuchungen nachgegangen; zur Zeit der Abfassung dieses Berichtes arbeitete ein Mitarbeiter P.'s, Josef Lang, an einem entsprechenden Projekt (vgl. Lang, 1986).

Davon ist hier aber nicht die Rede. Wir richten den Blick auf P.'s Arbeitsjahr als Ganzem. Darin sehen wir 14 Stunden Beschäftigung mit dem Fall A. und stellen fest, daß diese Beratungsaufgabe im Rahmen der sonst auch auf der Makro-Ebene ständig wechselnden Tätigkeiten einen innerlich recht einheitlichen, ungegliederten Teil bildet. Es ging immer wieder darum, Herrn A. zuzuhören, seine Lage, seine Probleme und Pläne zu verstehen und sich dazu zu äußern, gegebenenfalls ergänzende oder korrigierende Vorstellungen vorzubringen, und das schließlich auch kurz in Notizen festzuhalten. (In Klammern weisen wir darauf hin, daß es sich hier um das klassische Beispiel einer Aufgabe ohne zugespitztes „Ziel“ im Sinne eines angestrebten und antizipierten Endzustandes handelt. Herr A. ist den „hilfsbedürftigen“ Ratsuchenden gemäß der Typologie von Peter Landolf, 1985, 331 zuzurechnen.)

Beratungsfall B: gegliederter Ablauf

Vom Fall A. unterscheidet sich Fall B., der P. innerhalb eines Monats, vom 21. Januar bis zum 21. Februar 1975, mit je einem fünfminütigen Vor- und Nachspiel am 7. Januar und am 2. Juli insgesamt 25½ Stunden (3.08AT) in Anspruch nahm – so lange wie sonst kein Beratungsfall der Berichtszeit. Auch Herr B. wurde – das ist sonst bei der Akademischen Berufsberatung keineswegs die Regel – „geschickt“, und zwar von einem Mittelschulrektor. Den Zuweisungsgrund bildeten plötzlich auftretende Schulschwierigkeiten, die den Lehrern schwer erklärlich waren; man wußte nicht, ob Herr B., Schüler vor dem Ende des zehnten Schuljahres, zweieinhalb Jahre vor dem Abitur, weiterfahren, ein Jahr repetieren, den Maturtypus wechseln oder austreten und einen anderen Weg gehen sollte, und Herr B. wußte es offenbar selbst noch weniger. Wir schreiben hier kein Lehrbuch über Beratung oder Psychodiagnostik (für die Oktober-Tagung in Gwatt 1975 hielt P. tatsächlich den Fall B. als Lehr- und Demonstrationsbeispiel bereit) und stellen den Fall nicht näher dar; gesagt sei nur so viel, daß Besprechungen und Untersuchung Herrn B. als einen sehr intelligenten, wenn auch eigenwilligen jungen Mann aus total bildungsfernem, bäuerlichem Milieu erwiesen, der in ausführlichen Gesprächen und gemeinsamer Testanalyse mit P. zusammen schrittweise zur Überzeugung gelangte, daß der Wechsel in eine kaufmännische Ausbildung im Augenblick die sinnvollste Lösung sei. Zur Lehrstelle mit verkürzter Ausbildung verhalf ihm schließlich die Akademische Berufsberatung.

Im Gegensatz zum Thema „A“ hatte das Thema „B“ für P. einen deutlich gegliederten Ablauf. Es wies die acht in Tabelle 5.12 aufgeführten Phasen auf.

Auf jede Phase der Arbeit mit dem Ratsuchenden (ungerade Nummern) folgte jeweils eine solche „hinter der Front“, mit Protokollführung, Fallbearbeitung, Drittkontakten u. ä. Jede dieser Phasen hatte den Charakter einer Unter-Aufgabe. Aber jede blieb doch integriert genug in die erlebnismäßig dominierende Gesamtaufgabe „Beratung des Herrn B.“, daß deren Status als einheitliches Thema gewahrt blieb.

Dennoch: der Fall B. wies, als Thema, eine ganz andere Struktur auf als der Fall A. Themen können weitgehend monolithisch, sie können aber auch vielfältig gegliedert sein. Das sind Unterschiede, die vom Handelnden deutlich erlebt werden. Wir wollen den Gegensatz noch an einem weiteren Themenpaar zeigen; wir tun das, weil wir es uns nicht versagen wol-

Tabelle 5.12

1.	21.1.	Ausführliche Lagebesprechung mit Herrn B.
2.	28./29.1.	Detaillierte Notizen, erste Fallbearbeitung und Entwurf einer Untersuchungsstrategie
3.	30.1/2.2.	Durchführung einer mündlichen Untersuchung (vgl. Pulver, 1978, 114 f.), erste Besprechung der Eindrücke, Umstrukturierung des Problems, ergänzendes Testprogramm
4.	5.2.	Gründliche Bearbeitung aller Unterlagen durch P.
5.	6.2.	Besprechung der Testergebnisse mit Herrn B., provisorische Erarbeitung einer Lösung
6.	10./12./18.2.	Protokollnotizen, Überlegungen, Rücksprachen, Einleitung der Lehrstellensuche
7.	19./20.2.	Schlußbesprechung mit Lehrstellenvermittlung
8.	21.2.	Rücksprache mit Lehrmeister und Abfassung eines Empfehlungsbriefes mit Antrag auf Lehrzeitreduktion

len, den Leser so zugleich mit den beiden längsten, das heißt zeitaufwendigsten Themen der Berichtszeit bekannt zu machen.

Struktur der beiden längsten Themen

Das zweitlängste Thema der Vollerhebungszeit war die Lektüre von Michael Polanyis Werk „Personal Knowledge" (oder sagen wir besser: die Lektüre in diesem Werk; denn trotz des großen Aufwandes kam P. damit nicht ganz zu Ende). Sie beanspruchte total 2490 Minuten oder 4.98 AT, erstreckte sich praktisch über die ganze Berichtszeit, mit drei Schwerpunkten Mitte Dezember 1974, Ende Juli/Anfangs August 1975 und Mitte Oktober 1975, und beschränkte sich zur Hauptsache auf drei bis vier Vollzugsarten: Lektüre ohne und Lektüre mit Auszügen, nachträgliche Auszüge, Niederschrift begleitender Überlegungen. Die Vollzüge wechselten unter sich ab; die Lektüre war kontinuierlich, inhaltlich kaum gegliedert, auch nicht – wie die früher erwähnte Seiler- oder Cronbach-Lektüre – anderweitigen Zielen unterstellt. Das Thema war also ausgesprochen homogen.

Ganz anders das Thema, das mit 3805 Minuten – das sind 63½ Stunden oder 7.61 Arbeitstage (AT) – längenmäßig als „Sieger" aus dem fünfvierteljährigen Rennen hervorging. Es handelt sich dabei um eine Aufgabe, die sich P. nach der überraschenden Raummiete vom Freitag, 21. Februar 1975 stellte. Die neue Unterkunft hatte vier Stockwerke zu je fünf ungleichgroßen, zum Teil noch als Küche benutzten Zimmern, plus Keller- und Mansardenräume. Nun galt es, die Anordnung des Amtes in diesem Hause festzulegen; das Thema erhielt den Namen „Raumverteilungsplanung Gutenbergstraße".

P. faßte sofort, das heißt noch am Sonntag nach der Mietabmachung, die Idee, die Verteilungsfrage mit einer systematischen Klärung der internen Struktur der Akademischen Berufsberatung zu verbinden. Sachliche Gesichtspunkte wie interne Verbindungswege, Publikumsfreundlichkeit usw. sollten neben und über den Wünschen der Mitarbeiter berücksichtigt werden, die bereits reichlich, gestützt auf Anciennitäten und andere Vorrechte, geäußert worden waren. P. wollte am Entscheid die ganze Belegschaft beteiligen, so daß schließlich jedermann anerkennen mußte, es sei gemeinsam die bestmögliche Variante erarbeitet worden – also eine Aufgabe mit klar „zugespitztem" Ziel.

Als er am 23. Februar diese Idee konzipierte und ein Rundschreiben an alle Mitarbeiter entwarf, ahnte er allerdings noch nicht, wie aufwendig und komplikationsreich die Sache werden sollte. Vor allem rechnete er nicht mit dem Widerstand einzelner Mitarbeiter, namentlich eines Beraters, der sich vehement ins Zeug legte, um den ihm viel zu umständlich erscheinenden Plan beim Team in Mißkredit zu bringen; er fand, P. weiche damit seiner Aufgabe aus, selber einen zweckmäßigen Entscheid zu treffen und zu verantworten. Als er dann freilich feststellen mußte, wieviele sich widersprechende Wünsche und Hoffnungen der verschiedenen Mitarbeiter sich mit dem bevorstehenden Umzug verbanden, welches Maß an ungelösten Spannungen und Zurückstellungsgefühlen da und dort zurückbleiben müßte bei jeder der zahlreichen Varianten, für die P. sich autoritär hätte entscheiden können, fügte er sich loyal in das Verfahren, dem schließlich ein voller Erfolg beschieden war: Nach dem am 20. März gemeinsam getroffenen Entscheid war tatsächlich jedermann von der Richtigkeit der Lösung überzeugt.

Den Ablauf-Rahmen hatte P. von Anfang an konzipiert. Er sah vor, die Lösung schrittweise an den vier nächsten, immer am Donnerstagvormittag stattfindenden Büro-Sitzungen zu erarbeiten. Die letzte, am 20. März, sollte als ganztägiges „Konklave" auf dem Gurten bei Bern stattfinden und die definitive Lösung zeitigen (nebst einer Übergangslösung, die wegen des schrittweisen Umzuges notwendig wurde). Im Detail wurde (am 23./24. Februar) bloß der Einstieg vorbereitet, der weitere Ablauf nur locker vorgeplant. Aufgrund der Umstände ergab er sich dann gemäß Tabelle 5.13.

Auch hier haben sich also deutlich verschiedene Teilaufgaben gestellt. Einzelne davon, etwa Nr. 9, 11 und 12 kamen nahe an die Grenze der übergewichtigen „Potenz" (vgl. S. 213) und wären damit beinahe selbständige Themen geworden. Während der Erhebung blieb aber – den Unterlagen nach zu schließen – für P. durchwegs die „superior whole potency" erhalten, und wir haben keinen Anlaß, nachträglich die offenbar laufend empfundene Einheit aufzulösen. Vielleicht spielte dabei auch die auffällige Dichte des Themen-Auftritts eine Rolle. In den fünf Tagen vom Montag, 17. bis Freitag, 21. März nahm das Thema 1805 Minuten (3.61 AT), in den zehn Tagen ab 12. März 2755 Minuten (5.51 AT) in Beschlag; die Teilaufgaben, wenn auch massive Arbeitsblöcke, folgten sich dicht auf dem Fuße; das steigert das Bewußtsein des gemeinsamen Zieles, also der (alles bestimmenden) „Zielkonstanz".

Tabelle 5.13

1. 23./24.2.	Idee zum Vorgehen, Einladung an Mitarbeiter
2. 27.2.	Bekämpfung des Planes an erster Bürositzung
3. 4.3.	Vorbereitung eines abgeänderten Planes
4. 6.3.	Widerwillige Annahme des Planes an der zweiten Bürositzung
5. 6.–10.3.	Beratung des Vorgehens mit dem Leiter der Dokumentationsabteilung des Amtes
6. 11.3.	Abklärungen beim Vermieter und beim Sekretariat, die sich aus Punkt 5 aufdrängten
7. 12.3.	Vorbereitung für 13.3.: erste Raumverteilungsversuche
8. 13.3.	Darlegung der Varianten an der dritten Bürositzung; Planung des Vorgehens am 20.3.
9. 13.–17.3.	a) Ausarbeitung der möglichen Lösungsvarianten b) Zusammenstellung der Entscheidungskriterien c) Schriftliche Ausführung, Schema
10. 18./19.3.	Vorbereitung des 20.3. (Entscheidungs-Matrix, Traktandenliste, Vorbesprechungen etc.)
11. 20.3.	Ganztägige Teamsitzung auf dem Gurten; gemeinsame Durchführung des „Entscheidungs-Spiels“ mit klarem Ergebnis
12. 21./22.3.	Nachprüfung, Entdeckung eines möglichen Fehlers, Neuberechnung mit den Gurten-Kriterien in zwei Durchgängen, Bestätigung des Gurten-Resultates
13. 24./25.3.	Kurzfassung des Schlußresultates; Nachbesprechung mit mehreren Mitarbeitern

Themen-Familien

Aber mit dem Entscheid vom 20. März 1975 und seiner Nachprüfung und gemeinsamen „Verdauung“ war die Raumplanungsfrage noch nicht aus Abschied und Traktanden. Im Verlaufe des Sommers 1975 ist sie dreimal wieder aufgeflammt. Am 29. April brachte ein Mitarbeiter einen „Wiedererwägungsantrag“ vor, den er allerdings rasch wieder zurückzog (10 Minuten); im Juni/Juli drängte sich, vor dem zweiten Umzugstermin, eine Detaillierung des Grundkonzeptes vom 20. März auf (405 Minuten oder .81 AT); und im August/September tauchte eine Spezialfrage der Zimmeranordnung innerhalb der Dokumentationsabteilung auf (30 Minuten oder .06 AT).

Von P. wurde jeder dieser neuen Anläufe als weiteres, eigenes Thema vermerkt. Das leuchtet ein; denn die Sache war Ende März „erledigt“ gewesen, das Ziel des damaligen Themas erreicht; daß Nachträge kommen würden, war nicht vorauszusehen. Dennoch diente all das schließlich der gleichen, einmaligen Aufgabe, die schon im März maßgebend gewesen war: den Diensten und den Mitarbeitern der Akademischen Berufsberatung im neuen Heim an der Gutenbergstraße ihre Plätze zuzuweisen. Dieses einheitliche Ziel wurde somit – zumindest aus nachträglicher Sicht – erreicht durch eine Abfolge von vier Themen, die ihrerseits wieder eng zusammengehören. Solche Verbindungen wollen wir Themen-Familien nennen.

Themen-Familien können sich auch anders bilden als auf diese Weise des sukzessiven Wiederauftauchens. Im Sinne des dritten Episoden-Kriteriums von Barker und Wright (vgl. Kapitel 4.6) können Einzelteile oder Einzelaspekte eines Themas „übergewichtig“ werden und den Gegenstand als Ganzes in den Hintergrund treten lassen. Dann bilden sich, im Rahmen dieses Ganzen, besondere Themen. Ein instruktives Beispiel dafür, Gegenstück zum Raumverteilungs-Thema, setzt ebenfalls am 21. Februar 1975 an.

Noch an jenem Tag hatte man sich mit dem Vermieter grundsätzlich auf eine bestimmte Größenordnung des Mietpreises geeinigt, die definitive Regelung durch Mietvertrag aber noch bis nach der Klärung verschiedenster offener Fragen vertagt. Diese Aufgabe stellte sich nun in der zweiten Jahreshälfte (wobei es beiden Parteien damit nicht eilte). Für P. begann sie am 3. Juli und zog sich bis zum 8. Januar 1976 hin; sie kostete ihn insgesamt eindreiviertel Arbeitstage (1.75AT). Denn es stellte sich heraus, daß verschiedene Sonderfragen zu klären waren: nach Regelung aller Mietfragen (Mansarden, Keller, Parkplätze) war der Mietzins definitiv zu vereinbaren, die Amortisation der Umbaukosten, die der Vermieter vorderhand übernommen hatte, war einzubauen, eine Mietzins-Vorauszahlung (zwecks Ausnützung des noch nicht voll ausgeschöpften Kredits 1975) war in die Wege zu leiten. Während diese Teilaufgaben P. beschäftigten, erlangten sie für ihn jeweils erlebnismäßig das „Übergewicht“; sie drängten das Bewußtsein der Gesamtaufgabe „Mietvertrag“ in den Hintergrund.

Darum teilte sich diese Gesamtaufgabe für P. schließlich in vier Themen auf, ein Rahmenthema und drei Teilthemen:

– Vertragsabschluß Gutenbergstraße (Rahmen)	3. 7.– 8. 1.	.77 AT
– Klärung Mietzins	11. 9.–23.10.	.32
– Amortisation Umbaukosten	21.11.–23.12.	.52
– Vorauszahlung Mietzins	27.11.– 3.12.	.14

Gleichwohl bildete aber das Ganze für P. eine thematische Einheit; es ging im Grunde um *eine* Sache: die finanzielle Regelung der Miete durch Vertrag. Diese größere thematische Einheit stellt ebenfalls eine „Themen-Familie“ dar. Die Verselbständigung übergewichtiger Teile ist wohl sogar der klassische Grund zu solcher „Familiengründung“. Das Rahmenthema kann dabei auch wegfallen, wie uns die Familie „Informationstag 1973“ lehrte (dort fanden wir nur zwei „verwaiste“ Geschwister: Vorbereitung und Durchführung).

Wir fügen noch ein letztes Beispiel für eine Themen-Familie an, P.'s Arbeiten im Zusammenhang mit der Jahresstatistik 1974, die knapp sechs Arbeitstage beanspruchten:

1) Vorbereitung, Einverlangen (21.11.–16.12.74)	.20 AT
2) Auszählung (16.12.74–28.1.75)	4.64
3) Erstellen AGAB- und BIGA-Statistik (20.1.75)	.24
4) Erstellen Statistik für Jahresbericht der Stadt Bern (20.1.–10.2.75)	.84
5) Erstellen Statistik Beratung Landgymnasien (11.2.–7.4.75)	.04

Im Grunde genommen sind Themen-Familien also eigentlich große, gegliederte Themen, die zwar nach dem ersten der Midwest-Kriterien – der gleichen „Ausrichtung“ der Teile – eine Einheit bilden. Jedoch drängt sich entweder nach dem zweiten oder dem dritten Kriterium die Aufspaltung in verschiedene Themen auf, indem die „Verhaltensperspektive“ nicht von vornherein aufs ganze geht oder einzelne Teile übergewichtig werden. Im Zusammenhang dieses Unterkapitels interessiert uns vor allem der zweite Fall. Offenbar können wir nämlich hinsichtlich der internen Gliederung thematischer Einheiten drei Ausprägungsgrade unterscheiden:

- monolithische oder homogene Themen ohne deutliche Gliederung;
- gegliederte Themen, bei denen das Ganze stets übergewichtig bleibt; und
- thematische Einheiten, bei denen sich die Teile durch ihr Übergewicht gegenüber dem Ganzen als Einzelthemen verselbständigen (Themen-Familien).

Themen-Familien werden uns immer wieder beschäftigen; und später in diesem Kapitel werden wir auch Themen-Verbindungen einer noch höheren Ordnung kennenlernen (Unterkapitel 5.4). Zuvor aber müssen wir uns im Themengarten noch etwas weiter umsehen.

5.2 Einmalige, sich wiederholende und unabschließbare Themen

Jährlich wiederkehrende Themen

Das letzte der bisher aufgeführten Beispiele, die Beratungsstatistik 1974, führt uns über zu einer weiteren Variante der Erscheinungsformen von Themen. Nach Abschluß eines Beratungsjahres eine Statistik zu erstellen, bildete 1974 natürlich nicht eine einmalige Aufgabe. Vielmehr finden wir noch zu Ende der Erhebungszeit ein weiteres Thema mit dem Titel „Vorbereitung der Beratungsstatistik 1975“ (10.12.75–9.1.76; .38 AT) – als erstes einer neuen Themen-Familie, die aber wegen des Untersuchungs-Abschlusses nicht mehr weiterverfolgt wurde. Die Statistik-Aufgabe tritt Jahr für Jahr neu an P. heran, also „serienweise“.

Die Eigentümlichkeit des „Alle Jahre wieder“ ist für die Arbeitsthematik in vielen Berufen typisch. Teils ist dafür der Jahreszyklus der Natur verantwortlich (man denke nur an Landwirtschaft und Gartenbau!), teils die davon abgeleitete gesellschaftliche Kalender-Struktur (jährliche Abrechnungen, Berichterstattungen, Aufnahme- und Abschlußverfahren im Ausbildungswesen usw.). Verglichen mit anderen Berufszweigen dürfte die Tätigkeit auf einer Akademischen Berufsberatung verhältnismäßig wenig solchen jährlichen Rotationen unterworfen sein. Innerhalb der Stelle aber werden davon wohl der Amtsleiter und seine Sekretärin am stärksten betroffen. Sie müssen gegen außen und oben je einmal im Kalenderjahr über die Arbeit des Amtes Rechenschaft ablegen und die finanziellen Fragen regeln.

Im Jahr 1974/75 hatte P. folgende jährlich wiederkehrenden Pflichten zu erledigen:

Rechenschaftsablage:		
– Statistik (Familie mit 5 Themen)	Dez.–Febr.	5.96 AT
– Jahresbericht (mit Behandlung im Stadtrat) (Familie mit 3 Themen)	Febr./Mai	1.61 AT
Regelung der Finanzfragen:		
– Rechnungsabschluß 1974 (Einzelthema)	Dez.	.56 AT
– Jahresabrechnung 1974 und Rechnungsstellung für Stadt, beteiligte Gemeinden und Bund (Familie mit 5 Themen)	Febr.–April	2.84 AT
– Stundenansätze der Hilfskräfte anpassen (Einzelthema)	Febr.	.18 AT
– Budget 1975 für Bund (Einzelthema)	April	.49 AT
– Budget 1976 für Stadt und beteiligte Gemeinden (Familie mit 5 Themen)	Mai–Aug.	4.66 AT
		16.30 AT

Das heißt also: 16 Arbeitstage oder gut drei Arbeitswochen waren damals im Arbeitsjahr P.'s von vornherein „vergeben“ zur Erledigung von 7 regelmäßig wiederkehrenden Themen oder Themen-Familien. (In der Zwischenzeit sind die Finanzfragen komplizierter und der Zeitbedarf dafür größer geworden.) Im Berichtsjahr kam dazu noch der interessante Sonderfall eines „unechten Jahreszyklus“. Zweimal hintereinander wurde der Voranschlag der Stadt Bern in der Volksabstimmung Anfangs Dezember verworfen; das Budget 1975 erforderte darum von P. einen Zusatzaufwand von .44 AT im Dezember 1974, das Budget 1976 einen solchen von .42 AT im Dezember 1975. Vorher und nachher kam das jahrelang nicht vor, könnte aber im Prinzip jedes Jahr eintreten. Es handelt sich also um einen „potentiellen Jahreszyklus“, der in der Berichtszeit voll realisiert wurde.

Andere Aufgaben, die damals jährlich wiederkehrten, waren zum Beispiel eben der „Informationstag", die Planung der „Maturanden-Aktionen" sowie der internen Seminare, die Organisation der Weihnachts-Neujahrs-Pause; dann auch gesellschaftliche Anlässe wie Planung und Durchführung von Büroausflug und Weihnachtsfeier.

Für Zeit-Budget-Erhebungen bilden Jahreszyklen natürlich ein echtes Problem. „In general, for such studies the unit of observation should ideally correspond to the length of the time span during which an activity occurs cyclically. For many activities this is a period of one week, and for a number of others a month or even a year ... " (Scheuch, 1972, 75). Unsere Vollerhebung dürfte eine der wenigen Untersuchungen sein, die diesem Ideal auch in der letztgenannten Hinsicht entspricht. Dank der Tatsache, daß sie sich über mehr als ein ganzes Jahr erstreckte, haben wir in einigen Fällen jährlich wiederkehrende Themen sogar zweimal ganz erfassen können (Vorbereitung Jahresstatistik; Rechnungsabschluß; Budgetüberarbeitung; auch traf sich's bei den meisten der erwähnten kleinen Themen so). Wir durften dabei eine recht beachtliche Übereinstimmung im Zeitaufwand feststellen.

Themen-Serien

Jährlich auftretende Aufgaben bilden das instruktivste Beispiel für Themen, die sich wiederholen. Die gleiche Aufgabe, der gleiche Zuwendungsgegenstand kommt wieder und wieder. (Was das zweite betrifft: manche Leute lesen Woche für Woche den „Spiegel"; andere besuchen jedes Jahr eine Vorstellung des Circus Knie.) Bei jedem Auftreten aber ist die Bezeichnung um eine Jahrzahl, um eine Nummer weitergerutscht; und auch andere Zahlen (die der Ratsuchenden, die der Franken, vielleicht auch die der Löwen oder der Clowns) haben sich mehr oder weniger verändert.

Wir nennen solche sich wiederholende thematische Erscheinungen „Themen-Serien". Jahres-Serien sind beileibe nicht deren einzige Form; es gibt fast ungezählte andere Varianten. Sie können sich von den Jahreszyklen vor allem in zweierlei Hinsichten unterscheiden: in der Frequenz und in der Regelmäßigkeit des Auftretens.

Einerseits geben nämlich weitere Gliederungsmöglichkeiten des Zeitkontinuums gleichfalls Gelegenheiten zu regelmäßigen Ereignissen anderer Frequenz. Jahrhundertfeiern freilich kommen so weit verzettelt daher, daß die allermeisten von uns keine Chance haben, daraus eine Themen-Serie zu bilden. Schon besser geht es den Katholiken mit ihrem Heiligen Jahr (oder den Eidgenossen mit ihren Landesausstellungen, die, wenigstens bisher, ebenfalls jedes Vierteljahrhundert stattfanden. Wenn mein Vater Glück hat, kann er bald einmal seine vierte erleben.). Und den Bürgern zahlreicher Länder ist der allvierjährliche Wahlrummel bestens bekannt. Noch vertrauter sind uns allerdings die Zyklen, die kürzer dauern als ein Jahr und sich nach Monaten oder Wochen messen. Die Woche bildet dabei wohl die untere Grenze. Darunter hört dann meines Empfindens das „Serien"-Erlebnis auf; die Aufgabe geht über zur Kontinuität.

Beispiele aus dem Arbeitsleben P.'s ? Gerne. Wir greifen zunächst eine Kuriosität heraus. Bis und mit 1974 – wer hätte geahnt, daß das Mittelalter noch so nahe ist! – herrschte in der Stadtverwaltung Bern das archaische System der Bar-Auszahlung der Monatslöhne durch den Amtsleiter: Die Sekretärin holte bei der Stadtkasse die gesamte Lohnsumme ab, führte sie in ihrer Handtasche durch belebte und einsame Gassen auf das Amt, und von da an taucht das seltsame Ding dann auf den Tagesblättern als monatlich sich wiederholendes Thema auf: der Chef – das war ihm aufgetragen – verteilte das Geld in Lohntüten und brachte diese den Mitarbeitern einzeln ins Zimmer – eine Arbeit von etwa einer halben Stunde (.06AT).

Aus dem Kreis der wöchentlich auftretenden Arbeiten wäre nichts so Seltsames zu vermelden; hingegen werden die Büro-Sitzungen, gewöhnlich am Donnerstag vormittag stattfindend, am Schlusse dieses Kapitels noch zu reden geben. Sitzungen sind ihrer Natur nach serien-schwanger. Offenbar kann bei ihnen auch das zeitliche Alternieren eine beliebte Form bilden: In der Berichtszeit fanden alle zwei Wochen die internen Weiterbildungsseminare an P.'s Stelle, alle zwei Monate die Vorstandssitzungen der Schweizerischen Arbeitsgemeinschaft für akademische Berufs- und Studienberatung (AGAB) statt.

Daneben gibt es natürlich auch unregelmäßige Themen-Serien. Sie können breiter ausladen als Jahreszyklen (so etwa die Erfolgskontrollen der Akademischen Berufsberatung Bern; eine davon fiel in die Vollerhebungszeit); raschere Abfolgen sind aber ebensogut möglich. So betreute P. während der Berichtszeit das Bulletin der genannten Arbeitsgemeinschaft, das in nicht festgelegter Folge, je nach Stoff und Bedarf, erschien. Während der Vollerhebungszeit redigierte er sieben Nummern (November und Dezember 1974, März, Juli, Oktober, November und Dezember 1975).

Familien, Serien, thematische Einheiten

An dieser Stelle müssen wir einen Moment innehalten. Mit „Familien" und „Serien" haben wir zwei Formen von Themen-Verbindungen erwähnt, die deutlich auseinanderzuhalten sind. Sie haben zwar manches gemeinsam, besitzen aber doch im thematischen Gesamtgeschehen einen recht verschiedenen logischen Status. Gleich sind sie sich darin, daß es in beiden Fällen „um eine gleiche Aufgabe" oder „um einen gleichen Gegenstand" geht, mit denen sich der Handelnde in allen beteiligten Themen beschäftigt. Kriterium eins nach Midwest-Theorie, die „Einheit der Ausrichtung", ist also erfüllt. Wollen wir das größere Ganze irgendwie benennen, das sowohl durch die verschiedenen Themen einer Familie wie auch durch die einer Serie gebildet wird, können wir von einer „gleichgerichteten Einheit" sprechen.

Wie sich aber aus der Kriterien-Diskussion des letzten Kapitels ableiten läßt, scheidet vor allem das zweite Kriterium, die „normale Verhaltensperspektive", Themen-Serien von Themen-Familien. Jahreszyklen sind auch in dieser Hinsicht besonders instruktiv; sie lassen klar erkennen, wie weit der normale Mitmensch bei seinem Handeln in die Zukunft vorausblickt. Er berechnet die diesjährige Statistik und plant den heurigen Ausflug; kein vernünftiger Mensch aber würde dies vorrangig im Gefühl tun, weiterzuarbeiten „an der Reihe alljährlicher Statistiken" oder „an der traditionellen Ausflüge-Serie". Die gleiche Sache kommt in immer wieder neuer, konkreter Gestalt. Hingegen: in wie manches Einzelthema sich die Aufgabe „Mietvertrag" oder „Diagnostik-Tagung" auch auseinanderlegen mag, es ist doch immer der gleiche Vertrag, die gleiche Tagung, die als angestrebtes Ziel und realistische Verhaltensperspektive maßgebend bleibt – manchmal über viele Jahre hinweg (wie dieses Buch hier).

Bei Familien, nicht aber bei Serien, geht es also um „die gleiche" (und nicht mehr bloß um „eine gleiche") Aufgabe oder um „den" gleichen Gegenstand. Wir sprechen dann von „thematischen Einheiten". Familien sind, Serien sind *nicht* thematische Einheiten.

Dieses Kriterium erlaubt uns auch, sukzessiv entstehende Themen-Familien (wie die oben erwähnte vierstufige Lösung der Raumverteilung) von Themen-Serien (wie der Bulletin-Redaktion) zu unterscheiden. Im März, April, Juli und September 1975 rangen wir immer aufs neue mit dem gleichen Zuteilungsproblem der Zimmer; einheitliches Ergebnis all dieser Bemühungen war die im Herbst 1975 realisierte Lösung, die dann bis Ende 1979 im Prinzip unverändert standhielt. Im März, Juli, Oktober, November und Dezember produzierten wir hingegen je ein anderes AGAB-Bulletin, Hefte, die im Archiv noch jetzt als getrennte Nummern vorliegen. Seltsamerweise wußten wir im März 1975, daß im Laufe des Jahres noch weitere Ausgaben des Informationsorgans fällig sein würden (das ist bei Serien normal, wenn auch nicht unerläßlich), hingegen wußten wir damals noch nicht, daß die Raumplanungs-Familie weiter wachsen würde.

Themen-Familien sind also stark gegliederte thematische Einheiten (das gilt auch für „Sukzessiv-Familien"), Themen-Serien dagegen Abfolgen gleich ausgerichteter thematischer Einheiten.

Nun, wenn wir das einmal so verstanden haben, ergeben sich daraus auch gleich die Komplikationen. Es *gibt* nämlich Fälle, wo serienweise auftretende Ereignisse einer gemeinsamen Verhaltensperspektive unterstellt sind. Im Frühsommer 1975 gingen die Mitarbeiter der Akademischen Berufsberatung Bern in einem internen Seminar das Thema der „Leistungsverweigerung" an, das damals – noch von der Zeit der eben abgebrochenen Hochkonjunktur her – aktuell war. Es wurde in vier Sitzungen, verstreut vom 30. Mai bis zum 9. Juli, besprochen, die viel Vorbereitungen erforderten. Die Sitzungen wurden inhaltlich in 2 × 2 Anlässe gruppiert, die von P. je als „Thema" registriert wurden; ihre Abfolge aber bildete eine Serie.

Solche einer Familie eingegliederte Serien finden wir in P.'s Material ab und zu. Wie wir aber schon früher sahen, finden wir umgekehrt auch das folgende: Serien, bei denen eines ihrer Glieder (oder regelmäßig jedes von ihnen) sich in Themen-Familien auseinanderfaltet. Die Jahresstatistik ist dafür ein klassisches Beispiel.

Sollen wir das Risiko auf uns nehmen, den Leser noch mehr zu provozieren, und bekanntgeben, daß es nicht nur solch „sekundäre“, sondern auch „tertiäre“ Gruppierungen gibt? Das steckt logischerweise bereits in der Definition. Thematische Einheiten können übergewichtige Teile erzeugen, die serienweise gestaffelt ablaufen und dabei selber wieder übergewichtige Teile haben können; oder Glieder einer Serie könnten sich familienmäßig aufspalten in Teile, die ihrerseits wieder Serien bilden. (Das zweite haben wir in P.'s Material nicht gefunden, hingegen das erste wohl: P.'s eigener Beitrag zur zweiten Gruppe der Leistungsverweigerungs-Seminare nahm ihn dermaßen dominant in Beschlag – er erforderte mehr als drei volle Arbeitstage! –, daß er sich als eigenes Thema herausdifferenzierte.) Man könnte das Spielchen natürlich weitertreiben, wie beim Kindervers vom Manne mit dem hohlen Zahn. (Unsere Erfassungsschwelle würde dem Vers zum Glück aber bald ein abruptes Ende setzen!)

Quasi-Serien und Serienthemen

Nach zwei Seiten hin müssen wir die Themen-Serien abgrenzen von Phänomenen, die mit ihnen verwandt sind, die wir aber nicht so nennen wollen. Die Übergänge sind freilich fließend.

Quasi-Serien. Der Begriff „Serie“ setzt voraus, daß es sich, wie wir uns ausdrückten, jeweils um „eine gleiche“ Aufgabe oder Sache handelt, mit der man sich beschäftigt; es gehört auch zu ihrem Wesen, daß sie sich, mehr oder weniger rhythmisch, wiederholt. Immer wieder ist eine Woche, ein Monat, ein Jahr vorbei und damit die nächste Bürositzung, die nächste Spesenabrechnung, der nächste Jahresbericht fällig. Immer wieder häuft sich Material an, das zu einem Bulletin verarbeitet werden sollte.

Nun gibt es wohl in jedem Berufsleben Abfolgen von Aufgaben, die in gewissem Sinne ähnliche Züge aufweisen, aber doch nicht echten Seriencharakter tragen. Im Rahmen von P.'s Arbeitswelt denken wir da in erster Linie an die Beratungsfälle. Immer wieder melden sich neue Klienten, mit teilweise recht ähnlichen Problemstellungen. Bilden sie eine „Serie“ im oben beschriebenen Sinne? (Wir charakterisierten diese unter anderem so: jedesmal rutschen wir um eine Jahrzahl, um eine Nummer weiter vor.) Im dringenden Interesse unserer Ratsuchenden und der Sache, der wir dienen, ist zu hoffen, daß alle Berater diese Frage ehrlich mit Nein beantworten können. Jeder Ratsuchende bringt eine neue, eigene Welt in unser Sprechzimmer, und es wäre übel bestellt, wenn wir sie bloß wieder für „eine gleiche“ hielten.

Ebenso verhält es sich mit anderen Aufgabengruppen, etwa den Personalfragen. In der Berichtszeit hat P. – innerhalb von dreiviertel Jahren – gerade viermal einen neuen Mitarbeiter suchen und anstellen müssen, zweimal einen Berater, einmal eine Sekretärin und einmal einen Testassistenten. Jeder dieser Fälle war anders und individuell (zwei davon werden wir noch näher kennenlernen); das ist das eine, was sie von Serien abhebt. Wiederholungen sind bei Personalsuche und -anstellung im Prinzip gar nicht obligatorisch. Es wäre denkbar, daß der Mitarbeiterstab eines Amtes über Jahre weg konstant bliebe. (Davon träumt P. als Amtsleiter schon lange – dann jeweils, wenn das Team gut spielt. Aber es bleibt immer nur beim Traum.)

Es liegt nahe, solche Abfolgen ähnlicher Aufgaben als „Quasi-Serien" zu bezeichnen. In unserem Modell (Kapitel 6.6) werden wir sie als nicht seriengebundene Einzelthemen behandeln.

Serienthemen. Auf der anderen Seite haben gewisse oft wiederkehrende Beschäftigungen P. jeweils nur so flüchtig in Anspruch genommen, daß er zunächst gar nicht recht begriff, daß es sich im Grunde ebenfalls um Serien handelte. Zum Beispiel half er allmonatlich seiner Sekretärin kurz bei der Ausfüllung der Spesenrechnungs-Formulare; er sah immer, wenn Bücher oder Zeitschriften zuhause eintrafen, die Sendungen kurz durch; stets, wenn ein Mitarbeiter in die Ferien verreiste oder von da zurückkehrte, gab es eine kurze Verabschiedung oder Begrüßung mit Erkundigung über Ziel und Verlauf; und dergleichen mehr.

Die laufende thematische Zuordnung solcher Betätigungen war schwankend; aber P. neigte doch mehr und mehr dazu, sie als eines jener lang hingestreckten, einheitlichen „Sammelthemen" aufzufassen, die im nächsten Unterkapitel besprochen werden sollen. Da wir uns an den Grundsatz halten, P.'s seinerzeitigem Erleben aus der Gegenwartsperspektive den Vorrang zu geben, so wollen wir den Eindruck der Einheit, der sich darin manifestierte, nicht nachträglich in Zweifel ziehen. Solche vielleicht etwas fragwürdigen Gebilde nennen wir „Serienthemen"; aber wir greifen mit ihrer Präsentation späteren Ausführungen vor.

Abschließbarkeit und Abschlußpflicht von Themen

Wer gemeint haben sollte, mit alledem sei die Erscheinungsvielfalt der Themen wohl doch allmählich erschöpft, der täuscht sich sehr. Wir haben uns erst mit den größeren Themen beschäftigt, und da steht uns immer noch eine Variable bevor. Sie läßt sich am besten im Anschluß an den zuletzt besprochenen Gegensatz, zwischen Einmaligkeit und Wiederholbarkeit von Themen vorstellen.

Daß Themen in Serien auftreten können, setzt nämlich voraus, daß jedes einzelne Glied dieser Reihe in sich abschließbar ist. Jedes Jahr liegen Statistik, Jahresbericht, Abrechnung, Budget einmal fertig vor; jede Bulletin-Nummer ist einmal redigiert und geht auf die Reise zu ihren Lesern, jede Sitzung wird einmal, feierlich oder beiläufig, „als geschlossen erklärt“, und Kinder wissen nur allzugut, daß auch der große Schluß-Tusch des Zirkusorchesters unweigerlich jedesmal erklingt. Nur so kann man sagen: das Thema ist tot; es lebe das Thema.

Bei den einmaligen Themen dagegen ist die Sache komplizierter. Sie erfordern nicht unbedingt einen Abschluß, sondern können durchaus offen bleiben oder sich gar à discrétion hinziehen. Wir können bei ihnen grundsätzlich drei Varianten unterscheiden: Aufgaben, die ihrer Natur nach „abschlußpflichtig“ sind; Themen, die zwar abschließbar, aber nicht abschlußpflichtig sind; und solche, die – der Aufgabenstruktur nach – gar nicht abschließbar sind.

Abschlußpflichtig nennen wir jene Themen – es sind immer „Aufgaben“ –, die sich dadurch charakterisieren lassen, daß eine Sache zu einem (im voraus mehr oder weniger klaren, manchmal zeitlich festgelegten) Ende gebracht wird. Ein hängiges Problem ist zu lösen, ein Kurs zu organisieren, ein ausfallender Berater zu ersetzen, ein Artikel zu schreiben (eventuell auch auf ein Seminar hin zu lesen). Der Budget-Vorschlag ist einzureichen, eine telefonische Auskunft zu erteilen, ein schmierender Füllfederhalter zu reparieren, ein tropfender Wasserhahn abzustellen. Die Größenordnung ist dabei nicht maßgebend; Informationstag-Dimensionen sind fakultativ. Auch kann der verlangte Abschluß – wir können hier durchaus vom „Ziel“ sprechen – manchmal unmittelbar und geradlinig, manchmal aber nur über verschiedene Zwischenziele erreicht werden. Bei abschlußpflichtigen Themen läßt sich jeweils recht eindeutig angeben, ob die Aufgabe „erfüllt“ wurde oder nicht: wenn der Bericht nicht abgegeben, das Schreibzeug nicht repariert oder ersetzt ist oder der Kurs nicht zustandekommt, ist die Handlung (durch wessen Schuld auch immer) unvollständig.

Was wir eben geschildert haben, ist jener banale Fall, der das Paradigma für fast alle modernen Handlungstheorien abgibt. Er hat in den letzten Jahren zahlreiche kompetente Beschreibungen und Analysen erhalten. (Eine der schönsten und originellsten ist freilich lange vor dem Einsetzen des „Handlungs“-Booms entstanden; es ist die dramatische Schilderung und genaue Zergliederung einer Hornissen-Jagd, die im abendlichen Zimmer Gottfried Fankhausers stattgefunden hat; 1962, 18ff.).

Darum wendet sich unsere Neugierde vielmehr jenen anderen Fällen zu, die von diesem Schema abweichen, und die in der Literatur bisher weit weniger Beachtung gefunden haben. Da gibt es zunächst einmal die zwar abschließbaren, aber nicht „abschlußpflichtigen“ Aufgaben und Zuwendungsthemen. Wir wollen sie an zwei typischen Beispielen illustrieren: Beratungsfällen und Büchern.

Nach gegenwärtiger Theorie und Praxis der Beratung (selbst der sogenannten „Berufsberatung“) zielen individuelle Fall-Betreuungen nicht auf ein klar im voraus nennbares End-Ergebnis ab. Der Berater setzt sich nicht in den Kopf, der Ratsuchende R. müsse am Schlusse des Beratungsprozesses „den passenden Beruf gefunden“ haben. Das ist allenfalls R.'s Sache, nicht aber primäres Anliegen des Beraters. Er verfolgt vielmehr das Ziel, daß R. dank seiner Hilfe den Berufswahlprozeß sinnvoll angeht; er leistet ihm Unterstützung beim Gewinnen der Entscheidungsfähigkeit, beim Erwerb eines hinlänglichen Überblicks, beim Prüfen der Varianten, bei der Auseinandersetzung mit seiner persönlichen Eigenart, beim Abwägen der Gewichte, beim Zurechtkommen mit den Konsequenzen. (In Unterkapitel 8.1 werden wir davon noch mehr hören.) Diese Hilfe leistet der Berater, soweit und solange der Ratsuchende sie beansprucht und nötig hat. (Vgl. dazu etwa Landolf, 1985, 333ff.)

Beratungsfälle sind deshalb nicht im gleichen Sinne „abschlußpflichtig“ wie Budget-Eingaben oder Besetzungen vakanter Stellen. Sie können sich hinziehen, wie wir das früher schon beim Fall A. gesehen haben; sie können aber auch zu einem klaren Ende kommen (durch gegenseitige Übereinkunft, Erreichen eines bestimmten Zieles oder auch bloß durch natürliches „Auslaufen“), wie Fall B. oben gezeigt hat. (Das zweite ist bei Beratungsstellen natürlich die Regel; andernfalls hörten sie auf, funktionsfähig zu sein.)

Das gleiche gilt auch für die Lektüre von (Fach-)Büchern. So wenigstens, wie die Dinge für P. stehen, liegt volles, vollständiges Durchlesen und Durchackern wissenschaftlicher Bücher (seit der Zeit des Studienabschlusses) einfach kaum mehr „drin“. Wie weit man sich in ein Buch einlassen, wie gründlich man es (mit Kartei-Auszügen usw.) bearbeiten, ob und wie bald man auf Gelesenes noch einmal oder stets wieder zurückkommen will, das alles steht von vornherein nicht fest. Viele Lektüre-Themen bleiben bei P. als „unabgeschlossene“, potentiell noch offene Zuwendungsgegenstände monate- oder gar jahrelang auf der „Warteliste“. Aber grundsätzlich bleibt doch bei jedem zur Hand genommenen Buch die Möglichkeit offen, damit „fertig zu werden“, sei es, daß man es gelesen und bearbeitet weglegen kann, sei es, daß man auf weitere Beschäftigung vorzeitig verzichtet. Auch Lektüre-Themen sind also grundsätzlich abschließbar.

Abschließbare und nicht abschließbare Themen

So gibt es also zwei Varianten abschließbarer Themen. Hat der Leser sich diesen Unterschied schon einmal bewußt gemacht? (In die Handlungsliteratur hätte sich dieses Bewußtsein freilich seinen Weg noch kaum gebahnt.) Und hat er sich mit der noch viel beachtenswerteren Tatsache auseinandergesetzt, daß viele Themen innerhalb der normalen Verhaltensperspektive überhaupt nicht abschließbar sind?

P. selber, dessen Themenwelt vorwiegend aus abschließbaren Gebilden besteht, ist nur schrittweise diesem Geheimnis auf die Spur gekommen.

Als er seine Themen des Arbeitsjahres 1974/75 nachträglich kategorisierte, stutzte er ab und zu. Da gab es gewisse Aufgaben, die, wie die olympische Flamme, ewig zu brennen schienen. Ein Ende war da (vorderhand) nicht absehbar. So arbeitete er immer an seiner Bibliothek, mehrte und pflegte sie, und ebenso an seiner Kartei, die immer wieder nachgeführt, geordnet, erweitert werden mußte. Durch immer neue kleinere und größere Aufräumaktionen war auch Ordnung zu halten auf Schreibtisch und in Schränken (hier fiel es P. besonders schwer zu akzeptieren, daß diese Aufgabe grundsätzlich „unabschließbar" war). Aber auch das Interesse für das Ergehen anderer Schweizer Beratungsstellen mit den daraus immer wieder hervorgehenden Zuwendungen sah keinem „Abschluß" entgegen. Und war der „Aufbau einer eigenen Handlungstheorie" – und war der Aufbau einer Theorie über den „Handelnden und seine Welt", von der wir früher sprachen, ein Thema, das P. in absehbarer Zeit einem Ende zutreiben wollte (und konnte)?

Dennoch wurden alle diese Zuwendungsgegenstände und Aufgaben von P. durchaus als Einheit erlebt, als je *ein* Thema, und entsprechend auf den Tagesblättern registriert. Auch sie konnten, selbstverständlich, „Familien" bilden, indem Einzelaufgaben, etwa die Groß-Aufräumaktion vor dem Umzug (9.–11. Juli 1975, vgl. Figur 10.61; total 2.22 AT), vorübergehend übermächtig wurden. (Das „Rahmen"-Thema kumulierte sich aus Klein-Unternehmungen seinerseits zu 3.25 AT auf – P. opferte also im Arbeitsjahr 1974/75 eine volle Arbeitswoche dem „Aufräumen"!)

Aber das Rahmenthema ging doch in allen Fällen auf „Dauer"; und das verhalf dieser Art von Themen schließlich zu ihrem Namen. Wir nennen sie „Dauerthemen". (So werden sie auch in unserer Statistik erscheinen – obgleich ich das Prinzip während ihrer Erstellung noch nicht voll begriffen hatte. Damals wurden nur erst drei Beispiele unter dieser Kategorie subsumiert. Nach heutiger Zählung wären es mindestens ein Dutzend.)

Bedeutung und Varianten der Dauerthemen

Trotzdem: „Dauerthemen" bilden in P.'s Arbeitsleben eher eine Randerscheiung. Sie begleiten seinen Alltag; aber das Schwergewicht von P.'s Berufstätigkeit liegt auf abschließbaren oder sogar abschlußpflichtigen Arbeiten. Aber das läßt sich nun nicht einfach für die Arbeitspsychologie überhaupt verallgemeinern. Liegt nicht einer der charakteristischen Unterschiede von Berufsaufgaben gerade in ihrer Abschließbarkeit oder Unabschließbarkeit? Die Dame am Schalter, der Mann am Steuer der Straßenbahn, die Frau am Fließband, der Überwacher am Regelpult – sind sie nicht praktisch den ganzen Tag mit Daueraufgaben beschäftigt? Pausen und Unterbrüche – die ersehnte Sirene am Ende des Arbeitstages zum Beispiel – zählen natürlich nicht als „Abschluß". Abgeschlossen müßte, um diese Beschreibung zu erfüllen, nicht die heutige Zuwendung zur Aufgabe sein, sondern die Aufgabe selber, so, daß man sich einer neuen, anderen zuwenden kann – wie der Automechaniker, der den einen, reparierten Wagen für den Kunden bereitstellt und den nächsten in die Werkstatt holt. Dieser Vergleich führt übrigens noch weiter. Auch durch Fließband-Dauerarbeiten entstehen schließlich fertige Sachen, Autos oder Radiogeräte. Dem einzelnen, der laufend bestimmte Teile bearbeitet, kann man dies allenfalls als „Sinn" seiner Arbeit vor Augen halten – gleichwohl bleibt er bloß ein „heteronom" eingesetztes, „funktional" rotierendes Rädchen in einer übergreifenden Maschinerie (gemäß André Gorz, 1989, 52ff.).

Was heißt nun in diesem Zusammenhange „Dauer"? Wir haben oben vom olympischen Feuer gesprochen und somit gleichsam von der Ewigkeit. Da haben wir uns etwas übernommen. Dauerthemen können natürlich höchstens solange hinhalten wie unser eigenes Leben. „Lebenslängliche" Themen könnte man im privaten Bereich in der Tat vielleicht antreffen, etwa Pflege der eigenen Gesundheit, Ernährung und ähnliches. Viele der von Hans Thomae in Kapitel 7 seines Werkes „Das Individuum und seine Welt" (1968) genannten Themen gehören dazu (vgl. unser Kapitel 4.6, S. 211). Die meisten Dauerthemen hängen jedoch zusammen mit einer Lebenssituation, die, wie eben die Berufsausübung, eine Arbeitsstelle oder eine bestimmte Position im Betrieb, einmal zu Ende gehen wird. Auch die Kinder werden einmal erwachsen, deren Betreuung jetzt noch eine so aufwendige Aufgabe bildet. Dieses „Ende", und darauf kommt es uns hier an, liegt in all diesen Fällen aber jenseits dessen, was wir als „normale Verhaltensperspektive" bezeichnet haben. Das wird drastisch klar aus dem Gegenbeispiel: bei Menschen nämlich, die kurz vor dem Austritt aus dem Berufsleben stehen und die Tage bis dahin zu zählen beginnen; auch ihre „unabschließbarste" Aufgabe ist – subjektiv – plötzlich abschließbar geworden. Damit wir ein Thema als „abschließbar" bezeichnen können, muß also der angestrebte Abschluß in konkreter, überschaubarer Reichweite liegen.

Das führt uns noch zu einem Übergangsphänomen. Es gibt Themen, die zwar durchaus einem Abschluß zustreben, der aber (leider) noch nicht in Sicht ist. Dieses Buch hier gehörte für P. jahrelang dazu. Er hoffte zwar stets, es bald einmal unter Dach zu bringen; aber das schöne Ziel lag noch weit vorne, in Dunst und Nebel gehüllt, nicht einmal mit gutem Fernglas zu erspähen. Vom täglichen Tun her sah sich P. da mit etwas (vorläufig noch) Unabschließbarem konfrontiert. Solche Langzeit-Themen könnten wir unechte (oder Quasi-) Dauerthemen nennen. Sie gehören ihrer Aufgabenstruktur nach nicht wirklich zur Klasse der Dauerthemen, werden aber, weil der Abschluß der normalen Verhaltensperspektive entrückt ist, vom Handelnden ähnlich wie diese empfunden.

Wir halten die hier diskutierte Variable im Themengeschehen für ein wichtiges Studienobjekt und bedauern es darum, wenn in der arbeitspsychologischen Literatur Aufgaben oft praktisch gleichgesetzt werden mit „abschlußpflichtigen" Themen. Winfried Hacker beispielsweise verzichtet in seinem faszinierenden Buch auf die Behandlung von Arbeitstätigkeiten, die nicht „auf ein abgehobenes Endziel gerichtet sind“ (1978, 61). Sie dürften aber für viele Berufsleute – wenn auch nicht für P. – den normalen Alltag bestimmen.

5.3 Kurzzuwendungen und Sammelformen

Zwischenthemen

Der Leser könnte sich nun gewiß nicht mehr beklagen, wir hätten ihn mit Theorien traktiert, seien ihm aber konkrete Beispiele von Themen schuldig geblieben. Organisation eines Informationstages, Betreuung von Beratungsfällen, Lektüre von Fachbüchern, Erstellen von Jahresstatistik und Budget, Lösen komplexer Personalprobleme, Redigieren eines Bulletins, Teilnahme und Mitarbeit an einem Seminar, Verteilung des Amtes auf neue Räume, Ausbau der eigenen Bibliothek – das und manches andere sind Beschäftigungen aus dem Arbeitsleben P.'s, die wir nun etwas näher kennengelernt haben und die die Vielfalt seiner Themenwelt ausmachen. Es sind Dinge, die ihn meist über einige Zeit beanspruchten, einen guten vollen Arbeitstag oder länger, auch wenn sie – als „zusammengehörige Tätigkeiten“ – fast durchwegs aus mehreren, verstreut auftretenden Einzelstücken bestanden, die selber gelegentlich sehr kurz, ab und zu dann aber auch wieder von massiver Dauer waren.

Lesen wir Tätigkeitsberichte von Ämtern, Vereinen, Betrieben oder Biographien wichtiger Persönlichkeiten, so besteht die geleistete Arbeit meist aus solchen größeren Blöcken. Man neigt dazu (und ist auch gezwungen), sich auf das Ansehnliche zu beschränken. Nur gelegentlich findet man Sätze wie: daneben wurden viele Anfragen beantwortet, oder: viel Kleinkram erledigt. Auch Tagebücher übergehen diesen Kleinkram zumeist – es sei denn, er entwickle eine emotionale Dynamik oder sei besonders einprägsam. So meldet Thomas Mann etwa am 26. Juni 1936: „Gewitter“; oder am 13. Juli: „Ärger über die Unfolgsamkeit des Hundes“; oder am 31. Juli: „Junger Schauspieler, Freund Langhoffs, aus Malaga kommend, ‚abgerissen‘, wurde gespeist und mit einigen Franken versehen. Ich sah ihn nicht“ (1978; 321, 330, 342).

Wer aber, wie P., über lange Zeit seine eigene Arbeit systematisch registriert, dem wird zwingend bewußt, welche Rolle der Kleinkram im Leben eines Menschen spielt, wieviele Dinge da tagein tagaus passieren, die sich in keinen weiteren Zusammenhang einordnen lassen, keinem „großen“ Thema zugehören. Gewitter waren es zwar während der Vollerhebungszeit bloß drei, derentwegen P. seine Arbeit für mindestens fünf Minuten unterbrach (einmal während einer wichtigen Unterredung mit dem Ersten Sekretär der Bernischen Erziehungsdirektion). Dafür ereigneten sich ungezählte (oder in P.'s Fall erstaunlicherweise: gezählte) andere Dinge, denen er sich kurz zuwandte: Ein Postbote meldet sich mit einem unzustellbaren Paket; der Luzerner Kollege erkundigt sich über die Bezahlung von Praktikanten; P. verschüttet beim Kaffee versehentlich Milch über Kleider und Boden; er nimmt das Kursprogramm 1976 des Berufsberater-Verbandes zur Kenntnis; er bedankt sich für eine Einladung des Gymnasiallehrervereins, der er nicht Folge leisten kann; er unterhält sich mit der Sekretärin über das Problem des überlasteten Telefons (unternimmt aber nichts); er erkundigt sich bei einer Sekretärin über Ziele und Vorgehen der „Scientologists" (die schon 1975 in Bern ihr Unwesen trieben). Die Liste könnte über Seiten und Seiten fortgesetzt werden (aus Kapitel 7 ließe sich allenfalls berechnen, über wie viele).

Schon im ersten Herbst der Erhebung wurde klar, daß sich unter die großen, ernsthaften Aufgaben und Zuwendungen – bei P. wenigstens – immer wieder solche kurzen Zwischenspiele schoben (auch während des Arbeitstages – wie sehr wohl erst im Privatleben!). Darum entschloß sich P. von vornherein, diese Intermezzi gar nicht mit dem Themenraster zu erfassen. Er registrierte sie zwar, schied sie aber unter der Bezeichnung „Zw" aus und notierte sie in der Kartei zusammen auf Karten von besonderer Farbe. (Das ersparte ihm mindestens einen ganzen Kasten.) Im Statistik-Kapitel werden wir vernehmen, daß P. später von der erlebnismäßigen zur quantitativ definierten Ausscheidung von Zwischenthemen überging.

(In der Literatur habe ich eine kurze Beschreibung und Diskussion der „Zwischenthemen" bei Ernst E. Boesch gefunden: 1980, 184f.)

Themen-Sammlungen

Das Leben ist unerschöpflich reich an Ideen, wie es uns, zwischen größeren Arbeiten und diese oft unterbrechend, mit immer neuen Aufgäbchen und Gegenständchen unterhalten kann. Gleichwohl ist es aber so, daß unsere beruflichen Aufgaben auch zu Häufungen bestimmter Arten ähnlicher Kurzzuwendungen führen. Bei einem Berufsberater wie P. zum Beispiel ergibt es sich ganz natürlich, daß er immer wieder mit seinen Mitarbeitern kurz über deren Fälle spricht, oder – falls er zur alten Garde gehört, die noch Psychodiagnostik trieb – mit ihnen Erfahrungsaustausch pflegt über Tests. Auch nimmt er – hoffentlich – kleine berufs- und studienkundliche Informationen zur Kenntnis, wenn sie ihm durch Zeitungen, Prospekte oder in Gesprächen angetragen werden. Die sogenannten Zeitläufte können zur Häufung bestimmter Informationsgegenstände beitragen, so das Jahr 1975 etwa zu solchen betreffend die Rezession, die sich damals über das Land senkte. Oder wenn er das Pech hat, auf dem Stockwerk zu sitzen, in welches für gewöhnlich das Publikum zur „Anmeldung" geschickt wird, und es sich so trifft, daß beide Sekretärinnen gleichzeitig

Urlaub haben (so geschehen vom 25. August bis zum 12. September 1975), dann wird er nicht umhin können, hierher sich verirrendes Volk mit Fassung und geneigtem Ohr zu empfangen und ihm die gewünschten Auskünfte und Hinweise zu erteilen.

Alles unverbundene Kurzzuwendungen – und doch eindeutig zu gruppieren nach bestimmten Sachkomplexen. Man kann sich zu Recht fragen: Gehören sie denn nicht einheitlichen Themen an? Sind nicht „Mitarbeiterberatungen bei Fall-Problemen", „Erfahrungsaustausch über Tests", „Sich-Informieren über berufskundliche Fragen" je in sich geschlossene Aufgaben (halt eben „Daueraufgaben" gemäß Abschluß des vorangehenden Unterkapitels)? Das wäre wohl durchaus möglich – der Handelnde selber muß uns sagen, ob er es so empfindet. Und da hat nun der arbeitsregistrierende P. in den Erhebungsjahren sein Machtwort gesprochen. In den drei eben genannten Fällen hat er durchwegs nur „Zwischenthemen" notiert. Er wußte zwar, daß solche Verhaltensweisen zum Aufgabenbereich seiner Stelle gehörten; aber die einzelnen Zuwendungen erlebte er als gesonderte, kleine Einheiten. Würde es sein Berufskollege anders empfinden, so müßte er selbstverständlich ein geschlossenes Thema eintragen.

Das kam andernorts auch bei P. vor. Die „Publikumsbedienung während der Abwesenheit der Sekretärinnen", voraussehbar und begrenzt, registrierte er durchwegs als einheitliches Thema. Und bei den „Rezessionsfragen" bildete sich das Einheitsgefühl allmählich heraus, ganz gleich, wie wir das früher für den „Numerus clausus" in der Medizin beschrieben haben (Seite 193). In entsprechender Weise haben sich auch das Dauerthema „Aufbau der eigenen Bibliothek" (Seite 239) und das Serienthema „Durchsicht eingehender Sendungen" (Seite 236) erst im Verlaufe der Erhebung zusammengeschlossen. Hier haben wir uns strikte an den „zeitgenössischen" P. als Zeugen gehalten – so, wie das Joseph Forgas befürwortet (vgl. Zitat auf Seite 158). Wo P. spätestens im Verlaufe der Erhebung dazu überging, nun regelmäßig ein einheitliches Thema zu markieren, da folgten wir bei der Erstellung der Themenkartei diesem Fingerzeig. Wir gingen dann notfalls zurück und schrieben, wo das sinnvoll erschien, auch die früher als „Zwischenthema" bezeichneten Zuwendungen in gleicher Sache auf das gemeinsame Thema um. Bei den „Rezessionsfragen" zum Beispiel entstand das „Themen-Erlebnis" erst am 14. November 1975, aufgrund kurzfristig wiederholten Auftretens (und blieb dann); die vier früheren Arbeitseinheiten (16.5., 17.7., 19.9. und 13.11.) wurden bei der Erstellung der Themen-Kartei auf der entsprechenden Karte nachgetragen. Hatte P. jedoch die „Einheitlichkeit" eines Gegenstandes seinerzeit selber nicht realisiert, so widerstanden wir auch einer noch so großen Versuchung, es nun besser wissen zu wollen. (Sehr groß war sie zum Beispiel beim „Erfahrungsaustausch über Tests".)

Wo trotz ähnlicher thematischer Ausrichtung Kurzzuwendungen als sich folgende Einzelthemen erlebt wurden, sprechen wir von „Themen-Sammlungen". Auch für sie haben wir später statistische Kriterien aufgestellt (vgl. S. 392). Wenden wir diese auf die Themen der Vollerhebungszeit an, so finden wir in P.'s damaliger Arbeitswelt dreizehn solche Sammlungen, mit Beständen von 100 (Beratungsfälle anderer Berater) bis hinunter zu 7 Themen und einer Gesamtzuwendungsdauer von 1.93 AT (dito) bis hinunter zu .25 AT.

Sammelthemen

Auch für die andere Form – die Fälle „Rezessionsfragen" und „Publikumsbetreuung während Sekretärinnenabsenz" – haben wir uns einen passenden Namen ausgedacht. Wir nennen sie „Sammelthemen". Damit haben wir – von der Seite der Kurzthemen herkommend – eine bei P. sehr häufig realisierte Sonderform der Themen angesprochen, die wir uns noch etwas näher anschauen müssen.

Die verschiedenen Tätigkeiten, die dergestalt zusammengefaßt werden, dienen im Eindruck des Handelnden – P.'s damals noch naiv ausgefüllte Tagesblätter beweisen es – einheitlich erlebten Aufgaben, oder sie werden von ihm beurteilt als auf den gleichen Gegenstand gerichtet. Zumindest, so können wir vielleicht abschwächen, handelt es sich um „sehr ähnliche" Inhalte – so ähnlich, daß das Kriterium der einheitlichen Ausrichtung noch als erfüllt gelten kann. Ist das nun bloß eine Frage der subjektiven Wahrnehmung, oder liegt dem eine „Realität" zugrunde? Noch einmal kommen wir hier kurz auf diese heikle Frage zurück. Sie ist im jetzigen Zusammenhang besonders schwer zu beantworten. Die Übergänge von „realer" Zusammengehörigkeit zu unverbundenem Nebeneinander sind sicher fließend, und der Wahrnehmungsprozeß des Handelnden läßt wohl die Grenzen klarer erscheinen als sie in Wirklichkeit sind, indem er das eine Phänomen dieser, das andere jener Seite zuschlägt. Ob er immer richtig trifft? Aber diese Ungewißheit soll uns nicht beirren. Der kategorisierende menschliche Verstand muß irgendwo eine Linie ziehen. Irgendwo zwischen unbezweifelbaren thematischen Einheiten (wie der Vorbereitung des Informationstages 1973) und unzweifelhaft unverbundenem Kleinkram (wie dem Gespräch über den Werkhof, der Besichtigung des Rechenapparats eines Mitarbeiters, der mühsamen Weiterleitung eines falsch verbundenen Anrufes) muß er den Schnitt machen – und was Klügeres könnte er tun (wir erinnern nochmals an Joseph Forgas), als sich auf das Spontanerleben des Handelnden zu berufen. Er kann höchstens versuchen, daraus gewisse Grundsätze und Kriterien zu gewinnen und allfällige Inkonsistenzen damit nachträglich zu korrigieren.

Zu solchen „Kriterien" für Sammelthemen gehören für uns – neben der zumindest großen Ähnlichkeit der Ausrichtung – zwei Dinge. Erstens: die in Sammelthemen vereinigten Zuwendungseinheiten sind in ihrer überwiegenden Mehrzahl so kurz, daß man sie, wären sie ohne Verbindung mit anderen Einheiten aufgetreten, bloß als „Zwischenthemen" registriert hätte. Das kann man sogar quantitativ definieren, wie wir in Kapitel 7 sehen werden. Um was für andere Formen es sich handelt, wenn dieses Kriterium nicht erfüllt ist, werden wir im nächsten Abschnitt vernehmen.

Das zweite Kriterium ist für eine Themen-Theorie von besonderer Bedeutung. Die im Sammelthema vereinigten Zuwendungseinheiten bilden nämlich keine „Struktur". Was heißt das? Sehen wir uns ein weiteres Mal die Vorbereitung des Informationstages an! Die einzelnen Arbeitsstücke werden bei diesem Thema zumeist dann eröffnet, wenn eine neue Zwischenarbeit fällig ist, wenn ein weiterer Schritt sich aufdrängt, wenn etwas Begonnenes und Unterbrochenes weitergeführt werden muß. Nicht nur dienen also die Einzelstücke, wenn sie auftreten, dem gleichen Ziele – das Ziel, die Aufgabe dirigiert auch weitgehend ihr Auftreten selber und ihre Abfolge. Bei der Lektüre eines Buches, die schrittweise vorangetrieben wird, ist das ebenso deutlich.

Nicht so beim Sammelthema. Hier ist das Auftreten der einzelnen Bestandteile ungeregelt und entspricht mehr oder weniger dem Zufall. Überraschungen von außen (zum Beispiel unvorhergesehene Initiativen anderer) oder von innen (eigene Einfälle) spielen bei ihrer Auslösung eine grosse Rolle; Zahl und Reihenfolge der Teile lassen sich nicht aus der Aufgabe oder dem Gegenstand herleiten. Wir sagen daher: Ihre Teile sind „strukturell unverbunden".

Bevor wir diesen äußerst wichtigen Gesichtspunkt weiter verfolgen, möchten wir noch darauf hinweisen, daß Sammelthemen – „Sammel-Aufgaben" wie auch „Sammelzuwendungen" zu einem Gegenstand – abschließbar oder nicht abschließbar sein können. Es gibt also auch „Sammel-Dauer-Themen"; der Ausbau von P.'s Bibliothek oder seine unzureichenden Versuche, durch Aufräumen Ordnung in seinen Sachen zu bewahren, sind dieser Subvariante zuzuzählen.

Themenbegleitung

Wir haben die Sammelthemen von den Kurzzuwendungen herkommend dargestellt. Wir hätten auch den umgekehrten Weg wählen können, indem wir sie schrittweise von den geschlossenen Themen abgegrenzt hätten. Ihre Übergänge nach dieser Seite hin sind nämlich ebenso fließend wie nach der Seite der Kurzthemen. Wir müssen uns daran gewöhnen, daß wir im ganzen hier untersuchten Gegenstandsbereich nirgends jene klaren, scharfen Grenzen finden, wie wir sie von Physik oder Chemie her kennen (wenigstens gemäß unserem Unterricht in der Schule); überall finden sich Grenz- und Übergangsphänomene. (Aber muß man das unter Sozialwissenschaftern noch ausdrücklich erwähnen?)

Gehen wir also aus von den straffen Formen des Handelns, von präzise auf ein Ziel hinstrebenden Themen. Solche lassen sich bekanntlich auch in

P.'s Arbeitswelt beobachten; als Beispiel drängt sich natürlich wieder unser Paradigma „Vorbereitung des Informationstages 1973" auf. Aber nun neigen die Handlungstheoretiker zum Teil dazu, die „Strukturiertheit" zielgerichteter Themen-Bearbeitungen zu überschätzen. Sie stellen die Arbeit an einer solchen Aufgabe dar, als wäre alles durchrationalisiert, jedes Tun in diesem Zusammenhang zweckdienlich, notwendig und funktionell, jeder Arbeitsschritt präzise an seinem unverrückbaren Platz.

Vielleicht gibt es – dann wohl sehr erfolgreiche? – Berufsleute, die so arbeiten. P. muß gestehen, daß er nicht – oder doch nur ausnahms- und annäherungsweise – zu ihnen gehört. Was er zuvor schon über sich selbst wußte, hat er bei der Erstellung der Themenkartei anhand der Tagesblätter ein neues Mal und sehr nachdrücklich erfahren: Bei jeder – oder doch fast jeder – Betreuung seiner Aufgaben erklingt erstaunlich viel „Begleitmusik" mit. Da wird unfunktional etwa mit anderen das Geschehene und Getane oder noch zu Besorgende durchgekäut, in Arbeitspausen wieder durchdacht; genießerisch oder ärgerlich wird Nachlese gehalten, eigene Texte werden – überflüssigerweise – nach Absendung oder Druck nochmals durchgelesen und was der vermeidbaren Dinge mehr sind. Es gibt viele Ausprägungen solcher Neben-Beschäftigungen mit einem Thema; oft werden sie von außen, durch Anfragen, eintreffendes Material und ähnliches ausgelöst, oft durch eigene Einfälle und Assoziationsreihen; manchmal entspringen sie auch einem Bedürfnis. (Über Auslösungsformen von Arbeitsschritten werden wir in einem späteren Buch Näheres hören.)

Wo aber soll man nun solche „Begleitmusik" thematisch unterbringen? Für P. entstand da während der Erhebung selten ein Zweifel: Sie wurden spontan der Aufgabe, um die sie sich ja ebenfalls drehten, zugesprochen. Dies um so mehr, als in der Praxis – wenn man einmal Beispiele näher prüft – auch der Unterschied zwischen „funktionalen" und „unfunktionalen" Beiträgen fließend ist. Wenn P. die Fallstatistik auszählt, ist – da er das recht gerne tut – mancher Schritt nicht mehr unbedingt rational und ziel-notwendig; umgekehrt steigen beim Plaudern darüber oder beim einsamen „Wiederkäuen" des Vorgehens manchmal Ideen auf, die sich als absolut zweckmässig (als Rationalisierung der Arbeit etwa) erweisen können. Was immer also mit der Aufgabe – oder dem Zuwendungsgegenstand – zusammenhängt, gehört „zum Thema".

Wer sich verständigen will, braucht Begriffe. Wo keine zur Verfügung stehen, muß man sie schaffen. Auch da stehen wir wieder vor der Notwendigkeit, eine Sache, die wahrscheinlich in unserer Untersuchung erstmals aufgetaucht ist, zu taufen. Wir haben die verschiedenen Kurzzuwendungen, die ein Thema begleiten – wie könnten wir anders? – „Themenbegleitung" genannt. Es gibt also Themen mit Begleitung und Themen ohne, oder noch besser: Themen mit mehr oder weniger Begleitung.

„Begleitende" Teile eines Themas zeichnen sich dadurch aus, daß sie mit den kohärent aufgebauten Handlungsstücken „strukturell unverbunden" sind. Und damit kommen wir zum Kern der Sache: Die strukturelle Verbundenheit der Teile eines Themas ist eine Frage der Statistik. Löst sich die Struktur eines Themas dermaßen auf, daß Unverbundenheit zwischen den Teilen zur Regel wird und Struktur zur Ausnahme, dann landen wir – auch von dieser Anflugseite her – beim Sammelthema.

Vor- und Nachspiele; Rahmenthemen

Das Wort „Begleitung" könnte allerdings falsche Vorstellungen erwecken. Sehr vieles, was wir unter diesen Begriff fassen müssen, ist nämlich, genau besehen, Vor- oder Nachspiel. Beides ist für unsere Thementheorie wichtig. Nachspiele zum Beispiel sind für sehr viele Arbeiten typisch und stiften für die Erfassung ihrer zeitlichen Erstreckung Probleme. Als zeitliche „Erstreckung" eines Themas bezeichnen wir die Dauer von der ersten bis zur letzten Arbeitseinheit, die diesem Thema zugeschrieben wird. Nun kam es im Arbeitsjahr P.'s häufig vor, daß eine Aufgabe besorgt, ein Bericht abgeschlossen und verschickt, ein Buch gelesen und weggelegt war, das Thema sich aber zeitlich fortsetzte, weil später einmal noch das eine oder andere konsequenzenlose Nachspiel stattfand. Unsere Statistik über die Themen-Erstreckung (vgl. Kapitel 7.4) wird durch diesen Umstand etwas erschwert.

Von grundsätzlicherer Natur sind die Fragen, die durch Themen-Vorspiele aufgeworfen werden. Sofern es sich nicht bloß um (noch nicht funktionale) Vorankündigungen und Vorerwähnungen kommender (klarer) Aufgaben handelt, sind „Vorspiele" meist dann gegeben, wenn ein zu lösendes Problem noch undurchsichtig ist. Es wird dann von P. das Thema bereits im Groben erkannt; in Überlegungen und Gesprächen wird es angeschnitten oder sozusagen „abgeschritten", ohne daß schon ein zweckmäßiger Weg der Bearbeitung in Sicht oder gar unter den Füßen wäre. Das sind jene Aufgaben, deren Bezeichnung mit Verben wie „lösen", „regeln" etc. endet: „das Testassistentenproblem lösen", „Problem Mitarbeiter X regeln" und ähnlich. Setzt sich der schließlich eingeschlagene Lösungsweg dann allerdings sehr deutlich ab von einem ausgedehnten „Vorspiel", so wird er diesem gegenüber als eigenes Thema abgehoben – Thema, das sich durch klare Abgrenzung und vorherrschendes eigenes Gewicht (nach dem „Potenzkriterium") innerhalb einer Themen-Familie ausgliedert.

So wurde in den Jahren 1973/74 der Ausbau einer Parallelstelle in Biel aktuell. (Wie sich die Geschichte wiederholt! Die Stelle, 1975 geschaffen, wurde 1977 dann auf Wunsch der Stadt Biel der Akademischen Berufsberatung Bern angeschlossen. Noch vor Abschluß dieses Manuskripts schlug aber das Pendel wieder zurück. Für den Leser wäre der Satz genau gleich wahr: „So wurde in den Jahren 1984/85 der Ausbau einer Parallelstelle in Biel aktuell." Und da wundert man sich, wenn Amtsleiter oft das Gefühl haben, an Ort zu treten!)

Die Aufgabe P.'s bestand damals zunächst bloß darin, laufend zur Kenntnis zu nehmen, was in Biel vor sich ging und was von den interessierten Instanzen gewünscht wurde. Außerdem war es für den Leiter der bisher einzigen akademischen Berufsberatung im Kanton unumgänglich, sich selber darüber ab und zu Gedanken zu machen – eine Reihe kleiner Zuwendungen ohne eigene „Potenz", klarer Fall eines Sammelthemas. Dann aber gliederte sich die Angelegenheit schrittweise auf in einzelne, klar umreißbare Aufgaben oder Phasen: eine Planungssitzung im Rahmen der kantonalen Erziehungsdirektion; Ausarbeitung einer Eingabe an den Regierungsrat; Klärung der Zusammenarbeitsweise; Reaktion auf eine neue Situation, die durch querlaufende Aktivitäten eines andern Beteiligten überraschend entstand. All diese Aufgaben wurden als eigene (wenn auch einer gemeinsamen Familie zugehörige) Themen erlebt.

In diesem Falle – und es gibt bei P. zahlreiche ähnliche Situationen – ereignete sich nun etwas, das thementheoretisch von einiger Bedeutung ist. Auch nachdem die „Bieler Frage" präzisere Gestalt angenommen hatte und in recht gezielten Einzelthemen ablief, gab es ab und zu „Begleitmusik" dazu: Gespräche und Überlegungen allgemeiner, „unfunktionaler" Art oder das Ordnen aller diesbezüglichen Unterlagen, am 14. Juni 1974, vor dem Einrücken in den Militärdienst. Ganz spontan hat nun P. damals – im ersten Halbjahr 1974 führte er ja laufend ein Themenregister nach – alle diese mehr vagen, „ruminativen" wie auch allgemeinen und verbindenden Klein-Arbeiten wieder dem ursprünglichen, zuerst noch unentfalteten Thema „Frage der Bieler Stelle" zugeordnet, das damit zum „Rahmenthema" innerhalb der Familie wurde, bestehend aus „Vorspiel", „Themenbegleitung" und „Nachspiel".

Solche „Rahmenthemen" waren für die Arbeitsweise P.'s bei komplexen Aufgaben sehr typisch. Auch die Umzugs- und Einrichtungsfragen des Jahres 1975, die Vorbereitung des Psychodiagnostik-Kurses oder die Frage der Teilersetzung einer schwangeren Beraterin (um nur ein paar besonders aufwendige Beispiele zu nennen) wurden während der ganzen Bearbeitungszeit durch solche Rahmenthemen begleitet. Da in ihnen praktisch nur Zuwendungen kürzerer Art vereinigt sind – die größeren Teilaufgaben gliedern sich ja als eigene Themen aus -, sind es typische „Sammelthemen" gemäß unseren früher erwähnten Kriterien.

Stufen struktureller Verbundenheit

Wir sind von zwei Seiten her zu den Sammelthemen vorgestoßen: von den kleinen, verstreuten Zwischenspielen her, die sich aber zum Teil auf den gleichen oder doch einen so ähnlichen Gegenstand beziehen, daß sie vom Handelnden als Einheit erlebt werden; und von den normalen, größeren Themen her, deren Einzelstücke aber teilweise strukturell unverbunden sein können, bis zu einem Ausmaß, das uns von Sammelformen zu reden zwingt. Sammelthemen finden wir also dort, wo das Einheitsgefühl, der Eindruck einer gleichen Aufgabe oder eines gleichen Gegenstandes, bereits vorhanden ist, die Auftretensfolge der einzelnen Beschäftigungen aber noch nicht durch dieses Ganze und durch die gegenseitigen Beziehungen der Teile bestimmt wird. Sie bilden somit ein Übergangsphänomen.

In der Tat können wir, nach den vorstehenden Ausführungen, eine ganze Stufenreihe von Erscheinungsformen unterscheiden:

1. Echte *„geschlossene" Themen*: Arbeitsfolgen, die so gut wie durchwegs funktional der Besorgung einer Aufgabe dienen (oder einem einheitlichen Gegenstand gewidmet sind). Solche Erscheinungen sind nicht immer Ausgeburten besonderer Tüchtigkeit; sie können sich sozusagen künstlich auch – bei P.: vor allem! – ergeben durch Ausgliederung von Einzelaufgaben oder -zuwendungen innerhalb einer Themen-Familie, die alle „Begleitmusik" auf ein Rahmenthema abwälzen kann.
2. Mehr oder weniger geschlossene Themen mit *Themenbegleitung*, die auch in Vor- oder Nachspielen bestehen (oder solche einschließen) kann. Bei P. sind die meisten größeren, selbständigen Aufgaben oder Gegenstands-Zuwendungen dieser Art.
3. *Rahmenthemen*: Thematische Einheiten, die bei komplexeren Aufgaben oder Zuwendungsgegenständen dadurch entstehen, daß alle spezifischen Teilaufgaben oder Teilgegenstände sich als gesonderte Themen ausgliedern; das übrigbleibende Gebilde besteht dann vorwiegend aus Kurzzuwendungen; es „begleitet" eine Themen-Familie meist vom „Vorspiel" (das ihm ganz zugerechnet wird) über die Zeit der Entfaltung bis zu einem allfälligen Nachspiel.
4. Reine *Sammelthemen*: Thematische Einheiten, die bei unpräzisen (oder noch nicht präzisierten) Aufgaben oder Zuwendungsgegenständen dadurch entstehen, daß sich die Beschäftigung mit ihnen in einer Reihe strukturell unverbundener Kurzzuwendungen erschöpft. Das Erlebnis eines einheitlichen Inhalts ist aber beim Handelnden doch von vornherein gegeben oder bildet sich rasch einmal heraus.
5. *Themen-Sammlungen*: Eine Reihe von Kurzzuwendungen zu Aufgaben oder Gegenständen, die sich zwar ähnlich sind, aber doch nicht als eigentliche „Einheit" empfunden werden.
6. *Zwischenthemen*: Kurzzuwendungen zu je besonderen kleinen Aufgaben oder Gegenständen, die rasch besorgt und bald vergessen sind.

Deutlichere Grenzen ziehen wir unterhalb der zweiten und der vierten Stufe. Gebilde der ersten beiden Gruppen möchten wir als „reguläre" Themen bezeichnen, jene der beiden mittleren als Sammelthemen. In den beiden letzten Gruppen schließlich sind Arbeiten zusammengefaßt, die keine größeren Einheiten mehr bilden, sondern nur noch als Einzelthemen auftreten.

Routinethemen

Der thematische Zwergwuchs, dem wir in diesem Unterkapitel begegnet sind, nimmt sich bedeutend weniger repräsentabel aus als unsere Paradebeispiele vom Anfang. Welchen Anteil am Arbeitsgeschehen er (zumindest bei P.) einnimmt, werden wir im übernächsten Kapitel hören. Mit unserem Rundgang sind wir damit beinahe zu Ende; eine Pflicht steht uns einzig noch bevor, nämlich – um auf einen früher verwendeten Vergleich zurückzukommen – das thematische „Unkraut" zu jäten.

Das Phänomen, dem wir unsere Aufmerksamkeit nun noch einen Moment lang zuwenden müssen, haben wir an den Schluß gestellt, weil es das widerspenstigste ist und sich nirgends recht einordnen läßt. Aber seine Präsenz ist – wohl in jeder Arbeitswelt – unübersehbar und sein Erscheinungsbild sehr prägnant. Wir sprechen von dem, was man gemeinhin „Routinen" nennt. Routinen sind die enfants terribles der time-budget-studies. Sie scheinen sehr empfindlich zu reagieren auf Finessen der angewandten Methoden. Läßt man Versuchspersonen chronologisch aufzählen, was sie tagsüber alles gemacht haben, werden die Routinetätigkeiten offenbar meist übersprungen und vergessen und erst auf Befragen hin bestätigt (Scheuch, 1972, 74), dann aber im Zeitaufwand meist falsch eingeschätzt (72). Daß sie auch uns gewisse Sorgen bereitet haben, werden wir verschiedentlich hören.

Allerdings wird der Begriff der Routine sowohl im Alltag wie in der psychologischen Fachliteratur recht unterschiedlich verwendet. Auf diese Varianten gehen wir hier nicht ein; aber wir müssen sagen, was *wir* im Folgenden als Routinethemen bezeichnen wollen. Es sind Kurzzuwendungen, die in Serien auftreten, aber sich dadurch auszeichnen, daß sie sich stets im gleichen Vollzug erschöpfen und nicht mit andern Vollzügen zu größeren Arbeitsabschnitten von individueller Prägung zusammenschließen. Das letzte sagt uns an dieser Stelle noch wenig; die Lehre von der Abschnitts-Bildung im Verhalten wird uns erst in Kapitel 10.6 beschäftigen. Hingegen ist für Routinen charakteristisch der Mangel an „Individualität" ihrer Glieder. Immer wieder bringt die Sekretärin einen Stoß Rechnungen zum Unterschreiben, immer wieder überträgt man die Angaben aus der einen Agenda in die andere, immer wieder trinkt man in der Pause Kaffee, immer wieder – solange man eins hat – leert man auf dem Weg ins Büro das Postfach, immer wieder zieht man dort – wenigstens im Winter – den Mantel aus oder an und sagt „Guten Tag" oder „Auf Wiedersehen". Das läßt sich auch ausdrücken als Mangel an „Individualität" der Teilstücke: Routinen haben keine Einzelglieder, die sich irgendwie voneinander abheben und spezifischen Charakter tragen.

Diese immer gleichen Tätigkeiten haben uns am Anfang der Erhebungszeit einige Mühe bereitet. Sie scheinen nirgendwo so recht hineinzupassen, weil sie einem vorkommen wie verselbständigte Vollzüge, die keinem

Thema dienen. In unserer ersten Liste der Bereichs- und Vollzugskategorien haben wir ihnen darum spezielle Vollzugscodes zugewiesen, die sie von Bereichszuordnungen dispensierten. Auf dem Tagesblatt vermerkten wir sie bloß mit der Abkürzung „Ro".

Tatsächlich bleibt es fraglich, ob Routinen „Themen" sind. Wenn schon, dann so etwas wie monotone, homogenisierte Serienthemen, die meisten mit Dauercharakter (es können aber auch zeitlich befristete Unternehmungen Routinearbeiten verlangen). Ein Umstand war es dann allerdings, der uns schließlich doch bewog, Folgen von Routinetätigkeiten gleichwohl als eine Art von (freilich eher „defizienten") Themen zu betrachten: Sie können nämlich auch Glieder von Familien bilden. Die Erhebung selbst gab dafür das Musterbeispiel ab. Ihre Durchführung – sie erforderte während der Vollerhebungszeit fast vierzehn Arbeitstage – bestand in den beiden Routinen „laufender Nachtrag des Tagesblattes" (Code 94 03, vgl. Kapitel 9; 12.65 AT) und „Übertrag auf das Tagesblatt" (von provisorischen Notizen; Code 94 72; .61 AT) sowie einzelnen spezifischen Aufgaben wie der Verbesserung des Tagesblattes selber. So kamen wir denn dazu, von „Routinethemen" zu sprechen, die wir aber in vielen Belangen aus der Themen-Analyse als Grenzfälle ausschließen werden.

5.4 Größere Themen-Komplexe

Beispiel einer komplexen Aufgabe

Ob es dem Leser geht, wie es mir selber ergangen ist, als ich mich mit der Vielfalt der Themenwelt gründlicher auseinandersetzte? Ich war ausgezogen mit ein paar einfachen Vorstellungen und Vermutungen und hatte erwartet, sie an der Realität überprüfen, bestätigen und etwas differenzieren zu können. Diesen Gefallen aber tat mir die Realität nicht. Sie hielt eine Mannigfaltigkeit von Erscheinungsformen bereit, die mich völlig überraschte. Immer neue Gesichtspunkte drängten sich auf, immer neue Aspekte waren voneinander abzugrenzen und auseinanderzuhalten. Freilich: diese Entdeckungs- und Differenzierungsarbeit erlebte ich als recht spannend – wir hoffen, auch für den Leser blieb sie nicht ohne Reiz.

Besonders interessant wird, meines Erachtens, die Vielfalt thematischer Erscheinungen dann, wenn sich die Einzelexemplare zusammenschließen zu größeren Themen-Komplexen. Es waren einige solcher Komplexe, die dem untersuchten Arbeitsjahr P.'s zu einem guten Teil das charakteristische Gepräge verliehen haben. Einen von ihnen wollen wir hier schildern, weil er viele der bisher besprochenen Themenformen in ihrem Zusammenspiel zeigt.

Am Montag, 23. Dezember 1974 hat eine Beraterin – wir bezeichnen sie mit A. – dem Amtsleiter P. mitgeteilt, sie sei schwanger und erwarte auf den Hochsommer 1975 ein Kind. Damit eröffnete sie bei P. einen Komplex von total 28 Themen, die ihn im Verlaufe des nächsten Jahres 98 Stunden Arbeit (oder 12 volle Arbeitstage) kosteten.

Man entschloß sich nämlich zu einer Reduktion der Anstellung von A. und zur Neubesetzung des restlichen Teilpensums. Dabei ahnte man allerdings die langfristigen Konsequenzen noch nicht, die dieser Entscheid auf die Entwicklung des Amtes und P.'s Arbeit in den noch folgenden Jahren – bis zu seiner Pensionierung – haben sollte. Natürlich blieb A. nicht die einzige – weder die einzige Mutter noch vor allem auch die einzige Teilzeit-Beratende; ein Entscheid zog den anderen nach sich; was dem einen recht war, war dem andern billig; das Amt zerlegte sich zusehends in Teilzeit-Pensen.

Im Jahre 1975 wurde die Sache aber darum so kompliziert, weil die Anstellung von A. – der Beraterin einiger „Landgymnasien", die mit der Stadt Bern eine entsprechende Vereinbarung abgeschlossen hatten – einem ausgedehnten Instanzenweg unterstellt war, der sich P. bei allen seinen Schritten wie Blei ans Bein hängte.

Die Abfolge der 28 Themen ist in Abbildung 5.41 schematisch dargestellt. Die Themen sind in der Reihenfolge ihres ersten Auftretens (Datum am Rande) durchnumeriert und ihre zeitliche Erstreckung (bis zum Letzt-Auftritt) ist mit einer Wellenlinie angezeigt. Den Zeitablauf haben wir dabei, wie üblich, in der Senkrechten berücksichtigt, allerdings nicht maßstabgetreu, sondern sprungweise: nur Themen-Anfangs- und -Schluß-Daten sind aufgeführt. In der Waagrechten haben wir Gruppen von Aufgaben- oder Zuwendungs-Bereichen unterschieden, die durch die vorweihnachtliche Mitteilung früher oder später angesprochen wurden und denen sich die Themen zuordnen lassen. Die Aufgliederung in 28 Themen entspricht dem Spontanerleben P.'s in der Berichtszeit; die schematische Anordnung entspringt dagegen einer nachträglichen Analyse nach Erstellung und Bearbeitung der Themen-Kartei. Bei jedem Thema ist in Klammern die Bearbeitungszeit (in AT, also „Normal-Arbeitstagen") angeführt. „R" bedeutet „Rahmenthema" im Sinne des letzten Unterkapitels. Die Geraden geben Folge-Beziehungen zwischen den einzelnen Themen an.

Ablauf der Ereignisse

Betrachten wir den in Abbildung 5.41 dargestellten Ablauf! A.'s Eröffnung vom 23. Dezember 1974 hat zunächst einmal ein Thema gestiftet, das sich – in Form von Mitteilungen, Nachfragen usw. – bis zum 8. September 1975 hinstreckte, aus dem sich jedoch zahlreiche Einzelfragen als übergewichtig ausgliederten, so daß das „Ur-Thema" selber insgesamt bloß 105 Minuten (.21 AT) in Anspruch nahm. Eine erste dieser Spezialfragen

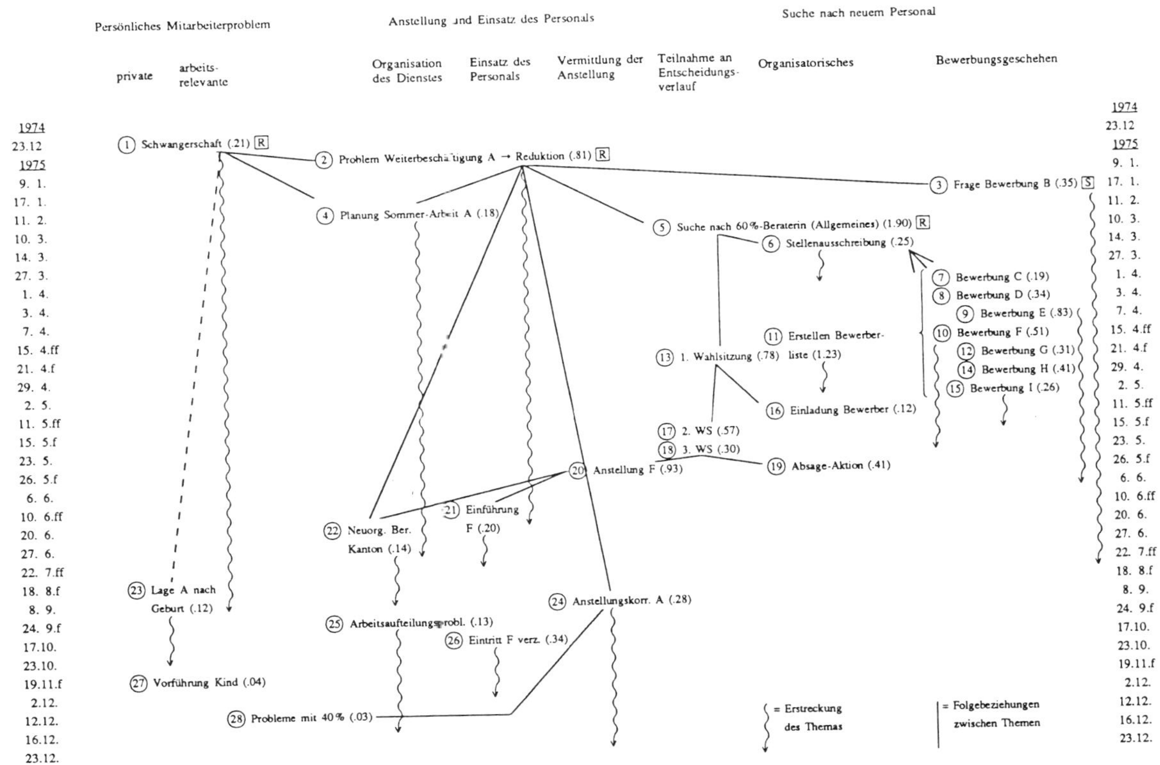

Schema 5.41: Themen-Komplex Teilersatz Beraterin: Einzelthemen (Zahlen in Klammern: AT)

stellte sich gleich Anfangs Januar ein. Die bisher zu 100% arbeitende, verheiratete Beraterin hatte sich nämlich über Neujahr entschlossen, ihre Arbeit an der Stelle auch nach der Geburt des Kindes weiterzuführen, und wünschte für diese kommende Zeit eine Reduktion ihrer Anstellung. In verschiedenen Besprechungen und nach Rückfragen bei den zuständigen und interessierten Stellen einigte man sich schließlich auf eine Verkürzung ihres Arbeitspensums auf zwei Arbeitstage pro Woche (also 40%). Diese Verhandlungen und Überlegungen bildeten ein zweites Thema, das im übrigen als „Rahmenthema" ein halbes Jahr lang alle zusätzlichen Beschäftigungen mit A.'s künftiger Anstellungsweise in sich aufnahm. Es beanspruchte insgesamt einen knappen Arbeitstag P.'s – gut einen halben bis zur Erarbeitung des Grund-Entscheides.

Das Reduktions-Thema mit seiner 40-%-Lösung hatte damals, Anfangs 1975, fünf direkte Auswirkungen; drei setzten kurzfristig ein und zwei erst längerfristig. Zunächst die kurzfristigen: ein bereits an der Stelle beschäftigter Beratungsassistent (B.) war unschlüssig, ob er sich für die Übernahme des Restpensums interessieren sollte, kam aber wegen seines noch nicht abgeschlossenen Studiums kaum in Betracht – ein Thema, das in Form wiederholter kurzer Zuwendungen, als „Sammelthema" (S), einige Monate lang neben dem Hauptstrom dahinfloß. Dann war die Arbeit A.'s während der Schwangerschaft natürlich vorzubesprechen und zu planen. Vor allem aber mußte man eine Lösung für den Teil-Ersatz der Beraterin A. (60-%-Stelle) suchen. Dies die unmittelbaren Folgen. Langfristig waren einerseits die künftige Organisation des von A. bisher allein versehenen Beratungsdienstes (Beratung der Gymnasien im weiteren Kantonsgebiet) sowie andererseits die neue Anstellungsform A.'s zu regeln. Jede dieser fünf Auswirkungen stiftete ihrerseits ein neues Thema.

Hauptaufgabe war zunächst aber die Suche nach einem neuen (Teilzeit-)Mitarbeiter. Der Frühling 1975 – vom 10. März bis zum 27. Mai – wurde, soweit dieser Themen-Komplex betroffen ist, durch sie bestimmt. Ihre Lösung war nicht ganz einfach; denn gemäß den getroffenen Vereinbarungen mußten Berater für die sogenannten „Landgymnasien" durch eine Wahlkommission aus Vertretern der beteiligten Gemeinden bestimmt werden, die schon für das ganze Prozedere zu konsultieren war. Auch diese Aufgabe spaltete sich bald in verschiedene Teilaufgaben auf, wobei wiederum ein allgemeines „Rahmenthema" bis am Schluß der Aktion begleitend weiterbestand. Die Stelle war zunächst auszuschreiben (Thema 6). Es meldeten sich zehn Bewerber; mit sieben von ihnen wurde Kontakt aufgenommen; zum Teil holte man Referenzen ein. Jeder dieser Fälle wurde als gesondertes Thema erlebt und registriert, mit Arbeitsaufwand von anderthalb bis zu sieben Stunden und mit „Nachgeschichten", die in zwei (abgewiesenen) Fällen weit über das Absage-Datum hinausreichten.

Der Wahlkommission legte P. eine von ihm erarbeitete Übersicht über die Bewerber und ihre Qualifikationen vor. An der ersten Sitzung der Wahlkommission (am 13. Mai; die Einladung war am 21. April erfolgt) wurde das Vorgehen beschlossen und eine Vorauswahl getroffen; drei Bewerber waren einzuladen; daß eine dritte Sitzung nötig wurde, ergab sich erst aus dem Verlauf der zweiten, wo man sich noch zu keinem Entscheid durchringen konnte. Nach dem Schlußergebnis vom 23. Mai (Wahl des Kandidaten F.) mußte die Personal-Suche-Aktion durch Absageschreiben an die übrigen Bewerber abgeschlossen werden.

Der Entscheid vom 23. Mai leitete (am Montag, 26. Mai) einen neuen Abschnitt ein: die Anstellung F.'s war – bei der dafür zuständigen Schuldirektion der Stadt Bern – in die Wege zu leiten. Diese Anstellung hatte wiederum zur Folge, daß mit F. – der eben vor einem Examen seiner akademischen Zweitausbildung stand – die Arbeit vorzubesprechen war und gleichzeitig die Regelung der Arbeitsteilung zwischen A. und F. an die Hand genommen werden konnte. Beide Aufgaben beanspruchten zunächst wenig Zeit, hatten aber je ein überraschendes Nachspiel, indem sich einerseits F.'s Arbeitsantritt wegen Examensverschiebung verzögerte und bei der Arbeitsaufteilung Schwierigkeiten auftraten.

Nach der Geburt von A.'s Sohn Mitte August konnte auch ihre neue Anstellungsform beantragt werden; bei Telefonanrufen und Besuchen kam ihre gesundheitliche und persönliche Lage nach dem Ereignis zur Sprache, und im November führte sie den Sohn zweimal im Amte kurz vor. Zudem stellte A. aber fest, daß ihre 40-%-Anstellung gewisse unvorhergesehene Probleme mit sich brachte, die sie P. im Dezember vortrug. Die ganze Geschichte endete schließlich, genau ein Jahr nach der Schwangerschafts-Mitteilung, mit der Abklärung des letzten hängigen Problems, nämlich dem, ob A. infolge ihrer Anstellungs-Änderung zu wenig Nachteuerungs-Zulage erhalten habe.

Beschreibung auf Themen- und auf Familien-Ebene

Wenn wir diese 28 Themen vergleichend betrachten, so finden wir darunter manche der geschilderten Erscheinungsformen wieder. „Rahmenthemen" und auch reine „Sammelthemen" sind offenkundig geworden; in andern Fällen (etwa bei den Themen 4, 22 oder 24) könnten zudem „Themenbegleitungen" leicht nachgewiesen werden. Deutlich wird auch, daß die Prinzipien der Einheitsbildung differieren. Zwar handelt es sich bei vielen Themen um mehr oder weniger „zugespitzte" Aufgaben (A.'s Arbeit im Sommer 1975 ist zu planen, die 60-%-Stelle ist auszuschreiben, eine Bewerber-Liste zu erstellen, die Anstellung F.'s zu vermitteln); beim Kontakt mit den Bewerbern aber bildeten für P., der selber ja nicht zu entscheiden hatte, die einzelnen Personen die themenstiftende Einheit (Themen 3, 7 bis 10, 12, 14, 15). Die Beschäftigung mit dem Ergehen A.'s während der Schwangerschaft (1) oder nach der Geburt (23) war eine „Gegenstands"-Zuwendung und keine Aufgabe. Schließlich bildeten die drei Wahlsitzungen – oder genauer: die zweite und die dritte – auch eine Themen-Serie (und die Beschäftigung mit den einzelnen Kandidaten eine „Quasi-Serie").

Wir haben die Abfolge von Arbeiten, die durch die Schwangerschaft A.'s beim Amtsleiter P. ausgelöst wurde, auf der Ebene der spontan unterschiedenen Themen verfolgt und beschrieben. Dabei haben sich bereits Raffungen aufgedrängt; zum Beispiel wäre es sinnlos gewesen, in diesem Ablauf alle sieben Bewerber-Themen einzeln aufzuzählen; wir faßten sie zu einer Gruppe zusammen. Solche Gruppierungen drängen sich aber auch sonst auf; die 28 Themen stehen nicht auf gleicher Ebene nebeneinander. Einige gehören als gemeinsame Teilaufgabe zusammen und verdanken ihre thematische Ausgliederung nur der Tatsache, daß eine spezifische Besorgung – etwa die Stellenausschreibung oder die Absage-Aktion – als gegenüber dem Ganzen übergewichtig empfunden wurde. So haben wir zum Beispiel bereits in unserer Beschreibung deutlich werden lassen, daß die ganze Personal-Suche-Aktion eine in sich geschlossene, aber kräftig gegliederte „Hauptaufgabe" darstellte. Solche Themen-Gruppierungen nennen wir bekanntlich „Familien".

Nun können wir den ganzen Themen-Komplex „Teilersatz einer Beraterin" auch auf der Familien-Ebene beschreiben. Abbildung 5.42 liefert uns dazu die Illustration. (Die dort vorgenommenen Einrahmungen ließen sich direkt auf Abbildung 5.41 übertragen.) Der Ablauf wird dann einfacher und übersichtlicher.

A. wird schwanger („Familie" I). Sie möchte teilzeitlich weiterarbeiten, was zu einer Neuanstellung zu 40% führt (II). Das löst vorübergehend die Frage der Anstellung des Assistenten B. aus (III). In einer komplizierten Personal-Suche-Aktion wird von der Wahlkommission aus zehn Bewerbern F. ausgewählt (IV). Seine Anstellung wird vermittelt (V), seine Arbeitseinführung (mit Komplikationen) vorgenommen (VI) und die Arbeitsaufteilung (ebenfalls mit Schwierigkeiten) geregelt (VII). Aus der neuen Anstellungsform ergeben sich für A. Probleme (VIII).

Das ist die Kurzfassung dieses 12 Arbeitstage beanspruchenden Themen-Komplexes. Im Grunde wurden also acht thematische Einheiten angesprochen, soweit sie sich bloß nach dem Gesichtspunkt der „Einheit der Ausrichtung" (S. 207f.) unterscheiden lassen. Nach diesem Kriterium, so schien es P. bei der Verarbeitung der Themen-Kartei, sind weitere Vereinheitlichungen nicht mehr sinnvoll, auch wenn sie – von den Größenordnungen her – verlockend schienen. Die kleinste dieser acht Einheiten – A.'s Beschäftigung mit ihrer neuen Anstellungsform – beansprucht bei P. nämlich nicht mehr als eine Viertelstunde Zuwendungszeit, während die längste – die Suche nach dem neuen Mitarbeiter – achteinhalb Tage belegt. Sie stellt aber doch zweifellos ein neues Element dar, das nirgends sonst subsumiert werden konnte; für P. wie für A. „läutet" sie gleichsam eine neue Zeit ein.

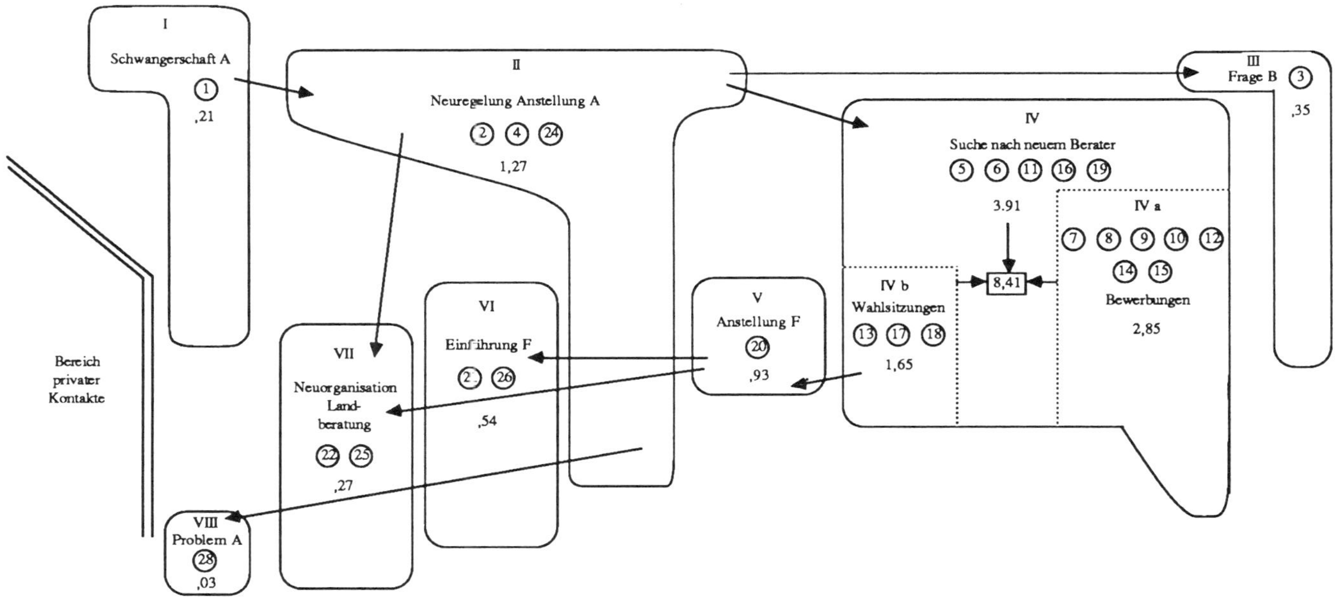

Schema 5.42: Themen-Komplex Teilersatz Beraterin: Themenfamilien

Beschreibung auf Komplex-Ebene

Immerhin wird kein vernünftiger Mensch daran zweifeln, daß auch diese acht thematischen Einheiten – vier Familien und vier „alleinstehende Personen“ – wiederum im Rahmen einer größeren Einheit zusammengehören. Es geht bei ihnen allen um eine gemeinsame Sache – um eine Situation oder Grund-Aufgabe, die durch A.'s Schwangerschaft für den Amtsleiter P. entstanden ist. Wir haben sie nun mehrmals als „Teilersatz einer Beraterin“ betitelt. Darin liegt bereits wieder eine Umschreibung des Geschehens, nun auf einer noch generelleren Ebene, die wir die Ebene der Themen-Komplexe (oder allenfalls der „Großfamilien“) nennen können. Das ist die Ebene, auf der wir Arbeitsjahre zu erfassen pflegen.

Solche Themen-Komplexe sind übrigens dem gleichen Grundproblem der Einheitsbildung unterworfen, dem wir nun immer wieder begegnet sind: dem Gegensatz von Aufgaben-Prinzip und Gegenstands-Prinzip. Am hier diskutierten Beispiel läßt sich das schön demonstrieren – auch wenn es nur um Nuancen geht. Die Frage sei dem geduldigen Leser dieser Themen-Vielfalts-Beschreibung gleichsam als Nachtisch offeriert.

Wir haben bei unserer Beschreibung auf Familien-Ebene zwei Einzelthemen außer acht gelassen, nämlich die Nummern 23 und 27 – P.'s Erkundigungen über A.'s Ergehen nach der Geburt und seine Begegnung mit A.'s vierteljährigem Sohn (im Büro, während der Arbeitszeit). Es stellt sich die Frage, ob sie wirklich zu unserem Themen-Komplex gehören. Ja und nein – je nachdem, welches einheitsbildende Prinzip wir zur Anwendung bringen. Hier stehen die Prinzipien quasi in Konkurrenz zueinander.

Durch A.'s Schwangerschafts-Mitteilung vom 23. Dezember 1974 ergibt sich für P. eine langwierige Aufgabe (oder besser ein Aufgaben-Konglomerat): Das Funktionieren des Amtes ist über diese von außen aufoktroyierte Änderung der Bedingungen sicherzustellen – eine Aufgabe, die nach dem Schlüssel „Teilersatz einer Beraterin“ gelöst wird (was einer grundsätzlichen Weichenstellung in der Personalpolitik des Amtes gleichkam). Zur Bearbeitung oder gar Lösung dieser Grund-Aufgabe tragen nun P.'s Erkundigungen über A.'s Wochenbett und sein Kennenlernen von A.'s Sohn überhaupt nichts bei. Sie gehören zu einem ganz andern Bereich, nämlich jenem privater Kontakte mit den Mitarbeitern während der Arbeitszeit (vgl. Kapitel 9.2). Betrachten wir hingegen A.'s Schwangerschaft und alle sich daraus ergebenden Konsequenzen einschließlich der genannten Großaufgabe als einen „Gegenstand“, dem P. sich zuwendet, dann gehören gewiß auch diese Kontakte dazu. Beide Prinzipien sind vertretbar; P. kann auch, rückblickend, die Zusammenhänge auf beide Arten nacherleben (formell hat er sich für die Aufgaben-Variante entschieden; vgl. Abbildung 5.42).

Auch auf dieser höchsten Ebene können wir also noch einmal die Doppelgesichtigkeit der thematischen Einheitsbildung feststellen, die alle anderen Aspekte durchzieht. Es wäre eine unzulässige Vereinfachung, die Arbeit eines Berufstätigen – oder gar seinen Verhaltensablauf überhaupt – nur aus Aufgaben-Bewältigungen oder zielstrebigen Handlungen erklären zu wollen. Auch Gegenstände, denen man sich zuwendet, können strukturierend wirken.

5.5 Sekundärthemen

Was wir in diesem Kapitel bisher erörtert haben, wird uns im ganzen Buch immer wieder beschäftigen; vor allem in den nächsten beiden Kapiteln wird es theoretisch geklärt und statistisch illustriert werden. Auf den Stoff des nun folgenden letzten Unterkapitels trifft das nicht zu; er wird allein stehen bleiben. Zum Teil hat es uns der Wegfall elektronischer Datenverarbeitung unmöglich gemacht, den darin aufgeworfenen Problemen ausführlicher nachzugehen; zum Teil wird ihre Diskussion auf ein späteres Buch verschoben.

Die Bürositzung vom 20. Februar 1975

Die Bürositzung vom 20. Februar 1975 bildete ein Thema in P.'s Arbeitsjahr; als solches steht sie mit 5 Minuten Zuwendungszeit zu Buche. Es waren die Minuten von 10.25 bis 10.30 Uhr. Die Sitzung, fünf vor halb elf eröffnet, dauerte jedoch de facto bis fünf vor zwölf, also anderthalb Stunden. Am Anfang wurden einige vermischte Mitteilungen vorgetragen; dann wurden fünf Probleme behandelt, mit Zeitaufwand von fünf Minuten bis dreiviertel Stunden, die alle P. in jener Zeit auch sonst beschäftigten, zum Beispiel das Projekt Befragung der Hochschulabsolventen (das, von der Akademischen Berufsberatung Bern und ihrem Dokumentationsleiter Peter Graf ausgehend, seither zu einer ständigen schweizerischen Institution geworden ist; vgl. Akademische Berufsberatung Bern, 1976; AGAB 1978, 1980, 1982) oder das Problem Neuunterbringung der Akademischen Berufsberatung (das Raumangebot Gutenbergstraße war am 19. bekannt geworden). Die Sitzung dauerte also achtzehnmal so lange wie auf der Karteikarte vermerkt.

Der 20. Februar steht in dieser Sache für das ganze Jahr. Während der Vollerhebungszeit fanden insgesamt 50 reguläre Bürositzungen statt, normalerweise am späteren Donnerstagvormittag mit Beginn um 10.15. (Je nach Umständen gab es Ausfälle oder Verschiebungen, wie am 28. August 1975.) Laut Auszählungen haben nun diese Sitzungen P. insgesamt bloß $2^{1}/_{4}$ Arbeitstage lang in Anspruch genommen, einschließlich .74 AT Vorbereitungs- und Nacharbeiten (wie Nachbesprechungen und Materialverräumen). So blieben, nach „offizieller“ Zählung, für die Sitzungen selber nur anderthalb Tage (1.55 AT) übrig. Dividiert durch fünfzig macht .03 AT, also eine Viertelstunde pro Sitzung!

Effektiv aber saß P. total fast achteinhalb Tage an diesen 50 Bürositzungen (8.41 AT). Fast sieben davon (6.86 AT) wurden jedoch anders registriert, nämlich als Zeitaufwand im Rahmen bestimmter, an den Sitzungen behandelter Themen (170 an der Zahl). Zwei Sitzungen gingen sogar voll und ganz in gesonderten Themen „auf“ und treten in der Themen-Kartei somit überhaupt nicht in Erscheinung.

Die Bürositzungs-Themen fördern also keineswegs die „Wahrheit über die Bürositzungen“ zutage. Diese dauerten in Wirklichkeit durchschnittlich 1 Stunde und 25 Minuten, wobei im Schnitt vier anderweitig noch bearbeitete Themen zur Behandlung kamen, mit je rund 17 Minuten Besprechungszeit. Nur jene Viertelstunde, die dann noch übrig blieb und für vermischten Kleinkram aufgewendet wurde, ging auf Rechnung des Themas „Sitzung“.

Das Problem und seine Lösung

Anderen Unternehmungen P.'s erging es nicht wesentlich besser; auch sie mußten empfindliche Beschneidungen in Kauf nehmen. Die Vorbereitung der vermeintlichen Vorlesung über differentielle Psychologie hat P. im ersten Quartal 1974 kräftig zu tun gegeben; aber das entsprechende Thema mit seinen sage und schreibe 4 Stunden registrierten Aufwands (.48 AT) versteckt das voll und ganz. Wir haben zu Beginn dieses Kapitels vernommen, daß P. dafür Seilers „Kognitive Strukturiertheit“ las; und wenn wir nun noch hören, daß er weitere 28 Bücher in dieser Sache bearbeitete, so sieht die Sache doch ganz anders aus.

Da liegt also ein Problem, das sich vor allem dann geltend macht, wenn wir statistische Auszählungen vornehmen wollen. Die gleiche Arbeit kann gleichzeitig zwei thematischen Zusammenhängen zugehören. Wenn wir sie dem einen zuteilen – und das geschieht nach dem Kriterium des „Übergewichts des Inhalts“ (S. 214f.) –, so geht der andere leer aus. Wollen wir dann diesen zweiten statistisch erfassen, so ergeben sich Verzerrungen.

Für dieses Problem lassen sich im Prinzip drei Lösungswege denken. Einmal könnte man die verwendete Zeit beiden Themen voll anrechnen. Aber während der Zeitspanne von 11.10 bis 11.55, da das Thema „Gutenbergstraße“ erstmals im Mitarbeiterstab diskutiert wurde, liefen selbst an jenem dramatischen 20. Februar bloß 45 Minuten ab und nicht 90. (Spätestens der Computer hätte gemerkt, daß da etwas nicht stimmen kann.) Man hätte zweitens die Zeit auch halbieren oder nach Gewichts-Anteilen beliebig spalten können (wie wir das andernorts taten; vgl. Kapitel 10). Dann wäre zwar der Computer zufrieden geblieben; aber im Volk der Themen hätte es noch mehr Aufruhr gegeben. Nicht nur eines, sondern beide

Themen hätten sich dann nämlich Verzerrungen gefallen lassen müssen. Noch mehr Ungewißheit! Das war sinnlos. Sowohl die Bürositzung dauerte von 11.10 bis 11.55 3/4 Stunden lang wie auch das Thema „Gutenbergstraße, Initialakt“ (d.h. Entscheid für die Miete).

Gewählt wurde darum eine dritte Lösung: die Registrierung von „Sekundärthemen“. Sekundärthema einer Arbeitseinheit ist dabei ein allfällig mitbetroffenes Thema, das aber im Erleben des Handelnden weniger Gewicht hat als sein Konkurrent.

Von dem Augenblick an, da diese Lösung klar war, wurden bei der Registrierung der Arbeiten die entsprechenden Maßnahmen getroffen. Sekundärthemen wurden auf dem Themen-Raster des Tagesblattes ebenfalls eingetragen, aber nicht mit regulären, durchgezogenen Linien, die den Primärthemen vorbehalten blieben, sondern mit gestrichelten; und in der einschlägigen Kolonne wurde der Bereich des Zweitthemas als Sekundärbereich ebenfalls angefügt. Für den Übertrag auf Lochkarten wurden Spalten für die Sekundärthemen vorgesehen. So wäre es dem Computer ein leichtes gewesen, je nach Wunsch auch den „effektiven“ Aufwand für jene Themen zu berechnen, die sich zeitweise rezessiv verhielten. (Die Statistik von Hand, mit der wir uns dann begnügen mußten, konnte das Problem nicht meistern. Das Beispiel der Bürositzungen muß genügen.)

Raffinierte Leser werden gemerkt haben, daß mit „Sekundärthemen“ das Problem nicht voll beseitigt ist: sicher kann es auch Fälle geben, wo drei (oder sogar noch mehr) Themen an einer Arbeitseinheit beteiligt sind. Nach unserer Erfahrung kam das aber so selten vor, daß wir solche Vorkommnisse in der Praxis ignoriert haben.

Wenn man ein Problem technisch meistert, so bedeutet das gelegentlich, daß man es erst richtig erfaßt. In unserem Falle ist uns – im Verlaufe des Jahres 1975 – bewußt geworden, daß es verschiedene Varianten der Mitbeteiligung von Zweitthemen an Arbeitseinheiten gibt. Wir wollen sie im folgenden kurz aufzählen.

Gelegenheit

Das eine (rezessive) Thema kann die Gelegenheit dazu bieten, daß das andere zum Zuge kommt. Das kann durch Schaffung eines geeigneten Rahmens oder durch Vermittlung begünstigender Umstände geschehen.

Rahmen. Mit dem klassischen Beispiel für „Rahmen“-Gelegenheiten haben wir unsere Diskussion des Zweitthemen-Problems eröffnet. Es sind die Sitzungen, die eigens dazu einberufen werden, verschiedene „Traktanden“ abzuhandeln. Auch zum gleichen Zwecke vereinbarte Besprechungen (zu zweit oder zu mehreren) gehören dazu. Bewußt und erklärterweise kommt man also („sekundär“) zusammen, um sich „primär“ verschiedenen Themen zu widmen.

Ist es dann, fragt sich der aufmerksame Leser, notwendig und sinnvoll, überhaupt die Sitzung selber zu einem „Thema“ zu erklären – einem Inhalt also, mit dem sich der Handelnde eine Zeitlang beschäftigt und der sich von andern Inhalten abhebt? Sind Sitzungen nicht bloß eine Ausführungsform für Themen?

Wir haben uns das am Anfang auch überlegt, sind aber aus praktischen und theoretischen Erwägungen zur gegenteiligen Auffassung gekommen. Die praktischen haben wir schon ein wenig kennengelernt. Es gibt bei Sitzungen, zumindest bei größeren, soundso viele „übergreifende“ Tätigkeiten: Man muß sie vereinbaren, eventuell verschieben, als Leiter die Traktanden zusammenstellen und den Ablauf zurechtlegen; man muß das Material zusammensuchen, muß eventuell hinfahren. Dann begrüßt man sich und plaudert, bis die Verhandlungen beginnen, und manchmal muß man – beispielsweise an P.'s Bürositzungen – auf das Eintreffen verspäteter Teilnehmer warten. Ähnliches am Schluß. All das wird vom Handelnden durchaus als eine Einheit empfunden, die aber keinem der einzelnen Traktanden zugehört. (Anders übrigens, wenn man sich zusammenfand, um nur eine einzige Sache zu verhandeln – dann ordnet sich die Sitzung tatsächlich als bloße Vollzugsform dieser inhaltlichen Einheit ein.) Und das Kleingemüse, das an den meisten Sitzungen nebenbei auch zur Sprache kommt, ohne als eigenes „Thema“ empfunden zu werden, geht dann gleich mit.

Aber auch grundsätzlich und erlebnismäßig ist es doch so, daß Sitzungen eigene Einheiten bilden und nicht bloß Traktanden-Konglomerate sind. Man erinnert sich an sie als solche, beruft sich zur Verständigung oft auf charakteristische Merkmale („das haben wir doch an der Sitzung besprochen, da X. mehrmals ans Telefon gerufen wurde“) und hält die Einheit sogar durch ein Protokoll fest.

Aber gerade weil Sitzungen dazu da sind, andere Themen in den Vordergrund treten zu lassen, muß es zu den Schwunderscheinungen kommen, die wir eingangs beschrieben haben. Und um so mehr wird man ihnen erst dann gerecht, wenn man sie auch in jenen Zeitabschnitten, da sie ihren ureigensten Sinn erfüllen, wenigstens sekundär registriert. Figur 5.5 liefert uns ein Bild dazu.

Umstände. Als P. am 28. August 1975 nach der Sitzung über die Seminarverlängerungs-Frage den Rückweg antrat, tat er dies in Begleitung von Herrn L. (vgl. Figur 2.1). Dieser zufällige Umstand brachte es mit sich, daß die beiden sich über L.'s Arbeit unterhielten und eine ausführliche Besprechung darüber vereinbarten. Dieses Gespräch wurde also zum primären Thema für P. Wäre er allein zurückgegangen, so wäre die Zeit von 10.35 bis 10.45 dem Veranlassungsgrund des Marsches, dem Seminar-Thema, zugeschlagen worden (es sei denn, P. hätte intensiv genug über etwas anderes nachgesonnen, um das als Thema zu registrieren).

So kann man auch nach Zürich zu einer Sitzung fahren und dabei etwas arbeiten, lesen oder besprechen, das nichts mit dem Sitzungsthema selber

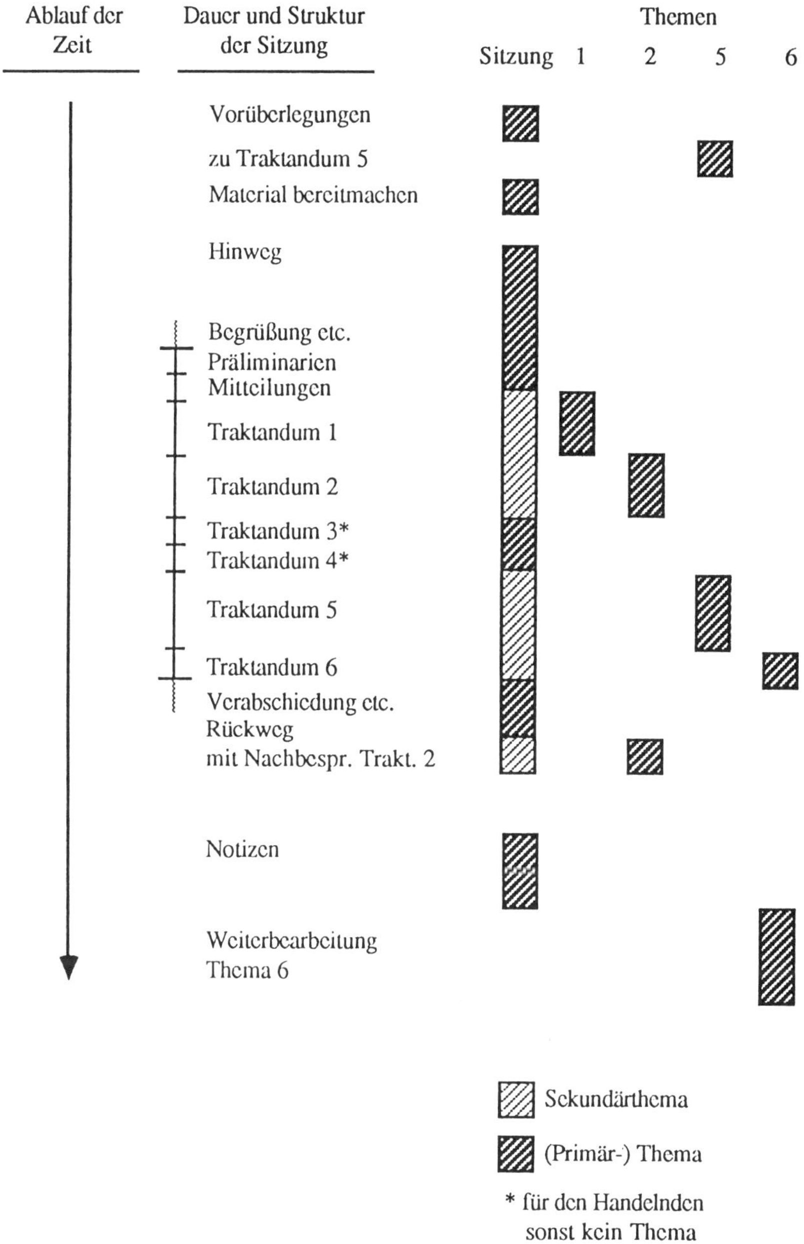

Fig. 5.5: Sitzung mit verschiedenen Traktanden: Primär- und Sekundärthemen

zu tun hat, oder auch im Wartezimmer des Arztes oder Zahnarzts, falls einem die angebotenen Hefte nicht zusagen, eine Arbeit weiterführen. Wir haben diese primär „anders“ verbrachte Zeit jeweils sekundär auch dem Anlaß zugerechnet, der die Gelegenheit dazu schaffte – freilich immer nur unter der Bedingung, daß die Zeit ohnehin für diesen Anlaß hätte aufgewendet werden müssen (daß also Fahrt, Weg, Warten unumgänglich waren).

Funktionelle Inanspruchnahme

Zweite Grundform: Das eine (rezessive) Thema kann im Dienste der Weiterbearbeitung ein anderes beanspruchen. Dabei lassen sich mindestens zwei Stufen unterscheiden.

Beizug. Am 1. Oktober 1975 hat P. anläßlich des AGAB-Kurses über Psychodiagnostik – den wir im nächsten Kapitel noch gründlich kennenlernen – einen Vortrag gehalten (Pulver, 1978, 98ff.). Dessen Vorbereitung kostete ihn fast zwei Arbeitswochen (9.07 AT). Dabei zog er dann und wann Bücher und Artikel hervor, die er meist von früher kannte und für ergänzende Überlegungen, Beispiele oder Zitate jetzt brauchen konnte, und vertiefte sich dann für jeweils kürzere Zeit in deren Lektüre. So sind ab Mitte August insgesamt 21 Lektüre-Themen zum Zuge gekommen, die P. zusätzlich eine halbe Arbeitswoche lang (2.47 AT) beschäftigten. Die Zuwendungszeit wurde den Einzelthemen zugeschrieben, obgleich sie im Dienste des Vortrags standen; wir haben das zu Beginn dieses Kapitels ausführlich diskutiert. Die Vorbereitung des Vortrags wurde dabei aber als Sekundärthema registriert.

Voraussetzung. Am 31. Oktober 1975 hat P. dann wiederum einen Vortrag gehalten, diesmal vor der Basler Psychologischen Arbeitsgemeinschaft. Es handelte sich dabei um eine erste zusammenfassende Rechenschaftsablage über seine Arbeitserhebung (also um einen Urgroßvater dieses Buches hier). Die Überlegungen waren damals noch recht fragmentarisch, und vor allem gab es nur erst wenige Auszählungen. Was aber im Vortrag dargelegt werden sollte – soviel wurde bald einmal klar –, mußte an Auszähldaten geprüft und mit solchen illustriert werden. Während nun die Vortrags-Vorbereitung als solche insgesamt drei Arbeitstage in Anspruch nahm (3.18 AT), lieferte ein weiteres Thema („Auszählungen aus der Arbeitserhebung“; 1.54 AT) Voraussetzungen dafür. Diese Arbeit gehörte jedoch einem andern Zusammenhang zu; sie war bereits ausgerichtet auf das langfristige Ziel einer Gesamtbearbeitung und -auswertung der Erhebung. Diese letztgenannte Einbettung wurde als primäre, jene in den Vortrag als sekundäre registriert.

Noch deutlicher wird das vielleicht an einem anderen Beispiel. Im Sommer 1974 mußte die Jahresstatistik des Vorjahres, nachdem sie glücklich unter Dach war, nochmals aufgenommen und erweitert werden, und zwar darum, weil so die Berechnung der Kostenverteilung unter den angeschlossenen Gemeinden erst möglich wurde. Die Arbeit gehörte klar zur Familie „Jahresstatistik 1973", bildete aber eine unumgängliche Voraussetzung für die Erledigung einer anderen Arbeit. (Das geht natürlich weit über den eher fakultativen „Beizug" verschiedener Bücher für einen Vortrag hinaus.)

Miterledigung

Einen weiteren Fall von Themen-Verbindung in der gleichen Arbeit bilden Formen der „Miterledigung" des einen Geschäftes durch das andere, deren wir (mindestens) zwei unterscheiden können.

Innere Verbindung. Am 16. Oktober 1975 kam Beraterin A. – nach Niederkunft und Mutterschaftspause – wieder ins Büro, nun aber bloß noch mit einem 40 %-Pensum. Um 16.30 hatte P. mit ihr eine Besprechung über die verschiedenen mit ihrer neuen Arbeitsaufnahme verbundenen Probleme vereinbart. Sie dauerte ganze zwei Stunden. Die eigentlichen Fragen der Arbeitsverteilung, der Anstellungsform usw. erforderten dabei zu ihrer Behandlung nur knapp die Hälfte dieser Zeit. Hingegen erwies sich, daß eine ganze Reihe anderer Punkte, mit denen A.'s Arbeit verknüpft war und die gelegentlich ohnehin hätten zur Sprache kommen müssen, durch die Reduktion mitbetroffen und folglich jetzt ebenfalls zu diskutieren waren. (Weitere damals aufgegriffene Gesprächsgegenstände waren davon unabhängig.) So wurde durch Behandlung von vier Themen aus anderen Zusammenhängen (insgesamt 45 Minuten lang) die Klärung der neuen Arbeitssituation weiter mitgefördert – Anlaß genug, diese Frage als Sekundärthema mitzuregistrieren, nach der Subvariante „innere Verbindung" und nicht bloß „Gelegenheit".

Einem Beispiel etwas anderer Art begegnen wir am 18. November 1975. An jenem Tag redigierte P. ein AGAB-Bulletin. Es schien ihm sinnvoll, darin auch einen kleinen Bericht zu erstatten über die Resultate einer Umfrage, die über die Rezeption eines Berichtes über die Beratungsdienste im schweizerischen Bildungswesen (vgl. SHK, 1974) durchgeführt worden war. Er faßte also die bisher eingegangenen Stellungnahmen zusammen. Dies wollte er für die Schlußsitzung der von ihm präsidierten Kommission, die auf den 1. Dezember angesetzt war, ohnehin tun; und als er eine Woche später die Sitzung vorbereitete, konnte er sich auf diese Vorarbeit stützen. Das Thema „Auswertung der Vernehmlassung" (total 1.11 AT) war in dieser Stunde also sekundär „miterledigt" worden.

Äußere Verbindung. Am Sonntag, 6. September 1975 fuhr P. mit dem Auto aufs Büro, um Unterlagen zu zwei verschiedenen Angelegenheiten zu holen, die er je zuhause weiterbearbeiten wollte. Er rechnete die Hinfahrt dem einen der beiden Themen, die Rückfahrt dem anderen zu, verbuchte aber jeweils das zu kurz gekommene Thema als „Sekundärthema".

In diesem letzten Falle sind wir also der – im allgemeinen verworfenen – Lösungsvariante „Aufteilung des Zeitaufwandes" am nächsten gekommen, freilich in Verbindung mit der Sekundärthemen-Notation. Das kann sich in Fällen aufdrängen, wo kein erlebtes Übergewicht des einen Themas über das andere besteht. P. wäre damals für jede der beiden Unterlagen allein auch hingefahren; so konnte er aber beides verbinden und bei jedem Thema den Aufwand halbieren.

Während „Gelegenheiten" und „Inanspruchnahmen" recht klar festgestellt und abgegrenzt werden können, trifft das für „Miterledigungen" weniger zu. Vor allem lassen sie sich nicht immer eindeutig von den erstgenannten Formen abheben. Wir waren darum mit der Registrierung solcher Fälle eher zurückhaltend; sie sind in unserem Material nicht zahlreich.

Bedingungen für die Registrierung von Sekundärthemen

Abschließend wollen wir noch klarstellen, in welchen Fällen wir keine „Sekundärthemen" markieren. Was für Bedingungen muß eine Arbeit erfüllen, damit sie gleichzeitig zwei Themen zugeschlagen werden kann, dem einen primär, dem andern sekundär? Es sind deren drei.

1. Die thematischen Zusammenhänge, in die sich die Arbeit einfügt, müssen normalerweise beide über sie hinausreichen; zumindest aber muß das sekundär vermerkte Thema ausgedehnter sein als das gemeinsame Stück Arbeit. Es ist also zwar möglich, daß die Arbeit selber ein in sich geschlossenes primäres Thema bildet, das sich sekundär einem anders ausgerichteten und anderweitig behandelten anschließt, beispielsweise als „Zwischenthema" einer sich bietenden Gelegenheit oder als funktionale Voraussetzung einer größeren Aufgabe. Hingegen kann ein und dieselbe Tätigkeit nicht gleichzeitig zwei geschlossene Themen bilden, eines primär, das andere sekundär.
2. Die beiden Themen dürfen nicht der gleichen Familie angehören. Familienglieder sind ohnehin untereinander eng verwandt und oft nicht leicht gegeneinander abzugrenzen, und in vielen Zusammenhängen behandeln wir sie sowieso als Einheit.
3. Die Arbeit muß in ihrem ganzen Ablauf beiden angesprochenen Themen voll zugerechnet werden können. Es genügt also nicht, daß das sekundär vermerkte Thema während einer anders ausgerichteten Arbeitseinheit bloß rasch „aufleuchtet" – etwa indem eine kurze Mitteilung nebenbei in ein Telefongespräch eingeflochten oder während einer Sitzung beiläufig eine andere Absicht gefaßt wird. Der Arbeitsgang als Ganzes muß es sein, der sekundär auch dem zweiten Thema zugute kommt oder für den dieses die Gelegenheit schafft. (Das kurze „Aufleuchten" von Themen während einer Arbeitseinheit haben wir gegen Schluß der Erhebung auf dem Tagesblatt noch einmal anders markiert, nämlich mit punk-

tierter Linie, was besonders auch für die später zu behandelnden „Mischeinheiten“ relevant wurde.)

Abschließende Bemerkung

In diesem Kapitel haben wir einen Rundgang durch unseren Themengarten gemacht. Dabei warfen wir einen kurzen Blick auf gar vielerlei Bäume, Sträucher und Gewächse; selbst das Unkraut fanden wir einer Beachtung wert. Gründlicher angeschaut haben wir uns den Pflanzenbestand allerdings nicht; da gäbe es noch manches zu entdecken und zu bestaunen.

Man könnte viele weitere Merkmale aufzählen, nach denen sich Themen voneinander unterscheiden: zum Beispiel die Strukturiertheit oder Unstrukturiertheit, mit der sie – als zu bewältigende Aufgaben – an uns herantreten, oder der Spielraum, den sie uns beim Handeln einräumen, sei es bei der Wahl der einzuschlagenden Wege, sei es bei der Ablaufgestaltung im einzelnen. Auf die erste dieser Freiheiten haben etwa Hacker (1978, z.B. 72) und von Cranach großes Gewicht gelegt; mit dem zweiten Problem, jenem der Ablaufrestriktionen, hat sich Volpert eingehender befaßt (1974, 44). Auch für Hoff (1986) und Hohner (1987) ist die „Restriktivität“ ein zentrales Charakteristikum von Arbeit und beruflichem Handeln.

Man müßte bei einer botanischen Beschreibung der Themen vor allem aber auch zeigen, wer diese „anstiftet“, ob ich selber oder andere, und als wie verpflichtend oder unverbindlich ich sie dann erlebe. Ohnehin wären sie als Gebilde im sozialen Raum besonders sorgfältig zu analysieren. Es wäre jeweils darzustellen, wie weit ihre Bearbeitung durch mich allein erfolgt oder im Zusammenwirken mit anderen („shared plans“ nach Miller, Galanter und Pribram, 1960, 99f.) und wie weit, im zweiten Falle, die Verantwortung für das Gelingen bei mir liegt oder bei den anderen; zudem: wie weit ich delegieren kann; und wie weit ich bei ihrer Besorgung auf die Wünsche und Anliegen anderer Rücksicht zu nehmen habe; und und und. (Eine beachtliche Liste von Fragen zur Beurteilung dieser und ähnlicher Aspekte von „personal projects“ pflegt Little seinen Versuchspersonen vorzulegen: 1983, 304.)

Eine solche Morphologie der Themen mag andernorts einmal geleistet werden; hier würde liebevolle Vertiefung in dieses Gebiet die Langmut von Leserin und Leser wohl zu sehr strapazieren; wir haben noch viel anderes zu sagen.

Kapitel 6

Der thematische Aufbau der Arbeit

Nach der ausführlichen Beschreibung der bunten Themenwelt drängt sich wieder ein Stück Theorie auf. Dafür gibt es verschiedene Gründe. Einmal können wir es mit einer bloßen Aufzählung all der Gebilde, die wir da im Arbeitsleben eines Berufsmenschen vorgefunden haben, wohl doch nicht einfach bewenden lassen. Sollten wir sie nicht in eine sinnvolle Ordnung bringen? Sollten wir nicht eine Formel finden für ihre gegenseitigen Verbindungen und Abhängigkeiten? Aber darin würden sich unsere Anliegen noch nicht erschöpfen. Wir haben mit unserer Erhebung lineare Geschehensfolgen erfaßt, Serien von Arbeitseinheiten, die sich wie Perlen einer Kette aneinanderreihen. Nun aber lernten wir die „Themen" kennen, Aufgaben und Gegenstände der Zuwendung, denen die Arbeitseinheiten dienen und zugehören, die sich aber oft über lange Zeitstrecken verzetteln. Früher oder später werden wir uns deshalb um die Frage kümmern müssen, wie die Vielfalt der Themen sich in solch eine lineare „Operationenfolge" niederschlägt.

Mit drei Fragen werden wir uns also in diesem Kapitel beschäftigen: Wie kann man Ordnung in die Themenvielfalt bringen? Wie hängen Themen untereinander zusammen? Wie bestimmt die Themenwelt die lineare Abfolge der Arbeiten? Diese drei Fragen müssen wir mit- und durcheinander aufgreifen, auch wenn wir sie, aus unserer Sicht der Dinge, nicht im gleichen Arbeitsgang werden beantworten können. Zu ihrer gemeinsamen Behandlung sehen wir uns jedoch fast gezwungen durch eine heute gängige, wenn nicht sogar vorherrschende Betrachtungsweise, mit der wir uns zunächst einmal gründlich auseinanderzusetzen haben: der „hierarchischen".

Für überzeugte Anhänger einer Hierarchie-Auffassung löst sich nämlich der Knoten der drei aufgeworfenen Probleme mit *einem* Zuge. Themen – falls wir ihnen diesen Begriff unterschieben dürfen – hängen nach ihrer Meinung zusammen durch hierarchische Verschachtelungen, die auch die nötige Ordnung in ihre Vielfalt bringen und die Abfolge der Arbeiten diktieren. Ein einziges Prinzip vermag somit alles zu erklären. Das wirkt verführerisch; und wir haben guten Grund, uns eine solche Zauberformel gründlich anzusehen. Schon jetzt wollen wir allerdings ankündigen, daß wir uns mit der Generalisierung dieses Erklärungsprinzips nicht werden anfreunden können. Für uns werden darum auch die Antworten auf die drei gestellten Fragen auseinanderfallen.

Das Kapitel ist in dreimal zwei Unterkapitel aufgeteilt. Zuerst werden wir uns mit dem Hierarchie-Begriff auseinandersetzen: ihn in verschiedene Aspekte zerlegen (6.1) und in einigen Hinsichten zu klären versuchen (6.2). Dann werden wir wieder in die Arbeitswelt P.'s zurücktauchen, um daraus Grenzen (6.3) und Möglichkeiten (6.4) hierarchischer Anordnungen abzuleiten. Schließlich werden wir eigene Modelle für die Zusammenhänge oder „Verwandtschaften" zwischen den Themen (6.5) sowie für die Vielfalt ihrer Erscheinungsformen (6.6) entwickeln. Den eigentlichen Anschluß an das letzte Kapitel werden wir also erst zu Ende dieses jetzigen wieder finden, damit aber gleichzeitig auch den Übergang zum nächsten – der Berichterstattung über die Statistik der Themen – sicherstellen. Die Antwort auf die Frage, wie die Themenwelt sich in Tagesläufe umsetzt, können wir hingegen in diesem Buche nicht definitiv lösen. Wir bräuchten dafür noch jene Erkenntnisse über die „Steuerung des Alltags", die wir erst in einem späteren Band werden vorlegen können.

6.1 Hierachie-Vorstellungen

Mehrdeutigkeit des Hierarchiebegriffs

Die Vielfalt thematischer Erscheinungen liegt vor dem Leser ausgebreitet. Wenn wir versuchen wollen, sie in einem Modell zu ordnen, könnten wir es uns recht einfach machen. Die Mode der Zeit wiese uns einen scheinbar bequemen Weg. Wenn man heute nämlich über die Organisation des Verhaltens spricht, so charakterisiert man sie fast durchwegs als „hierarchisch". Isidor Chein, ein konsequenter Verfechter dieses Prinzips, postuliert mit aller Grundsätzlichkeit: „Verhalten ist hierarchisch organisiert, und die höheren hierarchischen Ebenen haben beobachtbare Konsequenzen; wenn jemand das Gegenteil behauptet, so ruht die Beweislast voll und ganz auf seinen Schultern." (1972, 28; meine Übersetzung.) Dem könnte man zahlreiche andere Stimmen beifügen.

Jeder Vertreter des hierarchischen Handlungsmodells hat natürlich zahlreiche überzeugende Beispiele zur Hand, um seiner Behauptung Nachdruck zu verleihen. An eindrücklichem Beweismaterial, daß es hierarchisch organisierte Prozesse *gibt*, ist beileibe kein Mangel. In Unterkapitel 6.4 werden wir uns selber auf diese Fährte begeben. Solch unbestreitbare Erfahrungen werden nun von engagierten Vertretern des Hierarchie-Gedankens generalisiert: Was immer sich auf der Verhaltensebene schließlich abspielt, muß sich hierarchisch erklären lassen. Seit Miller, Galanter und Pribram (1960) ist diese Auffassung stets üblicher geworden.

Keiner der Hierarchie-Theoretiker hat aber bisher – oder die Kunde davon hätte uns denn nicht erreicht – das Umgekehrte getan und an langen

Verhaltensabläufen nachgewiesen, daß tatsächlich alles, was man da vorfindet, sich in ein hierarchisches Modell pressen läßt. Dazu wäre mehr erforderlich als einzelne herausgegriffene, situativ erzeugte oder gar konstruierte Tätigkeitsfolgen. Vielmehr müßte das Prinzip demonstriert werden an langen Verhaltensserien, die naturalistisch (auf „freier Wildbahn" also), unselektiv und lückenlos erfaßt worden sind. Erst wenn das gelänge, würde aus der Behauptung vom durchgehenden hierarchischen Aufbau des Verhaltens mehr als eine kühne Generalisierung bestimmter Beobachtungen.

Genau an solchen Voll-Erfassungen des Verhaltens aber hat es bisher gefehlt. Wo es sie gab – bei Midwest-Kindern! – wurde kein Nachweis einer hierarchischen Struktur geführt (und hätte, nach meiner Kenntnis des Materials, auch glattweg scheitern müssen). Darum kommt wohl den Erhebungs-Unterlagen P.'s – wo das Arbeitsleben eines Berufsmenschen über mehr als drei Jahre hinweg lückenlos und mit einer Genauigkeit bis auf fünf Minuten hinunter registriert worden ist – für die Klärung dieser Frage eine große Bedeutung zu.

Wollen wir aber P.'s Unterlagen auf hierarchische Gehalte hin untersuchen, so müssen wir zunächst genauer bestimmen, worin „Hierarchie" eigentlich besteht. Wir werden dabei sofort merken, wie vieldeutig dieser Begriff ist. Das kann uns kaum verwundern. Es ist ein weiter Weg vom ursprünglichen Wortsinn (dem griechischen „Herrschaft der Heiligen") bis zur heutigen Verwendung im Zusammenhang mit der Lehre vom menschlichen Handeln. Schon der „übertragene Sinn", den Hoffmeister in seinem „Wörterbuch der philosophischen Begriffe" der Hierarchie zuspricht (1955, 300), zeigt einige Distanz vom Ursprung: Es gehe um „eine Gliederung in der Form einer von unten nach oben aufsteigenden Rangordnung der Glieder, deren Bedeutung nach oben hin, bei abnehmender Zahl, zunimmt". Diese Definition kann aber noch keineswegs auf die Handlungsorganisation angewendet werden. Dazu bedarf es weiterer Transformationen, und die verschiedenen Theoretiker des Verhaltens schieben dabei – meist ohne sich darüber explizit Rechenschaft abzulegen – recht unterschiedliche Aspekte in den Vordergrund.

Nach unserem (gewiß recht unvollständigen) Literaturstudium scheinen in die Modelle hierarchischer Handlungsorganisation mindestens drei verschiedene Grundkomponenten einzufließen, nämlich die Vorstellungen

- der übereinander geschichteten Ebenen,
- der Zugehörigkeit (eines Teils zum Ganzen), und
- des Einflußgefälles.

Bei allen dreien gibt es noch Subvarianten und Finessen; besonders beim dritten Element können wir wiederum die recht unterschiedlichen Vorstellungen der hier-„archischen" Befehls- und Auftragserteilung von jener der „Dienlichkeit", des Zudienens auseinanderhalten. Die letzte dieser Ideen wird uns – in ihren Verästelungen – vor allem interessieren. Quer durch diese Unterscheidungen läuft aber noch ein anderer Gegensatz: jener zwischen hierarchischem Geschehensablauf (wie er jeweils ad hoc sich ergibt) und hierarchischer Struktur. Dabei verstehen wir hier unter „Struktur" eine irgendwie (psychisch oder gar physiologisch) vorgegebene Organisation, die das einzelne Geschehen überdauert und deren es sich jeweils bedienen kann; allenfalls auch eine bloß „eingefahrene", bei jedem Geschehen sich spontan wieder einstellende Organisationsform des Ablaufs.

Die Vorstellung der Organisationsebenen

Wir wenden uns zunächst der Vorstellung hierarchisch übereinander geschichteter Organisationsebenen zu. Diese Vorstellung ist sehr verbreitet und wird bei vielen Autoren zur Einführung des Begriffes mit großer Selbstverständlichkeit verwendet. Implizit fanden wir sie schon im oben erwähnten Chein-Zitat vor, und explizit – wenigstens dem Wortlaut nach – wird sie im „Klassiker" der neuen Verhaltenslehre, im Buch von Miller, Galanter und Pribram zu definitorischen Zwecken verwendet (1960, 15): „... it is quite obvious that the behavior is organized simultaneously at several levels of complexity. We shall speak of this fact as the ‚hierarchical organization of behavior.'" (Allerdings ist das nur der erste von recht verschiedenen Wortgebräuchen, die in diesem Pionierwerk noch recht wirr durcheinander gehen.)

Hierarchisch übergeordnet ist nach dieser Vorstellung das Phänomen, das auf einer höheren Komplexitätsstufe, auf der Ebene der umfassenderen oder großmaschigeren Organisation stattfindet. Fast per definitionem wird dabei die Hierarchie strukturell – im Sinne des oben explizierten Strukturbegriffes – verstanden. Mit „Ebenen" können dabei die verschiedenen „psychischen Schichten" gemeint sein wie bei Freud (vgl. Rapaport, 1959, 27) oder Rothacker (1938/69, 94ff.), aber auch die verschiedenen in einem Menschen vereinigten „Personen", wie etwa „Ichperson" und „Primitivperson" bei Holzschuher (1949, 42ff.). Heute denkt man dabei vor allem an verschiedene Ebenen der Steuerung und Regulierung des Verhaltens, wie in der „Regulierungspsychologie" Sachers (1978, 49ff.). Diesen Gesichtspunkt hat Mario von Cranach systematisch in die Handlungspsychologie eingebaut (vgl. von Cranach und Mitautoren, 1980, 82; oder das Schema in von Cranach und Kalbermatten, 1982, 124). Er betont allerdings immer wieder, es handle sich dabei nur um ein „nützliches Hilfskonzept", das nicht zu wörtlich genommen werden dürfe (von Cranach, 1982, 43, 57).

Eine für uns sehr wichtige Variante der Vorstellung hierarchischer Schichtung, auf die wir ab und zu wieder zurückgreifen werden, ist die Unterscheidung zwischen den Ebenen des „Planens" und des eigentlichen Handelns, wie sie von Grawe in seinem Modell vorgenommen wird (1980, 185). Allerdings werden wir später sehen, daß Grawes „Handlungsebene" wiederum in Cranach'sche Regulationsebenen zu unterteilen wäre.

Die übereinander geschichteten Ebenen – und damit die „Hierarchie“ – sind nach dieser Vorstellung bei jedem Menschen also da wie eine in Stockwerken aufgegliederte Bühne, gleichgültig, ob eben ein Stück gegeben wird oder nicht. Wo diese Vorstellung sich strikte mit der des Einflußgefälles verbindet (siehe unten), da finden Ereignisse auf unteren Ebenen nur auf Veranlassung und in Funktion von „oben“ ablaufenden Prozessen statt (etwa nach dem Miller-Galanter-Pribram-Modell). Wird die „Ebenen“-Vorstellung dagegen in reinerer Form realisiert, so finden auf allen Stufen teilweise unabhängige, aber miteinander koordinierte Prozesse statt, jeder mit eigenen Anpassungsaufgaben, wobei die steuernden Einflüsse zwar häufiger, aber nicht ausschließlich von oben nach unten verlaufen. Die Berner Arbeitsgruppe unter der Leitung Mario von Cranachs hat ein solches Modell nicht nur in sehr differenzierter Weise theoretisch entwickelt, sondern auch empirisch getestet und erhärtet (vgl. etwa die Berichte über Arbeiten von Kalbermatten sowie Müller und Kühne in von Cranach et al., 1980, 184–203).

Die Vorstellung der Zugehörigkeit

Organisationsebenen des Handelns, psychische Schichten (Ich und Es, Ichperson und Primitivperson), Plan und Handeln sind je eigenständige Entitäten; keines ist nur als „Teil“ des andern zu verstehen. Demgegenüber gibt es nun eine ganz anders geartete Auffassung der „Hierarchie“. Offenbar hat sie ihren Ursprung in der Aristotelischen Logik. Hierarchisch übergeordnet ist ihr zufolge jenes Phänomen, dem das untergeordnete als (bloßer) Teil zugehört. Das kann rein logisch verstanden werden: der hierarchisch untergeordnete Begriff ist im übergeordneten enthalten. Jahrhunderte, Jahre, Monate, Tage, Stunden, Minuten, Sekunden wären hierarchisch gestaffelte Größen. Das kann aber auch strukturell gemeint sein. „Incidents are hierarchically structured. Small pieces make up the larger pieces and so on.“ (Clarke, 1982, 192.) Unter „incidents“ versteht Clarke jeden Teil einer Handlung.

In der Handlungspsychologie wird der Gedanke also auf ablaufende Prozesse übertragen. Jeder Teilschritt einer Handlung bildet einen hierarchisch untergeordneten Bestandteil von dieser. Aebli weist darauf hin, daß Miller, Galanter und Pribrams Paradebeispiel für die hierarchische Handlungsstruktur, das Hämmern (1960, 33ff.), im Grunde nichts anderes als eine solche Teil-Ganzes-Beziehung darstelle und die „Gesamthandlung nur ein Name für die Verkettung der untergeordneten Handlungen“ sei (Aebli, 1980, 159). Das Nageleinschlagen setzt sich aus all den einzelnen Hebungen und Senkungen („Schlägen“) des Hammers zusammen. (Allerdings werden wir unten sehen, daß in ihrem Modell – und allen dem ihren nachgebildeten – noch eine weitere Vorstellung dazukommt.) In diesem Sinne kann man sich allenfalls auch das Treppensteigen „hierarchisch“ aufgebaut denken. Wenn ich in Bern oder in Ulm via Wendeltreppe mühsam die Plattform des Münsterturms erklimme, so ist diese Handlung zusammengesetzt aus so und so vielen einzelnen Schritten (wer mag sie zählen!) und aus so und so vielen „Runden“, die ich im engen Treppengehäuse drehen muß. Schritte mag man hierarchisch den „Runden“ und Runden dem ganzen Aufstieg unterordnen; sie sind Teile zum Ganzen. Chein hat in seiner Theorie – die wir später noch betrachten werden – in ähnlichem Sinne von „einschließendem“ und „eingeschlossenem“ Verhalten als Charakteristikum der hierarchischen Organisation gesprochen (1972, 23ff.), Norman (1981, 13) davon, daß Handeln in der schrittweisen Auflösung von Intentionen in Teilprozesse bestehe; und nach Volpert lösen sich die „zyklischen Einheiten“ des Handelns je wieder in „Untereinheiten“ auf (1983, 41f.).

Es stellt sich hier nun allerdings eine sehr wichtige Frage. Wenn Handlungs-Entitäten in einzelne Schritte aufgelöst werden können oder umgekehrt: wenn einzelne Bewegungen oder Bewegungsfolgen als hierarchisch untergeordnete Teile eines größeren Ganzen verstanden werden können – ist diese Beziehung zwischen Ganzem und Teil dann immer eindeutig und unverwechselbar? Gehört jeder Teil klar nur *einem* Ganzen zu? Im Modell von Miller, Galanter und Pribram – einem recht rückhaltlosen Bekenntnis zum Computer als Schlüssel zum Verständnis menschlichen Verhaltens und Denkens – ist das der Fall. Wenn der Computer einen Teilschritt ausführt, dann geschieht das immer und ausschließlich im Rahmen *eines* und nur *eines* Programms.

Eine völlig entgegengesetzte Vorstellung entwickelt demgegenüber Grawe aufgrund seiner therapeutischen Erfahrungen. Auch in seinem Hierarchie-Modell ist die Beziehung „X ist Teil von Y“ konstituierend (1980, 146). Aber jedes einzelne Tun ist stets Teil mehrerer übergeordneter Zusammenhänge; es ist Resultante verschiedener, gleichzeitig wirkender hierarchischer Einflüsse (1980, 136, 152). Nur aus deren Zusammenwirken kann es verstanden und gedeutet werden.

Auch wenn dieses Prinzip der Multidetermination (klassisch ja auch für tiefenpsychologische Schulen) für die konkrete Analyse des Handelns im Alltag oft weit weniger Bedeutung hat als im therapeutischen Zusammenhang, so ist es doch grundsätzlich richtig und muß auch für manche unserer eigenen Beobachtungen beigezogen werden. Hierarchische Modelle des Handelns sind sicher nur dann realitätskonform, wenn sie dieser Grundtatsache Rechnung tragen.

Die Vorstellung des Einflußgefälles

Wenn es darum geht, den Ablauf des Verhaltens zu erklären, werden in hierarchischen Modellen die eine wie die andere der bisher diskutierten Vorstellungen durch eine dritte, mehr auf dynamische Zusammenhänge gerichtete ergänzt. Wir haben das ja schon in unserem einleitend angeführten Chein-

Zitat vorgefunden: Die höheren hierarchischen Ebenen haben (beobachtbare) Konsequenzen für die unteren. Als Wesen der Hierarchie wird also angenommen, daß vom „Oberen" zum „Unteren", vom Ganzen zum Teil ein „Einflußgefälle" besteht. Hierarchisch übergeordnet ist nach dieser Vorstellung das Phänomen, das dafür verantwortlich ist, daß das andere überhaupt zustandekommt (oder, mit Grawes Einschränkung, gerade so passiert). Bei vielen Autoren ist diese Hierarchie-Idee, die in verschiedenen Varianten und Nuancen durchgespielt werden kann, auch die allein maßgebende, unter weitgehendem Wegfall von Ebenen- oder Teil-Ganzem-Modellen.

Diese Hierarchie-Vorstellung schließt sich eng an jene Verhältnisse an, die wir in gewissen Formen gesellschaftlichen Zusammenlebens und Zusammenwirkens vorfinden. Klassisches Beispiel ist das Militär. Hier wird „gehandelt", indem eine Willensbildung ganz oben geschieht und sich nach unten, Stufe um Stufe, fortpflanzt. So können alle Kräfte auf *ein* Ziel angesetzt und koordiniert werden. Diese Vorstellung wird nun auf den Einzelmenschen und sein Handeln übertragen. (Wir werden später dazu Stellung nehmen; in diesem ersten Unterkapitel beschränken wir uns auf die Berichterstattung.)

Allerdings müssen wir, wenn wir der Vorstellung des hierarchischen Einflußgefälles weiter nachgehen wollen, von vornherein zwei Differenzierungen anbringen. Die eine bezieht sich auf die Art dieses Einflusses, die andere auf dessen Richtung.

Wir können nämlich Varianten, die sich mehr an einem kausalen Determinationsmodell orientieren, von solchen unterscheiden, die mehr einem finalen Denken verpflichtet sind. Im ersten Fall wird das untergeordnete (oder einem untergeordneten System zugehörige) Phänomen gesetzmäßig verursacht oder ausgelöst durch das übergeordnete Phänomen (oder System). Im zweiten Falle bildet das übergeordnete den Grund (oder den Zweck, den tieferen Sinn), um dessentwillen das untergeordnete geschieht oder unternommen wird. Das sind zwei grundverschiedene Erklärungsweisen des Verhaltens. Daß sich hier zwei Menschenbilder gegenüberstehen, haben gerade in den siebziger Jahren zahlreiche Autoren eindrücklich beschrieben. (Ich verweise nur etwa auf Arieti, 1972, Chein, 1972, Gauld und Shotter, 1977, Keller, 1974, Matson, 1976).

Freilich geht der Streit meist nicht um die Berechtigung kausaler Erklärungen – daß es auch im Bereich menschlichen Verhaltens kausale Zusammenhänge gibt, wird kaum je bestritten. Die Frage lautet vielmehr, ob *alles* psychische Geschehen kausal gedeutet werden kann und muß, oder ob man daneben noch andere Prinzipien der Determination anerkennen muß.

Was anderseits die Richtung des Einflusses betrifft, so steht, bei beiden Varianten, das Problem zur Diskussion, wie weit einfach von oben nach unten „verfügt" wird und wie weit allenfalls Gegeneinflüsse von unten her angenommen werden müssen.

Kausalität und Hierarchie

Nach dem kausalen Modell veranlaßt das hierarchisch übergeordnete Phänomen das untergeordnete, es erteilt gleichsam den Befehl oder Auftrag zu dessen Geschehen. Nun ist die Beobachtung, daß ein Phänomen ein anderes veranlassen oder auslösen kann, eine Grunderkenntnis der Psychologie spätestens seit den ersten Tagen ihrer Konstituierung als Experimentalwissenschaft. Die ganze Assoziationspsychologie, aber auch die S-R-Psychologie fußten auf dieser Überzeugung. Verhalten läuft in gesetzmäßigen Verkettungen ab. Genügt das, um von „Hierarchien" zu sprechen? Jede Assoziation, die eine andere veranlaßt, jeder Reiz wäre dann der Reaktion „hierarchisch" übergeordnet. Wenn ich es richtig verstanden habe, kommt ein ähnlicher Gedanke tatsächlich in der Literatur da und dort vor, etwa bei Osgoods Vorstellung der „horizontalen" (im Gegensatz zur vertikalen) Hierarchie bei der Bildung von Sätzen (1963).

Aber der Hierarchie-Begriff ist meines Wissens doch erst eigentlich bei der Wendung zum kybernetischen Modell der Handlungserklärung, ungefähr zur Zeit von Miller-Galanter-Pribrams epochemachendem Werk, so richtig aktuell geworden. Nicht das gleichsam unbekümmerte „Auslösen" (etwa eines Vorstellungselements durch das andere) stand dafür Gevatter, sondern die Auftragserteilung mit Kontrolle und Überwachung. Nach erfolgter Auslösung „besteht" das hierarchisch übergeordnete Phänomen oder System weiterhin darauf, daß das und das geschehe, es nimmt Rückmeldungen („Feedback") entgegen und wiederholt, präzisiert, adaptiert seinen Auftrag. So findet eine Rückkoppelungsschleife statt, und nur dank ihr kann man überhaupt von „Hierarchie" reden.

Einflüsse also in beiden Richtungen, von „oben" nach „unten" und – in Form von feedback – auch umgekehrt. Dennoch besteht ein eindeutiges „Einflußgefälle". Wie im militärischen Leben alten Stils: der Hauptmann erteilt dem Leutnant einen Befehl (nicht umgekehrt), der Leutnant dem Korporal, der Korporal dem Füsilier; aber keiner darf es dabei bewenden lassen: Er muß sich die Ausführung (oder Nichtausführung und deren Gründe) melden lassen oder sie selber überprüfen und dann wieder oder neu befehlen. Die Rückmeldungen dienen nur der Kontrolle über die Ausführung. Darin, daß der eine befehlen, der andere aber nur rückmelden und so den Befehl höchstens modifizieren kann, liegt das eigentlich hierarchische Prinzip. Echte Hierarchie ist immer „vertikal", mit einseitigem Einflußgefälle. Daß die vertikale Vorstellung zur horizontalen der reinen „Auslösung" hinzugekommen ist, bedeutete sicher eine Wende in der Psychologie – aber an sich selber noch keine Abkehr vom kausalen Prinzip. Das kann alles rein gesetzmäßig und automatisch vor sich gehen, wie das oft zitierte Beispiel der Aufrechterhaltung einer konstanten Wärme, sowohl im Zimmer wie auch im Organismus, beweist.

Man kann sich menschliches Verhalten, zumindest auf der Ausführungsebene, raffiniert bis ins Einzelne dergestalt hierarchisch kontrolliert und gesteuert vorstellen, wie das etwa Powers (1973) getan hat.

Instrumentelle oder finale Hierarchie

Im Zusammenhang unserer Untersuchung gewinnt eine andere Variante hierarchischen „Einflußgefälles" besondere Bedeutung. Das ganze Alltagsleben des Menschen – und namentlich auch das Arbeitsgeschehen in komplexeren Berufen – ist durchwirkt von der naheliegenden Tatsache, daß man immer wieder Dinge tut nicht um ihrer selbst willen, sondern um etwas anderes damit zu erreichen. P. hat am 13. April 1975 nicht etwa darum die Rektoren der „Landgymnasien" auf den 21. April nach Bern eingeladen, weil er sie gerne wieder einmal um sich scharte. Es geschah ausschließlich darum, weil er eine Beraterin teilzeitlich ersetzen wollte und mußte und die Rektoren nach Vereinbarung die Wahlkommission bildeten. Und nicht zum Selbstzweck stehe ich während der Abfassung dieses Kapitels ab und zu auf, gehe zum Büchergestell und lese im einen oder andern Buch: Vielmehr geht es darum, Zitate nachzuschlagen oder mich zu vergewissern, ob ich mich nicht etwa irre. (Freilich gibt es Tage und Zeiten, wo ich ein ganz ähnliches Verhalten wirklich zum Selbstzweck zeige und, freiem Interesse folgend, da und dort etwas herumblättere. Der Unterschied ist scharf; heute, da ich an meinem Manuskript sitze, tue ich das gleiche aus völlig anderen Gründen.)

Daß zahlreiche seiner Unternehmungen instrumentellen Charakter haben, ist ein auszeichnendes Merkmal der Psychologie des Menschen. Theodor Erismann hat das in seinem kleinen Büchlein zur Einführung in die Psychologie eindrücklich geschildert (1958, 64ff.); und Isidor Chein – eben habe ich, als weitere instrumentale Handlung, einige Zeit ins Suchen einer mir im Gedächtnis verbliebenen Stelle investiert – legt dar, wie oft selbst junge Menschen in zäher Weise um übergeordneter Ziele willen Dinge tun, die an sich selber nicht den leisesten Schatten eines Interesses, ja bloß Abneigung bei ihnen erwecken würden (1972, 34). Für Chein, den vehementen und konsequenten Verfechter hierarchischer Verhaltensorganisation, bildet diese Art instrumentaler Verschachtelung das Wesen der Hierarchie. Hierarchisch übergeordnet ist nach seiner Vorstellung das Phänomen, um dessentwillen ein anderes, untergeordnetes sich ereignet.

Nun können aber verschiedene Nuancen dieses Denkens unterschieden werden. Vor allem kann der Blick „von oben nach unten" oder „von unten nach oben" gerichtet sein. Bei Isidor Chein finden wir das erste. Chein stellt die instrumentale Hierarchie als „motivationale Verknüpfung" dar. Um an ihr Ziel zu gelangen, benötigt eine Handlung sehr oft – und zwar immer dann, wenn dessen Erreichung nicht geradlinig möglich ist – die Einschaltung einer Hilfshandlung (wobei die übergeordnete Handlung nach

Cheins Terminologie das „Motiv" der untergeordneten bildet); diese wiederum kann ihrerseits andere Handlungen einspannen – so daß das Ziel, einen Hochschulabschluß zu erreichen, sich schließlich im Ergreifen eines Kugelschreibers niederschlägt. Ähnlich beschrieb es vor einem halben Jahrhundert schon William Stern in seiner „Allgemeinen Psychologie auf personalistischer Grundlage". Zur Ausführung eines Planes bedarf der Mensch bestimmter Mittel. Jedes Mittel, „das nicht von vorn herein fertig da ist, sondern erst bereitet oder beschafft werden muß, wird nun selber zum Willensziel, bei dem sich die gleiche Gliederung wiederholt ... dies in vielfacher Abstufung ... So entwickelt sich aus der hierarchischen Gliederung des Planes die hierarchische Struktur der Willensausführung selbst." (Stern, 1935/50, 587.) Hier wird also geschildert, wie der Mensch sich zu einem gesetzten Ziel stufenweise Unterziele und Hilfshandlungen organisieren muß, eine Hierarchie gleichsam von oben nach unten aufgebaut wird.

Die umgekehrte Blickrichtung finden wir etwa bei Klaus Grawe. Wenn er menschliches Verhalten studiert, geht er normalerweise vom konkreten, beobachtbaren Einzel-Geschehen aus (1980, 152ff.). Durch Vergleiche mit anderen Verhaltensweisen, Rückgriff auf Aussagen und Leitsätze des Patienten usw. eruiert er, welchem Ziel dieses Geschehen zu dienen hatte. Aber auch diese (meist noch recht konkreten) Ziele können für gewöhnlich ihrerseits umfassenderen Anliegen zugeordnet werden, und so weiter, bis wir an die Spitze der Hierarchie gelangen, die dann etwa „leben" heißen kann (1980, 185). Wer beispielsweise in der Gruppentherapie nicht hochblickt, kann das tun, um von sich abzulenken, das, um Aufmerksamkeit zu vermeiden, das, um Erröten zu vermeiden, das, um sich keine Blöße zu geben, das, um „ein toller Mann zu sein", das, um „sich wert zu fühlen", und das wiederum, um lebenswert zu leben. Die Hierarchie wird also von unten nach oben aufgebaut.

Auch hier möchten wir noch einen zweiten Zeugen aus einem ganz anderen psychologischen Lager zugesellen, nämlich Wilhelm Keller, der in seiner „Psychologie und Philosophie des Wollens" folgendes aussagt: „Wo immer ich in eigentlichem Sinn will, will ich – und will ich das, was ich will – *umwillen von* etwas." (1954, 69). Der Blick ist immer über das Gewollte hinaus gerichtet auf ein weiteres Ziel, das dahinter liegt, und so geht es reihenweise hinauf und hinaus (71ff.). Wir wollen diese Vorstellung die „Um-zu-Hierarchie" nennen.

Hierarchische Stufenfolge

Die beiden Blickrichtungen sind natürlich komplementär; sie ergänzen sich, ermöglichen aber auch unterschiedliche Einsichten in das psychische Geschehen. Gemeinsam ist ihnen zunächst, daß man – sei es von oben nach unten oder von unten nach oben – eine lange Liste vertikal über- und untereinander geschichteter Ziele oder Mittel aufstellen kann, von der kleinsten Bewegung zum fernsten Lebensplan oder umgekehrt. Beispiele dafür gibt es in der Literatur viele; neben den schon genannten Cheins und Grawes verweisen wir etwa auf Raymond Birch, den Buben aus Midwest, U.S.A., der nach Barker und Wright (1955/71, 247) den Fuß vom Trottoirrand hebt, um – über Ziele wachsender Reichweite – seinen Lebensweg zu gehen. Das Phänomen der – funktionalen oder anderweitigen – Verschachtelung dürfte vielen Leserinnen und Lesern noch bestens bekannt sein aus Douglas R. Hofstadters seinerzeitigem Bestseller „Gödel, Escher, Bach" (1979/85); Achilles und „Herr Schildkröte" haben dort die „rekursiven Strukturen und Prozesse" zur Genüge vordemonstriert.

Auch unser eigenes Material kann uns ähnliche Beispiele liefern. Wir können uns etwa fragen, warum bei P. am Montag, 16. Dezember 1974 um 15.10 Uhr aus dem allgemeinen Bedürfnis heraus, sich beruflich für sinnvolle Dinge einzusetzen, gewisse Muskelkontraktionen stattgefunden haben.

Anliegen, sich beruflich für sinnvolle Dinge einzusetzen
Anliegen, zu qualitativ hochstehender Beratung beizutragen
Anliegen, Psychodiagnostik in der akademischen Berufsberatung wieder aufzuwerten
Organisation einer Psychodiagnostik-Tagung in 1975
Aufstellung eines Programms
Organisation einer Vorbereitungskommission
Personenauswahl für die Kommission
Vorbesprechung mit dem Mitorganisator
Telefonat mit Fred W. Schmid
Nachschlagen der Telefonnummer
Aufsetzen der Brille
Muskelkontraktion

(Ich habe mir große Mühe gegeben, das Beispiel einer besonders „reinen" Hierarchie ausfindig zu machen. Aber es gibt auch hier verschiedene Schwachstellen. Das Telefon an Fred W. Schmid diente damals auch andern Zwecken, die Vorbereitungskommission sollte auch andere Aufgaben als die der Programmerstellung wahrnehmen, die Aufwertung der Psychodiagnostik in der akademischen Berufsberatung hatte auch andere Gründe, die mit der kurz zuvor von P. abgesagten, aber vorbereiteten Psychodiagnostik-Vorlesung zusammenhingen. Auch hier zeigte sich also die von Grawe betonte Multideternination des Verhaltens auf verschiedensten Hierarchie-Stufen.)

Dieses unser eigenes Beispiel ist weder „von oben" noch „von unten" her konzipiert worden, sondern mehr oder weniger von der „Mitte" aus. Im Tagesblatt ist eingetragen „Tel. FWS Kurs Diagnostik" und angestrichen im Themen-Raster das Thema „Diagnostikkurs Arbeitsgruppe Vorbereitung". Was darüber, dazwischen und darunter ist, habe ich nachträglich ergänzt. Ich bin im Sinne der Einsicht Walter Volperts vorgegangen, daß „im Modell sowohl ‚nach oben' als auch ‚nach unten' ein Regressus ad infinitum möglich ist" (1974, 29).

Diese dritte Vorgehensweise, „von der Mitte her", wird auch propagiert von Brian R. Little, der seine Versuchspersonen nicht bloß nach ihren personal projects befragt, sondern auch darüber, *wie* sie (im einzelnen) das Thema angehen wollen und *warum* (das heißt in welchem Zusammenhang) sie sich für das Projekt engagieren. Dabei verfolgt er das Ziel, „to locate personal projects as middle-level units within a conceptual hierarchy of subordinate acts and superordinate values or core concerns" (1983, 302).

Allerdings – und hier nun die unterschiedlichen Erkenntnisgewinne – ergeben die Regresse nach oben und nach unten recht verschiedene Bilder. Wer „von unten nach oben" blickt – wie Grawe oder Keller –, der geht von zwar einfachen und ganz konkreten, aber doch psychologisch sinnvollen, noch „molaren" Beobachtungen und Gegebenheiten aus, für die er schrittweise größere Zusammenhänge sucht, die von einer gewissen Höhe an immer vager und abstrakter werden und sich schließlich in allgemeinen Werthaltungen oder antriebsähnlichen Erscheinungen verlieren. Keller beschreibt das eingehend, und Grawe weist darauf hin, daß auf sehr hoher Abstraktionsebene „die Pläne für verschiedene Menschen immer gleicher, dafür aber auch immer belangloser für die konkrete Verhaltensvoraussage" werden (1980, 165). Wer dagegen von oben nach unten schaut, der setzt bei großen, weitreichenden, aber noch immer konkreten Zielen und Unternehmungen des Menschen an und verfolgt nach unten, wie sie sich immer mehr in Einzelschritte und schließlich in Bewegungen, Muskelkontraktionen und Innervationen auflösen. Während die erstgenannte Blickrichtung das Feld des eigentlichen Handelns in Richtung übergreifender Werte, persönlicher Eigenschaften, allgemeiner Haltungen und genereller Antriebe ausweitet, überschreitet es die andere Ausrichtung durch Eintauchen in das Gebiet molekularer Detailausführung, der motorischen und physiologischen Realisierung.

Wichtig in unserem Zusammenhang – und besonders relevant für eine im Alltag anwendbare Handlungstheorie – scheint uns ein Mittelband, das beide Extreme ausblendet. Es reicht von dort, wo der eine von unten her ansetzt – „der Mann hält in der Gruppe immer den Blick gesenkt" –, bis dorthin, wo der andere von oben her beginnt – „er will einen College-Abschluß erwerben"; innerhalb dieses Bandes scheint uns der sinnvollste Bereich, um nach finalen Hierarchien zu suchen. Er erlaubt auch die Entwicklung und Durchführung realistischer Forschungsvorhaben.

Wenn dagegen jemand zeigen will, daß von der Ebene biographisch erfaßbarer Lebensziele (ein berühmter Arzt hat mit 20 Jahren beschlossen, „der Menschheit zu dienen") bis zur Ebene der Innervationen (auch er setzte damals vielleicht die Brille auf, aber um die Adresse einer Privatschule nachzuschlagen, bei der er sich für den zweiten Bildungsweg zur

Matur anmelden wollte) ein durchgehender hierarchischer Zusammenhang besteht, so hat das vor allem deklamatorischen Charakter. Biographische Lebenslinien (etwa im Sinne Charlotte Bühlers, 1933; 1959), Alltagshandlungen, Bewegungen und Nervenprozesse bilden ganz verschiedene Welten der Forschung, und wer sich einer davon verschreibt, hat meist wenig Sinn und nur unzulängliche Vorstellungen von den anderen. (Vgl. dazu auch Barker und Wright, 1955/71, 181.)

Stufenfolge und Ebenen

In Wirklichkeit ist die Sache allerdings noch um einiges komplizierter. Gerade haben wir wieder von „Ebenen" gesprochen, und tatsächlich geht diese hier zuerst behandelte Hierarchie-Vorstellung oft Hand in Hand mit der instrumentalen. Nach Grawe (1980) führt die Hierarchie von der Planebene hinunter zur Ausführungsebene, nach Norman (1981) schlägt sie die Brücke von der Welt der Absichten zum Bereich der Ausführung, nach von Cranach (1980) sind Ziele und Unterziele (sowie Operationen) je auf einer eigenen Organisationsebene angesiedelt. In vielen vorgeschlagenen Modellen dient die Hierarchie also gleichsam dazu, die Verbindung von einer Verhaltensschicht zur andern sicherzustellen.

Für diese Vorstellung ist natürlich bezeichnend, daß über- und untergeordnete Schichten und Phänomene unterschiedlichen Charakter tragen. Handlungen und Ziele, Strategien und Operationen sind je zweierlei; was der einen Ebene zugehört, hat keinen Platz auf der andern. Auffallend an solchen hierarchischen Anordnungen sind auch die von oben nach unten absteigenden Größenverhältnisse. Betrachten wir eine Anordnung wie jene auf Seite 278 (P.'s Telefonat an den Mitorganisator der Diagnostik-Tagung), dann finden wir ein regelmäßiges Absteigen vom Allgemeineren zum Spezifischeren, vom Größeren zum Kleineren, vom Langfristig-Gültigen zum Momentanen.

Das ist nun allerdings keine Forderung, die sich aus den Vorstellungen hierarchischer Verschachtelungen – etwa jener Cheins oder Sterns – zwingend ableiten ließe. Mittel-Handlungen brauchen keineswegs auf tieferer Ebene stattzufinden als ihre „Auftraggeber". Wenn ich einen kleinen Aufsatz schreiben will, etwa für ein Bulletin, kann es im Prinzip durchaus vorkommen, daß ich dafür eine Information benötige, die ich mir durch den Gang in eine Bibliothek, dort durch Aufsuchen und Ausleihen und, wieder daheim, durch Lesen eines Buches verschaffen muß – die instrumentale Aktion kann größer und aufwendiger sein als die durch sie bediente. Man kann ein ganzes Buch allenfalls auch lesen, nur um eine Meinung darüber äußern zu können, ob es angeschafft werden soll oder nicht – worüber vielleicht andere entscheiden. Das Auszählen der Fallstatistik beschäftigt P. Jahr für Jahr weit umfassender als die Zwecke selber, denen es zu dienen hat (zum Beispiel die Abfassung eines kurzen Jahresberichtes). Unterziele sind also keineswegs eo ipso „kleiner“ als die sie veranlassenden Ziele – im Unterschied der Ebenen oder Größenordnungen liegt das Wesen der finalen Hierarchie nicht begründet.

Es gibt eine – an sich ziemlich seltsame – Stelle in der psychologischen Literatur, die das sehr schön demonstriert. Henry Murray trägt einmal das Beispiel eines Politikers vor, der zu einem bestimmten Amt gewählt werden will und sich darum einen Flecken vom Kleid wischt (1938/62, 87). Wie kommt es dazu? Um bessere Aussichten zu haben, sollte sein Gegner Y in einen schlechten Ruf gebracht werden; das ließe sich durch die Publikation einiger verunglimpfender Tatsachen aus seinem Privatleben erreichen; die könnte man von Herrn X erfahren; dazu müßte man dessen Freundschaft und Vertrauen gewinnen; man müßte also vermeiden, bei der Begegnung einen schlechten Eindruck auf diesen zu machen; darum die Entfernung des Fleckens. Hier wird also eine Hierarchie von Zielen beschrieben: einen guten Eindruck machen, die Freundschaft von X gewinnen, Tatsachen in Erfahrung bringen, Tatsachen publizieren, den Ruf von Herrn Y schädigen, zu einem Amt gewählt werden; jedes dient dem nächstgenannten; aber es handelt sich dabei durchaus um Absichten von ähnlicher (oder jedenfalls nicht einseitig ansteigender) Größenordnung, die praktisch alle auf der gleichen psychologischen Ebene liegen.

Murray spricht (seltsamerweise) von einer „subsidiation of needs“, wobei nach seiner Theorie ohnehin alle beteiligten needs auf gleicher Ebene nebeneinander anzuordnen sind. Die „subsidiation“ geschieht von Fall zu Fall ad hoc und kann kreuz und quer, in jeder beliebigen Reihenfolge verlaufen. Das ist ein klassischer Fall von „ebenen-interner“ Hierarchie. Aber auch die hierarchischen Stammbäume Grawes sind nicht so klar vertikal geordnet wie es scheinen mag. Nach Grawes übrigen Ausführungen (etwa S. 147ff.) bilden die verschiedenen Ziele und Bedeutungsgehalte ein „semantisches Netz“, in welchem die Beziehungen der Über- und Unterordnung ebenfalls kreuz und quer laufen können.

Für beide Hierarchie-Vorstellungen, die „ebenenverbindende“ und die „ebeneninterne“, gibt es sicher überzeugende Beispiele. Mehr noch: die beiden Vorstellungen scheinen sich miteinander zu verbinden. Irgendwo am Schlusse der ebenen-internen Zielketten muß – sofern wirklich gehandelt wird – der Übergang zur anderen Ebene, jener der Bewegungen, erfolgen. Murrays Politiker reibt schließlich mit einem in heißem Wasser getränkten Lappen am Stoff seines Kleides, oder er gibt mit eigener Stimme der Garderobefrau seinen Auftrag. Es stellt sich für uns also die Frage, wie sich die beiden Vorstellungen miteinander verbinden lassen.

6.2 Zielhierarchie und Tätigkeitsabfolge

Problemstellungen

Wir nähern uns damit der Frage, wie sich hierarchische Handlungsstrukturen in „Operationenfolgen" niederschlagen, in die „sequential order" der täglichen Aktivitäten (Szalai, 1972, 4), wie also ein „vertikales" Prinzip sich in ein horizontal-lineares umsetzt. Das soll uns in diesem zweiten Unterkapitel vor allem beschäftigen. Allerdings werden wir damit nur zu Rande kommen, wenn wir, gewitzigt durch unsere bisherige Diskussion, die Hierarchie-Vorstellung aufspalten in zwei Bereiche, in eine „Zielhierarchie" und eine „Ausführungshierarchie". Diese Differenzierung wird uns helfen, eine ganze Reihe bisher einzeln vorgelegter Modelle sinnvoll miteinander in Verbindung zu bringen.

Es sind also drei Phänomen-Gruppen, deren Zusammenhängen wir nun nachgehen wollen:

- Zielhierarchien
- Ausführungshierarchien und
- Operationenfolgen.

Für engagierte Hierarchie-Theoretiker sind deren Verbindungen allerdings von vornherein klar. Die Zielhierarchie geht, von einer obersten Spitze her absteigend, kontinuierlich über in die Verästelungen der Ausführungshierarchie und bestimmt durch diesen Prozeß eindeutig die Operationenfolge. Demonstrationsbeispiel dafür bildet Winfried Hackers Schema seiner „Tagesaufgaben" (1978, 88). An ihm zeigt er, wie hierarchisch generierte Pläne sich über eine psychische Abfolgestruktur in eine äußere „Operationenfolge" umsetzen, die in seinem Beispiel verblüffend einer Folge von „Arbeitseinheiten" nach unserer Definition gleicht. Das Modell wird von Walter Volpert 1974 (30ff.) und 1983 (41ff.) weiterentwickelt. Die Sache sieht, vereinfacht, wie folgt aus (abgeleitet aus Hacker, 1978, 89 und Volpert, 1983, 43).

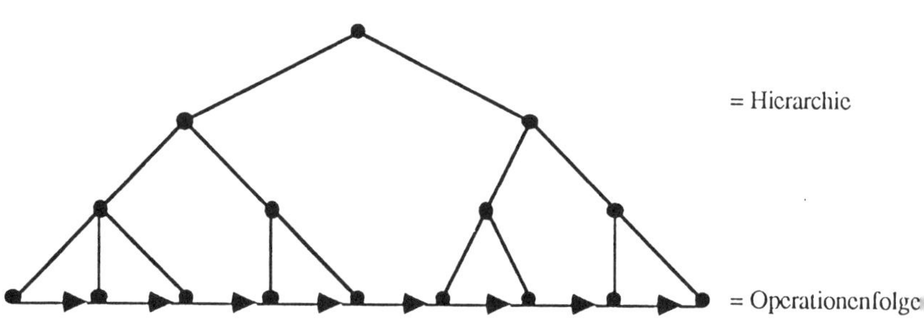

Fig. 6.21: Hierarchie und Operationenfolge

Wenn wir uns im folgenden mit diesem Modell auseinandersetzen, so möchten wir Hacker und Volpert nicht unterschieben, Handeln ausschließlich so verstanden zu haben wie wir hier annehmen. Aber das strikte durchgezogene Bild kann uns sehr gute Dienste leisten, um zwei Probleme zu diskutieren.

Unsere eigenen Vorstellungen weichen nämlich in zweierlei Hinsicht von diesem Schema ab. Einmal sind wir der Meinung, daß zwischen Zielhierarchie und Ausführungshierarchie ein grundsätzlicher Unterschied bestehe. Wir sind der Überzeugung, daß nur ein Modell mit „gebrochener Hierarchie" der Realität Genüge tun kann. Dann vertreten wir, zweitens, die Auffassung, daß sich die Operationenfolge nur sehr beschränkt aus der (Ziel-)Hierarchie ableiten lasse. Diese beiden Ansichten werden wir im vorliegenden Unterkapitel nacheinander begründen. Ein drittes Problem – unsere Überzeugung, daß längst nicht alles Verhalten hierarchisch organisiert ist – werden wir hier nur erst streifen; Unterkapitel 6.3 wird ihm dann spezifisch gewidmet sein.

Zielhierarchie und Ausführungsebene

Gehen wir zunächst nochmals vom Modell der hierarchisch gestaffelten Ebenen aus! In Figur 6.21, die sich in dieser Hinsicht an Volpert orientiert, lassen sich klar vier Ebenen unterscheiden (es könnten auch drei, fünf oder zehn sein), von denen die unterste der Operationenfolge entspricht. Zuoberst haben wir allerdings statt einer „Ebene" eine „Spitze", ein einsames, alles überragendes Grund- und Quellziel. Winfried Hacker beispielsweise fallen auf dem Wege zur Universität offenbar eine Reihe von Aufgaben ein, die – gleichgeordnet nebeneinanderstehend – heute zu erledigen sind: Praktikumsbericht durcharbeiten, Vorlesung vorbereiten, Post erledigen, Besprechung vorbereiten usw. (1978, 87f.). Sie bilden offensichtlich eine „Ebene" der Tagesziele (zweitoberste Schicht in Figur 6.21). Nach unten generieren sie Unteraufgaben. Um aber die Hierarchie auch nach oben hin lückenlos durchzuziehen, setzt Hacker in seinem Schema noch das Generalziel „heutige Tagesaufgaben" darüber – zweifellos eine reine „Überschrift" ohne irgendwelchen handlungserklärenden Charakter. Wir können also, zumindest für jede „normale Verhaltensperspektive", diese Spitze quasi abbrechen und haben dann ein Geschehen vor uns, das oben durch eine Ebene der Ziele und unten durch eine Ebene der Handlungen begrenzt ist.

Nun klettern wir einmal auf den Plafond und schauen von dort aus hinunter. Wir wählen ein paar Ereignisse aus P.'s Vollerhebungszeit aus, nämlich Unternehmungen im Dienste der sogenannten „Diagnostik-Aktion 1975", dem damaligen Bemühen P.'s, das Interesse für Möglichkeiten und Probleme der Psychodiagnostik in Beraterkreisen wieder zu wecken. Von diesem breiten Gipfel blicken wir hinunter auf einige abgeleitete Aufgaben (Figur 6.22).

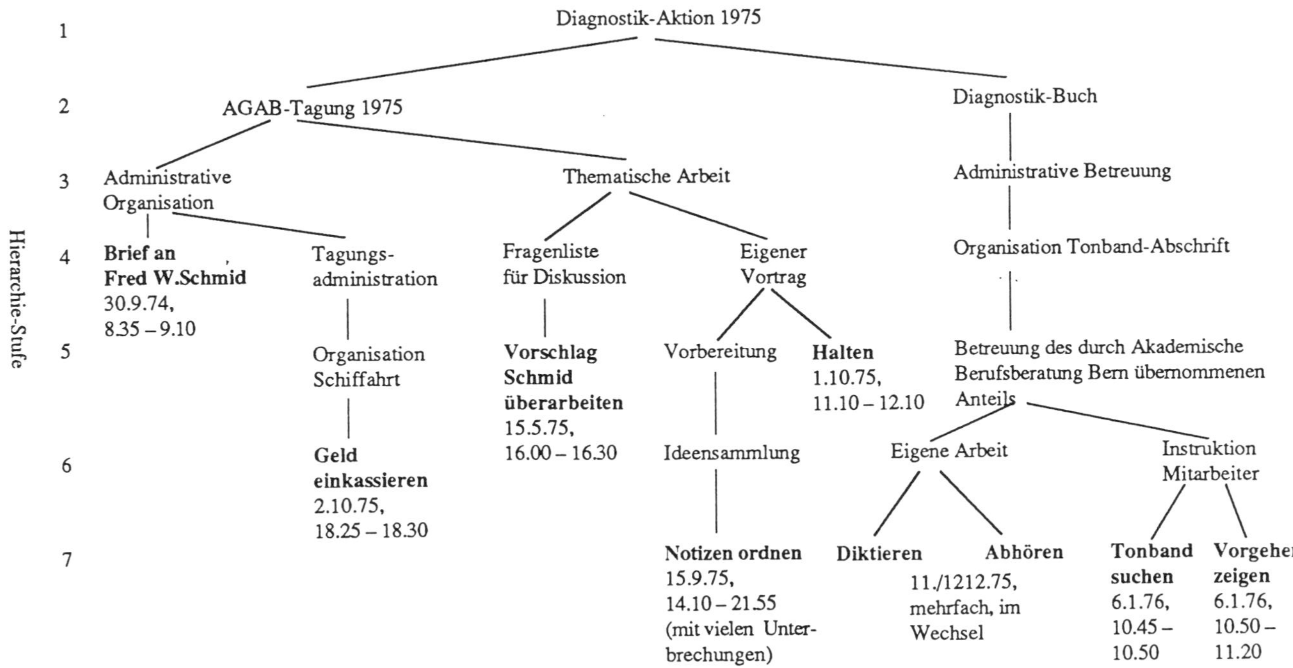

Fig. 6.22: Beispiel eines Hierarchie-Stammbaums

Wir verfolgen das Geschehen über sieben absteigende Stufen, wobei wir zuerst dem Schenkel rechts entlangwandern. Im Rahmen der Diagnostik-Aktion (1), so sehen wir, beteiligt sich P. unter anderem am gemeinsamen Plan, ein Diagnostik-Buch über die Tagungen des Jahres 1975 herauszugeben (2). Neben der Bereitschaft, selber inhaltlich mitzuarbeiten, übernimmt er die Verantwortung für die administrative Betreuung (3). Als erste Teilaufgabe organisiert er die Abschrift der am Diagnostik-Kurs in Gwatt aufgenommenen Tonbänder durch Verteilung der Arbeit auf verschiedene Stellen (4). Über die interne Verteilung des von Bern übernommenen Anteils muß wiederum eine Absprache stattfinden (5). Nach Erledigung seines eigenen Anteils will P. seine Mitarbeiter instruieren (6). Dafür muß er zunächst ein Tonband suchen, was ihm nicht auf den ersten Anhieb gelingt (7). Hier, auf Stufe 7, treffen wir also erstmals im Rahmen dieser hierarchischen Logik auf eigentliches „Tun". Lassen wir uns jedoch dem linken Schenkel entlang hinuntergleiten, so stoßen wir viel rascher auf „Boden". Die Absicht, einen AGAB-Kurs zu organisieren, drückte P. am 30. September 1974 direkt die Feder in die Hand (Stufe 4).

Wir behaupten keineswegs, daß das Schema strikt und lückenlos durchgeführt und die Hierarchie stets rein durchgezogen ist (hierzu fehlt uns der Ehrgeiz, wie wir noch zeigen werden). Hingegen wird zweierlei aus der Darstellung klar. Einmal, daß jeder Zweig des hierarchischen „Stammbaums" schließlich bei einem „Vollzug" endet, den wir im Rahmen unserer Untersuchung nicht mehr weiter aufgelöst haben (Fünfminutenschwelle!). Im Schema ist er jeweils fett gedruckt. Und das zweite: dieses „untere Ende" der Zielhierarchie kann, vom Gipfel her gesehen, auf verschiedenen Hierarchie-Stufen erreicht sein. Die Unterschiede sind bereits innerhalb des gleichen Zielgefüges deutlich; umso krasser werden sie erst noch, wenn wir auf andere Zielgipfel oder -gipfelchen hinüberklettern. Nehmen wir beispielsweise jene fünf Minuten im Arbeitsjahr P.'s, da dieser sich dem Ziel widmete, einem verirrten Handwerker den Zugang zum verschlossenen Parterre zu zeigen – im Rahmen der normalen Verhaltensperspektive durchaus ein „Gipfel": P. verfolgte damit keine weitergehende Absicht; unterordnen läßt es sich bloß noch allgemeinen Werten und allenfalls regulativen „Lebenszielen" wie die Diagnostik-Aktion auch. Aber dieses generelle Ziel setzte sich ohne alle Umschweife sofort in eine Tat um.

Von den Bergspitzen der Zielhierarchien aus betrachtet, bildet das Vollzugs-Geschehen somit alles andere als eine „Ebene". Stehen wir aber unten, so ist der „flache", lineare Ablauf eine unbezweifelbare Tatsache. Auf unseren Tagesblättern reiht sich Arbeitseinheit an Arbeitseinheit; und Volpert sagt: „Denn welche Hierarchien auch im Kopfe von Herrn X oder sonstwo angenommen werden, am Ende kommt doch eine lineare Abfolge von Einzeltätigkeiten heraus." (1974, 32). Beide Gesichtspunkte, die Unebenheit der Ausführungsglieder gemäß Zielhierarchie und ihre Ebenheit im Verhalten, entsprechen je nicht wegdiskutierbaren Realitäten.

Ebenen des Vollzugs

Aber auch dieses Bild ist uns wieder einmal zu einfach geraten. Zwar würden wohl die meisten Theoretiker menschlichen Verhaltens mit Volpert und uns übereinstimmen, daß dieses Verhalten sich schließlich in einer Folge von Tätigkeiten abspielt. Aber wenn es darum ginge, die gemeinten Aktivitäten zu beschreiben, so würde die schöne Einmütigkeit bald in die Brüche gehen. Der eine zählte Bewegungen auf, der andere „Basis-Handlungen", der dritte „kleinste molare Tätigkeiten"; einer versteifte sich vielleicht gar auf Muskelkontraktionen; und wir unsererseits sprechen von einer Kette von „Arbeitseinheiten", deren jede mindestens fünf Minuten andauert.

Wer hat recht? Ich denke: alle zusammen. Es gibt eben nicht bloß *eine*„Operationenfolge", sondern verschiedene, je nachdem, wo man mit Beobachtung und Beschreibung ansetzt. Und diese Abfolgen sind miteinander koordiniert. Hier haben wir es also – noch einmal? erstmals wirklich? – mit verschiedenen Ebenen zu tun, die sich hierarchisch übereinander legen. Aber während wir vorher von „Zielhierarchien" sprachen, benutzen wir vom Moment an, da Zielsetzungen sich in konkrete Tätigkeiten niederschlagen, den Begriff „Ausführungshierarchie".

Daß es einen solchen Gegensatz zwischen Zielbereich und Ausführungsbereich gebe, wird in manchen Handlungstheorien speziell betont; andere Theorien schenken diesem Gegensatz wenig Beachtung oder bestreiten sogar sein Vorhandensein. Chein zum Beispiel kennt nur „Verhalten"; solches kennzeichnet jede Stufe und staffelt sich einfach nach Bedarf hierarchisch. Wer jedoch eine Grenze zwischen Planen und Tun anerkennt, kann sie verschieden ansetzen. Gewisse dem Behaviorismus nahestehende Autoren (etwa Powers) reden im Grunde erst dann von „Ausführung", wo es um spezifische Bewegungen geht. Andere (etwa Grawe) setzen höher an, bei eindeutig molaren, im zwischenmenschlichen Verkehr relevanten Verhaltensweisen („schweigen", „nicht hochblicken"). In unserer eigenen Untersuchung sehen wir uns bekanntlich gezwungen, noch höher zu steigen. Auf dem „Boden der Ausführung" (vgl. Kapitel 2.6) stehen für uns die Vollzüge, das heißt Zusammenfassungen von Verhaltensfolgen, die mindestens fünf Minuten dauern. (Der Autor einer Biographie würde uns aber gewiß noch weit überbieten.) Möglicherweise bezeichnet jeder Forscher die unterste Ebene, die er in seiner Untersuchung bearbeitet, als den Bereich der eigentlichen Handlungsausführung.

Wie steht es in dieser Hinsicht beim Alltagsmenschen? Ich vermute, daß wir da mit unseren Fünfminuten-Blöcken gar nicht schlecht liegen. Sie dürften etwa auf jener Ebene angesiedelt sein, die im Betrieb täglicher Geschäftigkeit das Erlebnis konkreten Handelns vermitteln.

Eine quasi-zweidimensionale Hierarchie-Vorstellung

Wer unseren bisherigen Überlegungen gefolgt ist, wird sich nicht wundern, daß wir die übliche eindimensionale Hierarchie-Vorstellung in zwei Bestandteile auseinanderzubrechen gedenken. „Zielhierarchien" und „Ausführungshierarchie" halten wir für Gegebenheiten verschiedenartigen Charakters; sie stehen nicht in einem Verhältnis der Kontinuität zueinander, sondern gleichsam in einem rechten Winkel.

Da gibt es einerseits die verschiedenen Ziele, die wir tagein tagaus verfolgen. (Wir benützen hier den Zielbegriff in jenem erweiterten Sinne, den wir in Kapitel 4.3 herausgearbeitet haben.) Einige von ihnen wirken sich direkt im Handeln aus; andere dagegen gliedern sich auf in Unterziele oder entfalten ganze Ziel-Stammbäume. Von „Zielstufe 1" (dem „Gipfel") leiten sich dann Stufen 2, 3 usw. ab. Diese Stufenfolge bildet die *eine* unserer Dimensionen (genannt „Zielhierarchie").

Wo touchieren solche Zielhierarchien den Boden des Tuns? Keineswegs immer „zuunterst", nach Vollendung des ganzen stufenweisen Abstiegs, wie Figur 6.21 suggeriert. Vielmehr kann das an verschiedenen Stellen passieren. Unterziele jeder Stufe kommen dafür in Frage; und in besonderen Fällen kann selbst das Hauptziel direkt eine Tätigkeit auslösen (eine Besinnung, eine Planung, ein Gespräch zum Beispiel). Wo immer Ziele – jeder logischen Stufe, also entlang der ganzen ersten Dimension – sich in Vollzug umsetzen, stoßen sie gleichsam an eine Kante, über die sie sozusagen im rechten Winkel in die Ausführung abgebogen werden.

Denn von diesem Moment an befinden wir uns in der zweiten Dimension. Es setzt die andere, die ebenenverbindende Hierarchie ein, in der die Vollzugs-Aufträge sich von Organisationsebene zu Organisationsebene weiter konkretisieren, bis sie schließlich in Muskelkontraktionen einmünden. Hier sprechen wir nun eben von „Ausführungshierarchie", bei der jene Gesetze zur Wirkung kommen, die Powers und von Cranach, jeder auf seine Art, beschrieben haben.

Aber weil dieses „Umkippen" vom Zielbereich in den Ausführungsbereich an irgend einer Stelle entlang der ersten Dimension stattfinden kann – ausgelöst durch das Hauptziel direkt oder erst durch den allerletzten der Impulse, zu dem Murrays Politiker auf seinen verschlungenen Denkpfaden gelangt ist –, sprechen wir von einem „rechten Winkel"; denn in jedem dieser Fälle beginnt die Ausführungshierarchie gleicherweise zu spielen.

Wir haben versucht, das in einem Schema darzustellen (Fig. 6.23). Betrachtet man dabei die Zielentfaltung oben – es gibt viele Ziele, und jedes kann einen breit ausladenden Stammbaum entwickeln –, so müßte man eigentlich sogar von einer dritten Dimension sprechen (einer Art von Ziel-„Decke" oder „-Baldachin", die den Ausführungsbereich überwölben). Aber wir wollen die Sache nicht zu weit treiben.

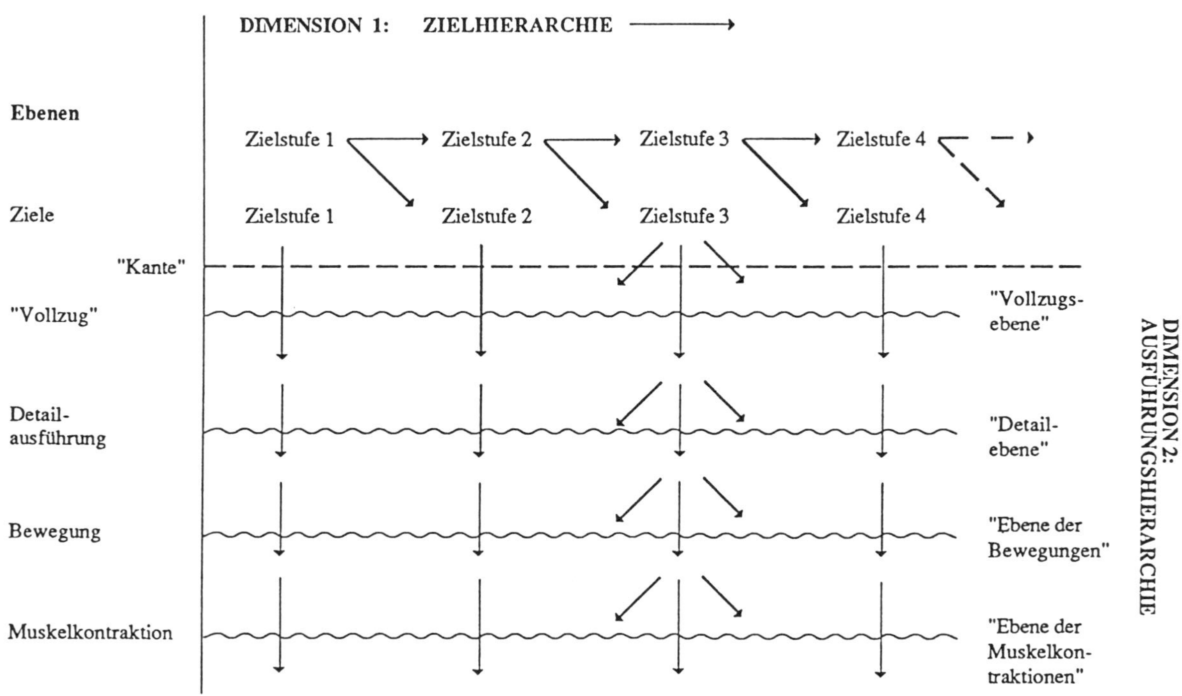

Fig. 6.23: Schema einer quasi-zweidimensionalen Hierarchie-Vorstellung

Unsere zweidimensionale Darstellung vermag nun den Gegensatz zu versöhnen zwischen kausalen und finalen Hierarchie-Konzepten. Jedes hat sein eigenes Reich. Oberhalb der „Kante“ finden wir das Wirkungsfeld finaler, instrumentaler Verschachtelungen; die ausführenden Tätigkeiten unten dürften dagegen nach kausalen Gesetzen verlaufen. Das weiter auszuführen ist aber nicht mehr unsere Sache. Wie der Leser weiß, hört unsere eigene Untersuchung an der „Kante“ des Vollzugs auf (ungefähr dort, wo jene der Arbeitsgruppe von Cranachs beginnt); die oben angeführte „Dimension 2“ bleibt in unserer Erhebung unbeachtet.

Das eben Vorgetragene kann man als klassisches Beispiel einer „eklektischen“ Theorie betrachten, wie Ernst Plaum sie beschrieben und empfohlen hat (1988). Der Gegensatz finaler und kausaler Hierarchien scheint zunächst unüberbrückbar, obgleich beide wissenschaftlich durchaus belegt sind. Aber, so Plaum (S. 140): „Dialektisches Denken ... führt zur Aufhebung von Widersprüchen.“ Eine „mehrdimensionale Betrachtungsweise“ in der Psychologie kann gleichzeitig zwei unvereinbar scheinenden Fakten gerecht werden, „so daß die Auflösung von Widersprüchen auf einer ‚höheren‘ Ebene durchaus naheliegend erscheint.“

Nochmals zurück zu Schema 6.23! Was wir dort darzustellen versuchten, ist nicht ganz leicht zu begreifen, und der Leser dürfte für zusätzliche Hilfen dankbar sein. Glücklicherweise liefert uns eines der hierarchischsten Gebilde, das die menschliche Gesellschaft hervorgebracht hat, ein gutes Beispiel, nämlich das Militär. Gehen wir einmal von der absolut vereinfachenden Vorstellung aus, daß dort nur Personen des untersten Grades, die Soldaten, effektiv etwas „tun“, alle höheren Chargen dagegen nur planen, entscheiden, befehlen und Befehle weiterleiten. Dann ist es so, daß Chargierte (fast) jeder Stufe einerseits ihre Ordonnanzen haben, über die sie direkt ins Geschehen eingreifen können. Andere ihrer Befehle aber steuern das Wirken der ausführenden Organe nur über eine Reihe von Mittelsmännern. Der eine sattelte Napoleon das Pferd auf dessen direktes Geheiß; der andere führte drunten im Getümmel seine Waffe nach Anweisung des Unteroffiziers, der aber auch nur befahl, was von des Feldherrn Absichten über mehrere Stufen zu ihm hinuntergedrungen war. Hinsichtlich militärischem Rang und ausgeübter Funktion (der direkten Handlungsausführung nämlich) standen beide, Gefechtsdiener wie kämpfender Soldat, auf gleicher Ebene.

Horizontlinie der Ziele und „Himmel“ der Werte

Wir begannen, vor einigen Seiten, unsere Betrachtung damit, daß wir uns auf die „Ebene“ (oder besser: die Gipfel-Reihe) der selbständigen Ziele stellten und von da hinunterblickten auf die Niederungen des effektiven Tuns. Dabei entdeckten wir, daß die „Dienstwege“ bis dort hinab sehr verschieden lang sind. Nun stehen wir unten und schauen nach oben. Wir schreiten die Linie der einander folgenden Operationen ab und blicken hinauf zu den Zielen, denen sie dienen.

Da stellen wir denn – als Gegenstück zum oben Gesagten – fest, daß die Berge ungleich hoch sind. Manchmal wird menschliches Tun gleichsam vom Olymp herab diktiert, und gleich darauf wieder nur vom nächsten Erdhügel. Das Handeln hat, wie wir das nennen können, eine gezackte Horizontlinie der Ziele. Es ist ähnlich, wie wenn man von der Bundesterrasse in Bern aus in die Runde der Alpen, Voralpen und Hügel blickt.

Echte Hierarchiker hören das nicht gerne. Sie orientieren sich an den Gipfeln und lieben es sehr, sie in einer geraden Linie angeordnet zu sehen. So läßt sich eine schöne Numerierung nach Dezimalklassifikation anfertigen. Wir unsererseits hingegen, jahrelange Beobachter von Tätigkeitsfolgen und zugleich Bewohner eines Voralpengebietes, verlassen uns auf die Sicht von unten und nehmen die Höhenunterschiede der uns umgebenden Berge ernst. Hingegen gibt es auch für uns so etwas wie eine „natürliche“ Ebene hoch da droben. Sie befindet sich jedoch oberhalb der uneben angeordneten Ziel-Spitzen. Ziele entstehen ja auch ihrerseits nicht einfach aus dem Nichts. Daß man sie sich stellt oder sie annimmt – daß man die Diagnostik unter Beratern wieder salonfähig machen möchte und daß man gewillt ist, einem Handwerker den Weg zu zeigen –, das läßt sich ja doch stets zurückführen auf Werte, regulative Lebenslinien, allgemeine Interessen, generelle Bedürfnisse. Sie wölben sich – um unser Bild weiter auszubauen – wie ein Himmel über unserem Horizont.

Wir wollen hier nicht eine Handlungstheorie ausbreiten; das versparen wir auf ein späteres Buch. Soviel aber muß gesagt werden, weil es für das Verständnis unserer Verhaltensbeobachtungen unerläßlich ist: Unsere Grundbedürfnisse, allgemeinen Ausrichtungen, Werte oder wie immer wir das nennen wollen – Grundüberzeugungen, wie die Welt zu sein hat, in der wir leben, und was für eine Rolle uns darin zugewiesen ist –, sie beeinflussen unser Tun zum Teil direkt (oder über „Gegenstände“, mit denen wir uns beschäftigen); sie können sich aber auch in Zielsetzungen von ganz verschiedener Reichweite niederschlagen, die dann ihrerseits, unmittelbar oder vermittelt durch Unterziele, unsere Betätigungen lenken. (Figur 6.24.)

Diese Auffassung entspricht der Theorie Max Webers, der „zweckrationales“ Handeln durchaus gesehen und beschrieben, daneben aber (unter anderen Formen) auch „wertrationales“ Handeln anerkannt hat – Fälle nämlich, da der Werthorizont des Menschen unmittelbar sein Tun beeinflußt oder bestimmt. Unsere Erhebung hat diesen Unterschied hundertfach belegt (was wir allerdings erst bei der Analyse der „Auslösung“ von Arbeitseinheiten in einem späteren Buch darstellen können).

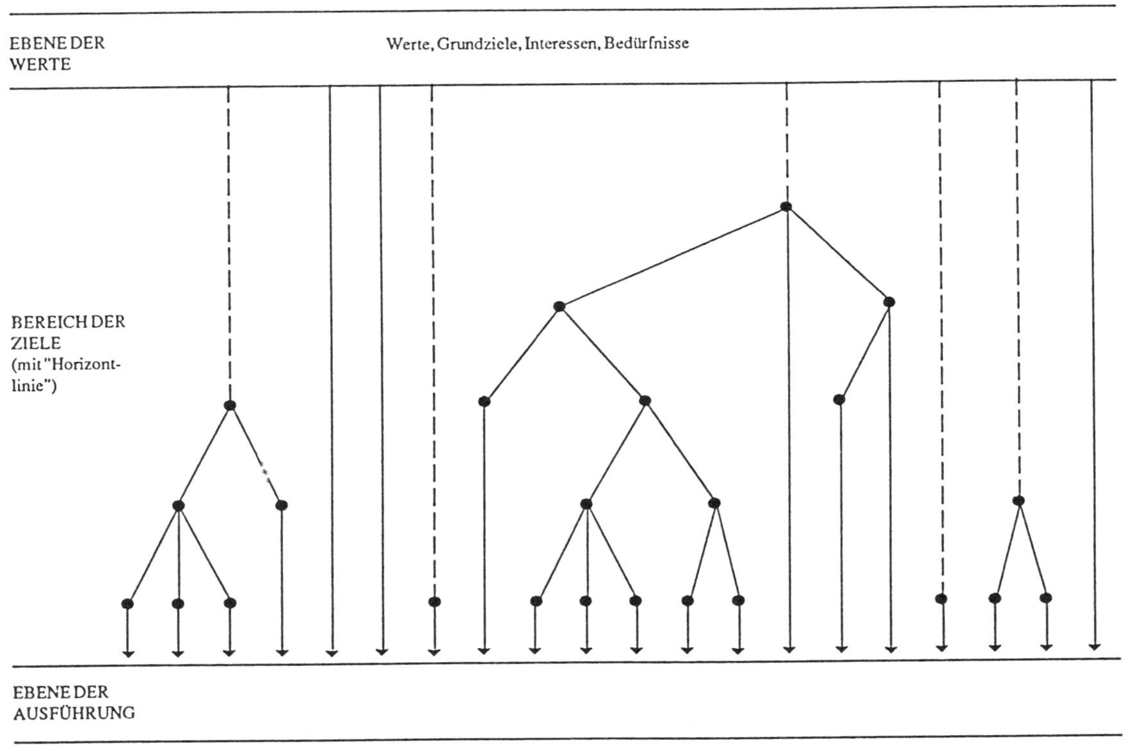

Fig. 6.24: Grundwerte, Zielhierarchien und Ausführungsebene

Ausführungsebene und Operationenfolge

Wir bleiben also drunten auf der Ebene der Tätigkeiten und betrachten die Abfolge von Operationen oder von Arbeitseinheiten, die sich da abspielt. (Das ist es, was wir in unserer Erhebung getan haben.) Wie ergibt sich aus dem hierarchischen Geschehen, das wir vorhin studierten, die hier unten beobachtete Reihenfolge effektiver Tätigkeiten?

Hacker und Volpert bieten dafür eine sehr einfache Erklärung an. Aus der logischen Struktur der Zielhierarchie, die in Figur 6.21 aufgezeichnet ist, leiten sie einerseits die „psychische Abfolgestruktur" – den Ablauf der kognitiven Prozesse mit jeweiliger Verlegung der Zuwendungen –, andererseits die „äußere Struktur" der „praktisch-verwirklichenden" Operationen ab, wie Figur 6.25 zeigt. (Adaptiert nach Hacker, 1978, 89.)

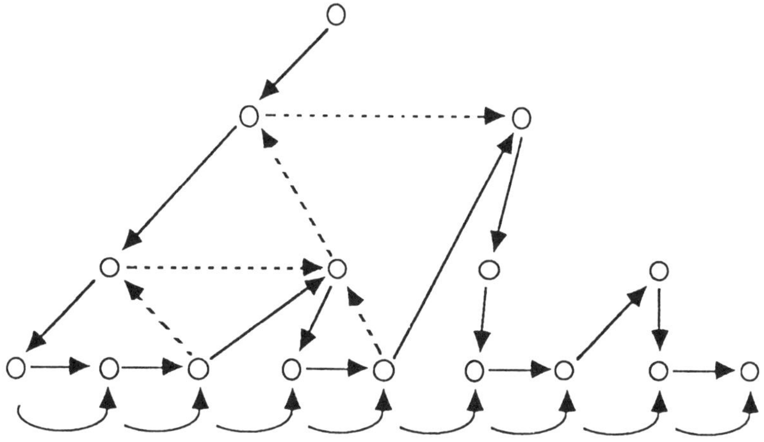

Fig. 6.25: Psychische Abfolgestruktur (- - - →) und Operationenfolge (‿↗)(bezogen auf Fig. 6.21). Gestrichelte Pfeile: Weiterentwicklung durch Volpert, 1983, 43 (Nur in linker Hälfte durchgeführt.)

Dieses Modell enthält drei Annahmen über das menschliche Handeln.

1. Es gibt bei jeder Aufgabe ein logisches Hintereinander der Schritte. Der jeweils linke Zweig des Aufgabenstammbaumes muß jeweils vor dem rechten besorgt werden.
2. Jedes Unterziel muß zuerst als Ganzes erledigt sein, bevor das nächste angepeilt wird. (Das wird vor allem aus Volperts Ergänzung – den „zyklischen" Schlaufen – deutlich.)
3. Die Abfolge psychischer Zuwendungen orientiert sich voll und ganz an der logischen Struktur der Aufgabe (die somit von Anfang an klar gegeben sein muß).

Aufgrund dieser drei Annahmen *kann* sich schließlich, auf der Ausführungsebene, bloß *eine* Operationenfolge ergeben.

Wir halten das für eine hoch- und überrationalisierte Vorstellung vom menschlichen Handeln, die zumindest in P.'s Alltag keine Bestätigung findet. (Vielleicht ist natürlich einfach P. ein Versager. Da er sich aber im täglichen Leben doch leidlich durchschlägt, müßte man wohl für Leute wie ihn eine alternative Handlungstheorie entwerfen.) Nach unseren Erfahrungen läßt sich aus der logischen Struktur der Aufgaben keineswegs immer ein Zwang der Handlungs-Reihenfolge ableiten. In welcher Abfolgeordnung Unteraufgaben angegangen werden, ist von der Sache her in vielen Fällen irrelevant und hängt dann von ganz anderen Dingen ab als von der inneren Logik der Arbeit. Damit fällt auch die Pflicht in sich zusammen, daß jedes Unterziel zuerst einmal erreicht sein muß, bevor man sich einem nächsten zuwendet. Das ist ohnehin eine fragwürdige Annahme. Denn es kommt selten vor, daß die Psyche – wenigstens jene P.'s – sich einfach einer von vornherein feststehenden Aufgabenstruktur fügt und anpaßt. Häufig baut sie eine solche Struktur überhaupt erst „unterwegs" auf, in einer Art rollender Planung. Dabei nimmt sie oft spätere Aufgabenteile voraus, holt frühere rückschauend nach, kurz, erzeugt ein systemwidriges Gemisch, das dem Hierarchiker vom Fache als des Teufels erscheinen muß. Im nächsten Unterkapitel werden wir dem erschreckten Leser Beispiele dieser Art aus P.'s Arbeitsjahr zumuten.

Das alles führt unserer Meinung nach zum Schluß, daß die hierarchischen Zusammenhänge nur in sehr beschränktem Maße die Abfolge der Operationen bestimmen. Von der ganzen schönen Theorie bleibt schließlich nur noch eine banale, längst bekannte Tatsache übrig: Manche Dinge lassen sich erst besorgen, wenn andere getan sind. Oder: In vielen Fällen bildet die Durchführung der einen Tätigkeit eine unerläßliche Voraussetzung für die Durchführbarkeit einer anderen.

Stufen und Schritte

Auf diese Tatsache hat Hans Aebli seine Theorie der Hierarchie aufgebaut. In seinem Buch „Denken: Das Ordnen des Tuns" (1980) setzt er sich zum Ziel, eine eindeutige Definition für die hierarchische Handlungsorganisation zu finden, und glaubt sie darin zu entdecken, „daß die untergeordnete Handlung eine Bedingung realisiert, auf der die übergeordnete Handlung operiert. Das ist der Kern unserer Definition von hierarchischer Handlungsstruktur." (160). Als Beispiel für eine solche Hierarchie führt er die Vorgänge an, die zum Essen eines Eies führen: Um es essen zu können, muß man es salzen; um es salzen zu können, muß man es schälen; zum Schälen muß man es zuerst kochen, zum Kochen zuerst kaufen. (161). Also bilden, gemäß Aebli, Kaufen → Kochen → Schälen → Salzen → Essen eine fünfstufige finale Hierarchie, mit Kaufen als untergeordnetster Stufe, die natürlich, wollte man vollständig sein, noch zahlreiche weitere Unterstufen hätte – begonnen beim Weglegen des Bleistiftes, um mich für das Kaufengehen zu rüsten.

Diese Definition halten wir für problematisch; das zeigt die Anwendung auf ein früher herangezogenes Beispiel. Wenn ich auf den Berner Münsterturm steige, so erklimme ich die mehreren hundert Tritte Schritt um Schritt. Dabei ist das Betreten jeder vorangehenden Stufe – gymnastische Spezialleistungen vorbehalten – die Bedingung dafür, daß ich anschließend die nächsthöhere ersteigen kann. Der Schritt auf die Plattform oben wäre dem zweitletzten Schritt hierarchisch übergeordnet, der zweitletzte dem drittletzten und so weiter – das Münsterturm-Treppensteigen eine mehrhundertstufige Handlungshierarchie, also eine Unternehmung von unerhörter Komplexität.

Diese Vorstellung – die Aebli natürlich nicht anvisiert hat, zu der seine Definition aber führen kann – wäre natürlich absurd; sie würde den Hierarchie-Begriff völlig verwässern. Was Aebli hier fordert – daß, in unserer Umformulierung, nachfolgendes Tun auf einer Voraussetzung operiert, die vorangehendes geschaffen hat, oder daß es auf einen Gegenstand operiert, der zuvor durch Handeln geeignet „präpariert" worden ist (158) – ist natürlich eine Grundtatsache des Handelns überhaupt: Handeln heißt, schrittweise seine Welt (oder die eigene Stellung in der Welt) verändern, eine neue Situation und Ausgangslage für nachfolgendes Tun oder Sein schaffen. Wir sagten: schrittweise. Das heißt: Handeln erfolgt (zumeist) in Schritten, die hintereinander zu staffeln sind, aber auf gleicher hierarchischer Stufe stehen können. Selbst wenn wir in unserem Beispiel de facto Schritt um Schritt aufsteigen, so stehen die einzelnen Tritte doch logisch neben- und nicht untereinander (später müssen wir vom Turm wieder hinuntersteigen; da würde die Hierarchie auf den Kopf gestellt und der oberste Schritt wäre der hierarchisch tiefste!).

Beim Eier-Beispiel ist das noch deutlicher. Wir mögen zwar vielleicht sagen, daß wir ein Ei kaufen gehen, um es zu kochen, sicher aber nicht, daß wir es kaufen oder kochen, um es zu schälen oder zu salzen – kochen, schälen, salzen tun wir es hinter- (und nicht unter-)einander, und zwar mit dem gemeinsamen, einheitlichen Ziel, es zu essen. Die hierarchische Unterordnung des Kochens, Schälens und Salzens unter das Ziel, ein Ei zu essen, ist direkt und unmittelbar; Kochen, Schälen und Salzen sind Brüder und Schwestern, nacheinander geborene Kinder der gleichen Mutter, nicht Enkel und Urenkel der bereits weit entrückten Ahne.

Es ist uns also daran gelegen, Hierarchien und „Schritte" deutlich zu unterscheiden (und schrittweise Abfolgen nicht hierarchische Anordnung zu nennen – auch wenn es gewiß viele Übergangsfälle gibt). Hierarchien ergeben sich erst aus der Aussonderung echter Unterziele, die eine eigene, in sich geschlossene und sinnvolle Handlung nötig machen (etwa eine Pfanne suchen, um das Ei zu kochen, oder die Turmwartin herbeiläuten, um Zulaß auf die Plattform zu finden, wie das in P.'s Jugendjahren auf dem Berner Münster erforderlich war). Daß ich mir subjektiv „Zwischenziele" setzen kann, um eine monotone Tätigkeitsfolge wie langes Treppensteigen künstlich zu strukturieren, ist eine andere Frage.

Schritte stehen auf gleicher Stufe einer Hierarchie; sie sind charakterisiert durch die zwingende Reihenfolge ihrer Erledigung. Dadurch unterscheiden sie sich – dies die früher gemachte Abgrenzung – von ebenfalls gleichstufigen Gliedern, die unabhängig voneinander besorgt werden können. (Darüber mehr in Unterkapitel 6.5.) Diese Differenzierung wird von Hierarchie-Theoretikern gerne vernachlässigt.

Planung und Ausführung

Bevor wir dem hierarchischen Modell unsere eigenen Erfahrungen gegenüberstellen, wollen wir noch zwei häufige Phänomene erwähnen, die strengen Hierarchie-Vorstellungen entgegenstehen. Das erste betrifft die Beziehung zwischen Planbereich und Ausführungsbereich (wir haben sie oben schon kurz aufgegriffen). Bereits William Stern hat, in der ersten Hälfte dieses Jahrhunderts, die interessante Theorie zweier gleichsam parallelgeschalteter Hierarchien vertreten: der Hierarchie des Planens folgt die Hierarchie der Willensausführung (vgl. das Zitat auf Seite 277). Ganz die ersten waren also die Klassiker des „Planes", Miller, Galanter und Pribram, mit dieser Idee nicht; aber sie haben sie systematisch ausgebaut. Pläne sind bei ihnen hierarchisch aufgebaute Programme, die das Verhalten, durch Abfolgen von Tests und Operationen, steuern, bis die Prüfung schließlich ergibt, daß ein der nächstunteren Stufe erteilter Befehl zur Zufriedenheit ausgeführt wurde. Dann kann das Programm weiterlaufen – ganz wie beim Computer.

Charakteristisch dabei ist, daß aus solcher Sicht Programme und Ziele als mehr oder weniger fix konzipiert werden müssen. Daran ändert auch das einmalige Lippenbekenntnis der drei Männer nichts (1960, 70), wir würden unsere Pläne immer wieder revidieren, nachdem wir mit ihrer Ausführung begonnen hätten. Gemäß ihrer Grundtheorie kann da stets nur *ein* starres Schema das andere ablösen. Wie der Computer einer Bank, der nach jeder Auszahlung den nun voraussehbaren Jahreszins neu berechnet, ersetzt auch der Handelnde *ein* fixes System durch das andere.

Nach unseren eigenen Erfahrungen sind derartige stabile Programme jedoch ziemlich selten. Bei den meisten Aufgaben, die sich uns stellen, bilden Zielsetzung und Planung vielmehr einen „rollenden" Vorgang. Ziele entwickeln, wandeln, präzisieren sich laufend, und auch die Programme zu ihrer Erreichung bilden sich meist nur allmählich heraus. Oft begreifen wir erst während der Operation, wie wir sie schließlich „testen" sollten.

Es ist normalerweise nicht so, daß zuerst der Plan entsteht und dann die Ausführung folgt. Plan und Ausführung beeinflussen sich vielmehr wechselseitig. Eine sehr bedenkenswerte Schilderung dieser Verhältnisse verdanken wir Paul Häberlin: „Denn sobald eine Handlung sich über mehr als einen Schritt bewegt, so ändert sich das Interesse und mit ihm die Absicht von Schritt zu Schritt, sei es auch unmerklich und unbedeutend. Wird also am Schlusse eine Absicht verwirklicht, so ist es nicht mehr genau die dem Ausgangsinteresse entsprechende." (1924, 89). Diese nun bereits sechzigjährige Beschreibung ist meines Erachtens viel realitätsnäher als manche Aussage neuerer Autoren.

Hierarchische Anstiftung

Zum Schluß müssen wir noch kurz auf eine recht häufige Form unvollständiger Hierarchie eintreten. Es ist die „Einbahn"-Hierarchie – Abläufe nämlich, bei denen ein Prozeß einen anderen als Mittelhandlung einspannt, dieser zweite sich dann aber verselbständigt. Das entspricht, auf den Bereich instrumentaler Beziehungen übertragen, ungefähr der „horizontalen" Hierarchie Osgoods: der einseitigen Bestimmung eines späteren Phänomens durch ein vorangehendes, ohne Einhaltung einer „Rückmeldepflicht". Wir haben oben (S. 275) den Begriff „Hierarchie" hierfür zurückgewiesen. Im Falle der sich zielmäßig verselbständigenden Mittelhandlung ist immerhin wenigstens der Ansatz, der ursprüngliche Grund zu ihrer Auslösung, echt „hierarchisch": Wir lernen wirklich vielleicht nur darum Spanisch, weil wir eine Reise nach Südamerika unternehmen wollen – aber die Sache packt uns und entwickelt Eigendynamik; wir treiben sie auch dann weiter, wenn die Reise abgesagt werden muß.

Wir können diesen – einseitig verlaufenden – Prozeß „hierarchische Anstiftung" nennen; er sprengt allerdings die hierarchische Stufenordnung. Im Leben des Menschen – im Kleinen wie im Großen – kommt er viel häufiger vor als man denken möchte (der Mensch ist eben kein Computer!). Gordon W. Allport hat (unter anderem) daraus sein berühmtes Prinzip der „funktionellen Autonomie" entwickelt (1937/49, 190ff.): Ursprüngliche Instrumentalhandlungen werden zu eigenständigen, vielleicht lebensbestimmenden Motiven. Die Ausübung einer Berufsaufgabe, einer Amtspflicht, der sich so viele Erwachsene schließlich „mit Leib und Seele" ergeben, entspringt normalerweise einer zuerst bloß „instrumentell" angegangenen Tätigkeit.

In P.'s Material finden sich viele Beispiele dafür, besonders eindrücklich wiederum an der Schwelle von April 1974. Im Dienste der demnächst zu haltenden Vorlesung über differentielle Psychologie hat er mehrere ihm bisher unbekannte Bücher kurz durchgelesen, zum Beispiel Salvatore R. Maddis „Personality Theories: a comparative analysis" (1968). Als die Vorlesung als Aufgabe dann dahinfiel, hat er sich erst recht der genießerischen Lektüre dieses faszinierenden Buches gewidmet.

Zusammenfassung

Unsere eingehende Auseinandersetzung mit dem schwierigen Begriff der Hierarchie verlangt eine Zusammenfassung. Wir haben verschiedene Komponenten unterschieden, die in den Hierarchiebegriff einfließen, wie er von Handlungstheoretikern verwendet wird. Unter diesen haben wir uns vor allem die finale oder instrumentale Vorstellung näher angesehen, das heißt die Feststellung, daß man sich beim Handeln viele Ziele steckt, um damit weitergespannte Anliegen voranzutreiben. Solche Ziele können manchmal direkt zu einer Vollzugshandlung führen; oft aber erzeugen sie Unterziele, gelegentlich in mehrfacher Stufung, die sich dann erst in Tätigkeiten umsetzen. In diesem Falle sprechen wir von „Zielhierarchien". Dabei sind hierarchisch gestaffelte Unterziele allerdings nicht zu verwechseln mit Schritten, die zum Erreichen von Zielen aneinandergereiht werden müssen und logisch neben-, nicht untereinander angeordnet sind.

Solche Hierarchien können nach beiden Seiten hin fast unbegrenzt weitergetrieben werden, bis wir oben zu den allerallgemeinsten Lebenszielen, unten zu den kleinsten Muskelkontraktionen gelangen. Das ist aber mehr eine Spielerei. Wirklich sinnvoll erscheint für eine Psychologie des Handelns eigentlich nur eine Hierarchisierung im Mittelband zwischen der äußersten Grenze der „normalen Verhaltensperspektive" oben und der Schwelle von „molaren" zu „molekularen" Verhaltenselementen unten. (Im Falle unserer Untersuchung liegt die untere Schwelle höher, nämlich bei den Fünfminuten-Tätigkeiten.)

Dehnt man die Hierarchie über die ganze Spannweite aus – nach unten also bis zum physiologischen Bereich –, so muß man sich von einer eindimensionalen Vorstellung lösen. Die oberen Glieder der Hierarchie liegen im Bereich von Planung und Zielbildung. Praktisch auf jeder Stufe kann dabei ein „Umkippen" in die Gefilde der Realisierung eintreten. Vom Augenblick an, wo das passiert, kommen die unteren Glieder ins Spiel, und wir sprechen nun von „Ausführungshierarchie". Sie verläuft nach kausalen Gesetzen, während die Zielhierarchie finaler Natur ist. Auf den unteren Stufen wird es auch sinnvoll, von (hierarchisch angeordneten) „Organisationsebenen" des Verhaltens zu sprechen – einer jener anderen Vorstellungen von Hierarchie, die wir am Anfang unterschieden haben.

Im Ausführungsbereich liegen die Ereignisse auf einer Ebene; sie reihen sich in linearer zeitlicher Abfolge aneinander. Aus dem logischen Aufbau der Zielhierarchie kann man allerdings weder diese Ebene bestimmen noch die (zeitliche) „Operationenfolge" ableiten. Auf welcher Höhe die Planung die Ausführungsebene touchiert, und wann, ist verschieden von Fall zu Fall. Umgekehrt liegen, von dieser Vollzugsreihe aus betrachtet, die jeweils „höchsten" konkreten Ziele (innerhalb der normalen Verhaltensperspektive) sehr verschieden weit entfernt, bilden also ihrerseits alles andere als eine „Ebene". Will man auch „oben" von einer Ebene sprechen, so muß man über diese Perspektive hinaustreten und das Reich der Werte, Bedürfnisse und Interessen ins Auge fassen, aus denen sich die Zielsetzungen erklären lassen, die sich außerdem aber auch direkt im Verhalten äußern können.

Noch nicht ausdiskutiert haben wir eine weitere Hierarchie-Vorstellung, nämlich die Verschachtelung von Teil und Ganzem. Sie wird uns später noch beschäftigen. Bei ihr tritt uns ein anderer wichtiger Aspekt hierarchischen Denkens in der Handlungspsychologie besonders deutlich vor Augen: daß Ausführungselemente selten eindeutig nur einer einzigen Hierarchie untergeordnet werden können; das meiste Tun ist „multideterminiert".

6.3 Grenzen hierachischer Anordnungen

Hierarchie mit Maß

Wer hierarchische Modelle der Handlungsstruktur entwickelt, kann sich auf überzeugende Beispiele berufen, neigt aber meist dazu, das dort beobachtete Prinzip zu generalisieren und kühn zu behaupten, Verhalten sei grundsätzlich und durchgehend hierarchisch organisiert. Damit verbaut er sich meines Erachtens den Weg zu einem unvoreingenommenen Studium des menschlichen Alltagslebens. (Hört sich das nicht wie eine Wiederholung an? Haben wir ähnliche Über-Generalisierungen nicht auch schon beim Zielbegriff angetroffen?)

Wollen wir wirklich zu einer besseren Erkenntnis menschlichen Handelns vordringen, so tun wir sicher gut daran, von einem viel bescheideneren Hierarchie-Konzept auszugehen und uns vorzubehalten, hierarchische Gliederungen dort zu studieren, wo sie sich natürlich (oder gar zwingend) aus den Phänomenen anbieten, sie aber dort zurückzuweisen, wo wir sie den Phänomenen aufzwingen müßten. Hierarchische Struktur wird dann zu *einem* handlungspsychologischen Prinzip neben anderen relativiert. Sowohl dem Studium des Handelns wie auch der Klärung des Hierarchie-Begriffs tun wir so den besseren Dienst.

Das Arbeitsleben des Berufsmenschen P., dem wir uns nun wieder zuwenden wollen, kann uns bei einer solchen Ausscheidung vielleicht helfen. Wir haben es über mehr als drei Jahre hin lückenlos registriert, mit einer Genauigkeit von fünf Minuten. Dabei zeigten sich recht oft hierarchische Komponenten. Eine durchgehende hierarchische Struktur hingegen hätte man nur unter Aufgabe von Vernunft und Redlichkeit aus ihm herausquetschen können. P.'s Arbeitswelt war fern davon, hierarchisch durchorganisiert zu sein. Und auch dort, wo hierarchische Strukturen unverkennbar waren, wiesen sie selten (wenn überhaupt je) jenen konsequenten, rationalen Charakter auf, den ihnen manche Psychologen im Gefolge Millers, Galanters und Pribrams zuschreiben.

Wir wollen uns in den beiden nächsten Unterkapiteln jene Teile von P.'s Vollerhebungs-Jahr näher ansehen, welche die aussichtsreichsten Anwärter auf hierarchischen Handlungsaufbau bilden. Es sind drei große Themen-Komplexe; in der Reihenfolge absteigender Größenordnung: die „Diagnostik-Aktion" (mit rund 42, bei extensiver Zählweise gegen 50 Arbeitstagen); die Regelung des Unterbringungsproblems (mit ebenfalls knapp 42 Arbeitstagen); der – in Unterkapitel 5.4 bereits ausführlich besprochene – „Teilersatz einer Beraterin" (mit 12 Arbeitstagen). Anhand dieser drei Beispiele werden wir studieren, wie sich Themenkomplexe in Wirklichkeit – zumindest in P.'s Wirklichkeit – entfalten. Aus diesem Studium werden wir einige der Grenzen erkennen, die hierarchischen Anordnungen in der Realität gesetzt sind.

Ist das einmal dargelegt, werden wir anschließend umso herzhafter selber „ins Geschäft" steigen und an einem dieser Komplexe, der „Diagnostik-Aktion", die Möglichkeiten hierarchischer Anordnung voll auszuschöpfen versuchen. (Diesem Unternehmen werden wir das Unterkapitel 6.4 reservieren.)

Initialphase

P.'s große Themen-Komplexe begannen jeweilen wie folgt. Durch Einfall (Diagnostik-Kurs), überraschende Mitteilung (Teilersatz Beraterin) oder zunehmendes Bewußtsein einer immer unhaltbarer werdenden Situation (Unterbringung der Akademischen Berufsberatung) entstand bei P. das Erlebnis einer allgemeinen Aufgabenstellung. Das heißt, er realisierte, daß in einer bestimmten Angelegenheit etwas geschehen müßte oder sollte, und es erwuchs in ihm das noch äußerst vage Bild einer Zukunft, die zu gestalten und herbeizuführen wäre. Dabei stand für P. von vornherein fest, daß ein eigenes Handeln dabei unerläßlich sein und einen wesentlichen Teil bilden würde.

Jedoch blieb es zunächst bei einem relativ undifferenzierten Eindruck, was für Fragen und Aufgaben sich ihm etwa stellen würden (und wann ungefähr), damit diese Zukunft sich im gewünschten Sinne entwickeln konnte. Diese „Inkubationszeit" dauerte tage- oder wochenlang an. Sie hatte durchaus Einfluß auf P.'s Verhalten. Einerseits tauchten da immer wieder zwischen andere Arbeiten eingesprenkelte provisorische Überlegungen zu dieser Sache auf (von „innen" her, aus eigener Initiative). Anderseits bestand eine Wachheit für sich anbietende Gelegenheiten und Möglichkeiten (Reaktion auf Geschehnisse von „außen"). Wenn einschlägige Ereignisse auftraten, antwortete P. mit vorläufigen Reaktionen und Dispositionen. Besonders deutlich war das beim Unterbringungsproblem, wo P. seit Ende 1973 auf jede sich bietende Möglichkeit räumlicher Erweiterung oder räumlichen Wechsels sofort ansprach.

Daß wir es bei diesem verzögerten Einstieg nicht nur mit einer persönlichen Schwäche P.'s zu tun haben, sondern mit einem häufig vorkommenden, oft sogar produktiven Geschehen, zeigen die Untersuchungen, welche Cornelia Facaoaru in ihrem Buch über „Kreativität in Wissenschaft und Technik" zusammengestellt hat. Sie „weisen auf die außerordentliche Bedeutung des explorativen Verhaltens – insbesondere im Anfangsstadium der Problemformulierung – für die Kreativität hin; die kognitive investigatorische Suchaktivität, die dem effektiven Prozeß des Zustandebringens kreativer Leistungen vorausgeht, ist eine wesentliche Komponente kreativer Prozesse, ein wichtiger Faktor für deren Manifestwerden und Ingangkommen in allen Tätigkeitsbereichen" (1985, 75).

Allmählich nahm dann die Aktivierung zu. Es baute sich eine erste, vorläufige Grobplanung auf: bis dann und dann sollte zunächst einmal dieses oder jenes abgeklärt, sichergestellt, „eingefädelt" sein. Ohne noch eine irgendwie geschlossene, etwa gar schon hierarchische Struktur zu bilden, hoben sich aus dem Gesamtkomplex mehr und mehr abgrenzbare, einzeln erledigbare Teilaufgaben heraus. Was den Teilersatz der Beraterin A. betrifft, haben wir das früher schon besprochen. Bei der Diagnostik-Aktion, wo sich sehr bald eine klare Scheidung zwischen inhaltlichen und administrativ-organisatorischen Arbeiten ergab, bezogen sich die spezifischen Einzelaufgaben vor allem auf den zweiten Bereich: Zum Beispiel drängten sich – aus Gründen der Lokalitäten-Reservation – die Festlegung von Ort und Zeit des geplanten Kurses, dann aber auch die Einberufung einer Vorbereitungsgruppe auf.

Solche Probleme, große und kleine, nahmen eines nach dem andern, und jedes für sich selber, Gestalt an. Waren sie aufwendig, selbständig oder präzise genug, so lösten sie sich im Erleben P.'s als eigene Themen vom – bisher alles umspannenden – „Mutterthema" ab (sie wurden, wie wir das früher im Anschluß an Barker und Wright formulierten, „übergewichtig"). Den naiv Handelnden kümmert diese Spezialfrage natürlich nicht – aber bei P., der alle seine Arbeiten registrierte, machte es einen gewissen Unterschied aus, ob eine Teilaufgabe diese Schwelle überstieg. Im Fall Teilersatz Beraterin „schaffte" es zum Beispiel die Prüfung des Stellen-Interesses unseres Assistenten B, nicht aber die Rückfrage bei den Rektoren der betroffenen Landgymnasien, ob sie mit einer 60 : 40-Aufteilung der Beratungsstelle einverstanden wären. Oder bei der Vorbereitung des AGAB-Diagnostik-Kurses wurde zwar die Zeit-und-Ort-Festlegung als eigenes Thema erlebt, nicht aber die vorsorgliche Anfrage eines Hauptreferenten. (Hierarchisch gesehen stand wohl beides ungefähr auf gleicher Stufe; das Themen-Erleben nahm darauf aber keine Rücksicht.)

Themen-Verflechtung

Was wir bisher geschildert haben, hat mit hierarchisch organisierter Gesamtplanung wenig zu tun. Bei der Diagnostik-Aktion, die wir hier zunächst noch etwas weiterverfolgen wollen, änderte sich erlebnismäßig an dieser Sachlage durchs ganze Jahr wenig. Daß es bei der Unterbringungsfrage zum Teil etwas anders verlief, werden wir gleich unten noch sehen; beim Teilersatz der Beraterin A. wurde wenigstens die Teil-Aktion „Suche und Wahl eines 60%-Beraters“ klar hierarchisch erlebt.

Bei der Vorbereitung des AGAB-Kurses entwickelten sich die Themen Schritt um Schritt. Das konnte auf verschiedene Weise geschehen. Zum Teil wurden längst vorausgesehene Aufgaben schließlich einmal aufgegriffen, wie etwa die provisorische Programm-Erstellung nach dem Fiasko der Vorbereitungsgruppe. Manchmal führten neue Einfälle zu neuen Aufgaben, beispielsweise die plötzlich auftauchende Idee, eine den Podiumsteilnehmern vorzulegende Fragen-Liste könnte zu einer angeregteren Diskussion führen. Oder dann wuchsen sich auch andere, zunächst ganz beiläufig aufgegriffene Probleme wider Erwarten zu selbständigen Aktionen aus. So gab die Ermunterung an andere Psychologen-Vereinigungen, ihre Mitglieder auf unseren Kurs hinzuweisen, mehr zu tun als vorausgesehen; und erst noch verhalf uns der wichtigste schweizerische Verband überraschend zu einem Subthema, indem er die rechtzeitige Information seines Fußvolkes versäumte und uns Anlaß zu mehrmaligem „Nachdoppeln“ verschaffte.

Das alles fügte sich erlebnismäßig keiner hierarchischen Ordnung ein; P., der einfach „nach Bedarf“ handelte, hätte sich wohl viel Zeit reservieren müssen, um das alles zu einem Stammbaum zusammenzufügen. (Nachträglich nahm er sich dann diese Zeit; wir werden sehen.) Am „hierarchischsten“ verlief die Planung für den eigenen Vortrag, bei der von vornherein eine Phase des Sammelns von Material und Ideen, die abschließende Ordnung dieser Sammlung und eine solche der Niederschrift – mit je einer provisorischen und einer überarbeiteten Fassung – vorgesehen wurden.

Das sind nun alles Beispiele für Teile, die sich innerhalb der Kurs-Vorbereitung klar aussondern ließen. Damit ist aber bei weitem nicht die ganze Geschichte erzählt. Daneben gab es Verflechtungen und Durchmischungen aller Art, bei denen es auf die Einheit des Ganzen und nicht auf dessen Aufgliederung ankam. Und zwar geschah das „oben“ und „unten“, an der Spitze wie an der Basis einer möglichen Hierarchie. Von P. und seinem Mitorganisator wurde der AGAB-Diagnostik-Kurs ja als ein Ganzes konzipiert und angesteuert. Das bedeutete, daß Entscheidungen in der einen Sache sich immer auch auf andere Problemkreise auswirkten: Die Gestaltung des Programms zum Beispiel beeinflußte den Teilnehmerkreis, die Fragen-Liste, den eigenen Vortrag und anderes. Überlegungen und Gespräche über den einen oder andern Aspekt kehrten darum gerne und oft zu diesen Verflechtungen zurück und konnten dann auch thematisch nicht mehr dem einen oder andern Zweig, sondern mußten dem gemeinsamen Stamm zugeordnet werden.

Aber das gleiche passierte nun recht oft auch am „unteren Ende“ der Hierarchie, nämlich auf der Vollzugs-Ebene. Zwar erforderten natürlich die einzelnen Teilaufgaben im Prinzip gesonderte, spezifische Ausführungstätigkeiten. So sehen wir etwa am 25. September 1975 spätnachmittags P. damit beschäftigt, eine zweckmäßige Darlegungsweise für die bei Herrn B. mündlich durchgeführten diagnostischen Abklärungen zu erarbeiten. Diese Tätigkeit ließ sich hierarchisch problemlos in eine Spezialschachtel verpacken; sie leitete ihre Daseinsberechtigung einzig und allein aus der Aufgabe „Vorbereitung einer eigenen Fallpräsentation am Kurs“ ab.

Aber andere Vollzüge waren weit weniger reinrassig. Sie konnten sich aus den Wirkungen verschiedener, mehr oder weniger unabhängiger Teilaufgaben zusammensetzen. Durchsicht eingehender Meldungen, Auftragserteilung an die Sekretärin, Briefe an Beteiligte, Erledigungen kleiner Geschäfte betrafen meist verschiedene Kurs-Aspekte miteinander; und vor allem flossen auch auf dieser Ebene in die telefonischen Kontakte mit dem Mitorganisator in Zürich alle möglichen Detailfragen und -Abmachungen ein. Und wie die zentralen Überlegungen und Dispositionen an der „Spitze“, so wurden auch solche vermischten Ausführungs-Tätigkeiten von P. auf dem Tagesblatt jeweils dem Rahmenthema zugeschlagen.

Was wir da zuletzt schilderten, mag zum Teil eine Folge unseres Erhebungsrasters sein. Innerhalb von fünf Minuten kann sich einiges tun. Aber man hätte die Zeit meist noch kräftig aufspalten müssen, um fein säuberlich alle Hierarchie-Enden auseinanderhalten zu können, und vielfach wäre man auch damit gescheitert, weil die gleiche „Operation“ zwei Zielen gemeinsam diente. Die hierarchischen Stammbäume schließen sich selbst dann, wenn wir sie so breit wie möglich entfalten möchten, in ihren Zweig-Enden oft gleichsam wieder zusammen.

Themen-Explosion und Längsschnittplanung

Bei allen drei besprochenen Themen-Komplexen gab es ruhigere und bewegtere Zeiten. Während wir meist in der Initialphase das (Rahmen-)Thema noch als schmales Bächlein durch die Arbeitslandschaft fließen sehen, schwillt der Komplex zu bestimmten Zeiten zu einem breiten Strom an, der den Arbeitstag ziemlich weitgehend überfluten kann. Es kommt dann, bei Themen-Komplexen, jeweils zu Ballungen einschlägiger Themen. (Auch Einzelthemen, etwa Jahresstatistik oder Abrechnung, können ganze Wochen monothematisch überschwemmen; davon sprechen wir hier aber nicht.) Beim Teilersatz einer Beraterin beispielsweise gab es eine solche Ballung, wie Abbildung 5.41 zeigt, im April und Mai 1975.

Nun gibt es zwei besonders charakteristische Ballungsformen, die wir „Aufgaben-Explosion“ und „Termin-Gedränge“ nennen können. Sie ergeben und entwickeln sich verschieden. Beide finden sich eindrücklich beim Komplex „Unterbringung". Die erste trat in Erscheinung, nachdem die Akademische Berufsberatung Bern am 20. Februar 1975 eine ideale neue Unterkunft entdeckt und, tags darauf, nach dramatischer Ereignisfolge, gemietet hatte. Die überraschende Verwirklichung dieser lange ersehnten Chance wirkte beim Amtsleiter P. ähnlich einer Explosion. Sie löste unversehens einen ganzen Strahlenkranz von Themen aus. P. machte sich innerhalb der ersten zehn Tage an folgende Aufgaben:

- Verhandlungen mit dem Vermieter über die verschiedenen Einzugstermine (der Bezug schien zunächst nur in drei Etappen, die sich bis Ende Jahr verzettelt hätten, möglich) ;
- Verhandlungen mit einem vom Vermieter rechtlich nicht ganz einwandfrei ausgebooteten Mitkonkurrenten;
- Klärung der Zusatzfrage Parkplatzmiete;
- Raumverteilungsplanung unter Berücksichtigung des unvermeidlich gestaffelten Bezugs (Übergangslösung!);
- Grobplanung des Umzuges;
- Entwerfen einer zweckmäßigen Telefonanlage;
- verschieden anzupackende Versuche, für zwei jetzt belegte, aber vorzeitig zu verlassende Mietobjekte Mieter zu finden.

Selten so ausgeprägt wie hier kam nun bei P. einmal „hierarchisches" Denken zum Zuge. Zu jener Zeit legte er sich zurecht, welche Problemkreise sich auftaten (zu den oben genannten unmittelbar aktuellen kamen später anzugehende, wie die Regelung des Mietverhältnisses, Einrichtungsfragen, notwendige Umbauarbeiten, Weitervermittlung eines andern interessanten Mietobjekts). Für die einzelnen Problemkreise überlegte er sich die Fragen, die jeweils etwa zu lösen, und die Schritte, die dabei zu unternehmen wären. So kam er zu einer „Entfaltungs-Hierarchie", die sich langfristig und in breiter Ausladung der Zukunft annahm. Dabei waren zwar einige Termine zu berücksichtigen; im Ganzen aber konnten Schwerpunkte selber gesetzt und Abfolgen recht frei ausgesteckt werden. Bei der Durchführung gab es dann freilich manche Überraschung; vor allem veränderten sich (wiederholt) die vorgesehenen Umzugstermine. Die Planung hatte sich dem natürlich anzupassen. Im allgemeinen Rückblick auf das Jahr 1975 kann aber doch festgehalten werden, daß der Ende Februar und Anfang März gewonnene Gesamtüberblick wegleitend blieb. Die langfristige Planung hat sich in diesem Themen-Komplex bewährt.

Termin-Gedränge und Querschnittplanung

Ein ganz anderes Erscheinungsbild finden wir nun aber am „anderen Ende" (oder doch an wichtigen Zwischenstationen) solcher Unternehmungen. Hier sind es oft herannahende Termine, die das ganze Ablaufgeschehen entscheidend beeinflussen. Sowohl die Unterbringungsfrage wie auch die Diagnostik-Aktion bescherten P. solche Brennpunkte im Jahre 1975 gerade paarweise: Die Ereignisse schürzten sich auf zwei Umzugstermine und auf zwei Tagungen mit Vortrag hin. Was sich da abspielt, wollen wir uns an den Beispielen des Umzugs vom 15. Juli und des Gwatter Kurses vom 1. bis 3. Oktober anschauen.

Als schließlich der definitive Umzugstermin feststand und der 15. Juli 1975 herannahte und vorbei zog, ließ er die Themen sprießen wie ein warmer Frühlingsregen. Ablaufplanung des Umzugs, Großaufräumen, neuer Anlauf in der Raumverteilungsfrage, Wohnungsübernahme wurden aktuell; der Umbau des Kellers und der Einbau einer neuen Telefonanlage setzten ein; das Anbringen von Hinweistafeln, die Installation eines Einheitsschlosses, die Adressänderungsanzeige, die Weitervermietung der Mansarden, die Usurpation der gemieteten Parkplätze durch Fremde, das Angebot zur Übernahme von Vorhängen und anderen Einrichtungen des alten Mieters gaben zu reden; und vor allem drängten verschiedene Möblierungs- und Raumausstattungsfragen auf rasche Entscheide. Aber was erzählen wir da dem Leser! Sicher hat er seine eigenen Umzugserfahrungen und kennt von daher das Gedränge, das sich auf solche Termine hin einstellt.

Betrachten wir darum noch kurz das andere Beispiel: die Zeit, als P. – nach fast einjährigen Vorbereitungsarbeiten – in die Zielgerade des AGAB-Diagnostik-Kurses einbog. Daß sich da ein Gedränge ergeben würde, war zu erwarten gewesen. P. war an der bevorstehenden Tagung in vielen und ganz verschiedenen Funktionen engagiert: als Haupt-Organisator (im Zweierteam), der (mit-)verantwortlich war für das Programm, für Einladung und Information der Referenten und der Teilnehmer, für die Gewinnung geeigneter Personen zur Präsentation eines Beratungsfalles mit diagnostischer Abklärung, für die Bildung von Arbeitsgruppen; dann als einer der Hauptreferenten, der zudem mit anderen die thematischen Vorbereitungen koordinierte, sowie als Präsentator eines eigenen Beratungsfalles; schließlich als eigentlicher Tagungsadministrator, der an alle kleinen Details des Ablaufs zu denken hatte (wie Bereitstellung von Tonbandgeräten für die Gruppen und von Quittungsformularen für Kursgebühren und Unterkunft, Organisation von Pausen-Kaffee usw.)

Aber auch da dürfte mancher Leser reichlich aus eigener Erfahrung schöpfen. Und nun Hand aufs Herz: wer bewährt sich angesichts dieses Wirrwarrs an dringlichen Aufgaben als Hierarch? Wer gliedert in dieser Situation nach 1.1, 1.2 usw.? Wer kaltblütiger Meister-Organisator ist und zugleich Muße genug findet, möchte vielleicht eine Aufgaben-Hierarchie vom Schürzungspunkt her, aus dem kommenden Ablauf, entfalten: Was braucht es, Schritt um Schritt, damit der Kurs, damit der Umzug erfolgreich über die Bühne geht? Die erforderten Arbeiten wären dann stammbaumartig anzuordnen.

Bei P. aber verlief das anders. Er, der im Februar ausgezogen war, die Verlegung des Amtes durch hierarchisch gegliederte Längsschnittplanung zu meistern, er sah sich im Juli vor eine ganz anders strukturierte Aufgabe gestellt. Nun wurden nicht mehr Bestellungen getätigt; nun standen die Gläubiger an der Kasse, und man mußte sehen, wie man sie alle zufriedenstellen konnte. Dringlichkeiten und Vortermine bestimmten das Handeln. In den letzten Tagen vor dem Diagnostik-Kurs zum Beispiel mußten Sendungen rechtzeitig auf die Post gebracht, Aufträge fristgerecht erteilt, Texte zur Reinschrift bereitgemacht, die Zusicherung von Dienstleistungen und Hilfsmitteln erwirkt werden. Eine gegliederte Traktandenordnung gab es eigentlich nicht, hingegen immer wieder Listen des noch zu Besorgenden, geordnet und akzentuiert nach Dringlichkeiten, die auf das Abhäkeln warteten.

Will der Handelnde bei solcher Aufgaben-Überflutung nicht untergehen, sondern den Kopf über Wasser behalten, so muß er auch hier „organisieren". Aber es handelt sich nun nicht mehr um ein langfristiges Entfalten von Plänen, sondern um eine Tätigkeit, die wir als „Querschnittorganisation" bezeichnen wollen. Es geht darum, die Zeit so einzuteilen und die Arbeiten in solcher Staffelung aufzugreifen, daß möglichst viel nebeneinander Platz hat, alles rechtzeitig zum Zuge kommt und ein optimales Resultat erzielt wird. Entscheidungen müssen dabei jeweils rasch gefällt und laufend revidiert werden. Meist werden Dringlichkeiten zu zweit oder zu dritt gegeneinander abgewogen.

Für hierarchische Überlegungen bleibt dabei wenig Raum. Ja, in gewissem Sinne kommt es sogar zu einem „Kollabieren" der hierarchischen Struktur. Plötzlich werden, unmittelbar vor dem AGAB-Kurs beispielsweise, sämtliche Äste und Zweige des Stammbaums, die sich friedlich entfaltet hatten, in einen gemeinsamen Strudel des Vollziehens hineingerissen, der auf logische Ordnung keinerlei Rücksicht mehr nimmt.

Themen-Entfaltung und Hierarchie

Es gibt sicher Stellen in diesem Buch, wo die Tatsache, daß bloß eine einzige „Versuchsperson" das Datenmaterial geliefert hat, bedauert werden muß. Der eben unterbreitete Abschnitt gehört wohl dazu. Wir haben den Arbeitsstil eines einzelnen Berufsmannes geschildert, und es ist sehr wohl möglich, daß andere ganz anders – zum Beispiel viel „hierarchischer" – zu Werke gehen. Vielleicht findet der eine oder andere Leser sogar, daß hier die Arbeitsweise eines irrationalen Chaotikers nachgezeichnet wurde, der sich vom tüchtigen Manager himmelweit abhebt.

Immerhin können wir diesen Kritiker insoweit beruhigen, als alle drei geschilderten Aufgabengruppen schließlich erfolgreich abgeschlossen werden konnten: Ende 1975 klappte die Neu-Unterbringung der Akademischen Berufsberatung famos, war die Weiterbetreuung der Beratung an den

„Landgymnasien“ trotz der Geburt von A.'s Sohn geregelt und blickten viele Schweizer Berater und Psychologen auf eine gelungene Tagung zurück. Schon waren wieder neue Aufgaben aktuell (und eine davon führte schließlich, wenn auch nach recht langen Mühen, zur Herausgabe eines Berichtes über die „Diagnostik-Aktion“ 1975).

Der geschilderte Stil kann also auch zu Ergebnissen führen; und es wurde schon die Vermutung geäußert, daß diese Arbeits- und Erlebnisweise vielleicht viel üblicher sei als durch-rationalisierte Modelle und Anleitungen annehmen lassen.

Fassen wir unsere Feststellungen darum zusammen. Bei komplexen Aktionen werden, nach P.'s Erfahrungen zu schließen, für den direkt involvierten, spontan Erlebenden hierarchische Gesichtspunkte nur ganz sporadisch bedeutsam (auch wo sie sich allenfalls als Ordnungsprinzip im Hintergrund nachweisen ließen), am ehesten offenbar in Momenten starker Aktivierung bei gleichzeitiger Chance, ohne Druck langfristig zu planen. Normalerweise unterliegt den Aktionen im Erleben des Betroffenen so etwas wie ein „Teppich“ (das Rahmen-Thema nämlich), in dessen Muster sich Vorüberlegungen, Kleinaufgaben, verbindende Elemente und ein Konglomerat aus Nebenerscheinungen aller Art („Themenbegleitung“) durchmischen. Teilaufgaben, die groß oder abgesondert genug sind, um sich – gleich Möbelstücken, um im Bilde zu bleiben – vom Rahmen genügend abzuheben, werden als selbständige Themen erlebt, die zusammen mit dem Rahmen eine Familie – oder hier: ein „Zimmer“ – bilden.

Was sich vor einem Manne wie P. auftut, sind selten Stammbäume von Zielen und Unterzielen. Viel eher breitet sich ein Gesamt-Aufgabenfeld aus, in dem sich Unter-Felder abgrenzen lassen. Zu jedem Zeitpunkt erlebt und beurteilt der Handelnde dann jeweils – aus seiner Gesamtübersicht der Dinge heraus, aber den spezifischen Eindrücken der unmittelbaren Aufgabensituation folgend – wo jetzt eben die Lücken, die Notwendigkeiten und Dringlichkeiten sind, wo nächste Schritte erforderlich werden. Und dabei differenziert und verändert sich das Bild der – wünschbaren, angestrebten – Zukunft ständig.

Ungefähr so erlebt jedenfalls P. die Entfaltung und Bewältigung komplexer Aufgaben. Wenn aber schon da, wo hierarchisches Planen, Denken und Vorgehen am ehesten Platz greifen könnte, eine strikte durchgezogene logische Ordnung nicht die Regel ist – wie wenig kann man sie dann erst im Verhalten als Ganzem suchen! Denn da stehen solche Komplexe nie allein. Aufgaben verschiedenster Größenordnung teilen sich in die Zuwendungszeit des Handelnden, und außerdem machen sich Bedürfnisse und Interessen zwischenhinein ganz direkt geltend – ein Wechselspiel und eine Konkurrenz verschiedenartigster Anliegen, die erst recht nicht hierarchisch geregelt und dirigiert werden können.

Hierarchische und „demokratische“ Koordination

An dieser Stelle müssen wir mit dem Blick noch einmal zurückkehren zu den Gründen, die die Handlungstheoretiker heute für die Wahl des hierarchischen Modells ins Feld führen. Sie pflegen sich etwa auf die überlegene Effizienz so funktionierender Systeme zu berufen. „Hierarchical organization“, so schreibt beispielsweise Mario von Cranach (1982, 43), „is ultimately based on the assumption that a structure of super- and subordination is the simplest way to achieve coordination and cooperation within a system.“ Dieses Prinzip bilde heute die Basis der Neurophysiologie, der Ethologie und mancher Gebiete der Psychologie. Am Beispiel militärischer Operationen, wo – im „Idealfall“ – ein geschlossener Wille sich von oben herab über alle Verästelungen durchsetzt und so die konzentrierteste Wirkung auf den Feind erzielt, haben wir das bereits kurz erläutert. Gesellschaftliche Phänomene scheinen diese Auffassung also zu bestätigen.

Hinter die Begründung, die hier gegeben wird, möchten wir jedoch ein großes Fragezeichen setzen. Kooperation und Koordination sind nicht nur in militärischen oder paramilitärischen Verhältnissen mit klarer Befehlsordnung möglich. Es gibt grundsätzlich andere gut funktionierende Modelle. Bei Anlaß des 25 Jahr-Jubiläums der Schweizerischen Arbeitsgemeinschaft für akademische Berufs- und Studienberatung (AGAB) im Jahre 1984 wurde von mehreren Seiten hervorgehoben, welche Leistungen diese Gruppe durch Kooperation und Koordination erbracht habe. Dabei mag man dem Experten glauben, daß von hierarchischem Einflußgefälle in dieser Vereinigung kaum eine Spur vorhanden war. (Als dreimaliger Präsident kann P. ein Liedlein davon singen, wie wenig das gewählte Oberhaupt im Grunde zu sagen hatte.) Koordination kann eben auch auf demokratische Weise zustandekommen, durch Ausgleich der verschiedenen oft ähnlich gerichteten, oft aber auch widerstrebenden Absichten und Interessen. Wäre das – im zwischenmenschlichen Zusammenleben – nicht der Fall, so könnte die Schweiz mit ihrer Staatsidee zusammenpacken und unsere Nachbarn im Norden, Süden und Osten täten gut daran, das Rad der Geschichte um ein halbes Jahrhundert zurückzudrehen.

Psychologen haben nachgewiesen, daß demokratische Führungsstrukturen wirksamer sein können als autokratische (White und Lippitt, 1960, aus der Schule Kurt Lewins) – und nun soll die Wirksamkeit menschlichen Handelns nur durch hierarchische Modelle psychologisch adäquat erklärt werden können? Die (hierarchieverpflichtete) „autoritäre Persönlichkeit“ aus der berühmten Untersuchung von Adorno, Frenkel, Levinson und Sanford (1950) gäbe also das Vorbild und den Schutzpatron für den effizient handelnden Menschen ab?

Allerdings gibt es da einen wichtigen Unterschied. Die „authoritarian personality“ wird vor uns hingestellt als autoritätsgläubiges Glied einer hierarchischen Pyramide, während die hierarchischen Modelle menschlichen Handelns den Einzelnen mehr als selbstherrliches, autokratisches Wesen konzipieren, das bei und in sich selbst dermaßen Ordnung hält, daß es alle seine Befehle hierarchisch durchsetzen kann. Das handelnde Ich ist der General, dessen Wille geschieht, und seine Ausführungsorgane bilden die Armee, die folgsam und geschlossen hinter ihm in den Krieg des täglichen Lebens zieht.

Dieses Bild zeichnet unseres Erachtens den Menschen nicht als zu schwach, im Gegenteil, als zu mächtig, zu wohlorganisiert, zu geradlinig durch Vernunft und Tatkraft gesteuert. Wir glauben umgekehrt, daß im Menschen mehrere Zentren und Kräfte wirksam sind, die nicht immer am gleichen Strick ziehen, daß Wünsche und Interessen sich nicht immer aus *einer* Quelle herleiten lassen, und daß Aufträge an Ausführungsorgane nicht selten widersprüchlich sind und durchkreuzt werden. Der Einzelmensch bildet zum Teil selber eine „Demokratie", mit allen ihren Stärken und Schwächen; und Koordination und Kooperation in seinem Handeln kommen häufig auf „demokratische" Weise zustande.

6.4 Möglichkeiten der hierachischen Darstellung

Beispiel einer Themen-Hierarchie

Wir haben zunächst den Hierarchiebegriff analysiert und ihn – aufgrund seiner Mehrdeutigkeit und inneren Problematik – relativiert; dann haben wir am Beispiel der Entfaltung großer Themen-Komplexe in P.'s Arbeitsleben unsere empirischen Vorbehalte gegen eine Verallgemeinerung des hierarchischen Prinzips angebracht. Das alles braucht uns jedoch nicht daran zu hindern, auch die Möglichkeiten solcher Anordnungen auszuloten. Wir betonten ja vor allem, daß P. seine Arbeit nur ausnahmsweise hierarchisch „erlebte" – recht wohl könnte es denn sein, daß bei Themen-Komplexen und großen Themen-Familien die logische Ordnung nur als Hintergrund wirksam ist, ohne in des Handelnden Bewußtsein vorzustoßen. Unsere Darstellung wiese eine empfindliche Lücke auf, würden wir nicht auch diesen Gedanken einmal durchspielen.

Wir wählen uns für diese Demonstration den größten Themen-Komplex aus P.'s Vollerhebungszeit aus. Es ist dies die „Diagnostik-Aktion 1975", oder besser: 1974-1978, da sie schon 1974 konzipiert und erst 1978 durch die Publikation des Buches „Ist Psychodiagnostik verantwortbar?" abgeschlossen wurde. Sie eignet sich gerade darum gut für eine detaillierte Analyse, weil Zwischenergebnisse (Pulver, 1975 a) und Gesamtergebnis (Pulver, Lang und Schmid, 1978) – und in letzterem detaillierte Protokolle des Ablaufs – für den Leser verfügbar sind.

Die Diagnostik-Aktion wurde von P. durchaus als Einheit empfunden, und zwar als wachsende Einheit. Es begann mit seiner Idee am 24. September 1974 (nach der Heimkehr aus einem militärischen Kurs), es wäre wohl angezeigt, im Rahmen der Schweizerischen Arbeitsgemeinschaft für akademische Berufs- und Studienberatung (AGAB) wieder einmal einen Kurs über Psychodiagnostik zu veranstalten – einer Idee, die vom angesprochenen Mit-Organisator Fred W. Schmid sofort mit Begeisterung aufgenommen wurde. Ohne Kenntnis dieser Absicht plante Alfred Lang, im Frühling 1975 im Rahmen der Schweizerischen Gesellschaft für Psychologie (SGP) ein Symposium dem Thema „Krise der Diagnostik“ zu widmen. Die entsprechende Mitteilung mit Einladung zu einem Vortrag überraschte P. am 26. November 1974 (und kreuzte sich dabei mit einer Gegeneinladung an Lang zum AGAB-Kurs). Inhaltlich verbanden sich natürlich die beiden Anlässe.

Gleich nach dem Symposium vom 12. April 1975 teilte Alfred Lang seine Absicht mit, Vorträge und Diskussionsvoten in der Schweizerischen Zeitschrift für Psychologie zu publizieren; am zweiten Tage des AGAB-Kurses (der vom 1. bis zum 3. Oktober 1975 in Gwatt am Thunersee stattfand) einigten sich die drei Hauptbeteiligten, ein Buch über die ganze 75er Diagnostik-Aktion vorzubereiten und zu veröffentlichen (wofür P. die Hauptverantwortung übernahm). Die Einheit dieser Aktion wurde damit erst recht besiegelt.

Soviel zum äußeren Rahmen. Den Ablauf selber werden wir in zwei verschiedenen Formen analysieren, zuerst nach zeitlicher Abfolge der Themen, dann unter hierarchischen Gesichtspunkten. Anschließend werden wir die beiden Anordnungen miteinander vergleichen.

Der zeitliche Ablauf

Im Rahmen der Diagnostik-Aktion hat P. – während der Berichtszeit – insgesamt 50 Themen registriert. (Nicht dazugezählt werden hier allerdings rund 25 Literatur-Themen aus dem Bereich der Diagnostik, die ebenfalls der Aktion zu dienen hatten.) Sie waren von sehr verschiedener Länge. Die beiden aufwendigsten beanspruchten je fast eine ganze Arbeitswoche (4.39 und 4.38 AT), das kürzeste nur 5 Minuten (0.01 AT). Auch was die zeitliche Erstreckung betraf, gingen die Themen weit auseinander. Von den beiden aufwendigsten dehnte sich eines (das Rahmenthema „Administration AGAB-Kurs“) über ein volles Jahr aus, das andere (die Erstellung der definitiven Fassung des Vortrages vom 1.10.75) rollte innerhalb von acht aufeinanderfolgenden Tagen ab. Die „Erstreckung“ als solche sagt allerdings noch nichts aus über die Zahl der Bearbeitungstage. Es gibt Themen, die sich über Monate hinzogen, aber P. nur an wenigen Tagen beschäftigten, so etwa das Rahmenthema „SGP-Symposium“ (Erstreckung: 142 Tage; bearbeitet an 5 Tagen).

Die Erstreckung ist auch insofern wenig aussagekräftig, als sie manchmal durch kleine, unbedeutende Vor- und Nachspiele gleichsam „künstlich" verlängert wird. (Damit werden wir uns in Kapitel 7.4 näher befassen.) So dehnt sich zwar das Thema „Überarbeitung des am SGP-Symposium gehaltenen Vortrages für die Publikation in der Schweizerischen Zeitschrift für Psychologie" so lange hin wie dieser Titel (nämlich über 81 Tage); die eigentliche Arbeit, am 10.5.75 eröffnet, war aber am 15.5. besorgt; am 29.7. hat P. den Aufsatz zufällig nochmals in die Hand bekommen und durchgelesen. Das empfand er nicht als eigenes, neues Thema, sondern eben als Nachspiel zum damaligen. Zudem: die Bearbeitung erfolgte nicht bei allen Themen kontinuierlich; vielfach gab es längere Pausen. (Dauerten sie einen Monat oder mehr, so bezeichnen wir das Thema als „diskontinuierlich".)

In Liste 6.41 sind die 50 Themen aufgezählt, und zwar in der Reihenfolge ihres Auftritts auf der Bühne (einschließlich allfälliger Vorspiele). Traten gleichentags zwei oder drei Themen zum Start an – etwa am 26. Mai, am 15. und 23. September, am 1. und 2. Oktober – so sind sie numeriert gemäß Tageszeit des Startschusses.

„Tagestätigkeiten" und Themen-Ballungen

Die gesamte Diagnostik-Aktion – soweit im Rahmen unserer Erhebung erfaßt – erstreckt sich also vom 24. September 1974 (Beginn Thema 1) bis zum 7. Januar 1976 (Schluß Thema 50), also über eine Zeitspanne von 471 Tagen. (Sie reichte dann allerdings weit über die Berichtszeit hinaus, bis zur Publikation des Buches im Jahr 1978.) Liste 6.41 lehrt uns, daß der Gesamtzeitaufwand für P. acht volle Arbeitswochen überstieg (41.20 AT). Rechnet man noch die durch die Aktion induzierte Beschäftigung mit Fachliteratur dazu, so sind es fast zehn (49.26 AT). Insgesamt gab es 310 Themen-Auftritte an einzelnen Tagen. Das heißt nun freilich nicht, daß die Arbeit für die Diagnostik-Aktion an 310 der insgesamt 471 Kalendertage zum Zuge kam. Es gab Tage, da zwei oder mehr Themen aus diesem Bereich aufgegriffen wurden, und zwar bis zu sechs (so am 23.9. und am 3.10.75). Darum wurden insgesamt nur 187 Tage der Berichtszeit von der Diagnostik-Aktion berührt, also nur knapp zwei Fünftel.

Das, was wir hier „Themen-Auftritte" genannt haben, also der „Auftritt eines Themas an einem Tag", wird uns in diesem Buche immer wieder beschäftigen, und zwar aus den verschiedensten Gesichtswinkeln. Wir haben darum Grund, ihm einen besonderen Namen zu geben. Recht willkürlich haben wir dafür das künstliche Kompositum „Tagestätigkeit" gewählt, dem wir sogar noch eine Abkürzung zugestehen (nämlich „TT"). „Tagestätigkeit" und „TT" gehören zu den (wenigen) Ausdrücken, die der Leser dieses Buches sich spezifisch einprägen muß, weil wir damit einen ganz besonderen Sinn verbinden, der aus dem Wortlaut selber nicht klar wird.

A=AGAB-Kurs (1.-3.10.75) S=SGP-Symposium(12.4.75)	Art	Datum Erst- auftritt	 Letzt-	V,N, Pau- sen	Tage Er- str	 Auf- trt	Dauer (AT)
	1	2	3	4	5	6	7
1 A: Administrative Vorbereitung, Rahmen	A,R	'24. 9.	21.11.	N,P	424	59	4.39
2 A: Thematische Vorbereitung, Rahmen	Z,R	'13.10.	13. 4.	N	183	2	.14
3 S: Vorbereitung, Rahmen	Z,R	'26.11.	16. 4.	P	142	5	.31
4 S: Allgemeine Ideensammlung	A,SM	' 4.12.	9. 4.	2P	127	15	1.86
5 A: Festlegung Ort und Zeit	A	' 5.12.	7. 1.	V,N	34	8	.34
6 Gem. Überlegungen für beide Tagungen	Z,S	'20.12.	'24.12.		5	3	.38
7 A: Organisation & Probleme Vorb'gruppe	A	'23.12.	13. 3.	P	81	13	1.66
8 S: Erste Fassung eigener Vortrag	A	2. 2.	3. 2.		2	2	1.49
9 S: Kontroverse mit Alfred Lang	Z	4. 2.	7. 2.		4	3	.86
10 S: Kurzfassung Vortrag (zum Vorversand)	A	14. 2.	28. 2.		15	7	.91
11 A: Aufstellung Fragenliste für Disk.	A	23. 2.	20. 6.	P	118	9	.78
12 A: Provisorisches Programm	A	5. 3.	6. 3.		2	2	.24
13 S: Überarbeitung Vortrag	A	7. 4.	12. 4.		6	4	.89
14 S: Teilnahme (incl. eigener Vortrag)	Z	12. 4.			1	1	.43
15 S: Publikation in Zeitschrift, Rahmen	Z,R	14. 4.	15.5.		32	4	.19
16 S: Stellungnahme zu Disk'beitrag FWS	A	5. 5.	11.6.	N	38	6	.43
17 S: Überarbeitung Vortrag für Publik.	A	10. 5.	29.7.	N	81	6	1.80
18 S: Schriftl. Fassg. eig. Disk'beitrag	A	12. 5.	27.5.	N	16	5	1.16
19 A: Ideensammlung für Vortrag	Z,SM	26. 5.	15.9	P	113	23	1.98
20 A: Einladung andere Psychol'Verbände	A,M	26. 5.	22.7.	P	58	9	.37
21 A: Organisation der Fall-Präsentation	A	30. 5.	21.11.	V,P	149	14	.69
22 S: Bestellg. & Verteilg. Sonderdrucke	A	24. 7.	20.9.	V	59	3	.56
23 S: Korrekturlesen Vortrag	A	5. 8.			1	1	.27
24 A: Einladg. an angemeldete Teilnehmer	A	15. 8.	9.9	V	26	5	.67
25 A: Erstellung definitives Programm	A	19. 8.	18.9.	N	31	11	.81
26 S: Korrekturlesen Diskussionsbeitrag	A	25. 8.			1	1	.03
27 A: Nachdoppeln Einladung SGP	A	29. 8.	17.9.		20	6	.16
28 A: Stellungnahme zu Vortrag FWS	Z,M	3. 9.	29.9.		27	4	.26
29 A: Hinweis an FWS über verwandte Lit.	A	9. 9.			1	1	.06
30 A: Einladung der Referenten	A	11. 9.			1	1	.32
31 A: Ideen für Vortrag ordnen	A	15. 9.			1	1	.50
32 A: Erstellung erste Fassung Vortrag	A	15. 9.	22.9.		8	7	2.04
33 A: Ergänzungen zur ersten Fassung	A	21. 9.	23.9.		3	2	.17
34 A: Vorbereitg. eigene Fall-Präsentation[1]	A	23. 9.	30.9.		8	4	.84
35 A: Eigene Kursteilnahme, Rahmen	Z,R	23. 9.	28.11.	N	67	5	.21
36 A: Erstellg. definitive Fassg. Vortrag	A	23. 9.	30.9.		8	6	4.38
37 A: Bildung von Arbeitsgruppen	A	26. 9.			1	1	.26
38 A: Teilnahme Tagung (als Teilnehmer)	Z	1.10.	3.10.		3	3	2.70
39 A: Tagungsadministration während Kurs	A,M	1.10.	3.10.		3	3	.48
40 A: Vortrag halten (+ erste Reaktionen)	A	1.10.			1	1	.23
41 A: Organisation Schiffahrt (Umstellg.)	A	2.10.			1	1	.09
42 Herausgabe Diagnostik-Buch, Rahmen	A,R	2.10.	16.12.	N,P	76	5	16
43 A: Vorber. & Halten des Schlußwortes	A	2.10.	3.10.		2	2	.08
44 A: Tagungs-Abrechnung	A	3.10.	1.11.	N	30	7	.53
45 Organisation der Tonbänder-Abschrift	AM	16.10.	6.1.'	N	83	19	2.60
46 A: Anfrage Eckardt Zitat Vortrag	Z,(S)	10.11.			1	1	.01
47 A: Dankbriefe an Referenten	A	21.11.	26.11.		6	3	.19
48 Umdiktieren eigener Anteil Tonband	A	11.12.	24.12.	N	14	3	1.09
49 Ideen für themat. Weiterbearbeitung	Z,S	20.12.			1	1	.06
50 Instrukt. Mitarbeiter Tonb.-Abschrift	A	6.1.'	7. 1.'		2	2	.14
Total Auftritte/AT						310	41.20

[1]Fall B. (vgl. Seite 225ff.)

LEGENDE:

Art:	A Aufgaben-, Z Zuwendungs-, M Mutter-, R Rahmen-, S Sammel-Thema
Datum:	'24.9.: 1974; 21.11.: 1975; 6.1.': 1976
	(vorangestellter Apostroph bedeutet 1974, nachgestellter 1976.)
V,N,Pausen:	V Vorspiel,
	N Nachspiel (maximal 20 Min. mindestens eine Woche vor- oder nachgestaffelt).
	P Pause (Unterbrechung von mindestens einem Monat).
Erstr	Erstreckung = Tage vom ersten bis zum letzten Auftritt (inklusive).
Auftrt	Auftritte = Tage, an denen das Thema zur Behandlung kommt.

Daß auf die beiden Veranstaltungen, SGP-Symposium und AGAB-Kurs, hin sogenannte Themen-Ballungen aufgetreten sind, haben wir im letzten Unterkapitel bereits beschrieben. Liste 6.41 zeigt das für den Gwatter Kurs der ersten Oktobertage deutlich. Siebzehn Themen – also ein Drittel des Gesamtbestandes – setzten im September (und bis zum 3. Oktober) ein, und sieben früher eröffnete reichten noch in diese Zeit hinein. In diesen 33 Tagen beschäftigte P. sich tagtäglich mit der Diagnostik-Sache und machte dabei an „Tagestätigkeiten" ein ganzes Hundert voll. In der Zielgeraden schließlich, ab 26. September (bis zum Kursende am 3. Oktober), belief sich der Gesamtaufwand P.'s – an acht Bearbeitungstagen, Wochenende eingeschlossen – auf total 9.35 Arbeitstage, das heißt 1.17 AT oder knapp 10 Stunden pro Tag.

Die hierarchische Struktur

Diesem zeitlichen Ablauf stellen wir nun eine ganz andere Gliederung gegenüber, nämlich die nachträglich erarbeitete hierarchische Struktur. Erst die Themen-Kartei hat uns erlaubt, einen solchen Versuch zu wagen (erste Aufstellung: November 1979, also ganze vier Jahre „post festum"). Das Ergebnis ist zusammengestellt in Tafel 6.42.

Unsere Analyse präsentiert die Diagnostik-Aktion 1974-78 (soweit erfaßt, also bis zum 9.1.1976) als siebenstufiges hierarchisches Gebilde, Spitze eingeschlossen. Sie gliedert sich in drei Hauptaufgaben, bezeichnet mit den Buchstaben A bis C. Jede generiert ihren eigenen „Stammbaum". In Anlehnung an Dezimalklassifikationen nehmen wir analog eine alphabetische vor; wir wiederholen – nach rechts fortschreitend – die Buchstaben von Stufe zu Stufe und gesellen ihnen jeweils die stufeneigenen neuen bei.

Um erhobene Fakten und erschlossene Zwischenglieder sauber auseinanderhalten zu können, drucken wir die Themen fett und fügen ihnen außerdem die Ordnungsnummer nach zeitlichem Auftritt gemäß Liste 6.41 bei. Themen haben wir in unserer Erhebung bekanntlich als (der gleichen Sache gewidmete) Tätigkeiten erfaßt. Was also im Fettdruck wiedergegeben ist, sind konkret erbrachte Arbeitsleistungen, die sich insgesamt aufsummieren zu 41 AT. Diese „Bodenarbeit" findet, wie wir nun noch einmal deutlich sehen, auf ganz verschiedenen hierarchischen Stufen statt. Die administrative Vorbereitung und Betreuung des AGAB-Kurses (AA) hat – direkt und unmittelbar vom Gesamtrahmen her – eine Menge kleiner Aktionen gezeugt und erfordert, daneben aber auch abgeleitete, quasi verselbständigte Einzelaufgaben bis hinunter zum wiederholten Versuch, die Schweizerische Gesellschaft für Psychologie zur (lange verschleppten) Information und Einladung ihrer Mitglieder zu bewegen (AACAA).

Wer Tafel 6.42 studiert, wird früher oder später stutzen. Da gibt es ja zahlreiche logische Zwischenglieder, die nicht zu Themen geworden sind (etwa die Reihe BAA – BAAB – BAABA). Wie läßt sich das verstehen?

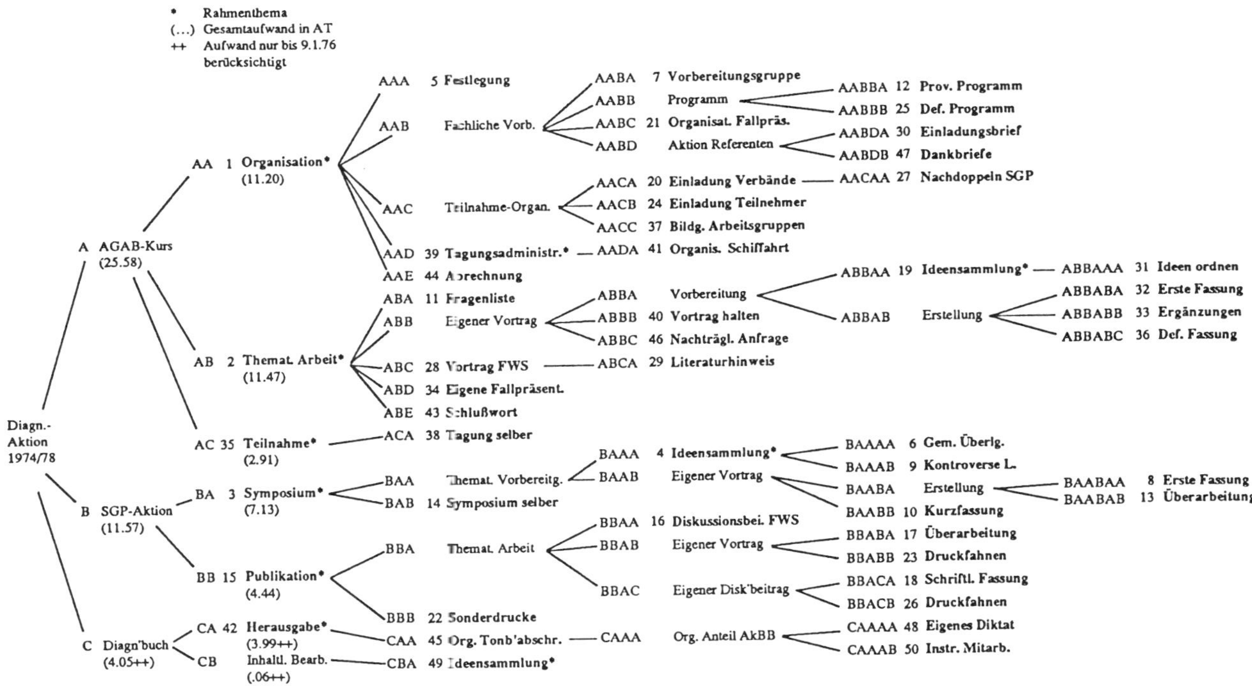

Tafel 6.42: Hierarchische Struktur der Diagnostik-Aktion 1974/78 (Legende im Text)

Sind Aufgaben wie die „thematische Vorbereitung" des Symposiums oder die „fachliche Vorbereitung" des AGAB-Kurses (AAB) nur blinde Fenster, Ausgeburten einer verbissenen Systematik? Sind es, einem früheren Bilde gemäß, tatsächlich Offiziere, die nur Befehle erteilen und selber keinen Finger rühren? Oder ist die Zuordnung von Arbeiten zu Themen halt doch eine Sache der Willkür? Wir werden am Schluß dieses Unterkapitels zu Hierarchie und Themenbildung noch einiges zu sagen haben; hier mag ein erster Hinweis genügen.

Themen, so sagten wir in Kapitel 4.6, sondern sich in einer größeren Arbeit ab, wenn eine einzelne Aufgabe oder ein bestimmter Zuwendungsgegenstand für uns „übergewichtig" wird. Kleine Unteraufgaben, die sich erlebnismäßig nicht aus ihrem Rahmen herausheben – zum Beispiel die Abfassung der einzelnen Dankbriefe oder gar das hierfür nötige Nachschlagen der Adressen (AABDB) –, erfahren wir nicht als gesonderte Themen. Nun kommt es aber gelegentlich vor, daß die einzelnen Unternehmungen, die nötig sind, um ein Ziel zu erreichen, etwa die Teilnehmer eines Kurses zu mobilisieren und zu organisieren, je so prägnant sind, daß das gemeinsame Ziel gar nie „übergewichtig" (und somit selber nicht zum Thema) werden kann. Dennoch hat es einen Sinn, die Teilnahme-Organisation als eine in sich geschlossene Aufgabe von Datenfestlegung, fachlicher Vorbereitung, Tagungsadministration und Abrechnung abzusondern.

Kombination der beiden Sichtweisen

Wir haben versucht, die beiden Sichtweisen der Diagnostik-Aktion, den zeitlichen Ablauf und die hierarchische Struktur, in eine einzige Figur zusammenzufassen. Das scheint auf den ersten Blick fast unmöglich. Den Weg dazu gewiesen hat uns jedoch die Idee Mario von Cranachs, das Handeln zweidimensional zu sehen, mit dem zeitlichen Ablauf in der einen, der hierarchischen Organisation in der andern Dimension (von Cranach et al., 1980, 82). Das Resultat unseres Bemühens liegt vor in Figur 6.43. Der Übersichtlichkeit zuliebe haben wir dabei bloß die Hälfte der Themen berücksichtigt (meist die größeren und/oder ausgedehnteren) sowie alle Vor- und Nachspiele weggelassen. Zeichnerisch wurde die gleichzeitige Darstellung der beiden Aspekte außerdem nur möglich durch Umstellung der Gruppen A und B. Das letzte war nötig, weil B – die SGP-Aktion – zwar erst nach A in P.'s Welt eintrat, aber infolge des vorgestaffelten Zieldatums in der Hauptsache vorher abrollte.

Diese zuletzt genannte Tatsache würde allein schon genügen, um die früher erwähnte Theorie zu widerlegen, die Operationenfolge ergebe sich eindeutig aus der hierarchischen Struktur der Aufgabe (vgl. Unterkapitel 6.2). Tafel 6.43 bildet aber als Ganzes dafür ein eindrückliches Demonstrationsbeispiel ; man vergleiche sie nur etwa mit Figur 6.25.! Wenn die Schemata Hackers und Volperts den Menschen als Heroen des logischen Geistes hin-

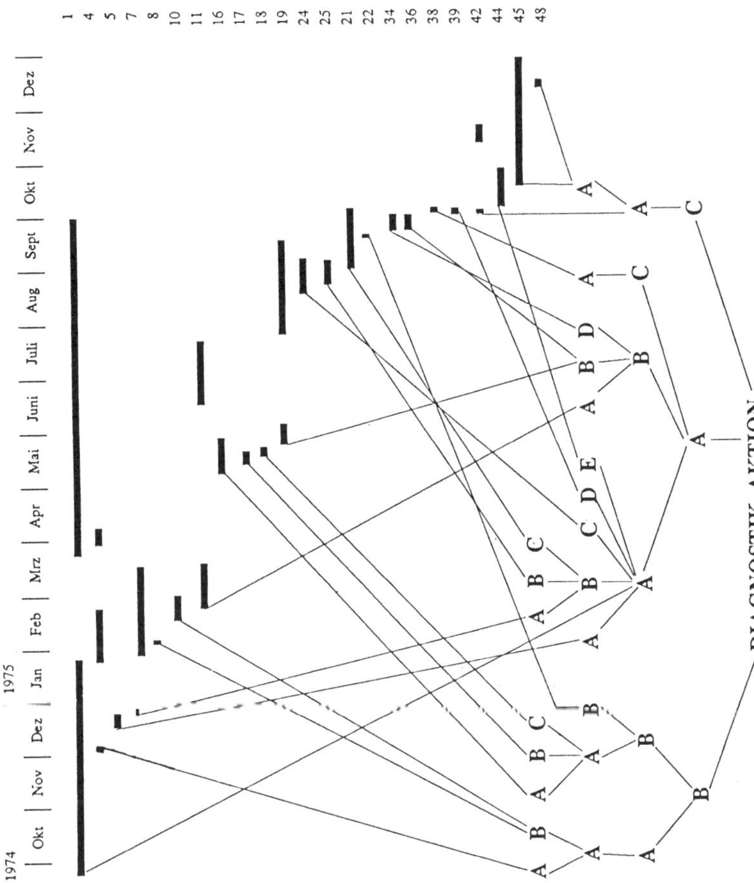

Fig. 6.43: Zeitlicher Ablauf und logische Struktur der Diagnostik-Aktion 1974/75 (vereinfacht)

stellen, der alles zu Besorgende präzise ordnet, so scheint ihn unsere Figur 6.43 demgegenüber tatsächlich als Chaotiker und Wirrkopf zu entlarven – und sie täte es in noch weit krasserem Ausmaß, wenn wir alle 50 Themen eingeschlossen hätten. Aber kommt nicht vielleicht eine ganz andere Stärke des Menschen hier zum Ausdruck? Wer sich die Mühe nehmen sollte, den verwirrten Linien dieses Schemas, in Kombination mit den „Balken" der Ausführung, etwas nachzugehen, wird vielleicht durch eine ganz andere Tatsache beeindruckt werden – nämlich dadurch, wieviele Äste und Zweige einer Aufgabenhierarchie jeweils parallel miteinander in Bearbeitung sind. Bedenkt man, daß jederzeit mehrere solcher Aufgabengruppen die Arbeit eines Berufsmenschen bestimmen können, neben zahlreichen kleineren Beanspruchungen, so mag man schon ein wenig staunen über die Komplexität des Handlungsfeldes, in dem der Mensch steht.

Erkenntniswert der hierarchischen Anordnung

Wir haben es geschafft. Auch wir haben unser hierarchisches Schema. Es ist uns sogar gelungen, die wirre Themenfolge der Diagnostik-Aktion während der Vollerhebungszeit in eine hierarchische Anordnung zu bringen. Alles hat schön sein Plätzchen gefunden.

Was haben wir erreicht? Hat unsere Erkenntnis Fortschritte gemacht? Sind wir einer Realität auf die Spur gekommen?

Wir wissen es nicht. Aus unserem Material läßt sich die Frage nicht beantworten. Bei den Themen war es anders, da stellten wir uns entschieden auf die Seite ihrer Realität (Unterkapitel 4.1). Der Grund dafür war klar: Das Erleben des Handelnden zeugte für sie, und wo der Handelnde Themen mit anderen teilte („Geschäfte"), da standen zudem auch seine Partner dafür ein.

Hier aber gibt es kein entsprechendes Zeugnis des „Erlebens". Außer da, wo der Handelnde selber hierarchisch plant (bei P.'s „Themen-Explosion" in der Unterbringungsfrage etwa), suchen wir während des Ablaufs selber vergebens nach solchen Gliederungen. Sie entstehen, wenn schon, als nachträgliche logische Durchdringung des Getanen.

Das braucht allerdings (wie früher bereits angetönt) nicht unbedingt gegen ihre Realität zu sprechen. Der Handelnde kennt selbstverständlich nicht alle Faktoren, die für sein Handeln verantwortlich sind. Es könnte darum sein, daß die von Hacker postulierte „abstrakte logische Struktur" der Aufgaben das Verhalten wesentlich stärker steuert, als sich im unmittelbaren Erleben widerspiegelt (wenn auch eben kaum auf jene einfache Art und Weise, die durch Figur 6.25 suggeriert wird).

Nach allem, was wir in diesem und dem letzten Unterkapitel an Material aus P.'s Unterlagen beigebracht haben, glauben wir allerdings doch mit Sicherheit sagen zu können, daß hierarchische Strukturen nur einen Teil menschlichen Tuns zu erklären vermögen und als „Zauberformel", die alle

Rätsel des Handelns löst, nicht in Betracht kommen. Bei der Erklärung des Verhaltens würden wir im großen und ganzen dem Handelnden als unmittelbarem Zeugen einen Vorsprung einräumen und sein Handeln im allgemeinen erst dann und dort realiter als hierarchisch bezeichnen, wo er selber auch mitmacht.

Hierarchische Anordnungen befriedigen gewiß ein Bedürfnis des menschlichen Denkens. Der Mensch sucht nach einem „logischen Aufbau der Welt“ (vgl. Rudolf Carnap!). Und wenn wir uns mit den Vorstellungen mancher Autoren von einer voll durchhierarchisierten Verhaltensstruktur konfrontiert sehen, so kommen wir wohl nicht ganz um die Vermutung herum, daß auch Bedürfnisse intellektueller Ästhetik (im Sinne Michael Polanyis, 1958) diesen Ideen Gevatter gestanden sind.

6.5 Verwandtschaftsbeziehungen zwischen Themen

Erfassung von Themen-Familien

Unserem Versuch, erlebte Themen hierarchisch anzuordnen, kann ein gewisser Erfolg nicht abgesprochen werden. Die dabei angewandten Prinzipien der Verknüpfung sind jene der Zugehörigkeit und der instrumentellen Verschachtelung. Als hierarchisch untergeordnet betrachten wir Themen, die sich als Teilgegenstände eines Zuwendungsinhalts oder als Unteraufgaben einer größeren Unternehmung in den Vordergrund der Aufmerksamkeit drängen. Zur Bezeichnung ihrer Zusammengehörigkeit ziehen wir allerdings den Begriff „Themen-Familie“ vor. Mit diesem Phänomen müssen wir uns noch etwas herumschlagen.

Um Stellenwert und Realitätsgehalt der folgenden Überlegungen im Rahmen unserer Thementheorie richtig einschätzen zu können, müssen wir zunächst einen Blick werfen auf die Erfassung solcher Themenverbindungen. Sie erfolgte in drei deutlich getrennten Schritten.

Laufende Themenerfassung. Was die Erfassung der einzelnen Themen betrifft, ereignete sich das Entscheidende bekanntlich während der Arbeitserhebung selber. Anläßlich der Registrierung seiner Tätigkeiten auf dem Tagesblatt nahm P. laufend auch eine Spontanzuordnung nach Themen vor, die stets rasch geschehen mußte und keine Zeit für Überlegungen und Abwägungen offen ließ. Probleme gab es dabei kaum; P. erlebte die Themen seines Tuns als „objektiv“ bestehende Gegenstände; er hielt einfach fest, was er als Realität wahrnahm. Er registrierte, welche Aufgaben und Gegenstände wann und wie oft an dem betreffenden Tag zur Behandlung kamen, wobei häufig die unmittelbare Vorgeschichte – das Gestern und Vorgestern –, gelegentlich auch eine länger zurückliegende Vorstrukturierung die Aufteilung mitbestimmte.

Wo nun innerhalb thematischer Einheiten sich eine Aufspaltung in Teile mit genügendem Eigengewicht aufgedrängt hatte oder neu aufdrängte, nahm P. mit Selbstverständlichkeit eine entsprechende getrennte Zuordnung vor. Er war sich dann zwar meist im klaren darüber, daß solche Themen zusammengehörten; aber er hatte keine Zeit, eingehender darüber nachzusinnen; eine Thementheorie oder auch nur den Begriff „Themen-Familie" gab es damals noch nicht.

Nachträgliche Themenbeurteilung. Der zweite Schritt folgte durch Erstellung der Themen-Kartei, rund zwei Jahre nach der Erhebung der Daten. Hier galt es, die einzelnen Themen in der Vergangenheitsperspektive zusammenzufassen. P. ging Tagesblatt um Tagesblatt durch und prüfte, ob die registrierten Themen mit früher schon aufgetretenen identisch oder aber Neuauftritte waren. Da kam es dann nicht ganz selten vor, daß Beschäftigungs-Gegenstände, die in der Kartei aus der Vorgeschichte her nur erst mit einer einzigen Karte dokumentiert waren, sich plötzlich, auf einem neu in Angriff genommenen Tagesblatt, auf zwei verschiedene Themen-Striche verteilt vorfanden. Offenbar hatte sich dem handelnd Erlebenden hier zum ersten Mal eine Ausgliederung aufgedrängt. In manchem solchen Fall zeigte ein Zurückblättern, daß die beiden Stränge sachlich schon zuvor hätten unterschieden werden können; nur hatte bis dahin das Gefühl der Einheit noch die Oberhand behalten.

Was tun? Ohne daß es schon klare Regelungen gab, drängte sich in einigen Fällen eine Korrektur auf, in andern nicht. Erforderlich schien diese dann, wenn es sich beim neu ausgesonderten Thema um eine scharf umrissene Teilaufgabe handelte, die im rückblickenden Erleben P.'s eine prägnant zusammengehörige Erinnerungseinheit bildete. Das später sich einstellende Übergewicht gegenüber dem Ganzen wurde dann rückwirkend auch auf die früheren Auftritte ausgedehnt. War das nicht so deutlich, so wurde der Themen-Anfang dort belassen, wo die erste gesonderte Registrierung erfolgte.

Beurteilung der Themen-Verbindungen. Schon bei der Erstellung der Themen-Kartei versuchten wir, zusammengehörige Themen als solche zu kennzeichnen. Das eigentliche Studium der Themen-Verbindungen und ihres Aufbaus folgte dann aber erst in einem dritten Arbeitsschritt. Nachdem die Themen-Kartei vollständig erstellt war, machte P. sich noch einmal dahinter und prüfte, welche der seinerzeit spontan unterschiedenen Themen zusammengehörten. Das Prinzip, von der dokumentarisch festgehaltenen Erlebnisweise des seinerzeit Handelnden auszugehen, genügte dabei nicht mehr. In jenen vorher geschilderten Fällen, da sich zuvor einheitlich registrierte Themen plötzlich spalteten, war zwar das ursprüngliche Empfinden einer thematischen Einheit indirekt dokumentiert; sonst aber waren erlebte Zusammengehörigkeiten nirgends festgehalten. P. mußte einerseits an noch wache Erinnerungen appellieren. Aber ebenso oft und ebenso stark war die Entscheidung darüber, welche der seinerzeit registrierten Themen in verwandtschaftlichen Beziehungen zueinander standen, ein Resultat nachträglichen Vergleichens und Überlegens. Rückblikkendes Abschätzen „von ferne" sowie Gesetze denkerischer Verarbeitung kamen dabei mindestens in gleichem Maß zum Zuge wie ursprüngliche Direkt-Eindrücke. Darum fühlen wir uns bei der Feststellung (und besonders auch der im nächsten Kapitel übermittelten Zählung) von Themen-Verbindungen auf weit weniger sicherem Grund als bei den Themen selber.

Je mehr wir uns aber anschickten, ganze Themen-Komplexe in ihrer hierarchischen Struktur zu ergründen (wie bei der Diagnostik-Aktion oder beim Teilersatz einer Beraterin), umso ausgeprägter meldete sich ein merkwürdiges Gefühl. Es war, als ob der bearbeitete Gegenstand plötzlich keinen „Widerstand" mehr leistete. Er ließ sich – ohne die Führung, aber auch ohne den Protest einer Realität, die respektiert zu werden wünschte – gleichsam beliebig formen und logischen Überlegungen unterordnen. Das war – selten hat P. den Gegensatz so spürbar erlebt – „Erkenntnis" einer ganz anderen Art: nicht mehr Herausschälen einer im Stoff selber angelegten Form, sondern Gestalten mit Lehm. Aus diesem Erlebnis nährte sich dann vor allem P.'s Vorsicht gegenüber „Zauberformeln", die alles Handeln in eine saubere Ordnung glauben bringen zu können. Wir wollen uns im folgenden mit bescheideneren Ansätzen zufriedengeben.

Vertikale Verwandtschaft

Drei der Themen-Familien, die sich im oben geschilderten dritten Arbeitsschritt herausschälten, sind aus Figur 6.42 deutlich erkennbar, nämlich die Familien „AGAB-Kurs", „SGP-Aktion" und „Diagnostikbuch" – für P. je geschlossene, aber stark in Subthemen aufgegliederte Aufgaben (und zusammen etwas weiteres bildend: einen „Themen-Komplex"). Ihre verwandtschaftliche Zusammengehörigkeit wurde lange vor jeglichem Hierarchisierungsversuch erkannt (und gab dann später den ersten Anstoß zu diesem).

Die in einer „Familie" verbundenen Themen haben vertikale (Eltern – Kinder) und horizontale (geschwisterliche) Beziehungen. Betrachten wir zunächst die vertikalen. Zu Beginn dieses Kapitels, bei der Besprechung des Hierarchie-Begriffs, haben wir zwischen Teil-Ganzes-Relationen und Mittel-Zweck-Relationen als verschiedenen Prinzipien der Unterordnung unterschieden. In Themen-Familien finden wir beiderlei. Da kann sich etwa ein übergewichtig empfundener Teilbereich aus einem Thema ausgliedern, wie P.'s Beschäftigung mit dem Begriff des „Erklärens" sich aus dem Inhaltkomplex „Handelnder und Welt" heraushob (S. 192). Das andere ist sicher noch bekannter: daß ein Unterziel, das für die Realisierung des Ganzen unerläßlich wird, sich in den Vordergrund schiebt. Um das Buch über die Diagnostik-Tagung mit Transskripten der Diskussionen herausgeben zu können, mußte zuerst die Abschrift der Tonbänder organisiert werden – und das war für sich selbst ein aufwendiger Job.

Wir nennen Gliedthemen, die auf die erste Art mit dem Mutterthema verbunden sind, „Partialglieder", solche mit Verknüpfung nach dem zweiten Muster „Instrumentalglieder". Die Grenze zwischen den beiden Phänomenen kann allerdings nicht allzu scharf gezogen werden; es gibt durchaus Übergangsformen. Auch sind die beiden Verknüpfungsprinzipien keineswegs fest mit den Themen-Geschlechtern verbunden, weder nach oben noch nach unten. Im Rahmen der Betreuung einer Aufgabe kann sich durchaus ein „Partialglied" aussondern. Bei P.'s Vorbereitung des SGP-Symposiums ergab sich beispielsweise eine stundenlange Kontroverse mit einem Gegenspieler, die funktional nichts zur Sache bei trug. (Figur 6.42, BAAAB.) Oder während der Lektüre eines Buches (also einer Gegenstandszuwendung) sieht man sich plötzlich vor die Aufgabe gestellt, sich über etwas schlecht Verstandenes andernorts besser zu orientieren. (P. studierte sogar wieder Integral- und Differentialrechnung, um ein Statistik-Buch zu meistern.)

Wenn Unteraufgaben Unterunteraufgaben (oder Teilprobleme noch speziellere Teile) aussondern, dann kann es zu echt Hofstadter'schen Verschachtelungen kommen. (Hierarchen: spitzt eure Ohren!) In P.'s Material finden wir das schönste Beispiel dafür im Sommer 1975, anläßlich der Einrichtung der Akademischen Berufsberatung Bern in den neuen Räumen an der Gutenbergstraße. Zahlreiche Kleinigkeiten waren in diesem Zusammenhange zu regeln, was P. zur Eröffnung eines Sammelthemas „Allgemeine Einrichtungsfragen" mit regem Zahlungsverkehr in D-Münzen führte; aber größere Brocken waren hier ebenfalls zu bewältigen, wie das Entwerfen, Bestellen und Anbringen von Einweistafeln beim Eingang, oder natürlich die Ausstattung und Möblierung des ganzen Hauses – selber zunächst wiederum ein Sammeltopf mit vielen kleinen Einzelgeschäftchen, aber auch einer großen, sich verselbständigenden Hauptaufgabe: der Einrichtung der Zimmer. Dabei vereinigte einer dieser Räume, das Sitzungszimmer, das besondere Interesse der ganzen Belegschaft auf sich. Ein so zweckmäßiges wie ästhetisches Ausstattungsprojekt wurde ausgearbeitet; aber seine Verwirklichung scheiterte höherenorts an der Verweigerung des erforderlichen Kredits. Das gab natürlich viel zu reden – so viel, daß auch da die Aussonderung als eigenes Thema unvermeidlich wurde.

So hat sich die Einrichtungsfrage also stufenweise immer weiter aufgeteilt. Aber der Clou kommt erst noch. Auch die Möblierung des Sitzungszimmers erzeugte noch einmal ein Themenkind – einen Ur-Ur-Enkel der „allgemeinen Einrichtungsfragen". Der Idee eines unternehmungslustigen Beraters folgend, beschlossen die Mitarbeiterinnen und Mitarbeiter der Akademischen Berufsberatung, billig erstandene Holzstühle durch Grünanstrich selber dem Möblierungskonzept einzuordnen. Die Aktion Stühle streichen wuchs sich dabei zu einem kleinen Volksfest aus.

Die ganze „Hierarchie“ wird in Figur 6.5 noch einmal zusammengefaßt. Wir müssen betonen, daß es sich dabei keineswegs um eine logische Spielerei handelt, sondern um eine von den Tagesblättern P.'s abgelesene Realität, die freilich noch in der Form russischer Puppen ineinandergesteckt werden mußte. Wir haben es mit einer lückenlos durch registrierte Themen dokumentierten fünffachen Verschachtelung zu tun: einem Mutterthema und vier vertikal gestaffelten Partialaufgaben. In Figur 6.5 bildet die jeweils innere Schachtel einen als „übergewichtig“ erlebten Teil der nächstgrößeren.

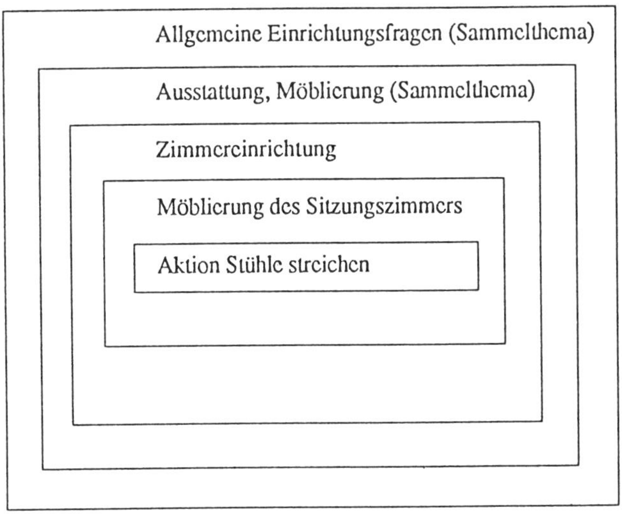

Fig. 6.5: Beispiel für eine vertikale Themen-Verschachtelung

Horizontale Beziehungen

Wir haben zwei Hauptvarianten der „vertikalen“ Familienbeziehungen unterschieden: „Partialglieder“ (Teile) und „Instrumentalglieder“ (Unteraufgaben). Wenn wir uns nun den geschwisterlichen Beziehungen innerhalb der Themen-Familie zuwenden, so finden wir ebenfalls zwei Hauptformen.

Die erste ist dann gegeben, wenn ein Gliedthema die Voraussetzung schafft für die Inangriffnahme eines nächsten; die Reihenfolge der Themenbearbeitung ist dann zwingend gegeben. Wie in Unterkapitel 6.2 erörtert, nennen wir das „Schritte“; und unser Beispiel im Kleinen war die Ersteigung des Münsterturms. Auf Themen-Ebene erhoben, läßt sich das gleiche Prinzip etwa an der Themen-Familie „Jahresstatistik“ demonstrieren, wo verschiedene Statistik-Eingaben (AGAB-Statistik, BIGA-Statistik, Statistik für städtischen Jahresbericht, „Kantonsstatistik“) zwar auf logisch gleichgeordneter Ebene stehen, aber in der genannten Reihenfolge zu erstellen sind, weil die Zahlen der einen die Voraussetzung bilden für die andere. „Schritte“ sind aber nicht immer Aufgaben; es gibt auch Gegenstandszuwendungen, die in bestimmter Reihenfolge ablaufen müssen (oder sollten). Wenn ich einen komplizierten Roman oder ein Buch über Mathematik lese, dann tue ich sicher gut daran, mich den einzelnen Kapiteln in der Reihenfolge der Druck-Anordnung zuzuwenden. Ich verstehe das Spätere nur (oder doch: besser), wenn ich das Frühere zur Kenntnis genommen habe. (Ob das auch für die sieben dicken Bände von Marcel Prousts „A la recherche du temps perdu“ gilt, ist eine andere Frage.)

Verschwisterte Gliedthemen können in zeitlicher Hinsicht auch voneinander unabhängig sein. Es gibt Teilzuwendungen oder Unteraufgaben, die weitgehend ohne Rücksichtnahme auf die andern bearbeitet werden können. Handelt es sich um Aufgaben, die in einer Instrumentalbeziehung zum Mutterthema stehen, so bilden sie – jede für sich – zwar eine direkte Voraussetzung für deren Gelingen, nicht aber für die Aufnahme der Arbeit an einem anderen Gliedthema. Um auf das Beispiel des AGAB-Diagnostik-Kurses zurückzukommen: die Festlegung von Ort und Zeit, die Organisation der Fallpräsentation, die Einladung der Verbände, waren je Voraussetzungen für das administrative Gelingen des Kurses. Keine dieser Aufgaben war aber für ihre Bearbeitung darauf angewiesen, daß eine der andern beiden schon besorgt war. Solche Gliedthemen, die beliebig nebeneinander herlaufen können, nennen wir „frei“ oder „parallel“.

Ein typisches Beispiel für „freie“ Gliedthemen erleben wir jeden Morgen. Um zur Arbeit gehen zu können, müssen wir uns alle ankleiden; und die meisten von uns wollen sich auch waschen und, falls männlichen Geschlechts und zeitwidrig unbebartet, rasieren. Außerdem möchten viele von uns auch nicht frühstückslos in die Schlacht ziehen. In welcher Folge wir diese vier Dinge jedoch tun, ist jedem freigestellt; und bloß weil wir uns einen bestimmten Rhythmus angewöhnt haben, glaubt jeder einzelne, es gebe da gesetzmäßige Abfolgen. Dabei würde der, der sich nur ungewaschen und im Pyjama rasieren kann, staunen zu erleben, wie mancher sich erst geputzt und gestriegelt, bekleidet und verpflegt den Griff zum Rasierapparat erlaubt. (P. hat sich glücklicherweise hier eine große Flexibilität bewahrt.)

Themen, die in familieninterner Hinsicht „frei“ sind, können allerdings anderweitigen Bindungen unterliegen. Wir denken da vor allem an die Kanalisierungen durch Termine und andere äußere Bedingungen. Wenn P. das Thema „Festlegung von Ort und Zeit“ des AGAB-Kurses bereits im Dezember 1974 in Angriff nahm, mit der Vorbereitung seines Vortrages aber abwartete bis im nächsten September, so waren keinerlei geschwisterliche Rücksichtnahmen zwischen den Themen im Spiel. Es ergab sich aus den Umständen. In einer Zeit, da Kurslokale frühzeitig belegt werden, drängte sich eine zeitlich stark vorgestaffelte Reservation auf; mit dem Vortrag dagegen hatte es Zeit – freilich auch nur, bis der Termin nahte.

Auch bei Zuwendungsgegenständen können äußere Bedingungen maßgebend sein. Vorträge muß ich besuchen, wenn sie stattfinden, und zwar in der von außen festgelegten Reihenfolge. Die „innere“, sachlogische Sukzession ist da durch eine äußere ersetzt; bei manchem Kurs wäre es mir für das Verständnis dienlicher gewesen, ich hätte den zuletzt angebotenen Vortrag zuerst gehört. Innere und äußere Notwendigkeiten laufen sich oft in die Quere.

Zusammenfassung

Wir haben in unserer Untersuchung folgende Verwandtschaftsbeziehungen zwischen Themen innerhalb von Familien (oder allenfalls Großfamilien) unterschieden. Jenes Thema, das die Gesamtaufgabe oder das übergreifende Ganze repräsentiert, nannten wir „Mutterthema“, die übrigen „Gliedthemen“. Das Vorhandensein eines Mutterthemas ist allerdings in einer Themen-Familie nicht unerläßlich. Wir unterschieden weiter vertikale und horizontale Verwandtschaftsbeziehungen, und bei beiden fanden wir zwei Hauptvarianten vor. Bei der vertikalen Verbindung stehen sich das Partialprinzip einerseits (Ganzes-Teil) und das Instrumentalprinzip anderseits (Zweck-Mittel) gegenüber. In beiden Fällen können das Mutterthema (das Ganze oder der „Auftraggeber“) wie die Gliedthemen (die Teile oder die zudienenden Tätigkeiten) sowohl Aufgaben wie auch Gegenstandszuwendungen sein. Wir könnten also, um die Rede von den Themengeschlechtern ernst zu nehmen, von Müttern oder Vätern, von Söhnen und Töchtern reden. (Freilich gibt es hier grundsätzlich nur alleinerziehende Elternteile.) Die vertikale Gliederung setzt sich nach unten gelegentlich fort in der Form hierarchischer Stufenfolgen: durch immer feinere Aufgliederung in Teile oder durch den Einsatz immer spezifischerer Unteraufgaben.

Auch die Gliedthemen gleicher Stufe können auf zweierlei Art nebeneinander stehen: Einige setzen die vorgängige Bearbeitung anderer zwingend voraus (solche Verknüpfungen bezeichnen wir als „Schritte“); in andern Fällen ist die Reihenfolge der Bearbeitung frei wählbar („Parallel-Themen“). Die zwingende Sukzession von Gliedthemen einer Familie bildet eines jener Elemente, welche die Abfolge von Arbeiten steuern; andere regulierende Momente sind vor allem deren Bindungen an Termine und Umstände.

Themen-Familien und -Großfamilien können wir also charakterisieren nach der Komplexität ihres Aufbaues: der Stufung nach unten, der Verzweigung in die Breite, der vertikalen wie der horizontalen Verknüpfungsprinzipien. Daß familienintern auch Serienbildungen auftreten und daß die Familien selber global jedem der beiden „Geschlechter“ (Aufgabe oder Gegenstandszuwendung) zugehören können, haben wir an früheren Stellen abgehandelt.

6.6 Das Modell der einheitsstiftenden Beziehungen

Die Entwicklung des Modells

Die Verbindungen und Verwandtschaftsbeziehungen zwischen den Themen bilden einen interessanten Untersuchungsgegenstand; sie sind für die Erfassung einer Arbeitswelt von großer Bedeutung. Die ausführlich dargestellten Beispiele so gut wie unsere daraus abgeleitete theoretische Erörterung haben gezeigt, daß und wie weit wir ihnen im Rahmen unserer Untersuchung nachgegangen sind.

Daß es zusammenhängende Arbeiten gibt, haben wir beim Start unseres Unternehmens erwartet. Was uns hingegen völlig überraschte, war die „Vielfalt der Themenwelt", die wir im Verlaufe unserer Erhebung angetroffen haben. Es war eine Neuentdeckung, auf die uns auch die Literatur wenig vorbereitet hatte und der wir mit großer Zähigkeit auf den Grund zu gehen versuchten. Es wurde uns zum Anliegen, Ordnung und Systematik in das verwirrliche Bild der Erscheinungen zu bringen. Das Modell, das wir schließlich erarbeiteten, soll in diesem letzten Unterkapitel vorgestellt werden.

Festzuhalten ist, daß es sich bei dem Modell im reinsten Sinne um ein *Resultat* unserer Untersuchung handelt. Nichts davon war als „Hypothese" vorgegeben, die zu prüfen man ausgezogen wäre. Wir bewegten uns voll und ganz im „context of discovery" (gemäß Reichenbach, 1938). Man kann das schrittweise Entstehen aus der Datensammlung nachzeichnen; es dürfte wohl ein geradezu klassisches Beispiel für empirisch-induktives Vorgehen bilden.

1. P. begann mit Aufzeichnungen über die Tätigkeiten, die er im Rahmen seiner beruflichen Arbeit nacheinander besorgte.
2. Er entdeckte bald einmal, daß es tätigkeitsverbindende Einheiten gibt, die er Themen nannte und die er nun drei Jahre lang on the spot regelmäßig registrierte, und zwar rein eindrucks- und erlebnismäßig, ohne leitende theoretische Vorstellung (außer jener der „einheitlichen Ausrichtung"). Bei Grenzfällen traf er jeweils spontane Entscheidungen.
3. Bei der Zusammenstellung der Themen in einer Kartei waren gelegentlich Fragen zu regeln. Dabei wurden die bisher implizit angewandten Gesichtspunkte verdeutlicht, vereinheitlicht, mehr und mehr zu expliziten „Faustregeln" ausgestaltet.
4. Nach Erstellung der Kartei wurden die Themen miteinander verglichen, ihre Arten und Unterschiede präziser gefaßt, ihr Zusammenhang an vielen Beispielen überprüft. (Stand von Kapitel 5!)
5. Bei weiterer Klärung und Analyse der verschiedenen Erscheinungsformen ergab sich schließlich – schrittweise! – eine Ordnung, die wir nun als „Modell" präsentieren wollen.

Das Modell ist also abgeleitet aus der spontanen Sammlung; es macht die damals leitenden Prinzipien nachträglich durchsichtig. Bei künftigen Studien über die thematische Struktur der Arbeit könnte es jedoch zur Regelung von Grenzfällen bewußt und gezielt beigezogen werden.

Über den Erkenntniswert des Modells läßt sich natürlich gleichwohl streiten. Daß es aus unmittelbaren Beobachtungen – sehr zahlreichen und vollständigen – abgeleitet ist, steht zwar fest. Aber der Mann, der das Beobachtungsmaterial lieferte, jener, der es erhob und jener, der es bearbeitete, war ein und derselbe. Es bleibt eine offene Frage, ob er aus seinem eigenen Material zuletzt die nun präsentierten Schlüsse ableiten mußte, weil das implizit schon eh und je sein persönlicher Arbeits- *und* Denkstil war, der für andere keine Geltung hat. Dem einzelnen Fachmann bleibt es anheimgestellt zu entscheiden, ob er deswegen die hier vorgebrachten Erkenntnisse vorderhand verschmähen will. So rasch wird sich allerdings nicht eine Überprüfung an einer statistisch genügenden Zahl von Versuchspersonen vornehmen lassen.

Kriterien eines „normalen“ Themas

Wenn wir uns mit dem Arbeitsleben eines akademischen Berufsberaters und Amtsleiters beschäftigen, was erwarten wir für Themen, die sich ihm stellen? Wir erwarten etwa, daß er Leute wie Herrn B. berät, der mit seiner Ausbildung in Schwierigkeiten gerät (S. 225f.), daß er Dinge organisiert wie einen Informationstag für Maturanden (S. 129ff.), daß er ein Budget für das nächste Jahr aufstellt, vielleicht auch, daß er ab und zu ein Fachbuch liest. Es geht also um Unternehmungen etwas komplizierterer, aber noch übersichtlicher Art, die geschlossen einer einheitlichen Sache dienen oder auf einen bestimmten Gegenstand gerichtet sind. Ungefähr das dürften Paradebeispiele auch für eine Handlungspsychologie sein, die sich mit erwachsenen Menschen und ihren typischen Aktivitäten befaßt. Aus solchen Stücken, würde man denken, baut sich die Arbeit in komplexeren Berufen auf.

Rund um solche Unternehmungen herum gibt es nun aber, wie wir im letzten Kapitel sahen, andere, weniger gut repräsentierende, aber dennoch häufig vorkommende Formen der Aufgaben- und Gegenstands-Zuwendungen. Auch sie müssen in einer Übersicht über den thematischen Aufbau der Arbeit ihren Platz finden. Um diese Anordnung zu treffen, gehen wir am besten so vor, daß wir uns zunächst auf das eingangs erwähnte „normale“ Thema konzentrieren und uns überlegen, welche Bedingungen erfüllt sein müssen, damit wir in einer Abfolge einzelner Tätigkeiten ein solches Thema erkennen.

Wir teilen zunächst einmal den dahinfließenden Verhaltensstrom in Beobachtungseinheiten von ungefähr gleicher Dauer auf, wobei wir ein Fünfminutenraster benützen (es könnten auch andere Zeiteinheiten sein). So gewinnen wir – zum Teil ohne sachlichen Grund voneinander getrennte – „Zeit-“ oder „Arbeitselemente“ (wir werden im folgenden den zweiten Namen benützen). Dann richten wir acht Fragen an die so präparierten Phänomene.

1. Einheitliche Ausrichtung. Die erste Frage lautet: Gibt es unter den Arbeitselementen solche, die der (oder einer) gleichen Aufgabe dienen oder sich mit dem (oder einem) gleichen Gegenstand beschäftigen? Das ist eine Frage, die vor allem vom Handelnden selber, subjektiv-erlebnismäßig, beantwortet werden muß. Es geht darum, ob der Handelnde das, was er zu zwei verschiedenen Zeitpunkten und allenfalls auch in zwei oder mehr (zeitlich aneinanderstoßenden oder auseinanderliegenden) Vollzügen tut, als im Dienste oder Zusammenhang des gleichen Anliegens erlebt. Ist das der Fall, so sprechen wir von „Einheiten gleichgerichteter Teile“ oder kurz „Ausrichtungseinheiten“. Wenn Elemente zwei (oder mehr) verschiedenen Zusammenhängen zugeordnet werden können, so schlagen wir sie dabei jenem zu, der das größte Gewicht hat.

Diese erste Frage ist die „Gründungsfrage“ der Themen-Theorie. Die Bejahung einer gleichen Zuwendung zweier oder mehrerer Arbeitselemente begründet erst die Existenz und Bildung thematisch zusammengehöriger Gebilde. Alle folgenden Fragen sind „Differenzierungsfragen“; sie richten sich an die Ausrichtungseinheiten selber und befragen sie auf ihre Eigenschaften, um verschiedene Gruppen auszusondern.

2. Einmaligkeit. Unsere nächste Frage lautet: Handelt es sich um eine einmalige Aufgabe oder einen einmaligen Gegenstand, oder wiederholt sie (oder er) sich? Oder anders formuliert: Ist die Ausrichtungseinheit einem einzigen, spezifischen Anliegen (innerhalb der normalen Verhaltensperspektive) zugewendet, oder besteht sie aus zeitlich gestaffelten Blöcken, die jeweils einem nächsten Anliegen gleicher Ausrichtung dienen? Um zu einem „normalen“ Thema zu kommen, müssen wir die erste Alternative bejahen. (Für ein Durchlaufmodell, wie wir es aufstellen werden, formulieren wir die Frage aus technischen Erwägungen wie folgt: „Ohne Wiederholung der Aufgabe oder des Gegenstandes?“) Trifft das zu, so haben wir es mit einer „thematischen Einheit“ zu tun.

3. Individualität der Teile. An diese Einheit richten wir die nächste Frage: Besteht sie, mindestens teilweise, aus individuell unterscheidbaren Teilen? Den Gegensatz dazu bildet eine thematische Einheit, die sich monoton aus gleichen Vollzügen zusammensetzt. (Eine einzelne Arbeitseinheit, die für sich allein schon eine „thematische Einheit“ stellt, hat natürlich „Individualität“.) Ein „normales“ Thema verlangt auch hier Bejahung. Erfolgt sie, so sprechen wir von „individuellen Einheiten“.

4. Längere Zuwendungsdauer. Nächste Frage: Beansprucht die Einheit eine ins Gewicht fallende Zuwendungsdauer? Es gibt Gegenstände, denen man nur ganz vorübergehend seine Aufmerksamkeit schenkt und Aufgaben, die sich sehr rasch erledigen lassen. Für ein „normales" Thema fallen sie nicht in Betracht. Was wir unter einer „ins Gewicht fallenden Zuwendungsdauer" verstehen wollen, werden wir im nächsten Kapitel definieren (S. 358). Wird sie erreicht, so sprechen wir von einer „Voll-Einheit" (unter später zu erörternden Bedingungen von einem „Vollthema").

5. *Abschließbarkeit.* Bei den verbliebenen Einheiten führen wir die Fragenreihe weiter: Ist die Einheit abschließbar? Sind Aufgabe oder Gegenstand so geartet, daß ein ad acta-Legen der behandelten Sache prinzipiell möglich ist (und zwar innerhalb der normalen Verhaltensperspektive)? Eine positive Beantwortung setzt freilich nicht voraus, daß die Unternehmung effektiv abgeschlossen ist. Der Ausgang kann noch offen geblieben sein. Ausschlaggebend ist nur, daß es sich grundsätzlich um eine begrenzte, vorübergehende Aufgabe oder Zuwendung handelt, die (wahrscheinlich) früher oder später anderen Dingen Platz machen wird. Trifft diese Beurteilung zu, so haben wir eine „begrenzte Einheit" vor uns. (Falls es sich um ein Einzelthema handelt, werden wir hier auch den Begriff „Hauptthema" gebrauchen.)

6. *Strukturelle Verbundenheit.* Eine weitere Frage lautet: Sind die einzelnen Teile, die die Einheit ausmachen, strukturell miteinander verbunden? Das ist der Fall, wenn ihre Abfolge direkt durch die Struktur der Aufgabe oder des Gegenstandes oder durch ihre gegenseitigen Beziehungen bestimmt wird. „Strukturell unverbunden" nennen wir dagegen Teile, die mehr durch zufällige Umstände oder Geschehnisse ausgelöst werden. Läßt sich strukturelle Verbundenheit nachweisen, so sprechen wir von „regulären Einheiten" (oder Themen). „Normale" Themen gehören natürlich zu den regulären.

Nun könnte man die Frage nach der strukturellen Verbundenheit eigentlich nur in einem Spezialfall mit einem klaren „Ja" oder "Nein" beantworten, nämlich wenn es sich bloß um zwei Bestandteile handelte. Bestehen thematische Gebilde aus drei oder mehr Arbeitseinheiten, so können einige von ihnen strukturell verbunden sein, andere nicht. Die Antwort müßte dann statistisch ausfallen. Bei einem EDV-Vorgehen könnte man hierfür quantitative Kriterien entwickeln und anwenden; bei Bearbeitung „von Hand" war das nicht möglich. Wir mußten uns mit Schätzungen begnügen. Dabei konnten wir für eine „reguläre" Einheit nicht vollständige Verbundenheit verlangen (sonst gäbe es unter längeren Arbeiten wohl selten solche); Verbundenheit mußte jedoch bei regulären Themen die häufigere Form des Auftretens unter den Bestandteilen sein.

7. *Gliederung.* Bei Einheiten mit ins Gewicht fallender Zuwendungsdauer stellt sich außerdem die Frage nach ihrer Gliederung. Läßt sich die Bearbeitung in einzelne Phasen aufteilen, die typisch voneinander verschieden

sind? Gibt es Punkte im Ablauf, von wo aus es anders weiterläuft als zuvor, beispielsweise neue Unteraufgaben in Angriff genommen, neue Mittel eingesetzt, neue Partner beansprucht werden? (Auch bei der Frage nach der Gegliedertheit eines Ablaufs kommt es hauptsächlich auf das subjektive Erleben des Handelnden an.) Wir würden – das ist nun allerdings bereits etwas willkürlich – nur bei gegliederten Einheiten von „normalen" reden.

8. Übergewicht des Ganzen. Wird Gliederung bejaht, so stellt sich nun aber eine entscheidende Zusatzfrage. Bleibt die Gesamtaufgabe der gegliederten Einheit, bleibt der gemeinsame Zuwendungsgegenstand im Erleben des Handelnden gleichwohl, über alle Phasen hinweg, vorrangig und übergewichtig? Oder geht die Aufgliederung so weit, daß während der Bearbeitung einzelne Teile oder Phasen das Bewußtsein des Ganzen in den Hintergrund treten lassen? Anders formuliert: Bleibt im Bewußtsein des Handelnden auch bei der Arbeit an Abschnitten, die sich herausheben, der Eindruck bestehen, daß das Getane der umfassenderen Aufgabe dient oder daß der Stoff, dem man sich eben zuwendet, vor allem als Teil der größeren Zuwendungseinheit interessant ist? (Unter unseren Erhebungsbedingungen löst freilich nicht jeder kurze Figur-Grund-Umschlag bereits die Einheit des Ganzen auf. Für eine Verneinung der Frage verlangen wir, daß der Teil für eine ganze Weile vor allem um seiner selbst willen verfolgt wird.)

Erst bei dieser letzten Frage entscheidet sich, ob es sich bei der „normalen Einheit" um ein Thema handle oder um eine größere Einheit, die sich in verschiedene Themen aufspaltet.

Zusammenfassung. Wenn wir für eine Gruppe von Arbeitselementen alle acht Fragen mit „ja" beantworten können, so haben wir es mit einem „normalen Thema" zu tun. Ein „normales Thema" ist somit eine gegliederte, sich über eine genügend lange Zeitdauer erstreckende Abfolge von vorwiegend strukturell verbundenen, individuell geprägten Arbeitseinheiten, die alle der gleichen, während der Bearbeitung meist übergewichtig bleibenden Aufgabe dienen oder sich mit dem gleichen, meist übergewichtig interessierenden Gegenstand beschäftigen, einem Gegenstand oder einer Aufgabe, die prinzipiell abschließbar sind und nicht in Form von Wiederholungen auftreten.

Die Bedingungsreihe ist in Figur 6.61 noch einmal zusammengefaßt.

Besondere Themenformen

„Normale" Themen sind wichtig und machen bei einer Darstellung des Arbeitshandelns Staat. Wenn wir es jedoch mit einer Realität zu tun haben wie dem Arbeitsjahr P.'s, so kommen wir mit ihnen allein nicht durch. Wir treffen auf zahlreiche thematische Gebilde, die von ihrem Schema abweichen. Eine Ordnung ergibt sich unter ihnen, wenn wir stufenweise die Nein-

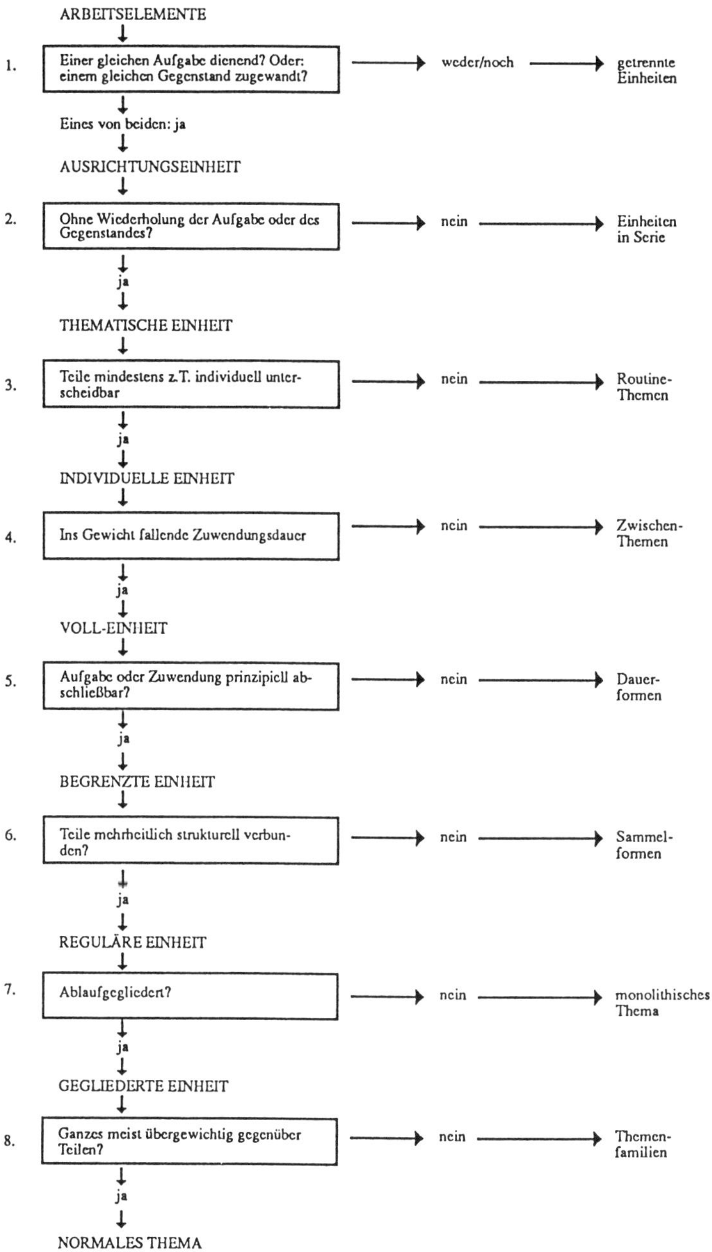

Fig. 6.61: Bedingungsreihe für ein „normales Thema“

Ausgänge in unserem Durchlaufschema 6.61 betrachten. Dabei wollen wir jedoch die Fragen 1 und 2 noch zurückstellen, weil sich aus ihrer Verneinung keine bestimmten Themenformen ergeben.

Routinethemen. Einheiten mit mehreren Teil-Tätigkeiten, die alle gleich sind und sich nicht „individuell" unterscheiden lassen (Frage 3), nennen wir Routinethemen. (Beispiele: Rechnungen signieren, Kaffeetrinken in der Pause.) Bei ihnen – sie haben als Ganzes normalerweise eine beträchtliche Zuwendungsdauer – stellt sich von den folgenden Fragen nur noch eine, jene nämlich nach der Abschließbarkeit (Frage 5). Zwar halten Routinen im Normalfall unbegrenzt hin; aber es gibt doch auch Gelegenheiten, da man auf von vornherein absehbare Zeit, im Rahmen einer begrenzten Aufgabe, eine Routine aufnimmt. Da nicht gliederungsfähig, können Routinethemen selber keine „Familien" bilden.

Zwischenthemen. Bei bloß kurzer Zuwendungsdauer sprechen wir von „Zwischenthemen" (Frage 4). Auf sie läßt sich keine weitere Frage sinnvoll anwenden; Familiengründung ist natürlich ausgeschlossen. Routinethemen und Zwischenthemen sind so auffallende Sonderformen, daß P. sie während der ganzen Erhebung spontan ausgesondert hat. Für die Zwischenthemen entwickelten wir dann später ein quantitatives Kriterium (S. 358).

Dauereinheiten. „Dauereinheiten" sind Aufgaben oder Zuwendungen zu Gegenständen, die – aus der Natur der Sache heraus – innerhalb der normalen Verhaltensperspektive nicht abschließbar sind (Frage 5). Einschlägige Beispiele wären etwa die laufende Katalogisierung eingehender Bücher in einer Bibliothek oder das Interesse für die Weltpolitik. Auf Dauereinheiten können alle drei nachfolgenden Fragen ebensogut angewendet werden wie auf die „begrenzten Themen"; es gibt darum verschiedene Untergruppen; und selbstverständlich können sie auch Familien bilden, wenn sich gewisse ihrer Teilaufgaben oder -gegenstände zeitweise in den Vordergrund schieben.

Sammeleinheiten. Sind die Teile einer thematischen Einheit (einer begrenzten oder dauerhaften) überwiegend strukturell unverbunden, so haben wir es mit „Sammeleinheiten" zu tun. (Frage 6). Wir erinnern uns etwa an P.'s verstreute, nicht organisierte Beschäftigung mit „Rezessionsfragen". Auch „Ideensammlungen" im einen oder andern Zusammenhang wären typische Beispiele. Bei P. kamen Sammeleinheiten sehr zahlreich vor. Weil sie so locker gefügt sind, kann die Frage nach ihrer Gliederung kaum gestellt werden. Hingegen kommt es doch ab und zu vor, daß einzelne Teile sich herausheben und übergewichtig werden, daß also eine „Familie" aus ihnen entspringt.

Begleitete Einheiten. Die „strukturelle Verbundenheit" innerhalb einer Einheit ist, wie wir früher bemerkten, eine statistische Frage. Sind die Teile mehrheitlich verbunden, so sprechen wir von „regulären" Einheiten. Nun drängt sich allerdings noch eine Differenzierung auf. Wenn die Teile zwar mehrheitlich, aber nicht überwiegend verbunden sind, so bezeichnen wir das reguläre Thema als „begleitet": Um eine an sich geschlossene Aufgabe oder einen Zuwendungsgegenstand, der im Prinzip zu strukturierter Beschäftigung zwingt (wie die Lektüre eines Buches), gruppieren sich lose Einzelteile in größerer Zahl. Wenn eine begleitete Einheit sich, nach Frage 8, in eine Familie aufgliedert, kann die Aufteilung so erfolgen, daß die losen Elemente sich zu einem Sammelthema („Rahmenthema") zusammenfinden, während die sich abspaltenden Spezialaufgaben und -teile relativ reine, „unbegleitete" Themen bilden.

Monolithische Themen. Längere thematische Einheiten, die keine nennenswerte Gliederung aufweisen, bezeichnen wir als „monolithisch" (Frage 7). Wir beschrieben früher einen von P. als „monolithisch" erlebten Beratungsfall (S. 223ff.). Aber auch die Hausfrau, die an den Abenden vor dem Einschlafen einen Roman durchliest, widmet sich einem monolithischen Thema. Es liegt auf der Hand, daß monolithische Einheiten keine Familien gründen. (Als „monolithisch" sind in gewissem Sinne auch jene anderen thematischen Einheiten zu bezeichnen, die Familienbildung ausschließen: die Routine- und Zwischenthemen.)

Themen-Verbindungen

Bei unseren Ausführungen im letzten Abschnitt haben wir die Nein-Ausgänge auf die Fragen 1 und 2 übersprungen und vor jenem auf Frage 8 haltgemacht. Sie begründen nicht besondere Themenformen, sondern (allenfalls) bestimmte Verbindungen zwischen den Einheiten.

Themen-Gruppen. Bei der Verneinung von Frage 1 ist das allerdings nur unter bestimmten Bedingungen der Fall. Wird die Einheit der Ausrichtung verneint, werden also getrennte „Ausrichtungseinheiten" unterschieden, so können sie einer Zusatzfrage unterworfen werden: Sind die Aufgaben oder Zuwendungsgegenstände sich wenigstens ähnlich? Wenn ja, so können wir von einer „Einheiten-Gruppierung" sprechen. Handelt es sich bei den ähnlichen Einheiten vorwiegend um Kurzzuwendungen, so trifft die Bezeichnung „Themen-Sammlung" zu (aus unserem Material als Beispiel etwa P.'s verstreute kleine Besprechungen mit Mitarbeitern über persönliche Fragen). Ist – bei längeren Zuwendungseinheiten – innerhalb der Einheiten stets das Ganze übergewichtig, so können wir von (reinen) „Themen-Gruppen" sprechen. Gruppen, die auch Themen-Familien einschließen, nennen wir „Themen-Komplexe".

Themen-Serien. Bei Verneinung von Frage 2 ist keine Zusatzfrage mehr nötig, um eine Verbindung von Einheiten sicherzustellen; die „Ausrichtungseinheit" ist ja zum vornherein bejaht. Wenn solche Einheiten sich nach dem Wiederholungsprinzip in Blöcke gliedern, so haben wir es mit Einheiten-Serien zu tun. Auch hier führt die Frage nach der Dauer dieser Einheiten zur Ausscheidung einer Sonderform: Sind es bloß Kurzzuwendungen, die sich aneinanderreihen (etwa: Ferienbegrüßungen und -verabschiedungen), so haben sich solche Serien in P.'s Erleben gleichwohl auch zu „thematischen Einheiten" zusammengeschlossen, die er „Serienthema" nannte. Sie sind den Sammelthemen sehr ähnlich und können wohl für die meisten Zwecke auch unter diesem Begriff subsumiert werden. Die übrigen Serien können aus Einheiten verschiedener Größe bestehen; ist bei diesen das Ganze stets übergewichtig, so sind es (reine) „Themen-Serien", sonst reden wir von „komplexen Themen-Serien".

Themen-Familien. Themen-Familien sind anders und enger zusammengefügt als Themen-Serien und Themen-Gruppen. Es sind echte thematische Einheiten, auf dieselbe spezifische Aufgabe oder denselben einmaligen Gegenstand gerichtet; die Reihe unserer Fragen haben sie von 1 bis 4 bejahend überstanden. Bereits haben sich die Formen der Einheitsbildung aufgefächert in abschließbare und unabschließbare, in reguläre und Sammel-Einheiten; nun kommt, bei diesen verschiedenen Varianten, erst die Frage, ob sich nicht Unterteile innerhalb dieses Ganzen gleichsam verselbständigen. Wenn das der Fall ist, entstehen jene enggefügten Themen-Verbindungen, die wir „Familien" nennen.

An Familien kann eine Frage gestellt werden, die Frage 2 auf anderer Stufe wieder aufgreift; sie lautet: ohne Wiederholung von Teilaufgaben oder Teilgegenständen? Kann sie bejaht werden, so können wir von „reinen Familien" sprechen; wiederholen sich aber Teile, so finden wir zugleich eine familieninterne Themen-Serie; wir reden dann von einer „komplexen Themen-Familie".

Verbindungen und Kriterien. Wir können also drei Formen der Verbindungen unterscheiden, beziehungsweise drei Prinzipien, nach denen sich verschiedene Themen auseinanderhalten und als selbständige Einheiten (allenfalls) wieder miteinander verbinden lassen; und diese drei Prinzipien fallen nun zusammen mit den Themen-Kriterien, die wir aus „Midwest" übernommen (und in Unterkapitel 4.6. vorgestellt) haben. Themen-Gruppen bilden darum nicht Einheits-Themen, weil sie dem Kriterium der einheitlichen Ausrichtung nicht genügen (die Themen sind sich bloß „ähnlich"). Themen-Serien erfüllen das Kriterium der „normalen Verhaltensperspektive" nicht. Und Themen-Familien schließlich gliedern sich in getrennte Themen auf nach dem Kriterium des „Übergewichts" (hier: des Ganzen über die Teile).

Zusammenfassung des Modells

In Figur 6.62 ist unser Modell in einer Art „Flußdiagramm" zusammengefaßt. Wir wählen dafür absichtlich nicht eine Darstellung mit den üblichen EDV-Symbolen, um nicht eine Computer-Tüchtigkeit vorzutäuschen, die nicht gegeben ist. Das Schema baut auf dem Weg zum „normalen Thema" (Figur 6.61) auf, wobei nun aber auch das Schicksal der Nein-Ausgänge weiterverfolgt wird. Die Fragen, aus Platzgründen auf Stichworte reduziert, tragen Nummern, eine erste Ziffer die vertikale Fragen-Reihe gemäß Figur 6.61 repräsentierend, die zweite bezogen auf die sich schrittweise entfaltenden Varianten. Um das Schema nicht allzusehr zu belasten, haben wir die Fragen nach der Gliederung (vertikal 7) generell weggelassen, bei Routinethemen auch jene nach ihrer Abschließbarkeit und bei Dauerthemen die nach struktureller Verbundenheit. Ebenso wenig verfolgten wir die möglichen Ausgänge der Fragen 92, 93, 94 (die zu „reinen" und „komplexen" Familien führen) und 96 (welche Themen-Komplexe mit und ohne Serien unterscheidet).

Es ist noch einmal auf die Sonderstellung von Frage 1 (jetzt 13) hinzuweisen. Sie richtet sich an eine ganze Population von Arbeitselementen und erlaubt es, diese Population nach „Ausrichtungseinheiten" zu gruppieren. Alle anderen Fragen (auch 16) wenden sich dann nur noch an die auf diese Weise gebildeten Einheiten. Die Bezeichnungen für Einheiten sind durch eckigen Rahmen herausgehoben. Wo die Beantwortung der Fragenreihe jeweils zu einem Abschluß gelangt, das heißt, wo ein Gebilde als bestimmte Themen-Art endgültig geortet werden kann, ist der entsprechende Begriff in einen massiven Rahmen gestellt.

Die Balken links, rechts und unten markieren die Grenzen des Themengartens gemäß Erfassungskriterien (vgl. Kapitel 4.6; in eben genannter Reihenfolge: normale Verhaltensperspektive, Ausrichtung, Übergewicht des Ganzen). Außerhalb dieser Schranken werden die Themen-Verbindungen abgelagert. Bei Gebilden, die im ersten Durchlauf über diesen Zaun geworfen wurden, ist zunächst nur die Art der Verbindung klar geworden. Die einzelnen Themen jedoch, welche die Serie, die Familie, die Gruppe, den Komplex bilden, sind selber noch nicht kategorisiert. Zu ihrer genaueren Bestimmung müssen sie nochmals einzeln durch das System geschleust werden, wobei der Einstieg bei Frage 33 zu erfolgen hat. Beim neuen Durchgang, den ja nur noch aus Verbindungen herausgelöste Einzelthemen antreten, könnten auch die Begriffe etwas weniger schwerfällig gewählt werden. Das Wort „Einheiten" läßt sich dann nämlich zum vornherein durch „Thema" ersetzen. Auch jedes dieser Themen der zweiten Generation muß schließlich seinen Platz in einem massiv umrandeten Feld finden.

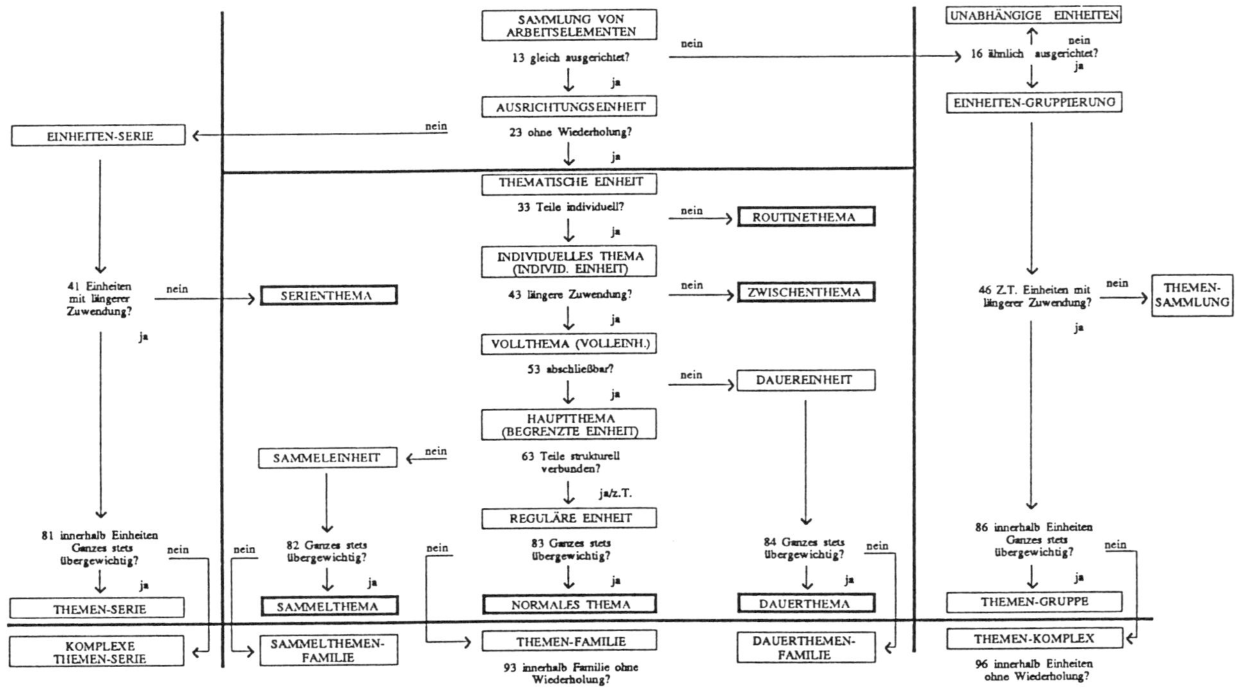

Fig. 6.62: Modell der einheitsstiftenden Beziehungen

Der Sinn des Modells

Hat ein solches Modell überhaupt einen Sinn? Wir können vier Punkte zu seinen Gunsten geltend machen.

Erstens: P. hat, wie früher dargelegt, die Themen spontan erfaßt und nicht anhand eines Modells. Dieses wurde erst nachträglich aus den Spontanbeurteilungen abgeleitet. Nun scheint es uns interessant, zu sehen, daß jenes unmittelbare Erleben von Einheiten nicht einfach willkürlich vonstatten ging, sondern offenbar bestimmten Gesetzmäßigkeiten folgte. Es läßt sich eine sinnvolle Ordnung der Phänomene daraus ablesen.

Zweitens: Macht man sich diese Ordnung bewußt und faßt sie präzise in einem Schema, so wird es möglich, Zweifelsfälle, wie sie sich immer etwa einstellen, danach zu beurteilen. Solche Zweifelsfälle ergeben sich nicht selten dann, wenn man die aus der Gegenwartsperspektive erfaßten Themen rückblickend einordnen muß. Das explizit gemachte Modell erlaubt in solchen Fällen, die damaligen Zuordnungen zu überprüfen und gegebenenfalls zu korrigieren. (Mit Korrekturen waren wir allerdings sehr zurückhaltend.) Es ist natürlich auch klar, daß bei einer allfälligen neuen, ähnlichen Erhebung das Schema von vornherein als Leitfaden und Stütze beigezogen werden könnte.

Drittens: Das Schema gemäß Figur 6.62 kommt in die Nähe eines Flußdiagramms. Im Prinzip wäre es möglich, eine große Population von Arbeitselementen, wie sie zum Beispiel aus P.'s Vollerhebungszeit vorliegt, damit nach Ausrichtungseinheiten zu sortieren, diese Einheiten dann, wo das zutrifft, in Themen aufzuspalten und die Themen schließlich nach Arten zu gruppieren. Das Diagramm bedürfte dazu allerdings noch einiger Verbesserungen. Verwirrlich mag dabei erscheinen, daß solch ein mechanisches Verfahren sich immer wieder auf subjektive Eindrücke und Beurteilungen stützen müßte (gleiche oder ähnliche Ausrichtung, Gliederung, „Übergewicht“ usw.).

Tatsächlich sind wir fern davon, an eine praktische Anwendung in diesem Sinne zu denken; auch unser seinerzeitiges EDV-Projekt sah solcherlei nicht vor. Hingegen haben etwa die Strukturschemata der klinisch-psychologischen Arbeit von Gerhard Kaminski (1970) oder die Diagramme zur Erklärung der „naiven Verhaltenstheorie“ von Uwe Laucken (1974) gezeigt, daß und wie man auch subjektive Gegebenheiten sinnvoll in solche Schemata bringen und welchen Erkenntnisgewinn man daraus ziehen kann. Wir schließen uns Laucken durchaus an, wenn er sagt, solche Diagramme hätten „allein veranschaulichende Funktion, sie erheben keinerlei darüber hinausgehenden Ansprüche.“ (1974, 68).

Viertens: „Veranschaulichen“ kann uns die Figur 6.62 nun tatsächlich einiges. Wir sind in unserem Unterkapitel ausgegangen von der Vorstellung eines „normalen Themas“. (Und schon das haben wir breiter gefaßt, als manche es sich denken: auch bloße „Zuwendungsgegenstände“ einschließend, und mit etlicher Toleranz für kleine, lockere Nebenhandlungen als Beilage zur konzentrierten Betreuung des Anliegens.) Heute neigt man im allgemeinen dazu, sich die Arbeit des Menschen als einen Aufbau aus solchen Unternehmungen vorzustellen, und man ist fleißig daran, diese zu studieren. Geht man aber „ökologisch“ vor, erhebt und untersucht man große Proben von Arbeitshandeln, so entdeckt man, daß die „normalen Themen“ kein Monopol besitzen; sie sind umlagert von einer ganzen Reihe anderer thematischer Gebilde, die weniger rational, weniger gezielt, weniger konzentriert, weniger beeindruckend sind. Sie stellen sich natürlich auch einer hierarchischen Anordnung quer in den Weg. Und diese Tatsache macht uns die Figur 6.62 augenfällig.

Der Mensch ist eben kein bloß rationales Wesen, nicht einmal während der Arbeit in einem komplexen, beanspruchenden Beruf. (Oder sollte das nur für Leute wie P. gelten? Wie dem auch sei: P. jedenfalls ist froh darüber.)

Kapitel 7

Die quantitative Erschließung des Themenbestandes

Wir wollen das Studium der „Inhalte unseres Alltags" beschließen mit einer statistischen Analyse von P.'s Themenbestand während der Jahre seiner Untersuchung. Manche Leserin und mancher Leser wird sich nun erstaunt die Frage stellen: was soll das? Es stehen uns ja bloß Daten über die Arbeitswelt eines einzigen Berufsmannes zur Verfügung. Daß man anhand dieses einen Beispieles Phänomene qualitativ beschreibt, die wohl auch bei andern anzutreffen sind, und provisorisch Theorien daraus ableitet, mag man allenfalls hingehen lassen, vielleicht sogar begrüßen. Aber diesen Spezialfall auch noch statistisch ausbeuten zu wollen – das ist nun doch eine Zumutung für den (bisher) geduldigen Leser!

Wir kommen wohl kaum darum herum, uns mit diesen Bedenken auseinanderzusetzen; der Eifer für unsere Sache hat uns dagegen nicht taub gemacht. Tatsächlich haben wir auch eine Zeit lang erwogen, all die Zahlen schön still für uns zu behalten. Aber dann kamen eine ganze Reihe von Gegengründen ins Spiel. Wenn wir sie hier aufreihen, so kann das gleichsam als Rechtfertigung unseres Entschlusses gelten, der Statistik doch ihren Platz einzuräumen.

Mindestens sieben Argumente lassen sich anführen.

1. Die von uns erhobenen Phänomene der Arbeitswelt haben nun einmal auch quantitative Aspekte, die zu ihren wichtigsten Merkmalen gehören. Es wäre fast unnatürlich (und man würde ihnen nicht gerecht), wenn man bei der Darstellung diese Seite außer acht ließe.
2. Durch Zahlenvergleiche kann man besser als anderswie zeigen, wie wichtig Differenzierungen unter den Phänomenen sind. Unterschiede, die eindrucksmäßig nur mit einiger Unsicherheit wahrzunehmen sind, können durch Zahlen hart und greifbar werden. Dazu kann schon ein gründlich analysierter Einzelfall genügen.
3. Die am einzelnen Fall gewonnenen Zahlen können die Ableitung von Vermutungen und Hypothesen über allgemeine Zusammenhänge und allfällige Gesetzmäßigkeiten ermöglichen. (Überprüfen ließen sie sich dann freilich erst an weiterem Material.)
4. Unsere Themen-Theorie hat erst aufgrund der hier übermittelten Zahlen ihre Abrundung erfahren. Auf manche vorgetragenen und noch vorzutragenden Einsichten und Überlegungen wären wir ohne sie gar nie gekommen. Auch der Leser kann diese (wenn überhaupt) nur so nachvollziehen.

5. In ganz vereinzelten Belangen hat unser bei P. gewonnenes Zahlenmaterial bereits gewisse interindividuelle Vergleiche erlaubt, die vielversprechend ausfielen. Das könnte auch Leserinnen und Leser motivieren, in dieser Richtung weiterzusuchen.
6. Wir hoffen zeigen zu können, daß auch eine aus der „Innen- und Teilnehmerperspektive" durchgeführte Forschung einer sinnvollen Quantifizierung zugänglich ist, was der allgemeinen Vorstellung eher zuwiderläuft (Aschenbach und Mitarbeiter, 1985, 34).
7. Überhaupt kann eine am konkreten Beispiel angewandte Statistik am eindrücklichsten zeigen, was man mit neuen Methoden aus einer Materie herausholen kann. Nur so dürften diese allenfalls auch anderen nachahmenswert erscheinen.

Und schließlich – sagen wir es offen – hat das Wagnis, sich mit statistischem Werkzeug Wege durch ein noch völlig unerschlossenes Dickicht zu bahnen, an sich selber einen unerhörten Reiz. Da man nur erst erschließen und noch nicht beweisen will, braucht man sich auch nicht durch all die ausgetüftelten Verfahren zu belasten, die die Wissenschaft von der Absicherung der Resultate in Mengen produziert. So macht Statistik Spaß. (Sie finden nicht? Sie halten Statistik ohnehin für grundsätzlich gräßlich und öde? Dann, bei Zeus, überspringen Sie doch dieses Kapitel!)

Wir halten es für angezeigt, anläßlich der ersten Präsentation quantitativer Ergebnisse eine kleine Vorschau zu veranstalten über die im ganzen Buche zu verwendenden Methoden und Begriffe. Ihr ist das Unterkapitel 7.1 gewidmet. Während der Lektüre späterer Kapitel kann man dann nötigenfalls wieder hierher zurückblättern.

Den Themen werden wir also erst im zweiten Unterkapitel wieder begegnen, dann aber nochmals für längere Zeit bei ihnen verweilen. Noch einmal werden wir – und nun auf anderer Fährte – ihre Vielfalt und ihren Reichtum durchwandern. Möge der Leser, der da mitgeht, am Schlusse dieser Reise so viel Freude am Themenbegriff gewonnen haben wie der Autor dieses Buches!

7.1 Zur statistischen Bearbeitung der Erhebungsdaten

Zeitausschnitte und Stichproben

Die Arbeitszeiterhebung, die P. in den siebziger Jahren durchgeführt hat, eignet sich ideal für Auszählungen aller Art, die – für diesen einen Berufsmann – sehr aussagekräftig sind (oder besser: sein könnten). Die ganze Erhebung erstreckte sich ja über mehr als drei Jahre; und für einen großen Teil davon – die 15½ Monate von Mitte September 1974 bis anfangs Januar

1976, die sogenannte „Vollerhebungszeit" – stehen uns praktisch sämtliche Daten zur Verfügung. Welche das sind, zeigt uns Tafel 2.4 (auf Seite 103). Über zwanzig Größen wurden da erfaßt, und zwar präzise nach Zahlen und Merkmalen. Wir könnten also, gemäß Stand der Unterlagen, „alles über P.'s Arbeit" während mehr als eines Jahres in exakten Zahlen wissen und immerhin noch sehr vieles über eine zusätzliche Zweijahresperiode.

Den Traum, das alles einmal sichtbar zu machen, hat P. tatsächlich einige Zeit hindurch geträumt. Er wollte das Material der Vollerhebungszeit für eine Datenverarbeitung zurüsten. Statt Beschreibung und Theorie hätte dieses Buch dann wohl vor allem Zahlen vermittelt. Der Verzicht auf dieses ehrgeizige Unternehmen war freiwillig, und er scheint uns nachträglich völlig richtig. Dennoch blieb es ein Anliegen P.'s, wenigstens einige der Zahlen gleichwohl beizubringen – interessante, wie er hofft.

Die Zählweise von Hand auferlegte dem Bearbeiter natürlich starke Beschränkungen. Sie betrafen nicht bloß die Anzahl berücksichtigter Größen, sondern auch die Teile der Erhebung, für die sie ermittelt wurden. Meist konnten nur bestimmte Zeitabschnitte oder dann ausgewählte Tage (Stichproben) in die Zählung einbezogen werden.

Vollauszählungen. Im strengen Wortsinne bildet natürlich schon die Erhebung selber einen „Zeitausschnitt". Die 1223 Kalendertage vom 4. September 1972 bis zum 9. Januar 1976 stellen nur einen – willkürlich herausgegriffenen – Teil aus dem gesamten Arbeitsleben P.'s dar; vermutlich etwa einen Zwölftel.

Immerhin dürften Auszählungen über diese Zeitspanne wohl zum Umfassendsten gehören, was (mit einer Genauigkeit bis auf 5 Minuten hinunter) je erhoben worden ist. Eine der vielen Erhebungsgrößen – eine einzige – wurde in dieser Vollständigkeit erfaßt: die Arbeitsbereiche; wir werden darüber in Kapitel 9.2 berichten.

Über die fünfviertel Jahre der Vollerhebungszeit bestehen drei weitere komplette Auszählungen: jene der Themen, der Arbeitseinheiten und der Länge der Arbeitstage. Über einzelne Aspekte der Arbeit P.'s sind wir also heute recht umfassend dokumentiert. Das wird uns vor allem erlauben, im Rahmen des vorliegenden Kapitels unsere Überlegungen über die Thematik der Arbeit auch mit Zahlen gründlich zu stützen und abzurunden.

Zeitausschnitte. Zeitspannen, die kürzer dauern als die Vollerhebungszeit, nennen wir (im engeren Sinne) „Zeitausschnitte". Meist sind es Teile der letzten großen Phase der Erhebung. So erfolgte fast ein Jahr lang (27.1.75–9.1.76) eine nach Tagesarten differenzierte Auszählung von Tagesarbeit und Arbeitseinheiten, wobei nun auch die Pausen einbezogen wurden.

Auch Zeitausschnitte aus früheren Phasen der Erhebung mußten gelegentlich für eine Auszählung herhalten. So existiert eine Statistik über die Vollzüge aus dem ersten Dritteljahr der Erhebungszeit (Ende 1972). Weiter besitzen wir ein „Themen-Register“ aus dem ersten Halbjahr 1974, das wir vergleichsweise und ergänzend für unsere Themen-Statistik ebenfalls beiziehen werden.

Stichproben. Für andere Fragen haben wir Stichproben zusammengestellt. Nach einem Zufallsprinzip griffen wir sechs Wochen aus der ganzen Breite der Vollerhebungszeit heraus, um die Tagesstruktur zu erhellen und insbesondere die Bildung von Abschnitten zu studieren. Ab und zu pflückten wir uns auch Tage nach dem Zufallsprinzip aus den Wiesen von P.'s Alltag.

Merkmalsträger und Maßzahlen

Diese Aufstellung hat bereits klar gemacht, daß über eine ganze Reihe von Erhebungsgrößen statistische Auszählungen vorliegen. In den kommenden Kapiteln wird jeweils die eine oder andere Größe im Vordergrund des Interesses stehen: in diesem 7. das Thema, im 9. Bereiche und Vollzüge, im 11. Arbeitseinheiten und Tage.

Die jeweiligen Merkmalsträger lassen sich zählen und messen. Interessieren werden uns zunächst einmal ihr Vorkommen und ihre Ausdehnung insgesamt (also etwa das totale Arbeitsvolumen oder die Zahl aller Themen, die P. beschäftigt haben), wohl stärker aber die Ergebnisse für die verschiedenen Unterkategorien, etwa für die bunte Themenflora, die wir im botanischen Kapitel 5 kennenlernten. Auch ihrer Aufgliederung in Teile und ihrer Zusammensetzung zu größeren Einheiten werden wir unsere statistische Aufmerksamkeit zuwenden. Eine Übersicht über die untersuchten Größen und Aspekte findet sich in Tafel 7.11.

Was wir als „Messungen“ bezeichnet haben, bezieht sich auf die Zeit. Dabei sind durchwegs zwei Maß-Systeme zu unterscheiden. Wir nennen sie „Dauer“ und „Erstreckung“. Die *Dauer* ist die Zeit, die für die Ausführung einer bestimmten Arbeit aufgewendet wird, sei das in geschlossenem Ablauf oder, kumulativ registriert, in mehreren Anläufen. Die *Erstreckung* dagegen ist die Zeitspanne, über die sich die gemessene Größe, vom ersten Auftreten bis zum definitiven Abschluß, hinzieht. (Bei kompakter Ausführung in einem Zug stimmen Dauer und Erstreckung überein.)

Da unsere Untersuchungseinheiten von sehr verschiedener Größenordnung sind, müssen wir auch verschiedene Maßzahlen verwenden, die eine mehr für tagesinterne Messungen, die andere für Zeitbestimmungen über mehrere Tage hinweg. Innerhalb des Tageslaufs werden wir vor allem auf Fünfminuten-Einheiten abstellen (von Minuten oder Stunden werden wir nur ausnahmsweise reden). Um uns leichter verständigen zu können, geben wir ihnen einen Namen; wir bezeichnen sie als „D“ (für „Dauer“). Meinen wir nicht die Dauer, sondern die Erstreckung – die Unterscheidung wird für Fragen des Tageslaufes wichtig werden (vgl. Teil D) – so brauchen wir hingegen den Buchstaben „F“ (für „Fünfminuten-Spanne“).

Zusammensetzungen	Gruppierungen	Grundeinheit	Teile
Themen - Familie (- Serie, - Gruppe)	Themen - Kategorien (" Geschlecht ", Arten)	Thema	Tagestätigkeiten, thematische Abschnitte (Arbeitseinheiten)
	Bereichs - Gruppen, Bereichsarten	Bereich	Unterbereiche
	Vollzugs - Gruppen	Vollzug	(sozial - spezifische Unterteilung)
Thematische und instrumentale Abschnitte		Arbeitseinheit	
(Woche, Monat)	Tagestypen (Arbeits - tage, freie Tage etc.)	Tag	verschiedene Arten von Abschnitten, Tagestätigkeiten, Arbeitseinheiten

Tafel 7.11: Untersuchte Merkmalsträger

Die Verwendung getrennter Maßeinheiten für Dauern und Zeitspannen wird bei längfristigeren Messungen sofort einsichtig: Die Länge von Arbeiten geben wir hier, wie uns nun längst vertraut geworden ist, in „Normal-Arbeitstagen" (AT) zu 500 Minuten an; 1 AT ist somit das Hundertfache von 1 D. Erstreckungen dagegen müssen schlicht mit der Anzahl aufeinanderfolgender Kalendertage bezeichnet werden. (Gelegentlich werden wir uns auch in Wochen oder Monaten ausdrücken.)

Absolute und relative Größen

Absolute Werte. Welche Angaben über die Untersuchungsgrößen interessieren uns? Bis dahin haben wir recht viele konkrete Themen etwas näher angesehen, und da nahm es uns manchmal wunder zu wissen, wieviel Arbeitszeit solch ein Gebilde beansprucht und über wieviel Tage es sich hingezogen hat. Die Messung am konkreten Fall konnte jeweils recht aufschlußreich sein; und ähnlich dürfte es uns in der Folge auch mit anderen Phänomenen der Arbeitswelt ergehen, die wir näher beschreiben wollen. Für statistische Vergleiche dagegen müssen diese Werte relativiert werden.

Werte pro Jahr oder Tag. Sollen Gesamtzahlen für uns Aussagekraft haben, dann müssen sie bezogen werden auf eine Zeitspanne, die uns vertraut ist und Vergleiche erleichtert: auf ein volles Arbeitsjahr oder auf einen durchschnittlichen Tag. Das wäre eine minimale Transformation, um sinnvolle „ökologische" Aussagen zu machen wie die: Ein Berufsmann in einer komplexeren Funktion – nämlich der erste und einzige, bei dem das bisher untersucht wurde – beschäftigt sich pro volles Arbeitsjahr mit X Aufgaben oder Gegenständen, nimmt sich Y Dinge vor, von denen er dann Z ausführt, mit einem Gesamtzeitaufwand von N Arbeitstagen.

Durchschnittswerte. Eine nächste Aussageform, die andere Einsichten erlaubt, besteht in der Angabe von Durchschnittswerten. Was wir bisher an konkreten Beispielen darlegten, kann aufgrund solcher Werte verallgemeinert werden. Es lassen sich damit Fragen beantworten wie folgende: Wie lange dauert – bei besagtem Berufsmann – im Durchschnitt ein Thema? Wieviele Bestandteile hat es? Über welche Zeit erstreckt es sich?

Prozentuale Verteilung. Manchmal wird uns aber die Verteilung der Phänomene nach Untergruppen besonders interessieren. Wieviele der Themen sind „Zwischenthemen"? Welchen Anteil an Arbeitszeit verschlingen sie? Welche Vollzugsarten dominieren beim Berufsmann P.? Um auf solche Fragen Auskunft zu geben, eignen sich natürlich Prozentzahlen am besten. Die ursprünglich ermittelte absolute Größe dient dann als Bezugszahl für die Teilresultate.

Tagesanteil. Wenn wir solche Berechnungen durchführen, können wir ab und zu Überraschungen erleben – selbst erfreuliche. Ermitteln wir beispielsweise, wieviel Prozent der Arbeitszeit die Zwischenthemen beanspruchen, so erfahren wir ja auch, wieviele Hundertstel des durchschnittlichen „Normalarbeitstages" zu 500 Minuten das sind, und das heißt wiederum: wieviele Fünfminuteneinheiten (= D). In vielen Fällen können wir also Prozentangaben konkretisieren, indem wir die Anzahl D pro Normalarbeitstag angeben. Das wollen wir den „Tagesanteil" nennen.

Tageszahl. Den so gewonnenen Vorteil können wir auch anderweitig ausnützen. Auch die Zahl bestimmter Einheiten oder Vorkommnisse (zum Beispiel wiederum jene der Zwischenthemen) können wir durch die Gesamt-Zeitdauer in AT dividieren. Dann erhalten wir eine Angabe darüber, wie manches entsprechende Ereignis pro Normalarbeitstag zu erwarten ist. Das bezeichnen wir als „Tageszahl".

Werte pro Durchschnittstag. Da der empirisch ermittelte „Durchschnittstag" kürzer oder länger sein kann als der definitorisch festgelegte „Normalarbeitstag", der ein (absolut unveränderliches) Zeitmaß darstellt und nicht eine statistisch gewonnene Größe, können die Werte pro Durchschnittstag von Tagesanteilen und Tageszahlen abweichen.

Der Tag als Bezugsgröße

Mit dem Tag als Bezugsgröße hat es ohnehin eine besondere Bewandtnis. Das Wort mit seinen drei Buchstaben tönt schlicht, klar und eindeutig; und doch werden wir uns in diesem Buche immer wieder mit neuen Bedeutungen und Aspekten dieses Begriffes herumschlagen müssen. Kapitel 11 wird das vor allem spürbar machen. Aber bereits die so einfach scheinende Aufgabe, „Tagesdurchschnitte" zu berechnen, stellt uns vor recht komplizierte Fragen. Wieviele Tage – welche? – setzen wir jeweils in den Nenner? Uns steht da eine ganze Auswahl von Möglichkeiten zur Verfügung.

Kalendertage (KT). Die Zeit vom 21. September 1974 bis zum 9. Januar 1976 erstreckte sich total über 476 Tage. Wir könnten also Gesamtmessungen aus dieser Zeit einfach durch 476 teilen. Wollen wir jedoch zeigen, wieviel P. an einem durchschnittlichen Tag gearbeitet, Arbeitswechsel vollzogen hat und so weiter, so tun wir ihm mit einer solchen Berechnungsweise mehrfach unrecht. Gab es doch zunächst einmal Zeiten, während welcher er gar nicht in der Lage war, im Sinne unserer Erhebung zu „arbeiten". 6½ Tage lang bestimmten Größere über ihn (die militärischen Behörden nämlich), 5½ Tage lang Kleinere (Viren oder Bazillen oder was immer). Gegen diese Mächte war nicht aufzukommen.

Verfügbare Tage (VT). Im Prinzip standen P. während der Vollerhebungszeit – Militärdienst und Krankheit abgerechnet – nur 464 Tage „zur Verfügung". Diese Zahl werden wir da und dort gut brauchen können (etwa für die Berechnung des „ausfallfreien Vollarbeitsjahres"); die gewünschten

Auskünfte über P.'s „durchschnittlichen" Tag vermittelt sie uns indessen nicht. Denn wir führten ja bloß eine Erhebung durch über P.'s berufliche Arbeitswelt.

Nun ist P. – glücklicherweise – nicht „Fachidiot" genug, daß er alle verfügbaren Tage nur für die Arbeit eingesetzt hätte. Er gönnte sich auch seine wohlverdienten und amtlich wie biblisch zugestandenen Pausen. Division der Gesamtleistung durch 464 würde somit zu einem verwaschenen Resultat führen.

Benützte Tage (BT). Da drängt sich denn zunächst einmal die Lösung auf, nur die Tage zu zählen, an denen P. effektiv „Arbeit" geleistet hat, bezeugt auf einem Tagesblatt. Während der Vollerhebungszeit geschah das an insgesamt 451 Tagen. Schon die Größe dieser Zahl macht uns aber stutzig: Bloß 13 Tage blieben während dieser 15 Monate also arbeitsfrei, nicht mal jeden Monat einer! „Gearbeitet" im Sinne der Umschreibung, die wir im nächsten Kapitel offerieren werden, hat P. sehr häufig eben auch an sogenannten „freien" Tagen.

„Arbeitstage". Industriebetriebe würden uns die Sache wesentlich einfacher machen. Da könnten wir als Divisor die Zahl jener Tage einsetzen, da der Beschäftigte „zur Arbeit ging" (und gehen mußte). Bei Ärzten, Wirten, Pfarrern, Journalisten und allen andern Berufsleuten mit unregelmäßigen Arbeitszeiten verfinge dieser Trick natürlich nicht. Auch bei P. ist er recht fragwürdig. P. suchte das Büro insgesamt an 275 Tagen der Vollerhebungszeit auf; zudem ging er an 12 Tagen außerhalb des Büros zur „Arbeit" (zu Kursen, Besprechungen etc.). Aber gelegentlich waren das nicht „volle" Tage; dafür arbeitete er manchmal auch an Sonn- und Feiertagen im beruflichen Rahmen.

Arbeitsverpflichtungstage. Schon besser wäre es darum, auszugehen von der Zahl jener Tage, während welcher P. nach den Bestimmungen der Stadtverwaltung Bern, der er unterstand, damals zur Arbeit verpflichtet war. Das ließe sich so berechnen, daß man von den Kalendertagen nicht bloß Militärdienst- und Krankheitsabwesenheiten (wie auch andere offiziell gewährte Urlaube, etwa zur Teilnahme an Abdankungsfeiern), sondern ebenfalls Wochenend- und Feiertage sowie Ferien in Abzug brächte. Für die Vollerhebungszeit verblieben dann 288½ Tage. Auch eine solche Maßzahl für die „Arbeitsverpflichtungszeit" (AVZ) werden wir am passenden Ort verwenden können. Zum gesuchten „Durchschnittstag" aber führt sie noch immer nicht.

Denn eine weitere Schwierigkeit besteht darin, daß P. in seiner Erhebung nicht nur „Pflichtarbeit" erfaßte, ja diese nicht einmal sauber von „privater" Arbeit hätte absondern können. Mit diesem Problem werden wir uns in Kapitel 8.4 auseinandersetzen müssen. Pflichtarbeit dividiert durch Arbeitsverpflichtung – diese Berechnung hätte Sinn (nahekommen werden wir ihr in Kapitel 9.2). Aber in den erhobenen Daten sind Feierabend-, Wochenend- und Ferienarbeiten, teils beruflicher, teils außerberuflicher Art, mitberücksichtigt; wir dürfen sie den offiziellen Arbeitstagen nicht einfach zuguteschreiben.

Wochentage (WT). Wir haben darum nach einem Kompromiss gesucht und ihn gefunden in der „Zahl der Wochentage". Darunter verstehen wir die Gesamtzahl aller Montage bis Freitage des gemessenen Zeitabschnittes, einschließlich Ferien und Feiertage, aber ohne Militär- und Krankheitswochen. (Wie wir auf diesen Kompromiß verfallen sind und was er taugt, werden wir ein andermal begründen.) Die für Arbeit verwendeten freien Tage sind dann zu einem „angemessenen" Teil berücksichtigt. Für die Vollerhebungszeit ergibt das 66 × 5 = 330 Tage.

Normal-Arbeitstage (AT). Sicherheitshalber fügen wir dieser Aufzählung verschiedener Tagesbegriffe auch noch einmal unseren „Normal-Arbeitstag" an, obgleich er auf einer völlig anderen logischen Ebene steht. Mit allen bisher erwähnten Namen bezeichneten wir eine Auswahl abgelaufener Kalendertage, die wir jeweils als geschlossene Einheiten berücksichtigten. Verfügbare Tage, benützte Tage, Wochentage entsprechen immer einem bestimmten Datum. Anders unsere „AT". Mit dem Kalender, mit der Erdumdrehung und mit Tag- und Nachtfolgen haben sie überhaupt nichts zu tun. Sie bilden ausschließlich ein Maß kumulativer Dauer. Ein Kalendertag könnte, im Extremfall, 2.88 AT umfassen, und 1 AT könnte sich, im andern Extrem, über 100 Kalendertage (à je 1 D) verstreuen. Die Begriffswahl „Normal-Arbeitstag" können wir nur insofern rechtfertigen, als ein normaler Arbeitstag (in der heutigen Schweiz) ungefähr einen Normal-Arbeitstag lang dauern sollte.

Tagesarten und Arbeitssituationen

Sollten wir uns nicht beim Leser entschuldigen für all die Mühsal, die wir ihm mit diesen Finessen bereitet haben? Freilich, allein sind wir daran nicht schuld; wir zählten lediglich auf, was wir in P.'s Realität vorgefunden haben. Aber ganz kann sich P. der Verantwortung auch wieder nicht entschlagen. Für das Tagesbegriff-Debakel lassen sich nämlich drei Hauptgründe aufführen, die mit P.'s Eigenart zusammenhängen. Es kommt daher,

- daß P. in seiner Erhebung nicht strikte nur berufliche Arbeiten erfaßt hat,
- daß P. seiner Berufsarbeit nicht mit der (allenfalls) wünschbaren hartnäckigen Regelmäßigkeit nachgeht, und
- daß – wenn beidem schon so ist – in P.'s Arbeitsleben verschiedene Arbeitssituationen zu unterscheiden sind.

Dem letzten Punkt müssen wir noch für eine Weile unsere Aufmerksamkeit schenken. Das Vorkommen unterschiedlicher Tagesarten und Arbeitssituationen verurteilt nämlich in manchen Hinsichten allgemeine Tagesdurchschnitts-Werte zur Bedeutungslosigkeit. Wenn die Arbeit an Sonntagen ganz anders verläuft als an Werktagen, so sagt ein errechnetes Wochenmittel wenig aus (selbst wenn dem unterschiedlichen Arbeitseifer durch eine Kompromißformel Rechnung getragen wird). Gerade die Unterschiede selber interessieren uns dann am meisten.

Stufenfolge der Arbeitssituationen. Für gewiße Fragestellungen – vor allem solche, die die Struktur und die Dynamik der Arbeit betreffen – haben wir darum getrennte Berechnungen angestellt für verschiedene Arbeitssituationen. Wo wir die Differenzierung am weitesten trieben (in Kapitel 11.2), gliederten wir das Arbeitsleben in fünf Stufen auf (in Tafel 7.12 kursiv gedruckt). Das eine Extrem – zugleich allerdings die bei P. am häufigsten angetroffene Form – bildete die „Vollarbeitssituation", das heißt die normale alltägliche Lage eines Berufsmenschen, der „zur Arbeit geht". (Gerade hier wären natürlich noch zahlreiche Unterscheidungen möglich.) Eine demgegenüber „gelockerte" Arbeitssituation ergab sich für P. während seines wöchentlichen Heimmorgens, da er Arbeit zu Hause erledigte, um möglichst wenig Störungen durch Telefone und Vorsprechende ausgesetzt zu sein. Verrichtete er abends noch Arbeit – berufliche oder paraberufliche – so bildete das eine dritte Stufe. An sie reihten sich die in das Arbeitsleben eingeflochtenen freien Tage, über Wochenenden und Festzeiten; und noch eine Stufe weiter – am andern Extrem – finden wir schließlich die Ferientage.

Schrittweise Zusammenfassungen. Wie Tafel 7.12 demonstriert, ergeben sich aus dieser Stufenfolge je vier Grade des Arbeitsbegriffs und des Freiheitsbegriffs. In der Vollarbeitssituation ist der Berufstätige, wie der Name sagt, „voll" der Arbeit hingegeben oder ausgeliefert. An „Werktagen" (ohne Abendarbeit) – sie korrespondieren bei einem normal Angestellten mit seiner Arbeitspflicht – können teilweise lockerere Arbeitsformen hinzukommen. Schlagen wir die allfällige Abendarbeit dazu (verzeichnet ist sie in P.'s Erhebung auf dem gleichen Tagesblatt), so reden wir von „Arbeitstagen". (Die Wahl der Begriffe ist willkürlich.) Zusammen mit den dazwischengestreuten Wochenenden und allfälligen Feiertagen bilden sie die „Arbeitsperioden" berufstätiger Personen – Zeiten, in denen das Leben mehrheitlich durch die Berufsarbeit bestimmt wird.

Den großen Gegensatz dazu, das Maximum an „Freiheit" bilden die Ferien (nach schweizerischem Begriff, der dem deutschen Wort „Urlaub" entspricht). Sie sind Teil der „freien Tage", zu denen auch Wochenend- und Feiertage gehören, und mit diesen zusammen Teil der „Freizeit", welche auch die Abendarbeit einschließt, da hier ja – wenigstens in P.'s Fall – normalerweise kein beruflicher Arbeitszwang besteht. Wenn man den freizeitlichen Arbeitssituationen auch die lockeren Arbeitslagen während der Werktage zugesellt, so kann man zusammenfassend von „alternativen" Ar-

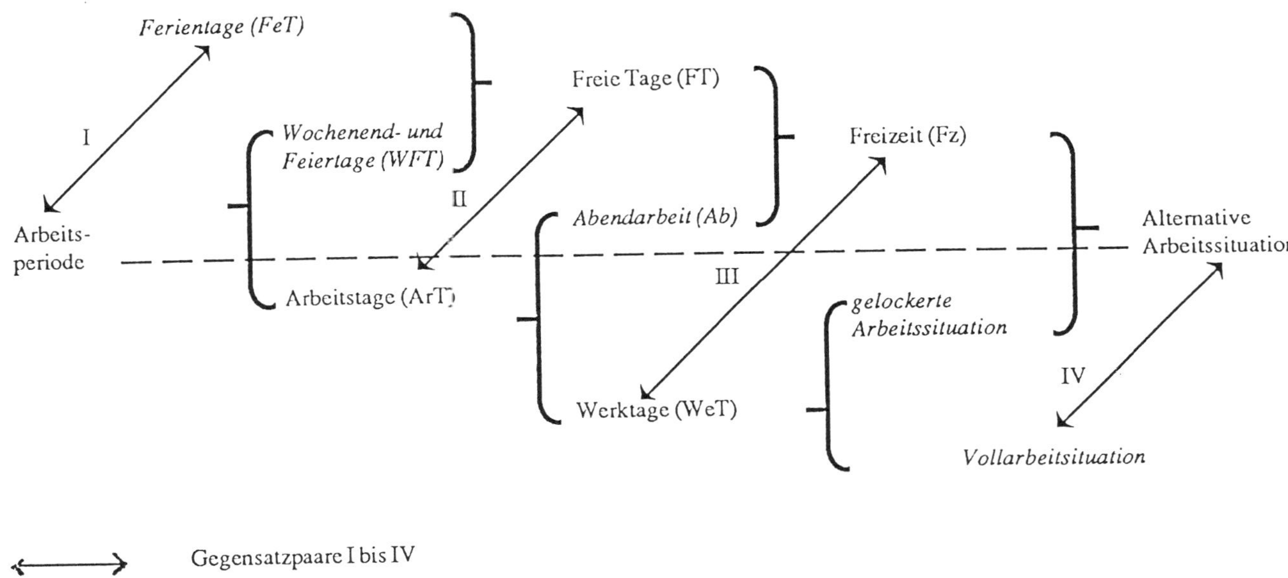

Tafel 7.12: Arbeitssituationen

beitssituationen sprechen, die insgesamt freiheitlicher sind als die Vollarbeitssituation.

Das erlaubt uns, vier Gegensatzpaare zu bilden (in Tafel 7.12 bezeichnet mit römischen Zahlen), von denen manchmal das eine, manchmal das andere die Unterschiede im Arbeitsstil besonders deutlich hervortreten läßt.

Illustration. Wie real die Unterschiede in den „Freiheitsgraden" sind, haben wir bei der Abfassung dieses Buches erlebt. In der Einleitung nannten wir es ein „Freizeit-Werk". Aber die verschiedenen Komponenten der „Freizeit" haben sehr unterschiedlich dazu beigetragen. Weiterschreiben am Abend von Werktagen schloß sich fast aus; es kam eigentlich nur montags vor, wenn der Zusammenhang vom Sonntag her noch lebendig war. (Auszählungen hingegen ließen sich recht gut an Abenden durchführen.) Wochenenden eigneten sich schon besser, allerdings auch nur dann, wenn sie reihenweise hintereinander so verwendet werden konnten. Denn für Wiedereinarbeitung nach längeren Pausen reichten zwei freie Tage einfach nicht hin. Somit verdankt das Buch seine Existenz vorwiegend den Ferienzeiten – ein Hauptgrund für die jahrelange Schwangerschaft.

Weitere Bezugsgrößen

Neben dem Tag – oder richtiger den verschiedenen Spielarten des Tages – interessieren uns auch andere Bezugsgrößen.

Das volle Arbeitsjahr. Wie früher angedeutet, können wir Ergebnisse von Zählungen oder Messungen – etwa Themenzahlen, Zeitaufwand für bestimmte Arbeitsbereiche usw. – mit Vorteil auch auf ein Jahr transformieren. Wie bei kurzen Unternehmungen der Tag, so bildet für längere das Jahr eine Vergleichsbasis, die uns allen vertraut ist. Da die Samples meist kürzer (gelegentlich auch länger) dauern als 365 Tage, so müssen die Resultate auf diese Zeitspanne umgerechnet werden. Freilich ist auch da Vorsicht am Platz. Denn wie wir gesehen haben, stehen nicht immer alle Kalendertage effektiv für Arbeitszwecke zur Verfügung. In praktisch jedem Zeitabschnitt und wohl in jedem Jahr gibt es Ausfälle. Beim Sample kennen wir sie, für das „normale" Jahr sind sie dagegen unvorhersehbar. Wir werden uns darüber nicht in Mutmaßungen ergehen, sondern uns jeweils einfach ausdrücken in „ausfallfreien" oder „vollen" Arbeitsjahren, bei denen alle (durchschnittlich) $365\frac{1}{4}$ Tage verfügbar sind. Bei der Stichprobe dagegen dürfen wir natürlich nur die verfügbaren Tage berücksichtigen.

Die Ergebnisse für ein volles Jahr berechnen sich also nach folgender Formel:

$$\frac{\text{Ergebnisse für das Sample} \times 365.25}{\text{Zahl der verfügbaren Tage im Sample}}$$

Natürlich könnte man diese Berechnung auch getrennt durchführen für Arbeitstage, Wochenend- und Feiertage sowie Ferientage. Die Verteilung dieser Tagesarten auf das Jahr ist aber verschieden nach Nation, Arbeitgeber, Arbeitnehmer (z.B. dessen Alter), Lage der Feiertage u.a. Wir haben darum auf diese Differenzierung verzichtet. (Heute müßte man in der Schweiz etwa mit 220 bis 230 Arbeitstagen pro Jahr rechnen.) Verzerrungen, die sich allenfalls aus einer solchen Transformation hätten ergeben können, haben wir durch spezielle Vorkehren wieder zu korrigieren versucht (vgl. Unterkapitel 7.5).

Arbeitsverpflichtungszeit (AVZ). In gewissen Zusammenhängen werden wir unsere Auszählergebnisse aber lieber in Beziehung setzen wollen zur Zeit, während welcher P. zur Arbeit verpflichtet war. (In der Periode der Vollerhebung waren es 288½ Tage.) Zum Beispiel möchten wir wissen, wieviel Prozent seiner Anstellungszeit P. für Amtsleitergeschäfte verausgabt hat. Wir benützen dann die Formel:

$$\frac{\text{Ergebnisse für das Sample} \times 100}{\text{Arbeitsverpflichungszeit in AT}}$$

Diese Größe werden wir den „Pflichtzeitanteil“ einer Arbeit nennen. Wenn er sich zu 100 aufaddiert, ist P.'s Pflichtarbeitszeit erschöpft; was darüber geht, ist Über- oder „Freizeitarbeit“.

Abkürzungen

Nicht um den Leser zusätzlich zu belasten, sondern ganz im Gegenteil mit dem Ziel, ihm eine Gelegenheit zu späterem Nachschlagen zu verschaffen und Vergleiche jederzeit zu ermöglichen, werden wir den meisten Kolonnen und Zeilen der kommenden Tabellen Abkürzungen beifügen, die auf die hier gegebenen Erklärungen Bezug nehmen. Der Leser würde uns gehörig mißverstehen, wenn er sich nun anschickte, sie auswendig zu lernen. Wir werden uns befleißigen, an Ort und Stelle jeweils klar zu machen, was die Zahlen bedeuten. Gleichwohl müssen wir damit rechnen, daß Zweifelsfälle entstehen könnten. Die folgenden Abkürzungen dürften dann eine Hilfe zu ihrer Klärung bieten. Da mit zwei Kleinbuchstaben meist das Wichtigste ausgedrückt ist, erweist sich dieses Vorgehen auch als rationell.

Maßeinheit. Der erste (gelegentlich auch alleinstehende) Kleinbuchstabe gibt dabei die Maßeinheit an (Maß der Häufigkeit, der Dauer oder der Erstreckung).

Steht dieser Buchstabe allein (oder bloß mit einem Hinweis auf die gemeinte Kategorie), so bezeichnet er eine einzelne Einheit (zum Beispiel: aTh = Länge eines Themas in AT) oder die Zahl der Einheiten einer bestimmten Kategorie (zum Beispiel: zZw = Zahl der Zwischenthemen, bezogen auf das betreffende Sample).

z	Zahl der Einheiten	Häufigkeiten
u	Zahl der Untereinheiten (Bestandteile)	
v	Zahl der Vorkommnisse	
a	Dauer in AT (= 500 Minuten)	Dauer
d	Dauer in D (= 5 Minuten)	
e	Erstreckung in Kalendertagen	Erstreckung
f	Ersreckung in F (= Fünfminutenspannen)	

Summen. Addieren wir die Messungen für alle Einheiten einer Kategorie, so setzen wir hinter die entsprechende Maßzahl ein kleines „s". „asZw" heißt dann beispielsweise: Gesamtdauer aller Zwischenthemen (des Samples), ausgedrückt in AT.

Meinen wir das Gesamtergebnis für alle Kategorien des Samples, so schreiben wir manchmal ein großes „S". „aSTh" bedeutet dann zum Beispiel die Totaldauer sämtlicher Themen im Sample.

Bezugsgrößen. Normalerweise werden wir nicht die absoluten Ergebnisse der Zählungen übermitteln, sondern Werte, die auf bestimmte Bezugsgrößen umgerechnet wurden. Das geben wir ebenfalls an durch einen nachgestellten Kleinbuchstaben (bzw. ein Symbol). In der folgenden Zusammenstellung fügen wir jeweils auch gleich ein Beispiel für die Berechnungsweise an.

d	Durchschnittszahl pro Einheit	z.B.	ed = es/z;	dd = ds/z
%	Prozentualer Anteil	z.B.	z% = 100z/zS;	u% = 100us/uS
a	pro Normal-Arbeitstag à 500 D			
	za „Tageszahl" (z pro AT)	= z/aS		
	da „Tagesanteil" (d pro AT)	= ds/aS	= a%	
v	Durchschnitt pro verfügbarer Tag	z.B.	zv = z/zVT;	av = as/zVT
b	Durchschnitt pro benützter Tag	z.B.	zb = z/zBT;	ab = as/zBT
w	Durchschnitt pro Wochentag	z.B.	zw = z/zWT;	aw = as/zWT
j	pro volles Arbeitsjahr	z.B.	$zj = \frac{z \cdot 365.25}{zVT}$	
p	in % der Arbeitsverpflichtungszeit (= Pflichtzeitanteil)	immer:	ap = 100as/AVZ	

In wie manche „Tagestätigkeit" teilt sich beispielsweise das durchschnittliche „reguläre Thema" auf? Wir benötigen für diese Aussage die Summe aller Bestandteile (us) sowie die Zahl der Themen (z) und erhalten durch Division den gesuchten Wert „ud".

Andere Abkürzungen. Der Einfachheit halber stellen wir hier auch die übrigen bis dahin eingeführten Abkürzungen zusammen.

D	Dauer von 5 Minuten
F	Zeitliche Erstreckung von 5 Minuten
AT	Normal-Arbeitstag = Dauer von 500 Minuten = 100 D
KT	Kalendertage
VT	Verfügbare Tage
BT	Benützte Tage
WT	Wochentage (alle Montage bis Freitage einschließlich Ferien- und Feiertage)
AVZ	Arbeitsverpflichtungszeit (in AT)

7.2 Zahl und Dauer der Themen

Gesamtzahl der Themen

Genug der Trockenübungen! Nun springen wir ins Wasser. Die Auszählung der Themen, über mehr als die Hälfte der ganzen Erhebungszeit erstellt, bietet sich uns als ausgedehnte Seefläche an, mit mancherlei Uferformen, auch zerklüfteten Gestaden (wie sich für einen Schweizer See geziemt), und gelegentlich mit Strudeln und unberechenbaren Strömungen. Schon beim ersten Eintauchen können wir zeigen, wie gut wir schwimmen gelernt haben.

Denn als recht tückisch erweist sich bereits die schlichte, naive Frage nach der Gesamtzahl der Themen in P.'s Arbeitsleben. Uns stehen nämlich zwei Sammlungen zur Verfügung. Die erste, gewonnen in Form eines laufend nachgeführten Themen-Registers, stammt aus dem ersten Halbjahr 1974 (1.1.74–19.6.74; 5 2/3 Monate). Die zweite liegt vor als Themen-Kartei und umspannt die ganze Vollerhebungszeit (21.9.74–9.1.76, 15 2/3 Monate). Die beiden Sammlungen ergänzen sich. Gewisse Informationen werden wir aus der ersten, andere (und weit mehr) aus der zweiten gewinnen; manche Ergebnisse aber sind direkt vergleichbar. (Zur Vereinfachung der Darstellung werden wir die Angaben aus dem ersten Halbjahr 1974 als Sammlung oder „Sample" I bezeichnen, jene aus der Vollerhebungszeit als Sammlung oder Sample II.)

Und nun gehts los mit dem Vergleichen. Schauen wir uns zunächst die Gesamtzahl der Themen an. In unserem Bericht von 1976 stützten wir uns auf Sample I. Dort nannten wir die Zahl 321 (Pulver, 1976, 26). In der Vollerhebungszeit, also in Sample II, haben wir 1777 Themen registriert. Diese absoluten Zahlen sind natürlich inkommensurabel; wir müssen die Formel für „zj" in Anwendung bringen und die beiden Ergebnisse umrechnen auf ein volles Jahr. Tun wir das, so erleben wir eine große Überraschung. Aus

Sample I müßten wir nämlich auf 684 Themen pro Jahr schließen, aus Sample II auf 1399 – also auf mehr als doppelt so viele. Wie kann man sich diese Unstimmigkeit erklären?

Sie führt uns mitten in die ganze Komplexität der Themen-Statistik. Denn der Gegensatz der Ergebnisse beruht auf mindestens zwei Faktoren. Erstens: es gibt verschiedene Themen-Arten (wie wir im „Modell der einheitsstiftenden Beziehungen" gesehen haben). In das Themen-Register 1974 wurden nicht alle von ihnen aufgenommen, weil ihre Erhebung damals zu mühsam und zu wenig lohnend schien. Zwischenthemen, Dauerthemen, Serienthemen, Routinen ließen wir weg. Merzen wir sie auch aus Sample II aus, so bleiben dort nur noch 661 Themen übrig, auf ein Jahr umgerechnet also 508 – nun plötzlich weniger als die 684 von Sample I.

Aber das hat einen weiteren Grund. Bei der Aussonderung der „Zwischenthemen" aus Sample II haben wir uns nämlich auf exakt definierte Kriterien (quantitativer Art) gestützt, die wir im ersten Halbjahr 1974 noch nicht kannten. Wir können nun auch diese erste Themensammlung entsprechend auskämmen; dann reduziert sich die Themenzahl auf 244. Die Übertragung auf ein volles Jahr ergibt jetzt 520 – womit wir bereits in unmittelbare Nachbarschaft der 508 aus Sample II geraten sind.

Bei dieser Annäherung wollen wir es für den Augenblick bewenden lassen. Sie zeugt für eine hinlängliche „Reliabilität" des Erhebungsverfahrens wie auch für eine beachtliche „Stabilität" von P.'s Arbeitsverhalten – das erfreut das Herz eines alten Psychodiagnostikers, kann aber wohl auch den mißtrauischen Leser bereits etwas aufheitern.

Daß man die Umrechnung auf das Volljahr bei Themen noch etwas differenzierter vornehmen müßte, werden wir in Unterkapitel 7.5 vernehmen; ein weiteres Zusammenrücken der beiden Zahlen erreichen wir damit allerdings nicht mehr.

Verteilung nach Arten und Geschlechtern

Wer nicht so sehr auf die Unstimmigkeiten zwischen den beiden Stichproben achtete, sondern mehr auf die Zahlen selber, der dürfte vorhin seinerseits eine gewisse Überraschung erlebt haben. In seiner Erinnerung leben Themen wie die Vorbereitung eines Informationstages, die Beratung der Ratsuchenden A. und B., das Abfassen eines Vortrages; und nun las er, daß bei P. in den fünfviertel Jahren der Vollerhebungszeit gegen zweitausend Themen zum Zuge kamen! Aber seine Verblüffung wich dann bald, als er feststellte, daß offenbar mehr als die Hälfte von ganz geringer Dauer waren.

Klar wird damit von vornherein, daß wir mit einem generell gefaßten, auf seine Durchschnittsmaße berechneten „Thema" schlechthin kaum viel anfangen können. Bereits haben wir etwas aus den Zahlen gelernt: daß wir nämlich unsere Statistik möglichst differenziert durchführen sollten, aufgegliedert nach Untergruppen, wo immer sich das machen läßt.

Themen-Arten. Da bietet sich natürlich eine Verteilung nach Themen-Arten gemäß unserem Modell 6.62 an (vgl. S. 334, wobei wir allerdings die „regulären Themen" nicht weiter aufspalten). Es zeigen sich dann krasse Ungleichheiten in der zahlenmäßigen Vertretung der Arten. Die Zwischenthemen stellen, mit gut drei Fünfteln, den Hauptharst (kein Wunder denn, daß wir bei unserem ersten Vergleich fast über sie gestolpert wären:). Die regulären Themen bleiben, mit rund einem Drittel, bereits deutlich hinter ihnen zurück. Alle übrigen Themen-Arten jedoch tragen nur kleine Kontingente (von 3% bis hinunter zu 0,2%) zur Gesamtzahl bei.

Natürlich dürften gerade in dieser Hinsicht keine Verallgemeinerungen aus den Ergebnissen gezogen werden. Sicher gibt es Arbeitsstrukturen, bei denen zum Beispiel Dauerthemen (und allenfalls auch Serienthemen) eine weit bedeutendere Rolle spielen als in P.'s Arbeitsleben, wo wir sie mehr oder weniger vernachlässigen können.

Themen-Geschlechter. Quer zur Unterscheidung der Themen-Arten haben wir aber noch eine zweite Differenzierung unter den Themen durchgeführt, jene nämlich zwischen den „Themen-Geschlechter". Immer wieder kamen wir in den bisherigen Ausführungen ja auf den Gegensatz von Aufgaben und Gegenstandszuwendungen zu sprechen. Auch in dieser Hinsicht haben wir, für Sammlung II, die entsprechenden Werte statistisch erhoben, allerdings unter Ausschluß der zahlenmäßig größten Gruppe, der Zwischenthemen. Die Unterscheidung gilt freilich auch für sie; aber bei der (nachträglich durchgeführten) „Geschlechtsbestimmung" scheuten wir den Aufwand, sie einzubeziehen. Der Vorgang lief nämlich nicht durchwegs ohne Schwierigkeiten ab: bei knapp einem Zehntel aller Themen verlangte die Entscheidung, ob „Aufgabe" oder „Zuwendung", eine genauere Prüfung und verursachte oft etwas Kopfzerbrechen. Immerhin muß noch betont werden, daß sie sich in der großen Mehrzahl aller beurteilten Themen problemlos und selbstverständlich ergab. Mit diesem kleinen Vorbehalt legen wir die ermittelten Zahlen für die Vollerhebungszeit in Tabelle 7.21 vor.

Durchwegs sind also die „Aufgaben" wesentlich häufiger als die „Zuwendungen"; sie machen zwischen zwei Dritteln und drei Vierteln der Themen aus. Wie weit der Einbezug der Zwischenthemen dieses Verhältnis ändern würde, ist ungewiß; sehr wahrscheinlich ist nur (nach Stichproben), daß es sich eher zugunsten der Zuwendungen verschöbe. Zwar waren in P.'s Arbeitsjahr gewiß auch viele Mini-Aufgaben zu lösen; aber die Durchmischung des Arbeitslebens mit tausend kleinen Dingen beruhte doch vor allem darauf, daß so oft für kurze Weile ein Gespräch, eine Zeitungsmeldung, ein durch die Post herangeschwemmtes Dokument P.'s Aufmerksamkeit ablenkte.

Auch ist das Übergewicht der Aufgaben natürlich nur für die „Arbeit" nachgewiesen. Untersuchte man die Freizeitaktivitäten, so erhielte man gewiß ein anderes Bild. Wenn offenbar die häufigsten Freizeitbeschäftigun-

Tabelle 7.21: Verteilung der Themen nach Arten und Geschlechtern (Sample II)

	Aufgaben		Zuwendungen		Total	
	z	z%	z	z%	z	z%
Reguläre Themen	431	24.3	178	10.0	609	34.3
Sammelthemen	39	2.2	13	.7	52	2.9
Dauerthemen	3	.2	-	-	3	.2
Serienthemen	4	.2	2	.1	6	.3
Routinethemen	7	.4	3	.2	10	.6
Zwischenthemen	?		?		1 097	61.7
Total	(484)	(27.2)	(196)	(11.0)	1 777	

gen bestehen in: Fernsehen, Familienkontakten, Spazierengehen, Sportberichte sehen-hören-lesen, spannende Bücher-Illustrierte lesen, Unterhaltungsmusik hören (von 80% bis 45% eines repräsentativen Untersuchungssamples öfters bis sehr oft ausgeübt; vgl. Schmitz-Scherzer, 1983 b, 572), dann überwiegen klar die „Zuwendungen". Aber manche Leute stellen sich in der Freizeit auch selber Aufgaben: Gartenarbeit, Reparaturen, Weiterbildung, Funktionen in Vereinen etc.

Themen-Kategorien. Die kleinen Zahlen in gewissen Feldern zwingen uns zu Zusammenfassungen. So werden wir im folgenden bei Sammelthemen und Routinethemen nicht zwischen Aufgaben und Zuwendungen unterscheiden; und wo keine interessanten Aufschlüsse aus der Differenzierung zu erwarten sind, werden wir auch Sammelthemen, Dauerthemen und Serienthemen als „Sammelformen" in eine einzige Gruppe zusammenfassen. Wir nennen diese Gruppierungen „Themen-Kategorien" und statten sie – da immer wieder zitiert – mit Abkürzungen aus.

Damit ergibt sich, für die Zwecke unserer Statistik, ein vereinfachtes Modell im Sinne der Figur 6.62. (Figur 7.22)

Verteilung nach Zuwendungsdauer

Bei der Unterscheidung der Themen-Kategorien handelt es sich vorwiegend um eine Gruppierung nach qualitativen Gesichtspunkten. Von nun an dagegen werden wir vor allem mess- und zählbare Größen einführen. Die

RA	Reguläre Aufgaben	SA	Sammel-Aufgaben
RZ	Reguläre Zuwendungen	SZ	Sammel-Zuwendungen
Zw	Zwischenthemen	Da	Dauerthemen
Ro	Routinethemen	Sc	Serienthemen

} Sammelformen (SA, SZ, Da, Sc)

<u>Themen - Kategorien</u>

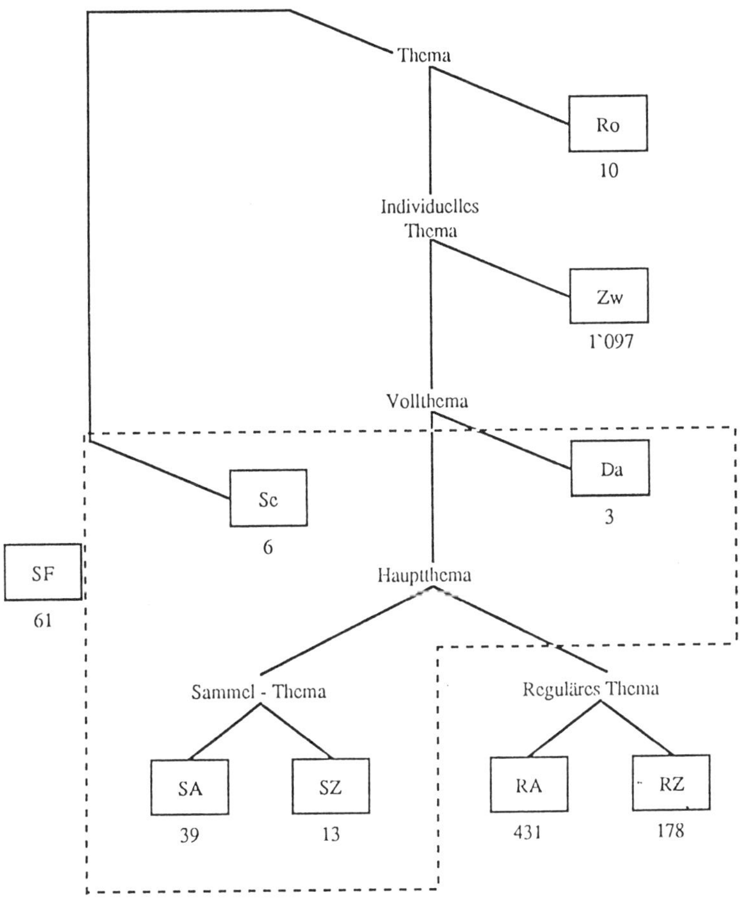

Zahlen: Themenzahl in Sample II

Fig. 7.22: Themen-Kategorien

wichtigste unter ihnen dürfte die „Zuwendungsdauer" sein, das heißt die Angabe, wieviel Zeit P. (einmalig oder kumulativ) der Arbeit an einem Thema effektiv gewidmet hat. Die Zahl bezieht sich jeweils auf die ganze Zeitspanne des Samples, ist auf 5 Minuten genau angebbar und wird ausgedrückt entweder in Fünfminuteneinheiten, genannt „D" oder in „Normal-Arbeitstagen" zu 500 Minuten (=AT), die also das Hundertfache der D messen. Wir werden im allgemeinen einfach von der „Dauer" oder auch der „Länge" der Themen sprechen.

Wie wichtig es ist, Themen nach ihrer Zuwendungsdauer zu unterscheiden, haben wir gleich zu Beginn dieses Unterkapitels gemerkt. Es wird uns noch deutlicher, wenn wir nun vernehmen, daß von den 1777 Themen der Vollerhebungszeit ein gutes Viertel die Minimaldauer von 5 Minuten nicht überschritten hat und daß ein weiteres knappes Drittel nur 10 bis 20 Minuten dauerte. Das korrigiert natürlich das Bild, das wir im vorletzten Kapitel gewonnen haben, als wir uns Themen ansahen, die P. eine ganze Arbeitswoche lang mit Beschlag belegten (vgl. Seite 226ff.) Allerdings kündigten wir solche Massiv-Gebilde damals schon als die große Ausnahme an. Jedoch gibt es nicht ganz selten Themen von mindestens einem Normal-Arbeitstag Dauer; in der Vollerhebungszeit machten sie gegen 5% des Bestandes aus. Zu ihnen gehört auch die Hälfte der Routinethemen.

In Tabelle 7.23 sind die Themen aus Sample II nach Größenordnung in acht Gruppen zusammengestellt. Aufgeführt sind neben den Themenzahlen der einzelnen Gruppen auch deren Gesamtdauer sowie die durchschnittliche Länge der Themen, die der jeweiligen Gruppe zugehören. Sie verkürzt sich, wenn wir die Routinethemen eliminieren; darum haben wir den entsprechend bereinigten Wert wenigstens für die letzte Gruppe ebenfalls beigefügt (nur hier schienen sich durch ihre Weglassung deutliche Veränderungen zu ergeben).

Wenn Kurzthemen P.'s Themenwelt zahlenmäßig beherrschen, so ist ihr zeitlicher Anteil an seinem Arbeitsleben doch recht beschränkt. Die entsprechenden Prozentverteilungen zeigen das sehr schön. Die Werte in den Kolonnen 2 und 4 verlaufen fast invers. Rechnet man zusammen, so sieht man, daß zwar gut zwei Drittel aller Themen nur bis zu 45 Minuten dauern, insgesamt aber nur rund einen Zehntel der Zeit belegen, während die längeren Themen (ab 250 Minuten) umgekehrt gut zwei Drittel der Arbeitszeit bestimmen, aber wenig mehr als einen Zehntel der Themen-Population bilden.

Zwischenthemen

Qualitative Erfassung. Neben den „Routinethemen" bilden die Zwischenthemen im Rahmen von P.'s Erhebung die „älteste" Themen-Art. Von Anfang an – als andere Unterscheidungen noch nirgendwo in Sicht waren – versuchte P. sein Themen-Raster von diesen Kurzwaren freizuhalten.

Tabelle 7.23: Verteilung der Themen nach Zuwendungsdauer. Dauer korrigiert gemäß Formel S. 359

Themenlänge in AT (Klammer: in Minuten) a (m)	1 Zahl Themen z	2 in Prozenten vom Total z %	3 Gesamtdauer in AT a s	4 Tagesanteil d a	5 Durchschnitts - dauer pro Thema in D dd
.01 (5)	453	25.5	4.68	1.2	1
.02 - .04 (10 - 20)	526	29.6	14.54	3.6	2.8
.05 - .09 (25 - 45)	213	12.0	14.09	3.5	6.6
.10 - .19 (50 - 95)	183	10.3	26.53	6.6	14.5
.20 - .49 (100 - 245)	204	11.5	66.83	16.6	32.8
.50 - .99 (250 - 495)	111	6.2	81.81	20.3	73.7
1.00 - 1.99 (500 - 995)	56	3.2	77.33	19.2	138.1
ab 2.00 (ab 1000)	31	1.7	117.91	29.2	380.4
ohne Routinethemen	(27)		(90.81)		(336.3)
Total	1`777	100.0	403.72	100.0	22.7

Auch das Themen-Register 1974 wollte er damit nicht belasten. Den Rechtsgrund dazu sah er in ihrer Irrelevanz für sein Arbeitsleben. Er wollte „echte" Aufgaben oder Gegenstandszuwendungen studieren, die Tageslauf und Arbeitsjahr charakterisieren halfen. Dabei erfolgte die Ausscheidung der Zwischenthemen eindrucksmäßig. Die Kürze der Zuwendung bildete zwar ein sine qua non für den Ausschluß; dauerte eine Zuwendung länger, so wurde sie eo ipso „relevant" und hielt damit Einzug in Raster und Register. Aber die kurze Dauer bildete an sich noch keinen hinreichenden Ausschließungsgrund. Versprach ein nur kurz angeschnittenes Thema eine weitere Zukunft, so erschien es ebenfalls themenwürdig.

Quantitative Erfassung. Als P. die Themen-Kartei der Vollerhebungszeit erstellte, schloß er sämtliche spontan registrierten Themen ein, also auch alle Zwischenthemen; diese allerdings auf besonderen Karten. Aber beim Auszählen befriedigte ihn die Situation nicht mehr. Allzu viele Zufälle hatten bei der Etikettierung mitgespielt, und die seinerzeitigen Eindrücke hatten Ungleichheiten der Behandlung erzeugt. Darum entschloß sich P., nachträglich die Zwischenthemen neu zu definieren und dabei voll auf ein quantitatives Kriterium umzustellen.

Aus seinen Spontanbeurteilungen konnte er zwei Prinzipien ableiten, die zum Urteil „Zwischenthema" geführt hatten. Offenbar hatte er eintägig-einmalige Themen dann mehrheitlich als „Zw" registriert, wenn sie drei Viertelstunden Dauer nicht überschritten. Bei Themen, die über ihren ersten Tag hinaus am Leben blieben, war das anders; denn P. war bei Wiederaufnahme an einem nächsten Tag jeweils vorsorglich zu ihrer Registrierung als Vollthema übergegangen, ungeachtet der Kürze. Nachträglich erschien es aber klar, daß zumindest alle Zwergthemen (bis zu 20 Minuten), unabhängig von ihrer Verteilung auf Tage, den Zwischenthemen zuzurechnen waren.

Als *Kriterien* für „Zwischenthemen" legten wir darum fest: alle Zwergthemen bis .04AT plus alle Eintags-Themen mit Dauer nicht über .09AT.

Durch diesen Übergang zur quantitativen Definition haben wir übrigens eine kleine Gruppe künstlicher Zwischenthemen geschaffen, die ihren Status bloß den Untersuchungsbedingungen verdanken. Es sind Themen normaler Größenordnung, von denen aber höchstens 20 Minuten Zuwendungszeit zwischen die Schranken der Stichprobe fielen. In Sample I gehört zum Beispiel der „ewige" Beratungsfall A. dazu.

Themen-Kategorien und Zuwendungsdauer

Ob man Zwischenthemen nun qualitativ definiert oder quantitativ – sie behalten in der Themen-Vollversammlung auf jeden Fall die Mehrheit. Arbeitszeitmäßig hingegen bilden sie immer nur eine kleine Minderheit. Sie schaffen zwar Unruhe (und Abwechslung) in P.'s Arbeitswelt, aber sie beherrschen diese nicht. Die Gesamtzuwendungsdauer gibt also andere Auskunft über die Bedeutung der Themen-Kategorien als ihre Zahl.

Ein realistisches Bild vermitteln die „Tagesanteile" (das sind, wir erinnern uns, die Anzahl D, berechnet auf einen 100 D-Normal-Arbeitstag). In Tabelle 7.24 sind sie für die Themen-Kategorien aufgeführt. Auf den ersten Blick läßt sich erkennen, daß nun eine andere Themen-Gruppe die Mehrheit übernimmt, nämlich die „regulären Aufgaben" (RA). Sie beanspruchen gegen 53% von P.'s Arbeitszeit. Insofern stimmt es also, daß jene klassischen Arbeiten, mit denen wir unsere Schilderungen eingeleitet und wiederholt illustriert haben (Informationstage, Auslese und Anstellung neuer Mitarbeiter, Beratungsfälle, Regelung der Unterbringung, Kursorganisation, Vortragserstellung), für einen Berufsmann wie P. „typisch" sind. Man muß ihnen ja wohl erst noch die sogenannten „Sammel-Aufgaben" (SA) zurechnen, das heißt die nur locker strukturierten Einzelbeschäftigungen mit derlei Aufgaben, wie sie vor allem bei großen Komplexen meist den Rahmen abgeben. Dann gehen sogar drei Fünftel der Zeit an „richtige", größere Aufgaben – drei Tage pro Arbeitswoche.

Dennoch verbleibt ein ansehnlicher Rest an Zeit für anderes, mehr wohl, als man üblicherweise annimmt. Einen guten Teil seiner Zeit (sicher vor allem auch der über seine Arbeitsverpflichtung hinausgehenden) verbringt P. mit „Zuwendungen": zu Büchern, Informationen, Gesprächen usw., größeren wie zum Teil auch kleineren. Als weiterer beachtlicher Block verbleiben dann noch die Routinearbeiten, die allerdings während der Erhebungszeit künstlich vermehrt wurden durch die Arbeitsregistrierung selber.

Korrigierte Zuwendungsdauer

Nun bleibt im Kreis der Tagesarbeiten ein merkwürdiges Loch offen. Gemäß Tabelle 7.23 betrug das Total von P.'s Arbeitszeit während der Vollerhebung 403.72AT. In Tabelle 7.24 dagegen summiert sich die Zuwen-

Tabelle 7.24: Zuwendungsdauer nach Themen-Kategorien (Sample II)

		Gesamtzuwendungszeit in AT as	Tagesanteil da
RA	Reguläre Aufgaben	212.89	52.7
RZ	Reguläre Zuwendungen	82.41	20.4
SA	Sammel-Aufgaben	30.56	7.6
SZ	Sammel-Zuwendungen	3.87	1.0
Da	Dauerthemen	3.94	1.0
Se	Serienthemen	1.92	.5
Zw	Zwischenthemen	26.04	6.5
Ro	Routinethemen	29.77	7.4
Total		391.40	96.9

dungszeit nur zu 391.40AT auf. Anscheinend können drei Prozent der Arbeitszeit keiner der Themen-Kategorien zugeteilt werden. Über diese Tatsache haben wir während all unserer Abhandlungen über die Thematik der Arbeit noch gar nicht gesprochen. Die Festlegung der Fünfminutengrenze für die Erhebung brachte es nämlich mit sich, daß es Arbeitseinheiten gab, während denen zwei oder mehr Themen nach-, durch- oder miteinander zur Behandlung kamen, so daß eine thematische Erfassung nach unserem System nicht möglich war. Besonders typisch dafür waren etwa das (erste) Durchsehen der eingegangenen Post oder das Wegräumen der von der Tagesarbeit zurückgebliebenen Dokumente vom Schreibtisch. Mit dieser durch die Erfassungsmethode erzeugten „Ausschußware" werden wir uns im Teil D (über die „Struktur") ausführlich zu beschäftigen haben.

Hier interessiert uns nur erst folgendes. Solche „Mischeinheiten" bilden keine eigene Themen-Art; vielmehr sind es durch die Erfassungsmethode verloren gegangene Zeitanteile der andern Themen. Welche Themen daran beteiligt sind und in welchem Ausmaß, wissen wir allerdings eben nicht. Deshalb dürfte es wohl das Klügste sein, diese ganze Zusatzzeit anteilmäßig auf sämtliche Themen zu verteilen. Mit einer Ausnahme allerdings: Routinethemen dürfen wir ausschließen, da sie ihrer Art nach kaum an den Mischeinheiten beteiligt sein können. In andern Worten: wir schlagen die 12.32AT Misch-Zeit den individuellen Themen zu, deren Total-Dauer damit von 361.63AT auf 373.95AT ansteigt.

Die Zuwendungsdauer aller Themen muß darum entsprechend korrigiert werden. Sie ist mit dem Umrechnungsfaktor 373.95/361.63 = 1.034 zu multiplizieren. Das bezeichnen wir dann als „korrigierte Zuwendungsdauer". Sämtliche Angaben über Themenlängen in diesem Buch sind ohne Warnung an den Leser entsprechend angepaßt worden. (Das führt dann gelegentlich zu Unstimmigkeiten wie jener in der ersten Zeile von Tabelle 7.23, wo 453 Themen à .01AT Dauer zusammen eine Gesamtdauer von 4.68AT ergeben.)

7.3 Die innere Aufteilung der Themen

Themen und Arbeitseinheiten

Es gibt unter den Themen „Einzeller", die bloß aus einer einzigen Arbeitseinheit bestehen. (Natürlich gehören alle 453 „Minimalthemen" der Vollerhebungszeit dazu.) Mit ihrer Beschreibung ist man bald einmal zu Ende; auf jede Frage nach ihren Merkmalen genügt eine einsilbige Antwort. Sobald sich zwei oder mehr Arbeitseinheiten in ein Thema teilen, werden die Beschreibungsmöglichkeiten vielfältiger. Das Thema besteht dann aus Unter-Teilen mit je eigenen Charakteristika. Unser neues Unterkapitel will über Auszählungen berichten, die mit verschiedenen Aufgliederungsformen der Themen gemacht wurden.

Zuerst befassen wir uns mit der Zusammensetzung der Themen aus Arbeitseinheiten. „Arbeitseinheit“, so erinnern wir uns, nennen wir die kontinuierliche Bearbeitung eines bestimmten Themas mit Hilfe eines gleichbleibenden Vollzugs. Innerhalb eines Themas fangen neue „AE“ immer dann an, wenn der Vollzug wechselt (z.B. Übergang vom Lesen zum Schreiben), oder wenn es nach einer Pause wieder aufgenommen wird.

Je länger sich die Arbeit an einer Sache hinzieht, desto mehr Möglichkeiten bieten sich, Vollzüge zu wechseln und Pausen einzuschalten. Mit wachsender Themendauer ist also auch eine Zunahme der AE-Zahl zu erwarten. Die Auszählung beim Themen-Register 1974 (Sample I) bestätigt das (in der Themen-Kartei der Vollerhebungszeit wurden die Arbeitseinheiten nicht gesondert registriert). Längere Themen bestehen vor allem aus mehr Arbeitseinheiten – nicht aus größeren. Zwar zeichnet sich auch eine schwache Tendenz zum letzteren ab; die Einzelbestandteile massiver Aufgaben und Zuwendungen von zwei Normalarbeitstagen Dauer oder mehr sind fast anderthalb mal so lang wie jene von Themen bis zu einem halben Arbeitstag. Die durchschnittliche AE-Dauer von Vollthemen (ohne Routine- und Zwischenthemen) steigt dabei von 3.3 bis auf 4.7D an und beträgt insgesamt rund 20 Minuten – genau so, wie wir das bereits beim Informationstag 1973 angetroffen haben.

Hingegen begründet der Gegenstand des Themas einen großen Unterschied: Lektüre-Themen zeichnen sich durch Elemente von doppelter Länge aus. Das hängt mit einer ganzen Reihe anderer Faktoren zusammen, die wir noch kennenlernen werden. Lektüren sind reguläre Zuwendungen mit beschränkter Vollzugszahl, die vorwiegend in freieren Arbeitssituationen stattfinden – das alles korreliert mit geringeren Wechseln.

Zuwendungsdauer und Vollzugsvielfalt

Wenn beim durchschnittlichen Vollthema der Arbeitsvollzug rund alle zwanzig Minuten wechselt, so heißt das natürlich nicht, daß allemal ein neuer eingeführt wird. Vollzüge können auch alternieren. Davon haben wir bei der Besprechung monolithischer Massivthemen – der Beratung von A. und der Lektüre von Polanyi – gehört. Dort wechselten ein paar wenige Vollzüge immer wieder untereinander ab, ganz im Gegensatz zu unserem Ur-Beispiel, der Vorbereitung des Informationstages 1973 mit seinen insgesamt 29 Vollzugsarten. Vollzugsmonotonie oder -vielfalt bilden also ein weiteres Unterscheidungsmerkmal von Themen.

Im Themen-Register der ersten Hälfte 1974 (Sample I) wurden auch die Arbeitsvollzüge erfaßt. Wie Tabelle 7.31 zeigt, differiert der Stil der Themen in dieser Hinsicht stark. Noch in der Gruppe von Themen bis zu einem Arbeitstag Zuwendungszeit finden wir solche mit bloß einer einzi-

Tabelle 7.31: Zuwendungsdauer und Vollzugsvielfalt der Themen (Sample I)

		Zahl der Vollzüge						Vollzugszahl Durchschnitt ud	Vollzugszahl Maximum
		1	2 - 4	5 - 10	11 - 20	21 - 30	Total		
Themen-Länge in AT (Klammer: in Minuten)	.02 - .04 (10 - 20)	31	20	-	-	-	51	1.5	3
	.05 - .09 (25 - 45)	22	30	-	-	-	52	1.9	4
	.10 - .19 (50 - 95)	16	33	5	-	-	54	2.5	6
	.20 - .49 (100 - 245)	14	23	37	7	-	81	5.2	13
	.50 - .99 (250 - 495)	3	8	24	10	-	45	7.6	19
	1.00 - 1.99 (500 - 995)	-	-	2	14	4	20	19.3	23
	ab 2.00 (ab 1000)	-	1	-	5	3	9	18.7	29
Total		86	115	68	36	7	312	4.9	29

gen Vollzugsart (bei diesen größten Themen ist das stets: Lesen. Auch der Massivblock mit mehr als zwei Arbeitstagen, aber nur vier Vollzügen ist ein Lektüre-Thema). Aber die im Maximum angetroffene Vollzugszahl steigt von Gruppe zu Gruppe an und erreicht – auch 1974 wieder – bei zwei Groß-Themen 29 Vollzüge. Die Durchschnittszahl ihrerseits macht einen gehörigen Sprung aufwärts bei Themen von mehr als einem Arbeitstag Zuwendungsdauer. Offenbar sind hier jene komplexen Aufgaben vertreten, die auf vielen Ebenen und mit verschiedenen Mitteln bearbeitet werden müssen. Vorbereitungen von Sitzungen und Tagungen, die man zu leiten oder an die man größere Beiträge zu leisten hat, scheinen besonders vollzugsbreit zu sein. Die Vorbereitung einer AGAB-Tagung über die Frage von Selektion und Lenkung in der Beratung, jene des Informationstages 1974 (also des Serie-Nachfolgers unseres alten Lieblings), der Präsentation der Arbeit der Stelle an einer Lehrerkonferenz, einer Arbeitsbesprechung mit der Kantonalen Rektorenkonferenz sowie der Sitzungen einer von P. geleiteten Kommission der Schweizerischen Hochschulkonferenz gehören alle zu den Themen des ersten Halbjahres 1974 mit mehr als zwanzig Vollzugsarten. Demgegenüber erwiesen sich Beratungsfälle, Lektüren sowie die Vorbereitung eines Referates vom Vollzugsgeschehen her betrachtet als ausgesprochen eintönig.

Wie wir im letzten Abschnitt sahen, bildet die Zahl der Arbeitseinheiten eines Themas in etwa eine Funktion von dessen Länge. Gilt das auch für die Zahl verwendeter Vollzugsarten? Offenbar bei weitem nicht im gleichen Ausmaß. Wenn bei Arbeiten von zehn bis zwanzig Minuten ein bis zwei Vollzüge beansprucht werden, so sind es bei Themen von mehr als Halbtageslänge nur erst deren sieben bis acht. Die Vollzugsvielfalt nimmt also keineswegs im Ausmaß der Durchschnittsdauer der Themen zu. Je länger die Bearbeitungszeit, desto zahlreicher zwar die Vollzugswechsel, desto häufiger aber auch die Rückkehr zu gleichen Vollzügen. Monolithische Themen dürften da besonders bremsend wirken.

Annäherungsweise scheint allerdings doch eine gesetzmäßige Relation zu bestehen, nur nicht eine solche linearer Ordnung. Setzen wir nämlich die Durchschnittszahl der Vollzüge ins Quadrat, so stimmt das Resultat schon wesentlich besser überein mit der Größe der Themen (gemessen in D). Das heißt ja wohl, daß die Längenzunahme bei den Themen etwa zu gleichen Teilen bestimmt wird durch breiteres Verfügen über verschiedene Arbeitsmethoden und durch deren ausgiebigere Verwendung.

Tagestätigkeiten

Anhand unserer Unterlagen können wir eine andere Aufgliederungsfrage studieren, die uns im folgenden recht stark beschäftigen wird: die Frage nämlich nach der Zahl der Tage, an denen ein Thema zur Bearbeitung kommt. Wir haben in Kapitel 6.4 dafür den Begriff „Tagestätigkeit" eingeführt. Er wird sich immer wieder als nützlich erweisen. Das Wort steht für „Themen-Auftritt an einem Tage" oder, komplizierter ausgedrückt, für das Vorkommnis, daß ein bestimmtes Thema an einem bestimmten Kalendertag für mindestens fünf Minuten aufgegriffen wird. Besonders günstig wirkt sich aus, daß der Begriff sich nach zwei Seiten hin brauchen läßt. Einerseits besteht jedes Thema aus p Tagestätigkeiten, wird also an p Tagen bearbeitet. Anderseits aber setzt sich jeder Arbeitstag aus q Tagestätigkeiten zusammen; es werden während seines Verlaufes also q Themen aufgegriffen. Tagestätigkeiten sind allerdings nicht bloß „Vorkommnisse", die nur en bloc ausgezählt werden könnten; sie haben selber unterscheidende Merkmale. Häufig gliedern sie sich ihrerseits wieder auf in Abschnitte, Arbeitseinheiten, Vollzüge. Eines der wichtigsten Merkmale ist auch bei ihnen die Länge, die von 5 Minuten bis zu (theoretisch) 24 Stunden gehen kann; freilich genügen bereits die 10½ Stunden des Informationstages vom 26. Januar 1973, damit eine Tagestätigkeit als höchst massiv empfunden wird. (Daß wir für Tagestätigkeiten in diesem Buch auch die Abkürzung „TT" verwenden werden, haben wir ebenfalls früher schon angekündigt.)

Was die Zahl der Tagestätigkeiten anbelangt, gibt es große Unterschiede zwischen den Themen. In der Vollerhebungszeit waren 1095 der Aufgaben oder Gegenstände, denen P. sich zuwandte (d.h. knapp 62%), nur „Eintagsfliegen". Unter ihnen gab es allerdings – neben rund 900 von höchstens 20 Minuten Dauer – auch vier besonders großgewachsene Exemplare, die mehr als einen halben Arbeitstag belegten. Am andern Ende der Skala finden wir thematische Gebilde, die – in quasi mathematischen Sinne – „fast alle" Tage vorkommen, das heißt, mit wenigen, zählbaren Ausnahmen an jedem. Zu ihnen gehören zwei der „Routinen", die Ankunft-Weggang-Routine während der Arbeitstage (288 Tage) sowie die Nachführung des Tagesblattes während der Berichtszeit (rund 330 Tage). Die Routinethemen weisen eine derart andere Struktur auf, daß wir sie bei einigen der folgenden Aufstellungen ausschließen werden. Unter den „individuellen Themen" hält in der Vollerhebungszeit das Rahmenthema „administrative Vorbereitung des AGAB-Diagnostik-Kurses" mit 59 Auftritten die Spitze (vgl. Liste 6.41, Nr. 1, Seite 311).

Nur 23 Aufgaben oder Zuwendungsgegenstände (darunter 7 Routinethemen) haben P. während der Berichtszeit an mehr als 20 Tagen beschäftigt. Freilich würde das anders aussehen, wenn wir die Zählung für Themen-Familien statt für Einzelthemen durchgeführt hätten. Insgesamt wurden bei den individuellen Themen 4941 Tagestätigkeiten gezählt. Die Routinethemen waren nicht in die Themen-Kartei aufgenommen worden; die Zahl ihrer Auftritte konnte aber recht präzise berechnet werden. Routinen eingeschlossen, ergibt sich ein TT-Total von rund 6200 für die ganze Vollerhebungszeit.

Themenlänge und Tagestätigkeiten

Was haben wir bis dahin über den Zusammenhang von Themenaufteilung und Zuwendungsdauer in Erfahrung gebracht? Längere Themen, so lernten wir, bestehen aus einer größeren Zahl von Arbeitseinheiten als kürzere; deren Dauer verändert sich wenig. Hingegen nimmt die Vollzugsvielfalt mit wachsender Themengröße nur gedämpft zu. Welche dieser Varianten gilt nun für die Verteilung der Themen auf Bearbeitungstage?

Themen-Sammlung II hält auf diese Frage eine klare Antwort bereit. Tabelle 7.32 gibt in Kolonne 3 die Gesamtzahl der Tagestätigkeiten für jede Themengruppe an. Dividiert man sie durch die Themenzahl (Tabelle 7.23, Kolonne 1 – wobei wir allerdings die Routinethemen diesmal ausschließen), so erhält man die durchschnittliche Zahl der Tagestätigkeiten pro Thema (Kolonne 4); wendet man sie als Divisor auf die Gesamtdauer der Themen an (Tabelle 7.23, Kolonne 3), so ergibt sich die durchschnittliche Dauer der Tagestätigkeiten (Kolonne 5 der neuen Tabelle).

Dabei zeigt sich nun, daß die Zahl der Tagestätigkeiten ebenfalls zögernder wächst als die Länge der Themen (Kolonne 1), nämlich wiederum etwa im Ausmaß der Quadratwurzel der Themendauer (Kolonne 2). Das heißt, daß auch die Durchschnittslänge der Tagestätigkeiten entsprechend zunehmen muß (Kolonne 5). TT-Zahl und TT-Dauer orientieren sich beide an der Wurzel aus der Themendauer; die erste hinkt dieser stets etwas nach, die zweite eilt ihr um einen kleinen Schritt voraus.

Mit der Aufgliederung der Themen in Tagestätigkeiten verhält es sich also anders als mit jener in Arbeitseinheiten. Zeitaufwendigere Themen werden zwar an mehr Tagen bearbeitet, aber die Tagesraten sind ebenfalls größer; der Zuwachs an Zuwendungszeit verteilt sich erstaunlich gleichmäßig auf Zahl und Durchschnittsdauer der Tagestätigkeiten. Das gleiche haben wir oben bei den Vollzügen gesehen. Ganz grob kann man etwa folgende „Regeln“ aufstellen: Kurzthemen (bis 45 Minuten) werden in ein bis höchstens zwei Tagen zu Raten bis zu einer Viertelstunde bearbeitet, „Durchschnittsthemen“ (bis zu einem halben Arbeitstag) an drei bis fünf Tagen in Tagesblöcken von rund einer halben Stunde, Themen mit Arbeitsaufwand um einen Tag an etwa zehn Tagen zu rund einer Stunde. Massivthemen schließlich beanspruchen an rund 15 Tagen je etwa 2 Stunden. Im großen Durchschnitt setzte sich das Thema während der Vollerhebungszeit aus drei Tagestätigkeiten zu knapp 40 Minuten zusammen.

Diese Beziehungen gelten, solange man die Routinethemen nicht mitberücksichtigt. Schließen wir diese in die Berechnung ein, so steigen die TT-Zahlen an und sinkt die TT-Länge ab. Bei Massivthemen kann das, wie Tabelle 7.32 zeigt, recht starke Verschiebungen der Werte geben.

Tabelle 7.32: Zahl und Dauer der Tagestätigkeiten bei individuellen Themen verschiedener Größe (Sample II)

Themen - Länge in AT (Klammern: Minuten)	Themen: 1 Durchschn`dauer in D dd	Themen: 2 Wurzel aus Durchschn`dauer $\sqrt{dd}$	Tagestätigkeiten: 3 Gesamt - zahl us	Tagestätigkeiten: 4 Durchschn`zahl pro Thema ud	Tagestätigkeiten: 5 Durchschn`dauer in D ds/us
.01 (5)	1	1	453	1	1
.02 - .04 (10 - 20)	2.8	1.7	618	1.2	2.3
.05 - .09 (25 - 45)	6.6	2.6	389	1.8	3.6
.10 - .19 (50 - 95)	14.5	3.8	530	2.9	5.0
.20 - .49 (100 - 245)	32.7	5.7	1`072	5.3	6.2
.50 - .99 (250 - 495)	73.8	8.6	851	7.7	9.5
1.00 - 1.99 (500 - 995)	138.7	11.8	624	11.3	12.2
ab 2.00 (ab 1`000)	336.3	18.3	404	15.0	22.5
[ab 2.00 mit Ro] [(ab 1`000)]	[380.4]	[19.5]	[1`473]	[47.5]	[8.0]
Total (nur individuelle Themen)	21.2	4.6	4`941	2.8	7.6
[Total mit Routinethemen (Ro)]	[22.7]	[4.8]	[6`200]	[3.5]	[6.5]

Charakteristika der Themen-Kategorien

Man sollte eben alle diese Analysen auch differenziert nach Themen-Kategorien durchführen können. Routinethemen zum Beispiel, so sahen wir, haben wesentlich kürzere Arbeitseinheiten und Tagestätigkeiten als das durchschnittliche Thema; auch beschränken sie sich grundsätzlich auf einen einzigen Vollzug. Ob man sie also in die Berechnung einschließt oder nicht, macht einen großen Unterschied. Auch Zwischenthemen sind da und dort schon aus dem Rahmen gefallen, etwa dank ihrer kurzen Arbeitseinheiten.

Versuchen wir darum, alle verfügbaren statistischen Informationen über die verschiedenen Themenarten zusammenzustellen. In unsere neue Tabelle 7.33 übernehmen wir die Zahl der Themen (Kolonne 1) aus Tabelle 7.21, ihre Gesamtdauer (2) aus Tabelle 7.24, nun allerdings in korrigierter Form; daraus ergibt sich die Durchschnittsdauer (3). Dazu fügen wir die Gesamtzahl der Tagestätigkeiten (4). Somit können wir auch für die einzelnen Themen-Kategorien die TT-Zahl pro Thema (5) sowie die durchschnittliche TT-Dauer (6) berechnen. Aber wir können noch andere interessante Aufschlüße aus diesen Zahlen gewinnen. Dank der mühsam erarbeiteten Kompromissformel „Wochentag" ist es uns nämlich möglich, auch Aussagen zu machen über die Beteiligung der einzelnen Themen-Kategorien am Durchschnittstag P.'s. Wieviel Zeit nimmt jede Themenart in Anspruch (Kolonne 7) und mit wie manchen Themen ist sie durchschnittlich vertreten (8)?

Das ergibt nun ein Instrumentarium, mit dem sich etwas anfangen läßt. Erstmals sind wir in der Lage, die bisher vorwiegend erlebnismäßig unterschiedenen Themen-Kategorien auch statistisch miteinander zu vergleichen. Falls sie sich deutlich voneinander abheben, so dürfte das zeigen, daß hinter den qualitativen Zuordnungen mehr steckt als nur subjektives Dafürhalten.

Sehen wir uns zunächst die *regulären Aufgaben* an! Das durchschnittliche Thema dieser Gruppe nahm während P.'s Vollerhebungszeit ziemlich genau einen halben Normal-Arbeitstag in Anspruch (Kolonne 3). Hätte P. nur solche Aufgaben zu betreuen gehabt und schön eine nach der andern erledigen können, so hätte er pro Tag zwei davon zur Strecke gebracht. Dem war nun aber nicht so – aus welchen Gründen, werden wir in späteren Kapiteln untersuchen. Vielmehr verteilte sich die Arbeit an den regulären Aufgaben im Durchschnitt auf fünf bis sechs Tage (5), und diese Tagestätigkeiten dauerten knapp einen Zehntel Arbeitstag (rund dreiviertel Stunden; Kolonne 6). Pro Wochentag wurden im Schnitt sieben Themen aufgegriffen (8). Damit stellte der normale Wochentag zwei Drittel seiner „Pflicht-Arbeitszeit" für das Abtragen regulärer Aufgaben zur Verfügung (7). Da dieser Tag, einschließlich paraberuflicher Arbeiten, allerdings die Verpflichtungs-Zeit um ein Viertel bis ein Fünftel überschritt (Kolonne 7, unterste Zeile), machte die Beschäftigung mit regulären Themen dennoch

Tabelle 7.33: Themenzahl, Tages-Tätigkeiten und Wochentagsanteil nach Themen-Kategorien

	1 Zahl Themen z	2 Gesamt - dauer in AT, korr. as	3 Durchschntl. Dauer pro Thema dd	4 Gesamt - zahl TT us	5 Durchschntl. Zahl TT pro Th ud	6 Durchschntl. Dauer pro TT ds/us	7 Durchschntl. Dauer pro Wochentag dw	8 Durchschntl. Zahl TT pro Wochentag uw
RA Reguläre Aufgaben	431	220.14	51.1	2`392	5.5	9.2	66.7	7.2
RZ Reg. Zuwendungen	178	85.22	47.9	609	3.4	14.0	25.8	1.8
SA Sammel - Aufgaben	39	31.60	81.0	497	12.7	6.4	9.6	1.5
SZ Sammel - Zuwendungen	13	4.00	30.8	92	7.1	4.3	1.2	.3
Da Dauerthemen	3	4.07	135.7	79	26.3	5.2	1.2	.2
Se Serienthemen	6	1.99	33.2	83	13.8	2.4	.6	.3
Vollthemen	670	347.02	51.8	3`752	5.6	9.2	105.2	11.4
Zw Zwischenthemen	1´097	26.93	2.5	1´189	1.1	2.3	8.2	3.6
Indiv. Themen	1`767	373.95	21.2	4`941	2.8	7.6	113.3	15.0
Ro Routinethemen	10	29.77	297.7	1`259*	125.9*	2.4*	9.0	3.8*
TOTAL	1`777	403.72	22.7	6`200	3.5	6.5	122.3	18.8

* Zahl TT interpoliert

nicht viel mehr als die Hälfte der effektiven Arbeitszeit aus, wie wir in Tabelle 7.24 gesehen haben.

Soviel zur „regulären Aufgabe“. Inwiefern unterscheiden sich nun die andern Themen-Arten von dieser zentralen Themen-Form? Die *Zuwendungsthemen* sind zwar im Durchschnitt gleich lang (auch einen halben Arbeitstag; 3); aber einerseits zersplittern sie sich etwas weniger auf verschiedene Bearbeitungstage (nur auf drei bis vier; 5), weshalb auch die einzelnen Tagestätigkeiten länger sind und über eine Stunde dauern. (6. Keine andere Themen-Art zeichnet sich durch so langes Verweilen während der Zuwendungstage aus. Hier prägen natürlich vor allem die Lektüren das Bild.) Weil es aber weniger Zuwendungsthemen gibt (1), nehmen sie pro Wochentag weniger Zeit in Anspruch, nämlich rund ein Viertel des Verpflichtungs-Pensums (7; bei knapp zwei Tagestätigkeiten pro Tag; 8).

Es überrascht uns kaum, daß *Sammel-Themen-Arten* wesentlich stärker in Tagestätigkeiten aufgespalten sind (auch hier die Aufgaben deutlicher als die Zuwendungen; 5). Ihr Beitrag an den normalen Wochentag ist sehr unterschiedlich; Sammel-Aufgaben fallen mit einem Zehntel der Tages-Verpflichtungs-Zeit (7) noch einigermaßen ins Gewicht; Sammel-Zuwendungen – weniger an Zahl, kürzer an Dauer – gehen, mit täglichen fünf Minuten, praktisch unter.

Hinsichtlich Zerstückelung, das heißt Verteilung auf zahlreiche Bearbeitungstage, gehen *Dauer-* und *Serienthemen* noch viel weiter als die Sammelthemen (5); ihre Teilstücke sind verhältnismäßig kurz (6) und ihr Anteil am durchschnittlichen Wochentag ist ebenso gering wie jener der Sammel-Zuwendungen (7). Von diesen drei Themen-Arten zusammen kommt pro Tag im Durchschnitt höchstens ein Vertreter zum Zuge (8).

Von allen besprochenen Themen-Arten unterscheiden sich – natürlich auch als Produkte einer quantitativ gefaßten Definition – die *Zwischenthemen*: minimal kurz (im Schnitt 12 Minuten; 6), normalerweise Eintagsfliegen (5), zu dreien bis vieren pro Wochentag auftretend (8), aber dennoch weniger als dreiviertel Stunden beanspruchend (7). Weil sie aber so zahlreich sind (1), beeinflussen sie das Themen-Bild im Ganzen wesentlich. Wollen wir Total-Durchschnittszahlen angeben, so spielt es eine große Rolle, ob wir sie einschließen oder nicht. Wenn ja, so dauert ein durchschnittliches Thema einen Fünftel Arbeitstag (1 3/4 Std.; 3) und verteilt sich auf weniger als drei Tage (5). Wenn nein, so dauert es zweieinhalbmal länger und gliedert sich in die doppelte Zahl von Tagen auf.

Routinethemen schließlich stehen in einem seltsam zwiespältigen statistischen Verhältnis zu den Zwischenthemen. Soweit der einzelne Tag betroffen ist, ähneln sie ihnen sehr stark: gleiche Durchschnittsdauer der Tagestätigkeiten (6), gleiche Zahl pro Tag (8), folglich auch gleicher Anteil am Tag (ebenfalls rund dreiviertel Stunden; 7) und – wie wir früher sahen – kurze Arbeitseinheiten. Als Gesamtgebilde betrachtet jedoch bilden die beiden Kategorien einen extremen Gegensatz: So kurz die Zwischenthemen sind, so lang dauern die Routinethemen (rund drei Arbeitstage im Durchschnitt; 3), und sie nehmen mehr als hundertmal soviele Tage in Anspruch (5).

Auch von der Statistik her gesehen lohnt es sich also, die Themen-Kategorien zu unterscheiden. Durchschnittszahlen verwischen die Charakteristika der einzelnen Gruppen.

Der Begriff der Bearbeitungsdichte

Wir wollen in diesem Buche – unter anderem – möglichst viele Begriffe vorstellen, die sich aus unserem Material ableiten lassen und anderen für ähnliche Untersuchungen vielleicht nützlich werden könnten. Einen neuen solchen Begriff haben wir oben implizit eingeführt, als wir über die regulären Aufgaben sprachen. Wir erwogen spielerisch die Möglichkeit, daß P. seine 431 Aufgaben in einem Zuge, durchschnittlich je in Halbtagesarbeit, erledigt hätte.

Das würde bedeuten, daß die Themenbearbeitung in maximaler zeitlicher Dichte erfolgt wäre. Eine Idee, die vor allem den Theoretikern einer voll durchrationalisierten Handlungsstruktur einleuchten müßte! (Vgl. Kapitel 6.2.) Aber die Ernüchterung folgte auf dem Fuße: dem war – in P.'s Arbeitsleben wenigstens – keineswegs so.

Immerhin haben wir auch bei P. schon wahre Wunder an Bearbeitungsdichte angetroffen. Das Thema „Durchführung des Informationstages 1973" beanspruchte $1^1/_4$ „Normal-Arbeitstage", kam aber mit einer einzigen Tagestätigkeit durch! Die knapp 6 Normal-Arbeitstage des Vorbereitungs-Themas dazu verteilten sich dagegen auf 35 beanspruchte Daten.

Wenn wir die Länge eines Themas durch die Zahl der Tagestätigkeiten dividieren, so erhalten wir ein Maß für die Bearbeitungsdichte (*eines* der Maße, es gibt noch andere). Je näher der Wert an 1 herankommt, desto ausschließlicher hat der Arbeitende während der Beschäftigung mit diesem Thema nur ihm „gelebt". Im Falle extremer Dichte kann er größer werden als 1; normalerweise bleibt der Handelnde (wenigstens in komplexen Berufstätigkeiten) weit darunter; der Wert bewegt sich dann in Bruchzahlen. So brachte es die Vorbereitung des Informationstages 1973 nur auf .17, seine Durchführung dagegen auf 1.25. Aber wenn wir Liste 6.41 (Seite 311) auf Bearbeitungsdichten hin durchsehen (Kolonne 7 wäre dort zu dividieren durch Kolonne 6), so finden wir noch wesentlich tiefere Werte. Die Aufgabe, schweizerische Psychologenverbände zum AGAB-Diagnostik-Kurs einzuladen (Nr. 20 der Liste) erzielt beispielsweise nicht mehr als .04, die sich verselbständigende Unteraufgabe des „Nachdoppelns bei der SGP" (Nr. 27) sogar bloß knapp .03. Dafür kommen die Erstellung der definitiven Vortragsfassung (Nr. 36) auf .73 und die Tagungsteilnahme (Nr. 38) gar auf .90.

Dieses Maß läßt sich – wie die meisten Maßzahlen der Bearbeitungsdichte – bei Eintagsthemen nur schlecht gebrauchen (es gäbe dann schlicht die Länge des Themas an). Auch bei der Anwendung auf Durchschnittswerte ist Vorsicht am Platze. Man muß es dann nämlich noch transformieren. 431 total dicht besorgte reguläre Aufgaben von je .51 AT Dauer wiesen eine Gesamtdauer von 220 und eine TT-Zahl von 431 auf, damit einen Dichtequotienten von .51; 431 ebenso dicht betreute Themen von 1.00 AT brächten es bei ebenfalls 431 TT hingegen auf 431 AT und damit auf den doppelt so großen Wert. Darum müssen wir hier die folgende Formel anwenden:

$$\text{Dichte} = \frac{\text{Gesamtdauer in AT}}{\text{Durchschnittsdauer pro Thema in AT} \times \text{Zahl TT}} = \frac{\text{as}}{\text{ad} \cdot \text{us}}$$

Wenden wir diese Formel auf Tabelle 7.33 an, so finden wir die krassesten Unterschiede zwischen den Routinethemen einerseits (Wert .01) und den Zwischenthemen anderseits (Wert .91). Die Durchschnittsdichte aller Themen beträgt .29, der Vollthemen allein (ohne Ro und Zw) .18 – was zugleich dem Wert für reguläre Aufgaben entspricht. Diese werden überboten durch die regulären Zuwendungen (.29) und unterboten durch alle Sammelformen (.04 bis .14).

Im folgenden Unterkapitel werden wir aber sehen, daß die „Dichte" der Arbeit an Themen noch anders bestimmt werden kann (und muß).

7.4 Die Erstreckung der Themen

Zeitliche Erstreckung und Bearbeitungsfrequenz

In Kapitel 4 charakterisierten wir Themen als „zeitlich sich erstreckende Gegenstände", als Gebilde über Zeit. Daraus erwuchsen uns theoretische Probleme. Sie stellten sich, weil und wenn Themen über den Tag hinaus wachsen, mehr noch: weil sie sich über unmittelbare Tagesabfolgen hinaus weit in die zeitliche Landschaft verzetteln können. So hat sich das Rahmenthema „administrative Vorbereitung des AGAB-Diagnostik-Kurses" (Nr. 1 der Liste 6.41) über mehr als ein ganzes Jahr hingezogen. (Wir halten mit dem Finger Seite 311 fest, da wir Liste 6.41 nun noch ein paar Male konsultieren werden.)

Die 682 Themen, die während P.'s Vollerhebungszeit an mehr als einem einzigen Tage zur Bearbeitung kamen, müssen uns also noch ein wenig weiter beschäftigen. Schon das zweite Thema der Liste 6.41 macht deutlich, wie kraß hier eine zusätzliche Variable mitspielen kann. Es besteht zwar nur aus zwei Tagestätigkeiten (Kolonne 6) – aber die liegen genau ein halbes Jahr auseinander! Auch die Nummern 8 und 12 belegen bloß zwei Tage – jedoch zwei aufeinanderfolgende.

Darum müssen wir, als weitere wichtige Größe, die „Erstreckung“ in unsere statistischen Überlegungen einbeziehen. Bei den Themen messen wir sie in aufeinanderfolgenden Kalendertagen, vom Tag der Erstbearbeitung bis zum Tag der letzten Beschäftigung damit (diese beiden in die Zahl eingeschlossen). In Liste 6.41 sind die Erstreckungsmaße für die Diagnostik-Aktion 1974/75 aufgeführt (Kolonne 5).

Und nun sehen wir, daß die Bearbeitungsdichte der Themen durch unsere bisherige Formel – Themenlänge durch TT-Zahl – nur teilweise erfaßt wird. Nach jener Berechnungsweise kommen die doch ganz verschieden strukturierten Themen 2 und 12 aus Liste 6.41 etwa auf ähnliche Zahlen (.07 resp. .12). Dividieren wir die Zahl der Tagestätigkeiten jedoch durch die Erstreckung, so erhalten wir ein zweites Maß, das wir „Bearbeitungsfrequenz“ nennen wollen. Bei Thema Nr. 2 beträgt es .01, bei Thema 12 1.00. (Das letzte ist der maximal mögliche Wert, da die Erstreckung stets mindestens so viele Daten einschließen muß wie die Bearbeitung.

Rechnen wir die Bearbeitungsfrequenzen für die (einen Bearbeitungstag überschreitenden) Themen der Diagnostik-Aktion aus, so ergeben sich sehr große Unterschiede. Dabei lassen sich einige charakteristische Gruppen bilden. Einerseits finden wir ein paar Themen mit Frequenzen von .66 und darüber. Dazu gehört vorwiegend die Arbeit an Vorträgen (Nummern 8, 13, 32, 33 und 36 der Liste 6.41). Am andern Extrem treffen wir auf Werte von .12 und darunter. Sie kommen nur bei Rahmen- und sonstigen Sammelthemen vor (Nr. 2, 3, 4, 15, 35 und 42). Eine Zwischenposition mit Quotienten zwischen .16 und .30 nehmen häufig administrative Aufgaben ein (Nr. 5, 7, 20, 24, 27, 44 und 45).

Die Werte für die Bearbeitungsdichte (a/zTT) bewegen sich zwar in ähnlichem Rahmen, liegen jedoch im allgemeinen etwas tiefer, und die Gruppenbildung lockert sich bei ihnen. Einige Vortrags-Themen bleiben noch auf der Höhe von rund .75 (Nr. 8 und 36), andere sinken auf Werte von .3 bis .2 ab oder noch tiefer. Daß auch administrative Arbeiten hinsichtlich Bearbeitungsdichte ganz unten liegen können, haben wir schon gesehen (Nr. 20 und 27). Dagegen stimmen Bearbeitungsfrequenz und -dichte im allgemeinen verblüffend überein bei Sammel- und Rahmenthemen, die in beiden Hinsichten meist Werte zwischen .01 und etwa .12 aufweisen.

Durchschnittswerte zu berechnen für das ganze Sample ist problematisch. Die 1095 Eintagsthemen verfälschen das Bild; denn sie tragen zu Zähler und Nenner gleichviel bei, was sich auf den (stets kleineren) Zähler stärker auswirkt als auf den Nenner und somit den Wert in die Höhe treibt. (Eintagsthemen sind, von der Frequenz her beurteilt, eben immer maximal dicht!) Lassen wir sie weg, so ergibt sich für die 682 Mehrtagsthemen ein TT-Durchschnitt von rund 7, ein Erstreckungsdurchschnitt von rund 80 und damit eine Bearbeitungsfrequenz von rund .09.

Erstreckungsgruppen und Themen-Kategorien

Wie wir das schon bei der Zuwendungsdauer gemacht haben, können wir die Themen auch hinsichtlich Erstreckung in Gruppen zusammenfassen. Insgesamt ergibt sich dabei eine recht markante Verteilung. Die Eintagsthemen sind in der Mehrzahl, sie machen mehr als drei Fünftel aus. Dann aber geht es in der Themenwelt zehntelweise hinaus in die Weite: je knapp 10% der Themen erstrecken sich bis zu einer Woche, bis zu einem Monat, zu einem Vierteljahr und zu einem Jahr. Länger als ein ganzes Jahr zogen sich in der Vollerhebungszeit bloß knapp 2% der Themen hin.

Als vordringlich erweist sich bei einer Gesamtübersicht wiederum die Unterteilung nach Themen-Kategorien. Bei den Themen-Geschlechtern zeigen sich hinsichtlich Erstreckung keinerlei Unterschiede. Hingegen bieten die Themen-Arten außerordentlich verschiedene Erstreckungsbilder. Das zeigt – für Sample II – Tabelle 7.41.

Routine-, Dauer- und Serienthemen ziehen sich normalerweise über die ganze, bekanntlich ein Jahr übersteigende Erhebungsspanne hin. Ausnahmen entstehen praktisch nur dann, wenn eine Routine oder Serie durch die Umstände abgebrochen wird: so im Berichtsjahr das Postfach-Leeren durch die Aufgabe des Postfaches, das monatliche Verteilen der Löhne durch die Änderung der Lohnauszahlung. Sammelthemen halten zwar selten so lange hin, sind aber in ihrer großen Mehrzahl (zu drei Vierteln) immerhin von über vierteljähriger Dauer. Von den regulären Themen erreichen nicht einmal 25% diese Lebenszeit. Bei Zwischenthemen ist sie natürlich extrem selten; sogar das Überdauern einer Woche bildet hier die große Ausnahme (4%). Das ist eine Auswirkung ihres Auslese-Kriteriums.

Zuwendungsdauer, Erstreckung, Tagestätigkeiten

Wo stehen wir? Es würde mich nicht wundern, wenn der Leser etwas verwirrt wäre. So viele verschiedene Größen! Aber im Grunde ist die Sache ganz einfach. Themen haben drei hauptsächliche quantitative Ausmessungen:

- die Zuwendungsdauer (a) = Gesamtbearbeitungszeit, gemessen in 500-Minuten-„Tagen" (behandelt in Unterkapitel 7.2);
- die Tagestätigkeiten (zTT) = Zahl der Tage, an denen sie zur Bearbeitung kommen (Unterkapitel 7.3);
- die Erstreckung (e) = Zahl der aufeinanderfolgenden Kalendertage von der ersten bis zur letzten Bearbeitung (dieses Unterkapitel).

In allen drei Maßen können sich Themen stark voneinander unterscheiden. So gut wie unbeschränkt gilt das für die Zuwendungsdauer. Von den Untersuchungsbedingungen her gibt es da ein absolutes Minimum (nämlich .01 AT – die 453 „Minimalthemen" bleiben an diesem unteren Rande

Tabelle 7.41: Erstreckung der verschiedenen Themen-Kategorien

	Wochen - Themen				Vierteljahres - Themen				Langfristige Themen				Total
	1 Tag	2 Tage	bis 7 Tage	zus. in %	bis 14 Tage	bis 1 Monat	bis 3 Monate	zus. in %	bis 6 Monate	bis 1 Jahr	über 1 Jahr	zus. in %	
Zwischenthemen	1`017	17	18	96%	16	10	9	3%	5	5	-	1%	1`097
Reguläre Themen	78	51	84	35%	49	73	136	42%	79	47	12	23%	609
Sammelthemen	-	-	3	6%	2	2	6	19%	20	15	4	75%	52
Dauer - und Serien - themen	-	-	-	-	-	-	1	11%	-	-	8	89%	9
Routinethemen	-	-	-	-	-	-	-	-	1	1	8	100%	10
Total	1`095	68	105		67	85	152		105	68	32		1`777

kleben), aber kaum ein Maximum. („Absolut“ wäre es anzusetzen bei 1370.88AT, nämlich 476 mal 2.88.) Pro memoria: 2.88AT entsprechen 24 Stunden. Den Maximalwert 1370.88 erreichte bei P. nur das Basisthema Atmen. Zum höchsten empirischen Wert (7.61) schwang sich unser Thema „Raumverteilung“ aus Kapitel 5.1 auf. Die andern beiden Größen können schwanken zwischen dem definitorischen Minimum 1 und dem untersuchungstechnischen Maximum 476 (Gesamterstreckung der Vollerhebungszeit). Beim Minimum bleiben 1095 Themen stecken; hinter den Maxima bleibt das Routinethema „Nachführen des Tagesblattes“ mit einer Erstrekkung von 474 Tagen nur ganz knapp, mit 330 Tagestätigkeiten etwas mehr zurück.

Wenn wir diese Größen miteinander verbinden, können wir zudem Quotienten bilden, die weitere charakteristische Werte für die einzelnen Themen ergeben. Zwei von ihnen, die Bearbeitungsdichte und die Bearbeitungsfrequenz, haben uns besonders interessiert.

Nun sind aber die drei Größen nicht unabhängig voneinander. Da gibt es einmal die definitorisch gegebene Gesetzmäßigkeit, daß die Erstreckung stets mindestens so groß sein muß wie die Anzahl Tagestätigkeiten. Zu den Bearbeitungstagen können höchstens noch „leere“ Zwischentage hinzukommen; wegfallen für die Erstreckung können keine von ihnen. Aber auch die Zuwendungsdauer kann den beiden andern Maßzahlen Grenzen setzen. Mehr Bearbeitungstage als Minimaleinheiten kann es nicht geben; die D-Zahl der Zuwendung bildet also zugleich die oberste Grenze für die Tagestätigkeiten. Für die 453 Ein-D-Themen ist auch keine längere Erstrekkung möglich als 1; ab .02AT allerdings ist hier jede Begrenzung theoretisch aufgehoben. Auch ganz hohe Zuwendungsdauern haben Auswirkungen auf die andern beiden Größen: Absolut gesehen müssen pro 2.88AT (praktisch allerdings schon pro maximal etwa 1.5AT) mindestens eine Tagestätigkeit und ein Erstreckungstag gerechnet werden. Umgekehrt setzt jede Tagestätigkeit mindestens .01AT Zuwendungszeit voraus; die Zahl der D kann also nicht unter jene der Bearbeitungstage fallen.

Die Beziehungen zwischen den drei Größen

Gibt es neben diesen durch Definition und Technik gegebenen Beschränkungen auch innere Beziehungen zwischen den drei Größen? Beeinflußt das Anwachsen der einen das Ausmaß der andern? Wir dürften wohl erwarten, daß „lange“ Themen sich auch über lange Zeitspannen erstrecken. Eine solche Beziehung läßt sich aber kaum nachweisen. Die Länge der Themen scheint zwar einen schwachen, aber wenig regelmäßigen Einfluß auf ihre Erstreckung auszuüben. Einige sehr zeitaufwendige Aufgaben werden in kurzer Frist besorgt; die recht bescheidene Arbeit an anderen verzettelt sich über lange Zeit. Das wurde ja schon aus Liste 6.41 deutlich.

Hingegen haben unsere Auszählungen einen sehr klaren Zusammenhang erwiesen zwischen der Zahl der Tagestätigkeiten und den beiden anderen Größen. Jene steigt im Durchschnitt sowohl mit der Dauer wie auch mit der Erstreckung der Themen kontinuierlich an. Das eine wußten wir schon (aus Kolonne 4 der Tabelle 7.32); das andere lernen wir jetzt neu dazu. Auch im zweiten Fall korrespondiert die TT-Durchschnittszahl aber nicht linear mit der Vergleichsgröße; sie orientiert sich bei der Erstreckung wiederum an deren Quadratwurzel.

In einer 8 × 8-Tafel haben wir die Themen angeordnet nach Länge einerseits und Erstreckung anderseits. Dabei zeigte sich, daß die durchschnittliche Zahl der Bearbeitungstage (zTT) zeilenweise wie kolonnenweise mit verblüffender Regelmäßigkeit zunahm. Das verläuft so ordentlich, daß man aus bloßer Kenntnis der Themen-„Außenmaße", Länge und Erstreckung, recht gut die empirischen TT-Zahlen voraussagen kann. Nur wenn die Außenmaße stark auseinandergehen, wirken sich die definitorisch gesetzten Grenzen bremsend aus. Man kann die Beziehung sogar in eine Formel fassen (bei welcher der zuletzt genannte Dämpfungseffekt mitberücksichtigt wird). Sie lautet:

$$\text{ud TT} \approx \sqrt{\sqrt{\text{dd}\cdot\text{ed}} - \sqrt{(|\text{dd} - \text{ed}|)/2}}$$

In Worten: Die durchschnittliche Zahl der Tagestätigkeiten entspricht ungefähr der Wurzel aus dem geometrischen Mittel zwischen durchschnittlicher Zuwendungsdauer in D und durchschnittlicher Erstreckungsdauer in Tagen, wenn dieses Mittel reduziert wird um die Wurzel aus der halben absoluten Differenz dieser beiden Durchschnittsgrößen.

Die theoretisch nach dieser Formel berechneten TT-Zahlen bewegten sich bei den meisten unserer 64 Gruppen zwischen 80 und 120% der empirisch ermittelten Durchschnittszahlen. Nur an Tabellenrändern finden sich ab und zu etwas stärkere Abweichungen.

Was wir hier eben vortrugen, mag aussehen wie l'art pour l'art. Aber, so seltsam das auch klingen mag – die Formel kann uns bei der Analyse der Dynamik des Alltags nützliche Dienste leisten. Dieses Versprechen wird aber erst ein späteres Buch einlösen können.

Vor- und Nachspiele

Mit unserer Definition der „Erstreckung" haben wir das Gebilde Thema von seinen äußersten Grenzen her abgesteckt. Im Anschluß an ein Zitat David D. Clarkes haben wir uns aber früher einmal bewußt gemacht, daß die Grenzen eines Phänomens oft nicht scharf verlaufen (vgl. Seite 171). Das gilt in ganz besonderem Maße von Themen. Wir haben nämlich gelernt, daß Themen Vor-und Nachspiele haben können (vgl. Seite 247ff.);

und an Beispielen aus der Diagnostik-Aktion konnten wir den Effekt erkennen, welchen sie manchmal auf die Erstreckung haben (Seite 311).

Darum stellt sich uns nun die Frage: Haben Themen einen „Kern“, dessen Erstreckung wir ebenfalls messen könnten? Das ist – zumindest bei regulären Themen mit einigermaßen geschlossener Aufgabe oder kompaktem Gegenstand – ganz gewiß der Fall. Wenn wir, wie früher beschrieben, sechs Tage lang einen Vortrag zum Zwecke der Publikation überarbeiten, so endet dieser „Kern“ mit der Erledigung der gestellten Aufgabe; die zufällige Wiederbeschäftigung mit dem Text zweieinhalb Monate später gehört eindeutig in die „outskirts“ des Themas. So könnte noch oft die Abgrenzung qualitativ erfolgen. Die Mühe, überall solche inneren Grenzen nach Inhalt zu bestimmen, haben wir uns jedoch nicht genommen. Wir ersetzten sie durch Festlegung eines rein quantitativen Kriteriums für die Abspaltung von Vor- und Nachspielen. Es wurde jenem für die Zwischenthemen nachgebildet.

Kriterium. Vor- und Nachspiele unterschieden wir dann, wenn Zuwendungen von insgesamt nicht mehr als 20 Minuten Dauer (in einer oder mehreren Tagestätigkeiten) der übrigen Themen-Arbeit vor- oder nachgelagert waren, und zwar mit einem Abstand von mindestens einer Woche. Die restliche Themen-Arbeit, nach Abspaltung der Vorspiele und der Nachspiele, nannten wir den „Themen-Kern“. Er mußte selber mindestens 50 Minuten lang sein, also länger als mögliche Vor- und Nachspiele zusammen (und auch länger als alle Zwischenthemen).

Vor- und Nachspiele sind nur bei den „Hauptthemen“ eruiert worden, also nicht bei Dauer-, Serien- und Routinethemen, bei denen eine solche Aussonderung sinnwidrig wäre. Bei manchen Sammelthemen könnte man sich die Frage nach der Zweckmäßigkeit freilich ebenfalls stellen.

Häufigkeit von Vor- und Nachspielen. Genau die Hälfte aller Sammelthemen (26 von 52) haben Vor-und/oder Nachspiele (Tabelle 7.42), dagegen nur ein Drittel der regulären Themen (201 von 609). Sammelthemen sind ihrer Art nach, wie wir sahen, ohnehin durch kürzere Tagestätigkeiten und

Tabelle 7.42: Hauptthemen mit Vor- und/oder Nachspielen (Sample II)

		Total Themen	davon mit Vor- oder Nachspielen absolut	in%
RA	ReguläreAufgaben	431	164	38%
RZ	ReguläreZuwendungen	178	37	21%
SA	Sammel-Aufgaben	39	19	49%
SZ	Sammel-Zuwendungen	13	7	54%
Total Hauptthemen		661	227	34%

längere Erstreckung charakterisiert; sie „sammeln“ eben verstreute, damit auch vorauseilende oder nachhinkende Zuwendungen von recht kurzer Dauer.

Äußere und innere Erstreckung. Wenn wir die Erstreckung nach dem „Kern“ statt nach den äußeren Grenzen berechnen, erhalten wir also vielfach andere Zahlen. Wir haben den Vergleich durchgeführt für alle Hauptthemen von mindestens 50 Minuten Länge. Die Unterschiede sind deutlich. Die äußere Erstreckung reicht bei der Hälfte dieser 566 Themen über mehr als Monatsfrist, die innere nur bei einem guten Drittel. Die Zahl der ein Vierteljahr überdauernden Themen sinkt durch Ausschaltung der Vor- und Nachspiele um ein Drittel.

7.5 Themen durch Jahr und Tag

Der Bauschutt des Alltags

Wir stehen ungefähr in der Mitte eines Buches mit dem Titel „Die Bausteine des Alltags“. Bei der Suche nach den „Inhalten unseres Alltags“ (Teil B) sind wir auf solche Bausteine gestoßen. Im Rahmen längerer Zeitspannen – beispielsweise eines Jahres – setzen sich Arbeit und Alltag nämlich aus *Themen* zusammen und im Rahmen des Tages, des natürlichsten Zeitabschnitts menschlicher Unternehmungen, aus „*Tagestätigkeiten*“, das heißt den auf einzelne Tagesläufe entfallenden Teilen von Themen. Ein beträchtlicher Prozentsatz der (inhaltlichen) Bausteine des Tages sind also Teilstükke; nur bei jenen thematischen Gebilden, die sich nicht über ein einzelnes Datum hinaus erstrecken (es waren bei P. zwar drei Fünftel der Gesamtzahl, aber zumeist kurze und wenig wichtige), stimmen Thema und Tagestätigkeit überein.

Sorgen mit dem Arbeitstag haben P. – unter anderem – in seine Untersuchung getrieben. Warum kehrte er so oft abends von der Arbeit heim mit dem schalen Gefühl, nicht recht zu wissen, was er heute eigentlich getan hatte? Wenn wir uns hier nun den „Bausteinen des Tages“ zuwenden, erhalten wir vielleicht eine erste Antwort auf diese Frage. Wir können uns dann nämlich der Versuchung nicht ganz entziehen, das Wort Bausteine durch „Bauschutt“ zu ersetzen. Überprüfen Sie, liebe Leserin, lieber Leser, ob es Ihnen nicht ganz ähnlich ergeht.

Wir haben auch P.'s Tagestätigkeiten ausgezählt. Zu diesem Zwecke haben wir sie nach ihrer Länge in fünf Gruppen geordnet. Die Stücke, die in die beiden ersten Gruppen fallen – bis zu zwanzig Minuten Dauer – wollen wir „Zwerg-Tagestätigkeiten“ nennen; sie werden uns in diesem Zusammenhang besonders interessieren.

Im Verlaufe der Vollerhebungszeit hat P., wie wir früher vernahmen, insgesamt 1777 Themen in 6200 Tagestätigkeiten bearbeitet, also im Tagesdurchschnitt – pro „Wochentag" – rund 19 TT absolviert. Das heißt, Tag für Tag schlug P. sich mit 19 verschiedenen, die Fünfminutenschwelle überschreitenden Geschäften herum. Wie setzt sich nun dieses Baumaterial des Tages zusammen? Das können wir sehr schön erkennen aus Tabelle 7.51.

Dem Schema 6.62 folgend, spalten wir dort zunächst die Routineaufgaben ab. Ihre Splitter machen ein ganzes Fünftel aller Tagestätigkeiten aus. Ein weiteres Fünftel können wir in die Schachtel irrelevanter „Zwischenthemen" ablegen. Eintagsthemen bis zu 45 Minuten rechnen wir bekanntlich diesen zu; verteilen sich so kurze Anliegen auf mehr als einen Tag, so können wir sie als „Kurzthemen" bezeichnen und ebenfalls absondern. Deren Tagesrationen sowie die Vor- und Nachspiele längerer Themen gehören immer noch zum Unterholz des Tages; sie stellen zusammen 11% des TT-Bestandes.

Die Hälfte aller Tätigkeiten des Tages sind also von vornherein Dingen gewidmet, die routinemäßig ablaufen oder ihrem Gehalt nach von so kurzer Reichweite sind, daß sich damit nicht Staat machen läßt. Unsere ganze Hoffnung ruht folglich auf der andern Hälfte, zu der die Themen (oder Themen-Kerne) ab 50 Minuten Dauer das Material liefern. Können wenigstens sie – nach Abräumen des Tagesgerölls – dem Tag einen stabilen Inhalt geben? Doch auch diese Erwartung wird durch die empirischen Fakten ziemlich erschüttert. Denn selbst diese ansehnlichen Aufgaben und Zuwendungen zerbröckeln in Stücke, wenn man sie nach Tagen erfaßt. Mehr als die Hälfte ihrer Tagesrationen haben wiederum bloß Zwergdimensionen.

So kommt es schließlich, daß ein Drittel all der Dinge, die man am durchschnittlichen Arbeitstag aufgreift, nur fünf Minuten lang zum Zuge kommen, und weitere zwei Fünftel bloß zehn bis zwanzig Minuten. Wer könnte uns darum den Ausdruck „Bauschutt" verargen? (Gewisse Spitzen-Manager, die nach Mintzberg, 1976, 57 bis zu fünfzig Projekte gleichzeitig betreuen, klettern wohl den ganzen Tag auf Schutthalden herum.)

Haupttage und Hauptthemen

Ist das der Weisheit Schluß? Der Alltag eine Trümmerlandschaft? Selbst große Aufgaben abgestottert in kläglichen Tages-Portionen?

Ganz so übel steht es natürlich nicht – auch nicht bei P. Wir müssen, um das entworfene Bild angemessen korrigieren zu können, auch die Gegenrechnung betrachten. Nicht alle Themen werden voll zerstückelt. Bereits solche mittlerer Größe scheinen zu einem guten Teil durch eine markante Tagestätigkeit dominiert zu werden, wie eine weitere Auszählung demonstriert. Bei 58% der Themen mit einer (Kern-) Dauer von 200 bis 300 Minuten macht die längste Tagestätigkeit allein schon die Hälfte der Zuwendungszeit aus, und bei 88% mindestens ein Drittel. Sie haben also ihren „Haupttag"; ihre übrigen TT sind – selbst nach Abtrennung der Vor- und Nachspiele – mehr Mitläufer.

Mit der Frage der Themenverteilung pro Tag werden wir uns an späterer Stelle sehr eingehend beschäftigen (Kapitel 11.4). Hier wollen wir nur an ein paar extremen Beispielen zeigen, wie weit die Dominanz einzelner Themen über den Tageslauf gelegentlich gehen kann. Unsere normalisierte Definition des „Arbeitstages" – zu 500 Minuten – bringt nämlich das Paradoxon mit sich, daß es Tagestätigkeiten geben kann, die einen solchen Arbeitstag überschreiten. Tage mit mehr als 500 Minuten Arbeit sind in P.'s Arbeitsjahr zwar häufig – wie wir in Tabelle 7.33 (Kolonne 7, unterste Zeile) sahen, dauerte P.'s durchschnittlicher „Wochentag" sogar 1.22 AT–; aber es kam doch äußerst selten vor, daß an einem Tage 500 Minuten oder mehr einem einzigen Thema gewidmet wurden. Irrtum vorbehalten, fanden wir unter den über sechstausend Tagestätigkeiten bloß sechs von dieser Ausdehnung. Den Rekord hält dabei der Sonntag, 28. September 1975, an welchem P. registrierterweise 715 Minuten oder, nach Korrektur, 1.48 AT am Vortrag für die Psychodiagnostik-Tagung vom 1.10.75 arbeitete. Der Samstag zuvor liefert das zweite Beispiel mit 1.21 AT. Ebenso zäh hat sich P. in der Berichtszeit sonst nur noch einmal auf ein einziges Thema konzentriert, nämlich am Freitag, 11. Juli 1975 auf die Aufräumarbeit vor dem bevorstehenden Büroumzug (ebenfalls 1.21 AT. – An diesem Extremtag – er dauerte von der Arbeit her genau 1000 Minuten, also 16 2/3 Stunden oder 2.00 AT – rollten insgesamt 21 Tagestätigkeiten ab, mehr als am durchschnittlichen „Wochentag"!).

Diese drei Spitzen-Tagestätigkeiten wirken auch darum so „massiv", weil in ihnen ein einzelner Vollzug beherrschend war, das Text-Überarbeiten beziehungsweise Aufräumen/Ordnen. Bei den übrigen Tagestätigkeiten, die die Maßeinheit für den Arbeitstag sprengten – es waren Reise- und Besprechungstage vorwiegend im Zusammenhang mit der Kursvorbereitung – war dagegen die thematische Monotonie durch eine gewiße Vollzugsbreite aufgelockert.

Der durchschnittliche Wochentag

Zurück zum Durchschnittstag! Er besteht weder allein aus Schutt noch aus Quadern. Sein Boden wird zwar bedeckt von Schotter; aber es liegen doch auch größere Steine herum, wenn auch wenige sich zu hohen Granitblökken auftürmen wie die eben beschriebenen Fünfhunderter. Was wir an Informationen über P.'s Durchschnittstag gewinnen konnten, wollen wir vordemonstrieren in Tabelle 7.52 und Figur 7.53.

Am durchschnittlichen Wochentag griff P. 19 Themen auf und widmete ihnen zehn Arbeitsstunden. Nur ein Drittel der bearbeiteten Themen entsprach allerdings dem, was man im allgemeinen unter „Berufsaufgaben"

Tabelle 7.51: Tages-Tätigkeiten: Länge und Themen-Zugehörigkeit (Sample II)

	Thema								
	Individuelles Thema						Routinethema		
	Vollthema				Zwischenthema				
	Thema oder Themakern ab .10 AT			Kurzthema					
TT-Länge in AT (Min.)	Bestandteile	Eintagsthema	Vor- & Nachsp.	Bestandteile	Bestandteile	Eintags-Zw	Bestandteile	Total TT	
a (m)	1	2	3	4	5	6	7	z	%
.01 (5)	573		200	118	106	453	523	1'973	32
.02–.04 (10–20)	986		175	166	66	446	585	2'424	39
Zwerg-TT (bis .04)	**1'559**		**375**	**284**	**172**	**899**	**1'108**	**4'397**	71
in %	**25**		11		17		**18**		
.05–.19 (25–95)	998	52		*		118	151	1'319	21
.20–.49 (100–245)	356	22						378	6
ab .50 (ab 250)	102	4						106	2
Normal-TT (ab .05)	**1'456**	78				**118**	**151**	**1'803**	**29**
in %	25					**2**	**2**		
Total z	3'015	78	375	284	172	1'017	1'259	6'200	100
%	49	1	6	5	3	16	20		
	50		11		19		20		

* nicht gesondert ausgezählt; in Kolonne 1 enthalten

Tabelle 7.52: Durchschnittlicher Wochentag: Zahl TT und Zeitaufwand (Sample II). Die römischen Zahlen beziehen sich auf die Kreisschemata in Fig. 7.53. Die Zahlen für TT und Stunden sind gerundet

	Zahl TT			Dauer in Std.	
I		a) *Nach Themen-Kategorien*			*II*
11	7	Reguläre Aufgaben	RA	5½	8½
	2	Reguläre Zuwendungen	RZ	2	
	2	Sammelthemen	Sa	1	
8	½	Dauer- und Serienthemen	DS		1½
	3½	Zwischenthemen	Zw	¾	
	4	Routinethemen	Ro	¾	
III		b) *Nach Themenzugehörigkeit*			*IV*
9½	4¾	Voll- und Kernthemen: normale TT	V+K normal	7	8
	4¾	Voll- und Kernthemen: Zwerg-TT	V+K Zwerg	1	
9½	2	Rand-TT (Vor- und Nachspiele, Teile Kurzthemen)		½	2
	3½	Zwischenthemen	Zw	¾	
	4	Routinethemen	Ro	¾	
V		c) *Nach TT-Länge*			*VI*
13½	6	TT zu 5 Min.		½	2¼
	7½	TT zu 10-20 Min.		1¾	
5½	4	TT zu 25-95 Min.		3¼	7¾
	1	TT zu 100-245 Min.		2¼	
	½	TT zu 250 oder mehr Min.		2¼	
	19 TT	*Voller Tag*		10 Std.	

Fig. 7.53: Durchschnittlicher Wochentag: TT-Zahl (oben) und Zeitaufwand (unten)

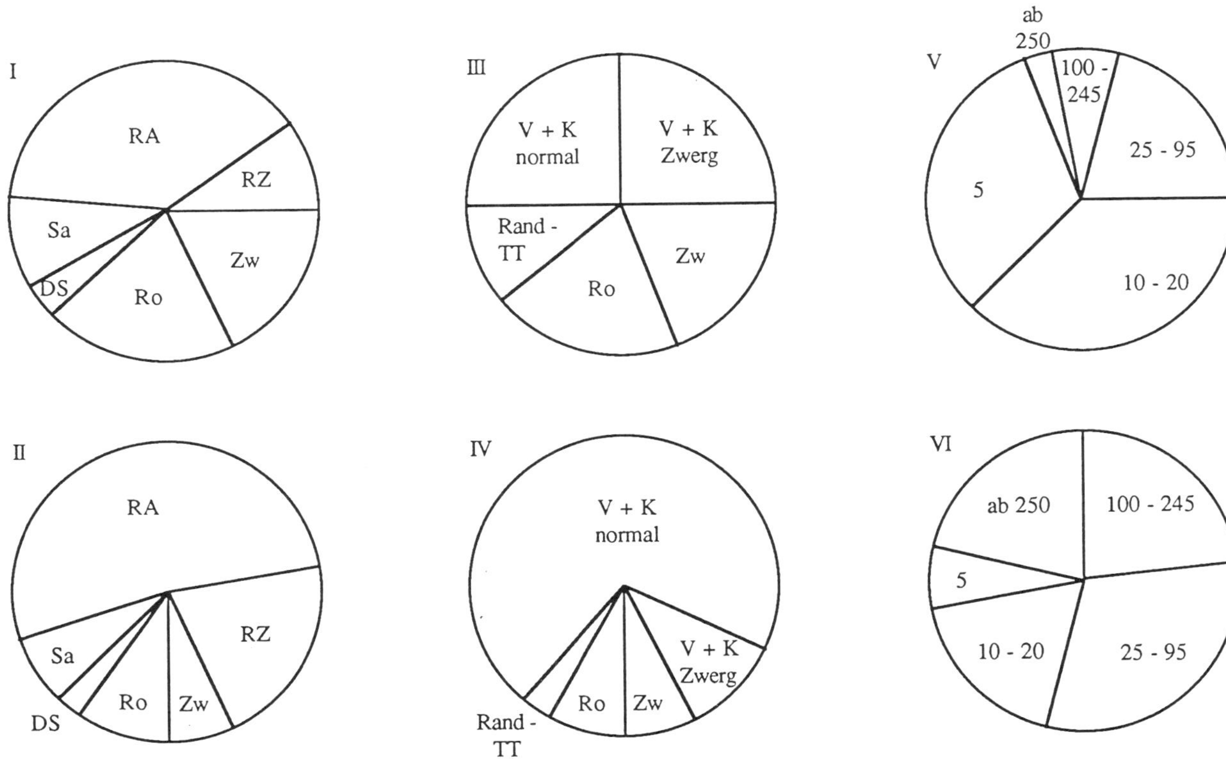

versteht und beschreibt: der zielgerichteten Betreuung größerer Anliegen; und nur etwas mehr als die Hälfte der Zeit wurde darauf verwendet. Mehr als ein Drittel der Tätigkeiten des Tages bestand dagegen in Routinebesorgungen und kleinen Zwischenspielen, die freilich je nur kurz dauerten und somit den Tag zeitlich relativ wenig belasteten. Die restlichen Zuwendungen betrafen jene Übergangsformen der Themenwelt, die wir in Kapitel 5 ausführlich beschrieben haben.

Da auch größere Themen zu einem guten Teil nur für kurze Zeit aufgegriffen wurden, kam es dazu, daß weniger als ein Drittel aller Tagestätigkeiten die Dauer von zwanzig Minuten überschritt. P.'s Tag setzte sich also vor allem aus kleinen Besorgungen zusammen, wenn auch fast die Hälfte von ihnen, langfristig betrachtet, größeren Arbeiten zugehörten. (Dies ist eine der wichtigsten Erkenntnisse, die wir aus der Erhebung und ihrer Auswertung gewonnen haben; sie vermag vieles vom „Unbehagen im Arbeitstag“ zu erklären.)

Glücklicherweise hat der Tag auch größere Bestandteile. Am durchschnittlichen Wochentag ist zu rechnen mit *einem* größeren thematischen Block zwischen zwei und vier Stunden Zuwendungszeit und mit vier weiteren Beschäftigungen, die eine halbe bis anderthalb Stunden dauern; dazu kommt jeden zweiten Tag eine massivere Tätigkeit, die mindestens den halben Tag belegt. Diese fünf bis sechs Hauptarbeiten sind es natürlich, die das Bild des Tages hauptsächlich bestimmen; sie füllen ihn auch zeitlich zu fast vier Fünfteln aus. Umlagert – oder, um endlich einmal das Bild zu wechseln, umschwirrt sind diese Blöcke aber, wie zuvor erwähnt, von einem ganzen Schwarm von Zwergbeschäftigungen.

Was wir allerdings noch nicht berücksichtigen konnten, ist die Aufspaltung der Tagestätigkeiten in Abschnitte. Auch (und gerade) die paar großen Arbeitsblöcke verlaufen ja meist nicht in kompakter Abfolge, sondern ihrerseits wieder in Stückelung. Das kommt zu einem guten Teil daher, daß die Kleinzuwendungen sie in Wirklichkeit nicht bloß „umschwirren“, sondern sie sehr oft auch unterbrechen und belästigen. Manchmal fühlt sich P., um im Bilde zu bleiben, abends richtiggehend von ihnen zerstochen. Damit haben wir aber bereits Probleme angeschnitten, die in spätere Kapitel gehören und uns dort reichlich zu tun geben werden. Das Bild des Durchschnittstages wird in Kapitel 11 noch ergänzt und wesentlich angereichert.

Der thematische Aufbau der Tage anderer

Kann man mit diesen Ergebnissen der Analyse einer einzelnen, individuellen Arbeitswelt etwas anfangen? Wünschenswert, ja notwendig wäre es doch, sie an den Tagesläufen anderer zu überprüfen. Gleichartige Erhebungen sind uns nun allerdings nicht bekannt (wenn es sie irgendwo gäbe, würde es uns freuen, davon zu vernehmen). Jedoch sind uns Unterlagen etwas anderer Art zugänglich, die doch einen gewissen Vergleich erlauben.

Midwest-Kinder. Das eine solche Dokument besitzen wir in den Midwest-Protokollen. Roger G. Barker und Herbert F. Wright haben mit ihrem Mitarbeiterstab in der Feldstation in Oskaloosa, Kansas, anfangs der fünfziger Jahre vollständige Tagesläufe von Kindern beobachtet und festgehalten und dann die Protokolle nach Kriterien, die wir für unsere Themenerfassung übernommen haben (Kapitel 4.6!), in „Episoden“ aufgeteilt. Da ja stets nur ein einzeln herausgegriffener Tag registriert wurde, entsprechen die Episoden unseren Tagestätigkeiten (vgl. dazu auch Kapitel 12.4); es sind „Themen“, die an einem bestimmten Tag das Kind beschäftigten. (Daß es tatsächlich zumeist „Eintagsthemen“ sein dürften, tut hier nichts zur Sache.)

In ihrer Tabelle 8.2 (1955/71, 289) geben Barker und Wright für alle 16 erfaßten Tagesläufe die Gesamtzahl dieser Episoden verschiedener Länge an. Daraus lassen sich nun interessante Berechnungen anstellen. Zunächst aber ein Resultat, das uns weit weg zu führen scheint von unserer eigenen Untersuchung. Das jüngste beobachtete Kind, knapp zweijährig, hat am Beobachtungstag ganze 1103 „Themen“ aufgegriffen, das älteste, knapp elf, deren 494. Die Zahlen liegen also haushoch über denen von P.'s Tagestätigkeiten. Ihr Rückgang mit zunehmendem Alter – er verläuft ziemlich unregelmäßig – beruht dabei vorwiegend auf einer Reduktion der kurzen Episoden (von einer Minute Dauer oder darunter); längere Episoden nehmen mit steigendem Alter eher zu (darüber ausführlich in Kapitel 12.4).

Gerade diese sehr zahlreichen Mini-Episoden interessieren uns hier natürlich nicht. Tätigkeiten, die nicht länger dauerten als zwei Minuten, gingen in unserer eigenen Erhebung ja sang- und klanglos unter. Erst Tätigkeiten ab ca. 3 Minuten haben wir registriert – als „Fünfminuteneinheiten“, wie wir in Kapitel 10.4 vernehmen werden. Deshalb kümmern uns auch bei den Midwest-Kindern die „Tagestätigkeiten“ erst ab drei Minuten. Solche gibt es nun, wie sich berechnen läßt, in Größenordnungen zwischen 50 und 72 pro Kind. Das tönt schon anders. Nehmen wir sogar nur die Episoden ab 8 Minuten, dann erstrecken sich die Zahlen ungefähr von 7 bis 33, mit einem Gesamtdurchschnitt bei 22.(Die Tagesdauer variierte zwischen 11 und 14½ Stunden).

Thomas Mann. Ein beträchtlicher Sprung von den 16 harmlosen Alltagskindern in Midwest zu Thomas Mann, zugegeben. (Ob allenfalls eines der Kinder daran ist, dessen Berühmtheit zu erlangen, ist uns nicht bekannt. Die Wahrscheinlichkeitsrechnung spricht entschieden dagegen.) Aber Thomas Mann ist tatsächlich der einzige andere, von dem uns bekannt ist, wieviele Themen ihn tagtäglich beschäftigten. Er hat uns den Gefallen getan, sehr komplette Tagebücher zu hinterlassen, und ein Verleger hat uns den Gefallen getan, sie öffentlich zugänglich zu machen. In seinen Tagebüchern berichtet Thomas Mann nicht, wie viele andere, mehr sporadisch über auffallende, besonders hervorhebenswerte Ereignisse oder eigene Überlegungen; vielmehr erstellt er einen täglichen Rechenschaftsbericht. Tag für Tag zählt er genau auf – und zwar mit einer gewissenhaften Vollständigkeit – was ihn beschäftigte. Es sind, in unserem Sinne, „Tagestätigkeiten" (manchmal Themen, die an mehreren oder gar sehr vielen Tagen zur Bearbeitung kommen, wie seine Romane, oder Probleme mit Menschen, oder die bedrückende Weltlage). Die Listen, die uns Thomas Mann da vorsetzt, sind allerdings – im Gegensatz zu den Midwest-Protokollen wie auch zu P.'s Tagesblättern – im (kurzfristigen) Rückblick (aus der „Vergangenheitsperspektive" also) erstellt; es ist anzunehmen, daß es selbst einem Thomas Mann nicht gelang, vollständig zu sein; auch dürften ganz kurze Zuwendungen und vor allem Routinethemen meist keine Erwähnung in den Büchern finden (wenn auch ganz selten doch sogar das Rasieren vorkommt).

Ich habe nun einen dieser Tagebuch-Bände genommen (Mann, 1978) und für einen zufälligen Zeitabschnitt (18. Juni–2. August 1936; 46 Tage; S. 317–344) die aufgeführten „Tagestätigkeiten" herausgeschrieben und gezählt. Es waren mindestens 6 und höchstens 25 pro Tag, wobei beides nur als Extremwert vorkommt. 95% der Tage wiesen zwischen 8 und 21, 75% zwischen 10 und 18 Tagestätigkeiten auf, mit dem Durchschnitt bei 14 und dem Median bei 13.

Vergleich zwischen den drei Messungen

Sechzehn Midwest-Kinder, der Berufsmann P. und Thomas Mann – eine seltsame Gruppe! Dabei weiß P. nicht, soll er sich näher zum Autor der Joseph-Romane schlagen (weil erwachsen) oder näher zu den Sprößlingen aus Midwest (weil Durchschnittsmensch wie sie). Aber so verblüffend die Zusammenstellung der Vergleichsgruppe ist, so verblüffend werden auch die Vergleichszahlen sein.

Zunächst eines: Barker und Wright haben in ihren Protokollen und Mann hat in seinen Tagebüchern den *ganzen* Tag erfaßt, Schulstunden so gut wie Freizeit oder Arbeit so gut wie Privatleben (was beim freiberuflich tätigen Thomas Mann natürlich viel weniger voneinander zu scheiden ist als beim Verwaltungsangestellten P.). P. dagegen registrierte nur sein „Arbeitsleben". Es dauerte, pro durchschnittlichen Wochentag, gut 10 Stunden. Dazu kämen nun nochmals gut 6 Stunden Privatzeit. Angenommen, wir können die Arbeitsverhältnisse ungefähr auf die freie Zeit übertragen – und wir dürfen die Vermutung aufstellen, daß das zulässig ist -, so wäre auf P.'s Resultate noch ein Zuschlag von 60% aufzustocken.

Anderseits gehen wir wohl nicht ganz fehl in der Annahme, daß Thomas Mann bloße Fünfminuten-Zuwendungen kaum rückblickend registriert haben dürfte (außer solchen, die ihm ganz besonderen Eindruck machten).

Vermutlich dürfen wir davon ausgehen, daß ihn seine registrierwürdigen Tagesereignisse mindestens etwa für zehn Minuten mit Beschlag belegten. Daher ziehen wir für den Vergleich nur Tagestätigkeiten ab 10 Minuten bei (bei P. also, nach Tabelle 7.52, 13 plus 60% = 21). Thomas Manns Listen verraten allerdings, daß er den täglichen Routinen unter Gebühr Beachtung schenkte; sie kommen in den Tagebüchern kaum vor. Das müssen wir ebenfalls ausgleichen. Bei P. sind es mindestens zwei täglich von mehr als fünf Minuten Dauer, macht umgerechnet drei auf den vollen Tag; diese Zahl schlagen wir auch bei Thomas Mann noch hinzu.

Dann erhalten wir also folgende Zahl von Tagestätigkeiten ab 10 Minuten:

Midwest-Kinder:	22 (Durchschnitt aus 16 Tagesläufen)
Berufsmann P.:	21 (Durchschnitt aus 330 „Wochentagen“)
Thomas Mann:	17 (Durchschnitt aus 46 Tagen)

Wen käme nicht das große Staunen an, wenn er diese Zahlen liest! Grundverschiedene Menschen, grundverschieden gewonnene Werte – und gleichwohl so nahe beieinander! Haben wir manipuliert? Vielleicht ein klein wenig; aber gewiß nicht in einem Ausmaß, das die Schlüsse völlig entwertete, die wir daraus ziehen wollen.

Denn was wir hier eben vortrugen, hat für unser ganzes Buch eine grundsätzliche Bedeutung. Wir beschäftigen uns ja stets nur mit einem einzigen Manne, und der Einwand liegt nahe, daß alles, was wir bei ihm feststellen können, jeder Vergleichbarkeit und Generalisierbarkeit bar sei, daß ihm jeder Erkenntniswert über die Person P. hinaus abgehe. Hier bekommen wir nun einen etwas anderen Eindruck. Irgendwie scheint P.'s Tageslauf nicht ganz untypisch zu sein – und zwar nicht nur für akademische Berufsberater, oder Beamte, oder Akademiker, oder Erwachsene, oder welche Gruppe auch immer. Er könnte gewisse charakteristische Züge aufweisen für den Menschen überhaupt.

Wie weit wir diese Befunde auch immer werden differenzieren müssen (in Kapitel 12.4 kommen wir darauf zurück) – offenbar bewegen wir uns mit unserer Methode und unserer Zählung nicht einfach in einem Reiche autistischer Versponnenheit.

Ob es allerdings für Tagestätigkeiten von hinlänglicher Größe eine „magische“ Zahl 20 gibt, lassen wir völlig offen – wir hoffen, daß andere Forscher durch unseren Vergleich angeregt werden, dem weiter nachzugehen.

Themenzahl pro Jahr

Daß die Zahl von P.'s Themen pro Durchschnittstag sich Vergleichen zugänglich erweist und diese offenbar nicht zu scheuen braucht, beflügelt uns nun, auch die Zahl der Themen pro Jahr zu berechnen. Den Erfahrungen anderer gegenüberstellen könnten wir ja natürlich nicht die in der Vollerhebung festgestellten 1777 Exemplare, weil niemand sonst auf die Idee verfällt, eine Zeitspanne von 476 Tagen zur Basis zu nehmen. Vergleichsbasis kann nur das Jahr sein.

Mit der Umrechnungsformel von Seite 348 haben wir, einige Seiten später (352), eine erste Berechnung gewagt; wir kamen auf etwa 1400 Themen jährlich. Dabei haben wir uns aber so benommen, als wären alle Themen Eintagsgebilde: wenn von 464 Tagen 99 wegfallen, müßten entsprechend auch von 1777 Themen 378 verschwinden. So leicht lassen sich indessen längst nicht alle Themen aus der Welt schaffen. Wie wir im letzten Unterkapitel vernahmen, dehnen sich manche von ihnen weit über die Monate hin und scheren sich herzlich wenig darum, ob wir den Zeitausschnitt zurückstutzen oder nicht.

Es geht also um eine differenzierte Rechnung. Unsere einfache Formel läßt sich anwenden auf alle Themen mit Erstreckungen bis zu einem Monat. Bei P. waren es 1420 (Tabelle 7.41); sie schmelzen zu 1118 zusammen. Je länger sich aber Themen hinziehen, desto mehr Überlebenschancen haben sie. Denken wir uns die Reduktion von $15\frac{1}{2}$ auf 12 Monate so, daß wir vorne und hinten je ein gleiches Stück Zeit abschneiden, so kann ihr von den über drei Monate langen Themen kein einziges zum Opfer fallen. Die 205 „langfristigen" Themen können wir also tel quel übernehmen. Auch von den 152 ein- bis dreimonatigen bleibt der größte Teil, überschlagsmäßig so gegen 140, übrig. Damit kommen wir auf eine Themenzahl pro volles Jahr von rund 1460.

(Man könnte vermutlich auch aus Thomas Manns Tagebüchern die Zahlen der Jahresthemen herausdestillieren und denen P.'s gegenüberstellen. Das zu tun müssen wir aber andern überlassen.)

Allerdings sind nicht alle Themen-Arten dieser Abmagerungskur in gleichem Maße ausgesetzt. Die Zehnerzahl der Routine- wie auch der Dauer- und Serienthemen bleibt praktisch unangetastet. Bei den übrigen Themen aber reduziert sich nicht nur die Gesamtzahl, sondern es finden auch Umlagerungen statt. Wir haben darüber raffinierte Berechnungen angestellt, die wir dem Leser aber ersparen möchten. Nur deren Resultat sei mitgeteilt. Für ein volles Jahr berechneten wir aus P.'s Unterlagen ungefähr

350	reguläre Aufgaben	}
145	reguläre Zuwendungsthemen	} 540 Hauptthemen
45	Sammelthemen	}
10	Dauer- und Serienthemen	
900	Zwischenthemen	
10	Routinethemen	
1460	Themen	

Soviele verschiedene Dinge sind es also, denen ein Berufsmann wie P. im Verlaufe eines Jahres seine Aufmerksamkeit zuwenden muß – knapp anderthalb tausend verschiedene Aufgaben und Gegenstände. Ist das nicht etwas viel? Heißt das nicht seine Kräfte verzetteln? Freilich haben mindestens drei Fünftel dieser Themen nur geringes, unbedeutendes Ausmaß; aber zu dritt bis viert täglich suchen auch sie den Fachmann heim und zersetzen oft seinen Arbeitstag.

7.6 Themen-Verbindungen

Familien-Statistik

Zum Glück können wir das eben entworfene Bild etwas mildern, wenn wir nun auch die Themen-Verbindungen in unsere Auswertung einbeziehen. Es ist ja nicht einfach so, daß in P.'s Arbeitswelt die 1777 (oder pro Jahr 1460) Themen je eine Welt für sich bildeten. Vielmehr halten sie Verbindungen untereinander aufrecht, engere oder lockerere. Wie häufig ist das der Fall, und wie verändert sich dadurch die Gesamtsicht? Reduziert sich so die thematische Zersplitterung, die wir eben schilderten? Das ist die nächste Frage, die wir uns stellen.

Die engste Verbindung zwischen Themen besteht in familiärer Verwandtschaft. Seien wir genau: Im Grunde, und systematisch betrachtet, handelt es sich bei familienverknüpften Aufgaben und Zuwendungen ja gar nicht um gesonderte Einheiten. Durch Frage 1 unseres „Modells der einheitsstiftenden Beziehungen" (Kapitel 6.6) werden Familien noch nicht auseinandergerissen, und durch unser ganzes „Flußdiagramm" hinab bleiben sie als Einheiten intakt; erst unsere Frage 8, jene nach dem Übergewicht des Ganzen, erzeugt jene Vielfalt in der Einheit, die wir „Familie" nennen. Praktisch-erlebnismäßig ist es zwar richtig, auch bei Familienverbänden von Themen als den Grundbestandteilen der Arbeitswelt auszugehen, weil sie, dank ihrem Übergewicht im Bewußtsein, *die* besondere und eigentliche Sache bilden, um die es dem Handelnden jetzt eben geht. Von der Theorie her aber sind sie nur Teile eines größeren Ganzen.

Während der Vollerhebungszeit haben wir insgesamt 75 Familien mit zusammen 317 Themen gezählt. Die Durchschnittsfamilie ist also (wie lange Zeit auch in der Schweiz) vierköpfig. Allerdings sind die Größen individuell sehr verschieden. Die komplexeste Familie umfaßt ganze 30 Themen (das gab es hingegen in der Schweiz lange nicht mehr); es handelt sich um die Familie „AGAB-Diagnostik-Tagung", vgl. Schema 6.42. Mehr als die Hälfte aller Familien (42; 56%) setzen sich dagegen bloß aus 2 oder 3 Themen zusammen.

Was für Themen-Arten sind in Familien zusammengeschlossen? Rund 85% der Familienglieder sind Hauptthemen im Sinne unseres Modells (reguläre Aufgaben oder Zuwendungen und Sammelthemen); das macht fast die Hälfte aller vorkommenden Hauptthemen aus (48%). Auch die Hälfte der Routinen (5) gehört einer Familie an. Bei den Zwischenthemen hingegen sind es bloß 4% – oder, andersherum betrachtet: Die gewaltige Armee der Zwischenthemen stellt bloß 13% aller Familienglieder. In andern Worten heißt das, daß kleine, kurze Spezialaufgaben im Rahmen eines größeren Unternehmens nur selten für den Handelnden übergewichtig und damit selbständig werden; da müssen Teilgegenstände und Unteraufgaben schon andere Ausmaße haben, damit das passiert. Von hier stammt also die Überschwemmung des Tages mit „Kleinkram" nicht her.

Familieninterne Zwischenthemen treten meist als kleine Einzelfragen im Rahmen größerer Aufgaben auf, wie etwa das Korrekturenlesen zum Diskussionsvotum vom 12.4.75 (Thema BBACB in Figur 6.42) oder die von der neuen Testassistentin eingebrachte Idee, ob man nicht den Teilnehmern an unseren Testgruppen eine kleine Zwischenverpflegung offerieren könnte – Frage, die eine weitere Finesse in den Komplex „Testgruppen-Durchführung" einfügte. Gelegentlich sind solche Zwischenthemen aber auch „künstlich" im Sinne unserer Ausführungen in Unterkapitel 7.2; so bilden die thematischen Überlegungen zum Diagnostik-Buch (Thema CBA der Figur 6.42) die frühe Spitze eines späteren mächtigen Eisberges, von dessen Wahrnehmung der Abschluß der Erhebung den Kartei-Ersteller einfach abgeschirmt hat.

Was gibt uns die Familien-Statistik also für eine Antwort auf unsere Ausgangsfrage? Wenn es uns darum zu tun ist, die Zahl der von P. in der Vollerhebungszeit angegangenen „thematischen Einheiten" zu bestimmen und nicht die Zahl der von ihm als Einzelthemen erlebten Aufgaben und Zuwendungen, so müssen wir von den 1777 Themen deren 317 ersetzen durch die Zahl 75; das ergibt 1535 solche Einheiten. Die Reduktion betrifft dabei vor allem Hauptthemen und nur wenige Zwischenthemen.

Serien-Statistik

Serienbildungen finden wir in der Vollerhebungszeit nur halb so häufig vor wie Familienverbindungen. Es sind bloß deren 36. Auch die Serien huldigen der Durchschnittszahl vier; sie bestehen aus insgesamt 146 Gliedern mit total 165 Themen. Aber der Durchschnitt wird hier in die Höhe getrieben durch den Sonderfall „Büro-Sitzungen", der ein Drittel des ganzen Bestandes ausmacht und damit einsam an der Spitze steht. Ohne die Büro-Sitzungen bliebe der Durchschnitt etwas unter 3.

Allerdings ist das zahlenmäßige Verhältnis zwischen der Serie und ihren Gliedern stark abhängig vom gewählten Zeitausschnitt. Das wird klar vor allem am Beispiel der Jahresserien. P.'s Sample II weist deren 20 auf, mit total 42 Gliedern. Nun hatten wahrscheinlich aber nicht alle jährlich sich wiederholenden Aufgaben Gelegenheit, zweimal in der 5/4-jährigen Sammlung aufzutreten und sich damit als „Jahresserien" zu profilieren.

Während also die Familien-Statistik sehr wohl allgemeinere Vermutungen zuläßt über das „Familienleben" in P.'s Arbeitswelt, gibt uns die Serien-Statistik viel weniger entsprechende Auskünfte. Was wir allein mit Sicherheit feststellen können, ist die Tatsache, daß in jenem Abschnitt des Zeitstromes, wo wir diesmal saßen, 36 solche Gebilde aus den Fluten gezogen werden konnten; ob wir ein andermal an einem neuen Platz die gleiche Fangquote erreichen würden, wissen wir nicht.

Ein anderer auffallender Unterschied zu den Themen-Familien ist noch zu vermerken: An Serien sind Zwischenthemen weit stärker beteiligt. Sie machen 40% ihrer Glieder aus (bei den Jahresserien 25%). Daran ist freilich stark auch ein künstlicher Effekt beteiligt: besonders häufig (mit 80%!) kommen Zwischenthemen in der Serie „Büro-Sitzungen" vor – und früher haben wir ja das Geheimnis dieser scheinbaren Zwergsitzungen gelüftet (vgl. Kapitel 5.5 über die „Sekundärthemen"). Aber daran allein liegt das häufige Auftreten von Zwischenthemen in Serien nicht. Manches, was im Leben eines Berufsmenschen getreulich wiederkehrt, hat tatsächlich nur bescheidene Ausmaße. Manchmal gilt das durchgehend; so sind ja unsere „Serienthemen" entstanden. Manchmal wechselt die Größe, und dann werden es Serien mit Voll- und Zwischenthemen als Gliedern.

Also: 75 Familien mit 317 Themen und 36 Serien mit 165 Themen – folglich wären, im Sinne von Figur 6.62, 482 unserer Themen durch 111 „Ausrichtungseinheiten" zu ersetzen? Aber bei dieser Rechnung unterliegen wir einem Trugschluß. Im „Modell der einheitsstiftenden Beziehungen" überschneiden sich Familien und Serien. Da finden wir komplexe Themen-Serien, und wir fänden auch, als Folge der Frage 9, komplexe Themen-Familien; es gibt also Serien mit interner Familienbildung und umgekehrt. Damit laufen wir die Gefahr, den Abzug doppelt geltend zu machen.

Eine differenzierte Auszählung zeigt, daß 9 Familien mit 28 Themen Glieder von Serien sind und 4 Serien mit insgesamt 13 Themen Glieder von Familien. Kombiniert man die beiden Statistiken, so darf man bloß sagen: 66 Familien binden 289 Themen zusammen und 32 Serien 152 Themen; 441 Themen kann man also in 98 größere Einheiten umwandeln. Die Gesamtzahl 1777 darf man reduzieren auf 1434 Ausrichtungseinheiten.

Von dieser Abmagerungskur profitieren die Themenarten recht unterschiedlich. Die Dauerthemen sind als Folge dieser Zusammenfassung völlig, Sammelthemen zu zwei Dritteln, Hauptthemen und Routinethemen je zur Hälfte verschwunden; dagegen haben die meisten Zwischenthemen überlebt; 996 von 1097 setzen ihren Spuk fort.

Statistik der Themensammlungen

Also nochmals unsere Frage: rund tausend kleine Ablenkungen, und jede in eine andere Richtung? Aber auch das trifft nicht ganz zu. Als wir, zwei Kapitel früher, durch den Botanischen Garten unserer Themenwelt wanderten, fanden wir in unmittelbarer Nachbarschaft nebeneinander zwei Phänomene, die wir „Sammelthemen" und „Themensammlungen" nannten (Kapitel 5.3). Das kam daher, daß in eines Berufsmannes Arbeitsleben zahlreiche kleine Zuwendungen vorkommen, die ähnlichen bis sehr ähnlichen Gegenständen gelten. Nimmt die Ähnlichkeit zu, so kommt einmal der Punkt, da wir vom „gleichen" Gegenstand reden können (etwa „der" Rezession oder „dem" numerus clausus). Der Übergang ist stufenlos, wie beim Windrad (erinnern Sie sich? ich sitze wiederum am Fenster, aus dem ich es sehe); Kriterium dafür war das seinerzeitige, auf den Tagesblättern notierte Erleben P.'s. In diesem Falle sprechen wir von Sammelthemen. Kam dieses Einheitserlebnis beim Handelnden aber noch nicht zustande, so bleibt es bei Sammlungen ähnlicher Themen, also bei „Themensammlungen". Am Begriffspaar „gleich" und „ähnlich" liegt es also, welches Kompositum wir aus den Wörtern Thema und sammeln bilden (und damit, ob zwanzig kleine Zuwendungen als zwanzig Einheiten oder als eine einzige in die Themen-Kartei eingehen).

Auch den Begriff „Themensammlung" haben wir definiert; wir wenden ihn an, wenn ein bestimmter qualitativer Rahmen und gewisse quantitative Voraussetzungen gegeben sind. Qualitativ gesehen, müssen sich die einzelnen Zuwendungen so nahe stehen, daß auch der Entscheid zugunsten eines Sammelthemas nichts Gesuchtes an sich gehabt hätte; es muß sich also ein natürlicher, naheliegender Oberbegriff mit Selbstverständlichkeit anbieten. Die Themen aber, die wir ihnen zuzählen wollen, müssen selber Zwischenthemen sein und deren quantitative Kriterien erfüllen; zudem sprechen wir erst dann von Themensammlungen, wenn mindestens .20 AT Zuwendungszeit eingeschlossen sind.

Bei Anwendung dieser Kriterien lassen sich in P.'s Material 13 Themensammlungen mit insgesamt 409 Themen und 9.82 AT ausmachen. Dabei können wir deutlich zwei Gruppen unterscheiden. Die eine wird gebildet von Sammlungen kurzer, beiläufiger Besprechungen über bestimmte Fragen, vorwiegend mit Kolleginnen und Kollegen aus dem Amt (Beratungsfälle; Tests; studien- und berufskundliche Veranstaltungen; Dokumentationsdienst; Publikumsdienst; persönliche Fragen); hier bleibt die Durchschnittsdauer oft unter 10 Minuten. Auf der anderen Seite gibt es die Abfolgen kurzer erster Lektüren in psychologischen Büchern und Zeitschriften mit Durchschnitten gegen eine halbe Stunde (normalerweise eintägig).

Charakteristisch für viele Themensammlungen ist übrigens, daß sich darin eine allgemeine Rahmenaufgabe spiegelt, die sich P. als Amtsleiter, Kollege und Fachmann stellt: einander bei der Bewältigung der Fall-Arbeit mit Rat behilflich sein, sich berufskundlich auf der Höhe halten, das Publikum bedienen, sich über neue Literatur informieren usw. Diese Aufgaben- und Zuwendungsfolgen sind zeitlos und unabschließbar – im Gegensatz etwa zu den Sammelthemen „Rezession“ oder „Ideensammlung zu den Diagnostik-Vorträgen“.

Gesamtstatistik der Verbindungen

Nachdem wir Familien, Serien und Themensammlungen für die Vollerhebungszeit ausgezählt haben, bleibt nach dem Modell der einheitsstiftenden Beziehungen (Figur 6.62) noch eine Verbindung unberücksichtigt: die rechts unten aufgeführten „Themen-Gruppen“, zu denen auch die früher geschilderten großen Komplexe wie Neuunterbringung der Akademischen Berufsberatung, Diagnostik-Aktion oder Teilersatz der Beraterin A. gehören. Wir haben sie nicht alle zusammengestellt und folglich auch nicht statistisch erfassen können; eine überschlagsmäßige Berechnung ergab jedoch, daß sich infolge solcher Gruppenbildungen noch einmal gegen 200 Themen (oder „Ausrichtungseinheiten“) auf rund 50 „Gruppen“ oder „Komplexe“ reduzieren würden.

Wir finden also folgendes Bild, auszählungsmäßig ermittelt:

441	Themen reduzieren sich auf	98	Familien und/oder Serien
409	Themen reduzieren sich auf	13	Themensammlungen
850	Themen reduzieren sich auf	111	Verbindungen
927	Themen bleiben unberührt	927	
1777	Themen bilden	1038	Einheiten

Dazu kommt infolge Gruppenbildung:

ca. 188	Einheiten reduzieren sich auf ca.	50	Einheiten
ca. 850	Einheiten bleiben davon unberührt	850	Einheiten
1038	Einheiten	900	Einheiten

Schlußbilanz: Die total 1777 Themen aus P.'s Vollerhebungszeit gehören zu rund 900 Einheiten ähnlicher Ausrichtung. Damit reduziert sich also die Zahl der Gegenstände oder Aufgaben, denen P. sich zuwandte, auf ungefähr die Hälfte.

Eine präzise Umrechnung auf das Kalenderjahr (im Sinne des letzten Unterkapitels) würde uns überfordern. Überschlagsmäßig dürfen wir jedoch sagen, daß bei einer Aufgabenstruktur und einem Arbeitsstil wie dem P.'s im Verlaufe eines (vollen) Jahres zwischen 700 und 750 Zuwendungsobjekte zu erwarten sind, davon rund die Hälfte (360) selbständige Zwischenthemen, schön für jeden Tag (einschließlich Ferien und Wochenenden) eines. Die eigentliche Arbeitswelt P.'s dagegen besteht aus der andern Hälfte.

Damit sind uns nun auch die Zahlen der (inhaltlichen) „Bausteine des Jahres" bekannt geworden. P. beschäftigte sich in seinem Arbeitsleben (wenigstens zur Zeit seiner Untersuchung) jährlich mit über 700 – nicht aufeinander reduzierbaren – komplexen oder isolierten Gegenständen, zur Hälfte reinem „Bauschutt", zur andern Hälfte Anliegen und Aufgabenkomplexen (Vollthemen, Themen-Familien, -Serien und -Gruppen, Themensammlungen und Themen-Komplexen) von sehr unterschiedlicher Größenordnung bis hinauf zu Präokkupationen mit wochenlanger Zuwendungsdauer. Wendet man jedoch die drei Kriterien für Themen aus Kapitel 4.6 an und sucht nach Aufgaben und Zuwendungen, die einheitlich ausgerichtet sind, in der normalen Verhaltensperspektive liegen und über gewisse Zeit die Aufmerksamkeit des Handelnden übergewichtig in Anspruch nehmen, so kommt man auf die doppelte Zahl solcher Bausteine, rund anderthalb tausend. Davon sind gut drei Fünftel Versatz.

7.7 Drei Zusammenfassungen

Vorhaben

Wir stehen am Ende unseres Rundganges durch die Welt der Themen. Die Phänomene, die darin anzutreffen sind, haben wir uns – in Einzelexemplaren und in ihren Verbindungen und Komplexen – angesehen, die Art und Weise ihrer Erfassung besprochen und verschiedene theoretische Fragen in ihrem Zusammenhang erörtert; wir ordneten die vorkommenden Erscheinungen in einem Modell und werteten schließlich, in diesem letzten Kapitel, zwei längere Zeitausschnitte aus P.'s Arbeitsleben auch zahlenmäßig aus. Tatsachen und Überlegungen sind vor dem Leser ausgebreitet. Wir sollten nun versuchen, sie noch etwas zusammenzufassen.

Zu diesem Zwecke wählen wir ein eher ungewöhnliches Verfahren. Anstelle einer Rekapitulation der wichtigsten Ergebnisse legen wir nämlich drei weitere Übersichten vor, die nicht bloß den Charakter einer Zusammenschau tragen, sondern zugleich, im Sinne einer Ergänzung, weitere Funktionen erfüllen.

So haben wir beispielsweise für unsere Themen-Statistik zwei verschiedene Samples aus P.'s Arbeitsleben benutzt. Es wäre nun an der Zeit, ihre Ergebnisse, soweit vergleichbar, nebeneinanderzustellen. Sind die Resultate aus P.'s Erhebung reliabel und stabil? Die Aufstellung dient uns als erste Zusammenfassung (Tabelle 7.71).

Manchen statistischen Auszählungen haben wir jene Differenzierungen und Verbindungen unter den Themen zugrundegelegt, die wir im vordern Kapitel in einem „Modell der einheitsstiftenden Beziehungen" systematisch entwickelten. Es drängt sich nun die Frage auf, ob wir die Schritte, die wir dort aufzeigten, auch anhand unseres Zahlenmaterials nachvollziehen können. Damit präsentieren wir noch einmal zusammenfassend die Gliederung der Themenwelt (Tafel 7.72).

Das Modell erlaubte uns, nicht nur erlebnismäßig, sondern auch systematisch-theoretisch verschiedene Kategorien von Themen zu unterscheiden. Über diese Kategorien konnten wir dann aus dem empirischen Material zahlreiche statistische Auskünfte gewinnen. Für fünf Hauptgruppen von Themen sollen darum abschließend die zahlenmäßigen Aussagen zusammengestellt werden (Tabelle 7.73). Der Vergleich wird uns einen einfachen, handlichen Generalüberblick über die Themenwelt verschaffen, die über viele Seiten hin so verwirrlich schien.

Vergleich der beiden Samples

Die beiden Themen-Populationen, die wir statistisch ergründet haben – aus dem (etwas verkürzten) ersten Halbjahr 1974 und aus der Vollerhebungszeit von September 1974 bis Januar 1976 –, unterscheiden sich nicht bloß nach ihrer Länge, sondern auch in anderen Hinsichten. Zu nennen wäre da in erster Linie die Tatsache, daß sie durch zwei verschiedene Verfahren gewonnen worden sind, die sich in epistemologisch relevanter Weise voneinander unterscheiden. Sample I entstand nämlich laufend während der Erhebung; es widerspiegelt allein die „Gegenwartsperspektive", in der P. die Themen während ihrer Ausführung wahrnahm. Sample II dagegen wurde – aufgrund der laufenden Eintragungen auf dem Tagesblatt – nachträglich zusammengestellt. Die „Vergangenheitsperspektive" (um diese Unterscheidung aus Kapitel 4.4 hier anzuwenden) wurde zumindest beigezogen und diente in manchen Fällen der Korrektur und dem Ausgleich allenfalls verschieden gehandhabter Zuteilungsvorgänge. Die Frage muß uns darum interessieren, ob solch nachträgliche systematisierende Gesamtbearbeitung eines Themen-Bestandes die Resultate in stärkerer Weise beeinflußt.

Ein zweiter methodologischer Unterschied könnte sich allenfalls dazu gesellen. Sample I stammt aus der Mitte der Erhebungszeit, Sample II vertritt deren Schluß. Nun hat sich die Erhebung laufend verfeinert und vervollständigt; auch das mag sich im Material widerspiegeln.

Drittens haben wir während der Erstellung von Sample I den Themenbegriff restriktiver angewandt als später. Unsere Aufmerksamkeit war vorwiegend auf die „Hauptthemen" gerichtet; Routine-, Zwischen- und Dauerthemen wurden noch nicht systematisch erfaßt. Da wir hier also nur bei den Hauptthemen für vollständige Erfassung einstehen können, müssen wir diese, der Vergleichbarkeit zuliebe, in beiden Samples vom Rest absondern.

Der letzte Punkt betrifft den Zeitausschnitt und seinen Inhalt selber. P.'s Arbeitswelt konnte sich ja im Laufe der Zeit wandeln. Vielleicht präsen-

Tabelle 7.71: Vergleich der beiden Samples

		Division von Zeile x : Zeile y	Erste Hälfte 1974 (Sample I)			Vollerhebungszeit (Sample II)		
			Haupt - Themen	Rest	Total	Haupt - Themen	Rest	Total
1	Themenzahl		244			661	1`116	1`777
2	Gesamtdauer in AT		119.14	37.14	156.28	329.73	73.99	403.72
3	- in % vom Zeilentotal		76.2	23.8	100	81.7	18.3	100
4	ohne untersuchungsind. Ro		119.14	23.92	143.06	329.73	60.60	390.33
5	- in % vom Zeilentotal		83.3	16.7	100	84.5	15.5	100
6	Dauer pro Thema in AT	4 : 1	.49			.50		
7	Zahl Tagestätigkeiten		1`149			3`590		
8	Tagestätigkeiten pro Thema	7 : 1	4.71			5.43		
9	Dauer pro Tagestätigkeit	2 : 7	.10			.09		
10	Eintagesthemen		26			78		
11	- in % der Themen	10 : 1	10.7			11.8		
12	Zahl Arbeitseinheiten		3`004	1`329	4`333			13`821
13	Dauer Arbeitseinheit in D	2 : 12	3.97	2.79	3.61			2.92
14	Anzahl Wochentage (WT)				127			330
15	AT pro WT (total)	2 : 14	.94	.29	1.23	1.00	.22	1.22
16	- (ohne unt'ind. Ro)	4 : 14	.94	.19	1.13	1.00	.18	1.18
17	Tagestätigkeiten pro WT	7 : 14	9.05			10.88		
18	Themenzahl pro volles Jahr ca.		500			540		

tierte sich seine Aufgaben-Situation in der ersten Hälfte 1974 anders als in den darauf folgenden fünfviertel Jahren? Anlaß, dies zu vermuten, bestände gewiß, da die Vollerhebungszeit ja in ungewöhnlich starkem Maße durch zwei massive Aufgabenkomplexe beherrscht war: den Büro-Umzug und die Diagnostik-Aktion. Derlei gab es in der ersten Untersuchungsperiode nicht. Sollte sich das auf die statistischen Befunde merkbar auswirken?

Wir haben also Grund, mit einiger Neugierde die vergleichbaren Zahlen zu betrachten. Und wenn wir von oben her in Tabelle 7.71 einsteigen, so fällt uns tatsächlich sehr rasch ein Unterschied in die Augen. Zeile 3 zeigt uns nämlich, daß die Hauptthemen in der ersten Hälfte 1974 nur 76% der Gesamtzeit in Anspruch nahmen, in der Vollerhebungszeit dagegen fast 82%. Andere Beurteilung? bessere Erfassung beim zweiten Mal?

Tatsächlich gibt es für diesen Unterschied eine überzeugende Erklärung – und eine verblüffende zugleich. Unsere angewandte Methode selber hat ihn nämlich künstlich erzeugt. Der Aufwand für die Themen-Erfassung war bei beiden Samples recht groß; im ersten aber wurde er laufend geleistet und ging selber in die Unterlagen ein, im zweiten dagegen machte er sich erst nachträglich geltend. Die „untersuchungs-induzierten" Routinen waren darum in Sample I viel aufwendiger; zur Ausfüllung des Tagesblattes kam hier jeweils noch die Nachführung des Themen-Registers. Lassen wir auf beiden Seiten diesen Eigenaufwand für die Erhebung weg, verschwindet der Gegensatz (Zeile 5); in beiden Samples belegen dann die Hauptthemen rund fünf Sechstel der Arbeitszeit.

Andere Auswirkungen des erhöhten Erhebungsaufwandes werden deutlich aus den Zeilen 15 und 16. P. hat zwar am durchschnittlichen Wochentag während der ganzen zwei Jahre 1974/75 gleichviel gearbeitet, nämlich rund 10 Stunden; in der ersten Hälfte 1974 hat er aber dennoch die Hauptthemen zurückstellen müssen, um Platz für die 50 Minuten Register-Nachführung zu schaffen. Das führt dann natürlich auch zu einer geringeren Hauptthemen-Zahl (Zeile 18) und zu weniger Hauptthemen-Tagestätigkeiten am Durchschnittstag (Zeile 17).

Sonst aber stimmen die Ergebnisse beim ungleichen Sample-Paar erstaunlich gut überein. Zahlen, wie sie uns Zeilen 5, 6, 9, 15 (Total) und 16 (Rest) liefern, erträumt man sich in jeder Reliabilitäts-Untersuchung; und auch mit den übrigen Werten der Zeile 16 und der Zeile 11 kann man durchaus zufrieden sein. Etwas größere Abweichungen finden wir eigentlich nur in den Zeilen 8 und 13. Für sie dürften einmal unser erstgenannter, das andere Mal der zweite methodologische Aspekt verantwortlich sein. Sehr wahrscheinlich entdeckten wir bei der nachträglichen Themen-Zusammenstellung leichter, daß zeitlich abliegende Arbeiten (etwa als Vor- und Nachspiele) einem größeren Thema zugehörten, während uns in der Gegenwartsperspektive ein solcher Zusammenhang oft entging. So ergab sich rein schon durch die Erfassungsmethode allein in Sample II eine höhere

TT-Zahl pro Thema. Und auf der anderen Seite wurde die Nachführung des Tagesblattes gegen Schluß der Erhebung immer perfekter (das werden wir auch in Kapitel 11.1 noch sehen); daher wohl auch die exaktere Aufteilung des Tages (in mehr und kürzere Arbeitseinheiten).

Im ganzen gesehen hat sich also gezeigt, daß wir mit den beiden Stichproben etwas erfaßt haben (und trotz verschiedener Methoden recht gleich erfaßt), das für P.'s Arbeitsleben durchgehend typisch und stabil zu sein scheint.

Entwicklung der Themen-Ordnung gemäß Modell

Einen ganz anderen Denkraster müssen wir einklinken, wenn wir nun zur zweiten Frage übergehen und versuchen, die Auszählergebnisse unseres Sample II durch das „Modell der einheitsstiftenden Beziehungen" (Figur 6.62) hindurchzuschleusen. Wir gehen dabei zunächst aus von unserem gröbsten Resultat. P. hat während der 476 Kalendertage der Vollerhebungszeit registrierterweise insgesamt 201860 Minuten gearbeitet. Diese Arbeitszeit teilen wir zu Analysezwecken auf in 40372 Fünfminutenstücke, die wir „Arbeitselemente" nennen. Dabei müssen wir oft einheitliche Prozesse künstlich auseinanderschneiden.

Nun wenden wir auf diese Sammlung von Elementen unser Kriterium der Ausrichtung an und bilden Gruppen aus all jenen Bestandteilen, die einer gleichen Sache dienen oder zugewandt sind, wie es in unserem Modell die Ausgangsfrage 13 verlangt. Da zeigt sich zunächst einmal, daß nicht alle vierzigtausend Fünfminutenstücke nach dieser Frage beurteilbar sind. Ganze 1232 Elemente sind ausrichtungsmäßig in sich selber gespalten. Solche „Mischeinheiten" können wir in unserem Modell nicht weiter bearbeiten; wir werden die so ausgeschiedene Arbeitszeit am Schluß proportional den Themen zugutekommen lassen.

Führen wir den Zuordnungsprozeß nach Frage 13 unter den verbleibenden 39140 Arbeitselementen durch, so findet sich wieder zusammen, was wir vorhin künstlich trennen mußten. Es erstehen kompakte „Arbeitseinheiten"; aber diese geben sich oft auch die Hand über Vollzugswechsel oder gar über tagelange Pausen hinweg; sie bilden „zusammengehörige Tätigkeiten". So erhalten wir schließlich einen Bestand von 1434 Einheiten gleicher Ausrichtung (aber natürlich sehr ungleicher Größe). Damit sind wir voll ins Modell eingestiegen und können Frage für Frage an diese Einheiten stellen, beginnend mit Nr. 23, die sich danach erkundigt, ob keine Wiederholung von Aufgabe oder Gegenstand stattfindet. Achtunddreißig der 1434 Gebilde erfüllen diese Bedingung nicht und werden darum an den linken Rand hinaus verbannt. Den weiteren Durchlauf wollen wir nicht mehr beschreiben; das haben wir in Kapitel 6.6 ausführlich getan. Es empfiehlt sich allenfalls, Tafel 7.72, die das Verfahren nachzeichnet, mit der Figur 6.62 auf Seite 334 zu vergleichen, auf die sie sich abstützt.

Tafel 7.72: Entwicklung der Themenarten und -verbindungen nach Modell 6.62 (Sample II)

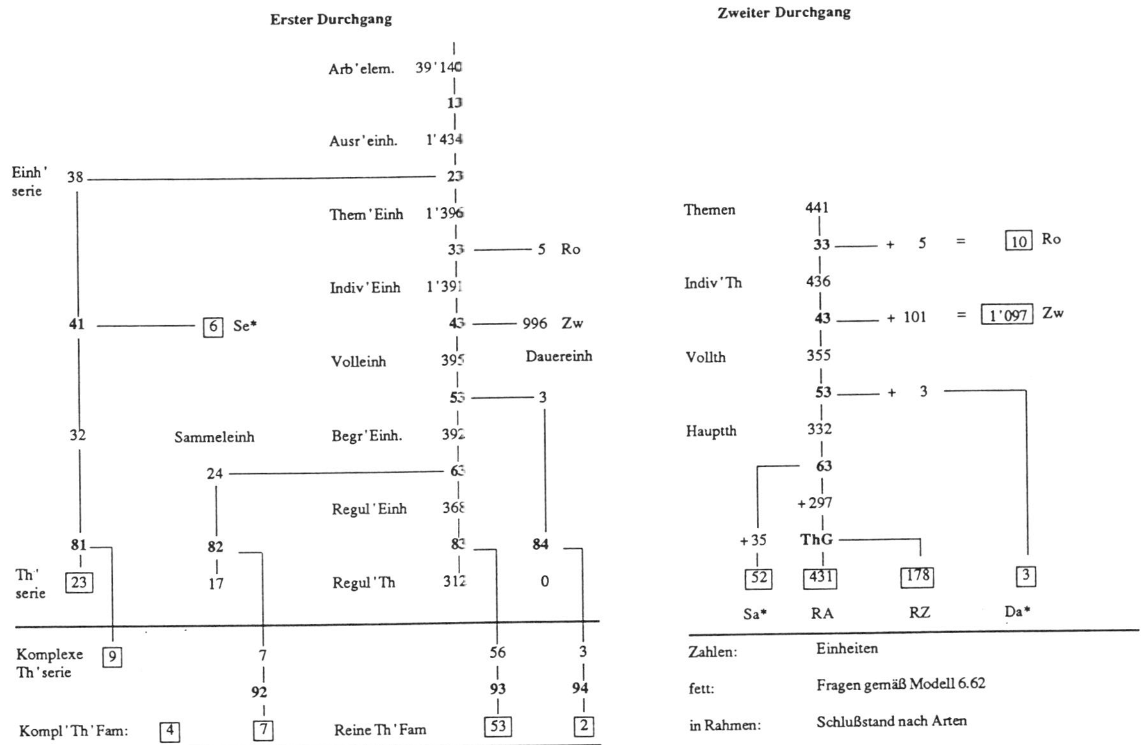

* Im Text meist zusammengefaßt als "Sammelformen" (SF); total 61

Mit diesem ersten Durchgang durch das Modell gewinnen wir allerdings noch wenig brauchbare Auskünfte über den Themenbestand. Definitiv steht bloß die Zahl der Serienthemen fest; alle anderen Angaben über Themen beziehen sich vorderhand nur auf die „unabhängigen", weder in Familien noch in Serien gebundenen Exemplare. Dafür haben wir abschließende Zahlen betreffend Themen-Serien und Themen-Familien in die Hand bekommen. Befragt, ob allenfalls Wiederholungen stattgefunden und/oder ob Teile gelegentlich das Übergewicht im Bewußtsein des Handelnden gewonnen hätten, mußten 98 unserer thematischen Gebilde zustimmend nicken; und die Auszählung ergab dann, daß sie aus insgesamt 441 Wiederholungen und/oder übergewichtig gewordenen Einzelgliedern bestanden.

Um deren Artung kennenzulernen, müssen wir diese 441 Teile nochmals von oben her in das Modell eingeben, beginnend auf der Stufe „thematische Einheiten", die jetzt identisch geworden sind mit „Themen". Bei diesem zweiten Durchgang addieren sich nun bei allen Endpositionen des Modells die „gebundenen" Themen zu den alleinstehenden und ergeben mit diesen zusammen die definitiven Schlußzahlen.

Ein dritter Durchgang wird nur dann nötig, wenn wir uns auch für Themen-Gruppierungen interessieren. Im ersten Schritt hatten wir vorhin voneinander gesondert, was „nicht gleich" war. Die dort gewonnenen 1434 Ausrichtungseinheiten können wir nun noch der Frage 16 – nach „Ähnlichkeit" der Ausrichtung – unterwerfen. Ein gutes Drittel von ihnen (597) scheint tatsächlich auf ähnliche Gegenstände gerichtet zu sein wie andere. Auch da könnte nun ein differenzierender Ausscheidungsprozeß einsetzen, der in Gruppen-Zahlen ausmündete. Wir ersparen den Lesern diesen dritten Teil des Schemas; die Zahlen rechts unten lassen sich ohnehin nur noch überschlagsmäßig berechnen.

Vergleich der Hauptkategorien von Themen

Zum Abschluß von Teil B unseres Buches wollen wir uns einen zusammenfassenden Gesamtüberblick verschaffen über die Verschiedenartigkeit der Themenwelt. Zu diesem Zwecke stellen wir die fünf Hauptkategorien von Themen, die wir angetroffen haben, einander gegenüber. Ähnliche Formen (Sammelthemen, Dauerthemen, Serienthemen) werfen wir dabei in einen Topf. Um uns zu vergewissern, daß wir die Begriffe noch richtig in Erinnerung haben, zitieren wir je ein Beispiel aus den vorhergehenden Kapiteln. Zwischenthemen: wir unterhalten uns mit Handwerker B. über den städtischen Werkhof. Reguläre Zuwendungen: wir lesen Polanyis „Personal Knowledge". Reguläre Aufgaben: wir bereiten einen Informationstag vor. Sammelformen: wir machen uns ab und zu Überlegungen zur Psychodiagnostik. Routinethemen: wir unterschreiben (immer wieder) die abgehenden Rechnungen.

In Tabelle 7.73 sind nun einige der Auszählergebnisse für diese fünf Kategorien zusammengestellt. Zuerst wollten wir eine vollständige Liste aller statistischen Befunde beifügen; aber sie war viel zu lang. Tatsächlich heben sich ein paar typische Unterschiede so durchgehend und so deutlich heraus, daß eine Auswahl von Gesichtspunkten genügt. Dabei dienen die ersten drei Zeilen mehr nur der ökologischen Information: wieviele Themen der einzelnen Kategorien es (bei P.) pro Jahr gibt, wie manches Thema sich pro durchschnittlichen „Wochentag“ zur Bearbeitung meldet, wieviel Arbeitszeit die Kategorien am Tag beanspruchen. In der ersten Hinsicht sind die Zwischenthemen, in den beiden anderen die regulären Aufgaben führend.

Uns interessieren vor allem die Angaben ab Zeile 4. Da machen wir ein paar beachtenswerte Entdeckungen. Wenn wir die Kategorien nämlich in einer bestimmten Reihenfolge anordnen – wie wir das in Tabelle 7.73 taten -, so ergibt sich für Zeilen 4 bis 9 (allenfalls 10) eine regelmäßige Zunahme der Durchschnitts- oder Prozentwerte von links nach rechts. Worauf beziehen sich diese Zahlen? Es handelt sich um Maße der Gesamt-Ausdehnung der Themen: Ausdehnung hinsichtlich Zuwendungsdauer, Erstreckung, Aufgliederung auf Bearbeitungstage, Aufgliederung in Arbeitseinheiten. Die geringsten Werte weisen in all diesen Hinsichten die Zwischenthemen auf, dann folgen die regulären Zuwendungen, die regulären Aufgaben und die Sammelformen. Am anderen Extrem finden wir stets jene thematischen Gebilde, die sich routinemäßig über die ganze Untersuchungszeit hinstrecken. Die regulären Aufgaben, unsere wichtigste Themengruppe, nehmen dabei immer eine Mittelposition ein (deren zahlenmäßiger Wert allerdings gewöhnlich etwas über dem Durchschnitt für alle Themen insgesamt liegt).

Dieser Trend wird erst (und nur) in Zeile 11 in sein Gegenteil verkehrt: Die Bearbeitungsdichte (vgl. Formel auf Seite 371) ist am geringsten bei den Routinen und steigt nach links stetig an. Der sensationell hohe Wert bei den Zwischenthemen muß allerdings mit größter Vorsicht zur Kenntnis genommen werden, da die Bearbeitungsdichte bei Eintagsthemen irreführende Werte ergibt, und Zwischenthemen sind zu 93% solche (Zeile 6!).

Bis hierhin standen sich Zwischenthemen und Routinethemen als die großen Gegenspieler gegenüber; sie nahmen die extremen Positionen auf beiden Seiten ein. Das ändert mit Zeile 12. Von nun an finden sie sich plötzlich am gleichen Pol der Skala zusammen. Wo rührt das her? Wir betrachten nun nicht mehr Ausmessungen der Themen als Ganzes, sondern ihrer einzelnen Teile. Zwar gliedern sich Zwischenthemen in wenige Bestandteile auf und Routinen in sehr viele (Zeilen 8 bis 10); aber bei beiden sind diese Teile gleicherweise sehr kurz, namentlich die Tagestätigkeiten, deren Aufgliederung in Arbeitseinheiten damit ebenfalls gering wird (Zeile 16). Diese beiden Themenarten werden also in kurzen Stücken bearbeitet, die sich aber (wo überhaupt über mehr als einen Tag verteilt) in rascher Frequenz folgen (Zeile 12).

Tabelle 7.73: Hauptkategorien von Themen: Durchschnittliche Werte

	Zwischenthemen Zw	Reguläre Zuwendungen RZ	Reguläre Aufgaben RA	Sammelformen SF	Routinethemen Ro	TOTAL
1 zTh pro Jahr	900 62 %	145 10 %	350 24 %	55 4 %	10 1 %	1`460
2 zTT pro WT	3.6 19 %	1.8 10 %	7.2 39 %	2.3 12 %	3.8 20 %	18.8
3 AT pro WT	.08 7 %	.26 21 %	.67 54 %	.13 10 %	.09 7 %	1.22
4 AT pro Th (M)	.02	.21	.30	.40	.82	
5 e pro Th (M)	1 Tag	10 Tage	1 Monat	6 Monate	über 1 Jahr	
6 e>1 Tg., zTh	80 7 %	137 77 %	394 91 %	61 100 %	10 100 %	682 38 %
7 e>3 Mt., zTh	10 1 %	36 20 %	102 24 %	47 77 %	10 100 %	205 12 %
8 TT pro Th (M)	1	3	4	8	55	
9 zTh>5 TT	- 0 %	30 17 %	163 38 %	41 67 %	10 100 %	244 14 %
10 zAE pro Th	1.5		12.3		216.5	
11 Bearb`dichte	(.91)	.29	.18	.08	.01	.29
12 Bearb`frequenz	.29	.07		.06	.31	.10
13 AT pro TT	.023	.14	.09	.06	.024	.07
14 zTT>.05 AT	118 10 %	355 58 %	939 39 %	240 32 %	151 12 %	1`803 29 %
15 AT pro AE	.03	(.08)	.04		.01	
16 zAE pro TT	1.2		2.6		1.8	

Noch eine zweite Änderung stellen wir aber bei den Ausmessungen der einzelnen Thementeile fest. Wie bei der Beschäftigungsdichte zeigen hier die Ergebnisse für die vier Kategorien rechts den umgekehrten Anstieg von rechts nach links (wobei das Minimum jeweils durch die Zwischenthemen noch unterboten wird). Hinsichtlich Tagestätigkeiten konnten wir das zweifelsfrei ermitteln; bei den Arbeitseinheiten können wir uns bloß auf eine Spezialauszählung bei den Lektürethemen in Sample I stützen.

Extensive und intensive Themenbearbeitung

Erlauben uns die allgemeinen Züge, die wir in Tabelle 7.73 entdeckten, eine weitere Zusammenfassung? Wir stellten drei Trends fest. Die Maßzahlen für die Ausdehnung der Themen nehmen von links nach rechts, von Zwischenthemen bis zu Routinen, stetig zu. Hingegen nehmen – falls wir die Zwischenthemen außer acht lassen – die Maße für die einzelnen Bearbeitungsteile der Themen (Tagestätigkeiten, Arbeitseinheiten) wie auch die Beschäftigungsdichte von links nach rechts, von den regulären Zuwendungen bis zu Routinethemen, ebenso stetig ab. Und drittens schließen sich die Zwischenthemen bei den Maßzahlen für die Thementeile den Routinethemen an. Für die Bearbeitungsdichte gilt das nicht; aber der Wert für Zwischenthemen ist hier so fragwürdig, daß wir ihn praktisch ausklammern können. Das ermöglicht uns, die Feststellungen zwei und drei miteinander zu verbinden, indem wir die Zwischenthemen für die betreffenden Messungen einfach an den rechten Rand der Tabelle verlegen.

Damit gelangen wir zu einem recht einfachen Schlußresultat. Die Themenkategorien, die wir zuerst erlebnismäßig, dann theoretisch auseinandergehalten haben, unterscheiden sich auch statistisch. Und zwar sind es zwei Hauptgrößen, in denen sie variieren, Ausdehnung und Bearbeitungsintensität. Es gibt Themenarten, die sich lange hinstrecken, viele Tage in Anspruch nehmen und insgesamt viel Zeitaufwand erfordern. Anderseits gibt es Themenkategorien, für die typisch ist, daß man lange bei ihnen verweilt und zäh an ihnen arbeitet, wenn man sich ihnen zuwendet. Zwischen diesen beiden Größen besteht nun offenbar ein reziprokes Verhältnis: je größer die Intensität, desto geringer die Ausdehnung, und umgekehrt. Allerdings gibt es die (zahlreichen) kleinen, flüchtigen Zuwendungen des Alltags, die in beiden Hinsichten gleichsam den Nullpunkt bilden: Sie dauern als Ganzes nur kurz und beanspruchen den Berufstätigen bei ihren Auftritten wenig; als Themen fallen sie also weder ausdehnungs- noch intensitätsmäßig ernsthaft in Betracht (höchstens eben zahlenmäßig). An sie schließen sich jedoch eben Gruppen von Themen an, die entweder hinhaltender oder aber konzentrierter bearbeitet werden; sie reihen sich im einen Belang von der einen, im andern von der andern Seite her an, gleichsam einen Kreis um sie bildend.

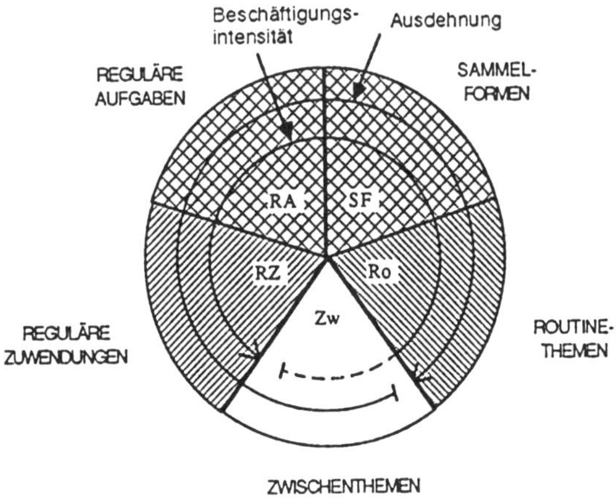

Fig. 7.74: Hauptkategorien von Themen: Zwei Hauptaspekte

So gelangen wir zu einer schematischen Darstellung gemäß Figur 7.74. Aus dieser Zeichnung werden verschiedene Gegensatz-Verhältnisse zwischen den Themenkategorien deutlich. Extreme Gegensätze bilden einmal die regulären Zuwendungen und die Routinen: Die ersten sind maximal bearbeitungsintensiv bei mäßiger Ausdehnung, die zweiten maximal extensiv bei geringer Intensität. Gegensätzlichkeit zu allen andern Kategorien weisen aber auch die Zwischenthemen auf: einmal zu ihren beiden „Nachbarn" im Kreise, zum einen hinsichtlich Ausdehnung, zum andern hinsichtlich Intensität der Teile; dann aber ebenfalls zu Aufgaben und Sammelformen, und zwar insofern, als diese Kategorien beide Eigenschaften des Involvements in hinlänglichem Maße besitzen, die Zwischenthemen aber keine von beiden.

Was wir hier darlegten, gilt für Themenkategorien, nicht notwendigerweise aber für Einzelthemen. Wir betrachteten Durchschnittswerte. Beim konkreten Thema können Maßzahlen fast beliebig variieren; und Gruppenüberschneidungen sind dann natürlich an der Tagesordnung.

Mit diesem letzten Blick auf das Themenproblem können wir den Thematik-Teil abschließen. Ich glaube, wir taten, was in unseren Kräften lag, um Leserin und Leser nicht bloß mit viel Theorie und einer wirren Fülle bunter Eindrücke aus dem Arbeitsleben P.'s sitzen zu lassen (so mochte es etwa zu Ende des vorletzten Kapitels aussehen). Vielmehr konnten wir ihnen auch zeigen, wie man eine Themenwelt systematisch ausfragen, ordnen, organisieren, durchschaubar machen kann. Freilich: nun ginge es darum, das bei einem einzigen Berufsmann Gewonnene an anderen solchen Themenwelten zu überprüfen und allenfalls zu ergänzen. Sollte es uns gelungen sein, die Leser davon zu überzeugen, daß sich das lohnt, und ihnen das Thema als Grundbegriff einleuchtend und als Forschungsgegenstand schmackhaft zu machen, dann hätten wir unser Ziel erreicht.

C. Die Analyse komplexer Arbeitswelten

Wir haben uns bis dahin mit den „Themen“ befaßt, das heißt mit den konkreten Aufgaben und Zuwendungsgegenständen im Arbeitsleben eines Berufsmenschen. Im nun folgenden Teil des Buches versuchen wir, die Arbeiten abstrakter und genereller zu betrachten, sie nach allgemeineren Gesichtspunkten zu kategorisieren. Die bisherige Diskussion hat uns den Weg dazu geebnet.

Die beiden Kapitel unterscheiden sich wiederum deutlich. Im ersten bearbeiten wir die Fragen grundsätzlich und theoretisch; im zweiten werden wir P.'s Arbeitswelt nach Bereichen und Vollzügen analysieren.

Kapitel 8

Kategorien und Grenzen beruflicher Arbeit

Mit den nun folgenden Betrachtungen kommen wir der traditionellen Arbeitspsychologie wohl näher als sonst irgendwo in diesem Buche. Es wird aber auch gleich deutlich werden, daß wir mit ihr, auf ihrem angestammten, intensiv beackerten Forschungsfelde, keineswegs konkurrieren können. Das liegt einmal an der Anlage unserer Untersuchung. So, wie eine Schwalbe noch keinen Sommer macht, macht ein einzelner Arbeitnehmer, auch wenn vierzig Monate lang systematisch beobachtet, noch keine Arbeitspsychologie. Kategorien, Auszählungen, Schlüsse, die sich aus unserem Material ergeben, lassen sich nicht in die stolze Reihe wissenschaftlich hieb- und stichfester Untersuchungsbefunde aufnehmen, wie man sie heute sucht. Kommt als zweites hinzu, daß der Autor, wie früher betont, alles andere ist als ein Kenner und Spezialist der Arbeitspsychologie. Der fachkundige Leser wird hier mehr als in anderen Teilen des Buches Hinweise auf einschlägige Literatur vermissen.

Wir wagen uns gleichwohl in die Arena, in der Gewißheit, daß auch wir etwas zu bieten haben. Wir werden uns darauf konzentrieren, herauszufinden und zu beschreiben, was vielleicht nur durch eine so intensive Einzelstudie gewonnen werden kann. Aus der Not machen wir eine Tugend: Wir untersuchen vor allem die Schwalbe, nicht den Sommer. Das Studium der Schwalbe wird uns aber zu neuem Nachdenken über den Sommer anregen.

In diesem achten Kapitel wird vor allem der Rahmen abgesteckt für die Erfassung einzelner Arbeitswelten. Was hier entwickelt wird, kann natürlich nicht bloß – wie das in Kapitel 9 geschehen soll – auf P. angewendet werden; es ist bedenkenswert und brauchbar für jede künftige Unternehmung ähnlicher Art (und vielleicht da und dort für die Arbeitswissenschaft überhaupt). Wir vermuten, es sei sogar für sich selbst genommen interessant und anregend.

Fünf Problemgruppen sollen zur Sprache kommen: die zweidimensionale Struktur der Arbeit (Bereiche und Vollzüge), die Frage universeller und individueller Kategoriensysteme, der Gegensatz abstrakter und konkreter Erfassung des Arbeitsinhaltes (Bereiche und Themen), die Abgrenzung der Arbeitswelt im gesamten Tätigkeitsfeld des Menschen und zum Schluß das Verhältnis von Arbeit und Freizeit. Jedem dieser Probleme ist ein eigenes Unterkapitel gewidmet. Die Überlegungen werden jeweils schrittweise vorangetrieben, in einem Tempo, das auch dem weniger versierten Leser erlauben sollte, ohne Mühe zu folgen. Das ist nicht unwichtig; denn Unterkapitel 3 und 5 münden je in ein recht abstraktes zusammenfassendes Schema ein. Nur wer dieses richtig versteht, hat den vollen Gewinn von Kapitel 8.

8.1 Zwei Dimensionen der Arbeit

Das Beispiel einer „Stellenbeschreibung"

Im Frühsommer 1981 erging an die Ämter der Stadtverwaltung Bern der Auftrag, für alle höheren Positionen kurzfristig „Stellenbeschreibungen" zu erstellen. Eine Kommission von Personalfachleuten hatte dafür einen Fragebogen ausgearbeitet. Darin war der größte Raum einer Aufzählung der „Hauptaufgaben, Kompetenzen" mit Angabe des Zeitbedarfs in Prozenten reserviert, nach einer „Kurzumschreibung Zielsetzung" und vor abschließenden Fragen nach Besonderheiten der Stelle, Anforderungen an Ausbildung und Erfahrung, hierarchischer Einordnung und Stellvertretung. Eine Anleitung zum Ausfüllen definierte kurz, was mit den Kategorien gemeint war. Bei der „Kurzumschreibung Zielsetzung" beispielsweise sei aufzuführen „nicht was zu tun ist, sondern was erreicht werden soll". Unter „Hauptaufgaben, Kompetenzen" dagegen „ist aufzuführen, was zu tun ist". „Durch aussagekräftige Tätigkeitsworte soll klar hervorgehen, was der Stelleninhaber macht (z.B. anordnen, ausarbeiten, auswerten, begutachten, beraten, beschaffen, entscheiden, entwerfen, koordinieren, kontrollieren, organisieren, planen, prüfen, redigieren, verhandeln u.ä.)."

Ich weiß nicht, wie es anderen Stellenleitern ergangen ist; P. jedenfalls hatte zunächst einmal Mühe mit der Anweisung, und die seinerzeitige Arbeitsanalyse zeigte ihm auch, warum. Mit der Einladung, konkrete Tätigkeiten wie Anordnen, Entwerfen, Prüfen, Verhandeln – unter Angabe des entsprechenden Zeitbedarfs – aufzuzählen, wurde vorwiegend das angesprochen, was wir in Kapitel 2 als „Vollzüge" bezeichnet hatten. Alle Mitarbeiter aber – P. gab die Aufgabe zunächst an sie weiter – verstanden unter sich stellenden „Hauptaufgaben" etwas anderes (wobei auch sie teilweise die Formulierung der Anleitung etwas verwirrte und die Kategorisierung recht unterschiedlich erfolgte). Die schließlich eingereichten Stellenbeschreibungen, die auf ihren Angaben basierten, belegen das. Die Aufgaben-Liste des „akademischen Berufsberaters" (Mitarbeiter mit Schwerpunkt individuelle Beratung) vom 2. Juli 1981 sah – nach Überschriften – so aus:

1.1	Individuelle Beratung	50%
2	Psychodiagnostische Untersuchungen	3%
3	Arbeitsberatung	4%*
2.1	Studien- und berufskundliche Veranstaltungen	7%*
2	Veranstaltungen an Schulen	3%
3	Berufswahlvorbereitung	2%*
4	Kontaktvermittlung zur Arbeitswelt	2%
5	Mitteilungsblatt	1%*
3	Dokumentation an Landgymnasien und Zweigstelle	1%*
4.1	Expertenfunktion gegenüber Schulen	2%
2	Mitarbeit in Fachkommissionen	3%
3	Publikationen	1%
5	Fachliche Arbeitsvorbereitung	14%
6	Administratives	7%

* Diese Aufgaben werden von einzelnen darauf spezialisierten Beratern wahrgenommen; alle Prozentzahlen geben den durchschnittlichen Aufwand beim ganzen Beraterstab an.

Diese Dinge werden – spontan! – als „Hauptaufgaben“ empfunden, welche sich aus der „Zielsetzung“ für die entsprechende Mitarbeiter-Gruppe ergeben. Die Zielsetzung selber wurde damals wie folgt formuliert: „Im Rahmen des Aufgabenbereiches der Stelle ... soll möglichst vielen Jugendlichen und Erwachsenen mit den jeweils wirksamsten Methoden geholfen werden, in eigener Verantwortung eine Schul- und Berufslaufbahn zu finden, die ihren persönlichen Voraussetzungen und den gegebenen Verhältnissen optimal Rechnung trägt, und auf diesem Wege auftretende Probleme konstruktiv zu lösen. Die Arbeit der akademischen Berufsberater und akademischen Berufsberaterinnen soll dazu beitragen, die betroffenen Personen zu einem umsichtigen Berufswahlverhalten zu motivieren, und ihnen Gelegenheit bieten zur intensiven Aussprache mit (und gegebenenfalls Abklärung durch) entsprechend ausgebildeten und aktuell orientierten Fachleuten sowie zur Gewinnung primärer Informationen durch geeignete Ausbildungs- und Berufsvertreter.“

Nennung von Aufgaben und Bezeichnung von Tätigkeiten

Die Liste der „Hauptaufgaben“, das wird der Leser, die Leserin sofort feststellen, entspricht natürlich nicht den Anweisungen; die „aussagekräftigen Tätigkeitsworte“ fehlen. Sie kamen erst in der Kurzbeschreibung der Aufgaben vor, die den Überschriften angefügt wurden, beispielsweise bei Hauptaufgabe 1.1, die im Durchschnitt die halbe Arbeitszeit des Beraters beansprucht, in folgender Form: „Individuelle Beratung (bei Berufswahlfragen oder Ausbildungsproblemen): Im vertieften Gespräch mit dem Ratsuchenden dessen individuelle Voraussetzungen (wie Fähigkeiten, Interessen etc.) klären, äußere Gegebenheiten (Möglichkeiten, Aussichten etc.) möglichst umfassend einbeziehen, eventuell Auskünfte einholen, diese Informationen verbinden und gewichten; unter Umständen mit Eltern, Lehrern und anderen Instanzen Kontakt aufnehmen, bei Interessenkollisionen vermitteln; den Ratsuchenden beim Fällen des Entscheides, bei dessen Realisierung und bei der Überwindung persönlicher und sachlicher Schwierigkeiten und Hindernisse unterstützen; Protokolle erstellen und gegebenenfalls Gutachten verfassen."

In dieser Beschreibung sind insgesamt zehn Verben enthalten: klären, einbeziehen, einholen, verbinden, gewichten, Kontakt aufnehmen, vermitteln, unterstützen, erstellen, verfassen. Liest man sie in dieser abstrakten Form durch, so sind sie gewiß wenig „aussagekräftig"; da hilft auch die Beifügung des Akkusativobjekts (wie beim „Kontakt aufnehmen") nicht viel weiter: Voraussetzungen klären, Gegebenheiten einbeziehen, Auskünfte einholen, Informationen verbinden und gewichten usw. Immer drängt sich die Frage auf die Lippen: „Was für Voraussetzungen, Gegebenheiten usw.?". Dasselbe gilt für die fünfunddreißig weiteren Tätigkeitswörter, die für die Erklärung der übrigen Hauptaufgaben verwendet wurden und sich zum Teil wiederholten, zum Teil auch mehr oder weniger klare Synonyme bildeten: je zweimal planen, auswerten, vermitteln; dreimal mitarbeiten; dreimal (vor-)besprechen; auslesen/aussuchen/auswählen; sich informieren/auf dem laufenden halten; darlegen/erklären usw. Aussagekräftig werden alle diese Wörter erst, wenn man kurz umschreibt, worum es geht: welche Art von Gegebenheiten man einbeziehen, welche Art von Informationen man verbinden und gewichten muß, bei welchen Gelegenheiten man zu „vermitteln" und zu „unterstützen" hat. Keiner unserer Mitarbeiter hält das „Verfassen" für eine von (fünfundvierzig) „Hauptaufgaben" des Beraters – höchstens das Verfassen von Gutachten für eine gelegentliche Teilaufgabe im Rahmen der Hauptaufgabe „Beratung", das Verfassen kleiner Artikel als eine solche im Rahmen der Hauptaufgabe „Mitteilungsblatt für Gymnasiasten" usw.

Die Unhaltbarkeit jener Anleitung – zumindest für komplexe Berufstätigkeiten – sei zusammenfassend nochmals demonstriert am Beispiel der Stellenbeschreibung für P. selber. P. hätte ja – als einziger – die Anweisung beim Wort nehmen können. Die früher durchgeführte Arbeitsanalyse hätte ihm erlaubt, seine „Hauptaufgaben" nicht bloß mit geschätzten, sondern sogar mit präzise ermittelten prozentualen Zeitangaben aufzuführen:

– Sitzungen leiten	7%
– Sich mit Mitarbeitern besprechen	6%
– Texte entwerfen	5%
– Sich mit Dritten (exkl. Klienten) besprechen	5%
– Sich an Sitzungen beteiligen	5%

- Daten ausziehen und übertragen 4%
- Arbeit mit Sekretärinnen besprechen; anleiten 4%
- Unterlagen durcharbeiten 4%
- Telefonieren 4%
- Lesen (ohne Auszüge zu machen) 3%
- Arbeiten und Besprechungen vorbereiten 3%
- Informelle Gespräche führen 3%
- Briefe (schriftlich) abfassen 3%
- Beratungsgespräche führen 3%
- Tabellen und Schemata entwerfen 3%
- Ideen notieren 2%
- Reisen, Ortsverschiebungen 2%
- Berechnungen durchführen 2%
- Material wegräumen 2%

Als „Hauptaufgaben" sind hier Tätigkeiten aufgeführt worden, die im letzten Drittel des Jahres 1972 mindestens 2% der Gesamtarbeitszeit P.'s in Anspruch nahmen, geordnet nach absteigender Größe.

Lieber Leser – falls Sie die vorangehenden Kapitel über P.'s Arbeits-Themen gelesen haben: Beurteilen Sie selbst, ob diese Zusammenstellung wirklich einen Eindruck vermittelt von den Hauptaufgaben, die sich dem Leiter einer Akademischen Berufsberatung stellen!

Hierarchische Kategorisierung der Arbeit

Die „Stellenbeschreibung" aus dem Jahre 1981 – also ein halbes Jahrzehnt nach Abschluß der Untersuchung – hat uns einen guten Einstieg in die Problematik der Arbeits-Kategorisierung ermöglicht. Ferne läge es mir dabei, die Kommission zu kritisieren, die Fragebogen und Anleitung entworfen hat. Nach meinen (freilich beschränkten) Literaturkenntnissen entspricht ihr Vorgehen durchaus den heutigen Erkenntnissen und Gepflogenheiten. Andreas Bürgi, der das heute für viele schweizerische Berufsberater maßgebende Werk über die „Analyse von Berufen" verfaßt hat, macht allerdings eine Dreiteilung, die manche der eben dargelegten Unzukömmlichkeiten beseitigt hätte (Bürgi, 1976, 54ff.). Er unterscheidet nämlich zwischen Berufszielen, beruflichen Aufgaben und Arbeitsabläufen. Die „Kurzumschreibung Zielsetzung" nach Stellenbeschreibung 1981 würde dabei dem ersten, die Beschreibung dessen, „was der Stelleninhaber macht (zum Beispiel anordnen, ausarbeiten ...)" dem dritten, den „Arbeitsabläufen oder -verrichtungen", entsprechen.

Die „Aufgaben" dagegen bildeten eine Zwischenstufe, die von den Auftraggebern der Stellenbeschreibung 1981 übersehen, von den ausführenden Berufsberatern dagegen spontan eingefügt worden ist, wie die Liste auf Seite 408 zeigt. Bürgi schreibt (S. 56): „Die Einzelaufgaben lassen sich ihrerseits meist noch einmal in Elemente aufgliedern. Die Einzelaufgabe kommt, wenn es sich nicht um eine reine Denkarbeit handelt, durch eine Abfolge von Verrichtungen zustande." Dabei scheint Bürgi freilich vor allem an manuelle oder sensomotorische Abläufe (wie „Hantieren mit Werkzeugen") zu denken. Solcherlei Tun ist sicher noch einmal eine Stufe – wenn nicht gar mehrere – elementarer als das „Klären von Voraussetzungen", das „Kontakt aufnehmen", das „Vermitteln" bei Interessenkollisionen, wie wir es schließlich in der Stellenbeschreibung des akademischen Berufsberaters unter der Hauptaufgabe Beratung aufgeführt haben. Um „Kontakt aufzunehmen", muß man sich vielleicht zunächst setzen, ein großes Buch hervorziehen und aufschlagen, den Hörer abheben, die Wählerscheibe einige Male drehen usw. (und hätte vom dafür Wesentlichen vielleicht erst noch nichts erreicht, wenn schließlich bloß das Besetztzeichen ertönt).

Mit einer schlichten Dreiteilung kommen wir also im konkreten Falle nicht durch; sie würde uns noch immer nicht erlauben, eine passende Ebene für alle unsere Beobachtungen zu finden. Offenbar gibt es aber ausgeklügeltere Stufenleitern. So hat K. B. DeGreene (gemäß Hoyos und Frieling, 1977, 107) im Jahre 1970 ein sechsstufiges System (im Hinblick auf die menschliche Tätigkeit in Mensch-Maschine-Systemen) vorgeschlagen. Es besteht aus den Gliedern, von oben nach unten absteigend, der „job operation" (vielleicht ungefähr der „Zielsetzung" gleichzustellen), der „position" (einer „Gruppierung von Obliegenheiten und Verantwortlichkeiten, die das Hauptarbeitsprogramm *einer* Person bilden"), der „duty" (ungefähr unserer Auffassung der „Hauptaufgaben" entsprechend), des „task" (parallel etwa den oben vermittelten Tätigkeitsbeschreibungen aus der Arbeit des akademischen Berufsberaters), des „subtask" (Ebene von Bürgis „Arbeitsverrichtungen") und des „task element" (ungefähr die einzelne Bewegung oder Reaktion).

An DeGreenes System – jedenfalls so, wie wir es eben adaptiert haben – ist für uns zunächst einmal interessant, daß auf zwei Ebenen je ein Ausdruck vorkommt, den man mit „Aufgabe" ins Deutsche übersetzen kann. „Duties" wären Aufgaben in jenem Sinne, wie ihn die Mitarbeiter der Akademischen Berufsberatung spontan verstehen, „tasks" dagegen in jenem, den offenbar die Verfasser der Anleitung zur Stellenbeschreibung im Auge hatten. Wie fast alle anderen Begriffe, die wir in unserem Buch verwenden müssen, hat eben auch der Aufgaben-Begriff eine schillernde Bedeutung, und diese Zwielichtigkeit schafft offenbar bei konkreten Bemühungen um die Erfassung der Arbeit beträchtliche Schwierigkeiten.

DeGreenes Stufenmodell muß uns aber aus einem anderen Grunde noch besonders beschäftigen. Es drückt sich darin ganz eindeutig eine begriffshierarchische Auffassung aus, die der Kategorisierung der Arbeit zugrundegelegt wird. Von einer „job operation" aus verästelt sich nach diesem Modell die Arbeit schrittweise immer weiter, bis wir schließlich an die

Grenzen des Reiz-Reaktions-Verhaltens gelangen, jener kleinsten psychologischen Elemente, aus denen sich alle Arbeiten in letzter Analyse zusammensetzen. Unterschiede der Kategorisierung bestehen also nicht etwa im Gesichtspunkt, den man anwendet, sondern in der Ebene, auf der man ansetzt: Je nachdem faßt man gewisse Tätigkeiten in eine einzige Charakteristik zusammen oder macht detaillierte Untergruppen. Insofern ist das ganze Kategoriensystem „eindimensional“; nur der Abstraktions- oder Vereinheitlichungsgrad bringt Variationen hinein.

Berufsziele und Berufsaufgaben

Auf die Gefahr hin, als „Hierarchie-Feind Nr. 1“ dazustehen – was ich ganz gewiß nicht bin – muß ich hier noch einmal zur Kritik eines hierarchischen Systems (diesmal eines Begriffssystems) ansetzen. Wir kehren zu diesem Zwecke wieder zu Bürgis Darstellung zurück (die sich übrigens keiner so klar hierarchischen Vorstellung verschrieben hat).

Wie bereits erwähnt, unterscheidet Bürgi zwischen „Berufszielen“ einerseits, „beruflichen Aufgaben“ andererseits (die „Arbeitsabläufe“ als „Aufgliederungen“ der zweiten lassen wir hier zunächst aus dem Spiel). Seine Darstellung der Berufsziele scheint uns sehr prägnant; wir möchten sie darum möglichst im Wortlaut zitieren. „Von Berufszielen spricht man insbesondere bei intellektuellen Berufen und bei Funktionen des mittleren und höheren Kaders. Wenn bei einer Tätigkeit mehr bezweckt und bewirkt als gemacht wird, bilden mithin nicht die Verrichtungen den Zweck des beruflichen Tätigseins, sondern es werden in erster Linie gewisse Ziele angestrebt und realisiert. Der Begriff ‚Berufsziel‘ stellt ein Abstraktum dar. Auch Schwarz (1970, S. 172) sieht den Unterschied zwischen Ziel und Aufgabe darin, daß einer Stelle ein Ziel oder einige wenige Ziele vorgegeben werden, auf die der Stelleninhaber die Erfüllung der einzelnen Aufgaben auszurichten hat... Dieses Ziel wird anvisiert, indem der Berufstätige entsprechende Aufgaben in Angriff nimmt, die er sich selber stellt oder die ihm gestellt werden. Bei den meisten Berufen ist nicht das Ziel dasjenige Faktum im Beruf, das in erster Linie untersucht und formuliert werden muß, sondern es sind die konkreten beruflichen Aufgaben, die zu erhellen sind.“ (Bürgi, 1976, 54/55.)

Über diese Aufgaben macht Bürgi anschließend weniger generelle Aussagen. Er führt sie an einem Beispiel ein und bespricht dann vor allem die Unterschiede und Zusammenhänge zwischen verschiedenen Unterarten (Gesamtaufgabe vs. Einzelaufgaben; Hauptaufgaben vs. Nebenaufgaben). Auch das erläuternde Beispiel wollen wir hier wörtlich zitieren. „Ziel des beruflichen Einsatzes des Lokomotivführers ist die Beförderung von Personen und Gütern. Die Bedienung der Lokomotive hingegen bezeichnet man als seine Aufgabe.“

Wenn wir uns Bürgis Text über die Berufsziele, in den er viel wichtige Information verpackt hat, genauer ansehen, so entdecken wir, daß die hier besprochene Gegenüberstellung zwischen Zielen und Aufgaben (mindestens) vier verschiedene Aspekte hat, die auseinanderzuhalten uns ein Anliegen ist.

a) Als erstes möchten wir den „echt hierarchischen" Zusammenhang herausschälen. Er findet sich im Faktum, daß sich aus Zielen Aufgaben ableiten lassen, die man in Angriff nehmen muß, will man das Ziel erreichen. Die Bewältigung bestimmter Aufgaben bildet, im Sinne unserer früheren Ausführungen über instrumentelle Hierarchie (vgl. Seiten 276ff.), die Voraussetzung zur Erfüllung angestrebter Ziele.

b) Schon hier aber spaltet sich eine zweite Gegenüberstellung ab, die keineswegs für jedes hierarchische Ziel-Aufgaben-Gefüge gleicherweise Gültigkeit hat. Es ist das gegensätzliche Maß an Freiheit der Vorgehens- und Mittel-Wahl. Der Text suggeriert – zu Recht! –, daß bei gewissen Berufen „nur" (oder vor allem) Ziele vorgegeben sind, zu deren Erreichung der Berufstätige „sich selber" Aufgaben stellen kann und muß (der eine macht es vielleicht so, der andere anders), während bei den meisten Berufen „konkrete Aufgaben" von außen her gestellt sind. Dieser Unterschied in der Auftragserteilung scheint uns außerordentlich wichtig, und er wird uns in einem anderen Buch eingehend beschäftigen. Auf eine grundsätzliche und unseres Erachtens sehr fruchtbare Weise haben sich Ernst-H. Hoff (1986) und Hans-Uwe Hohner (1987) damit auseinandergesetzt. Sie sprechen von Unterschieden in der „Restriktivität" von (beruflichen und anderen) Umwelten.

c) Drittens wirft Bürgi aber mit dem Hinweis, der Begriff Berufsziel stelle ein Abstraktum dar, zugleich noch den Gegensatz konkret-abstrakt auf. Auch wenn er dies vielleicht nicht in unserem Sinne verstanden wissen möchte, so ruft es uns doch den sehr wichtigen Unterschied zwischen allgemeiner Aufgabenstellung und konkreter Aufgabe in Erinnerung, also jenen zwischen der „Beratung der Studienanwärter" und der „Beratung des Maturanden Hans Meier" oder zwischen der „Ajourhaltung auf dem Gebiete der Berufsforschung und Berufskunde" und der Aufgabe, Andreas Bürgis Buch durchzuarbeiten. Auf ihn werden wir im dritten Unterkapitel noch zu sprechen kommen.

d) Die wichtigste Gegenüberstellung aber haben wir uns bis zuletzt aufgespart. Es ist jene, die wir – mit Georg Henrik von Wright – als die zentrale Unterscheidung für jede Handlungstheorie erachten. Bürgi spricht sie im Bedingungssatz an, „wenn bei einer Tätigkeit mehr bezweckt und bewirkt als gemacht wird"; er hebt damit Bewirken und Machen voneinander ab; ich selber habe mir mehr das Begriffspaar „Handeln und Tun" angewöhnt. Es geht hier um die Tatsache, daß das, was man in einem bestimmten Moment (mit dem Körper oder mit dem Geist) effektiv tut und das, worum es einem dabei geht, zweierlei sind. Und hier liegt auch das Kernproblem, auf das wir im Zusammenhang mit der Stellenbeschreibung 1981 gestoßen sind. Man kann zusammenstellen, was P. oder ein Berater den Tag über „macht" (telefonieren, sich mit Mitarbeitern besprechen, Daten ausziehen, lesen) – und das scheinen die Auftraggeber der Stellenbeschreibung gewünscht zu haben – oder man kann angeben, was man betreut, besorgt, bewirkt: im Dienste welcher „Aufgaben" das geschieht.

Unabhängigkeit der Aspekte

Mit diesen vier Gegenüberstellungen sind ganz verschiedene Aspekte (oder gar „Systeme") angesprochen; unseres Erachtens wäre und ist es falsch, sie in eine einzige Dimension „Ziel versus Aufgabe" zusammenpressen zu wollen. Sie können weitgehend unabhängig voneinander variieren, stellen somit verschiedene Dimensionen dar. Hierarchien gibt es bei Zielen einerseits (vom Ziel, Bürgermeister einer Stadt zu werden bis hinab zum Ziel, einen Flecken vom Kleid zu wischen), bei Tätigkeiten anderseits (vom Marathonlauf bis zur Muskelkontraktion); in beiden Fällen kann man mit der Analyse auf verschiedenen Ebenen ansetzen. Dabei kann man die Hierarchien verallgemeinert-abstrakt oder aber im konkreten Anwendungsfalle verfolgen und behandeln (im zweiten Zusammenhang sicher mit bestimmten Einschränkungen). Das wird uns im dritten Unterkapitel beschäftigen. Dabei können sich Aufgaben, fast auf jeder Hierarchiestufe (außer den ganz niedrigen), mit mehr oder weniger freiem Spielraum stellen (ein Auto mit bestimmten Eigenschaften zu produzieren erfordert weit festgelegtere Mittel als einen Mitarbeiter am Fließband dazu zu bringen, das störende Summen zu unterlassen, trotz dem hierarchischen Unterschied). Zentral aber für uns: Zwischen Machen und Bewirken besteht ein Grundunterschied, der hierarchische Stufen und Abstraktionsgrade kaum tangiert und sich fast über den ganzen Bereich erstreckt.

Kurz: der Unterschied zwischen der Aufgaben-Auffassung gemäß Anleitung zur Stellenbeschreibung 1981 (aussagekräftige Tätigkeitsworte beibringen, die zeigen sollen, was der Stelleninhaber macht) und dem spontanen Aufgabenbegriff der Mitarbeiter der Akademischen Berufsberatung (der eher „Wirkungskreise" abgrenzt) ist nach unserer Meinung nicht ein solcher der hierarchischen Ebene, sondern des grundsätzlichen Aspekts oder der „Dimension", unter denen man die Arbeit betrachtet. Zwischen „duties" und „tasks" (nach DeGreene) besteht nicht ein Größen-, sondern ein Art-Unterschied. Das zeigt sich unseres Erachtens sogar in der Umschreibung DeGreenes (gemäß Zitat von Hoyos/Frieling, 1977, 107). Die als „task" zusammengefaßten Aktivitäten sind durch ihre „Ähnlichkeit" verbunden, die in einer „duty" zusammengefaßten durch die Beziehung, in der sie zu einer Verrichtung stehen. Das Ziel, der Sinn, das angestrebte Ergebnis kann sehr unähnliche Tätigkeiten (zum Bahnhof rennen, im Zug Akten studieren, eine Sitzung leiten) zusammenbinden; das hindert nicht daran, daß man Aktivitäten ebensogut – und aus anderer Sichtweise – auch nach ihrer Ähnlichkeit gruppieren kann (Rennen auf den abfahrenden Zug und zum Zielband der Olympia-Strecke).

Ein zweidimensionales Kategoriensystem

Bei der Kategorisierung der Arbeiten sollte man sich also vor zu großer Vereinfachung hüten. Anderseits wird man nicht weit kommen, wenn man jedem möglichen Aspekt, jeder Verästelung nachgeht. Recht bald nach Beginn der Arbeitserhebung, und vorgängig jeder theoretischen Durchdringung, wurde uns anhand des bisher gesammelten Materials klar, daß eine Kategorisierung dessen, was P. tat, zweidimensional erfolgen mußte; und diese frühe Einsicht hat sich während der ganzen Erhebung bestens bewährt. Auch mit der allmählich erarbeiteten Handlungstheorie – die wegweisende Entdeckung von Wrights und Brennenstuhls kam erst nach 1972 – fand sich die spontan gefundene Lösung in vorzüglicher Übereinstimmung. Man konnte lapidar sagen, daß die eine Kategorisierungs-Dimension mit dem Tun oder Machen, die andere mit dem Handeln oder Bewirken übereinstimmte.

Die Entdeckung vom Oktober 1972 war schlicht einfach die: Es war ungenügend, zu notieren, daß P. „Briefe diktierte" oder „Texte entwarf" oder „telefonierte", und seine Arbeit danach zu klassifizieren. Man mußte stets auch den aufgabenmäßigen Zusammenhang beifügen: in welcher Sache Briefe diktiert oder Texte verfaßt wurden. Diese Zusammenhänge konnte man ihrerseits, mit gröberem oder feinerem Raster, kategorisieren. Dabei zeigte sich natürlich, daß solche Aufgabenbereiche – etwa den Personalbestand der Stelle oder die Koordination der Arbeit in der Schweiz sicherstellen – recht verschiedene Tätigkeiten in Anspruch nahmen, oft in bunter Folge etwa Rennen, Zugfahren, Lesen, Sitzung-leiten und vieles andere mehr.

Daß „duties" verschiedenartige „tasks" erzeugen können, sieht natürlich auch DeGreene. Nur wird bei ihm die Sache dann so arrangiert, als bildeten die einzelnen Tätigkeiten einfach charakteristische kleinere Bestandteile gerade der jeweiligen Aufgabe. In unserer Untersuchung zeigte sich jedoch – und jedermann, der außerhalb der industriellen Produktion arbeitet, wird uns das bestätigen –, daß Tätigkeiten wie Briefe schreiben, Texte entwerfen, Telefonieren, Daten herausschreiben usw. aufgaben-unabhängig sind, frei verfügbare Kategorien des „Machens", die sich beliebig einsetzen und übrigens ebenfalls auf verschiedenen Ebenen zusammenfassen oder weiter differenzieren lassen, wie die Aufgaben auch.

Bei der Suche nach Worten kamen wir für die beiden Kategorien-Gruppen zu den Bezeichnungen „Bereiche" und „Vollzüge". Mit Bereichen meinen wir Kategorien von Zuwendungsgegenständen oder „Aufgabenbereiche". Diesen letzten Begriff scheint nach Bürgi auch Nutzhorn (1966, 17) anzuwenden. Wir finden ihn weiter bei Boesch (1976, 16), und zwar im Sinne von „Handlungsbereichen" (z.B. Familie, Sport, Arbeit). Kürzlich hat er folgende Definition dafür gegeben: „Handlungsbereiche sind zeitlich längerdauernd konstante Zielkomplexe, zu deren Verwirklichung oder Aufrechterhaltung eine Vielzahl unterschiedlicher Handlungen koordiniert eingesetzt werden." (1986, 132). Wir können uns dieser Umschreibung weitgehend anschließen. Im übrigen ist das Wort recht neutral und unbelastet und eignet sich daher für unsere Zwecke gut.

Etwas heikler ist der Begriff „Vollzug". Nicht nur hat er in anderen Zusammenhängen, etwa im Verwaltungsrecht, einen abweichenden Sinn („Der Vollzug des Berufsbildungsgesetzes obliegt der kantonalen Volkswirtschaftsdirektion"). Auch in der Arbeitspsychologie wird er offenbar zum Teil anders verwendet, zum Beispiel von Popitz und Mitautoren (1954, zitiert nach Trebeck, 1961). Aber es sind uns – außer dem allzu blassen Ausdruck – „Arbeitsart" keine besseren Bezeichnungen begegnet. Die „Basis-Tätigkeiten" der Handlungstheorie (vgl. etwa Danto, 1978, oder von Wright, 1974) beziehen sich nur auf die elementarste Ebene der Vollzüge, im Sinne der „task elements" (DeGreene) oder der „task functions" (R. B. Miller, der dafür ein „Vokabular" ausgearbeitet hat; vgl. Hoyos/Frieling, 1977, 115ff.). Auf diese Ebene gelangen wir, von der Anlage unserer Erhebung aus, aber grundsätzlich nicht hinunter; durch die Fünfminutengrenze erfassen wir von vornherein nur länger aufrechterhaltene Aktivitäten, die bereits weit komplexer sind als Basis-Aktivitäten wie Knopfdrükken.

Bevorzugung der Vollzüge in der Arbeitswissenschaft

Wenn ich mich nicht gehörig täusche, so hat die Arbeitswissenschaft bis dahin vor allem das untersucht, was wir Vollzüge nennen. Für deren Kategorisierung sind in neuerer Zeit recht feine Instrumente entwickelt worden. Ich möchte etwa auf den amerikanischen „Position Analysis Questionnaire" (PAQ; deutsche Fassung: Frieling/Hoyos, 1978) oder das „Arbeitswissenschaftliche Erhebungsverfahren zur Tätigkeitsanalyse (AET)" (Rohmert/Landau, 1979) hinweisen. Was mit solchen Instrumenten erhoben wird, gehört fast durchwegs unserer „Vollzugs"-Dimension zu. Aber auch bei Untersuchungen menschlicher Aktivitätsfolgen, die über das Arbeitsleben hinausreichen, wurden häufig die Vollzüge in den Vordergrund gestellt. Nach Scheuch (1972, 78) ließ man bei der Datensammlung der „use of time"-Studie den Inhalt der Tätigkeit unbeachtet.

Daß man Arbeiten von „Bereichen" her zu klassifizieren versucht, dürfte eher die Ausnahme sein und typischerweise komplexere Berufe betreffen. So liegt vor mir etwa eine „Untersuchung über die Tätigkeit der Pfarrer in der evangelisch-reformierten Landeskirche des Kantons

Zürich", die die Zürcher Kirchensynode durch das Institut für Arbeitspsychologie der ETH durchführen ließ (Naef, 1971). Hier wurden die Tätigkeiten kategorisiert nach umfassenderen Aufgabenbereichen (Verkündigung, Jugendunterricht, Seelsorge etc.), denen jeweils ausdrücklich auch „Vorbereitung und Wegzeit" zugerechnet wurde (S. 15). Nicht unähnlich konzipierte die Vereinigung Schweizerischer Kinder- und Jugendpsychologen ihre Erhebung über die Tätigkeitsfelder dieser Fachleute (SKJP, 1983, 12ff.), allerdings mit weniger klarer Ablösung von den Vollzügen (Schreibarbeiten, Fotokopieren, Sitzungen, Wege usw. wurden aus den Bereichen ausgeklammert und als eigene Kategorien angereiht).

Es würde mich freuen, wenn es noch viele weitere Arbeitsstudien aus „inhaltlicher" Sicht gäbe. Bisher sind sie mir nicht bekannt geworden, was freilich wenig besagen will. Allerdings schrieb einer, der sich weit gründlicher mit der Literatur auseinandergesetzt hat als ich, noch im Jahr 1976: „Die meisten Arbeitsanalysen für betriebliche Zwecke beschränken sich auf die Erhellung ausführender Tätigkeiten." (Bürgi, 1976, 54).

Die Gründe für diese Beschränkung dürften vielfältiger Art sein. Sicher liegt es an der Eigenart der bisher vorwiegend analysierten Tätigkeiten selber; sind es doch vor allem Arbeiten mit stark motorischer oder informationsrezipierender Komponente. Daß vorwiegend solche Aktivitäten zu interessieren vermochten, hat einerseits ökonomische Gründe („human engeneering"). Aber es beruht sicher auch auf methodologischen Erwägungen. Körperliche Tätigkeiten, einschließlich Reaktionen auf Informationen, sind „objektiv" feststellbar – oder besser: lassen sich zumindest auch von außen her erfassen, registrieren, kategorisieren, messen; Bereiche hingegen bringen unvermeidlich die leidige Subjektivität ins Spiel.

In der Tat: auch in unserer Erhebung gehören Vollzüge zu dem recht wenigen, das übriggeblieben wäre, hätte ein strenger Behaviorist sie durchgeführt. Freilich hätte unsere Kategorientabelle dann schließlich etwas anders ausgesehen – Randtätigkeiten wie administrative oder gar motorische Hilfsarbeiten hätten eine differenzierte Behandlung weit über ihre Bedeutung hinaus auf sich gezogen; andere, für unsere Tätigkeit weit wichtigere Unterscheidungen dagegen – Telefongespräche vs. vergebliche Telefonversuche; Besprechungen/ informeller Fachaustausch/Plaudern – hätten dahinfallen müssen. Nicht einmal im Bereich des „Vollzugs" kann eine Akademiker-Tätigkeit durch Beobachtung von außen wirklich sinnvoll erfaßt werden.

Geradezu aussichtslos würde ein solches Beobachtungsverfahren, wollte man es auf die „Bereichs"-Dimension anwenden. Bereiche sind mit einiger Leichtigkeit und Eleganz nur durch den Handelnden selber, also „von innen her", zu eruieren. (Auch die Pfarrer des Kantons Zürich hatten die Zuteilungen selber vorzunehmen.) Ein außenstehender Beobachter müßte sich jeweils selber in die Arbeit des Beobachteten vertiefen, müßte Einsicht nehmen in die bearbeiteten Akten und Unterlagen, um den Vorsprung des Handelnden, des „Insiders“ also, aufzuholen. Er könnte sich somit nicht allein auf Beobachtungen beschränken, sondern müßte das Beobachtete auch interpretieren; im Zweifelsfalle müßte er – den Handelnden fragen! Das kommt daher, daß die Welt des Menschen, in der er agiert, längst nicht nur in der greifbaren Realität der physischen Objekte und Vorgänge besteht, sondern daß der Mensch, wie Joseph Nuttin beschreibt (1980 b, 54), sich in einer subjektiv-sinnhaltig interpretierten Wirklichkeit bewegt und vielfach auf Reize reagiert, die gar nicht als allen zugängliche Gegebenheit da sind, sondern nur in seiner Vorstellung. Nach unserer Überzeugung braucht das allerdings noch keineswegs zu heißen, daß die Unterscheidung von Bereichen einer „objektiven“ Grundlage entbehrt (sofern man nicht einem positivistischen Objektivitätsbegriff aufsitzt).

Ein weiterer Grund für die Bevorzugung von Vollzugskategorien kommt hinzu. Diese können nämlich – wenigstens ihrem Anspruch nach – quer über verschiedenste Berufe und Arbeitsplätze hinweg Verwendung finden. Wie Frieling und Hoyos im Handbuch zum „Fragebogen zur Arbeitsanalyse“ erklären, ist bei einem solchen Instrument der „Einsatz überall dort besonders angezeigt, wo verschiedenartige Arbeitsplätze verglichen werden sollen“ (1978, 7). Zumindest für größere Berufsgruppen können Kategoriensysteme entworfen werden, die einen Quervergleich erlauben. Bereiche dagegen sind berufsspezifisch (wenn nicht sogar job-spezifisch – darauf werden wir etwas weiter unten eingehen). Was für die Pfarrer taugt, ist für einen akademischen Berufsberater (einen immerhin nicht so fernen Verwandten!) sinnlos: mit Begriffen wie Verkündigung, Jugendunterricht, Seelsorge usw. kommt man der Arbeit eines Berufsberaters nicht bei (während ein gemeinsames Vollzugssystem mit Leichtigkeit zu finden wäre). Auch das erschwert der Arbeitswissenschaft die Verwendung von Bereichs-Kategorien.

Im Gegensatz zu den arbeitswissenschaftlichen Analysen einerseits, der zitierten Pfarrer-Untersuchung anderseits haben wir uns bei der Arbeitskategorisierung nicht auf *einen* Gesichtspunkt, auf Vollzug oder Bereich, beschränkt, sondern beides gleichzeitig zu erfassen versucht. Immerhin müssen wir zugeben, daß das Schwergewicht unseres Interesses dabei auf der Seite der Bereiche (und ihrer konkreten Ausprägungsform, den Themen) lag. Wir hatten die Vollzüge nötig, vor allem um die Struktur des Tageslaufes zu verstehen (vgl. Teil D). Aber seit dem ersten Kategorisierungs-Anlauf im Oktober 1972 gab das Vollzugs-System kaum mehr Anlaß zu Weiterentwicklungen und theoretischen Überlegungen.

8.2 Kategorisierung und Einzelfall

Ziele und Formen der Kategorisierung

Wir haben es bereits betont: Die Bildung je eines Kategoriensystems für Bereiche und Vollzüge ergab sich bei P. spontan, nach wenigen Wochen der Datenerhebung, ganz aus der „Praxis“ heraus und ohne viel grundsätzliche Erwägungen. Das Ziel war damals handgreiflich und diktierte die Methode; die Parallelsetzung und Parallelbehandlung der beiden Dimensionen bildete ein erleichterndes und beflügelndes Element. Die Lösung bot wenig Schwierigkeiten, weil sie bloß auf eine einzige Arbeitswelt zu passen brauchte. Erst später wurden die Überlegungen theoretischer, die Ziele divergenter; dabei zeigte sich, daß sich diese teils stützen, teils zuwiderlaufen können.

Damals ging es mir in erster Linie einfach darum, die Vielfalt der Arbeiten leichter registrierbar zu machen. Ich wollte damit aufhören können, sie jeweils auf dem Erhebungsbogen detailliert zu umschreiben. Das Wichtigste sollte in Codes ausgedrückt sein, die nur noch da und dort ein Stichwort zur näheren Erklärung erforderten. Diese Kategorien sollten aber auch bereits die künftige Auszählung vorbereiten und es erleichtern, eine Übersicht über die zeitliche Verteilung der Arbeiten zu gewinnen.

Der entscheidende Kunstgriff war dabei die Anlage der beiden Kategorientabellen im Dezimalsystem. Auf einem Spaziergang zündete plötzlich der Funke; ich begriff, daß sich sowohl Bereiche wie Vollzüge in neun oder zehn Gruppen anordnen ließen, die je wieder maximal zehn Unterkategorien erheischten. Damit war von vornherein der ursprünglichen Zielsetzung der Kategorisierung optimal Genüge getan. Die zwei 10×10-Schemata waren leichter einzuprägen; ich entschloß mich bald danach auch, keinen der zweistelligen Codes während der laufenden Erhebung je anzutasten: Ergänzungen und Erweiterungen hängte ich einfach mit neuen Ziffern im passenden Fach hinten an. Die Codierung funktionierte während der über drei Erhebungsjahre problem- und quasi aufwandlos.

Damit war, aus praktischen Gründen, das Hierarchie-Problem einfach plattgedrückt worden, elegant reduziert auf zwei Ebenen. Drei Jahre später erwies sich dann, daß solch ein Kategoriensystem noch einem zweiten Ziel optimal entsprach. Als ich nämlich ernsthaft eine EDV-Auswertung ins Auge faßte, konnte ich nichts Günstigeres vorfinden als Kategorien, die sich von vornherein einem Dezimal-Schema einordneten. Hier war ideale Vorarbeit geleistet. Das Denken in Zehnerkategorien festigte sich erneut. Es würde, so urteilte ich, jetzt nur noch darum gehen, vor dem Übertrag der Daten auf Lochkarten durch Umstellung gewisser Codes die Ordnung etwas zu verbessern.

Erst als ich daran ging, mein ganzes Unternehmen der Arbeitsanalyse gründlich zu durchdenken und systematisch darzustellen, kam ein drittes

Ziel deutlicher in Sicht und interferierte zum Teil mit den bisher verfolgten und optimal befriedigten. Nun ging es nämlich um die erkenntnismäßige Erfassung des Gegenstandes. Unter diesem neuen Gesichtspunkt kam plötzlich die schöne 10×10er Tabelle ins Wanken. An ihrer Stelle drängte sich eine logisch-begriffshierarchische Ordnung der Kategorien vor, die das Dezimalschema ignorierte und eine größere Zahl von Stufen in Anspruch zu nehmen wünschte, um noch weitergehende Zusammenfassungen nach oben und feinere Verästelungen nach unten zuzulassen. Eine ganze Leiter, wie sie etwa DeGreene oder für Vollzüge Nordsieck (1969; nach Hoyos, 1974, 67) entworfen hat, schien mir sowohl für Bereiche wie für Vollzüge eher angezeigt. Bei den Bereichen müßte sie nach unten schließlich, durch Umkippen in die konkrete Realisierung, in die Einzelthemen einmünden (allerdings mit einer recht wirren Region des Übergangs, auf die wir noch zu sprechen kommen).

In Kapitel 9 werden wir ein klein wenig auf die logisch-hierarchische Gliederung von P.'s Arbeitswelt eintreten. Seltsamerweise wird sich dabei aber zeigen, daß sie, nach oben wie nach unten, in viele Ambiguitäten und Unsicherheiten hineinführt, und daß der mittlere Bereich, den wir bereits im Oktober 1972 mit einem kühnen Zugriff erfaßten, den sichersten und unproblematischsten Teil von ihr bildet. Diese Erfahrung steuerte einen Grund mehr zur Aufrechterhaltung der ursprünglichen Codierung bei.

Wir werden uns also in Kapitel 9 auf unser 10×10-Kategorien-Schema, für Bereiche wie für Vollzüge, stützen. Dabei präsentieren wir alle Ergebnisse gemäß einer nachträglich etwas umgruppierten Aufstellung, so wie wir sie gegebenenfalls bei einer neuen Erhebung über die Arbeitswelt des Berufsmannes P. verwenden würden.

Zehn-mal-zehn-Schemata werden bei ähnlichen Unternehmungen ja oft verwendet, so zum Beispiel auch bei der Code-Tabelle der internationalen Zeitbudgetstudie „The use of time" von Szalai (1972, 562ff.). Peter Schwenkmezger und seine Mitarbeiterinnen und Mitarbeiter haben sie für ihre eigenen Untersuchungen des Tageslaufes ins Deutsche übersetzt (1987, 27ff. und Anhang 1). Dieser Tätigkeitsschlüssel soll gültig sein für jedermann an jedem Ort und damit Vergleiche zwischen Personen und Kulturen ermöglichen. Er umfaßt das ganze Leben; die Arbeitszeit bildet bloß eine der zehn Tätigkeitsgruppen und wird nur formal, nicht inhaltlich weiter aufgegliedert (Berufsarbeit außer Haus, Heimarbeit, Wartezeiten usw.).

Universell verwendbare Kategoriensysteme?

Dieses vierte Ziel einer Kategorisierung, die Ermöglichung von Vergleichen, haben wir schon früher kennengelernt. Im Geleitwort zur deutschen Bearbeitung des PAQ, dem „Fragebogen zur Arbeitsanalyse" (FAA), rühmen Frieling und Hoyos als wichtigsten Vorteil ihres Instrumentes, daß es Quervergleiche zwischen verschiedenen Arbeitsplätzen erlaube. Frohgemut verkündigen sie seine „universelle Verwendbarkeit“ überall dort auf unserem Erdenrund, wo Menschen arbeiten.

Damit wird also in Anspruch genommen, daß Kategorientafeln von der Art des FAA – wie auch immer gewonnen – ein Ordnungsschema bilden, das vom einzelnen Beruf (oder gar einer individuellen Berufsausübung) unabhängig ist und, einmal bereitgestellt, vorgängig jeder weiteren Prüfung zur Erfassung der Arbeitswelt eines beliebigen Berufstätigen benutzt werden kann. Solche Instrumente zu erarbeiten, kann gewiß ein legitimes Ziel sein, einerseits auf generelle Erkenntnis gerichtet („wie bauen sich Berufe ganz allgemein auf?“), andererseits aber (und vor allem) zum Zwecke der Ermöglichung von Vergleichen.

Auch in unserer eigenen Untersuchung gibt es Stellen, wo wir uns schmeicheln, zu solch „universellen“ Kategoriensystemen vorgestoßen zu sein. Wir denken dabei an die Kategorien der Steuerung der Arbeitsabfolge und der „Auslösung“ der einzelnen Arbeiten, wie wir sie in einem Nachfolgeband hoffen vorstellen zu können. Der dort entwickelte Raster ist gewiß recht allgemeiner Natur; er liegt im Wesen der Arbeitssituation selber begründet. Variationen zwischen verschiedenen Berufen drücken sich nicht im Ruf nach spezifischen Rastern aus, sondern in der unterschiedlichen zahlenmäßigen Verteilung der beobachteten Vorkommnisse auf die Einzelkategorien.

Dieser Teil unserer Untersuchung steht hier aber noch nicht zur Diskussion. Vorderhand müssen wir uns an das bisher Dargelegte halten; und da befinden wir uns gleich am extremen Gegenpol. Bis dahin haben wir P.'s Arbeitswelt als ein Geflecht von „Themen“ kennengelernt. Themen sind aber – bereits ihrer Definition nach, in der wir mit Bedacht nicht einmal die erste Person Einzahl vermieden haben – individuelle Gegebenheiten. Die meisten von ihnen – soweit es sich nicht um gemeinsame „Geschäfte“ handelt – gehören nur und ausschließlich zur Arbeitswelt gerade von P.; und ihre Kombination ist ohnehin absolut einmalig. Sinnlos, etwa beim Mitarbeiter X. oder beim Amtskollegen Y. im Nachbarkanton erheben und messen zu wollen, wieviel der „Beratungsfall A.“, wieviel der „Ausbau der Bieler Stelle“, wieviel die „Vorbereitung des Gwatter Diagnostik-Kurses“ ihm zu tun gab – X. und Y. haben ihre eigenen Probleme und ihre eigenen Sorgen. Themen sind nicht generalisierbar.

Gut; soviel ist klar. Themen sind individuelle Ereignisse. Aber, so wird man einwenden, bei jeder wissenschaftlichen Untersuchung geht es ja eben darum, individuelle Ereignisse in Kategorien zusammenzufassen, welche allgemeinere Gültigkeit haben und auch andernorts anwendbar sind. Tatsächlich ist dies ja die Aufgabe, die wir uns im vorliegenden Kapitel gestellt haben. Aber solche kategoriellen Zusammenfassungen von Individualereignissen können – und darauf kommt es uns jetzt an – recht verschieden erfolgen.

FAA und AET zeigen uns *ein* solches Verfahren: Kategoriensysteme sollen „universell" gültig sein. Die Pfarrer-Untersuchung aus dem Kanton Zürich (Naef, 1971) weist uns auf ein anderes hin: Die Kategorien, mit denen man einzufangen suchte, was „eigentlich die Pfarrer tun", sind brauchbar für Pfarrer und nur für Pfarrer (zum Teil vielleicht nur für evangelisch-reformierte). Es sind darin Kategorien vertreten und detailliert auseinandergefaltet, die kaum auf einen anderen Beruf anwendbar sind (Abdankungen, Konfirmandenunterricht, Kasualiengespräche, Schulung der Sonntagsschulhelfer und viele andere; S. 15). Kategorien dagegen, die für die Beschreibung anderer Berufe unentbehrlich wären, fehlen vollständig (etwa: Entwicklung neuer Substanzen, Sorge für Ruhe und Ordnung – es sei denn als Nebenaufgabe im Konfirmandenunterricht -, Verpflichtung und Koordination der erforderlichen Handwerker, Durchführung berufs- und studienkundlicher Veranstaltungen). Von „universeller Verwendbarkeit" keine Spur. Die einzige Tätigkeitskategorie, deren Universalität über jeden Zweifel erhaben ist, dürfte Nummer 45 der Liste von Szalai sein, „Nachtschlaf" – nur eignet sie sich (hoffentlich) nicht für vergleichende Arbeitsstudien.

Zwei Arten der Irrelevanz von Kategorien

Setzt man sich zum Ziel, Arbeitswelten mittels „universell verwendbarer" Kategoriensysteme zu erfassen, so tritt man eine Segelfahrt zwischen Skylla und Charybdis an. Die eine Wahlmöglichkeit, die man hat, besteht in einer möglichst detaillierten Aufzählung aller Varianten, die im einen oder andern der Tausenden von Berufen relevant sein können. So finden wir im FAA etwa die Frage nach dem „Bedienen von Betriebsschaltern für Ein/Aus" (Frieling/Hoyos 1978, 110, Item 2.20). Man hält diese Kategorie also für „universell verwendbar" und benutzt sie somit auch zur Erfassung der Arbeitswelten von Pfarrern und akademischen Berufsberatern (wo sie wohl nur an Winterabenden aktuell wird). Diese Berufsleute fragt man, wie alle andern, auch nach der Verwendung „langstieliger Werkzeuge (Schaufel, Besen)" (2.3), dem „Balancieren, um Stürze zu vermeiden" (2.36), dem „Aufrechterhalten kontrollierter Arm-Hand-Stellung oder -Bewegung" (2.48), dem „Kontakt mit geschäftlichen Einkäufern" (3.29) und dem „Einhalten von Sicherheitsabständen" (4.26 – vielleicht zu besonders attraktiven Konfirmandinnen oder Maturandinnen?)

Ein solches Verfahren müßte im Grunde zu einer unendlichen Liste führen (Einordnen von Notizen zwecks Wiederfinden; Breitdrücken von Büchern zum Erstellen guter Fotokopien; Benetzen der Finger zum Umblättern der Seiten; usw.)

Dieser Gefahr kann man ausweichen, indem man breite Kategorien anbietet. So rettet sich in der Tat auch der FAA vor unüberblickbarer Länge. Gewisse Aspekte der Arbeit behandelt er erstaunlich großzügig.

Lesen besteht schlicht in der Informationsaufnahme aus „gedrucktem, maschinengeschriebenem Material"; Teilnahme an Sitzungen ist subsumiert unter „Austausch nicht routinemäßiger Information" (3.6, außer Sitzungen mit Mitarbeitern: 3.35); und die „Notwendigkeit beruflicher Weiterbildung" findet sich in Item 4.44, schön gleichgeordnet neben dem „Autofahren als Mittel beruflicher Arbeitsdurchführung" (4.43).

Was wir aus diesen Beispielen lernen können, ist folgendes: „Universelle Verwendbarkeit" eines Kategoriensystems zur Erfassung von Arbeitswelten erweist sich praktisch als Illusion. Es gibt immer wieder Berufe, für die die angebotenen Kategorien zum größeren Teil (oder fast insgesamt) unnütz sind, weil sie auf eine von zwei Arten irrelevant werden: Entweder sind sie überflüssig und bedeutungsleer, weil zu spezifisch, oder sie sind zu breit, verwaschen und aussagearm. Beim FAA trifft das gewiß für Zürcher Pfarrer so gut zu wie für den Leiter der Akademischen Berufsberatung Bern: Die allermeisten Items sind blinde Fenster, gleich zeilen- oder gar quartierweise an die Wände der beruflichen Behausungen aufgemalt, und die spärlichen Fragen, die auch hier verwendbar wären, unterscheiden nicht, weil sie viel zu allgemein formuliert sind. (Sollte man mir nun entgegenhalten, der FAA sei natürlich auch nicht für akademische, insbesondere nicht für sozialwissenschaftliche Berufe konzipiert worden, sondern in erster Linie für betriebliche Bedürfnisse, so antworte ich: voilà! Quod erat demonstrandum. Universalinstrumente sind Illusion; auch ihre Schöpfer haben ganz bestimmte Berufsgruppen und Verhältnisse im Auge.)

Wir haben die Demonstration am Beispiel der Vollzugs-Kategorien geführt. Auf dem Gebiet der Aufgabenbereiche wäre sie noch viel krasser ausgefallen. Eine Kategorientafel zu finden, die zur Beschreibung der internen Struktur der Arbeitswelten gleichzeitig des Dockarbeiters, des Schreiners, des Überwachers eines Regelpultes, des Dirigenten, des Buchhalters, des Schankwirtes, des Pfarrers und des Leiters einer Akademischen Berufsberatung taugt, ist völlig ausgeschlossen – eine solche Tafel könnte bestenfalls dazu dienen, diese Berufe nach ihren übergreifenden Aufgabenstellungen zu klassifizieren. Nicht einmal für eine Mehrzahl der akademischen Berufe ließe sich so ein Gebilde konstruieren: stets wären gerade die für den einzelnen Beruf charakteristischen Hauptaufgabenfelder (etwa: Verkündigung – kirchlicher Jugendunterricht – Einzelseelsorge ...) eingeebnet in notwendigerweise viel generellere, aussageärmere Grobkategorien, die umgekehrt für andere Berufe, etwa den Forschungschemiker, bedeutungsleer wären.

Berufsspezifische und individuelle Kategoriensysteme

Angesichts der Schwierigkeit, ja Unmöglichkeit, universell verwendbare Kategoriensysteme zu bilden, gibt es zwei grundsätzlich verschiedene Haltungen. Einmal kann man sich dennoch möglichst zäh am Wunsch, überindividuelle Kategorien zu benutzen, festklammern. Widerstrebend gibt man, von der Universalitätsidee herkommend, Stück um Stück unhaltbare Ansprüche auf, bis man sich auf jenen Kreis von Erscheinungen beschränkt hat, der eben gerade noch ein gemeinsames System zuläßt. Dabei wird man bei den Vollzügen weit weniger Terrain preisgeben müssen als bei den Bereichen. Allenfalls findet sich da eine Kategorientafel für „intellektuelle Berufe", oder für „Dienstleistungsberufe", oder für „Verwaltungsberufe" oder was immer.

Was hingegen die Bereiche betrifft, wird der Rückzug länger dauern; eine erfolgreich zu haltende Verteidigungslinie wird man erst finden, wenn man bei den „Pfarrern" oder einer ähnlichen homogenen Gruppe angelangt ist. Wo solche Berufsgruppen groß sind, wo Dutzende oder Hunderte von Arbeitnehmern im Prinzip das gleiche tun, ist diese Beschränkung zwar wenig spürbar. Meist schmoren dann ja die „Bereiche" auch zusammen zu einem unansehnlichen Häufchen von vieren, dreien oder noch weniger – wie beim Industriearbeiter, dessen Arbeitswelt, von den „Zielen" her betrachtet, oft so monothematisch ist, daß es den Arbeitswissenschaftern gar nicht erst in den Sinn kommt, nach berufsinternen Bereichs-Strukturen zu fragen. Wo aber das Neben- und Miteinander verschiedener Aufgabenbereiche, das häufige Wechseln vom einen zum andern berufstypisch ist, wie bei fast allen akademischen Berufen, da wird das Berufsbild jeweils gerade geprägt durch die spezifische Konstellation typischer Bereiche.

An solch einer „defensiven" Tendenz wird man festhalten, solange man darauf ausgeht, Vergleiche zu ziehen – zwischen Berufen, zwischen berufsinternen Gruppen (ältere – jüngere Pfarrherren, Pfarrer in großen oder kleinen Pfarrkreisen, Pfarrer in der Stadt oder auf dem Land – vgl. Naef 1971), zwischen einzelnen Berufsausübenden (etwa dem knappen halben Dutzend „Leitern von Akademischen Berufsberatungen", die es anfangs der siebziger Jahre in der Schweiz gab) oder gar zwischen zeitlich verschiedenen Phasen der Berufsausübung eines Einzelnen.

Was aber, wenn Vergleiche gar nicht angestrebt werden? Wenn eine Untersuchung sich darauf kapriziert, die interne Struktur einer Arbeitswelt auszukundschaften, so wie der Berufsträger sie selber erlebt? Genau das war aber das Ziel, das sich P., und zwar von allem Anfang an, bei seiner Erhebung gestellt hat. Zwar stiftete ihn ein praktisches Bedürfnis dazu an. Er wollte wissen, wie er seine Arbeitswelt so reduzieren und umgestalten müßte, daß er 40% seiner Arbeitszeit für eine andere Funktion freibekam. Dafür mußte er aber *seine* Arbeitswelt kennenlernen, nicht die des durchschnittlichen Stellenleiters oder Berufsberaters oder Sozialwissenschafters oder öffentlichen Beamten oder wessen auch immer.

Deshalb wählte P., unbekümmert und herzhaft, ein radikal anderes Verfahren: Er errichtete sein individuelles Kategoriensystem. Ohne Seitenblick auf andere Berufsleute besann er sich darauf, wie seine persönliche Arbeitswelt sich aufbaute. Er siedelte seine Arbeitsanalyse also am absoluten Gegenpol „universalistisch“ ausgerichteter Arbeitswissenschafter an: Individuum statt Universum. Daß er damit natürlich nicht einfach zu Kategorien gelangte, die in der Arbeitswelt vollkommen singulär und unvergleichbar wären, versteht sich von selber. Schließlich übte auch er einen Beruf aus, und zwar in einer vielfach vorgeprägten Situation. Er erfaßte aber genau jenen Kompromiß, der (nach Ralph H. Turner, 1975) bei der Übernahme von Rollen durch einen Rollenträger entsteht: Das Individuum paßt sich an eine Rolle an und gestaltet diese dabei so um, daß sie ihrerseits zu ihm paßt.

Haben individuelle Kategoriensysteme einen Sinn?

Sollten wir unseren Bericht nicht hier und jetzt, mit dem Zugeständnis individueller Kategorienbildung, abschließen? Können individuelle Systeme überhaupt in irgend einem Belang etwas über Arbeitswelten aussagen, das von allgemeinerem Interesse und insofern mitteilenswert ist?

Auf diese Fragen haben wir zwei Antworten bereit, eine gutmeinend-harmlose und eine grundsätzlich-epistemologische. Die erste beruft sich auf die „Demonstration am Exempel“. So wie P. seine Arbeitswelt analysiert hat, so könnte es jeder andere mit der seinen tun – und zöge gewiß auch einen Gewinn daraus. Sofern er in einem komplexeren Aufgabenfeld steht, würde er vielleicht intensiver realisieren, in welchem Ausmaß Arbeitswelten individuelle Phänomene sind. Arztpraxen zum Beispiel sind gewiß vergleichbar in vielen Hinsichten; will man jedoch die Arbeitswelt eines einzelnen Arztes erfassen, so wird das System relevanter Bereiche (und allenfalls selbst der Vollzüge) bei jedem etwas anders aussehen. Vielleicht – und damit geraten wir bereits ein wenig über das bloß Gutmeinende hinaus – ließen sich durch Kategoriensysteme individuell erfaßte Arbeitswelten nach übergeordneten Gesichtspunkten – wie etwa Vielfalt, Streubreite, Gleichgewicht der Bereiche, kognitive Strukturiertheit etc. – auch wieder miteinander vergleichen.

Wichtiger aber ist die andere Antwort. In den folgenden Kapiteln werden wir uns der Struktur des Tageslaufes zuwenden und auf diesem Feld wichtige Befunde von recht allgemeinem Interesse vorweisen. Diese Erkenntnisse konnten wir jedoch ausschließlich über die Erfassung der individuellen Struktur der Arbeitswelt gewinnen. Wir mußten nämlich eruieren, wann für das betreffende Individuum jeweils ein Bereichs- respektive Themenwechsel oder ein Vollzugswechsel stattfindet. Erst so konnten wir feststellen, wie solche Wechsel eigentlich zustandekommen und wie stark sie den Tag aufgliedern. Die Betrachtungen, die wir da für P. anstellten, lassen sich auf jeden anderen Berufsausübenden gleicherweise anwenden – vorausgesetzt, wir kennen die für ihn gültigen Kategorien. Auch bei ihm müssen wir uns, genau wie bei P., auf sein individuelles Kategoriensystem stützen. Blinde Fenster oder verwaschene Generalkategorien, wie sie etwa der FAA liefert, nützen uns dabei nichts.

Und so bildet denn also die individuelle Erfassung von Arbeitswelten eine Voraussetzung zur Gewinnung genereller (und unter sich dann wiederum vergleichbarer) Erkenntnisse.

Ich fühle mich versucht, diesen Exkurs mit dem Hinweis auf ein anderes Arbeitsgebiet abzuschließen, das mir naheliegt und zu dem ich mich auch schon habe vernehmen lassen: nämlich zur Psychodiagnostik, also zum Versuch der psychologischen Erfassung anderer Menschen. Psychometriker pflegen hier voll auf die interindividuelle Vergleichbarkeit hinzuzielen; sie arbeiten ausschließlich mit Kategorien, die möglichst breit anwendbar sind. Im Einzelfalle aber, den wir etwa in der akademischen Berufsberatung zu betreuen haben, sind diese Kategorien oft zu breit, oft zu eng; sie erweisen sich häufig als irrelevant zur Erfassung und Beschreibung einer individuellen Persönlichkeit. Um eine solche zu erreichen, muß man vielmehr nach dem „individuellen Kategoriensystem" der Betroffenen suchen, mit allen dazu geeigneten Mitteln (wie sie in ausgeprägter Form etwa Kelly, 1955, Stephenson, 1953, Ungricht 1955, und andere vorgeschlagen haben). Solches Denken versuchten Fred W. Schmid und ich in unserem Diagnostik-Buch (Pulver, Lang und Schmid, 1978) zu übermitteln – was wir dort vertreten, läuft völlig parallel zu dem, was hier mit der Analyse von P.'s Arbeitswelt angestrebt wird.

8.3 Themen und Arbeitsbereiche

Zwei Systeme inhaltlicher Arbeitsbestimmung

Wir könnten es allerdings keinem Leser verargen, wenn er jetzt eine ungeduldige Frage stellte. Nun haben wir, würde er etwa formulieren, fünf Kapitel lang uns mit Themen herumgeschlagen und auf diesem Wege ausgiebigstens eine individuelle Arbeitswelt betrachtet – was soll nun noch ein zweites System inhaltlicher Aufgliederung dieser subjektiven Welt? Wäre eine Betrachtung der „Bereiche" nicht bloß dann gerechtfertigt, wenn sie sich endlich vom Individuum abhöben, das mit seiner Themenwelt genügend zum Zuge kam? Wenn jetzt auch Bereiche nur individuell erfaßt werden sollen – worin unterscheiden sie sich dann überhaupt von Themen?

Es ist also gefragt nach dem verbleibenden Unterschied zwischen Themen und Bereichen; können wir ihn überzeugend darlegen, so bildet das auch den Angelpunkt zur Rechtfertigung unseres doppelten Vorgehens. Dieser Unterschied ist leicht genannt, erweist sich aber bei näherem Zusehen doch als komplizierter denn erwartet.

Themen, so haben wir einleitend schon gesagt, sind konkrete, ganz bestimmte Aufgaben und Zuwendungen. Bereiche dagegen sind – zumindest im Prinzip – abstrahierte, vom Einzelfall abgelöste, allgemein formulierte Aufgaben (oder Zuwendungen). Die Erstellung des Budgets 1985 für die Akademische Berufsberatung Bern ist ein Thema; die Bearbeitung der Finanzfragen der Akademischen Berufsberatung Bern ist ein Arbeitsbereich. Wie dieses Beispiel suggeriert, sind Bereiche im allgemeinen umfassender; sie schließen mehrere Themen ein. Aber das braucht nicht notwendigerweise zuzutreffen. Die Bereiche „Behörden Kanton" (25) und „Eigene Anstellung" (91) beispielsweise fielen in der Vollerhebungszeit zusammen mit je einem einzigen Thema. Das ist möglich, aber zufällig; grundsätzlich sind Bereiche natürlich offen für (beliebig) viele Themen.

Daß Bereiche vom Einzelfall abstrahierte, allgemein gefaßte Aufgaben und Gegenstände sind, will nun allerdings nicht heißen, daß sie für den Berufstätigen weniger „wirklich" wären. Zwar ist jedermann überzeugt und er erlebt es alle Tage, daß er konkrete Aufgaben zu lösen hat: diesen oder jenen Abiturienten zu beraten und diesen oder jenen Bericht zu verfassen. Nicht minder bewußt, nicht minder selbstverständlich ist ihm aber auch, daß das Beraten, daß das Berichterstatten oder was immer zu den Aufgabenbereichen gehören, die seinen Beruf ausmachen. Unser Mann wurde angestellt, um zu beraten – die Aufgabe besteht, ganz abstrakt, weiter, selbst wenn ihn längere Zeit niemand mehr zu diesem Zwecke aufsuchte. Sie ist jederzeit erlebbare Realität. Auch informell und individuell schaffen wir uns Arbeitsbereiche, die zu selbstverständlichen Bestandteilen unserer Welt werden. Bekanntlich gibt es Lehrmeinungen, die das Individuum vor allem im Griffe solcher genereller Aufgabenerlebnisse sehen. Auf die zwischenmenschlichen Konsequenzen bezogen, werden sie dann normalerweise „Rollen" genannt. (Vgl. etwa Wiswede, 1977).

Wir *haben* also, als Gegebenheit des Alltags, zwei Systeme erlebter inhaltlicher Arbeitsbestimmung nebeneinander; das ist nicht bloß eine Erfindung zwischen den beiden Deckeln dieses Buches. Damit stellt sich nun allerdings die interessante Frage nach dem Ursprung. Was ist das Frühere, Themen oder Bereiche? Sind dem Berufsmenschen zunächst einmal seine Aufgabenbereiche gegeben und aus ihnen leiten sich dann konkrete Themen ab? Oder muß man umgekehrt sagen, daß sich ihm reihenweise konkrete Aufgaben stellen, und allmählich gelangt er dazu, allgemeinere Bereiche daraus zu abstrahieren? Würden wir Theoretiker befragen, so dürfte der eine dieses, der andere jenes behaupten. Nach P.'s Selbsterkundungen haben aber beide recht; beides kommt neben- und durcheinander vor, und exklusive Stellungnahmen zugunsten des einen oder anderen wären voreilig.

Bildung der Bereichskategorien

Die eben diskutierte Frage „Huhn oder Ei“ mag wie eine Spielerei aussehen. Für die Kategorienbildung hat sie jedoch praktische Bedeutung. Wollen wir die Arbeitswelt eines Berufstätigen kategorisieren, so können wir nämlich – der Idee nach – auf zwei Arten vorgehen: „von oben nach unten“ und „von unten nach oben“.

Im ersten Falle fragen wir uns: Wie lautet eigentlich der Auftrag, der an diese Person gestellt ist? Oder besser: In welche Rollen ist sie eingestiegen, indem sie diesen Job wählte? P., als ausgebildeter Psychologe, übernahm 1959 die Funktion eines akademischen Berufsberaters, und 1964 hierzu noch diejenige des Amtsleiters; bis in die Berichtszeit hinein war er aber auch Präsident der Schweizerischen Arbeitsgemeinschaft für akademische Berufs- und Studienberatung sowie einer Kommission der Schweizerischen Hochschulkonferenz, usw. Nun können wir abzuleiten versuchen, welche Aufgabenbereiche (eventuell Teil-Rollen) sich daraus für ihn ergaben. Diese theoretisch anmutende Denkweise entspricht durchaus einer gelebten Realität. P. stellte sich im Alltag nicht ganz selten die Frage, „gehört das zu meinen Aufgaben?“, wenn etwas Neues an ihn herantrat (oder allenfalls, „was habe ich hier noch für Aufgaben?“, wenn in einem bestimmten Felde eine Zeitlang nichts an ihn herantrat). Rollen und Gesamtaufträge lassen sich so „von oben nach unten“ schrittweise aufdifferenzieren bis zur spezifischen Einzelaufgabe (wobei man irgendwo ganz grundsätzlich die Schwelle zum Konkreten überschreiten muß). So könnte man gleichsam auf „deduktivem“ Wege zu einer Bereichs-Kategorisierung kommen.

Es gibt aber auch den „induktiven“ Weg, von unten nach oben. Man könnte nämlich ebensowohl beobachten, was P. den lieben langen Tag hindurch so alles tut und besorgt – also seine Themen sammeln, wie das in den Jahren 1972 bis 1975 ja tatsächlich geschehen ist. Dann könnte man versuchen, diese konkreten Aufgaben (und Zuwendungen) nach Sachgebieten zu gruppieren. (Damit wechselte man von vornherein über vom Konkreten zum Abstrakten.) Schrittweise ließen sich dann die Gruppen wiederum nach übergreifenden Gesichtspunkten zusammenfassen.

In dieser Weise wird oft verfahren. Schon 1961 hat Ursula Lehr in ihrer Untersuchung der Daseinsthematik bei Frauen die insgesamt 2392 „Äußerungen“ von 120 über Zukunftserwartungen und -befürchtungen befragten Personen – offensichtlich konkrete „Themen“ – in 13 „Themengruppen“ oder „Bereiche“ zusammengefaßt (1961/68, 475), und Brian R. Little ordnete 1983 die von Studierenden genannten personal projects nach „content focus“ in 12 Kategorien ein (S. 293). Wie nach dem letzten Unterkapitel zu erwarten, stimmen die beiden Listen nur dem Stil, nicht aber dem Inhalt nach überein (außer in den Kategorien „Berufsleben“ / „vocational“).

Es wäre faszinierend, einmal unabhängig voneinander beide Verfahren durchzuführen und die beiden Hierarchien, die so entstünden, miteinander zu vergleichen; vermutlich wären sie recht verschieden. Der „Fall P." (mit der vollständigen Themensammlung über mehr als drei Jahre) wäre dafür ideal geeignet. Wir haben es aber (bis jetzt jedenfalls) nicht versucht. Was P. spontan im Oktober 1972 getan hat, als er seine Kategorientabelle aufstellte, entsprach einem Kompromiß – Rollenüberlegungen von oben und Zusammenfassungen von unten kamen sich gleichsam auf halbem Wege entgegen; manchmal drang mehr das eine, manchmal mehr das andere durch; und der formale Wunsch nach einer leicht eingängigen Dezimalklassifikation steuerte zusätzlich den ganzen Prozeß mit. Die so gewonnene Lösung entbehrt folglich der logischen Reinheit – aber vielleicht erwies sie sich gerade darum als lebensfähig, praktikabel, realistisch.

Abstraktion und Verallgemeinerung

Könnte man also auch sagen, daß es sich beim Unterschied zwischen Themen und Bereichen um eine Frage der hierarchischen Einstufung handle? (Schon sind wir wieder bei unserem Lieblingsthema!) „Oben und unten": unten der konkrete Einzelfall, oben der vom Konkreten und Einzelnen abstrahierte Bereich? Das Abstrakte also das hierarchisch Übergeordnete? Dem würde wohl Eleanor Rosch, Spezialistin für Kategorisierungsfragen, zustimmen. Je mehr Gruppen man zusammenfaßt, so findet sie, je höher also die hierarchische Stufe einer Taxonomie, desto höher auch das Abstraktionsniveau. „Thus the term *level of abstraction* within a taxonomy refers to a particular level of inclusiveness." (Rosch, 1978, 30).

So überzeugend das auch tönt – es läßt doch Probleme offen. Während ich an diesem Text schreibe, liegt unter dem Tisch unser Hund namens Puck. Es ist ein Irish Terrier. (Kennen Sie diese Rasse? In der Schweiz trifft man sie so selten, daß wir ab und zu gefragt werden, aus welcher Straßenmischung denn unser Tier entstanden sei. Welche Beleidigung – dabei hat der Gute einen prächtigen Stammbaum, auf den wir einige Zeilen weiter unten erst noch angewiesen sein werden.) Irish Terriers haben bestimmte Eigenschaften; viele davon (aber nicht alle) sind allen Terriers gemeinsam. Terriers sind Hunde, Hunde sind Raubtiere, Raubtiere sind Säugetiere, Säugetiere sind Wirbeltiere, Wirbeltiere sind Tiere, Tiere sind Lebewesen, Lebewesen sind Objekte unserer Welt (war ich einigermaßen vollständig? Meine letzte Schulstunde besuchte ich vor immerhin mehr als vierzig Jahren). Auf jeder neuen Stufe gibt es weniger gemeinsame Eigenschaften, dafür einen umso größeren Begriffsumfang. Lebewesen sind also sehr abstrakt – man hat sich von immer mehr einschränkenden Zügen „losgelöst" –, Irish Terriers dagegen sehr konkret.

Aber da schaut mich nun unser Vierbeiner unter dem Tisch hervor groß und vorwurfsvoll an. „Irish Terriers" konkret? Daß ich nicht belle! Hunderassen-Bezeichnungen sind so abstrakt wie „Lebewesen“ oder „Objekte“ oder jeder Begriff, der vom Individuum absieht. Konkret bin bloß ich selber, euer Puck; mich könnt ihr rufen, streicheln, füttern – versucht das doch mal mit „dem“ Irish Terrier! Und konkret wie ich sind auch meine Mutter, mein Stammbaum, meine Zucht, aus der ich herkomme – eine ganze konkrete Hierarchie. Geht mir mit eurem abstrakten Linné! (Puck hätte gegen Ende seines Erdendaseins allerdings eher die Zugehörigkeit zur Familie Pulver betont – nicht eine Blutsverwandtschaft freilich; aber es gibt bekanntlich ja auch Wahlverwandtschaften).

Wiederum sind wir auf ein nur selten klar erkanntes Dimensionen-Problem gestoßen. Da haben wir einmal den Gegensatz zwischen einem bestimmten Einzelphänomen einerseits – unserem Puck, der Möblierung des Sitzungszimmers an der Gutenbergstraße 21, der Schweizerischen Arbeitsgemeinschaft für akademische Berufs- und Studienberatung, der Diagnostik-Aktion 1974/78 – und einer Klasse von Phänomenen anderseits – Irish Terriers, Lebewesen, Zimmereinrichtungen, Berufsverbände, Grundlagenarbeiten. Auf beiden Seiten dieser grundsätzlichen Barriere gibt es – als zweite Dimension – hierarchische Staffelungen vom Besonderen zum Allgemeinen: von der Stuhlstreichaktion bis hinauf zur Einrichtung der Akademischen Berufsberatung Bern an der Gutenbergstraße (vgl. Figur 6.5, Seite 321), vom Lesen der Druckfahnen eines Diskussionsbeitrages bis zur ganzen Diagnostik-Aktion (Figur 6.42, Seite 313) – aber auch, auf der abstrakten Seite, von Zimmereinrichtungs- oder Nachkreditfragen bis hinauf zu Amtsleiteraufgaben.

Wie wir das benennen wollen, ist gleichgültig (nur müssen wir es unterscheiden). Für unsere Zwecke wählen wir den Begriff „Verallgemeinerung“ für die (beiderseitige) Stufenfolge zum immer umfassenderen Phänomen, die Bezeichnung „Abstraktion“ dagegen für den Übergang vom Einzelfall zur Klasse, auf jeder solchen Stufe. „Abstrahieren“, uns also „ablösen“, würden wir dann vom Individuellen, aber nicht notwendigerweise von immer weiteren Merkmalen. In diesem Sinne ist es gemeint, wenn wir Themen als konkret, Bereiche als abstrakt bezeichnen. (Wie wenig diese beiden Aspekte auch in der Philosophie unterschieden werden, zeigt etwa folgende Passage aus Staudinger und Behler, 1984, 33: die „Prioritätsentscheidung, die einst Plato und Aristoteles zu Gunsten der Ideen bzw. des Allgemeinen gegenüber der konkreten Wirklichkeit getroffen haben“, wirke bis in die heutige Zeit nach. Also das Gegensatzpaar Allgemeines vs. Konkretes.)

Die beiden Systeme brauchen keineswegs immer parallel zu laufen. In unserem Material zeigt sich das darin, daß große Themen-Komplexe wie die Unterbringungsfrage 1973/75 oder der Teilersatz einer Beraterin – als Individualitäten hoher Verallgemeinerungsstufe – durchaus bereichsübergreifend waren; die abstrakte Gliederung schnitt, auch weit oben, durch sie hindurch.

Zum Verständnis einer Arbeitswelt wie der P.'s aber werden wir beide Überlegungsweisen nötig haben, die konkrete wie die abstrakte. Darin liegt der Grund, daß wir in Teil C noch einmal auf die inhaltliche Struktur der Arbeit zurückkommen.

Zuordnungsfragen

Aus dem Ebenenunterschied konkret-abstrakt erklärt sich eine charakteristische Verschiedenheit der Erfassung von Themen und Bereichen. Im Thematik-Teil haben wir wiederholt darauf hingewiesen, daß es uns während des Tageslaufes nie Mühe bereitete, Themen voneinander zu unterscheiden. Es war uns praktisch immer spontan klar, welchem konkreten Gegenstand wir eben zugewandt waren oder welcher Aufgabe das, was wir taten, diente. Daß Arbeiten dabei zwei Zielsetzungen gleichzeitig befriedigen können – davon handelte ja unser Kapitel 5.5 –, tat dem nicht Abbruch; beide Zusammenhänge drängten sich dann auf.

Anders verhält es sich nun mit den Bereichen. Hier traten Zweifelsfälle viel häufiger auf. Während der Handelnde jeweils sein Thema als gegebene „Realität" wahrnahm, mußte er oft, als Registrator seines Tuns, erwägen und entscheiden, wohin es bereichsmäßig gehörte. Gewisse Unklarheiten erwiesen sich dabei als chronisch; dann mußten Regeln für die Zuordnung entwickelt werden. Mit dem einen oder anderen Beispiel werden wir das in Kapitel 9 illustrieren.

Aber auch da wären falsche Schlüsse unangebracht. Solche Grenzfälle blieben gleichwohl in der Minderheit. Normalfall war auch hier die klare, problemlose Zugehörigkeit zur einen oder andern Kategorie. Die Suche nach einer neuen Sekretärin ordnete sich bei den Fragen der Personalanstellung, die Beratung der Herren A. und B. unter den „eigenen Beratungsfällen", der Budgetentwurf unter den Finanzfragen ein. Kategorisierung war also im Regelfalle leicht, nur in Grenzfragen problematisch.

Das ist nun sicher allgemein typisch für Kategoriensysteme. „Most, if not all, categories do not have clear-cut boundaries", sagt Eleanor Rosch (1978, 35); und sie zitiert Wittgensteins Ansicht (1953), Kategorisierungen würden erst dann zum Problem, wenn man sich auf Grenzen konzentriere. Das kann das eine Mal daran liegen, daß ein für die Kategorienbildung entscheidendes Merkmal in kontinuierlichen Abstufungen gegeben ist, ein andermal daran, daß die Kategorie durch eine Konstellation verschiedener Merkmale definiert ist, von denen nicht immer alle gegeben sein müssen. Das hindert nicht, daß es stets auch eindeutige, typische Fälle gibt („Prototypen" nach Rosch).

In etwas anderer Form sind wir dem Problem von Kern und Rändern ja auch bei den Themen begegnet. Schon dort mußten wir davor warnen, Phänomene der Realität nach der Präzision ihrer Grenzen zu beurteilen. (Wann begann und wann endete die Französische Revolution?) Das hat, wie wir sahen, sogar Konsequenzen für ihre statistische Erfassung (Kapitel 7.4).

Die Erfassung von Arbeitswelten

Nun drängt sich nachgerade eine Zusammenfassung unserer bisherigen Überlegungen auf. Wir haben der Reihe nach drei große Probleme der Erfassung von Arbeitswelten aufgegriffen: die Unterscheidung zwischen Arbeitsinhalten und Ausführung, die Frage der Universalität oder Individualität von Kategorisierungen und den Gegensatz von Kategorien und konkreten Phänomenen. Dabei sind wir aber auch immer wieder auf Systeme hierarchischer Zusammenfassungen und Verallgemeinerungen gestoßen.

Eine Zusammenschau dieser vier Aspekte gelingt uns am ehesten, wenn wir sie als Dimensionen der Arbeitswelt-Erfassung betrachten. Wir können die gegenseitigen Beziehungen dann in einem Schema wiedergeben. Natürlich müssen wir uns dabei auf drei Dimensionen beschränken; den Unterschied von Bereichen und Vollzügen lassen wir zunächst außer acht. Tatsächlich werden die Zusammenhänge am klarsten, wenn wir uns ganz auf die Erfassung der inhaltlichen Struktur von Arbeitswelten konzentrieren. (Wir führen damit auch jene Tradition fort, aus der wir – von Teil B – herkommen.)

So bringen wir denn, gemäß Figur 8.3, die Arbeitswelten in ein hohes, längliches Aquarium. Ihre spezifischen Erscheinungen – Druckfahnendurchsicht, Nachkreditfragen, Kreditbewilligung für den Umbau des Tram-

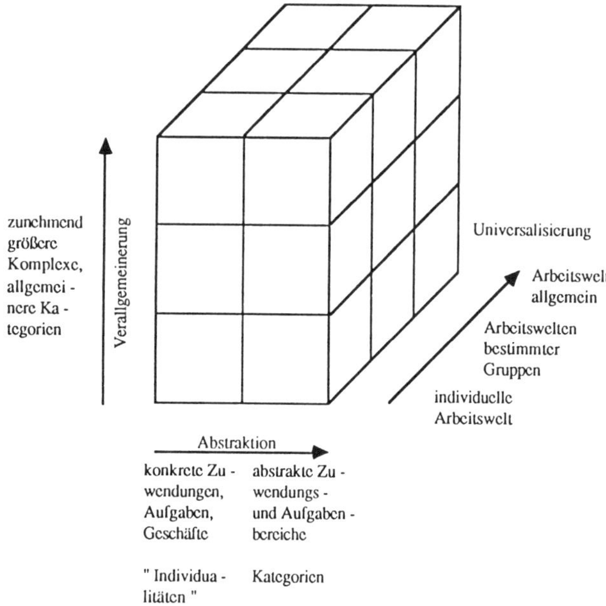

Fig. 8.3: Die Erfassung der inhaltlichen Struktur von Arbeitwelten

häuschens am Eigerplatz – bilden darin den Bodensatz. Darüber schwimmen die allgemeineren und komplexeren Gebilde, ganz oben die großen Fische wie die Diagnostik-Aktion, die Amtsleiter-Aufgaben, die Gesetzgebungsarbeiten. Wenn wir dem Treiben von links her zuschauen, so sehen wir seine konkrete Form: die Tramhäuschenfrage, die spezifische Groß-Aktion. Wechseln wir nach rechts hinüber, so erfassen wir die abstrakte Seite: alle „Zimmereinrichtungsfragen", die ganze Legislation des Parlamentes. (Von beiden Seiten her aber sehen wir echte, gelebte „Wirklichkeit".) Bleiben wir vorne stehen, so überblicken wir die individuelle Arbeitswelt eines Einzelnen; gehen wir nach hinten, so sehen wir Arbeitswelten im Vergleich; zuerst innerhalb kleinerer Gruppen, in der Tiefe dann schließlich bei allen Arbeitenden überhaupt.

Das meiste von dem allem haben wir in diesem Kapitel erörtert. Die ganze linke Seite allerdings mit ihrer Tiefendimension kam in früheren Kapiteln zur Sprache. Wir sahen damals, daß man konkrete Gegenstände und Aufgaben unter verschiedenen Gesichtswinkeln betrachten kann: als „interindividuelle" Phänomene – „Geschäfte" zum Beispiel – oder als subjektive Erlebnisgrößen. Im ersten Falle können sie verschieden große Kreise umspannen: ein Ehepaar beispielsweise, oder die Mitglieder eines Vereins, oder ein Parlament; es gibt auch konkrete Anliegen ganzer Völker (etwa einen Krieg zu gewinnen), ja heute vielleicht sogar der Menschheit überhaupt (einen Krieg zu verhindern). Wir begründeten allerdings damals, einige Kapitel zuvor, daß und warum wir uns in diesem Bericht nur jenen individuellen Phänomenen zuwandten, die wir als „Themen" bezeichnen.

Der Quader der Figur 8.3 wird einfacher bei Vollzügen. Die ganze linke Hälfte verliert dann jede Bedeutung. Einzelne, konkrete Vollzüge interessieren nicht (und aus ihnen bauen sich auch keine komplexen „Individualitäten" nach oben auf); die Erfassung muß sich sinnvollerweise auf Kategorien beschränken. Diese aber können ihrem Anspruch nach weit in die Tiefe reichen, wie uns das Handbuch zum FAA zeigte.

Und nun sehen wir auch, wo unser eigenes Unternehmen angesiedelt ist. Unsere Bemühungen zur Erfassung einer Arbeitswelt erstrecken sich über die ganze vordere Front der Figur 8.3. Wir wollen konkrete Aufgaben so gut untersuchen wie abstrakte, und beides soll sowohl auf der Ebene der Einzelerscheinungen wie auch jener der allgemeineren Formen und Komplexe geschehen. Aber dabei konzentrieren wir uns immer nur auf die Welt eines einzelnen Individuums; das liegt im Wesen unserer Untersuchung begründet. Mit dem Eintritt in Teil C haben wir uns von der linken Hälfte des Quaders zur rechten hinüber gewendet. Aber da wäre es nun falsch, uns zugleich auch in die Tiefe zu verschieben. Wir enthielten uns bis dahin universalistischer Ansprüche; dabei soll es bleiben.

8.4 Der Umfang der Arbeitswelt

Arbeit und Berufsarbeit

Wir haben im September 1972 eine Untersuchung gestartet über den Verlauf unserer Arbeitstage. Die verschiedenen Fragen, die sich im Zusammenhang mit der Erfassung dieser Arbeitswelt stellen, kamen uns dabei erst allmählich und schrittweise zum Bewußtsein. Hingegen drängte sich die Lösung eines anderen Problems vom ersten Augenblick der Erhebung an gebieterisch auf. Wir mußten sofort entscheiden: was gehört zur Arbeitswelt? wo liegen ihre Grenzen? was alles ist in die Erhebung einzuschließen?

Diese Entscheidung zu treffen (und jahrelang auch durchzuhalten) hatten wir erstaunlich wenig Mühe. Viel schwieriger ist es, sie nun zu begründen und zu verteidigen. Man sollte dabei nämlich sagen können, was Arbeit ist. Daß es sich hier jedoch um einen schwer zu fassenden Begriff handelt, entdeckt man spätestens dann, wenn man in Lexika und einschlägiger Literatur nach Definitionen gräbt. „Schaut man die Literatur über ‚Arbeit' durch, so wird dieser Begriff fast von jedem Autor mit anderen Merkmalen versehen", sagt Thijs Besems (1983, 9). Ich habe lange erwogen, welche von den angetroffenen Begriffsbestimmungen ich meinen Ausführungen zugrundelegen möchte; aber keine vermochte mich ganz zu überzeugen; jede betont andere Aspekte und schränkt den Begriff gleichzeitig zu sehr ein. Zuletzt kommt man zu einer ähnlichen Auffassung wie Ilona Ostner, die es für besser hält, die Begriffe Arbeit und Handlung überhaupt gleichzusetzen (1978, 16).

Wenn wir allerdings von der „Arbeitswelt Berufstätiger" sprechen, meinen wir doch etwas Begrenzteres. Da sticht ein Buchhalter zuhause ein Gartenbeet um, da löst ein Elektromonteur abends Kreuzworträtsel, da trägt ein Rentner seiner Frau die Einkaufstasche nach; und alle drei füllen, mit großem geistigem Aufwand, ihre Steuererklärung aus; alles mehr oder weniger „Arbeit" – aber nicht Bestandteil jener Arbeitswelt, die wir hier untersuchen wollen. Auch die heute viel diskutierte Haus(frauen)arbeit gehört nicht zu ihr; und natürlich kommt dafür noch weniger in Frage die „Trauerarbeit", wie man das „Verarbeiten" niederdrückender Erfahrungen heute so blumig zu nennen pflegt. (Vgl. dazu die „drei Formen der Arbeit" bei André Gorz, 1986/88, 182ff.). Was uns hier beschäftigt, ist in erster Linie die „Berufsarbeit".

Diese Einschränkung erlaubt uns auf erste Sicht wenigstens einen billigen Ausweg aus der Definitionsfrage.

Als Arbeit in diesem Sinne gelten, nach der ökonomischen Theorie, „alle Tätigkeiten, die gegen Bezahlung ausgeübt werden" (Burgdorff, 1984a, 64). Es geht da offenbar nach dem Tausch-Prinzip. Elisabeth Beck-Gernsheim formuliert dieses wie folgt: „In industriellen Gesellschaften wird ein großer Teil der gesellschaftlich geleisteten Arbeit in *beruflicher* Form erbracht ... Von ... anderen Arbeitsformen ist berufliche Arbeit dadurch unterschieden, daß sie nach dem Grundprinzip des *Tausches* organisiert ist: für seine berufliche ‚Leistung' ... erhält der Berufstätige eine materielle Gegenleistung (Lohn, Gehalt, Honorar)." (1976/81, 26). Das scheint der allgemeinen Auffassung zu entsprechen. „Wenn heute in Mitteleuropa von ‚Arbeit' gesprochen wird, ist fast immer ... von ‚Lohnarbeit' die Rede." (Schwendter, 1983, 28). Und bei dieser Arbeit, die „fast durchgängig als *Erwerbs*-Arbeit verstanden" wird, geht es „um alle institutionell eindeutig (durch Arbeitsvertrag, Ausbildungsgänge, Zertifikate) geregelten beruflichen Tätigkeiten zur Sicherung der materiellen Existenz." (Hoff, 1986, 96).

Abweichende Definitionen sind meist mit Schwierigkeiten behaftet. So möchte François Stoll dieses Kriterium ersetzen durch den „allgemein anerkannten Nutzen" solcher Arbeit (1983, 209); aber damit könnten wir im konkreten Fall unersprießliche Diskussionen heraufbeschwören; nicht jede entschädigte Berufsarbeit ist so offensichtlich nützlich wie die der Krankenschwester, und nicht jede nützliche Arbeit wird beruflich betrieben und entschädigt. In Szalais Liste der „primary activities" (1972, 562ff.; übersetzt bei Schwenkmezger, 1987, Anhang) bilden „Arbeitszeit und Zeit, die damit verbunden ist" nur eine von zehn Oberkategorien (und darin sind nur zwei von zehn Unterpositionen dem „normal professional work" reserviert); dagegen enthalten fast alle übrigen Hauptgruppen andere Formen der „Arbeit" (z.B. Hausarbeit, Handarbeit) oder arbeitsartige Tätigkeiten mit zum Teil allgemein anerkanntem Nutzen (wie Pflege von Kindern oder Erwachsenen, Studium, freiwillig erbrachte Leistungen für Gemeinschaft und Organisationen).

Wir verwenden also im folgenden den „gespaltenen Arbeitsbegriff", mit dem sich Carola Meier-Seethaler in ihrer „dissidenten Kulturtheorie" kritisch auseinandersetzt (1988, 478ff.), und beschränken uns auf das, was sie wohl zu Recht als „männliche Arbeit" bezeichnet. P.'s letzte Vorgesetzte, Gret Haller, könnte beanstanden, daß hier aus dem Blickwinkel der „Männerwelt" analysiert und argumentiert wird (vgl. Haller, 1980/88). Dem soll nicht widersprochen werden; aber es ist zu bemerken, daß ich die „Arbeitswelt" und ihren „Umfang" ja nicht so darzustellen habe, wie ich selber sie für wünschbar hielte, sondern so, wie sie im letzten Viertel unseres Jahrhunderts eben noch realisiert sind – für berufstätige Männer wie für berufstätige Frauen.

Unscharfe Grenzen

Das „Tauschprinzip" mag als behelfsmäßiges Kriterium hingehen. Aber auch es hat seine Tücken. Sobald man das Feld jener Berufe verläßt, in denen ein bestimmtes Geschehen „am Arbeitsplatz in einer Arbeitsumgebung" stattfindet (Arbeitsdefinition von Bürgi, 1976, 31f.), so werden die

Grenzen unscharf. Es gibt zahlreiche Berufe, bei denen nie genau zu bestimmen ist, welche Tätigkeiten dazu beitragen und welche nicht, Einkünfte zu erzielen und Honorare zu rechtfertigen, oder welche Leistungen für eine bestimmte Entlöhnung erwartet werden und welche nicht. Es gibt Ärzte, die sich ständig intensiv weiterbilden und – manchmal eben deswegen – viel weniger verdienen als andere, die Coopers Ratschlag folgen und 75 Patienten im Tag abfertigen – gehört nun die (offensichtlich oft einkommenshemmende) Weiterbildung zur Berufsarbeit oder nicht? Es gibt Geschäftsleute, die ihre einträglichsten Geschäfte beim Golfspiel machen – ist Golfspiel deswegen Berufsarbeit? Und wenn die Zürcher Pfarrer – um noch einmal auf diese interessante Studie zurückzukommen – in einer Stichwoche des Jahres 1969 im Durchschnitt etwa 62 Stunden Berufsarbeit leisteten (Naef, 1971, 17), mit Streuung von unter 40 bis über 95 (!), so liegt das gewiß nicht nur an der anfallenden Pflichtarbeit, sondern auch daran, daß sie den an die Entlöhnung gebundenen Auftrag recht verschieden, aber im allgemeinen ziemlich extensiv interpretierten.

Um es etwas zu verallgemeinern: Es gibt Berufe (oder vielleicht Lebenssituationen), bei denen – wenn auch aus verschiedenen Gründen – eigentliche Berufsarbeiten und private Tätigkeiten fast stufenlos ineinander übergehen; eine klare Scheidung wird dann beinahe unmöglich – wenn überhaupt, kann sie wohl nur vom Ausübenden selber (und recht „subjektiv") durchgeführt werden. Wir denken dabei etwa an den Landwirt, den Gastwirt, den selbständigen Kaufmann, den Künstler oder Autor (wenn er wie Thomas Mann oder Max Frisch von seinen Büchern lebt), den Botschafter in einem fremden Land, den Berufspolitiker, den Hochschuldozenten, den Lehrer überhaupt, und viele andere.

Der Ausbildungsstand scheint wesentlich beizutragen. In ihrer Untersuchung über die Zusammenhänge zwischen „educational status and time budgets" stellt Helena Strzemińska für Personen mit höherer Schulung fest: „In fact, free time very often overlaps work time when a number of free time activities such as reading are chosen with professional interests in mind. Learned professions in which the number of working hours is not specified, show constant overlapping and alternation of creative activities and other forms of professional work with free time activities." (1972, 395).

Dennoch – und so schwierig die Abgrenzung in manchen Fällen sein mag: Es ist berechtigt und hat sicher seinen guten Sinn, „Berufsarbeit" von übrigen Arbeiten abzusondern, und das „Tausch"-Prinzip bildet dazu wohl das einfachste Kriterium. Die berufliche Arbeitswelt – in einem eher extensiven Sinne verstanden – ist es, die wir mit unserer Erhebung zu erfassen suchten.

Berufliche und paraberufliche Arbeitsbereiche

P. empfindet es, unter uns gesagt, als Glück, daß sein Beruf nicht zu jenen gehört, in welchen Erwerbsleben und Privatleben sich ununterscheidbar vermischen – Glück nicht nur für ihn persönlich und sein Wohlbefinden, sondern auch für die durchgeführte Untersuchung. Sie ließ sich umgrenzen; und P. bekam jeden Tag auch ab und zu Urlaub von der Mühsal des Registrierens. Dennoch lassen sich auch in seiner umgrenzbaren Arbeitswelt verschiedene Stufen der beruflichen Erforderlichkeit unterscheiden. Seine Aufgaben reichen von den absolut unerläßlichen (denen er auch nicht ausweichen könnte, wollte er einmal „Dienst nach Vorschrift" leisten) über solche gemäß eigener Interpretation seines Auftrages bis zu quasi freiwilligen, wie der Ajourhaltung und Weiterbildung. Das werden wir im nächsten Kapitel untersuchen.

Man könnte die Bereiche oder Bereichsgruppen also gleichsam in konzentrischen Kreisen anordnen, mit absteigender Notwendigkeit zur Einhandlung des „Tauschobjektes", der Besoldung. Darum herum aber legt sich zudem eine „Grauzone" von Tätigkeiten, die wir „paraberuflich" nennen wollen. Sie sind in der Entlöhnung nicht als echt anrechenbare Gegenleistungen eingeschlossen, lassen sich da, wo berufliche Tätigkeiten durch abzusitzende Arbeitszeiten gemessen werden, nicht diesen einfach zuschlagen, sind aber doch eng mit dem Beruf verbunden, oft nur mit ihm zusammen und aus ihm heraus denkbar. Wir haben uns im September 1972 spontan entschlossen, auch sie der „Arbeitswelt" zuzurechnen. So handhabt man es offenbar auch anderswo. In der erwähnten Pfarrer-Untersuchung zum Beispiel wurden auch Tätigkeiten miterhoben, „die nicht zum Beruf selbst gehören, sondern im allgemeinen in der Freizeit betrieben werden" (Naef, 1971, 17), und die doch für den Pfarrer-Beruf ebenfalls typisch sind (wie Mitarbeit in lokalen Institutionen, Presse, Stiftungen, Behörden).

P. hat seinen Beruf gewählt und seine berufliche Position zugeteilt erhalten als ausgebildeter Psychologe und als ein am Beratungs- und Bildungswesen interessierter „Sozialwissenschafter"; psychologische und bildungspolitische Interessen haben sich aus dem und im Beruf verstärkt, erweitert, gewandelt; seine durch Berufsarbeit gewonnenen Kenntnisse und Beurteilungsgesichtspunkte vermochten über seinen engeren Kreis hinaus auch andere zu interessieren. Obgleich der Umkreis dieser Tätigkeiten und Interessen mit dem absteckbaren Berufsalltag keineswegs zusammenfällt, sondern wesentlich darüber hinausreicht, ist doch eine klare Abgrenzung zum Beruf im engeren Sinne kaum möglich. Die Arbeitsanalyse sollte im Falle P.'s unter anderem gerade auch dazu dienen, den vorbereitenden Aufwand und die Auswirkungen einer derartigen breiten Tätigkeit sichtbar zu machen; das könnte stellvertretend auch für andere Berufsfunktionen ähnlicher Komplexitätsstufen Gültigkeit haben.

Schon gleich zu Beginn unserer Darstellung trafen wir ein solches Grenz-Beispiel an. Wir sahen P. am 28. August 1975 an einem Hearing über die Verlängerung der Lehrerbildung im Kanton Bern teilnehmen (Seite 71). Obschon der Leiter der Akademischen Berufsberatung mit dieser Frage direkt nichts zu tun hat, erachtete es eine kantonale Behörde doch für sinnvoll, ihn hier beizuziehen – das gehört eben am Rande noch zu seinem Beruf. (Später, in den frühen achtziger Jahren, war P. dann auch Mitglied einer Arbeitsgruppe für die Selektion und Beratung von Primarlehramtskandidaten – die in Bern weder Gymnasium noch Hochschule besuchen und damals noch nicht durch die Akademische Berufsberatung beraten wurden.) Ähnliche Grenzfälle wären die Beteiligungen an gesamtschweizerischen Gruppen wie der Studienkommission für bildungspsychologische Fragen (SBP), oder Stellungnahmen wie die zum Bericht einer Kommission für die Reform des Psychologie-Studiums. In der Umfrage von Eric Frischknecht über die Tätigkeit der deutschschweizerischen Berufsberater haben mehr als die Hälfte (52%) der Untersuchungsteilnehmer „Expertentätigkeiten bei externen Institutionen" als Bestandteil ihres Aufgabenfeldes angegeben (1985, 373).

Am Rande darf erwähnt werden, daß für P. keinerlei finanzielle Entschädigungen aus solchen „paraberuflichen" Funktionen heraussprangen. (Aber niemand wird wohl naiv genug sein anzunehmen, das gelte für alle Berufstätigen.) Das Tausch-Prinzip kann also nicht auf Arbeiten im beruflichen Rahmen jeweils einzeln angewandt werden.

Vorbereitungsarbeiten und Weiterbildung

Wir stellen in diesem Kapitel allgemeine Aspekte der Arbeitswelten und ihrer Erfassung zur Diskussion, erläutern sie jedoch an Beispielen aus dem Arbeitsleben P.'s. Das bewährt sich ganz gut, weil P. eine jener Funktionen ausübt, die, nach Bürgi (1976, 54), in erster Linie durch ihre Zielsetzungen definiert sind und nicht durch klar umgrenzte Verrichtungen. Hier entstehen denn auch die Zuteilungsprobleme.

Was braucht man, um solche Ziele zu realisieren und sich zu diesem Behuf „selber Aufgaben zu stellen"? Gewiß ist eine gute Ausbildung dafür unerläßlich; aber ein einmaliger Qualifikationserwerb genügt nicht. Der Berufstätige muß sich vielmehr auf der Höhe halten, seine Qualifikationen erweitern, seinen Horizont verbreitern; er ist auf ständige Vorbereitungsarbeiten angewiesen; nur so kann er immer wieder Neues eingeben. Ob und wie weit das allerdings zur „Berufsarbeit" gehört, ist heute noch völlig unklar. „Die industrielle Gesellschaft steht diesem Phänomen noch so hilflos gegenüber", schreibt Scharmann (1977, 54), daß sie nicht einmal „geeignete Bezeichnungen" dafür zur Verfügung zu stellen vermag, geschweige denn eine eindeutige Zuordnung. Der Platz der Weiterbildung neben dem Autofahren (vgl. Seite 423) ist ja wohl doch nicht angemessen.

Das Problem hat sich auch hier vor allem bei den Abgrenzungsfragen eingenistet. Daß ein Techniker neu entwickelte Verfahren zu erwerben, ein Sprachlehrer Neuerscheinungen zu lesen hat (dem Altphilologen machen sie allerdings wenig zu schaffen), dürfte unbestritten sein – aber damit ist es nicht getan. Die Arbeitswelt des akademischen Berufsberaters kann wohl als geradezu exemplarisch gelten für die Unschärfe dieses Bereichs. Schon bei der organisierten Weiterbildung gehen die Meinungen oft diametral auseinander. In den vergangenen Jahren gab es in der schweizerischen Arbeitsgemeinschaft Kontroversen über die Frage, ob Übungen in Körperhaltung und Atemtechnik zum angezeigten Beratungstechnik-Training gehören. Überzeugten Ja-Sagern standen ebenso überzeugte Nein-Sager gegenüber. Wenn das aber schon für Kurse gilt, wie viel mehr dann noch für die in eigener Regie zu leistende Lektüre! Nirgends ist vorgeschrieben, was ein akademischer Berufsberater zur Aufrechterhaltung seiner Berufstüchtigkeit lesen müsse (ja nicht einmal, *daß* er etwas lesen sollte) – es ist jedoch klar, daß er zu lesen hat; einiges wenige – zum Beispiel Mitteilungen über Änderungen bei den Berufszugängen – ist der Sache nach obligatorisch, manches naheliegend, vieles wünschbar, und fast unbegrenzt vieles indirekt nützlich. Wer junge Leute von anspruchsvollem Bildungsstand beraten will, muß lesen; er sollte auf der Höhe sein über manches – längst nicht über alles, das ist unmöglich -, und dabei hat er weitgehend freie Wahl. Was davon kann man nun seiner Arbeitswelt zurechnen und was nicht?

Eine merkwürdige Zwischenposition nimmt dabei die Zeitungslektüre ein. Durchsicht der Tages- und Wochenpresse vermittelt viele für den Beratungsjob wichtige, oft unumgängliche Informationen. Etwas verschämt pflegt man diese Tätigkeit hinter dem Begriff „Lektorieren“ zu verstecken. Zeitungsdurchsicht ist in der Akademischen Berufsberatung Bern denn auch – mit individueller Zuteilung der Blätter – in den Pflichtenkreis verschiedener Mitarbeiter eingeschlossen. Leiter P. war und ist nur mit der Durchsicht gewisser amtlicher Publikationsorgane beteiligt. Seine Zeitungslektüre ist Sache der Privatzeit. Dennoch ist der Gewinn für den Beruf oft beträchtlich. Während der Erhebungszeit hat er darum in ausgeprägten Fällen auch für die Lektüre bestimmter Zeitungsaufsätze aufgewendete Zeit registriert. (Bei Sammelthemen und Themensammlungen haben wir darauf verwiesen.)

Das Problem „Vorbereitungsaufgaben“ hat geradezu klassische Form angenommen im Falle eines Liebhaber-Interesses von P. Es geht hier um die Handlungspsychologie (von P. in einem recht weiten Sinn verstanden). P. empfand und empfindet sie als ein mehrheitlich „privates“ Anliegen, dem er sich vor allem auch in der Zeit des Ruhestandes hingeben will. Sollte er aber während der Zeit der Arbeitserhebung eher der Meinung zugeneigt haben, Handlungstheorie nütze ihm für seinen Beruf recht wenig, so ist er inzwischen eines besseren belehrt worden. Im Jahre 1984 hat sein eigener

Mitarbeiter Josef Lang – unbeeinflußt von P. – gerade aus der Handlungspsychologie heraus eine der interessantesten Beratungstheorien entwickelt, die durchaus dazu beitragen kann, Beratungstätigkeit bewußter, zielgerichteter und effizienter zu machen (Lang, 1986). So hat sich nachträglich (und ungesucht) eine Rechtfertigung dafür ergeben, daß P. im Rahmen seiner Arbeitszeiterhebung auch die weiteren psychologischen Interessengebiete eingeschlossen hat.

Persönliches und Privates

In Kapitel 9 werden wir P.'s Bereichskategorien kennenlernen, und darunter werden wir auch eine Gruppe vorfinden, die wir „Persönliches und Privates" getauft haben. Tatsächlich hat P. auch einige Tätigkeiten persönlicher oder gar privater Natur in seine Erhebung eingeschlossen. Wie kam er dazu?

Da gab es einmal unter P.'s persönlichen Anliegen und Themen solche, die mehr oder weniger mit Beruf und Arbeitswelt zusammenhingen. Dazu gehörten vor allem Fragen der eigenen Anstellung wie auch solche des Arbeitsplatzes und der Bibliothek zu Hause (sicher gerechtfertigt bei jemand, der berufliche und paraberufliche Arbeiten zu einem nicht ganz unbeträchtlichen Teil zu Hause besorgt). Es handelt sich da also um Randerscheinungen der Arbeitswelt, die wir in weiterem Sinne als „berufsverbunden" bezeichnen dürfen. Das führte zum Einschluß.

Ganz anders die Begründung bei jenen privaten Dingen, die inhaltlich keine Beziehung zur Arbeitswelt hatten. Hier ging es darum, ein zentrales Anliegen der Untersuchung sicherzustellen. Wir hatten uns ja zur Aufgabe gestellt, den Tageslauf zu analysieren, das heißt die Struktur und die Dynamik des Ablaufs wenigstens großer Teile des Tages (nämlich der als „Arbeitszeit" zu umschreibenden) zu erforschen. Da scheint es sinnvoll, wenn nicht gar unumgänglich, auch jene rein privaten Dinge mitzuerfassen, die – mehr oder weniger unabweislich – in den Bürotag eindrangen. Einiges davon, wie Arzt- oder Zahnarztbesuch, darf sogar offiziell als Arbeitszeit angerechnet werden. Man kann Ärzte und Zahnärzte eben nicht zwingen, dann zu arbeiten, wenn gewöhnliche Berufstätige frei haben, nachts und über die Wochenenden. Auch Büros, Schalter, Geschäfte sind meist eben dann offen, wenn jedermann am Werk ist. Will man sie aufsuchen oder anrufen, so muß man das während der Arbeitszeit tun. So ist auch unser Hund Puck, der sich ins letzte Unterkapitel einmischte, bereits in seinen ersten Lebensmonaten in die Erhebung eingedrungen. Die Abklärungen beim Vermieter in Zürich, einem großen Unternehmen, ob Hunde gestattet seien, beanspruchte Bürozeit.

Bei P. kam nun aber in der Erhebungszeit noch eine ganz spezifische, recht aufwendige „halbprivate" Beschäftigung hinzu – jene nämlich, der wir dieses Buch verdanken. Er registrierte alle seine Arbeiten. Der Einbezug dieser Tätigkeit in die Untersuchung war von Beginn an unbestritten, und zwar aus beiden der eben genannten Gründe. Einerseits hat die Nachführung der Tagesblätter zu einem recht beachtlichen Teil den Arbeitstag und seine Gliederung mitbestimmt; wir sind froh, genau abschätzen zu können, was da künstlich induziert wurde. Anderseits bezogen sich Planung und Durchführung der Analyse ja voll auf die eigene Arbeit. Man mag sich bei einem Berufsberater sogar die Frage stellen, ob die Verbannung der Arbeitsanalyse in den Bereich des „Persönlichen" eigentlich gerechtfertigt sei. (Bei einem Steuerexperten oder Bauingenieur wäre diese Klassierung gewiß richtig – nur würde wohl keiner von ihnen je in dieses Geschäft einsteigen.) Bis heute haben wir das ganze Unternehmen, die Vorbereitung und Abfassung dieses Buches, als „außerberuflich" betrachtet; aber es ergeht uns damit ähnlich wie mit der Handlungstheorie. Immer deutlicher wird sichtbar, wie eng hier Fragestellung und Ergebnisse mit P.'s Beruf zusammenhängen.

So hat auch Halbprivates und Ganzprivates Einlaß gefunden in unsere Erhebung über P.'s Arbeitswelt. Sollte nun jemand gedankenvoll sein Haupt wiegen und sich fragen: warum dann überhaupt die Abgrenzungsdiskussion? kann man nicht schlicht sagen, P. habe *alle* seine Arbeiten registriert?, dann täte er P. gewiß unrecht. P. hat auch Arbeiten geleistet, die er nicht registrierte; zwar nicht in Gartenbeet und Rätselecke, aber in Haus und Küche, an Telefon und Schreibtisch, über Briefpapier und Formularen, für Familie und Freunde; selbst Schulaufgaben hat er wieder gelöst (wenn auch nicht mehr seine eigenen). Das und noch vieles andere gehörte für ihn nicht zur Arbeitswelt.

Die Arbeitswelt und ihre Vollzüge

Kennen Sie den Witz vom Beamten, der sich beklagte, er komme pro Tag nur auf drei Stunden Schlaf? Völlig ungenügend, sagte besorgt sein Arzt, und wollte ihm Mittel verschreiben, die er abends vor dem Zubettegehen einnehmen müsse. Das sei nicht nötig, antwortete darauf der Patient; in der Nacht schlafe er gut seine acht Stunden.

So wird in vielen Scherzen die „Arbeitswelt" gewisser fixbesoldeter Berufsleute geschildert – vollkommen übertrieben wie die Sprüche über andere Berufsgattungen auch, aber in unserem Zusammenhang doch ein weiteres Problem signalisierend. Denn nehmen wir einmal an, da oder dort möge ein Nickerchen während der Arbeit drinliegen, eine „schöpferische Pause", die es dem Manne erlaube, nachher mit frischem Elan und neuen Einsichten hinter seine Akten oder Zahlen zurückzukehren – was heißt das dann für seine Arbeit? Müssen wir die Viertelstunde strikt von seinem Arbeitstag abziehen? Und die zehn Minuten nach dem Diktat der Briefe, die er mit seiner Sekretärin verplaudert? (Das könnte sogar der tüchtige Manager des privaten Betriebes tun. Vielleicht erzählt er ihr den Witz vom Beamten beim Arzt?) Jenes Zeitmeßgerät ist allerdings noch nicht erfunden, das nicht nur die Anwesenheit des Arbeitnehmers, sondern auch die Intensität der Arbeit registriert.

Wir stoßen damit auf einen zusätzlichen Aspekt der Frage, wie eigentlich der „Umfang der Arbeitswelt" abzustecken sei. Die Zweidimensionalität der Arbeit, entwickelt in Unterkapitel 8.1, läßt ihn uns präzise fassen. Denn es geht nun um die Tatsache, daß nicht bloß „Bereiche" und Aufgaben verschieden berufs- (oder meinetwegen entlöhnungs-)nah sein können, sondern auch verschiedene Vollzüge. Selbst im innersten Bezirk berufszentraler Kernaufgaben gibt es Vollzüge, die man nur mit mehr oder weniger schlechtem Gewissen als „Arbeit" bezeichnen kann. Ohne Zweifel gehört es zu P.'s beruflichen Hauptpflichten, Mitarbeitersitzungen durchzuführen, an denen Informationen ausgetauscht und hängige Fragen diskutiert werden. Nun kam es in der Berichtszeit aber ab und zu vor, daß man dabei mehr als fünf Minuten lang auf (die) Mitarbeiter warten mußte. Gehört das zu jenen Arbeitsleistungen, für die die recht anständige Besoldung ausbezahlt wird? (Zugegeben: gelegentlich mußten auch die Mitarbeiter auf P. warten – das machte es ihm, zusammen mit einigen seiner weiteren Charakterzüge, unmöglich, so „durchzugreifen", wie ihm das die rabiateren unter seinen Lesern sicher empfehlen möchten.)

Neben Wartezeiten gibt es noch andere nicht eben produktive Vollzüge. Sitzungen – wichtiges Koordinationsinstrument in einer leistungsorientierten Gesellschaft – scheinen dafür besonders anfällig. Das kommt wohl daher, daß es soziale Situationen sind. In manchem Punkt gleichen sie darum „verwandten" sozialen Situationen, etwa den „dinner parties", bei denen die eigentliche Traktandenliste (hier: die Gänge der Mahlzeit) auch umstellt sind von allerlei Beiwerk. Argyle (1976) unterscheidet da offenbar folgende Teile: (1) arrival and greetings, (2) predinner drink and chat, (3) dinner proper etc. (Forgas, 1979, 11). Als ich diese Aufzählung las, konnte ich ein Schmunzeln nicht unterdrücken. Wie oft hatte auch ich zu Beginn, während und nach Sitzungen beim Registrieren die Vollzüge 93 (Begrüßung, Verabschiedung) und 95 (Plaudern, nicht fachlich) bemühen müssen! Kommt dazu, daß viele Sitzungen auch Reisen und Wegzeiten erfordern, die zwar vielleicht manchmal zum Erfreulichsten, selten jedoch zum Produktivsten der Themenbearbeitung gehören.

All diesen „Randaufwand" haben wir bei der Arbeitserhebung natürlich mitgezählt. Schlösse man ihn aus, erhielte man ein verzerrtes Bild. Zweifellos ist es, wenn auch nicht „Arbeit" im engeren Sinne, so doch Zeitaufwand im Dienste der jeweiligen Sache. Auch bei der Pfarrer-Untersuchung wurde „Wegzeit" als selbstverständlich bei den Bereichen miteingerechnet, was zum Beispiel für „Betreuungsbesuche (Betagte, Kranke, Spitalbesuche usw.)" recht wichtig sein konnte (Naef, 1971, 15). In Szalais Liste gehören „displacements during work" (Code 03) und „any waiting or interruption during working time" (04) mit Selbstverständlichkeit zur „working time". Der Einschluß von „travel to (resp. from) workplace, including waiting for means of transport" (09) in diese Gruppe scheint nur aus subjektiver Sicht gerechtfertigt, weil das sicher nicht echte Freizeit ist; in unserer Untersuchung blieben die Wege zur Arbeit ausgeklammert.

Problematischer allerdings sind Plaudereien mit Mitarbeitern (ohne Unterordnung unter ein berufliches Thema), Kaffeepausen ohne Fachgespräche, Garderobewechsel und Grußaustausch beim Kommen und Gehen usw. Wollten wir aber wirklich den Arbeitstag eines Berufsmannes erfassen, so mußten wir auch diesen Randaufwand einschließen. Sicher kommt er in (fast) allen Berufen vor und trägt das Seine zur Strukturierung des Tages bei. Er fällt auch – bei fixer wie bei gleitender Arbeitszeit mit Meßgerät – in den Rahmen der gemessenen Zeit. Was die Kaffeepausen betrifft, so sind in jener Verwaltung, um die es hier geht, deren zwei täglich (von je einer Viertelstunde Dauer) ohnehin formell zugestanden.

Nachdenken als Problem

Der Schlaf fehlte in dieser Aufzählung. Er kam in P.'s dreieinhalbjähriger Arbeitserhebungszeit im Büro nicht vor. (P. wäre bereit, darüber eidesstattlich auszusagen. Genügt das dem Positivisten? Genügt es selbst den Herren Nisbett und Wilson?) Zwei- oder dreimal in der Vollerhebungszeit mußte P. seine Arbeit, wegen Ermüdung, für einige Minuten unterbrechen, einmal sich einen Kaffee brauen. Er registrierte das als „Pausen", aber nicht als schöpferische. Schöpferische sahen anders aus, und sie erzeugten andere Probleme für den Arbeitsregistrator.

Leserin und Leser vernehmen in diesem Buch von vielen Arbeitsformen, die P., wie alle seine Kollegen in intellektuellen Berufen, zur Anwendung brachte. Verwundert es sie, zu hören, daß P. ab und zu auch einfach bloß „nachdachte" – nachdachte ohne etwas zu „tun"? Wohl kaum. Aber vielleicht wundert es sie, daß das bei der Erhebung oft Schwierigkeiten bereitete. Allerdings gerade dann nicht, wenn es „während der Arbeit", im Büro geschah. Wenn eine komplizierte Frage, ein plötzlicher Einfall den Berufstätigen veranlaßt, mit Lesen oder Schreiben oder welcher Tätigkeit auch immer einzuhalten, in die Ferne zu schauen, gelegentlich gar auf und ab zu gehen und zu überlegen, dann versetzt das ja wohl niemand in Gewissensnot: Das gehört – solange sich unser Gewährsmann einigermaßen konzentriert – zum echten Arbeitsaufwand (und nicht nur an dessen „Rand"). Was aber, wenn ihn ein Problem über die Arbeitszeit hinaus nicht losläßt? Wenn er zuhause, auf dem (sonst nicht miterfaßten) Weg ins Büro, auf einer Wanderung, beim „Bad am Samstagabend" weitergrübelt und dabei vielleicht – vielleicht aber auch nicht – eine produktive Idee entwickelt? (Wir erinnern uns hier der Honorarrechnung, die einen Posten enthielt mit dem Text: „In der Nacht aufgewacht und darüber nachgedacht.")

Einen klassischen Fall hierfür liefern uns die Unterlagen über P. vom Samstag, 16. August 1975. An diesem Tag hat P. nicht „gearbeitet". Aber in seinem Verlauf sind ihm viermal – um 8.10, 9.10, 21.10 und 23.10 (die taktfahrplanmäßige Anordnung ist reiner Zufall) – Einfälle zu seinem Vortrag über Psychodiagnostik gekommen, den er für den 1. Oktober versprochen hatte – das erstemal eine Textumstellung, das zweite Mal eine Abänderung des Titels, das dritte Mal eine neue Vorstellung über den Gesamtablauf, und zuletzt die Verknüpfung zweier vorzubringender Gedanken – jedesmal mit zehnminütigem Durchdenken, aber ohne Notizen, also ohne dokumentierten Niederschlag. Um 23.20 Uhr fühlte er sich in dieser Sache einen kräftigen Ruck weiter als am Vorabend. Das Entstehen des Vortrages wäre unvollständig erfaßt ohne den Einbezug dieser Arbeits-Exklaven. Darum ist es klar, daß sie in eine Erhebung über die „Arbeitswelt" hineingehören.

Aber zwei Tage vorher, am Donnerstag, 14. August 1975, hatte es sich P. weniger leicht gemacht. Er unternahm da eine lange Ferienwanderung durch den „Forst", einen ausgedehnten Wald in der Nähe Berns. (Damals waren die Wälder noch gesund.) Dabei dachte er immer wieder an gewissen Problemen im Zusammenhang mit seiner Arbeitsanalyse herum. Diese Überlegungen grenzten sich jedoch keineswegs gegen andere, private Gedanken und Erinnerungen ab, die ihm gleichfalls durch den Kopf gingen; vielmehr durchdrangen sich die verschiedenen Gedankenfolgen, etwa so, wie wir es von Leopold und Molly Bloom her kennen. Gelegentlich kristallisierten sich einzelne Ideen etwas schärfer und in formulierfähiger Form heraus. So setzte sich P. ab und zu hin und notierte sich seine Überlegungen.

Hier stellte sich nun die Frage, wie weit auch derart unabgegrenztes, „verdünntes" Nachdenken – das nachweislich doch gelegentlich zu Ergebnissen führt – registrierwürdig sei. P. entschied sich dagegen, schon allein nur aus Gründen des Selbstschutzes. Ein Einbezug auch solcher Gedanken hätte zur Folge gehabt, daß er zu keiner Zeit ganz von den Verpflichtungen seiner Arbeitsanalyse frei gekommen wäre und zum Beispiel auch viele Gedankenwanderungen vor dem Einschiafen hätte erfassen müssen. Er half sich am 14. August 1975, indem er sich nur das gelegentliche Absitzen und Notieren von Gedanken (unter der Kategorie „Ideensammlung") aufschrieb. Innerhalb einer Zeitdauer von rund 4 Stunden (mit einer Präokkupation durch die Arbeitsanalyse von gut 40%) ist er so schließlich nur auf 40 Minuten registrierter „Arbeits"-Zeit gekommen – eine Summe, die der Sache nicht ganz gerecht werden dürfte.

Die im Falle des „Nachdenkens" angewandten Prinzipien aber werden daraus klar. „Nachdenken" ist erfassungsberechtigt, wenn es abgrenzbar und konzentriert geschieht, auch ohne Niederschlag und außerhalb der „Arbeitszeit". Es wird dann, wie am 16. August 1975, auf dem Tagesblatt festgehalten. Das Registrieren erfolgt jedoch ausgesprochen „konservativ"; im Zweifelsfall entfällt es.

8.5 Arbeit und Freizeit

Zur Definition der Freizeit

P. hat es sich am 14. August 1975 im Forst nicht leicht gemacht. Aber er hat es sich – sich selbst und dem Leser dieses Buches – während der ganzen Erhebungszeit überhaupt nicht leicht gemacht. Wäre er doch, wie ihm seine Verwaltung damals im Prinzip vorschrieb, täglich um Viertel nach sieben zur Arbeit gegangen und hätte seine 8 4/5 Stunden dort abgesessen, hätte dort und dann gearbeitet und sonst nicht – wie hätte uns das die Arbeitsanalyse erleichtert! Diesen Gefallen aber tat er uns nicht. Er kam später und ging später, jeden Tag etwas anders, nahm Arbeit mit heim, griff oft am Abend und übers Wochenende dazu und konnte – wie wir hörten – längst nicht immer sagen, ob diese Arbeit nun zu seinem Beruf gehörte oder nicht. (Er „glitt"; und die meisten seiner Mitarbeiter glitten schon damals, obschon offiziell die Gleitende Arbeitszeit auf seinem Amt – der ganzen Stadtverwaltung immer noch voraus – erst 1977 eingeführt wurde.)

P. arbeitete also oft auch in der Freizeit – aber was bedeutet dann dieses Wort? Korrigiert der arme Lehrer die Arbeiten seiner Schüler in der „Freizeit", wenn er am prächtigen Sonntagnachmittag zuhause bleibt und auf das Kolonnenfahren über die Alpenpässe verzichtet? (Dafür begleitet er am Donnerstag, wenn sonst alle im Büro sitzen, seine Frau ins Strandbad.) Kann man denn bei einem, der sich nicht an feste Stundenpläne hält, überhaupt zwischen Arbeitszeit und Freizeit unterscheiden – es sei denn, man sage, Arbeitszeit sei dann, wenn er arbeitet, und Freizeit dann, wenn er frei nimmt?

Wir sind offenbar nicht die ersten, die sich mit dem Freizeitbegriff schwer tun. Reinhard Schmitz-Scherzer berichtet über wahre Schlachten, die da stattfinden (1983a, 468ff.). „Der Freizeitbegriff ist weiterhin unklar. Eine Definition der Freizeit, die von einem großen Teil der Freizeitforscher getragen wird, gibt es bis jetzt nicht." (Schmitz-Scherzer und Tokarski, 1985, 164). Wenn man nicht überhaupt auf eine solche verzichtet, weil „ohnehin jeder wisse, was gemeint sei" (Reigrotzki, 1956), so verfällt man normalerweise auf irgend eine „Subtraktionsdefinition". „Dabei geht man meistens so vor, daß vom Tagesablauf alle Zeiten in Abzug gebracht werden, die man jeweils nicht zur Freizeit rechnet, und gelangt so durch Subtraktion zur verbleibenden Freizeit." (Weber, 1963, 15; zitiert nach Schmitz-Scherzer, 1983, 470.) Das kann dann tatsächlich zu jener Begriffsbestimmung führen, die wir oben antönten. So bezeichnet offenbar Heyde (1954, 17), nach Schmitz-Scherzer, Freizeit als die „Zeitspanne, in der der Mensch nicht Arbeit verrichtet".

Jedenfalls darf man sich dieser Frage nicht einfach entschlagen. „Denn der Kontrast zwischen eher restriktiver Arbeit und davon „freier" Zeit ist unzweifelhaft Realität für die Mehrzahl der Erwerbstätigen in unserer Gesellschaft." (Hoff, 1986, 79). Und etwas so Reales und Alltägliches muß sich doch wohl auch begrifflich irgendwie festnageln lassen. Wenn wir den Knäuel zu entwirren suchen, indem wir nach dem Subtraktions-Rezept Stück um Stück vom Tages-Faden abschneiden, so werden wir allmählich begreifen, warum uns die Suche nach einer Definition so viel Mühe verursacht. Wir kommen dann nämlich auf nicht weniger als acht unterscheidbare Freizeitbegriffe (und in Kapitel 9.4 wird sich deren Zahl sogar auf zehn erhöhen), die allerdings in drei Hauptgruppen geordnet werden können. (In die folgende Analyse wären die Überlegungen Joffre Dumazediers, 1974, einzubauen, die ich – zu spät – durch die Berichterstattung von Lalive d'Epinay, 1988, 412ff., im Umriß kennenlernte.)

Verschiedene Freizeitbegriffe

Für die meisten Arbeitnehmer gibt es Zeiten, während welcher sie im Prinzip verpflichtet sind, berufliche Arbeit zu verrichten. „Wo der Arbeitsalltag durch den Arbeitsvertrag zeiträumlich genau geregelt ist, läßt sich auch klar die Grenze zu Freizeit im Sinne von Nicht-Arbeit ziehen" (Hoff, 1986, 47). Bei flexibleren Abmachungen, etwa „gleitender Arbeitszeit" unterschiedlicher Observanz, ist der Zaun weniger fix abgesteckt; da schrillt am Feierabend keine Sirene. Gleichwohl ist auch hier von den meisten Berufsleuten – P. eingeschlossen – Arbeit tagsüber an fünf Wochentagen zu leisten. Bei Teilzeitangestellten bestimmt sich diese Zeit gemäß Abmachung, bei Lehrern gemäß Lektionenplan. Was ausserhalb liegt – bei P. zum Beispiel Abende, Wochenenden, Feiertage und Ferien –, das ist „Freizeit" in einem ganz äußerlichen, rein benennenden Sinne, angewandt auch in unserer Untersuchung, wie Tafel 7.12 auf Seite 347 zeigt. Um uns besser verständigen zu können, reden wir hier von Freizeit I. Wollen wir kleinlich genau sein, so müssen wir Varianten I a, b, c unterscheiden; zum Beispiel wie folgt: a) Gesamttageslauf minus offiziell festgelegte Arbeitszeit (einer Fabrik, Verwaltung etc.); b) Tageslauf minus individuell vereinbarte, feste Einsatzzeiten (Schichten, Lektionen etc.); c) Tageslauf minus im Rahmen der Gleitzeit individuell aus den Arbeitstagen ausgewählte Zeitabschnitte.

Die Kennzeichnung „Freizeit I" hat allerdings nur in solchen Berufssituationen einen brauchbaren Sinn, wo die Zeitspanne der Arbeitsverpflichtung in etwa dem Umfang der verlangten Arbeit entspricht (also beispielsweise nicht beim Lehrer oder Hochschuldozenten oder Pfarrer). Vollends fragwürdig wird sie bei jenen gesellschaftlichen Gruppen wie etwa der Landbevölkerung, für welche die „zeittypische Trennung von Arbeit und Freizeit" nicht gilt. Es gebe da „kaum formale Einschnitte zwischen beiden Bereichen" (Wiswede, 1980, 22); für sie habe J. Dumazedier den Ausdruck „journée poreuse" geprägt. Gehören Sie zu dieser Gruppe, so können Sie sich die erste Berechnung ersparen.

Aber auch der/die Glückliche/Unglückliche (Nichtzutreffendes bitte streichen) mit mehr oder weniger geregeltem Arbeitstag ist weder vor der Verpflichtung noch vor der Versuchung gefeit, dennoch während Freizeit I gelegentlich Arbeit zu verrichten. Oft ergibt es sich daraus, daß Dringliches der Erledigung harrt. Man fand tagsüber nicht Zeit, sich auf die wichtige Sitzung von morgen vorzubereiten – was bleibt anderes übrig, als es abends zuhause zu tun? (Nicht immer zur Freude der Familie.) Manchmal nimmt einen nicht Kommendes in Griff, sondern Vergangenes, das nicht locker lässt und einen weiter beschäftigt. Denn gewiß ist es doch so, „daß die Arbeitswelt im Leben erwerbstätiger Erwachsener nicht einfach hinter dem Fabriktor, im Büro, im Geschäft oder an anderen Arbeitsplätzen zurückbleibt, wenn der Feierabend, das Wochenende oder die Urlaubstage beginnen" (Hoff, 1986, 95). Und nach Szalai könnte und sollte man ja eben die „Fahrten zum/vom Arbeitsplatz incl. Wartezeiten auf Verkehrsmittel" nicht zur eigentlichen Freizeit rechnen. Über all diese Zeiten unseres Alltags breitet der Beruf seine Polypenarme aus. Subtrahieren wir auch sie vom Tageslauf, so kommen wir zum – eingeschränkteren – Begriff der „Freizeit II", oder genauer: der „Freizeit IIa".

Denn hier brauchen wir nun wohl nicht kleinlich zu sein, um zur Geltung zu bringen, daß uns nicht bloß berufliche Pflichten zur Arbeit in der Freizeit zwingen. Vielleicht läuft morgen der Termin ab für die Einreichung der Steuererklärung, und vielleicht rinnt ein Wasserhahn; auch der Küchentrog ruft. „Auch in der Freizeit gibt es ‚Pflichten', Zwänge oder Tätigkeitsbereiche, in denen nur vorgezeichnetes Verhalten möglich ist", sagt Ernst-H. Hoff (1986, 46). Nicht alle Freizeit ist freie Zeit. So gelangen wir zum Begriff „Freizeit IIb".

Aber wie frei können wir denn wirklich über sie disponieren? Sind nicht auch die "physiological demands" wie Essen und Schlafen „Pflichten" des Alltags – wenn auch meist erfreuliche –, denen wir nicht entgehen können? Und gehört, seit wir das Mittelalter hinter uns gelassen haben, nicht auch die „persönliche Hygiene" dazu? In der „use of time"-Studie wird das als „dritte Säule" des menschlichen Tags neben Arbeit und Freizeit betrachtet (Robinson, Converse und Szalai, 1972, 117). In diesem Sinne nimmt Joseph D. Cooper eine Berechnung dessen vor, was wir „Freizeit IIc" nennen wollen: Wir brauchen täglich 8 Stunden für Schlaf, 1 für Körperpflege (inkl. An- und Ausziehen), 2-3 für Essen, 8 für berufliche Arbeit, 1-2 für den Weg dahin. Das „läßt uns 2 bis 4 Stunden freie Zeit für uns selbst, für unsere Familie und Freunde, für Weiterbildung, Entspannung und Erholung. Das ist nicht gerade viel ..." (1986, 67). Auf ungefähr das gleiche Resultat kommt die internationale Untersuchung Szalais über die Zeitverwendung. Sie hat ergeben, daß weltweit im Durchschnitt an Werktagen 10–17% der Gesamtzeit (oder 15–25% der wachen Zeit) zur freien Verfügung stehen, an freien Tagen 25–35% (Robinson, Converse und Szalai, 1972, 131).

So haben wir, dank der Subtraktionsmethode, zweimal drei Freizeitbegriffe gewonnen – und sind immer noch nicht am Ende. Selbst innerhalb dieser Freizeit römisch zwei, mit der man tun kann was man will, kommt es nun vor, daß man arbeitet – natürlich freiwillig. Offenbar hat schon Aristoteles zwischen Sklavenarbeit und Freienarbeit differenziert (Schwendter, 1983, 28); hier hätten wir es dann mit der zweiten Art zu tun. Es gibt bekanntlich sogar Leute – ich glaube, man bezeichnet sie als ergoman – die in ihrer Freizeit nichts lieber tun als arbeiten, manche sogar für den Beruf! Ob sie das noch Freizeit nennen wollen, sei ihnen freigestellt. P. liest zum Beispiel gerne Psychologisches oder arbeitet an seinem Buch; manchmal kommt ihm auch ein Einfall zu einem Büroproblem. In der Berichtszeit war solches meist Freizeitvergnügen; zeitweilig allerdings wuchs sich das Manuskript zu einem Arbeitsdruck aus, der den Freizeitcharakter ernsthaft in Frage stellt. (Ganz so abwegig schiene ihm da der Begriff „Sklavenarbeit" auch wieder nicht. Man schuftete dann als Sklave seines eigenen Projekts.)

Um zum Begriff der „Freizeit III" zu gelangen, müßte man darum auch die freiwillige Arbeit – nur die berufsverbundene („IIIa") oder jede ("IIIb") – in Abzug bringen. Dann schält sich schließlich die „echteste" Freizeit heraus – Zeit, in der man ausspannt, Musik hört, Freundschaften pflegt, Reisen unternimmt.

Nicht wahr, liebe Leserin, lieber Leser, Freizeit ist eine verflixt komplizierte Sache. Müßte man sie jeweils mit schriftlicher Begründung einfordern, so würde man fast lieber drauf verzichten. (Auch der Tausendfüßler soll sich beim Nachdenken schließlich in eine Ecke verkrochen und darauf verzichtet haben, zufuß – genauer: zutausendfüßen – weiterzugehen.)

Freizeitarbeit und Wahlfreiheit

Wir machen einen zweiten Versuch, das Freizeit-Chaos zu lichten. Nach welchen Gesichtspunkten, so fragen wir uns jetzt, haben wir all die Arbeiten und Pflichten, die dem Menschen die Freizeit verstellen, bisher unterschieden? Offenbar waren es deren drei.

1. Es gibt Arbeiten und Pflichten innerhalb und außerhalb der regulären Arbeits(verpflichtungs)zeit.
2. Die Arbeiten und Pflichten können beruflicher oder außerberuflicher Natur sein.
3. Es kann sich um Pflichten handeln, denen schwerlich zu entgehen ist, oder um freiwillig gewählte Arbeiten.

Auf Grundlage des zweiten und dritten Aspekts hat John R. Kelly 1972 ein zweidimensionales System der Tätigkeiten in der „nonworking time" vorgeschlagen. (Wir zitieren nach Kimmel, 1974, 266ff.). Demnach sind vier Typen von Freizeitaktivitäten zu unterscheiden: die echte, „unconditional leisure", frei gewählt und berufsunabhängig; freiwillige berufsrelevante Tätigkeiten wie Lektüre von Fachzeitschriften abends zuhause („coordinated leisure"); Erfüllung außerberuflicher Verpflichtungen („complementary leisure"); Freizeitverpflichtungen für den Beruf (insbesondere Vorbereitungsarbeiten; daher „preparation").

Aber das läßt doch eine Frage offen. Was heißt denn eigentlich „freie Wahl"? Vielleicht könnte ich in meinem Beruf nicht mehr bestehen, wenn ich nicht zuhause die einschlägigen Fachzeitschriften läse? Wann ich diesem (sanften) Zwang jedoch folgen will, ist mir überlassen. Oder nehmen wir – all unseren Widerwillen überwindend – wieder die Steuererklärung! Ich habe zwar keine freie Wahl, ob ich sie erstellen und einreichen will oder nicht; dazu bin ich verpflichtet, und ich anerkenne das knurrend. Die Papiere hierfür kommen – im Kanton Bern – im Januar; im März wollen die Behörden sie zurück. Da habe ich nun also wochenlang, Abend für Abend, Wochenende für Wochenende, die freie Wahl (wer die Wahl hat, hat die Qual), ob ich mich dahintermachen will oder nicht.

Dieser Unterschied ist relevant für unsere Freizeitdiskussion. Wenn ich mich nämlich im Januar hinter die schwer verständlichen Bögen setze, so tue ich es von mir aus, ohne Druck, und somit in „Freizeit II". Verschiebe ich es jedoch auf den März, so kommt unweigerlich der Moment, wo es sich als dringlich gewordene Pflicht in „Freizeit I" eindrängt. (Zu Freizeit III gehört es aber, bei Gott, nie.)

„Verpflichtung" hat also zwei Gesichter. Sowohl im berufsverbundenen wie im privaten Bereich gibt es verpflichtende(re) und frei(er) gewählte Tätigkeiten. Ob die Verpflichtung (oder Erledigungschance) aber gerade jetzt fällig wird oder nicht, ist eine andere Frage. (Damit uns herumzuschlagen werden wir in einem späteren Buch noch ausgiebig Gelegenheit haben.) So reiht sich noch ein vierter Gesichtspunkt an die drei eingangs erwähnten an:

4. Die Arbeiten können „jetzt besorgt werden müssen" oder uns die Wahl des Zeitpunktes freistellen.

Zusammenfassendes Schema

Die vier Unterscheidungsgesichtspunkte lassen sich als Dimensionen zur Gliederung des Gesamtkomplexes „Arbeit und Freizeit" verstehen; und wir könnten sie zur Erstellung eines Übersichtsschemas benutzen – wenn da nicht einer zuviel wäre. Unser Auge – auch das innere – kann einfach noch nicht vierdimensional sehen. Wollen wir unsere Überlegungen dennoch durch eine Illustration zugänglicher machen, so müssen wir zwei dieser Dimensionen zusammenlegen. Wir wählen dafür die erste und die letzte aus. Zwar werden wir Arbeiten innerhalb und außerhalb der Arbeitszeit unterscheiden, jedoch auf eine Beurteilung der Dringlichkeit unserer Tätigkeiten während der Arbeitszeit verzichten; dringliche und nicht dringliche

Unternehmungen differenzieren wir nur außerhalb derselben. Wenn wir die andern beiden Aspekte je dreistufig auffassen, dann erhalten wir einen Würfel von 3 ×3 × 3 (Figur 8.5). Die Beispiele, die dort an den sichtbaren Stellen aufgeführt sind, stammen nicht alle aus P.'s (Arbeits-) Leben. Leider hat er keine Erbtante.

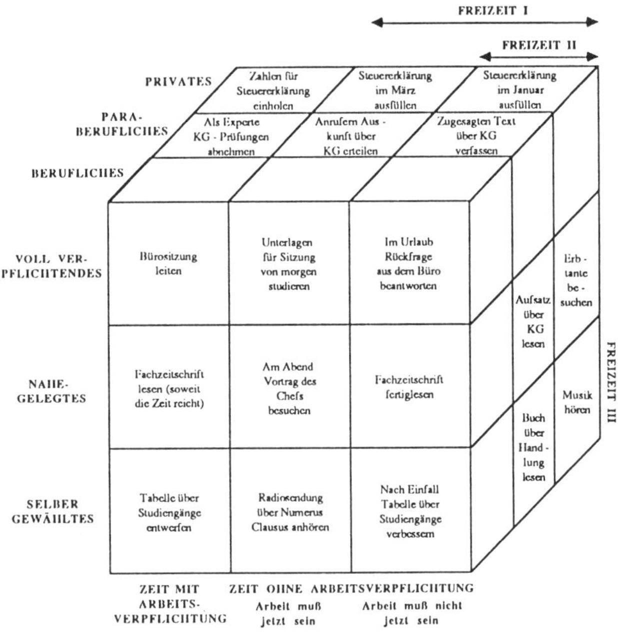

Fig. 8.5: Arbeitswelt und Freizeit

Was zeigt uns dieser Würfel? Einmal demonstriert er die Freizeitbegriffe I bis III. Die Schicht links entspricht der Arbeitszeit; alles was rechts von ihr liegt, verkörpert Freizeit I. Die mittlere, jetzt zur linken gewordene Schicht repräsentiert, zumindest in ihren oberen Lagen, all das, was sich in diese formelle Freizeit an Beruflichem und Nichtberuflichem restringierend eindrängt; Freizeit II beschränkt sich somit auf die Wand rechts: die Schicht dessen, was man sich auslesen kann. Ihr ist allenfalls die Mitte unten zuzurechnen: Möglichkeiten des Tuns, die sich zwar gerade und nur jetzt anbieten, aber für mich keineswegs verpflichtend sind, wie etwa der Besuch eines Vortrages am Abend. Schließe ich aus Freizeit II auch alles aus, was irgend nach Verpflichtung (oben) oder Beruf (vorne) riecht, so verbleibt schließlich der Würfel rechts unten hinten, der siebenundzwanzigste und letzte, als Hort der wirklich echten Freizeit.

Am gleichen Würfel kann man aber auch ablesen, welche Aktivitäten P.'s in die Erhebung eingeschlossen wurden und welche nicht. Registriert wurden alle Tätigkeiten der linken sowie der beiden vorderen Schichten, also alles, was P. während seiner Arbeitsverpflichtungszeit tat (auch allfällig Privates) – und/oder alles Berufliche und Paraberufliche, selbst wenn es während der Freizeit besorgt wurde. Außerhalb der Arbeitszeit erledigte Arbeiten privaten Charakters – wie das leidige Ausfüllen der Steuererklärung – wurden nicht eingeschlossen, wie dringlich sie auch gewesen sein mögen.

Das war schwierig, nicht wahr, liebe Leserin, lieber Leser? Aber das Ausharren wurde belohnt. Wir sind zuletzt zur echtesten und nach Aristoteles offenbar einzig wahren Freizeit vorgestoßen (Kimmel, 1974, 266). Nun wissen wir genau, wo sie sitzt. Rechts unten hinten. Leider wird sie in diesem Buche nun nicht mehr zur Sprache kommen, denn wir haben sie ja eben nicht in unsere Untersuchung einbezogen. Der geneigten Leserin, dem geneigten Leser aber wünschen wir viele frohe Erfahrungen mit dem Würfel rechts unten hinten. Falls sie sich nicht beruflich dazu angestiftet oder sonstwie verpflichtet fühlen, gehört vielleicht – wer weiß? – sogar die Lektüre dieses Buches dazu.

Kapitel 9

Blick in eine individuelle Arbeitswelt

Wenn wir im folgenden die individuellen Kategoriensysteme für Bereiche und Vollzüge in der Arbeitswelt des Berufsmannes P. (während der Erhebungsjahre) vorstellen und auch einige Zahlen dazu bekanntgeben, so hat das verschiedene Gründe. Die schon oft zitierte „Demonstration am Beispiel" bildet einen unter ihnen: Unser Bericht soll und will ja unter anderem auch zeigen, wie man Arbeitswelten individuell gliedern und erfassen kann. Es ist keineswegs ein Privileg der P.'schen Berufstätigkeit, daß sie sich spezifisch kategorisieren läßt; jede andere Welt hat gleiches Recht und gleiche Chance. Unser Bericht weist einen Weg dazu.

Auch in diesem Kapitel werden wir indessen einige allgemeine Probleme zur Sprache bringen. Es werden Fragen sein, die sich erst aus konkreten Daten ableiten lassen, also deren Präsentation voraussetzen. Gerne würden wir da natürlich aus dem Vollen schöpfen und ganze Heerscharen Berufstätiger als Zeugen aufmarschieren lassen – aber die haben wir eben nicht zur Hand. Nur P. mit seinen drei Erhebungsjahren steht uns als Opfer wissenschaftlicher Ausbeutung zur Verfügung. Auch der Leser muß also mit ihm vorlieb nehmen.

Dann bildet dieses Kapitel, drittens, gleichsam das Scharnier zum letzten Teil dieses Buches, zur Frage der Struktur des Tageslaufes. All die Betrachtungen, die uns da bevorstehen, beruhen auf dem Phänomen der „Arbeitswechsel", die durch zwei Elemente bestimmt sein können: durch Themen oder durch Vollzüge. Vollzugswechsel werden in den nächsten Kapiteln für uns mit eine zentrale Rolle spielen. Wir müssen uns darum rechtzeitig umsehen, was das denn – in P.'s Arbeitswelt – für Vollzüge sind, die da wechseln können.

Aber schließlich gibt es, last not least, noch einen weiteren Grund. Anhand von Beispielen, die über das ganze Buch verstreut sind, vernimmt der Leser so viel (aber doch so Unzusammenhängendes) aus der Arbeitswelt des P., daß er ein Bedürfnis verspüren könnte, irgendwo auch einen Gesamtüberblick über dessen Job vorzufinden. Vielleicht wird dann manches verständlicher; Fragen, die aufgetaucht sind, können sich klären – zum Guten wie zum Schlechten. (Zum Schlechten: vielleicht entdeckt der Leser, daß P.'s Beruf so untypisch ist, daß alle seine Verallgemeinerungen aus der Luft gegriffen sind ...)

P.'s Job ist ohne Zweifel ein Sonderfall, weder typisch für Amtsleiter im allgemeinen noch für Berufsberater insgesamt (und doch trägt er sicher für beide Bezugsgruppen charakteristische Züge). Will man generellere Auskünfte über Arbeitsbereiche und Arbeitsverteilung der Berufsberater in der Schweiz, so liegen darüber zunächst ein Bericht der Fachvereinigung der Berufsberater der deutschen und der rätoromanischen Schweiz (FAB, 1982/83) sowie aus ihm abgeleitete „Richtlinien und Empfehlungen" vor. Sie beruhen auf einer im Jahr 1980 durchgeführten Belastungsstudie, die jedoch akademische Berufsberater nicht miterfaßte. Einige Jahre später hat Eric Frischknecht bei einer sorgfältig ausgewählten Stichprobe von 50 deutschschweizerischen Berufsberaterinnen und Berufsberatern eine weitere aufschlußreiche Untersuchung in dieser Sache durchgeführt (1985). Außerdem wurde 1983 über die Arbeitswelt einer nahe verwandten Berufsgruppe ein Erhebungsbericht unter dem Titel „Die Tätigkeiten der Kinder- und Jugendpsychologen in der Schweiz" herausgegeben (SKJP; Burri, Gamper, Gwerder, Hochstrasser, Mäder, Schmid und Vatter).

Kapitel 9 geht am weitesten in der Darlegung einer individuellen Welt. Wer sich dafür nicht interessiert (oder sogar darüber aufhält), wird diese Seiten überspringen. Der Autor versichert ihn seines vollen Verständnisses.

9.1 Das Aufgabenfeld

Die Aufgabe der Akademischen Berufsberatung Bern

Die Akademische Berufsberatung Bern, welcher P. als Leiter vorstand, ist eine Amtsstelle im Rahmen der Stadtverwaltung Bern, eingegliedert der Schuldirektion. Trotz diesem kommunalen Charakter war sie aufgrund der Vereinbarungen mit andern Gemeinden und der kantonalen Verwaltung zuständig für das ganze deutschsprachige Kantonsgebiet (der Kanton Bern, zweitgrößter der Schweiz, hat zwei Sprachregionen). An ihren Kosten beteiligen sich diese anderen Gemeinden sowie der Kanton (und seinerzeit auch der Bund) mit namhaften Beiträgen, deren Höhe nach kompliziertem Verfahren ermittelt wird. Zur Zeit der Erhebung beschäftigte das Amt rund 15 Personen, knapp die Hälfte von ihnen mit Teilzeitpensum: Berater, Sachbearbeiter der Dokumentationsabteilung, Sekretariatspersonal, Testassistent und Arbeitsberater (in allen Fällen wären auch die weiblichen Formen zutreffend).

Die Aufgabe des Amtes wurde 1981 in einem „Beiblatt" zur Stellenbeschreibung des Leiters aufgrund der einschlägigen Vorschriften und gründlicher Diskussionen im Mitarbeiterstab wie folgt umschrieben (wobei wir einige Details, die den Leser nicht interessieren können, unterschlagen):

„Information und Beratung von Personen,
die eine Hochschulbildung in Erwägung ziehen, den Erwerb eines Hochschulzulassungsausweises vorbereiten oder einen solchen erworben haben (Studierende, nichtstudierende Maturainhaber, Hochschulabsolventen), sofern sie im deutschsprachigen Kantonsgebiet wohnen (inkl. Flüchtlinge und vorübergehend anwesende Auslandschweizer) sowie gegebenenfalls ihrer Angehörigen

a) bei Wahl, Wechsel oder Spezifizierung eines entsprechenden Ausbildungsweges oder einer Berufslaufbahn als Akademiker oder einer Alternative dazu, und/oder
b) bei Schwierigkeiten und Problemen, die im Zusammenhang mit dem Durchlaufen dieses Ausbildungs- und Berufsweges auftreten

mit den Mitteln der

1. individuellen Beratung: persönliche, telefonische oder schriftliche Auskunfterteilung; eingehende Informationsgespräche; vertiefte Beratungen, wenn nötig unter Zuhilfenahme psychodiagnostischer Untersuchungsmittel; Hilfeleistung an einzelne bei der Verbesserung des Arbeitsverhaltens, der persönlichen Einsichtnahme in Berufe und der Realisierung des Entscheides;
2. generellen Beratung und Berufswahlvorbereitung: Durchführung studien- und berufskundlicher Informationsveranstaltungen mit Fachleuten; Anregung von und Mithilfe bei Maßnahmen zur Berufswahlvorbereitung an Schulen; Durchführung von Klassenbesprechungen, Elternabenden usw.; Ergreifen aller sonstwie geeigneten Mittel (Mitteilungsblatt an Schüler, Aufbau eines Netzes von Kontaktpersonen, Öffentlichkeitsarbeit usw.);
3. Bereitstellung und Vermittlung von Dokumentation: Sammlung, Aufarbeitung und zweckmäßige Zusammenstellung aller zugänglichen Unterlagen über die einschlägigen Gebiete; wo nötig Erarbeitung eigener Darstellungen; wo nötig Durchführung eigener Untersuchungen und Erhebungen; Führung eines Leseraumes und Ausleihe der Unterlagen an alle Interessenten;

sowie unter Leistung der erforderlichen Nebenarbeiten (Statistiken; Beratung von Lehrern; Mitarbeit in Fachgremien; usw.)
in intensiver Zusammenarbeit mit allen verwandten bernischen und schweizerischen Stellen
und aufgrund ständiger eigener fachlicher Arbeitsvorbereitung und Ajourhaltung

mit dem Zweck,

- einen Beitrag zur individuellen Selbstverwirklichung möglichst vieler Menschen zu leisten,
- dem Bedarf unserer Gesellschaft nach qualifizierten Fachkräften Rechnung zu tragen und

- möglichst viele Fehlentscheide und Mißerfolge mit dem dadurch entstehenden persönlichen und volkswirtschaftlichen Schaden vermeiden zu helfen."

Wie sich die akademische Berufsberatung dabei in das Gesamtsystem der Beratungsdienste im schweizerischen Bildungswesen eingliedert, hat P. gerade während der Vollerhebungszeit in einem Handbuch-Artikel dargestellt (Pulver, 1975b), den der interessierte Leser zu Rate ziehen mag. Einzelne Aufgaben und die in der Schweiz übliche oder angestrebte Art, sie zu lösen, haben er und andere Mitglieder der Arbeitsgemeinschaft für akademische Berufsberatung ein Jahrzehnt zuvor in der Schrift „Auf dem Weg zum Studium" (Pulver, 1966) und im Jahr nach Abschluß der Erhebung in eingehenden „Funktionsanalysen" (AGAB, 1976) beschrieben. Aus neuerer Sicht gibt es kurze Darstellungen von Bruno Biberstein und Peter Graf (je 1984). Ausländische Leser werden aus Bibersteins Schilderung die Eigenart der akademischen Berufsberatung in der Schweiz am besten kennen lernen.

P.'s Arbeitsbereiche

Abgesehen von halbprivaten und privaten „Randbereichen" kann P.'s Arbeitswelt in vier große Kreise aufgeteilt werden: Amtsleiter-Aufgaben, Beratungs-Aufgaben, Außenkontakte sowie Grundlagen- und Ajourhaltungsaufgaben. Jeder dieser Kreise läßt sich – oder besser: ließ sich während der Erhebungszeit – in zwei Sektoren aufspalten. So kommen wir (einschließlich Randbereichen) zu neun Bereichsgruppen, die wir im folgenden kurz darstellen, jeweils mit Angabe der zugehörigen Bereiche, wie sie sich in den Jahren 1972 bis 1975 präsentierten.

Amtsleitung. Dazu zählen alle Aufgaben, die sich P. als Amtsleiter stellen. Zur Zeit der Erhebung konnte er deutlich unterscheiden zwischen der Amtsleitung im ursprünglichen, kommunalen Sinn, und den Zusatzaufgaben, die sich durch die kurz zuvor erfolgte kantonale Ausweitung ergaben.

Gruppe 1: *Amtsleitung*
Gruppe 2: *Kantonale Zusatzaufgaben*

P. unterschied dabei: Allgemeine Aufgaben (Bereich 11), Personalanstellungsfragen (12), Personalführungsfragen (13), Finanzfragen (14), Kontakte mit vorgesetzten Behörden (15), Amtskontakte nach außen (mit Allgemeiner Berufsberatung, Studentenberatung, Schulen, Presse usw. – 16), Mietfragen (17), Raumbenutzung (18) und Einrichtungsfragen (19). Die drei letztgenannten Bereiche wurden erst 1975 aus dem Bereich 11 ausgesondert. Übergreifendes und Vermischtes wurde hier wie in allen andern Bereichsgruppen mit nachgestellter „0" codiert; zu Bereich „10" gehörten vor allem auch die regelmäßigen Bürositzungen.

Bereiche 10 bis 16 konnten parallel – als Nummern 20 bis 26 – auch für kantonale Zusatzaufgaben innerhalb der eigenen Amtsstelle benutzt werden. Dazu kam nun aber noch die beratende und betreuende Funktion P.'s beim Ausbau eines selbständigen parallelen Dienstes in der Stadt Biel (die ebenfalls dem Kanton Bern zugehört), der dann einige Jahre danach in die Akademische Berufsberatung Bern integriert und noch ein paar Jahre später neuerdings herausgetrennt wurde. Hier waren Organisationsfragen (27) und Personalanstellungsfragen (28) zu unterscheiden.

Beratung (im weiteren Sinne). Gegenüber dem Publikum tritt eine Akademische Berufsberatung durch „generelle" und durch „individuelle" Beratung in Erscheinung. Bei beiden macht der Amtsleiter, als einer der Fachleute, mit. Soweit die damit verbundenen Aufgaben nicht vorwiegend aus der Verantwortung als Amtsleiter fließen, das heißt, soweit sie im großen und ganzen auch ein anderer Mitarbeiter des Amtes in eigener Kompetenz übernehmen kann oder könnte, werden sie unter Bereichsgruppen 3 und 4 verbucht.

Gruppe 3: *Generelle Beratung*

Zu ihr gehören Planung, Organisation, Vorbereitung, Durchführung und Auswertung genereller Maßnahmen der Information und Beratung des angesprochenen Zielpublikums, wie Berufs- und studienkundliche Veranstaltungen (Bereich 31), Aktionen an Schulen (z.B. Informationstage – 32), Klassenbesprechungen (33), Gruppenbesprechungen (34) und Dokumentation (35).

Gruppe 4: *Individuelle Beratung*

Dazu gehören Planung, Organisation, Vorbereitung, Durchführung und Auswertung der individuellen Beratung von Klienten. Es lassen sich unterscheiden die Betreuung eigener (Bereich 41) und von anderen übernommener (42) Beratungsfälle, die Besprechung von Fällen anderer Berater (43) und weitere „Publikumsbedienung" (an der Türe, am Telefon usw. – 44) einerseits, andererseits auf die Fall-Arbeit bezogene vorbereitende und auswertende Aufgaben („Beratungs-Organisation"): spezielle Beratungsfragen (wie Probleme der Testdurchführung oder der Arbeitsberatung – 45), Erfolgskontrolle (46) und Beratungsstatistik (47).

Außenkontakte. Eine Beratungsstelle wie die Akademische Berufsberatung Bern ist nicht autark. Sie lebt (auch) von Austausch und Zusammenarbeit mit anderen Stellen und Institutionen, insbesondere den anderen entsprechenden Beratungsstellen in der Schweiz. Im Gegensatz zu den Verhältnissen in der Bundesrepublik Deutschland gibt es für die „Abiturientenberatung" keine zentrale schweizerische Institution, die deren gemeinsamen Belange (wie Unterlagenbeschaffung und -verarbeitung, Methodenentwicklung, Aus- und Weiterbildung der Fachleute usw.) wahrnehmen würde. An ihre Stelle ist als „Selbsthilfeorganisation" die Schweizerische

Arbeitsgemeinschaft für akademische Studien- und Berufsberatung (AGAB) getreten. Mitarbeit in ihr ist für das gute Funktionieren der einzelnen Stellen unumgänglich. Daneben gibt es aber auch Kontakte, zu denen man sich dank seiner Position oder Sachkundigkeit aufgerufen sieht und mehr oder weniger verpflichtet fühlt.

Gruppe 5: *AGAB*

In ihrem Zusammenhang stellten sich P. in den Berichtsjahren Aufgaben als Vorstandsmitglied (51), als Präsident (bis Ende 1973) resp. Ex-Präsident (52), durch Übernahme und Bearbeitung gemeinschaftsinterner (53) oder „außenpolitischer" (54) Aufgaben (bei den ersten vor allem Mitarbeit in der Ausbildungskommission oder bei einer Statutenreform, bei den zweiten Stellungnahme zum neuen schweizerischen Berufsbildungsgesetz, zu den damals geplanten neuen Hochschulen Aarau und Luzern usw.), durch Betreuung eines Bulletins (55), verschiedener weiterer Mitglieds-Aufgaben (wie Mitarbeit an den „Funktionsanalysen", am „Schweizer Studienführer" usw. – 56) sowie der AGAB-Jahresstatistik (57). – Wie wir sehen werden, nahmen die AGAB-Aufgaben P.'s in der Berichtszeit einen großen Raum ein; das berechtigte damals, eine besondere Bereichsgruppe dafür zu reservieren.

Gruppe 6: *Drittbereiche*

Dazu gehören einerseits Aufgaben, die P. in der Berichtszeit aus der Mitarbeit in verschiedenen schweizerischen Gremien erwuchsen, Gremien, die sich alle mit Fragen aus dem Beratungswesen beschäftigten: er war 1972–1975 Präsident einer entsprechenden Kommission der Schweizerischen Hochschulkonferenz (SHK – 61), Mitglied der Studienkommission für Bildungspsychologische Fragen (SBP – 62) sowie einer Arbeitsgruppe „Beratung an Mittelschulen" (63); weiter hielt er sich, teils bloß als interessierter Beobachter, teils aber auch beigezogen als Ratgeber, über die Entwicklung der andern schweizerischen Stellen für akademische Berufsberatung auf dem laufenden (64) und wurde schließlich als erfahrener Berufsmann (65) zu Stellungnahmen oder „Expertisen" beigezogen. Als psychologischer Fachmann war er außerdem bis 1973 Mitglied der kantonalbernischen Patentprüfungskommission für Kindergärtnerinnen (66) und wurde auch anderweitig gelegentlich beansprucht (67). In einer Sammelkategorie wurde schließlich die Pflege weiterer „paraberuflicher" Beziehungen zusammengefaßt (68).

Vorbereitende Aufgaben. Um generelle und individuelle Beratung „planen, organisieren, vorbereiten, durchführen und auswerten" zu können (Bereichsgruppen 3 und 4), bedarf es vor allem auch „vorbereitender" Arbeiten, im Rahmen der Stelle und für sich selber. Über deren Zusammenhang mit dem Beruf haben wir in Kapitel 8.4 bereits eingehend gesprochen. Solche Arbeiten lassen sich nach mindestens drei Dimensionen kategorisieren. Rein äußerlich gesehen finden wir einmal den Unterschied zwischen kursmäßig organisierten und „stillen“, einsamen Formen; das gab die Gelegenheit zur Bildung zweier Bereichsgruppen (7 und 8). Dann konnten die Unternehmungen natürlich nach Fachgebieten eingeteilt werden; das erlaubte die Unterscheidung einzelner Bereiche.

Schließlich lassen sich bei den „vorbereitenden“ Aufgaben (mindestens) drei verschiedene Formen der Beteiligung unterscheiden: empfangende, rezeptive Funktionen (Kursteilnahme, Lektüre), produzierende (eigene Unterlagenerarbeitung, Abfassen von Artikeln oder Vorträgen, fachliche Kursvorbereitung) und organisierende (Kursorganisation, Vorbereitung einer Publikation). Dies auseinanderzuhalten wäre uns im allgemeinen nicht leicht gefallen und auch wenig sinnvoll erschienen; es hätte da und dort auch Themen und Themen-Familien gesprengt. In der Bereichs-Kategorisierung hat diese dritte Dimension darum keinen Niederschlag gefunden. Eine einzige Ausnahme mußte P. dort machen, wo sich in der Vollerhebungszeit Bereiche vorübergehend ungewöhnlich ausdehnten: bei der Psychodiagnostik. Hier wurden wenigstens die organisatorischen Aufgaben als Bereiche eigenen Rechts herausgelöst.

Gruppe 7: *Allgemeine Grundlagenarbeiten*

Dazu rechnen wir Kenntnisnahme, Bearbeitung und Erarbeitung fachlicher Unterlagen wie Bücher, Artikel, Periodika, Berichte, Zusammenstellungen usw.

Gruppe 8: *Kursmäßige Grundlagenarbeiten*

Dazu gehören sowohl Planung, Vorbereitung, Organisation, Leitung und Durchführung von wie auch Teilnahme an (oder Beschäftigung mit) Weiterbildungskursen, Fachtagungen, stelleninternen Seminaren usw.

Dabei ging es im Falle P.'s um folgende Fachgebiete: Beratungswesen (Bereiche 71/81), Berufs- und Studienkunde (72/82), Beratungspsychologie und -methodik (73/83), Psychodiagnostik, und zwar getrennt nach fachlichen (74/84) und organisatorischen (75/85) Arbeiten, differentielle Psychologie (76/86) sowie weitere psychologische Gebiete, wie Entwicklungspsychologie, Arbeitspsychologie und andere (77/87). Einen eigenen Bereich bildete P.'s Beschäftigung mit der Handlungspsychologie (78/88; Psychologie des Verhaltensablaufs, der Handlungsstruktur und -steuerung und der dafür relevanten Einbettung des Menschen in seine „Welt“). Andere, nicht-beraterische und nicht-psychologische Fachgebiete – im Berichtsjahr etwa EDV-Fragen – wurden in einem letzten Bereich (79/89) zusammengefaßt.

Persönliches und Privates. In einer letzten Bereichsgruppe wurde all das zusammengefaßt, was aus dem halb- oder ganz privaten Bereich in die Arbeitswelt hineinragte.

Gruppe 9: *Randbereiche*

Dazu waren einmal zu zählen Probleme der eigenen Anstellung (Bereich 91), des Arbeitsplatzes zuhause (92) und der eigenen Fachbibliothek (93). Ebenfalls hierher gehörten die praktische Durchführung (94) sowie die Planung und Auswertung (95) der Arbeitsanalyse. Und schließlich wurde hier alles Private registriert, das in die Arbeitszeit fiel (Würfel links hinten oben in Figur 8.5), und zwar getrennt nach Unternehmungen, die die Arbeitspflicht aufhoben (Arzt- und Zahnarztbesuch, Teilnahme an Bestattungen und ähnliches – 96), Privatem im Zusammenhang mit dem Büro (etwa telefonische Verschiebungen von Abmachungen, Einkäufe für das Mittagessen im Büro usw. – 97) sowie schließlich rein Privatem, das während der Bürozeit erledigt werden mußte (Telefone an Ämter, Weihnachtseinkäufe, Besprechung dramatischer Ereignisse aus dem weiteren Familienkreis usw. – 98).

Allgemeines. Einer systematischen Bereichs-Tabelle voranzustellen wäre schließlich eine weitere Gruppe, nämlich die

Gruppe 0: *Allgemeines*

Sie umfaßt alles Übergreifende, nicht Einzuordnende, das im Prinzip stets mehreren, eventuell allen Bereichs-Gruppen dient oder zugeordnet werden könnte. Dazu gehört zunächst ein Bereich, den P. „allgemeine Büroroutine" nannte (Ankunft und Weggehen, Arbeitsplanung, Kaffeetrinken wenn allein u.a. – Bereich 01), dann Gestaltung und Umgestaltung des eigenen Arbeitsplatzes im Büro, einschließlich der Dauer-Themen-Familie „Aufräumaktionen" (02), und schließlich alles, was den nichtfachlichen Kontakt mit Mitarbeiterinnen und Mitarbeitern betraf (persönliche Plaudereien, Ferienverabschiedungen, gemeinsame Feiern und Büroausflug usw. – 03).

Eine ganz wesentliche und besondere Rolle spielt hier schließlich die Kategorie „00", das „vermischte Allgemeine". Ihr mußten alle jene Misch-Arbeiten zugeteilt werden, bei denen innerhalb weniger Minuten verschiedene Bereiche zum Zuge kamen, wie etwa Postdurchsicht, Kleinkram-Sammelbesprechungen mit Sekretärinnen oder Mitarbeitern, abendliches Schreibtischabräumen. Solchen Mischeinheiten sind wir schon am Schluß von Kapitel 7.2 begegnet, und wir werden uns in Kapitel 10.5 noch mehr mit ihnen beschäftigen. Allerdings fällt nicht jede Misch-Arbeitseinheit automatisch unter Kategorie 00. Gehören die vermischt bearbeiteten Themen alle der gleichen Bereichsgruppe an, etwa AGAB-Fragen, so wird deren Mischkategorie beigezogen (in diesem Falle: 50); gehören sie sogar zum selben Bereich (etwa zu den Personalproblemen), so kann er natürlich direkt genannt werden (hier: 13). Sind sogar nur die Vollzüge gemischt, so läßt sich auch das Thema präzise angeben.

Eine Zusammenstellung der Arbeitsbereiche aus P.'s Arbeitsleben 1972–1975 findet der Leser in Tabelle 9.21.

Bereichs-Umschreibungen

Für die Erstellung der Themen-Kartei wurden die Bereiche „definiert". Anhand solcher Umschreibungen konnten dann Zweifelsfälle der Zuteilung geklärt werden. (Während der Erhebung selber standen die Definitionen noch nicht zur Verfügung.)

Am Beispiel der Bereichsgruppe „Amtsleitung" wollen wir das illustrieren.

1 Amtsleitung

Zu dieser Gruppe gehören Themen, die P. als Leiter der Akademischen Berufsberatung Bern (ohne oder mit Einschluß, aber nicht ausschließlich im Dienste, der kantonalen Erweiterung) beschäftigen und die er als solcher (selber) betreuen muß.

10 Vermischtes

Vermischte (und umgreifende) Themen, die P. als Amtsleiter zu betreuen hat, wie Büro-Sitzungen (soweit an diesen nicht spezifischer einreihbare Themen zur Sprache kommen).

11 Organisatorisches

Themen, die Gesamtgestaltung, Betriebsablauf, Arbeitsverteilung, Arbeitszeitregelung, Arbeitsmittel u.ä. betreffen. (Soweit eine spezifischere Zuteilung möglich ist, ist diese zu wählen.)

12 Personalanstellung

Es geht hier darum, zu sorgen, daß jederzeit das nötige qualifizierte Personal zur Verfügung steht, um die Aufgaben des Amtes zu erfüllen, einschließlich der Abklärung und Regelung der Anstellungsbedingungen mit der zuständigen Verwaltungsdirektion.

13 Personalführung

Es geht hier um die „Führung" des Personals, das heißt vor allem darum,
a) das Personal in die Arbeit einzuführen;
b) dafür zu sorgen, daß es seine übernommenen Aufgaben erwartungsgemäß betreut;
c) daß es kollegial zusammenarbeitet;
d) daß es seine Sorgen und Probleme (soweit sie mit der Aufgabenbetreuung interferieren könnten) vortragen und „abladen" kann;
e) daß vorübergehende Ausfälle aufgefangen werden können.

14 Finanzfragen

Es geht hier um die Einreichung (und allfällige Abänderung) eines Voranschlages, um die Überprüfung seiner Einhaltung im Laufe des Jahres, gegebenenfalls um die Einholung von Nachkrediten, um die Überwachung der Zahlungen und um die Durchführung der Abrechnung.

15 Behörden

Es geht hier um die Aufgabe, den vorgesetzten kommunalen Behörden und Instanzen (Schuldirektion, Gemeinderat, Stadtrat) gegenüber Rechenschaft abzulegen (Verwaltungsbericht!) bzw. für Auskünfte zur Verfügung zu stehen (Sitzung der Geschäftsprüfungskommission), allenfalls Weisungen von ihnen entgegenzunehmen oder zu von ihnen unterbreiteten Fragen Stellung zu nehmen.

16 Amtskontakte

Es geht hier um jene Kontakte zu anderen Personen, Stellen und Instanzen, die der Amtsleiter als solcher pflegen bzw. auf die er als solcher eintreten muß. (Sobald es sich aber um spezifische Sachprobleme, Weiterbildungsbemühungen, gutachterische Stellungnahmen o.ä. handelt, ist das Thema dort einzutragen.)

17 Mietfragen

Es geht hier darum, zu sorgen, daß zur Erfüllung der Amtsaufgaben die nötigen passenden Räume zur Verfügung stehen und daß allenfalls überflüssige Räume abgegeben werden können (Kündigung, Ersatzmieter).

18 Raumbenutzung

Es geht hier darum, den zur Verfügung stehenden Mietraum zu beziehen (oder abgabebereit zu machen), zweckmäßig und den Wünschen entsprechend optimal zuzuteilen und allenfalls vorübergehend anderen (Untermietern) zur Verfügung zu stellen.

19 Einrichtungsfragen

Es geht hier darum, die Räume für die Aufgaben des Amtes optimal benutzbar zu machen durch Aus- und Umbau, Einbau von Einrichtungen wie Telefonanlage und Ausstattung (Möblierungsfragen).

Zur Bereichszuteilung von Themen

Solche Bereichs-Umschreibungen wurden nötig, weil es nicht immer ganz leicht war, Themen eindeutig einem Bereich zuzuordnen. Davon haben wir gegen Schluß von Kapitel 8.3 gesprochen. Welches Thema er eben bearbeitet, ist dem Handelnden fast immer klar; wohin es jedoch – „abstrakt" gesehen – gehört, ist nicht immer von vornherein durchsichtig. Man berechnet etwa den verbleibenden Kredit, um festzulegen, wie viele Arbeitsstunden den aushilfsweise beschäftigten Mitarbeitern noch zugestanden werden können – ist solche Arbeit nun den Personalanstellungsproblemen (12) oder den Finanzproblemen (14) zuzuteilen? Gehören die Verhandlungen mit dem zuständigen Beamten der vorgesetzten Schuldirektion über finanzielle Fragen der Raummiete zum Verkehr mit Behörden (15), zu den Mietfragen (17) oder wiederum zu den Finanzfragen (14)?

Dafür mußten einmal gewisse Kriterien allgemeiner Art bereitgestellt werden, gleichsam „Kodierregeln" im Sinne der qualitativen Inhaltsanalyse, wie beschrieben von Philipp Mayring (1985, 198). Gefragt wurde etwa, welchem Ziel eine Arbeit diente. Bei den erwähnten Berechnungen zum Beispiel ging es in erster Linie um Stundenzuteilung an das Personal, nicht um Ausnützung der Finanzen, bei den Verhandlungen mit dem Beamten dagegen um Fragen der Kreditgewährung.

Eine weitere allgemeine Regel bestand darin, daß im Zweifelsfalle dem konkreteren und spezifischeren Bereich vor einem allgemeineren der Vorzug gegeben wurde, etwa Personal- und Raumproblemen vor Finanzfragen und Behördenkontakten, diesen wiederum vor bloß „organisatorischen".

Bei Konstellationen mit Häufung der Zweifelsfälle drängten sich zu den Bereichs-Definitionen ergänzende Regelungen auf, etwa bei Abgrenzungsfragen zwischen Bereichsgruppen 1/2 und 6 oder zwischen 3/4 und 7. So mußte festgelegt werden, daß Kontaktaufgaben, die P. in seiner Rolle als Amtsleiter zuwachsen, die er also nicht auch als Mitarbeiter und Fachmann außerhalb der Leiter-Funktion übernehmen könnte, den Bereichsgruppen „Amtsleitung" zuzuordnen sind. Oder Vorbereitungsarbeiten werden dann und so lange den Beratungs-Bereichen zugerechnet, als sie einer ganz bestimmten, konkreten Aufgabenstellung im Rahmen der Stelle zu dienen haben. Handelt es sich dagegen (mehr) um eine nicht unmittelbar zweckgebundene, hauptsächlich vom Inhalt her bestimmte Auseinandersetzung mit einem Gegenstand, so wird man ihn den „Grundlagenarbeiten" zuordnen. P.'s Beschäftigung mit dem Plan seines Mitarbeiters Peter Graf, erstmals eine Befragung über die berufliche Situation junger Hochschulabsolventen durchzuführen (eine inzwischen voll institutionalisierte Unternehmung, vgl. Akademische Berufsberatung Bern, 1976; AGAB, 1978, 1980, 1982 etc.), wurde unter Bereich 35, die Auseinandersetzung mit Berichten über die Beschäftigungslage von Hochschulabsolventen in der damals einsetzenden Rezession dagegen unter Bereich 72 eingeordnet.

Solche Zuordnungsprobleme stellen sich wohl allen, die Arbeiten zu kategorisieren haben. Dem Bericht über die Tätigkeiten der Kinder- und Jugendpsychologen in der Schweiz (SKJP, 1983) beispielsweise wird ein „Auswertungsschlüssel für die Tätigkeitsprotokolle" beigefügt (S. 63–71). Unser eigenes System hat diesem und ähnlichen Schlüsseln gegenüber den Vorteil, daß Kategorien des Vollzugs (Vor- und Nacharbeiten, Reisen, Telefonieren, Schreibarbeiten, „Administratives" aller Art) ihren Platz von vornherein zugewiesen erhielten und uns nicht auch noch Kopfzerbrechen verursachen müssen.

Zeitgebundenheit der Bereiche

Das System der Kriterien für die Bereichs-Zuordnung der Themen entwickelte sich erst allmählich und aus der Erhebungs-Praxis heraus; es wurde allerdings nie explizit festgelegt. Klar ist darum, daß sich die Gesichtspunkte während der drei Jahre der Erhebung in manchem Punkte etwas verschoben. Gewisse Arbeiten wären zu einem früheren oder späteren Zeitpunkt wohl anders eingeordnet worden, als das zur gegebenen Zeit tatsächlich geschah. Zu den Vergleichen, die wir im nächsten Unterkapitel anstellen, sind darum entsprechende Vorbehalte zu machen. Allerdings werden wir uns dabei so massiven Blöcken zuwenden, daß feinere Zuordnungsdifferenzen kaum mehr eine Rolle spielen.

Aber nicht bloß die Bereichszuordnung hat sich, mit den Jahren, da und dort gewandelt. Auch das ganze Kategoriensystem war gewissen Veränderungen unterworfen. Wir haben uns ja im letzten Kapitel dafür entschieden, eine Kategorisierung „von innen her" vorzunehmen, nämlich so, daß die bestehende Arbeitswelt in jener Form erfaßt wird, in der der Handelnde sie erlebt. Eine Konsequenz dieses Grundsatzes besteht nun darin, daß wir es nicht bloß mit „individuellen" Systemen zu tun haben, sondern auch mit – innerhalb der individuellen Berufsgeschichte – „zeitgebundenen". Im Jahre 1967 hätte P.'s Bereichsliste noch recht anders ausgesehen, und 1983/84, als P. dieses Kapitel hier verfaßte und überarbeitete, hatte sie wiederum ein neues Gesicht. Das Engagement P.'s in AGAB und schweizerischen Kommissionen, die Neuheit der kantonalen Zusatzaufgaben, die Durchführung der Arbeitserhebung prägten in der Berichtszeit das Bild stark mit und führten sogar zur Aussonderung eigener Bereichs-Gruppen (2 und 5). Aber selbst innerhalb der Erhebungszeit, von Oktober 1972 bis zum Dezember 1975, gab es etliche Änderungen. Die beiden „Booms" des Berichtsjahres 1975, die Diagnostik-Aktion sowie Raumsuche und Umzug, führten zu vorübergehenden Bereichsdifferenzierungen, die 1972 noch nicht vorauszusehen waren.

Der nun folgenden Statistik legen wir das Kategoriensystem von Ende 1975 zugrunde. Auszählungen aus früheren Jahren der Erhebung haben wir nachträglich entsprechend differenziert.

9.2 Verschiedenartigkeit der Arbeiten

Jahresaufwand für die Bereiche

Für die ganze, 1223 Kalendertage umfassende Erhebung aus P.'s Arbeitsleben – vom 4. September 1972 bis zum 9. Januar 1976 – gibt es eine einzige Vollauszählung; sie betrifft den Zeitaufwand für die Bereiche. Auf fünf Minuten genau können wir sagen, wie lange sich P. während dieser 40 Monate mit jenen Gebieten auseinandergesetzt hat, die wir im letzten Unterkapitel vorgestellt haben.

Der totale Arbeitsaufwand betrug 8296 Stunden und 10 Minuten oder 995.54 Arbeitstage à 500 Minuten (AT). Hören wir solche Zahlen, so merken wir sofort, daß sie uns in dieser rohen Form kaum etwas sagen. Damit wir eine sinnvolle Vorstellung damit verbinden können, müssen wir sie transformieren. Die Methoden dazu haben wir in Kapitel 7.1 bereitgestellt. Es gibt zwei besonders nützliche Wege. Einerseits können wir den Aufwand umrechnen auf ein volles Arbeitsjahr (ein Jahr mit 365.25 im Prinzip und ohne zwingende Ausfälle zur Verfügung stehenden Tagen). Zu diesem Zwecke sind die Ergebnisse für unser Sample durch die Anzahl damals verfügbarer Tage (1185.5) zu dividieren und mit 365.25 zu multiplizieren.

Dann stellt sich heraus, daß P. während der Erhebungszeit 306.72AT gearbeitet hat (unter Abzug des Privaten 302.22). Anderseits können wir den Aufwand in Beziehung setzen zur offiziellen Arbeitsverpflichtungszeit. Diese betrug für P. damals 735 Tage. Nehmen wir das Hundertfache der Arbeitsleistung in AT (oder auch einfach die Gesamtzahl aller Fünfminuteneinheiten) und dividieren sie durch diese Zahl, so erhalten wir den Zeitaufwand ausgedrückt in Prozenten der Arbeitsverpflichtungszeit – bei P. in der Berichtszeit 135.45% (oder, ohne Privates, 133.46%).

P. arbeitete also praktisch während des ganzen Jahres (51 Wochen lang) im Rhythmus einer Sechstagewoche und überschritt damit seine berufliche Arbeitsverpflichtung um gut einen Drittel. Allerdings gehörten lange nicht all seine Arbeiten zur eigentlichen Berufsaufgabe. (Darüber später.)

Tabelle 9.21 zeigt nun, wie sich die Arbeiten auf die einzelnen Bereiche und Bereichsgruppen aufteilten. Angegeben sind jeweils die beiden genannten Zahlen, AT pro volles Arbeitsjahr (aj) und Prozentwerte der Arbeitsverpflichtungszeit (ap). Zwei weitere Angaben (Kolonnen 5 und 6) werden wir unten erklären. (Die Kategorien mit Null an zweiter Stelle – „Vermischtes" – wurden sinngemäß auf die Bereiche der betreffenden Gruppe, die unter „00" registrierten Sammel-Arbeiten auf sämtliche Bereiche verteilt.)

Die Tabelle soll gleichzeitig als Nachschlage-Möglichkeit für die Bereichs-Kategorien dienen. Wir kommentieren sie hier nicht. Was wir zu den Zahlen zu sagen haben, versparen wir auf die folgenden Abschnitte.

Einzig wollen wir einen Blick auf den zeitaufwendigsten Bereich dieser Periode aus P.'s Arbeitsleben werfen. Es handelt sich um das Präsidium der „Kommission für akademische Berufsberatung" der Schweizerischen Hochschulkonferenz (SHK, Bereich 61), deren Lebensdauer und Wirken praktisch mit der Zeit der Erhebung zusammenfällt. P. setzte während dieser vierzig Monate total 66½ Arbeitstage dafür ein, also gut 13 Arbeitswochen. Die Arbeit der Kommission führte zwar – in Fragen, die wenige Jahre zuvor noch heiß umstritten waren – zu einem Konsens zwischen den verschiedenen Beratungsdiensten und zu Einsichten, die sehr erfreulich waren. Dennoch muß man, wenn man P.'s Einsatz betrachtet, von einer bedenklichen Bilanz sprechen in Anbetracht der Tatsache, daß der daraus resultierende Schlußbericht (SHK, 1974) praktisch ins Leere verpuffte und keine der darin gegebenen Empfehlungen und Postulate (Seiten 20 und 25 des Berichtes) auch nur annähernd befolgt wurden ... Selbst die neuen Mitarbeiter der akademischen Berufsberatung pflegen davon kaum mehr Kenntnis zu nehmen (sie wollen, wie offenbar jede Generation, alles selber, neu und anders machen). Wen sollte es da wundern, daß P. sich anschließend weniger nach außen engagierte und seinen Schwerpunkt mehr auf Grundlagenarbeiten legte?

Hat P. somit „aus Fehlern gelernt"? Sicher nicht nachhaltig genug. Ein Jahrzehnt später, nochmals ins AGAB-Präsidium berufen, verfiel er ein weiteres Mal seiner persönlichen Neigung zu aussichtslosen Engagements. Mit großem Elan und beträchtlichem Zeitaufwand zog er 1986/87 eine Erhebung über Ausbaustand und Zusammenarbeit der Beratungsstellen für akademische Berufe in der Schweiz durch, die zwar sehr instruktive und nützliche Ergebnisse lieferte, aber gleichwohl zur Makulatur geworfen wurde, weil den einen dies, den andern das, den dritten jenes daran störte ... Gibt es Statistiken darüber, wieviel beruflicher Einsatz ins Leere verpufft?

Vergleich dreier Arbeitsjahre

Die Zahlen werden erst recht interessant, wenn man die Erhebungsperiode aufgliedert. Da geschlossen ausgezählt, muß dabei die Vollerhebungszeit (21.9.74–9.1.76) als Einheit unangetastet bleiben. Durchsicht des früheren Materials hat außerdem gezeigt, daß mit P.'s Antritt der Sommerferien 1973, am Samstag, 28. Juli, ein prägnanter Stilwechsel der Arbeit erfolgte; hier setzten wir darum einen ersten „Jahreswechsel" an. So konnten wir drei „Arbeitsjahre" P.'s unterscheiden (1972/73, 1973/74, 1974/75). Sie sind kalendermäßig verschieden lang, nämlich 11, 13½ und 15½ Monate. Durch unsere Umrechnungsmethoden können diese drei Perioden aber vergleichbar gemacht werden.

Wir wollen natürlich den Leser nicht mit der Wiedergabe sämtlicher Bereichs-Werte für die drei Jahre langweilen. Was beachtenswert ist, geht aus den wenigen Angaben in Figur 9.22 zur Genüge hervor. In dieser Figur finden wir links den Arbeitsaufwand in AT pro volles Jahr aufgezeichnet für alle Bereichsgruppen, rechts dasselbe für jene Einzelbereiche, die in einem der drei „Jahre" zu den fünf anspruchvollsten gehörten. Und nun springt wohl jedem Leser schon beim ersten Blick auf diese Zeichnungen ein Faktum in die Augen: das geht wild auf und ab! Von Stabilität des Aufgabenfeldes scheint in P.'s Arbeitsleben keine Rede zu sein! Bereichsgruppen, die im einen Jahre ganze zwölf Arbeitswochen (60 AT) beanspruchen, fallen innerhalb zweier Jahre bis auf einen Viertel in sich zusammen; dafür steigen andere kometenhaft in noch sensationellere Höhen auf. Und was die Einzelbereiche betrifft, so sind die drei Medaillengewinner des Jahres 1972/ 73 (Bereiche 61, 52 und 83) im Jahre 1974/75 bereits nicht mehr in den vorderen Rängen zu finden. (Sic transit gloria mundi.) Und die Sieger im Schlußjahr (78, 84, 18) sind Neulinge, die eben erst aus bescheidenen Tiefen aufgestiegen sind.

Besonders drastisch wirkte sich in der Berichtszeit das Auslaufen zweier Präsidien aus, dessen der SHK-Kommission (Bereich 61) und dessen der AGAB (52). Zusammen fraßen sie im Jahr 1972/73 dreizehneinhalb Arbeitswochen P.'s weg, im Schlußjahr 1974/75 begnügten sie sich bereits mit einer halben und verschwanden danach überhaupt aus der Traktandenliste.

Tabelle 9.21: Zeitaufwand für die Arbeitsbereiche (ganze Erhebung)

Bereich Co - de	Bezeichnung	AT pro volles Jahr (aj)	in % der AVZ (ap)	Zuteil.	Entwick - lung
1	2	3	4	5	6
01	Allg. Büroroutine	7.96	3.52	fn	STAB
02	Arbeitsplatz Büro	2.38	1.05	fn	zu
03	Soziales im Büro	8.21	3.63	iq	STAB
0	ALLGEMEINES	18.55	8.19		
11	Organisatorisches	5.49	2.42	a	AB
12	Personalanstellung	8.32	3.67	c	STAB
13	Personalführung	7.66	3.38	c	STAB
14	Finanzfragen	9.43	4.16	b	STAB
15	Behörden	2.93	1.29	e	stab
16	Amtskontakte	3.25	1.44	e	sch
17	Mietfragen	6.13	2.71	a	ZU
18	Raumbenutzung	5.40	2.38	a	ZU
19	Einrichtungsfragen	3.87	1.71	a	zu
1	AMTSLEITUNG	52.49	23.18		
21	Organisatorisches	1.84	.81	a	ab
22	Personalanstellung	3.99	1.76	c	ZU
23	Personalführung	1.24	.55	c	sch
24	Finanzfragen	3.35	1.48	b	sch
25	Behörden	.49	.22	e	
26	Amtskontakte	.43	.19	e	
27	Org. weitere Stellen	4.17	1.84	a	mit
28	P'anstellung w. St.	1.27	.56	c	zu
2	KANT. ZUSATZAUFG.	16.77	7.41		

Bereich Co - de	Bezeichnung	AT pro volles Jahr (aj)	in % der AVZ (ap)	Zuteil.	Entwick - lung
1	2	3	4	5	6
31	Berufsk. Veranst.	1.97	.87	d	(stab)
32	Aktionen Schule	5.90	2.61	ad	AB
33	Klassenbesprech.	1.05	.46	d	(stab)
34	Gruppenberatungen	.62	.27	a	
35	Dokumentation	2.13	.94	a	zu
3	GENERELLE BERAT.	11.67	5.15		
41	Eigene Fälle	10.40	4.59	d	STAB
42	Übernommene Fälle	1.80	.79	d	zu
43	F. anderer Berater	3.82	1.69	cd	stab
44	Weiteres Publikum	1.19	.53	d	(stab)
45	Spez. Beratgs'fragen	1.14	.50	a	zu
46	Erfolgskontrolle	2.38	1.05	b	zu
47	Beratungsstatistik	4.72	2.08	b	sch
4	INDIVID:BERATUNG	25.44	11.23		
51	Vorstand	7.38	3.26	k	stab
52	Präsidium	9.30	4.11	fk	AB
53	Interne Aufgaben	1.38	.61	gk	zu
54	Außenpol. Aufgaben	4.19	1.85	gk	sch
55	Bulletinredaktion	2.86	1.26	gk	stab
56	Mitglieds - Aufgaben	1.89	.83	g	(stab)
57	AGAB - Statistik	.99	.44	g	ab
5	AGAB	27.98	12.36		

Kurzbeschreibung von Bereichsgruppen und Bereichen: Seiten 455–461
Berechnungsweise für Kolonnen 3 und 4: Seiten 348f.
Erklärung von Kolonne 5: Seite 471
Erklärung von Kolonne 6: Seite 469

Bereich Code	Bezeichnung	AT pro volles Jahr (aj)	in % der AVZ (ap)	Zuteil.	Entwick-lung
1	2	3	4	5	6
61	SHK - Kommission	20.52	9.06	fgk	AB
62	SBP	1.75	.77	k	(stab)
63	" Beratung an MS "	1.93	.85	gk	mit
64	Andere AkBB	2.71	1.20	k	sch
65	Expertisen aus Ber.	2.55	1.13	gk	zu
66	Patentprüfgs`komm	2.35	1.04	m	ab
67	Bez. als Psychologe	1.48	.65	m	
68	Andere Beziehungen	1.68	.74	r	sch
6	DRITTBEREICHE	34.98	15.45		
71	Beratungswesen	2.49	1.10	h	zu
72	Berufskunde	2.06	.91	h	sch
73	Beratungspsychol.	3.31	1.46	h	ab
74	Psychodiagn. fachl.	17.64	7.79	hl	SCH
	(davon für Uni, ca.	9.70	4.28	=l	MIT)
75	Psychodiagn., org.	1.25	.55	f	zu
76	Different. Psychol.	5.70	2.52	hl	MIT
	(davon für Uni, ca.	3.47	1.53	=l	MIT)
77	And. psych. Gebiete	4.61	2.04	hp	zu
78	Handlungspsychol.	20.04	8.85	p	ZU
79	Andere Gebiete	1.12	.49	hp	sch
7	ALLG. GRUNDLG`AR.	58.22	25.71		

Bereich Code	Bezeichnung	AT pro volles Jahr (aj)	in % der AVZ (ap)	Zuteil.	Entwick-lung
1	2	3	4	5	6
81	Beratungswesen	2.78	1.23	h	ab
82	Berufskunde	3.28	1.45	h	stab
83	Beratungspsychol.	7.56	3.34	h	AB
84	Psychodiagn. fachl.	8.52	3.76	hl	ZU
	(davon für Uni	1.01	.45	=l	mit)
85	Psychodiagn., org.	3.52	1.55	f	ZU
86	Diff. Ps. (für Uni)	.16	.07	l	
87	And. psych. Gebiete	1.70	.75	h	zu
88	Handlungspsychol.	2.84	1.25	p	ab
89	Andere Gebiete	.44	.19	h	
8	KURSMÄSS. GRÀRB.	30.78	13.59		
91	Eigene Anstellung	2.12	.94	nr	mit
92	Arb`platz zuhause	.35	.15	n	
93	Eigene Bibliothek	1.57	.69	o	zu
94	AA: Erhebung	11.67	5.15	p	SCH
95	AA: Plang./Auswert.	9.64	4.26	p	STAB
	Privates in Arb`zeit:				
96	Arb`z. - Aufhebendes	1.08	.48	s	
97	in Zushg. mit Arb`z.	.43	.19	s	
98	ohne Zushg. Arb`z.	2.99	1.32	s	sch
9	RANDGEBIETE	29.84	13.18		

TOTAL	aj	306.72	ap	135.45
- ohne Privates		302.22		133.46

Fig. 9.22: Bereiche und Bereichsgruppen: Vergleich über drei Jahre

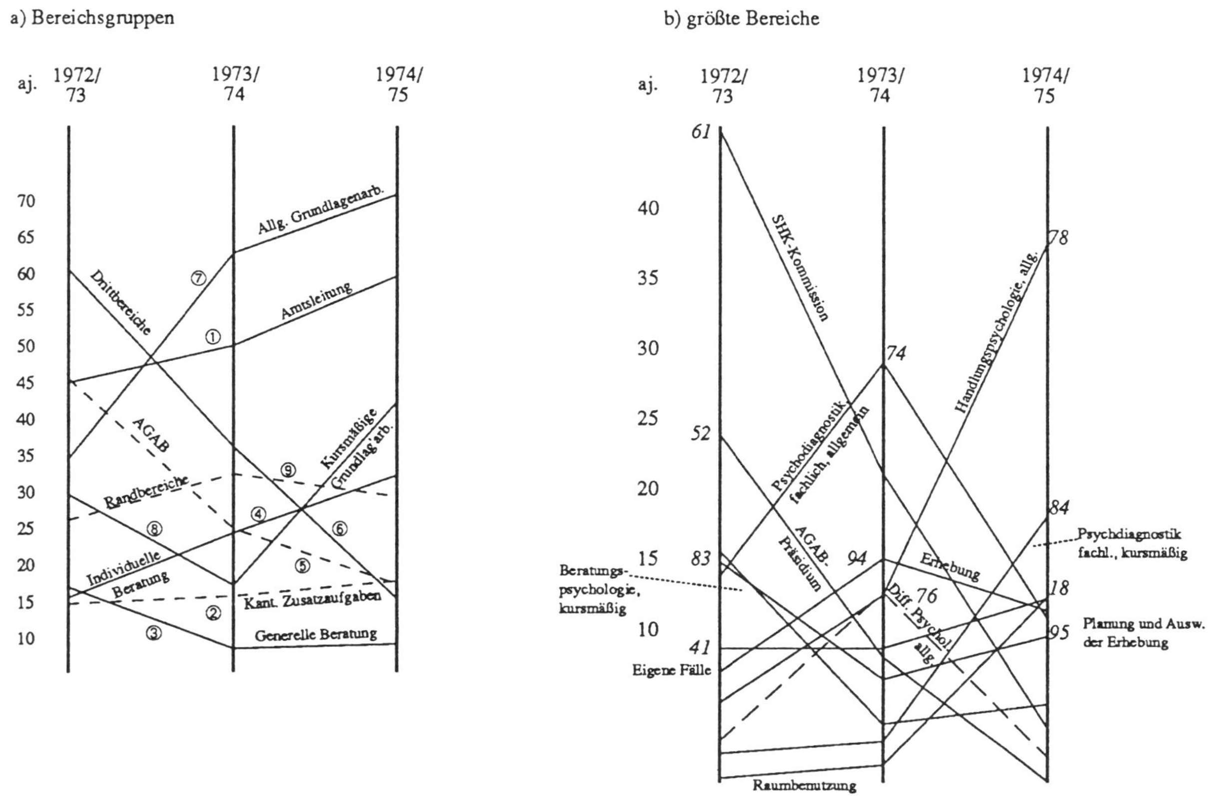

Die ganz großen Einsätze P.'s wechselten also von Jahr zu Jahr. Dabei gab es Aufsteiger und Absteiger wie auch Bereiche mit „Mittelgipfel" (im Jahr 1973/74). In Kolonne 6 der Tabelle 9.21 sind diese Entwicklungen mit Abkürzungen signalisiert. ZU heißt Zunahme, AB Abnahme und MIT Mittelgipfel. Ein entsprechender Code ist immer dann angeführt, wenn der höchste Wert mehr als dreimal so groß ist wie der tiefste. Außerdem werden auch die absoluten Größenverhältnisse angedeutet. Sind die Buchstaben groß geschrieben, so bedeutet das, daß der Spitzenwert über 7½ AT pro Jahr liegt; steht die Abkürzung in Kleinbuchstaben, so beträgt er zwischen 2½ und 7½ AT.

Aber nun dürfen wir uns von den dramatischen Wechseln in den Spitzenrängen nicht einfach blenden lassen. In P.'s Arbeitsleben gab und gibt es auch stabilere Posten. Zwar pflegen sie sein Arbeitsjahr nie derart zu dominieren wie die Star-Bereiche; sie begnügen sich mit einem Anteil so um ein bis zwei Arbeitswochen jährlich. In Tabelle 9.21 sind sie mit STAB (für stabil) gekennzeichnet; der kleinste Wert beträgt in diesem Falle mehr als die Hälfte des größten. (SCH schwankend heißt dagegen: kleinster Wert weniger als die Hälfte, aber mehr als ein Drittel des größten.) Hier bedeutet Großschrift, daß der Durchschnittswert für die gesamte Zeit über 7½ AT, Kleinschrift, daß er über 1 AT beträgt.

Mehr oder weniger stabil verhielt sich in der Erhebungszeit der Aufwand vor allem bei Posten der Bereichsgruppen 0, 1, 3, 4 und 5 (5 verschwand allerdings nach 1975 zunächst fast gänzlich). Das heißt: gleichmäßig beanspruchend waren vorwiegend die Kernaufgaben der Amtsleitung und der Beratung. Allerdings kann es auch da zu vorübergehenden „Booms" kommen, wie die Unterbringungsfragen zeigen. (Bereiche 17/18/19 zusammen in 1972/73: knapp 3 AT pro Jahr; in 1974/75: 30 AT.) Die großen „Bewegungen" ereignen sich sonst aber mehr im Umfeld des Berufes.

Fazit: Wie wir bei P. sehen, gibt es also Berufe mit stark wechselnder Aufgabenstruktur, wobei aber eine Art „Sockelbestand" an stabilen Aufgabenbereichen bestehen kann, ja vermutlich bestehen muß. Er scheint vor allem Kernbereiche des Berufes zu umfassen. Nach den bewegten Berichtsjahren hat er sich zeitlich wieder erhöht – freilich bei Aufrechterhaltung der Stil- und Schwergewichtswechsel. Jedenfalls übte Berufsmann P. eine berufliche Funktion mit viel „Tätigkeitsspielraum" aus (Ulich, 1984), von welchem er in der Berichtszeit kräftig Gebrauch machte. Gerade in den Bereichsgruppen mit damals besonders dramatischer Entwicklung (5, 6, 7, 8) durfte er, im Rahmen seiner Gesamtaufgabe, weitgehend selber wählen, entscheiden, bestimmen. „Restriktivität" im Sinne von Hoff (1986) und Hohner (1987) erlebte er vor allem in den Bereichsgruppen 1 und 2. (Dem hoffen wir im geplanten Fortsetzungsband weiter nachgehen zu können, wobei dann auch die nötigen Differenzierungen und Relativierungen zu machen sind.)

Berufsnähe der Bereiche

Die mitgeteilten Ergebnisse und Überlegungen zeigen, daß man berufliche Tätigkeiten noch auf andere Weise anordnen kann. So wie ich selber „Erkenntnis“ auffasse, wird sie gefördert und bereichert durch Beweglichkeit und Wechsel der Perspektive. Wir wollen darum auf den folgenden Seiten P.'s Arbeitswelt noch differenzierter kennenlernen durch Vergleiche zwischen

- regulären und irregulären Arbeiten
- berufsnahen und berufsferneren Arbeiten
- sachbezogenen und personenbezogenen Arbeiten.

Den ersten dieser Gesichtspunkte stellen wir noch ein wenig zurück und wenden uns zunächst dem zweiten zu. Schon Kapitel 8.4 machte deutlich, daß die Beschäftigungen während der Arbeitstage verschieden berufsnah sein können. Wenn wir diesen Unterschieden nachgehen wollen, so fragen wir am besten nach den „Rollen“, von denen her ein Berufsmann wie P. seine verschiedenen Aufgaben betreut.

P. ist akademischer Berufsberater und Leiter eines Amtes; daraus ergeben sich die Arbeitsbereiche der Gruppen 1 bis 4. Sie bilden den „Kern“ des Berufes. Um allerdings die beiden Funktionen, namentlich die erstgenannte, qualifiziert ausüben zu können, muß P. „Grundlagenarbeiten“ leisten (sich z.B. berufskundlich und fachlich à jour halten). Zusammen mit seinen kumulativen Beratungserfahrungen machen ihn geleistete Grundlagenarbeiten allmählich zum „Fachmann für akademische Berufsberatung“. Aus dieser Rolle leiten sich umgekehrt wieder seine Beiträge zu Kursen und Schriften (Gruppen 7 und 8) sowie zur schweizerischen Zusammenarbeit (Gruppen 5 und 6) ab. Die Arbeit schweizerischer Fachgremien (namentlich der AGAB) bildet ihrerseits eine Voraussetzung für die Ausübung der Kernfunktionen. Aus diesem Zusammenspiel von Voraussetzungen für die Kernaufgaben und Expertenfunktionen, die eng mit ihnen verwachsen sind, ergibt sich ein „berufliches Umfeld“, dem die meisten – aber nicht alle – Bereiche der Gruppen 5 bis 8 zuzuordnen sind.

P. ist aber auch – von früher her und durch fortlaufende Beschäftigung mit weiteren Sparten der Psychologie – ein „Vertreter psychologischer Fachgebiete“, dem noch andere Aufgaben angehängt oder angeboten werden. Daraus sich ergebende Arbeiten wollen wir für unseren gegenwärtigen Zusammenhang als „paraberuflich“ qualifizieren. Als „Vertreter psychologischer Interessen“ geht P. außerdem selbergewählten Grundlagenarbeiten nach (einschließlich der Arbeitserhebung!); und als „Arbeitnehmer“ nimmt er auch Anliegen wahr, die mit seiner Anstellung zusammenhängen. Das ist der „persönliche“ Teil seiner Arbeitswelt. (Daneben reichen bekanntlich auch gewisse Aufgaben, die sich P. als einem „Privatmann“ stellen, in die Arbeitszeit hinein.)

Dieses ganze komplexe Gefüge versuchten wir in Figur 9.23 mittels auf- und ablaufender Pfeile darzustellen. Es erlaubt eine Grob-Gruppierung der Bereiche in fünf Stufen der Berufsnähe: beruflicher Kern, berufliches Umfeld, Paraberufliches, Persönliches und Privates. Da sich der berufliche Kern über fast die Hälfte aller Bereiche erstreckt, konnte in der Figur auf Koordination in der Senkrechten nicht Rücksicht genommen werden. Ein Zuordnungsschlüssel folgt unten.

Gruppierung nach „Gesamtcharakter" der Arbeit

Wir können P.'s Arbeiten aber auch nach ihrem „Gesamtcharakter" in ein paar wenige große Gruppen einteilen. Übergeordneter Gesichtspunkt wäre dabei, ob sie sich mehr auf sachliche Gegebenheiten richten oder auf Personen. (Wohlverstanden: hier geht es noch nicht um effektive Kontakte während der Arbeit; darauf kommen wir in Unterkapitel 9.5 zurück. Wir fragen nur, „worum" es bei der Arbeit geht.) Auf beiden Seiten unterscheiden wir drei Varianten. Bei den „sachbezogenen" Aufgaben beanspruchen manche P. vor allem als „Organisator" (z.B. jene im Zusammenhang mit Neumiete und Umzug), andere als „Sachbearbeiter" (z.B. Budgetierung oder Statistik). Die zwei Bereichsgruppen der „Grundlagenarbeiten" müssen wir unangetastet stehen lassen; sie bilden die Variante drei. Die „personenbezogenen" Arbeiten anderseits lassen sich am besten gliedern nach den drei Hauptgruppen von Partnern, auf die sich P.'s Tätigkeiten richten können: Mitarbeiterinnen und Mitarbeiter, Klientinnen und Klienten sowie Außenstehende. (Von ihnen allen hören wir später Näheres.)

Wir unterscheiden somit sechs „Gesamtcharaktere" von P.'s Arbeit. Die Gruppierung ist zwar sehr vereinfachend, aber nützlich. Wenn wir sie kombinieren mit der Einteilung nach „Berufsnähe", so erhalten wir eine zweidimensionale Tafel gemäß Tabelle 9.24. Die besetzten Felder versehen wir zeilenweise mit Buchstaben (a bis r; die „privaten" Tätigkeiten in der Arbeitszeit wären als s anzufügen) Wie sich unsere Arbeitsbereiche auf die Felder verteilen, läßt sich aus Kolonne 5 der Tabelle 9.21 ablesen. Manche waren eindeutig zuzuordnen, andere nicht; diese wiesen wir dann einfach gleichmäßig den zwei oder drei naheliegendsten Kategorien zu. Gewisse Probleme bereiteten uns nur die Grundlagenarbeiten. Bei den Bereichen 74 und 76 diente bis Ostern 1974 (Absage an die Uni) ein überwiegender Teil der Arbeiten dem angebotenen Lehrauftrag; wir schätzten ihn auf drei Viertel. Bei den kursmäßig organisierten Grundlagenarbeiten schlossen die meisten Bereiche (81, 82, 83, 84, 87 und 89) interne Seminare ein, die zu einem guten Teil auch im Dienste der Einführung neuer und der Weiterbildung eingesessener Mitarbeiter standen; wir rechneten darum einen Viertel des Aufwandes der „Mitarbeiter"-Betreuung zu.

Nun können wir den Zeitaufwand P.'s während der Erhebungsperiode insgesamt und getrennt nach den drei Jahren – nach diesen beiden neuen

Fig. 9.23: Bereichsgruppen, Rollen und Berufsnähe

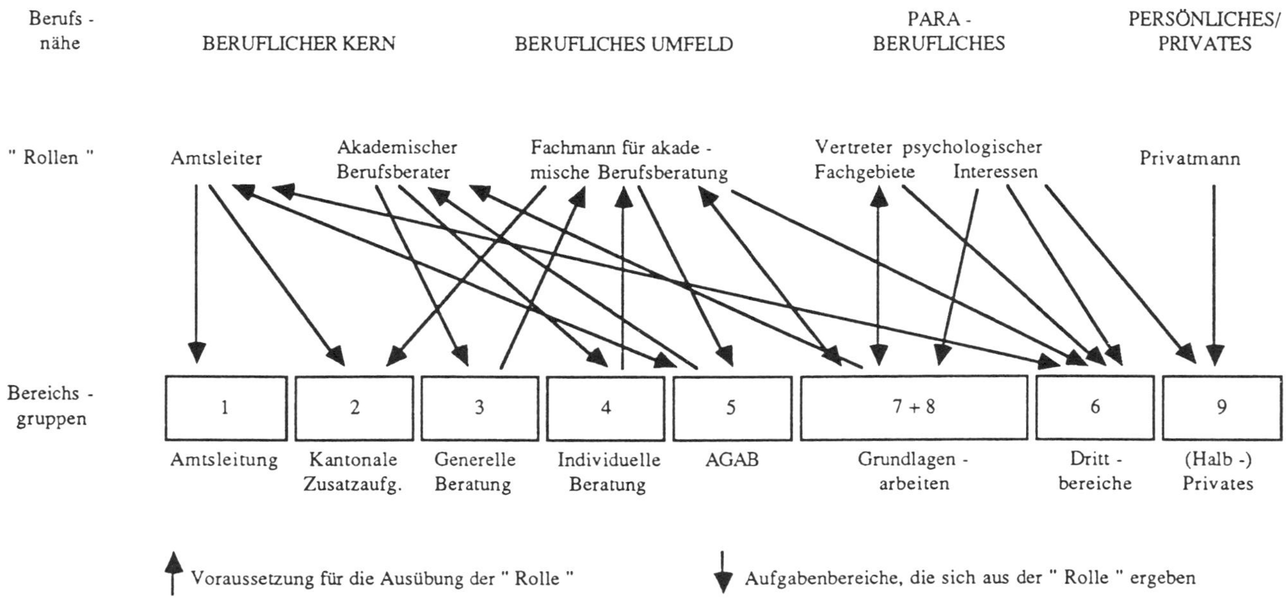

Tabelle 9.24: Zeitaufwand, gegliedert nach Berufsnähe und Gesamtcharakter der Arbeiten
Angaben in (auf 5 gerundeten) Prozenten der Arbeitsverpflichtungszeit, für die gesamte Erhebungsperiode (in Klammern: für die drei „Arbeitsjahre" 1972/73, 1973/74, 1974/75, wo voneinander abweichend)

	Organisatorisches	Sachbearbeitung	Grundlagenarbeiten	Mitarbeiterfragen	Klientenbetreuung	Außenkontaktbereich	TOTAL	
Beruflicher Kern	a 15 (10/10/20)	b 10 (5/10/10)		c 10	d 10	e 5 (5/5/*)	50 (40/45/50)	100 (100/95/100)
Berufliches Umfeld	f 10 (15/10/10)	g 5 (10/5/5)	h 15 (15/15/20)	i 5		k 15 (15/15/10)	50 (60/50/50)	
Paraberufliches			l 10 (5/15/-)			m * (5/*/*)	10 (10/15/*)	35 (25/40/35)
Persönliches	n 5 (*/5/5)	o *	p 20 (15/20/30)	q *		r *	25 (15/25/35)	
ARBEIT TOTAL	30 (25/25/35)	15	45 (35/50/50)	15	10	20 (25/20/10)	135 (125/135/135)	
	45 (40/40/50)		45 (35/50/50)	45 (50/45/35)				

* größer als 0, aber nicht auf 5% aufrundbar

Gruppierungen aufgliedern. Die Resultate sind in Tabelle 9.24 wiedergegeben. Aus Gründen, die gleich einsichtig werden, benutzen wir hier das zweite unserer Maße, den Prozentanteil der Kategorien an der Arbeitsverpflichtungszeit, wobei wir grundsätzlich auf Fünferzahlen auf- oder abrunden.

Das Geheimnis von P.'s 33% „Überzeit" über seine Arbeitsverpflichtung hinaus klärt sich nun. Diese Zeit wurde für paraberufliche Aufgaben sowie persönliche Interessen und Anliegen verausgabt (wobei zu den zweiten auch die Hälfte der Sozialkontakte und anderer Büro-Routinen in der Arbeitszeit gezählt wurde). Die eigentliche berufliche Arbeit teilte sich hälftig, zu je rund 50% der Pflicht-Arbeitszeit, in „Kern-Arbeiten" und „Umfeld-Arbeiten". Auch die Arbeitsverteilung nach dem anderen Gesichtspunkt ergibt ein recht ausgewogenes Bild.

Diversität der Arbeiten

P.'s Berufstätigkeit bildet somit ein krasses Gegenbeispiel zu jenen beruflichen Positionen, die sich vor allem in der Besorgung einer bestimmten Aufgabe oder Aufgabenart erschöpfen. Wahrscheinlich könnte man Berufe weitgehend nach dem Maß an Diversität der Aufgaben kategorisieren und dafür auch eine Maßzahl entwickeln; bei P. würde sie gewiß einen ansehnlichen Wert erreichen.

Damit soll aber nicht etwa gesagt sein, daß ein möglichst hohes Maß an Diversität an sich wünschbar und für jedermann ein Ziel wäre. Wahrscheinlich gibt es da ein Optimum, welches zudem für jeden Menschen anderswo liegt – ohne Zweifel für manche sehr tief. P. jedenfalls ist sich im Laufe der Jahre immer deutlicher darüber klar geworden, daß sein persönliches Optimum hinsichtlich Diversität tiefer läge als seine berufliche Realität; für ihn bewegte sich die Vielfältigkeit seiner Berufsarbeit an der (oder sogar über der) oberen Grenze; er hätte lieber etwas einheitlichere, kontinuierlichere Aufgabenbereiche. (Zu untersuchen, wie es zu diesem hohen Maß an beruflicher „Unruhe" kommt, war ja auch eines der Motive, die die Erhebung so lange im Gange hielten.)

Das Problem besteht natürlich auch darin, daß die Verteilungsformel der beruflichen Realität von jener der persönlichen Wünschbarkeit abweichen kann. P.'s persönliche Bevorzugung gilt den Gruppen Grundlagenarbeiten, Sachbearbeitung und Klientenbetreuung; sie machen im eigentlich beruflichen Bereich aber weniger als die Hälfte (40%) aus. Außenkontakte und Organisatorisches empfindet er als begrüßenswerte Abwechslung, nicht aber im (damals) gegebenen Ausmaß, das mit 45% jenes der Lieblings-Arbeiten überschritt. „Mitarbeiterfragen" dagegen bilden für ihn seit jeher die Crux; er könnte sich etwa mit Feldern i und q der Tabelle 9.24 durchaus begnügen. Gerade Feld c aber ist eine zentrale, unabtretbare Funktion des Stellenleiters.

Die „Überzeit-Arbeiten", also jene in der unteren Tabellenhälfte, haben darum weitgehend kompensatorischen Charakter. Was im Beruf fehlt, eine gewisse Schwerpunktbildung, und zwar auf einem der Lieblingsgebiete, wird dort nachgeholt: Der Sektor „Grundlagenarbeiten" steigt dadurch auf den dreifachen Wert und erreicht gesamtheitlich einen Aufwand, der knapp der halben Arbeitsverpflichtung entspricht.

Verlagerungen der Arbeitsverteilung von Jahr zu Jahr sind dabei deutlich, im Überzeit-Sektor noch deutlicher als im beruflichen. „Paraberufliche" Aufgaben haben sich in den beiden ersten Berichtsjahren stark eingedrängt; als sie wichen, machten sie der zunehmenden Pflege persönlicher Interessen (namentlich Handlungspsychologie und Arbeitsanalyse) Platz. Im beruflichen Sektor ist eine Umlagerung feststellbar vom „Umfeld" auf den „Kern" und im gesamten vom Außenkontakt-Bereich auf Organisation und Grundlagenarbeiten.

Differenzierung der Bereiche

Durch Zusammenfassung der Arbeitsbereiche in größere Gruppen kann man also generelle Züge einer Arbeitswelt deutlicher herausheben. Im Falle P.'s führte sie uns unter anderem auf das Problem der „Diversität der Arbeiten". Überraschenderweise kommen wir zum gleichen Resultat, wenn wir den umgekehrten Weg gehen und die Bereiche noch weiter aufdifferenzieren. (Das Verfahren gleicht etwa dem von Ursula Lehr 1961/68 auf die „Themengruppen" von Frauen angewandten.) Zu Demonstrationszwecken greifen wir die Personal-Bereiche „Stadt", 12 und 13, heraus. Die Themenanalyse der Vollerhebungszeit erlaubt uns festzustellen, aus welchen Aufgaben sie sich im Erhebungsjahr 1974/75 zusammensetzten. Die Resultate sind in Tabelle 9.25 wiedergegeben. Dabei benutzen wir für einmal absolute Werte.

Bei der Aufteilung der beiden Bereiche kamen wir auf je zehn Unterbereiche. Einige von ihnen empfand P. als besondere Belastung (vor allem 133 bis 135). Dabei haben alle damaligen „Mitarbeiter Stadt" – Beraterin A, die 1975 Mutter wurde (vgl. Kapitel 5.4), gehörte nicht zu ihnen – P. in der Vollerhebungszeit in verschiedenem Ausmaß direkt und zentral beschäftigt, zusammen rund zwei Wochen, im Durchschnitt jeder und jede einen halben Tag lang. Dazu wurde eine weitere Arbeitswoche mit allgemeinen Mitarbeiterproblemen und der Suche nach neuem Personal gefüllt.

Man hätte auch eine Kreuztabelle aufstellen können, mit Unterbereichen in der einen und den 19 betroffenen Mitarbeitern in der andern Dimension. Es wären dann 71 Felder besetzt gewesen. Eine bunte Palette von Fragen und Problemen (bezogen nur auf einen Teil des Mitarbeiterstabes), reichend von Besoldungs- und Anstellungsfragen über organisatorische Belange bis zu heiklen persönlichen Dingen des Arbeitsverhaltens und zwischenmenschlicher Spannungen – angemessene Mischung für einen Perso-

Tabelle 9.25: Differenzierung der Bereiche 12 und 13 (1974 und 1975)

Nr.	Bezeichnung	AT (abs.)	Zahl Themen	Betroffene Mitarbeiter
120	spontane Stellenbewerbungen	.29	5	-*
121	Mitarbeitersuche	3.87	4	-*
122	Neuanstellungen	.81	3	3
123	Definitive Anstellungen	.18	2	2
124	Anstellungsveränderungen (Stundenzahl etc.)	1.12	8	7**
125	Besoldungsverbesserungen	.34	5	3**
126	Weggangserwägungen	.14	1	1
127	Weggänge	.32	2	2
128	Praktikumsanfragen	.10	2	-*
129	Praktika	.51	3	3
12	Anstellungsfragen	7.68	35	19
130	Einführungsaufgaben	.28	2	1**
131	Kursbesuche und Weiterbildung	.22	7	4**
132	Fragen der Arbeitsorganisation	.62	10	7**
133	Fragen von Leistung und Arbeitsweise	1.18	9	6
134	Schwierigkeiten im Umgang	.73	2	2
135	Spannungen zwischen Mitarbeitern	.11	3	4
136	Persönliche Probleme von Mitarbeitern	.82	7	6
137	Gesundheitliche Probleme von Mitarbeitern	.19	7	4
138	Abwesenheitsmeldungen	.25	8	5**
139	Probleme bei längeren Arbeitsausfällen	2.77	6	2
13	Personalführungsfragen	7.17	61	16
	TOTAL PERSONALFRAGEN " STADT " (12/13)	14.85	96	19

* betrifft Personen, die (noch) nicht Mitarbeiter sind, es aber werden möchten (Anwärter)

** dazu Themen, die die Mitarbeiter allgemein betreffen

nalchef. Aber das war P. ja nicht. Untersucht wurden hier bloß zwei von insgesamt dreiundsiebzig Arbeitsbereichen. Bei manchen andern würden wir eine ebenso große Vielfalt an Problemstellungen vorfinden.

Das Bild, das wir in Kapitel 7 von P.'s Arbeitswelt gewannen, bestätigt sich hier also noch einmal. Wir sahen P. dort beschäftigt mit einer erstaunlich großen Zahl von Themen, die sich dann allerdings durch Verbindungen und Gruppierungen wieder etwas reduzierte. Aber auch aus „abstrakter" Sicht, wenn wir die Aufgaben in Kategorien und Unterkategorien aufteilen, erweist sich die „Vielfalt der Aufgaben" als eines der Hauptcharakteristika von Arbeitswelten wie jener P.'s, eingehender Untersuchungen sicher wert. Dieser Charakter aber schält sich deutlich heraus, *bevor* wir uns dem Lieblingskind der Arbeitspsychologen, dem Ausführungsgeschehen, überhaupt zugewendet haben. Das verstärkt den Eindruck, arbeitspsychologische Studien, die sich vorwiegend auf Vollzüge konzentrieren, könnten Berufen wie dem P.'s überhaupt nicht gerecht werden.

Geschätzte und gemessene Arbeitsverteilung

Arbeitszeiterhebungen können also zweifellos recht interessante Unterlagen für die Analyse einer Berufsstruktur liefern. Nun werden aber derlei Zählungen höchst selten (und dann meist nur stichprobenmäßig) durchgeführt. Zumeist ist man auf Schätzungen angewiesen. So wurde auch für die „Stellenbeschreibungen" in der Stadtverwaltung Bern (vgl. Seite 407) die Weisung ausgegeben, den prozentualen Zeitaufwand für die einzelnen Arbeiten zu schätzen. P. war vermutlich der einzige, der sich dabei – wenigstens für eine Dreijahresperiode – auf exakte Unterlagen stützen konnte.

Im allgemeinen weiß man wenig darüber, wie zuverlässig solche Schätzungen sind. Gewisse Angaben machen einen jedenfalls skeptisch. Reinhard Schmitz-Scherzer (1983 a, 485) berichtet über eine Untersuchung, die O. Bratfisch (1970) über das Zeiterleben von Studenten durchgeführt hat. Sie überschätzten offenbar den Zeitaufwand, den sie für das Studium aufbrachten. „Sie verbrachten also weniger Zeit mit ihren Studien, als sie annahmen. Tätigkeiten, die Vergnügen bereiten, und die Zeiten, die sie für Schlaf und Rekreation verwandten, wurden dagegen unterschätzt." Hier wird also eine „Diskrepanz zwischen Tatsachen und Erleben deutlich". Auch die Bearbeiter der internationalen Zeitverwendungs-Untersuchung stellten fest, daß „any time-budget report contains data of widely varying reliability and validity". Gewisse Arbeiten und Tätigkeiten würden chronisch falsch eingeschätzt, andere recht zuverlässig (Scheuch, 1972, 74).

P.'s Arbeitsanalyse liefert uns auch zu dieser Frage einen Hinweis. Am 15./ 16. Juni 1974, dem Wochenende vor dem Einrücken in den Militärdienst am 20. Juni, hat P. für das erste Halbjahr 1974 die prozentuale Verteilung seiner Arbeitsleistung geschätzt, und zwar nach Bereichen einerseits, nach Vollzügen anderseits. Wir werden das Resultat gleich studieren;

zuviel werden wir daraus aber nicht schließen dürfen; denn P. war damals, nach fast zwei Jahren Zeiterhebung, natürlich schon übergewöhnlich arbeitszeitbewußt. Hatte er doch täglich seine Arbeiten notiert, kategorisiert und (als Spezialität im ersten Halbjahr 1974) auf Themenlisten übertragen. Dabei dürfte sich zumindest eingeprägt haben, welche Bereiche besonders häufig vorkamen.

P. beschritt bei der Schätzung den folgenden Weg. Zunächst erstellte er eine Rangreihe der zehn Bereichsgruppen, mit Grobschätzung ihres Gesamt-Prozentsatzes an der Arbeitszeit. Dann erstellte er innerhalb der Gruppen wiederum Rangreihen der Einzel-Bereiche; anschließend koordinierte er Rangreihen und Prozentschätzungen über das ganze Arbeitsfeld weg.

Dieses Verfahren lieferte also zweierlei Grundlagen für den Vergleich von Schätzungen und Messungen: die Rangfolge der Bereiche nach Häufigkeit und die Prozentwerte (die letzteren haben wir in Tabelle 9.26 umgerechnet in Prozentanteile an der Arbeitsverpflichtungszeit). Betrachten wir zunächst die Rangreihen. Neunundvierzig Bereiche waren in eine Ordnung zu bringen (einzelne wurden damals zusammengefaßt). Die beiden Rangreihen sind sich verblüffend ähnlich; die Differenz übersteigt nur in fünf Fällen zehn Ränge; die Rangkorrelation nach Spearman (übernommen aus Meili, 1951, 349f.) beträgt $\rho = .88$.

Angaben über den Vergleich der Prozentwerte findet der Leser in Tabelle 9.26. Hier zeigen sich nun ein paar interessante Unterschiede zwischen Schätzung und Messung. Einmal wurden die Spitzenbereiche generell über-, die Bereiche im Mittelfeld dagegen unterschätzt. P. meinte im Juni 1974, die sechs aufwendigsten Bereiche hätten im ersten Halbjahr fast drei Viertel seiner Arbeitsverpflichtungszeit beansprucht; dabei war es nicht viel mehr als die Hälfte. Umgekehrt gab er den mittleren Rängen (15–40) rund 30%; sie machten aber mehr als 43% aus.

Das ist nicht ohne Belang für die in den letzten Abschnitten aufgeworfene Frage. Die „Diversität der Aufgaben" wird offenbar im Rückblick unterschätzt. Im Sinne wahrnehmungspsychologischer Gesetze prägen sich einem die großen Aufgaben besonders stark ein und erscheinen noch massiver als sie effektiv waren; die vielen Arbeiten im Mittelfeld dagegen werden erinnerungsmäßig gleichsam eingeebnet. Auf der „freien Wildbahn", das heißt bei nicht arbeitszeit-registrierenden Berufstätigen, dürften manche der mittleren und kleineren Aufgabenbereiche in einem Halbjahresrückblick wohl überhaupt untergehen.

Besonders massiv hat P. die „Finanzfragen" (Bereich 14) überschätzt: gegen 14 statt knapp 6% – im Gegensatz zur strukturell nicht unähnlichen Aufgabe Jahresstatistik (Bereich 47: 2.7% statt 4.7%). Das weist auf ein zweites hin: Die Statistik war zu Jahresbeginn fällig, lag also fünf Monate zurück; Abrechnung und Budget dagegen beschäftigten P. noch recht kurz vor der Schätzung, im Frühling und Sommer, waren also in der Erinnerung wesentlich stärker präsent als die Statistik.

Tabelle 9.26: Vergleich geschätzte und ausgezählte Arbeitsverteilung (1. Halbjahr 1974)

a) Bereichsgruppen; Berufsnähe	Schät - zung	Zäh - lung
1 Amtsleitung	40.00	25.45
2 Kantonale Zusatzaufgaben	9.15	9.98
3 Generelle Beratung	2.37	4.43
4 Individuelle Beratung	7.12	9.89
5 AGAB	11.19	13.44
6 Drittbereiche	16.61	17.40
7 Allgemeine Grundlagenarbeiten	20.00	19.68
8 Kursmässige Grundlagenarbeiten	10.51	11.50
9 Halbprivates und Privates	16.61	20.92
0 Vermischtes	2.03	2.90
Beruflicher Kern	58.65	49.75
Umfeld und Paraberufliches	54.24	57.97
Persönliches und Privates	22.70	27.87

b) Spitzenbereiche: Ranggruppen		Schät - zung	(Rang)	Zäh - lung	(Rang)
94/95	Arbeitsanalyse	14.92	(1)	15.95	(1)
14	Finanzfragen Amt	13.56	(2)	5.83	(6)
61	SHK - Kommission	11.53	(3)	10.86	(3)
76	Grundlagenarbeiten Different. Psychol.	10.85	(4)	11.12	(2)
11/17/18/19	Büroorganisation	10.17	(5)	6.45	(5)
12/13	Personalfragen Stadt	10.17	(6)	6.69	(4)
1. - 6. Rang		71.20		56.90	
7. - 14. Rang		31.87		33.10	
15. - 40. Rang		29.82		43.25	
41. - 49. Rang		2.70		2.34	
Total		135.59		135.59	

Aber daraus allein läßt sich die Überschätzung der Finanzfragen nicht erklären. Amtsleiteraufgaben (ohne kantonale Zusatzaufgaben) wurden allgemein zu hoch veranschlagt (40% statt 25%); der Aufwand für Kern-Aufgaben wurde über-, jener für Persönliches und Privates deutlich unterschätzt. Das stimmt nun mit den Ergebnissen Bratfischs überein. Dort wird vermutet, daß es sich um eine „subjektive Rechtfertigung" handle (Schmitz-Scherzer, 1983 a, 485). Gegen diese Interpretation würde sich auch P. nicht wehren. Eher nimmt er allerdings – jedenfalls bei seiner eigenen Fehlschätzung – an, daß mit den Beurteilungen auch ein Stück qualifizierender Stellungnahme ausgesprochen wird. Die Pflicht-Aufgaben schienen P. eben zu viel, die Arbeiten nach persönlichem Wunsch zu wenig Platz einzunehmen.

Von diesen Ausnahmen abgesehen, sind die Übereinstimmungen jedoch zum Teil verblüffend.

Reguläre und einmalige Hauptarbeiten

Zum Abschluß dieses Unterkapitels kehren wir zurück zum früher erwähnten Unterschied zwischen „stabilen" und weniger stabilen Arbeiten. Aus dem Vergleich dreier Erhebungsjahre haben wir bekanntlich den Eindruck gewonnen, P.'s Berufsleben sei vor allem durch Instabilität und Schwankungen charakterisiert. Dieser Frage kann man mit einer etwas anderen Methode weiter nachgehen, wobei wir uns allerdings von den „Bereichen" trennen und wieder zu den (konkreten) Themen und ihren Verbindungen zurückkehren müssen.

Wir haben für die Vollerhebungszeit (21.9.74–9.1.76) alle Themen-Komplexe (oder -Familien) und Jahreszyklen zusammengestellt, die P. zwei oder mehr „Arbeitstage" (AT) lang beschäftigt haben (Einheiten also, die sich beim besten Willen nicht mehr in größere konkrete Zusammenhänge einordnen lassen). Es waren ihrer 28, und sie belegten insgesamt 96.69% der Arbeitsverpflichtungszeit (bei einem Gesamtarbeitsvolumen von 137.49%). Wir wollen sie P.'s „Hauptarbeiten" der Vollerhebungszeit nennen und sie damit von den verbleibenden kleineren Arbeiten abheben. Dreizehn von ihnen beanspruchten P. eine volle Arbeitswoche (5AT) oder mehr, bis hinauf zu 47.87AT (Diagnostik-Aktion 1974/75 inklusive Lektüre). Wir werden diese dreizehn gleich aufzählen.

Nun haben wir einerseits alle Arbeiten der Vollerhebungszeit nach ihrer Berufsnähe klassifiziert (beruflicher Kern – berufliches Umfeld – Persönliches; das wenige Paraberufliche dieses Jahres wurde dem Umfeld zugeschlagen). Anderseits beurteilten wir die 28 Hauptarbeiten aus einem zusätzlichen Gesichtswinkel. Wir unterschieden nämlich zwischen „regulären", „speziellen" und „einmaligen" Arbeiten.

„Regulär" wollen wir jene Arbeiten nennen, die sich in P.'s Berufsalltag immer wieder zur Geltung bringen und im Berichtsjahr in mehr oder weniger „normaler" Ausprägung aufgetreten sind. Von den dreizehn ganz großen Aufgaben (5 AT oder mehr) sind das – bezogen auf den beruflichen „Kern" – 1) die (Vorbereitung, Durchführung und Protokollierung von) Beratungen, 2) der „Finanzzyklus" (vgl. Seite 231), 3) die Erstellung der Jahresstatistik 1974 und 4) die Durchführung der „Maturandenaktion" 1974/75.

Im persönlichen Bereich kann als „regulär" gelten, weil durchgezogen durch alle Jahre vor- und nachher, 5) die Beschäftigung mit der Handlungspsychologie (Lektüre und Arbeiten).

Daneben finden wir nun aber Arbeiten, die zwar im Prinzip regulär und konstant oder wiederkehrend sind, in ihrem speziellen Auftreten jedoch unberechenbar, unregelmäßig und/oder im Ausmaß ungewöhnlich. So muß ein Amtsleiter zwar grundsätzlich damit rechnen, daß Stellen wiederzubesetzen sind; in gewissen Jahren kann sich das aber häufen oder, wie bei der 6) Aktion Teilersatz Beraterin A, zu einzelnen Großunternehmen auswachsen, in anderen völlig ausbleiben. Auch die 7) Durchführung und Auswertung einer Erfolgskontrolle gehört zu den wiederkehrenden Kern-Aufgaben, beschäftigte P. aber bei weitem nicht jedes Jahr. Beim Umfeld nahm 1974/75 8) ein aufwendiges Seminar über Leistung, Leistungsverweigerung und Chancengleichheit (mit Lektüre) ganz „spezielle" Ausmaße an – stelleninterne Seminare sind an sich regulär – , im persönlichen Bereich 9) die Planung, Durchführung und Auswertung der Arbeitsanalyse (Fragen des Tageslaufes als solche beschäftigen P. über Jahrzehnte hinweg).

Am andern Ende der Skala dagegen gibt es Arbeiten, die im Vollerhebungsjahr einmalig waren. Ein 10) Umzug des ganzen Büros mit Neueinrichtung kam im Jahrzehnt zuvor und danach nie vor, und 11) die Mithilfe bei Aufbau und Besetzung einer gesonderten Bieler Beratungsstelle sollte es der damaligen Absicht nach ebensowenig tun (hélas! dann kam's doch wieder!). Und was das berufliche Umfeld betrifft, waren und blieben 12) die Diagnostik-Aktion 1974/75 und 13) die Abfassung eines Artikels über „Bildungsberatung in der Schweiz" durchaus einmalig.

In Tabelle 9.27 haben wir die für Arbeiten der verschiedenen Gruppen aufgewendete Zeit zusammengestellt, wiederum in Prozenten der Arbeitsverpflichtungszeit. Teilen wir die Zeit für „spezielle" Aufgaben willkürlich den beidseitigen Nachbarn halb und halb zu – ungefähr zur Hälfte, nehmen wir an, ist der Aufwand regulär, die andere Hälfte dürfte zu Lasten des Irregulären und Einmaligen gehen – , dann ergeben sich folgende Resultate: In den Kerngebieten von P.'s Beruf stellen sich in ungefähr gleichem Maß reguläre und einmalige Aufgaben; das „Umfeld" dagegen wird weitgehend beherrscht durch einmalige Unternehmungen (und zudem in massiver Weise auch durch Kleinarbeiten), während der Bereich persönlicher Arbeiten einen Hort für reguläre (und langatmige) Beschäftigungen bildet.

Bisher Erarbeitetes bestätigend und abrundend, können wir demnach über P.'s Arbeitswelt folgendes festhalten:

Tabelle 9.27: Reguläre und irreguläre Hauptarbeiten und Berufsnähe während der Vollerhebungszeit; Angaben in Prozenten der Arbeitsverpflichtungszeit

	28 "Hauptarbeiten"					Rest	TOTAL
	regulär	(+½)	speziell	(+½)	irregulär		
Beruflicher Kern	14.16	(18.65)	8.99	(21.63)	17.13	12.65	52.93
Berufliches Umfeld	2.56	(4.67)	4.23	(25.34)	23.22	19.55	49.56
Persönliches	16.10	(20.61)	9.01	(5.79)	1.29	8.60	35.00
TOTAL	32.82	(43.93)	22.23	(52.76)	41.64	40.80	137.49

1. Im beruflichen Kernbereich gibt es einen „Sockelbestand" an größeren, über die Zeit stabilen Aufgaben.
2. Daneben drängen sich – in ungefähr gleichem Ausmaß – von Fall zu Fall irreguläre Aufgaben auf, die ebenfalls zum beruflichen Kern gehören.
3. Das berufliche Umfeld wird zur Hauptsache gekennzeichnet durch wechselnde Arbeiten (mit wesentlich größerer Freiheit der Auswahl).
4. In seiner persönlichen Arbeitssphäre wendet sich P. vorwiegend langfristigen, großen Aufgaben zu.

Die Frage, wie weit diese Arbeitswelt-Beschreibung vor allem für P. zutrifft oder wie weit sie für ähnlich gelagerte Jobs allgemeinere Gültigkeit beanspruchen darf, bleibt natürlich offen.

9.3 Arbeitsvollzüge

Arbeitsinhalte und Arbeitsvollzug

Wir wenden uns der anderen Dimension der Arbeit zu, den Vollzügen. Um eine klare Ausgangslage zu schaffen, wollen wir einleitend ein paar früher angedeutete Abgrenzungen in Erinnerung rufen. Zunächst geht es um die Beziehung zwischen instrumentellen und inhaltlichen Aspekten der Arbeit.

Vollzüge und Handeln. Wer eine Aufgabe erfüllt, wendet während gewisser Zeitspannen seine Aufmerksamkeit diesem Gegenstand zu und „tut" etwas in der Sache. Bei vielen Themen erschöpft sich indessen die Besorgung nicht in direkter Aktivität. Da kündigt etwa eine Sekretärin ihre Stelle (wie das bei der Akademischen Berufsberatung Bern Ende 1975 geschah – sie wollte eine Bibelschule besuchen und ist heute missionarisch tätig). Dem Stellenleiter erwächst daraus die Aufgabe, eine Nachfolgerin zu suchen. Er wird, sobald seine Verwaltung grünes Licht gibt, die Stelle ausschreiben. Dann aber mag er eine Zeitlang in den Hintergrund treten. Er bittet seine eigene Sekretärin, eingehende Telefonanrufe provisorisch zu beantworten. Durch ihn angestiftet, kommt nun einiges ins Rollen. Anwärter werden durch das Inserat zur Bewerbung angeregt und erste Notizen werden aufgrund der Telefongespräche erstellt. Was da geschieht, gehört ebenfalls zur Aufgabenerfüllung durch den Stellenleiter (nach dem bekannten Slogan: „Während der Geschäftsmann ruht, arbeiten seine Inserate"). Hingegen ist es für ihn nicht Arbeitsvollzug. Er „vollzieht" nur, indem und solange er selber etwas tut: ausheckt, Anweisungen erteilt, Ergebnisse anhört, Notizen durchliest usw. Solches Tun aber kann über sich selbst hinaus Dinge in Gang setzen. – Mit diesem Problem werden wir uns vor allem im Nachfolgeband auseinandersetzen; nach unserer Meinung handelt es sich beim Unterschied zwischen Tun und Bewirken um eine zentrale Frage menschlichen Handelns.

Vollzüge und Themen. Ab und zu wird aber selbst der tüchtigste Organisator beim Erfüllen einer Aufgabe sich eigenhändig (oder eigenköpfig) der Sache zuwenden müssen. Er „vollzieht" dann Arbeit an ihr. Freilich braucht das kein äußerlich sichtbares, aktives Verrichten zu sein, wie beim Sattler oder beim Lastwagenchauffeur; es kann auch im bloßen Zuhören, Zuschauen oder Nachdenken bestehen. Jeder Vollzug – das Hämmern, Schreiben, Herumschleppen, Besprechen, Abwarten, Nachdenken – ist dabei natürlich auf einen inhaltlichen Gegenstand gerichtet. Aber das Tun als solches ist nicht an diesen Gegenstand gebunden und legt ihn an sich selber keineswegs fest; herumtragen, bereden, festnageln, durchdenken kann man gar mancherlei. Wer nach vollbrachter Arbeit Stapel von Büchern in die Bibliothek zurückträgt, schleppt vielleicht schon zwei Stunden später die Ferienkoffer zum Auto. Vollzüge sind an sich „themen-neutral"; sie gleichen Verben, denen man beliebige Objekte anhängen kann.

Vollzüge und Bereiche. Darüber haben wir in Kapitel 8.1 ausführlich gesprochen. Wir haben dort, was die Kategorisierung von Arbeiten betrifft, die rechtwinklige Anordnung von Vollzügen und Bereichen betont. Fast jeder Vollzug läßt sich mit fast jedem Bereich koppeln. Dieses Prinzip scheint uns von grundlegender Bedeutung für die Arbeitspsychologie. Man müßte sich strikt danach richten und Vollzugs- und Bereichsbegriffe sauber auseinanderhalten. In der Praxis fällt das aber nicht immer ganz leicht. Das zeigt sich etwa in der gebräuchlichen Namengebung für bestimmte Kategorien. Mit „Administration" zum Beispiel werden oft Bereiche, oft Vollzüge zusammengefaßt, oft beiderlei mit- und durcheinander; „Beraten" ist bei uns ein Vollzug und „Beratung" eine Bereichsgruppe; das Wort „Sachbearbeitung" haben wir im letzten Unterkapitel für einen Komplex von Bereichen verwendet; in diesem setzen wir es ein für eine Vollzugsabfolge, usw. Solche terminologische Überschneidungen erschweren natürlich eine klare Scheidung, die wir nichtsdestoweniger für unumgänglich halten.

Die Verwirrung, die sich aus der Zweidimensionalität von Aufgabenbereichen und Vollzügen ergibt, wird auch spürbar bei Versuchen, die Berufe zu klassifizieren. Das geht etwa aus der entsprechenden Schilderung von Friedemann Stooss hervor (1977, 78ff.). Im Prinzip stützt man sich bei einer solchen Kategorisierung zwar auf die Gleichartigkeit oder Ähnlichkeit der Tätigkeitsformen, also auf die Vollzüge. Aber immer wird man dann auch etwa wieder gezwungen, von den spezifischen Tätigkeiten weitgehend zu abstrahieren. So benennt man zum Beispiel Berufe, die hauptsächlich mit der Einrichtung, Führung und Bedienung von Maschinen zur Herstellung einer bestimmten Ware zu tun haben, gleich wie jene, die das selbe Produkt von Hand erzeugen. Es komme, so sagt Stooss, eben immer auch auf die „Arbeitsaufgabe" an; „denn nur von einer gegebenen Aufgabe her lassen sich Kombinationen typischer Einzelverrichtungen ... überhaupt bestimmen." So werden etwa „Berater in der Landwirtschaft" dem Sektor „Gewinnung von Naturprodukten" zugeordnet, also unabhängig von der Vollzugsart nach „Bereich" klassiert. Stooss kommentiert: „Die Aufgabenorientierung ist de facto so stark ausgeprägt, daß demgegenüber im Einzelfall die Gleichartigkeit der Einzelverrichtungen zurücktritt." (1977, 80).

Arbeitsvollzüge und Basis-Handlungen

Es genügt aber nicht, die Vollzüge der Arbeit, wie wir sie in unserer Untersuchung verwendet haben, von den Inhalten der Arbeit abzugrenzen. Von diesen unterscheiden sie sich zwar durch ihren instrumentellen Charakter; sie stellen bloße Ausführungstätigkeiten ohne inhaltliche Festlegung dar. Nun kann man solche Ausführungstätigkeiten jedoch verschieden detailliert erfassen und beschreiben. Auf diese Tatsache sind wir schon in Kapitel 6.2 gestoßen, als wir uns mit dem Begriff der Hierarchie auseinandersetzten. In Figur 6.23 auf Seite 288 machten wir uns bewußt, daß es verschiedene „Ebenen" innerhalb der „Ausführungshierarchie" gibt. Man kann da, je nach Wunsch und Denkrichtung, bis zu Bewegungen, Muskelkontraktionen, Innervationen oder anderseits zu „Basis-Handlungen" und „Infinitesimalen der Handlung" (Danto, 1978, 376) hinuntersteigen. Dabei löst man das Tun immer feiner in seine Komponenten auf; oder – exakter und in der Linie der zweiten Reihe argumentiert – man dringt immer näher vor zu dem, was der Handelnde selber, mit seinem eigenen Körper, „tut". Arthur C. Danto weist auf die Beobachtung hin, „daß man sehr vielen Handlungen begegnet, in denen das, von dem behauptet wird, es sei getan worden: etwa *a*, nicht direkt getan wurde, sondern vielmehr dadurch, daß der Handelnde etwas von *a* Verschiedenes, etwa *b*, tut, das seinerseits bewirkt, daß *a* geschieht. So bewege ich einen Stein, indem ich gegen ihn stoße, und das Stoßen ... bewirkt die Ortsbewegung des Steines ..." (1978, 373). Basishandlungen sind nach Danto Handlungen, „wobei der Handelnde unmittelbar handelt – wobei es, um *a* zu tun, kein *x* derart gibt, das *x a* bewirkt und der Handelnde *x* tut." Mit einem Beispiel Georg Henrik von Wrights: An einer Türe „läutet" man nicht direkt, sondern man drückt mit dem Finger gegen einen Knopf. Diese die Klingel auslösende Stoß-Bewegung aber vollzieht man höchstpersönlich. Von Wright definiert Basis-Handlungen darum als „Handlungen, von denen man nicht sagen könnte, daß sie dadurch vollzogen werden, daß man etwas anderes tut" (1974, 70). Der Gegensatz von Tun und Bewirken geht also bis in die feinsten Verästelungen menschlicher Tätigkeit.

Was wir im Rahmen unserer Untersuchung „Vollzüge" nennen, ist von solchen Elementarvorgängen bereits weit entfernt. Die Erfassungsbedingungen, die wir uns auferlegen mußten, hielten uns weit ab von diesem „Intimbezirk" höchsteigenen Tuns. Bekanntlich bedienten wir uns bei unserer Erhebung eines Fünfminuten-Rasters. Fokussiert man seine Aufmerksamkeit auf solche Zeitspannen, so erfaßt man unweigerlich Tätigkeiten, die reichlich „anderes" Tun beanspruchen; eine ganze Menge von Basis-Handlungen fügen sich da zu jenen komplexen Geweben zusammen, die unseren Vollzügen den Namen gaben. Bespricht man sich mit jemand, so kann man innerhalb von fünf Minuten mehrfach vom Reden zum Zuhören und zurück wechseln; bei bestimmten Arten der Informationsaufnahme pendelt man hin und her zwischen Lektüre, Griff nach Bleistift und Papier, Schreibbewegungen, beim Überarbeiten von Texten zwischen Wiederlesen, Nachschlagen, Nachdenken, Notieren.

Unsere eigene Erhebungsmethode schrieb uns also die Größenordnung der zu unterscheidenden Ausführungsarbeiten vor. Es geht um Tätigkeiten, die sich über längere Zeitspannen hinziehen können, eine ganze Musterkarte von Basis-Aktivitäten einschließen, aber doch einheitlich genug sind, um vom Handelnden als etwas konstant Bleibendes erlebt zu werden. Im Hinblick auf die verwendeten Basis-Handlungen bestehen darum sicher manche Überlappungen. Ein Kriterium, nach dem stets zweifelsfrei entschieden werden könnte, wo die Grenze zwischen den Vollzügen zu ziehen ist, gibt es nicht.

Die Vollzugs-Kategorien

Die im Rahmen der von uns untersuchten Arbeitswelt beobachtbaren Vollzüge lassen sich zunächst in die folgenden drei beziehungsweise vier großen Hauptgruppen einteilen:

- Bearbeitung intellektueller Gegenstände
- Kommunikation und Verhandlungen
- Administrative und technische (Hilfs-)Arbeiten

Dazu kommen einige Vollzüge, die man als „Randaufwand" bezeichnen muß. Jede dieser drei Gruppen läßt sich weiter aufgliedern, etwa nach folgendem Schema:

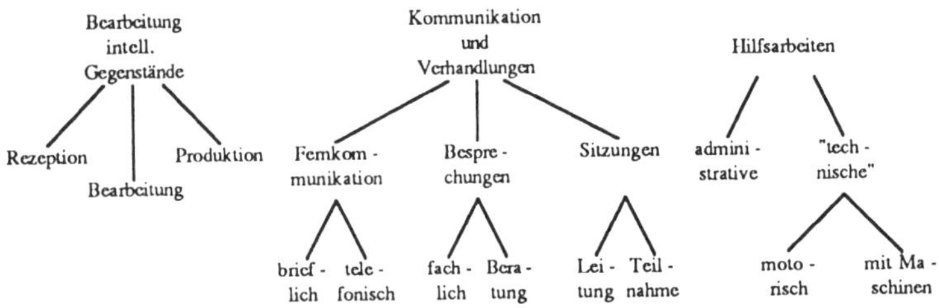

Schema 9.31: Aufgliederung der Vollzüge

Die mittlere Zeile von Schema 9.31 hat uns die Gruppenbildung für die auch hier angewandte Dezimalklassifikation geliefert, erweitert um den „Randaufwand" (und unter Abspaltung einiger administrativer Hilfsarbeiten als „Rahmenaufwand", wegen Überbesetzung jener Gruppe). Die unterste Zeile vermittelte den Einstieg in die Differenzierungen der zweiten Dezimale. Bei deren Unterscheidung konnte allerdings kein systematischer Gesichtspunkt mehr durchgehalten werden. Nach praktischen Gewohnheiten von P.'s Arbeitsstil wurden hier ganz verschiedene Merkmale beigezogen, bei der Gruppe „Rezeption" zum Beispiel nicht weniger als deren fünf: die Art der Rezeption (Lesen/Besichtigen), ihre Intensität (Durchblättern/Lesen), ihre Ausschließlichkeit (ohne und mit „Verarbeitung", d.h. Registrieren, Kurzbeantworten oder Auszügeerstellen); ihre Neuheit (Lesen/ Wiederauffrischen), ihr Gegenstand (fremde Texte/eigene Texte/Post). In anderen Gruppen kamen weitere Gesichtspunkte hinzu, etwa Verfahrensvarianten (Diktieren/Aufsetzen; Überlegungen anstellen mit oder ohne schriftlichen Niederschlag); Bearbeitungsstadien (Entwurf/Überarbeitung); Partner (Mitarbeiter/Dritte/Klienten/Eltern); Funktion (Versammlungseröffnung/Sitzungsleitung/Diskussionsleitung/Teilnahme) usw. Im Verlaufe der Erhebung wurde die ursprüngliche Aufgliederung, die knapp 50 Vollzüge umfaßte, nach Bedarf erweitert, so daß zum Schluß die – neu numerierte – Kategorienliste gemäß Tafel 9.32 zur Verfügung stand.

Gewiß ist auch sie job-spezifisch; die Aufgliederung der Einzelvollzüge würden schon die anderen Mitarbeiter der Stelle oder der Leiter der Akademischen Berufsberatung im Nachbarkanton anders vornehmen, geschweige denn ein Verwaltungsbeamter, ein Arzt in eigener Praxis oder ein Forschungschemiker. Wenn wir aber die Struktur des Tageslaufes untersuchen wollen, geht es uns, wie früher dargelegt, ja nicht darum, möglichst allgemeingültige Kategorien zu unterscheiden, sondern die für den jeweiligen Job charakteristischen.

Tafel 9.32: Vollzugs-Kategorien

1 Rezeption	2 Bearbeitung	3 Produktion	4 Fernkommunikation	5 Besprechungen
11 Kenntnisnahme, Durchblättern	21 Vorarbeit (Überlegungen)	31 Texte diktieren	41 Briefe diktieren	51 Arbeitsbespr. mit Sekretärin
12 Kenntnisnahme mit Verarbeitung	22 Ideensammlung (Notizen)	32 Texte aufsetzen	42 Briefe aufsetzen	52 Besprechung mit Mitarbeitern
13 Lesen (neu)	23 Vorbereitungsarbeiten	33 Tabellen, Schemata erarbeiten	43 Briefe direkt schreiben	53 Besprechung mit Dritten
14 Lesen mit Verarbtg. (Auszüge)	24 Durcharbeiten, Auszüge	34 Textentwürfe überarbeiten	44 Briefentwürfe korrigieren	54 Besprechung in Gruppen
15 Postdurchsicht	25 Nachträgl. Notizen, Protokolle	35 Diktaphon - Folien überarbeiten	45 Zettel, Memos	55 Informeller Fachaustausch
16 Wiederlesen (Texte anderer)	26 Arbeiten anderer durchsehen			56 Besprechung mit Klienten
17 Wiederlesen (eigene Texte)	27 Nahplanung		47 Telefongespräch	57 Bespr. mit Eltern von Klienten
18 Anhören (allein)	28 Langfristige Planung		48 Arbeitstelefone Sekretärin	58 Psychologische Untersuchung
19 Besichtigen (allein)			49 Vergebliche Telefonversuche	59 Gemeinsame Besichtigung

6 Sitzungen	7 Administrative Arbtn.	8 Technische Hilfsarbtn.	9 Randaufwand	0 Rahmenaufwand
61 Einführung zu Sitzung	71 Durchlesen, unterschreiben	81 Aufräumen	91 Ankunft, Weggehen, Toilette	01 Material suchen, bereitstellen
62 Eigener Vortrag	72 Übertragen, schriftl. zus.	82 Reinschrift Maschine	92 Weg, Reisen	02 Material wegräumen, versorgen
63 Sitzungsleitung	73 Nachschlagen, ermitteln	83 Tabellen in Maschine	93 Begrüßung, Verabschiedung	03 Nachtrag Tagesblatt
64 Diskussionsleitung	74 Rechnen (von Hand)	84 Rechnen mit Maschine	94 Kaffee, Tee	
65 Aktive Teilnahme an Sitzung	75 Auszählen	85 Fotokopieren	95 Plaudern (nicht fachlich)	
66 Teiln. mit Protokollführung	76 Ordnen, einordnen	86 Umdrucken	96 Botengänge, "Kommissionen"	
67 Übungen	77 Korrekturen, Kollationieren	87 Zus'stellen, verpacken (Post)		
68 Rezeptive Teilnahme (Zuhören)	78 Fehler korrigieren	88 Tragen, Transportieren		
69 Organisierte Besichtigung	79 Fehlersuche	89 Versagen techn. Hilfsmittel	99 Warten, Unterbrüche	09 Vergebl. Suche nach Material

Dennoch wird aus Tafel 9.32 der Unterschied zur Bereichs-Tabelle (9.21, Seite 466) deutlich. Wenigstens die neun Vollzugs-Gruppen dürften für einen breiten Bereich ähnlich komplexer Tätigkeiten auf intellektuellem Niveau Brauchbarkeit aufweisen, vielleicht sogar eine mögliche Basis für Berufs-Vergleiche abgeben.

Tafel 9.32 bedarf aber noch einer ergänzenden Erläuterung. Eine grundlegende Unterscheidung zwischen den Vollzügen besteht ja auch darin, ob sie Kontakt und Zusammenarbeit mit anderen einschließen oder „einsam" ablaufen. Vollzüge der Gruppen 5 und 6, aber zudem auch die Kategorien 47, 48, 93 und 95 sind quasi per definitionem sozial, jene der Gruppen 1 und 2, aber auch 32 bis 35 und 42 bis 45 grundsätzlich „einsam". Die übrigen Vollzüge jedoch (namentlich jene der Gruppen 7 und 8 sowie die restlichen unter 9) sind in dieser Hinsicht offen; sie haben je eine soziale und eine einsame Variante. Man kann Texte und Briefe der Sekretärin diktieren oder ins Diktaphon sprechen (31/41), man kann allein oder zu zweit auszählen oder fotokopieren oder reisen oder Kaffee trinken; Korrekturen liest man selber, oder man kollationiert (77); und wenn man vergeblich in der Welt herumtelefoniert, so kann man bloß Summtöne zu hören kriegen oder Sekretärinnen, die einem bedauernd mitteilen, die gesuchte Person sei nicht da (49). Das sind Vollzugs-Unterschiede, die wir ursprünglich zum Teil auch in der zweiten Dezimale unterschieden haben. Heute würden wir dafür eine dritte wählen (einsame Vollzüge: 0, soziale: 1–3, je nach Art); das wird uns im fünften Unterkapitel beschäftigen.

Abschließend noch ein Hinweis. Wie bei den Bereichen, wird auch bei den Vollzügen eine Aufzählung nie vollständig sein können. In jeder Vollzugsgruppe bleibt uns auch hier die Null in der zweiten Dezimale für „übriges", sonst Uneinreihbares. So sind etwa in Vollzug 60 Büroausflüge und Bürofeste, die in die Arbeitszeit reichen, untergebracht.

Vollzugsstatistik

Was die Arbeitsbereiche anbetrifft, konnten wir eine Statistik vorweisen, die sich über ganze vierzig Monate aus P.'s Arbeitsleben erstreckte. Bei den Vollzügen fällt unser Angebot zehnmal bescheidener aus: Wir haben nur die ersten vier Monate der Erhebung, also das letzte Drittel des Jahres 1972 ausgezählt. Welche Kategorien damals siegreich aus dem Rennen hervorgegangen sind, haben wir zu Anfang des letzten Kapitels schon erwähnt (S. 409). Nun können wir die Rangliste auch unter den Gruppen erstellen (unter Angabe der Arbeitstage pro volles Jahr).

Bei weitem der größte Zeitaufwand geht dabei an Besprechungen; umgerechnet auf ein normales Jahr wären es ganze 12 Arbeitswochen. Rechnet man die Sitzungen, den zweitgrößten Posten, aber auch Telefongespräche, Plaudereien und „Begrüßungen" dazu, so sehen wir, daß, nach dem ausgezählten Muster zu schließen, gegen 24 Wochen pro Arbeitsjahr, also gut die Hälfte der ganzen Arbeitsverpflichtung, für Vollzüge verwendet werden, die in vollem sozialem Kontakt ausgeübt werden. Darauf kommen wir im fünften Unterkapitel nochmals zurück.

Hat der Leser den Eindruck, 45 Arbeitstage pro Jahr für Sitzungen (Vorbereitungen, Wege und Pausengespräche nicht eingerechnet) – das sind rund 19% von P.'s Arbeitsverpflichtungszeit – seien viel? Wie würde er den Anteil bei sich selber einschätzen? Ein Freund teilte mir seinen Austritt aus dem Vorstand eines psychologischen Berufsverbandes am 1. April 1970 – aber nicht als Aprilscherz – mit folgender Begründung mit: „Eine Aufstellung meiner Tätigkeit hat ergeben, daß ich über fünfunddreißig Prozent meiner gesamten Arbeitszeit in Sitzungen verbringe (die Vorbereitungszeit nicht eingerechnet). Wenn es überhaupt möglich sein soll, noch irgendwie schöpferisch tätig zu sein, muß ich alles daran setzen, eine Verlegung meiner Tätigkeit herbeizuführen." Vermutlich hat er etwa mit Stunden- oder Halbtagsmaßen gerechnet und Reisezeiten, Begrüßungen und Plaudereien einbezogen. In diesem Falle kämen wir bei P. im Jahr 1972 immerhin auf rund 22% der Pflichtarbeit. Das war auch für P. ein Grund, sich um Reduktion zu bemühen.

Die Hälfte der Arbeitszeit P.'s war Ende 1972 dem direkten sozialen Kontakt gewidmet; in anderen Worten, er bestand vor allem im Reden und Zuhören. Die nächstgrößten Posten in Tabelle 9.33 bestehen dann in Bearbeitung und Produktion. Das meiste davon passiert schriftlich. (Schreiben kommt zusätzlich auch in anderen Gruppen vor.) Wir können damit voll und ganz bestätigen, was Joseph Nuttin in seinem Buch über die Motivation aussagt: „Quant au comportement d'exécution, une grande partie de ce que l'homme ‚fait' consiste à parler et écrire." (1980 b, 54). Bei P. können wir sogar die Größe dieses Anteils (wenigstens am Berufsleben) nennen; er beträgt mindestens 75% der offiziellen Arbeitszeit.

Der „Dritte im Bunde" ist das Lesen (von P. damals – und auch später noch – vor allem in der „Überzeit" betrieben). Wünscht jemand also eine

Tabelle 9.33: Zeitaufwand für die Vollzugsgruppen (3. Drittel 1972)

			aj				aj
1.	Besprechungen	(5)	62.46	7.	Rezeption	(1)	23.20
2.	Sitzungen	(6)	44.97	8.	Randaufwand	(9)	22.96
3.	Bearbeitung	(2)	37.14	9.	Rahmenaufwand	(0)	16.79
4.	Produktion	(3)	34.28	10.	Techn. Hilfsarb.	(8)	11.85
5.	Admin. Arbeiten	(7)	28.27				
6.	Fernkommun.	(4)	27.99		Total		309.91

konzise Zusammenfassung dessen, was P. während der Erhebungsjahre in seiner Arbeitszeit tat, so kann man sagen: Er redete und hörte, schrieb und las. Das bildet natürlich ein unergiebiges Beobachtungsfeld für einen behavioristisch ausgerichteten Arbeitswissenschafter; er müßte sich schrecklich langweilen, wenn er tagelang neben solch einem Schwätzer und Papiermuffel sitzen müßte; da fasziniert der bewegte Einsatz grober und feiner Motorik beim Handwerker und Industriearbeiter den Beobachter wesentlich mehr. Kein Wunder, daß es so wenig Studien über komplexere Berufe gibt.

Darum noch einmal: gewissen Berufen kommt man von den Vollzügen her einfach nicht bei. Man muß die andere Dimension, die inhaltlich-thematische, ins Zentrum stellen. P., der fast dreieinhalb Jahre lang neben solch einem Berufsmann saß und sich vor allem dessen Arbeitsinhalte notierte, kann bezeugen, daß man sich dann selten langweilt.

Verbindungen zwischen Bereichen und Vollzügen

Wenn Reden, Schreiben und Lesen den Hauptteil von P.'s Arbeitszeit charakterisieren, dann müssen sie sich offenbar breit über alle Arbeitsbereiche erstrecken. Zum Beispiel können die beiden sozialen Vollzugsgruppen „Besprechungen" und „Sitzungen" mit ihren gegen 110 vollen Arbeitstagen pro Jahr nicht das Privileg einzelner Gegenstandsbereiche bleiben. Zwar ist die individuelle Beratung besonders besprechungsintensiv und die kursmäßig organisierte Grundlagenarbeit dicht mit Sitzungen belegt; aber alle anderen Aufgabengebiete beteiligen sich ebenfalls an diesen beiden Vollzugsarten.

Darüber gibt uns Tabelle 9.34 Auskunft (die sich natürlich wiederum auf das letzte Drittel 1972 beschränken muß). Der Übersichtlichkeit zuliebe benutzen wir dabei die Angaben in Prozenten der Arbeitsverpflichtungszeit. Was die Vollzugsgruppen betrifft, sondern wir zudem die Telefongespräche innerhalb der „Fernkommunikation", die Arbeitsgespräche mit Sekretärinnen innerhalb der „Besprechungen" ab. So erhalten wir eine Tabelle mit 12 × 10, also 120 Feldern.

Wer bis dahin noch Zweifel hegte an unserer Behauptung, eine Klassifikation des Arbeitsgeschehens müsse zweidimensional erfolgen, dürfte sich spätestens durch Tabelle 9.34 eines anderen überzeugen lassen. Die Vollzugs-Bereichs-Kombinationen sind offensichtlich breit gestreut. Nur zehn der 120 Felder bleiben leer; nur ein Drittel von ihnen weisen Werte unter .2% auf. Je ein weiteres Drittel der Felder ist belegt mit Häufigkeiten bis zu einem Prozent und solchen von mindestens einem Prozent der Arbeitsverpflichtungszeit. Eine gewisse Vollzugs-Einseitigkeit weisen unter den Bereichsgruppen nur die individuellen Beratungen und die Grundlagenarbeiten (Gruppen 4, 7 und 8), eine gewisse Bereichs-Einseitigkeit unter den Vollzugsgruppen nur die Rezeption und die Sekretärinnen-Besprechungen auf.

Tabelle 9.34: Bereiche und Vollzüge im letzten Drittel 1972, ausgedrückt in Prozenten der Arbeitsverpflichtungszeit (ap)

Vollzugsgruppen	Gruppen	Bereichsgruppen: Allgemeines 0	Amtsleitung 1	Kant. Zusatzaufg. 2	Generelle Beratung 3	Indiv. Beratung 4'	AGAB 5	Drittbereiche 6	Allg. Grundlagenarb. 7	Kursmässige Grundlagenarb. 8	Persönl. + Priv. 9	Total Vollzugsgruppe T
Rezeption	1	.01	.48	.01	.05	.35	.41	.80	5.89	.63	1.14	9.79
Bearbeitung	2	1.36	.62	.39	.69	1.41	2.38	5.99	.23	.85	1.73	15.66
Produktion	3	-	.53	.74	1.20	.01	4.63	6.41	-	-	.93	14.46
Fern- komm. briefl.	4	.06	1.10	.98	.41	.04	2.30	1.64	-	-	.04	6.59
Fern- komm. telef.	4	-	.98	.35	.54	.57	1.19	.98	.09	-	.50	5.22
Be- spr. mit Sekr.	5	.12	2.56	.40	.41	.30	.48	.60	-	.01.	.19	5.07
Be- spr. andere	5	.28	5.67	1.66	1.98	6.39	2.20	2.06	.61	.36	.05	21.27
Sitzungen	6	1.84	2.61	.79	2.03	.19	2.76	3.07	.57	5.10	-	18.96
Administr. Arb.	7	.27	1.28	.52	1.01	.06	1.22	.75	.08	.13	6.60	11.92
Techn. Hilfsarb.	8	.06	.31	.08	.31	.08	1.99	1.07	-	.09	1.00	5.00
Randaufwand	9	5.13	.48	.05	.54	.08	1.01	1.27	.22	.50	.40	9.68
Rahmenaufwand	0	1.57	.34	.08	.12	.05	1.04	1.02	.08	.06	2.73	7.08
Total Bereichsgruppe		10.71	16.97	6.05	9.31	9.54	21.62	25.67	7.77	7.75	15.33	130.71

Freilich gibt es auch Schwerpunkte. Zehn Felder nehmen mindestens 3% der Pflichtarbeitszeit in Anspruch, drei sogar mehr als 6%. Es handelt sich da um drei ganz verschiedene Kombinationen, nämlich um administrative Arbeiten im persönlichen Bereich – vor allem die Durchführung der Erhebung –, um Produktion für Außenbereiche der Arbeitswelt (insbesondere SHK) sowie um Besprechungen im Rahmen der individuellen Beratung. Das waren gleichsam Eckpfeiler der Arbeit P.'s im letzten Drittel des Jahres 1972; aber eine ganze Schar anderer Arbeitskonstellationen blieb nicht weit hinter ihnen zurück. So zeigt sich, bei Durchsicht der Tabelle 9.34, ein weiteres Mal die starke Diversität der Arbeiten in P.'s Berufsleben, auf die wir schon im vorangehenden Unterkapitel gestoßen sind.

Man könnte natürlich viel weiter gehen und eine Monstertabelle mit sämtlichen Vollzügen und Bereichen (oder gar Themen!) präsentieren. Sie würde, voll entfaltet, den ganzen Arbeitstisch des Lesers bedecken. Wir ersparen ihm diese Bescherung, können aber versichern, daß auch da die Verzettelung der Arbeitszeit auf die vielen Felder beachtlich bleibt. Nur die zwölf häufigsten Bereichs-Vollzugs-Kombinationen wollen wir auflisten (Tabelle 9.35).

P. hatte im ganzen eher Glück. Er berät gerne (56), entwirft gerne (32), liest gerne (13), nimmt gerne teil (65); auch Übertragen und Nachtragen (03/72), Durcharbeiten und Vorbereiten (23/24) sind ihm durchaus recht; die Leitung von Sitzungen (63) allerdings liegt ihm etwas weniger. Und interessiert haben ihn sowohl Beratungen (41), SHK-Kommission (61), Arbeitsanalyse (94/95), Psychodiagnostik (74) und Beratungsmethodik (83); nur die Beschäftigung mit Personalfragen steht, wie früher schon besprochen, eindeutig auf der Negativseite. Die sieben häufigsten Arbeits-Konstellationen, zusammen bereits einen Fünftel der Pflichtarbeitszeit bestreitend, verbinden für ihn offenbar attraktive Aufgaben mit erfreulichen Vollzügen. So kann man annehmen, daß P. im Spätherbst 1972 ein nicht unzufriedener Mensch gewesen sein muß. Vielleicht allerdings hat er, im Sinne unserer Vermutungen von Kapitel 2.5, gerade solch angenehme Arbeitskombinationen über Gebühr gepflegt.

Bedürfnisnähe bei Arbeitsinhalten und Arbeitsvollzügen

Damit haben wir die Frage der „Bedürfnisnähe" von Arbeiten angeschnitten – einer für die Arbeitsdynamik sehr wichtigen Größe, die wir leider nicht systematisch erheben konnten (vgl. Kapitel 2.5). Sowohl Arbeitsinhalte wie auch Vollzüge können dem Handelnden Freude machen oder ihm zuwider sein; solche Gefühle können die Steuerung der Arbeitsabfolge stark beeinflussen.

An dieser Stelle wollen wir einen kurzen Vergleich ziehen zwischen der Bedürfnisnähe von Arbeitsinhalten und von Arbeitsvollzügen. Sie unterscheiden sich nämlich in charakteristischer Weise voneinander. Bei den

Tabelle 9.35: Häufigste Bereichs-Vollzugs-Kombinationen

	Bereich	Vollzug		a.p
1.	41	56	Beratung von Klienten	3.47
2.	61	32	Schriftl. Entwürfe für SHK-Kommission	3.31
3.	61	24	Durcharbeiten von Unterlagen für SHK-K.	3.07
4.	95	72	Übertragen von Zahlen für AA-Berechng.	2.61
5.	94	03	Nachtragen der Tagesblätter	2.54
6.	74	13	Lektüre im Gebiet Psychodiagnostik	2.50
7.	83	65	Teilnahme an Seminaren über Beratungspsychologie	2.47
8.	51	63	Sitzungsleitung AGAB-Vorstand	2.27
9.	61	63	Sitzungsleitung SHK-Kommission	2.05
10.	12*	52	Besprechung mit Mitarbeitern über Personalfragen	1.77
11.	10	63	Sitzungsleitung Bürositzungen	1.61
12.	61	23	Sitzungsvorbereitung für SHK-Komm.	1.49

(*schloß damals auch den Bereich 13 ein. Den Posten 4 und 5 verdanken wir natürlich die in diesem Abschnitt berichteten Ergebnisse.)

Vollzügen ist es das Tun selber, das anzieht oder abstößt – glücklicherweise nicht bei jedermann im gleichen Sinne. Der eine rechnet gerne, der andere verabscheut den Umgang mit Zahlen. Ob ihm im konkreten Falle am Gewinn von Ergebnissen gelegen ist oder nicht, kann ihm zwar den Widerwillen etwas überwinden helfen oder die Freude dämpfen; die Haltung zum Arbeitsvollzug selber ändert es aber kaum. Wir alle kennen auch jenen, der sich schrecklich vor jedem Telefongespräch fürchtet; und wir kennen ebensogut jenen anderen, der viel und gerne spricht (wo immer, zu wem immer, über was immer – er selber ist sich dessen wohl kaum bewußt, dafür seine strapazierten Partner umso mehr).

Wenn P. die Tabelle 9.32 durchsieht, so findet er zwar manches, was er gerne tut – etwa lesen, Ideen sammeln, Tabellen erarbeiten, psychologische Untersuchungen durchführen, reisen – und einiges, was er weniger schätzt – etwa Briefe diktieren, an Sitzungen Protokoll führen, Fehler suchen, aufräumen; aber – mit Ausnahme vielleicht des allerletzten Beispiels – hat nichts davon eine alles überschwemmende Kraft, die es ihm verunmöglichte, nötigenfalls sympathische Arbeiten zurückzustellen oder unsympathische dennoch in Angriff zu nehmen. Meist äußern sich die Unterschiede in der Bedürfnisnähe bloß in einem gewissen Gefälle zwischen den Arbeiten. Beispielsweise liest P. lieber *ohne* als *mit* gleichzeitiger Verarbeitung des Textes (weiß aber aus Erfahrung, daß das zweite klüger ist); er setzt Texte lieber auf als daß er sie überarbeitet (hält Überarbeitung aber – im Interesse des Lesers – für unerläßlich); er wohnt Sitzungen lieber als

Teilnehmer denn als Leitender bei (sah sich aber – vor allem im untersuchten Dritteljahr – immer wieder zum zweiten verpflichtet).

Den einen Vollzug führt man also gerne aus, den anderen weniger, unabhängig vom Gegenstand, auf den er sich bezieht. Anderseits aber wendet man sich lieber dem einen Gegenstand zu als dem anderen, und auch das wiederum mehr oder weniger unabhängig von den beanspruchten Vollzügen. Personalprobleme machen P. nicht plötzlich Freude, wenn er auf – die ihm sonst angenehme – Ideensuche für ihre Lösung geht; sie bilden auch dann noch die schwarze Ecke seiner Arbeitswelt.

Die Bedürfnisnähe von Arbeitsinhalten drückt sich aus in einer Freude oder Unlust, vielleicht gar einem Druck oder einem Widerstand, sich der betreffenden Sache zuzuwenden. Ist man selber nicht am Gang der Dinge beteiligt (handelt es sich also um reine Gegenstände oder Bereiche der Zuwendung), so läßt sich das am besten mit dem Begriff „Interesse" beschreiben. Bekanntlich sind auch hier die Geschmäcker sehr verschieden. Der eine erforscht in seiner Freizeit, zum Staunen des anderen, die Vielfalt der Insektenwelt, der andere, zur Verblüffung des ersten, die Vielfalt der Themenwelt.

Komplizierter wird die Sache da, wo sich der Handelnde, übers bloße Zuschauen hinaus, zum Mittun aufgerufen oder verpflichtet fühlt, also bei den „Aufgaben". Wie wir in Kapitel 4.3 darlegten, hängt hier der Lauf der Dinge jeweils auch von seiner Beteiligung ab. Das kann zu zwei verschiedenen Arten der gefühlsmäßigen Anteilnahme führen. Dem Handelnden kann viel oder wenig an einem bestimmten Ausgang gelegen sein, den er mitzuverantworten hat, und er kann es als Genuß oder als Last empfinden, dabei mittun zu dürfen oder mittun zu müssen. Interesse am Ausgang und Lust an der Teilnahme sind voneinander weitgehend unabhängig. Der eine „mischt" fürs Leben gerne mit, auch wo ihn ein Problem kaum berührt; ein anderer ficht nur mit größtem Widerwillen eine Sache durch, von der für ihn seine ganze Zukunft abhängt.

Karl Bühler hat schon vor vielen Jahrzehnten die Unterscheidung gemacht zwischen Funktionslust und Schaffensfreude (1930, 54ff.). In gewissem Sinne läßt sich das Begriffspaar gut übertragen auf unsere Fragestellung. Wie Charlotte Bühler ausführt, erscheint bei der Funktionslust „die Betätigung selbst und als solche lustvoll ... Die Funktionsbetätigung erstrebt kein über sich selbst hinausführendes Ergebnis ..." (1933, 55). Das entspricht der Bedürfnisnähe der Vollzüge. Dagegen würde man „die mit der Materialbearbeitung und Ergebnisherstellung verbundene (Lust) als die Schaffenslust bezeichnen" (56). Karl Bühler braucht – zumindest in seinem theoretischen Werk „Die Krise der Psychologie" – mehr den Begriff „Schaffensfreude" und betont dabei, daß sie sich auf die Arbeit am Gegenstand selber bezieht und nicht erst dem vollendeten Werke nachfolgt (1927/29, 139). Es geht also um die Lust am „Mittun", wie wir das vorhin ausdrückten.

Wir könnten somit die „Freude am Tun“ (Bedürfnisnähe des Vollzugs) auch als „Funktionslust“, die „Freude am Mittun“ (Bedürfnisnähe der Aufgabe) auch als „Schaffensfreude“ bezeichnen.

9.4 Vollzüge und Arbeitsstruktur

Vollzüge und Arbeitseinheiten

Wir haben wohl keinen Zweifel darüber gelassen, daß wir zur Erfassung einer Arbeitswelt wie derjenigen P.'s inhaltliche Elemente und Kategorien für wesentlich wichtiger halten als solche der Arbeitsausführung. Vollzüge nehmen in unserem Buch ja auch bloß einen Bruchteil jener Seitenzahl in Anspruch, die Themen und Bereichen gewidmet wurde. Gleichwohl benötigen wir für den Fortgang unserer Untersuchung auch eine Unterscheidung und ein kurzes Studium der Vollzüge. Warum das der Fall ist, haben wir schon in der Einleitung zu diesem Kapitel angedeutet.

Wie wir uns vielleicht aus früheren Kapiteln erinnern, konstituieren Vollzüge mit den Themen zusammen die Definition der Arbeitseinheiten; sie sind darum für unseren Teil D (über die „Struktur des Tageslaufes“) von Bedeutung. Dann sind sie, durch Sogwirkungen sowie gelegentlich durch Widerstände gegen Wechsel, an der „Dynamik“ des Arbeitsablaufes beteiligt. Das veranlaßt uns, hier in Vorbereitung kommender Teile unserer Abhandlung einige zusätzliche Aspekte des Vollzugsgeschehens zu erläutern.

Wir beginnen mit dem erstgenannten Problem, nämlich der Rolle, die Vollzüge für die Konstituierung der Arbeitseinheiten spielen. Wenn Inhalt oder Ausführung der Arbeit wechseln – das haben wir bereits in den ersten Wochen unserer Tätigkeits-Registrierung begriffen – fängt jeweils eine neue Arbeitseinheit an. Um solche Wechsel besser erfaßbar zu machen, stellten wir damals Kategorien-Tabellen für Bereiche und Vollzüge zusammen. Bald erwies sich, daß diese Unterscheidungen auf der Bereichsseite noch ungenügend waren. Schrieben wir etwa, nacheinander, Protokollnotizen zu drei stattgehabten Besprechungen nieder, so fanden auch da, trotz unveränderter Code-Zahl (41 25), nach subjektivem Erleben von Bericht zu Bericht Arbeitswechsel statt. Wir hatten drei verschiedene, konkrete Aufgaben erledigt. So sind wir damals auf den Themen-Begriff gestoßen; es wurde uns klar, daß nicht die abstrakten Bereichs-Kategorien als solche, sondern die thematischen „Individuen“ der Zuwendung für inhaltliche Wechsel verantwortlich waren.

Bei den Vollzügen dagegen gibt es keine vergleichbaren „Individuen“. Daß man seine Texte gelegentlich einmal mit grünem Kugelschreiber aufsetzt (weil man kein anderes Schreibzeug findet), begründet keine für das Arbeitsgeschehen relevante Ausführungs-Individualität – es sei denn, man tue es absichtlich, trotzdem und weil grüne Tinte einer höheren hierarchischen Stufe im Betrieb vorbehalten ist. (Dann haben sich freilich, im Sinne der Ausführungen von Hans Thomae, 1968, 330, die „Positionen" zwischen thematischen und instrumentellen Einheiten vertauscht: Das Schreiben ist zur Demonstration und damit zum Thema geworden.)

Wo Vollzugswechsel neue Arbeitseinheiten begründeten, konnten maßgebend bloß die (abstrakt definierten) Arbeitsarten sein, die in der Kategorientabelle aufgelistet waren. Beschloß P. zum Beispiel während der Lektüre eines wissenschaftlichen Buches, sich von nun an zu überwinden und gleich während des Lesens einen Auszug zu erstellen, so wechselte er von Vollzug 13 zu Vollzug 14 hinüber; und damit begann – für sein Erleben – eine neue Arbeitseinheit.

Nun gab es allerdings auch da Fälle, wo der Vollzugs-Raster allein nicht genügte, um erlebte Arbeitseinheiten voneinander abzugrenzen. Nehmen wir wieder einen konkreten Fall. Da war zum Beispiel ein Büroproblem anstehend; einer der Mitarbeiter hatte P. eben daraufhin angesprochen. Nach Abschluß der viertelstündigen Unterredung beschloß P., unmittelbar auch gleich einen anderen beteiligten Mitarbeiter zu befragen. Gleiches Thema, gleicher Vollzug – erlebnismäßig aber doch zweifelsohne eine neue Einheit. Oder P. erstellte im Vervielfältigungsraum im Umdruckverfahren (wie es damals noch üblich war) Kopien eines Vortrages; da kam ihm, nach einigen Minuten, eine Sekretärin zu Hilfe, und sie setzten das Werk gemeinsam fort. Auch da hatte für P. ein „Wechsel" stattgefunden. In beiden Fällen blieben zwar Thema wie auch Vollzugskategorie konstant (einmal Vollzug 52, einmal Vollzug 86); aber gleichwohl teilte sich die Arbeit in verschiedene Einheiten auf.

Unter bestimmten Umständen geht also die Vollzugsdifferenzierung weiter als Tafel 9.32 dies suggeriert. Wo der soziale Grundcharakter der Arbeit sich verändert (allein – mit anderen zusammen) oder Kontaktvollzüge gleich hintereinander mit verschiedenen Personen stattfinden, da werden die Tätigkeiten, auch wenn den gleichen Code beanspruchend, normalerweise als verschiedene Vollzüge aufgefaßt. Das gilt jedenfalls dann, wenn sie durch Unterbruch und Neueinsetzen voneinander abgehoben sind, wie in den angeführten Beispielen (und natürlich unter der erhebungstechnischen Voraussetzung, daß jeder Teil mindestens fünf Minuten dauert). Ist die Trennung weniger deutlich – geht etwa während eines Gesprächs mit zwei Personen eine davon nach zehn Minuten weg, oder kommt eine neue dazu – so ist die Änderung weit weniger spürbar; normalerweise unterblieb dann eine Unterscheidung auf dem Tagesblatt. Allerdings wurden solche Fälle während der Erhebung nicht einheitlich behandelt; Kriterien wären für ein andermal wünschenswert.

Assoziative Verbindungen zwischen Vollzügen

Wir gehen über zu einem Problem der Arbeitsdynamik, nämlich dem „assoziativen Sog", den Vollzüge aufeinander ausüben können. Versetzen wir uns ins Büro; es ist Vormittag. Vorhin ist die Post eingetroffen; eben haben wir sie durchgesehen (Vollzug 15). Nun machen wir uns gleich an die Beantwortung (ach wäre man doch nur immer so effizient!). Eines der Geschäfte läßt sich per Telefon erledigen (47); bei einem anderen scheint uns ausnahmsweise ein kurzer, handgeschriebener Brief angezeigt (43). Das nächste erfordert hingegen eine kompliziertere, formellere Antwort. Wir schauen, ob unsere Sekretärin verfügbar ist, und diktieren ihr den Text dazu (41). Natürlich ist es sinnvoll, nun gleich auch noch einen anderen Brief zu diktieren, der von gestern her überfällig ist (41). Ist aber schon die Sekretärin da, so benutzen wir die Gelegenheit, mit ihr die Darstellungsweise eines vorbereiteten Textes zu besprechen (51); und auch sie hat ihrerseits zwei Papiere zum Durchlesen und Unterschreiben mitgebracht (71).

In dieser kleinen Sequenz – sie umfaßt sieben Arbeitseinheiten – hat immer ein Vollzug den anderen nach sich gezogen; aber wenn wir genau hinschauen, so entdecken wir, daß nicht weniger als vier verschiedene Arten von Verbindungen dabei wirksam werden. Die einfachste und naheliegendste ist die Anwendung des gleichen Vollzugs auf ein anderes Thema (zwei Briefe werden nacheinander diktiert; Fall 41 → 41). Unter dem Begriff der „instrumentellen Sequenz" werden wir sie im nächsten Kapitel genauer studieren (und noch etwas später mit Staunen vernehmen, daß genau der Fall 41 → 41 bei P. höchst selten vorkam).

Bei allen anderen Übergängen findet ein Vollzugswechsel statt. Immerhin sind es nahe verwandte Vollzüge, zu denen hinübergewechselt wird, so eng miteinander verknüpft, daß der assoziative Sog dem Zuschauer unmittelbar verständlich ist. Zunächst zieht offenbar die eine „Fernkommunikation" die andere nach sich (Sequenz 47 → 43 → 41), dann eine „Erledigung zusammen mit der Sekretärin" die nächste (Sequenz 41 → 51 → 71).

Das sind – schon die Code-Zahlen deuten das an – offensichtlich zwei verschiedene Arten der Vollzugsähnlichkeit. Im ersten Fall bleibt die Gruppennummer konstant (4), im anderen die zweite Dezimale (1). In den Dimensionen unserer Tafel 9.32 ausgedrückt, gibt es offenbar sowohl „senkrechte" wie auch „waagrechte" Ähnlichkeiten zwischen den Vollzügen. Wir haben uns bemüht, die Tafel so anzuordnen, daß das deutlich wird; allerdings stieß dieses Bemühen – vor allem in der Waagrechten – bald einmal auf Grenzen.

Freilich wirken nicht alle durch Gruppenzusammengehörigkeit dokumentierten Verwandtschaften zwischen Vollzügen „assoziativ". Die Besprechung mit einem Mitarbeiter (52) zieht wohl kaum je eine Besprechung mit einem Klienten (56), das Tabellenschreiben mit der Maschine (82) kaum je ein (längerdauerndes) Transportieren (88) assoziativ nach sich. Es müssen weitere Voraussetzungen erfüllt sein. Vollzüge der gleichen Gruppe können vor allem dann eine Sogwirkung auf einander ausüben, wenn sie alternative Ausführungsmöglichkeiten des gleichen Tuns darstellen (zum Beispiel Telefonieren und Briefschreiben; Briefe diktieren, aufsetzen, direkt abfassen). Eine (erledigte) „Fernkommunikation" kann assoziativ weitere nach sich ziehen, und da mag sich durchaus eine andere Verfahrensweise für das nächste Thema besser eignen. Aber selbst während der Erledigung der gleichen Aufgabe kann der Sog wirksam werden. Man tippt einen Brief, entdeckt aber unterwegs, daß man ihn anders formulieren sollte, und funktioniert den eingespannten Bogen zum Entwurfsblatt um (43 → 42).

Der Wechsel zu alternativen Ausführungsformen kann natürlich auch daher kommen, daß der erste Weg nicht zum Ziele führt. Kann man den Partner telefonisch nicht erreichen, so schreibt man ihm. Und nach mehrmaligem Verhauen in den Tasten ist der Briefbogen vielleicht ohnehin zu nichts weiterem mehr zu gebrauchen als zum Entwurfsblatt. Das ist dann nicht mehr „Assoziation", sondern „Strategie" (um einen Begriff Mario von Cranachs zu gebrauchen). Der Wechsel zum Alternativ-Vorgehen ist hier sachlogisch begründet. So wechseln schon Kinder beim Objektstreit im Kindergarten vom Protest zum Befehlen und zum Drohen (von Cranach et al., 1980, 180).

Damit kommen wir zur zweiten Variante häufiger Vollzugsverbindungen: den (strategisch-)sachlogischen Zusammenhängen. Wenn dem Aufsetzen von Texten (32) überdurchschnittlich häufig deren Überarbeitung (34) folgt, so liegt das in der Sache selbst begründet. Diese Art der Verbindung haben wir in unserem Eingangsbeispiel da angetroffen, wo Postdurchsicht zu (beantwortender) Fernkommunikation führt (15 → 47). Wir müssen sie in einem neuen Abschnitt näher beleuchten.

Typische Vollzugsabfolgen

Als ich eine Auswertung der Arbeitserhebung mittels EDV plante und vorbereitete, gehörte zu meinen Zielvorstellungen auch die Idee, die schrittweise Bearbeitung einzelner Themen zu studieren. Unter anderem hätte sich dann untersuchen lassen, ob es typische, immer wiederkehrende Vollzugsabfolgen gab (und durch welche störenden und ablenkenden Einflüsse sie modifiziert werden). Ohne EDV aber ist dieser Aufwand nicht zu leisten, und wir müssen uns auf ein wesentlich bescheideneres Unterfangen beschränken.

Statistisch erhärtete „Grundabläufe" lassen sich nicht vorlegen; aber man kann solche konstruieren. Wenn wir die für Ende 1972 ausgezählten Vollzüge en bloc nehmen und sie – aufgrund unserer Erfahrungen – in sinnvolle Zusammenhänge bringen, so erhalten wir die fünf in Figur 9.41 wiedergegebenen Grund-Abläufe. Die Fläche, die dabei den einzelnen Vollzügen zugeteilt wird, entspricht in etwa dem 1972 gemessenen Gesamtaufwand. Allerdings wurden Vollzüge, die für zwei oder mehr Grundabläufe typisch sind oder an verschiedenen Stellen auftauchen (etwa 01, 02, 23, 24, 51, 71, 92, 93), auch flächenmäßig entsprechend aufgeteilt.

Die Figuren geben den normalen Arbeitsverlauf in der Vertikalen, von oben nach unten, wieder. Sie sind so aufgebaut, daß links die regulär (mehr oder weniger „obligatorisch") dazugehörenden Vollzüge dargestellt sind, wobei es – wie oben besprochen – meist alternative Durchführungsarten gibt. Solche sind durch einen senkrechten Doppelstrich auseinandergehalten. Rechts von der gestrichelten Senkrechten sind „fakultative" Arbeiten beigefügt (an jenen Plätzen, die sie einzunehmen pflegen, falls sie überhaupt auftreten). „Sachimmanente" Folgebeziehungen sind mit einfachen Linien angegeben.

Selbst wenn es sich nur um konstruierte Abläufe handelt, so sind sie doch interessant genug, um einige Bemerkungen zu rechtfertigen. An die Spitze gestellt haben wir die „Sachbearbeitung", das heißt das Studium eines Problems mit Erzeugung eines Textes (Ablauf A). Sie nimmt bei P. (mit der „Kommunikation" zusammen) am meisten Zeit in Anspruch (je fast 17 Arbeitswochen pro Normaljahr oder über ein Drittel der Arbeitsverpflichtungszeit). Dabei handelt es sich hier um die mehr oder weniger vollständige, abgerundete Erledigung eines Geschäftes. (Tempora mutantur. Der zeitgenössische Leser wird ein Lächeln kaum unterdrücken können. Texte diktieren, Folien überarbeiten, Umdrucken – aus welchem Jahrhundert, fragt er, stammt denn diese Untersuchung? Warte nur, balde gibst du auch mit deinen jetzigen Methoden zum Lächeln Anlaß.)

Teilweise tritt allerdings die Behandlung von Geschäften in Sitzungen (Ablauf B) an die Stelle der „Sachbearbeitung", sozusagen als deren „kollektive" Variante (in der Berichtszeit rund 11 Arbeitswochen pro Jahr). Sitzungen sind typische „Behavior settings" im Sinne von Barker und Wright und folgen auch deren Gesetzmäßigkeiten (vgl. die Exemplifizierung am Beispiel eines wissenschaftlichen Kolloquiums bei Jens-Jörg Koch, 1986, 34 f.).

Informationsaufnahmen (C) und Kommunikationen (D) bilden dagegen normalerweise nicht „abgerundete" Erledigungen von Geschäften, sondern sind gleichsam elementare Grundabläufe, die die Sachbearbeitung gegebenenfalls vorbereiten, auslösen, ergänzen, unterstützen oder abschließen können. Manchmal haben sie aber auch durchaus selbständigen Wert („Zuwendungs"-Themen!). Charakteristisch für diese beiden Elementar-Abläufe ist, wie Figur 9.41 zeigt, vor allem die große Zahl alternativer Ausführungsmöglichkeiten. Bleibt die „Beratung" als letzter „Grundablauf" (E), typisch für die Aufgabestellung eines Amtes, das sich „Berufsberatung" nennt, und innerhalb einer solchen Institution sicher eine selbständige, „abgerundete" Sache, auch wenn sie in Figur 9.41 eher wie ein Spezialfall von Ablauf D aussehen mag. Beim Leiter der Stelle, dem vor allem Sachbear-

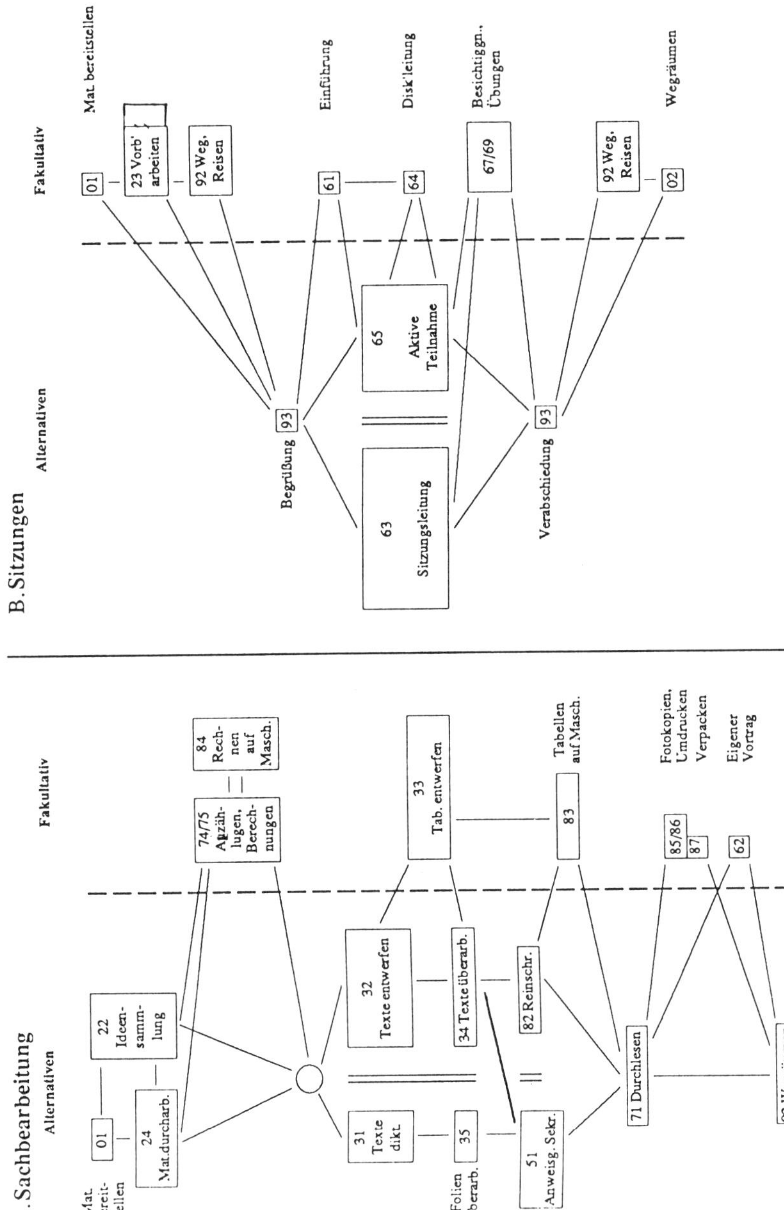

Fig. 9.41: Schematische Vollzugsabläufe

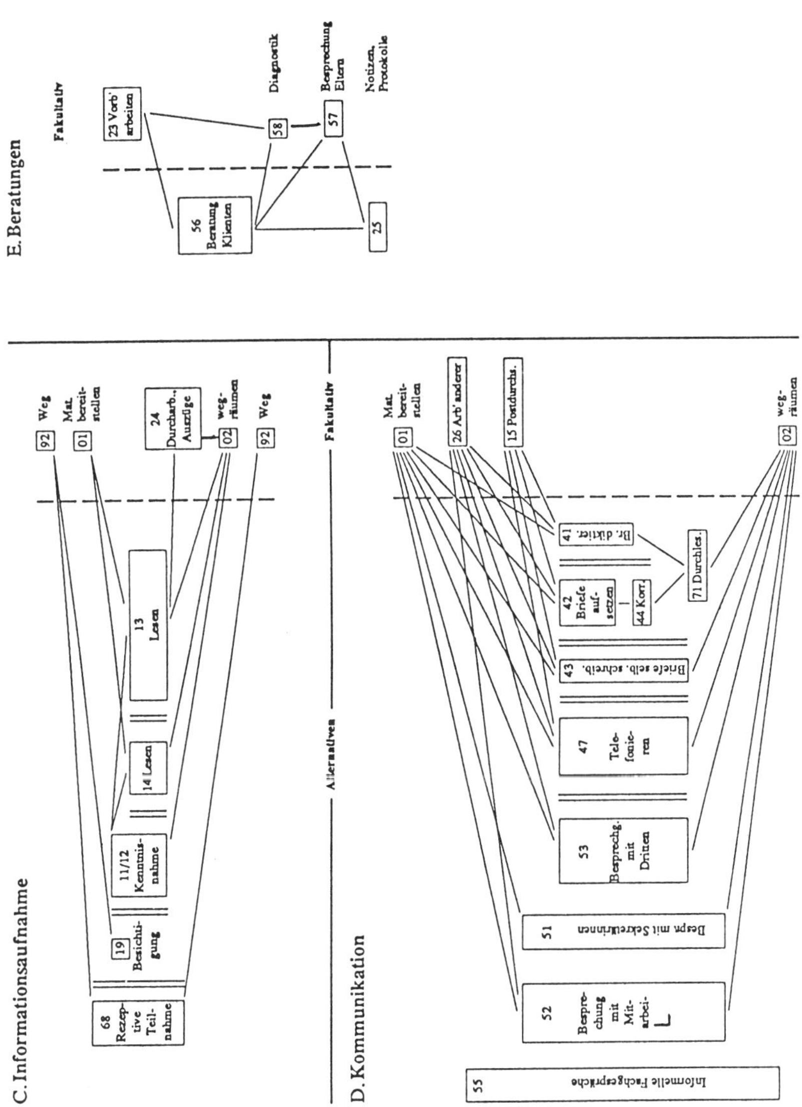

Fig. 9.41: Schematische Vollzugsabläufe (Fortsetzung)

beitungs-Aufgaben oblagen, nimmt sie nur einen recht bescheidenen Platz ein (1972: rund 3 Wochen pro Normaljahr); bei seinen vorwiegend beratenden Mitarbeiterinnen und Mitarbeitern (wie auch bei ihm selbst ein Jahrzehnt zuvor) beherrschte sie das Feld natürlich in ganz anderem Ausmaß. Dabei bilden die direkten Kontakte mit den Klienten nicht die einzigen Elemente. „Das Beratungsgeschehen beschränkt sich keineswegs auf die gemeinsamen Sitzungen zwischen Berater und Ratsuchendem." (Frischknecht, 1985, 339)

Kernvollzüge und Zusatzvollzüge

Figur 9.41 macht uns aber noch ein anderes deutlich. Von der zu leistenden Aufgabe her ist das, was ein Berufsmann wie P. den Tag über effektiv „tut", verschieden wichtig und zentral. Das rechneten wir bei der Erstellung der Kategorientabelle von allem Anfang an mit ein, indem wir etwa „Hilfsarbeiten" oder „Randaufwand" aussonderten. Nun können wir aber noch feiner differenzieren. Schauen wir uns die Grundabläufe näher an, so lassen sich (zumindest) Unterscheidungen treffen zwischen Kernvollzügen, Ergänzungsvollzügen, Hilfsvollzügen und Randvollzügen, wobei die Grenzen durchaus unscharf sind.

Als „Kernvollzüge" bezeichnen wir Tätigkeiten, in denen die eigentliche Funktion der Aufgabe (Sacherarbeitung, Geschäftsbehandlung, Rezeption, Kommunikation, Beratung) direkt vollzogen wird. In Ablauf A sind das sicher die Alternativen 31 und 32, die eigentliche Texterarbeitung, wozu, wenn erforderlich, auch das Entwerfen von Tabellen (33) gehört. Sollte die „Sacherarbeitung" einem Vortrag gegolten haben, würde natürlich auch dessen Präsentation (62) zu den „Kernvollzügen" gehören.

Die Kernvollzüge sind aber auf sachimmanente Ergänzungsvollzüge angewiesen, in denen vor allem vorbereitende, vermittelnde und vervollständigende Funktionen ausgeübt werden. Bei der Sachbearbeitung kommt gewiß der Ideensammlung (22), den Auszählungen (74/75), der Textüberarbeitung (34/35) und normalerweise dem erläuternden Schreibauftrag an die Sekretärin dieser Status zu. Hilfsvollzüge dagegen sind für die Erledigung der Aufgabe zwar auch nötig, liefern aber keinen eigentlichen Beitrag an die Sache selber. Während die „Textüberarbeitung" durchaus noch modifizierend und klärend einwirkt, fügen eine eigene – stur durchgeführte – Reinschrift auf Maschine (82) oder das Durchlesen (71) nichts mehr – oder kaum mehr etwas – bei. Hilfsvollzüge können weitgehend auch delegiert werden; aber manchmal ist es schneller und rationeller, selber zu fotokopieren, und kollegialer, sich etwa an einer Großversandaktion zu beteiligen (und außerdem kann es entspannende Abwechslung bieten). Randvollzüge schließlich sind weniger (oder gar nicht) delegierbar, haben aber – wie Begrüßung, Kaffeepausen, Plaudereien – nichts mit der Aufgabe selber zu tun. Das gilt auch für die Reisen. Eine Sitzung könnte ja meist ebensogut im Sitzungszimmer der Akademischen Berufsberatung Bern wie in jenem der Zürcher oder Basler Stelle stattfinden; dann fiele der Weg dahin, bei gleichem Effekt für die Sache (wenn auch nicht für das Budget!).

In Tabelle 9.42 haben wir die Vollzüge – und diesmal alle, nicht nur die 1972 bereits registrierten und realisierten – nach dieser Kategorisierung aufgeführt. Wir sehen dort, daß die „Kernvollzüge" – nach dem Beispiel 1972 zu schließen – gegen 30 Arbeitswochen pro Jahr in Anspruch nehmen, gut drei Fünftel der Arbeitsverpflichtungszeit. Nach Vollzugsgruppen geordnet, rekrutieren sie sich ausschließlich aus Funktionen der Rezeption (1), Produktion (3) und allen Kommunikationsbereichen (4, 5, 6). Mit den „Ergänzungsvollzügen" zusammen – häufig „Bearbeitungs"-Tätigkeiten (2) – füllen sie das gesamte Arbeitsverpflichtungs-Pensum (99 %). Hilfs- und Randvollzüge sind damit gleichsam in die Überzeit verwiesen. Ein glücklicherweise sehr bescheidener Anteil der Arbeitszeit – aber immerhin doch fast drei Arbeitstage pro Jahr – geht dagegen schlicht „verloren": an erfolglose Arbeiten, vergebliches Herumtelefonieren, Suche nach verlegtem Material oder dem vertrackten Rechnungsfehler und ähnlichem.

Den Begriff „Kern" haben wir nun schon zum zweiten (oder sogar zum dritten) Mal verwendet: in Unterkapitel 9.2 sprachen wir bereits von „Kernbereichen" (und in Unterkapitel 7.4 vom „Themenkern"). Er wird auch zwei Kapitel später wieder in neuen Zusammenhängen vorkommen. Man wird also Verwechslungen vermeiden müssen (leider gibt es nicht so viele Synonyme für das, was wir in all diesen Fällen zum Ausdruck bringen wollen).

Schön wäre es, wir könnten eine kreuzweise Auszählung vornehmen, nach Berufsnähe der Aufgaben und Zentralität der Vollzüge. Das war uns nicht möglich. (Einen gewissen Ersatz dafür werden wir im Schlußteil dieses Kapitels anbieten.) Wir können höchstens ein paar theoretische Berechnungen anstellen aufgrund der Tabellen 9.24 und 9.42. Man kann aus ihnen die Vermutung ableiten, daß das eigentliche „Herz" von P.'s Berufstätigkeit Ende 1972 – „Kernvollzüge" im „beruflichen Kern", also gleichsam die „Kernarbeiten im Quadrat" – ungefähr ein Fünftel der Pflichtarbeitszeit beanspruchte. Nimmt man Ergänzungsvollzüge und berufliches Umfeld dazu, so dürften rund drei Viertel dieser Zeit im Rahmen solcher Arbeitskombinationen gelegen haben.

Vollzugsdichte und Ablenkbarkeit

Diese Unterschiede zwischen Vollzügen spielen nun eine Rolle bei der Steuerung der Arbeitsabfolge, die wir erst in einem späteren Buch behandeln werden. Im allgemeinen dürfte gelten, daß Kernvollzüge besonders „dicht" sind, das heißt einen strukturierten inneren Ablauf haben, der sich gegen Ablenkungen und Unterbrechungen zur Wehr setzt. Spitzenpositionen nehmen hier etwa das Halten eines eigenen Vortrags (Vollzug 62) oder

Tafel 9.42: Kernvollzüge und Zusatz-Vollzüge, nach Grundabläufen gemäß Fig. 9.41

	A. Sachbearbei-tung	B. Sitzungen	C. Informat.-aufnahme	D. Kommuni-kation	E. Beratungen	(F.) Anderes [1], Allgemeines	Zeitaufwand pro volles Jahr aj	% der AVZ ap
I Kernvollzüge	31, 32, 33, 52	61, 63, 64, 65, 66, 67, 69	13, 14, 18, 19, 59, 68	52, 53, 54	56, 57, 58		145.67	61.44
(I/II) [2] teils, teils			11, 12	41, 42, 43, 47, 51				
II Ergänzungs-vollzüge	16, 17, 22, 24, 34, 35, 51, 74, 75	23	24	15, 26, 44, 48, 55	23, 25	21, 27, 28	89.78	37.86
III Hilfsvoll-züge	71, 72, 73, 77, 78, 82, 83, 84, 85, 86, 87			45, 71		01 [3], 02 [3], 03, 76, 81, 88, 96	51.81	21.85
IV Randvollzüge		92, 93	92			91, 94, 95	19.92	8.40
V Abortive Vollz.	79, 89			49		09, 99	2.73	1.15
Zeitauf-wand aj	83.73	53.81	34.56	84.56	15.50	37.75	309.91	
Zeitauf-wand ap	35.31	22.69	14.58	35.66	6.54	15.92		130.70

1 einschließlich Arbeitszeit-Erhebung
2 beim Zeitaufwand (letzte Kolonne) halb zu I, halb zu II gerechnet
3 beim Zeitaufwand (unterste Zeile) auf die einzelnen Grundabläufe verteilt

die Durchführung einer psychodiagnostischen Untersuchung (58) ein – man wird praktisch alle Eindringlinge abwehren, wenn sie nicht gerade so rabiat auftreten wie bei P.'s Vortrag vor der Basler Psychologischen Arbeitsgemeinschaft am 31. Oktober 1975 (der „Keimzelle" dieses Buches sozusagen), wo sukzessive das Licht im Saal ausging. Aber daß auch Gespräche, namentlich Beratungen, oder Arbeiten an einem Manuskript, oder Lektüren (und nicht nur die von Kriminalromanen) dank großer Dichte sehr störungsresistent sein können, weiß jeder Kenner.

Die Stufenfolge der inneren Strukturiertheit und des Ablenkungs-Widerstandes geht nun allerdings nicht einfach parallel mit den Zeilen der Tabelle 9.42. Randvollzüge sind zwar zum Teil absolut locker strukturiert (etwa die Plauderrunde beim Kaffee; da ist man für praktisch jede Einwirkung offen); zum Teil gehören sie aber auch zum Widerstandsfähigsten, was es gibt – oder versuchen Sie doch einmal, Ihrem Chef ein Problem vorzutragen, wenn er zum Neunuhrvierzig-Zug auf den Bahnhof keucht! Sehr unterschiedlich straff oder locker sind jene Tätigkeiten, die wir „Ergänzungsvollzüge" genannt haben: bei der Postdurchsicht ist man eher „offen", bei der Überarbeitung eines Manuskripts dagegen wohl ziemlich störungsunwillig. Manchmal – etwa beim Auszählen und Rechnen (Vollzüge 74 und 75) – hängt dies stark von der Person ab. P. zum Beispiel kann sich ungemein in Berechnungen verbeißen, während seine letzte Sekretärin für jede Möglichkeit dankbar war, davon loszukommen. Bei ungeliebten Vollzügen läßt man sich im allgemeinen gerne, bei Lieblingsvollzügen ungern stören.

Doppelvollzüge

Mit der Dichte oder Lockerheit von Vollzügen hängt schließlich auch ein Phänomen zusammen, das wir als letztes in diesem Unterkapitel erörtern wollen. Es handelt sich um die Ausführung zweier verschiedener Tätigkeiten zur gleichen Zeit. Jedermann dürfte ja die Tatsache vertraut sein, daß man etwa beim Autofahren reden, beim Marschieren nachdenken oder – was die Eltern vieler Klienten unserer Beratungsstelle so enerviert – beim Schulaufgaben-Machen Musik hören kann. Einige Manager sollen es in dieser Kunst zur Meisterschaft bringen und gleichzeitig drei oder mehr verschiedene Geschäfte am Telefon, mit der Sekretärin und auf dem Schreibtisch erledigen können.

Vielleicht drängt sich hier aber zunächst eine Abgrenzung auf. Mit „Doppelvollzügen" meinen wir natürlich nicht jenes Phänomen, das Frau Anscombe in ihrem Büchlein über „Intention" (1957/72) so meisterhaft geschildert hat. Sie zeigte, wie man dadurch, daß man das eine tut, oft (oder meist, oder immer?) zugleich anderes „tut". (Das Problem haben wir im vorderen Unterkapitel schon im Zusammenhang mit den Basis-Handlungen angeschnitten.) In ihrem eingängigsten Beispiel pumpt ein Butler jeden Tag Wasser; heute aber, da er eben vernommen hat, daß jemand Gift in die Quelle goß, vergiftet er (wissend) mit dem gleichen Tun seine Herrschaft. Mit dieser Frage der Mehrdeutigkeit des Tuns werden wir uns im Nachfolgeband beschäftigen; hier genügt der Hinweis, daß es sich beim Wasserpumpen natürlich um einen einzigen, einheitlichen Vollzug handelt, der aber verschiedene Bedeutungen haben kann.

Wenn wir jedoch zum Sitzungslokal marschieren und mit unserem Begleiter über ein Geschäft des folgenden Tages diskutieren, und wenn wir dann während der langweiligen Sitzung das Inserat für die Sekretärinnenstelle aufsetzen, so handelt es sich nicht mehr um verschiedene Interpretationen einer einzigen Tätigkeit; sondern tatsächlich kommen hier während der gleichen Zeiteinheit zwei ganz verschiedene Vollzüge miteinander zur Ausführung, und zwar beide mehr oder weniger kontinuierlich.

Wir müssen die Bedingungen, unter denen wir von „Doppelvollzügen" sprechen, aber noch etwas präziser angeben. Es geht uns nicht darum, daß unser Bewegungs- oder Wahrnehmungsapparat gleichzeitig zweifach beschäftigt ist. Mit der Frage, ob und wie das möglich ist, können wir uns hier nicht herumschlagen. Abläufe auf der Mikroebene des Verhaltens sind unserer Untersuchung ja nicht zugänglich; sie entschlüpfen unserem Zugriff alle durch das grobe Netz unserer Fünfminuteneinheiten. Wir können es uns darum nicht leisten, heikel zu sein; auch alternierendes Funktionieren unserer Organe – etwa des Mundes, der während der Büropause im Wechsel redet und trinkt – müssen wir als „Doppelvollzug" akzeptieren.

Dennoch bildet die Kontinuität der beiden Tätigkeiten ein wichtiges Kriterium für den Begriff des Doppelvollzuges, so wie wir ihn benützen wollen. Wir müssen am Schluß der fünf Minuten (oder welcher Zeiteinheit immer) sowohl das eine wie das andere behaupten können: nun hätten wir so lange Kaffee getrunken, gereist, der Sitzung beigewohnt, als auch: nun hätten wir so lange den Fall X besprochen, über Frage Y nachgegrübelt, am Text Z herumgebastelt. Fünfviertel Stunden waren wir nach Zürich unterwegs; fünfviertel Stunden haben wir aber auch (wenn wir Glück hatten) gelesen.

Doppelvollzüge bildeten eines der wichtigsten Probleme der internationalen Time-Budget-Studie Szalais (1972, 2). Man mußte sich dort mit den folgenden Tatsachen auseinandersetzen: daß ein großer Teil aller Konversationen stattfindet, während man etwas anderes besorgt, daß Zeitungen gelesen werden beim Reisen, Radio gehört wird beim Kochen usw. Erwin K. Scheuch stellt fest, daß solche Doppelvollzüge mit steigendem Bildungsstand häufiger werden; er nennt das „time deepening" – eine Methode, mittels welcher man aus den 24 Stunden des Tages mehr herausholen könne (1972, 77).

Primärvollzug und Sekundärvollzug

Gewöhnliche Sterbliche – und zu ihnen zählt sich auch P. – können jedoch nur dann zwei Vollzüge gleichzeitig kontinuierlich aufrechterhalten, wenn die Aufmerksamkeit vorwiegend auf dem einen liegt. Der andere muß mehr oder weniger automatisch-selbstregulierend ablaufen – wie das Gehen, Autofahren, Essen – oder zur bloßen Präsenz und Situation erstarrt sein – wie das Reisen im Zug oder allenfalls die Teilnahme an einer öden Sitzung. Präziser wäre darum jeweilen die Schilderung mit einem Adverbialsatz der Zeit: „Ich habe in den letzten fünfundsiebzig Minuten ein Buch gelesen, *während* ich nach Zürich reiste; ich habe den Beratungsfall O. diskutiert, *während* ich wiederholt Kaffee eingoß und trank; ich habe eine Stellenausschreibung verfaßt, *während* ich meinen Stuhl am Sitzungstisch drückte; oder (nach Paris transponiert) ich habe Klassenarbeiten korrigiert, *während* ich in der Metro zur Arbeit fuhr“ (Augé, 1988, 50).

In Midwest bezeichnete man das Verhältnis zwischen den beiden Vollzügen als ihre relative „potency“. Hier wollen wir von Primär- und Sekundärvollzügen reden. Nach unserer Auffassung ist primär jenes Tun, dem die Aufmerksamkeit des Handelnden zugewendet ist.

Mit der Unterscheidung zwischen primären und sekundären Aktivitäten behalf man sich auch in der „use of time“-Studie. Die als primär registrierten Tätigkeiten mußten sich auf 1440 Minuten pro Tag addieren; sekundäre konnten (bis zum theoretischen Maximum in gleicher Ausdehnung) beliebig dazukommen. Die Zuordnung primär-sekundär war Sache der Interviewer, die sich hauptsächlich auf die Aussagen der Befragten stützten. Ob eine Person TV schaute während des Essens oder aß während sie fernsah, mußte jeweils nach der subjektiven Beschreibung entschieden werden (Szalai, 1972, 561). Daß sich in diesen Äußerungen wohl eher Bewertungen der Rahmenstruktur durchsetzten als Einschätzungen der inneren Situation, also der „potency“, zeigt sich darin, daß „Reisen“ normalerweise primär, Beschäftigungen während des Reisens sekundär registriert wurden (Szalai, 1972, 673). Bei uns, die wir uns nach der Frage richteten: „wo ist“ der Geist des Handelnden, war’s gerade umgekehrt.

Im Rahmen unserer Untersuchung haben wir Sekundärvollzüge zwar registriert, aber nicht ausgezählt. Nur das Lesen, Reden, Schreiben sind in die Statistik eingegangen, nicht das Reisen, Trinken, Teilnehmen, Warten. Darum sind manche „Randvollzüge“ in unseren Zahlen unterrepräsentiert. Gerade die dort subsumierten Vollzüge beanspruchen uns selten primär; sie lassen gleichzeitig andere Beschäftigungen zu. So stehen etwa „Reisen“ (bzw. Ortsverschiebungen; Vollzug 92) im dritten Drittel des Jahres 1972 mit rund 19 Stunden zu Buche, das heißt mit einer einzigen Stunde pro Woche – aber P. war mehr unterwegs; nur soll es eben vorgekommen sein, daß er dabei „time deepening“ betrieb.

Der Begriff der sekundären Freizeit

Allerdings haben bloß berufliche oder paraberufliche Beschäftigungen solche Rahmentätigkeiten aus der Statistik verjagt. Nur das Buch über

Beratungstheorie hat sich auf dem Tagesblatt den primären Platz vor der Zugreise erobert, nicht der Kriminalroman (auch wenn er vermutlich spannender war und P. – im wörtlichen Sinne – mehr aus dem Verkehr zog). Private Lektüre, private Gespräche, private Überlegungen während der Fahrt blieben in der Erhebung unberücksichtigt; gab P. sich solchen hin, so ging Vollzug 92 – die Reise zur Sitzung – als „primäre" Tätigkeit in die Statistik ein, ununterscheidbar von jenen Viertelstunden, da P. den Kopf zurücklehnte und sich den draußen vorbeifliegenden Feldern oder den vorbeihuschenden inneren Bildern auslieferte. Auch jener Berner Magistrat, der P. einmal erzählte, er habe während einer Sitzung der Exekutive lange und mit Interesse den Schneefall vor dem Fenster studiert, hätte sich auf dem Tagesblatt ohne Skrupel „aktive Teilnahme" (Vollzug 65) zuguteschreiben dürfen.

In der „use of time"-Studie, die vor allem auch private Tätigkeiten erfaßte, gab das eben besprochene Phänomen Anlaß zu einer begriffsschöpferischen Tat, nämlich zur Gründung der „sekundären" Freizeit. Wer auf der Zugfahrt zur Besprechung in Zürich seinen Günter Grass liest, wer sich am Schneefall ergötzt während einer langweiligen Sitzung, der erschleicht sich sekundäre Freizeit. Nicht zuletzt durch diesen geschickt angewandten Trick kommen, gemäß der genannten Untersuchung, Personen mit höherer Bildung weltweit zu mehr Freizeit als weniger geschulte Leute (Strzemińska, 1972). Junger Mensch, setz die Brille auf und schlag die Adresse einer guten Privatschule nach!

Aber ganz so schön einfach ist die Sache vielleicht doch nicht. Gerade hier könnten Szalai, Strzemińska und ihre Mitarbeiter über die eigenen Methoden und Kriterien gestolpert sein. Es sei sehr leicht, Antworten zu erhalten auf die Frage, wie Menschen ihre Zeit verwenden – aber sehr schwer, Auskünfte zu gewinnen, die mit einiger Genauigkeit der Wirklichkeit entsprächen, sagt ein anderer Mann der Equipe, Erwin K. Scheuch (1972, 69). „Representing the expenditure of time is one of those subject matters where the reliability and validity of data are extremely sensitive to details in the manner of data collection."

Könnte es darum nicht so sein, daß sich der Bildungsstand von Personen nicht nur in dem ausdrückt, was sie sekundär tun, sondern auch vor allem darin, was sie darüber wissen und anderntags mitteilen können? Für mich war es ein prägendes Erlebnis, als ich am Anfang meiner berufsberaterischen Laufbahn den Schweizer Arbeitspsychologen Hans Silberer in einem Vortrag die „durchsichtigen" Berufsarbeiten schildern hörte. Wie jeder Humanist hielt ich natürlich Routinearbeit am Fließband für menschenunwürdig. Nun mußte ich mir damals aber sagen lassen, daß Fabrikarbeiter solch repetitive, automatische Arbeiten vielfach durchaus schätzen, weil sie dabei, vielleicht den ganzen Tag lang, ihren Ferienerinnerungen oder -plänen, dem gestrigen Film oder Rendez-vous, dem letzten Fußballspiel nachhängen können – bei voller Berufsarbeit. Diese leisten sie, gemäß unserer Terminologie, zwar weitgehend „sekundär", gleichsam mit der linken geistigen Hand, wenn das Bild gestattet ist – bei gleichwohl „primärer" Verbuchung. „Der Körper wird zum Teil der Maschine, während der Kopf sich mit Tagträumen füllt oder von der Werksleitung mit Musikkonserven gefüllt wird." (Laermann, 1975, 95)

Ist der Fabrikarbeiter willens und in der Lage, das am nächsten Tage dem Yesterday-Interviewer so zu schildern, daß dieser den „Doppelvollzug" begreift? Tatsächlich bekommen wir es hier ja auch mit einer neuen Nuance „sekundärer" Freizeit zu tun (Freizeit Nummer zehn nach unserer Zählung!), die hinsichtlich Wahlfreiheit etwas restriktiver ist als die des Kopfarbeiters im Zugabteil. (Nimmt dieser freilich den Wagen, so sinkt er freizeitmäßig auf das Niveau des Fabrikarbeiters ab und muß sich ebenfalls zur Hauptsache mit Denken, Träumen und Zuhören begnügen. „Der Kluge reist im Zuge", lautete seinerzeit ein Slogan der Schweizerischen Bundesbahnen.) Zentraler Unterschied aber ist, daß die sekundäre Freizeit des Fließband-Arbeiters in die eigentlichen „Kernvollzüge" seines Berufs vordringt und den ganzen Arbeitstag begleiten kann, während sich der besser Geschulte meist auf seine Berufsarbeit voll konzentrieren muß.

Das dürfte zu den vielen psychologischen Unterscheidungsmerkmalen zwischen den Berufen gehören: wieviel geistige Abstinenz ist möglich während der Arbeit, mit welchen Freiheitsgraden, wie tief hinein in den Kern des Berufes? Wie oft und wie lange kann der Berufstätige während seiner täglichen Pflichtstunden ungestraft und ohne Lohneinbuße privaten Interessen frönen oder nach Hause regredieren?

9.5 Sozialwelt und Sozialkontakte

Die sozialen Aspekte im Rahmen unserer Untersuchung

Zum Abschluß dieses Kapitels wollen wir Arbeitsbereichen und Arbeitsvollzügen noch in einem geschlossenen Zusammenhang nachgehen, nämlich im sozialen Bezugsrahmen der Arbeit. Ziel dieser Ausführungen soll es sein, uns noch einmal die Nützlichkeit unserer zweidimensionalen Betrachtungsweise klar zu machen. Wir werden erkennen, daß man den sozialen Charakter von Arbeiten (und von Berufen) weder allein aus den Vollzügen noch allein aus Aufgabenbereichen ableiten kann; beide Gesichtspunkte sind notwendig, weil sie keineswegs immer übereinstimmen.

Daß wir für diese kleine Separatstudie gerade die sozialen Aspekte der Arbeit auswählen, ist naheliegend. Die Aufgabe der Stelle, der P. vorsteht, ist ausgesprochen sozial. Geht es doch – wie wir auf Seite 454 vernahmen – um Information und Beratung von Personen, und zwar vor allem auch zum Zwecke, einen Beitrag zur individuellen Selbstverwirklichung möglichst vieler von ihnen zu leisten. Eines der Hauptmittel dabei (zur Zeit der ersten Abfassung dieses Kapitels freilich von einzelnen Mitarbeiterinnen und Mitarbeitern in Frage gestellt) ist die individuelle Beratung im persönlichen Kontakt. Die Arbeitswelt P.'s ist also maßgeblich durch soziale Komponenten bestimmt.

Aber können wir nicht sagen, daß das in hohem Maße auch für die meisten anderen Arbeitswelten gilt? Das Berufsbild des Eremiten ist noch nicht geschrieben; es würde ein Gegenbeispiel darstellen. Sonst aber gehört es doch zu fast allen Berufen, daß der Ausübende zum Teil mit anderen Menschen zusammenarbeiten und sich auf sie ausrichten muß. Von fünf Hauptaspekten, die Seifert zur allgemeinen Charakterisierung der Arbeit aufführt (1977, 4f.), sind deren drei zentral oder doch in wesentlichem Maße durch soziale Elemente bestimmt. Freilich dürfte es ein charakteristisches Unterscheidungsmerkmal von Berufen und Funktionen sein, in welchem Ausmaß und in welchen Formen das Soziale mitspielt.

Dabei nehmen nun die sozialen Aspekte der Arbeit im Rahmen von P.'s Arbeitserhebung eine merkwürdige Position ein. Zur Zeit der Datensammlung selbst wurde ihnen explizit kaum Beachtung geschenkt. Während P. über Bereiche, Vollzüge, Themen, „Auslösungen", Strukturfragen fast dauernd (und über das Planungsgeschehen wenigstens in der Schlußphase) Überlegungen anstellte, erfaßte er die sozialen Belange weitgehend „unbewußt" und jedenfalls nur beiläufig. Es ergab sich von selber, daß mehrere „Vollzüge" grundsätzlich aus ihrem sozialen Kontext heraus definiert werden mußten (namentlich Gruppen 5 und 6). Bei vielen anderen aber blieb es – wie früher dargelegt – offen, ob sie in Zusammenarbeit mit anderen Personen oder allein absolviert wurden.

Was P. dagegen spontan tat – wenn es nicht, wie etwa bei Vollzug 10 (Bürositzung), von selber klar wurde –, war die Nennung der Person oder Personen, die in einer Arbeitseinheit oder Arbeitsabfolge beteiligt waren. Ihre Kennzeichnung erfolgte im Raum für Kurzbeschreibung auf der betreffenden Zeile des Tagesblattes. Sofern die Erinnerung nicht trügt, war das nicht das Ergebnis einer irgend einmal gefaßten Absicht, sondern ergab sich als „Selbstverständlichkeit". Zu den minimalsten Angaben über eine Arbeit gehörten die Personen, mit denen oder auf die hin sie verrichtet wurde.

Die fehlende „Reflexion" der Kontakte in der vorliegenden Erhebung ist vielleicht merkwürdig angesichts der Tatsache, wie oft in Untersuchungen über Tageslauf und Alltag die Nennung der jeweiligen „Kontaktpersonen" explizit verlangt wird (vgl. etwa SKJP, 1983, 4; Little, 1983, 305; Schwenkmezger, 1987, 28). Für P.'s diesbezügliche Naivität dürfte vermutlich die ursprünglich ganz andere Zielsetzung seiner Materialsammlung verantwortlich sein.

Zur Erfassung der Kontakte

Die Angaben über Kontakte wurden, wie erwähnt, erst nachträglich reflektiert; und zwar geschah das damals, als wir versuchten, eine EDV-Erfassung der gesammelten Daten vorzubereiten. Zwei vorher nicht beachtete, aber selbstverständliche Tatsachen erwuchsen dabei sofort zum Problem. Einmal finden Kontakte natürlich nicht immer bloß mit Einzelpersonen statt (die allein, zu zweit, zu dritt oder allenfalls in noch größerer Zahl namentlich auf den Tagesblättern registriert wurden), sondern auch mit Gruppen, die (wenn überhaupt) nur als solche angegeben wurden; und zweitens kommen neben bekannten, namentlich aufzählbaren Kontakt-Personen auch „anonyme" vor. Was das heißt, werden wir gleich zeigen.

Warum bilden Gruppen ein „Problem"? Das verstehen wir am leichtesten, wenn wir uns klarmachen, daß es davon (mindestens) zwei Varianten gibt, die wir als „formelle" und „informelle" Gruppen bezeichnen wollen. Formelle sind in ihrem Personenbestand konstituiert, wie etwa der AGAB-Vorstand oder die SHK-Kommission für akademische Berufsberatung, denen je ganz bestimmte Leute zugehören. Informelle dagegen, wie etwa das Publikum bei einem Vortrag, setzen sich zufällig und einmalig zusammen. Daß es dabei alle möglichen Übergänge gibt, zeigt eine der in der Berichtszeit am häufigsten realisierten „Gruppen", nämlich der Büro-Kaffeekreis der Akademischen Berufsberatung. Zwar ist umschrieben, wer hier (im Normalfall) überhaupt anwesend sein kann; aber der Bestand ist durchaus wechselnd; manchmal trifft man in der Kaffee-Küche zwei, manchmal fünfzehn Leute an; manchmal sind die, manchmal jene vertreten; und außerdem gibt es jeweils laufend Zu- und Abgänge. (Wegen des gestaffelten Umzugs konnte man im Frühsommer 1975 erst noch zwei verschiedene „Kaffee-Kreise" unterscheiden.)

Will man also – und wir hätten das per EDV gewollt – feststellen, wie oft P. während seines Arbeitsjahres mit den einzelnen Mitarbeitern zusammen war, so scheitert man – bei „informellen Gruppen" – an dieser Unsicherheit der Beteiligung. Nur wenn jemand auf dem Tagesblatt speziell erwähnt wird, weil P. sich hauptsächlich mit ihm oder ihr unterhielt, dann ist seine Anwesenheit sicher nachgewiesen. Sonst muß man sich (und so wollten wir uns für die EDV behelfen) mit „durchschnittlichen wahrscheinlichen Präsenzen" der möglichen Teilnehmer begnügen, die aus Erinnerung und Erfahrung zu schätzen wären. Das gilt jedoch auch – wenngleich in beschränkterem Maße – für formelle Gruppen. Nicht immer sind alle Vorstandsmitglieder der AGAB bei den Sitzungen dabei; und eines der offiziellen Mitglieder der SHK-Kommission, aufgezählt in der Liste der Schlußpublikation, hatte der Präsident (der stets teilnahm) nicht einmal die Ehre kennenzulernen ...

In informellen Gruppen können dem Teilnehmer mehrere seiner Mitstreiter „anonym" sein und bleiben. In Bern gibt es, wie andernorts auch, Straßentheater. P., der allein durch die Stadt bummelt, gesellt sich unter die Zuschauer. Er gehört damit für einige Zeit einer Gruppe an, kennt aber, Zufälle vorbehalten, in dieser überhaupt niemand. Immerhin teilt er mit ihnen den gleichen „Zuwendungsgegenstand". Anders, wenn er sich durch eine Menschenmenge schlängelt oder in eine überfüllte Straßenbahn quetscht. Dann „teilt" man, ohne innere Teilnahme, lediglich die gleiche Situation, das gleiche „behavior setting" und erlebt vielleicht, mit Marc Augé, daß „nichts so individuell, so hoffnungslos subjektiv ist wie eine Fahrt in der Metro ... und dennoch nichts so sozial ..." (1988, 52). Leute wie Goffman haben solche sozialen Situationen ausgiebig beschrieben. Die „use of time"-Studie hält dafür die Kategorie „alone in a crowd" bereit (Robinson, Converse und Szalai, 1972, 139). Diese Formulierung ist wohl ganz harmlos und rein beschreibend gemeint, eröffnet aber einen Durchblick in Tiefen und Widersprüchlichkeiten der menschlichen Alltagsexistenz.

Doch zurück zur beruflichen Welt! Auch die Spezialisten für Möbeltransporte, die am 15. Juli 1975 die Akademische Berufsberatung Bern von der Effingerstraße an die Gutenbergstraße umzogen und mit denen man gelegentlich, eine Arbeitseinheit lang, eine „Gruppe" bildete, blieben in P.'s Arbeitswelt anonym. Sie hätten bei einer Aufbereitung des Erhebungsmaterials für die EDV keine eigenen Nummern erhalten können, sowenig wie die Monteure, die das Telefon einrichteten, die Besucher und Anrufer, die sich bei P. zu bestimmten Mitarbeitern durchfragten, die Verkäuferinnen in den Läden usw. Dies, obgleich der Kontakt in vielen Fällen auch zu zweit stattfand.

Solche Personen wurden in P.'s Arbeitswelt – außer dort, wo eine spezifische Zuwendung erfolgte, wie beim Gespräch vom 28. August 1975 über den Werkhof (vgl. Seite 72) – nur als „Vertreter einer Gattung" erfaßt. Vielleicht war hier gerade die unreflektierte Registrierung auf den Tagesblättern besonders wertvoll: P. gab durch seine Angaben zu erkennen, wer in seiner Welt zur „Person eigenen Rechts" geworden war. Wäre er bewußt vorgegangen, hätte er sich gewiß bemüht, den einzelnen Partnern mehr individuelle Gerechtigkeit widerfahren zu lassen, und damit hätte er die Realität des Alltags verwischt, wenn nicht gar verfälscht.

Eine Gruppe von „Anonymen" verdient hier eine Sonder-Erwähnung: Es ist das Heer der „unbekannten Sekretärinnen", die überall das Telefon abnehmen und Anrufe weiterleiten, Auskunft geben, einen unter der Türe empfangen usw. Sie sind zahlreich und ohne Namen in P.'s Material vertreten; sie lehren uns, daß auch die „anonymen" Kontaktpersonen einen wesentlichen Teil der Sozialwelt eines Berufsmenschen bilden. Der Stil, in dem sie ihre Funktionen ausüben, trägt entscheidend zum ganzen Klima dieser Welt bei. Daß P. stets unbedenklich zum Telefon griff und die gute Laune auch nicht verlor, wenn er den gesuchten Gesprächspartner nicht erreichen konnte (Vollzug 49), verdankt er der unbekannten Sekretärin.

Diese Dinge gilt es im Auge zu behalten, wenn wir P.'s „Sozialwelt" nun statistisch angehen. In Tabelle 9.51 sind die Personen zahlenmäßig aufgeführt, mit denen P. im Verlaufe der Vollerhebungszeit (21.9.74 – 9.1.76) in individuellen beruflichen oder paraberuflichen Kontakt kam (oder in privaten, aber während der Arbeitszeit). Eingeschlossen sind auch die (mehr oder weniger klar formulierten) Gruppen, in deren Rahmen ein guter Teil der Arbeit ablief.

Leserin und Leser werden es vielleicht nützlich finden, P.'s Kontakt-Liste zu vergleichen mit anderswo publizierten Angaben über die Sozialwelt nahe verwandter Berufsgruppen. Ausführlich über das „berufliche Beziehungsnetz" der (allgemeinen) Berufsberater in der Schweiz berichtet Eric Frischknecht (1985, 77ff.). Im Anhang (438ff.) gibt er eine Zusammenstellung. Gleichfalls im Anhang des „Berichtes über die Tätigkeiten der Kinder- und Jugendpsychologen in der Schweiz" findet sich eine umfassende Liste aller an der Arbeitswelt dieser Fachleute „Beteiligten" (SKJP 1983, 68ff.).

Eine große Zahl von Leuten fehlt auf P.'s Liste. Dazu gehören zunächst einmal all jene, die im oben beschriebenen Sinne „anonym" geblieben sind. (Von den Sekretärinnen beispielsweise sind nur die rund dreißig erfaßt, die P. während der Erhebungszeit persönlich kannte oder kennenlernte.) Ebenfalls untergegangen sind die zahlreichen „Mitläufer" in Gruppen. An der Sitzung der Geschäftsprüfungskommission des Berner Stadtrates, bei der die Geschäfte der Schuldirektion und damit auch die der Akademischen Berufsberatung geprüft werden, nehmen jeweils mindestens zehn Mitglieder der kommunalen Legislative teil. Mit den meisten von ihnen wechselte P. einige Worte. Aber nur zwei – mit denen P. auch außerhalb dieser Sitzung verkehrte – sind namentlich in die Liste (und damit in die Kontakt-Statistik) eingegangen. Berücksichtigt sind also nur Personen, die einzeln und namentlich als Partner P.'s auf dem Tagesblatt Erwähnung fanden.

Jede der erfaßten Personen fand bloß einmal Eingang in die Tabelle, auch wenn sie – bei verschiedenen Gelegenheiten – in mehr als einer Funktion für P. in Erscheinung trat (als Fachmann und als Vater eines Ratsuchenden, als Lehrer und als Referent an einer Veranstaltung, als Stellenbewerber und später als Mitarbeiter des Amtes). Er wurde dann, nach bestimmten Kriterien, nur einer der Kategorien zugeteilt.

Mit diesen Vorbehalten können wir uns nun der Tabelle 9.51 zuwenden. P. hat, bei solcher Definition, während der sechzehnmonatigen Vollerhebungszeit insgesamt 342 individuell auftretende Partner gehabt, mit denen er beruflich oder paraberuflich direkt zusammenarbeitete, sei es in persönlichem Zusammensein oder in Telefongesprächen. Männer sind dabei mehr als zweieinhalb mal so stark vertreten wie Frauen (von denen knapp ein

Tabelle 9.51: Kontaktpersonen und Gruppen während der Vollerhebungszeit (unvollständig, vgl. Text)

	Männer	Frauen	Total Personen	form./inform. Gruppen			vorw. bei Bereichsgruppen
0 Mitarbeiter	8	16	24	5		6	0–4,8
1 Behörden, Verwaltung	40	10	50	7		1	1,2
– Mitgl. Exekutive und Legislative	5				2		
– Beamte Stadtverw.	19	1			3		
– Beamte and. Gmdn., Kanton, Bund	15				2		
– Sekretariatspers.	1	9			-		
2 Stellenanwärter	7	12	19	-		-	1,2
3 Personal Schulen	30	4	34	3		3	2,3
– Schulleiter	19	1			2		
– Lehrerschaft	9	-			1		
– übrige (Abwart. Sekretärinnen)	2	3			-		
4 Klientel	29	14	43	8		6	3,4
– Ratsuchende	20	3			-		
– Angehörige von Ratsuchenden	9	11			-		
– Schüler (bei Veranstaltungen)					8		
5 Kollegen anderer Stellen	43	15	58	8		3	5,6,8
– Akad. Berufsber. und Studentenber.	23	6			5		
– Allg. Berufsber.	10	1			1		
– Andere Beratungsdienste	10	2			2		
– Sekretärinnen	-	6			-		
6 Weitere Fachkontakte	47	10	57	6		5	3,6,8
– Weitere Fachinstitutionen	12	-			2		
– Lehrkörper Uni	18	1			-		
– andere Fachkontakte	17	5			4		
– Sekretärinnen	-	4			-		
7 Weitere Berufskontakte	42	15	57	-		9	
– aus Miete, Umzug und Einrichtung	27	4			-		
– andere	15	5			-		
– Sekretärinnen	-	6			-		
Total Kontakte aus Beruf	246	96	342	37		33	
9 Private (während Arbeitszeit)	23	7	30	-		1	9
Total	269	103	372	37		34	

Drittel Sekretärinnen sind). Das spiegelt die (damals jedenfalls noch) charakteristische Berufswelt wider; immerhin waren die Verhältnisse in P.'s eigenem Amt gerade umgekehrt. P.'s Arbeit fand außerdem auch in 37 formierten Gruppen statt und daneben in mindestens ebensovielen ad hoc-Konstellationen; die Zählung ist hier unvollständig und sehr ungenau; das dauernd wechselnde Publikum eines Informationstages zum Beispiel wurde als *eine* informelle Gruppe verbucht.

Die Kontaktpersonen sind nach „Kreisen" aufgeteilt, deren Numerierung sich in etwa an die der Bereichsgruppen anlehnt (letzte Kolonne). Eine wesentlich feinere Aufgliederung wäre möglich. Die kontaktierten Beamten des Kreises 1 zum Beispiel könnten nach Verwaltungskörper (Gemeinden, Kanton, Bund), nach hierarchischem Stand (im Vergleich zu P.), nach Verwaltungszweigen (Erziehung/Schule, Volkswirtschaft, Bauwesen etc.), eventuell nach „Weisungsbefugnissen" gegenüber P. weiter kategorisiert werden; die global aufgeführten „anderen" Fach- und Berufskontakte ließen sich des näheren bezeichnen und begründen (Referenten bei berufskundlichen Veranstaltungen, Referenzpersonen von Stellenbewerbern, Angehörige von Mitarbeitern, anderswo nicht aufgeführte Mitglieder der „Studienkommission für bildungspsychologische Fragen", Referenten am Diagnostik-Kurs in Gwatt, Dienstleistungspersonen wie der damalige Postbote usw.). Und neben der rudimentären demographischen Aufteilung nach Geschlecht wäre natürlich auch eine solche nach Alter möglich, wobei wohl vor allem das „relative Alter" – verglichen mit P. – interessant wäre: wieviele seiner Partner zur „gleichen Generation" gehörten wie P., wieviele eine halbe, eine oder anderthalb Generationen älter oder jünger waren (gemäß der sehr überzeugenden Einteilung von Daniel J. Levinson, 1978, 27). Das sei hier alles bloß angedeutet.

Das Wichtigste und Interessanteste blieb uns (vorderhand?) verwehrt: die Auszählung, wieviel Zeit P. mit den einzelnen Kontaktpersonen, Gruppen und Kreisen verbracht hat, und wer (wahrscheinlich: welcher der Mitarbeiter – seine Sekretärin? –) in der Berichtszeit am meisten mit P. zusammenarbeitete.

Zwei Aspekte sozialer Vollzüge

„Soziale Kontakte" sind dann gegeben, wenn der Handelnde seine Arbeit in Anwesenheit oder unter Mitwirkung anderer ausführt. Diese Kennzeichnung enthält zwei verschiedene mögliche Kriterien; sie weist uns darauf hin, daß es mindestens zwei Dimensionen im sozialen Vollzug von Arbeiten gibt. Um sie auseinanderhalten zu können, betrachten wir eine Reihe typischer Beispiele aus dem Arbeitsleben P.'s.

P. spricht mit einem Ratsuchenden über dessen Zukunftspläne. Er holt telefonisch eine Auskunft ein. Er diktiert der Sekretärin einen Brief. Er ermuntert mit handschriftlichem Schreiben einen Bekannten, über eine erlittene Verletzung hinwegzukommen. Er transportiert mit einer Mitarbeiterin einen Tisch in ein anderes Stockwerk. Er verpackt im Sitzungszimmer schweigend (oder scherzend) mit fünf seiner Leute eine Sendung an die Schüler der Gymnasien. Er sitzt neben zwei Kollegen im Zugabteil und studiert die Unterlagen für die bevorstehende Sitzung. Er niest in seinem Büro und dankt für die aus dem Nebenzimmer zugerufenen Gesundheitswünsche. – Das alles sind P. wohlvertraute Situationen; in fremden Arbeitswelten gibt es aber manche zusätzlichen, P. unvertrauten sozialen Vollzüge. Auf einem im „Zeitmagazin" Nr. 47/1982 (S. 25) reproduzierten Bild Jean Hubers sieht man den Philosophen Voltaire, wie er in die Hosen schlüpft und dabei dem Sekretär einen seiner bissigen Texte diktiert. Das war in einem früheren Jahrhundert. Aber anläßlich einer inzwischen korrigierten Wahl auf höchster Ebene wurde letzthin bekannt, wie selbst in unserem Zeitalter gewisse Büroinhaber in der Schweiz – offenbar im Andenken an noch frühere Zeiten – fehlbare Sekretärinnen eigenhändig zur Rechenschaft ziehen.

Jede dieser Situationen hat eine soziale Komponente. Zum Teil ist sie allein durch die Präsenz anderer definiert – so bei der Arbeit im Zuge. Meist ist sie aber – auch, oder vor allem, oder ausschließlich – durch die soziale Interaktion bestimmt. Gewöhnlich verbinden sich beide Elemente. Soziale Präsenz und soziale Interaktion können wir somit als die beiden Dimensionen sozialer Vollzüge bezeichnen.

Die soziale Präsenz bildet normalerweise die Voraussetzung sozialer Interaktion. Sie ist jedoch, seit Bell, nicht mehr auf die physische Anwesenheit des Partners angewiesen; stimmlicher Kontakt, wie beim Telefon, genügt. Ob auch er wegfallen kann, ob die einsame Niederschrift des Briefes an den verletzten Kollegen auch als „sozialer Vollzug" gelten soll, dürfte umstritten sein; die „Mitwirkung" des anderen im Sinne unseres Einleitungssatzes ist dann jedenfalls höchstens symbolisch gegeben.

Ebenfalls diskutabel ist das umgekehrte Phänomen: Präsenz ohne Interaktion. Wir finden sie häufig realisiert etwa in der Werkhalle oder in der modernen „Bürolandschaft", wo jeder an seinem Schreibtisch oder Arbeitsplatz, für sich allein, aber im Anblick seiner Kolleginnen und Kollegen, drauflos klappert oder rechnet oder schweißt oder liest. Das gab oder gibt es in der Akademischen Berufsberatung Bern zwar nicht (obgleich die Variante während der Mietraumsuche 1974 auch erwogen wurde). Aber rechnet man die „stimmliche" Anwesenheit hinzu, so arbeitet P. während seinen Bürostunden praktisch dauernd im Rahmen sozialer Präsenz, da die Türe normalerweise offensteht und fast nur geschlossen wird, wenn P. telefoniert oder sich mit jemand bespricht, also einen (noch) intensiveren Sozialkontakt eingehen will. Wir können diesen Grad des beruflichen Zusammenlebens, im Anschluß an eines unserer Beispiele, die „Nies-Präsenz" nennen.

Die Nicht-Differenzierung solcher Unterschiede in der Form des „Kontaktes“ kann Untersuchungsresultate schwer vergleichbar machen. So sind gewisse Ergebnisse der „use of time“-Studie für uns kaum interpretierbar. Die berufstätigen Männer der Bundesrepublik verbrachten (vor zwei Jahrzehnten) rund 85% ihrer Arbeitszeit (6¼ Stunden täglich) „mit Kollegen“ – höhere Angestellte rund 72%, in den Vereinigten Staaten rund 60%, in Ungarn 94%. Gemeint ist aber damit offensichtlich (wenn auch nicht klar formuliert) die räumliche Präsenz anderer Personen während der Arbeit. (Cseh-Szombathy, 1972, 308ff.).

In unserer Untersuchung über soziale Aspekte der Arbeit rechneten wir weder „Interaktion“ ohne Präsenz (Briefeschreiben) noch Präsenz ohne Interaktion (Bürolandschaft) den sozialen Vollzügen zu; wir verlangten dafür beides: zumindest stimmlichen Kontakt plus ein gewisses Maß an Zusammenwirken. In dieser letzten Hinsicht suggerieren unsere Beispiele ebenfalls eine Stufenleiter verschiedener Intensitätsgrade, die wir uns gleich ansehen wollen.

Die soziale Interaktion

Sollten wir aber nicht, bevor wir hier weiterfahren, enttäuschungsträchtigen Erwartungen beim Leser vorbeugen? „Soziale Interaktion“ ist ein Thema, das ihn fasziniert. Er möchte vernehmen und ergründen, wie Menschen zueinander stehen und aufeinander einwirken. Über diese Frage wurde seit jeher viel Aufschlußreiches geschrieben, etwa von Denkern wie Gracian, La Rochefoucauld, Lichtenberg, Nietzsche; und in unserem Jahrhundert wurde über dieses Gebiet auch ausgiebig geforscht und theoretisiert. Fühlt der Leser Lust, sich hier zu vertiefen, so findet er zahlreiche einschlägige Bücher. Hier, im Rahmen unserer Arbeitsanalyse, wird er dieses Bedürfnis nicht stillen können. Wir werden uns ausschließlich mit arbeitstechnischer Interaktion befassen.

Immerhin kann man, bei einer Institution, die persönliche Beratungen durchführt, doch auch interaktive Kontakte erwarten, die recht intensives Eintreten auf den Partner einschließen. Wenn wir mit einem Ratsuchenden seine persönliche Zukunft erörtern und uns eingehend mit seinen Lebensumständen, seinen Vorlieben und Schwächen, seinen Hoffnungen und Befürchtungen auseinandersetzen, dann bildet der dabei realisierte Kontakt natürlich nicht nur ein Instrument der Arbeitsausführung, sondern – um dieses Wort schon wieder beizuziehen – den eigentlichen Kern des Vollzuges. Auch Gespräche mit Mitarbeitern können diese Qualität haben. Wir bezeichnen das als die intensivste Stufe (arbeitsimmanenter) sozialer Interaktion. (Ein Vollzeit-Psychotherapeut steigt wohl nur selten aus diesen Höhen in die Niederungen bescheidenerer Interaktions-Stufen hinab.)

Besprechungen (auch telefonische) und Sitzungen sind Arbeitsformen, die stets durch sozialen Austausch charakterisiert sind; aber nicht immer sind sie so kernhaft sozial wie in den eben angeführten Beispielen. Oft wird eine Sachfrage diskutiert, eine Meinung erfragt, eine Auskunft eingeholt; dann ist die soziale Kontaktnahme zwar ebenfalls zentrales Arbeitsmittel, nicht aber Ziel und Kern des Zusammenkommens. Die Interaktion findet eine Stufe weiter unten statt. Andere Beispiele aus unserer Sammlung markieren ein nächsttieferes Niveau. Beim Briefdiktat an die Sekretärin oder beim Herumtragen eines Möbelstücks zu zweit ist das Zusammenwirken mit jemand anderem zwar ebenfalls konstituierend; aber es kommt dabei nicht mehr auf den eigentlichen sozialen Austausch an, wie das doch bei Gesprächen der Fall ist. Schließlich gibt es Fälle des gemeinsamen Tuns, bei denen die Zusammenarbeit aus der Sache selbst nicht nötig ist, sondern bloß erleichternd und beschleunigend (oder vereinzelt auch erschwerend ...). Eine Sendung an die Primaner ist rascher verpackt, wenn Sechse zugreifen, als wenn einer allein alles durchziehen muß. Dieses „Teilen" der Arbeit markiert die letzte und unterste Ebene sozialer Interaktion. Darunter kommt, als Stufe 0, die bloße Präsenz, etwa beim stummen Aktenstudium der zwei Kollegen, die miteinander nach Zürich fahren.

In Tafel 9.52 haben wir Grade der sozialen Präsenz und der sozialen Interaktion miteinander in Verbindung gebracht. In unsere Statistik sozialer Vollzüge haben wir bloß Phänomene aus dem dick umrandeten Sektor rechts unten einbezogen.

Statistik sozialer Vollzüge

Daß soziale Vollzüge P.'s Arbeitswelt stark bestimmen, ist uns immer wieder aufgefallen. Eine Berechnung für das letzte Drittel 1972 hat ergeben, daß jede Woche 23 Stunden und 8 Minuten (das sind 53 % der Pflichtarbeitszeit) so verbracht wurden. Es gab aber Wochen, da der Prozentsatz wesentlich höher stieg. In der zweiten Januarwoche 1973 zum Beispiel, von Montag bis Freitag, absolvierte P. 2215 Minuten (89% der Pflichtzeit) sozial. Wahrscheinlich könnte man gelegentlich noch extremere Werte finden, etwa während Wochen, die man in Kursen verbringt. Mintzberg berichtet, daß nach drei Untersuchungen Manager 66, 78 resp. 80% ihrer Zeit mit mündlicher Kommunikation verbrachten (1976, 54f.); und die Kinder- und Jugendpsychologen der Schweiz widmen, nach ihren Angaben in der Erhebung 1981/82, rund drei Viertel ihrer Arbeitszeit dem Kontakt mit „Beteiligten" (SKJP, 1983, 21).

Für das Jahr 1975 haben wir eine differenzierte Stichproben-Auszählung über 36 repräsentativ ausgewählte Arbeitstage durchgeführt. Wir schlossen alle im Büro getätigten Arbeiten plus zu Hause erledigte Büroaufgaben, nicht aber paraberuflich betriebene Heimlektüre ein. Das Sample umfaßte 19660 Minuten oder 39.32 AT (560 Minuten oder 1.12 AT pro Tag). Dabei unterschieden wir im Sinne der gemachten Ausführungen bei den Vollzügen vier Gruppen: solche mit sozialer Kern-Funktion,

Tafel 9.52: Soziale Präsenz und soziale Interaktion

		Keine Präsenz	Stimmliche Präsenz	Persönliche Präsenz
	Keine Interaktion	Einsame Arbeit bei geschlos - sener Tür	" offene Tür "	" Büroland - schaft "
Interaktion als	Beiprodukt			gemeinsam Arbeit verrichten
	notwendiges Mittel			Koordiniert Arbeit verrichten
	zentrales Mittel	Brief zu Sachfrage	Telefon über Sachfrage	Besprechung über Sachfrage
	Arbeitsziel	Brief zu persönlicher Frage	Telefon zu persönlicher Frage	Besprechung über persön - liche Frage

solche mit sozialem Vollzug als zentralem Arbeitsmittel, solche mit (notwendiger oder beiläufiger) sozialer Zusammenarbeit und solche ohne soziale Interaktion. Wir bezeichneten das als Kern-, Haupt- oder Nebenfunktion der sozialen Interaktion. Zu den „Hauptfunktionen" rechneten wir auch Vollzüge 93 und 95 (vgl. Tafel 9.32, Seite 487) – das Begrüßen und Plaudern ohne fachlichen Gehalt – , zu den „Nebenfunktionen" auch Vollzüge 92, 94, 96, 99, wenn gemeinsam mit anderen absolviert, sowie gemeinsame Besichtigungen (Vollzüge 59 und 69). Vom letzten Beispiel abgesehen, gehörten alle Vollzüge der Gruppen 5 und 6 (sowie 47/48), also Besprechungen, Sitzungen und Telefone, zu den sozialen Hauptfunktionen. Bei entsprechendem Gesprächsziel wurden sie als Arbeiten mit sozialer Kernfunktion verbucht (Klientengespräche und persönlich durchgeführte psychodiagnostische Untersuchungen, Vollzüge 56 und 58, gehörten von vornherein und stets dazu).

Tabelle 9.53: Soziale Vollzüge nach einer Stichprobenauszählung aus dem Jahre 1975. Angaben in AT (Arbeitstagen à 500 Minuten) pro Arbeitswoche

	Soziale Kern-	Haupt- funktion	Neben-	Total soziale Vollzüge	Nicht-soziale Vollzüge	Total
Vollzugsgruppe						
4 Telefone	.03	.29	.02	.34		
5 Gespräche	.27	1.08	.02	1.37		
6 Sitzungen		.72		.72		
7 Administrative Arbeiten			.03	.03		
8 Technische Hilfsarbeiten			.12	.12		
9 Randaufwand		.07	.07	.13		
Total	.29	2.15	.26	2.71	2.76	5.46
in %	5.4 %	39.4 %	4.7 %	49.5 %	50.5 %	100.0 %
Arbeiten mit sozialer Kernfunktion:						
Beratungen (inkl. Psychodiagnostik)	.12					
Probleme von und mit Mitarbeitern	.07					
Anstellungsfragen Mitarbeiter	.02					
Anstellungsfragen Dritte (neue Stellen)	.06					
Besprechung eigener Probleme	.02					

Die Ergebnisse sind in Tabelle 9.53 wiedergegeben. Dabei machen wir die Angaben in einem anderen als den bisher verwendeten Maßen, nämlich in „AT“ (500 Minuten-Einheiten) pro durchschnittliche Arbeitswoche. Diese Darstellungsweise hat ebenfalls einen großen Vorteil: Die Hundertstel stimmen überein mit der durchschnittlichen Minutenzahl pro Tag. So läßt sich also beispielsweise aus der Tabelle ablesen, daß eine halbe Stunde pro Tag in Vollzügen mit sozialer Kernfunktion verbracht wurde.

Auch die Stichprobenauszählung von 1975 ergab, wie die Tabelle zeigt, eine ungefähr hälftige Beteiligung sozialer Vollzüge am Arbeitsvolumen P.'s. Dies scheint ein generelles Charakteristikum von P.'s Berufstätigkeit zu sein. Das Ausmaß „sozialer“ Tätigkeiten in diesem Sinne – in Präsenz von und Zusammenarbeit mit anderen Personen – dürfte von Beruf zu Beruf sehr verschieden sein; und für die Wahl einer Laufbahn und eines Einzeljobs müßte es ein wichtiges Kriterium bilden – denn bekanntlich sind die Menschen in ihren sozialen Bedürfnissen sehr verschieden. Was dem einen zuwenig ist, ist dem anderen zuviel. Aber nicht nur für die persönliche Befriedigung im Beruf, sondern auch für die psychische Beanspruchung spielt dieses Maß eine Rolle. So hat etwa Pierre Janet in seiner Handlungslehre den Komplexitätsgrad des Handelns (und damit auch den nötigen Kraftaufwand und schließlich die Neurose-Gefährdung) in engsten Zusammenhang damit gestellt (vgl. Schwartz, 1951, 94ff.), und Günter Wiswede weist bei der Diskussion der Rolle von Arbeitskontakten darauf hin, daß sich auch ein Zuviel negativ auswirken kann (1980, 176).

9.6 Soziale Gehalte der Arbeit

Die Zweidimensionalität sozialer Aspekte

Ist es richtig, P. *dann* als „sozial tätig“ zu charakterisieren, wenn er einem Mitarbeiter hilft, einen Tisch in den oberen Stock zu transportieren, nicht aber dann, wenn er Gesprächsnotizen und Testbefunde über einen Ratsuchenden auf eine Schlußbesprechung hin durcharbeitet? Ist die Tätigkeit eines Architektenteams, das in gegenseitigem Austausch den Umbau eines Schlachthauses plant, sozialer als jene des Sozialarbeiters, der im einsamen Büro einer Fürsorgeverwaltung Unterstützungsgesuche bearbeitet und damit zahlreichen Menschen über große persönliche Schwierigkeiten hinweghilft?

Die Frage ist *so* kaum zu entscheiden; die beiden Aspekte des Sozialen sind inkommensurabel. Arbeiten können eben in zwei Hinsichten „sozial“ sein: sie können in Zusammensein und Zusammenarbeit mit anderen ausgeführt werden, und sie können soziale Anliegen verfolgen. In unseren bisher verwendeten Begriffen ausgedrückt: es gibt soziale Vollzüge und soziale

Bereiche. Die beiden brauchen natürlich nicht zusammenzufallen: die sozialsten Aufgaben können auf lange Strecken einsam gelöst werden und die interaktivsten Vollzüge auf Ziele ohne jeden sozialen Gehalt ausgerichtet sein. Nur eine zweidimensionale Betrachtungsweise löst dieses Problem.

Die Amtsstelle, bei der P. arbeitet, ist von beiden Richtungen her betrachtet recht sozial. Einerseits geht es, wie wir gesehen haben, bei ihrer Arbeit zentral darum, jungen Menschen zu helfen. Anderseits geschieht eine Menge Arbeit (bei P. rund die Hälfte) in sozialem Kontakt. Wo beide Aspekte gleichzeitig sehr ausgeprägt vertreten sind, zum Beispiel während der Durchführung eines Beratungsgesprächs (Code 41.56), finden wir das Kernbeispiel einer voll „sozialen“ Tätigkeit, sozusagen einen „sozialen peak“, von dem aus es nach allen Seiten bloß hinunter gehen kann. Wenn der Berater eine Beratung durchführt (Vollzug 56), so steht er, wie wir vorhin sahen, auf der höchsten Sprosse einer Stufenleiter sozialer Vollzüge. Bei den stillen Vor- und Nachbereitungsarbeiten ist er wieder auf den kühlen Boden interaktionslosen Tuns herniedergestiegen, obgleich er weiterhin tätig ist zum Wohle seines Ratsuchenden. Der Bereich, mit dem er sich nach wie vor abgibt, „eigene Fälle“ (41), bleibt seinem sozialen Gehalt nach auf top-Stufe. Er dient direkt und unmittelbar der zentralen sozialen Aufgabe der Stelle, ist ganz auf einen sozialen Gegenstand ausgerichtet (den Menschen in seiner sozialen Welt) und verlangt seiner Natur nach den sozialen Austausch.

Wenige andere Aufgabenbereiche der Mitarbeiter und des Leiters einer Akademischen Berufsberatung sind in ähnlich durchgehender Weise sozial ausgerichtet. Wir können das aus Schema 9.61 ablesen. Man sieht dort, daß die eben beschriebene Beratungstätigkeit ganz direkt und unvermittelt auf die umfassende, kernhaft soziale Zielsetzung des Amtes gerichtet ist. Die meisten anderen Tätigkeiten gehen auf vorbereitend-abgeleitete Ziele hinaus. Deren Erreichung schafft nur die Voraussetzungen dafür, daß andere Personen auf das umfassende Ziel hin wirken können (angestelltes Beratungspersonal, mit Informationen versehene Klientel).

Schema 9.61 zeigt aber auch, daß die Sache voller Komplikationen steckt. Die vorbereitend-abgeleiteten Ziele können ihrerseits mehr oder weniger sozialen Gehalt aufweisen. Anstellung und Führung des Personals sind zweifellos an sich selber soziale Aufgaben; sie bleiben es, ob dieses Personal nun den Auftrag hat, Beratungen durchzuführen oder Dioxin-Fässer zu verstecken (geschrieben 1983). Wir müssen also für eine Bestimmung des Sozialgehaltes von Arbeitsbereichen beides berücksichtigen: die umfassende Zielsetzung wie auch – wo es sie gibt – die vorbereitend-abgeleitete.

Aber der relevanten Gesichtspunkte gibt es noch mehr. Andere umfassende Zielsetzungen weisen an sich kaum einen sozialen Gehalt auf, zum Beispiel jene, wissenschaftliche Erkenntnisse zu gewinnen. Man denke etwa an den Insektenforscher oder an einen Spezialisten, der die langfristi-

Schema 9.61: Direkte und abgeleitete soziale Zielsetzungen

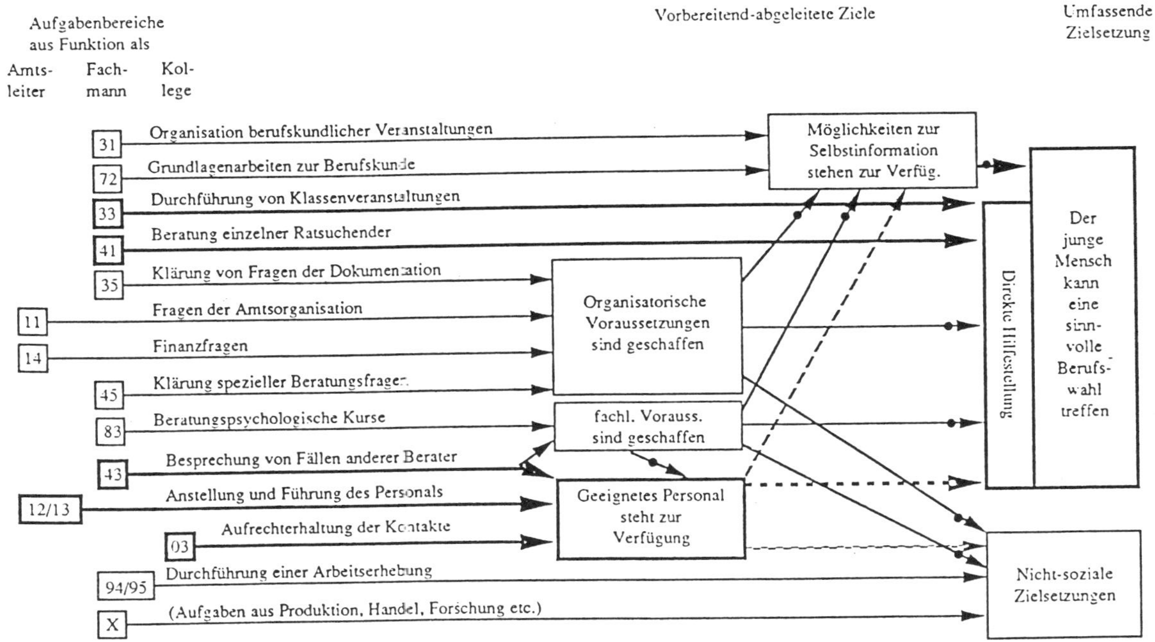

Pfeile bezeichnen Aufgaben des betroffenen Berufsmannes, unterbrochene Pfeile Aufgaben anderer, Pfeile mit Punkt Wirkungen erreichter Vor-Ziele. Mit massiven Pfeilen und Umrahmungen sind direkt-soziale Aufgaben und Ziele markiert gen Eigenschaften des Betons abklärt. Bildet den Gegenstand erkennerischen Bemühens jedoch der Mensch in seiner Welt, dann liegt auch hier eine soziale Komponente darin. Auch der Gegenstand kann also den sozialen Gehalt einer Arbeit begründen (selbst wenn es sich beim Forscher um einen reinen Bücherwurm handeln sollte). Und anderseits: übernimmt unser Beton-Fachmann die Aufgabe, sein sozial-fremdes Wissen anderen kursmäßig zu übermitteln, so fällt dadurch auch auf seine Tätigkeit ein Lichtschein sozialen Gehalts; wenigstens die Bearbeitungsform seines leblosen Gegenstandes ist dann sozial.

Statistik der sozialen Gehalte

Es fällt also nicht leicht, Bereiche in eine Stufenleiter vom sozialen Top-Gehalt (Beratung, Psychotherapie) bis hinunter zur sozial völlig irrelevanten Aufgabe (Sammeln leerer Schneckenhäuser als einsamer Zeitvertreib) zu bringen. Einschlägige Gesichtspunkte gibt es mehrere, und sie überschneiden, durchkreuzen oder erübrigen sich gegenseitig. Dennoch haben wir einen Versuch gewagt. Unser Vorgehen ist wiedergegeben in Tafel 9.62.

Wir beurteilten für jeden Bereich den sozialen Gehalt der umfassenden und/oder einer allfälligen vorbereitend-abgeleiteten Zielsetzung. Da, wo die zweite sich quasi verselbständigt, wie beim „menschlichen Kontakt mit den Mitarbeitern", wird sie allein berücksichtigt. Dazu können gegebenenfalls Gutschriften für die soziale Form der Erarbeitung (z.B. Kurse) oder soziale Gegenstände (der Mensch in seiner Welt) kommen. Jede dieser Bewertungen – eine bis vier pro Bereich – kann 0 bis 2 Punkte ergeben; maßgebend ist schließlich der Durchschnitt.

(Nur am Rande sei erwähnt, daß der Begriff „sozialer Gehalt" sich natürlich nicht auf qualitativ-ethische Werte beschränkt. Die helfende, stützende Funktion des Beraters könnte eine solche Meinung freilich nahelegen. Aber soziale Gehalte sind realisiert, wo immer eine Aufgabe auf den Menschen – als Ganzes! – gerichtet ist, auch wenn es darum geht, ihn zu unterrichten, zu unterhalten, zu manipulieren, zu strafen, zu korrigieren, zu bessern oder eines besseren zu belehren.)

Wenn wir das Beurteilungssystem nach Tafel 9.62 auf die Bereiche von P.'s Arbeitswelt anwenden, so können wir diese – gemäß erzielten Durchschnittswerten – in fünf Stufen des sozialen Gehaltes anordnen:

1. Voller Sozialgehalt (2 Punkte). Bereiche 03, 33, 34, 41, 42, 44.
2. Hoher Sozialgehalt (mind. 1½ Punkte). Bereiche 12, 13, 22, 23, 28, 43.
3. Mittlerer Sozialgehalt (mind. 1 Punkt). Bereiche 10, 16, 31, 32, 45, 46, 51, 55, 61, 62, 63, 64, 73, 74, 81, 82, 83, 84.
4. Schwacher Sozialgehalt (mind. ½ Punkt). Sonst nirgends aufgeführte Bereiche.

Tafel 9.62: Berechnung des sozialen Gehalts von Bereichen

1. *Umfassende Zielsetzung*

(„Möglichst vielen Jugendlichen und Erwachsenen mit den jeweils wirksamsten Methoden helfen, in eigener Verantwortung eine Ausbildungs- und Berufslaufbahn zu finden, die ihren persönlichen Voraussetzungen und den gegebenen Verhältnissen optimal Rechnung trägt, und auf diesem Wege auftretende Probleme konstruktiv zu lösen.")

2 Punkte, wenn der Bereich direkt darauf gerichtet ist, dieses Ziel zu erreichen (z.B. 33, 41)

1 Punkt, wenn der Bereich darauf gerichtet ist, Mittel bereitzustellen, mit denen sich der Jugendliche selber helfen kann (z.B. 31, 35), oder wenn es darum geht, den Beratungsdienst als Ganzen funktionsfähig zu erhalten (z.B. Gruppe 1) oder das Beratungswesen allgemein (z.B. auf gesamtschweizerischer Ebene) zu verbessern.

0 Punkte, wenn der Bereich auf keines dieser (und auch kein anderes soziales) Ziel gerichtet ist (z.B. Kenntnisnahme und Forschung um ihrer selbst willen).

2. *Vorbereitend-abgeleitetes Ziel*

2 Punkte: Personal bereitstellen und führen (für welchen Zweck immer) (z.B. 12, 13)

1 Punkt: Kontakte schaffen und pflegen (für welchen Zweck immer) (z.B. 16)

0 Punkte: Organisatorische und methodologische Voraussetzungen schaffen (für welchen Zweck immer) (z.B. 14, 17)

„Nebenziel"
Wo ein vorbereitendes Ziel sich quasi verselbständigt und den Bezug zum umfassenden verliert, wird nur es beurteilt. Beispiele:

2 Punkte: Kontakte pflegen mit Personal (03) oder weiterem Publikum behilflich sein (44).

0 Punkte: Arbeitsplatzgestaltung (02).

3. *Soziale Form der Erarbeitung*

Wo für einen Bereich charakteristisch ist, daß Ziele gemeinsam erarbeitet werden und allen dienen, werden dafür 2 Punkte gegeben (z.B. Sitzungsbereiche, kursmäßige Grundlagenerarbeitung)

4. *Sozialer Gegenstand*

Wenn ein Zuwendungs-Gegenstand an sich auf den Menschen in seiner Welt gerichtet ist (psychologische, pädagogische, soziologische Fragestellungen), werden dafür 2 Punkte gegeben (z.B. 76)

Jeder Bereich erhält 1 bis 4 Wertungen (wenn nur einer: zu 1., gelegentlich zu 2.). Maßgebend für den sozialen Gehalt des Bereichs ist das Mittel der Wertungen

Tabelle 9.63: Sozialer Gehalt und sozialer Vollzug von Arbeiten nach einer Stichprobenauszählung aus dem Jahr 1975. Angaben in AT pro Arbeitswoche

	Vollzug					
	Kern -	Soziale Haupt - funktion	Neben -	Total soziale Vollzüge	Nicht-soziale Vollzüge	Total
Bereich						
mit vollem Sozialgehalt	.29	.39	.02	.70	.34	1.04
mit mittlerem Sozialgehalt	- -	.88	.03	.91	.69	1.60
Total mit Sozialgehalt	.29	1.28	.05	1.62	1.03	2.64
ohne Sozial - gehalt	- -	.88	.21	1.09	1.73	2.82
Total	.29	2.15	.26	2.71	2.76	5.46

In Prozenten:	mit sozialem Vollzug	ohne sozialen Vollzug	(Total)
mit Sozialgehalt	29.6 %	18.9 %	(48.4 %)
ohne Sozialgehalt	20.0 %	31.7 %	(51.6 %)
(Total)	(49.5 %)	(50.5 %)	(100 %)

5. Kein Sozialgehalt (weniger als ½ Punkt). Bereiche 01, 02, 92, 93, 65. (Die privaten Bereiche 96–98 wurden nicht einbezogen. Das Verzeichnis der Bereiche findet der Leser in Tabelle 9.21 auf Seite 466/7)

In unserer Stichproben-Auszählung vom Jahre 1975 (die sich, wie wir uns erinnern, auf 36 zufällig ausgewählte Arbeitstage erstreckte) haben wir auch den sozialen Gehalt der Arbeiten bestimmt. Dabei schlugen wir Bereiche mit „hohem" Sozialgehalt (Stufe 2 oben) der ersten, solche mit „schwachem" (Stufe 4 oben) der letzten Kategorie zu. Wir reduzierten die Leiter damit auf drei Sprossen: vollen, mittleren und fehlenden Sozialgehalt –

wobei wir also in Zweifelsfällen (Stufe 4) zugunsten des „Fehlens" entschieden.

Die Ergebnisse sind in Tabelle 9.63 dargestellt, zusammen mit den uns schon bekannten betreffend Vollzüge. Das Resultat ist verblüffend: Wie bei diesen ergibt sich auch hier eine Halb-halb-Verteilung; rund die Hälfte seiner Arbeitszeit investiert P. in Bereiche mit sozialem Gehalt. Da er in neuerer Zeit mehr organisatorisch als beratend tätig war, überwog dabei der „mittlere" Sozialgehalt. Bei den Vollblut-Beratern seiner Stelle dürfte das anders sein.

Zusammenfassung und Abschluß

Die sozialen Aspekte der Arbeit liefern ein schönes Demonstrationsbeispiel für die Notwendigkeit, das Arbeitsgeschehen nach zwei Dimensionen zu erfassen und zu kategorisieren. „Sozial" kann nämlich die Durchführung einer Tätigkeit selber sein, sozial aber auch ihr Sinn und Gehalt. Die beiden Gesichtspunkte brauchen nicht zusammenzufallen. Wir müssen darum soziale Vollzüge von sozialen Bereichen (und Themen) unterscheiden.

Vollzüge sind dann sozial, wenn die Arbeit in Anwesenheit und unter Mitwirkung anderer ausgeführt wird. Die Präsenz muß zumindest akustisch gegeben sein (Telefon), die Zusammenarbeit zumindest in gegenseitiger Unterstützung (Teilung der Arbeit) bestehen; nur wenn beides erfüllt ist, reden wir von sozialen Vollzügen. Bereiche anderseits bezeichnen wir dann als sozial, wenn sie in ihrer umfassenden oder vorbereitenden Zielsetzung auf den Menschen als Ganzes gerichtet sind, ihn zum Gegenstand haben oder als Medium der Bearbeitung brauchen. Diese Voraussetzungen müssen im Durchschnitt ein vom Stand null deutlich abgehobenes Maß erreichen.

Sowohl bei Vollzügen wie bei Bereichen können wir verschiedene Stufen der Ausprägung des Sozialen unterscheiden. Es gibt Arbeitssituationen, die durch beiderseitige Maxima gekennzeichnet sind. Sie stellen sich her, wenn eine Interaktion mit einem physisch anwesenden Partner um ihrer selbst willen betrieben wird, und zwar in einem Zusammenhang, der voll und ungebrochen auf ein soziales Ziel gerichtet ist. Beratungsgespräche, Therapiestunden und Selbsterfahrungsgruppen erfüllen diese Bedingungen.

Soziale Vollzüge setzen also die Präsenz von Partnern voraus. Durch deren Auflistung kann man die Sozialwelt eines Handelnden eruieren. Zu ihr gehört, wer ein- oder mehrmals mit ihm zusammenarbeitet. Auf dem Wege der Arbeitserhebung ist es allerdings schwierig, Sozialwelten vollständig zu erfassen, weil es immer viele Partner gibt, die anonym bleiben. Sie können namenlos als Exemplare einer Personenkategorie auftreten (etwa Verkäuferinnen); sie können aber auch (dem Handelnden vielleicht durchaus bekannte) Mitglieder einer Interaktionsgruppe sein, die für eine vollständige namentliche Erfassung aller Teilnehmer zu groß ist. In der Sozialwelt gibt es also einen durch Erhebungen scharf erfaßbaren inneren Kreis – in P.'s Vollerhebungszeit bestand er, im beruflichen Sektor, aus 342 Personen –, umgeben von einem breiten Ring unscharf erfaßter weiterer Partner.

Wir haben eine Stichprobe von 36 Arbeitstagen aus P.'s Jahr 1975 auf soziale Aspekte hin ausgezählt. Die Resultate sind sehr einfach wiederzugeben. P. hat die Hälfte seiner Zeit in sozialen Vollzügen verausgabt; er hat auch die Hälfte seiner Zeit Arbeiten mit sozialem Gehalt gewidmet. Da diese beiden Hälften aber nicht deckungsgleich sind, werden deutlich mehr als die Hälfte seiner Arbeiten – nämlich gut zwei Drittel – auf die eine oder andere Weise durch soziale Momente mitgeprägt. Nur dreißig Prozent der Arbeitszeit verwendet P. in nicht-sozialen Vollzügen für nicht-soziale Aufgaben. Umgekehrt verbinden sich in ebenfalls rund 30% soziale Vollzüge mit sozialen Gehalten. Je 20% seiner Arbeiten sind sozial entweder nur im Vollzug oder nur in ihrer Aufgabenstellung.

Es wäre höchst interessant, mit ebenso großer Präzision zu vernehmen, wie die Arbeitswelten anderer Berufstätiger aussehen. P. fällt es nicht leicht, seine eigene zu orten. Liegt sie im Mittel, ist sie exzentrisch? Man könnte es erfahren; das Instrumentarium liegt bereit. Wer greift zu?

D. Die Struktur des Tageslaufs

Wir haben uns bisher vorwiegend mit den inhaltlichen „Bausteinen“ des Alltags beschäftigt, mit den Themen und Bereichen der Arbeit (und den Vollzügen als den Mitteln, diese Inhalte zu realisieren). Nun wollen wir uns der „Struktur“ des Alltags zuwenden; wir greifen die Frage nach der Gliederung unserer Tage auf.

Die Fokussierung auf den Tag und seine Ablauf-Struktur bringt notwendigerweise eine Veränderung der Perspektive mit sich. In den vergangenen Kapiteln befaßten wir uns teilweise mit sehr langfristigen Aufgaben, die einen Handelnden manchmal ein Jahr oder länger in Bann halten; unser Blick weitete sich (mit dem Hinweis etwa auf P.'s Arbeit an diesem Buch) sogar bis zu mehr als einer Dekade. Nun werden wir es mit den kurzen Bestandteilen zu tun bekommen, aus denen sich das Arbeitsleben eines Berufsmannes tagtäglich zusammensetzt.

Die Frage, die uns in diesem Teil des Buches beschäftigt, lautet: wie baut sich der Arbeitstag aus elementaren Bestandteilen auf? In Kapitel 10 gehen wir diese Frage grundsätzlich – theoretisch und methodologisch – an; in Kapitel 11 werden wir die Ergebnisse unserer konkreten Untersuchung darstellen und diskutieren. In Kapitel 12 schließlich soll geprüft werden, ob und in welchem Sinne unsere Methode die Ergebnisse beeinflußt hat.

Kapitel 10

Methoden zur Gliederung zeitlicher Abläufe

Zu den großen Faszinationen meines Werdegangs als Psychologe gehörte, wie früher angedeutet, die Begegnung mit Roger G. Barkers und Herbert F. Wrights Werk „Midwest and Its Children". Den beiden amerikanischen Forschern war es gelungen, den „Verhaltensstrom" bei Kindern verschiedenen Alters während jeweils eines vollen Tages lückenlos zu erfassen und anschließend sinnvoll zu gliedern und einzuteilen. Ich nahm aus meinem Aufenthalt im Mittelwesten den (unerfüllbaren) Traum mit zurück nach Europa, die Methode auch auf Tage Erwachsener übertragen zu können.

Wenn wir nun hier den Versuch vorlegen, wenigstens den „Arbeitsstrom" eines einzelnen Erwachsenen in einer komplexen beruflichen Tätigkeit zu analysieren, so soll das als Beitrag zur Diskussion und Weiterentwicklung des Werkes von Barker und Wright verstanden werden. Daß es enge Verwandtschaften, aber auch deutliche Unterschiede in den Methoden und Auffassungen zwischen den Midwest-Leuten und uns gibt, haben wir bereits in Kapitel 4 vernommen; hier kann das konstruktive Gespräch zwischen den Kontinenten weitergeführt werden. Teil D dieses Buches (über die Struktur des Tageslaufes) werden wir dann in einen Vergleich zwischen dem Verhaltensstrom bei Kindern nach Barker und Wright und dem Arbeitsstrom Erwachsener gemäß eigener Erhebung ausmünden lassen.

Vielleicht tun wir gut daran, diesem Kapitel wieder einmal eine kleine Warnung an den Leser vorauszuschicken. Wir werden uns darin aufs neue mit einem Phänomen herumschlagen müssen, welches das selbstverständlichste der Welt zu sein scheint, aber allen, die sich näher mit ihm beschäftigen, großes Kopfzerbrechen verursacht: mit der Zeit. Um unser Problem – die Gliederung des Verhaltensstroms – mit einiger Aussicht auf Erfolg anpacken zu können, müssen wir verschiedene Differenzierungen vornehmen, die es in sich haben könnten, den Leser zu verwirren (etwa: Zeit als „Stoff" und Zeit als „Rahmen"). Aber ohne diese Unterschiede bewußt zu realisieren, dürfte man unser Vorgehen schwerlich ganz begreifen, kritisch beurteilen und allenfalls konstruktiv ausbauen können (und auf das letzte setzen wir ja besondere Hoffnungen). Gut ist es vor allem auch, wenn man das Spannungsverhältnis begreift, das aus dem Bemühen entsteht, mit notwendigerweise „künstlichen" Maßstäben natürliche Gegebenheiten möglichst realitätsnahe zu erfassen. Darstellung und Diskussion des Kompromisses, den wir da eingehen mußten, werden dieses Kapitel wie einen roten Faden durchziehen.

Ein Kapitel, das sich ausschließlich mit Gliederungsfragen befaßt, muß natürlich selber auch gegliedert sein. Es setzt sich der Sache nach aus zwei ungefähr gleich starken Hauptteilen zusammen, die jeweils aus drei Unterkapiteln bestehen. Der erste Teil befaßt sich mit grundlegenden Problemen der Einteilung zeitlicher Abläufe – den Strukturierungen des Zeitstroms allgemein, des menschlichen Verhaltensstroms und des Erlebnisstroms. Im zweiten Teil wenden wir uns dann den spezifischen Bedingungen unserer eigenen Untersuchung zu. Wir stellen dar, warum und wie wir einen Erfassungsraster anwandten, was das für Konsequenzen hatte und welche Art von Einheiten und Abschnitten unsere Methode aus dem Tageslauf herauszuholen gestattete. Das letzte Unterkapitel bildet eine Art Zusammenfassung, die auch die Verbindung zu Teil B wieder herstellt.

10.1 Die Zeit und ihre Gliederung

Zeit als Stoff

Wir untersuchen in diesem Buch die Arbeitstätigkeit. Berufsmann X. ist laufend mit etwas beschäftigt. (Diese Aussage ist vielleicht übertrieben. Heute kam ich dreimal an der gleichen Stelle des Bahngeleises gegen Zweisimmen vorbei und sah alle drei Male die gleichen vier Bahnarbeiter, in roten Schutzanzügen, mit Schaufel und Pickel. Alle drei Male standen sie friedlich da und blinzelten in die Sonne. – Offenbar bestimmen auch Pausen den Arbeitstag mit. Wir werden davon noch zu sprechen haben.)

Das, womit X. sich beschäftigt, haben wir Themen genannt. Je komplexer die Berufsaufgabe ist, desto mehr Themen erheben gleichzeitig Anspruch auf X.'s Arbeitskraft. Wie viele Themen ihn aber zur Zeit auch im Griffe haben mögen, er ist doch stets nur einem (primär) zugewandt. Volpert sagt: „... am Ende kommt doch eine lineare Abfolge von Einzeltätigkeiten heraus." (1974, 32). Um das Verhältnis dieser Kette effektiver Ereignisse abzugrenzen von den sie im Hintergrund bestimmenden Aufgaben, Rahmensituationen, Absichten usw., haben wir verschiedene Bilder gebraucht: Wir sprachen etwa von einer „Bühne", auf der immer nur ein Stück gegeben werde (von vielen einstudierten, verfügbaren), vom „Boot" der Ausführung, das jeweils von einem der vielen Lotsen gesteuert wurde, oder von den „Schalthebeln" der Exekutive, an denen stets bloß ein Thema sitzen könne. Diese lineare Abfolge von Arbeitstätigkeiten auf der Ebene des Vollzugs ist es, der wir uns nun zuwenden; sie gilt es in diesem Kapitel zu analysieren.

Ein grundlegendes Charakteristikum dieser Tätigkeits-Abfolge ist ihr Verlauf in der Zeit. Jede Arbeit beansprucht ein Quantum Zeit. (Das gilt selbst für die Operationen des Computers, wenn auch hier ganz andere Größenordnungen gelten als beim menschlichen Tun.) Beim Planen unseres Handelns müssen wir den (bekannten oder geschätzten) Zeitbedarf einberechnen; beim Rückblick auf den Tag sehen wir, wie wir die verfügbare Zeit benützt, verbraucht haben; wir stellen etwa fest, daß wir für diese oder jene Arbeit „viel zuviel" Zeit opferten. Detlev von Uslar weist darauf hin, daß Zeit in diesem Sinne „einen fast stofflichen, materiellen Charakter" annehme (1969, 36). „Man kann über die Zeit verfügen, sie ist ein kostbares Gut, sie erscheint wie eine Sache ... ". Solches vernahmen wir auch im Briefe Senecas an Lucilius, der dem ersten Kapitel dieses Buches auszugsweise vorangestellt ist. Im Herbst 1983 lancierte eine Schweizer Werbeagentur spaßeshalber ein Inserat, in welchem sie die Eröffnung einer Sparkasse für Zeit ankündigte. Zeit ist, vor uns hingestreckt, verfügbarer Stoff, der, auf diese oder jene Weise „verbraucht", eine unauflösliche Verbindung mit getätigten Unternehmungen eingeht. (Freilich kann man es auch andersherum sehen. Wir können Zeit auch als eine Art von Gefäß oder engem „Schlauch" bezeichnen, der sukzessive mit Tätigkeit gefüllt wird. Der „Stoff" wäre dann die Arbeit. Um das Phänomen der Zeit zu erfassen, bieten sich eben unendlich viele Bilder an.)

Die Zeit, die man für etwas zur Verfügung hat oder verbraucht, nennen wir hier „Zeit als Stoff". Sie bildet den hauptsächlichen Gegenstand unserer Untersuchung. Bisher haben wir uns dafür interessiert, wieviel Zeit einzelne Themen, Bereiche, Vollzüge – unabhängig von ihrer Lage auf dem Zeitstrahl – beanspruchten. Und im eben eröffneten Teil des Buches geht es um die Frage, wie sich für Verschiedenes verausgabte Zeitquanten hintereinanderstaffeln. Denn diese Aneinanderreihung von Stücken verwendeter Zeit führt eben zu jenem linearen Ablauf von Tätigkeiten, den wir nun studieren wollen.

Gemeinsame Zeit; Zeit als Rahmen

Die Zeit als Stoff ist eine grundlegende Dimension unserer (subjektiv) erlebten Wirklichkeit. Täglich erfahren wir das Haben und Verausgaben von Zeit; wir erleben, wie Zeitstücke abrollen und sich aneinanderreihen. Das erlebnismäßig Subjektive drückt sich dabei in vielfältiger Weise aus, unter anderem auch in dem Phänomen, das wir – wiederum mit von Uslar – die „Geschwindigkeit" der Zeit nennen mögen. „Die Zeit kann wie im Flug vergehen, oder aber mühsam dahin schleichen, so daß die Tage, Stunden und Minuten nicht enden wollen." (1969, 24.)

Wenn wir Zeit als Stoff zu erfassen haben, genügen uns darum erlebnismäßige Eindrücke ihrer Länge nicht, so wenig wie uns, in anderen Zusammenhängen, die Mitteilung zufriedenstellen könnte, ein Stein sei „schwer" oder ein Tisch „breit". Um uns über solche Dinge mit anderen verständigen zu können, müssen wir die Aussagen auf eine „gemeinsame Wirklichkeit" beziehen. Den Stein setzen wir auf eine geeichte Waage und an den

Tisch legen wir den Meterstab. So erhalten wir vergleichbare, quantitative Beschreibungen. Auch Zeitstücke könnten wir direkt und objektiv messen, indem wir eine Stoppuhr laufen ließen (also einen parallelen mechanischen Ablauf in Gang setzten, dessen Dauer sich in geeichten Einheiten ablesen läßt). So tut es der Turnlehrer, wenn er die Schüler auf die Aschenbahn schickt, oder der Rorschachspezialist, wenn er dem Probanden eine neue Tafel hinstreckt. In unserer Untersuchung – dreieinhalb Jahre lang und mehrere Stunden täglich – wäre das entsetzlich mühsam gewesen. Einen bequemen Ersatz dafür bietet jedoch der Rückgriff auf die „Zeit als Rahmen" an. Mit ihr müssen wir uns nun noch beschäftigen.

Wenn wir Zeit als Stoff erfassen – und geschähe das auch auf die präziseste Weise –, so wissen wir noch nichts über die Lage des gemessenen Ereignisses „in der Zeit" (so wenig wie uns die Breite eines Tisches über seinen Standort verrät). Mehr als ein halbes Jahr lang tobte die Schlacht von Verdun; wer davon zum erstenmal hörte, müßte entsetzt fragen: und *wann* hat sich die Menschheit diesen Wahnsinn geleistet? Für viele Belange ist es wichtig, nicht nur die zeitliche Dauer von Prozessen zu kennen, sondern auch ihre Lage im allgemeinen, dem für alle Weltzusammenhänge gemeinsam gültigen Zeitablauf.

Allerdings ist die Vorstellung einer solchen übergreifenden Zeit seit der Relativitätstheorie anrüchig geworden. Ich verstehe wenig von dieser Diskussion, halte mich aber an den Nachweis von Čapek (1966), daß man für ein System, das kausal verkettet ist, dennoch davon reden darf, ja muß. (Heute hielte man sich an den Bestseller von Stephen W. Hawking, 1988.) „Synchronizität" der Ereignisse mag es in einem absoluten Sinne (in der „erschlossenen Wirklichkeit") nicht geben. In unserer „gemeinsamen Wirklichkeit" aber erfahren wir sie Tag für Tag und sind auch für unsere praktischen Bedürfnisse darauf angewiesen. „Stets durchzieht ein soziales Beziehungsgeflecht die alltägliche Zeit. In ihm tauchen an bestimmten Punkten, den Terminen, die anderen auf. Sie fordern oder erzwingen ‚Pünktlichkeit', eine zeit-räumliche Koordination von sozialer Berührung ..." (Laermann, 1975, 98); oder, wenn Sie's lieber abstrakt mögen: „Die intersubjektiven Bedingungen von Handeln und/oder Erleben führen zu einem intersubjektiven Zwang, die ‚subjektiven Zeiten' aufeinander abzustimmen" (Rammstedt, 1975, 48). Wenn Bundeskanzler Helmut Kohl eine Stunde mit Staatspräsident François Mitterand reden will und vice versa, dann kann nicht einfach jeder ein Stück seines Zeit-Stoffes nach persönlichem Gutdünken dafür reservieren, sondern sie müssen diese Zeitstücke nach einem gemeinsamen Raster aufeinander abstimmen.

Es genügt bei einer Untersuchung des Verhaltensstromes also nicht, den Ablauf der Zeit nur unter dem Gesichtspunkt des „Stoffes" zu betrachten. Das mag für stille, einsame Arbeiten zwar angehen; im ganzen gesehen wäre es aber ein autistisches Unterfangen. Wir müssen vielmehr die Zeitstücke auch auf dem Hintergrund der „Zeit als Rahmen" orten. Das ist, wie wir sahen, aus praktischen wie aus Verständnis-Gründen nötig. Vor allem ist es auch nützlich für die Erfassung der „Zeit als Stoff" selber. Denn die Rahmen-Zeit stellt uns äußerst handliche Hilfsmittel für die Messung der Zeit-Quanten zur Verfügung. Die Uhr, die, abgestimmt auf einen gemeinsamen Zeitrahmen, unentwegt weiterläuft und die wir zu jedem beliebigen Zeitpunkt konsultieren können, erlaubt uns nicht nur die Koordination unserer Tätigkeiten mit jener anderer, sondern auch die Feststellung der Dauer eigener Zeitstücke („für diese Schreibmaschinenseite brauchte ich 12 Minuten"). Sie erspart uns damit für alltägliche Meßbedürfnisse das mühsame, aufwendige Hantieren mit einer Stoppuhr. Bei der Arbeitserhebung, über die unser Buch berichtet, war sie eines der unentbehrlichsten Hilfsmittel.

(„Zeit als Rahmen" haben wir hier ausschließlich als Bestandteil einer „gemeinsamen Wirklichkeit" dargestellt. Daß aber auch sie einen ganz persönlichen, subjektiven Charakter haben kann, beweisen die Briefe einer Freundin meiner Frau, die häufig nur wie folgt überschrieben sind: „Bern, am Mittwochabend".)

Der Tag als Grundelement der Zeitgliederung

Zeit als Stoff und Zeit als Rahmen sind vielfältig ineinander verzahnt, durch natürliche Gegebenheiten wie auch als Folge der „Sozialisation" des Menschen, in einem Maße, das es oft schwer macht, sie voneinander zu scheiden. Ausgangsbasis unserer Zeiterfassung bilden allerdings die natürlichen Zyklen unserer Welt. „Periodische Veränderungen, wie Tage, Monate, Jahreszeiten, stellen sowohl ein Mittel als auch einen natürlichen Rahmen dar, der es erlaubt, alle weiteren Veränderungen zeitlich festzulegen und zu messen", schreibt Paul Fraisse (1957/85, 9).

Zeit als Stoff und Zeit als Rahmen werden vor allem durch zwei geophysische Grundelemente aneinandergekettet: den Tag und das Jahr, die Umdrehung der Erde und ihre Umkreisung der Sonne. Die Maßeinheiten für die Zeit als Rahmen finden hier ihre Fixpunkte. Wir verständigen uns über die zeitliche Lage vergangener oder künftiger Ereignisse nach der Zahl abgelaufener Jahre oder Tage im Jahr und innerhalb des Tages – wenn auch auf abstrahierte Weise – nach dem „Stand der Sonne". Aber auch die Zeit als Stoff fügt sich, jedenfalls unter normalen Verhältnissen, in diesen Zeitrhythmus ein: Tag und Jahr sind natürliche Zeitspannen, mit denen man die Dauer von Arbeitsgängen und anderen Ereignisabfolgen mißt.

Der „Tag" ist dabei für den erlebenden Menschen – im „täglichen Leben", ist man zu sagen versucht – die bei weitem elementarere Einheit. Betrachten wir sie darum etwas näher! In einer Art und Weise, der sich niemand entziehen kann, skandiert sie den – unendlich dahinfließenden – Zeitstrom. Erlebnismäßig kommt der Mensch nicht darum herum, den Zeitablauf im Rhythmus von Tag und Nacht – und somit als fortlaufende Summierung natürlicher, ganzzahliger Einheiten – aufzufassen. Ein davon einigermaßen gereinigtes, homogenes Zeitband-Erlebnis kann sich höchstens der Höhlenforscher verschaffen, der längere Zeit unter Tag verschwindet. (Vielleicht werden es die Letzten von uns einmal erfahren, wenn sie in ihren Unterständen abwarten, bis die Verstrahlung der Erde wieder auf ein tragbares Maß zurückgegangen ist, und wenn sie, auf die Erdoberfläche zurückgekehrt, nichts als dauernde Dunkelheit vorfinden.)

Der Rhythmus der Erdumdrehung hat offenbar die biologische Natur der Erdbewohner nachhaltig geprägt. Knauth, Kiesswetter und Rutenfranz schreiben (1983, 133): „Biologische Rhythmen mit einer Periodenlänge von etwa 24 Stunden sind nicht nur beim Menschen, sondern auch bei Einzellern sowie allen Tier- und Pflanzenstämmen zu finden ... Halberg (1959) hat für diese Rhythmen den Begriff *Zirkadianrhythmen*, abgeleitet aus dem lateinischen ‚circa diem', vorgeschlagen ... Für mehr als hundert Meßgrößen von Organen und Funktionen gibt es Mitteilungen über eine 24-Stunden-Periodik ... Nach Aschoff (1955) beruht die Zirkadianrhythmik auf einer angeborenen endogenen Komponente, die bei Ausschluß aller äußeren Steuerfaktoren als ‚Eigenfrequenz' nachgewiesen werden kann."

Der Mensch würde somit seinen „Tag" als zeitliche Grundeinheit auch dann nicht los, wenn man ihn auf einen anderen Planeten mit abweichender Rotation verpflanzte. (Auch Jahresrhythmen scheinen sich biologisch eingewurzelt zu haben: Seite 141 des zitierten Aufsatzes.)

Verschiedene Anwendungen des „Tages"-Begriffs

Nun hat der Tag als Einheit aber verschiedene Gesichter. Jenes, das uns am unmittelbarsten anlacht, trägt der „natürliche Tag", der vom Morgengrauen bis zum Einnachten dauert und der somit unscharf abgegrenzt und auch von wechselnder Länge ist. Seine Gliederung wird vermittelt durch Sonne (falls sichtbar), Helligkeit, Wärme, Verhalten von Pflanzen und Tieren und anderen Signalen. Menschen früherer Zeiten mußten sich allein darauf verlassen. „Ihr Tagwerk richtete sich nach dem Stand der Sonne, nach der Einteilung von Tag und Nacht." (Hauser, 1987, 29). Öffentliche Uhren, die die Stunden schlugen, gab es nach Hauser in der Schweiz erst ab Ende des 14., den allgemeinen Gebrauch von Taschenuhren nach Laermann (1975, 90) erst ab Ende des 18. Jahrhunderts.

Dem messenden Menschen konnte eine so unpräzise Zeitbestimmung natürlich nicht genügen. Er hat seinen Tag exakt abgegrenzt. Theoretisch läßt er diesen für jeden Punkt (oder richtiger für jede Längen-Linie) der Erde vom einen Moment der extremsten Abwendung von der Sonne (Mitternacht) bis zum nächsten dauern. Diese Ablaufzeit ist exakt bestimmbar; ihre Ausdehnung ist stets und überall gleich; der Fixpunkt jedoch (Mitternacht) mußte für ganze Landstreifen vereinheitlicht werden und läßt sich erst noch durch schlichten Regierungsbeschluß herumschaukeln und dezentrieren (Sommerzeit!). Damit hat die „exakte" Zeit ihre Fundierung nur noch annähernd in bestimmten geophysischen Gegebenheiten; die Skandierungsmarke des Tageswechsels (24.00/0.00) ist zwar absolut gleichmäßig, aber ganz abstrakt und vom einzelnen aus gesehen willkürlich in den Zeitstrom gelegt. Diese abstrakte Willkür kommt einem erst recht beim „Jahreswechsel", am 31. Dezember um 24.00 Uhr, zum Bewußtsein; der Kuß, den man sich da rechtens gönnen darf, ist durch keinerlei natürliches Merkmal des Zeitstrahls begründet. (Noch willkürlicher wird in ein paar Jahren, auch zu einer „Mitternachts"-Stunde, ein Jahrtausend-Wechsel stattfinden ...)

Neben dem erlebnismäßig-natürlichen Tag (der sich nach dem Licht richtet) und dem abstrakten (von 0.00 bis 24.00) gibt es noch den (jeweils) individuellen Tag, der vom Erwachen bis zum Einschlafen dauert und der bei Bahn-, Kopf- und Schichtarbeitern sowie anderen dem natürlichen Rhythmus entzogenen Personen stark von jenen beiden abweichen kann. Wer kennt nicht die Scherze der nachmitternächtlichen Gesellschaft („diese Brötchen sind von gestern")? Wer aber seinen Tag häufig oder regelmäßig über 24 Uhr ausdehnt, wird sich daran gewöhnen, dies als „Schlußstunde" des eben verflossenen Tages zu betrachten. (In unserer Erhebung haben wir in solchen Fällen die Stunden weiter numeriert. P.'s Tage hörten somit gelegentlich um 25.30 oder ähnlich auf. Schwenkmezgers Versuchspersonen haben sich noch einen anderen „Tag" ausgedacht: nämlich von zwölf Uhr mittags bis zwölf Uhr mittags. 1987, 27)

Daß wir mit drei Rahmenbegriffen den Ausdruck „Tag" und seine vielfältigen Verwendungsweisen noch keineswegs erschöpft haben, ist dem Leser – sofern er mit seiner Lektüre nicht zufällig erst hier eingesetzt hat – durchaus bewußt. Wir haben das Wort immer wieder und in stets anderen Bedeutungen angetroffen – die uns alle jeweils als selbstverständlich erschienen –; und einige Kapitel früher (Seiten 343ff.) haben wir uns auch schon grundsätzlicher damit auseinandergesetzt. Bei einer Untersuchung über die menschliche Arbeit wird uns vor allem der Begriff des „Arbeitstages" interessieren; auf ihn werden wir etwas weiter unten zurückkommen.

Andere Größen der Zeitgliederung

Kulturhistoriker könnten uns vielleicht erklären, wie die heute übliche Einteilung des Tages, in 24 Stunden zu 60 Minuten zu 60 Sekunden (also in 86400 Sekunden), zustandegekommen ist. Offenbar tragen die alten Babylonier dafür die Verantwortung. (Interessante Hinweise dazu finden sich bei Friedhart Klix, 1980/83, 224.) Biologische Grundlagen scheinen jedenfalls keine zu bestehen, wie eine Zusammenstellung von Hildebrandt zeigt (1967; wiedergegeben bei Knauth, Kiesswetter und Rutenfranz, 1963, 132). Hätte der heutige Mensch sich den Tag organisiert, wäre er vermutlich auf die runde Zahl von 100000 Sekunden gekommen und hätte sich damit vielleicht erst noch gewissen biologischen Gegebenheiten besser angepaßt. Denn offenbar entspricht der 100000stel Tag recht gut der Dauer eines Herzschlages beim erwachsenen Menschen in der Ruhe, und ein Pendel, das in seinem Takt schlägt, hat die Länge des Schrittes dieses Durchschnittsmenschen, welche wiederum eine interessante Beziehung zum Erdumfang hat. Das alles hat um die Mitte des letzten Jahrhunderts ein Domherr und Naturforscher aus dem Wallis, Josef Anton Berchtold, herausgefunden. Er glaubte, damit das „Maß der Natur" aufgespürt zu haben (so der Titel seiner 1847 erschienenen Schrift) und wollte darauf das ganze zeit-räumliche Maßsystem aufbauen. (Man versuchte ja damals aus der Wirrnis der Maße herauszukommen: jede Region und Stadt hatte ihre eigenen Ellen, Füße, Klafter, Pfunde usw.)

Kennen Sie diesen Berchtold? Wohl kaum. Ich wurde durch einen Aufsatz von Auf der Maur (1987, 43) auf ihn hingewiesen, welcher auch das trübe Schicksal dieses Vorschlags nachzeichnet. Trotz günstiger Beurteilung durch die Fachleute drang der Domherr damit nicht durch – und zwar scheiterte er an seinem geistlichen Stand. Denn genau im Jahre 1847 fand in der Schweiz ein (verspäteter) Konfessionskrieg statt, in welchem die Reformierten siegten. Wie sehr Berchtolds genialer Wurf danach in Vergessenheit geriet, habe ich hautnah erlebt, als ich mir letzthin sein Buch (Ausgabe 1865) aus der Berner Stadt- und Hochschulbibliothek auslieh. Ich war nämlich, nach 122 Jahren, der allererste, der auf diese Idee verfiel, und die Bibliothekarin mußte vor meinen Augen die Seiten der beinahe zerfallenden Broschüre aufschneiden, alle, von vorne bis hinten!

Berchtold, der bedauerte, daß die Franzosen seinerzeit von der „Dezimalisierung der Zeit" Abstand nehmen mußten (1865, 24), hätte der unbändigen Dezimallust des heutigen Menschen wacker vorarbeiten wollen. So aber, wie die Dinge heute liegen, kann unser Zeitgenosse dieser Lust erst von der Sekunde an abwärts frönen. Der Computer weiß zur Zeit nicht, in wie manche Dezimale er Sekunden künftig noch aufteilen will; und am Bildschirm wohnen wir jeweils im Winter der nationalen Katastrophe bei, wenn der Versager aus der eigenen Mannschaft beim Hahnenkamm-Rennen ganze drei Hundertstelsekunden hinter dem Favoriten des Nachbarlandes zurückbleibt.

Ob uns, hätte ein erfolgreicherer Robespierre oder ein protestantischer Berchtold auf Dauer den Tag modernisiert, die „Stunde" (in diesem Fall der Fünfundzwanzigstel-Tag) immer noch so „natürlich" vorgekommen wäre? Heute jedenfalls dürfte sie, für das praktische Leben, neben Tag und Jahr die drittwichtigste Größe der Zeiteinteilung sein. Aber im Gegensatz zu diesen beiden lehnt sie sich an keine natürliche Gegebenheit der Umwelt an. Freilich mag uns – nach jahrhundertealter und lebenslanger Gewöhnung – der Umlauf des großen Uhrzeigers wie eine solche anmuten; wir sehen auf dem Zifferblatt gleichsam die Stunden sich runden. Aber seit einigen Jahren schickt sich die Digitaluhr an, uns vom Spuk dieser Illusion wieder zu befreien, und konfrontiert uns mit dem, was Stunden wirklich sind: vom Menschen künstlich geschaffene, abstrakte Rahmen-Gliederungen des Tageslaufes.

Nicht weniger willkürlich geht es nach oben zu, wo der frühe Mensch sich eine neue Zahl, die heilige Sieben, für die gruppenweise Gliederung der Tage einfallen ließ. Wie die Stunde ist dem Menschen auch die Woche gleichsam zu einer „Natur-Gegebenheit" geworden. Das seltsamste Phänomen ist freilich die nächstgrößere Einheit, der Monat, der nun wiederum an einen natürlichen Rhythmus anschließt: Unsere Vorfahren haben es jedoch zustandegebracht, dem Mond ein Schnippchen zu schlagen und seinen Rundgang durch Verzerrungen zu unterlaufen.

Unsere Zeitgliederung bietet somit einen höchst merkwürdigen Anblick. Die Wissenschaft rechnet mit Zeitstrecken von Milliardstelsekunden bis zu Jahrbillionen. Unten und oben, bei den ganz kleinen und den ganz großen Einheiten, hat der Mensch der Neuzeit dezimale Systeme aufgebaut. Im Mittelbereich aber, der für das menschliche Alltagshandeln bedeutsam wird, von der Sekunde bis zum Jahr, gelten völlig andere Relationen. Sie sind zum Teil durch Periodizitäten der Umwelt diktiert, die untereinander völlig irrationale Verhältniszahlen ergeben (Tag und Jahr). Aber der frühe Mensch hat das Seine beigesteuert, um diese Spanne zusätzlich mit originellen Bezugsgrößen (12, 28–31, 7, 24, 60) zu bereichern.

Abstrakte, soziologische und individuelle Gliederungen

Stunde und Woche, abstrakte Einheiten, im „natürlichen Lauf der Dinge" nirgends vorgegeben, sind auf gesellschaftlichem Wege zu wichtigsten Trägern der Kommunikation und Koordination und, daraus zurückwirkend, zu Rhythmisierungsmächten für uns alle geworden. Unser Leben richtet sich stark nach ihnen. Vieles läuft nach „Stundenplänen": das heißt, Festlegungen erfolgen stundenweise, in wöchentlichem Rhythmus (selbst so individuelle Prozesse wie Therapien finden – in der Regel – jede Woche einmal statt und dauern – natürlich – eine Stunde). Nach Wochenplan treten Kabinette zusammen und wird der Kehricht abgeführt; Züge fahren – seit dem Taktfahrplan – stündlich (und der direkte Wagen Bern-Moskau verläßt den Bahnhof Bern jede Woche um die gleiche Zeit). Auch Marschhalte werden alle Stunden eingelegt („Stundenhalt"), und Arbeitstechniker empfehlen eine stündliche Pause. Selbst die Einheit, mit der wir einst das Zeitliche segnen werden, nennt man „unser letztes Stündchen".

Damit wollen wir nun nicht etwa die Behauptung aufstellen, die gesellschaftlich gestützte „Skandierung" der Zeit sei der vorherrschende oder auch nur der wichtigste Gesichtspunkt auch für die individuelle Verwendung der „Zeit als Stoff". Spezifische Faktoren – aus den Bedingungen der Arbeit, aus individuellen Bedürfnissen, aus wechselnden Umständen stammend – können bei freieren und komplexeren (oder auch bei umständeabhängigen) Berufstätigkeiten eine ebenso große oder noch viel einflußreichere Rolle spielen. Gerade weil wir im folgenden die „gesellschaftlich skandierenden“ Kräfte etwas aus den Augen verlieren werden, wollten wir zu Eingang dieses Kapitels auf ihre Bedeutung hinweisen.

Für die Gliederung der ablaufenden Zeit können wir – mit großer Vereinfachung – so etwas wie einen „Stammbaum“ entwerfen (Fig. 10.11). Wir ersehen daraus, daß geophysische Gegebenheiten einerseits zu allgemeinerlebnismäßigen („natürlichen“), anderseits zu abstrakten („künstlichen“) Aufteilungen der Zeit Anlaß gaben, die aber beide zu einer uns allen gemeinsamen soziologischen Realität geführt haben. Unmittelbar erlebnismäßige wie soziologische Gliederungen bestimmen dann schließlich, zusammen mit einem ganzen Bündel spezifischer Faktoren, die individuelle Zeitaufteilung.

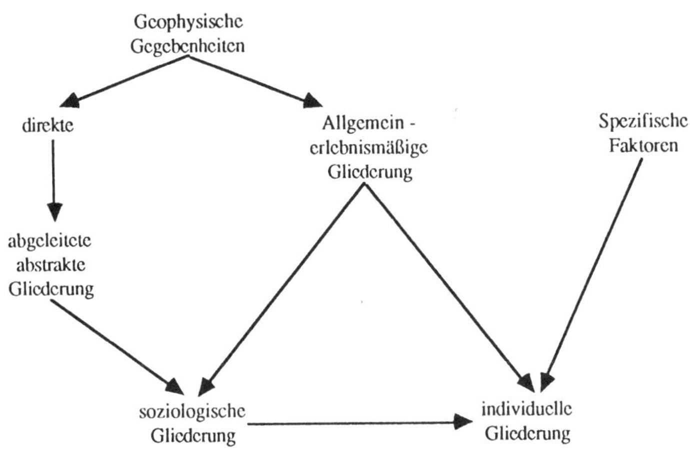

Fig. 10.11: „Stammbaum“ der Gliederungen des Zeitablaufes

Daß die Einflüsse soziologischer Art sogar individuell-physiologische Prozesse beeinflussen können, hat etwa Eberhard Ulich gezeigt (1961, 130). Man nennt sie „Zeitgeber“ (Aschoff, 1954). Zeitgeber legen die Phasen der Maxima und Minima biologischer Rhythmen fest. Bei Tieren sind es normalerweise Naturgegebenheiten (Licht, Temperatur). „Die wichtigsten Zeitgeber für den Menschen scheinen dagegen soziale Kontakte und das Zeitbewußtsein zu sein.“ (Knauth, Kiesswetter und Rutenfranz, 1983, 135.)

Der Arbeitstag

Was uns hier vor allem interessiert, ist die Gliederung der Arbeit. „Über die Arbeit wird die Struktur des Tages, der Woche, des Jahres und sogar des Lebens vermittelt." (Frese, 1985, 140). Allerdings macht Arbeit im beruflichen und paraberuflichen Sinne (wie in Kapitel 8.4 beschrieben) für – hoffentlich – alle von uns bloß einen Teil des Tageslaufes aus. Wir können den Zeitablauf also unterteilen nach Arbeit und Nichtarbeit; daneben gibt es, wie wir noch sehen werden, auch Übergangsphänomene.

Gerade bei der Gliederung nach Arbeit/Nichtarbeit zeigt sich das Zusammenspiel natürlicher, soziologischer und individueller Komponenten besonders deutlich. Daß wir überhaupt von einem „Arbeitstag" sprechen, geht auf den natürlichen Zeitrhythmus Tag/Nacht zurück. Nicht ohne dringenden äußeren Grund (dauernde Aufrechterhaltung des Betriebes zum Beispiel) wird bei der Arbeitsverteilung vom „Tagwerk" abgewichen, und auch da wird meist über mehrere Tage hinweg der gleiche Rhythmus aufrechterhalten. Daß fünf Tage lang gearbeitet und dann zwei Tage lang ausgesetzt wird, ist dagegen ein soziologisches Phänomen der zweiten Hälfte unseres Jahrhunderts; vor hundert Jahren war es anders und wird auch in weiteren hundert nicht mehr so sein.

Was die Ansetzung und Abgrenzung dieses fünfmal wöchentlich zu leistenden Tagewerks betrifft, so fällt unsere Erhebung in eine interessante Übergangszeit. Im allgemeinen waren in den Jahren ihrer Durchführung die Arbeitszeiten noch festgelegt; theoretisch galt auch für P.'s Amt 1975 der von der Stadt Bern verordnete Arbeitsrahmen. Er folgte dem allgemeinen Usus des Schweizers, eines „Hat-Gold-im-Mund"-Fanatikers, und begann um Viertel nach sieben – sommers und winters!

(Wir werden im folgenden unsere Ausführungen durch Graphiken illustrieren. Wir benutzen dabei eine „Zeitsäule", bei der die Zeit kontinuierlich und gleichmäßig von oben nach unten läuft. Phasen der Nichtarbeit markieren wir dabei schwarz, solche des Übergangs – vorläufig – schraffiert. Figur 10.12 zeigt das Arbeitszeit-Schema der Stadtverwaltung Bern im Jahr 1975.)

Die spezifischen Bedingungen der Arbeit, der sich allmählich ändernde Zeitgeist und P.'s eigene Bedürfnisse brachten es jedoch mit sich, daß P. sich schon damals nicht an diese Vorschrift hielt, sondern sich seinen Arbeitstag flexibel selbst gestaltete. Jeder Tag sah bei ihm etwas anders aus, und das mochte dann, im Einzelfall, etwa Abb. 10.13 ergeben. Arbeitnehmer mit komplexen Aufgabenstrukturen dürften schon längst so vorgegangen sein; und selbständig Erwerbende sind – soweit nicht von äußeren Umständen abhängig – ohnehin mehr oder weniger frei in der Einteilung ihrer Zeit.

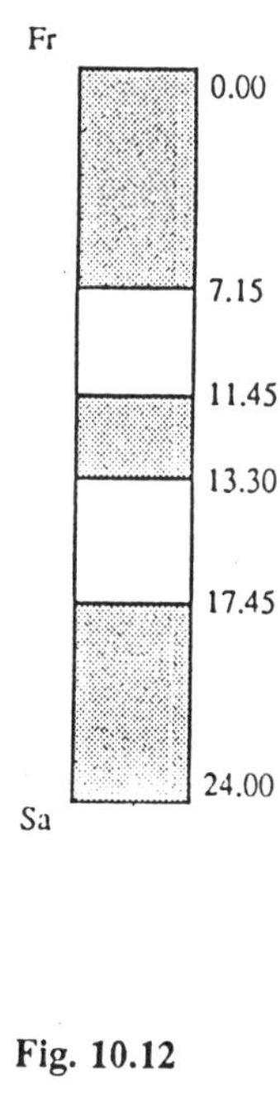

Fig. 10.12

Die individuelle Arbeitszeit kann also von der soziologisch gegebenen abweichen; gleichwohl orientiert sie sich im großen und ganzen an einem gesellschaftlich vermittelten Schema. Arbeiten im Büro besorgt man normalerweise dann, wenn die anderen auch da sind, und die Verpflegungspause richtet man im allgemeinen ebenfalls nach möglichen Partnern oder dem äußeren Angebot. Dieser „soziologische" Druck zeigte sich deutlich bei der Einführung der gleitenden Arbeitszeit, die in der Schweiz allgemein in den siebenziger und achtziger Jahren erfolgte (bei der Akademischen Berufsberatung Bern gilt sie seit 1977 offiziell). Man gewährte die Neuerung meist nur halbherzig und wenig liberal; die „Gleitzeiten" wurden – und werden – oft auf ein klägliches Minimum beschränkt.

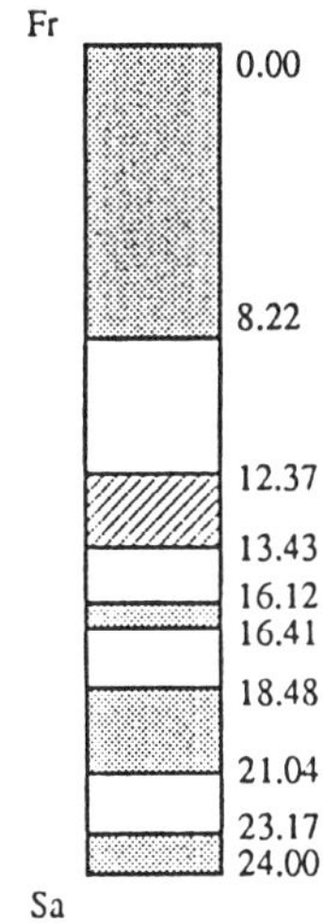

Fig. 10.13

Was sich dagegen in der Schweiz seit Jahrzehnten kaum verändert hat, ist die Dauer der wöchentlichen Arbeitszeit (und damit, dividiert durch fünf, der täglichen). Hier hat ein arbeitsverbissenes, konservatives Völklein durch alle Versuchungen der vergangenen Hochkonjunkturzeit wie der drohenden Arbeitslosigkeit hindurch die von allen Arbeitgebern heiß geliebte Mehr-als-40-Stunden-Woche durchretten können und steht mit ein paar wenigen Ländern der zweiten und dritten Welt an einsamer Spitze des verordneten Fleißes – ein Umstand, der an der verzögerten Entstehung dieses Buches wesentlich mit verantwortlich ist. Wie wir in den letzten Kapiteln vernahmen und auch hier wieder sehen werden, arbeitete P. zwar nicht an jedem einzelnen „Arbeitstag", aber doch im Durchschnitt seine 8.8 Stunden täglich im Beruf.

Arbeitszeit als Stoff und Rahmen

Heute ist die Arbeitszeit-Kontrolle bei der Akademischen Berufsberatung Bern durch eine Zeituhr geregelt, und zwar einen sogenannten „Zeitsummenzähler", den man einschaltet bei Ankunft und ausschaltet bei Weggang. Er mißt die kumulative Arbeits- beziehungsweise Anwesenheitszeit jedes Mitarbeiters. Nichts kann den Unterschied zwischen Zeit als Stoff und Zeit als Rahmen schöner demonstrieren denn dieses interessante Instrument. Es erfaßt (auf Hundertstelstunden genau) Zeit als Stoff, ohne sich irgend um den Rahmen zu kümmern. Dem Arbeitnehmer ist zwar vorgeschrieben, *wie lange* er zu arbeiten habe, aber nicht mehr (wie das früher der Fall war) genau *wann*. Er kann sich seine Zeitstoffstücke selber zuschneiden und auf das dahinrollende Zeitband heften; und der Zeitsummenzähler mißt, ob er die ganze Stoffmasse verwendet.

Was für die Arbeitszeit als Ganzes eine neue Errungenschaft darstellt, dürfte dagegen – zumindest in komplexeren Berufen – für die innere Strukturierung der Arbeit schon längst die Regel sein. Selbst wo der Berufstätige angewiesen wird, wieviel Zeit er für seine einzelnen Aufgaben ungefähr einsetzen darf, ist er doch – von Terminen und steuernden Umständen einmal abgesehen – meist frei in der Wahl der Reihenfolge. Zwar gibt es Berufe, deren Arbeitsrhythmus sich, streng oder locker, an die Zeit als Rahmen anlehnen muß. Berufsleute im Verkehr müssen (oder sollten) sich strikte an „Fahrpläne" halten, Berufsleute im Unterrichtswesen – etwas weniger exakt – an „Stundenpläne"; und manche monotone Hilfsarbeit ist durch nichts anderes gegliedert als durch die regelmäßig wiederkehrenden Pausen.

Wie zahlreich sind solche Berufe? Das ist schwer abzuschätzen. Das Beispiel, das wir hier untersuchen – P.'s Arbeitsleben – siedelt sich jedenfalls am anderen Extrem an. P.'s Arbeitsabfolge war und ist nur an einzelnen (meist wechselnden, stets neu festgelegten) Fixpunkten mit der Zeit als Rahmen verzahnt; dabei handelt es sich um Verabredungen. Sonst erfolgt die Sukzession der einzelnen Arbeitsstücke weitgehend unabhängig von der Uhrzeit, von Tag zu Tag anders, also in potenziertem Sinne „individuell" – fast so individuell und Uhrzeit-unabhängig wie ein großer Teil der Tagesläufe der Kinder von Midwest, die Barker, Wright und ihre Mitarbeiter protokolliert haben. Innerhalb gewisser Grenzen hatte P. also eine große „Kontrolle über die eigene Strukturierung der Arbeitszeit" (Hoff, 1986, 81).

Damit ergibt sich auch für uns jenes methodische Problem, mit dem sich die Midwest-Forscher gründlich auseinandersetzen mußten: die Frage, wie man „natürliche" individuelle Abschnitte erfaßt und mit ihnen umgeht. Das soll uns in den nächsten Unterkapiteln beschäftigen.

10.2 Abschnitte im Verhaltensstrom

Natürliche und künstliche Abschnitte

Barker und Wright haben sich vor einigen Jahrzehnten das Ziel gesetzt, die Tagesläufe von Kindern nach ihrer inhärenten Gliederung zu analysieren. Im gleichen Sinne beabsichtigen auch wir, die natürliche Tätigkeitsabfolge im Arbeitsleben P.'s nach deren eigenen Gesetzmäßigkeiten aufzuteilen. Uns geht es darum, herauszufinden, wie sich P.'s Arbeitstage innerlich strukturiert haben, und nicht darum, aufzuzählen, was P. Stunde für Stunde oder Viertelstunde für Viertelstunde tat. Die Einheiten, die wir packen und vergleichen wollen, müssen die von P. erlebten Tätigkeitsstücke sein und nicht künstlich aus dem Zeitrahmen abgeleitete Zeit-Portionen.

Die überexakte quantifizierende Psychologie stand und steht diesem Anliegen recht hilflos gegenüber. Sie fühlt sich nicht wohl mit „natürlichen" Einheiten. Sie setzt und schafft die Einheiten lieber selber (im Experiment); so behält sie sie unter Kontrolle. Und wo sie nicht darum herum kommt, natürliche Abläufe zu beobachten, zieht sie es gleichwohl vor, sich an die Rahmen-Zeit zu halten (so etwa beim Time-sampling). Barker und Wright gehörten wahrscheinlich zu den ersten, die systematisch natürliche Einheiten abgegrenzt und der wissenschaftlichen Forschung, auch der Quantifizierung, zugänglich gemacht haben. Wir treten hier in ihre Fußstapfen und hoffen, den von ihnen angebahnten Pfad noch etwas weiter ausbauen zu können.

Roger G. Barker hat die Begriffe „behavior units" und „behavior tesserae" einander gegenübergestellt (1963, 1ff; leicht gekürzte Fassung in 1978, 4ff.; von Koch, 1986, 33 übersetzt mit „Verhaltenseinheiten" und „Verhaltenssplitter"). „Tesserae" sind Glas- oder Marmorstücke, die der Künstler willkürlich auswählt und zusammensetzt, um sein Werk zu kreieren. So, sagt Barker, nimmt der Wissenschafter meist *seine* Einheiten und *seinen* Raster, um Realität zu erfassen. Barker vergleicht dieses Vorgehen mit der Bildung politischer Regionen im Mittleren Westen der USA im Neunzehnten Jahrhundert, die keinerlei Rücksicht auf die natürliche Gliederung der Landschaft nahm. „Behavior units" dagegen entsprechen der natürlichen Landschaft. Sie bestehen aus den eigenständigen Segmenten des Verhaltensstroms; ihre Grenzen sind an jenen Punkten dieses Stromes zu finden, wo effektive Wechsel erfolgen, unabhängig sowohl von den markanten Grenzpunkten der Uhrzeit wie von den Setzungen und Handlungen des Untersuchungsleiters. (Vgl. dazu auch Willems und Raush, 1969.)

Unsere Arbeitserhebung baut von vornherein und durchwegs auf der Erfassung natürlicher Abschnitte des Verhaltensstroms auf. Eine einzige Ausnahme mußten wir aus methodologischen Gründen in Kapitel 6.6 machen, wo wir beim Aufbau unseres „Modells der einheitsstiftenden Beziehungen" vom Begriff der „Arbeitselemente" ausgingen. Es handelte sich da um Fünfminutenstücke aus P.'s Arbeitsleben, wo immer möglich (– aber nicht immer möglich –) abgegrenzt nach natürlichen Einschnitten. Sie bilden somit eine Art von Kompromiß zwischen „behavior tesserae" und „behavior units", den wir eingehen mußten, um nicht einer petitio principii zum Opfer zu fallen und thematisch definierte Einheiten (AE) für die Definition thematischer Einheiten zu benutzen.

Die Fünfminutenschwelle wird uns bei der Abgrenzung natürlicher Abschnitte allerdings auch jetzt Probleme schaffen. Wir werden sie in den Unterkapiteln 10.4 und 10.5 zu lösen versuchen. Vorläufig aber haben wir uns noch herumzuschlagen mit den Grundsatzfragen der Bildung natürlicher Einheiten, die von den spezifischen Bedingungen unseres Vorgehens unabhängig sind. Kann man dahinfließende Ströme – des Verhaltens, des Erlebens – überhaupt sinnvoll einteilen, ohne subjektiver Willkür Tür und Tor zu öffnen? Gibt es Anhaltspunkte, die eine solche Gliederung stützen? Stimmen Strukturierungen von innen und von außen her miteinander überein? Solche Fragen beschäftigen uns in diesem und dem nächsten Unterkapitel.

Verhaltensstrom und Bewußtseinsstrom

Im letzten Vierteljahrhundert sind in den USA zwei Sammelbände herausgekommen, der eine unter dem Namen „The Stream of Behavior" (Barker, 1963), der andere mit dem Titel „The Stream of Consciousness" (Pope and Singer, 1978). Die beiden Bücher handeln von zwei verschiedenen Seiten oder Aspekten eines grundlegenden Phänomens. Das Verhalten des Menschen und das begleitende Erleben „strömen" durch die Zeit dahin. Die Formulierung geht auf William James zurück, der vor hundert Jahren auf unvergeßliche Weise den „stream of thought, of consciousness, or of subjective life" beschrieben hat (1890, 1, 239). Im Geiste seiner Zeit sprach er vom Bewußtsein. Später machte die Psychologie bekanntlich ihre Wendung zur Wissenschaft vom Verhalten und entdeckte, allerdings spät genug, den „Verhaltensstrom". Erst seit kurzem darf man sich ernsthaft auch wieder mit dem Bewußtseinsstrom beschäftigen.

In unserer Untersuchung benutzen wir beide Begriffe. Wir erfassen und schildern zwar in erster Linie das Arbeitsverhalten und seine Abfolge; aber Leserin und Leser wissen bereits, wie wenig behavioristisch wir dabei vorgehen. Was sich im Kopfe des Arbeitenden abspielt, welchen Inhalten er sich der Reihe nach zuwendet, das muß uns gleichermaßen interessieren, weil wir sein Arbeitsverhalten sonst weder begreifen noch gliedern können. Beim Arbeitshandeln sind Verhaltens- und Bewußtseinsstrom ohnehin enger koordiniert als es gelegentlich im privaten Leben der Fall ist; dort wirken sich oft Tag- und Nachtträume über lange Strecken nicht in registrierbarem Verhalten aus; dafür wird dieses häufig durch unbewußte Zwischenglieder und Störfaktoren mitbestimmt.

Kontinuität und Diskontinuität der Abläufe

Früher hörten wir, daß der Philosoph Heinrich Rickert (1926, 31ff.) die unmittelbar gegebene Wirklichkeit durch die beiden Begriffe der Kontinuität und der Heterogenität charakterisiert. Die Welt sei ein „heterogenes Kontinuum". Das gilt natürlich auch für das Verhalten des Menschen. Auf den Bewußtseinsstrom bezogen, sagt William James ungefähr dasselbe (1890, 1, 225ff.): die Bewußtseinsinhalte seien „always changing" und „sensibly continuous".

Wer ausgezogen ist, den Verhaltensstrom zu gliedern, müßte ob solchen Aussagen eigentlich erschrecken. Wie soll man etwas gliedern, das kontinuierlich im Flusse ist? Muß sich nicht ein solches Unterfangen, dem Gegenstand so gar nicht angemessen, auf willkürliche Eingriffe von außen her beschränken? In gewissem Sinne geht Rickerts Lehre auf diese Meinung hinaus. Nach ihm ist es (erst und nur) das denkerische Erkennen der Wirklichkeit, ihre begriffliche Durchdringung, welche Grenzen zieht und Einheiten schafft. Ein anderer Theoretiker des Fließens, Ludwig Klages, zieht diese Trennlinie auf einer anderen Ebene (z.B. 1921). Er sieht den Menschen unauflösbar verstrickt in einen feindseligen Dualismus zwischen Erleben und Bewußtsein. Während für natürliches Erleben alles Erfahrene im Flusse sei, zerhacke, trenne und verfestige der menschliche Geist die gleiche Wirklichkeit. Unausweichlich gliedere er das natürlicherweise nicht Aufteilbare.

Genau diesem Dualismus zwischen erlebter Wirklichkeit und erkennerischem Zugriff huldigen auch manche zeitgenössischen Spezialisten der Verhaltensbeobachtung (die wohl eine Verwandtschaft mit Klages weit von sich weisen würden). „Die Aufteilung des Verhaltensstroms in kodierbare Einheiten ist beliebig, da es so etwas wie ‚natürliche Einheiten' nicht gibt", stellen Manns, Schultze, Herrmann und Westmeyer kategorisch fest (1987, 24) und schildern anschließend das Verfahren des willkürlich strukturierenden Forschers: „Daher werden oft formale Einteilungskriterien bevorzugt wie Zeitintervalle ..." Schon ein paar Zeilen nachher folgen dann allerdings Aussagen, die uns stutzig machen müssen. „Nachteil dagegen ist das Zerstören eines natürlichen Verhaltensablaufs ..., denn bei dieser Art der Notierung ist nicht zu entscheiden, ob es sich um ein einziges kontinuierliches Verhalten handelt oder um wiederholte, aber ... unterbrochene Handlungen." Also gibt es doch einzeln heraushebbare „kontinuierliche Verhalten", „Handlungen", Unterbrechungen usw., und das heißt doch: Gliederungsmöglichkeiten in und aus der Sache selber und nicht nur das „Belieben" des Forschers, das dieser kühn mit „der erzielbaren Objektivität" gleichsetzt (ebenfalls Seite 24).

Tatsächlich gibt es seit jeher auch die umgekehrte Denktradition. Nicht jedermann sieht die Wirklichkeit so aalglatt und unpackbar in ständiger Wandlung begriffen. Für Rudolf Carnap zum Beispiel (1928), dem wir ebenfalls früher bereits begegnet sind, heben sich schon auf dieser Stufe unterscheidbare „Elementarerlebnisse" voneinander ab. William James selber neigt einer ähnlichen Auffassung zu. Daß alles im Flusse sei, heißt für ihn keineswegs notwendigerweise, daß es gleichmäßig fließen müsse. In einem anderen eindrücklichen Bilde vergleicht er den menschlichen Geist mit einem Vogel, der sich von Zeit zu Zeit auf einen Flug begibt, um sich dann wieder zu setzen und in Ruhe zu verharren. Darum unterscheidet er im Bewußtseinsablauf „substantive parts" von „transitive parts" (1890, 1, 243). „Es zeigt sich", schreibt er in der gekürzten Fassung seines Hauptwerkes (1893/1909, 158), „daß unser Bewußtsein, wenn es eben von einem substanzartigen Bestandteil sich entfernt hat, sogleich einem anderen dieser Art zustrebt. Und wir können sagen, daß die Hauptaufgabe der transitiven Teile darin besteht, uns von einem substanzartigen Endziel zum anderen zu führen." Eine Gliederung des Geschehens ist also schon in der unmittelbaren Realität selber gegeben. Paul Fraisse weist ebenfalls darauf hin, daß Veränderungen zwei Merkmale hätten: die Sukzession der Ereignisse und die Intervalle dazwischen (1957/85, 18). In die gleiche Richtung geht auch Kurt Lewins Unterscheidung von „Regionen" des Verhaltens und der „Lokomotion" von der einen zur andern; und für Henry A. Murray ist eine in ihrem zeitlichen Ablauf gegliederte Realität von vornherein selbstverständlich.

Verhaltenswahrnehmung und Abschnittsbildung

Wir möchten uns weitgehend den zuletzt genannten Auffassungen anschließen. Es ist eine alltägliche Erfahrung, daß wir das Verhalten unserer Partner in voneinander abgrenzbaren Abschnitten wahrnehmen. Wir können meist (und meist übrigens zutreffend) sagen, was diese tun und was sie eben getan haben. (Ist das ausnahmsweise nicht der Fall, so sind wir verwirrt.) Jetzt ißt unser Freund sein Frühstück, jetzt kleidet er sich an, jetzt fährt er ins Büro.

Harold R. Dickman, der sich mit dieser Tatsache auseinandersetzt, wundert sich deshalb, daß die Wissenschaft einem so selbstverständlichen Phänomen praktisch keine Beachtung geschenkt und Bedingungen und Eigentümlichkeiten der Wahrnehmung von Abschnitten im Verhaltensstrom nicht untersucht habe. Er unternimmt selber eine erste Studie auf diesem Feld (1963). Ein gutes Jahrzehnt später erscheinen gleichsinnige Untersuchungen eines anderen amerikanischen Forschers (Darren Newtson, 1976). Seltsamer-, von der Sache her beurteilt vielleicht glücklicherweise sind die neuen Experimente in völliger Unkenntnis jener Dickmans erfolgt.

Denn wenn man Dickmans und Newtsons Berichte liest, ist man sehr verblüfft. Die beiden sind von der gleichen Fragestellung ausgegangen, haben ähnliches Material, aber eine recht verschiedene Methode verwendet und gelangten schließlich zu sehr ähnlichen Befunden.

Dickman und Newtson zeigten ihren Versuchspersonen je kurze Filme (rund 5 bis 10 Minuten), in denen eine Person bei einem Verhaltensablauf ununterbrochen aufgenommen worden war. Dickman suchte sich Ausschnitte aus einem Spielfilm, Newtson ließ verschiedenartige Szenen ad hoc mimen und aufnehmen. Dickman ersuchte die Versuchspersonen nachträglich, Newtson im voraus, das beobachtete Verhalten nach Einheiten zu gliedern, beziehungsweise Stellen zu markieren, wo ein Wechsel dieses Verhaltens stattfand. Bei Dickman geschah das, indem die Personen Karten, auf denen das Filmgeschehen Phase um Phase beschrieben war, zu Gruppen zusammenstellen mußten; Newtson ließ seine Versuchspersonen hingegen während des Filmablaufs eine Taste immer dann drücken, wenn ihrer Meinung nach eine sinnvolle Handlung endete und eine neue begann;

für die Auswertung gliederte er den Film in künstliche Intervalle (tesserae!) von einer oder wenigen Sekunden Dauer. So konnte man für jede Stelle des gezeigten Verhaltens – bei Dickman für jeden Übergang von Karte zu Karte, bei Newtson für jedes Intervall – feststellen, wieviele der Versuchspersonen einen Einschnitt markierten.

Die Ergebnisse sind so übereinstimmend – und ergänzen sich gegenseitig so schön –, daß wir auch sie im gleichen Atemzug rapportieren können. Bei allen Filmen gab es zahlreiche Stellen, bei denen keine der Versuchspersonen auf die Idee verfiel, einen Einschnitt wahrzunehmen, dagegen einige wenige, bei denen das Urteil „Einschnitt!" mit weitgehender Einstimmigkeit gefällt wurde. (Manchmal verschob sich die festgestellte Grenze beim einen oder anderen Beurteiler um ein Bild oder ein Intervall nach vorn oder hinten. Toleriert man solche Differenzen, so war die Übereinstimmung schlagend.) Zwischen diesen beiden Extremen gab es – bei beiden Untersuchungen – freilich auch Stellen, wo die Urteile sich nicht deckten: Einige oder mehrere, aber nicht alle Versuchspersonen stellten dort Verhaltenswechsel fest. Dickman präsentiert diese Ergebnisse ungefähr wie folgt (1963, 28 und 34; hier stark vereinfacht):

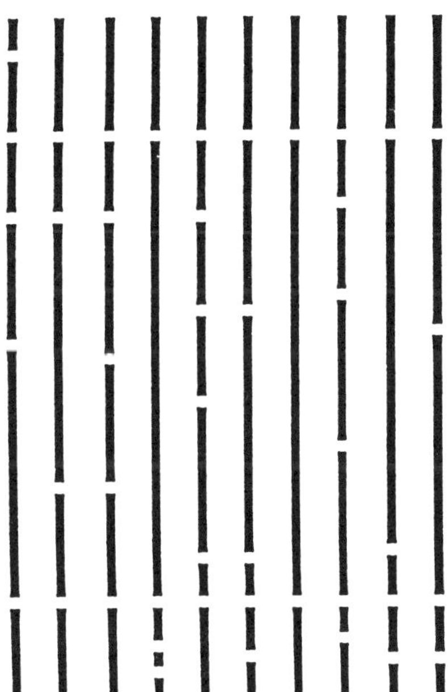

Fig. 10.2

Er kommentiert, daß offenbar eine viel größere Übereinstimmung bestehe hinsichtlich „breaking points" als hinsichtlich Einheiten oder Abschnitten. Auch Newtson stellt fest, daß seine Studenten recht verschieden „abschnittsfreudig“ waren; einige markierten viele, andere wenige Einschnitte; und dieses individuell unterschiedliche Verhalten erwies sich, bei Wiederholungen nach längerer Zeit, als erstaunlich konstant. Durch einfache Variationen der Instruktion gelang es Newtson jedoch, die Zahl der Knopfdrücke allgemein zu heben oder zu senken. Stellen, über die zuvor Uneinigkeit geherrscht hatte, wurden dann, bei der einen Anweisung, unversehens zu allgemein anerkannten Einschnittpunkten oder verschwanden – im andern Falle – aus fast allen Protokollen.

Dies ist ein komplizierter aber überzeugender Nachweis für eine sehr einfache Sache, von der wir schon wiederholt gesprochen haben. Es gibt verschiedene Größenordnungen der Verhaltens-Aufgliederung durch Beobachter. Die größeren Abschnitte (bei Dickmans 8-Minuten-Filmen so um fünf bis sieben) nimmt jedermann wahr; sie drängen sich auf. Die kleineren Unterteilungen werden nur realisiert von Personen, die von Natur aus auf Details eingestellt oder entsprechend instruiert sind. Dickman spricht von Unterschieden in der „Verhaltensperspektive“ (ein uns bereits geläufiger Ausdruck). Der eine Beobachter begründete seine zwei voneinander abgegrenzten Einheiten mit „Essensglocke läuten“ und „Hände waschen“, der andere, beim gleichen Verhaltensstück, seine einzige mit „die Anweisungen der Mutter ausführen“.

Außerdem aber scheint, wie Newtson und seine Mitarbeiter zeigten (1976, 231ff.) auch die Eigenart des beobachteten Verhaltens einen starken Einfluß auf das Niveau der Aufgliederung auszuüben. Je unregelmäßiger, unstrukturierter, aber auch unberechenbarer, schwerer interpretierbar das gezeigte Verhalten ist, desto mehr „Einschnitte“ werden markiert: Offensichtlich verstellt das den Blick auf die größeren Zusammenhänge. Umgekehrt scheint man umso eher auf diese zu achten, je relevanter das Benehmen des andern für einen selbst wird.

Tun und Bewegung

Diese Übereinstimmung zweier unabhängig voneinander forschender Psychologen macht Freude. Lektüre lohnt sich. Sie lohnt sich auch aus einem andern Grunde. Selten nämlich kann man so schön zuschauen, wie zwei Fachleute in den gleichen Befunden total verschiedene wissenschaftliche Sichtweisen bestätigt finden. Fragestellung und Ergebnisse sind bei Dickman und Newtson gleich; die Interpretationen jedoch unterscheiden sich wie Tag und Nacht. Für Dickman erklärt sich die Tatsache, daß man das Verhalten des anderen spontan in Abschnitte gegliedert sieht, aus der Wahrnehmung von Zielen und Motiven dieses anderen (wobei eben die Perspektive variieren kann). Wer, wie der Autor dieses Buches, aus sinn- und gestaltpsychologischen Zusammenhängen heraus denkt (und darum weitgehend mit Dickman einig geht), staunt dagegen nicht schlecht, wenn er Newtsons behavioristische Schlußfolgerungen liest. Auch Newtson spricht zwar von „sinnvollen Handlungen“, definiert sie aber völlig anders; seiner Meinung nach ergeben sich diese für den Zuschauer aus Veränderungen in der beobachteten Reizkonstellation (1976, 236). „The theory, then“, so faßt er zusammen (241), „may be summarized as follows. Behavior perception is achieved by monitoring a set of features of a stimulus array; a change in any of the monitored features results in the perception of a meaningful action.“ Größere Einschnitte finden dann statt, wenn mehrere „features“ gleichzeitig wechseln, oder wenn langsam oder selten sich vollziehende Veränderungen erfolgen (239f.); solche fallen jedermann auf. Wer dagegen genauer hinblickt, sieht und registriert auch Wechsel einzelner Stimuli (oder kann auch bei schnelleren Wechseln noch Abschnitte differenzieren). Diese Theorie der Wahrnehmung „sinnvoller Handlungen“ wird erläutert am Beispiel des Bein- oder Armhebens (236).

Das erinnert mich an gestern vormittag. Da konnte man nämlich am Fernsehen einem alten weißhaarigen Manne zuschauen, der auf einem Podium stand und vor den Augen vieler gebannt und unbewegt hinblickender Leute zahlreiche Bewegungskonstellationen vorführte. Wiederholt hob und schwenkte er seine Arme, streckte und krümmte seine Finger, in denen er ein Holzstäbchen hielt, ging unversehens und sprungweise in Grätschstellung und beugte seinen Körper vor und zurück. Dazu verzog er immer wieder sein Gesicht, manchmal lächelnd, manchmal schmerzlich, vereinzelt auch zu einem hart entschlossenen Ausdruck. Ein wahres Paradebeispiel für Newtson und seine Theorie des sinnvollen Verhaltens. Da konnte man so richtig nach Herzenslust features überwachen und meaningful actions abgrenzen. Die weniger Sensiblen mußten sich freilich auf die großen Einschnitte beschränken, die es glücklicherweise auch gab: Einmal beispielsweise hob der alte Mann plötzlich gleichzeitig beide Arme und hüpfte, verzückten Antlitzes, in die Luft – hui, wieviele Knöpfe wären da betätigt worden, hätte man die Zuschauer damit ausgestattet und „instructed to press it when, in his judgment, one meaningful action ends and a different one begins“ (224)!

Verdarb da der verständnislose Fernsehzuschauer, der mit diesen features nichts anzufangen wußte und den Ton einschaltete, nicht Newtsons wissenschaftliches Spiel? Er realisierte plötzlich, daß all seine (imaginären) Knopfdrücke sinn- und zwecklos gewesen waren; erst jetzt ergab sich für ihn überhaupt eine „sinnvolle Handlung“: Leonard Bernstein dirigierte nämlich die zweite Symphonie von Johannes Brahms. Ihm dämmerte nun – falls er das nicht zuvor schon gewußt hatte –, daß Bewegungen und Handlungen zweierlei sind und daß sinnvolles Tun nicht aus der Überwachung von Reizkonstellationen und ihren Änderungen abgelesen wird, sondern aus den durch sie allenfalls vermittelten Absichten und Sinnzusammenhängen. Er erinnerte sich an atemberaubende Kinostunden, in denen er zwar nicht den Newtson'schen Knopf, wohl aber den Arm seiner Begleiterin kräftigstens gepreßt hatte, während beim Helden auf der Leinwand kaum ein feature wechselte: dieser, ein politisch Verfolgter beispielsweise, saß und plauderte in einem Restaurant und streifte dabei mit dem Blick einen Schergen der Geheimen Staatspolizei, der in der anderen Ecke saß und zu ihm herüberschaute. Unser Mann änderte sein Verhalten nicht; er hob kaum die Augenbrauen, geschweige denn den Arm oder ein Bein; und doch war jeder Zuschauer überzeugt, nun habe ein neuer Abschnitt seines Schicksals begonnen.

Die Unterscheidung zwischen „Bewegungen“ und „Tun“ (wir vermeiden das Wort „Handlung“, weil wir damit einen spezifischeren Sinn verbinden) ist für die Psychologie, so wie wir sie verstehen, fundamental – auch für eine Theorie der Wahrnehmung von Abschnitten im Verhaltensstrom. Daß man sie noch vor wenigen Jahren bei der Interpretation so suggestiver Befunde wie jener Newtsons systematisch übersehen konnte, ist mir kaum verständlich.

Größenordnung der Abschnitte

Ungeachtet der verschiedenen Interpretationsweisen haben Dickman und Newtson übereinstimmend festgestellt, daß beobachtetes Verhalten in unterschiedlich große Abschnitte unterteilt werden kann (und wird). Das mag den einen oder anderen Leser an unsere Diskussionen je gegen Schluß der Kapitel 4.1 und 6.1 erinnert haben. Bekanntlich können wir ein bestimmtes Verhalten – im Beispiel auf Seite 278 war es übrigens ebenfalls ein Armheben, nämlich zwecks Aufsetzens der Brille – in verschieden weiten Zusammenhängen interpretieren, und diesen verschiedenen Zusammenhängen (oder „Perspektiven“) entsprechen auch verschieden große Abschnitte.

Wie man fokussiert, hängt natürlich zu einem guten Teil vom gegebenen Material ab. Hätte man den Versuchspersonen Dickmans oder Newtsons tatsächlich den oben zitierten Thriller, oder auch nur einen zwei- bis dreistündigen, ununterbrochenen Ausschnitt aus der komplexen Tätigkeit eines Berufsmannes vorgelegt, oder einen Bericht über eines seiner Arbeitsjahre – die Gliederung des Ablaufs wäre schrittweise großflächiger ausgefallen. Ob man dann allerdings bei verschiedenen Beurteilern die gleiche Übereinstimmung gefunden hätte wie im Dickman/Newtson-Experiment, wissen wir nicht. (Gibt es irgendwelche Untersuchungen darüber?)

Den Zeitablauf als „Stoff“ eines Lebens, eines Tages, einer Minute kann man also nach den verschiedensten Größenordnungen unterteilen. Das geht von den „Seasons of a Man’s Life“ (Levinson, 1978, 20) oder den Grundabschnitten des Lebenslaufes (Bühler, 1933, 19f.) bis hinunter zu den „Infinitesimalen der Handlungen“ gemäß Danto (1978, 376) oder den winzigen Augenblicken der „selektiven Aufmerksamkeitszuwendungen“, aus denen Franklin den Indeterminismus ableitet (1968, 76ff.). „Ich hol’s aus meinem Gedächtnis: Ein sowjetischer Wissenschaftler (Kolmogorow, wenn ich mich recht erinnere) hat untersucht, wieviel unbewußte Denkvorgänge ... sich im Gehirn eines Kurzstreckenläufers während eines 100-m-Laufs, also in weniger als 12 Sekunden abspielen; er ist (wenn ich mich recht erinnere) auf über 100 gekommen." (Schuster, 1975, 173).

Nun sind allerdings, wie wir bereits in Kapitel 4.6 besprochen haben, aus der Sicht des menschlichen Handelns und Arbeitens der Abschnittsbildung nach oben und nach unten natürliche Grenzen gesetzt. Gewisse sehr weite Perspektiven sind bloß Sonntags-Erscheinungen, die vielleicht an den seltenen Punkten entscheidender Weichenstellungen oder beim großen Abrechnen mit dem gelebten Leben zu greifbaren Realitäten werden, für das praktische Handeln jedoch normalerweise irrelevant sind (sie verfließen sozusagen zu regulativen Werten). Barker und Wright sprachen von einer Überschreitung der „normalen Verhaltensperspektive".

Auch nach unten hin gibt es natürliche Grenzen. Im letzten Abschnitt sind wir zum Teil bereits darauf gestoßen. Die Armbewegungen Leonard Bernsteins auf dem Podium des Großen Musiksaals von Wien, so haben wir gesehen, markieren für uns keine sinnvollen Abschnitte seines Verhaltensstroms. Anders ist es natürlich für den eingefleischten Behavioristen. Im Gefolge John Watsons, der nur die Bewegungen als legitimen Stoff einer objektiven, wissenschaftlichen Psychologie anerkannt hat, reduzierte er ja ohnehin alles Tun und Handeln jahrzehntelang auf Bewegungen. So spürt sein Nachfahre noch 1976 erst auf dieser Analyse-Ebene so richtig Boden unter den Füßen, selbst wenn es gilt, sinnvolle Handlungen abzugrenzen.

E.C. Tolman hat demgegenüber bereits 1932 den grundsätzlichen Unterschied zwischen „molarem" und „molekularem" Verhalten postuliert. Wenn auch verschieden interpretiert, diente dieses Begriffspaar seither immer wieder jener Gegenüberstellung, die wir im letzten Abschnitt vorgenommen haben. „Molekular" sind die einzelnen Bewegungen unseres Dirigenten; „molar" ist das, was er – von ihm und uns aus gesehen – tut, nämlich die Aufführung einer Brahms-Symphonie. Ob man allerdings diese Bezeichnungen gebraucht oder sie – wie Littman und Rosen bereits 1950 ihrer Vieldeutigkeit wegen beantragten – meidet, ändert nichts daran, daß es eine untere Grenze für die Fraktionierung des als sinnvoll verstandenen Verhaltens gibt.

Elementarteile sinnvollen Verhaltens

Diese „untere Grenze" haben ebenfalls Barker und Wright in ihrer Untersuchung der Tagesläufe von Kindern systematisch abgesteckt. Sie stellten fest (1955/71, 179), daß es letzte molar beschreibbare Handlungsteile gebe, ausgeführt von „der Person als Ganzer im Rahmen einer als sinnvoll wahrgenommenen Umwelt". Solche kleinsten Einheiten bezeichnen sie als „Phasen" des Verhaltens (präzise definiert im Forschungsbericht Wright und Barker, 1950, 119f.). Wer konkret wissen will, wie solche Phasen aussehen, nehme am besten „One Boy's Day" zur Hand (Barker und Wright, 1951), wo ein ganzer Tageslauf des siebenjährigen Raymond Birch Phase um Phase nacherzählt wird. (Rund 400 Seiten zu je rund 10 Phasen, macht 4000 Phasen in den 13 1/2 Stunden oder 800 Minuten von sieben Uhr früh bis halb neun abends.)

Nicht ausgezählt wurde, wie oft Raymond Birch am 26. April 1949 seinen Arm gehoben hat. Sicher ist nur, daß Newtsons Armerheben in den Tagesläufen der Midwest- oder anderer Kinder normalerweise keine „Phase" bildet – es sei denn, sie spielten Verkehrspolizist (oder Nationalsozialist). Das gilt im Ganzen auch für Leonard Bernsteins Armbewegungen, außer wenn er das Orchester zum Einsatz sammelt. Wie weit – und wie – übrigens ganze Musikstücke oder Symphonie-Sätze in „Phasen" aufgeteilt werden können (oder aber das viertelstündige Allegro non troppo der D-dur-Symphonie eine unaufbrechbare molare Einheit bildet), mögen der Musiker und der innerlich bewegte Zuhörer beurteilen. Gewiß aber unterschreiten die einzelnen Takte (oder gar Noten) die Grenze molaren Erlebens.

Das führt uns zu einer weiteren Frage. Die oben genannten Verhältnisse für kleinste sinnvolle Abschnitte des Handelns – bei Kindern kommen durchschnittlich etwa fünf pro Minute vor – gelten für das von außen beobachtbare Verhalten. Ob sie ohne weiteres auch auf Bewußtseinsprozesse übertragen werden können, ist nicht klar. Eric Klinger hat „lautes Denken" von Versuchspersonen unter vier verschiedenen Bedingungen auf Band aufgenommen und dann einteilen lassen (offenbar ebenfalls mit beachtlicher Übereinstimmung der Beurteiler), wobei er allerdings der Gliederung bereits eine bestimmte theoretische Auffassung zugrundelegte; er suchte nach „unterscheidbaren thematisch homogenen Gedankenfolgen" (1971, 97). Am Beispiel eines unstrukturierten Bewußtseinsablaufs – freiem Fantasieren – demonstriert er in seinem Buch das Vorgehen. In knapp zwei Minuten wurden hier fünf solche Einheiten unterschieden, zwei bis drei pro Minute; das scheint breitere Gültigkeit zu haben (99).

Nicht sicher ist allerdings, ob es solche Einheiten sind, die das innere Pendant zu den Phasen von Barker und Wright bilden. Man könnte auch die Auffassung vertreten, das treffe eher für die einzelnen Sätze oder Satzteile zu. Solche werden im Durchschnitt etwa 14 pro Minute gezählt. Auch hier glitte aber jede weitere Aufteilung in einen Bereich ab, der „molare", sinnhaltige Einheiten nicht mehr zuließe.

Dennoch scheinen Zeitabschnitte von etwa fünf bis fünfzehn Sekunden im allgemeinen die untere Grenze für sinnvolle Gliederungen sowohl des Verhaltens wie des Bewußtseinsstroms zu bilden. (Im übernächsten Unterkapitel werden wir sehen, daß die von uns untersuchten Abschnitte wesentlich gröber sind.)

Damit haben wir nun bereits den Standort für unsere Betrachtungen gewechselt. Wir haben uns der Frage zugewandt wie die Abschnitte von

10.3 Einheiten und Abschnitte im Erlebnisstrom

Dauer und Gegenwart

Im letzten Unterkapitel haben wir untersucht, wie man als Beobachter anderer deren Verhaltensstrom in Abschnitte unterteilen kann. Für solche Versuche stehen uns zur Verfügung etwa fortlaufende Verhaltensbeschreibungen (Barker und Wright), Filme (Newtson; Dickman), Tonbänder (Klinger; Soskin und John, 1963), Bilderserien (Dickman), Biographien und Lebensbeschreibungen (Ch. Bühler, Levinson) und ähnliches. Man sieht und hört sie sich an oder geht sie durch und hält laufend oder nachträglich Einheiten und Wechsel fest. So ergeben sich Gliederungen, die von sehr verschiedener Größenordnung sein können. Phasen und „main routines" dauern im Durchschnitt einige Sekunden, die „seasons of a man's life" einige Jahre.

Bei der „Sicht von innen" taugt dieses Vorgehen nicht. Wir müssen da einen anderen Einstieg suchen. Der Weg der Überlegungen, den wir zu gehen gedenken, scheint uns zunächst von unserem Thema eher wegzuführen. Wir starten von einem Begriff her, der uns bereits wohl vertraut ist, der aber eine interessante Doppelbedeutung hat. Es ist der Begriff der „Dauer". Bisher interessierte uns vor allem seine quantitative Seite. Dauer ist beliebig genau meßbar; wir wiesen etwa auf die Stoppuhr, aber auch auf die elektronische Messung am Hahnenkamm hin.

Aber seit Henri Bergson verbindet man mit dem Wort Dauer auch eine andere, rein qualitative Vorstellung. Nach Bergson hat die Gegenwart für uns immer eine „durée". Wie wir früher schon ausführten (vgl. Seite 198), leben wir normalerweise nicht „im Augenblick" (das kommt nur ganz ausnahmsweise vor, unter Sonderbedingungen). Es will uns nicht einmal gelingen, unsere Aufmerksamkeit auf den gegenwärtigen Moment zu heften; das hat William James sehr schön dargestellt (1893/1909, 280f.); und auch Wilhelm Dilthey betont, „daß das Gegenwärtige als solches niemals erfahrbar ist" (1927, 73). Unsere Gegenwart hat praktisch immer eine gewisse Ausdehnung; sie ist nicht ein Punkt, sondern ein „Zeitraum". Eingehend beschrieben haben das – neben vielen anderen – die Zürcher Psychologen Wilhelm Keller (1974, 9ff.) und Detlev von Uslar (1969, 23), unter den Philosophen etwa Friedrich Kümmel (1966, 33ff.). William Stern prägte dafür, in seiner „personalistischen" Psychologie, den Begriff der „personalen Gegenwart" (zu der auch das räumliche Hier gehöre; 1934/50, 130ff.), Wilhelm Dilthey jenen des „Erlebnisses" (vgl. Bollnow, 1936/55, 112ff.). Georges Schaltenbrand schließlich spricht von „Gegenwartsatomen verschiedener Länge" (1969/88, 41).

Wir wollen an dieser Stelle kurz auf die Darstellung eingehen, die Alfred Schütz in seinen „Strukturen der Lebenswelt" diesem Phänomen widmet (Schütz/Luckmann, 1979, 80–84). Drei Philosophen der neueren Zeit hätten die Fragen der inneren Dauer „unabhängig voneinander gesehen und untersucht" (80): Bergson, James und Husserl. Die jeweilige Gegenwart bestehe nach ihnen aus einem zusammenhängenden Stück sich abfolgender Erfahrungen; in ihnen seien unvermeidlich Antizipationen wie auch unmittelbarste „Erinnerungen" enthalten. Schütz rapportiert Husserls Auffassung wie folgt: „Die aktuelle impressive Phase einer Erfahrung ist nichts als eine Grenzphase kontinuierlicher Retentionen und ebenfalls kontinuierlicher Protentionen. Jedes aktuelle Erlebnis trägt notwendig einen Vergangenheitshorizont und einen Zukunftshorizont." Einen ähnlichen Gedanken finden wir auch bei George H. Mead (1969, 411): „Die Gegenwart ist ein Übergang, der aus Prozessen besteht, deren frühere Phasen in bestimmter Hinsicht ihre späteren Phasen bestimmen ..." (zitiert nach Hoff, 1986, 51). Erst wenn einst unser letztes Stündlein schlägt,werden wir eine Gegenwart erleben, die keine Zukunft mehr enthält. Darin sieht Joachim E. Meyer einen Schlüssel zum Verständnis des Sterbens (1979, 17).

Die Einheiten des Erlebnisstroms bestehen – neben der je unmittelbaren „Impression" – zunächst vorwiegend in Antizipationen, die „bestätigt oder enttäuscht" werden, während sie sich in impressive Phasen und dann in Retentionen verwandeln. Wird eine Einheit nicht durch Ablenkung oder Unterbrechung vorzeitig beendet, so erschöpft sie sich schließlich durch Umsetzung aller Erwartungen in solche Retentionen. Damit gliedert sich unser Erleben laufend in Einheiten. Alfred Schütz formuliert als „allgemeines Kennzeichen des Bewußtseinslebens" das folgende Prinzip: „Das Bewußtseinsleben enthält nicht gleichmäßige homogene Raumzeit-Elemente (wie es manche psychologischen Schulen haben wollen), sondern artikuliert sich in ‚Einheiten' der inneren Dauer, die Bezugseinheiten sind. Auf Retention, Impression und Antizipation beruhen die ‚Quanta' der inneren Dauer; diese reihen sich aber in charakteristische Rhythmen aneinander." (1979, 84). Auch nach Wilhelm Dilthey gibt es in der „konkreten", von innen her erlebten Zeit „keinen strukturlos gleichmäßigen Abfluß, sondern, obwohl sie fließt, enthält sie in sich eine innere Gliederung; sie sammelt sich um bestimmte Einheiten herum, und diese kleinsten Einheiten des Lebens bezeichnet Dilthey als ‚Erlebnisse'." (Bollnow, 1936/55, 114.) „Gegenwart psychologisch angesehen ist ein Zeitverlauf, dessen Ausdehnung wir als eine Einheit zusammenfassen. Wir fassen mit dem Charakter der Gegenwart das zusammen, was durch seine Kontinuität für uns nicht unterscheidbar ist." (Dilthey 1927, 230.)

Es könnte allerdings auch Menschen geben, denen es tief widerstrebt, daß die Gegenwart eine „Dauer" hat. Heinz Bude beschreibt so den typischen „Aufsteiger" und spricht von seinem „Gegenwartsgeiz". „Der Augenblick darf nicht stehenbleiben: Man muß schnell durch ihn hindurch, um in der Zukunft weiterzukommen." (1988, 41).

Schichten der Gegenwart

Eine „stationäre" Gegenwart, die (wechselnde) Anteile von Zukunft und Vergangenheit einschließt – für viele gewiß ein seltsamer, auf den ersten Blick abstrus erscheinender Gedanke! Und doch ist unser ganzer Sprachgebrauch auf diese Erlebnisweise ausgerichtet. Wenn unsere Sekretärin beim Kaffee erzählt, eben habe ein Anrufer, der sich für eine Beratung anmelden wollte, auf ihre Frage: „Was machen Sie gegenwärtig?" geantwortet „mit Ihnen telefonieren!", dann lacht die ganze Belegschaft. Noch nie hat einer die Frage nach seiner Gegenwart so punktuell verstanden. Normalerweise reagiert man anders. Fragt mich ein alter Bekannter am Schlusse eines Telefongesprächs: „Und was macht Deine Frau?", so antworte ich: „Gegenwärtig arbeitet sie an einer Schrift über Robert Walser." Ruft aber ein paar Minuten später ihre Kollegin an, die an dieser Arbeit beteiligt ist, so rücke ich mit einer anderen Wahrheit heraus: „Nein", sage ich, „sie ist nicht da; heute ist sie den ganzen Tag an einer Sitzung in Zürich." Was soll das heißen? Habe ich meinen ersten Gesprächspartner belogen und getäuscht?

Wohl kaum. Der Mensch lebt jederzeit nicht bloß in *einer* „Gegenwart". Seine „personale Gegenwart" – das beschrieb schon William Stern – hat mehrere Schichten. Lassen wir den Uhrzeiger nochmals um einige Minuten weiterspringen. Nun ist meine Frau selber am Draht. Beiläufig, aber scharf kommentiere ich ein Ereignis des Tages. Meine Frau wundert sich sehr: eben hätte sie doch noch gemeint, ich verträte die Ansicht ... , wendet sie ein und markiert damit eine klare Grenze zwischen einer momentanen Gegenwart und einer soeben ruckartig abgestreiften Vergangenheit.

Verweilen wir noch kurz bei diesem Augenblick im Leben meiner Frau und schauen ihn uns an!

- Zu ihrem Erstaunen vernimmt meine Frau gerade ...(eben dachte sie noch ...)
- Dies während sie mit mir ein paar Worte über ein Tagesereignis wechselt (im Verlaufe eines Telefongespräches betreffend ihre Rückkehr nach Bern)
- Sie telefoniert mit mir aus einem öffentlichen Fernsprecher in Zürich (zwischen einem Einkauf und dem Versand einer Postkarte)
- Gegenwärtig macht sie nämlich einige Besorgungen (zuvor saß sie am Sitzungstisch)
- Denn heute nimmt sie an einer Sitzung in Zürich teil (gestern abend leitete sie einen Volkshochschulkurs)
- Leider steckt sie gegenwärtig in einer Periode ständiger Ablenkungen (während sie letzte Woche mit ihrer jetzigen Arbeit gut vorankam)
- Zur Zeit arbeitet sie eben an einem Dossier über Robert Walser (eine Reihe von Buchbesprechungen sind vorher zu Ende gekommen)

– Gegenwärtig betätigt sie sich vorwiegend als Literaturkritikerin und -vermittlerin (die Stelle als Lehrerin, die sie bis vor wenigen Jahren innehatte, gab sie vor einiger Zeit auf).

Was meine Frau gegenwärtig nicht alles tut! Sie wundert sich, telefoniert, macht Besorgungen, nimmt an einer Sitzung teil, arbeitet an einem Dossier usw. – all das läßt sich in diesem Augenblick zu Recht aussagen; und je nachdem, wer nach ihr fragt, gibt man die eine oder andere Auskunft (im längst fälligen Brief nach Amerika vielleicht die letzte der oben aufgezählten). Die Perspektiven durchmischen sich; was auf einer Ebene bereits Vergangenheit ist (meine Frau tätigte eben einen Einkauf), kann auf der nächsten durchaus noch zur Gegenwart gehören (sie macht verschiedene Besorgungen). Manchmal hebt sich eine Gegenwart scharf vom eben vergangenen Moment ab (etwa wenn man der Instruktion folgt: „auf ‚los' abdrücken"); manchmal dagegen umspannt sie Jahre oder Jahrzehnte. Die „Literaturgeschichte der Gegenwart", an der meine Frau vor längerer Zeit mitwirkte (Pulver, 1974), bezog sich nicht bloß auf die heute oder gestern erschienenen Publikationen; die damit gemeinte Gegenwart begann um 1945 – und begann zumindest bis 1989, fast ein halbes Jahrhundert lang, um 1945. (Oder vielleicht noch früher? Im Oktober 1986 veranstaltete der „Verein Schweizerischer Deutschlehrer" einen Weiterbildungskurs in Schwarzenberg unter dem Titel: „Begann unsere Gegenwart um 1900?" Und wann würde ein Verein Schweizerischer Geologielehrer die Gegenwart unserer Alpen beginnen lassen?)

Die verschiedenen Schichten der Gegenwart können mannigfaltige Arten der Beziehung untereinander eingehen. Oft wird ein Geschehen erst von einem höheren Niveau her verständlich. Zu einer Zeit, als man Arbeitslosigkeit nur erst vom Hörensagen kannte, mußte man sich wundern, wenn die junge Lizentiatin Sally im Warenhaus Woolworth Kurzwaren verkaufte. Noch verwirrlicher war es zu vernehmen, sie sei zuvor als Redaktionsassistentin bei „Vogue", dann als Kindermädchen, dann als Putzfrau, dann als Lehrerin tätig gewesen. Aber all das wird plötzlich sinnvoll, wenn wir hören, sie sammle gegenwärtig Material für ein Buch über die berufstätige Mutter. (Das Beispiel stammt von Dorothy Lee, 1973, 140f.). „In the case of human action", so schreibt David D. Clarke (1982, 200), „events do generally become more intelligible as we discover what they are part of"; diese „Erklärbarkeit von oben her" sei ein auszeichnendes Merkmal, das im Gegensatz stehe zu den kausalen Naturprozessen, die von unten, von ihren Teilen her erklärt werden müßten.

Arbeitserhebung und Gegenwart

Warum das alles? mag sich der Leser fragen. Was sollen denn philosophische Betrachtungen über die Gegenwart, ihre Dauer und ihre Schichten bei der Berichterstattung über das Arbeitsleben eines Berufstätigen? Wenn wir uns allerdings daran erinnern, wie die Daten gewonnen wurden, sehen wir gleich den Zusammenhang. Das Erleben der Gegenwart bildete für unsere Erhebung ein zentrales Arbeitsinstrument.

Schauen wir uns noch einmal die Basis-Methode der Arbeitsregistrierung an! Sie bestand darin, daß P. sich nach jedem Tätigkeitswechsel notierte, was er eben getan hatte. Was ereignete sich denn eigentlich bei einem solchen Wechsel? Eine gerade erlebte Gegenwart wurde durch eine neue abgelöst, weil zumindest eines ihrer konstituierenden Merkmale erlosch und durch ein anderes ersetzt wurde. P. hielt also laufend fest, wenn eine eben erfahrene Gegenwart in taufrische Vergangenheit umkippte. Immer wieder konnte er so die Erfahrung wiederholen, daß etwas unmittelbar zuvor Gelebtes, das eine gewisse Stabilität und Dauer bewiesen hatte, zu Ende gegangen war – das lieferte den Grundstoff für die ganze vorliegende Untersuchung.

Ohne damals von Schütz und Luckmann (1979!) noch etwas wissen zu können, ohne an James, Husserl und Bergson auch nur einen Augenblick lang zu denken, hat P. also jahrelang „Einheiten der inneren Dauer" unmittelbar nach ihrer Abrundung festgehalten. Auf solche Weise entstand jenes Protokoll der eigenen Tätigkeitsabfolge, das nun als Dokument reiner Vergangenheit vor uns liegt. Es besteht aus nichts anderem als einem chronologischen Verzeichnis aller von P. (im Rahmen seiner Arbeitstätigkeit) erlebten inneren „Dauern".

Aber das ist nur die eine Ebene. Bekanntlich hat P. sich nicht darauf beschränkt, solche „Arbeitseinheiten" festzuhalten. Er hat sie laufend auch qualifiziert. Insbesondere notierte er stets das Thema, dem sie gewidmet waren. Oft war es einfach mit der Arbeitseinheit identisch. Meist aber war dafür eine Umstellung der Konzentration nötig. Der Blick mußte erhoben werden zum weiteren Rahmen des eben geleisteten Tuns. Zu beurteilen war, worum es diesem gegangen war. Das fiel P., wie wir mehrfach dargelegt haben, erstaunlich leicht. Die Feststellung des Themas erfolgte mit spontaner Sicherheit; sie war so problemlos wie die Registrierung der Tätigkeit selber.

Nun begreifen wir, warum dem so war. P. hielt auch hier nichts anderes fest als eine (weitere) Gegenwart, in welcher er eben gelebt hatte oder gar noch lebte. Er brauchte nur ein wenig anders zu „fokussieren". Beinhaltete der Tätigkeitswechsel zugleich das Themenende, so hob sich meist recht deutlich das Erlebnis einer „überwundenen Gegenwart" heraus („fertig geworden mit dem Budget!"); war der Abschluß noch nicht erreicht, so dauerte die Gegenwart des Themas ohnehin an, so wie das Robert Walser-Thema während des Zürcher Tages meiner Frau auch weiterlebte.

Das Besondere unserer Arbeitserhebung lag also darin, daß wir laufend erlebte „Gegenwarten" festhielten, und zwar auf zwei verschiedenen Ebenen.

Das Jetzt und das Heute

Wenn es doch aber so viele Schichten der Gegenwart gibt – warum wurden dann gerade – und nur – diese zwei festgehalten? (Der skeptische Leser läßt nicht so leicht locker.) Es gibt, so würden wir antworten, im täglichen Leben so etwas wie „ausgezeichnete" Gegenwarten. Für die Themen haben wir das früher ausgiebig besprochen. Wir schilderten in Kapitel 4.6 (vgl. Seiten 209ff.) die Lehre Barkers und Wrights von den hintereinandergestaffelten Verhaltensperspektiven. Aus unserer Sicht können wir den Begriff „Erlebnisperspektiven" danebenstellen und erkennen dann gleich, daß sie in etwa den Schichten der Gegenwart entsprechen. Die umfassendste Gegenwart, die für das konkrete Verhalten noch direkt relevant ist, bildet dabei das „Thema" eines Tuns. (Das ist eine andere Ausdrucksweise für den Begriff „normale Verhaltensperspektive".)

Themen sind inhaltlich spezifische Gegenstände, die mich beschäftigen, das heißt gegenwärtige Anliegen („current concerns"), die stets im Wettbewerb mit anderen Anliegen um meine Arbeitskapazität stehen. In diesem inhaltlich gemeinten Sinne ist unsere Gegenwart immer vielfältig. Im Frühsommer 1975 setzte sich P.'s berufliche Gegenwart gleichzeitig aus der Vorbereitung des Umzugs, dem Erstellen des Budgets 1976, der Organisation des AGAB-Diagnostik-Kurses, dem Teilersatz einer Beraterin, der Lösung des Testassistentenproblems und vielem anderem zusammen.

Auf einer anderen Ebene aber gibt es das unmittelbare Tun. Hier kann stets nur eines der „gegenwärtigen" Themen (primär) aktuell sein. Dann nimmt es Gestalt an in einem bestimmten Vollzug. Solange diese Verbindung zwischen Thema und Bearbeitungsweise andauert, reden wir von einer konstanten Tätigkeit (einer „Arbeitseinheit"). Solche Tätigkeiten rollen in einer ununterbrochenen Kette durch unsere Wachzeiten; und sie sind es, die wir in unserer Erhebung registriert haben (allerdings nur über jene Zeitabschnitte weg, die der Arbeit im früher definierten Sinn gewidmet waren).

Sie bilden eine weitere „ausgezeichnete" Gegenwart des Alltagslebens, die nun nicht mehr vielfältig, sondern je einheitlich ist. Damit wollen wir zum Ausdruck bringen, daß wir sie keineswegs für eine künstlich erzeugte oder willkürlich ausgewählte Größe halten, die spezifisch nur für unsere Untersuchung Gültigkeit hätte. Vielmehr dürfte sie die für das menschliche Arbeitsleben allgemein charakteristische Form der erlebten „inneren Dauer" darstellen. Solche Tätigkeitsstücke gehören erlebnismäßig wirklich zusammen; sie sind aus einem Guß. Wenn ein Kollege oder Vorgesetzter oder Besucher den Arbeitstätigen mit der Frage überrascht: was tust du oder tun Sie jetzt?, dann nennt dieser gewöhnlich solche Arbeitseinheiten (ich berate Herrn A.; ich korrigiere meinen Vortrag; ich berechne die neuen Stundenlöhne der Assistenten; ich lese einen Artikel über den drohenden Numerus Clausus; ich unterhalte mich mit Herrn B. über den Werkhof.) Kurz, die Arbeitseinheiten repräsentieren jene kurzfristige Gegenwart, die wir das „Jetzt" des berufstätigen Menschen nennen wollen. Sie können recht verschieden lange dauern, gelegentlich nur eine Minute oder noch weniger, manchmal – etwa bei einem langen Beratungsgespräch, einer interessanten Lektüre, der verbissenen Arbeit an einem Text (wie diesem schwierigen Kapitel hier) – zwei oder drei Stunden. Ob das „Jetzt"-Erlebnis bei ganz kurzen Tätigkeitsstücken in gleicher Weise gegeben ist wie bei längeren, ist allerdings fraglich; wir werden uns später damit etwas eingehender beschäftigen.

Für den Alltag ist nun aber noch eine weitere Gegenwart von ganz besonderer Bedeutung, nämlich der „heutige Tag". Fred Massarik hat das eindringlich begründet (Seite 15). Was heute geschehen ist, geschieht, noch geschehen soll, gehört für mich zusammen zu einer einheitlichen Gegenwart, die sich prägnant abhebt vom Gestern wie vom Morgen. Daß sich diese Zeitspanne besonders heraushebt, leuchtet ein; es ergibt sich zwingend aus dem Lebensrhythmus des Menschen. Vom Gestern wie vom Morgen ist er (bereits/noch) abgeschirmt durch eine Phase der Abkehr von dieser Welt. Das entsprechende Gegenwartserlebnis orientiert sich denn auch nicht (primär) am Datum, sondern an der zusammengehörigen Wachheitsperiode (die wir den „individuellen Tag" nannten). Man kann selbst abends um elf Uhr mit grimmiger Entschlossenheit sagen: Das muß heute unbedingt fertig werden, und wenn es noch drei Stunden dauert! (Schwer nachvollziehbar ist für mich darum, was Rammstedt aus Sprachzeugnissen früher Völker glaubt ableiten zu dürfen: daß bei ihnen nämlich „das Heute zwei oder drei Tage umfassen kann"; 1975, 50 – es sei denn, man meine die erlebnismäßige Konstanz größerer Themen, von der wir auf Seite 191 gesprochen haben.)

Diese beiden normalen Gegenwarten, das Jetzt und das Heute, bilden in ihren gegenseitigen Beziehungen den eigentlichen Gegenstand von Teil D unseres Buches. Er handelt davon, wie sich das Heute in Jetzts aufgliedert. Die Zusammensetzung des Heute aus Jetzt-Gegenwarten ist die subjektiv-erlebnismäßige Antwort auf die Frage nach der „Struktur des Tageslaufes". Wer die früheren Teile des Buches gelesen hat, den wird es kaum wundern, daß die dritte der ausgezeichneten Gegenwarten, das Bewußtsein thematischer Einheiten, bei dieser Aufteilung eine maßgebliche Rolle spielt.

Einheiten im Verhaltens- und Erlebnisstrom

Die mehrfach zitierten Ausführungen über die „zeitliche Artikulierung des Bewußtseinsstroms" leitet Alfred Schütz mit der Frage ein: „Gibt es denn überhaupt zeitlich strukturierte ‚Einheiten' des Bewußtseinsstroms, und wenn ja, wie artikulieren sie sich?" (1979, 80), und die Antwort sieht er in den Einheiten der „inneren Dauer". Dieser Meinung schließen wir uns an.

Wir erachten die Erfahrung „ausgedehnter Gegenwarten“ als das gliedernde Prinzip im Erlebnisstrom.

Solche „Gegenwarten“ bilden gleichsam die innere Kehrseite der von außen beobachtbaren Abschnitte, von denen wir im letzten Unterkapitel gesprochen haben. Der Doppelsinn des Begriffs „Dauer“ macht das deutlich. Jene abgrenzbaren Zeitspannen im Verhaltensstrom, deren Ausdehnung wir objektiv messen können, sind für uns auch subjektive erlebnismäßige Einheiten durch ihre „innere Dauer“; sie entsprechen einer Gegenwart, die während dieser ganzen Dauer (der objektiven wie der subjektiven) anhält.

Beim Wortgebrauch, für den wir uns entschieden haben, sind freilich der Gleichsetzung der beiden Begriffe Grenzen gesetzt (darauf kommen wir noch zurück). Als Pendant zur „inneren Dauer“ würde gelegentlich unser Begriff „Erstreckung“ besser passen; aber das ist bloß eine Frage der Wortwahl.

Es mag sein, daß den Leser und die Leserin unsere Gegenüber- (und Gleich-)stellung von Einheiten im Verhaltens- und im Erlebnisstrom nicht ganz befriedigt; ein gewisses Ungleichgewicht der verwendeten Zeitperspektiven könnte ihn stören. Im vorangehenden Unterkapitel haben wir gesehen, daß man beim Verhaltensstrom die Gliederung an einem Material vornehmen kann, das vor uns ausgebreitet liegt (Protokolle) oder das sich wieder und wieder ansehen oder anhören läßt (Filme, Tonbänder). Man braucht die Einteilung nicht während des Geschehens selbst durchzuführen. Ein Stück Verhalten kann man auf diese oder jene Weise speichern; dann läßt es sich als vergangenes, festgehaltenes, sichergestelltes in Ruhe und mit aller gebührenden Sorgfalt dem Strukturierungsprozeß unterwerfen.

Demgegenüber scheint man beim Erlebnisstrom allein auf die unmittelbare Gegenwart angewiesen zu sein, vollzieht sich doch seine Artikulation immer nur in der flüchtigen Abfolge aktueller Erfahrungen. Oder können wir uns auch hier gelegentlich auf rückblickende Gliederungen stützen, die man in aller Ruhe vornehmen kann?

Ja; so etwas gibt es auch hier. Durchaus können wir abwarten, bis wir einmal schön Zeit finden – in der Mittagspause, am Abend, am Wochenende, den Ferien –, dann friedlich hinsitzen und uns die inzwischen erlebten Gegenwarten besinnlich nacherzählen – ungefähr so, als ob wir das innere Video-Band des Erlebens wieder abrollen ließen. Manche tun das Abend für Abend und notieren sich den rekonstruierten Verlauf im Tagebuch; auf die täglichen Rechenschaftsberichte Thomas Manns beispielsweise haben wir schon mehrfach hingewiesen. Wer damit eine gewisse Erfahrung gesammelt hat, weiß allerdings, wie widerborstig und heimtückisch diese inneren Bänder sind: sie spulen nicht von selber ab; man muß sie oft mühsam herbeizerren und zusammenkleben; sie sind ungenau und lückenhaft. Mit einiger Präzision und Schärfe lassen sich gegebenenfalls bloß ungewöhnliche, besonders eindrückliche Erlebnisfolgen nachvollziehen –

darum holen gelegentlich Kriminalkommissare am Fernsehen aus ihren Klienten so verblüffende Gedächtnisleistungen heraus. (Es staunt der Laie, und der Fachmann – hier der forensische Psychologe – wundert sich und setzt Fragezeichen.) Tagesrückblicke sollen ja auch weder Dokumentarfilm-Vorführungen noch Forschungsunternehmen sein; sie dienen anderen Zwecken, etwa dem „interim assessment" (Massarik, 1968, 397), dem genießerischen oder kritischen Bewerten oder Einfügen des heute Erlebten ins Selbstbild und in längerfristige Zielsetzungen.

Für unsere Art der Erforschung des Tageslaufes und seiner Struktur gäbe die rückblickende „Sicht von innen" (soweit nicht durch Verhaltensprotokolle abgestützt) deshalb recht wenig her. Von einer Datenerhebung, die solche Ziele anstrebt, müssen wir nämlich dreierlei verlangen: Vollständigkeit, korrekte Reihenfolge und hinlänglich genaue Zeitausmessung der Einheiten; all das aber kann uns die subjektive Erinnerung nach kurzem nicht mehr bieten. „Verfälschungs- bzw. Erinnerungseinflüsse werden eine um so größere Rolle spielen, je größer die zeitliche Distanz ist." (Schwenkmezger, 1987, 14).

Anders sieht die Sache freilich dann aus, wenn man nicht die einzelnen, konkreten Tagesläufe ins Visier nimmt, sondern „durchschnittliche", wie das Hans Thomae und seine Mitarbeiterinnen und Mitarbeiter taten. Auf Vollständigkeit, Ablauftreue und Meßgenauigkeit der Einzelangaben kommt es dann nicht an. Wir alle haben für „durchschnittliche Richtigkeit" solcher Auskünfte ein besseres, weil durch kumulierte Erfahrungen gestütztes und erhärtetes Erinnerungsvermögen. Wäre es uns, wie Hans Thomae, vorwiegend um die qualitative Erfassung subjektiver Lebensthematiken, um Bilder eines „Individuums und seiner Welt" gegangen, so hätte sich eine nachträgliche Tageslauf-Rekonstruktion durchaus verantworten lassen. Wir aber zogen aus, die „Struktur des Tageslaufes" zu ergründen, und da konnte uns dieses Verfahren nicht dienen.

Rolle und Leistungen des Gedächtnisses

Auch zur eben angeschnittenen Frage liefert unsere eigene Erhebung einige interessante Anhaltspunkte. Wie wir früher eingestehen mußten, war es uns keineswegs immer möglich, gleich nach dem Tätigkeitswechsel die entsprechende Eintragung auf dem Tagesblatt zu machen; manchmal (etwa im Verlaufe von Besprechungen) ging das nicht an, manchmal hatten wir das Formular nicht zur Hand, manchmal folgten sich die Wechsel zu rasch; und ganz gelegentlich – selten genug! – vergaßen wir es auch rechtzeitig zu tun. (Wir haben also auf den letzten Seiten ein klein wenig gemogelt.)

Hier mußten wir uns jeweils auf unser Gedächtnis verlassen. Dabei sind drei Fälle zu unterscheiden. Wenn wir die Notierung bewußt zurückstellten, hielten wir normalerweise wenigstens den Zeitpunkt der Wechsel und die Reihenfolge der Tätigkeiten gezielt im Kopfe fest. Erfahrungsgemäß ließen sich auf diese Weise etwa drei bis höchstens vier Einheiten speichern; dann wurde ihre Niederlegung unumgänglich.

Manchmal – etwa während komplizierten Sitzungen – bauten wir eine Gedächtnisstütze auf, indem wir auf einem Notizblatt laufend Zeitpunkte der Wechsel und Codezahlen der Einheiten aufschrieben. Damit waren zumindest die brüchigen Elemente der Erinnerung sichergestellt: Vollständigkeit, Reihenfolge, Größenordnungen. Die übrigen Aspekte (Thema, Auslösung, Begleitumstände, Kontaktpersonen usw.) lassen sich dagegen auch nach einiger Zeit zuverlässig in Erinnerung rufen. Hier handelte es sich also nicht um eine rückblickende Eruierung des Ablaufs von Erlebniseinheiten; diese wurden vielmehr in ihren verletzlichsten Teilen unmittelbar festgehalten, aber erst später vollständig charakterisiert. (Das bedeutete natürlich einen Mehraufwand; darum blieb dieses Vorgehen auf „Notfälle" beschränkt; die Direkteintragung auf das Tagesblatt bildete während der ganzen Erhebung die Regel.)

In jenen anderen Fällen hingegen, da uns die Umstände den Blick auf die Uhr nicht erlaubten (beispielsweise beim Zweiergespräch mit wechselnden Themen), oder wo das Festhalten der Zeit aus anderen Gründen dahinfiel, blieb uns nichts anderes übrig, als die Zeitanteile der (allenfalls auch in ihrer Abfolge rekonstruierten) Einheiten im nachhinein zu schätzen. (Darüber mehr am Ende des nächsten Unterkapitels.) Hier kamen wir einer rückblickenden Gliederung des Erlebnisstromes am nächsten. Je höher dabei die Zahl der erinnerten und zu beurteilenden Einheiten stieg, desto eher war es natürlich möglich, daß nicht nur Zeiten falsch eingeschätzt wurden, sondern auch einmal die Reihenfolge durcheinander geriet oder vielleicht sogar eine der Arbeiten unterging. Die längsten Serien derart geschätzter Einheiten beliefen sich in unserem Material auf sieben Glieder – das empfand ich dann subjektiv als äußerste Grenze, um noch einigermaßen für die Zuverlässigkeit der Angaben gradestehen zu können.

Darüber hinaus – über eine genaue Rekonstruktion von etwa vier bewußt festgehaltenen Einheiten und über eine ungefähre Schätzung in doppelter Zahl – reichte P.'s Gedächtnis nicht. Wir werden bald vernehmen, daß die durchschnittliche Einheitenzahl pro Wochentag etwas über 40 liegt – davon konnte P. während des Arbeitsverlaufes also nicht mehr als einen Zehntel, in unpräziser Form knapp einen Fünftel speichern. Dann übernahm das Departement „rückblickende Verarbeitung" das Szepter, und der vergangene Erlebnisstrom war der Erosion ausgesetzt.

Die Übereinstimmung äußerer und innerer Einheiten

Es wäre interessant, einmal längere Stücke des Erlebnis- und Verhaltensstroms auf verschiedene Arten einteilen zu lassen: aus der Gegenwartsperspektive von innen her, im Erlebnis-Rückblick, und durch Gliederung des fixierten Verhaltens von außen. Eine solche Untersuchung wurde unseres Wissens noch nicht angestellt. Aber die mutmaßlichen Ergebnisse lassen sich in den Grundzügen abschätzen. Die mittlere Methode dürfte mit den beiden anderen kaum in befriedigender Weise übereinstimmen. Dagegen ist anzunehmen, daß die laufende Festhaltung von „Gegenwarten“ recht gut korrespondierte mit der Einteilung des Verhaltensstroms durch Außenstehende. Was führt uns zur Vermutung einer solchen Übereinstimmung?

Geheimnisvoll ist daran nichts. Sehen wir einmal vom Watson-Enkel Newtson ab, so gehen alle uns bekannten Autoren, die die Bildung von Einheiten im Verhaltensstrom zu erklären versuchten, von einer gemeinsamen Vorstellung aus. Der Beobachter fremden Verhaltens, so sagen sie, macht Einschnitte immer dann, wenn er wahrnimmt, daß der Handelnde sich einem neuen Ziel, einem neuen Unternehmen, einem neuen Thema zuwendet. Er versetzt sich in den Handelnden, „versteht“ ihn, interpretiert sozusagen aus dessen Haut heraus. Dabei nutzt er die verschiedensten Anzeichen und Hilfsmittel. Ein einziges geäußertes Wort, ein Blick des Beobachteten (etwa des politisch Verfolgten in die Ecke mit dem Gestapo-Schergen) kann für das Verständnis bereits genügen.

So bilden wahrgenommene Ziel- und Themawechsel für den Zuschauer die Grenzen der Einheiten. Dickman sagt: „... the ‚stream of behavior‘ attains orderliness in the eyes of other humans to the extent that goals and motives are imputed to the behavior.“ (1963, 40). Und Klinger formuliert: „Sequences of behavior, including expressions of ideation, can be divided into segments in such a way that the homogeneity of thematic content within a segment is greater than its resemblance to the content of adjacent segments.“ (1971, 359). Barker und Wright machen das Hineinversetzen in den anderen und das Suchen nach den Zielen, die er anstrebt, sogar zum Haupterfordernis für das „Episoding“ (1955/71, 240).

Kurz, Erforscher fremden Verhaltens gehen so vor, daß sie in die seinerzeitige Gegenwart des Handelnden einzutauchen versuchen. Bei der Gliederung des Verhaltensstroms setzen sie voll auf die damalige Artikulation des Bewußtseinsstroms. Darum *müssen*, dem Prinzip nach, Verhaltenseinheiten und Erlebniseinheiten übereinstimmen. Tun sie es nicht, so kann das nur auf Rechnung mangelnder Möglichkeit oder Fähigkeit der Identifikation, von Irrtümern oder Mißverständnissen gehen.

Damit erscheint unsere eigene Untersuchung nochmals in einem neuen Licht. Denn wir haben uns, vielleicht als erste, nicht in eine vergangene Gegenwart anderer hineinversetzen müssen, sondern diese Gegenwart unmittelbar selber erlebt und festgehalten. So ist ein Protokoll der „Artikulation des Bewußtseinsstroms“ entstanden, das nun als von innen her erfaßtes Verhalten ausgebreitet daliegt, zur freien Verfügung für beliebige weitere Bearbeitung „in Ruhe“.

Noch einmal möchten wir dem eingeschworenen Positivisten darum eine erkenntnistheoretische Gegenrechnung präsentieren. Gewiß ist es erfreulich, wenn mehrere Beobachter fremden Verhaltens unabhängig voneinander zu einer ähnlichen Einteilung des Ablaufs kommen; es zeigt, daß da gemeinsame Gesetzmäßigkeiten am Werke sind – beim Handelnden wie bei den Zuschauern. Offenbar bringt es der Mensch durchaus fertig, sich in andere hineinzuversetzen – und das ist erst recht positiv. Aber ist von der Sache her betrachtet nicht allen diesen (wenn auch recht erfolgreichen) Interpretationsversuchen doch schließlich das eigene zeitgenössische Zeugnis des Handelnden überlegen? Weiß nicht gerade er selbst – nur er und er am besten –, wie es *wirklich* (gewesen) „ist"? Da müßte man schon einen gut begründbaren Verdacht hegen, daß Nebenabsichten oder Verdrängungen seinen Blick trüben, um Fremdbeurteilern mehr Vertrauen zu schenken als ihm. Das grundsätzlich und von vornherein zu tun, setzt eine fast zwanghafte Einseitigkeit erkenntnistheoretischer Kriterienwertung voraus.

Wir möchten diesen Gedankengang mit zwei Zitaten abrunden, denen wir uns voll und ganz anschließen können. Das eine stammt von Hans Thomae (1968, 111): „Die Selbsterfahrung erschließt das äußere Geschehen und nicht umgekehrt. Derjenige, welcher über seinen eigenen Tageslauf oder über einen bestimmten Abschnitt seines Lebens berichtet, hat zu solchen Motiven oder Zielen zweifellos einen direkteren Zugang als jeder Fremdbeobachter, selbst wenn er sich über deren Art gemäß bestimmten analytischen Annahmen täuschen sollte." Thomae beruft sich dabei auf „die Einsicht, daß nur das Individuum selbst Zeuge seines Verhaltens im natürlichen Ablauf seines Lebens ist. Da wir keine Zeiten herbeisehnen dürften, in denen eine Dauerbeobachtung durch Fremde staatlich oder wissenschaftlich sanktioniert wird, können wir auf die Aussagen dieses Zeugen nicht verzichten." Und drei Jahrzehnte vorher schrieb A. Burloud (1938, 426f.; zitiert nach Sganzini, 1951, 144): „Si la psychologie est placée à bien des égards dans une situation moins avantageuse que les sciences de la matière, elle possède sur elles une immense supériorité: elle connaît de vraies causes et de vraies actions, et elle les connaît immédiatement et adéquatement, par une intuition originale, sur laquelle se fonde une méthode d'investigation et d'interprétation dont nous ne voyons nulle raison de contester la positivité."

10.4 Möglichkeiten und Grenzen der Erfassung von Abschnitten

Unstrukturiertes und vorstrukturiertes Basis-Material

Harold R. Dickman machte sich an die Untersuchung der Abschnitte im Verhaltensstrom, weil er davon beeindruckt war, welche Rolle sie im täglichen Leben, vor allem bei der Wahrnehmung des Verhaltens anderer, spielen. Auch Mario von Cranach ist aufgefallen, mit welcher Selbstverständlichkeit im Alltagsleben der Verhaltensstrom gegliedert wird. Die ansprechende Eröffnung des Buches „Zielgerichtetes Handeln" (1980, 9) legt dafür Zeugnis ab. Von Cranach schildert und analysiert da seine eigene Morgenroutine und weist darauf hin, daß die Bildung von Abschnitten ganz unabhängig geschehe von jeder entsprechenden Schulung. „Meine Familienmitglieder, die keine wissenschaftlich-psychologische Ausbildung genossen haben, treffen wie alle anderen Mitglieder unserer Kultur diese Einteilung leicht, schnell und mit soviel Genauigkeit, wie zur Lösung ihrer Alltagsprobleme genügt."

Will man das Phänomen der Abschnittsbildung im Verhaltensstrom studieren, so kann man, je nach Problemstellung und Denkrichtung, diese Spontaneinteilung des Alltags entweder als Hilfe und Vorarbeit begrüßen oder aber als Konkurrenz und Störfaktor auszuschließen suchen. Im zweiten Falle müßte man so weit als möglich von vollständigen, noch ungegliederten Basis-Dokumenten ausgehen – wenn nicht vom direkt beobachteten Verhalten selbst, so doch von fortlaufend und unselektiv aufgenommenen Filmen, Videobändern, Tonbändern oder Übertragungen via Radiosender ab Kehlkopfmikrophon (wie in der faszinierenden Untersuchung von William F. Soskin und Vera P. John, 1963, 228ff.). Dann könnte man die noch völlig unvoreingenommenen Beschauer das Material von Grund auf – etwa durch Betätigung von Newtsons Knopf – strukturieren lassen.

Allerdings bekommen wir es auch so nicht immer mit ungesiebtem Verhalten zu tun. Wenn wir etwa mit Tonbändern arbeiten und menschliche Verlautbarungen untersuchen – Klingers laut denkende Versuchsperson, die Kommunikationen der von Soskin und John studierten Ehepaare, unsere Gespräche zwischen Beratern und Ratsuchenden –, dann sind zwar die Äußerungen unselektiv festgehalten; aber die Redenden selber haben bereits eine Auswahl aus dem getroffen, was sie erlebten und was ihnen durch den Kopf ging. Sollte das jemand bezweifeln, so mag er sich mit unserem Mitarbeiter Josef Lang in Verbindung setzen, der Nachbefragungen der Teilnehmer an Beratungsgeprächen (anhand der Videoaufnahmen ganzer Sitzungen) vornahm. Wer nach solch einer Besprechung interviewt wurde, staunt, wieviel hinter den „Kulissen" des registrierbaren Gesprächs gelaufen ist und wie „selektiv" das war, was man dort selber verbal eingebracht hat.

Aus Gründen der Kosten und des Zeitaufwandes dürfte es aber kaum je möglich sein, für größere Untersuchungen mehr als ganz kurze Stücke völlig unpräparierten Materials bereitzustellen und zu verwenden. (Dickman und Newtson benutzten Siebenminuten-Filme. P. dagegen analysierte dreieinhalb Arbeitsjahre.) Normalerweise muß man da von verbalen Verhaltens-Beschreibungen ausgehen, die eo ipso eine Vorstrukturierung des Materials enthalten. Die ganze weitere Analyse setzt dann bei diesen Protokollen an. Sie stellen eine zusammenfassende Abkürzung und Benennung der Original-Geschehnisse dar und implizieren insofern bereits eine Abschnittsbildung.

Kleinste molare Einheiten

Allerdings gibt es auch hier verschiedene Stufen der Vorselektion. Barker, Wright und ihre Mitarbeiter versuchten, die Tagesläufe von Midwest-Kindern so umfassend zu protokollieren, wie es überhaupt sinnvoll möglich war. Die Mitarbeiter der Feldstation in Midwest haben sich bei ihrer Beobachtung und ununterbrochenen Schilderung des Tageslaufes von Kindern auf „kleinste molare Einheiten" des Verhaltens konzentriert, die sie als „Phasen" bezeichneten. Sie gaben sie jeweils mit kurzen Sätzen (vgl. „One Boy's Day"; Barker und Wright, 1951) wieder. Beispiele, die in „Midwest and Its Children" diskutiert werden (Barker und Wright, 1955/71, 201ff.), zeigen, daß nur auf solche Art zusammengefaßte Verhaltensbeschreibungen für Leser, die etwas damit anfangen möchten, genießbar sind.

Um Verhalten auf dieser Ebene festzuhalten, ist ein unerhörter Aufwand nötig. Man lese die Methodenbeschreibung in „Midwest" nach. Um einen einzigen Tageslauf vollständig zu Papier zu bringen, war ein Stab von 8 bis 12 Mitarbeitern während zweier ganzer Arbeitswochen im Einsatz, voll beschäftigt mit der Vorbereitung, der Durchführung und der Nachbearbeitung der Aktion. Am entscheidenden Tage selber lösten sich mehrere Beobachter im Halbstundenrhythmus ab und begleiteten das Kind vom Aufwachen bis zum Einschlafen; jeder kam alle vier Stunden wieder an die Reihe; er machte sich Notizen, diktierte anschließend seine Beschreibung und beantwortete Fragen eines kritischen Zuhörers. In den folgenden Tagen schlossen sich weitere Überarbeitungsschritte an.

Unsere eigene Erhebung über das Arbeitsgeschehen erstreckte sich über fast dreieinhalb Jahre, in der letzten (Haupt-)Phase über deren fünfviertel. Ein so breiter zeitlicher Rahmen war nötig, um all jenen Problemen auf den Grund zu gehen, die wir in den bisherigen Kapiteln behandelt haben und die in einem anderen Buch zur Sprache kommen sollen. Hätten nun auch wir das Arbeitsverhalten auf der Ebene der „kleinsten molaren Einheiten" protokollieren wollen, so hätte das, allein für die Vollerhebungszeit, einen Aufwand von 40000 bis 50000 Arbeitstagen erfordert, also über 200 „Mann-Jahre" (oder vier voll ausgefüllte „Mann-Leben"). Uns aber stand nicht einmal eine einzige Person zur Verfügung, die sich mehr als bloß beiläufig der Erhebung widmen konnte. Das Opfer der Beobachtung mußte auch gleich selber deren Täter spielen. Dabei blieb seine vordringlichste Aufgabe die Fortführung der täglichen Arbeit – denn gerade sie sollte ja Gegenstand der Untersuchung bilden. Der beobachtende Beobachtete mußte also immer wieder vom Protokollblatt aufblicken und seinem Tagwerk weiter nachgehen. Das bestimmte die Wahl der Methode mit. Unsere Erfas-sungs-Daten mußten weit gröber sein als die der Midwest-Leute.

Natürliche Abschnitte und Erfassungseinheiten

Wie sollten wir dabei vorgehen? Das Problem hat eine innere und eine äußere Seite, eine sachimmanente und eine technische. Bekanntlich nahmen wir uns von Anfang an vor, bei jedem „Wechsel der Tätigkeit" zu notieren, was wir eben getan hatten. Damit stiegen wir von vornherein eine Ebene höher ein als Barker und Wright. Indem wir (manchmal sogar recht lange) Abfolgen gleichgerichteter „Phasen" zwischen solchen Wechseln als einheitliche Tätigkeiten registrierten, hielten wir „natürliche Abschnitte" des Verhaltens fest, die größer waren als die Elementarteilchen aus Midwest. Dies der innere Aspekt. (Auch Wright und Barker, die noch 1951 die „Phasen" für die zentralen Einheiten des Verhaltens genommen hatten, kamen seit 1955 davon ab.)

Unsere Absicht, einheitliche Tätigkeiten zu registrieren, stellte uns aber zugleich vor ein technisches Problem. Tätigkeiten dauerten sehr verschieden lang und konnten zuzeiten rapide wechseln. Das hätte uns in mittelwestliche Verhältnisse zurückwerfen können. Um nicht in Materialfluten zu versinken, hielten wir es für angezeigt, einen Damm aus zeitlichen Blökken dagegen aufzuschichten. Wir setzten ein unteres Limit für die Erfassung stattgehabter Tätigkeiten. Damit opferten wir eine ganze Reihe natürlicher Einheiten von geringer Dauer und schafften da und dort „künstliche" (wie wir noch sehen werden). Um korrekt zu sein, müssen wir die von uns auf dem Tagesblatt identifizierten Bausteine des Tageslaufs „Erfassungseinheiten" nennen; sie stimmen nicht durchwegs mit den natürlichen Abschnitten überein.

Wo aber war das zeitliche Limit anzusetzen? Das Problem der Beobachtungsebene hat uns im September 1972, bei Erhebungsbeginn, nur kurz beschäftigt; wir lösten es weitgehend intuitiv. Die Konsequenzen des gefällten Entscheides – auf die wir auch in Kapitel 12 wieder zurückkommen werden – rechtfertigen aber die Einblendung eines kurzen Berichtes über den Prozeß, der damals stattfand.

Zeit als Stoff *und* Zeit als Rahmen haben dabei eine Rolle gespielt. Primär ging es darum, sinnvolle Einheiten und ihre Dauer zu erfaßen (Zeit als Stoff). Zu diesem Zweck mußte man eine praktikable Art und Weise finden, die Uhrzeit der Wechsel zu registrieren (Zeit als Rahmen). Was die Einheiten betraf, galt es, sich auf die richtige Mitte einzupendeln; und das Zeitablesen mußte möglichst präzise, aber auch möglichst beiläufig erfolgen können. Es handelte sich also um einen (doppelten) „Optimierungsprozeß".

Wahl der Fünfminuteneinheit

In Konkurrenz standen drei Varianten. Man konnte das Arbeitsgeschehen auf die Viertelstunde, auf fünf Minuten oder auf die Minute genau erfassen.

Einen Viertelstundenraster hatte ich seinerzeit gewählt, als ich, zu Beginn meiner Laufbahn als akademischer Berufsberater, den Zeitaufwand für die Beratungsfälle und alle damit verbundenen Aufgaben untersuchen wollte. Für meinen jetzigen Zweck erschien mir diese Zeiteinheit recht grob; ich fürchtete, viele Informationen zu verlieren. Anderseits war bei Einschluß aller Einminuten-Tätigkeiten eine Überschwemmung des Protokolls durch Ereignisse zu erwarten, die für Tageslauf und Arbeitsgeschehen doch wenig relevant waren. Nicht jede kurze Ablenkung, nicht jedes beiläufige Zwischen-Geplauder sollte auf Einlaß ins Tagesblatt pochen dürfen. Fünfminutenstücke erschienen darum als geeigneter Kompromiß für die Registrierung der Arbeiten. Aber sollte man nicht wenigstens die Wechsel „minutiös" registrieren – nämlich auf die Minute genau? Es wäre recht heikel gewesen, Einheitsgröße und Ablesegenauigkeit verschieden zu handhaben; aber die Entscheidung fiel vor allem aus praktischen Erwägungen. Minuten hätten mich zum Sklaven meiner Armbanduhr gemacht. Bei welcher der zwölf Marken des Zifferblatts der Zeiger ungefähr steht, das läßt sich auch aus Distanz in Sekundenschnelle ablesen; um aber den Minutenstand zu erfassen, ist wesentlich genaueres Hinblicken erforderlich. Im ersten Falle konnte man sich durchaus auch auf Kirchenuhren, Wanduhren usw. verlassen. Hingegen müßte heute in eine Anleitung der Satz aufgenommen werden: „Digitaluhren und Farbenuhren ungeeignet."

Nach nur kurzem Abwägen entschloß ich mich also, Fünfminuteneinheiten auf fünf Minuten genau zu erfassen. Was das methodologisch mit sich brachte, werden wir gleich sehen. Hier wollen wir noch einmal die Buchstaben memorieren, mit denen wir die Größen unserer Wahl der Einfachheit halber bezeichnen. „F" bezieht sich auf die kleinstmögliche Zeitspanne der Erfassung, die „Fünfminuten-Spanne" oder die Zeit, die verstreicht, wenn der große Zeiger von einer der zwölf Marken zur nächsten wandert. Schreiben wir den Buchstaben klein, so meinen wir den Maßstab als solchen. In „f" gemessen, beträgt die Zeit von Viertel nach elf bis zwanzig vor zwölf 5F. „d" dagegen gibt den (summativen) Zeitaufwand für eine geleistete Arbeit in „D", das heißt in Maßeinheiten von fünf Minuten oder „Fünfminuten-Dauern", wieder. (Auf den Unterschied zwischen f und d kommen wir immer wieder zurück.)

Fünfminuteneinheiten im Alltagsleben

Letzthin wurde ich in der Stadt von einem Passanten nach der Uhrzeit gefragt. Da ich mit Taschen beladen war, streckte ich ihm den linken Arm mit der Uhr entgegen, die auf knapp 13.03 stand. „Ah, fünf nach ein Uhr. Danke!", sagte er. Andere, die es weniger genau hätten wissen wollen, könnten auch geantwortet haben: „aha, ein Uhr!" „Drei nach eins" hätte wohl niemand abgelesen. Jedenfalls wiederholte ich später das Experiment mit Bedacht; auch fragte ich absichtlich andere nach der Zeit. Dabei war festzustellen: außerhalb der Bahnhofshalle begnügt sich praktisch jedermann mit der Feststellung von Zwölftel-Stunden. Auch Ihr Mann oder Ihre Gattin wird Ihnen auf Ihre Erkundigung hin antworten, in „fünf Minuten" sei er oder sie zum Weggehen bereit – auch wenn es deren drei oder sieben dauert (hoffentlich nicht neunzehn oder sechsundzwanzig; das wäre dann allerdings ein anderes Problem).

Wie tief verwurzelt unser Denken in Fünfminuteneinheiten ist, zeigt deren Bevorzugung dort, wo sie eigentlich unangemessen wären. Die Akademische Berufsberatung Bern hat heute, wie so viele Betriebe, zur Erfassung der gleitenden Arbeitszeit einen Zeitsummenzähler, der auf Hundertstel-Stunden genau mißt. Um auch auswärts geleistete Arbeiten festhalten zu können, gibt es eine Zeitkarte, welche zur Erleichterung der Umrechnung von Minuten in Hundertstel-Stunden ein Schema anbietet. Fünf Minuten entsprechen .08 Stunden, zehn Minuten .17, zwanzig .33 usw. Hat nun jemand zwölf Minuten lang gearbeitet, so entspricht das genau .20 Stunden, ergibt also eine angenehm runde Zahl. Wie oft, denken Sie, kommen solche Angaben auf unseren Zeitkarten vor? Mögen Sie es mir glauben oder nicht: Eintragungen von .10, .20, .30, .40, .60, .70, .80 oder .90 Stunden habe ich in den zwölf Jahren seit der Einführung der gleitenden Arbeitszeit überhaupt noch nie gesehen. Keine Vorschrift würde sie verbieten (sonst wären sie zweifellos benützt worden). Getreulich rundet jedermann ungerade Minutenzahlen auf die „geraden" Einheiten .08, .17, .33, .42 usw. ab oder auf (vorzugsweise auf).

Fünfminuteneinheiten entsprechen also unserem natürlichen Erleben. Überdies sind sie auch praktisch für kleine Planungen im Alltag. Sie müssen morgen früh auf den Zwanzig-vor-sieben-Zug und überlegen sich, wie Sie den Wecker stellen sollen. Berechnen Sie doch einmal in D-Einheiten, was Sie alles werden tun müssen – einschließlich Ihrer problematischen Gewohnheit, im Bett noch etwas liegen zu bleiben (sonst beginnt der Tag ja auch gar unfreundlich). Natürlich runden Sie im Zweifelsfalle immer auf; das gibt Ihnen die Reserve für Unvorhergesehenes. (Erinnern Sie sich noch an die Schlange vor dem Billettschalter am letzten Freitag?). Zählen Sie die D zusammen und rechnen Sie von 6.40 her zurück. Das schützt den einen vor Überraschungen und Gehetz, den andern vor unsinnig früher Bettflucht aus Sicherheitsgründen. (Ein Freund, dem ich die Methode empfahl, hat gleichwohl den Zug verpaßt. Er hatte das Frühturnen nicht eingerechnet. Konsequent, wie er nun einmal ist, konnte er nicht darauf verzichten. Bin ich da nun wirklich an der verpaßten Sitzung schuld?)

Allgemeine Bedeutung der Fünfminuteneinheiten

Ist es die Struktur unseres lieben alten Zifferblattes, die uns unsere Zeit in Fünfminuteneinheiten erleben läßt? Ist es die jahrelange Gewohnheit? Gewiß – aber nicht allein. Daß er durch die Wahl seines Maßstabes auf so etwas wie eine weitere Grundeinheit menschlichen Verhaltens gestoßen war, wurde P. im Verlaufe seiner Arbeitsregistrierung allmählich bewußt. Er stellte immer wieder fest, daß die kürzesten der von ihm registrierten Abschnitte, jene von ein paar wenigen Minuten Dauer, bereits an der Grenze dessen lagen, was im begleitenden Vollzugsbewußtsein des Handelnden sich noch als eigenständige Beschäftigung abhob. Irgendwo zwischen fünf und fünfzehn Minuten – dieser Eindruck festigte sich immer mehr – liegt das „natürliche Zeitmaß“ des Menschen. Wenn der Berner Schriftsteller Paul Michael Meyer über Frau Moor sagt: „Ihre Zeiteinheit ist die Zigarette“ (in Pulver, 1984, 27), so ist daran bloß das Messverfahren, nicht aber die Größenordnung individuell.

Hier scheinen wir auf eine Schwelle des alltäglichen Selbsterlebens zu stoßen, die sowohl im unmittelbaren Gegenwartsbewußtsein des Erwachsenen wie bei seiner Rückschau auf die nahe Vergangenheit wirksam ist. Vielleicht könnten wir sie als untere Grenze der „normalen Verhaltensperspektive“ bezeichnen. Urie Bronfenbrenner will übrigens erst hier von „molaren Tätigkeiten“ sprechen, während er die kleinsten molaren Einheiten anderer Autoren „einfache abgeschlossene Handlungen“ nennt. „Eine einfache abgeschlossene Handlung ist zum Beispiel ein Lächeln, Anklopfen, eine einzelne Frage oder Antwort. Einen Turm aus Bausteinen zu bauen, eine Grube zu graben, ein Buch zu lesen oder ein Telefongespräch zu führen dagegen sind molare Tätigkeiten.“ (1981, 61).

P.'s Erfassungslimit ist gewiß weit mehr als eine bedauerliche Notwendigkeit der Untersuchungsmethode. Vielmehr dürfte sie ihn zu einer sinnvollen Auslese der zu registrierenden Verhaltensstücke geführt haben.

Es läßt sich allenfalls eine Stufenleiter „kleinster Einheiten“ des Tuns aufstellen. Die amerikanischen Arbeitspsychologen suchten nach molekularen Bruchstücken der Tätigkeits-Ausführung. Das Aufschließen einer Türe zum Beispiel erfordert mindestens zwölf „therbligs“ (vgl. Smith, 1943/52, 161). Barker und Wright dagegen erfassten in ihren Tageslauf-Protokollen von Midwest-Kindern die „kleinsten molaren Einheiten“ des Verhaltens, die sie „Phasen“ nannten. Das Türaufschließen dürfte in den meisten Fällen nur eine solche Phase bilden. In unseren eigenen Protokollen haben wir schließlich etwas festgehalten, das man als „kleinste Einheiten der Tätigkeit“ bezeichnen könnte. Wir befinden uns damit viel näher beim „Tätigkeits“-Begriff der sozialistischen Psychologie der Oststaaten (Leont'ev, 1975/77; Rubinstein, 1940/73; Tomaszewski, 1978) als bei den time and motion studies der westlichen Arbeitspsychologie.

Erhebungstechnische Vor- und Nachteile

Leser, die an früheren Stellen des Buches – zu Ende von Kapitel 2 oder am Anfang von Kapitel 7 – ein Lächeln über die Schlaumeierei des Autors nicht unterdrücken konnten, taten ihm damals zuviel Ehre an. Daß die Fünfminuteneinheit erhebungstechnisch einen gewaltigen Vorteil aufweist, hat P. nämlich erst nachträglich gemerkt. Der heutige Schweizer – selbstverurteilt zu mehr als 40 Arbeitsstunden (oder über 2500 Minuten) pro Woche – hat täglich ein Fünftel davon, also 500 Minuten oder mehr, zu absolvieren. Da ein allfälliger Überhang ohnehin in den allgemein zugestandenen Arbeitspausen dahinschmilzt, ergibt sich also der Glücksfall, daß das Tagwerk des heutigen Schweizers schön glatt aus hundert jener Einheiten besteht, für deren Erfassung wir uns entschlossen haben. Diesen spät realisierten Zufall aber wußten wir inzwischen weidlich auszunützen. Wir haben den 500-Minuten-Tag – als sogenannten „Normal-Arbeitstag" (AT) – zu unserer zentralen Maßeinheit gemacht; und wenn wir nun Tätigkeiten in „D" messen, so sind das automatisch Hundertstel Arbeitstage oder Prozente eines solchen; unser Erfassungslimit fügt sich als „Centi-Arbeitstag" reibungslos ins Dezimaldenken ein.

Daß eine methodische Einschränkung vom Ausmaß der Fünfminutenschwelle anderseits auch Nachteile bringt, wird niemand erstaunen. Soweit sie erfassungstechnischer Natur sind, werden wir sie im nächsten Unterkapitel erörtern und zeigen, wie wir damit fertig geworden sind. Hier sei auf eine grundsätzliche Problematik hingewiesen. Unser Fünfminuten-Limit der Datenerfassung verunmöglicht nämlich jede Detailanalyse der Ausführungstätigkeit. Wenn Gerhard Kaminski sich dazu anschickt, den gesamten „Arbeitsablauf in klinisch-psychologischer Praxis mit einheitlichen, grundwissenschaftlich fundierten Denkweisen" zu durchdringen (1970, 26), so sieht er die große Chance auf der Analyse-Ebene einer Art „Mikropsychologie" (27ff.). Mit unserem Fünfminuten-Raster sind wir natürlich völlig außerstande, da mitzuhalten. Auch Handlungs-Untersuchungen wie jene Mario von Cranachs und seiner Mitarbeiter sind bei unserem Material schlechterdings unmöglich – das realisiert man schon während der ersten Seiten des Cranach-Buches. Cranach zerlegt und bespricht zunächst die allmorgendliche Handlung des Eierkochens (1980, 11f.) – in unserer Erhebung hätte das jedoch nur zu einer einzigen erfaßten Tätigkeit (von einer oder zwei D) gereicht. Auch seine Fahrt ins Institut (2 oder 3D lang) würde bei uns auf eine kurze Tagesblatt-Zeile zusammengezogen. Ebenso schließt sich natürlich ein Studium von Phantasieabläufen (wie bei Eric Klinger, 1971) oder von Beratungsprozessen (wie bei Josef Lang, 1986) anhand des von P. gesammelten Materials völlig aus. P. hat oft in lebhaften Gedankenketten seine kommende Arbeit vorstrukturiert; erhebungstechnisch konnte er das aber nur als einheitliche Akte des „Vorarbeitens durch Überlegungen" oder des „Planens" packen (Vollzüge 21, 27, 28); und seine in schrittweisem Vorantasten, im Zickzack, in Spiralbewegungen oder gelegentlich leider auch im „Treten an Ort" erfolgenden Beratungen erscheinen im Protokoll bloß als undifferenzierte Klumpen von 10 bis 40 F. Aber jede Untersuchung trägt dasjenige zur Mehrung der Erkenntnis bei, was ihr nun einmal möglich ist; man soll nichts Falsches von ihr erwarten. Wenn wir im Zusammenhang mit P.'s Erhebung von einer „Arbeitsanalyse“ sprechen, so müssen wir uns stets bewußt bleiben, daß eine solche Analyse nur bis zum Mittelband geschlossener Tätigkeitsabfolgen, nicht aber hinunter bis zur Ebene der Ausführung erfolgen kann.

Die Anwendung des Fünfminutenrasters: Grundregeln

Wie ich eben in diesem Kapitel etwas herumblätterte, bin ich plötzlich erschrocken. Steht nicht die Erfassung des Arbeitsgeschehens in Fünfminuteneinheiten in krassem Widerspruch zu den Versprechungen, die wir zu Beginn von Unterkapitel 10.2 machten? Teilt nicht die Uhr mit ihren zwölf Marken die ablaufende Zeit ebenso rücksichtslos in naturwidrige Abschnitte auf, wie die Staats- und Bezirksgrenzen sich als starres Netz über die natürliche Landschaft des amerikanischen Mittelwestens legen?

Das hängt nun freilich ganz davon ab, wie man den „Fünfminutenraster“ handhabt. Man könnte zum Beispiel einen Wecker mit Repetierglocke auf den Schreibtisch stellen und in der Mappe mit sich herumschleppen, der einen stets nach fünf Minuten daran mahnt, zu notieren, was man eben getan hat. Das gliche dem time sampling und wäre eine klassische „tesserae“-Methode. (Viele Tageslauf-Erhebungen sind – wenn auch ohne Wecker – nach diesem Prinzip konstruiert: zur Beurteilung werden Fünfminuten-, Viertelstunden-, Stunden-, ja Vierstundensegmente vorgegeben.)

Davon wollte P. natürlich nichts wissen – und nicht nur darum, weil er dem Wecker, gefühllosem Feind menschlichen Wohlbefindens, nicht noch zusätzliches Terrain abzutreten bereit war. Als er daran ging, seinen Tag zu erforschen, wollte er gerade nicht die abstrakte Uhrzeit zum obersten Gesetz erheben. Nicht das Ticken, Schlagen und Klingeln all der Uhren in seiner Welt sollte den Rhythmus der Erhebung diktieren, sondern das Auftauchen, Umkippen und Verschwinden all seiner Tätigkeiten. Erst dieser innere, stoffbedingte „Alarm“ war es, der seinen Blick jeweils auch auf die Uhr lenkte – und zwar so oberflächlich und flüchtig, daß er meist nur die nächste Fünfminutenmarke erhaschte. Diese Zeit hielt er dann jeweilen auf Papier fest.

Aber auch diese Beschreibung ist noch ungenau. Denn die richtige Fixierung der Uhrzeit eines Wechsels bildete nicht einmal P.'s vordringlichstes Anliegen. Eine möglichst adäquate Erfassung der Einheit, die eben abgelaufen war, war ihm wichtiger. Kamen die beiden Ziele einander in die Quere, so hatte die Uhrzeit das Nachsehen.

Wir haben nachträglich die Regeln formuliert, denen P. bei seiner Arbeitsregistrierung implizit folgte. Die beiden ersten – und ihre mit Bedacht gewählte Reihenfolge – geben nähere Auskunft darüber, was wir mit obiger Aussage meinten. Es sind die beiden Grundregeln für die Anwendung eines nach Zeiteinheiten definierten Erfassungsrasters.

Erste Regel: Eine Erfassungseinheit dauert ungefähr fünf Minuten oder ungefähr ein Mehrfaches von fünf Minuten. (Die mühsam wirkende Wortstellung wurde absichtlich gewählt.)

Zweite Regel: Der Wechsel zwischen zwei erfaßten Einheiten wird wenn möglich von der Uhr abgelesen, und zwar auf fünf Minuten genau. (Auf den Ausdruck „wenn möglich" kommen wir am Schluß dieses Unterkapitels zurück.)

Fünfminuteneinheiten (F oder D) sind also verschieden lang; das geht aus Regel eins hervor. Bei alleinstehenden Einheiten können die Unterschiede recht kraß sein. Da (theoretisch) Stücke von 150 bis zu 450 Sekunden je als „1 D" zu verbuchen sind, verhalten sich die Extremwerte wie 1 : 3. In Minuten ausgedrückt, dauert eine D 5 ± 2 Minuten (also 3 bis 7). Die gleiche Plus-Minus-Schwankung von 4 Minuten gilt aber auch für die in Regel eins erwähnten „Mehrfache". Zeitspannen von 3F erstrecken sich also beispielsweise über 15 ± 2, solche von 40F über 200 ± 2 Minuten.

Die zweite Regel besagt: Die abgelesene Uhrzeit wird auf die nächste Fünfminutenmarke gerundet. „13.03" Uhr zum Beispiel geben wir, wie unser Passant, als 13.05 an, 13.27 als 13.25, 13.28 als 13.30. Auch da gilt also die Plus/Minus-Zwei-Regel

Konkurrenz zwischen den beiden Grundregeln

Und schon haben wir den Konflikt zwischen unseren beiden Regeln! Da stellen wir um 13.27 und um 13.28 je einen Tätigkeitswechsel fest und verbuchen ihn regelkonform mit 13.25 und 13.30. Damit grenzen wir eine Einheit von 1D Länge ab. Aber diese Einheit dauert in Wirklichkeit bloß eine einzige, klägliche Minute. Gerade solche Zwerge wollten wir aber mit unserem Fünfminutenraster ausschließen. Blähen wir nun einen unter ihnen bis zur Registrierwürdigkeit auf, so begehen wir eine flagrante Verletzung von Regel eins. Wollen wir deren Anweisungen gerecht werden, so müssen wir das Zwischenspiel von 13.27 bis 13.28 aus Abschied und Traktanden fallen lassen und die Grenze zwischen seinem Vorher und Nachher entweder auf fünf vor halb oder auf halb ein Uhr festlegen (so oder so eine teilweise Vergewaltigung von Regel zwei).

Konflikte solcher oder ähnlicher Art kommen nicht selten vor. Freilich häufen sie sich in einer einzigen Stunde nie derart wie im Beispiel von Tafel 10.4, das wir eigens zu Demonstrationszwecken konstruiert haben. Während 52 Minuten, sagen wir von sieben nach eins bis ein vor zwei, lassen wir 12 Tätigkeitswechsel stattfinden und erzeugen durch sie elf natürliche Abschnitte, bezeichnet mit Großbuchstaben von A bis L. Der kürzeste (E) dauert eine, der längste (A) elf Minuten. Diese natürliche Gliederung des Geschehensablaufs ist in der mittleren Kolonne von Tafel 10.4 aufgeführt.

Und nun schicken wir unseren F-Raster mit seinen zwei Grundregeln aus, um dieses natürliche Treiben an die Fünfminuten-Leine zu legen. Das Resultat ist verblüffend. Die beiden Regeln kommen voll zerstritten nach Hause; zwar bringen beide bloß acht Abschnitte mit heim; aber nur in fünf Fällen sind es die gleichen, und bloß in einem (G) messen sie außerdem die gleiche Anzahl D. Regel eins – von links her angreifend – hat strikte darauf bestanden, daß die Wechsel uhrzeitlich korrekt plaziert wurden. Das führte dazu, daß Tätigkeiten von 3 oder 4 Minuten oft unberücksichtigt bleiben (B, D, H), dafür solche von 1 oder 2 Minuten als 1D-Einheiten verbucht werden (C, E), zusammen mit acht- und neunminütigen (F,K), die dafür von einer kürzeren (I) überrundet und von einer kaum viel längeren (A) weit zurückgelassen werden.

Regel eins dagegen hat sich mit diesem sturen Operationalismus der Regel zwei nicht identifizieren können. Sie legte Wert darauf, daß die natürlichen Abschnitte möglichst ihrer Größe entsprechend ausgewählt und eingestuft wurden, und scheute darum auch nicht vor Verlegungen der Grenzen zurück (13.24 → 13.20; 13.28 → 13.25; 13.42 → 13.45; 13.57 → 14.00). Sie berief sich ihrerseits auf „Objektivität“: durch die Plus-minus-zwei-Anleitung sei der Spielraum subjektiver Entscheide betreffend Abschnittslänge ebenso klar eingeschränkt wie im andern Falle betreffend Wechsel.

Aber da kam Regel eins bei Regel zwei schlecht an! Objektiv ablesbar sei nur die Uhrzeit der Wechsel; die natürliche Dauer der Abschnitte werde ja erst aus ihr abgeleitet, und ob denn Regel eins dafür garantieren könne, daß diese Umrechnung in jedem Fall exakt erfolge? Das sei gar nicht nötig, antwortete Eins. Bei kürzeren Abschnitten könne sich der Handelnde, unterstützt durch die allgemeine Orientierung an der Uhrzeit, auf sein subjektives Erleben der eben verflossenen Gegenwart verlassen. Für Dauern von ein, zwei oder drei D habe man ein feines Gespür. (Kurzes, höhnisches Auflachen von Zwei.) Und kleine Fehler auf subjektiver Grundlage seien allemal noch besser als große auf objektiver.

Schlichtungsversuche halfen nicht; wir mußten in der Streitsache einen Richtspruch fällen. Wir entschieden klar für den Vortritt von Regel eins (daher die Numerierung). Das nimmt uns Regel zwei noch immer übel. Sie ist überzeugt, daß wir damit den Geist der heutigen, endlich einer objektiven Methodik verpflichteten Psychologie verraten haben. Was meinen Leserin und Leser?

Das Problem der Meßgenauigkeit

In den letzten Kapiteln befragten wir Themen, Bereiche und Vollzüge nicht nur nach ihrer Zahl, sondern auch auf ihre Dauer hin. Wir haben d-Werte addiert, gemittelt, verglichen. Wenn wir nun wissen, welche Schwankungsbreiten in der Datenerhebung liegen – sind dann solche Zahlen nicht fragwürdig, ja geradezu unbrauchbar? Nehmen wir etwa eine Summe, die sich

Tafel 10.4: Beispiel für die Anwendung des F-Rasters

13.05 .. Uhrzeit A, B .. Abschnitte 15, 5 .. Minuten

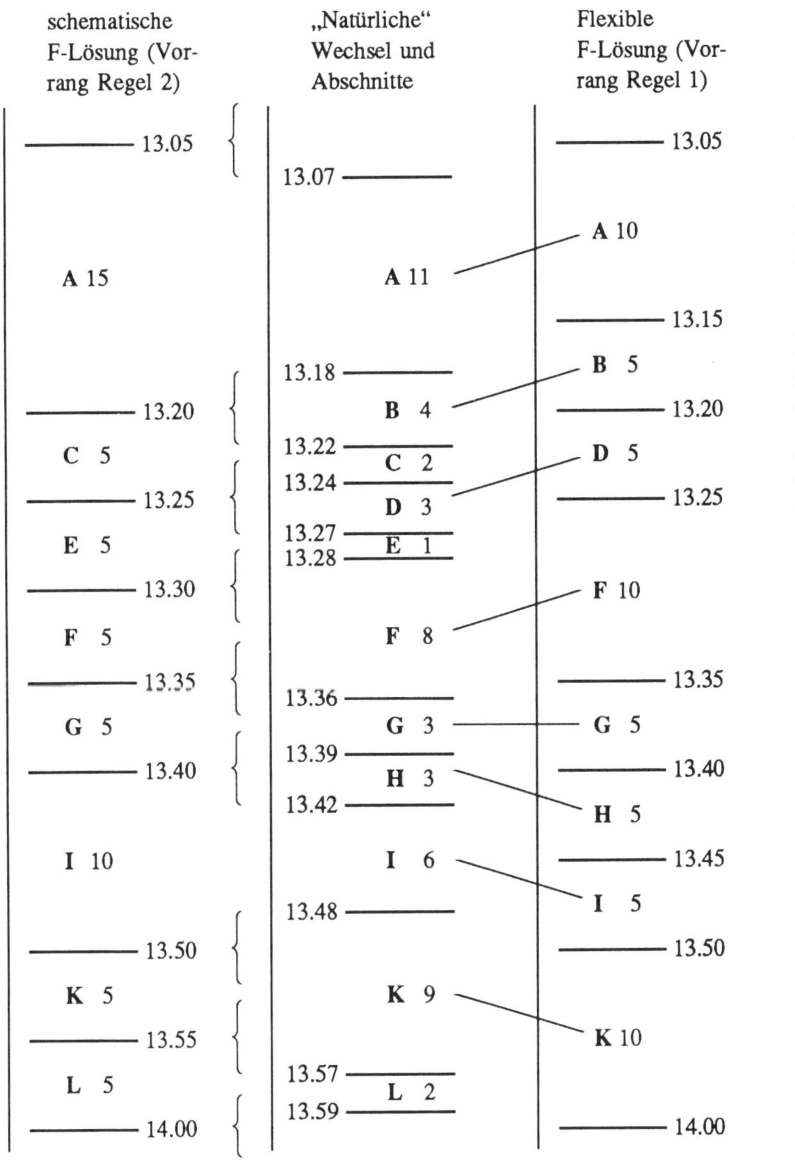

aus dreißig einzeln gemessenen „Fünfminuten-Einheiten" zusammensetzt, zum Beispiel ein entsprechendes Routine-Thema. Sollten diese Einheiten nun alle in der gleichen Richtung über- oder unterschätzt worden sein, so kann die Zahl „30 D" sowohl eine Zeitdauer von anderthalb Stunden oder weniger (30 mal 3 Minuten), wie aber auch eine solche von dreieinhalb Stunden oder mehr repräsentieren (30 mal 7 Minuten).

Das ist übrigens nicht etwa eine Spezialität des Fünfminutenrasters; das Problem taucht immer auf, wenn die Einheiten des Maßstabes, mit dem man mißt, nicht durchwegs kleiner sind als die zu messenden Phänomene. Bei einem Minutenraster beispielsweise wiesen Zeitspannen von 30 bis 90 Sekunden ununterscheidbar den Wert eins auf, und die Addition von 150 zu großen oder zu kleinen Minuten müßten zum gleichen Debakel führen. Nur durch Erfassung mittels Sekundenzeigers könnte man dem Dilemma entgehen.

Aber ist es überhaupt wichtig, ihm zu entgehen? Besteht ein ernsthafter Verdacht, daß sich bei der Aufsummierung kleiner Abschnitte in systematischer Weise gleichsinnige Fehler addieren? Aus unseren eigenen Beobachtungen und Erlebnissen läßt sich keine derartige Vermutung ableiten. Viel wahrscheinlicher ist es doch, daß die Gesetze des Zufalls spielen und sich die Abweichungen – je mehr Stücke man zusammensetzt, desto zuverlässiger – gegenseitig aufheben. Und wenn Einzel-Abschnitte sich länger hinziehen, so mindert sich das Risiko ohnehin. Wir gingen oben von 30D Arbeit aus. Absolviert man sie in einem einzigen Stück, so dauert dieses, in Uhrzeit gemessen, zweieinhalb Stunden; und selbst bei ungeschickter Konstellation kann der Wert nicht einmal fünf Minuten darüber oder darunter liegen. Zumindest jene Themen, Bereiche und Vollzüge, die vorwiegend aus größeren Teilstücken bestehen (etwa Beratungen, Arbeit an Texten, statistische Berechnungen) dürften in ihrem Zeitaufwand auch durch unser grobmaschiges Netz recht gut erfaßt worden sein.

Um aber jeden Schein einer Exaktheit zu vermeiden, die unser Material nicht bieten kann, werden wir in unserem Bericht – wie schon bis anhin – meist von Minuten-Angaben Abstand nehmen und dafür mit unseren Hundertstel-Arbeitstagen (F und D) rechnen. In dieser Weise ausgedrückt, kommen wir dem Wesen unserer Einheiten näher als mit der falschen Gleichung „F und D sind Fünfminutenstücke". Wenn schon eine Gleichung, dann folgende:

$$2^1/_2 \text{ Min} < 1\text{D/F} < 7^1/_2 \text{ Min}$$

Oder noch viel besser eine solche mit Umweg über den Normalarbeitstag (AT) – denn je größer ein d- oder f-Wert, desto exakter normalerweise die Angabe, sei es wegen der Benützung längerer und darum zuverlässigerer Einheiten, sei es durch den wachsenden Ausgleich von Fehlerquellen. Am besten halten wir uns darum an die folgende Formel:

$$100\text{D/F} = 1\text{AT} = 500 \pm 2\text{Min}$$

Zuhilfenahme von Schätzungen

Nicht immer ging alles so glatt wie wir uns gewünscht hätten. Am Vormittag des 18. Novembers 1975 machte sich P. daran, die Stelle der Sekretärin auszuschreiben, die eine Bibelschule besuchen wollte (Sie erinnern sich?). Nachdem er sich auf dem Tagesblatt die Uhrzeit des Wechsels notiert hatte (09.05), begann er den Text aufzusetzen, mußte in dieser Sache dann allerdings noch etwas berechnen (das Salär? ich weiß es nicht mehr). Wie er so schön auf seiner alten Maschine herumtippte, betrat eine Kollegin sein Zimmer mit dem Anliegen, P. möchte bei der Erstellung der AGAB-Funktionsanalysen (vgl. AGAB, 1976) die Arbeitsgruppe „Diagnostik" leiten. Als sie den Raum verließ, blickte P. erstmals wieder auf die Uhr und stellte fest, daß der Zeiger inzwischen auf zehn vorgerückt war. Zwei Tätigkeitswechsel hatte er also in dieser Stunde uhrzeitlich verpaßt.

Lange habe ich in den Akten herumblättern müssen, um ein solches Beispiel zu finden. Zwar sind in der Erhebungszeit immer wieder unüberwachte Wechsel vorgekommen, aber doch zur Hauptsache während Sitzungen und Besprechungen. Andernfalls bezogen sie sich nur auf ganz kurze Zeitspannen, eine Viertelstunde oder zwanzig Minuten. Vor allem erstaunt mich, daß P. sich damals so unkontrolliert an die Rechenmaschine verschob. Daß persönliche oder telefonische Überfälle in dieser Beziehung besonders heimtückisch sind, dürfte hingegen einleuchten. Wenn uns, beispielsweise zuhause, Anrufe plötzlich in eine „Arbeit" hinein- oder aus einer solchen herauskatapultieren, so geht der Kontrollblick auf die Uhr leicht unter. Damit werden oft Anfänge oder Abbrüche von Arbeiten zeitlich nicht genau erfaßt. Es kann sich sogar beides miteinander verbinden. Oder behalten Sie, lieber Leser, die Uhr am Arm, wenn Sie sich genießerisch im Bad ausstrecken? Was aber, wenn Ihnen dabei plötzlich der Einfall des Monats kommt und Sie, nach kurzem Überlegen, zur Lösung Ihres zähesten Problems durchstoßen? Solch liebsamen Überraschungen kann man sich gelegentlich auch kurz vor dem Einschlafen ausgesetzt sehen. Das führte uns in Kapitel 8 dazu, Nachdenken erhebungstechnisch „als Problem" zu bezeichnen – in solchen Fällen gilt das doppelt.

Es hätte die Ergebnisse der Untersuchung verfälscht, auf die Registrierung solcher Einheiten zu verzichten, nur weil die präzise Uhrzeit fehlte. Um so weit zu gehen, war P. viel zu wenig objektivitätsgläubig. Vielmehr machte er sich da die früher erwähnte Tatsache zunutze, daß (zumal kürzere) Abschnitte auch recht zuverlässig geschätzt werden können. Wie solche Schätzungen praktisch spielten, zeigen drei weitere „Regeln", die sich aus P.'s Praxis ableiten ließen.

Dritte Regel: Kann bei einem Tätigkeitswechsel (oder bei mehreren aufeinanderfolgenden) die Uhrzeit nicht abgelesen werden, so wird die Dauer der einzelnen Einheiten geschätzt und die registrierte Gesamtzeit ihrer Abfolge in entsprechenden D-Portionen ihnen zugeteilt.

Das geschah auch am Vormittag des 18.11.75. Um zehn Uhr schätzte P., daß ihn seine Mitarbeiterin rund zwanzig Minuten beansprucht und daß er zuvor nicht länger als 1F gerechnet hatte. Das führte zu folgender Aufteilung der verfügbaren 11D: 6 für den Text, 1 für das Rechnen und 4 für das Gespräch.

Vierte Regel: Kann bei der Arbeitsaufnahme oder bei Arbeitsabbruch die Uhrzeit nicht abgelesen werden, so wird die Dauer des (ersten oder letzten) Abschnitts geschätzt.

Fünfte Regel: Werden bei einer isoliert auftretenden Arbeit weder Beginn noch Ende zeitlich erfaßt, so wird die Dauer geschätzt und die Anfangszeit willkürlich auf die nächstliegende volle Stunde festgelegt.

Nicht genug kann man allerdings betonen, wie selten von diesen Methoden (besonders den beiden letzten) Gebrauch gemacht werden mußte. Und stets läßt sich aus P.'s Tagesblättern ermitteln, wann Zeiten nicht effektiv abgelesen, sondern durch Schätzungen errechnet oder willkürlich festgelegt wurden. Zeitangaben gemäß vierter und fünfter Regel stehen nämlich immer in Klammern; und bei Schätzungen gemäß dritter Regel wurden überhaupt keine Zahlen eingesetzt. Die errechenbaren Zeitpunkte 09.35 und 09.40 erscheinen im Protokoll vom 18.11.75 überhaupt nicht. Wo immer man in P.'s Tagesblättern uneingeklammerte Zeitangaben vorfindet, kann man sich darauf verlassen, daß P. sich an einer Uhr orientierte. Ob jede Uhr jederzeit richtig lief, dafür freilich kann P. sich nicht verbürgen. Leser, die es ohne Sicherheit nicht aushalten, mögen sich nachträglich an Bahnhofvorstände, Siegriste sowie an jenen ehemaligen Schuldirektor wenden, der als Sammler alter Uhren einige Prachtstücke in seinem Büro hängen hatte. P. war selten dort; aber für ein paar wenige unserer Angaben hätten doch längst verstorbene Uhrmacher einzustehen.

10.5 Konsequenzen der Erfassungsgrenze

Behandlung der Kurzabschnitte

Es mag schockierend klingen; aber der Weg, den unsere Erhebung durch P's Arbeitsleben ging, ist mit Leichen gesäumt. Was nicht groß und stark war von dem, was P. tat, wurde rücksichtslos eliminiert. Die natürlichen Abschnitte C und E aus Tafel 10.4 und all ihre Kollegen tagein, tagaus fielen, wegen Zwergwuchses, ohne Erbarmen der Methode zum Opfer. Nun ist heute die „Wissenschaft vom Opfer" groß im Schwange, und auch wir wollen und müssen hier ein wenig Viktimologie betreiben. Sie erforscht ja unter vielem anderen die Früh- und Spätschäden des Opfers (Schneider, 1975, 16) – nun denn, was ist aus unseren verjagten Zwergen geworden?

Sehen wir uns einmal die Abfolge natürlicher Abschnitte rechts an. Wir erkennen sofort, daß es Einheiten gibt, die mit dem F-Raster mehr oder weniger adäquat erfaßt werden. Die Abschnitte A, C, P, R und T werden als Tätigkeiten von minimaler Erfassungsgröße (1F), B und S als solche mit doppelter oder dreifacher F-Ausdehnung ins Register eingehen. Dazwischen erspähen wir aber auch einige potentielle Opfer der Methode. Da gibt es beispielsweise einen natürlichen Abschnitt Q, der wird von zwei großen Nachbarn einfach zerquetscht. Im Protokoll verschwindet er, als hätte es ihn nie gegeben. (Daß er im Untergrund weiterlebt, werden wir in Kapitel 12.2 sehen.)

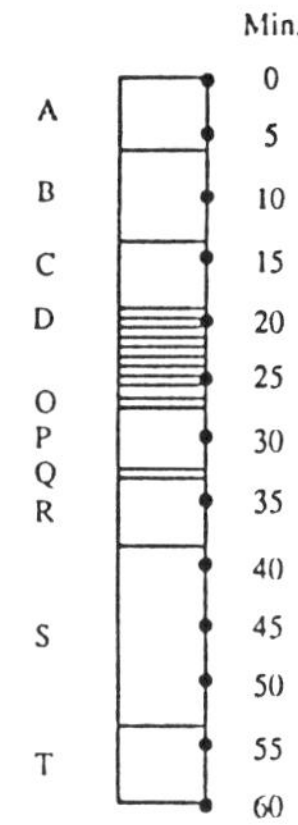

Fig. 10.51

Zwerge finden wir aber in unserem Beispiel noch mehr. Zwischen der zwanzigsten und der dreißigsten Minute stehen sie gleich scharenweise herum. Offenbar hat sich der Handelnde während dieser Zeit immer nur ganz kurz mit einer Sache abgegeben. Sollen wir auch diese Abschnitte allesamt als Ausschußware links liegen lassen? Das dürfte uns erhebungstechnisch in Schwierigkeiten bringen. Zwar erstreckt sich die Abfolge D bis O in Figur 10.51 bloß über 2 F. Was aber, wenn sich Kleinkram-Serien über halbe oder ganze Stunden ausdehnen, wie etwa in Figur 10.52? (Auch wenn das in P's Arbeitsjahr kaum je vorkam, könnte es doch in anderen Berufen eine ganz normale Erscheinung sein.) Soll man diese Zeit einfach aus der Untersuchung ausklammern? Aber auch während dieser Zeitspanne lief Arbeit ab; und eine Stunde besteht nun einmal aus zwölf Fünfminuteneinheiten, nicht bloß aus dreien.

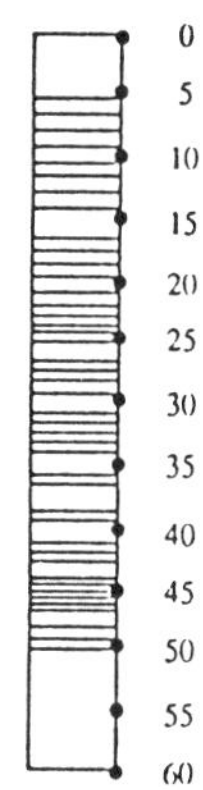

Fig. 10.52

Im vorliegenden Unterkapitel soll unser Vorgehen in solchen Fällen geschildert werden. Das scheint nötig, weil es sich dabei um eine grundsätzliche Schwierigkeit handelt, die sich aus der Verwendung eines jeden Rasters ergibt. Wer den Zeitstrom ausschöpfen will und dafür ein Netz verwendet, dessen Maschen weiter sind als die kleinsten der herumschwimmenden Brocken, der wird sich unweigerlich mit diesem Problem herumschlagen müssen. Es ergibt sich als notwendige Konsequenz der verwendeten Methode.

Mischeinheiten

Hinter den Kurzabschnitt-Serien der Figuren 10.51 und 10.52 können sich zwei grundverschiedene Phänomene verbergen. Spontan werden wir zunächst nur an das eine denken. Wir sehen vor unserem geistigen Auge eine Person, die eine Reihe kleiner Dinge erledigt: Akten verräumt, Wasser in den Verdunster nachgießt, drei Rechnungen unterschreibt, erfolglos einen Telefonanruf startet, eine Anweisung erteilt. Aus dem Gesichtswinkel unserer Thementheorie beurteilt, kann dieses Sammelsurium von Tätigkeiten aus recht unterschiedlichen Bestandteilen zusammengesetzt sein: wiederkehrenden Routinen, winzigen Zwischenthemen, die unterschwellig bleiben, Splitterteilen längerer und zeitaufwendigerer Arbeiten.

Was blieb uns, mit grobem Handschuh nach so feinen Dingen greifend, anderes übrig, als sie in einem Zugriff alle zusammen zu fassen? Aus Serien gemischter Tätigkeiten haben wir Einheiten geformt – „Mischeinheiten", wie wir sie nennen wollen. Wie die normalen, inhaltsspezifischen Abschnitte haben wir auch sie in Fünfminutenstücken gemessen. Wie weit das einem Mißbrauch des Begriffes „Einheit" gleichkommt, werden wir in Kapitel 12.3 untersuchen. Vorläufig geht es uns ums Technische, und da können wir eine neue Regel formulieren.

Sechste Regel: Folgen sich in einer Zeitspanne von einer oder mehreren F eine Reihe verschiedener Tätigkeiten, von denen keine die Dauer von 1D erreicht, so wird eine Mischeinheit von entsprechender Länge registriert.

Das Vorkommen von Mischeinheiten zwang uns zu Anpassungen des Eintrags im Tagesblatt. Unsere Codes für Bereiche und Vollzüge sind natürlich auf die bunt leuchtenden spezifischen Arbeiten ausgerichtet. Hier aber mußten wir uns nun auf blasse Mischfarben zurückziehen. Die Zahlen verschwanden, die Nullen deckten sie zu. Eine Serie von Tätigkeiten, wie wir sie oben beschrieben haben, erhielt bloß noch den Code 00 00 – „vermischtes Allgemeines; vermischte Vollzüge"; und im Themenraster blieben bestenfalls ein paar punktierte Linien übrig.

Was wir hier eben besprochen haben, ist die „totale Mischung". Es gibt aber auch gemäßigte Varianten. Im Zuge der Bearbeitung eines Themas beispielsweise können wir uns dann und wann gezwungen sehen, in rascher Folge ein paar verschiedene Vollzüge aneinanderzuhängen (etwas hervorsuchen, nachblättern, berechnen, telefonisch verifizieren, kurz überlegen, notieren, wieder versorgen). Dann ergibt sich lediglich eine „Vollzugsmischung". Mischeinheiten stellen solche Abfolgen bloß in bezug auf diese eine Dimension dar; dagegen lassen sie sich ohne Schwierigkeiten einem bestimmten Thema und Bereich zuordnen. Noch häufiger tritt indessen – zumindest in P.'s Berufspraxis – der umgekehrte Fall auf: In einem einheitlichen Vollzug werden eine ganze Reihe von Themen mitgeschwemmt. An Bürositzungen beispielsweise kommen – neben den großen Traktanden – serienweise auch kleine Fragen zur Sprache (etwa im Sinne kurzer Mitteilungen); und beim abendlichen Verräumen der Tagesunterlagen vom Schreibtisch werden die Spuren einer ganzen Schar von Themen getilgt. Solche thematisch vermischten Tätigkeiten haben uns bekanntlich die Zählungen in Kapitel 7 erschwert. Während hier ein präziser Vollzugs-Code hinpaßt, muß bei der Kategorisierung nach Bereich der Code „00“ verwendet werden, manchmal auch ein eingeschränkterer, falls alle Arbeiten der gleichen Gruppe zugehören (etwa 10 bei vermischten Amtsleiteraufgaben, 50 bei AGAB-Kleinkram, 70 bei vermischter Bücherdurchsicht usw.)

Alternierende Tätigkeiten

Der anderen Grundvariante sich abfolgender Kurzabschnitte wollen wir uns anhand konkreter Beispiele annähern. Wir suchen P. etwa am Freitag, den 17. Januar 1975 nachmittags um halb fünf in seinem Büro auf, wo wir ihn wieder einmal vor der Rechenmaschine sitzen sehen (einer mechanischen – kann man sich das heute noch vorstellen?). Bis Viertel vor sechs Uhr tippt er Ziffern ein; er berechnet die Fallstatistik. Das heißt, er tut das nicht kontinuierlich, sondern mit unfreiwilligen Unterbrechungen: Immer wieder stellt er fest, daß bei seinen Zahlen irgendwo etwas nicht aufgeht, sucht nach dem Fehler und nimmt, wenn er ihn gefunden hat, die nötigen Korrekturen vor. Der Dreitakt dieser Arbeiten – Code-Nummern 84, 78 und 79 der Vollzugs-Kategorien von Seite 487 – bestimmt die ganze Sequenz, und zwar in einem raschen Rhythmus, der eine gesonderte Verbuchung auf dem Tagesblatt, Abschnitt für Abschnitt, ausschließt. Jede dieser Tätigkeiten summiert sich jedoch auf weit mehr als fünf Minuten. Drei für die Bearbeitung eines Themas notwendige, zeitintensive Vollzüge sind da nicht hintereinander her gefolgt, sondern haben sich während fünfviertel Stunden ständig abgelöst.

Gleich, aber anders (um mit dem Schweizer Kabarettisten Emil Steinberger zu reden) erging es P. eine Woche später, am 24. Januar. Da besprach er einen Abend lang mit der Beraterin A., die im zweiten Monat ihrer Schwangerschaft stand, die Amtssituation – locker, wie es sich für eine Unterredung während Freizeit II gebührt, das Gespräch aber doch fast ausschließlich um fünf Themen aus dem Bereich der Akademischen Berufsberatung kreisend. Im Vordergrund stand die Idee der Pensenreduktion (Thema 2 von Seite 253); aber unsystematisch, wie wir Menschen im zwanglosen Gespräch nun einmal sind, sprang man von einem Punkt immer wieder zum anderen hin und her – ein konstanter Vollzug also mit durcheinanderwirbelnden, aber doch gründlich behandelten Themen.

Und um die Beispielreihe voll zu machen, rücken wir noch ein paar Tage vor. Am Mittwoch, 29. Januar 1975 erhält die soziale Hälfte von P.'s Arbeitswelt eine weniger erfreuliche Note. Gleich nach dem Mittag hat P. einen ungewohnt heftigen Zusammenstoß mit seiner Sekretärin. Das verdüstert die kommende Arbeit; während der Zusammenstellung eines Testprogramms für den Ratsuchenden B. (vgl. Seite 226) kehren seine Gedanken mehrfach wieder zu diesem beunruhigenden Ereignis zurück. Während im ersten Falle also die Vollzüge, im zweiten die Themen alternierten, sind hier beide Dimensionen miteinander betroffen.

Was sollte man tun, wenn man, mit einem Fünfminutenraster ausgerüstet, auf solche Tätigkeiten stieß, die zwar je die erforderlichen Ausmaße an Zuwendungszeit erreichten, aber anhand ihrer zu kurzen natürlichen Abschnitte regulär einfach nicht zu packen waren? Wir entschlossen uns rasch einmal zu folgendem Vorgehen: Alle drei Tätigkeiten (am 24. Januar alle fünf) wurden notiert, und zwar Zeile für Zeile, so als wären sie brav hintereinander angetreten; jedoch wurden sie links mit einer Klammer verbunden, die ihren „parallelen" Verlauf andeuten sollte. Und natürlich mußte man auf abgrenzende Zeitangaben verzichten; Uhrzeiten waren ja nur beim gemeinsamen Beginn und gemeinsamen Ende der Tätigkeiten abgelesen worden. Dafür war auch hier wieder der relative Zeitaufwand für die einzelnen Arbeiten zu schätzen. (Diesmal hatte die Schätzung aber nicht eine begangene Unterlassung zu kompensieren, sondern war – bei der gewählten Methode – der einzig gangbare Weg, Größenwerte zu erhalten.)

Auch das sei wieder in einer Regel zusammengefaßt.

Siebente Regel: Alternieren während einer Zeitspanne von mindestens zwei F zwei oder mehr Tätigkeiten, deren Abschnitte die Dauer von 1D normalerweise nicht erreichen, sich aber je zu einer Gesamtdauer von mindestens 1D addieren, so werden sie als parallel verlaufende Tätigkeitseinheiten registriert. Die für die Zeitspanne verfügbaren D werden entsprechend ihrem geschätzten summativen Zeitaufwand auf sie verteilt.

Homogenität und Dichte der Einheiten

Die „Arbeitseinheiten", unsere kleinsten Kinder, gewinnen in diesem Unterkapitel eine ganz neue Vielfalt. Bisher gingen wir davon aus, daß es sich dabei um Arbeiten handelt, die zwischen zwei Zeitpunkten (den „Wechseln") hinsichtlich Thema und Vollzug konstant bleiben. Diese Definition ließe sich weitgehend – wenn auch nicht vollständig – aufrechterhalten für den „natürlichen" Verhaltensablauf. Sobald wir aber einen Erfassungsraster anwenden, müssen wir abweichende Fälle konzedieren, und zwar gleich deren zwei. Das eine Zugeständnis bezieht sich auf die geforderte Homogenität der Arbeitseinheiten: Wir müssen, um auch serienweise besorgten Kleinkram in den Griff zu bekommen, heterogen zusammengesetzte „Mischeinheiten" zulassen. Im anderen Falle tasten wir dagegen die Homogenität der Arbeiten nicht an; aber wir müssen zugeben, daß diese nicht kontinuierlich, sondern streuweise auftreten. Zu zweit oder in Gruppen beanspruchen solche Tätigkeiten dann die zur Verfügung stehende Zeitspanne; keine von ihnen füllt sie mehr dicht aus.

Das zweite Phänomen zwingt uns auch graphisch eine neue Darstellungsweise auf. Flächen, die in der „Zeitsäule“ durch hintereinander folgende Kurzabschnitte gebildet werden, müssen wir zusammenziehen und neu anordnen, nämlich vertikal. Damit ergeben sich Arbeitseinheiten, die die Zeitsäule nicht mehr in ihrer ganzen Breite beanspruchen, sondern nur noch in schmaleren Streifen (Figur 10.53). Wir bezeichnen solche Einheiten als „verdünnt“.

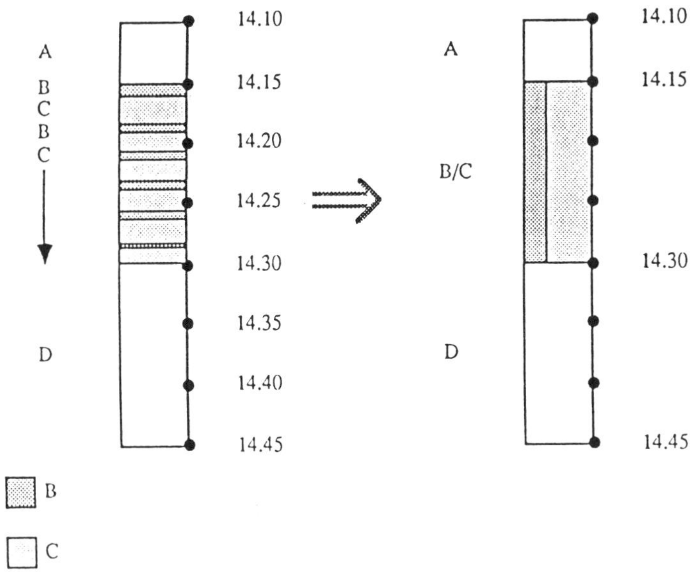

Fig. 10.53

Noch einmal erkennen wir hier, warum wir für Fünfminuteneinheiten zwei verschiedene Abkürzungen brauchen. Die „Zeit als Rahmen“ ist ein linearer Begriff; sie verläuft eindimensional von oben nach unten und wird durch f-Stücke unterteilt. Von 14.15 bis 14.30 beispielsweise folgen sich drei F. Die „Zeit als Stoff“ hingegen läßt sich nur flächenmäßig erfassen. In der genannten Zeitspanne können 3 D Arbeit geleistet werden; aber sie brauchen nicht mit den F zu korrespondieren. Im Normalfalle freilich verstehen sich die d auch „horizontal“, das heißt, sie geben Fraktionierungen des Zeitstrahls von oben nach unten an. Gelegentlich aber stellen sie sich quer zu den f und messen „vertikal“ die Verdünnung der Arbeit. Sie bereiten dann endlich auch dem geometrisch interessierten Leser eine bescheidene Freude.

Das ist, auf den ersten Blick zumindest, ein Artefakt der gewählten Erfassungsmethode. Ob wir uns damit auch von der gelebten Wirklichkeit entfernen, ist eine andere Frage. Wir werden sie zwei Kapitel später wieder aufwerfen.

Spezialfälle

Von den „normalen" (homogenen und dichten) Tätigkeitseinheiten unterscheiden wir also einerseits inhomogene, anderseits verdünnte. Graphisch kennzeichnen wir die verdünnten durch Vertikalunterteilung der Zeitsäule, die inhomogenen durch schräge Schraffierung, wie Figur 10.54 zeigt.

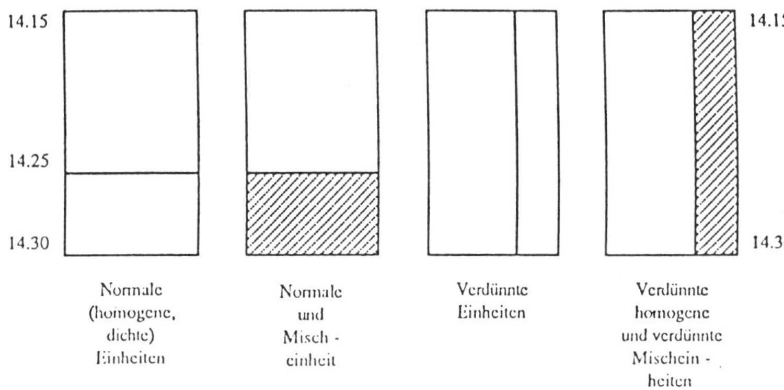

Fig. 10.54

Die Figur macht uns aber zugleich klar, daß wir es nicht bloß mit drei, sondern mit vier Einheits-Typen zu tun haben. Neben normalen, inhomogenen und verdünnten Arbeiten gibt es nämlich auch verdünnte Mischeinheiten. Wir definieren sie durch Regel acht.

Achte Regel: Wird während einer Zeitspanne von mindestens 2F eine Tätigkeit (oder werden während einer solchen von mindestens 3F zwei oder mehr parallel laufende Tätigkeiten) wiederholt durch verschiedene andere Tätigkeiten abgelöst, die einzeln je weniger als 1F dauern, sich zusammen aber zu mindestens 1D aufaddieren, so wird parallel zur homogenen Einheit (oder zu den homogenen Einheiten) eine Mischeinheit registriert. Die verfügbaren D werden nach geschätztem summativem Zeitaufwand den parallelen Einheiten zugeteilt.

Zu bedenken ist dabei – und auch das wird aus Figur 10.54 klar – daß Mischeinheiten auf der Zeitsäule immer „einsam" bleiben. Homogene Tätigkeiten können gleich hintereinander oder direkt nebeneinander ablaufen (das ist der normale Fall); Mischeinheiten dagegen haben stets homogene Einheiten zu (horizontalen oder vertikalen) Nachbarn.

Und wenn wir schon angefangen haben, Spezialitäten aufzustöbern, so wollen wir auch gleich einem anderen Sonderfall tapfer ins Auge blicken. Auch ihn zerren wir am ehesten mit einem logisch-graphischen Verfahren ans Licht. Greifen wir aus dem Verhaltensstrom eine Zeitspanne von dreiviertel Stunden heraus und nehmen wir an, während dieser Zeit hätten drei Tätigkeiten stattgefunden. Dann lassen sich vier Möglichkeiten ihrer strukturellen Anordnung unterscheiden, wie Figur 10.55 zeigt: reines Nacheinander, reines Nebeneinander und zwei Varianten der Kombination von beidem.

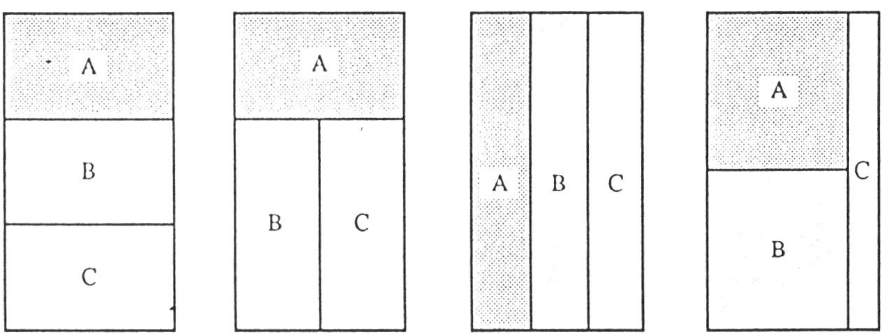

Fig. 10.55

Neu ist für uns die vierte dieser Anordnungen: eine über längere Zeit anhaltende (verdünnte) Tätigkeit zieht sich neben zwei (oder mehr) anderen hin, die sich normal ablösen. Das finden Sie, liebe Leserin, lieber Leser, nun doch wohl übertrieben. Wann soll so etwas denn vorkommen? In speziellen Berufssituationen wie jener dieses P. vielleicht, aber doch nicht im beruflichen oder gar häuslichen Alltag! Mit solchen Finessen strapaziert man nun wirklich die Langmut des Lesers. Wollen sehen, ob das nun so weitergeht; aber vor dem Weiterlesen sollten Sie (liebe Leserin) nun doch wieder rasch nach dem Braten sehen und Sie (lieber Leser) zum vierten Male versuchen, Ihren Kollegen telefonisch zu erreichen. (Fußnote für die zweite Auflage: Wegen dieser Stelle kam das Buch auf den Index des Verbandes konsequenter Feministinnen.)

Ja, dieser Kollege/dieser Braten hat Sie nun schon ein paar Male vom Buch weggesprengt. Allmählich addiert sich das schon auf mindestens 1D – sollte man es nicht doch auf dem Tagesblatt festhalten? Gerne, antworten wir schmunzelnd; wir bieten Ihnen dazu auch gleich eine Regel an.

Neunte Regel: Wenn innerhalb einer Zeitspanne von maximal zwei Stunden neben zwei oder mehr sich folgenden Tätigkeiten eine weitere in verstreuten Kurzabschnitten stattfindet, wird diese dann, wenn sie sich auf die Dauer von 1D addiert hat, als Streueinheit registriert.

Wir haben also noch einen neuen Begriff in unser Vokabular aufzunehmen: die „Streueinheit". Allzu genau brauchen wir ihn uns freilich nicht einzuprägen: solche Einheiten bilden doch die große Ausnahme. Dafür sorgen schon nur gewisse erhebungstechnische Absicherungen: Der Zusammenzug durfte nicht über zu lange Zeitstrecken erfolgen (zwei Stunden bildeten etwa das äußerste Limit); und zur Stiftung solch wackeliger Einheiten waren nur homogene Streutätigkeiten berechtigt. Hätten wir auch „Streumischeinheiten" zugelassen, so wäre wohl der ganze Tageslauf von ihnen durchzogen gewesen.

Durchwirkte Pausen

Damit aber nicht genug der Komplikationen. Eine weitere – es ist glücklicherweise die letzte – verdient unsere besondere Beachtung. Sie hat zu tun mit dem Wechsel von Arbeit und Nichtarbeit.

Wenn ich um halb sieben nach Hause gehe, das Abendessen einnehme, ein Kino und anschließend das Bett aufsuche und morgens um halb neun wieder im Büro antrete, dann lege ich in den Zeitstrom eine vierzehnstündige Phase kompakter Nichtarbeit ein. Aus dem Blickwinkel des Arbeitsgeschehens betrachtet ist es eine „Pause". Desgleichen pausiert meine Arbeit, wenn ich meinen Schreibtisch für eine Stunde verlasse, um Weihnachtseinkäufe zu besorgen. Da wir nur berufliche und paraberufliche Tätigkeiten erheben, hört in diesem Falle die Registrierung auf und setzt erst morgens um halb neun (oder nach der Rückkehr ins Büro) wieder ein. Registriert wird hingegen, wenn sich abends, anstelle des Kinobesuches, ein weiterer Arbeitsabschnitt einschiebt, etwa die Vorbereitung der morgigen Sitzung.

Was aber, wenn ich während der Einkaufstournee auch Briefe aus dem Büro zur Post bringe, das Postfach leere und in der Papeterie ein neues Farbband für meine Maschine kaufe? Oder wenn ich mit Mitarbeitern zusammen speise und wir dabei – unter anderem – auch über Fälle reden oder einen Elternabend vorbesprechen? Dann ist die Pause offensichtlich nicht „rein", sondern von Arbeiten durchwirkt, die gerade im letzten Fall für die Fortführung des Themas von Bedeutung sein können. Auch sie sollten darum erfaßt werden.

Das Problem wird durch einen zusätzlichen Faktor verschärft. Arbeitspausen sind normalerweise dadurch charakterisiert, daß man sich „außer Dienst" fühlt – außer Dienst auch als Arbeits-Registrator. P. haben sie jeweils die Chance geboten, von seiner Uhr etwas Distanz zu nehmen und sich ihrem Diktat vorübergehend zu entziehen. Wer mit Kollegen beim Essen sitzt und dabei teilweise Büro-Probleme diskutiert, wird den Ablauf kaum fünfminutenweise festhalten wollen und können. Hingegen fällt es ihm nicht schwer, am Schluß des Essens abzuschätzen, wieviel Zeit ungefähr (das heißt in d-Größe) auf den einen oder anderen Gegenstand verwendet wurde. Erst massivere thematische Blöcke – wenn sie sich etwa zu Viertelstunden zusammenballen – werden ihn zum Blick auf die Uhr veranlassen.

Was während (gewisser) Pausen eintrat – wenn auch ohne Planung und System –, war also eine Vergröberung des Erfassungsrasters. P. wandte in etwa einen Viertelstunden-Maßstab an. (Vgl. dazu Kapitel 12.1.) So kam es recht häufig dazu, daß sich in die Pausen „verdünnte" Arbeitseinheiten mischten – häufiger, als die Anwendung des F-Rasters ohnehin bewirkt hätte.

Darum finden wir in P.'s Protokollen viele Pausen, die von Arbeiten „durchwirkt" sind. Diese Beschreibung gibt uns einen Namen für sie. Was in solchen durchwirkten Pausen an eigentlicher Freizeit zurückbleibt – Freizeit III gemäß unserer Differenzierung in Kapitel 8.5 –, ist natürlich seinerseits „verdünnt". Eine Mittagsunterbrechung von 12.15 bis 13.30 zum Beispiel erstreckt sich zwar über 15F; wenn aber 3D für Fall-Gespräche und 2D für Veranstaltungs-Vorbereitung verwendet wurden, so reduziert er sich „zeitstoffmäßig" auf 10D.

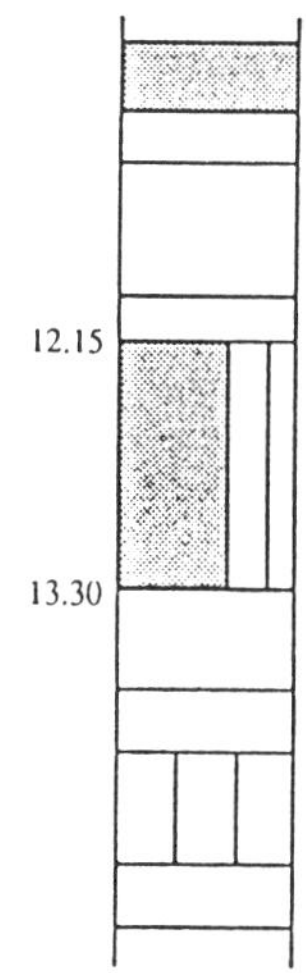

Fig. 10.56

Zehnte Regel: Wenn während einer Arbeitspause eine Arbeitstätigkeit stattfindet oder mehrere Arbeitstätigkeiten stattfinden, die wegen sich wiederholender, aber je zu kurzer Abschnitte (oder wegen pausenbedingter Lockerung der Registrierung) nicht mittels F-Raster präzise erfaßt werden können, so wird die für sie aufgewendete Zeit in D geschätzt und parallel zur Pause registriert. Diese selber wird als „durchwirkte Pause" behandelt und auf die übrigbleibende Dauer reduziert.

Um auch da einen Namen zu haben, bezeichnen wir solche Arbeiten als „eingewirkte" Einheiten. Sie sind immer homogen; „eingewirkte Mischeinheiten" wurden grundsätzlich nicht registriert; vermischte Einsprengsel in Pausen ließen wir einfach untergehen.

Durchwirkte Pausen greifen natürlich auch spürbar in das Seilziehen zwischen f- und d-Werten ein. Ein Normal-Arbeitstag (AT) besteht zwar immer aus 100D, nicht immer aber (bloß) aus 100F, selbst wenn durchgehend Arbeit im Gange war. Am Montag, 2. Juni 1975 zum Beispiel trennte

P. sich von 8.35 bis 17.40 nie ganz von seiner Arbeit; sie erstreckte sich also über 9 Stunden und 5 Minuten. Von 12.20 bis 13.25 fand aber eine durchwirkte Pause statt; während des Mittagessens wurden, mit Unterbrechungen, Erfahrungen ausgetauscht über Psychiater, zu denen gefährdete Ratsuchende allenfalls geschickt werden könnten. Rund dreiviertel Stunden hingegen, das heißt 9D, waren privaten Plaudereien gewidmet. Somit absolvierte P. am 2. Juni 1975 während der 109F zwischen halb neun und zwanzig vor sechs nur einen Arbeitstag zu 100D.

10.6 Einheiten und Abschnitte des Arbeitstages

Der 10. Juli 1975

P. registrierte also sein Tun in der Form sogenannter Erfassungseinheiten, die auf dem Tagesblatt je eine Zeile beanspruchten. Aber das dergestalt vorstrukturierte Basis-Material ließ auch andere Einheits- und Abschnittsbildungen zu. Ihre Darstellung, der dieses neue Unterkapitel gewidmet ist, entwickeln wir am besten anhand eines konkreten Tagesprotokolls. Wir könnten dabei natürlich wieder auf unseren guten alten 28. August 1975 zurückgreifen (vgl. Figur 2.1); doch sollten wir dem Leser ab und zu etwas Neues bieten. Deshalb haben wir ein wenig im Ordner herumgeblättert und schließlich – ziemlich willkürlich – einen anderen sommerlichen Tag jenes Jahres ausgewählt. Es ist der Donnerstag vor dem Umzug der Akademischen Berufsberatung von der Effingerstraße an die Gutenbergstraße.

Die Verschiebung soll am Dienstag, 15. Juli über die Bühne gehen, und es wird allmählich höchste Zeit, daß P. seine Sachen bereitmacht. Seit mehr als elf Jahren hat er Büroräume an der Effingerstraße bewohnt, die nun zu klein geworden sind, nicht nur für das schrittweise vermehrte Personal, sondern auch für die abgelegten Akten und Unterlagen: die Schränke quellen davon über. P., nicht allzu aufräum-freudig, hat das anstehen lassen; jetzt gilt es, auf den Umzug hin Ordnung zu schaffen – zu „misten“, wie der Schweizer anschaulich sagt.

Zahlreiche andere, mehr oder weniger dringliche Aufgaben haben ihn bisher kaum zu dieser Aktion kommen lassen; und auch am 10. Juli steht zunächst noch eine wichtige Verabredung bevor: eine Aussprache zweier Vertreter der AGAB (der Schweizerischen Arbeitsgemeinschaft für akademische Berufs- und Studienberatung) mit dem Chef der Sektion Berufsbildung des BIGA (Bundesamtes für Industrie, Gewerbe und Arbeit). P. ist als ehemaliger AGAB-Präsident, sein Kollege B. aus Basel als gegenwärtiger Interimspräsident dabei. Die für die Gemeinschaft sehr bedeutungsvolle Aussprache wollen die beiden zunächst noch vorbesprechen; nachher gedenken sie die Unterlagen einer Arbeitsgruppe der Schweizerischen Hochschulkonferenz (SHK) zu diskutieren. Nach Absolvierung dieses Vormittags mit Kollege B. plant P. sich dann aber mit Vehemenz in die Aufräumerei zu stürzen; zu diesem Zweck hat er sogar alte Kleider mit aufs Büro genommen.

So die Pläne für den 10. Juli 1975. Wie dieser Donnerstag dann effektiv verlief, zeigt das Tagesblatt. Wir geben es in Figur 10.61 wieder, allerdings mit gewissen Veränderungen in der Darstellungsweise. Themen-Raster, Auslöse-Kategorien und neue Pläne lassen wir weg; dafür ergänzen wir die Notizen am rechten Rand; sie sollen dem Leser gleichsam den Tag erzählen. Den Themen-Raster wird er umso leichter verschmerzen, als pro Bereich an jenem Donnerstag meist bloß ein einziges Thema zur Behandlung kam. Vierzehn Themen wurden am 10. Juli aufgegriffen, je zwei aus den Bereichen 01 und 64 und je eines unter 02, 03, 14, 17, 18, 19, 53, 54, 66 und 94. Was Überschriften und Abkürzungen bedeuten, muß der Leser in Kapitel 2.1 nachschlagen.

Zur Arbeit jenes Tages noch eine Bemerkung. P. hatte, wie so oft, den Zeitaufwand für eine seiner Unternehmungen unterschätzt. Als er sich um 15 Uhr ans Werk des Aufräumens machte, vermutete er nicht, daß er bis zehn Uhr nachts daran bleiben würde; und folgenden Tags, am Freitag den 11., erging es ihm noch schlimmer. Da der Umzug auch viele andere Schatten vorauswarf, kam er wiederum erst nachmittags, diesmal gegen zwei Uhr, zum Aufräumen. In einer fast zehnstündigen Tagestätigkeit – wir sprachen schon in Kapitel 7.5 von ihr (vgl. Seite 380) – zog er diese Arbeit dann bis weit über Mitternacht durch.

Grundeinheiten des 10. Juli 1975

Was in Figur 10.61 vorliegt, ist also das Basis-Material, das uns über den 10. Juli 1975 zur Verfügung steht. Wir erinnern uns, wie wir es gewonnen haben: Jedesmal, wenn die Arbeit wechselte, notierten wir uns, was wir eben getan hatten, wenn möglich unter Angabe der Uhrzeit (auf fünf Minuten genau). Arbeiten, die miteinander in rascher Folge abwechselten, registrierten wir – zwar untereinander, aber links mit einer Klammer verbunden – als parallel ablaufende Tätigkeiten.

Hinsichtlich Gliederung des Verhaltensstroms ist dies das Detaillierteste, was wir über den 10. Juli 1975 in der Hand haben: einerseits 26 Zeitpunkte zwischen 8.55 und 21.50, durch Blick auf die Uhr sichergestellt (und dadurch abgegrenzt 25 „Erfassungsabschnitte"); anderseits 35 „Arbeitseinheiten" (AE), das heißt Arbeitsstücke mit einheitlicher Thema-Vollzugs-Kombination (in einem Falle einer Themen-Mischung mit gleichem Vollzug) und 2 Pauseneinheiten. Daß es mehr registrierte Einheiten gibt als festgehaltene Zeitpunkte, ist charakteristisch; denn manchmal mußten Zwischen-Zeitpunkte geschätzt (14.20, 14.25), manchmal Parallel-Tätigkeiten hinsichtlich Zeitaufwand gegeneinander abgewogen (10.20 bis 11.30),

	Zeit	Dauer	Ber.	Vollz.	Th	Kontakt	Gegenstand
1	(7.00)	5	01	27	R		Planung Tag
2	(05)	(110)					
3	8.55	10	54	92		B.	auf Hinweg getroffen
4	9.05	25		53			Vorbesprechung BIGA
5	30	5		92			Weg
6	35	5		99			Warten
7	40	40		54		+D.	Besprechung BIGA
8	10.20	40		53			Nachbesprechung (Milchbar Kl. Schanze)
9		15	53				Frage einer AGAB-Aussprache
10		15	64				Problem AkBB ZH
11	11.30	125	66				Besprechung SHK-Pilotgruppe Psych.
12	13.35	(20)					Mittagessen
13		20	64	53			Entwicklung der Basler Stelle
14	14.15	5	14/18	48		Z.	Übernahme Vorhänge
15		5	19				Installationsfehler Telefon Gutenbergstraße
16		5	18				Umzugsfragen
17	30	10	94	03	R		Nachtrag Tagesblatt
18		10		78			Korrektur mehrerer Fehler
19		5	01	27			Nahplanung
20	55	5	00	15	M		Durchsicht Post
21	15.00	5	02	80			Umziehen für Aufräumaktion
22	05	5	17	47		N.	Inserat Vermietung abbestellen
23	10	15	02	81			Beginn Aufräumen
24	25	10	03	94	R	vMA	Tee
25	35	50	02	81			hauptsächl. Lateralschrank bei Türe
26	16.25	10		51		Z.	Rückfragen betr. Material
27	35	215		81			Fortsetzung Aufräumen
28		10		52		vMA	gelegentliche Vorsprachen mit Fragen
29	20.20	30		87			Zusammenschnüren Ausschuß
30	50	10		88			Wegtransport
31		5		52		H.	Rückfragen Putzpersonal
32		5	18				Umzugsfragen
33	21.10	5	94	03	R		Nachtrag Tagesblatt
34	15	10	02	81			Fortsetzung Aufräumen
35	25	10		80			Waschen, Wiederherstellen
36	35	10		27			Überlegungen zum Packen und Einordnen
37	45	5	01	91	R		
	50						

Fig. 10.61: Tagesblatt von Do, 10.7.75 (vereinfacht)

manchmal alleinstehende Einheiten bezüglich Lage im Tag grob eingestuft werden (7.00). All das haben wir in den beiden letzten Unterkapiteln ausführlich diskutiert.

In den ersten beiden Säulen von Figur 10.62 sind diese Grunddaten graphisch dargestellt. Kolonne 1 repräsentiert die Zeitsäule, welche in 25 Erfassungsabschnitte gegliedert ist. Diese sind alle ein oder mehrere „F" lang. (Ein Vierundzwanzigstundentag ließe sich in maximal 288 Fünfminutenspannen aufsplittern.) Durch Zerlegung mancher Erfassungsabschnitte in Teile, sei es mittels horizontaler oder vertikaler Schnitte, entstehen nun – graphisch gesehen – die in Kolonne 2 aufgeführten Arbeitseinheiten. Ihre Größe hängt nicht mehr bloß von der (vertikalen) Länge, sondern auch von der Breite ab; sie bemißt sich also nach Fläche. Der schmale Streifen, der sich von 16.35 bis 20.20 durch den ganzen Frühabend hinzieht, belegt zum Beispiel 2 D.

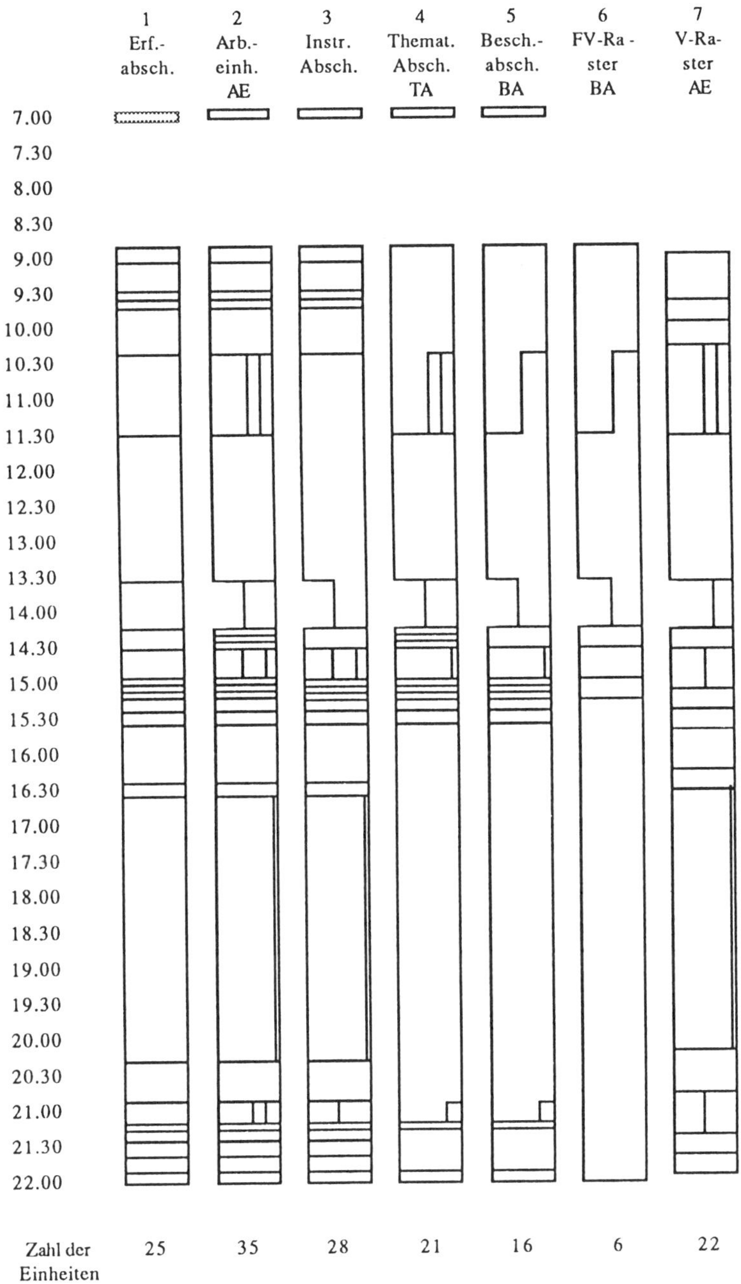

Fig. 10.62: Verschiedene Einheiten im Tageslauf (10.7.75)

Bei Betrachtung der Säule 2 fällt uns auf, daß der Tag sich gliedert in ruhige und unruhige Phasen. Nachdem P. sich über Mittag lange hingestreckten Arbeiten zuwenden konnte, kam im frühen Nachmittag plötzlich Leben in die Bude. Innerhalb von 75 Minuten brachte er da elf Arbeitseinheiten hinter sich. Ebenso lebhaft ging es nach neun Uhr abends zu; das ist recht typisch für den Schluß der meisten Bürotage (der zum Glück gewöhnlich früher liegt).

Andere Prinzipien der Abschnittsbildung

Arbeitseinheiten gemäß Säule 2 sind unsere „Elementar-Bausteine" des Tageslaufs, aus denen sich die Basis-Protokolle zusammensetzen. Es gibt nun verschiedene Möglichkeiten, sie zu größeren Einheiten zu verbinden. Einige davon wollen wir uns etwas näher ansehen.

Wir beginnen beim Gegenpol der Arbeitseinheiten, nämlich den gröbsten Blöcken des Arbeitstages. Es sind jene Zeitspannen, während welcher der Berufstätige X. arbeitet. Wir wollen sie „Arbeitsabschnitte" nennen. Die Stadtverwaltung Bern, P.'s Arbeitgeberin, verordnet ihren Schäfchen im Prinzip zwei ungefähr gleich lange Arbeitsabschnitte täglich (Figur 10.12). Damit hält sie sich an das wohl überall für Anstellungsverhältnisse und Angestellte (im Vollpensum) gültige Normalprogramm (vgl. Szalai, 1972, 822ff.). Zu anderen Zeiten lebte man weniger spartanisch. In seinen „Streifzügen durch die französische Kultur vor der Revolution" berichtete Robert Darnton: „Maurer legten traditionsgemäß achtmal am Tag die Arbeit nieder, um einen Imbiß zu nehmen" (1989, 152). P., zwei Jahrhunderte jünger, beschränkte sich dagegen meist auf eine einzige Pause. Auch ihn verjagten mittags (fast immer) der Appetit und (nicht selten) eine gewisse Ermüdung aus seinem Arbeitsparadies. Wir haben in seinem Album jedoch schon Tage aufgeschlagen, wo die beiden Abschnitte recht ungleiche Länge aufwiesen, so etwa den 26. Januar 1973 (vgl. Seite 130) oder vorhin eben den 10. Juli 1975, wo uns die kurze Planungsphase am frühen Morgen nicht einmal als erzählenswert erschien. Beidemale dauerte der eine Abschnitt fünf Minuten und der andere mehr als zehn Stunden; selbst die Verpflegungs-„Pausen" waren „durchwirkt" oder gar arbeitsverstopft. Dafür gab's bei P. zuweilen auch Tage mit drei, vier, fünf oder mehr gesonderten Arbeitsperioden.

Die plumpe Einteilung in Blöcke von Arbeit und Nichtarbeit vermag indessen nur bescheidenes Interesse zu wecken (vielleicht beschränkt es sich bloß auf unseren Arbeitgeber?). Wir suchen ja gewiß nach Abschnitten, die auch über die Arbeit selber und ihre innere Gliederung etwas auszusagen vermögen. Was stehen uns da für Möglichkeiten offen? Autoren wie Klinger, Dickman, Barker und Wright bieten ein patentes Rezept an: Man gliedere den Tag nach den Wechseln thematischer Zuwendungen! Für uns ist das gleichsinnig mit der Anweisung: Man lasse alle bloßen Vollzugswechsel unbeachtet! Das führt beispielsweise für den 10. Juli 1975 zu Säule 4 in Figur 10.62. Sie zeigt uns eindrücklich, daß P. sich an diesem Tage – außer in den „bewegten“ Phasen – nacheinander vor allem mit drei Hauptarbeiten befaßte (dem BIGA-Problem, dem SHK-Problem, der Materialdurchsicht).

Abschnitte, die solchergestalt nach Zuwendungen zu konkreten Themen gebildet werden, nennen wir – wer hätte es erraten? – *thematische Abschnitte*. Wir werden uns im nächsten Kapitel gründlicher mit ihnen beschäftigen müssen. Gegenüber der Gliederung in Arbeitseinheiten vereinfachen sie den Tag deutlich – manchmal sogar in radikaler Weise! Beim Informationstag vom 26. Januar 1973 wischen sie die ganze Feinaufteilung einfach vom Tisch; die thematischen Abschnitte sind dort identisch mit den „Arbeitsabschnitten“. (In der Fabrik wäre es ähnlich.) Auch der zehneinhalbstündige Arbeitsblock war damals pausenlos und unerschütterlich einem einzigen Thema gewidmet. Man könnte, wollte man das Prinzip durchziehen, nun allenfalls versuchen, eine Gliederung nach Unterthemen vorzunehmen. Eric Klinger hat diesen Weg bei der Analyse von Phantasieprozessen gewählt. Er markierte nicht nur Themenwechsel, sondern auch jeden „change in the focus of a continuing thema“ (1971, 182). Bei unserer arbeitsbegleitend durchgeführten Untersuchung schloß sich eine solche Beobachtungsleistung jedoch aus.

Ganz anders steht der 26. Januar 1973 natürlich da, wenn wir unsere Analyse nicht auf die bearbeiteten Themen, sondern auf die benützten Vollzüge abstützen. Während P.'s Marathonlauf vom 26. Januar 1973 hat – wie wir früher vernahmen – einunddreißigmal der Vollzug gewechselt. Richten wir unsere Aufmerksamkeit also auf diese andere Art von Wechseln und unterscheiden statt thematischer sogenannte *instrumentelle Abschnitte*, so kippt unser Informationstag – thematisch ein Einakter – ins andere Extrem: Seine Gliederung nach Vollzügen entspricht voll und ganz seiner Basis-Gliederung nach Arbeitseinheiten. Aus einem „bewegungslos“ in sich ruhenden Tag ist unversehens ein nervöser Zappelmann geworden.

Das ist freilich ein Sonderfall. Meist verändern sich Tage viel weniger dramatisch, wenn man den Gesichtspunkt der Gliederung vertauscht. Das Bild, das die Säulen 3 und 4 in Figur 10.62 vermitteln, kann in etwa als das übliche bezeichnet werden. Wie hier beim 10. Juli 1975 üben die beiden Gliederungsprinzipien aufeinander meist einen gemäßigten Dämpfungseffekt aus: Das einemal – hier geschieht's am späten Vormittag und Mittag – binden Vollzüge thematisch Unterschiedliches zusammen; das andere Mal – so am Nachmittag und Abend des 10. Juli – verknüpfen Themen verschiedene Vollzüge miteinander.

Vier Grund-Einteilungen

Die beiden Arten, Arbeiten zusammenzufassen, benützt der „Laie" auch in der Berichterstattung über seinen Alltag. Befragt, warum wir mittags nicht in die Kantine essen kamen, können wir antworten: Wir waren mit Herrn B. zusammen, um verschiedene hängige Fragen zu besprechen. Und melden wir uns später zum Abendessen ab, so begründen wir's damit, daß uns die Aufräum-Aktion (oder das morgen einzureichende Budget oder was immer) voll in Beschlag nehme. Beide Vereinheitlichungsprinzipien sind handelsüblich; und üblich im Alltag ist auch, daß wir sie kombinieren.

Ihre Verbindung drängt sich natürlich auch in unserer Untersuchung auf. Wenn es uns darum geht, eine möglichst differenzierte Sicht des Tages zu gewinnen, dann wollen wir von der gegenseitigen Auflösungskraft der beiden Verfahren profitieren. Langes Verweilen beim gleichen Thema spalten wir nach Vollzügen auf; ausgiebiges Verharren beim gleichen Vollzug – etwa bei Teilnahme an einer sich zäh hinstreckenden Sitzung – gliedern wir nach behandelten Themen. Das führt uns zur Basis-Aufteilung nach Arbeitseinheiten. Wollen wir hingegen ein großflächiges und dennoch aussagekräftiges Bild darüber entwerfen, wie wir uns heute beschäftigt haben, dann müssen wir umgekehrt versuchen, die verbindende Kraft beider Seiten auszunützen. Jetzt muß die Devise lauten: weder thematische noch instrumentelle Einheiten aufspalten!

So gewinnen wir eine vierte Art von Einheiten, die wir versuchsweise *Beschäftigungsabschnitte* nennen wollen. Wir lassen sie immer dann beginnen, wenn beide Aspekte der Arbeit wechseln: Thema und Vollzug. Sowohl Themenbearbeitungen mit wechselnden Ausführungsweisen wie auch Vollzugssequenzen mit verschiedenen thematischen Inhalten bilden dann ganz von selber je nur eine Einheit. Ein simpler Trick, wie jener mit dem Ei des Kolumbus, nicht wahr? Aber auch solche Patentlösungen haben oft ihre Tücken. (Haben Sie das mit dem Ei schon probiert? Halten Sie bitte einen Lappen bereit!)

Bei der Bildung von Beschäftigungsabschnitten stellen sich gelegentlich Probleme technischer Art – dann nämlich, wenn sich thematische und instrumentelle Sequenzen verklammern. Die Bearbeitung eines Themas kann in einen Vollzug ausmünden, der anschließend andere Themen in eine eigene Sequenz einbindet. Klassisches Beispiel aus dem Alltag: Die Verfolgung eines Geschäftes nötigt uns eine telefonische Rückfrage auf, und der Partner oder wir selber nehmen die Gelegenheit wahr, gleich noch ein paar andere hängige Fragen aufzugreifen. Manchmal gehts sogar weiter: Nach Aufhängen des Hörers schließen wir – statt zum Ausgangspunkt zurückzukehren – bei der zuletzt besprochenen Sache an, die uns ihrerseits wieder ... und so weiter ad infinitum. (Wer vor ein paar Jahren den Hofstadter-Rausch mitgemacht hat, kennt die Spielchen von Achilles und Herrn Schildkröte.)

In solchen Fällen dürfen wir die neue Beschäftigungseinheit natürlich erst dann beginnen lassen, wenn beides gewechselt hat, Thema und Vollzug. Ist dies eingetroffen, läuft die neue Einheit weiter, bis wiederum beide Wechsel stattfinden oder stattgefunden haben. In einzelnen Fällen kann das zur Nichtbeachtung kurzer Sequenzen der einen oder anderen Observanz führen.

In Tafel 10.62 finden wir die Beschäftigungsabschnitte in Säule 5; sie zeigt, wie dieses Gliederungsverfahren von der Integrationskraft beider Prinzipien (Säulen 3 und 4) profitiert.

Man könnte die Sache noch weitertreiben – und noch „alltagskongruenter" machen! –, indem man an die Beschäftigungsabschnitte sekundär einen Viertelstundenraster anlegte und Abschnittchen von geringerer Dauer je nach ihrer Lage zu „Mischabschnitten" höherer Ordnung zusammenzöge (Zeilen 20 bis 22 der Figur 10.61 zu einer Beschäftigungseinheit „vermischte Besorgungen" o.ä.), in größere Nachbarunternehmen integrierte (Zeile 19 in das Zeilenpaar 17/18; Zeilen 24, 32, 33 und 37 in die Aufräum-Sequenz 23 bis 36) oder überhaupt unbeachtet ließe (Zeile 1). Der 10. Juli hätte dann bloß aus sechs „Beschäftigungen" bestanden: BIGA-Problem; Besprechung mit B.; Telefonat mit Z.; Arbeit am Tagesblatt; vermischte Besorgungen; Aufräum-Aktion. So etwa sehen die großen Bausteine unseres Alltags aus. Aber wir greifen damit unserem Kapitel 12 vor.

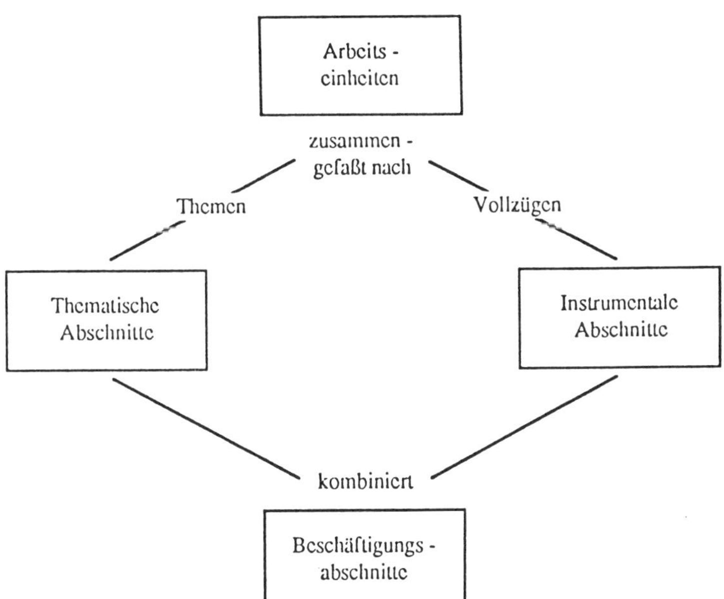

Fig. 10.63

Es gibt also vier Grundarten der Abschnittsbildung. Zusammenfassend können wir sie wie folgt charakterisieren: Ein neuer thematischer Abschnitt beginnt immer dann, wenn das bearbeitete Thema wechselt, ein neuer instrumentaler dann, wenn der Vollzug wechselt. Wechselt das eine und/oder das andere, so vermerken wir eine neue Arbeitseinheit; wechselt beides (oder hat beides gewechselt), so hebt ein neuer Beschäftigungsabschnitt an.

10.7 Einheiten, Abschnitte, Themen – Bausteine des Alltags

Einheiten und Abschnitte

Zum Abschluß unserer Ausführungen über Einheiten und Abschnitte im Verhaltens- und Erlebnisstrom müssen wir noch einen für unsere Untersuchung sehr wichtigen Punkt klären. Wir haben uns die Aufgabe gestellt, den Ablauf des Geschehens in Einheiten zu gliedern. Dabei geht es auf den ersten Blick darum – und wir haben diese Sicht bisher durch nichts behindert –, ihn in Teilstücke aufzubrechen und so Abschnitte zu bilden. Von hierher beurteilt, scheinen „Einheiten“ und „Abschnitte“ identisch zu sein. Die Kriterien, die zur Identifikation von Einheiten führen, werden darum auch als dienlich erachtet für die Teilung in Abschnitte.

Diese Gleichsetzung haben bereits Barker und Wright suggeriert; sie betrachten das „Episoding“, die Analyse der Kinder-Tagesläufe nach verfolgten Themen, zugleich (und in erster Linie) als Methode der Gliederung der Protokolle in Verhaltensabschnitte. Kapitel VII, in dem sie das Verfahren schildern, überschreiben sie mit „Dividing the Behavior Stream“. (1955/71, 225. Darauf werden wir am Schluß von Kapitel 12 noch eingehen.) Heutige Handlungstheoretiker folgen ihnen darin mit manchen ihrer Aussagen. Mario von Cranach postuliert zum Beispiel: „Auf der Ebene der Zielbestimmung wird der Verhaltensstrom durch Handlungsziele in Handlungen gegliedert“ (1980, 87). Und noch schärfer formuliert Winfried Hakker: „In our opinion, the action is something like the psychological unit or ‚molecule' of activity“ (1982, 81). Dabei versteht er Handlung, wie die andern Autoren auch, als zielgerichtete Tätigkeit.

Nach unserer Ansicht ist diese Darstellungsweise ungenau und vereinfachend. Handlungen, Episoden, Themen bilden zwar Einheiten im Verhaltensstrom, aber nicht Abschnitte des Verhaltensstroms. Sie sind (wie wir das auf Seite 132 ausdrückten) „zusammengehörige Tätigkeiten“, brauchen aber keineswegs als geschlossene Abfolgen aufzutreten. Schon beim Episoding von Kinder-Protokollen haben Barker und Wright Unterbrechungen und Sprünge festgestellt; bei Handlungen und Themen ist es noch viel krasser. Sie können sehr kühne Bogen über das Verhalten schlagen und weit auseinander liegende Stücke verklammern, oft sogar recht zahlreiche. Es gibt „Streuhandlungen“, bei denen das gleiche Anliegen, ähnlich wie beim Werbefeldzug des Geschäftsmannes, in Abständen immer aufs neue wieder aufgegriffen wird. Über wie lange Zeit Themen sich hinstrecken und wie stark sie sich aufsplittern können, haben wir ja in Kapitel 7 besprochen. Um das Problem zu illustrieren, genügen allerdings bereits die schlichtesten Fälle. Sobald eine Handlung in eine andere eingeschoben wird, stimmen Einheiten und Abschnitte nicht mehr überein: thematische Einheiten gibt es dann nämlich nur zwei, Abschnitte dagegen drei.

Offensichtlich müssen wir also zwei Arten der „Gliederung“ und zwei Sorten „Einheiten“ unterscheiden. Das Verhalten artikuliert sich in inhaltlich definierten Einheiten; diese Einheiten aber gliedern dann ihrerseits den Verhaltensstrom in Abschnitte (oder bilden doch das wohl wichtigste Gliederungs-Element). Noch anders: Der Verhaltensstrom wird nicht *in* Handlungen, in Themen, in Episoden aufgeteilt, sondern *durch* Handlungen, durch Themen, durch Episoden. Gewiß beginnt jedesmal, wenn ein neues Thema aufgegriffen wird, ein neuer Abschnitt; aber das ist auch dann der Fall, wenn man zu einem alten, sich länger erstreckenden Thema zurückkehrt. Diese Sichtweise vertritt Eric Klinger, der die Abschnitte im Erlebnisstrom vor allem durch die immer neue Rückkehr längerfristiger „current concerns“ entstehen sieht. Suchen wir nach begrifflichen Bezeichnungen, so können wir „inhaltliche“ und „formale“ Einheiten im Verhaltens- und Erlebnisstrom unterscheiden.

Die ersten sind von Inhalt, Gegenstand, Anliegen, Ziel her bestimmt; sie können ebensowohl zeitlich kompakt wie auch in Raten ablaufen (davon handelten wir ja bereits zu Beginn von Kapitel 3). Die formalen dagegen sind – in einem später noch zu relativierenden Sinn – zeitlich zusammenhängend; sie bilden die „Abschnitte“ des Verhaltens- und Erlebnisstromes und werden zu einem guten Teil eingeleitet durch Neu- oder Wiederauftritte inhaltlicher Einheiten.

Von innen her gesehen entsprechen dem Oberbegriff der Einheit die „Gegenwarten“. Inhaltliche Gegenwarten dehnen sich so lange hin, wie ein Thema sich erstreckt und als current concern wirksam bleibt. Während meine Frau mit dem Robert Walser-Dossier beschäftigt ist, bildet dieses Thema für sie eine Gegenwart. „Jetzt-Gegenwarten“ anderseits – die fünf Male pro Tag, da sie die Arbeit daran konkret aufnimmt, wie auch die dazwischenfallenden Telefongespräche in anderer Sache – gehören zu den Einheiten, die wir als „formal“ bezeichnen; „innere Dauern“ im Sinne von Bergson und Schütz sind hier einzuordnen.

Erfassungseinheiten und Erfassungsabschnitte

Das erlaubt uns eine erste Zusammenfassung dessen, was in den letzten Unterkapiteln vorgetragen wurde.

Das Arbeitsgeschehen – unser Untersuchungsgegenstand – gliedert sich in *natürliche Abschnitte*, während welcher sowohl das Thema der Zuwendung wie auch der Arbeitsvollzug konstant bleiben. Es wäre aber praktisch unmöglich gewesen, sie alle zu erfassen. Wir mußten ein Limit setzen und entschlossen uns für einen Fünfminutenraster. Das bedeutete indessen nicht, daß wir das Geschehen systematisch von fünf zu fünf Minuten registriert hätten. Vielmehr hielten wir uns an die natürlich erfolgenden Wechsel, erfaßten sie aber nicht genauer als in Fünfminutenblöcken; rascher erfolgende Wechsel blieben unbeachtet. So sind *Erfassungsabschnitte* entstanden, die sich stets über rund fünf Minuten oder ein Mehrfaches davon erstreckten.

Normalerweise sind Erfassungsabschnitte durch eine bestimmte, einheitliche Tätigkeit ausgefüllt. In diesen Fällen bilden sie zugleich eine Erfassungseinheit. *Erfassungseinheiten* sind die – mit unserer Methode nicht weiter aufteilbaren – Basis-Elemente unserer Erhebung. Innerhalb der kleinstmöglichen Zeitspanne können jedoch mehrere Tätigkeiten aufeinanderfolgen oder miteinander abwechseln. Sofern solche Reihen nicht länger dauern als fünf Minuten – oder sofern es, über diese Zeit hinaus, beim Wechsel ständig neuer Arbeiten bleibt –, werden inhomogene Erfassungseinheiten, sogenannte Mischeinheiten, registriert. Alternieren zwei Tätigkeiten dagegen während mindestens 2F (oder drei während 3F etc.), wobei sich ihre Teilstücke je auf mindestens 1D aufsummieren, so werden sie als parallel verlaufende Erfassungseinheiten in den Zeitabschnitt eingeordnet.

Erfassungsabschnitte und Erfassungseinheiten sind somit zwar häufig deckungsgleich, aber begrifflich nicht dasselbe. Liegen wir richtig, wenn wir sie ebenfalls als „formale" und „inhaltliche" Einheiten charakterisieren? Nicht ganz. Beide Gebilde sind nämlich zeitlich „kompakt" (also „formal"); sie lassen sich erhebungstechnisch nicht in auseinanderliegende Teilstücke zerlegen, auch wenn die einen „verdünnbar" sind und die andern nicht.

Im Rahmen unserer Erhebung haben wir es also mit drei verschiedenen Einheiten im Verhaltensstrom zu tun, von denen zwei auch als „Abschnitte" bezeichnet werden können. Das ist in Figur 10.71 festgehalten. Typ A ist der schlichteste. Zeitlich kennt er nur ein Größenmaß. Bei den Typen B und C dagegen können f- und d-Werte auseinanderfallen. Die Größe d bezeichnet bekanntlich die aufgewendete Arbeitszeit in Fünfminuten-Portionen, die Größe f die zeitliche Erstreckung von Fünfminutenmarke zu Fünfminutenmarke der Uhr. Bei Einheiten vom Typ B bildet die Arbeit während dieser Erstreckungszeit, mit F-Raster betrachtet, zwar eine zeitliche Einheit, die aber parallel zu anderen Einheiten verläuft; Einheiten vom

Typ C – Themen, Tagestätigkeiten – können sich aus verschiedenen Teilstücken zusammensetzen (die ihrerseits „verdünnt“ sein können). Die Gesamterstreckung einer C-Einheit, in Figur 10.71 bezeichnet als f', kann darum die Summe aller Einzelerstreckungen (f) bei weitem übersteigen.

Arten von Erfassungseinheiten

Wenn wir mit einschränkenden Methoden im Arbeitsberg eines Berufsmenschen schürfen, so fördern wir zwar reichlich Einheiten zutage (wie wir das eben besprochen haben); aber andere Tätigkeiten bleiben unangetastet zurück. Ein paar solche Opfer seien hier – im Zuge unserer viktimologischen Bemühungen – stellvertretend aufgezählt:

Thema	Vollzug	Dauer
Zubereitung Mittagessen	Nachkontrollieren	20 Sek.
Erforschung Blatt (Barker und Wright, 1950, 111)	Zerquetschen mit Fuß	30 Sek.
Wiederherstellung der Leistungsfähigkeit	Schlafen	$7^1/_2$ Std.
Kletterpartie an der Hauswand	Träumen	unbekannt*

(*die Erfassung der Uhrzeit böte da etwelche Probleme)

Die beiden Ur-Entschlüsse bei Aufnahme der Erhebung – nur Arbeiten zu erfassen, und zwar bloß auf fünf Minuten genau – haben allen solchen Einheiten den Zutritt zum Tagesblatt verwehrt. Aber in einem Jahrhundert, das mit Freud begann, läßt nichts sich ungestraft verdrängen; die Unterdrückten schlichen sich in andere Einheiten ein und sorgten für deren Verunreinigung. So wurden wir des Stolzes beraubt, nur saubere Ware anzubieten – Einheiten, die definitionsgemäß ihre Ablaufzeit mit homogener Arbeit füllen. In unserem Sortiment finden sich immer wieder angeschlagene Stücke, die nicht dicht, nicht homogen oder gar nicht Arbeit sind (und manchmal kumulieren sich sogar diese Fehler).

Beispielsweise haben wir Tätigkeiten außerhalb des Arbeitsrahmens (vom Abend bis zum Morgen) überhaupt nicht erfaßt; wollten wir aber Tagesläufe lückenlos dokumentieren, so mußten wir sie tagsüber wenigstens als Pause registrieren, und da hatten sie so oder so eine Einheit zu bilden. Ob da nun zwei Stunden lang die wirrsten privaten Aktionen sich jagten oder ob man während dieser Zeit homogen an der Mittagssonne döste – es wurde in jedem Falle vom Arbeitsende bis zum Wiederbeginn bloß eine einzige Pauseneinheit gemessen.

Daß rasch alternierende Tätigkeiten sich zu sogenannten verdünnten Arbeitseinheiten zusammenstückten, haben wir im letzten Abschnitt noch-

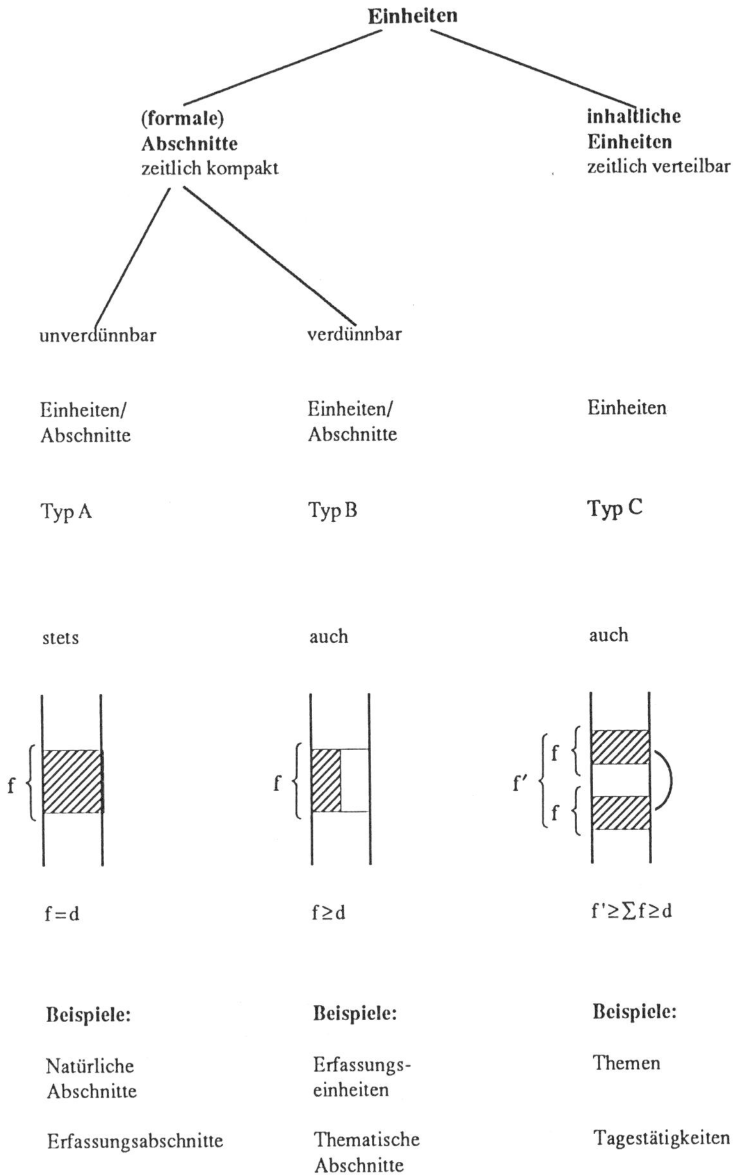

Fig. 10.71: Einheiten im Verhaltensstrom

mals erwähnt. Aber das ergab noch andere Konsequenzen. Summierten sich wiederholt kurz aufgenommene Arbeiten erst allmählich zu D-Größe auf, dann mußten wir von eingestreuten Arbeitseinheiten sprechen; und zogen sich solche durch Phasen der Nichtarbeit hin (wo wir den Raster ohnehin großzügiger handhabten), so nannten wir sie „eingewirkt". Folge war, daß wir parallel zu eingewirkten Arbeitseinheiten auch sogenannte durchwirkte Pausen registrieren mußten.

Viele Tätigkeiten waren jedoch zu kurz, zu einmalig oder zu weit auseinanderliegend, als daß sie sich zu D's addieren ließen. Standen sie allein, so wurden sie schlicht erdrückt. (Raymond Birch's Zerquetschen eines Blattes wäre bei uns seinerseits durch die Nachbartätigkeiten zerquetscht worden.) Folgten sie sich aber in Serie, so ergaben sich Mischeinheiten; eingesprenkelt in homogene Arbeiten mußten sie diesen als „verdünnte Mischeinheiten" zur Seite gestellt werden.

Das alles haben wir in Tafel 10.72 noch einmal übersichtlich zusammengestellt. Wir fügten dort auch die Abkürzungen ein, die wir in Zukunft meist verwenden werden. EE wird stehen für Erfassungseinheiten, AE für Arbeitseinheiten und PE für Pauseneinheiten.

Themen und Tageslauf

Themen lernten wir in Teil B als das wichtigste konkrete Strukturierungsprinzip des Arbeitsjahres (oder anderer längerfristiger Zeiteinheiten) kennen. Sie spielen, wie wir gesehen haben, ebenfalls eine bedeutende Rolle bei der Gliederung des Tageslaufes. Aufgrund der Themenwechsel können wir den Tag in thematische Abschnitte gliedern. Da Themen am gleichen Tag oft zwei- oder mehrmals aufgegriffen werden, stimmt die Zahl thematischer Abschnitte selten mit jener der behandelten Themen überein; sie ist meist größer. (Zu diesem Ungleichgewicht können außerdem thematische Mischeinheiten beitragen.)

Wenden wir unsere Aufmerksamkeit weniger dem Tag als Ganzem als dem Schicksal eines dieser Themen während des Tageslaufes zu, so geben wir dessen Teilen einen etwas anderen Namen; wir bezeichnen sie dann als „Themenabschnitte". Die Unterscheidung wird sich da und dort als nützlich erweisen. *Themenabschnitte* sind die einzelnen, zeitlich kompakten Bearbeitungsphasen eines bestimmten Themas. Die terminologische Ähnlichkeit mit den „thematischen Abschnitten" ist durchaus gewollt; handelt es sich doch bloß um eine spezifisch getroffene Auswahl aus diesen. Deshalb schrecken wir nicht einmal davor zurück, für beide Begriffe die gleiche Abkürzung zu gebrauchen (nämlich „TA" – ein Buchstabenpaar, dem der Leser in den restlichen Kapiteln dieses Buches besonders häufig begegnen wird).

Daß wir schließlich die Gesamtheit aller Bearbeitungen eines Themas am gleichen Tag unter dem Namen „Tagestätigkeit" (abgekürzt TT) zusam-

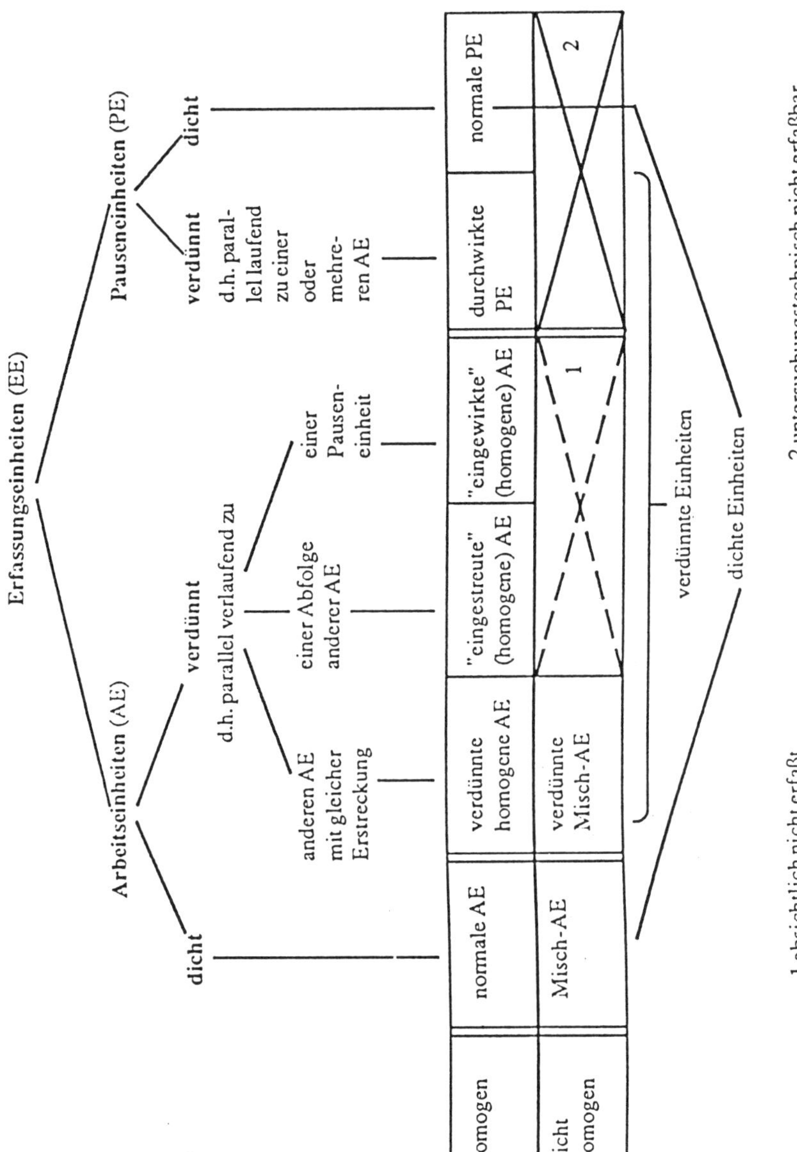

Tafel 10.72: Übersicht über die Erfassungseinheiten

menzufassen pflegen, ist dem Leser längst bekannt. Im Gegensatz zu den TA gehören die TT zu den Einheiten von Typ C („inhaltlich"; aufteilbar). Auch sie kann man übrigens aus zwei Gesichtswinkeln betrachten. Jedes aufgegriffene Thema steuert pro Tag nur eine einzige Tagestätigkeit bei; der Tag als Ganzes aber ist meist durch mehrere bestimmt; die Zahl unterscheidbarer TT entspricht an jedem Tag der Zahl aufgegriffener Themen. Eine begriffliche Sonderung scheint uns hier jedoch kaum nötig.

Themen und Thementeile

Damit der Leser mit all dem Gesagten besser zurechtkommt, fügen wir eine Übersicht bei (Tafel 10.73). Außerdem dürfte nun die Zeit für eine weitere Zusammenstellung reif geworden sein. An ganz verschiedenen Stellen dieses Buches reden wir von Themen und ihren Teilen; dabei können Zeitausmessungen involviert sein, die das Millionenfache voneinander betragen. Eine „thematische Einheit" bildete sicher die Arbeit an diesem Buch; sie erstreckte sich über ein Jahrdutzend. Die einzelnen Zuwendungen konnten aber so flüchtig sein, daß sie mittels Fünfminuten-Rasters nicht einmal mehr erfaßt werden. Steigen wir von den „thematischen Einheiten" hinab bis zu solchen „Themenspuren", so betreten wir sieben hierarchische Stufen, die da oder dort für unsere Darlegungen wichtig werden; vier davon bleiben stets Tageslauf-immanent, die obersten drei können den Rahmen eines Tages sprengen.

Daß Themen Teile von „thematischen Einheiten" sein und daß sie in „Kern" und Randbestandteile zerfallen können, wissen wir aus den Kapiteln 6 und 7; all das kann sich über mehrere Tage, gegebenenfalls gar Jahre erstrecken. Jedoch ist es, um mit Fred Massarik zu sprechen, „the *day* that provides the usual, natural element within which goal setting ... derives concrete meaning" (1968, 393). Die Tagestätigkeiten bilden solche Konkretisierungen des Themas im Tageslauf. Sie spalten sich gegebenenfalls auf in Themenabschnitte und diese ihrerseits, sofern verschiedene Vollzüge beanspruchend, in Arbeitseinheiten.

Solche Arbeitseinheiten stellen zwar im Rahmen unserer Erhebung die kleinsten erfaßbaren Bestandteile von Themen dar; deshalb dürfen wir sie auch als „Themenelemente" bezeichnen. Unterschwellig aber kann sich in unserem Material noch eine weitere, unterste Stufe verstecken. Das sind die „natürlichen Abschnitte" von geringerer Erstreckung als 1 F, die sich, im günstigen Falle, zu „verdünnten" AE aufsummieren, die aber auch in Mischeinheiten ihre Identität verlieren, zwischen größeren Abschnitten zermalmt werden oder während Arbeitspausen spurlos untergehen können. Wir mögen sie als „Themenspuren" bezeichnen (um nicht gerade von „Spurenelementen" zu sprechen); nur im ersten der erwähnten Fälle gehen sie als Bausteine in unsere Themen-Statistik ein; im zweiten fristen sie vielleicht noch ein kümmerliches Dasein als getüpfelte Linie auf dem Tages-

a) **Begriffe**

<table>
<tr><td></td><td colspan="2">Einheiten</td></tr>
<tr><td></td><td>formale
(Abschnitte)
Typ B</td><td>inhaltliche

Typ C</td></tr>
<tr><td>themenspezifisch</td><td>Themenabschnitte</td><td rowspan="2">Tagestätigkeiten</td></tr>
<tr><td>allgemein</td><td>Thematische Abschnitte</td></tr>
<tr><td></td><td>= TA</td><td>= TT</td></tr>
</table>

b) **"Abrechnung" für den 10. Juli 1975**

	TT		TA
themen-spezifisch	1 TT	à 4 Themenabschnitte	= 4
	3 TT	à 2 Themenabschnitte	= 6
	10 TT	à 1 Themenabschnitt	= 10
			1 Mischabschnitt
allgemein	14 Tagestätigkeiten		21 thematische Abschnitte

Tafel 10.73: Thematisch bestimmte Einheiten im Tageslauf

blatt (vgl. Figur 2.1, Zeile 31). Sie allein sind Einheiten vom Typ A (gemäß Figur 10.71).

Alle aufgezählten Stufen – theoretisch von der „Spur“, erhebungstechnisch vom „Element“ an bis hinauf zur thematischen Einheit – können nun freilich in eins zusammenfallen. Das trifft ungefähr auf einen Viertel aller von uns registrierten Themen zu (nämlich alle nicht-familiengebundenen ohne Unterbrechungen und ohne Vollzugswechsel). Im Rahmen unserer

Einheit von Typ	Stufe		Abkürzung	
C	7	Thematische Einheit (z.B. Familie)		(auch) Arbeitsjahr
	6	Thema	Th	
	5	Themen-Kern; Vorspiel; Nachspiel		
	4	Tagestätigkeit	TT	(nur) Tageslauf
B	3	Themenabschnitt	TA	
	2	Arbeitseinheit = Themenelement	AE	
A	1	Themenspur		

Tafel 10.74: Stufenleiter der Themen und ihrer Teile

Methode sind allerdings „Themenspuren“ davon ausgeschlossen; sie werden ja nur berücksichtigt, wenn sie in Gruppen auftreten.

Spezifische Abschnitte

Noch einmal also haben wir, ohne es richtig zu merken, eine grundsätzliche Differenzierung unserer Betrachtungsweise befürwortet. Man kann den Tag als Ganzes studieren, mit seiner bunten Fülle von Bereichen, Themen, Vollzügen; oder man kann einen dieser Aspekte (oder eine bestimmte Gruppe von ihnen) herausgreifen und sein (oder ihr) „Schicksal“ während des Tages verfolgen. Exemplifiziert haben wir das soeben an den Themen.

Aber allen andern Größen – Themen-Familien und -Gruppen, Bereichen und Bereichsgruppen, Vollzügen und Vollzugsgruppen – stünde natürlich das gleiche Recht zu. Es ist ohnehin willkürlich, daß wir den Begriff „Tagestätigkeit“ für Themen reserviert halten; am 2. Oktober 1975 beispielsweise, dem zweiten Tag des AGAB-Diagnostikkurses (vgl. Kapitel 6.4), verbanden sich 7 Tagestätigkeiten zu einer einzigen „Familien-Tagestätigkeit“; diese Sichtweise würde der Eigenart jenes Tages erst gerecht. Von welchem Aspekt wir aber auch immer sprechen, stets ist das Bild das gleiche: Wir haben einerseits die Tages-Gesamtleistung („Tagestätigkeit“), anderseits die (allenfalls getrennten) Phasen der Bearbeitung, die „spezifischen Abschnitte“.

Eine bestimmte Art von Einheiten könnte uns beim Studium des Tageslaufes besonders interessieren. Es sind Einheiten, die wir – fast etwas beschämt, aber korrekterweise – „Vollzugsuntergruppenabschnitte“ nennen müßten. Es sind jene Teile des Tageslaufes, während welcher bestimmte Vollzüge eng verwandter Art – Lektüre (mit und ohne Auszüge), Besprechungen (mit Mitarbeitern, Sekretärinnen, Dritten) usw. – sich wiederholen. Zusammengenommen ergäben sie so etwas wie Vollzugsuntergruppentagestätigkeiten. (Sind Sie beim Zählen auch auf 36 Buchstaben gekommen?)

Man kann, wenn man will, die Strukturanalyse noch großflächiger betreiben. Zum Beispiel läßt sich darstellen, wann und wie oft Berufsmensch X. in direktem Kontakt mit anderen Menschen arbeitet. (Wir erinnern dabei an Kapitel 9.5.) Eine solche „Sozial-Tagestätigkeit" – mit fünf „Sozialabschnitten" – ließe sich in Figur 10.62 für P.'s 10. Juli 1975 als weitere Säule abbilden.

Kein Zweifel also, daß sich auch aus dem vorstrukturierten Basis-Material P.'s noch zahlreiche Möglichkeiten der Tageslauf-Gliederung ableiten lassen. Die unmittelbare Erfassung von Arbeitseinheiten bildet nur einen Anfang – wie wir annehmen, einen vielversprechenden. In unserer Untersuchung konnten wir längst nicht alle aufgezeigten Wege ausschreiten; andere müßten uns da zu Hilfe kommen. Im nächsten Kapitel versuchen wir wenigstens zu zeigen, was man durch solche Einteilungen etwa über die Tageslauf-Struktur in Erfahrung bringen kann.

Kapitel 11

Die Analyse der Tagesstruktur

Dieses Kapitel ist der strukturellen Analyse des Tageslaufes gewidmet, wie sie sich anhand der von P. erhobenen Daten durchführen läßt. Es besteht aus drei Hauptteilen. Der erste, umfassend die Unterkapitel 1 und 2, vermittelt Auszählresultate aus dem Schlußjahr der Erhebung. Dabei wird unter anderem versucht, Unterschiede herauszuschälen zwischen Arbeit an Werktagen und in der Freizeit sowie zwischen verschiedenen Werktagstypen. Im zweiten Teil (Unterkapitel 3 und 4) geht es darum, Methoden zu entwickeln zur exakten und differenzierten Erfassung eines wichtigen strukturellen Merkmals von Tagen: der „Zerhackung". Vielleicht lassen sich daraus Anregungen gewinnen, wie man auch andere Aspekte studieren könnte. Das Kapitel schließt dann drittens mit dem Versuch, Grundmuster des Tagesaufbaus zu entwickeln und einer quantitativen Analyse zugänglich zu machen.

Struktur des Tageslaufes: das ist zu unterscheiden von der „Struktur des Handelns". Wie sich eine thematisch geschlossene Tätigkeit aufbaut, wie ein einzelnes Thema, oft über Tage und Wochen hinweg, bearbeitet wird – mit dieser Strukturfrage geben wir uns hier nicht ab. In andern Teilen des Buches wurde und wird sie ansatzweise behandelt. Was uns hier beschäftigen soll, ist jene Struktur, die sich ergibt, wenn mehrere Arbeiten am gleichen Tag zum Zuge kommen müssen, wie es für komplexe Berufstätigkeiten eben typisch ist. Die beiden Aspekte wurden von den Arbeitspsychologen bisher nicht immer deutlich genug auseinandergehalten. Hacker zum Beispiel hat sie in einem – sehr nützlichen! – Schema zur Erläuterung der strukturellen Gliederung der Tagesaufgaben (1978, 88 f.) praktisch gleichgesetzt. Wir sind jedoch der Meinung, daß es unumgänglich ist, die zwei Gesichtspunkte sauber voneinander zu trennen.

Auch sei noch einmal betont, daß wir uns hier nicht mit dem vollen Tageslauf befassen, sondern bloß mit dem „Arbeitstag". Methodik und Überlegungen, die im folgenden präsentiert werden, ließen sich allerdings problemlos auf andere Teile des Tages übertragen. Wir hoffen, daß das bald einmal versucht wird.

Es wäre unfair, dem Leser nicht auch zur Lektüre dieses Kapitels die obligate Warnung mitzugeben. Diesmal geht es um die Begriffe, mit denen er sich wird herumschlagen müssen. Wir sind in dieser Sache gewiß nicht leichtfertig; die bisherigen Kapitel dürften gezeigt haben, daß wir komplizierte Terminologien wenn immer möglich vermeiden und mit Neologismen und eigenen Begriffsdefinitionen eher sparsam umgehen. Beim Stoff, den wir in diesem Teil auszubreiten haben, werden wir aber nicht mehr darum herumkommen, Dinge zu differenzieren, die bisher selten unterschieden wurden, und dafür auch neue und ungewohnte Worte beizuziehen. Wenn wir dabei gelegentlich Vokabeln benutzen, die in ihrem Aussagegehalt fast schockierend plastisch sind, so tun wir das gewiß auch dem Leser zuliebe: Wenn er sich schon mit neuen Ideen abmühen muß, so soll er sich dabei wenigstens nicht langweilen. Es dürfte ihm helfen, seine gute Laune auch angesichts der verschiedenen strukturanalytischen Experimente dieses Kapitels nicht zu verlieren.

11.1 Grunddaten aus der Erhebung

Psychologie und Tageslauf

„Vierundzwanzig Stunden aus dem Leben einer Frau" heißt eine Novelle von Stefan Zweig. Kein Zweifel: da wird ein – sehr bewegter – „Tageslauf" nacherzählt (neu für uns: von abends zehn Uhr bis abends zehn Uhr). Ebenso dramatisch spielen sich die letzten „vierundzwanzig Stunden im Leben eines Mannes" in Hermann Hesses „Klein und Wagner" ab. Die Literatur hat zahlreiche auffallende, manchmal auch ausgefallene Tagesläufe mitreißend wiedergegeben – klassische Fälle eines Nichtalltags. Aber auch ganz durchschnittlichen hat sie sich gelegentlich zugewendet, sei es auf tausend Seiten, wie bei James Joyce, oder auf acht, wie bei Adolfo Jenni (1988) – nicht alle so bedrückend wie der „Tag im Leben des Iwan Denissowitsch" (Solschenizyn, 1963). Das Publikum gibt sich offenbar gerne mit ihnen ab. Das „Magazin" der Zürcher Zeitung „Tages-Anzeiger" bringt seit Jahr und Tag eine ganze Seite unter dem Titel „Ein Tag im Leben von ... "(vergl. Schilling, 1983). Da und dort erscheinen solche Berichte auch in Fachblättern. So druckt etwa Frischknecht die anschauliche Schilderung eines „Tages im Berufsinformationszentrum" aus dem Informationsbulletin der Städtischen Berufsberatung Zürich ab (1985, 388 ff.), und im Studienführer 1984/85 der Universität Zürich waren „zwei Tage eines Professors" (Heinrich Tuggener) beschrieben (Kiener, 1984, 31). Ungewöhnlichen Tagesläufen begegnet man zuweilen auch auf Reisen. Sollten Sie einmal Blaubeuren und seinen Blautopf besuchen, so werden Sie zwar kaum etwas über die Tage der Schönen Lau vernehmen, aber, durch Informationstafeln im Kreuzgang des Klosters, viel Beklemmendes über die weit rigoroser strukturierten der Benediktinermönche, die sich vor einem halben Jahrtausend dort ergingen. Das wird Sie mit Ihrem eigenen Tageslauf wieder versöhnen.

Die Psychologie, die dem Menschen lieber per Experiment oder Fragebogen als auf der freien Wildbahn begegnet, hat sich für den Ablauf ganzer Tage weit weniger interessiert. Nur einzelne Forscher glaubten darin einen der wichtigsten Zugänge zum Verständnis des Menschen zu entdecken. Wir sind uns bewußt, keineswegs alle von ihnen gefunden zu haben, wagen aber doch eine Vermutung zu äußern: Am meisten haben wir in dieser Hinsicht wohl Hans Thomae und seiner Schule zu verdanken. Wer auf psychologischer Ebene hineingreifen will ins volle Menschenleben, das jeder lebt und das nicht vielen bekannt ist, der packe es im Buch „Das Individuum und seine Welt“ (1968); er wird es höchst interessant finden.

Allerdings hat sich der Psychologe, wenn überhaupt, des Tageslaufs vorwiegend als eines Mittels zur Erforschung der Persönlichkeit, zum Beispiel individueller Daseinsthematiken und Daseinstechniken im Sinne Thomaes, oder (laut Thomae, 1968, 148) zum Zwecke vergleichender Studien über Sozialkontakte bedient. Besonderes Interesse wandte man auch dem „regelmäßig wiederkehrenden Grundgerüst“ des Tageslaufs zu. „Zeigt sich in der regelmäßigen Wiederkehr des Tageslaufs nicht am deutlichsten und sichersten das ‚relativ Überdauernde‘ und ‚Konstante‘ des seelischen Geschehens?“, fragte B. Pauleikhoff 1965 (S. 70). Und Doris Jaehner, die schon 1930, rund zwei Jahrzehnte vor Barker und Wright und mit wesentlich schlichteren Mitteln, ganze Tage ihrer eigenen Kinder registrierte und analysierte, hat demonstriert, daß man aus Kindertagesläufen inhaltsreiche Beiträge zur Entwicklungspsychologie gewinnen kann.

Hingegen ist verwunderlich, wie wenig Versuche es gibt, schlicht und einfach die Struktur menschlicher Tagesläufe zu ergründen. Dabei handelt es sich doch – im wahrsten Sinne des Wortes – um ein alltägliches Phänomen. In der Literatur findet sich gelegentlich der Ruf nach solchem Tun (etwa Massarik, 1968), da und dort auch der Ansatz zu einem Modell (etwa Hacker, 1971/78); und vereinzelt hat man sich an die Arbeit gemacht, ganze Tagesläufe systematisch zu erfassen und zu gliedern (Barker und Wright, 1951; 1955/71; Soskin und John, 1963). Eine Vorstellung über die Struktur von Tagesläufen Erwachsener, mit der man weiterarbeiten könnte, steht aber meines Erachtens heute noch nicht zur Verfügung.

Vielleicht fehlt es einfach an der Methode. Man weiß nicht recht, wie man dem Tag zu Leibe rücken soll. Da könnte es nun sein, daß das Vorgehen, das wir in diesem Buch entwickelt haben, doch einen Schritt weiter führt. Es scheint uns, daß es Praktikabilität verbindet mit der Möglichkeit, Tage systematisch und vergleichend zu bearbeiten. Auf einzeln herausgegriffene Tage läßt es sich so gut anwenden wie auf längere Perioden. Wir haben bisher die Werkzeuge vorgestellt, die wir dabei brauchen: den Themenbegriff in Teil B, den Vollzugsbegriff in Teil C und den Erfassungsraster im letzten Kapitel. Nun gilt es zu zeigen, wie man mit ihrer Hilfe Tagesläufe zahlenmäßig erfassen und qualitativ analysieren kann.

Vom Sinn der Zahlen

Zunächst präsentieren wir die Ergebnisse der statistischen Auszählung von P.'s Arbeitstagen. Freilich: die Frage, wie P. im Jahr 1975 seine Tage verbrachte, ist an sich selber nicht interessant; sie würde Auszählungen wie die hier vorgenommenen gewiß nicht rechtfertigen (auch nicht für P. selber). Aber P. ist immerhin der erste und bisher einzige Berufsmensch – etwas Gegenteiliges wäre uns jedenfalls nicht bekannt –, bei dem sie auf präzise und differenzierte Weise beantwortet werden kann; und das verleiht unserem Unternehmen den Charakter einer „Pilotstudie". Es war die Neugierde, zu schauen, wie man derartiges Material auswerten kann und wohin man damit gelangt, die P. zu seinen Auszählungen und Berechnungen trieb – wem unter den Leserinnen und Lesern diese Neugierde fremd ist, der wird aus den nächsten Seiten wohl wenig herausholen können.

Wer hingegen bereitwillig mitmacht, wird selbst aus der Untersuchung dieses Einzelfalles manche interessanten Hinweise gewinnen und allerlei lohnende Fragestellungen ableiten können. Natürlich drängt dabei alles auf Verifizierung und auf Vergleich im weiteren Rahmen hin. Das Verfahren müßte von anderen übernommen und wiederholt werden. Freilich hätte das seine Schwierigkeiten; denn eine Datenerhebung wie die P.'s ist enorm aufwendig. Man müßte darum auf Vereinfachungen des Prozedere sinnen. In Kapitel 12.1 werden wir einen ersten Schritt in dieser Richtung tun.

Das Zahlenmaterial, mit dem wir im folgenden jonglieren wollen, ist sehr schlicht aufgebaut. Es geht im Grunde immer um Zahl, Dauer und Reihenfolge der Einheiten. Am Anfang werden wir uns mit der Durchschnittszahl und der durchschnittlichen Gesamtdauer pro Tag begnügen; daraus läßt sich jeweils auch die Durchschnittsdauer pro Einheit berechnen. Diese drei Größen dominieren die ersten paar Tabellen. Aber man kann die Angaben nun variieren nach verschiedenen Situationen der Arbeitsausführung; und wenn man auch die einzelnen Arten von Abschnitten unterscheidet, die wir im letzten Kapitel kennenlernten, ihre individuellen Längen vergleicht und sogar die Arbeitspausen dazu nimmt, so wird sich Schritt um Schritt eine ganze Fülle interessanter Angaben vor uns ausbreiten. Es würde mich eigentlich wundern, wenn sie niemand zu ähnlichen Erhebungen animieren könnten. Wenn wir den Grundlehrgang erfolgreich absolviert haben, werden wir – gegen Ende des Kapitels – in den Kurs für Fortgeschrittene einsteigen, bei dem die Reihenfolge der Abschnitte zur entscheidenden Größe wird. Wir werden dort Vorarbeiten leisten für unser späteres Buch, welches die Geheimnisse der Abfolge von Arbeiten lüften soll.

Haben Sie sich entschlossen, mitzukommen? Das freut uns sehr. Vielleicht tun Sie gut daran, gelegentlich (das kann jetzt sein oder später) zurückzublättern zu Kapitel 7.1, wo wir eine allgemeine Einleitung zu den statistischen Partien unseres Berichtes gegeben haben. Vor allem sind dort die Abkürzungen erklärt, die wir auch hier verwenden wollen.

Gesamtzahlen für die Vollerhebungszeit

Für die ganze Dauer der Vollerhebung (21.9.74–9.1.76) stehen uns zwei Zahlen zur Verfügung: jene aller erfaßten Arbeitseinheiten sowie die Gesamtdauer der aufgewendeten Zeit. Die zweite kennen wir schon aus einem früheren Zusammenhang. In der Themen-Kartei für diese Zeitspanne haben wir ja auch die Dauer der Themen erfaßt. Sie summierte sich dort im Gesamttotal auf 403.72AT (das heißt Arbeitstagen zu je 100D oder 500 Minuten).

Die Zählung, auf die wir uns diesmal stützen, erfolgte unabhängig davon und auf völlig andere Weise. Sie ergab ein etwas höheres Resultat, nämlich 405. 47AT. Die wahre und wirkliche Zahl werden wir (ohne EDV) nie kennen; ich nehme an, daß wir sie beim Jüngsten Gericht nicht werden vorweisen müssen. Mit großer Wahrscheinlichkeit liegt sie näher bei der zweiten Größe. Es ist nämlich anzunehmen, daß bei der Themen-Zählung einige Arbeiten unters Eis geraten sind. Das ist bei der langwierigen Hand-Arbeit kaum verwunderlich. Da der Verlust aber nicht einmal ein halbes Prozent ausmacht (.43%), trauern wir ihm weiter nicht nach und halten auch die Resultate unseres Kapitels 7 dadurch für ungefährdet.

Auch die Gesamtzahl der Arbeitseinheiten ist uns bereits bekannt (aus Tabelle 7.71): Während der damals geleisteten 405.47 Normal-Arbeitstage mit ihren 3378 Stunden und 55 Minuten hat P. insgesamt 13821 Arbeitseinheiten hinter sich (und zu Papier) gebracht. Wir haben also einigen Platz im Datenschrank eingespart, als wir beschlossen, sie nicht auf (die damals noch üblichen) Lochkarten zu übertragen! Wer ähnlich arbeitet wie P., wird also mit knapp tausend solcher Einheiten monatlich und zehn- bis zwölftausend pro Jahr rechnen müssen.

Das wirft einen ersten kurzen Lichtstrahl auf das düstere Problem der Zerhackung. (Wir wollen Leserinnen und Leser frühzeitig auf dieses beklemmende Kapitel einstimmen.) Über die ganze Vollerhebungszeit und alle Arbeitssituationen hinweg berechnet, dauert die Arbeitseinheit – das heißt das kleinste erfaßte Stück Arbeit – im Schnitt etwas weniger als eine Viertelstunde (nämlich 2.93D). Viermal pro Stunde hat bei P. also das Thema oder der Vollzug der Arbeit oder beides zusammen gewechselt.

Die Vollerhebungszeit hat – wie wir aus Kapitel 7.1 ebenfalls schon wissen – 476 Kalendertage gedauert, von denen P. allerdings nur 451 zur Arbeit benützte. Das ergibt durchschnittliche Arbeitstage zu 90D mit je gut 30 Arbeitseinheiten – aber keinen Sinn. „Benützte Tage“ stellen ein Gemisch dar aus normalen Arbeitstagen mit und ohne Abendarbeit sowie aus Wochenend-, Feier- und Ferientagen. Hieraus die durchschnittliche tägliche Arbeitsleistung eines Berufsmenschen zu berechnen, bedeutete etwa so viel wie die Berechnung der Durchschnittsgröße aller anwesenden Personen in einer Entbindungsanstalt (mit Pflegepersonal, Müttern und Säuglingen). Ersatzweise haben wir darum auch hier die „Wochentage“ beigezogen, das heißt die Zahl aller Montage bis Freitage (einschließlich Ferien- und Feiertage) der betreffenden Periode. Damit erhalten wir so etwas wie einen „repräsentativen Tag“ für P.'s gemittelten Arbeitsstil. (Wir kennen diesen Begriff ja bestens aus Kapitel 7.) Er liegt etwas über zehn Stunden und weist knapp 42 Arbeitseinheiten auf.

Der durchschnittliche Werktag

Lieber wäre uns allerdings, solche Auskünfte zu erhalten über die eigentlichen Berufs-Werktage P.'s. An Abenden, Wochenenden und Ferientagen hat er – soweit man ihm das gönnte – doch vorwiegend seinen „persönlichen“ Arbeiten gefrönt, wie wir sie in Kapitel 9 kennenlernten. Solche Informationen sind ebenfalls verfügbar; nur müssen wir mit einem etwas kleineren Sample vorlieb nehmen. Erst für die Zeit ab 27.1.75 (also für ein etwas verkürztes Jahr) wurden die Auszählungen für Arbeitstage und freie Tage, Büro- und Abendarbeit getrennt vorgenommen.

Beim „Werktag“, der nun analysiert werden soll, schließen wir die Abendarbeit aus. Die Grenze setzen wir beim abendlichen Verlassen des Büros (oder eines allfälligen anderen Arbeitsortes). Wie diese Bürotage im Durchschnitt aussehen, zeigt uns Tabelle 11.11. Wir betrachten zunächst deren unterste Zeile.

Tabelle 11.11: Zahl und Dauer der Arbeitseinheiten während der Werktage

	Zahl Arbeitseinheiten (AE) zs 1	Gesamtdauer in D ds 2	AE pro benützter Tag (BT) zb 3	Arbeitsdauer pro BT db 4	Durchschnittsdauer pro AE dd 5
" Reine " Arbeit	8'157	21'085	39.99	103.36	2.58
Erhebungsinduzierte Arbeit	515	663	2.52	3.25	1.29
TOTAL ARBEIT	8'672	21'748	42.51	106.61	2.51

Zeitabschnitt 27.1.75–9.1.76. Ohne Abendarbeit

Zahl benützter Tage (BT): 204

Die durchschnittliche tägliche Arbeitsdauer P.'s bis Büroschluß entspricht ziemlich genau den Erfordernissen der damals noch intakten 44 Stunden-Woche (8.88 Stunden oder 533 Minuten oder 106.6D). Sie korrespondiert mit jener der schweizerischen Kinder- und Jugendpsychologen, welche in der SKJP-Untersuchung von 1983 (S. 16f.), soweit nicht Abendarbeit dazukam, zwischen 350 und 720 Minuten (in der großen Mehrheit 500 bis 560) täglicher Arbeitszeit angaben. Eine nur unwesentlich höhere Zahl (45 bis 48 Stunden in der Woche) meldet Cooper für leitende Angestellte in den USA, ebenfalls ohne Abendarbeit berechnet (1986, 76).

Werfen wir unseren Blick auf die Arbeitseinheiten, so stoßen wir auf ein verblüffendes Ergebnis. Obgleich um mehr als eine Stunde kürzer als der oben zitierte „Wochentag", weist der „Werktag" dennoch etwas mehr Arbeitseinheiten auf als dieser. Die Teilstücke sind demgemäß kürzer; statt der vorhin erwähnten knappen Viertelstunde währen sie bloß 12 bis 13 Minuten. Daraus wird klar, daß die zusätzliche Arbeit, also jene in der „Freizeit", die beim „Wochentag" mitberücksichtigt wird, eine andere Struktur aufweisen muß als die werktägliche. Wir werden der Frage gleich nachgehen, wollen aber zunächst noch eine andere wichtige Information aus Tabelle 11.11 herausholen.

In gewissem Sinne hatten wir es während der Erhebungszeit nämlich nicht mit ganz „normalen" Arbeitstagen zu tun. Gerade in Hinsicht auf deren strukturellen Aufbau hat die Untersuchung selber verfälschend eingewirkt; die Registrierung der Tätigkeiten hat einiges zur Zerhackung des Tages beigetragen. Zehn bis zwanzig Minuten jedes Tages wurden der Nachführung der Tagesblätter (Code 94 03) gewidmet. Dieser routinemäßige Nachtrag fügt jeweils zwei bis drei besonders kurze Einheiten in den Tag ein. Nach deren Ausschluß verlängern sich die übrigen Erfassungseinheiten durchschnittlich um .07D, also um 21 Sekunden. Bereinigt von diesen erhebungsinduzierten Einflüssen hat der „natürliche" Werktag P.'s – ohne Abendarbeit – aus 40 Arbeitseinheiten bestanden.

Vergleich verschiedener Arbeitssituationen

Wir können sechs verschiedene Arbeitssituationen unterscheiden, für die wir die Durchschnittswerte gesondert berechnet haben. Mit einer Ausnahme (Morgen-Vorspann) lassen sie sich aus Tafel 7.12 (S. 347) ablesen. Es sind dies einmal der „normale" Werktag, das heißt die „Vollarbeitssituation", dann die gelockerte Werktagssituation an jenen Vormittagen, da P. zuhause arbeitete, um ungestörter mit seinen Aufgaben voranzukommen („Heimmorgen") sowie jene (Werktags-) Arbeit, die gelegentlich eine Art von „Vorspann" bildete zum kommenden Tagwerk: Vor dem Aufbruch auf den Arbeitsweg machte P. sich zum Beispiel ein paar Notizen oder Überlegungen, besorgte ein Telefonat, entwarf einen Tagesplan, oder er traf unterwegs einen Kollegen, mit dem er kurz ein Geschäft verhandelte.

Auf der anderen Seite gibt es (jedenfalls bei P.) ebenfalls drei Varianten des Arbeitsfleißes während der Freizeit, nämlich Abend-, Wochenend- und Ferienarbeit. Schließlich: ein paar wenige Tage mit Teilausfällen infolge von Krankheit, Militärdienst, allgemeinen Festen wie Weihnachten usw. mußten wir als „Sondertage“ ausklammern, um die Ergebnisse in den anderen Gruppen nicht zu verfälschen.

Tabelle 11.12 erlaubt uns nun einen Vergleich zwischen diesen sechs Arbeitssituationen. Wir betrachten zuerst nur die linke Seite. Wie finden wir den Zugang zu diesem Zahlenmeer? Am besten ist es wohl, nach Schwerpunkten zu suchen. Da sticht uns Zeile 2 in die Augen. Sie zeigt uns – was gewiß niemand überrascht – , daß P. während der Zeit der Vollerhebung den größeren Teil seiner (beruflichen und paraberuflichen) Arbeit in der normalen, werktäglichen „Vollarbeitssituation“ ohne Lockerungen absolvierte. Kolonnen 1 und 2 machen das deutlich. Zwei Drittel der gesamten Arbeitszeit und vier Fünftel aller Arbeitseinheiten fallen auf die in Zeile 2 aufgeführten (von Heimmorgen und Vorspann-Arbeit gereinigten) Werktage. Aber bereits in dieser lapidaren Feststellung verbirgt sich ein erster wichtiger Hinweis auf Stilunterschiede. Nach Adam Riese (Band für Fortgeschrittene) heißt das nämlich, daß sich durch Einschluß aller übrigen Arbeitssituationen die Zahl der Arbeitseinheiten um einen Viertel vermehrt (von 8300 auf 10400), die Gesamtarbeitszeit dagegen fast um die Hälfte (von 200AT auf 300). Und das wiederum bedeutet, daß die Arbeitseinheiten in den anderen Arbeitssituationen durchschnittlich fast doppelt so lange hinhalten wie unter gewöhnlichen Werktags-Bedingungen. Tatsächlich dauern Werktags-Einheiten knapp 2½D, also rund 12 Minuten, Wochenend-Einheiten dagegen rund 26 Minuten. Das zeigt uns, wie wichtig es ist, die Ergebnisse nach Tagesarten zu differenzieren.

Wir werden Tabelle 11.12 später noch mehr ausbeuten. Hier sei zunächst ein zweiter Aspekt gestreift. Der Kolonne 4 entnehmen wir, daß P. an freien Tagen (Zeilen 7 und 8), sofern er sie teilweise der Arbeit widmete, durchschnittlich nur halb so viel Zeit dafür einräumte wie am normalen Werktag. Auch setzte er damit wesentlich später ein. Das sind zwei weitere deutliche Stilunterschiede. Wir brauchen P. also nicht zu bedauern, wenn er recht oft auch „Freizeitarbeit“ betrieb, also in seiner Freizeit I nicht bis zu Freizeit III vorstieß (um auf unsere Begriffe aus Kapitel 8.5 zurückzugreifen). Die Bedingungen waren doch offensichtlich völlig andere.

Arbeitspausen

Zu den „Grunddaten“, die wir in diesem ersten Unterkapitel präsentieren wollen, gehören schließlich auch die Pausen. „Arbeitspausen“ sind arbeitsfreie Zeitspannen zwischen zwei Arbeitsabschnitten des gleichen Tages (die Zeit zwischen definitivem Arbeitsschluß am einen Tag und Wiederaufnahme der Arbeit an einem anderen subsumieren wir nicht unter diesen

Tabelle 11.12: Arbeitssituationen: Arbeitsbeginn, -dauer, -einheiten und -pausen (27.1.75–9.1.76)

	Zahl BT	Arbeit							Arbeitspausen						
		Code	Beginn Uhrzeit	Zahl AE	Dauer Arbeit	AE pro BT	Dauer pro BT	d pro AE	Code	Zahl PE	Dauer Pausen	in % der EE	PE pro BT	Dauer pro BT	d pro PE
Arbeitssituation	zBT			zsA 1	dsA 2	zbA 3	dbA 4	ddA 5		zsP 01	dsP 02	dsP % 02	zbP 03	dbP 04	ddP 05
Morgen - Vorspann	54	1	7.45	74	137	1.37	2.54	1.85	01	63	389		1.17	7.20	6.17
Werktage (ohne Heimmorgen)	192*	2	8.30	8'300	20'588	43.23	107.23	2.48	02	202	2'002	8.86	1.05	10.43	9.91
Heimmorgen	31	3	9.00	298	1'023	9.61	33	3.43	03	83	486	32.21	2.68	15.68	5.86
Pausen nach Heimmorgen	31								04	31	415		1	13.39	13.39
Pausen vor Abendarbeit	154								05	153	3'482		.99	22.61	22.76
Abendarbeit	154	6		579	2'191	3.76	14.23	3.78	06	137	1'141	34.24	.89	7.41	8.33
Ferientage	38	7	11.35	402	1'953	10.58	51.39	4.86	07	174	2'397	55.10	4.58	63.08	13.78
Wochenend - und Feiertage	75	8	12.00	636	3'331	8.48	44.41	5.24	08	290	4'041	54.82	3.87	53.88	13.93
Sondertage	14	9		166	694	11.86	49.57	4.18	09	26	679		1.86	48.50	26.12
TOTAL	331			10'455	29'917	31.59	90.38	2.86		1'159	15'032	33.44	3.50	45.41	12.97

* 204 Tage, aber abzüglich Anteil Heimmorgen

Begriff). Es kann allerdings auch der arbeitsfreie Anteil an einer Zeitspanne mit „verdünnter“ Arbeit sein („durchwirkte“ Pause; vgl. S. 587ff.). Wir erinnern außerdem daran, daß wir jede solche Arbeitspause, wie wechselvoll sie auch verlaufen mochte, als „Einheit“ behandelt haben („Pauseneinheit“, = PE); das ergab sich zwingend aus den Bedingungen der Erhebung.

Zahl und Dauer der Arbeitspausen sind auf der rechten Seite von Tabelle 11.12 aufgeführt. Rechte und linke Seite dieser Aufstellung korrespondieren miteinander. Ist links eine Arbeitssituation eingetragen, so handelt es sich bei den Zahlen rechts auf gleicher Zeile um Unterbrechungen der Arbeit in der betreffenden Situation. (In die 31 Heimmorgen waren beispielsweise 83 Arbeitspausen eingestreut.) Aber es gibt natürlich auch Pausen zwischen verschiedenen Arbeitssituationen des gleichen Tages: zwischen Heimmorgen und Büronachmittag (Code 04 in Tabelle 11.12) und zwischen Werktag und allfälliger Abendarbeit (Code 05), schließlich auch zwischen Morgen-Vorspann und Werktag (Code 01. Da es jedoch gelegentlich am gleichen Tag gestaffelt auftretende Vorspanne gab, ist hier die Pausenzahl größer als die Zahl der Tage.) Die Tages-Durchschnittswerte in den Kolonnen 03 und 04 beziehen sich auf die Zahl der für Arbeit benützten Tage, auch wenn der eine oder andere dieser Tage pausenlos verlief.

Ist eine Pausenstatistik sinnvoll? Uns geht es schließlich um eine Analyse des Arbeitsgeschehens, nicht des Freizeitlebens, wie wir wieder und wieder betont haben. Die kritische Frage ist also berechtigt; sie kann am besten durch die Zahlen selber beantwortet werden; und die sprechen eine deutliche Sprache. Auch in ihrem Pausengebaren unterscheiden sich nämlich die verschiedenen Arbeitssituationen massiv voneinander, wie uns Tabelle 11.12 lehrt. Bei Arbeit an Ferien- und Wochenend-Tagen werden mehr Pausen eingeschaltet (Kolonne 03), sie dauern länger (Kolonne 05) und nehmen folglich einen viel größeren Teil des Tages in Anspruch (Kolonne 04) – den größeren als die Arbeit selber (Kolonne 4). Das ist völlig natürlich und entspricht unseren Erwartungen – die Möglichkeit, die Arbeit für private Zwecke beiseite zu legen, ist ein Ausdruck gelockerter Arbeitssituationen.

Das geringere oder freiere Verfügen über die eigene Zeit durch Einschalten von Arbeitspausen läßt sich auch messen durch „Pausenprozente“. So kann man die Zeitspanne zwischen Arbeitsbeginn und Arbeitsende eines Tages in f ermitteln und dann berechnen, wieviele Prozente dieser Zeit auf Arbeitspausen entfallen (Kolonne 02’). Wenn wir die Ergebnisse dieser Operationen miteinander vergleichen, so finden wir sie in drei klar unterscheidbaren Stufen angeordnet: Die Prozentwerte sind sehr bescheiden am normalen Werktag (Zeile 02), werden beachtlicher an Heimmorgen und Abenden (Zeilen 03 und 06) und übernehmen – zeitmäßig – die Dominanz an freien Tagen (07 und 08). So ist auch die Arbeit an diesem Manuskript – zuhause und an freien Tagen, versteht sich – charakteristischerweise durchsetzt von Unterbrechungen aller Art, die oft lange dauern.

Freilich darf man dieses Pausen-Bild nicht bloß im Lichte freieren Verfügens über die eigene Zeit interpretieren. Die Arbeitspausen an Wochenend- und Ferientagen werden keineswegs immer aus freien Stücken eingeschaltet: Ziemlich genau zur Hälfte entstehen sie durch Unterbrechungen von außen (von denen nicht jede so erfreulich ist wie der Ruf zum Mittagessen). Auch an Heimmorgen gilt das für 40% der Pausen; bei der Abendarbeit hingegen nur für 20%. Werktage anderseits werden kaum je durch erzwungene Arbeitspausen durchlöchert. Unterbrechungen gibt es allerdings auch hier weit mehr als einem lieb ist; unser Liedlein darüber werden wir anderswo singen. Aber am normalen Arbeitstag ist der gefährlichste Feind einer laufenden Arbeit nicht die einbrechende Nichtarbeit, sondern die sich eindrängende Konkurrentin. Nicht so an freien Tagen. Da könnte man sich meist durchaus in eine einzige Aufgabe vertiefen, etwa in die Förderung dieses Manuskripts, wenn nicht – (Entschuldigen Sie mich, lieber Leser, bitte für einen Augenblick; meine Frau möchte eben meine Meinung darüber hören, welches Kleid sie für einen Theaterbesuch anziehen soll.)

11.2 Tagesstrukturen

Werktagstypen

Gleichwohl bilden Arbeitspausen einen charakteristischen Teil des Tages. Wer Typen der Werktagsarbeit studieren will, der konzentriere sein Augenmerk auf die Pausen. Dieser Satz mag klingen wie das Bonmot eines Menschenverächters; aber wir meinen ihn durchaus seriös. Um ihm die Spitze zu nehmen, brauchen wir nur Figur und Grund umzukehren und zu formulieren: er richte seinen Blick auf die Zahl der Arbeitsabschnitte und ihre Lage im Tageslauf. Hans Joachim Sperling bezeichnet Pausen als „Innenansicht der Arbeitszeit" (1988).

Treiben wir also zunächst noch ein bißchen Pausenforschung. Wichtig für die Typenbildung ist vor allem die Mittagspause. In P.'s Arbeitsjahr 1975 gab es da – abgesehen von Tagen mit Heimmorgen – zur Hauptsache sechs Varianten. Allerdings ist eine davon die Null- (und damit eigentlich eine Un-)Variante. An neun Tagen findet sich im Protokoll nämlich überhaupt keine Arbeitsunterbrechung verzeichnet, auch nicht über Mittag. Gewiss: P. – bisher keinem als Asket bekannt – nahm auch an diesen Tagen etwas zu sich; aber das geschah in der (vermutlich ungesunden) Form eines vollgestopften Arbeitslunchs, allein oder in Gesellschaft. Entlassung aus dem Arbeitsrausch gab es da jeweils erst am Abend.

Vier Prozent des Werktagsbestandes war von solch spartanischer Struktur – etwa alle fünf Wochen ein Tag; das ließ sich verkraften. Das Gegenstück am anderen Ende der Skala bildeten die – vorprogrammierten – lan-

langen Mittagspausen mit auswärtiger Verabredung. In P.'s Arbeitsleben gehörten sie damals zu den regelmäßigsten Strukturierungselementen des Arbeitsjahres: jeden Dienstag, mit wenigen Ausnahmen, traf und trifft P. um halb zwölf Uhr mittags seinen hochbetagten, alleinstehenden Vater zum gemeinsamen Mittagessen. Im Durchschnitt unterbricht er dafür die Arbeit während eindreiviertel Stunden. Pausen nach dem Heimmorgen sind – wie Tabelle 11.12 zeigt – kürzer; sie übersteigen die Stunde im Schnitt nur um ein paar Minuten. Ihr Wochentag war der Mittwoch.

Hätte sich P. vor vierzig Jahren eine solche Gleichmäßigkeit in seinem späteren Leben vorstellen können? Hätte er sich damals verziehen, sie einstmals gar nicht so entsetzlich und unerträglich zu finden? Wie wir uns doch durch die Jahrzehnte verändern!

Dafür waren wenigstens die übrigen Mittagspausen – montags, donnerstags, freitags – kaum im voraus festgelegt (nach Hause essen ging P. nicht). Sie wurden in den Tageslauf eingefügt nach Bedarf und Stand der Arbeit. Damals wurden meist im Laden nebenan erstandene kleine Verpflegungen gemeinsam eingenommen. Dabei ergab sich die willkommene Chance, Themen aus dem Arbeitsrahmen zur Sprache zu bringen, was zu „durchwirkten Pausen" führte; der verbleibende Pausenanteil war durch private Plaudereien gekennzeichnet.

Ein neuer, hübscher Begriff: die durchwirkte Mittagspause. Aber wir haben da noch mehr anzubieten. Ab und zu kam es vor, daß bei gemeinsamen Verpflegungen im Büro der Anteil an echter Pause gleichsam an den Rand gedrängt wurde: Ein aufkommendes Fachgespräch setzte dem persönlichen Geplauder schließlich ein Ende; oder eine zunächst dem Büro gewidmete Diskussion löste sich definitiv in Privatgespräche auf. Solche Pausen nennen wir „randständig". Daneben gibt es auch „aufgespaltene" – Mittagsunterbrüche, die man ihrerseits vorübergehend wieder durch Arbeiten unterbrach. (Das kommt natürlich bei einem Amt mit durchgehender Öffnungszeit nicht selten vor.)

So feine Differenzierungen zu machen ist darum interessant, weil sich die drei Pausenarten in ihrer durchschnittlichen Länge deutlich unterscheiden; durchwirkte Pausen beispielsweise sind mehr als doppelt so lang wie aufgespaltene, die mit ihrer Viertelstunden-Dauer in die Nähe der pausenlosen Tage rücken. Zusammen heben wir diese drei Varianten „eingewobener" Mittagspausen von klar abgegrenzten Unterbrüchen ab, die P. (allein oder mit Kollegen, im Büro oder auswärts) ohne Fachgespräche verbrachte.

Tabelle 11.21 enthält (auf der rechten Seite) eine differenzierte Pausen-Statistik. Links finden wir Angaben über fünf durch unterschiedliche Pausen generierte Werktagstypen.

Tabelle 11.21: Werktagstypen: Arbeits- und Pausendauer (27.1.75–9.1.76, mit erhebungsinduzierten Arbeiten)

	Zahl BT zBT	Arbeitsdauer			Pausendauer		
		Code	pro BT dbA	pro AE dda	Code	pro BT dbP	pro AE ddP
Nachmittage nach Heimmorgen	31	21	52.23	2.37			
W. mit Mittags - verabredung	40	22	98.07	2.32	022	21.85	21.32
W. mit klar ab - gegrenzter APM	28	23	109.43	2.66	023	11.29	11.29
W. mit eingewo - bener APM	94	24	113.84	2.48			
aufgespaltene APM	(6)				025	7.16	3.07
durchwirkte APM	(65)				026	6.91	6.91
randständige APM	(23)				027	5.43	5.43
W. ohne APM	9	28	127	2.95			

W. = Werktag, APM = Arbeitspause am Mittag; Nicht eingeschlossen sind zwei Werktage mit völlig abweichender Struktur

Bastler, Tüftler und Zeichner vor! Schere, Maßstab und Scotch zur Hand! Nun wollen wir durchschnittliche Tagesläufe konstruieren. Die beiden Tabellen 11.12 und 11.21 liefern uns (fast) alle benötigten Unterlagen. Wir finden darin die durchschnittlichen Tagesanfänge, die Dauer der täglichen Arbeit (Kolonne 4), Zahl und Dauer der verschiedenen Pausen pro Tag (03–05) sowie Zahl und Durchschnittsdauer der Arbeitseinheiten (3 und 5). Zusätzlich eingeben müssen wir bloß noch die ungefähre Lage der Arbeitspausen über Mittag.

Aufgrund dieser Angaben können wir neun verschiedene Tagestypen zusammensetzen, darunter sieben charakteristische Werktage sowie je ein Modell für Ferien- und Wochenend-/Feiertage. Oder präziser: die Zahl beliefe sich auf insgesamt 28, wenn wir bedenken, daß jedem Werktagstyp (außer jenem mit einem Heimmorgen) ein „Vorspann" vorangehen und allen sieben außerdem Abendarbeit nachfolgen kann (oder nicht).

Haben Sie es versucht? Gewiß hat sich die Collage gelohnt. Alle wichtigen Ergebnisse unserer bisherigen Analyse würden in dieser Figur augenfällig: da finden wir die Rolle der Mittagspause für das Bild des Tageslaufes an Werktagen; da springt uns die Andersartigkeit der Arbeit an freien Tagen ins Auge: ihre zeitliche Verschiebung, Verkürzung und Aufspaltung; da könnten wir, anhand der Länge der Arbeitseinheiten wie auch des Pausengebarens, schön verfolgen, wie sich die Arbeitssituation vom Werktagsbetrieb über Heimmorgen- und Abendarbeit bis zur Tätigkeit an freien Tagen stufenweise lockert (Fig. 11.22).

Ist es nötig, daneben eine Warntafel anzubringen, um falschem Gebrauch vorzubeugen? Nachdrücklich darauf hinzuweisen, daß es sich bei jedem der angebotenen Tages-Modelle bloß um eine Durchschnitts-Konstruktion handelt? Das zeigt sich, wenn wir zusätzliche Informationen heranziehen. Bei einer Stichprobe von 42 Tagen aus dem Jahr 1975 – sechs nach Zufallsprinzip ausgewählte, über das ganze Jahr verstreute Wochen, davon eine Ferienwoche – haben wir unser Material noch gründlicher ausgepreßt. Dabei untersuchten wir gerade auch die unterschiedliche Länge der Einheiten, und zwar für alle vier Grundtypen von Abschnitten gemäß Figur 10.63: Arbeitseinheiten, thematische Abschnitte, instrumentelle Abschnitte und Beschäftigungsabschnitte. Das Resultat macht klar, wie unrealistisch die Aufteilung in „durchschnittliche" Abschnittchen von gleicher, mittlerer Länge (2–3D) ist. In Wirklichkeit dauern fast drei Viertel aller Arbeitseinheiten (72%) nur 1–2D, dafür mehr als ein Zehntel (11%) 6D oder länger, also mindestens eine halbe Stunde.

Anderseits werden durch thematische und instrumentelle „Sequenzen" (Serien verschiedener Vollzüge zum gleichen Thema oder gleicher Vollzug nacheinander angewendet auf verschiedene Themen) Zerstückelungen des Tages zum Teil auch wieder aufgehoben. Wie Figur 10.62 zeigte, geschah

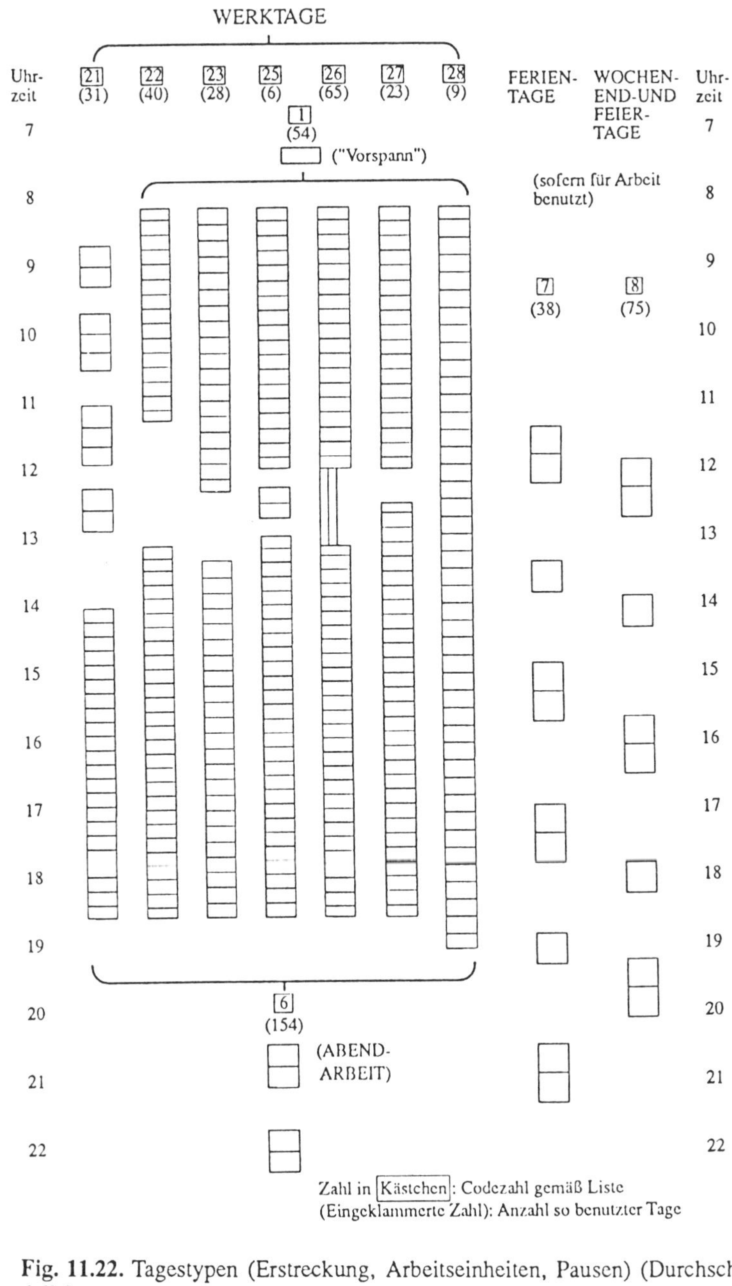

Fig. 11.22. Tagestypen (Erstreckung, Arbeitseinheiten, Pausen) (Durchschnittsmodelle)

das am 10. Juli 1975 – wie bei einem Demonstrationsbeispiel recht und billig – auf recht eindrückliche Weise; in P.'s „Alltag“ war der Effekt leider bescheidener. In unserer Stichprobe ziehen sich die durchschnittlich 42 AE bei Berücksichtigung sämtlicher Sequenzen nicht, wie am 10. Juli, auf die Hälfte zusammen, sondern bloß auf 30 (also auf rund 70%).

Die Auszählungen wurden bei der genannten Stichprobe für drei Arbeitssituationen getrennt vorgenommen, nämlich für Werktage (einschließlich Heimmorgen und Vorspann), für freie Tage und für Abendarbeit. Die Ergebnisse finden sich in Tabelle 11.23.

Zwei Messungen (Einheitenzahl einerseits, Gesamtdauer anderseits), drei Arbeitssituationen, vier Abschnittsarten, fünf Gruppen nach Einheitslänge – das ergibt, wiederum nach Adam Riese, eine Tabelle mit 120 Zahlen (zuzüglich der Totale), ein Ungetüm, das sich kaum mehr lesen und schwerlich interpretieren läßt – sofern es uns nicht gelingt, es in eine andere, leichter zugängliche Darstellungsform zu zwingen. Wir hoffen sehr, daß uns das mit Figur 11.24 gelungen ist (siehe Seiten 624 und 625).

Damit sich der Leser darin zurechtfinden kann, müssen wir ihm einige Erklärungshilfen geben. Wie in Tabelle 11.23 sind die Daten auch in Figur 11.24 in sechs Blöcken präsentiert, links nach Einheitenzahl, rechts nach Gesamtdauer pro Tag, und in der Vertikalen gesondert nach den drei Arbeitssituationen. Jeder Block besteht aus vier Säulen, die – immer in gleicher Abfolge – die Abschnittsarten unterscheiden. Die Höhe der Säulen entspricht auf der linken Seite der Einheitenzahl pro Tag, auf der rechten der gesamten Arbeitsdauer pro Tag. (Diese ist natürlich unabhängig von der Art der Abschnittsbildung; darum sind die vier Säulen rechts jeweils gleich hoch.) Dabei sind die Maßzahlen rechts und links miteinander koordiniert; wir haben vereinfachend angenommen, eine Einheit (gleich welcher Art) dauere im Durchschnitt 4D, also zwanzig Minuten. Im Verhältnis der Säulen links zu denen rechts spiegelt sich somit die Aufsplitterung wider. Sind die Säulen links höher (z.B. Arbeitseinheiten am Werktag!), so bedeutet das, daß die verfügbare Arbeitszeit sich in viele Einheiten aufspaltet, die im Durchschnitt kürzer sind als 20 Minuten. Sind sie rechts höher (Beschäftigungsabschnitte an freien Tagen!), so teilt sich der Tag in weniger und längere Abschnitte auf.

Durch die Färbung schließlich wird die Verteilung der verschiedenen Abschnitts-Kategorien wiedergegeben, links nach Zahl, rechts nach beanspruchter Zeit. Wo weiße Flächen vorherrschen (bei den Arbeitseinheiten an Werktagen!), sind Minimalabschnitte zu 1D zahlenmäßig im Übergewicht – von der kumulativen Dauer her betrachtet, reduziert sich das natürlich gewaltig –; wo schwarze und dunkel getönte Flächen die Säulen zur Hauptsache tragen (rechts unten in der Abbildung!), da bestimmen vor allem längerdauernde Arbeiten von mindestens einer halben Stunde das Geschehen.

Charakteristik der Werktagsarbeit

Unsere Figuren und Tabellen ermöglichen es uns nun, drei Grundkonstellationen in P.'s Arbeitsleben zusammenfassend zu charakterisieren. Es geht hier nur erst um strukturelle Fragen; in einem späteren Buch werden wir Arbeitssituationen auch vom dynamischen Gesichtspunkt her vergleichend würdigen können.

Wir beginnen mit der häufigsten und wichtigsten Situation, der Werktagsarbeit (bei der wir allfällige Abendarbeit nicht mitzählen). An Werktagen hat P., Kind der zweiten Hälfte des zwanzigsten Jahrhunderts – Frühere wie auch Spätere würden vielleicht je darüber staunen – tagsüber durchschnittlich 8⅓ Stunden gearbeitet, das heißt ziemlich genau einen „Normal-Arbeitstag" (AT) lang, mit 100 Fünfminuteneinheiten (D). Diese Arbeit hat er normalerweise über Mittag für eine halbe bis ganze Stunde unterbrochen, bei der kürzeren Variante im Sinne eines Arbeitslunchs mit den Mitarbeitern (Hälfte aller Werktage), während welchem meist auch Amtsgeschäfte oder Fälle besprochen wurden. Die unterschiedliche Gestaltung der Mittagspause hat uns übrigens erlaubt, eine Reihe typischer Werktagsstile zu unterscheiden.

Wie baute sich nun dieser Werktag auf? Durchschnittlich waren es, gemäß unserem Wortgebrauch, gut vierzig „Arbeitseinheiten", das heißt einheitliche Stücke der Arbeit, die da absolviert wurden, zumeist hintereinander, ausnahmsweise auch „parallel" zueinander, also in kurzem Rhythmus alternierend. Im Schnitt dauerten sie zwölf bis dreizehn Minuten; aber diese Angabe vermittelt ein falsches Bild: mehr als die Hälfte der Einheiten beanspruchten nur die (erfassungstechnische) Minimalzeit von rund fünf Minuten, ein weiteres Viertel zehn Minuten. Längere Abschnitte waren in dieses Gewirr kurzer Besorgungen wie Inseln eingestreut, nahmen jedoch zeitmäßig den größeren Teil des Tages in Anspruch. Während der Berichtszeit kamen – als untersuchungsinduzierte Sonderzulage – täglich noch drei Kurzeinheiten mit Nachführung des Tagesblattes hinzu.

Dies das Resultat, wenn wir nach den kleinsten Bausteinen des Werktags Ausschau halten. Konzentrieren wir uns dagegen auf größere Blöcke, das heißt auf Arbeitsabschnitte mit je neuen und auf andere Art angegangenen Themen – wir nennen sie bekanntlich „Beschäftigungsabschnitte" – so kommen wir auf die Zahl von etwa dreißig (die sich durch zweckmäßige Zusammenfassung kleinster Stücke noch verringern ließe). Rund zwanzig Themen (oder „Tagestätigkeiten", gemäß Tabelle 7.52), rund dreißig „Beschäftigungen", rund vierzig Arbeitseinheiten – das sind Hauptergebnisse von P.'s Analyse seiner (normalen) Arbeitstage. Wir möchten ihnen ein paar Zahlen aus anderen Untersuchungen gegenüberstellen. Hans Thomae schreibt: „Die Tonbandprotokolle der Tagesläufe, welche innerhalb der Untersuchung über die Persönlichkeitsentwicklung im höheren Alter gewonnen werden, lassen sich zum Teil in 25–50 Episoden zerlegen." (1968,

Tabelle 11.23: Abschnitte verschiedener Länge, nach Arbeitssituationen (Auszählung einer Stichprobe von 42 Tagen; ohne erhebungsinduzierte Arbeiten)

Ein-heiten zu ...D	Durchschnittliche Zahl pro Tag				Durchschnittliche Dauer pro Tag (in D)			
	Arbeits-einheiten	Instrum. Abschn.	Themat. Abschn.	Besch. absch.	Arbeits-einheiten	Instrum. Abschn.	Themat. Abschn.	Besch. absch.
Werktage (24 1/2)								
1	23.80	18.78	16.86	12.65	23.80	18.78	16.86	12.65
2	9.14	8.49	7.67	6.98	18.29	16.98	15.35	13.96
3 - 5	6.49	6.45	6.00	5.96	22.98	23.18	21.55	21.22
6 - 19	3.22	3.63	3.59	3.96	30.20	34.37	34.65	38.61
ab 20	.20	.29	.45	.53	4.90	6.86	11.76	13.71
Total	42.86	37.63	34.57	30.08	100.16	100.16	100.16	100.16
D`schn.[1]					2.34	2.66	2.90	3.33
Abende von Werktagen (15)								
1	1.00	.80	.80	.60	1.00	.80	.80	.60
2	.87	.60	.73	.47	1.73	1.20	1.47	.93
3 - 5	1.20	1.00	1.07	.87	4.60	3.67	3.93	3.00
6 - 19	.47	.60	.60	.73	3.93	5.60	5.00	6.67
ab 20	.07	.07	.07	.07	1.73	1.73	1.80	1.80
Total	3.60	3.07	3.27	2.73	13.00	13.00	13.00	13.00
D`schn.[1]					3.61	4.24	3.98	4.76
Freie Tage (16)								
1	2.75	1.87	1.62	.81	2.75	1.87	1.62	.81
2	2.25	2.31	1.5	1.56	4.50	4.63	3.00	3.13
3 - 5	2.19	2.13	1.81	1.75	9.06	8.81	7.38	7.06
6 - 19	2.75	2.88	2.63	2.75	25.69	26.69	26.13	27.13
ab 20	.44	.44	.56	.56	9.94	9.94	13.81	13.81
Total	10.38	9.63	8.12	7.44	51.94	51.94	51.94	51.94
D`schn.[1]					5.01	5.40	6.39	6.98

[1] pro Abschnitt

Fig. 11.24: Abschnitte verschiedener Länge, nach Arbeitssituationen (Schematische Darstellung von Tabelle 11.23)

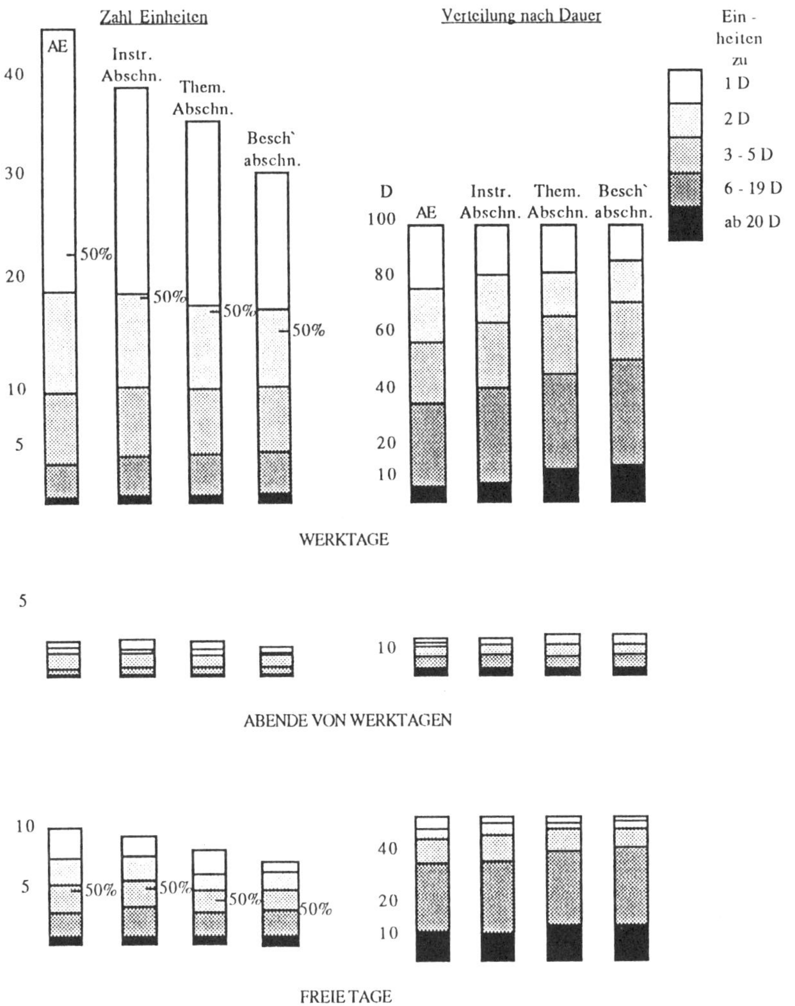

149). Und nach Szalai wurden in der „use of time“-Studie pro Tag im Durchschnitt 30 Einheiten registriert oder mündlich übermittelt (1972, 40). Trotz unterschiedlicher Erhebungs- und Bearbeitungsmethoden sind die Übereinstimmungen beachtlich.

Und wie steht's nun mit der Variation in der Größenordnung dieser Bausteine? Offensichtlich bietet der Werktag P.'s wenig Chancen für langatmige Beschäftigungen. Im Durchschnitt konnte P. nur einmal pro Woche hundert Minuten oder länger in konstanter Arbeitsweise und ohne Unterbrechung das gleiche Thema beackern. Grenzt man die Teile weniger strikt ab und achtet auf „Beschäftigungen“, zählt also auch Sequenzen mit gleichbleibendem Vollzug oder Thema als geschlossene Einheiten mit, so kam bei P. alle zwei Tage solch ein Block vor. Charakteristisch für die Werktagssituation sind hingegen Arbeitsstücke von Ausdehnungen rund um eine Stunde herum (30 bis 95 Minuten). So kommt es, daß Beschäftigungen von mindestens einer halben Stunde immerhin doch mehr als die Hälfte der werktäglichen Arbeitszeit füllen. Diese Tatsache wird uns, ein paar Seiten später, ein wenig über die Unbilden der Zerhackung hinwegtrösten. Von ihrer Zahl her betrachtet aber machen Kleinarbeiten unter zehn Minuten werktags – bei allen Zählweisen – um die Hälfte der Bausteine des Arbeitstages aus, solche über eine halbe Stunde nur 10 bis 15%. Damit kann P. sich in guter Gesellschaft fühlen. Mintzberg schrieb 1976 über die Manager folgendes: „Bei meiner eigenen intensiven Beobachtung von fünf Vorstandsvorsitzenden stellte sich heraus, daß die Hälfte ihrer Aktivitäten weniger als neun Minuten dauerte und nur zehn Prozent länger als eine Stunde“ (S. 54).

Jeder vierte Werktag der Berichtszeit wurde durch ein kleines Morgen-Vorspiel eingeläutet, dem erst nach einer gut halbstündigen Pause die reguläre Werktagsarbeit folgte. P. eröffnete diese durch Eintreffen im Büro oder durch Aufnahme der Fahrt zum Sitzungs- oder Tagungsort. Der „reguläre“ Arbeitsbeginn fiel durchschnittlich auf halb neun Uhr morgens, der Schluß des „Werktages“ auf halb sieben abends; aber die Schwankungsbreite war sehr groß. Eine ganz besondere Art von Werktag ergab sich, wenn P. vormittags zuhause blieb, um in Ruhe arbeiten zu können (normalerweise mittwochs). Tatsächlich wurden die Einheiten an solchen Vormittagen deutlich länger; aber P. begann mit der Arbeit auch später (um neun Uhr) und unterbrach sie zwei bis drei Mal (nicht immer aus freien Stücken); so wurden die Heimmorgen-Tage, denen erst noch eine mehr als einstündige Mittagspause zu folgen pflegte, arbeitsmäßig weniger ergiebig als andere Werktage; sie dauerten nur rund 85D. Demgegenüber brachten es ein paar pausenlos durchgearbeitete Tage, zwischen halb neun Uhr früh und sieben Uhr abends, auf durchschnittlich 10½ Arbeitsstunden, denen mehrheitlich noch Abendarbeit folgte. Arbeit am Abend rechnen wir jedoch bereits zur „Freizeitarbeit“.

Charakteristik der Freizeitarbeit

Über den Begriff der „Freizeitarbeit" haben wir uns in Kapitel 8.5 unterhalten; gemäß Figur 7.12 (S. 347) unterscheiden wir zwei Hauptarten: Abendarbeit und Arbeit an freien Tagen. Auch sie wollen wir nun unter strukturellen Gesichtspunkten charakterisieren.

Abendarbeit. In P.'s Arbeitsjahr 1975 folgte an nicht weniger als drei Viertel aller normalen Arbeitstage der Werktagsarbeit noch Abendarbeit nach, sei es berufliche oder paraberufliche, freilich erst nach einem Unterbruch von durchschnittlich zwei Stunden. Ihr Ausmaß war recht unterschiedlich; im Durchschnitt überschritt sie die volle Stunde um fünf Minuten. Sehr häufig wurde in ihrem Verlauf eine (rund halbstündige) Pause eingelegt.

Die Kurzwarenhandlung des Werktages hatte nun ihre Tore geschlossen; mit dem Büroschluß war die Zeit der größeren Einheiten angebrochen. Nicht mehr bloß zwölf Minuten dauerte jetzt die durchschnittliche Arbeitseinheit, nicht mehr bloß siebzehn der Beschäftigungsabschnitt; P. konnte abends gegen zwanzig Minuten bei einer bestimmten „Arbeit", gegen fünfundzwanzig bei einer „Beschäftigung" bleiben; Arbeitseinheiten zählte man pro Abend knapp vier, Beschäftigungsabschnitte knapp drei. Kurzabschnitte unter einer Viertelstunde – die den Tag zuvor serienweise überschwemmt hatten – waren rar geworden: es gab davon nur noch 1 bis 2; und ganze zwei Drittel der für Arbeit benutzten Abendzeit wurden in Beschäftigungseinheiten von mindestens Halbstunden-Dauer verausgabt. Für Großabschnitte von 100 oder mehr Minuten reichte allerdings die Zeit nicht; in der ganzen Stichprobe finden wir bloß ein einziges solches Ereignis.

Die Abendarbeit hatte ihre spezifischen Besonderheiten; wer lange genug über Tabelle 11.23 brütet, wird sie schließlich entdecken. Es kommen da nämlich mehr instrumentale als thematische Sequenzen vor; Vollzüge vereinheitlichen also den Abend stärker als Themen. (Bei den anderen beiden Arbeitssituationen gilt das Umgekehrte.) Dafür gibt es eine einleuchtende Erklärung. Häufig war nämlich der Abend der Lektüre gewidmet, wobei oft ein Buch das andere nach sich zog; der Vollzug des Lesens blieb konstant, das Thema aber wechselte, gemäß Kapitel 5.1, von Text zu Text (vgl. S. 218ff.).

Arbeit an freien Tagen. Als P. seine Arbeitsstatistik erstellte, hat er sich gewundert. Er hätte nicht erwartet, daß er an 151 von insgesamt 168 „verfügbaren" freien Tagen – über Wochenenden, Feiertage, während Ferien – gearbeitet hat. Das sind 90% des Tage-Bestandes! Freilich dauerte solche Arbeit gelegentlich recht kurz; aber sie summierte sich im Gesamten doch derart, daß pro benützter Frei-Tag fast eine halbe Werktags-Länge heraussprang (46D; an benützten Ferientagen sogar 51D). Die Bandbreite reicht, in der differenzierter ausgezählten Stichprobe, von 7D bis zu 144D – die letzte Zahl am früher schon besprochenen 28. September 1975, da P. einen

Vortrag fertigschrieb. Solche Tage sehen natürlich einem Werktag nicht unähnlich. Hingegen weicht die durchschnittliche Arbeitsstruktur eines freien Tages sehr stark von dessen Bild ab.

Da ist zunächst einmal der Arbeitsanfang – für Naturen wie P. ein nicht zu unterschätzendes Element. An freien Tagen konnte P. seiner eigenen Gesetzmäßigkeit folgen. Für ihn hat nämlich nicht die Morgenstund, sondern jene am Abend Gold im Mund. (Abendmenschen wie P. passen freilich schlecht in die Arbeitslandschaft der Schweiz.) Die Arbeit wurde erst gegen Mittag aufgenommen – aber auch jetzt nicht kontinuierlich, sondern in lockerer Folge, reichlich unterbrochen von längeren Pausen (die allerdings nur zur Hälfte freiwillig eingeschaltet wurden). Die vier oder fünf Arbeitsunterbrüche währten im Durchschnitt mehr als eine Stunde – also länger sogar als die durchschnittliche Mittagspause an Werktagen.

Die freien Tage sind nun aber auch die eigentliche Domäne der Lang-Einheiten. Freilich, die ganz langen Arbeitseinheiten von 100 oder mehr Minuten sind auch hier spärlich; nur jeden zweiten Tag kommt so etwas in den Akten vor. Recht selten sind hingegen auch die kurzen Gebilde. Fünfminuteneinheiten, während der Werktage zahlenmäßig in der Mehrheit, stellen an freien Tagen nur rund einen Viertel des AE-Bestandes und gehen zu einem guten Teil erst noch in Sequenzen unter; orientieren wir uns an den „Beschäftigungsabschnitten", so machen die fünfminütigen an Werktagen mehr als 40%, an freien Tagen aber bloß noch 10% aus. Die durchschnittliche Länge aller Beschäftigungsabschnitte, werktags rund eine Viertelstunde, klettert auf 35 Minuten; die mindestens halbstündigen unter ihnen belegen zusammen nicht mehr bloß die Hälfte, sondern ganze vier Fünftel der Arbeitszeit.

In struktureller Hinsicht unterscheidet sich also Arbeit an freien Tagen ganz wesentlich von der Werktagsarbeit. Verblüffenderweise gilt das für Wochenend- und Feiertage – also Frei-Tagen während den „Arbeitsperioden" (Tafel 7.12) – noch deutlicher als für Ferientage; offenbar wird hier in besonderem Maße der entspannende Gegensatz zum Werktag gesucht. Nimmt P. an Ferientagen Arbeit auf, so setzt er sich doch etwas fleißiger, regelmäßiger, im einzelnen aber auch kurzatmiger dahinter. Immerhin: den Zerhacktheitsgrad des Werktags erreicht auch die Ferienarbeit bei weitem nicht.

Der Lockerheitsgrad der Arbeit

Alles in allem: die Arbeit ist, je freier die Situation wird, desto lockerer strukturiert. Das wird am augenfälligsten in den Pausen, die nach Zahl und Dauer prozentual zunehmen. Es zeigt sich aber auch in der Länge der Einheiten, die bei freieren Situationen anwächst. Das mag auf den ersten Blick widersprüchlich klingen: zeugen denn lange hingehaltene Arbeiten nicht umgekehrt von einer erhöhten „Straffheit" des Arbeitserlebens, von starrem Festhalten am einmal Aufgenommenen oder günstigerenfalls von einer größeren Vertiefung und Eingebundenheit? Auf dieses Paradoxon – falls es eines ist – werden wir am Schlusse des nächsten Kapitels zurückkommen. Hier sei nur noch einmal betont, daß P. es anders erfährt: Bei einer Arbeit verweilen, mit ihr länger als nur im Zigaretten-Rhythmus fortfahren zu dürfen, empfindet er als die große Chance gelockerter Bedingungen; zerhackter Arbeitsablauf signalisiert für ihn zunehmenden Druck. Und die Übereinstimmung von Einheitslängen und Pausenzahl gibt diesem seinem Eindruck recht.

Die Korrespondenz der verschiedenen Quotienten und Prozentzahlen ist beeindruckend; und sie erlaubt uns, „Grade" der Lockerheit zu bestimmen, die mehrfach abgestützt sind. Ihren direktesten Ausdruck bildet dabei in der Tat die Durchschnittsdauer der Arbeitseinheiten, ausgedrückt in D, also die Zahl, die wir jeweils in der fünften Kolonne unserer Tabellen vorgefunden haben. Durch die Bedingungen der Erhebung ist ihr eine absolute untere Grenze gesetzt, nämlich 1 (wenn alle fünf Minuten die Arbeit wechselt); eine obere gibt es nicht. Praktisch wird allerdings auch der von seiner Aufgabe grenzenlos Mitgerissene einmal von Hunger oder Schlaf übermannt werden. (Vielleicht finden sich darüber Angaben im Guinness-Buch der Rekorde.)

Aber durch andere Berechnungen kommt man zu recht ähnlichen Lokkerheitswerten. Daß man eine Zunahme auch antrifft, wenn man ausrechnet, wieviel Prozent die längeren Einheiten (von einer halben Stunde oder mehr) ausmachen, erstaunt wohl kaum; bemerkenswerter ist, daß auch das Pausenprozent (Kolonne 02' der Tabelle 11.12) im gleichen Rhythmus mitmacht. Allerdings reagieren die genannten Prozentzahlen viel ausschweifender auf Lockerungen der Arbeitssituation denn die AE-Länge: sie wachsen im Quadrat. Um ihre Werte vergleichbar zu machen, muß man folglich erst die Wurzel daraus ziehen (bei der Pausendauer aus dem halben Wert). Dann aber sind, wie Tabelle 11.25 zeigt, die Zahlen recht nahe beieinander.

Wie kann man sich diese Parallelität erklären? Offensichtlich ist es so: Je weniger der Handelnde unter dem Druck der Arbeitssituation steht, desto ausgiebiger kann er – wie oben besprochen – bei bestimmten Arbeiten verweilen, desto freier fühlt er sich aber auch, Pausen einzuschalten und die Arbeitsabschnitte lose zu verteilen. Das scheint von Situation zu Situation in quadratischem Maße zuzunehmen. Auf die Durchschnittsdauer der Arbeiten hingegen wirkt es sich bloß linear aus, weil ihr Ablauf selber immer wieder Einschiebungen kürzerer Arbeitsstücke verlangt. (Darüber werden wir im Bericht über die Dynamik reden.) Man kann das gleiche aber auch von der anderen Seite her zu verstehen suchen. Zunehmender Druck der Arbeitssituation führt zu massiven Reduktionen der Pausendauer wie auch der lange sich ausbreitenden Arbeitsstücke. Zuviele Arbeiten – und immer wieder andere – drängen dann zur Kasse. Dennoch läßt sich die Arbeit nicht beliebig rasch wechseln. Dem widersteht nämlich ihre Eigenge-

Tabelle 11.25: Lockerheitsgrade der Arbeit

"Grad"	Arbeitssituation	Durchschnittsdauer der AE in D ddAE	Prozentzahl der AE ab 6 D (Quadratwurzel) $\sqrt{zAE \geq 6D\ \%}$	Prozentuale Pausendauer (Quadratwurzel aus der Hälfte) $\sqrt{\frac{dsP\ \%}{2}}$
2	Werktage ohne Heimmorgen	2.48	2.83	2.10
3	Heimmorgen	3.43		4.01
4	Abendarbeit	3.78	3.85	4.13
5	Ferientage	4.86	5.54	5.25
	Wochenend- und Feiertage	5.24		5.24

gesetzlichkeit, die doch immer auch ein gewisses Bei-der-Sache-Bleiben erfordert. Nach beiden Erklärungsweisen dürften es also die Bedingungen aus der Arbeit selber sein, die dämpfend auf den Rhythmuswechsel einwirken und somit verhindern, daß die Durchschnittslänge der Abschnitte gleich dramatisch zu- oder abnimmt wie die anderen Größen.

11.3 Die Zerhackung des Arbeitstages

Ein zentrales Problem der Tagesstruktur

Ab und zu gibt es sich, daß P. für die Familie Einkäufe macht; und da beauftragt ihn seine Frau gelegentlich, beim Metzger „gemischtes Gehacktes" zu bestellen – oder sagt man es umgekehrt? Das mutet ihn jeweils, so oder so, wie eine treffende Bezeichnung für das Erleben mancher seiner Tagesläufe an. Während ihres Verlaufs wie auch im Rückblick kommt es ihm vor, als hätte man alle anstehenden Aufgaben in eine Hackmaschine geworfen und durcheinandergemischt. In einem späteren Buch über die Dynamik des Alltags werden wir zu ergründen versuchen, wie diese Maschine arbeitet und wer die Fleischsorten in sie einwirft. Hier untersuchen wir nur erst, was dabei herauskommt; wir zählen die Fleischstücke und messen ihre Durchmischung.

„Zeit ist nicht gleich Zeit. In einem Zeitblock von zwei Stunden – ohne Störungen – schaffen Sie wesentlich mehr als in zwei Stunden, die aus kurzen – mit Störungen durchsetzten – Zeitschnipseln bestehen."

So ermahnt Martin Ochsner die Leserschaft gleich zu Beginn seines Kurses über „Persönliche Arbeitstechnik" (1987, 5). Ein zentrales Problem, das uns in diesem Kapitel beschäftigen wird, ist also die durch Wechsel der Arbeiten (und andere Unterbrechungen) erzeugte Fraktionierung des Tages. Daß hier zu einem guten Teil das treibende Element verborgen liegt für die Durchführung unserer Untersuchung, haben wir bereits auf den ersten Seiten dieses Buches vernommen; wir halten es darum für richtig, uns genügend Zeit zu nehmen für die Bearbeitung dieser Frage. Dabei werden wir uns nicht des Fremdwortes Fraktionierung bedienen, sondern – in Erinnerung an unsere Kommissionengänge – des anschaulicheren deutschen Ausdrucks „Zerhackung"; er gibt, mit seinem aggressiven touch, auch ein Stück jener Erbosung wieder, die wir angesichts „zerhackter" Tage empfanden. Zerhackung kann für ein Tun stehen wie auch für ein Resultat (im zweiten Falle wäre allerdings „Zerhacktheit" korrekter; aber solch ein Wort läßt sich ja kaum lesen, geschweige denn aussprechen); hier geht es, wie gesagt, vorerst nur ums Ergebnis.

Zerhackung (oder Zerhacktheit) des Tages ist eine Eindrucksqualität. Aber damit wollen wir es nicht bewenden lassen. Wenn wir nun schon eine Methode entwickelt haben, den Arbeitstag in Einheiten und Abschnitte zu gliedern, so meldet sich natürlicherweise das Bedürfnis, seine Zerhackung auch zu messen. Die nächsten beiden Unterkapitel werden diesem Bemühen gewidmet sein. Auf den ersten Blick mag es scheinen, als sei das sehr einfach; aber bald werden wir sehen, wie vielschichtig das Problem ist. Schrittweise werden wir uns darum zu stets komplizierteren Formeln vorarbeiten – Formeln, die aber den Zerhackungseindruck immer adäquater zu fassen vermögen. Für den Leser wird es nicht durchwegs leicht sein, dem Gang unserer Ausführungen zu folgen; falls er dem Autor nicht darin ähnelt, daß er Freude hat an der formalen Analyse eines verzwickten Problems, wird er gewiß die einen oder andern Ausführungen (oder gar die beiden Unterkapitel in globo) überspringen.

Ein allgemeines Maß der Zerhackung

Bisher haben wir in diesem Kapitel versucht, Stilunterschiede der Arbeit in verschiedenen Situationen herauszukristallisieren. Das ist uns weidlich gelungen. Aber die wohl wichtigste Variable, die wir da ausmachten, war die unterschiedliche Chance des Handelnden, bei Arbeiten verweilen zu dürfen, oder, vom negativen Ende her formuliert, die Zerhackung des Ablaufs. Die Grade der „Lockerheit" der Arbeit haben wir, durch Wahl der mittleren Einheitslänge als Maßzahl, geradewegs als „Wegfall von Zerhackung" definiert.

Zerhackung als Kehrwert der Lockerheit? Könnte es also genügen, den dort verwendeten Quotienten – Zeitdauer durch Abschnittszahl – auf den Kopf zu stellen, um ein allgemeines Maß der Zerhackung zu erhalten? Das wäre einfach und naheliegend. Man dürfte sich dann jeweils schlicht auf die Frage konzentrieren, wieviele Arbeitseinheiten (Zähler) sich an einer bestimmten Zeitstrecke (Nenner) beteiligen, und folglich: ein wie großes Teilstück der durchschnittlichen Einheit nötig ist, um die minimale Zeitspanne der Erfassung, die Fünfminutenperiode, zu füllen. Der Wert könnte also maximal auf 1 steigen. Das hieße dann, daß jede Zeiteinheit eine eigene, abgeschlossene Arbeitseinheit beinhaltet: kein Zeitgrenzpunkt ohne Wechsel der Tätigkeit. Ein Beobachter, der sich im Fünfminutenrhythmus nach A's Unternehmungen umsähe, fände ihn stets wieder mit etwas anderem beschäftigt. Nach unten könnte sich der Wert immer mehr dem Grenzwert 0 nähern. Wer 24 Stunden lang ununterbrochen die gleiche Arbeit fortsetzte, erreichte zum Beispiel einen Quotienten von bloß .003. (Welches Etikett würde ihm der Anstaltsarzt anhängen?)

So bestechend das auch scheinen mag – das Verfahren könnte uns doch ab und zu arg in Verlegenheit bringen. Werfen wir wieder einmal einen Blick auf den friedlichen Urlauber, der sich im warmen Sand von der Sonne bräunen läßt. Jetzt blinzelt er unversehens; ihm fällt eben – ein Glück kommt selten allein – die längstgesuchte Lösung eines beruflichen Problems ein. Fünf Minuten sinnt er der Sache nach; dann versinkt er gleich wieder in seine süße Nichtarbeit. So hat er also fünf Minuten lang produktive Freizeitarbeit betrieben – ein erfreulicher „Arbeitstag"; den ließen Sie sich gewiß auch gerne gefallen. Die Anwendung unserer provisorischen Formel aber zeigt, daß der Schein trügt. Mit einem Wert von eins – einer vollen Einheit pro Minimalzeitspanne nämlich – hat der arme Kerl einen maximal zerhackten Tag hinter sich gebracht. Da ergeht es ihm nach der Rückkehr ins Büro schon wesentlich besser. Dort erwarten ihn nämlich ganze 45 Geschäfte, die er alle zwar nur kurz, durchschnittlich aber doch zehn Minuten lang, aufnimmt. Der Zerhackungswert sinkt damit gegenüber dem Ferientag auf die Hälfte. Und selbst wenn er doppelt so lange arbeiten müßte und nur halb so viel Zeit fände für das einzelne Geschäft (also 180 Einheiten zu je 5 Minuten absolvierte – Gott möge es ihm ersparen!) und es käme bloß eine einzige zehnminütige Tätigkeit hinzu – die Zerhackung hätte mit .99 immer noch nicht die verheerenden Ausmaße angenommen wie jene des letzten Tages am Strand. (Warum fühlt sich unser Mann denn abends schon wieder urlaubsreif und möchte zurück ans Meer?)

So geht es also nicht; mit dem vorgeschlagenen Quotienten kommen wir nicht durch. Der Zerhackungsgrad eines Tages bemißt sich nicht (allein) nach der Relation der Abschnittszahl zur Arbeitszeit. Es kommt (auch) auf die Zahl der Arbeiten an, die man während eines Tages besorgen muß. Ohne Zweifel ist ein Tag mit 30 Arbeitseinheiten fraktionierter als einer mit bloß 10. Nun denn – können wir's billiger haben? Genügt als Maß der Zerhackung vielleicht schlicht diese Zahl? Was aber, wenn sich der Dreißig-Einheiten-Tag über zehn Stunden erstreckt, der Zehn-Einheiten-Tag dagegen nur über eine einzige? Seine Einheiten dauern dann im Durchschnitt gut dreimal so lange wie die des Kurztages. Von dieser Seite her betrachtet ist seine Zerhackung eben doch wesentlich geringer. Die Patentlösung haben wir also auch damit noch nicht gefunden.

Der Ausweg dürfte darin bestehen, beide Aspekte gleichzeitig zu berücksichtigen: die absolute Abschnittszahl wie auch die relative pro Zeiteinheit. Das erreichen wir, indem wir das geometrische Mittel der beiden Werte berechnen. Wir kommen dann auf folgende allgemeine Formel für den „Zerhackungswert" (ZW):

$$ZW = \sqrt{z(z/d)} = z/\sqrt{\underline{d}}$$

wobei z die Zahl der Abschnitte bedeutet, d die Gesamtdauer in d.

Bei Anwendung dieser Formel kommt nun der Gegensatz zwischen den Arbeitsstilen vor und nach der Rückkehr aus dem Urlaub voll zum Ausdruck. Zwar trägt die eine, kurze Idee dem Mann im Sande auch jetzt noch einen Zerhackungswert von Größe 1 ein; aber am Tag nach der Heimreise steigt dieser gleich aufs Vierfache an ($45/\sqrt{90} = 4.74$); und im zitierten Extremfall mit den 181 Einheiten während 182D, der die ganze Erholung in fünfzehn Stunden wieder zunichte macht, klettert er gar auf 13.42. Hätte der Mann hingegen nach seiner Rückkehr gleich in Klausur gehen können, um sein Ei auszubrüten, hätte er die Erleuchtung vom Strand einen vollen Tag lang, vormittags vier Stunden lang und nachmittags vier, bis zur Reife ungestört durchziehen können, so wäre der Zerhackungswert auf .20 gesunken. Solche Meßergebnisse lassen wir uns schon eher gefallen.

Und was macht die Formel aus den beiden anderen zitierten Tagen, die sich darüber stritten, wer der Zerhacktere sei – dem zehnmal kürzeren mit den bloß zehn Abschnitten und dem dreimal abschnittsreicheren, aber längeren? Rechnen Sie aus! und dann sehen Sie gleich, welch salomonisches Urteil da gefällt wird. Die Formel erklärt nämlich beide Tage als gleich zerhackt; die Werte betragen 2.74 und 2.89.

Analyse der Formel

Für unsere neue Formel ist eben beides wichtig: die Abschnittszahl und die Tageslänge; sie stellen, als Zähler und Nenner, zwei gegenläufige Größen dar, wobei die Tagesdauer, meist viel extensiver als die Zahl der Einheiten, durch Extraktion der Wurzel etwas gedämpft wird. Anwachsen kann das Zerhackungsmaß also auf zwei verschiedene Arten: durch Zunahme der Einheitenzahl und durch Verkürzung des Tages. Allerdings haben die beiden Größen nicht beliebige Variationsfreiheit; sie sind in gewissen Grenzen voneinander abhängig: Die Abschnittszahl kann nie größer sein als die Tagesdauer in d und diese folglich nie kleiner als die Abschnittszahl; das ist eine unausweichliche Konsequenz unserer Erfassungsgrenze.

Im Hinblick auf all die Dinge, die wir in diesem Kapitel noch vorhaben, lohnt es sich, uns das alles noch etwas genauer anzuschauen. Supponieren wir zunächst einen Tag, an dem vier Arbeiten ausgeführt werden, kürzere oder längere; und nun manipulieren wir diesen Tag! Nach unseren Erfassungsregeln können wir ihn nicht enger zusammenpressen als auf zwanzig Minuten. Jede der vier Arbeiten dauert dann bloß 1D; für ihre zeitliche Verteilung fehlt also jeglicher Bewegungsspielraum. Der Zerhackungswert muß – für diese Einheitenzahl – ein Maximum erreichen; er beträgt 2.

Je länger nun aber die Zeit für die Besorgung unserer vier Arbeiten dauert, desto größer wird der Nenner und desto kleiner der Bruch. Der Zerhakkungswert sinkt – bei 64D ($5^1/_3$ Stunden) zum Beispiel auf .5. Wie wirkt sich das auf den Ablauf der Abschnitte aus? Er wird langsamer und ruhiger; die Einheiten haben mehr Spielraum, sich auf die verfügbare Zeit zu verteilen. Wir können darum auch sagen, daß der Ausdruck im Nenner, die Größe $\sqrt{d}$, für eine gegebene Einheitenzahl p den Bewegungsspielraum angibt. Ihr Kehrwert, die Größe $1/\sqrt{d}$ mißt dann umgekehrt das „Ablauftempo“: Je mehr er anwächst, desto geringer wird der Bewegungsspielraum für die Arbeiten, desto bewegter ihr Ablauf. Er bildet – als „Bewegungsfaktor“ – die eine Komponente der Zerhackung.

Nun versuchen wir's mal anders herum und halten die Tagesdauer konstant. Beispielsweise fixieren wir sie auf 64D. Der Nenner unseres Bruches bleibt dann bei 8 festgefroren. Es wird also immer während 5 Stunden und 20 Minuten Arbeit erbracht. Im einen Extremfall läßt sich dieser Einsatz in geschlossenem Block leisten und auf eine einzige Tätigkeit konzentrieren; wir hätten dann im Zähler den Wert 1 als kleinstmögliche Zahl einzusetzen und erhielten einen Zerhackungswert von bloß .125 – Ausdruck eines extrem einheitlichen, ruhigen Tageslaufs mit voller Konzentration der Kräfte. Je mehr Arbeiten hingegen aufgegriffen werden, desto mehr spalten sich diese Kräfte auf. Die mögliche Höchstzahl steht bei 64 Einheiten (zu je bloß fünf Minuten); das ergäbe einen Zerhackungswert von 8. Mit der Zahl der Einheiten für eine gegebene Tagesdauer – der Größe z – haben wir damit die andere Komponente des Zerhackungsmaßes in der Hand.

Es sind also zwei Dinge, die hier zusammenspielen: die Verzettelung des Einsatzes (Zahl der Arbeiten relativ zur Tagesdauer; Größe $z/\sqrt{q}$) und das Ablauftempo der Arbeit (Kürze der verfügbaren Arbeitszeit relativ zur Einheitenzahl; Größe $p/\sqrt{d}$). In ihrer multiplikativen Verbindung sind die beiden Größen für die Zerhackung des Tages verantwortlich. Die Begriffe „Verzettelung“ und „Ablauftempo“ gewinnen ihren Sinn freilich nur aus dieser gegenseitigen Relation; für sich allein genommen geben Zähler und Nenner nichts anderes wieder als die Zahl der Einheiten und die Länge des Tages. Allerdings hat eine hohe Einheitenzahl – da der Tag ja nicht beliebig dehnbar ist – unausweichlich ein beschleunigtes Ablauftempo im Gefolge; und eine geringe Tagesdauer erlaubt (von der Erfassungsmethode her) stets nur eine mäßige Verzettelung.

Der letzte Punkt ist entscheidend für die Interpretation der Zerhackungswerte. Diese können umso größer – aber auch umso kleiner – werden, je länger der Tag dauert. Das erreichbare Maximum – am Fünfminutentag bei Wert 1 blockiert – steigt mit zunehmender Arbeitsdauer in einer Kurve an; es kann bei Halbtagesarbeit den Wert 7, bei Ganztagesarbeit 10 erreichen und sich erst nachher auch darüber hinaus schwingen. Wert 1 bedeutet eine recht mäßige Zerhackung, die sich aber nach Tageslänge definiert; er ergibt sich dann, wenn die Zahl der Abschnitte ihrer Durchschnittsdauer in d entspricht (z.B. 5 Abschnitte à 5D oder 10 à 10D). Noch geringere Fraktionierung drückt sich in Werten unter 1 aus, die sich mit immer größerer Tagesausdehnung stets mehr dem Grenzwert 0 nähern.

Unterschiede von Tag zu Tag

Natürlich unterscheiden die Zerhackungswerte (ZW) zwischen den Arbeitssituationen. Werktagsarbeit steht im Durchschnitt auf dem Niveau von 4 ZW-Punkten (rund 40 AE auf Wurzel 100D), während Freizeitarbeit – der Mann am Strand nahm es vorweg – sich um den Wert 1 einpendelt. Die Abhängigkeit von der Tagesdauer wirkt dabei allerdings mit und sorgt zudem für eine kleine Überraschung: den geringsten durchschnittlichen Zerhakkungswert weist nun die Abendarbeit auf. Ihre Kürze setzt den Verzettelungsmöglichkeiten eben enge Grenzen.

Das Zerhackungsmaß eignet sich aber auch vorzüglich, um Einzeltage zu erfassen und miteinander zu vergleichen. Die Unterschiede sind, zumindest in P.'s Arbeitswelt, ganz beträchtlich. Während der Vollerhebungszeit reichte die Streubreite von 6.48 (am 10.6.75) bis zu .18 (am 8.6.75).

In Tabelle 11.3 finden wir die Tage mit stärkster und geringster Zerhakkung einander gegenübergestellt. Dabei zeigt sich, daß es an den Arbeitstagen viel größere Schwankungen gibt als unter den freien Tagen: Die homogensten Werktage können durchaus mit den ruhigsten der Wochenend- und Ferientage konkurrieren, sofern man die Tagesdauer einigermaßen konstant hält. Der Donnerstag, 20. März 1975 – Raumverteilungsplanung auf dem Gurten (vgl. S. 226ff.) – und der Sonntag, 22. Dezember 1974 – Tag ausgedehnter, wenig gestörter Lektüre – sehen strukturmäßig fast gleich aus; beide weisen 13 Arbeitseinheiten während rund $8^1/_2$ Stunden auf. Werte unter 1 kommen allerdings nur bei Arbeitsdauern von weniger als 6 Stunden vor; bloß der 5. März 1975, ganz der Vorbesprechung der Diagnostik-Tagung gewidmet, bildet mit seinen .94 Punkten bei über elf Stunden in jeder Hinsicht eine Ausnahme. Hingegen sind an freien Tagen von beschränkten Ausmaßen sowie an Abenden Bruchzahlen durchaus keine Seltenheit. Werktage verlaufen dagegen nie so ruhig. Von der erwähnten Ausnahme abgesehen, bewegen sie sich stets oberhalb der Einer-Grenze. Diese wird auch von der Freizeitarbeit häufig überschritten; allerdings erreichen selbst die zerhacktesten unter den freien Tagen und Abenden den Durchschnittswert der Werktage noch lange nicht, geschweige denn deren oberstes Limit.

Die beiden extremen Tage in P.'s Arbeitsjahr folgen sich, anfangs Juni, auf dem Fuße. An einem Sonntagnachmittag, von Viertel vor drei bis Viertel nach fünf, liest P. in einem Zug die Korrekturen seines Aufsatzes über Bildungsberatung in der Schweiz (Pulver, 1975b); am Dienstag darauf macht er sie dann absendereif und wirft sie ein – dies aber erst am Schlusse

Tabelle 11.3: Zerhackungswerte und Arbeitssituationen

	Minimale Zerhackung					Durchschnitt	Maximale Zerhackung				
	Datum	z	d	dd	zw	zw	zw	Datum	z	d	dd
Werktage	Mi 5.3.	11	136	12.36	.94		6.48	Di 10.6.	71	120	1.69
		(7)		(19.43)	(.60)	4.12	(4.93)		(54)		(2.22)
	Do 20.3.	13	103	7.92	1.28	(3.01)	6.37	Di 6.1.	64	101	1.58
		(6)		(17.17)	(.59)		(3.88)	1976	(39)		(2.59)
Abendarbeit	Do 30.1.	1	23	23	.21	1.00	2.22	Mo 22.9.	8	13	1.62
		(1)		(23)	(.21)	(.76)	(2.22)		(8)		(1.62)
Wochenend-, Feier- und Ferientage: Lange Tage	So 22.12.	13	105	8.08	1.27		3.21	Sa 11.1.	34	112	3.29
(ab 100 D)	1974	(9)		(11.67)	(.88)		(2.46)		(26)		(4.31)
Längere Tage	So 18.5.	3	54	18	.41		2.63	Di 30.12.	22	70	3.18
(50 – 99 D)		(3)		(18)	(.41)	1.34	(1.55)		(13)		(5.38)
Kürzere Tage	So 8.6.	1	30	30	.18	(1.03)	3.12	So 4.1.	20	41	2.05
(20 – 49 D)		(1)		(30)	(.18)		(2.65)	1976	(17)		(2.41)
Kurze Tage	Sa 19.7.	1	8	8	.35		1.90	So 5.1.	6	10	1.67
(bis 19 D)		(1)		(8)	(.35)		(1.90)		(6)		(1.67)

Wo nichts anderes vermerkt ist, beziehen sich die Daten auf das Jahr 1975.

Die Zahlen beziehen sich auf Arbeitseinheiten (AE), die eingeklammerten Zahlen auf Beschäftigungsabschnitte (BA) eines nervenzermürbenden Tages, mit Bürositzung, Beratung, telefonischen und mündlichen Besprechungen aller Art, Einführung des eben gewählten Teilzeit-Nachfolgers der schwangeren Beraterin A (vgl. Kapitel 5.4), Bearbeitung von Budget-, Nachkredit-, Telefoninstallations- und Raumverteilungsfragen im Zusammenhang mit dem bevorstehenden Umzug – wild durcheinandergewirbelten kurzen Stücken, Hackfleisch, wie es selbst der renommierteste Metzger kaum feiner und gemischter zubereiten könnte.

Monotonie und Zerhackung

Angesichts solcher Gegensätze kann man sich hier die Frage stellen: welches Maß an Wechseln ist dem Menschen zuträglich? Wenn er den ganzen Tag über das gleiche tun muß, so wird er sicher unter dem Eindruck der Monotonie leiden. Muß er aber alle fünf Minuten seine Arbeit wechseln, so wird ihn die Zerhackung quälen. Irgendwo dazwischen dürfte das Optimum liegen, oder besser: eine Bandbreite des Wohlbefindens mit Randzonen des Zuträglichen; und oben wie unten verlaufen Grenzen, die das eben noch Tragbare vom kaum zu Verkraftenden scheiden.

Wo diese Maße und Grenzen zahlenmäßig zu suchen sind, darüber kann uns unsere Untersuchung leider keinen Aufschluß geben. (Sie stellt jedoch Instrumente zur Verfügung, die für entsprechende Forschungen verwendbar wären.) Was seine persönliche Arbeit betrifft, erinnert P. sich allerdings, daß ihm während der Erhebungszeit manche Tage im Stile des 10. Juni 1975 als kaum mehr tragbar erschienen; im Ganzen hätte er seine Berufstätigkeit lieber viel unzerteilter gesehen. Das Zerhackungsmaß 4, das seinem Werktags-Mittel entspricht, dürfte bereits etwa den oberen Rand des Wohlbefindens kennzeichnen, während Werte gegen und über 6 eindeutig die Grenze des ihm auf die Dauer Zukömmlichen überschreiten. „Auf die Dauer", dieses Adverbiale ist wichtig. Denn an Ausnahmetagen hält man manches ganz gut durch, was einem bei Wiederholung (oder gar, wenns zur Regel würde) das Leben versalzt. Vielleicht störte gerade darum das Extrem am Gegenpol P. weit weniger. Zweieinhalb Stunden lang ununterbrochen Korrekturen lesen: im Wiederholungsfall dürfte das wohl auch P. des Monotonen zuviel werden. Einmalig, an einem Juni-Sonntag, zwischen zerhackte Werktage eingeschoben, hat es P. aber nicht belästigt (sonst hätte er vom Lockerungsmittel Pause ja frei Gebrauch machen können).

Von P. her wollen wir allerdings nicht zu leichtfertig auf andere schließen. In der Polarität zwischen Monotonie und Zerhackung dürften Optimum, Bandbreite und Grenzen bei den Individuen ziemlich verschieden gelagert sein. Manch einer nimmt recht viel Eintönigkeit in Kauf, um der ihm weit unerträglicheren Zerhackung zu entgehen; der andere platzt, wenn er länger hinter der gleichen Arbeit sitzen muß; er lechzt nach Unterbrechung, Abwechslung, Unruhe. Beiden wäre zu wünschen, daß sie den richtigen Beruf wählen.

Mit diesen Fragen hat sich Günter Wiswede in seinem Buch „Motivation und Arbeitsverhalten“ wiederholt beschäftigt. Er zitiert Theorien und Autoren, die dazu etwas beizutragen haben, etwa die „Aktivationstheorie“ von D.O. Hebb und D.E. Berlyne, nach welcher „geringe Änderungen der Reizintensität (z.B. Abweichung von Monotonie und Routine) als angenehm, größere Änderungen jedoch als unangenehm empfunden werden“ (1980, 146), oder die „adaptation-level theory“ (AL) von H. Helson: „Häufig wird behauptet, daß das Ausmaß der Arbeitszufriedenheit mit dem Grad der Abwechslung variiert, die die jeweilige Arbeit bietet ... Im Lichte der Theorie des AL kann nicht erwartet werden, daß zwischen dem Grad der Abwechslung und dem Ausmaß der Zufriedenheit eine monotone Beziehung besteht. Das Angebot einer abwechslungsreicheren Tätigkeit wird vielmehr nur in gewissem Ausmaß zufriedenheitserhöhend sein“ (165). Auch scheint C.L. Hulin die Theorie aufgestellt zu haben, daß verschiedene Typen von Arbeitnehmern ein ganz verschiedenes Maß von Arbeitsvielfalt schätzen und nötig haben (174).

Insgesamt dürfte man aber annehmen, daß Abwechslungsbedürfnis und Toleranz für Wechsel bei Vollzügen größer sind als bei thematischen Abschnitten. In andern Worten: auf der Ebene der Vollzüge empfindet der Durchschnittsmensch wohl Monotonie als lästiger denn Zerhackung, bei der Themenabfolge Zerhackung lästiger denn Monotonie. Immerhin wird eine (mäßige) Gliederung durch das je andere Prinzip in beiden Fällen ausgedehnte Einheiten erfreulicher machen. Längere Vollzüge, etwa Sitzungen, sind bei mittlerem Themenwechsel, lange Themenbearbeitungen, etwa Erstellung des Budgets, bei mittlerem Vollzugswechsel angenehmer.

Man könnte und müßte also – („müssen“, das meint: bei weiteren Untersuchungen über diese Frage!) – den Zerhackungswert gesondert auch für thematische und instrumentale Abschnitte berechnen. (Die Formel bleibt unverändert.) Man könnte die Zahlen damit gelegentlich auch aus Höhenlagen herunterholen. So reduzieren wir etwa den Zerhackungswert des zweitextremsten Tages unserer Sammlung, des 6. Januar 1976 (= 6.37), – eines Werktags mit längeren Themenarbeiten und Besprechungen – instrumental auf 5.37, thematisch auf 4.77 und kombiniert (durch Zählung der Beschäftigungsabschnitte) sogar auf 3.88. (Am 10. Juni 1975 ist da weniger zu holen.) Der Gurtentag im März, mit seiner konzentrierten Thematik, bringt den Zerhackungswert punkto Beschäftigungsabschnitte sogar auf den für Ganz-Arbeitstage sensationellen Tiefstand von .59 hinunter.

Der Kern des Tages

Bei einer Beurteilung der Zerhackung sollte man sich also nicht allein auf die Zahl der Arbeitseinheiten stützen. Das ist aber nicht der einzige Vorbehalt, den man gegen unser allgemeines Zerhackungsmaß anbringen kann. Auch andere Aspekte müssen noch sorgfältig durchdacht werden. Erinnern wir uns nur etwa der Beanstandung, die wir vor ein paar Seiten gegen die „Tagestypen" vorgebracht haben: charakteristisch für die einzelnen Arbeitstage, so stellten wir dort fest, sei nicht die durchschnittliche, sondern gerade die unterschiedliche, variable Länge der Abschnitte.

Spielt das eine Rolle für das Studium der Zerhackung? Und ob! Wenden wir uns nur wieder einmal unserem sonnengebräunten Ferienrückkehrer zu! Fünfundvierzig Einheiten zu zehn Minuten hatte er an seinem ersten Arbeitstag zu absolvieren und erzielte so einen Zerhackungswert von 4.74. Aber damit hatte es sein Bewenden noch nicht. Eine stattliche Reihe noch kürzerer, also fünfminütiger Geschäfte hatte er auf den zweiten Tag verschoben, an dem er nun freilich auch dazu kam, seine wellenschaumgeborene Idee aus dem Urlaub ausführlicher zu durchdenken und nachmittags sogar mit einem Mitarbeiter zu besprechen. Es gelang ihm also, zweimal zwei ganze Stunden ruhig bei einer Arbeit zu verweilen, während er den Rest des Tages sich in Kleinstkram (42 Einheiten à 1D) verausgaben mußte.

Ich würde nun eine Wette eingehen, daß unser Mann den zweiten Tag, trotz zeitweiliger Hektik, als ruhiger empfand als den ersten. Es gab da stabile Phasen, die sein Gesicht spezifisch prägten, ja ihm ein solches Gesicht überhaupt erst verliehen; am ersten Tag zerflatterte alles. Lange Stücke mildern – wenigstens für P. – den Eindruck von Zerhackung. Auch wenn der Wirbel um sie herum doppelt so wild spielt wie am Vortage mit seinen unablässigen Wechseln, so wird das im Erleben doch als weniger lästig registriert. Und gleichwohl bringt es dieser zweite Tag praktisch auf denselben Zerhackungswert (4.64).

Wie man's aber auch erleben und bevorzugen mag – Stilunterschiede zwischen diesen beiden Tagen sind gewiß nicht wegzuleugnen. Wie können wir sie zahlenmäßig einfangen? Unter verschiedenen möglichen Wegen wählten wir eine „splithalf-Methode". Wir teilten den Tag in zwei gleich lange Hälften auf – allerdings nicht chronologisch, sondern nach Länge der Einheiten. Wir fingen mit den größten Einheiten an und zählten sie nach ihrer Dauer zusammen, bis wir die halbe Arbeitszeit erreichten.

Was wir damit gewannen, war eine Scheidung des Tages in eine – strukturell gesehen – „bessere" und „schlechtere" Hälfte. Die bessere, so nehmen wir an, faßt jene Arbeiten zusammen, die dem Tag seinen unverwechselbaren Charakter verleihen; im andern Topf sammelt sich das Zugemüse an. Die bessere Hälfte, so zusammengesetzt, nennen wir den „Kern" des Tages. Noch einmal also behelfen wir uns mit diesem Wort, das wir schon in anderen Zusammenhängen ausgiebig verwendet haben.

(Einen Tageskern kann man aus Arbeitseinheiten wie auch aus Einheiten anderer Art, etwa Beschäftigungsabschnitten, bilden. Von Medium zu Medium kann sich dabei allerdings eine je etwas andere Konstellation ergeben. Aber immer reihen wir die Einheiten der Größe nach aneinander, bis sie sich zur halben Gesamtdauer addieren.)

Die Kernzerhackung

Um nun ein zweites Maß der Zerhackung zu erhalten, das den aufgezeigten Stilunterschieden gerecht wird, ermitteln wir den Wert für den Kern des Tages. Am ersten Arbeitstag mußte unser heimkehrender Freund ganze $22^1/_2$ Arbeitseinheiten hinter sich bringen, um den halben Tag zu füllen, am zweiten bloß noch $1^7/_8$. (Wir gehen so vor, daß wir die bis zur Halbzeit abgeschlossenen Einheiten ganz zählen, eine allfällige schwellenüberschreitende dann aber bloß noch anteilsmäßig.) Diese Zahl dividieren wir dann, wie gewohnt, durch die Quadratwurzel der Zeitdauer.

Allerdings gibt es da noch ein Problem zu lösen. Setzen wir nämlich die Wurzel der halben Tagesdauer in den Nenner, so kommt die „bessere" Tageshälfte zu unrecht in den Genuß der Zerhackungs-Ermäßigung, die wir kürzeren Tagen zugestanden haben. Im konkreten Falle unseres Arbeitstages mit homogenem Zehnminutenrhythmus würde sich so der Zerhackungswert des Gesamttages (4.74) für die – um nichts „ruhigere" – Hälfte auf 3.35 senken! Solche Ungereimtheiten müssen wir vermeiden. Zu diesem Behuf verdoppeln wir einfach die Zahl der Einheiten des „Kerns" und dividieren sie durch die Wurzel aus der gesamten Tagesdauer. Anders gesagt: wir fragen nach dem Zerhackungswert, den der Tag erhalten hätte, wäre auch seine „schlechtere" Hälfte so verlaufen wie die bessere. (Bei Tagen mit homogenen Einheiten – z.B. 45×2D –, bedarf es folglich gar keiner neuen Rechnung.)

Die so gewonnene Zahl taufen wir „Kernzerhackungswert" und geben ihr die Abkürzung KZW. Dieser Wert definiert sich wie folgt:

$$KZW = 2zK/\sqrt{d}$$

„K" steht dabei in der Formel für „Kern-Einheiten", das heißt die der Größe nach bis zur halben Arbeitszeit aufgereihten Einheiten. Im konkreten Fall sollte dahinter auch die Einheitsart aufgeführt sein, etwa „KAE" für Kern-AE, „KBA" für Kern-Beschäftigungsabschnitte.

Auf diese Weise gemessen, unterscheiden sich nun die beiden Anfangstage unseres Rückkehrers krass. Beim ersten bleibt der Kernzerhackungswert auf der Höhe des Gesamtwertes (4.74) stehen, beim zweiten sinkt er radikal ab, und zwar auf .40. Freilich, mit so drastischen Fällen beschenkt uns die Realität nicht. Gelegentlich aber offeriert sie uns Tagespaare wie den Montag und Dienstag 9./10. Juni 1975. Die beiden Werktage waren zwar fast gleich lang, nämlich 117 bzw. 120D. In ihrem AE-Bestand aber unterschieden sie sich deutlich (44 Einheiten am Montag – Zerhackung 4.07 –, 71 am Dienstag – 6.48). Die Differenz war besonders ausgeprägt in der ruhigeren Hälfte des Tages. Der Montag begnügte sich da mit $5^1/_3$ Einheiten, der Dienstag verbrauchte ganze 15. Dementsprechend weist der Dienstag einen fast dreimal so großen Kernzerhackungswert auf (2.74 gegenüber .99).

Die Veränderung des Zerhackungswertes durch Konzentration auf die ruhigere Hälfte des Tages wird noch mehr zu reden geben. Zuvor aber möchte ich ein persönliches Wort mit meiner Leserin und meinem Leser wechseln. Ich muß sie (ihn) erinnern an die Einleitung zu diesem Kapitel und warnen. Warnen nicht etwa vor einer Verwechslung der Kernzerhakkung mit der Kernspaltung. Hinlänglich geschult und informiert, wird sie/er selber merken, daß die Unterschiede hier stärker ins Gewicht fallen als die Gemeinsamkeiten. Aber sie/er sollte wissen, was bei der weiteren Lektüre ihrer/seiner wartet. Wir benötigen Worte, um zu benennen, was wir darlegen wollen; aber diese Worte gibt es noch nicht. Also müssen wir sie prägen. Leserin und Leser mögen sich dadurch gestreßt fühlen – wir sind es auch. Darum schlagen wir einen wie uns scheint fairen Deal vor: Leserinnen und Leser verargen uns unsere seltsamen Begriffe nicht; dafür nehmen wir es ihnen nicht übel, wenn sie ab und zu – je nach persönlicher Eigenart – verdutzt den Kopf schütteln oder in schallendes Gelächter ausbrechen.

11.4 Versuch einer Zerhackungsanalyse

Mittlerweile dürfte sich im Kreise unserer Leserschaft eine klare Scheidung vollzogen haben. Es werden Leute darunter sein, denen es besonderen Spaß machte zu sehen, wie man einem eindrucksmäßig erlebten Phänomen mit quantitativen Methoden zu Leibe rücken kann; sie sind allmählich in Fahrt gekommen und freuen sich nun auf weitere Analysen. Anderen dagegen gehen unsere Fragestellungen und Formeln entschieden zu weit; sollten wir damit weiterfahren, so kündigen sie uns die Gefolgschaft auf. Falls wir Glück haben, so ist vielleicht etwa die Hälfte Leserinnen und Leser innerlich bei der Stange geblieben. (Man unterstelle mir nun aber nicht, ich hätte auch hier von besserer und schlechterer Hälfte gesprochen.)

Ich weise auf diesen Unterschied hin, weil wir jetzt über unser weiteres Vorgehen zu entscheiden haben. Tatsächlich ist die Zerhackungsfrage noch keinesweg ausgeschöpft, und wenn wir sie weiterverfolgen, so steckt darin auch die Möglichkeit, Grundmodelle des Tagesaufbaues zu entwickeln. Die daran interessierten Leser und Leserinnen würden wir gewiß frustrieren, wenn wir ihnen diese Überlegungen vorenthielten. Die anderen aber sollten wir von der Lektüre nicht bloß dispensieren, sondern nach Möglichkeit sogar abhalten. Die restlichen Unterkapitel lang werden nun nämlich Dinge ausgebreitet, die ihnen bloß überflüssig und ärgerlich vorkommen müßten. Wir trennen uns also und sehen uns im nächsten Kapitel wieder. In der Zwischenzeit bitten wir um Verständnis.

Varianten der Verzettelung

Wir gehen zunächst aus von jener Komponente der Zerhackung, die wir vor ein paar Seiten „Verzettelung“ genannt haben. Als unser Geschäftsmann oder leitender Beamter oder was immer er war (stand er vielleicht gar einer Akademischen Berufsberatung vor?) von seinen Ferien zurückkehrte, fand er am Arbeitsplatz mehrere Dutzend Themen vor, die seine Aufmerksamkeit erheischten. Er mußte also seine Kräfte auf sie verzetteln. Am ersten Tag ging er, wir erinnern uns, gleich deren fünfundvierzig kurz an. Für jedes unter ihnen gaben wir ihm gleichviel Zeit – damit machten wir das Beispiel zwar unrealistisch, aber für Demonstrationszwecke sehr geeignet. Daß das je zehn Minuten waren, ist für die gegenwärtige Diskussion unwesentlich; es hätten auch fünf oder fünfzehn sein können.

Abends hat sich unser Gewährsmann dann mit zwei alten Freunden getroffen, einer Biologin und einem Mathematiker, die beide ebenfalls von einem arbeitsreichen Tag zu berichten wußten. Die Biologin ist zur Zeit, so erzählte sie, mit fünf Versuchsreihen beschäftigt, die sich sehr gut parallel nebeneinander durchführen lassen. Sie hat sich den Tag so organisiert, daß sie im Turnus jeden Versuch jede Stunde für zehn Minuten überwacht; während der letzten zehn Minuten gönnt sie sich eine kurze Pause; sie hat sie nötig. So treibt sie es neun Stunden lang. Der Mathematiker lächelt, wie er das hört; er steht vor anderen Problemen. Der Verlag hat ihm die Druckbögen für sein neues Buch zur Korrektur geschickt und drängt ihn furchtbar zur Eile. Darum hat er heute von morgens sieben bis abends sieben, mit nur kurzem Mittagsunterbruch, über dem Text gesessen. Das strapazierte seine Aufmerksamkeit in höchstem Maße, denn die Darlegungen sind gespickt mit Zahlen, Formeln und Symbolen. Er hat sich darum von vornherein so eingerichtet, daß er stets auf zehn Minuten Arbeit eine fünfminütige Pause folgen läßt, um sich zu entspannen. So teilte er die knifflige Arbeit in 45 gleichlange Stücke ein – ein Systematiker par excellence, wenn er das durchhielt; aber gestehen wir ihm diesen Triumph für einmal zu.

Die drei Freunde staunen darüber, wie verschieden sie ihren heutigen Tag verbracht haben. Wie würden sie sich erst wundern, wenn sie vernähmen, daß sich ihre Tagesläufe, mit unseren bisherigen Instrumenten gemessen, in nichts voneinander unterscheiden! Ein jeder besteht aus 45 gleichlangen Arbeitseinheiten. Von hierher gesehen, sind sie alle gleichermaßen verzettelt. Und da die Einheiten alle schön zehn Minuten dauern, stimmt auch die Arbeitszeit überein. Darum steht jeder dieser Tage zerhackungstechnisch mit 4.74 zu Buche, und das, ob man nun den Tag als Ganzes oder nur seinen Kern berücksichtige.

Und doch sind die psychologischen Unterschiede gewaltig. Es ist völlig anderlei, ob man immer wieder neue Aufgaben anzupacken hat, oder ob einige wenige Themen abwechselnd an die Reihe kommen, oder ob wir gar nur hinter einer einzigen Sache her sind, die wir in getrennten Schritten bearbeiten. Im letzten Falle kehrt der Handelnde gleichsam immer wieder „heim“ zu seiner Arbeit, zurück ins Haus sozusagen, nachdem er sich mehrfach hinaus in den Garten verlocken ließ. Im ersten Fall dagegen zieht er wie ein Hausierer von Tür zu Tür.

Beschränkung auf individuelle Themen

Verzettelung – und, durch sie angeheizt, auch Zerhackung – ist also nicht nur ein strukturelles, sondern zugleich ein inhaltliches Problem. Es kommt nicht bloß darauf an, wie man den Tageslauf unterteilt, sondern auch, wieviele Themen man dabei aufgreift. In der gleichen Zeitdauer und in gleich vielen Abschnitten, wie unser Beamter seinen 45 Geschäften nachging, hat die Biologin nur fünf Themen und der Mathematiker gar bloß ein einziges bearbeitet. Die „Themenstreuung“ war während der drei Tagesläufe massiv verschieden.

Unser Trio 45 hat es uns allerdings besonders leicht gemacht. Nichts als reine, saubere, thematisch klar zu qualifizierende Abschnitte. Wenn der Tag sich doch immer so problemlos aufgliedern ließe! Aber im letzten Kapitel lernten wir die Mischeinheiten kennen, die einer differenzierteren Erfassung mit unseren Mitteln trotzen und die die Arbeitstage eines Berufsmenschen ganz schön durchsetzen können. (Vgl. S. 579ff.) Was sollen wir mit ihnen anfangen? Sofern es sich um thematische Mischungen handelt, so bedeutet das ja, daß zwei oder mehrere Themen in kurzer Folge, von der Methode her betrachtet unterschwellig, zum Zuge kommen. Manchmal sind es solche, die während des Tages auch anderweitig registriert wurden, manchmal zusätzliche – das können wir aus den Tagesblättern nicht rekonstruieren. Aber gerade das müßten wir für eine Zerhackungsanalyse wissen. Gäbe es bei der Biologin auch nur eine einzige solche Mischeinheit – hat sie nicht vormittags die Post durchgesehen? –, so fielen unsere Berechnungen völlig verschieden aus je nachdem, ob darin nur wieder die gleichen Themen oder aber fünf weitere gestreift würden. Im letzten Falle würde sich die thematische Streuung glatt verdoppeln.

Dieser Unsicherheit dürfen wir uns bei ihrer Bestimmung wohl kaum aussetzen. Wir tun gut daran, Mischeinheiten für die Berechnung von vornherein auszuklammern. Dabei gehen wir aber gleich einen Schritt weiter und eliminieren noch eine andere Gruppe von Störenfriede, nämlich die Routinethemen. Das hat zwei Gründe. Zwei bis vier von ihnen geben fast jeden Tag ein kurzes Gastspiel, das der Handelnde kaum beachtet; das Auf und Ab der Zahl ist eher zufällig (zufällig auch, ob die Routinetätigkeit die Erfassungsschwelle überschreitet), wirkt sich jedoch bei geringer Themenzahl massiv auf die gesuchten Werte aus. An den freien Tagen 27. und 28. Dezember 1975 beispielsweise hat P. je zwei Themen aufgegriffen, einmal 54D, einmal 64D lang. Am 27. gesellten sich jedoch zwei Routinen mit zusammen 3D dazu. Trotz der als sehr ähnlich empfundenen Struktur dieser

Tage würde der Einbezug der Routinethemen die thematische Streuung des einen gleich auf den doppelten Wert hinauftreiben. Als Spezifikum unserer Untersuchung kommt nun aber noch der Umstand hinzu, daß eine der zähesten Routinen die – fast – tägliche Nachführung des Tagesblattes war. Je größer die thematische Konzentration, desto stärker müßte diese künstliche Erweiterung des Themenbestandes das Bild des Tages verfälschen.

Um den genannten Unklarheiten, Zufälligkeiten und Verfälschungen möglichst vorzubeugen, haben wir uns entschlossen, bei der weiteren Zerhackungsanalyse nur die „individuellen" Themen zu berücksichtigen (vgl. Tafel 6.62, S. 334). Mischeinheiten und Routinen lassen wir also weg – dies natürlich sowohl im Zähler (bei der Abschnittszahl) wie im Nenner (bei der Arbeitsdauer). Speziell vermerken werden wir das nur, wenn die Gefahr von Verwechslungen besteht; wir setzen dann ein kleines t vor die Bezeichnung der Einheiten und Größen (tAZW, tAE, tTA, tTT, tds). Wo sich das nicht aufdrängt, lassen wir's sein (wir möchten bei der Korrektur der Druckbögen nicht alle zehn Minuten erschöpft innehalten müssen).

Themenstreuung und Themengliederung

Unsere drei Freunde, zu denen wir nun wieder zurückkehren, mögen also an jenem berühmten Montag soviele Routine- und Mischeinheiten in ihren ohnehin reich befrachteten Tageslauf eingefügt haben wie sie wollen – das geht uns hier nichts an. Wir kümmern uns nur um die Verzettelung ihres Kräfteeinsatzes für Themen individuellen Charakters, und der erfolgt bei allen dreien in 45 Abschnitten. Insofern verlaufen ihre Tage gleich. Aber die Gründe für diese Verzettelung sind total verschieden. Der Geschäftsmann, der von Thema zu Thema jagt, zersplittert sich auch inhaltlich bis zum Äußersten; der Mathematiker dagegen, der alle zehn Minuten seine strapazierten Geisteskräfte auffrischt, konzentriert sich voll auf eine einzige Sache. Hat er seine Sinne jeweils wieder beisammen, so wirft er sie stets aufs neue in seine Korrekturaufgabe.

Im Falle unseres Themenwanderers erklären sich Verzettelung und Zerhackung also restlos aus der Themenstreuung. Es hängt an deren enormer Ausladung, daß sich sein Tag so kräftig zersetzt. Beim Themenperseverator anderseits hilft uns eine thematische Betrachtung keinen Schritt weiter: eine inhaltliche Streuung gibt es bei ihm ja gar nicht! Thematisch gesehen ist sein Tag von makelloser Eintönigkeit. Wenn sein Einsatz sich gleichwohl verzettelt, ist das ausschließlich darauf zurückzuführen, daß die Arbeit am einen, einheitlichen Thema in viele Bestandteile auseinanderbricht. Sie wird nicht am Stück, sondern in Stücken erledigt – beim Korrekturenleser in nicht weniger als deren 45! Das führt zum selben allgemeinen Verzettelungseffekt wie eine große Themenstreuung, ist aber doch ein wesentlich anderes Phänomen. Wir geben ihm den Namen „Themengliederung".

Zwei Erscheinungen können also, je einzeln oder mit vereinten Kräften, zur Verzettelung des Tageseinsatzes führen: die Themenstreuung und die Themengliederung. Unsere zwei Männer nehmen in dieser Hinsicht die beiden Eckpositionen ein: beim einen beträgt die Themenstreuung 45, beim andern 1; für die Themengliederung gilt genau das Umgekehrte. Die daraus resultierende Tages-Verzettelung in 45 Abschnitte spült sie dann wieder in die gleiche Kammer.

Die Themengliederung ist ihrer Natur nach eine relative Größe. Sie sagt aus, wieviele Abschnitte durchschnittlich auf ein Thema entfallen. Um sie quantitativ zu erfassen, dividieren wir die Abschnittszahl durch die Themenzahl (AE/TT). Der Minimalwert dieses Quotienten ist 1; ansteigen kann er bis zur maximalen Gesamtzahl der D (dem „ds"). Die Themenstreuung dagegen wollen wir absolut fassen. Sie entspricht einfach der Zahl aller Tagestätigkeiten (zTT). Die TT-Zahl, wir erinnern uns, ist innerhalb eines einzelnen Tages identisch mit der Anzahl aufgegriffener Themen. Wir brauchen ja das Wort „Tagestätigkeit" als terminus technicus für das Total der Bearbeitung eines Themas an einem Tage. Auch die absolute Themenstreuung kann somit variieren von 1 bis ds.

Abschnittsbildung und Abschnittsgliederung

Wie geht es eigentlich unserer Biologin? Haben wir sie bei ihren fünf Experimenten sitzen lassen? Höchste Zeit, daß wir uns ihrer erinnern. Aber wie Frauen nun einmal sind, hat sie sich eben weder dem einen noch dem anderen Extrem ausgeliefert. Die Aufteilung ihres Tages leitet sich aus beiden Quellen her; sie beruht auf thematischer Streuung so gut wie auf Themengliederung. Die Dame gehört dem 45er-Club weder auf der Basis von 1×45 noch von 45×1 an, sondern aufgrund der gemäßigten Variante 5×9.

Aber wir sollten uns nicht durch unbedachte Äußerungen über geschlechtsspezifische Eigenarten am Geist der Zeit versündigen. Entlassen wir also unsere Biologin aus dem Gefängnis einer aufgezwungenen Weiblichkeit und lassen wir auch sie teilhaben an den Extremen dieser Welt. Ihre Versuchsreihen seien abgeschlossen; sie wende sich jetzt einem neuen Experiment, einem einzigen, zu. Aber eisern alle zehn Minuten wechsle sie hin und her zwischen Phasen der Beobachtung und Aufzeichnungen über das eben Beobachtete. Die Pause am Ende jeder Stunde wollen wir ihr allerdings weiterhin gönnen. Nur am letzten Tag, da sie unter Erfolgsdruck steht, verzichtet sie auf alle Unterbrechungen und arbeitet siebeneinhalb Stunden pausenlos durch, die Ärmste.

Damit ist sie in Konkurrenz getreten zum Mathematiker. Gleich wie dieser hat sie sich nun der Formel 1×45 verschrieben – minimaler Themenstreuung bei hochgradiger Gliederung. Allerdings schafft sie das mit anderen Mitteln; ihr Tageslauf wirkt gleichzeitig vielfältiger und geschlossener. Während der Mathematiker sich durchwegs auf einen einzigen Vollzug, das Korrekturenlesen, beschränkt, oszilliert seine Kollegin zwischen zweien. Dafür nimmt der Mann sein Thema in 45 getrennten Anläufen, die Dame dagegen bloß in deren 9; am Schlußtag bringt sie die Arbeit sogar in einem einzigen Schwung unter Dach.

Was können wir daraus lernen? Auch die Zahl der Themenabschnitte, nicht bloß die der Arbeitseinheiten und der Tagestätigkeiten, ist für eine Verzettelungsanalyse relevant. Es macht einen Unterschied, ob die Gliederung eines einsamen, unbestrittenen Tagesthemas zustandekommt wegen Aufsplitterung in getrennte Abschnitte oder trotz einheitlichem, geschlossenem Ablauf.

Im zweiten Falle sind Vollzugswechsel verantwortlich für die Fraktionierung. Der Abschnitt selber ist hier zeitlich gegliedert. Das suggeriert uns auch die Namen, die wir den beiden Komponenten der Themengliederung beilegen wollen: wir nennen sie „Abschnittsbildung" und „Abschnittsgliederung". Die erste mißt sich mit Hilfe des Quotienten TA pro TT, die zweite durch AE pro TA; miteinander multipliziert, ergeben sie den Quotienten AE/TT.

Wir kennen das ja bereits aus P.'s Arbeitsleben. Sowohl am Informationstag 1973 wie am letzten Septemberwochenende 1975, bei der Vorbereitung des Diagnostik-Vortrages II, widmete P. sich ganze Tage lang bloß einem einzigen Thema. (Über den fünfminütigen Vorspann beziehungsweise ein fünfminütiges Zwischenthema sehen wir für einmal großzügig hinweg.) Am 26.1.73 leistete er das im Block, aber mit stets wechselnden Vollzügen, am 27. und 28.9.75 hingegen mit zur Hauptsache konstantem Vollzug, aber in je einem Dutzend Anläufen. Wie sehr wir also auch übertrieben haben mögen – wir sehen doch, daß unsere Geschichte von der Biologin und dem Mathematiker kein reines Märchen ist. Sie markiert nur extreme Ausprägungen alltäglicher Phänomene. Die Biologin hilft allerdings erst am allerletzten Tag mit; unter normalen Bedingungen sorgt sie auch hier für einen Ausgleich der beiden Prinzipien (9×5 statt 1×45). Sie ist eben doch eine Frau. (Was kann ich denn dafür?)

Verzettelung und Zerhackung

Was wir in diesem Unterkapitel bis jetzt dargelegt haben, war noch weitgehend unbenagt vom Zahn der Zeit. Um Fragen der Dauer brauchten wir uns nicht zu kümmern. Die 45 Arbeitseinheiten unseres Freundeskreises könnten je fünf, zehn, fünfzehn oder zwanzig Minuten beanspruchen – Themenstreuung, Themengliederung, Abschnittsbildung und Abschnittsgliederung würden sich deswegen nicht verändern. Im letzten Falle müßten wir den dreien freilich pralle Fünfzehnstundentage zumuten; um auch seine 44 Pausen einzubringen, hätte der Mathematiker dabei sein Tagwerk bereits um sechs Uhr früh anzutreten und bis um ein Uhr nachts durchzuziehen (das würde er tags darauf kaum wiederholen). Ist die Zahl der Einheiten groß, so sind ihrer Dauer also doch recht enge Grenzen gesetzt. Aber bei einem 10 AE-Tag wächst die Beweglichkeit beträchtlich; Größenordnungen von fünf Minuten bis zu über einer Stunde pro Arbeitseinheit lägen da durchaus drin, und zwar ohne jede Auswirkung auf die Verzettelungswerte.

Daß aber die gleiche Verzettelung ganz anders erlebt wird, wenn die Einheiten kurz sind oder lang und die Wechsel mithin in hektischer Folge oder in großen Abständen stattfinden, ist uns natürlich klar. Um auch diesen Eindruck meßbar zu machen, dividieren wir ja eben die Zahl der Einheiten durch die (Wurzel aus der) Tagesdauer. Aus der Verzettelung wird Zerhakkung, wenn sie sich auf kurze Zeitspannen zusammendrängt und sich damit das Ablauftempo steigert. Zerhackung ist das Produkt aus Verzettelung und Ablauftempo, so lernten wir im letzten Unterkapitel.

Und nachdem wir nun die Verzettelung analysiert haben, sind wir endlich in der Lage, einen „Stammbaum" der (allgemeinen) Zerhackung zu zeichnen. Er findet sich in Figur 11.4. Der allgemeine Zerhackungswert setzt sich letztlich aus vier Komponenten zusammen: aus der Themenstreuung, der Abschnittsbildung, der Abschnittsgliederung und dem Ablauftempo; in einer Formel ausgedrückt:

$$AZW = zTT \times zTA/zTT \times zAE/zTA \times 1/\sqrt{ds} = zAE/\sqrt{ds}$$

Ob sich diese Differenzierung lohnt, soll uns die Anwendung auf die drei Haupt-Arbeitssituationen zeigen. In Figur 11.4 sind die entsprechenden Werte aufgeführt. Beginnen wir mit der Durchsicht von unten her. Da treffen wir zunächst auf Abschnittsbildung und Abschnittsgliederung. Auffallend ist hier, daß sich freie Tage in beiden Hinsichten nicht von der Werktagsarbeit unterscheiden. Die Tagestätigkeiten spalten sich unter beiden Bedingungen gleich auf. Hingegen überrascht die geringe Unterteilung der an Werktagsabenden aufgenommenen Themen; vor allem finden da offenbar kaum je Vollzugswechsel innerhalb thematischer Abschnitte statt. (Wert 1.11 bei einem möglichen Minimum von 1.) Vielfach geht es da eben um längere Lektüren. Die beiden Freizeitsituationen, recht verschieden strukturiert hinsichtlich Themengliederung, machen gegenüber dem Werktag erst dann gemeinsame Sache, wenn es um die Themenstreuung geht; beide weisen nämlich eine starke inhaltliche Konzentration der Arbeit auf. Während seiner Arbeitstage – die knapp doppelt so lange dauern wie der durchschnittliche freie Tag – muß P. sich dagegen auf viermal mehr Themen ausbreiten. Multiplizieren wir das alles miteinander, so ergibt sich, für die drei Bedingungen, eine deutliche Stufenfolge hinsichtlich der Verzettelung. Während der Arbeit an Werktags-Abenden ist sie besonders gering.

Das hängt natürlich auch mit deren kurzer Dauer zusammen. Die Einheiten können sich abends nur auf eine knappe Zeitspanne – nicht viel über eine Stunde – verteilen, was sich in unserem „Stammbaum" in einem hohen Ablauftempo ausdrückt. Da die Zahl der Einheiten aber so gering ist, bleibt für sie dennoch genügend Raum zur Ausbreitung. Die Abendarbeit

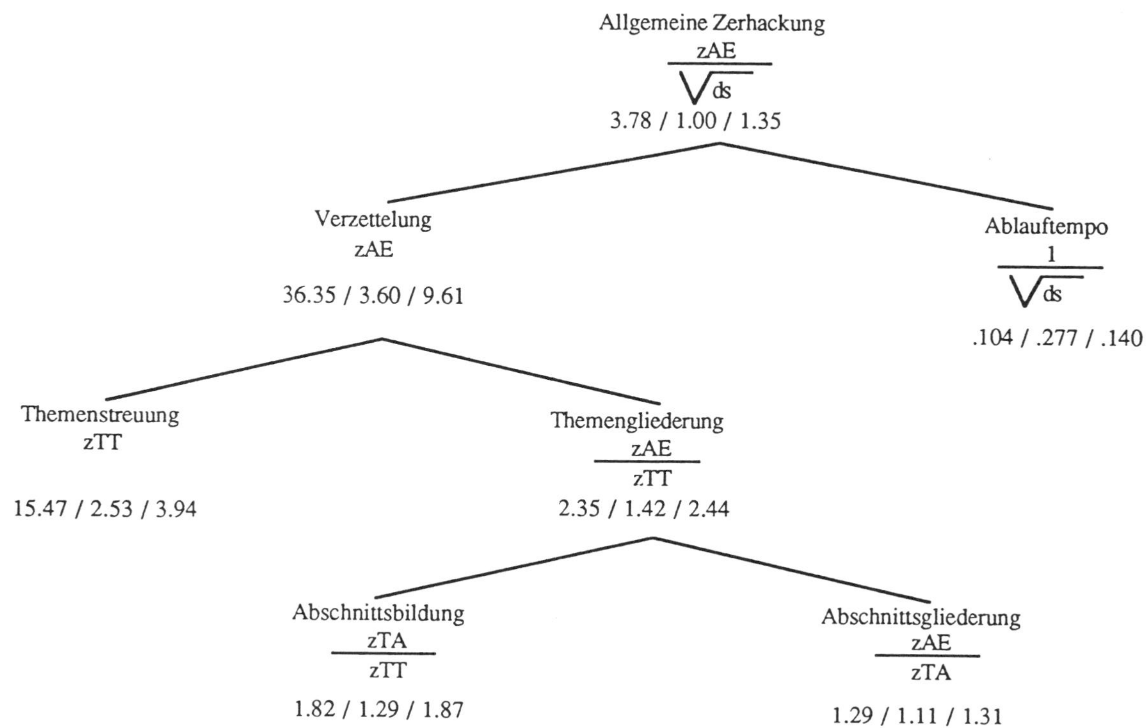

Fig. 11.4: „Stammbaum" der (allgemeinen) Zerhackung. Die aufgeführten Werte geben die Durchschnitte aus der Stichprobe 1975 an (nur individuelle Themen, in der Reihenfolge: Werktage/Abendarbeit/freie Tage)

erzielt darum gleichwohl den niedrigsten Zerhackungswert, der sich nun allerdings jenem an freien Tagen – wo eine stärkere Verzettelung durch geringeres Ablauftempo gemildert wird – recht stark annähert. Die große AE-Zahl der Werktage dagegen ist auch mit einem breiten zeitlichen Spielraum nicht zu korrigieren; die Werktags-Zerhackung schlägt jene der Freizeitsituationen bei weitem.

Thematische Zerhackung

Ist es nicht hocherfreulich, daß man dem Phänomen der Zerstückelung des Tages dermaßen auf den Leib rücken und es in seine verschiedenen Komponenten zerlegen kann? Wenn wir es realiter nicht in den Griff bekommen, so doch geistig. Das ist ein altbekanntes Rezept der Schadloshaltung. Gleichwohl sind besonders anspruchsvolle Leserinnen und Leser noch nicht ganz zufrieden. Sie erachten es als mehr oder weniger willkürlich, die Formel für den allgemeinen Zerhackungswert (AZW) gerade so aufzuspalten, wie wir es eben taten. Diese Formel, so wenden sie ein, lasse auch andere Aufgliederungen und andere Kombinationen ihrer Elemente zu.

Damit müssen wir uns voll einverstanden erklären; hatten wir doch, es sei hier eingestanden, in einer ersten Fassung dieses Kapitels unsere Zerhackungsanalyse tatsächlich erbarmungslos bis zum bitteren Ende vorangetrieben. Das haben wir dann freilich büßen müssen. Bei der Wiederbegegnung mit dem Text nach Jahr und Tag erzürnten wir uns – nun selber Leser geworden – über die Zumutungen, denen man da ausgesetzt wurde. Zerhakkung des Tages, so fanden wir, sei an sich schlimm genug; der Leser wolle nicht auch noch eine Zerhackung des Gehirns erdulden.

Darum lassen wir nun die Finger vom Rest – mit einer Ausnahme, die sich uns von der Sache her aufdrängt; wir sind bei unseren bisherigen Darlegungen mehrfach nahe dran vorbeigegangen. Es handelt sich nochmals um die Themenstreuung. Gewiß ist es interessant zu erfahren, ob ein berufstätiger Mensch an einem grauen Werktag 45 Themen aufgreifen muß, wie unser Heimkehrer, oder ein einziges, wie der Korrekturenleser. Aber sollte man nicht auch berücksichtigen, wieviel Zeit ihm dafür zur Verfügung steht? Bringt unser feriengebräunter Mann sein beladenes Fuder in einem halben Tag in die Scheune (das heißt in 45D), so hat er eine thematisch zwar nicht breitere, aber doch wesentlich zerhacktere Arbeitsfolge hinter sich als wenn er seine 45 Aufgaben auf einen ausgedehnten Arbeitstag von 135D verteilen konnte. Und ob ein andermal das eine und einzige zu besorgende Geschäft den heutigen Tag bis zur Neige ausfüllt oder in diesem nur ein fünfminütiges Gastspiel bietet, macht ebenfalls einen beträchtlichen Unterschied.

Darum drängt sich auch der Begriff der „thematischen Zerhackung" in unseren Wortschatz ein. Das „Ablauftempo" haben wir oben nur mit der Verzettelung insgesamt, das heißt der Zahl der Arbeitseinheiten pro Tag, verbunden; wir können es aber ebensogut in Beziehung setzen zur thematischen Streuung und damit die Frage beantworten: wie rasch folgen sich die Wechsel der Themen? Auf diese Weise gewinnen wir eine neue Größe, den „thematischen Zerhackungswert“ (TZW), der dem Quotienten $zTT/\sqrt{ds}$ entspricht. Sie bildet – ähnlich wie die früher besprochene Kernzerhakkung – ein sehr wichtiges Korrektiv zum allgemeinen Zerhackungswert. Das zeigt uns der Tag, an dem sich unsere drei Freunde abends treffen. Er weist bei allen die gleiche allgemeine Zerhackung auf ($45/\sqrt{90} = 4.74$); die thematische aber ist kraß verschieden (Geschäftsmann: 4.74; Biologin: .53; Mathematiker: .11).

Um vom thematischen Zerhackungswert zurückzufinden zum allgemeinen, muß man auch die Themengliederung in Betracht ziehen (die ja beim Geschäftsmann minimal, jedoch beim Mathematiker sehr hoch ist). Die Multiplikation des eben aus der Taufe gehobenen TZW ($zTT/\sqrt{ds}$) mit der Themengliederung (zAE/zTT) ergibt den allgemeinen Zerhackungswert ($zAE/\sqrt{ds}$).

Mögen Sie noch? Sind Sie noch wach? Dann nehmen Sie noch den letzten Zerhackungs-Anlauf! Denn was den Arbeitseinheiten recht war, ist den Themen billig: auch hier muß wieder eine gesonderte Rechnung präsentiert werden für den „Kern“ des Tages. P.'s Stichprobe von Arbeitstagen aus dem Jahre 1975 zeigt nämlich, daß bei einem Viertel aller Werktage (6 von 24) das längste Thema – nennen wir es „Leitthema“ – bereits mehr als die Hälfte der ganzen Arbeitszeit (allerdings ohne Mischeinheiten und Routinen) aufgefüllt hat; bei einem anderen Viertel brauchte es dazu deren vier (in keinem Falle mehr!). Die Dominanz des „Leitthemas“ konnte überwältigend sein: Die Erarbeitung der Budget-Eingabe 1976 beanspruchte 84D oder 78% der Arbeitszeit von Montag, 9. Juni 1975. (Das kürzeste Leitthema gab sich mit 16D zufrieden.)

Es ist klar, daß Tage mit großem Leitthema als thematisch recht einheitlich erlebt werden, selbst wenn die restliche Zeit in ganz kleiner Münze ausgegeben werden muß. Um auch hierfür eine Maßzahl zu entwickeln, gehen wir wiederum nach dem bewährten Halbierungsmuster vor. Auch hier verdoppeln wir die Zahl der TT, die es zu diesem Zweck braucht (schwellenüberschreitende wiederum anteilsmäßig berechnet), und dividieren sie durch Wurzel ds (jetzt übrigens: tds), um ein Zerhackungsmaß zu erhalten, das der Themenstruktur des Tages Rechnung trägt. Anläßlich seiner Taufe überraschen wir den Leser – gestützt auf unsere frühere Verabredung – mit einem neuen sprachlichen Ungeheuer. Wir nennen es nämlich den „thematischen Kernzerhackungswert“ (TKZW). Zusammen mit dem thematischen Zerhackungswert (TZW) wird er den dort schon wartenden AZW und AKZW in der Schlußformel für das General-Zerhackungsmaß Gesellschaft leisten. Was diese Formel betrifft, müssen wir unserseits noch etwas Geduld üben, weil ein Teilnehmer noch aussteht.

Kleines Repetitorium

Wer unter Ihnen, meine lieben Getreuen, hat die Ausführungen bis hierher heil überstanden? Wer könnte, bei der Lektüre überrascht, dem Freund, der Tochter, der Gattin, dem Chef verständlich wiedergeben, was er eben las? Wer fühlt sich bereits als Streuungs-, Gliederungs- und Zerhackungsexperte? Ich ahne die Antwort. Aber lassen Sie sich, bitte, nicht niederdrücken. Wir können der Sache mit einem kurzen Repetitorium etwas nachhelfen.

Sie sind jetzt lange über diesem vertrackten Text gesessen? Da haben Sie einen anspruchsvollen Abschnitt Ihres heutigen Tages hinter sich gebracht. Vielleicht legten Sie das Buch gelegentlich beiseite und versuchten, die Überlegungen selber nachzuvollziehen oder die Formeln zu überprüfen. Dann gliederten Sie diesen Abschnitt in verschiedene Vollzüge. Wer dagegen den Text geduldig einfach durchlas, erzielte eine minimale Abschnittsgliederung. Das trifft aber gleicherweise auf jenen Bedauernswerten zu, der die Bausteine des Alltags dabei ein paarmal in die Ecke warf und ärgerlich zu etwas Anregenderem griff oder im Küchenschrank nach Trost fahndete. Falls er es dann jeweils doch nicht lassen konnte, wieder zu unserer Grübelei zurückzukehren, so hat er anschaulich demonstriert, was wir Abschnittsbildung nennen.

Ob Sie nun aber das Buch jeweils ärgerlich weglegten, um sich von der Lektüre zu erholen, oder es fasziniert zur Seite schoben, um sie durch eigenes Mittun zu bereichern – in beiden Fällen unterscheiden Sie sich durch erhöhte Themengliederung vom Kollegen, der mit emsiger Regelmäßigkeit weiterlas.

Behaupten Sie nun aber nicht, Sie hätten sich den ganzen heutigen Tag hindurch mit nichts anderem beschäftigt als mit diesem Buch! So durchsichtigen Einschmeichelungsversuchen bin ich nicht zugänglich. Einen Lesetag ohne Themenstreuung nehme ich Ihnen höchstens dann ab, wenn Sie vor einem Konsalik sitzen. Geben Sie ruhig zu, daß Sie auch andere Themen aufgegriffen haben, und wieviele! Themenstreuung war noch nie etwas Verwerfliches. Sollten Sie allerdings nicht nur diese schwierigen Seiten, sondern auch den Konsalik, das Nähzeug, den angefangenen Brief, den Telefonhörer und die Stechschaufel jeweils gleich wieder weggelegt haben und von Thema zu Thema gehüpft sein wie eine verängstigte Heuschrecke, dann stimmt mich die große thematische Zerhackung Ihres Tages schon weit nachdenklicher. Aber vielleicht war es ja Ihre Umwelt, die Ihnen wider Willen einen solchen Themensalat auftischte: Immer wieder klingelte das Telefon, immer wieder trat Ihr Chef (oder einer Ihrer Mitarbeiter) mit einem neuen Auftrag oder Anliegen an Sie heran; wenn das eine Kind sich beruhigt hatte, riß das andere eine Vase vom Tisch, wenn der Hausierer abgefertigt war, pfiff der Dampfkochtopf. Zerhackung kann radikal verschiedene Gründe haben. Aber darum kümmern wir uns jetzt noch nicht. (Erst im Nachfolgeband wird uns das zum Hauptproblem werden.)

11.5 Grundmuster des Tagesaufbaus

Fragestellung

Gibt es Berufe, gibt es Aufgaben, gibt es Personen, bei denen die Arbeit, bei denen der Tag immer im gleichen Rhythmus verläuft? Man behauptet es oft. Bei der Untersuchung des „Familienalltags" von Sonderschul-Müttern übermittelt Christiane Hofmann Berichte sehr stereotypisierter Tagesläufe und kommentiert: „Die Gleichförmigkeit der Routinetätigkeiten gleicht Perlen auf einer Schnur." (1982, 96). Kennen Sie auch solche Perlen der Alltagstreue? Immerhin: unser Nachbar, der seit Jahr und Tag jeden Mittag und jeden Abend zur gleichen Zeit auf demselben Fahrrad im gleichen Bogen die letzte Steigung auf dem Weg nach Hause nimmt, ernst und gemessen, der kam doch tatsächlich letzten Freitag abend eine Stunde später dahergegondelt, viel weniger spurgetreu und versonnen vor sich hin schmunzelnd – ach, hat das wohlgetan!

P.'s berufliche und paraberufliche Arbeitstätigkeit ist von völlig anderem Stil; sie war es in der Berichtszeit, sie war es vor- und nachher, sie ist es heute noch und wird es hoffentlich bis ins allfällige hohe Alter hinein bleiben. Keineswegs ist sie freilich etwa am anderen Extrem angesiedelt – daß wir bei P. „Werktagstypen" herausarbeiten konnten, zeigt das deutlich. Berufstätige, für die jeder neue Tag ein eigenes „Arbeits-Gesicht" hat, sind mir jedenfalls leichter vorstellbar als strikte Routine-Menschen oder -Jobs.

Einzeltage, Tagestypen, Arbeitssituationen haben also – normalerweise – eigene „Gesichter"; aber auch Jobs, und schließlich Berufstätige, dürften ihre spezifischen und bevorzugten Stile haben. Hans Thomae traf bei seinen Erhebungen Leute an, bei denen die Arbeit Tag für Tag ungefähr gleich verlief; andere Befragte sagten spontan: „Durchschnittliche Werktage gibt es bei mir nicht; nichts, gar nichts wiederholt sich an einem Tag genauso wie am vergangenen." (1968, 155). Für Vergleiche über den Einzelfall hinaus fehlen uns hier natürlich die Unterlagen. Was wir jedoch im Dienste künftiger Vergleiche leisten können, ist die Bereitstellung lohnender Fragestellungen und geeigneter Methoden. Unsere letzten beiden Unterkapitel haben das in bezug auf die Zerhackungsfrage demonstriert; nun wollen wir die Frage der Struktur des Arbeitstages noch verallgemeinern.

In diesem Unterkapitel soll es uns darum gehen, Grundmodelle des strukturellen Aufbaus von Tagen herauszuarbeiten. Dabei beschränken wir uns allerdings auf den thematischen Aspekt; wir fühlten uns überfordert, wenn wir die Fülle struktureller Varianten bewältigen müßten, die sich bei Berücksichtigung auch der Vollzugsseite vor uns auftun. Wir kehren also wieder zu den Fragen der Thematik zurück und könnten darum, in Anlehnung an Kapitel 6, auch vom „thematischen Aufbau des Tages" sprechen. Was wir hier darstellen wollen, steht in direkter Beziehung zu den dort behandelten Problemen. Damals beschäftigte uns ganz allgemein der Aufbau der Arbeit, bezogen auf die Verflechtungen der Themenwelt während ganzer Arbeitsjahre. Wir wiesen dabei auch auf die Frage hin, wie Themen sich in lineare Operationenfolgen niederschlagen, mußten deren Beantwortung aber noch zurückstellen.

Nun können wir einen Teil dieser Antwort geben. Wir sind bereit, einzutreten auf das „Wie“: auf die Art und Weise, wie thematische Abschnitte sich, systematisch oder in wirrem Durcheinander, während des Tageslaufes folgen. Was wir wiederum und noch einmal aufschieben müssen, ist die Behandlung des „Warum“; diesem Problemkreis soll ein späteres Buch gewidmet sein.

Die thematischen Abschnitte und ihre Abfolge

Bei unserem neuen Unternehmen stützen wir uns bloß noch auf die Themen und ihre (einmaligen oder wiederholten) Auftritte im Tageslauf, also auf Tagestätigkeiten (TT) und thematische Abschnitte (TA). Nach Grundmustern ihrer Abfolge gilt es jetzt Ausschau zu halten. Aus den strukturellen Elementen, die wir im letzten Unterkapitel aus dem Tageslauf herausdestilliert haben, greifen wir die „Themenstreuung“ (zTT) und die „Abschnittsbildung“ innerhalb der Themen (zTA/zTT) heraus, zwei Größen, die durch ihre multiplikative Verbindung den Tagesbestand an thematischen Abschnitten (zTA) erzeugen. Die interne Gliederung der Abschnitte bleibt unbeachtet; und zurückgestellt werden vorderhand auch die zeitlichen Verhältnisse, also das Ablauftempo und die dadurch bewirkte Zerhakkung des Tages.

Dafür werden wir unsere Aufmerksamkeit von jetzt an auch der Reihenfolge zuwenden, in welcher Themen die Bühne des Tages betreten, und zwar nicht bloß, wie bei den Personenverzeichnissen gewisser Dramen, dem Erstauftritt, mit dem sie sich dem Beschauer vorstellen, sondern auch ihrer allfälligen Wiederkehr. Damit greifen wir noch weiter zurück als nur zu Teil B dieses Buches; wir knüpfen an bei Figur 2.1 in Teil A (Seite 74) und ihrem „Themenraster“; dessen große Stunde ist nun – endlich – gekommen. Rufen wir uns in Erinnerung, was wir dort gefunden haben (es ist lange her seit wir jene Seiten lasen; wann war's doch nur? vorgestern? vor einem Monat? vor drei Jahren?). Durch den Raster läuft von oben nach unten die Zeit; die zarten „vorgespannten“ Fäden sind die Kanäle, in welche sich die verschiedenen Themen des Tages ergießen können. Die Zahl beanspruchter Fäden ergibt die „Themenstreuung“ (zTT), die Zahl neuer Auftritte die Häufigkeit der Abschnitte (zTA). Dabei setzen wir lange und kurze, gegliederte und ungegliederte Auftritte einander gleich. Auch so kann uns der Variantenreichtum noch genügend beschäftigen.

Was gibt's da nun also für Muster? Wir wollen so vorgehen, daß wir sie schrittweise von der Basis her aufbauen. Figur 11.51 wird unsere Überlegungen begleiten.

Da suchen wir uns also zunächst die Einakter aus. In P.'s Vollerhebungszeit kamen 9 freie Tage und 55 Abende vor, an welchen bloß einen einzigen Abschnitt lang Arbeit geleistet wurde. Da wir allen Müsterchen und Mustern den Anspruch auf einen Namen zugestehen, reden wir hier von „Themeneinheit". Man stelle sich nun aber beileibe nicht vor, es handle sich da bloß um Fünfminuten-Einfälle beim Abendpfeifchen oder am Strand! Der früher besungene 8. Juni 1975 mit seiner zweieinhalbstündigen Korrekturarbeit ohne Unterbrechung gehört ebenfalls zu diesem Typus.

Besteht der Tag oder Abend aus zwei thematischen Abschnitten (was 19 mal an freien Tagen, 44 mal an Werktagsabenden vorkam), so lassen sich natürlich bereits zwei mögliche Varianten unterscheiden: Das gleiche Thema kann zweimal nacheinander zum Zuge kommen („Thementreue"; 20 Fälle); oder zum ersten Thema kann sich ein zweites gesellen („Themensplit"; 43 Fälle). Beachtenswert – und für unsere Analyse von gewisser Bedeutung – ist allerdings eines: Während sich beim Themensplit die beiden Abschnitte unmittelbar folgen können, muß, bei gleichbleibendem Thema, ein Unterbruch von mindestens fünf Minuten zwischen ihnen liegen, sei es eine Arbeitspause, sei es ein Routinevollzug oder allenfalls eine „Mischeinheit". (Wir beschränken uns nämlich auch hier auf „individuelle Themen".)

Nehmen wir einen dritten thematischen Abschnitt hinzu! (Drei-TA-Tage gab's in P.'s Vollerhebungszeit 18, Drei-TA-Abende 37.) Dann entfalten sich bereits vier verschiedene Muster. Treue und Untreue können sich beharrlich fortsetzen (das letzte stempeln wir ab 3 TA als „Themenflucht" ab); das sind dann „reine" Typen. Aber es können auch zwei Themen sein, die sich an den drei Abschnitten beteiligen; je nach ihrer Abfolge deuten sich zwei weitere Varianten an, denen wir nur erst ganz provisorische Bezeichnungen umhängen wollen. (Zahlen aus P.'s Vollerhebungszeit: 16 Fälle von Thementreue, 19 von Themenflucht, 19 „Themenkurven" – mit zwei Auftritten des gleichen Themas hintereinander – und bloß eine einzige „Themenschlaufe".)

Wir kommen wacker voran. Schon sind wir bei den Vier-TA-Abfolgen angelangt. Hier fällt die Entscheidung, was aus Themenkurven und Themenschlaufen werden soll. Es können sich zwei weitere Grundmuster definitiv herauskristallisieren: die „Themenreihung" und die „Themenoszillation". Daneben ergeben sich Mischvarianten aller Art, von denen wir in Figur 11.51 bloß eine einzige ausgeführt haben. Ob sich daraus schließlich das fünfte (und letzte) Muster, die „Themendurchmischung", bildet, können wir mit einiger Sicherheit erst beurteilen, wenn ein fünfter Abschnitt hinzukommt.

Die fünf Grundmuster

Lassen Sie mich die fünf Grundmuster kurz charakterisieren! Bedenken Sie dabei aber stets, daß an abschnittsreichen, komplexen Tagen die Ab-

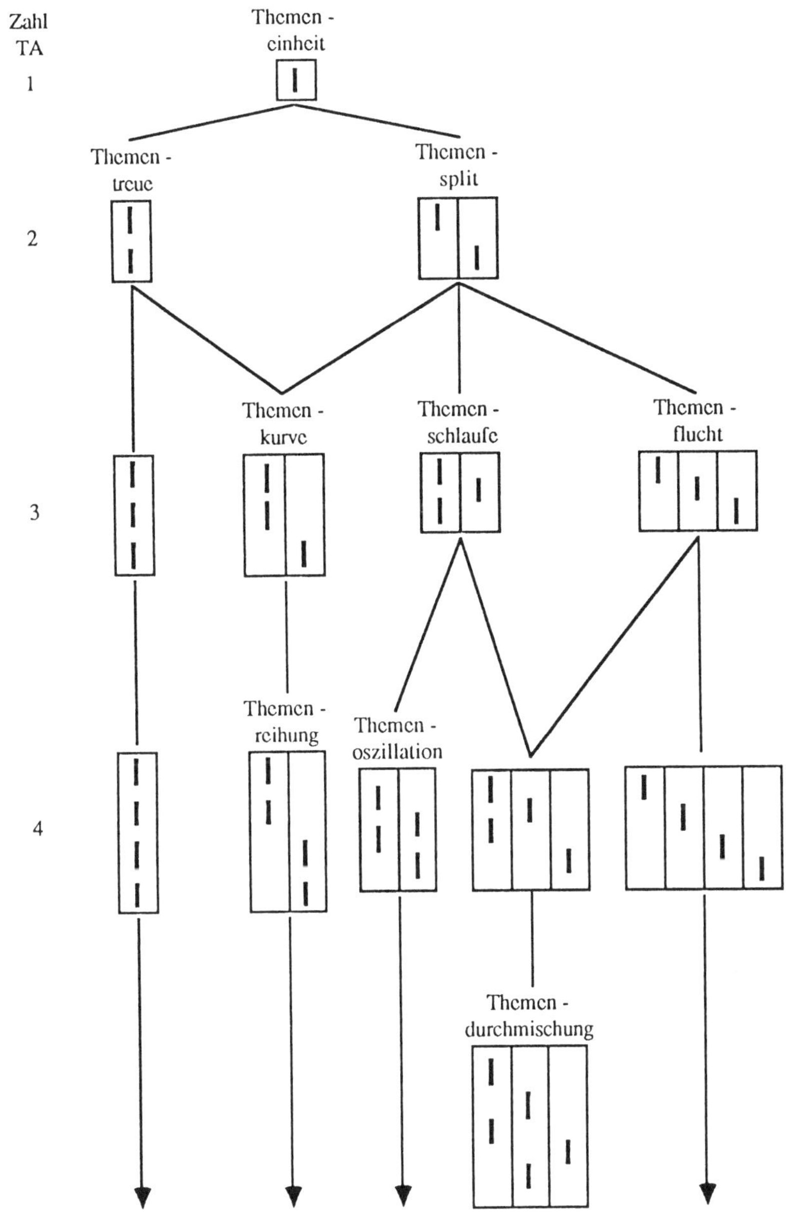

Fig. 11.51 „Stammbaum“ der TA-Abfolge-Grundmuster

laufsfiguren selten rein verwirklicht sind, sondern sich im konkreten Tageslauf nur mehr oder minder deutlich ausprägen.

Das erste Grundmuster nennen wir *Thementreue*. Es steht dann in vollem Glanze vor uns, wenn alle Abschnitte eines Tages dem gleichen Thema gewidmet sind, wie sich das etwa an P.'s Sonntag vor dem Diagnostik-Vortrag, dem 28. September 1975, abgespielt hat. Ein Ausbund der Thementreue wäre unser Mathematiker, der alle 45 Abschnitte seines anstrengenden Korrektur-Tages in ein und dieselbe Themen-Kiste gestopft hat.

Dem Muster der Thementreue verwandt ist die Themenordnung oder *Themenreihung*. Wer seinen Tag nach diesem Stil verbringt, arbeitet zwar nicht nur an einer einzigen Sache, sondern an verschiedenen; aber sie sind so komplex, daß er jeweils mehrere Anläufe braucht, um sie zu bewältigen. Beachtlich sind indessen Konsequenz und Disziplin des Handelnden: Jede neue Aufgabe nimmt er erst dann in Angriff, wenn er mit der vorhergehenden – zumindest für den heutigen Tag – fertig geworden ist. Er bewahrt sich also gleichwohl ein gutes Stück Thementreue, auch wenn er sich gezwungen sieht, sein Tagespensum in Treppenstufenmanier, von Thema zu Thema steigend, zu absolvieren.

Etwas anderes mußte hingegen unser Geschäftsmann erleben, als er, braungebrannt von südlicher Sonne, wieder in seinem Büro eintraf. Die Themen standen da Schlange; oder andersherum, er mußte sich selber wie eine Schlange durch all die wartenden Themen winden. Jedem, das er aufgriff, mußte er nach einmaliger Zuwendung bald wieder den Rücken zukehren. Ob das nun aus freien Stücken geschah oder ob ihn Mitarbeiter und Umstände im Zeug herumhetzten: so oder so präsentiert sich uns ein Bild, das wir, in Erinnerung an die klinische Erscheinung der Gedankenflucht, als *Themenflucht* bezeichnen wollen. Von Thementreue ist da nichts mehr übrig; und auch die „Reihung" der Themen bleibt bloßes Zufallswerk: Wird jedes bloß einmal behandelt, so kann man sie ganz beliebig hintereinanderstaffeln; „Ordnung" braucht man keine einzuhalten.

So verschieden diese drei Muster auch sind – eines haben sie doch gemeinsam. In Tagesläufen, die ausschließlich von ihnen geprägt werden, verläßt der Handelnde kein Thema, das er nicht – für heute wenigstens – ausgeschöpft hat. Entweder hält er ihm weiterhin die Treue, weil es seiner Bemühungen nach wie vor bedarf, oder aber er wendet sich davon ab, ohne später wieder zu ihm zurückzukehren. Keine der Themenschachteln wird zweimal hervorgeholt.

Wer fühlt sich und seine Tage voll verstanden durch diese drei klaren Prinzipien der Anordnung? Ich wäre neugierig, Berufe kennenzulernen, die allein mit ihnen durchkommen. P. jedenfalls sieht bei diesem Stand der Analyse sein brennendstes Problem nach wie vor ungelöst. Er ist ausgezogen, Tagesläufe zu erkunden, deren undurchsichtige Struktur ihn beunruhigte. Es wollte und will ihm einfach nicht gelingen, seine Tage in Treue und Ordnung zu verleben. Immer wieder wurde und wird der geregelte

Ablauf durchkreuzt durch Überraschungen aller Art – oft durch erledigt geglaubte Themen, die sich wieder melden –, und so sieht er sich Mal für Mal wieder gezwungen, zurückzukehren zu unterbrochenen und noch nicht zu Ende geführten Geschäften. Charakteristisch für seine Tage – oder sagen wir richtiger: seine Werktage – ist also gerade die ständige Rückkehr zu früher verlassenen Themen.

Oft geht das die kreuz und quer – dann wollen wir von *Themendurchmischung* sprechen. Dies ist das Muster, das sich – bei zunehmender Zahl der Abschnitte – am spätesten herauskristallisiert; und es kann umso deutlicher in Erscheinung treten, je stärker diese anwächst. Nicht irgendwelche Ordnung prägt dann den Verlauf des Tages, sondern gerade die Wirrnis, das Durcheinander.

Es kann aber – wenn auch gewiß recht selten – doch vorkommen, daß der Wahnsinn Methode hat. Das Rückkehrgebaren kann systematisiert und rhythmisiert werden – denken wir doch nur an unsere Biologin, die zwischen verschiedenen Versuchsreihen ganz planmäßig hin- und herpendelte. Oder stellen wir uns einen Lehrer vor, der eine schriftliche Prüfung überwacht und dazwischen stets wieder einer eigenen Arbeit nachgeht. In solchen Fällen müssen wir von *Themenoszillation* sprechen. Dieses fünfte und letzte Grundmuster kommt, von der anderen Seite her, wieder nahe an die Thementreue heran. Nicht zwar von Abschnitt zu Abschnitt hält man an der gleichen Sache fest; aber getreulich kehrt man doch im Turnus zu ihr zurück.

Es drängt sich darum auf, die fünf Grundmuster in Kreisform anzuordnen, wie das in Figur 11.52 geschieht. Ist es nötig, nochmals darauf hinzuweisen, daß bei den Mustern 1 und 2 zwischen jenen Abschnitten, die einander innerhalb des gleichen Themas folgen, zeitliche Unterbrüche erforderlich sind? Ein Wechsel von Thema zu Thema dagegen kann ohne zeitlichen Abstand erfolgen.

Abschnittswechsel und TT-Konstellationen

Wen der Geist dieses Kapitels gepackt hat – und das sind alle noch bei der Lektüre Verbliebenen, nicht wahr? wir sind doch jetzt unter uns? –, der wird ahnen, was nun folgen muß, und er wird sich darauf freuen. Wir müßten uns ja geradezu schämen, wenn es uns nicht gelingen sollte, auch die fünf Grundmuster des Tagesaufbaus quantitativ meßbar zu machen. Allerdings werden wir uns mit bescheidenen Feld-, Wald- und Wiesenformeln begnügen. In welchen Dschungel wir uns hineinwagten, wenn wir weiter ausgreifen wollten, wissen wir von Szalai. „Furthermore, the search for typical sequential patterns, their heuristic evaluation and the assessment of their predictive value, require such highly sophisticated data processing techniques that much pioneering work will be needed before this promising field of study can be duly exploited.“ (1972, 4. – Gewisse inter-

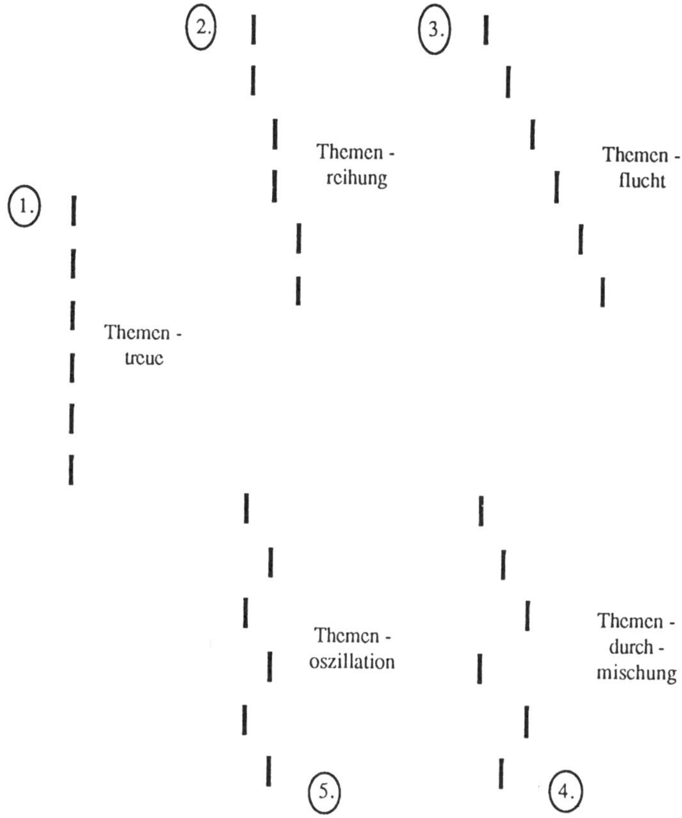

Fig. 11.52: Grundmuster der Abfolge thematischer Abschnitte (am Beispiel von sechs Abschnitten)

essante Ergebnisse werden von Szalai dennoch präsentiert in den Figuren auf S. 716–745.)

Für unser Unternehmen brauchen wir ein paar neue Instrumente, die wir in diesem Abschnitt einführen wollen. Es geht dabei um Grundvarianten des Übergangs von Abschnitt zu Abschnitt und um Grundkonstellationen der Tagestätigkeiten. Um sie alle an einem einzigen Beispiel vorzuführen, brauchen wir eine Gruppe von vier Themen und eine Abfolge von acht thematischen Abschnitten, wie sie in Tafel 11.53 versammelt sind. Nebeneinandergestellt finden wir dort vier Tagestätigkeiten, mit Benennung in der oberen Blatthälfte; von oben nach unten folgen sich dann die acht Abschnitte. Sehen wir von der Erstaufnahme eines Themas ab, mit der jeder Tag zunächst einmal beginnen muß („Themen-Erstwahl", abgekürzt TE), so lassen sich bei den Wechseln von Abschnitt zu Abschnitt (mit oder ohne dazwischenliegende Pause) grundsätzlich drei Varianten auseinanderhalten: man kann übergehen zu einem für den betreffenden Tag neuen Thema (Themen-Neuwahl; TN), man kann zu einem am betreffenden Tag schon behandelten Thema zurückkehren (Themen-Rückkehr; TR), und man kann ein für kurze Zeit (aber ohne Themenwechsel) unterbrochenes Thema fortsetzen (Themen-Fortsetzung; TF). Vereinfacht können die beiden ersten Fälle als Themenwechsel oder Themen-Umstellung (TU) bezeichnet werden, der zweite und der dritte als Themen-Wiederaufnahme (TW); die Themen-Rückkehr gehört beiden dieser Sammelkategorien an.

Unter Anwendung der gleichen Gesichtspunkte kann man aber auch unterscheiden zwischen vier verschiedenen Varianten von Tagestätigkeiten. Eine erste Art bilden die Tagestätigkeiten, die sich in einem einzigen Abschnitt erschöpfen. Als „Einmal-TT" (ETT) heben wir sie ab von den „Mehrfach-TT", also Themen mit mehr als einem Abschnitt pro Tag. Solche wiederholt aufgenommenen Themen können dabei en bloc bearbeitet werden, also in Fortsetzungen ohne Zwischenspiele anderer Themen (reine Fortsetzungs-TT; RFT); bei anderen schieben sich fremde Themen dazwischen, wobei „Fortsetzungen" im oben erwähnten Sinne wegbleiben können – dann handelt es sich um reine „Rückkehr-TT" (RRT) –, oft aber beides, Fortsetzungen und Rückkehren, sich verbindet; das sind dann „komplexe TT" (KT). Diese haben natürlich stets mindestens drei Abschnitte; sie gehören sowohl den Fortsetzungs-TT (FT) wie auch den Rückkehr-TT (RT) an.

Zahlenmäßige Erfassung der Grundmuster

Wozu diese Abschweifung auf ganz neue Begriffe mitten in unserer Abhandlung über Grundmuster des Tagesablaufs? Leidet der Autor unter Themenflucht? Diese Beurteilung wäre noch etwas voreilig. Warten wir vor weiterer Kritik zunächst die Themen-Rückkehr ab.

Auf TA-Wechsel und TT-Konstellationen sind wir angewiesen, wenn wir Formeln für die Erfassung der Ablaufmuster entwickeln wollen. Um solche Formeln haben wir hart gerungen. Wir hätten uns ein möglichst symmetrisches Set eleganter Quotienten oder Produkte oder was immer gewünscht, mit dem sich auch vor dem verwöhnten Statistiker Staat machen ließe. Doch mit diesem Anspruch sind wir gescheitert. (Unser Freund aus der Mathematik korrigierte eben sein nächstes Werk und konnte uns nicht zu Hilfe eilen.) Die gesuchten Formeln hatten nämlich ganz bestimmten Bedingungen zu genügen, die uns zum Teil komplizierte Umwege aufnötigten. Einmal sollten sich natürlich reine Erscheinungsbilder der Muster, wie

Tafel 11.53: Abschnittswechsel und TT-Konstellationen

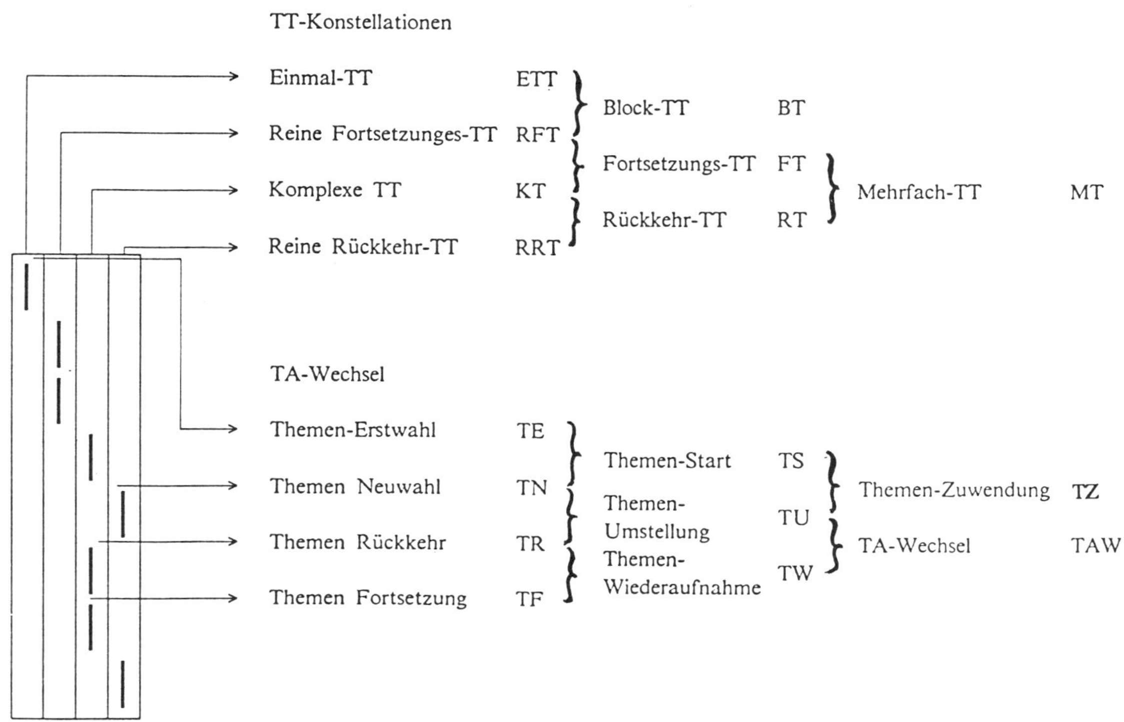

etwa Figur 11.52 sie darbietet, in maximalen Werten ausmünzen (die erst noch für sämtliche Muster auf gleicher Höhe zu liegen hatten). Im Kreis von Figur 11.52 mußten dann aber die Zahlen nach beiden Seiten hin angemessen absteigen, um schließlich, bei Wegfall des Musters, auf Null abzusinken. An themenflüchtigen Tagen durfte der Zeiger für Thementreue, an voll geordneten durften weder der für Durchmischung noch der für Oszillation, an monothematischen der für Themenflucht so wenig wie der für Themendurchmischung einen Ausschlag aufweisen. Da gab es manch widerspenstiges Phänomen, dem wir nur auf Schleichwegen Meister wurden. Wir präsentieren die Formeln nun in der ungelenken Gestalt, die sie nach dem Suchprozeß schließlich annahmen; es bleibt dem interessierten Leser vorbehalten, sie in eine annehmbarere Schlußform umzugießen.

Die einfachste Form haben wir immerhin für die Durchmischung gefunden. RT plus RRT: das heißt, der Wert steigt an mit der Zahl der Rückkehr-Themen; bei gleicher Anzahl ist er umso höher, je weniger dieser Themen „komplex“ sind, also doch auch „geordnete“ Fortsetzungen aufweisen; sein Maximum kann er erreichen, wenn jedes Thema zweimal aufgenommen wird, aber jeweils unterbrochen durch zwischengeschaltete Konkurrenten. (Die andern Formeln muß sich der Leser selber interpretieren.)

Dieses Beispiel beleuchtet einen grundsätzlichen Aspekt unserer Maßzahlen. Sie sind natürlich abhängig nicht bloß von der Verwirklichung des Musters, sondern auch von der Komplexität des Tages. Der 6-TA-Tag Nummer 4 in Figur 11.52 erreicht punkto Durchmischung den Maximalwert von 6 Punkten, während Tag Nummer 3 (der themenflüchtige) bei 0 verbleibt. Bestände dieser letzte Tag jedoch aus 40 Abschnitten, so brauchte nur in drei Fällen eine einmalige Rückkehr stattzufinden, um den gleichen Punktwert 6 zu erzielen – obgleich dieser Tag, mit seinen 34 Einmal-TT, als sehr schwach durchmischt zu bezeichnen wäre. Die absoluten Werte – Maximum stets bei zTA, Minimum bei 0 – spiegeln eben immer zwei Größen in Verschränkung wider: die Ausprägung des Musters und die (durch die TA-Zahl ermöglichte) Häufigkeit seiner Wiederholung.

Um ein reines Maß der Ausprägung zu erhalten, müssen wir darum die Formeln jeweils noch durch die Abschnittszahl teilen. Dann können wir auch Tage verschiedener Komplexität hinsichtlich Stil durchaus miteinander vergleichen. (Allerdings ist diese Form erst von 6-TA-Tagen an sinnvoll verwendbar. Noch bei Gruppierungen von 4 TA lassen sich bekanntlich nicht alle Muster sauber ausscheiden; anderseits sind die Maxima für Reihung, Durchmischung und Oszillation einleuchtenderweise nur bei geraden TA-Zahlen erreichbar.)

In Tafel 11.54 sind die Formeln für die fünf Grundmuster festgehalten; in Tafel 11.55 werden sie angewendet auf die fünf einfachen, „reinen“ 6-TA-Tage unserer Figur 11.52. Für jeden dieser Tage sind die fünf Werte in einer Kreisform angeführt, die der Anordnung im Großen analog ist.

Tafel 11.54: Formeln zur Berechnung der Grundmuster (Berücksichtigt werden nur Arbeiten an individuellen Themen gemäß Fig. 6.62; das „t" ist in den Formeln jedoch weggelassen. Die Abkürzungen wurden in Tafel 11.53 eingeführt. „v" bedeutet: „kommt vor"; im Vorkommensfall ist jeweils der Wert 1 einzusetzen.)

Grundmuster	Formel
① Thementreue	$ThTW = \frac{zTW + zTF + vMT + vFT}{2\,zTA}$
② Themenreihung	$ThRW = \frac{\sqrt{(zTF + vETT)(zRFT + \frac{zETT}{2})} + \sqrt{zTF.zFT}}{zTA}$
③ Themenflucht	$ThFW = \frac{zTT + zETT + vTN - 1}{2\,zTA}$
④ Themendurchmischung	$ThDW = \frac{zRT + zRRT}{zTA}$
⑤ Themenoszillation	$ThOW = 2.\left(\frac{zTR + 2vRT}{zTT.zTA}\right)$

(Erst bei Durchsicht der Satzfahnen entdecke ich das schmähliche Unrecht, das an unserer Biologin verübt wurde: Keine der fünf Formeln nimmt ihren doch so prägnanten Tageslauf ernst. Offensichtlich fehlt ein sechstes, zwischen Durchmischung und Oszillation anzusiedelndes Muster, das wir vielleicht „Themen-Karussell" nennen müßten. Bei seiner Rezeptur wären vor allem TR und RRT zu verwenden und zyklisch miteinander zu verflechten. Leserinnen und Leser – Euer wartet hier eine lohnende Aufgabe!)

Ablaufmuster und Zerhackung

Gibt es eine Verbindung zwischen diesem und dem letzten Unterkapitel, zwischen dem Zerhackungsproblem und den Grundmustern des Tagesaufbaus? Durchaus; und zwar eine sehr einfache. Unsere Formeln zum Vergleich der Muster sind dadurch entstanden, daß wir absolute Werte durch die Zahl thematischer Abschnitte dividierten. Nun können wir aber die Rohwerte, in zweiter Ehe, auch mit dem Ablauftempo verbinden. Statt durch zTA dividieren wir sie durch $\sqrt{ds}$, also durch die Wurzel aus der Tageslänge. Dieser Ehe entspringen dann fünf neue Zerhackungskinder.

Tafel 11.55: Reine Muster und Meßwerte (Angegeben sind, in analoger Kreisform zur Grundanordnung, die Meßwerte gemäß Tafel 11.54 für die in Fig. 11.52 abgebildeten fünf 6-AT-Tage.)

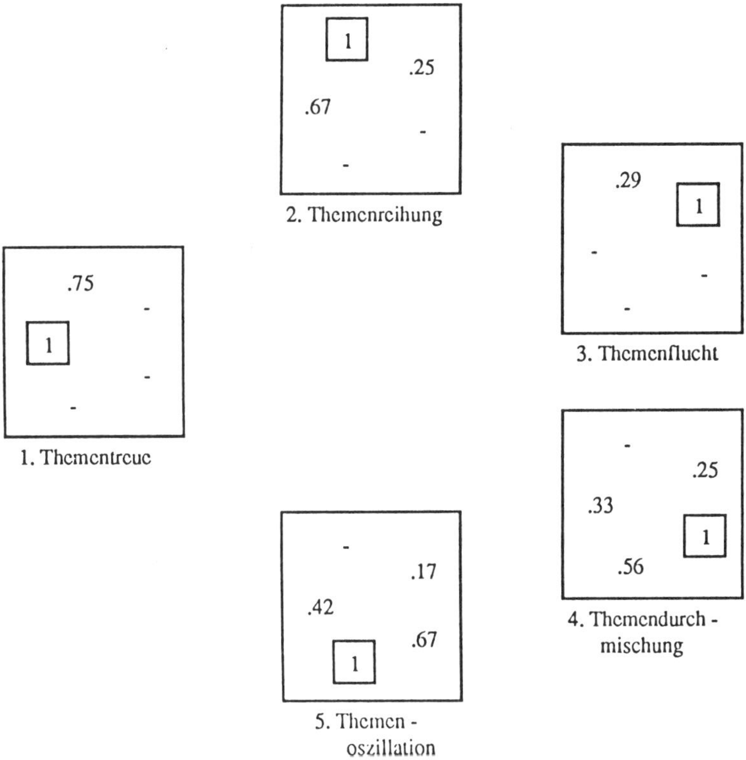

Die Werte, die wir so erhalten – variieren können sie zwischen einem Maximum von $\sqrt{ds}$ und einem Minimum von 0 – , machen ihrerseits wieder eine Doppelaussage. Sie geben nicht mehr bloß an, wie ausgeprägt ein Muster realisiert ist, sondern nehmen gleichzeitig Rücksicht darauf, wie schnell dieses Muster am betreffenden Tage abläuft. Sie steigen, bei gleicher Grundform, umso höher, je nervöser ein Mann von Thema zu Thema oder zwischen zweien hin und her eilt. Weit oben liegen sie, wenn er wie eine verirrte Wespe kreuz und quer durch die Themenlandschaft surrt oder wie ein Asthmatiker sein zäh verteidigtes Projekt immer aufs neue unterbricht. Umgekehrt sinken sie nicht nur ab bei Verwässerung des Musters, sondern auch dann, wenn dieses, noch so rein verwirklicht, vom Handelnden in großen Gesten zelebriert wird, wie weiland eine Bruckner-Symphonie unter dem Taktstock Wilhelm Furtwänglers.

Aber neben dieser generellen Bindungsmöglichkeit der Zerhackung an die Grundmuster gibt es einen viel spezifischeren Zusammenhang. Vom Erleben des Berufsmenschen aus gesehen, sind die Abfolgebilder selber nicht einfach zerhackungsneutral. Schon das Freundes-Trio im letzten Unterkapitel hat uns gelehrt: bei gleicher allgemeiner Zerhackung werden Tage als weniger fraktioniert empfunden, wenn sie thematisch homogen bleiben. Thementreue bildet an sich selbst ein Sedativum für strapazierte Nerven. Je mehr einer dagegen, im Bild von Figur 11.52 gesprochen, mit seinem Tagesstil – bei gleicher Abschnittszahl und -länge – nach rechts abdriftet, umso härter erfährt er die Zerstückelung seines Tages.

Gerade diese Figur lehrt uns nun aber etwas Zusätzliches. Es gibt nämlich zwei Wege und zwei Ausgänge der stilmäßigen Zersetzung des Tages: einen „oberen" und einen „unteren". Den oberen kennen wir längst: Tage wirken umso zersplitterter, je mehr verschiedene Themen aufgegriffen werden. Themenflucht ist ein Zerhackungsmerkmal, und das natürlich umso ausgeprägter, je hastiger geflohen wird. Mit unseren thematischen Zerhakkungswerten (TZW und TKZW) haben wir diesem Umstand bereits früher Rechnung getragen.

Der Zerhackungsprozeß „unten durch" ist für uns hingegen neu. Die thematische Verzettelung braucht nämlich nicht gleich ins Extrem zu steigen, damit wir den Tag als sehr zerstückelt erleben. Bei mäßiger Themenausbreitung genügt dazu die Wirrnis ungeordneter Hin und Hers. Kommen am selben Tag mehrere Themen wiederholt zum Zuge, so bekümmert uns das wohl kaum, wenn sie sich brav an Reihenfolge oder Turnus halten. Das Muster der „Durchmischung" hingegen vermittelt den Eindruck starker Fraktionierung. Neben der thematischen (oder Themenflucht-)Zerhackung müssen wir darum auch eine „Durchmischungszerhackung" anerkennen. (Würden wir uns nicht doch ein wenig vor dem Gelächter der Leser fürchten, hätten wir unsere ursprüngliche Bezeichnung „Zickzackzerhackung" beibehalten.) Sie mißt sich nach der Formel

$$\text{DZW} = \frac{\text{zRT} + \text{zRRT}}{\sqrt{\text{ds}}}$$

Thematische Zerhackung und Durchmischungszerhackung wirken dabei in gewissem Grade kompensatorisch: ein Höchstwert des einen schließt einen Höchstwert des anderen aus.

11.6 Ablaufmuster, Zerhackung und Tagesstil

Abschnittswechsel und Arbeitssituationen

Mit den Grundmustern des Tagesaufbaus und den Zerhackungsmaßen haben wir Instrumente in der Hand, um verschiedene Tagesstile zu unterscheiden und auch quantitativ faßbar zu machen. In diesem letzten Unterkapitel wollen wir sie an empirischen Gegenständen eichen. Freilich haben wir dabei nach wie vor nichts Reales anzubieten als vergangene Tage unseres einzigen Gewährsmannes P. (Ihm hat sich noch immer kein neues Opfer zugesellt.) Aber glücklicherweise sind diese Tage – trotz Reklamationen eines Vorgängers (vgl. Seite 618) – erfrischend unterschiedlich. Und vor allem waren wir klug genug, auch Arbeitsleistungen an freien Tagen wie an Werktagsabenden, also in abweichenden Situationen, in die Datenerhebung mit einzuschließen. Das kommt uns nun zustatten.

Um die Ablaufmuster der drei Arbeitssituationen zu bestimmen, brauchen wir zunächst die Durchschnittswerte verschiedener TT-Konstellationen und TA-Wechsel gemäß Figur 11.53. Und schon beginnt das große Staunen. Wodurch es ausgelöst wird, verrät uns Figur 11.61. Ein kurzer Blick genügt, um die krassen Unterschiede zwischen Werktagen und freien Tagen zu bemerken. Nehmen wir die untere Zeile, welche zeigt, wie die thematischen Abschnitte zustande kommen. Während der Arbeitswoche dominieren klar die Themen-Neuwahlen (TN); man muß immer wieder zu neuen Geschäften umschwenken; und bedürfen sie einer weiteren Bearbeitung, so stellt sich die Chance zur Rückkehr zumeist erst später wieder ein (TR). Direkte Themen-Fortsetzungen (TF) kommen kaum vor. Ganz anders an freien Tagen. Da werden seltener neue Themen gewählt; dafür kann man sie auch nach Pausen gleich weiter vorantreiben: die Themen-Fortsetzungen (TF) haben die Führung übernommen.

Der gleiche Gegensatz zeigt sich natürlich auch bei den Tagestätigkeiten, den „TT-Konstellationen". Einmal-Tagestätigkeiten (ETT – Themenzuwendungen ohne Fortsetzung oder Rückkehr) beherrschen werktags das Feld auf Kosten der fast wegfallenden Fortsetzungs-TT (FT); an freien Tagen halten sich die beiden die Waage.

Arbeitssituationen und Ablaufmuster

Kein Zweifel also, daß Werktage und freie Tage ganz verschieden aufgebaut sind! Mit einiger Neugierde machen wir uns an die Berechnung ihrer durchschnittlichen Ablaufmuster. Um diese zuverlässig bestimmen zu können, brauchen wir allerdings, gemäß früheren Ausführungen, Sequenzen von mindestens 6 thematischen Abschnitten. Dieses Erfordernis eliminiert die Abende praktisch gänzlich (ihre überwiegende Mehrheit besteht aus bloß einem bis drei Abschnitten) und dezimiert auch die freien Tage stark.

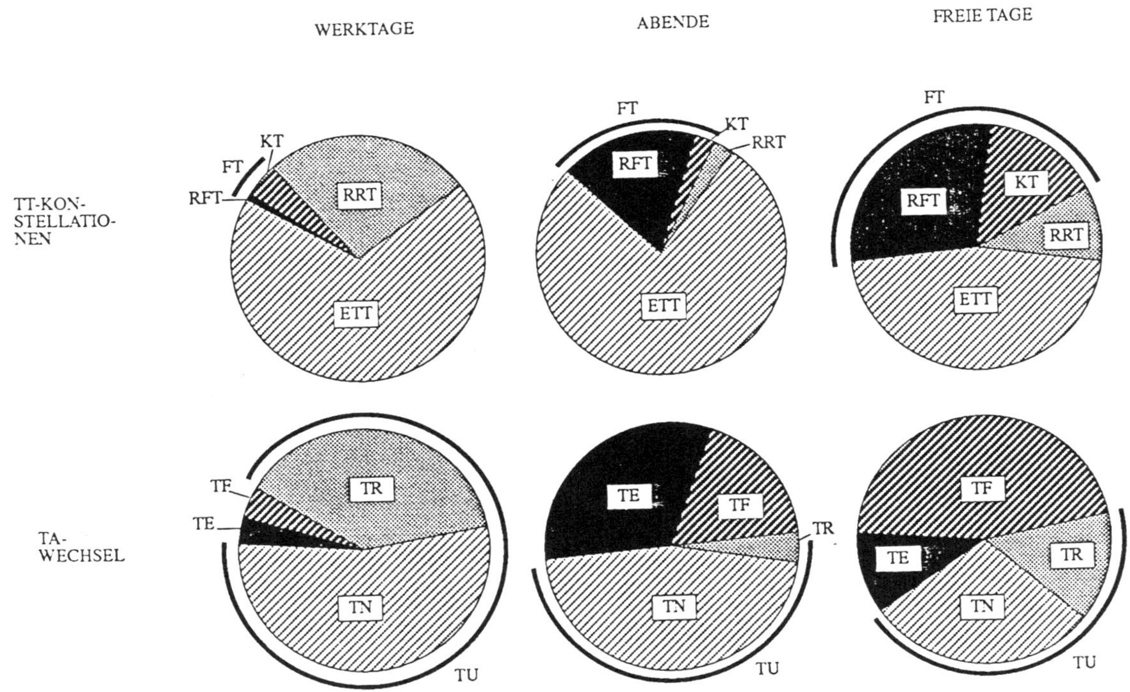

Fig. 11.61: TT-Konstellationen, TA-Wechsel und Arbeitssituationen (Abkürzungen sind in Fig. 11.53 eingeführt.)

Tabelle 11.62 TT-Konstellationen, TA-Wechsel und Arbeitssituationen. Angegeben sind die prozentualen Häufigkeiten der entsprechenden Tagestätigkeiten-Konstellationen und Wechsel thematischer Abschnitte (vgl. Figur 11.53)

		Werktage		Abende		Freie Tage	
TT-Konstellationen							
Einmal-TT	ETT	67.7		76.9		46.1	
Fortsetzungs-TT	FT	5.3		20.5		44.3	
Reine Rückkehr-TT	RRT	26.9		2.5		9.6	
TA-Wechsel							
Themen-Erstwahl	TE	3.6		32		10.5	
Themen-Neuwahl	TN	54.1	92.3*	46	50*	29.4	43.6*
Themen-Rückkehr	TR	38.2		4		14.2	
Themen-Fortsetzung	TF	4.1		18		45.9	

* Themen-Umstellung (TU)

Darum schließen wir die Abendarbeit aus der folgenden Analyse überhaupt aus; und was die freien Tage betrifft, so müssen wir uns zu einer Aufmöbelung unserer Datensammlung entschließen. Wir ziehen weitere Wochenend- und Ferientage bei und unterscheiden sie zugleich voneinander. Den Schlußbestand für die folgenden Berechnungen bilden (neben 24 Werktagen) 26 Ferien- und 34 Wochenendtage – das sind sämtliche mit mehr als 5 TA Arbeit im Jahr 1975 (also eine Vollvertretung).

Zu sagen, wir hätten somit alle kurzen Tage eliminiert, wäre gerade für die Freizeitsituation unrichtig. Es gibt da höchst arbeitsintensive Sonn- und Ferientage, die aber mangels Unterteilung unser TA-Kriterium nicht erreichten. Am Pfingstsonntag, 18. Mai 1975 beispielsweise brachte P. in bloß drei thematischen Abschnitten 54D hinter sich. Dieser unfromm ausgebeutete Feiertag zog jedoch den kürzeren gegenüber einem Ferientag wie dem 14. August, der mit nur 24D, aber acht Abschnitten, stolz auf sein kriteriengesichertes Recht in die Statistik Einsitz nahm.

Für Werktage, Wochenendtage und Ferientage haben wir nun also die Grundmuster des Ablaufs eruiert. Die Resultate sind zusammengestellt und anschaulich gemacht in Tabelle 11.63 und Figur 11.64. Ihre Sprache läßt an Deutlichkeit kaum zu wünschen übrig. Selbst wenn das, was wir an freien Tagen durch unsere Erhebung erfaßt haben, auch Arbeit ist – häufig sogar dieselbe wie an Werktagen –, so läuft sie doch offensichtlich ganz anders ab. Sie wird bestimmt durch Thementreue und Themenreihung – Muster, die sich während Werktagen kaum durchsetzen können. Themenflucht wird hingegen an freien Tagen nicht eben oft, Themendurchmischung und -oszillation werden recht selten angetroffen. Dafür bildet Themenflucht

Tabelle 11.63: Arbeitssituationen und Ablaufmuster. Angegeben sind für jedes Muster und drei Arbeitssituationen (WeT = Werktage; WET = Wochenendtage; FeT = Ferientage) die reinen Werte für folgende Tage: das obere und untere Extrem, den oberen und unteren Quartil und den Median, also den 75., 50. und 25. Prozentrangplatz.

	Thementreue (ThTW)			Themenreihung (ThRW)			Themenflucht (ThFW)			Themendurchmischung (ThDW)			Themenoszillation (ThOW)		
	WeT	WET	FeT	WeT	WET	FeT	WeT	WET	FeT	WeT	WET	FeT	WeT	WET	FeT
Max.	.44	1	1	.32	.94	.94	.79	.5	.62	.58	.36	.43	.14	.5	.38
75 %	.29	.80	.81	.22	.82	.76	.58	.38	.42	.42	.17	.29	.07	.20	.21
Median	.25	.61	.69	.16	.58	.61	.47	.30	.24	.35	.09	.11	.06	.10	.09
25 %	.22	.51	.5	.09	.47	.48	.42	.19	.15	.22	0	0	.05	0	0
Min.	,12	.41	.25	.06	.19	.27	.28	0	0	.04	0	0	.02	0	0
Durch - schnitt *	.26	.63	.64	.16	.62	.63	.47	.28	.30	.33	.13	.15	.06	.14	.13

* Berechnet aus den zTA-, zTT-, zRT-, zTR-Werten usw. für den Durchschnittstag

Fig. 11.64: Arbeitssituation und Ablaufmuster

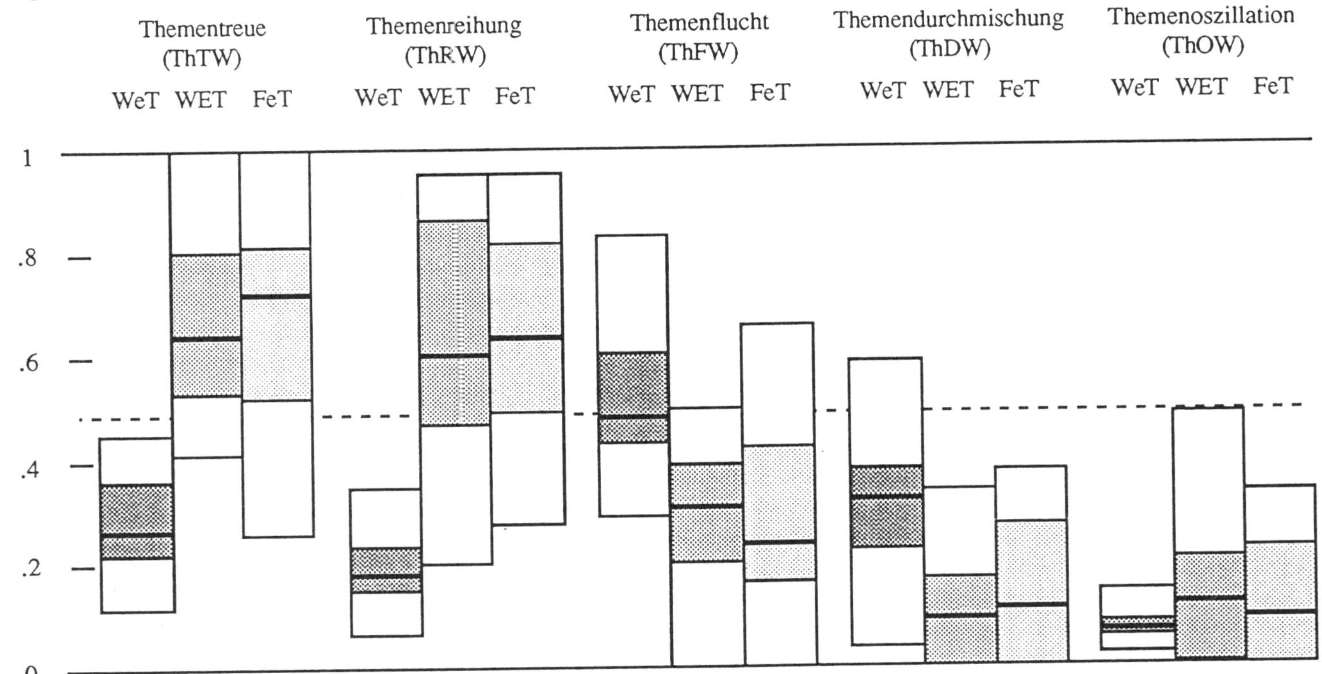

Querstriche, von oben nach unten: oberes Extrem, oberer Quartil, Median, unterer Quartil, unteres Extrem.
Wet = Werktage; WET = Wochenendtage; FeT = Ferientage

das vorherrschende Muster des Werktags, vor der Themendurchmischung als zweitstärkstem Element. Themenoszillation dagegen ist in der Alltagssituation der Arbeit so gut wie inexistent.

Die Tönung macht auch das Ausmaß der Unterschiede augenfällig. Durch sie herausgehoben wird in unserer Figur nämlich stets die „mittlere Hälfte" des Bestandes, also jene Tage, die übrigbleiben nach Abtrennung des obersten und untersten Viertels. Und da zeigt sich nun, daß sich diese Mittelbänder an freien Tagen und Werktagen praktisch nie überschneiden (außer bei der Themenoszillation). Wo in der einen Situation drei Viertel aller gemessenen Werte bereits überschritten sind, ist in der anderen noch nicht einmal das erste Viertel erschöpft. Und der thementreueste Werktag liegt fast auf gleichem Niveau wie der treueloseste Wochenendtag, der am geordnetsten verlaufende auf dem selben wie der „ungereihteste" Ferientag. Dabei lassen Freizeitsituationen im allgemeinen eine größere Streubreite für Ablaufmuster offen. Die relative Höhe ihrer Säulen – als ganze oder im punktierten Teil – übersteigt jeweils jene der Werktage, außer bei der Durchmischung.

Aus den Durchschnittswerten in der untersten Zeile von Tabelle 11.63 läßt sich ein Quotient berechnen, der die Differenzen jeweils in eine einzige Zahl zusammenfaßt. Wir dividieren zu diesem Zweck den Werktagswert durch das Mittel der Wochenend- und Ferientagswerte, gehen also vor nach der Formel

$$WQ = 2WeT/(WET+FeT) = WeT/FT$$

Dieser Werktags-/Freizeit-Quotient – oder wir können ihn auch kurz den „Werktagsquotienten" (WQ) nennen – gibt an, in welcher Richtung und in welchem Ausmaß die normale berufliche Arbeitssituation über die Woche die Bedingungen verändert gegenüber jenem Arbeitsstil, den der Berufstätige spontan realisiert, wenn er an freien Tagen zur Arbeit greift. Je größer dieser Bruch ist, desto ausgeprägter charakterisiert das betreffende Muster den Werktag. Bei P. sieht das wie in folgender Liste aus:

Themendurchmischung:	2.36
Themenflucht:	1.62
Themenoszillation:	.44
Thementreue:	.41
Themenreihung:	.26

Als die großen Gegenspieler erweisen sich somit Themendurchmischung und Themenreihung, je begleitet von den Vasallen Themenflucht und Thementreue. Das Werktagsübel ist das Durcheinander bei großer Themenzahl, der Vorteil der Freizeitarbeit der sachgemäß geordnete Ablauf bei eher geringer Zerstreuung. Bei der Oszillation, die sehr kleine absolute Werte aufweist, ist Vorsicht bei der Interpretation am Platze.

Woran es übrigens liegt, daß die Oszillation in P.'s Arbeitsleben derart unpopulär blieb, wissen wir nicht. Handelt es sich hier um ein so ausgefallenes Muster, daß man von vornherein nicht mit größerer Verbreitung rechnen darf? Legt unsere entsprechende Formel einen zu strengen Maßstab an? Liegt Oszillieren nicht in P.'s Natur oder Beruf? (Bräuchte es Alternativere, um mehr zu alternieren?) Wir grübeln dieser Frage nicht weiter nach, sondern stellen bloß fest, daß erst die Arbeit in der Freizeit auch diesem verstoßenen Kind überhaupt eine Chance zur Entfaltung einräumt.

Aus Tabelle und Figur wird allerdings ein letztes interessantes Faktum nicht ersichtlich. Wir haben die Grundmuster für insgesamt 84 Tage (ab 6TA) berechnet. Dabei gab es nur sechs Zwillingspaare mit gleicher Konstellation. Alle anderen 72 Tage sind vom Ablaufstil her echte Individualisten.

Ein Generalmaß der Zerhackung

Daß Werktags- und Freizeitarbeit auch sehr unterschiedliche Zerhackungswerte aufweisen, wissen wir aus früheren Ausführungen und Tabellen (11.3; 11.4). Inzwischen haben wir verschiedene weitere Zerhackungswerte kennengelernt (freilich gäbe es noch andere); die wollen wir nun ebenfalls in den Vergleich einbeziehen. Die Resultate stellen wir in Tabelle 11.65 zusammen. Dabei müssen wir allerdings noch eine Korrektur vornehmen.

Bekanntlich räumt unsere Berechnungsmethode längeren Tagen (also hier den Werktagen) einen Zerhackungsvorsprung ein. (Theoretisch könnte es natürlich auch ein entsprechender Vorsprung an möglicher Ruhe sein.) Maximale Aufspaltung der Arbeit – sie würde sich in Zerhackungswerten von $\sqrt{ds}$ ausdrücken – käme die Werktage um gut ein Drittel teurer zu stehen als die freien Tage (vgl. Zeilen a und b). Um Werktage und freie Tage vergleichbar zu machen, rechnen wir die letzten auf Werktagsdauer um (Kolonne 4. Die Abende lassen wir in Ruhe).

Nun können wir wiederum den „Werktagsquotienten" ermitteln (Kolonne 5). Je höher er steigt, desto schlimmer steht es – zerhackungstechnisch – für den Werktag. Und auch hier ergeben sich sehr einprägsame Resultate. In den meisten Hinsichten ist nämlich die Werktags-Zerhackung rund doppelt so stark wie jene an freien Tagen. Aber es gibt zwei interessante Ausnahmen. Stellt man auf den thematischen Kern des Tages ab (Zeile 4), so steht der Wochentag nicht hinter seinen Kollegen von Wochenende und Urlaub zurück. Unser Berufsmann zersplittert sich also in der „besseren" Hälfte seiner Werktage thematisch nicht stärker als er es an seinen freien Tagen spontan auch tut. Das Problem der Arbeitswoche besteht nun aber offenbar darin, daß dieser geballte Kern an Werktagen nicht auch auf die andere Tageshälfte ausstrahlen kann. Rund um ihn herum wuchert hier das Unkraut der kleinen Besorgungen und Ablenkungen, was zu beträchtlicher

Tabelle 11.65: Arbeitssituationen und Zerhackungswerte

		Werk-tage Wet 1	Werktags-abende Ab 2	Freie Tage absolut FT 3	 korrigiert FT* 4	Werktags-quotient $\frac{ZW(Wet)}{ZW(FT^*)}$ WQ 5
	(a) $\sqrt{ds}$	10.01	3.61	7.21	(10.01)	!.39*
(1) AZW	Allgemeiner ZW	4.12	1.00	1.34	1.86	2.22
(2) AKZW	Allgem. Kern-ZW	1.42	.41	.48	.67	2.12
	(b) $\sqrt{tds}$	9.67	3.61	7.07	(9.67)	1.37*
(3) TZW	Thematische ZW	1.62	.70	.57	.78	2.08
(4) TKZW	Themat. Kern-ZW	.39	.54	.27	.37	1.05
(5) DZW	Durchmischungs-ZW	.94	.05	.19	.26	3.62
(6) GZW	Genereller ZW	2.12	.67	.71	.98	2.16

* Berechnet nach der Formel ZW(Wet)/ZW(FT)
Für Zeile (1) und (2) wurden alle Arbeiten (ohne erhebungsinduzierte) berücksichtigt, ab Zeile (3) nur noch jene an individuellen Themen. Korrigierte Werte für freie Tage (Kolonne 4): Angleichung der Tagesdauer an jene der Werktage

thematischer Verzettelung führt (Zeile 3). Gegen sie kann sich der Arbeitende in der Freizeit wesentlich besser schützen.

Dazu kommt nun aber noch der Übelstand der Durchmischung. „Durchmischung" der Zuwendungen zu den verschiedenen Themen ist ohnehin das Markenzeichen des Werktags (Quotient 2.36 in Tabelle 11.63) – ziehen wir aber zudem das beschleunigte Ablauftempo in Betracht, so steigt die Differenz ins Bedrohliche (Quotient 3.62 in Tabelle 11.65, Zeile 5): Ein Berufsmann wie P. wird während der Woche also fast viermal so heftig durcheinandergeschüttelt wie an seinen freien (Arbeits-)Tagen. Kehrt er montags zum „Alltag" zurück, so ist es, als stiege er in einen Schüttelbecher.

Die verschiedenen Zerhackungsmaße reagieren auf den Wechsel der Arbeitssituation recht unterschiedlich. Es wäre darum einseitig, Zerhackung bloß nach einer Methode zu bestimmen. Man muß mehrere Werte in die Beurteilung einbeziehen. Dann kann man allerdings auch ein „Generalmaß der Zerhackung" gewinnen. Die fünf Werte der Tabelle 11.65 bilden gleichsam deren Eckpfeiler. (Fünf Eckpfeiler – also ein Pentagon. Hoffentlich keine Vorahnung einer künftigen Zerhackung der Welt.) Aus ihnen bilden wir den Durchschnitt. Da aber die beiden thematischen Werte und der Durchmischungswert sich kompensieren, so dürfen die fünf Größen nur durch 4 geteilt werden. (Korrekter wäre es freilich, statt des arithmetischen das geometrische Mittel zu bilden. Zumindest aber müßte durch geeignete Transformationen dafür gesorgt werden, daß alle fünf Werte das gleiche Gewicht erhalten.)

Der generelle Zerhackungswert (GZW) berechnet sich somit wie folgt:

$$GZW = \frac{AZW + AKZW + TZW + TKZW + DZW}{4} \quad \text{oder}$$

$$GZW = \frac{\frac{zAE}{\sqrt{ds}} + \frac{2 \cdot zKAE}{\sqrt{ds}} + \frac{ztTT}{\sqrt{tds}} + \frac{2 \cdot ztKTT}{\sqrt{tds}} + \frac{ztRT + ztRRT}{\sqrt{tds}}}{4} \quad \text{oder}$$

$$GZW = \frac{zAE + 2 \cdot zKAE}{4 \cdot \sqrt{ds}} + \frac{ztTT + 2 \cdot ztKTT + ztRT + ztRRT}{4 \cdot \sqrt{tds}}$$

Der Wert kann variieren zwischen $\sqrt{ds}$ und $1/\sqrt{ds}$. Das Maximum kann nur erreicht werden, wenn jede Fünfminutenspanne eine eigene Arbeitseinheit bildet. Dazu kommt nun aber die Bedingung, daß alle diese Einheiten sich entweder einzeln oder aber je zu zweit – dann aber stets separiert durch mindestens eine dritte – einem anderen (individuellen) Thema zuwenden. (Bei einem 100-D-Tag ergibt das entweder 10 + 10 + 10 + 10 + 0 oder 10 + 10 + 5 + 5 + 10 durch 4.) Das mögliche Minimum produzieren Tage wie der 8. Juni 1975, an denen sich die ganze Tagesleistung in der pausenlosen und auch in sich selber ungegliederten Bearbeitung eines einzigen Themas erschöpft.

An Kurztagen (und vor allem bei der Abendarbeit) kann man beide Extreme tatsächlich auffinden. Die Werte halten sich dann natürlich in der Nähe von 1. An ausgedehnten Arbeitstagen dagegen triebe uns wohl die Wurzel ds so gut zum Wahnsinn wie ihr Kehrwert. Soll uns bei der Arbeit wohl sein, so darf ganz allgemein – wäre dies vielleicht eine goldene Regel? – der GZW nicht allzu weit von 1 abweichen.

Arbeitsstile einzelner Tage

Können unsere Instrumente auch verwendet werden, um die unterschiedlichen Stile individueller Tage sichtbar (und statistisch dingfest) zu machen? Gerne hätten wir mit ihrer Hilfe eine Typologie der Arbeitstage entworfen. Mittels EDV hätten wir unsere ganze Sammlung zu diesem Zweck durchrechnen können; aber die Methode stand uns damals eben nicht zur Verfügung. Ein paar Beispiele mußten genügen, um Vergleiche anzustellen. Bei ihrer Auslese gingen wir vor wie mittelmäßige Detektive: Wir fahndeten dort nach interessanten Aufschlüssen, wo sie uns am wahrscheinlichsten vorkamen, nämlich bei den längsten Arbeitstagen (das heißt Werktagen ohne Abendarbeit oder freien Tagen). Ein Maigret oder Derrick hätten es wohl klüger angestellt. Je länger der Tag, desto deutlicher müßten die Unterschiede hervortreten, so überlegten wir uns.

So nahmen wir denn sechs Tage von zwölf bis dreizehn Stunden Arbeitsdauer ins Verhör. Es sind alte Bekannte darunter, wie unser 10. Juli aus Kapitel 10.6 oder der 28. September, Sonntag der Vortragsvorbereitung vor dem Diagnostik-Kurs. Ein paar der Zahlen, die wir aus ihnen herauspreßten, sind in Tabelle 11.66 aufgeführt, angeordnet nach aufsteigendem Generalzerhackungswert. Ihrer Ausdehnung entsprechend hätten diese Arbeitsriesen Zerhackungswerte zugelassen zwischen 12 1/2 und .08. Von diesem weiten Spielraum haben sie aber glücklicherweise nicht Gebrauch gemacht. Die effektive Streuung liegt zwischen 2.32 und .48 (GZW). Allerdings waren schon diese Unterschiede erlebnismäßig deutlich genug. Am Tag des ersten Umzugstermins (Dienstag, 15. April 1975) sah sich P. dauernd durch Leute und Telefone in seiner Themenlandschaft herumgehetzt, und beim nachmittäglichen Hauptwerk, dem Gesuch an den Schuldirektor betreffend weiteres Vorgehen, wurde er Mal für Mal unterbrochen, so daß sich die Arbeit schließlich bis neun Uhr abends hinzog. Am 5. März dagegen fuhr er nach Zürich zu einer Sitzung der Vorbereitungskommission der Psychodiagnostik-Tagung, die inhaltlich kompakt, wenn auch nicht undramatisch verlief und durch wenig andere Themen konkurrenziert wurde. Auch während der beiden Zugfahrten blieb P. innerlich beim Hauptthema.

Klar zeigt sich also auch jetzt – wie wir das bereits in Tabelle 11.3 feststellen konnten –, daß es große Unterschiede zwischen den Arbeitstagen P.'s gibt. Was hat uns der Vergleich der längsten Tage sonst noch zu bieten? Führen wir ihn Zeile für Zeile durch, so muß uns auffallen, daß die Maßzahlen der Zerhackung nicht alle in gleicher Reihenfolge ansteigen. Wir haben darum zusätzlich die Rangplätze angeführt. So springt deutlicher in die Augen, daß vor allem die thematische Betrachtung die Verhältnisse durcheinander bringt (Zeilen 12 und 13). Das Bild wird noch bunter, wenn wir die Rangfolgen auch für die fünf Grundmuster des Tagesaufbaus hinzufügen (Zeilen 15 bis 19. Bei den typischen Werktagsmustern drehen wir die Reihenfolge um; und zudem geben wir stets an, zwischen welchen Rangplätzen sich der Durchschnittswert für alle ausgezählten Werktage ansiedelt.)

Das könnte uns nun instand setzen, individuelle Bilder der einzelnen Tage zu entwerfen. Der längste von P.'s Arbeitstagen zum Beispiel, der 29. Mai, charakterisiert sich durch eine rasche Abfolge aufgegriffener Themen (TZW) – mit 25 TT hat er die höchste Zahl von Tagestätigkeiten –, die aber verhältnismäßig geordnet und wenig „durchmischt" auftreten. Offenbar

Tabelle 11.66: Werte für die sechs längsten Tage des Jahres 1975; bei Werktagen ohne Abendarbeit

	Mi 5.3.	So 28.9.	Do 10.7.	Do 29.5.	Fr 11.7.	Die 15.4.	Werktag Durchschn.
1 ds	136	144	152	156	144	136	
2 tds	136	143	141	140	129	124	
Werte							
3 GZW	.48	.63	1.14	1.85	2.07	2.32	2.12
4 GZW korr.	.41	.52	.93	1.50	1.74	2.00	2.12
5 AZW	.94	1.75	2.84	4.00	4.42	4.80	4.12
6 AKZW	.37	.60	.45	1.01	1.17	1.54	1.42
7 TZW	.34	.08	.84	1.77	1.58	1.71	1.62
8 TKZW	.11	.08	.15	.35	.15	.17	.39
9 DZW	.17	-	.25	.25	.97	1.08	.94
Ränge							
11 AZW	1	2	3	4	5	6	(5/6)
11 AKZW	1	3	2	4	5	6	(5/6)
12 TZW	2	1	3	6	4	5	(4/5)
13 TKZW	2	1	3.5	6	3.5	5	(6+)
14 DZW	2	1	3.5	3.5	5	6	(4/5)
15 ThTW	4	1	6	5	3	2	(5/6)
16 ThRW	5	1	3	2	6	4	(5/6)
17 ThFW*	4	1	6	5	2	3	(3/4)
18 ThDW*	4	1	3	2	5	6	(6+)
19 ThOW*	6	1	5	2	4	3	(4)

* invers
Zeile 4 (korrigierter GZW): Angleichung der Tagesdauer an den durchschnittlichen Werktag. Bei den Rangreihen ist rechts außen aufgeführt, zwischen welche Plätze sich der werktägliche Durchschnittswert einfügt

mißlingt dabei auch die Kernbildung (TKZW). Unser guter alter 10. Juli breitet sich thematisch viel weniger aus (14 TT), ähnelt aber dem 29. Mai durch die gleiche ausgeprägte Themenflucht. Typisch für ihn – daran erinnern wir uns gut, nicht wahr? – ist die lange Ausdehnung einzelner Arbeitseinheiten, die den „allgemeinen Kernzerhackungswert" (AKZW) stark hinunterdrücken.

Kernthemen und Tagesstil

„Jeder Tag ist anders", könnte man zusammenfassend festhalten und die Akten schließen. Wir hätten damit eine Vermutung bestätigt, aber keine neue Erkenntnis gewonnen. Und aus unserem Probelauf hätten wir erst noch die falsche Lehre gezogen. Denn, seien wir doch ehrlich – die sechs langen Tage haben uns im Grunde enttäuscht. Sie haben die Variationsbreite, die unsere Ablauf- und Zerhackungsdimensionen den Arbeitstagen offerieren, bei weitem nicht ausgeschöpft. Allesamt verlaufen sie thementreu, geordnet, undurchmischt, unzerhackt – ihre Werte siedeln sich fast durchwegs auf der Sonnseite an. Selbst wenn der „thematische Kernzerhackungswert" des anderthalbtägigen 29. Mai weit über jenen der anderen fünf Hünen emporragt, so bleibt er doch immer noch zurück gegenüber dem werktäglichen Durchschnitt! Die sechs Tage sind in Wirklichkeit nicht „jeder anders", sondern in gewisser Hinsicht „alle gleich"; ihre stärkste Gemeinsamkeit ist zu finden in ihrer geringen Themendurchmischung und der deutlichen Ausprägung von Leitthemen.

Das läßt darauf schließen, daß wir durch Herausgreifen der längsten Tage eine einseitige Selektion getroffen haben. Von Zufallsauslese keine Spur – und das ist natürlich kein Zufall. Überlegen wir uns doch nur, warum diese Tage so lang geworden sind! Es kommt eben genau daher, daß P. sich da jeweilen intensiv einem einzigen oder ganz wenigen Hauptthemen widmen mußte und sie – unter Erledigungsdruck – oft auch in langen, zähen Arbeitsstücken vorantrieb. Diese Tendenz war allen Massivtagen gemeinsam. Die Stufenunterschiede der Zerhackung ergaben sich dann vor allem aus den Umständen, die P. antraf. War es ihm vergönnt, von vornherein ins Hauptthema einzusteigen, bei ihm zu verbleiben, es zügig zu fördern, dann wurde die Zerhackung zu Tiefstpreisen gehandelt. Am freien Sonntag oder am Zürcher Spezialtag, weg von Schreibtisch, Telefon und Personen mit anderen Anliegen, war solcherlei möglich. Behinderten dagegen Ablenkungen für lange Zeit den Einstieg ins Hauptgeschäft und durchkreuzten sie auch später den Ablauf, so mußte P. schließlich sein zentrales Thema wie einen Pfahl in den Abend hineintreiben, wie wir das etwa beim 10. Juli 1975 miterlebt haben.

„Freie Tage" mit großer Aufgabe können sich in hervorragendem Maße profilieren durch Thementreue und Resistenz gegen Vermischung und Zerhackung. Man sehe sich nur den 28. September und seine Liste von Einsen an – das kommt einem vor wie das Zeugnis eines Musterschülers. Die wenigen störenden Abweichungen kommen von anderswoher, wenn auch ihrerseits wieder aus dem Wesen der Sache – nämlich aus der Lockerheit der Arbeitssituation, die immer wieder Pausen erlaubt und damit den monothematischen Arbeitsablauf in Stücke zerlegt. (Davon war früher in diesem Kapitel ausführlich die Sprache.) Darum mußte der themenkonzentrierte Sonntag die Palme für den Zerhackungswiderstand dem Zürcher Tag aus dem März überlassen, der seine langen Arbeitseinheiten (bis zu 42 D!) ohne Unterbruch durchzog.

Wäre das denn also der Grund für die größere Zerhackung des durchschnittlichen Werktags: daß die führenden Themen, die großen Anliegen fehlen und der Berufstätige nur mit kleinen Aufgaben konfrontiert wird? Aus P.'s Sicht wäre dieser Schluß voreilig. Nur einige wenige Tage – es gibt freilich auch sie! – waren bei ihm von vornherein als Kleinkram-Tage konzipiert. In aller Regel sind durchaus Leitthemen da, denen sich Berufsmann P. widmen möchte (und sollte). An freien Tagen hindert ihn nichts, ihrem Ruf zu folgen. Am normalen Werktag aber werden diese Hauptthemen überschwemmt mit Schutt und harten Brocken, so daß sie schließlich den Kopf nicht mehr über den Trümmerberg erheben können. So beginnen zumeist auch die „langen Tage". „Lang" werden sie eben gerade darum, weil für einmal das Leitthema nicht aufgibt. Aus äußeren oder inneren Gründen darf, kann und will es sich nicht unterdrücken und beiseite schieben lassen. Hartnäckig setzt es sein Recht durch. Damit trägt es zu Thementreue und Dämpfung der Zerhackung bei; aber diese Wendung zum Besseren wird bezahlt mit Überzeit.

Mit diesen Beobachtungen und Betrachtungen wollen wir es für heute bewenden lassen. Der Leser hat nun genug über Themenablauf und Zerhakkung vernommen. Die letzten Seiten konnten ihm schließlich noch zeigen, daß man durch vergleichende Analyse nicht bloß Stilunterschiede auch zwischen einzelnen Tagen recht präzise erfassen, sondern überraschend weitere Gemeinsamkeiten entdecken kann. Vielleicht hat es etwas Mühe gekostet, ein Kapitel lang die Entwicklung von Instrumenten zur Erfassung der Tagesstruktur mitzuverfolgen. Wäre es aber übertrieben zu behaupten, sie könnten uns dafür wertvolle Einblicke in das Arbeitsgeschehen vermitteln?

Kapitel 12

Struktur, Methode, Entwicklung

Es könnte nun einer kommen und behaupten, das ganze letzte Kapitel sei auf Sand gebaut. Schließlich gehe es nicht an, zuerst durch Festlegung einer Erfassungsgrenze künstlich Einheiten zu schaffen und dann die natürliche Struktur des Tages aus solchen Einheiten abzuleiten.

Sollen wir uns über diesen Querulanten ärgern? Sollen wir ihm Lehren erteilen, etwa des Sinns, er habe Kapitel 10 nicht richtig gelesen; dort hätten wir doch gezeigt, daß die Erfassungsgrenze, selber etwas durchaus Natürliches, die Natürlichkeit der Einheiten kaum einschränke. Und doch: ganz so unrecht hat er mit seinen kritischen Bemerkungen ja nicht. Der Einwand, daß wir mit unserer Fünfminutenschwelle die Zerhackbarkeit des Tages künstlich begrenzen, läßt sich nicht einfach in den Wind schlagen.

Gehen wir doch lieber auf sein Problem ein! Versuchen wir zu überprüfen, welchen Einfluß unsere Erfassungsmethode auf die Bestimmung der Tagesstruktur hat! Das läßt sich tun, indem wir Variationen in diese Methode einbauen.

Ein solches Vorgehen hat noch einen anderen, ganz praktischen Vorteil. Mit der Präsentation all unserer Instrumente und Messungen verfolgen wir nämlich eine geheime Absicht. Wir möchten den Leser dazu verführen, ein gleiches zu tun oder doch, anknüpfend an unsere eigene Unternehmung, das Studium des Tageslaufes weiter voranzutreiben. (Und wer weiß – vielleicht steigen wir selber später noch einmal ins Geschäft ein.) Das größte Hemmnis, uns darin zu folgen, wird aber für die meisten potentiell Einsatzbereiten der Aufwand sein: der Aufwand des Registrierens wie auch jener des Auswertens einer solchen Unmasse von Daten. Man wird wohl bei Wiederholungen nicht mehr mit soviel Geduld und Akribie rechnen dürfen.

Darum die Frage: Gibt es allenfalls Erleichterungen? Gibt es Vereinfachungen der Methode, die den Aufwand zu reduzieren vermögen, ohne die Ergebnisse in ihrer Substanz zu gefährden? Am nächsten läge da natürlich ebenfalls ein Wechsel des Erfassungsrasters. Wir selber haben ja seinerzeit erwogen, die Arbeiten nicht auf fünf Minuten, sondern bloß auf die Viertelstunde genau zu registrieren. Wie hätte sich ein solcher Entscheid auf unsere Daten ausgewirkt?

Aus diesem Grund eröffnen wir das neue Kapitel mit einem Studium des Viertelstunden-Rasters. Ihm schließt sich, als Hauptteil, eine generelle Untersuchung der Zusammenhänge an, die zwischen angewandtem Raster und erfaßter Struktur bestehen. Ein letztes Unterkapitel wächst ganz natürlich aus diesen Überlegungen heraus und soll unsere Struktur-Betrachtungen zu einem sinnvollen Abschluß bringen. Die Relativierung der Methode erlaubt uns nämlich, unsere Ergebnisse mit denen anderer zu vergleichen, namentlich jenen, die seinerzeit in Midwest an Kindern gewonnen wurden. Wir werden bis dahin imstande sein, den Einfluß der Methode bei solchen Gegenüberstellungen auszuklammern; und was wir dann schließlich in Händen halten, werden Entwicklungsunterschiede sein.

So ist der Gegenstand dieses Kapitels in gewissem Sinne einheitlich und doch widersprüchlich. Es geht um Einflüsse, denen die Tagesstruktur ausgesetzt ist. Wir beginnen mit der Frage, welche Wirkungen die Methode zeitigt – mit Einflüssen also auf der Ebene der Erkenntnisgewinnung. Doch führt uns ihr Studium schließlich zur wohl wichtigsten Einflußgröße auf der Ebene des Gegenstandes, der wir sonst in diesem Buche selten begegnen: der Entwicklung. Das Kapitel handelt also von den Beziehungen zwischen Struktur, Methode und Entwicklung.

12.1 Der Wechsel des Erfassungsrasters

Nochmals der 10. Juli 1975

Haben Sie je eine Schaltuhr mit Viertelstunden-Einteilung bedient? Dann wissen Sie, daß Ihnen dort die Wahl unter 96 Hebeln und Stecklöchern zur Verfügung steht. So viele Viertelstunden gibt es von Mitternacht zu Mitternacht. Dreimal mehr, nämlich 288mal, passiert dagegen der große Zeiger Ihrer Armbanduhr im gleichen Zeitraum eine Fünfminutenmarke.

Von diesem Unterschied können wir zunächst einmal ausgehen, wenn wir nun prüfen wollen, welche Erleichterungen die Anwendung eines Viertelstunden-Rasters dem Registrator seines eigenen Tuns gebracht hätte. (Dies die Grundfragestellung des ersten Unterkapitels.) Der Viertelstundenraster verkürzt die Differenzierungsmöglichkeiten bei unserem Beobachtungsgegenstand auf ein Drittel. Statt 100D oder F mißt der Normal-Arbeitstag nur noch 33V (= Viertelstundenspannen). Folglich hätte die Durchführung der Erhebung P. statt der zwölf Arbeitstage jährlich nur deren vier gekostet. So würde man meinen.

Die Probe aufs Exempel versetzt unseren schönen Hoffnungen sofort einen Dämpfer. In Figur 12.11 präsentieren wir das Tagesblatt, das wir am 10. Juli 1975 mittels V-Rasters wahrscheinlich erhalten hätten. Die in Kapitel 10.4/5 aufgestellten Regeln würden *mutatis mutandis* auch hier gelten.

Da oder dort hätte man vielleicht etwas anders zusammengefaßt; aber der Spielraum für die „Übersetzung“ bleibt gering.

	0 Zeit	Dauer	Ber.	Vollz.	Th	Kontakt	Gegenstand
1	9.00	30	54	53		B.	Vorbesprechung BIGA
2	30	15		92			Weg
3	45	30		54		+D.	Besprechung BIGA
4	10.15	45		53			Nachbesprechung (Milchbar Kl. Schanze)
5		15	53				Frage einer AGAB-Aussprache
6		15	64				Problem AkBb ZH
7	11.30	120	66				Besprechung SHK-Pilotgruppe Psych.
8	13.30	(30)					Mittagessen
9		15	64	53			Entwicklung der Basler Stelle
10	14.15	15	10	48	M	Z.	
11	30	15	94	03/78	R		Nachtrag Tagesblatt, mit Korrekturen
12		15	00	00	M		
13	15.00	15	02	81			Beginn Aufräumen
14	15	15	03	94	R	vMA	Tee
15	30	45	02	81			hauptsächl. Lateralschrank bei Türe
16	16.15	15		51		Z.	Rückfragen betr. Material
17	30	210		81			Fortsetzung Aufräumen
18		15		52		vMA	gelegentliche Vorsprachen mit Fragen
19	20.15	30		87			Zusammenschnüren Ausschuß
20	45	15		88			Wegtransport
21		15	00	52	M	H.	versch. Fragen Putzpersonal
22	21.15	15		81			Fortsetzung Aufräumen
23	30	15		27			Überlegungen zum Packen und Einordnen
	45						

Fig. 12.11: Fiktives Tagesblatt vom 10.7.75 nach Übersetzung in ein Viertelstunden-Raster

Vergleichen wir nun Figur 12.11 mit Figur 10.61 auf Seite 590, so wird zwar auf den ersten Blick klar, daß das V-Tagesblatt kürzer und einfacher ist als das entsprechende F-Blatt. Aber nicht die erwarteten zwei Drittel der Zeilen fallen weg, sondern bloß eines: aus 35 Arbeitseinheiten werden deren 22. Wer sich die Mühe nimmt nachzuzählen, wird feststellen, daß das auch für alle anderen Einheiten (Tagestätigkeiten, thematische Abschnitte usw.) gilt: ihr Bestand senkt sich nie auf ein Drittel, sondern bloß auf zwei Drittel bis tiefstens hinunter zur Hälfte. Fast läßt sich vermuten, daß der Umrechnungsfaktor für auszählbare Einheiten eher der Quadratwurzel aus dem Divisor entspricht, also rund $\sqrt{3} = 1.73$ beträgt.

Im Lichte unserer Fragestellung betrachtet ist das ermutigend und entmutigend zugleich. Ermutigend, weil es uns den Entscheid zur Benutzung eines V-Rasters erleichtern könnte, da der Informationsverlust offenbar nicht so groß ist, wie zu befürchten war. Andererseits aber ist auch die Zeitersparnis für Registrierung und Bearbeitung geringer als erhofft.

Natürlich dürften wir uns bei einer künftigen Festlegung der Erfassungsgrenze nicht auf ein einziges Beispiel abstützen. Um Vor- und Nachteile gegeneinander abzuwägen, brauchen wir mehr und zuverlässigere Informationen. Solche haben wir bereitgestellt durch Auszählung eines weiteren Samples von Tagen. Es handelt sich um 19 aufeinanderfolgende Werktage des Novembers 1974 (ohne Abendarbeit). Erfaßt wurden dabei allerdings nur Tagestätigkeiten und thematische Abschnitte, also nicht die Arbeitseinheiten.

Reduktion der Einheiten

Was passiert mit diesen Einheiten, wenn wir vom F-Raster zum V-Raster übergehen? Wir haben versucht, das in Tabelle 12.12 anschaulich zu machen. In den Tagesblättern der 19 November-Werktage sind 389 thematische Tagestätigkeiten (darunter 78 Routinen) und 57 Mischeinheiten verzeichnet. Unter strukturellem Gesichtspunkt können wir dabei sieben Typen von Tagestätigkeiten unterscheiden; am Kopf der Tabelle sind sie graphisch repräsentiert. Typen A, C und D gehören zu jenen, die wir auf Tafel 11.53 in Kindersprache als „Einmal-TT" bezeichnet haben; sie erschöpfen sich in einem einzigen Auftritt des Themas pro Tag. Bei A ist er von minimaler Länge (5 Min.); bei C dauert er 10, bei D 10 oder mehr Minuten. Typ B setzt sich dagegen zwar aus zwei oder mehr Stücken zusammen, von denen aber keines fünf Minuten überdauert. Bei Typ C handelt es sich um einen Sonderfall: solche TT bilden die mittlere dreier aufeinanderfolgender Zehnminuten-Einheiten. (Beispiel: Zeile 35 auf dem Tagesblatt vom 10.7.75; vgl. Figur 10.61.) Hier (wie auch bei allen Fünfminutenstükken) ist die Zeichnung also maßstäblich zu nehmen: diese Abschnitte sind, ihrer Höhe entsprechend, effektiv zehn (bzw. fünf) Minuten lang. Dagegen stehen in den Figuren D bis G alle in Zehnminuten-Größe gezeichneten Ab-

Tabelle 12.12: Tagestätigkeiten nach Art und Struktur (Werktage November 1974)

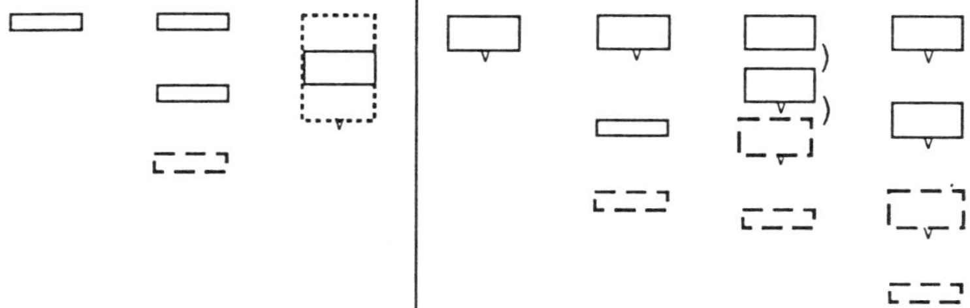

Typ	A	B	C	D	E	F	G	Total F-Raster	Total V-Raster "über-le-bend"	Total V-Raster + neu
Vollthemen	70	9	7	94	17	5	43	245	159	
Zwischenthemen	28	–	1	36	1	–	–	66	37	
Routinethemen	34	24(+1*)	–	13	6 (–1*)	–	1	78	19	
Themen	132	33(+1)	8	143	24 (–1)	5	44	389	215	
Mischeinheiten	37	–	2	18				57	18	53
Total	169	33(+1)	10	161	24 (–1)	5	44	446	233	53
									286	

* eine RO-TT durch "C-Effekt" aus Typ E in Typ B versetzt

TA zu 5 Minuten

TA zu 10 Minuten

TA zu 10 oder mehr Min.

zu anderer TT gehörige, benachbarte TA zu 10 (oder mehr) Minuten

allfällige weitere (zur gleichen TT gehörige) TA (Zahl unbegrenzt)

Vorkommende TT-Arten in	**F-Raster**	**V-Raster**
– als "Einmal-TT"	A+C+D	D+E+F
– als "Mehrfach-TT"	B+E+F+G	G
(– wegfallend)		(A+B+C)

TA Themenabschnitt

TT Tagestätigkeit

schnitte generell für Stücke beliebiger Länge über 5 Minuten. Figuren B, E, F und G sind außerdem à discrétion mit weiteren Abschnitten ergänzbar, F und G mit solchen jeglicher Größe, B und E bloß mit Fünfminuten-Stücken.

Die in Tabelle 12.12 aufgeführten Zahlen zeigen, daß bei Voll- und Zwischenthemen der Typ D am häufigsten vertreten ist, gefolgt von Typ A; bei Routinethemen und Mischeinheiten dagegen schwingt Typ A obenaus. Wechseln wir nun über zum V-Raster, so verschwinden natürlich alle Tagestätigkeiten der Typen A und B von der Bildfläche, und auch dem C-Typ geht es an den Kragen: Einer halben Stunde lassen sich eben nicht mehr als zwei Viertelstunden abmarkten.

Wo finden die so eliminierten Tätigkeiten Unterschlupf? Einige werden von größeren Nachbarn inkorporiert (darüber mehr in späteren Unterkapiteln). Andere fügen sich mit ihresgleichen zu neuen Einheiten zusammen, die dann meist Misch-Charakter tragen. So sind im November 1974 aus den Trümmern aufgelöster Tagestätigkeiten 53 neue Mischeinheiten entstanden. Sie ersetzten die 39 weggestrichenen Misch-Abschnitte der Typen A und C und trieben deren Gesamtzahl sogar noch in die Höhe.

Konkret sieht das etwa wie folgt aus: Wenn wir unseren 10. Juli 1975 nicht mehr auf fünf, sondern bloß noch auf fünfzehn Minuten genau erfassen, so verschwinden zunächst die Differenzierungen innerhalb längerer Arbeitsabfolgen (etwa Weg und Warten mit Herrn B. zusammen, oder das Umkleiden vor dem Aufräumen); des weitern lösen sich kleine selbständige Arbeiten (wie die Postdurchsicht und die wiederholte Beschäftigung mit Umzugsfragen) sowie die eingeschobenen Routinen in Luft auf. Auch der Vorspann fällt weg. Das meiste davon geht ein in größere, thematisch undifferenziert erfaßte Mischeinheiten. Aber der 10. Juli ist in dieser Hinsicht eher ein konservativer Langweiler, weil er einen recht harten „Kern" hat. Will man einer dramatischen Verwandlung beiwohnen, muß man in den Akten einen Monat zurückblättern, bis hin zu unserem König der Zerhackung, dem 10. Juni 1975. An diesem Tage würden einem V-Anschlag nicht weniger als 52 Fünfminuteneinheiten zum Opfer fallen (dafür entstünden 9 neue Mischabschnitte).

Die Wirkung des Rasterwechsels können wir anschaulich miterleben, wenn wir Figur 11.24 auf S. 625 aufschlagen. Dann werden nämlich alle Säulen links ungefähr um den obersten, hohlen Raum geköpft. Fällt Ihnen dabei etwas auf? Haben Sie den großen Unterschied beachtet, der zwischen Werktagen und Freizeitarbeit besteht? An Werktagen verkürzt sich der Bestand an Abschnitten durch den Rasterwechsel recht massiv; an Abenden und freien Tagen dagegen ist die Veränderung gering. Eine der Wirkungen der Raster-Vergröberung besteht also darin, daß die Werktags-Struktur jener der freien Tage mehr angenähert wird. *Ein* Wesensmerkmal des Werktags, die starke Durchsetzung mit Kurzarbeiten, kommt offenbar beim V-Raster kaum mehr zum Ausdruck.

Änderung des Bildes vom Werktag

Der Wechsel vom F- zum V-Raster würde vor allem das Bild der Werktagsstruktur verändern; darum unsere Spezialuntersuchung über die Werktage eines Erhebungsmonats. In geraffter Form möchten wir einige weitere Ergebnisse dieser Auszählung bekanntgeben.

Beim Wechsel vom F- zum V-Raster sinkt im Durchschnitt

- die Zahl der Tagestätigkeiten von 20 auf 11; bei Vollthemen um ein Drittel, bei Routinethemen um drei Viertel;
- der Prozentsatz der „Mehrfach-Tagestätigkeiten" (Themen mit mehr als einem Auftritt) von 27% auf 20%;
- die Zahl der thematischen Abschnitte von 30 auf 15; ihre durchschnittliche Dauer steigt umgekehrt von einer Viertelstunde auf eine halbe Stunde;
- der prozentuale Anteil der Routinethemen an der täglichen Arbeitszeit („Tagesanteil") von 8% auf 3%, während jener der Mischeinheiten von 4% auf 12% zunimmt.

Das heißt also: der Tag wird wesentlich einfacher, Verzettelung, Aufgliederung und Durchmischung schwächen sich ab; sein Ablauf wird ruhiger und ausgeebneter. Aber auch seine Struktur ändert sich: Die Routinen werden abgebaut, die nur vage erfaßten Mischtätigkeiten wachsen von zwanzig Minuten auf eine volle Stunde an; das Bild der Arbeit wird dadurch wesentlich unschärfer.

Für eine kleine Sensation sorgt dagegen die Zerhackung: ihre Werte bleiben sich verblüffend ähnlich. Theoretisch wäre das kaum zu erwarten gewesen; die Quotienten hätten sich eigentlich beim V-Raster stärker gegen 1 zusammenziehen müssen; denn die Zahlen im Zähler der Zerhackungs-Formel können sich ja dritteln, jene im Nenner dagegen bloß wurzeldritteln. Aber offenbar stimmte unsere eingangs geäußerte Vermutung, daß die Einheitenzahl beim Rasterwechsel sich nur in einem Ausmaß reduziert, das durch die Wurzel gedämpft wird. Dann bleiben Zähler und Nenner konform.

Im Themenbestand kehrt der V-Raster mit eisernem Besen. Durch Elimination der Fünfminuteneinheiten fliegen zunächst alle Minimalthemen heraus (453 von 1777 in P.'s Vollerhebungsjahr), aber auch manche C-Typ-Zehnminutenthemen, außerdem jene, die sich nur aus ganz kurzen Stücken zusammensetzen. Nach grober Berechnung werden so über 500 Themen ausgeräumt, fast die Hälfte der Zwischenthemen. Das Bild des Arbeitsjahres wird beim V-Raster somit von einer Masse unwesentlichen Kleinkrams befreit. Daneben werden viele längere Themen durch Wegfall kurzer Vor- und Nachspiele auf ihren „Kern" reduziert.

Opfer des V-Rasters werden auch die Gegenspieler der Zwischenthemen, die Routinen. Von diesen zähen, langlebigen Wiederholungsaufgaben

– bekanntlich haben wir deren zehn in P.'s Vollerhebungsjahr unterschieden – verlieren vier ihren spezifischen Charakter gänzlich. Zwei bestanden ausschließlich aus Fünfminutenstücken (Rechnungen unterschreiben, unterwegs Postfach leeren) und verschwinden somit total; bei zweien bleiben nur noch ein bis drei Vorkommnisse übrig, was sie ihrer Natur als Routine völlig entkleidet. Aber auch die übrigen Routinethemen werden in das Desaster hineingezogen. Von den 6½ Routine-Einheiten pro Werktag bleibt eine einzige zurück; und die fast drei Viertelstunden Routinewerk täglich (8 D) sacken auf eine ab. Damit verlieren auch die überlebenden Routine-Arbeiten ihre charakteristische Eigenart, da ihre Tagestätigkeiten sich weitgehend vereinfachen zu einmaligen Verrichtungen. (Die Mehrfach-TT gehen hier von 40% auf 5% zurück.)

Alles in allem betrachtet, geht also gerade das Routinehafte an diesen Themen verloren; der V-Raster ist dieser Art von Arbeit offenbar noch weniger gewachsen als den kleinen Zwischenspielen. Zu Ende von Kapitel 7 haben wir – in Figur 7.74, Seite 404 – den Aufbau von P.'s Arbeitswelt nach fünf thematischen Hauptelementen gegliedert. Davon würden zwei (die Zwischen- und Routinethemen) mit dem V-Raster kaum mehr angemessen erfaßt.

Anwendungsprobleme des Viertelstundenrasters

Wir sind natürlich nicht die einzigen, die sich mit der Raster-Frage konfrontiert sahen (aber vielleicht gehören wir zu den ersten, die sich damit ernsthaft auseinandersetzen). Auch in Lehrbüchern zur Arbeitstechnik lassen sich implizite oder explizite Hinweise zu diesem Problem finden. Martin Ochsner verwendet bei seinen Arbeitsblättern zur „täglichen Zeit- und Tätigkeitsanalyse" einen Halbstundenraster (1987, 13). Regula Schräder-Naef gibt ihren Versuchspersonen für die Erstellung der Tagesrapporte offenbar keine entsprechenden Anweisungen. Nach den übermittelten Beispielen zu schließen (Naef, 1970/77, 130/131), führt das dazu, daß jeder seinem eigenen Stil folgt: die eine benützt spontan den V-Raster, der andere den F-Raster. (Auch da wird beim Vergleich klar, daß gewisse Differenzierungen, etwa während der Morgenroutine, sowie kleine Einheiten, wie Umkleiden oder „Gymnastik beim offenen Fenster", nur durch den F-Raster erfaßt werden.) Hülshoff und Kaldewey dagegen empfehlen den Versuchspersonen – zum Zwecke ihrer Entlastung – die Anwendung eines Viertelstunden-Rasters. Wie nun eines ihrer Beispiele zeigt (1976/77, 34), kann das zu seltsamen Effekten führen. Der betreffende Mann gibt zwar in der Kolonne „Uhrzeit" die Zeitpunkte des Arbeitswechsels auf 5 Minuten genau wieder, rundet die „Dauer" jedoch anweisungsgemäß auf Viertelstunden. Er benützt also für Zeit als „Rahmen" und Zeit als „Stoff" verschieden grobe Raster. Die einzigen Hausaufgaben, die er am registrierten Tag macht, kann er zwar zeitlich festlegen (24.00–24.05), darf sie aber nicht anrechnen. (Was würde an Tagen passieren, da er ein halbes oder ganzes Dutzend mal einen solchen Fünfminuten-Aufschwung nimmt?)

Dieses Beispiel weist uns auf einen wichtigen Aspekt hin, den wir bei der Wahl des Rasters in Betracht ziehen müssen. Wie wir früher schon betonten (vgl. S. 568), ist das Uhrablesen auf fünf Minuten genau absolut natürlich, natürlicher sowohl als die Minuten- als aber auch die Viertelstunden-Erfassung. Steht der Zeiger auf 14.08 oder 14.11, so sagen wir: „es ist zehn nach zwei“, und es widerstrebt uns beide Male, zu sagen „Viertel nach“. So wäre es auch dem Registrator des 10. Juli 1975 ergangen. Wenn er in der Zeit zwischen 21.15 und 21.45 drei schön unterscheidbare, gleich lange, je zehn Minuten dauernde Vollzugseinheiten im Rahmen des Aufräumens hat unterscheiden können (Figur 10.61), so wird er einen Widerstand verspüren, einen dieser Abschnitte zu unterdrücken und die anderen künstlich zu verlängern (Figur 12.11).

Es drängt sich also die Frage auf, ob man einen Teil des „Entlastungseffektes“ des V-Rasters durch eine erzwungene, gleichsam widernatürliche Erfassungsweise wieder einbüßt, unter gleichzeitigem Verzicht auf Informationen, die uns der Registrierende eigentlich gerne hätte geben wollen.

Gerade bei der Arbeitsberatung kann der Verlust schade sein. In den vier Beispielen bei Naef und Hülshoff/Kaldewey dauert die Morgentoilette 15, 20, 30 und 35 Minuten. Ähnliche Unterschiede gibt es auch bei anderen Nebenarbeiten und „Pausen“-Beschäftigungen. Gemittelt über einige Tage kann sich da ein differenziertes Bild für den einzelnen Beratungsfall ergeben, das nötigenfalls spezifische Ansätze zur Selbstkontrolle und Verbesserung nahelegt.

Vor- und Nachteile des Viertelstundenrasters

Was können wir nun also, nach all den dargelegten Vergleichsergebnissen, von einer Vergröberung des Erfassungsrasters an Vor- und Nachteilen erwarten? Klar ist zunächst, daß der Arbeitsaufwand für das Registrieren und Bearbeiten sinkt, freilich nicht im Ausmaß der Vergröberung. Der Zeitgewinn dürfte beim Übergang vom Fünfminutenraster zu einer viertelstundengenauen Erfassung einen Drittel bis maximal die Hälfte betragen. Das läßt sich gewiß sehen, vor allem dann, wenn man – wie P. – Erhebungen über lange Zeit durchführen will. (Der Registrier-Vorgang selber wird dabei freilich nicht unbedingt angenehmer, weil F-Einheiten dem natürlichen Zeiterleben am adäquatesten zu sein scheinen.)

Was gewinnt und verliert man dabei an Einsichten? Tageslauf und Arbeitsjahr vereinfachen sich beide, der Tag annähernd auf die Hälfte, das Jahr auf rund drei Viertel seiner Komplexität. Statt aus durchschnittlichen Viertelstundenstücken (TA!) setzt sich der Arbeitstag nun aus Halbstundenstücken zusammen; es gibt fast nur noch halb so viele Tagestätigkeiten (elf statt zwanzig), und nur noch ganz wenige setzen sich aus getrennten Elementen zusammen. Aufs ganze Jahr hin bezogen, fällt mehr als ein Viertel der Themen – alle ganz kurzen nämlich – weg, und die übrigen konzentrieren sich auf weniger Bearbeitungstage.

Das heißt nun doch wohl folgendes. Wenn man darauf ausgeht, die wichtigeren Arbeiten eines Jahres oder auch eines Tages zu erfassen, so erreicht man das mit einem gröberen Raster leichter. Kleinkram kommt uns dann weniger in die Quere; Datensätze und Themenkarteien werden von ihm entlastet. Die Schwergewichte eines Tages treten deutlicher hervor; die Tagesstruktur (das Ablauf-Muster der Abschnitte) gewinnt holzschnittartiges Relief.

Je nach Ziel und Zweck einer Untersuchung kann das sehr wünschenswert sein. Interessieren wir uns hingegen für andere Aspekte der Arbeit, so bedeutet die Vergröberung des Erfassungsrasters einen Verlust. Das ist einmal dann der Fall, wenn wir die ganze Fülle und Breite der Zuwendungen eines Berufstätigen im Jahreslauf oder während eines Tages begreifen möchten. Acht bis zehn Dinge täglich, vier- bis fünfhundert jährlich, die ihn vorübergehend auch beschäftigen und, zusammenaddiert, einiges an Zeit in Anspruch nehmen, gehen dann einfach verloren. Der Verlust ist allerdings nur summativ von Bedeutung (jeder einzelne Ausfall zählt an sich wenig); er kann aber dann das Bild der Arbeit stark verzerren, wenn ausgedehnte Tätigkeiten zur Diskussion stehen, die sich ihrer Natur nach in kleinen Stücken abspielen. So geht beim Übergang zum Viertelstundenraster eine ganze Themenkategorie unter: die Routinen. Übrig bleibt davon nur eine untypische Auswahl (lange Stücke), die den eigentlichen Charakter dieser Arbeitsart nicht mehr widerspiegelt. (Bei Anwendung eines V-Rasters müßte man wahrscheinlich auf die Registrierung der Routinen ganz verzichten, sie einfach undifferenzierten „Mischeinheiten" zuschlagen; freilich würde dann gerade die Erfassung der Erhebung selber unmöglich.)

Am meisten aber ginge dem verloren, der auszieht, die Feinstruktur des Tageslaufes zu ergründen. Das Hin und Her der Arbeiten, die Zusammenstückelung von Tagestätigkeiten aus mehreren Einzel-Elementen, die Einschiebung kurzer Besorgungen und Ablenkungen – das alles schmölze, zugunsten des „Tages-Holzschnittes", dahin. Die Unterschiede zwischen Werktagen und freien Tagen würden eingeebnet. Man gewinnt mit dem V-Raster einen anderen Tag als mit dem F-Raster.

Zum Studium des Problems, das P. beschäftigte, das des „Hackfleisch-Tages", bildet eine Zusammenfassung der Arbeit in Fünfminutenstücke sicher das Äußerste, was an Vereinfachung noch zulässig ist. Das gilt auch für ähnliche Problemstellungen, zum Beispiel solche, die sich im Rahmen der Arbeitsberatung – des Versuchs, eine ungenügende Arbeitshaltung und -technik zu verbessern – aufdrängen.

Schrittweise Vereinfachung des Tages

Nun kann man die Vorteile der beiden Verfahren auch gleichzeitig nützen, indem man die zwei Raster kombiniert. Zunächst sammelt man die Arbeiten des Tages mit einem Fünfminutensieb ein, dann filtert man sie sekundär noch durch ein Viertelstundennetz. Ja, allenfalls kann man sogar zu einem Halbstunden-Raster greifen. Das Vorgehen haben wir bereits in Kapitel 10.6 angedeutet, als wir von den „Beschäftigungseinheiten" sprachen. Diese vereinfachen den F-Tag ohnehin, indem sie thematische und instrumentelle Sequenzen zusammenziehen; jedoch zollen sie Kleinkram-Aktivitäten, bei denen jeweils Thema und Vollzug gleichzeitig wechseln, methodenbedingt einen unverhältnismäßigen Respekt. Bei einer Razzia mittels V-Rasters werden nun alle diese „Kurzbeschäftigungen" von weniger als einer Viertelstunde Dauer überprüft und wie folgt behandelt:

1. Kurzbeschäftigungen ohne Wiederholung werden zum Verschwinden gebracht durch (a) Elimination, wenn sie zeitlich isoliert (z.B. als Morgen-Vorspann) oder „pausendurchwirkend" auftreten, (b) Zusammenschluß, wenn unmittelbar benachbart zu anderen Kurzbeschäftigungen, und zwar normalerweise zu Mischeinheiten, bei innerer Verwandtschaft zu Beschäftigungseinheiten „höherer Ordnung", (c) Integration in eine benachbarte größere Beschäftigung, wenn in diese eingeschlossen, ihr einzeln vor- oder nachgelagert oder sie parallel begleitend.
2. Kurzbeschäftigungen, die sich (innerhalb zweier Stunden) wiederholen und, aufsummiert, eine Gesamtdauer von mindestens einer Viertelstunde erreichen, werden zusammengezogen und als parallellaufende (sekundär „verdünnte"), eventuell alternierende oder „eingestreute" Einheit – allenfalls Mischeinheit – registriert.

Vorgehen 1(b) entspricht in etwa der Regel 6, Vorgehen 2 den Regeln 7 bis 9 aus Kapitel 10.5. Man kann noch ein Stück weiter gehen, indem man bei der sekundären Bearbeitung die Zulassungsgrenze für Beschäftigungen von 15 auf 30 Minuten heraufsetzt. Weil in beiden Fällen die primäre Datensammlung auf fünf Minuten genau erfolgte, nennen wir das erste Verfahren den „FV-Raster", das zweite den „FH-Raster" (Fünfminuten-Halbstunden-Raster). Charakteristisch für die so gewonnene Tagesstruktur ist die Flexibilität in der Bestimmung von Größe und zeitlicher Lage der Blöcke: sie können auf fünf Minuten genau lokalisiert und – oberhalb der Zulassungsschwelle (3 resp. 6D) – mit einem d-Maßstab gemessen werden.

Das neue Verfahren wenden wir in Tafel 12.13 auf die beiden uns im Detail bekannten Arbeitstage P.'s aus dem Jahre 1975 an, den 10. Juli (Kapitel 10.6, Figur 10.61) und den 28. August (Kapitel 2.1, Figur 2.1). Die Einheitenbildung nach FV- und FH-Raster werden einander gegenübergestellt, beim 10. Juli zusätzlich auch jene „Beschäftigungsabschnitte" angeführt, die sich bei ausschließlicher und primärer Anwendung des V-Rasters

Tafel 12.13: „Beschäftigungen“ nach verschiedenen Rastern

	" Beschäftigung "	nach V - Raster BA Nr.	Uhrzeit	d	nach F - AE d	nach FV - Raster BA Nr.	Uhrzeit	d	nach FII - Raster BA Nr.	Uhrzeit	d
		1	2	3	4	5	6	7	8	9	10
	Do. 10. Juli 1975										
a	Th BIGA - Besprechung	1	9.00 - 11.30	24	25	1	8.55 - 11.30	25	1	8.55 - 11.30	25
b	V Besprechung B.	2	10.15 - 14.15	33	35	2	10.20 - 14.15	35	2	10.20 - 14.15	35
c	Mittagspause		13.30 - 14.15	(6)	(4)		13.35 - 14.15	(4)		13.35 - 14.15	(4)
d	V Besprechung Z.	3	14.15 - 14.30	3	3	3	14.15 - 14.30	3			
e	Th Erhebung	4	14.30 - 15.00	3	4+1*	4	14.30 - 14.55	5			
f	Vermischtes	5`	14.30 - 15.00	3	2+2*	5`	14.55 - 15.10	3	3`	14.15 - 15.10	11
g	Th Aufräumen	6	15.00 - 15.15	3							
h	Tee	7	15.15 - 15.30	3	2						
i	Th Aufräumen	8	15.30 - 21.45	72	76	6	15.10 - 21.50	80	4	15.10 - 21.50	80
j	V Bespr. Putzpers.	9	20.45 - 21.15	3	2						
k	Total BA bzw. ds	9 BA		D 147	152	6 BA		D 151	4 BA		D 151
	Do. 28. August 1975										
l	Th Besprechung Seminar				37	1	7.30 - 10.40	38	1	7.30 - 10.40	38
m	Th EDV - Literatur				6	2	10.40 - 11.15	7	2	10.40 - 11.15	7
n	Mittagspause				(9)		11.15 - 12.00	(9)		11.15 - 12.00	(9)
o	Th Seminar (Rückweg)				3	3	12.00 - 12.15	3			
p	Vermischtes				3+6*	4`	12.15 - 12.30	3	3`	12.00 - 12.55	11
q	ThV Erhebung				3	5	12.30 - 12.50	4			
r	ThV Lektüre EDV - Buch				12	6	12.50 - 14.00	14	4	12.55 - 14.00	13
s	ThV Beratung W.				27	7	14.00 - 16.15	27	5	14.00 - 16.20	28
t	Tee				3	8	16.15 - 16.30	3			
u	V Bespr. B. ThV Kontrolle Keller				3	9	16.30 - 16.45	3	6	16.20 - 17.05	9
v	ThV Bespr. B. Werkhof				4	10	16.45 - 17.05	4			
w	Vermischtes				3	11`	17.05 - 17.20	3	7`	17.05 - 17.55	10
x	ThV Studienführer				4	12	17.20 - 17.40	4			
y	Vermischtes vor Weggang				3	13`	17.40 - 17.55	3			
z	Total BA bzw. ds				117	13 BA		D 116	-7 BA		D 116

* +X = plus mit gleicher Beschäftigung verbrachte D außerhalb dieses Blocks
' Mischeinheiten Th = Thema V = Vollzug ThV = Thema und Vollzug BA = Beschäftigungsabschnitt, vgl. Protokolle dieser Tage auf Seite 74 (28. August) und 590 (10. Juli)

(gemäß Figur 12.11) ergäben. Die Beschäftigungsstruktur des 10. Juli bei FV-Raster sowie sein AE-Bild nach V-Raster sind außerdem in die Figur 10.62 auf Seite 591 aufgenommen worden (Säulen 6 und 7).

(Der Vergleich von Beschäftigungen nach V- und FV-Raster in Tafel 12.13 zeigt, daß der zweite zu weniger Abschnitten und großzügigerer Zusammenfassung führt, exaktere Zeitbestimmung und klarere zeitliche Abgrenzungen erlaubt und die Dauer der Einheiten solange präziser wiedergibt, als sie nicht durch Aufschlucken von Zwergen aus der Nachbarschaft künstlich aufgeplustert werden; Zeile i.)

Wie der Arbeitstag sich durch solche Maßnahmen schrittweise vereinfacht (und welcher Preis dafür zu zahlen ist), zeigt uns noch eindrücklicher Tabelle 12.14, in welche auch der Spitzentag der Zerhackung, der 10. Juni 1975, Zugang gefunden hat. Wir haben früher den 10. Juli und den 28. August je nacherzählt. Die Schilderung beruhte auf der protokollarischen Festnagelung aller Arbeitseinheiten mittels Fünfminutenrasters. Bei der Be-

Tabelle 12.14: Arbeits- und Beschäftigungseinheiten bei verschiedenen Rastern

	Di, 10. Juni 1975			Do, 10. Juli 1975			Do, 28. Aug. 1975		
	alle Einh.	Mischeinheiten		alle Einh.	Mischeinheiten		alle Einh.	Mischeinheiten	
	z	z	(da)	z	z	(da)	z	z	(da)
AE nach F-Raster	74	0	(0%)	35	1	(0.7%)	31	3	(2,6%)
BA nach F-Raster	57			16			25		
BA nach FV-Raster	20	5	(18,0%)	6	1	(2,0%)	13	3	(7,8%)
BA nach FH-Raster	13	5	(39,1%)	4	1	(7,3%)	7	2	(18,1%)

AE Arbeitseinheiten BA Beschäftigungsabschnitte
da „Tagesanteil“: Dauer der Mischeinheiten in Prozent der Gesamtarbeitszeit

schränkung auf „Beschäftigungen“ und Anwendung des FV- und des FH-Rasters könnte die Erzählung immer kürzer und prägnanter werden. Sogar den 10. Juni kann man schließlich bis auf 13 Einheiten domestizieren. Die verfolgten Hauptanliegen und erledigten Hauptbesorgungen treten immer markanter hervor. Das sind monumentale Bausteine des alltäglichen Alltags – aber sie sind nicht alle aus Granit, geschweige denn aus Marmor. Immer mehr bestehen sie auch aus Mergel. Die Abschnitte mit „vermischten“ Tätigkeiten nehmen zu, viel weniger zwar an Zahl, aber an zeitlichem Umfang. Mit sekundärem Halbstunden-Filter aufgenommen, ist das Bild des 10. Juni 1975 zuletzt nur noch zu drei Fünftel einigermaßen scharf erkennbar.

12.2 Die Differenzierung der Beobachtung

Verhaltensstrom und Erfassungsraster

Unser Forschungsanliegen geht dahin, ablaufendes Verhalten in seinen natürlichen Einheiten zu erfassen. Anhand eines Vergleichs mit dem Viertelstundenraster haben wir im letzten Unterkapitel gezeigt, daß das Fünfminutennetz, welches P. über sein Arbeitsgeschehen auswarf, nicht das einzig mögliche Verfahren zu diesem Zwecke ist. Es gibt andere naheliegende und praktikable Größenordnungen für die Erfassung des menschlichen Verhaltensablaufs. Beschränken wir uns auf Beschreibungen molarer Geschehnisse, so stehen rund ein Dutzend natürliche Raster zur Verfügung. (Rückblickend auf Kapitel 10.1 müßten wir wohl sagen: „soziologisch-natürliche“.) Von unten nach oben aufgezählt, sind es die folgenden:

Unbeschränkter (molarer) Raster
Minuten-Raster
Fünfminuten-Raster
Viertelstunden-Raster
Halbstunden-Raster
Stunden-Raster
Halbtages-/Tagesteile-Raster
Tages-Raster
Wochen-Raster
Monats-Raster
Vierteljahres-Raster
Jahres-Raster
Mehrjahres-Raster
(Jahrzehnte-Raster)
(Lebens-Raster)

Beherzte Verhaltensbeobachter vom Schlage unseres Freundes Newtson kämen damit freilich noch keineswegs aus; sie müßten einige weitere Stufen vorschalten, um auch jede einzelne Arm- und Beinbewegung ihrer Bedeutung entsprechend würdigen zu können. Auch langen wir mit unseren molaren Rastern ja noch längst nicht bei den sogenannten Basis-Handlungen (Fingerdruck auf den Bleistift beim Schreiben dieses Textes) an. Da unser Interesse hier aber nur jenen Handlungen gilt, die vom Akteur wie vom Partner als sinnvolle Einheiten erlebt werden, können wir die Aufzählung getrost mit dem „unbeschränkten" molaren Raster – dem „Midwest-Raster" – beginnen lassen.

Auch am andern Ende stoßen wir auf Grenzen sinnvoller Anwendbarkeit. Wir müssen an dieser Stelle wohl nochmals daran erinnern, wie wir das Wort „Raster" gebrauchen. Es gibt das unterste zeitliche Limit für die Differenzierung der Beobachtung an. So wird beispielsweise Verhalten, das innerhalb von fünf Minuten abläuft, und sei es noch so bewegt, beim F-Raster als geschlossene ungebrochene Einheit registriert. Somit würde bei einem „Lebens-Raster" diese minimale Beobachtungsspanne mit der (für individuelles Verhalten) maximalen, dem Leben als Ganzem nämlich, zusammenfallen. Mit einem Lebens-Raster erfaßt, hat beispielsweise Mozart nichts getan als komponiert. (Was werden Sie einmal getan haben?) Voltaire stellte für uns Menschen sogar eine allgemeine Lebensraster-Formel auf: „ils nacquîrent, ils souffrîrent, ils mourûrent"; dabei hat er gleich auch die Grenzpunkte mitgeliefert. Auch ein „Jahrzehnte-Raster" läßt sich wohl mehr nur zur Angabe allgemeiner Strukturen des Lebenslaufs benützen, wie der fünf Lebensphasen bei Charlotte Bühler (1933, 19) oder der vier „eras" im Leben des Mannes bei Daniel J. Levinson (1978, 20). Bereits um die kürzeste individuelle Biographie (etwa für einen Klappentext) zu schreiben, bedarf man eines „Mehrjahres-Rasters" (man kann da etwa an Drei- bis Fünfjahresperioden denken, wie sie bei Amtsdauern, Legislaturperioden, Fünfjahresplänen ja auch offiziell üblich sind); und wenn Sie sich irgendwo um eine Stelle bewerben, so werden Sie die Reihe Ihrer bisherigen Anstellungen hoffentlich mit Hilfe eines Jahres- (oder allenfalls Vierteljahres-) Rasters hinlänglich nachzeichnen können und nicht auf Monate oder gar Wochen hinuntergehen müssen. (Mit einem Wochen-Raster hätten Sie zumindest bei der Akademischen Berufsberatung Bern keine Chance. Legen Sie in diesem Falle also die Feder beiseite.)

Rasterwechsel und Tageslauf

Uns geht es im gegenwärtigen Kapitel allerdings nur um den Tageslauf. Da fallen Raster ab Wochen-Größe von vornherein außer Betracht. Wollten wir uns die Beschreibung unserer Tage einfach machen, so könnten wir allerhöchstens zum Tages-Raster greifen. Aber da gälte natürlich dasselbe, was wir eben für den Lebens-Raster festgestellt haben. Nur bei besonders klar abgegrenzten und herausgehobenen Tagen mit beherrschendem „Leitthema" oder „Leitvollzug" könnte der Tages-Raster auch einer individuellen Tages-Kennzeichnung dienen. Wir haben etwa den „Informationstag" vom 26. Januar 1973, den „Gurten-Tag" vom 20. März 1975, den Büro-Ausflug vom 22. Mai 1975 angetroffen; auch wäre es kaum absurd, P.'s 9. Juni 1975 schlicht als „Budget-Tag" zu bezeichnen. So erginge es aber längst nicht allen 451 erfaßten Arbeitstagen aus P.'s Vollerhebungszeit. Mit Hilfe eines Tages-Rasters registriert, müßten sich viele von ihnen mit ihren Nachbarn zu größeren Einheiten zusammenschließen (so bildete zum Beispiel der AGAB-Diagnostik-Kurs vom 1. bis zum 3. Oktober 1975 eine Einheit). Noch weitere, besonders zerhackte, durchmischte oder themenflüchtige Tage, wie den 10. Juni 1975, müßte man resignierend einfach als „Mischtage" bezeichnen. Hätte P. seine drei Erhebungsjahre mit solchem Raster erfaßt, so hielte der Leser nun nicht ein Buch mit zwölf Kapiteln, sondern bloß einen dreiseitigen Aufsatz in den Händen.

Da auch der Halbtages-Raster mit seinen „drei Tageshälften" (Vormittag, Nachmittag, Abend) nicht jedem Tag gerecht werden könnte, verbleiben uns sechs Schlüssellöcher, durch die wir Tagesläufe verfolgen können: Stunde, halbe Stunde, Viertelstunde, Fünfminutenspanne, Minute und molare Minimalphase. Das Bild ist veraltet und wäre im Zeitalter der Technik für jedermann durch ein vertrauteres und zutreffenderes zu ersetzen. Sind wir doch heute in der Lage, durch bloßes Knopfdrehen Details unseres Gesichtsfeldes mit dem Filmapparat heranzuholen oder von uns wegzuschieben. Rasterwechsel wären also am ehesten mit dem Zoomen zu vergleichen.

Im folgenden wollen wir eine kleine Lehre vom Zoomen bei der Verhaltensbeobachtung entwickeln. Was geschieht, wenn sich der registrierende Beobachter näher ans Geschehen heranmacht oder größere Distanz dazu gewinnt? Welche inhaltlichen Veränderungen ergeben sich, und wie beeinflussen sie den Realitätsgehalt und die Erlebnisnähe der Beobachtungen? (Auf das rein Technische des Vorgehens kommen wir dabei nicht mehr zurück; es wurde in Kapitel 10.4 und 10.5 hinreichend behandelt.)

Klar, daß man im Tageslauf umso mehr entdeckt, je genauer man hinschaut. Wenn wir das nicht in Unterkapitel 12.1 ganz konkret gesehen hätten, würde es uns die nackte Vernunft sagen. Mit dem F-Raster machen wir pro Tag mehr Einheiten aus als mit dem V-Raster. In diesem Unterkapitel werden wir der Frage nachgehen, wo die neuen Einheiten denn eigentlich herkommen. Wir werden uns ans Verhalten heranzoomen und das schrittweise Auftauchen neuer Phänomene studieren.

Was uns hingegen unsere Vernunft nicht ohne weiteres verrät, ist die Tatsache, daß auch auf dem umgekehrten Weg neue Einheiten entstehen – dadurch nämlich, daß alte sich auflösen und zu größeren zusammenschließen. Sind das echte Einheiten? Entsprechen sie ebenfalls Realitäten? (Genau das würde ja wohl der Kritiker, der uns in dieses Kapitel hineinmanövrierte, bezweifeln.) Dies sind Probleme, die auftauchen, wenn wir aus der Naheinstellung wieder zurückzoomen. Wir halten sie für so wichtig und interessant, daß wir ihnen ein eigenes Unterkapitel widmen wollen.

Wir veranstalten im folgenden also einen Kontermarsch. In Unterkapitel 12.2 verschieben wir uns vom S-Raster hinunter zum U-Raster; und in Unterkapitel 12.3 gehen wir den gleichen Weg dann wieder zurück. Bevor wir aber den Wanderstock ergreifen, wollen wir zunächst ein paar Spekulationen anstellen über die Größenordnung der Veränderungen, die dabei zu erwarten sind.

Raster und Einheiten

Was geschehen wäre, hätten wir statt des F-Rasters den V-Raster angewendet, konnten wir einigermaßen zuverlässig berechnen. Versuchen wir uns in die andere Richtung zu bewegen, so geraten wir hingegen in noch ungerodetes Gestrüpp. Während der langen Jahre der Arbeitserhebung ist ja alles, was kürzer dauerte als fünf Minuten, unrekonstruierbar untergegangen. Es bleibt uns, im Rahmen der eigenen Untersuchung, bloß die Möglichkeit, die Ergebnisse unseres F-V-Vergleichs analog auch auf eine Gegenüberstellung von F- und M-Raster zu übertragen. (M steht im folgenden für „Minuten".)

V ist dreimal größer als F, F jedoch fünfmal größer als M. Die Quotienten, die wir oben gewonnen haben, müssen wir darum – unter Annahme sonst gleicher Übersetzungsverhältnisse – mit 5/3 multiplizieren. Wenden wir diesen Trick an, so können wir bei minutengenauer Erfassung pro Arbeitstag rund 145 Arbeitseinheiten, 100 thematische Abschnitte und 60 Tagestätigkeiten erwarten; die Themenzahl in $15^1/_2$ Monaten stiege dann auf über 4000 an.

Ob diese Erwartung realistisch ist, wissen wir natürlich nicht. Es ist möglich, daß die Zerteilung des Tages bei Verfeinerung der Beobachtung rascher auf Grenzen stieße, möglich aber auch, daß sie sich noch stärker vervielfachte. Ein glücklicher Zufall spülte uns, viel später, ein paar weitere Zahlen zum M-Raster ins Haus. Im Jahre 1983 hat unser Mitarbeiter Josef Lang ganze Beratungen mit Video- und Tonband aufgenommen und – unter anderem – deren Verlauf abschnittweise beschrieben. Spontan wandte er dabei einen M-Raster an; von P.'s Raster-Überlegungen wußte er dabei nicht das geringste.

Auch ein mehrstündiges Beratungsgespräch P.'s wurde diesem Verfahren unterzogen (Lang, 1986, II, 116–121). Zählen wir die von Lang unterschiedenen Abschnitte der Unterredung P.'s mit seinem Ratsuchenden, so erhalten wir im Durchschnitt 25 Einheiten pro Stunde oder, umgerechnet auf einen ganzen Arbeitstag, deren 210. Das ist um die Hälfte mehr als die oben berechnete Größe von 145; aber der Vergleich läßt natürlich mehrere Fragezeichen offen, methodenbezogene wie auch inhaltliche. Vor allem ist fraglich, wie weit Gespräche in struktureller Hinsicht typisch sind für Verhalten im allgemeinen. Daß Handlungsabläufe auf der Ebene der repräsentierten Realität anderen Rhythmen folgen können, haben wir ja bei Klingers Analyse der Fantasietätigkeit gesehen (vgl. Seite 552). Klingers Zahlen beziehen sich natürlich auf den U-Raster (den „unbegrenzten" molaren), für den wir auch Werte berechnet haben aus dem Tag des siebenjährigen Raymond Birch. Wenn wir uns nicht scheuen, Angaben aus so verschiedenen Quellen zu vereinigen – aus dem Arbeitsleben eines fast fünfzigjährigen Berufsmannes sowie aus einem seiner Beratungsgespräche acht Jahre später, aus den Fantasien zwanzigjähriger Studierender und dem Tageslauf eines siebenjährigen Jungen – und Fehlendes erst noch zu extrapolieren, so können wir eine recht interessante Aufstellung über Raster und Einheiten liefern (Tafel 12.21).

Sie weist fünf Kolonnen auf. Für jeden Raster – die halbe Stunde lassen wir aus – ist zunächst die kürzeste Erfassungsspanne angegeben, daneben die Zahl solcher Zeitstücke pro 24-Stunden- und pro Normal-Arbeits-Tag. Wir bezeichneten diese Zeitspannen in Kapitel 6.6 als „Arbeitselemente". In Kolonne 4 haben wir ihnen die Zahl „empirisch" beobachteter Einheiten gegenübergestellt – für den F-Raster exakt ausgezählt bei einem Erwachsenen, für den U-Raster überschlagsmäßig ermittelt bei Buben und Studenten; für den V-Raster wurde sie recht zuverlässig, für den M-Raster unzuverlässig daraus errechnet und für den H-Raster bloß extrapoliert. Fünfhundert Minuten hat der Arbeitstag, 140 bis 210 Einheiten werden während seiner Dauer mit dem M-Raster durchschnittlich erfaßt. Nehmen wir die Mitte (175) so können wir sagen, daß auf 100 Arbeitselemente von Minutendauer 35 Erfassungsabschnitte fallen. So berechnen wir die Zahlen von Kolonne 5.

Tafel 12.21: Raster und Abschnittszahl

	" Arbeitselemente "			Erfaßte Abschnitte	
	Kürzeste Zeitspanne der Erfassung	Maximalzahl möglicher Abschnitte pro		Durchschnittszahl pro Arbeitstag	Zahl pro 100 " Arbeitselemente "
		24 Std.- Tag	Arbeitstag		
	1	2	3	4	5
U - Raster	(Sekunde)	(36`400)	(30`000)	2`500 - 7`000	(10 - 25)
M - Raster	Minute	1`440	500	140 - 210	35
F - Raster	5 Minuten	288	100	43	43
V - Raster	Viertelstunde	96	33	21.5	65
S - Raster	Stunde	24	8	6 - 7	75 - 85
H - Raster	Halbtag; Tages - teil à mind. 4 Std.	2 - 6	2	(1 - 2)	?
T - Raster	Tag	1	1	weniger als 1	?

Falls die Grundlagen in Kolonne 4 stimmten – aber das ist völlig ungewiß –, so stiege bei Raster-Vergröberung die Zahl beobachteter Einheiten pro 100 Arbeitselemente stetig an. Umgekehrt würde das bedeuten, daß bei Verfeinerung der Sichtweise die effektive Beobachtung nicht mit der Zunahme an Differenzierungsmöglichkeiten Schritt hielte. (Das entspricht einem unserer Hauptbefunde im ersten Unterkapitel.) Diese Annahme würde einem sogar Rückschlüsse auf den verwendeten Raster erlauben. Henry Mintzberg erwähnt in seinem Aufsatz über Manager eine Untersuchung von 56 amerikanischen Meistern, welche „ergab, daß sie pro Acht-Stunden-Schicht durchschnittlich 583 Aktivitäten erreichten, alle 48 Sekunden eine Aktivität" (1976, 54). Nach Tabelle 12.21 ließe sich daraus die Vermutung ableiten, daß sie ungefähr auf dem Viertelminuten-Niveau beobachtet wurden – einem insofern „natürlichen" Raster, als man etwa so viel Zeit braucht, um eine beobachtete Tätigkeit zu notieren. (In Kolonne 5 ergäbe das einen Wert von 29.) Übrigens geben gerade Untersuchungen an Managern ein eindrückliches Demonstrationsbeispiel für das Zoomen ab. Nach Mintzbergs eigenen Studien dauern nämlich Managertätigkeiten im Durchschnitt zwischen 5 und 15 Minuten, also zehnmal so lange wie die der 56 Meister. Das dürfte kaum auf eine radikal verschiedene Personenauswahl, sondern vielmehr auf eine andere Brennweite des Beobachtungsinstrumentes zurückzuführen sein.

Das Entstehen neuer Einheiten

Wenn man sich, durch Verfeinerung des Rasters, näher an den Tageslauf heranzoomt, so könnte man den Eindruck erhalten, es seien Heinzelmännchen am Werk. Man geht mit dem F-Raster ins Bett und wacht mit dem M-Raster auf, und schwupp!, da stehen die neuen Dinger da wie seinerzeit die fixfertigen Stiefelchen in der Ballade von Kopisch. Das nächtliche Treiben möchte man gerne heimlich belauschen. (Vor dem Streuen von Erbsen wird gewarnt.)

Der stufenlos arbeitende Zoom hat dieses Geschehen seines Geheimnisses beraubt. Es enthüllt sich nun offen dem neugierigen Blick. Achten wir etwa auf jenes graue, nur unscharf erkennbare Verhaltensstück irgendwo mitten im Tageslauf. Es hat keine klare Identität, sondern besteht offenbar aus einer Mischung verschiedener kleiner Arbeiten. Je näher wir uns nun an das Geschehen herantasten, desto präziser grenzen sich die darin vermischten einzelnen Tätigkeiten gegeneinander ab. Graustellen werden kürzer und kristallisieren sich schließlich durchwegs in Handlungsabfolgen aus. Das ist dargestellt in Figur 12.22 (unter b).

Andernorts laufen, aus Distanz betrachtet, zwei oder drei Arbeiten scheinbar gleichzeitig ab, als parallele Einheiten des Handelns. Je näher wir nun herankommen, desto deutlicher löst sich dieses optische Phänomen auf ins zeitliche Nacheinander „oszillierender" Tätigkeiten (Variante

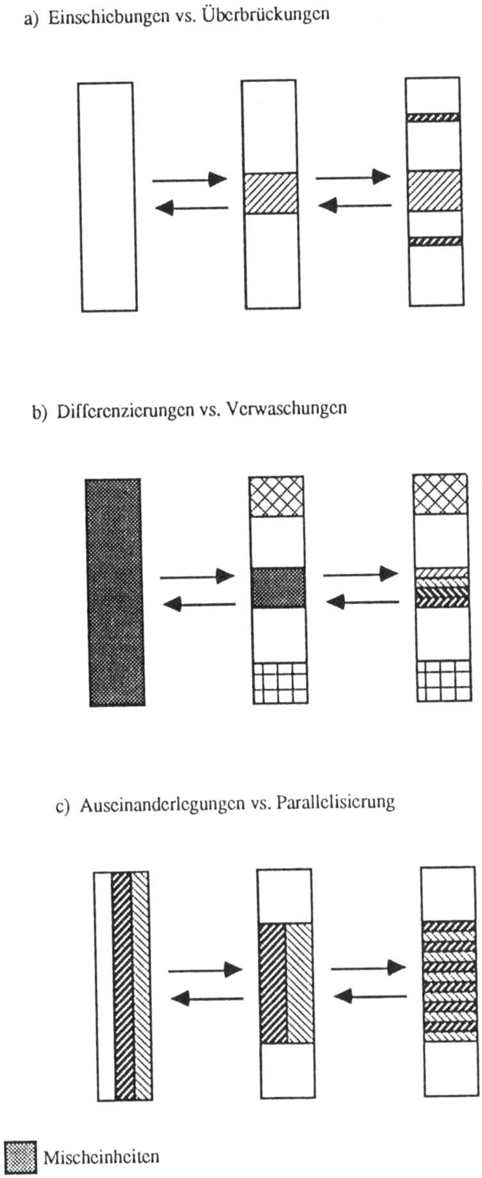

Fig. 12.22: Die drei Hauptwirkungen der Rasterwechsel
Links der gröbste, rechts der feinste Raster

c). Also: Auflösung gemischter oder miteinander verflochtener Unternehmungen in Einzelbestandteile – das scheint ein Hauptwerk unserer Heinzelmännchen zu sein.

Aber es ist keineswegs das einzige. Einem seltsamen Treiben müssen wir auch zuschauen, wenn wir unsere Aufmerksamkeit den schönen glatten Verläufen geschlossener, inhaltlich klar definierbarer Tätigkeiten zuwenden und nun den Zoom betätigen. Da entdeckt unser Blick plötzlich, wie auf der zuvor makellosen Oberfläche Flecken auftauchen. Einschiebsel von der nun neu unterscheidbaren Minimallänge heben sich aus den Arbeitsgängen heraus, unterbrechen deren klare Linie, spalten sie in Teile auf oder fressen ihre Ränder an. Neue Einheiten ergeben sich diesmal nicht durch Differenzierung unscharf erfaßter oder parallel-laufender größerer, sondern entstehen gleichsam aus dem Nichts. Wie Blasen steigen sie aus der Tiefe an die Oberfläche längerer Beschäftigungen auf.

Es gibt also verschiedene Wirkungen des Rasterwechsels. Differenzierungen und Auseinanderlegungen sind uns aus dem vorderen Unterkapitel wohlbekannt; von der zuletzt dargestellten Wirkung haben wir dort aber wenig vernommen. Das dürfte hauptsächlich daher kommen, daß das geringe Übersetzungsmaß von V- zu F- Raster (1 : 3) recht wenig Gelegenheit dazu bot. Dennoch dürfte hier wohl der wichtigste Grund für die Vermehrung der Einheitenzahl bei Verfeinerung des Rasters liegen.

Digression und Stabilisierung

Wenn Thomas Mann über einen Vormittag im Frühling 1935 berichtet: „3 Stunden gearbeitet" (1978, 98), so glaubt ja wohl niemand im Ernst, er sei nie dabei aufgestanden, um sich kurz zu erholen, oder gar, er sei mit seinen Gedanken keinen Moment von der Arbeit abgeschweift. Sein auf diesen Morgen angewandter Raster war nur einfach zu grob, um solche Unebenheiten der Arbeit zu registrieren. P. hat vierzig Jahre später, am 9.6.75, hingegen getreulich aufgezeichnet, wenn er seine Arbeit am Budget 1976 auch bloß für fünf Minuten unterbrach. Am Vormittag des 4.2.1975 allerdings, beim vierstündigen (Streit-)Gespräch über Psychodiagnostik, konnte er keine solche Einschiebung vermerken; und dennoch wird auch hier niemand daran zweifeln, daß P. und sein Partner manchmal für eine halbe oder ganze Minute vom Thema abwichen. Mit solchen Digressionen muß man offenbar selbst auf höchster Stufe rechnen. Konrad Adenauer soll seinerzeit im Ministerrat der Bundesrepublik streng darüber gewacht haben, daß die Redner nicht abschweiften, während Dwight D. Eisenhower jovial über kleine Entgleisungen hinwegsah (Blümel, 1958, 46). Auch durch äußere Umstände können Arbeiten vorübergehend unterbrochen werden. P., dem einmal das Licht im Saale ausging, während er einen Vortrag hielt, kann das aus erster Hand bezeugen.

Wenn wir das Studium des Verhaltens – des fremden oder eigenen – verfeinern, so tauchen überall Einschiebungen auf; und wenn wir es vergröbern, so versinken sie spurlos im Schoße größerer Einheiten. Dieses Phänomen macht ein zentrales Prinzip menschlichen Verhaltens augenfällig, nämlich das Zusammenspiel – oder den Widerstreit – von Digression und Stabilisierung. Der Leser, der sich selber gelegentlich bei der Arbeit beobachtet, versteht, was gemeint ist. Hat er nicht eben dem Vogel vor dem Fenster zugeguckt? (Wenn nicht, so wird er sich doch gewiß in kurzem beim Zurückdenken an den gestrigen Abend ertappen.) Kaum einer dürfte von diesem Buch so fasziniert, von Natur aus so diszipliniert oder durch Kalkablagerungen so verknöchert sein, daß sich im Fortgang der Lektüre keinerlei Unebenheiten feststellen lassen. Während wir uns einer Sache zuwenden, pflegt unsere „Ideation" (mit Klinger zu reden) selbständig weiter- und manchmal davonzulaufen; unsere Gedanken digredieren, und das nicht bloß bei langweiligen oder komplizierten Vorträgen (einschließlich Predigten), sondern gelegentlich selbst während Verhandlungen und Beratungen. (Das mag noch angehen; aber wenn wir Italo Calvino Glauben schenken dürfen, wandert sogar die Aufmerksamkeit des Chirurgen immer wieder für ein paar Sekunden zum eben gekauften Buch ab, während der Patient mit offenen Eingeweiden auf dem Operationstisch liegt. – 1983, 13.) Äußere Begebenheiten helfen natürlich mit. (Wieder dieser merkwürdige Vogel vor dem Fenster! Wissen Sie, was es für einer ist?)

Typisch ist nun für den (abendländischen? – übrigens: kann man heute eigentlich das Wort „Abendland" noch gebrauchen? Doch zurück zum Thema!) für den abendländischen Erwachsenen, daß er seine digredierenden Gedanken und Blicke immer wieder „zurückpfeift", zurück zum Thema, dem er sich eben widmet – es sei denn, daß er sich von besonders hartnäckigen äußeren Störenfrieden schließlich doch aus seiner Bahn werfen läßt, oder daß er seine Abschweifungen als konstruktive Einfälle begrüßt und pflegt. „Digressions, incontestably, are the sunshine; – they are the life, the soul of reading!", so äußert sich ein Klassiker der Abschweifungen, nämlich Laurence Sternes Tristram Shandy (1759/1950, 73 f.).

Das Wechselspiel von Digression und Stabilisierung müßte unseres Erachtens bei Feinanalysen des Arbeitens und Denkens besonders deutlich zutage treten. Würde man den Tageslauf Berufstätiger mit einem Klingerschen Erfassungsnetz einfangen, so blieben gewiß in allen Maschen „Digressionen" hängen, Wechsel der Zuwendung und Kehren der Aufmerksamkeit, die jedoch – während der Arbeitstätigkeit! – normalerweise gleich wieder zu bloßen Zwischenspielen verkümmerten. Die stabilisierende Kraft thematischer Zuwendungen wirkt ihnen zumeist erfolgreich entgegen.

Das Auftauchen neuer Themenarten

In unserem Zusammenhang verdient dabei das folgende besondere Beachtung. Aus den Befunden des letzten Unterkapitels geht hervor, daß wir, wenn wir unsere Aufmerksamkeit vom Viertelstundenrhythmus auf die Fünfminutenfolge zuspitzen, nicht nur neue Einschiebungen im Verhaltensstrom vorfinden, sondern erstmals auch eine Themenkategorie, die zur Hauptsache durch die Maschen des V-Netzes durchschlüpft, weil ihre charakteristische Erscheinungsform gerade das fünfminutenlange Auftreten ist: die Routinen. (Dasselbe gilt übrigens auch für Serienthemen.) Nicht, daß ihre Äußerungen beim V-Raster total verschwänden; aber man würde anhand der übrigbleibenden großen, seltenen und untypischen Teilstücke das besondere Wesen dieser Themenart gar nicht begreifen können. Es gibt also Zuwendungsgegenstände, die nur bei feinen Rastern faßbar werden und die dem Erforscher des Tageslaufs, der gröbere Netze auswirft, gar nicht begegnen.

Das gilt auch für andere Themenkategorien, die wir in Teil B unterschieden haben. Erst wenn wir vom Stunden- zum Viertelstunden-Raster übergehen, können wir beispielsweise jener thematischen Gebilde gewahr werden, die wir „Sammelthemen" nannten. Im „S-Raster" würden davon nur ein paar wenige große Beschäftigungen übrigbleiben, die nicht erahnen ließen, daß es sich hier im Grunde um eine unstrukturierte Folge immer neuer Rückkehren zur gleichen Sache handelt. Und selbstverständlich können auch unsere „Zwischenthemen" – Zuwendungen, die gerade durch ihre Kürze definiert sind – frühestens mittels Stunden-Rasters festgestellt werden.

Wenn wir uns also von der gröbsten, nur im Halbtages-Rhythmus erfolgenden Betrachtungsweise an das Arbeitsgeschehen eines Tages heranzoomen, so tauchen nicht bloß immer feinere Einschiebsel auf, sondern in ihnen und durch sie auch neue Gegenstandsarten: zuerst (auf Stufe Stunde) kurze Einmalbeschäftigungen aller Art, die Zwischenthemen, dann (auf Viertelstunden-Niveau) locker gefügte Stücke der Beschäftigung mit längerdauernden Gegenständen, die Sammelthemen , schließlich (beim Übergang zur Fünfminuten-Erfassung) die routinemäßige Betreuung regelmäßig wiederkehrender einfacher Besorgungen. Geht das nun so weiter? Werden wir auch wieder eine Entdeckung machen, wenn wir vom F-Raster her den nächsten Schritt tun und unser Verhalten auf die Minute genau registrieren?

Ich vermute es. Vorstellbar ist beispielsweise, daß dann vermehrt – und in neuer Art – die Wirksamkeit emotionaler, vielfach auch privater Präokkupationen zutage tritt: daß wiederholt, wenn auch immer nur für kurze Zeit, unsere Gedanken zu Dingen, die uns innerlich beschäftigen, abschweifen. Bis in den F-Raster dringt nur selten derartiges durch. Angetroffen haben wir es in P.'s Arbeitsjahr etwa beim Vorliegen belastender Personalprobleme, zum Beispiel nach P.'s Zusammenstoß mit seiner Sekretärin am 29. Januar 1975 (vgl. Seite 581): Da häuften sich die inneren Ablenkungen eine Zeitlang dermaßen, daß sie sich zur Paralleleinheit zusammenschlossen. Noch krasser war es im Jahr zuvor beim „Kollabieren" eines ganzen Problembündels (vgl. S. 220f.). Solche Absorptionen bildeten innerhalb des F-Arbeitsgeschehens gleichsam erratische Blöcke. Bei feinerer Erfassungsweise könnten sie sich jedoch als reguläre, alltägliche thematische Erscheinungen herausstellen, die sich in wiederholten Kurz-Digressionen äußern. Themen sind ja, wie wir zu Beginn von Kapitel 3 darlegten, „current concerns", und diese hat Eric Klinger, der den Begriff prägte, zuerst und vor allem an emotionalen Präokkupationen nachgewiesen. Vielleicht könnte sich also das Reich, dessen Erforschung Klinger sich 1971 verschrieben hat, bei Anwendung eines feineren als des F-Rasters auch uns erschließen; und damit wäre ein neues Stück Kontinuität zwischen verwandten Forschungstätigkeiten hergestellt.

Bei der Wahl eines unbeschränkten Rasters schließlich träte wohl unversehens die ganze bunte Welt kleinster Einfälle und Ablenkungen auf den Plan, die auch – wenngleich in verschiedenem Ausmaß – für uns Erwachsene typisch sein dürfte: die Welt der Vögel auf dem Fensterbrett und all der flüchtigen Bilder vom gestrigen Abend. Das sind jedenfalls die Themen, die den Tag des Kindes charakterisieren. (Bei Midwest-Kindern unter zehn Jahren dauerten mehr als die Hälfte aller „Episoden" bloß eine halbe Minute oder weniger; vgl. Barker und Wright, 1955/71, 291).

12.3 Zusammenschau und Realität

Wenn wir uns also an das Geschehen näher heranzoomen, sehen wir nicht nur mehr und besser, sondern entdecken auch immer Neues. Gehen wir den umgekehrten Weg, müssen wir uns folglich auf einen empfindlichen Verlust an Informationen gefaßt machen. Je nach Zielsetzung können wir ihm aber nicht ausweichen; P. standen beispielsweise die vier Mann-Leben nicht zur Verfügung, die er gebraucht hätte, um seine Erhebung auf Midwest-Niveau durchzuführen. Es stellt sich dann eine andere, heiße Frage: Ist dieser Verlust an Informationen auch ein Verlust an Realität? Verfälscht der Beobachter aus (zunehmender) Distanz die erlebte Wirklichkeit, indem er „Einheiten" gründet, wo gar keine sind, Zusammenschlüsse vornimmt, die realiter gar nicht unterlegt sind? In andern Worten: Schafft er schrittweise eine künstliche, eine Alibi-Struktur des Tageslaufes und des Arbeitsjahres? Die Frage muß getrennt geprüft werden für die drei grundsätzlichen Wirkungen des Rasterwechsels gemäß Figur 12.22: die Überbrückung (oder Einverleibung), die Verwaschung und die Parallelisierung von Einheiten.

Das Überspringen von Einschiebungen

Im ersten Falle machen wir jene Neuentdeckungen rückgängig, die uns das Herannahen an den Beobachtungsgegenstand beschert hat. So wie die andersartigen Farbflecke auf der Oberfläche geschlossener Einheiten aus dem Nichts aufgetaucht sind, so verschwindet der ganze Spuk nun auch wieder. Versuchen wir schrittweise immer breitere Ausschnitte aus dem Tageslauf mit einem Blick zu erfassen, so werden stets größere Happen solcher Digressionen von den überlebenden Einheiten aufgeschluckt.

Das zeigt uns ein Schulweg, der in der wissenschaftlichen Literatur bestens dokumentiert ist, nämlich jener des siebenjährigen Raymond Birch aus Midwest, U.S.A. am 26. April 1949. (Der Zufall will es, daß diese Zeilen am Abend des 25. April 1984 verfaßt werden. Morgen vormittag um halb neun werde ich, zur Fünfunddreißigjahrfeier, eine Gedenkminute einschalten. Der zweiundvierzigjährige Herr Birch wird ja selber kaum dran denken.) Die Beschreibung dieses Weges findet sich in Barker und Wright, 1951, 50–54, eine Analyse in Wright und Barker, 1950, 108–111. Wir schilderten diesen Weg schon früher (Seite 214) und sahen Raymond dabei mit allerhand Unternehmungen beschäftigt: er schaukelt auf einer Parkbank hin und her; er überquert vorsichtig und mit Hindernissen eine Straße; er liest ein Gummistück aus dem Straßengraben auf und prüft es; er guckt in ein Schaufenster; er zerquetscht genießerisch mit dem Fuß ein grünes Blatt.

Das alles (und noch mehr) erfaßt man mit dem „unbeschränkten Raster", der alle molaren Tätigkeiten registriert. Benützte man dagegen einen Minutenraster, so kämen die beiden letzten Aktionen zum Verschwinden; sie höben sich aus dem Schulweg nicht mehr heraus. Beim Übergang zum Fünfminutenraster würden zusätzlich die Ablenkungen durch Bank und Gummi eingeebnet werden – Raymond marschierte dann einfach geradewegs zur Schule, wobei sich – ganz knapp – allenfalls noch die Überquerung der Straße gesondert registrieren ließe. Im Viertelstundenraster ginge auch sie unter – ja, um genau zu sein: auch der insgesamt bloß sechsminütige Schulweg (8.27 – 8.33) hätte wohl nur dann eine Überlebenschance, wenn er sich mit benachbarten Verhaltensstücken anreichern ließe (so wie, ein Vierteljahrhundert später, P.'s Weg mit Herrn B. zum BIGA – vergleiche Zeile 5 der Figur 10.61 mit Zeile 2 der Figur 12.11.) Andernfalls ginge er, als abschließendes oder eröffnendes Element, entweder ins „play at courthouse" (7.58–8.26) oder ins „play on schoolground" (8.33–8.52) ein.

In „One Boy's Day" haben Barker und Wright solche Einheiten größerer Ordnung vorausgenommen durch die Bildung von sieben Tagesteilen mit je wiederum drei bis fünf „Szenen". Die insgesamt 25 Szenen entsprechen recht gut einer Erfassung mittels V-Rasters; zwölf, darunter der Schulweg als kürzeste, dauern rund eine Viertelstunde, die längste 7 V. Die Teile wiederum – eine, zwei oder drei Stunden lang – passen schön in den S-Raster.

„Going to school“ löst sich hier natürlich definitiv auf und bildet mit seinen oben erwähnten beiden Nachbarn die S-Einheit „Before School“ (1951, 37–66; 8 bis 9 Uhr). Doris Jaehner teilte die registrierten Tage ihrer drei Kinder in zehn bis zwölf Teile auf (1930).

Bis zum Niveau „Schulweg“ handelt es sich bei dieser Vereinfachung des Verhaltensablaufs um die Elimination von Digressionen oder die Ausebnung von Differenzierungen. Die Realität wird damit zwar „verarmt“, aber nicht eigentlich „verfälscht“, sondern bloß verdeutlicht: Die stabilisierende Handlung dieser Zeitspanne wird immer klarer herausgearbeitet. Die gleiche Wirkung würde eine Raster-Vergröberung auch auf P.'s „Budget-Tag“ am 9. Juni 1975 ausüben: Mit V-Raster verschwänden zwei 5-, mit S-Raster weitere vier 15- bis 25-minütige und mit Halbtagesraster schließlich zwei halb- bis ganzstündige „Abschweifungen“. Dann hätte P. den ganzen Tag über nur budgetiert – so wie Mozart, nach gröbstem Raster, sein Leben lang nur komponierte. (Was, zugegeben, fruchtbarer war.)

Erfassungsraster sind Hilfsmittel des Erkennens, die sich der zu erforschenden Realität möglichst anpassen sollten. Hier sind wir in der recht glücklichen Lage, daß ihnen – unserer Meinung nach – die Struktur der Realität entgegenkommt. Meines Erachtens ist das Festhalten an – und Zurückkommen auf – einmal eingeschlagene Tätigkeiten eben ein kennzeichnendes Merkmal im Verhalten des Menschen, wenigstens des erwachsenen westlichen. Zu Beginn von Kapitel 10.2 haben wir allerdings dargelegt, daß sich nicht alle dieser Auffassung anschließen. Nach Heinrich Rickert zum Beispiel bildet die unmittelbare Wirklichkeit ein heterogenes Kontinuum, in dem erst (und bloß) unsere begriffliche Auffassung Einheiten schafft. Die Elimination von Zwischenstücken, die wir eben beschrieben haben, trüge für ihn einen viel grundsätzlicheren erkenntnistheoretischen Charakter. „Denn auch wenn wir die Grenzen noch so nah aneinanderlegen, so fließt doch immer die Wirklichkeit selbst mit ihrer kontinuierlichen und daher unerschöpflichen Andersartigkeit zwischen ihnen unbegriffen hindurch. Wir können also mit den Begriffen nur Brücken über den Strom der Realität schlagen, mögen die einzelnen Brückenbogen auch noch so klein sein.“ (1926, 34.)

„Verwaschungen“ und Kategorienwechsel

Eigentliche, alleinstehende „Zwischen“-Stücke verschwinden also normalerweise durch Überbrückungen: Eine kürzere oder längere Digression versinkt einfach kommentarlos in der sie umgebenden längeren Arbeit. Das entspricht durchaus dem subjektiven Erleben, wie wir es in Kapitel 10.3 geschildert haben. Fragt man einen Handelnden nach seinem Tun, so ignoriert er recht häufig die niedrigsten, aber im Moment realsten Schichten seiner Aktivität und bindet großzügig zur höheren Gegenwart zusammen, was vor- und nachher kommt. Problematisch kann dabei höchstens das Aufschlucken von Randtätigkeiten werden.

Aber dieses Verfahren läßt sich nur bei Einschiebungen (oder allenfalls vereinzelten „Anstößern") rechtfertigen. Folgen sich dagegen Tätigkeiten wechselnder Ausrichtung, deren jede für den neu eingeschalteten Raster zu kurz geworden ist, so bietet sich für eine Zusammenschau keine Überbrükkung, sondern nur eine globalisierende Synthese an. Die paar sich folgenden Tätigkeiten können allesamt nicht mehr differenziert erfaßt, sondern müssen auf einen Haufen geworfen und ganz unspezifisch gekennzeichnet werden. Im Tageslauf tauchen somit – nun beim Weg von unten nach oben – Neuerscheinungen auf, nämlich jene verwaschenen Abschnitte, die wir Mischeinheiten genannt haben.

Das sind nun freilich, so betrachtet, keine echten neuen Einheiten. Es ist unsicher, ob wir während eines solchen Ablaufs das Erlebnis einer größeren Zusammengehörigkeit der Tätigkeiten überhaupt besitzen; gelegentlich kommt es gewiß vor („ich erledige eben Kleinkram"); ein hinlängliches Einheitsgefühl ergibt sich allerdings meist im nachhinein („nun, ich habe alles mögliche erledigt"). Aus dem Gesichtswinkel einer Zerhakkungstheorie können solche locker gefügte „Einheiten" Widersprüche erzeugen. Unruhige Bewegung erstarrt, im gröberen Raster, zu scheinbarer Ruhe. Themenflucht-Zerhackung wird damit aufgehoben; hochgradig zerhackte F-Tage können sich gelegentlich in sehr ausgeglichene V-Tage verwandeln.

Der Realitätsgehalt solcher neuer Strukturen ist also recht fragwürdig. Aber die Sache kann durchaus auch ein anderes Gesicht gewinnen. Ob wir einen Tunsablauf, beobachtet aus größerem Abstand, als „Mischung" bezeichnen müssen, hängt sehr stark ab vom Begriffsinventarium, das wir verwenden. Stützen wir uns weiterhin auf jene Kategorien, die bereitgestellt wurden für einen feineren Raster, dann erhalten wir, je größere Zeitabschnitte wir zusammenfassen, desto rascher eine Mixtur aus je unterschwelligen Tätigkeiten. Anders dagegen, wenn wir das Kategoriensystem austauschen. Das konnten wir ja schon am Beispiel unserer „Vollzüge" erfahren. Aus nächster Nähe betrachtet, setzt sich die Ausführung unserer Aktionen stets aus „Basis-Tätigkeiten" zusammen. Wir „beraten" nicht, sondern jetzt reden wir, dann hören wir, dazu denken wir, dann neigen wir uns vielleicht ein klein wenig vor und reden wieder; und stets schauen wir ... (und tun manches, wovon wir im Moment nichts wissen; vgl. Lang, 1986). Versuchen wir solche Tätigkeiten jedoch mit einem Fünfminuten-Netz einzufangen, so verschwimmen sie durchwegs zu Mischformen des Tuns. Das haben wir in Kapitel 9.3 anhand konkreter Beispiele beschrieben (vgl. Seite 485). Hingegen sind diese „Mischungen" verschieden getönt – so unterschiedlich, daß es uns mit Leichtigkeit gelungen ist, daraus ein neues System von (gröberen) Vollzugskategorien zu bilden. Beim Halbtages-Raster wären sie freilich schon längst nicht mehr brauchbar; es kämen da höchstens noch generelle Umschreibungen wie Sitzungen, Schreibtischarbeit, Reisen etc. in Frage. (Und über den Tagesrahmen hinaus werden Vollzugs-Kategorien ohnehin unanwendbar.)

Die Notwendigkeit, bei Vergröberung des Beobachtungsrasters zu allgemeineren Kategorien zu greifen, zeigt sich beispielsweise bei Raymond Birch's Spielen. Nach acht Uhr früh treibt er sich im und um das Gerichtsgebäude herum, in welchem seine Mutter als Sekretärin arbeitet. Mit einem Minuten-Raster beobachtet, kann man ihn drinnen etwa beim Üben mit einem Stempel oder beim Herumschieben eines Bürostuhles ertappen; draußen wirft er ein Brett in die Luft, versucht über eine Gartenbank zu springen und auf ihr zu balancieren. Aus Fünfminuten-Distanz gesehen, werden daraus Manipulationen mit Büroutensilien beziehungsweise Gartenobjekten. Unverändert erhalten bleiben vorläufig noch sein (sechsminütiges) Zeichnen auf Büropapier sowie die (fünfminütige) Imitation eines Baseball-Spieles mit Hilfe eines aufgefundenen Schlagballstocks. Im Viertelstunden-Raster schmölze das alles zusammen zu Beschäftigungen in Mutters Arbeitsraum beziehungsweise Alleinspielen draußen im Hof; und für die Stunde von acht bis neun, wo sich noch das Herumtollen mit Schulkameraden hinzugesellt, reduziert es sich schlicht auf „Spiele", in Abhebung etwa von der nachfolgenden Schulstunde.

Dieses Prinzip gilt keineswegs nur für Beobachtungen von außen. Auch die handelnde Person selber pflegt in der nachträglichen Selbstbeobachtung oft „zurückzuzoomem" und Verhaltenssplitter zu größeren Einheiten zusammenzufassen. Hans Thomae kann das am Beispiel eines Leistungsexperimentes („Bauprobe" nach Klemm und Bienert) sehr schön demonstrieren. „Die in der systematischen Verhaltensbeobachtung zugänglich werdenden ‚Betätigungseinheiten des Abzählens, Abtastens, Bauens, Zerstörens und Neubeginnens, des Aufsetzens und Abnehmens einzelner Klötzchen', werden in der Selbstbeobachtung zusammengefaßt zu der einzigen Feststellung ‚ich habe herumprobiert'." (Thomae, 1968, 140 f.).

Überlappungen und Parallelisierung

Unser siebenjähriger Gewährsmann Raymond Birch hat es faustdick hinter den Ohren. In der Morgenstunde des 26. April 1949 hat er uns nicht bloß zuerst – vor dem Gerichtsgebäude – Fall b) aus Figur 12.22 vordemonstriert, dann – auf seinem Schulweg – Fall a). In den letzten zwanzig Minuten vor Schulbeginn wartet er beim Eid auch noch gleich mit Fall c) auf. (Man hätte bei aller Kunstbeflissenheit kein besseres Demonstrationsbeispiel konstruieren können als es hier die ökologische Realität schuf!) Selbst mittels M-Rasters kann man nämlich nach Raymonds Ankunft auf dem Schulhof, von 8.33 bis 8.52, kaum mehr ganze Minuten mit einheitlichem Spiel ausmachen. Und dennoch läßt sich in den Hauptzügen sehr leicht beschreiben, was er da trieb. Untermischt mit ein paar weiteren kleinen Aktionen kommt er nämlich immer wieder auf die gleichen Tätigkeiten zurück: Er spielt mit zwei Hunden, jagt sich mit seiner Klassenkameradin Susan Hebb, die ihm seine Mütze und seine Jacke wegnehmen will, unterhält sich mit anderen Buben. Studieren wir den Ereignisablauf mit unbeschränktem Raster, so folgen sich Verhaltensstücke dieser Art in buntem Wechsel. In den sechs Minuten von 8.40 bis 8.46 sind es rund dreißig. Elf davon beziehen sich auf Susan, fünf auf einen Kameraden, vier auf Raymonds immer neu aufgenommenen Versuch, die ihm lästige Jacke irgendwo zu deponieren, drei auf die Hunde und der Rest auf weitere, meist nur kurz eingeschobene Tätigkeiten.

Unsere technischen Regeln schreiben uns vor, bei Raster-Vergröberung derart „oszillierende" Tätigkeiten als parallellaufende Einheiten zusammenzufassen. Mit dem M-Raster betrachtet, würden sich daher die genannten sechs Minuten zu einer einheitlichen Zeitspanne mit fünf parallelen Tätigkeiten verbinden: einer 2 M-Jagd mit Susan, je einer M-Einheit für Kamerad, Jacke und Hunde und einer weiteren für gemischtes übriges. Im F-Raster vereinheitlichte sich die Sache noch einmal. Es blieben dann für die 4 F-Spanne von 8.35 bis 8.55 nur drei Paralleltätigkeiten übrig: 2 D für das Spiel mit Susan, 1 D für jenes mit den Hunden und 1 D als Mischeinheit für alles übrige. (Beim V-Raster reduzierte sich alles auf ein einheitliches „Spiel mit Schulkameraden".)

So werden also oszillierende Tätigkeiten bei Vergröberung des Rasters zu parallel laufenden. Je rascher zwei oder drei Unternehmungen (es können Vollzüge so gut wie Themen sein) untereinander abwechseln, desto früher werden sie für den Registrierenden „unterschwellig" und gefrieren dann gleichsam zur „Struktur": zu geschlossenen Einheiten nämlich, die sich nun, im Sinne unserer graphischen Darstellungen, „senkrecht" statt waagrecht in die Landschaft legen (vgl. Figur 10.62). Wie weit auch darin eine erlebte Realität sich widerspiegelt, werden wir gleich unten sehen.

Alles Probleme, die sich erst jenem stellen, der gewillt oder gezwungen ist, Verhalten durch einen Raster wahrzunehmen; so mag sich der Leser sagen. Wie ist doch alles viel einfacher, klarer und sauberer, wenn man – wie die Leute aus Midwest – ablaufendes molares Geschehen „unbeschränkt" registrieren kann! Aber der neidvolle Seufzer kommt zu früh. Auch vor dem Voll-Beobachter, der seine Kamera auf Großaufnahme eingestellt hat, defilieren die Tätigkeiten des Menschen nicht alle einfach im Gänsemarsch. Einmal erbt das molare Geschehen seinerseits oszillierende Tätigkeiten schon von der molekularen Ebene. Unterhaltung beim Kaffee, wie sie alle Tage vorkommt, ist dafür ein klassisches Beispiel. Der Mund ist ja nicht für beide Tätigkeiten, Trinken und Reden, gleichzeitig einsetzbar, wie die kluge Teutolinde in Heinrich Heines Gedicht „Zur Teleologie" treffend bemerkt. Auch der Manager, der seiner Sekretärin während eines Telefonanrufs Anweisungen in anderer Sache gibt, dürfte kaum beiden Aktionen voll beiwohnen, sondern mit seiner Aufmerksamkeit oszillieren. „Moreover, for whatever level of accuracy one may reach, still more minute observation could possibly prove that some activities which seemed to be carried out simultaneously were in effect alternating with one another" (Szalai, 1972, 3); „... it is hard to judge, even for the person performing the activity, whether the two activities are concurrent or alternating" (673).

Wie aus diesem Zitat hervorgeht, ist es eben durchaus auch möglich, daß Tätigkeiten echt parallel verlaufen – dann nämlich, wenn sie getrennte Ausführungsorgane beanspruchen und zudem nicht beide gleichzeitig die volle innere Zuwendung. Während wir zum Bahnhof pilgern, können wir über etwas völlig Abliegendes nachdenken oder reden; während Raymond Birch zur Schule bummelt, kann er die Möbel in einem Schaufenster mustern. Keine der Handlungen hindert oder bremst für gewöhnlich die andere. Daß eine unserer Nachbarinnen, wenn sie in ihren Erzählungen an eine Stelle gelangt war, die sie für besonders spannend hielt, auf Spaziergängen jeweils stehenblieb und meine Mutter am Arm zurückzog, steht auf einem andern Blatt.

Im Rahmen unserer Untersuchung haben wir solche Parallelitäten – der einen wie der andern Art – als Primär- und Sekundärvollzüge bezeichnet (vgl. Seiten 505ff.). Barker und Wright sprachen hingegen davon, daß zwei Tätigkeiten sich „überlappen" (overlap). Der Lehre vom Überlappen haben sie viel Aufmerksamkeit geschenkt. Tatsächlich ist sie für jedes Studium des Handelns von großem Belang. Auch wir wollen uns darum noch ein Stück weit in sie vertiefen; denn hier finden wir eine wichtige Nahtstelle zu unserer ganz anderen Studie.

Gleichzeitig ablaufende Tätigkeiten

Sich „überlappende" Tätigkeiten sind solche, die selbst bei unbeschränktem molarem Erfassungsraster als gleichzeitig im Gange befindlich registriert werden müssen. Von der äußeren Struktur her urteilend, unterscheiden Barker und Wright dabei drei Fälle: koinzidierende, einander einschließende und ineinander verzahnte Tätigkeiten. Die ersten (coinciding) beginnen und enden gleichzeitig; im zweiten Falle (enclosing – enclosed) schließt die eine die andere zeitlich ein; beim letzten Beispiel (interlinking) setzt eine zweite Tätigkeit ein, bevor die erste zuende ist, überdauert diese dann aber (Barker und Wright, 1955/71, 261). Coinciding und Interlinking finden sich allerdings in Kinder-Protokollen selten (293).

Wir möchten unserseits die Überlappungsfrage mehr von der inneren Struktur her angehen. Wie stehen die verschiedenen Tätigkeiten zueinander, die sich zeitlich überschneiden? Da scheint es vier Varianten zu geben – einen Fall von „unechter" Überlappung und drei echte Fälle. Barker und Wright selber haben in dieser Hinsicht keine Differenzierungen vorgenommen; vor allem haben sie auch die unechte Variante nicht ausgeschieden. Sie tritt dann ins Spiel, wenn innerhalb einer Handlung vorübergehend ein

Teil übergewichtig wird (drittes Kriterium für die Episodenbildung; vergleiche Kapitel 4.6). In diesem Sinne „überlappen" sich, nach Barker und Wright, Raymonds Überqueren der Straße mit seinem Schulweg, obgleich das erste einen notwendigen Bestandteil des zweiten bildet.

Bei den echten Überlappungsfällen handelt es sich dagegen um klar verschieden ausgerichtete Tätigkeiten. Zwei Varianten lernten wir im letzten Abschnitt bereits kennen. Sie entsprechen dem Auftreten von Sekundärvollzügen gemäß unserer eigenen Terminologie. Wir können sie bezeichnen als „molekuläres Oszillieren" einerseits und „gleichzeitige Benutzung unabhängiger Ausführungsorgane zu verschiedenen Zwecken" andererseits. Unterhaltung beim Essen oder während des Gehens wären Paradigmen für die beiden Spielarten.

Am faszinierendsten für unsere ganze Handlungstheorie ist nun aber der dritte Fall. Das Paradigma dazu liefert die Minute 8.32 des 26. April 1949, da Raymond Birch auf seinem Schulweg ein grünes Blatt mit seiner Zehe zertritt (Barker und Wright, 1951, 54). Führen wir es in die Handlungslehre ein als das Paradigma des Blattzerquetschens. Um seinem Experiment nachzugehen, muß Raymond kurz stehen bleiben (wie zuvor schon, als er ein Stück Gummi auflas und prüfte). Folglich tut er während dieser kurzen Phase vorübergehend nichts mehr, um seinem eigentlichen Ziel, der Schule, näher zu kommen. Rein vom Verhaltensablauf her betrachtet, unterbricht er also hier die Rahmentätigkeit. Die Möbel im Schaufenster vermochten ihn nicht zu stoppen; dem Blatt auf der Straße gelingt's.

Barker, Wright und ihre Mitarbeiter sind jedoch zum Schluß gelangt, daß die subjektive Lage des Kindes sich anders darstellt. Erlebnismäßig befindet sich Raymond Birch, so sagen sie, während dieser Episode weiterhin auf dem Schulweg. Inspektion des Gummistückes und Bearbeitung des Blattes treten zwar in der Handlungswelt des Kindes kurz in den Vordergrund, verdrängen aber das Bewußtsein nicht, zur Schule zu gehen. Die Beobachter legen das Gewicht also nicht darauf, was das Kind, von außen gesehen, im Augenblick gerade *macht*, sondern in welchem Tun es sich selber begriffen sieht.

Die beiden Autoren bedienen sich hier einer Theorie Kurt Lewins, nach welcher der handelnden Person jederzeit ein Handlungspotential in der Größe von 1 zur Verfügung steht. Die Person kann es zu einer gegebenen Zeit voll einer einzigen Tätigkeit zuwenden: dem Schulweg, einem Spiel, einer Rechnung, einer Diskussion. Sie kann es – jeweils vorübergehend – aber auch auf zwei oder mehr Handlungen verteilen, wobei allerdings stets eine davon das Übergewicht hat (Barker und Wright, 1955/71, 263). Die „Potenzen" der Einzelhandlungen sind dann kleiner als 1, summieren sich aber in jedem Moment auf diese Größe.

Auf die dritte Strukturvariante des Überlappens angewendet, heißt das, daß zwei völlig verschiedene Ausrichtungen des Handelns zur gleichen Zeit „koexistieren" können – ein Bube geht gleichzeitig zur Schule und geht doch nicht, sondern studiert einen Fund aus dem Straßengraben oder zerdrückt ein Blatt auf dem Boden. (Was das für uns heißt, werden wir im nächsten Abschnitt sehen.) Bis zu vier Dinge könne ein Kind miteinander tun, glauben die Autoren herausgefunden zu haben (wenn sich auch nur höchst selten mehr als drei Episoden überlappen; 261). Da sie allerdings unsere Unterscheidungen nicht machen, wissen wir nicht genau, was diese Zahl bedeutet. Wenn beispielsweise Raymond beim Überqueren der Straße das Gummistück aufliest, so stellen sie dreifaches Überlappen fest: Schulweg, Straßenüberqueren, Gummi-Inspektion. Aus unserer Sicht laufen hier aber nur zwei verschieden „ausgerichtete" Tätigkeiten nebeneinander her (Schulweg und Gummi).

Schwelle der Koexistenz zweier Tätigkeiten

Nach dieser Interpretation der Ballade vom zerquetschten Blatt klaffen also subjektive und objektive Realität auseinander. Das unbestechliche Auge des Behavioristen sieht Raymond hier aus dem Schulweg aus- und in ein querlaufendes Zerstörungswerk einsteigen. Der Humanist dagegen, bestochen durch die Einflüsterungen seiner mitfühlenden Seele, beharrt auf der erlebnismäßigen Integrität des Schulweges. So ein Blatt bringt nach seiner Meinung ein laufendes Unternehmen subjektiv nicht gleich zum Stillstand.

Aber manchmal fällen Barker und Wright auch andere Urteile. Fünf Minuten zuvor, um 8.27, hatte sich Raymond – bereits zur Schule unterwegs – auf eine Bank gesetzt und sie längere Zeit hin und her gerüttelt. Hier, so befinden die zwei Autoren, sinkt die „potency" des Schulweges vorübergehend auf null; Raymond hat sich voll dem Spiel verschrieben; die Rahmenhandlung wird unterbrochen. Auch die siebenjährige Sue Dewall, die zum Händewaschen ins Badezimmer beordert wird, muß zu ihrem Ärger die Aktion „Fernsehen" für eine Weile gänzlich einstellen. Barker und Wright diskutieren ausführlich die Kriterien, die sie jeweils zum einen oder andern Urteil führten (1955/71, 263 ff.). Ihre Darlegungen sind sehr lesenswert; uns allerdings wird *ein* Hauptaspekt genügen müssen.

Man hat mir 1957 ein vollständig nach Episoden aufgeteiltes Protokoll aus Midwest mit in die Schweiz gegeben. Nach Abschluß der eigenen Erhebung zog ich es wieder hervor. Dabei stellte ich fest, daß dort Überlappungen verschiedener Machart unterschiedlich gehandhabt wurden. Solche nach den ersten beiden Varianten („Sekundärvollzüge") konnten verhältnismäßig lange dauern; gelegentlich erreichten sie die Fünfminutenschwelle oder überstiegen sie sogar. (Das traf natürlich auch für unechte Überschneidungen zu.) Anders sah es jedoch dort aus, wo sich eine zweite Handlung in eine laufende einschob. Da ließen, nach Meinung der Midwest-Leute, nur kurze Einschiebsel die Rahmenhandlung intakt. Dauerte die Ablenkung mehr als eine bis zwei Minuten, so registrierten auch sie regelmäßig

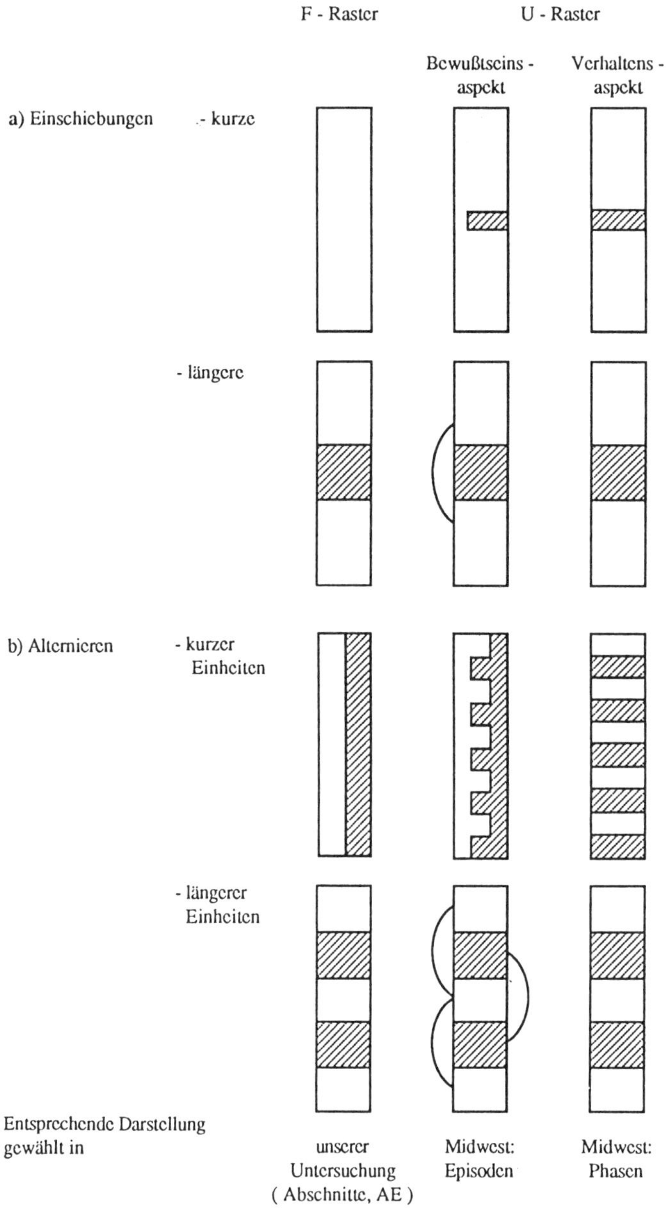

Fig. 12.3: Einschiebungen und Paralleleinheiten in F- und U-Raster

eine „Unterbrechung“. Es scheint für die Midwest-Leute also so etwas wie ein zeitliches Limit für die Koexistenz artfremder Tätigkeiten zu geben.

Das hat nun unmittelbare Bedeutung für unser eigenes Unternehmen. Durch die Praxis der Midwest-Forscher wird unsere in Kapitel 10.5 vorgetragene Lehre der „verdünnten“ Einheiten relativiert und präzisiert. Im Anwendungsbereich feiner Erfassungsraster halten Barker und Wright verdünnte Einheiten für volle subjektive Realitäten. Kurze Einschiebungen unterbrechen eine Tätigkeit nicht wirklich, rasch oszillierende Handlungen lösen einander nicht effektiv ab, auch wenn sich die Ausführungsorgane im einzelnen Zeitpunkt jeweils nur dem einen oder andern Tun zuwenden können. Um Handlungen auch subjektiv zu zerteilen, müssen Einschiebungen und Ablösungen eine gewisse Dauer überschreiten.

Diese Dauer wird offenbar in Midwest etwa gleich eingeschätzt wie bei uns. In unserer eigenen Untersuchung heben bekanntlich fünfminütige Einschiebungen anderer Ausrichtung den Fortgang einer Tätigkeit auf und gliedern sie in getrennte thematische Abschnitte. Dagegen werden Aktivitäten, die mit Frequenzen unterhalb der D-Schwelle alternieren, als „Parallelarbeiten“ empfunden und verbucht: beide werden im Bewußtsein gleichsam ohne Unterbruch durchgezogen. Darin stimmen offensichtlich die beiden Lehrmeinungen überein.

Die Midwest-Forscher konnten natürlich unser Vorgehen nicht kennen, und wir selber haben bei Wahl und Anwendung des F-Rasters keineswegs an ihre Überlappungstheorie gedacht. Das unabhängig erreichte, gemeinsame Ergebnis legt darum die Möglichkeit nahe, daß wir es hier mit einer echten psychologischen Schwelle zu tun haben. Ähnlich der Fusionsschwelle der Wahrnehmungspsychologie, mit der wir uns während des Studiums herumzuschlagen hatten, könnte es auch eine Art Grenze geben für das Erleben von Tätigkeitswechseln: unterhalb bleiben die beiden Verhaltensweisen im Bewußtsein voll koexistent, oberhalb scheiden sie sich voneinander. Damit würden Paralleleinheiten bis zum F-Raster und solche darüber verschiedene Grade der Realität aufweisen: im ersten Fall entsprächen sie unmittelbarem subjektivem Erleben, im zweiten mehr intellektuellen Zusammenfassungen längerer Geschehensfolgen.

Zusammenzug und Gliederung

Es sind gewiß die vereinfachten und „künstlich“ neu erzeugten Einheiten im Verhaltensablauf, die einen Kritiker bewegen könnten, unserer Analyse des durch ein Fünfminutensieb beobachteten Tageslaufes zu mißtrauen. Wir haben ja nun von all den Veränderungen gehört, die eintreten, wenn wir uns von der molaren Beobachtung hinwegzoomen, zurück über Minuteneinheiten und hinaus bis zu Fünfminutenspannen. Zahlreiche kleine Unternehmungen des Tages schlüpfen dann bei größeren unter, die sie einrahmen (und blasen sie damit allenfalls auf); andere gründen die neuen Einheiten, die uns früher kräftig zu schaffen machten: die gemischten und verdünnten.

In diesem Kapitel haben wir dem Treiben etwas zugesehen und geprüft, wie weit durch vereinfachende Zusammenschau Realitäten verbogen und verletzt, und wie weit sie allenfalls gewahrt oder gar geklärt werden. Das abschließende Urteil müssen wir dem Leser überlassen; es wird verschieden ausfallen je nach seiner psychologischen Grundauffassung. Wer subjektives Erleben ebenso ernst nimmt wie von außen registrierbares Verhalten, der wird den geschilderten Wechseln der Sicht zumindest teilweise auch eine realitätsaufdeckende Kraft zugestehen. Er wird stabilisierende Prozesse deutlicher hervortreten, Einheiten höherer Ordnung sich herauskristallisieren, erlebte Koexistenz adäquateren Ausdruck finden sehen.

Daß dem auch Grenzen gesetzt sind, vernahmen wir am Schlusse unserer Betrachtungen, beim Studium artfremder Einschiebungen in eine Tätigkeit. Die Realisierung solcher Grenzen – der Schwelle nämlich zwischen Überlappung und Unterbrechung – ist unserer Meinung nach von größter Bedeutung nicht bloß für jedes Bemühen, den Verhaltens- und Erlebnisstrom zu gliedern, sondern auch für jede Theorie vom menschlichen Handeln. Darüber wollen wir uns, abschließend und überleitend zum letzten Unterkapitel, noch etwas unterhalten.

Barker und Wright finden es sinnvoll, sich ein Kontinuum vorzustellen, bei dem folgende drei Hauptpositionen unterschieden werden können (1955/71, 266):

- one-unit continuance, bei der eine einzige Episode mit voller Potenz (= 1) durchgezogen wird;
- overlapping, mit (zwei) gleichzeitig ablaufenden Episoden (jede mit einer potency zwischen 0 und 1);
- interruption, wo eine unterbrechende Episode (mit Potenz 1) zwischen zwei auseinandergetrennten Teilen einer unterbrochenen steht.

Im dritten Falle sprechen sie von „discontinuous episodes" (278). Bei Kindern, so müssen sie freilich zugeben, kommen solche prozentual nur selten vor (294). Darum liegt es an uns, die wir ja die Fortsetzung bei (einem) Erwachsenen studiert haben, die Bedeutung dieser im Kindesalter noch untypischen Vorkommnisse zu würdigen.

Denn hier wohnen wir offensichtlich nichts Geringerem bei als der Geburt der gegliederten Handlung. Da betreibt ein Kind irgend eine Unternehmung, und nun tritt eine Ablenkung oder Störung ein. Falls es nicht, mit flatternden Fahnen, zu ihr überwechselt (was für die frühesten Jahre wohl charakteristisch ist), so versucht es, die Kontinuität seines Unternehmens aufrechtzuerhalten – die zwei Tätigkeiten koexistieren in seinem Erleben. Ist jedoch die Ablenkung lange und intensiv genug, so kommt es zur Unterbrechung. Aber die unterbrochene Handlung gibt nicht immer klein bei; oft (und mit den Jahren immer häufiger) drängt sie zur Wiederaufnahme, wie wir das seit Ovsiankina ja bestens kennen. Damit gliedert sich die Handlung in verschiedene, getrennte Teile. Wenn das beim Kind auch noch nicht sehr häufig passiert – beim Erwachsenen wird es doch zum Normalfall des Alltagslebens.

Beim Erwachsenen ist somit nicht nur der Tageslauf gegliedert, sondern auch die Handlungen sind es, aus denen sich dieser zusammensetzt. (So sahen wir uns in Kapitel 11.4 veranlaßt, die „Gliederung" der Themen ihrer „Streuung" gegenüberzustellen, welche natürlich ihrerseits zur Gliederung des Tages beiträgt.) Der Tageslauf ist beim berufstätigen Erwachsenen – solange er sich nicht der Themenflucht ausliefert – ein komplexes Gebilde aus gestaffelt aufgenommenen und vielfach in Raten bearbeiteten Themen, ein Puzzle von Unterbrechungen, Einschiebungen und Wiederaufnahmen, das mehrere Grundmuster annehmen kann. Das war das Thema dieses Teils unserer Untersuchung. Der Dynamik, die dahinter wirksam ist, werden wir in einem anderen Buch nachgehen.

12.4 Entwicklung und Tagesstruktur

Begriffliche Klärungen

Wir haben unsere Ausführungen über Fragen der Struktur (zu Beginn des vorletzten Kapitels) eröffnet mit dem Hinweis auf die Bedeutung, die das Buch „Midwest and Its Children" für unsere eigene Beschäftigung mit diesem Gegenstand hatte. Wir wollen sie nun abschließen mit einem Vergleich zwischen den Ergebnissen aus Midwest und jenen aus unserer Arbeitserhebung. Daß es sich um Untersuchungen zweier ganz verschiedener Welten handelt – von Kindern im Vor- und Grundschulalter einerseits, dem Arbeitsgeschehen in einem komplexen Berufsleben anderseits –, soll uns dabei nicht behindern, sondern im Gegenteil neue Perspektiven erschließen.

Barker und Wright haben die zweite, den Kindertagesläufen gewidmete Hälfte ihres Buches (verfaßt von Herbert F. Wright; vgl. Wright, 1967) in erster Linie verstanden als Ergründung der Struktur ablaufenden Verhaltens. Die zentralen Kapitel heißen „Dividing the behavior stream" – Entwicklung der Theorie der Episoden und der Methodik des „Episoding" – und „Behavior structure" – Darstellung der Ergebnisse solcher Aufteilung. Die Unterscheidung von Episoden betrachten sie als Mittel zur Gliederung des Verhaltensstroms, die Episoden selber als Abschnitte des Geschehens („links in the chain of molar behavior"; 1955/71, 230). Über den Doppelsinn des Begriffes Gliederung, dem wir in Kapitel 10.7 wie auch oben wieder nachgegangen sind, hatten sie weniger Grund nachzudenken als wir: Nur eine sehr geringe Zahl der Episoden im Leben der beobachteten Kinder teilten sich in zwei oder mehr Abschnitte auf (die meist nahe aufeinander folgten); das Extrem erreichte jenes Kind, bei dem 3% der Episoden „discontinuous“ waren (294).

Daß Episoden – wie im letzten Abschnitt dargestellt – „unterbrochen“ werden können (und zwar schon bei kleinen Kindern), ist der definitive Beweis dafür, daß sie nicht „formale“ Einheiten, also echte Abschnitte, sind, sondern „inhaltliche“, die sich aufteilen und in zeitlich gesonderten Verhaltensabschnitten wieder aufgenommen werden können. Es gebe in den Kinderprotokollen Episoden, sagen Barker und Wright (278), die bis zu zwanzig Mal unterbrochen werden. Die einzelnen Aufnahmen und Wiederaufnahmen dieser einheitlichen Handlung nennen sie „segments of discontinuous episodes“ (301). Dieser Begriff – für die Midwest-Untersuchung eher unwichtig und nebensächlich – entspricht nicht unseren „Themenabschnitten“.

„Dividing the behavior stream“ heißt in unserer eigenen Untersuchung Gliederung des Verhaltensablaufs in thematische (oder andere) Abschnitte. Den Episoden entsprechende inhaltliche Einheiten – die Themen – ergeben sich für uns nicht direkt aus solcher Analyse, sondern gleichsam erst aus einer Synthese neuer Ordnung: durch die Feststellung, ob und wann die gleiche Sache wieder aufgenommen wird. Im Arbeitsgeschehen des Erwachsenen wird der Unterschied zwischen den Themen und ihren einzelnen Abschnitten besonders augenfällig darum, weil Verhalten über Tage und Wochen hin studiert werden muß; Themen können auch zu späteren Zeiten wieder auftauchen. In Midwest dagegen wurde pro Kind bloß *ein* Tageslauf untersucht; darum stellte sich die Frage nach morgen oder übermorgen fortgeführten Episoden gar nicht erst; auch wäre sie bei jüngeren Kindern gewiß meist negativ zu beantworten gewesen. Das sind Sorgen, die man sich für die Tageslauf-Analysen Erwachsener aufsparen kann – und bei uns haben sie schließlich ein Ausmaß angenommen, das uns zwang, unser Buch in getrennte Teile aufzuspalten, die „Thematik“ und „Struktur“ heißen. Bei den Midwest-Kindern schlummern die beiden Größen noch in der gleichen Knospe. (Das Bild ist falsch. Wenn man Protokolle liest, ist es eher ein Sprudeln oder Funkeln.)

Episoden sind also primär nicht Abschnitte des Verhaltensstroms, sondern Themen, die im Verlaufe eines Tages einmal oder wiederholt das Tun bestimmen. Auf unsere Terminologie übertragen, entsprechen sie den Tagestätigkeiten.

Vergleich der Ergebnisse aus Midwest und Bern

Dem Kenner der Midwest-Untersuchung mag das auf den ersten Blick widersinnig erscheinen. P.'s Tag weist durchschnittlich knapp zwanzig Tagestätigkeiten auf (vgl. Tabelle 7.52) – die Midwest-Kinder dagegen erleben während ihres Tages im Median 1000 (in Worten: tausend!) Episoden, also fünfzigmal mehr! (Barker und Wright, 1955/71, 289.) Wie soll so etwas begrifflich miteinander übereinstimmen?

Betrachten und überlegen wir die Sache aber etwas näher, so finden wir die Erklärung für dieses Auseinanderklaffen vor allem in zwei Umständen:

- dem Raster-Unterschied und
- dem Entwicklungs-Unterschied,

also einem Zusammenwirken methodologischer und inhaltlicher Differenzen der beiden Studien. Tabelle 12.4 versucht die Widersprüche aufzulösen und konstruktiv zu erklären.

Barker und Wright haben, für ungefähr die Hälfte aller Episoden (die Auswahl erfolgte nach Kriterien, deren Auswirkung auf unsere Frage wir freilich nicht ganz abschätzen können; 1955/71, 274), die Dauer ermittelt und tabellarisch zusammengestellt nach den Größen 1/4, 1/2, 1, 2, 3, 4–5, 6–10 und ab 11 Minuten (291). Sie geben die Prozentwerte an; daraus lassen sich für die vorher (289) aufgeführte „Gesamtpopulation" der Episoden die absoluten Werte grosso modo rekonstruieren. Allerdings finden wir dort neben der effektiven Episodenzahl auch eine korrigierte, die „adjusted number of episodes". Mit dieser Korrektur soll der unterschiedlichen Tageslänge bei den Kindern Rechnung getragen werden. Der längste und der kürzeste Tag differierten nämlich um mehr als drei Stunden; der kürzeste (jener eines knapp dreijährigen Buben) dauerte 11 Stunden und 8 Minuten, in unseren Begriffen also 133.6 D. Alle Episodenzahlen wurden nun auf diesen (kürzesten) „Einheitstag" zurückgestutzt.

Für unsere Zwecke haben wir vier Gruppen von Episoden unterschieden, mit folgenden Längen: bis zu einer halben Minute, 1–2 Minuten, 3–7 Minuten, ab 8 Minuten. (Die Midwest-Kategorie 6–10 rechneten wir je zur Hälfte den beiden letzten Gruppen zu.) Die erste Episodenart kommt nur bei unbeschränktem Raster zum Zug, die zweite ab M-Raster, die dritte ab F-Raster und die vierte bleibt als einzige übrig beim V-Raster.

Auch bei den Kindern suggerierten uns die Ergebnisse ein Arrangement in vier Altersgruppen: Kinder von 2–3, von 4–5, von 6–9 und von 10–11 Jahren. (Zwischen 6–7 und 8–9 gibt es offenbar keine Unterschiede. Die „Gruppe" 10–11 wird bloß von einem einzigen, 10¾jährigen Mädchen gebildet. Vier behinderte Kinder, die Barker und Wright gesondert aufführen, gliedern sich für unseren Zusammenhang voll in ihre Altersgruppen ein.)

In die Tabelle 12.4 nehmen wir schließlich auch den (damals) 48jährigen P. auf. Von ihm kennen wir die durchschnittliche Zahl der Tagestätigkeiten für einen 122.3 D-Wochentag nach F-Raster und können daraus annähernd die Zahl nach V-Raster errechnen. (Für den M-Raster sind wir auf Analogieschlüsse angewiesen.) Auch P.'s Tag rechnen wir auf den Midwest-Einheitstag von 133.6 D um. Daß es sich im Falle P.'s nur um den Arbeitsteil des Tageslaufs handelt, halten wir dabei in unserem Bewußtsein fest.

Tabelle 12.4: Episoden/Tagestätigkeiten bei Midwest-Kindern und P., umgerechnet auf einen „Einheitstag" von 133.6D (Quelle für „Midwest": Barker und Wright, 1955/71, Tabellen 8.2 und 8.3, S. 289/291)

			Zahl Episoden [1]				Zahl Tagestätigkeiten			
Alters - gruppe	Zahl Personen	(jüngste - älteste)	unter 1 Min.	1 - 2 Min.	3 - 7 Min.	über 7 Min.	ohne Raster	nach M - Raster	nach F - Raster	nach V - Raster
1	2	3	4	5	6	7	8	9	10	11
2 - 3	3	(1;10 - 2;11)	822	272	31	6	1131	309	37	6
4 - 5	4	(3;10 - 5;0)	703	222	46	17	988	285	63	17
6 - 9	8	(6;2 - 9;2)	394	228	38	22	682	288	60	22
10 - 11	1	(10;9)	176	150	36	21	383	207	57	21
48	1 [2]				(7)	(14)			21	14

1 Gesamtzahl = Zahl Tagestätigkeiten ohne Raster (Kolonne 8)
2 P., Durchschnitt aus 5/4 Jahren, nur Arbeitstätigkeit (Alle anderen Angaben stammen aus der Midwest-Untersuchung.)

Entwicklung und Episodenzahl

Wenn wir uns auf den gleichen Erfassungsraster und die gleiche Tagesdauer einigen, so schrumpft das Verhältnis zwischen den Episodenzahlen bei Midwest-Kindern und dem fast fünfzigjährigen P. von 50 : 1 auf 3 : 1 zusammen. Wie Kolonne 10 in Tabelle 12.4 zeigt, finden wir bei Kindern von 4 bis 11 Jahren rund 60 Episoden täglich, die mit einem F-Raster erfaßt worden wären; bei P. sind es noch deren 20.

Dieser Unterschied mag zum Teil von der Struktur der Tätigkeit her bestimmt sein; bei P. wurde nur Arbeit erfaßt, bei den Kindern der ganze Tageslauf mit all seinen Spielen und Ablenkungen. Selbst P. benimmt sich in seiner Freizeit III ein bißchen mehr als Schmetterling. (Beim Wort Schmetterling belustigtes Schmunzeln meiner Frau. Sie stellt sich einen Sommervogel um etliche Kilogramm leichter vor.) Zur Hauptsache aber dürften wir uns hier mit einem Entwicklungsphänomen konfrontiert sehen.

Allerdings wirken die Zahlen der Tabelle 12.4 auf den ersten Blick eher verwirrlich. Zwei Trends scheinen miteinander zu interferieren. Der eine geht klar aus Kolonne 8 hervor: die Zahl aller (mit unbeschränktem Raster festgestellten) Episoden nimmt mit wachsendem Alter recht regelmäßig ab, die Durchschnittsdauer der Episoden – da wir ja gleich lange Tage vor uns haben – ständig zu. „Thus, the younger children did more things in a day and their action units were, on the whole, shorter than those of the older children“ (300); die Rangkorrelation betrug –0.61 (290). Anderseits aber erfaßt diese Abnahme nicht alle Episodengruppen gleichzeitig. Weil mit zunehmendem Alter auch eine Verlagerung zu den längeren Episoden hin stattfindet (die bei Kleinkindern noch sehr selten sind), nimmt deren Zahl zu, nicht ab (Kolonne 7).

Die Kurve der 1-D-Episoden (3–7 Minuten; Kolonne 6) zeigt die Interferenz der beiden Entwicklungen deutlich; der Höhepunkt liegt bei 4–5 Jahren. In Kolonne 7 (Episoden ab 2D) erkennt man die „Umkehr“ in Midwest noch nicht (nur erst eine Stagnation der Zunahme); aber das Beispiel P.'s zeigt, daß auch nach V-Raster die Zahl der Tagestätigkeiten allmählich wieder zurückgehen dürfte. Verehrte Leserinnen und Leser: Sie finden es unzulässig, so weitreichende Schlüsse auf der Basis eines einzigen, einsamen Berufsmannes zu ziehen? Da müssen wir wohl oder übel den sechzigjährigen Thomas Mann zu Hilfe rufen. Unter der Annahme, daß er 1936 im Tagebuch recht vollständig mit seinem Tag abrechnete, kommen wir auch bei ihm auf rund zehn bis zwölf V-Themen pro Einheitstag à 11 Stunden – und damit, ähnlich wie bei P., auf ein Midwest-Entwicklungsalter von etwas über drei Jahren. (Was man P. vielleicht noch zutrauen möchte, hört sich bei einem Thomas Mann wie ein Sakrileg an. Also doch noch ein Argument für die These von der Trendwende auch in Kolonne 7.)

Eine kleine, wenn auch recht wackelige Bestätigung unserer Theorie finden wir in den letzten Kolonnen der Tabelle 12.4. Bei den zwei- bis dreijährigen Kindern bilden die V-Raster-würdigen Episoden (6) 16% des F-Bestandes (37) und .5% des Tagesbestandes (1131), beim elfjährigen Mädchen 37% (resp. 5.5 %). Bei P. klettert diese Zahl auf über 50%. Durch Weiterführung der Rechnung könnte man auch für ihn eine Gesamtzahl aller Episoden für Kolonne 8 ermitteln. Je nach Vorgehen erhielte man einen Bestand von etwa fünfzig bis höchstens hundertzwanzig Tagestätigkeiten (auf 11 Stunden). Die beiden Entwicklungslinien, die vom Zweijährigen zum Zehnjährigen führen, dürften sich also verlängern bis zum berufstätigen Manne: Die Gesamtzahl der Tagestätigkeiten schmilzt massiv zusammen; die langen Episoden nehmen dabei prozentual stark zu, gehen aber, absolut gesehen, schließlich ebenfalls zurück.

Dieser Vergleich weist noch einmal auf die Bedeutung des Erfassungsrasters für die Strukturanalyse des Tages hin. Die Anwendung eines F-Rasters auf Kinder-Tagesläufe wäre offensichtlich ein unverzeihlicher Verlust. Eine Unmasse kindlicher Tätigkeit wird auf kurze Themen verwendet; schließt man sie aus der Analyse aus, so verfehlt man das Wesen des kindlichen Tages. Alles spricht aber dafür, daß dies auf Tagesläufe Erwachsener nicht in gleicher Weise zutrifft.

Zunehmende Komplexität der Tagesstruktur

Das ist aber nicht der einzige Entwicklungstrend, den die Tageslauf-Analyse der Midwest-Forscher zutage gefördert hat. Barker und Wright stellen auch fest, daß die Tagesstruktur mit zunehmendem Alter immer komplexer wird: Es gibt mehr „Überlappungen", längere Ketten sich der Reihe nach überschneidender Episoden, immer komplexere Verknüpfungen; es gibt aber auch immer mehr in eine Unterbrechung eingeschobene Zwischenepisoden (während die Zahl unterbrochener Episoden selber altersunabhängig zu sein scheint). Diese und andere Befunde, so schließen Barker und Wright, „produce an overall picture of marked differences in structural characteristics of behavior between younger and older children. The younger children tended to do things sequentially, one at a time, to shift frequently from one action to another, and to persevere in a given activity a relatively short time whereas the older children tended to engage in actions of longer duration, to pursue more than one action at a given time, and to carry to completion a higher proportion of their episodes." (301). Ähnlich beschreibt auch Fred Massarik den Tag des (kleinen) Kindes: „. . . and the child's day seems infinitely longer and more filled with a cornucopia of goals, attained or not, than that of the adult." (1968, 394).

Damit nähern wir uns also, wenn wir von den zweijährigen Kindern zu Elfjährigen fortschreiten, mehr und mehr der Struktur der Tagestätigkeiten, die wir bei P. eruiert haben. Beim Kleinkind herrscht offensichtlich das Tagesmuster vor, das wir als „Themenflucht" bezeichneten (eine Einmal-TT nach der anderen), bei gleichzeitig hohem Ablauftempo. Um die Begriffe von Tafel 11.53 zu verwenden: dominierendes Verknüpfungsprinzip ist bei kleinen Kindern offensichtlich die „Themen-Neuwahl". Dann finden wir, bei fortschreitendem Alter, immer häufiger auch Themen-Fortsetzungen (nach kurzen Unterbrechungen) und Themen-Rückkehr (nach Zuwendung zu anderen Dingen). Der Kreis aus Tafel 11.52 wird im Verlaufe der Entwicklung zunehmend geschlossen, und zwar von rechts oben her nach der linken Seite. Wahrscheinlich geht der Weg dabei „oben" wie auch „unten" durch: über Durchmischungs- und Oszillationsformen wie auch durch zunehmende „Ordnung" des Ablaufs, bis hin zur zähen Verfolgung eines Themas. P.'s zwölfstündige Arbeit an einem Vortrag, am Sonntag, 28. September 1975, bildet – in fast allen Hinsichten – den extremen Gegenpol zu den Tagesprotokollen der Zweijährigen aus Midwest.

Kommt dazu, daß Themen und Rückkehr zu ihnen schließlich über den Tag selber hinausgreifen, wie wir das in Kapitel 6.4 ja auch vom eben erwähnten Vortrag gesehen haben. Sie können sich sogar über Wochen, ja Monate erstrecken.

Es wäre sehr reizvoll, wenn man die Entwicklung der Tagesstruktur in dieser Weise – nach Grundmustern und Ablauftempo – durch die Jugendjahre bis ins Erwachsenenalter hinein verfolgen könnte. Das setzte nun allerdings ein sehr aufwendiges Verfahren voraus; Benützung eines Minutenrasters wäre wohl unumgänglich. Zur graphischen Veranschaulichung könnte wohl am ehesten ein Instrument dienen, wie es der „Themenraster" unseres Tagesblattes (vgl. Figur 2.1) anbietet.

Struktur und Dynamik

Wir sind dazu geführt worden, eine Entwicklungslinie nachzuzeichnen vom Tag des zweijährigen Midwest-Kindes mit seiner raschen „Themenflucht" bis hin zur zähen, ruhig ablaufenden „Thementreue" eines Berufsmannes, der einen ganzen Sonntag lang an einem Vortrag arbeitet. Darin spiegelt sich ein natürlicher Reifungsprozeß so gut wie eine – selbstverständlich damit eng verbundene – Verschiebung der Lebenssituation. Daß zehnjährige Kinder wesentlich mehr lange Episoden erleben als zweijährige, kommt nämlich nicht zuletzt auch daher, daß sie die Schule besuchen: Schullektionen zwingen ihnen – von außen her – längere Tätigkeits-Einheiten auf (manchmal wäre ihnen eine wilde Jagd kürzerer lieber, ja vielleicht angemessener). Und der Erwachsene, mit seiner in der Schweiz heilig gehaltenen Mehr-als-40-Stunden-Arbeitswoche und allen andern anbindenden Verpflichtungen, wird natürlich auch – und noch viel mehr – durch seine Lebensumstände zu einem „entwickelten" Tagesstil gedrängt. Manche rebellieren heute gegen diese erzwungene Reife und versuchen, es wieder mehr den Kindern gleichzutun.

Seltsam jedoch. P.'s extrem „unkindlicher" 28. September 1975 war keineswegs ein typischer beruflicher Arbeitstag. P. empfand jenen (ungewöhnlichen)

Sonntag als wesentlich erfreulicher denn die üblichen Büro-Werktage. Auch jetzt schätzt er die Tage, da er sich kontinuierlich diesem Buch widmen kann (auf oft höchst kindswidrige Weise!), eindeutig mehr als seinerzeit den beruflichen Alltag. Er erfreut sich des Ruhestands, weil er, mit Lektüre und Arbeiten, diesen „hochentwickelten" Lebensstil pflegen darf. Wenn P. sich mehr Freiheit im Leben ersehnt hat, dann sicher nicht in der Richtung „zurück zum Kind"; sein Sinn stand nicht nach mehr Episoden, kürzeren Abschnitten, mannigfaltigeren Themen, mehr Wechseln. Ganz im Gegenteil: einer der Gründe, die ihn zu seiner Untersuchung trieben, war ja gerade die große Unzufriedenheit mit der täglichen Unrast. Themenflucht und schnelles Ablauftempo, das bedeutet in unserer Sprache: massive „Zerhackung" des Tages; und das ist es also, was den Tag des Kindes prägt.

Wie läßt sich denn dieses Paradoxon verstehen: die anscheinend so große Freiheit des Kindes als die quälende Unfreiheit des Erwachsenen, der er – zumindest P. – innig zu entgehen wünscht?

Hier stoßen wir an die Grenzen unserer Betrachtungen über die Struktur des Tageslaufes. Mit unserem bisher entwickelten Instrumentarium läßt sich der Gegensatz nicht erklären. Es kommt vielmehr darauf an, welche Dynamik hinter dieser Strukturierung steht. Es geht um die Frage, *wer* den Tag zerhackt.

Beim Kind sind Themenflucht und -unrast eigengewählt. Es folgt (solange man ihm das noch gestattet) seinen Einfällen und den Anreizen aus der Umwelt. Auch in der Freizeit des Erwachsenen kann es schöne (wenn vielleicht doch seltene) Stunden geben, wo er sich ähnlich treiben läßt. Im ganzen aber hat er sich so entwickelt – und dieser Teil der Veränderung dürfte tatsächlich auf Entwicklung und Reifung beruhen – , daß er ein echtes Bedürfnis verspürt, bei einer Sache, die er einmal aufnimmt, eine Zeitlang zu verweilen, sie wenn möglich auch zu einem Abschluß zu führen, oft mit erstaunlicher Zähigkeit. Diese Entwicklung bahnt sich schon während dem Kindesalter an, vor allem bei der „Werkherstellung", welche Charlotte Bühler eingehend studiert und dargestellt hat. Als man den 3½jährigen Bubi Scupin beim Bau einer Treppe, der ihm Schwierigkeiten bereitet, ablenken will, sagt er: „Ich muß erst noch bauen", und als der Bau endlich vollendet dasteht, sagt er: „Jetz is fertig." (Bühler, 1928/31, 238). Auch der Erwachsene hält natürlich am liebsten an Unternehmungen fest, die er selber hat wählen können. Doch auch Dinge, die er tun muß oder zu tun übernimmt, möchte er jeweils gerne vorantreiben und fertigstellen.

Aber da kommen ihm nun – jedenfalls bei einer Berufstätigkeit wie jener P.'s – die Arbeitsbedingungen in die Quere. Durch Einbrüche von außen, durch die Konkurrenz einer Überfülle verschiedenster Aufgaben, durch ständig herannahende Termine wird er gegen Wunsch und Willen zu einem „kindlichen" Tagesstil gezwungen. Zerhackung und Themenflucht ergeben sich nicht mehr, wie beim Kind, aus dem Wechsel eigener Bedürfnisse; sie werden ihm von außen, durch Umstände und Bedingungen seiner Lebenssituation, aufdiktiert.

Damit haben wir die Frage der Dynamik aufgeworfen, die die Struktur des Alltags bestimmt. Sie wird den Hauptgegenstand eines weiteren Buches bilden.

Zusammenfassung

(Die Zahlen in Klammern beziehen sich auf die Kapitel und Unterkapitel, in denen der betreffende Gegenstand ausführlich behandelt wird.)

Vielschichtigkeit von Fragestellung, Berichterstattung und Gegenstand

Dieses Buch handelt vordergründig vom Problem und von der Problematik der Zeitverwendung im (beruflichen) Alltag und ist vor allem aus einem Unbehagen an deren geringer Durchschaubarkeit und Meisterung entstanden (1.1) Aber ein jahrzehntealtes theoretisches und praktisches Interesse an Fragen des Tageslaufes und des menschlichen Handelns hat dazu geführt, daß eine ursprünglich ganz banale Zeiterhebung zu einem differenzierten Instrument ausgebaut und über mehrere Jahre durchgezogen (2.1), vielfältig analysiert und ausgewertet (2.4) und für das Verständnis von Grundfragen menschlichen Erlebens fruchtbar gemacht wurde. In unserer Berichterstattung, die sachlichen und übermittlungstechnischen Gesichtspunkten folgt, werden Darlegungen über die angewandte Methode, über Ergebnisse im konkreten Einzelfall und über gewonnene Erkenntnisse von allgemeiner Bedeutung durchmischt dargeboten und gehen stets Hand in Hand mit grundsätzlichen Erwägungen über die behandelten Phänomene, welche immer auch die Mehrschichtigkeit der Begriffe und Gegenstände nachzuweisen versuchen (1.2). In der hier zu präsentierenden Zusammenfassung werden die genannten Aspekte jedoch auseinandergehalten.

Das vorliegende Werk ist kein Lehrbuch über die Zeitverwendung und enthält kaum praktische Tips. Es will vor allem zum Nachdenken über den eigenen Alltag anregen (1.2) und allenfalls ermuntern zur do it yourself-Forschung (1.1). Das scheint wichtig in einer Zeit esoterischer Wissenschaftsauffassung. Die berichtete Untersuchung entspricht keineswegs dem Kanon gegenwärtigen Forschens und verletzt eine ganze Reihe heute heilig erklärter Regeln (1.3). Dafür weiß sie sich verbunden mit Anliegen und Vorgehensweisen vieler Praktiker wie auch aufgeschlossener und „alternativ“ denkender Theoretiker (1.5).

Grundsätzliche Überlegungen

Die vielen Gesichter der Wirklichkeit. Unsere Realität ist sehr komplex. Über den vertrauten Gegensatz von „erlebter“ und (wissenschaftlich) „erschlossener“ Wirklichkeit hinaus gibt es eine „unmittelbare“ Realität der Sinneseindrücke sowie verschiedene Schichten „konstruierter“ Wirklichkeit; und „gemeinsame“ unterscheiden sich von privaten Realitäten. Die Tatsache, daß Realität nicht nur an uns herangetragen, sondern durch die Art und Weise, wie wir sie erfassen, von uns immer auch mitgestaltet wird, gehört zu den Selbstverständlichkeiten einer Wirklichkeitslehre und macht den Realitätsbegriff nicht suspekter, sondern reicher und interessanter (4.1). Das gilt vor allem für die weniger lapidaren „Gegenstände“ geistiger und psychischer Natur, die unser Studienobjekt bilden (3.1); und besonders deutlich zeigt es sich beim Ordnen unserer Welt in Kategorien (8.3) sowie bei der Bildung von Einheiten aus amorphen oder unscharf abgegrenzten Phänomenen, vor allem solchen, die sich über längere Zeit erstrecken und Wandlungen durchmachen (4.4). Im letzten Falle können und müssen wir zwei recht verschiedene, zeitweilig koexistierende Wirklichkeiten ablaufender Prozesse unterscheiden: die (erlebte) Wirklichkeit des im Gange befindlichen Geschehens selber, die meist auch den Charakter der „Verwirklichung“ trägt, und die (teilweise konstruierte) Wirklichkeit des – verarbeiteten und eingeordneten, „Geschichte“ gewordenen – Geschehenen. Dieser Doppelcharakter der Realität ablaufender Ereignisse ergibt sich aus der Natur unseres Handelns, Erlebens und Denkens (4.5).

Die Geheimnisse des Zeitablaufs. Eine natürliche, aber sehr schwer zu fassende Realität des Menschen ist die Zeit. Die Wirklichkeit des Seienden scheint an dessen Gegenwärtigkeit gebunden; für real hält man, was jetzt da ist. Aber Gegenwart gründet weder in einem (zeitlosen) Jetzt-Punkt noch in einem willkürlich abgrenzbaren „Präsenzbereich“, sondern in dem oder den jetzt eben im Gang befindlichen Prozeß oder Prozessen (4.5). Bei solchen Prozessen bilden sich, zwischen den durch größere und raschere Umstellungen gesetzten Grenzen, relativ konstante Abläufe heraus (10.2) und erzeugen das Erlebnis unterschiedlich ausgedehnter „Gegenwarten“ (10.3), die sich, je nach Beobachtungsdistanz und Fokussierung, in verschiedenen Wirklichkeitsschichten übereinanderlegen (12.3). Das gilt nicht nur für das Erfahren des eigenen Erlebnisstroms, sondern auch für das Erfassen des Verhaltensstroms anderer. Beide „Ströme“ werden durch Stabilisierungen und Wechsel in natürliche Abschnitte gegliedert (10.2/3).

Zeit ist meßbar. Die Basis für die Entwicklung von Maßeinheiten bilden zwei geophysische Grundelemente, der Tag und das Jahr. Alle übrigen Einheiten sind willkürlich festgelegt worden, haben aber – wie vor allem Stunde und Woche – eine massiv sozialisiernde Wirkung erzielt. Dabei lassen sich Messungen absolut oder relativ durchführen. Alles, was geschieht, beansprucht – unabhängig vom „Zeitpunkt“ des Geschehens – ein bestimmtes Quantum Zeit (Zeit als „Stoff“); es liegt aber auch fixierbar auf einem universell koordinierten Zeitstrahl (Zeit als „Rahmen“) (10.1). Als Maßeinheit benützen wir in diesem Buch vorzugsweise eine neu gebildete Größe, die Fünfminutenspanne (bezeichnet mit D) und ihr Hundertfaches, den „Normalarbeitstag“ zu 500 Minuten (bezeichnet als AT) (2.6).

Der Unterschied zwischen Tun und Handeln. Hält man sich an den Zeitstrahl und reiht die sich abfolgenden Tätigkeiten des Menschen aneinander, so erfaßt man dessen unmittelbares „Tun“, den Direktkontakt (oder „Bodenkontakt“) mit der Welt (2.6). Dabei lassen sich allerdings verschiedene Ebenen unterscheiden (6.2); sie reichen von den Basishandlungen bis zu komplex aufgebauten instrumentellen Ausführungstätigkeiten, die wir als „Vollzüge“ bezeichnen und untersuchen (9.3). Daneben hat (fast) jedes Tun eine zweite Dimension: es steht in einem inhaltlichen Zusammenhang; es „geht“ ihm um etwas (8.1). Dieser Zusammenhang ergibt sich aus der Sache, der man sich zuwendet (3.1); sehr oft besteht er in der beabsichtigten Einflußnahme auf den Gang der Dinge; dann sprechen wir von „Handeln“. Oft bindet er – durch Planung, Absichten, Wiederaufnahmen, Ergebnisse, Folgen – zeitlich Auseinanderliegendes zu (diskontinuierlichen) Einheiten (und damit zu weiteren Klassen von „Gegenwarten“) zusammen (2.6; 10.3).

Handeln gehört zu den stabilisierenden Elementen im Zeitablauf. Zwar ist jedes Tun stets Ablenkungen von innen und außen her ausgesetzt (12.3). Aber schon das Kind versucht bald einmal, bei einer angefangenen Sache zu bleiben, sie gegen Unterbrechungen zu verteidigen und später zu ihr zurückzukehren; und daraus entwickelt sich die gegliederte Handlung Erwachsener (12.4).

Das Handeln wurde von der Psychologie jahrzehntelang kaum beachtet; nun erlebt es, seit etwas über zehn Jahren, einen Boom (1.4). Dabei fahren sich die Theoretiker allerdings gerne in zwei Verallgemeinerungen fest. Einmal unterlegen sie jedem Handeln ein „Ziel“ im Sinne eines antizipierten und angestrebten Endzustandes. Es läßt sich aber zeigen, daß es viele andere Formen des Handelns gibt (4.2). Wenn schon, so möchten wir den Zielbegriff breiter definieren als jenen gewünschten Verlauf der Dinge, zu dessen Realisierung eigenes Mitwirken erforderlich scheint (4.3). Die zweite Verallgemeinerung besteht in der Vorstellung, alles menschliche Handeln sei hierarchisch organisiert (6.1). Nach unseren Beobachtungen erweist auch sie sich als voreilig (6.3). Und (finale) Zielhierarchien müssen – wo es sie gibt – erst noch vom kausal-hierarchisch verketteten Ausführungsgeschehen abgehoben werden (6.2).

Eine Untersuchung über den beruflichen Alltag

Erhebung. Berufsmann P. hat während mehr als drei Jahren seine eigene Person als „tragbare“, omnipräsente Feldstation benutzt und alles registriert, was er – beruflich und paraberuflich – getan hat (1.3). Diese Erhebung und ihre Auswertung wurde als Ein-Mann- und als Ferien- und Wochenend-Job durchgezogen (1.4). Jedesmal, wenn P.'s Arbeit wechselte (ihr Inhalt oder die Vollzugsart, allenfalls auch die Kontaktperson), hielt er das eben Abgeschlossene auf einem Formular fest (2.1). Dabei benutzte er einen Fünfminutenraster: es wurden nur Arbeiten bzw. Einheiten von rund fünf Minuten oder einem Mehrfachen davon festgehalten und auf fünf Minuten genau auf dem Zeitstrahl lokalisiert (10.4). Handlungsort und allfällige Kontaktpersonen wurden ebenfalls registriert; bei den letzten erzeugten Gruppen sowie „anonym" bleibende Partner und Partnerinnen gewisse Schwierigkeiten (9.5). Zudem wurden eine Reihe dynamischer Größen (insbesondere arbeitsauslösende Faktoren und vorgesehene Arbeiten) erhoben, in diesem Buch aber noch nicht ausgewertet (2.1/2); jedoch unterblieben alle Beurteilungen der Arbeit (2.5). Da Vollständigkeit, Ablauftreue und hinlängliche Meßgenauigkeit angestrebt wurden, war ständige unmittelbare Registrierung unerläßlich; auf das Gedächtnis wurde möglichst wenig rekurriert (10.3). Kamen zwei Arbeiten in raschem Wechsel zur Ausführung, so vermerkte P. „parallel" laufende Einheiten (10.5); diente ein und dieselbe Tätigkeit zwei verschiedenen Themen (5.5) oder wurden zwei Vollzüge gleichzeitig ausgeführt (9.4; 12.3), so unterschied P. „primäre" und „sekundäre" Tätigkeiten.

Auswertung. Einige der Erhebungsgrößen wurden zu Gegenständen detaillierter Auszählung und ausführlicher Untersuchung (2.4). Über den Sinn solcher Auswertungen eines Einzelfalles haben wir uns wiederholt Gedanken gemacht (1.3; 7.0; 11.1). Da auf EDV verzichtet werden mußte (1.5), konnten für die Auszählungen – mit einer Ausnahme – nur Zeitausschnitte (der größte, sich über 476 Kalendertage erstreckende als „Vollerhebungszeit" bezeichnet) oder Stichproben benutzt werden (7.1). Vereinzelt wurden aus dem Primärmaterial sekundäre Datensammlungen (in der Form von Registern und Karteien) herausdestilliert (2.1). Die Auszählergebnisse wurden jeweils, größerer Aussagekraft und künftiger Vergleichbarkeit zuliebe, umgerechnet auf Werte pro „Normalarbeitsjahr", pro „Arbeitsverpflichtungszeit", pro „durchschnittlichen Wochentag" u.ä. (7.1). Der durchgeführte Vergleich zwischen den Ergebnissen zweier längerer Zeitausschnitte erwies eine erstaunlich gute Übereinstimmung (7.7).

Allgemeine Befunde

Der Tageslauf und seine Struktur. Wie fein die Struktur des Tageslaufs erfaßt werden soll und kann, bestimmt man mit der Wahl des Beobachtungsrasters. Durch Rasterwechsel verändert sich in gewissem Ausmaß das qualitative Bild des Tages; aber die Grundelemente der Strukturbildung bleiben sich bei jeder Erfassungsschwelle gleich (12.1–3). So wird es beispielsweise nie zu vermeiden sein, daß natürliche Einheiten, die kürzer sind als die Zeitspanne der Erfassung, als solche untergehen; sie werden zusammengezogen zu größeren „Mischeinheiten" (10.5). Je gröber der Raster, desto größer der Anteil undifferenziert erfaßter Tätigkeitsperioden (12.1). Die homogenen Einheiten von mindestens fünf Minuten Dauer – homogen punkto Thematik, Vollzug, Kontaktperson – nennen wir (im Rahmen unserer Analyse des Arbeitsverhaltens) „Arbeitseinheiten", abgekürzt AE (10.5). Sie bilden für uns die Basiseinheiten. Thematisch geschlossene Arbeiten können allerdings mehrere Vollzüge gleich hintereinander beanspruchen, und Vollzüge können mehreren Themen nacheinander dienen; in diesen Fällen schließen sich AE-Serien zu thematischen oder instrumentellen Sequenzen zusammen. So kann der Tag auch in thematische oder Vollzugsabschnitte, oder, bei Verbindung beider Gesichtspunkte, in „Beschäftigungsabschnitte" gegliedert werden (10.6). Durch sekundäre Rastervergröberung können Beschäftigungsabschnitte zu prägnanten Tagesübersichten vereinfacht werden (12.1).

Die besprochenen Abschnitte bilden zeitlich kompakte (wenn zum Teil auch „verdünnte", d.h. parallel zu anderen verlaufende) Einheiten oder „Bausteine" des Tages. Es gibt aber auch zeitlich diskontinuierliche Einheiten. Sie werden durch den gemeinsamen Inhalt zusammengebunden. Wichtigstes Beispiel ist die am gleichen Tag (teilweise wiederholt) geleistete Arbeit am gleichen Thema. Wir nennen sie „Tagestätigkeit" oder abgekürzt TT (10.7).

Wird die Zahl der Einheiten eines Tages (AE, TT etc.) in Beziehung gesetzt zu dessen Länge, so erhält man das Maß seiner „Zerhackung". Aus meßtechnischen Gründen müssen wir in den Nenner allerdings die Wurzel aus der Gesamtdauer setzen. Faßt man dabei die längeren Einheiten zu einem „Tageskern" zusammen, so ergibt sich, als weitere Maßzahl, die „Kernzerhackung" (11.3). Aus dem Abfolgestil der thematischen Abschnitte (abgekürzt TA) kann man Grundmuster des Tagesaufbaus unterscheid- und berechenbar machen (11.5). Ganz verschiedene Muster dominieren – zumindest bei P. – die normale Werktagsarbeit und die Arbeit an freien Tagen. Werktage werden vorwiegend bestimmt von Themendurchmischung und „Themenflucht", während freie Tage durch Themenreihung und Thementreue charakterisiert werden (11.6).

Die Inhalte des Alltags. Neben den Abschnitten und Einheiten des Tageslaufs sind die wichtigsten Bausteine des Alltags die Themen. Unter „Thema" verstehen wir einen Inhalt, mit dem sich eine Person einmal oder wiederholt für eine gewisse Zeit beschäftigt oder zu beschäftigen beabsichtigt und den sie als zusammengehörige, von anderen Inhalten abgehobene Einheit empfindet (3.4). Im Gegensatz zu Vollzügen, Aufgabenbereichen und anderen kategoriell erfaßten Größen sind Themen „individuelle" Realitäten (2.3). In der Literatur ist ein analoger Themenbegriff verschiedentlich unter anderen Bezeichnungen verwendet worden (3.3). Kurzfristig sind Themen problemlos zu erfassen; dehnen sie sich über längere Zeit hin, so entstehen gelegentlich Konstanz- und Identitätsprobleme (4.4); es ist nützlich, sich dann an Kriterien zu ihrer Abgrenzung zu halten (4.6).

Die Durchsicht von P.'s Themenbestand (2.1; 4.4) förderte eine große Mannigfaltigkeit verschiedener Themenarten zu Tage. Zu den wichtigsten

Unterscheidungsmerkmalen gehören etwa die „Abschließbarkeit" der Themen oder die strukturelle Verbundenheit ihrer Teile (5.1-3). Die Themenarten lassen sich in einem „Modell der einheitsstiftenden Beziehungen" anordnen, indem schrittweise Abweichungen von einem „normalen" Thema registriert und benannt werden (6.6). Quer durch alle Themenarten geht allerdings die Grundunterscheidung zwischen „Aufgaben" (Inhalten, bei denen eigenes Mittun erforderlich ist) und bloßen „Zuwendungsgegenständen" (3.1; 4.3). Unsere statistische Analyse erlaubt den Zusammenzug der Themenarten in fünf große Hauptgruppen, die sich unter zwei Gesichtspunkten deutlich voneinander unterscheiden, nämlich nach Ausdehnung und nach Intensität der Beschäftigung (7.7).

Quantitativ können Themen nach zeitlichen Ausmaßen und nach innerer (struktureller) Gliederung erfaßt werden. Wie alle diskontinuierlichen Gegenstände über Zeit haben sie zwei verschiedene Ausdehnungen: eine „Dauer", d.h. die summierte Zeit effektiver Ausführungstätigkeiten (von uns ausgedrückt in D oder AT) und eine „Erstreckung", d.h. die Zeit von der ersten bis zur letzten Beschäftigung damit (hier gemessen in Kalendertagen); bei der letzten können allerdings kurze Vor- oder Nachspiele Verzerrungen ergeben. Maße für die innere Gliederung geben vor allem die Zahl der Arbeitseinheiten, der thematischen Abschnitte, der Bearbeitungstage (oder „Tagestätigkeiten"), der benützten Vollzüge ab. Indem man die Maße zueinander in Beziehung setzt, erhält man interessante Charakteristika der Themen, so besonders die Bearbeitungsdichte (Gesamtdauer in AT durch Zahl der TT) und die Bearbeitungsfrequenz (Zahl der TT durch Erstreckung in Tagen) (7.2-4) . Weiter sind Themen zum Teil in Familien oder Serien verbunden (5.1/2) und können außerdem größere Komplexe bilden (5.4).

Die Themenzahl pro Tag ist beim Kleinkind sehr groß und nimmt bis zum Erwachsenenalter offenbar kontinuierlich ab (12.4).

Die strukturelle Analyse der Berufsarbeit. Arbeit ist ein zentrales, wenn auch in seiner Bedeutung umstrittenes Charakteristikum menschlicher Existenz (1.2). Hier beschäftigen wir uns vor allem mit der Berufsarbeit – die wir nach dem „Tausch-Prinzip" definieren – und mit damit verbundenen Arbeitsleistungen (8.4). Arbeit, mit welcher der Mensch Einkünfte erzielt, kann wesentlich vielfältiger sein als oft angenommen (4.2). Bei ihrer Beschreibung und Analyse hat sich die klassische westliche Arbeitspsychologie jahrzehntelang auf die Ebene der Vollzüge beschränkt. Je komplexer aber eine Berufstätigkeit ist, desto wichtiger wird auch die Erfassung und Differenzierung der Inhalte beruflichen Tuns (8.1). Die konkreten Themen der Arbeit ergeben sich dabei aus (abstrakt formulierbaren) Aufgabenfeldern und/oder können in solche zusammengefaßt werden; diese Felder nennen wir „Bereiche" (8.3). Will man die Struktur von Arbeitswelten ergründen, so muß man für Bereiche und Vollzüge je berufs- und positionsspezifische Kategorientabellen benutzen; die oft angestrebte Entwicklung universell gültiger Tafeln erweist sich als Illusion (8.2).

Ein großer Teil der Arbeit hat soziale Aspekte, wobei allerdings verschiedene Gesichtspunkte zu unterscheiden sind; auseinanderhalten muß man zumindest soziale Präsenz, soziale Interaktion, soziale Zielsetzung, sozialen Gegenstand. Gewisse Arbeitseinheiten (bei P. etwa die Beratungsgespräche) vereinigen Spitzenwerte aller dieser Aspekte (9.5/6).

Komplexe Arbeitswelten. Komplexe Arbeitswelten sind vor allem charakterisiert durch eine Vielzahl recht diverser Bereiche und Themen, die in zeitlicher Verschränkung zum Zuge kommen (9.2), und/oder durch komplizierte, nur durch Aufgliederung in viele Teilschritte zu bewältigende Aufgaben. Bei den letzten ist die Ausführung allenfalls hierarchisch planbar („Längsschnittplanung") oder zumindest beschreibbar (6.4). Oft allerdings besteht das Wesen komplexer Aufgabestellungen gerade darin, daß das zweckmäßigste Vorgehen erst schrittweise „ertastet" und erprobt werden muß. Auch erlauben die häufigen „Themenballungen" meist gar keine logische, sondern bloß eine pragmatische Strukturierung („Querschnittplanung"). Berufstätige müssen sich darum bemühen, durch eine ad hoc getroffene, möglichst sinnvolle und rationale Operationenfolge gleichzeitig mehreren zur Erledigung drängenden Aufgaben gerecht zu werden. Bei komplexen Arbeitswelten plädieren wir darum für ein „demokratisches" (anstelle des üblichen hierarchischen) Handlungsmodell (6.3).

In komplexen Arbeitswelten lassen sich – am besten durch eine Rollen-Analyse – berufliche Kernbereiche und berufliches Umfeld unterscheiden, allenfalls auch paraberufliche und persönliche Arbeitsfelder (9.2). Der Beruf kann dabei fließend ins Privatleben übergehen und schwer von diesem abzugrenzen sein (8.4), und zwar nicht bloß hinsichtlich Arbeitszeit (10.1). Auch bei den Ausführungstätigkeiten gibt es Kernvollzüge einerseits, Zusatz- und Randvollzüge anderseits (9.4). Die unscharfen Grenzen machen umgekehrt verschiedene Freizeitbegriffe (8.5) bis hin zu jenem der „sekundären Freizeit" während der Arbeit selber (9.4) nötig.

Spezifische Ergebnisse

Charakteristika von P.'s Arbeitswelt. Dem Leiter eines Beratungsdienstes stellen sich vielfältige Aufgaben (9.1), die von Jahr zu Jahr – teilweise recht dramatisch – wechseln können, aber doch einen Sockelbestand an größeren, über Zeit stabilen Tätigkeiten aufweisen. In den untersuchten Jahren füllte P. seine „Arbeitsverpflichtungszeit" je zur Hälfte mit der Betreuung beruflicher Kernaufgaben und solcher aus dem Umfeld; über diese Zeit hinaus ging er auch paraberuflichen und persönlichen Arbeitsanliegen nach (9.2). Was die Vollzüge betrifft, machten „Reden und Schreiben" mindestens drei Viertel der offiziellen Arbeitszeit aus (9.3). Die Hälfte seiner

Zeit verbrachte er in Zusammenarbeit mit anderen (9.5), und ebenfalls die Hälfte verwendete er für soziale Aufgaben; aber da die beiden Aspekte nicht deckungsgleich sind, ergab es sich, daß rund 70% seiner Arbeit auf die eine oder andere Weise sozial bestimmt waren (9.6). Hinsichtlich Ausführung kann man eine Reihe typischer Vollzugsabfolgen konstruieren; dabei füllten „Kernvollzüge" rund 60% seiner „Arbeitsverpflichtungszeit". Knapp drei ganze Arbeitstage gingen pro Jahr durch Warten, erfolglose Versuche, Fehlerkorrektur etc. verloren (9.4).

Die Struktur von P.'s Arbeit. In P.'s Arbeitswelt kommen jährlich rund 1500 Themen vor, allerdings nur ein Drittel von ihnen „reguläre", die anderen in dieser oder jener Form abweichend, worunter etwa 900 „Zwischenthemen" von sehr kurzer Dauer (7.5). Berücksichtigt man auch Themenverbindungen und -komplexe, so reduziert sich die jährliche Zahl thematischer Gebilde auf rund 700, wovon zur Hälfte „Bauschutt" (7.6). Reguläre Themen beanspruchen allerdings am meisten Arbeitszeit, nämlich drei Viertel der Gesamtdauer. Sie sind unterschiedlich lang, dauern aber im Durchschnitt einen halben Tag (7.2). Doch die zeitliche Dominanz solcher Blöcke im Arbeitsjahr spiegelt sich leider im einzelnen Tag nicht wider, da sich auch größere Themen oft in kleine Tagesportionen aufbröckeln. So kommt es, daß ein Drittel aller thematischen Bausteine des Tages, der TT, nur die minimale Länge von 5 Minuten aufweisen und mehr als zwei Drittel die Grenze von 20 Minuten nicht überschreiten (7.5).

Pro durchschnittlichen Wochentag bewältigte P., bei zehn Stunden Gesamtarbeitszeit, rund 20 Tagestätigkeiten (7.5) in gut 40 Arbeitseinheiten von durchschnittlich einer Viertelstunde Dauer (11.1). Dieser Grad von „Zerhackung" bewegte sich an (oder schon fast jenseits) der Grenze von P.'s Wohlbefinden (11.3). Die von der Sache her wünschbare und von P. subjektiv gewünschte Konzentration auf große und dringliche Themen (sowie die Kontinuität ihrer Bearbeitung) war selten möglich, einmal weil der Tag durch viel kleines Geröll überschwemmt wurde, und zweitens weil die Bedingungen der Arbeit zu einer bewegten Durchmischung der Themen und gelegentlich zu einer wilden „Flucht" von Thema zu Thema führten (11.6). Allerdings gab es Lockerungen während alternativer Arbeitssituationen; vor allem an freien Tagen ließ sich eine erfreulichere Arbeitsform realisieren (11.2/4/6).

Literaturverzeichnis

(Wo zwei Jahreszahlen aufgeführt sind, gibt die erste das Erscheinungsjahr der Erstausgabe an; die zweite Jahreszahl, Ort und Verlag beziehen sich auf die hier verwendete Ausgabe.)

ACH N. (1935) Analyse des Willens. In: Abderhalden E. (Hrsg.), *Handbuch der biologischen Arbeitsmethoden*, Band VI (Methoden der Psychologie). Berlin/Wien

ADLER A. (1927/29) *Menschenkenntnis*. 3.A. Leipzig: S. Hirzel

ADORNO T.W., FRENKEL-BRUNSWIK E., LEVINSON D.J., SANFORD R.N. (1950) *The Authoritarian Personality*. New York: Harper

AEBLI H. (1980) *Denken: Das Ordnen des Tuns*. Band I: Kognitive Aspekte der Handlungstheorie. Stuttgart: Klett-Cotta

AGAB (Schweizerische Arbeitsgemeinschaft für akademische Berufs- und Studienberatung. 1976) *Funktionen der Beratungsdienste für Mittelschüler und Studierende*. Analysen, erarbeitet von den Mitgliedern der Arbeitsgemeinschaft. Vervielfältigung. Bern

AGAB (1978) Untersuchung über die Beschäftigungssituation der Neuabsolventen der Schweizer Hochschulen 1977. *Wissenschaftspolitik*, Beiheft 16

AGAB (1980, 1982) siehe Morgenthaler B.

AGAB (1984) Die Beschäftigungssituation der Neuabsolventen der Schweizer Hochschulen – Ergebnisse der Befragung 1983. *Wissenschaftspolitik* (Mitteilungsblatt der schweizerischen wissenschaftspolitischen Instanzen), *13*, 53-74

AKBB BERN (1976) siehe Bielander et al. und Graf et al.

ALLPORT G.W. (1937/49) *Persönlichkeit*. Struktur, Entwicklung und Erfassung der menschlichen Eigenart. Hrsg. von Bracken H. Stuttgart: Klett

ALLPORT G.W. (1960/68) *Personality and Social Encounter*. Selected Essays. Boston: Beacon Press

ALLPORT G.W. (1961) *Pattern and Growth in Personality*. New York: Holt, Rinehart & Winston

ALLPORT G.W. (1968) *The Person in Psychology*. Selected Essays. Boston: Beacon Press

AMMON G. (1983) Die Rolle der Arbeit in der Psychoanalyse und in der Dynamischen Psychiatrie. In: Petzold H., Heinl H. (1983)

ANGEHRN E. (1985) *Geschichte und Identität*. Berlin: de Gruyter

ANSCOMBE G.E.M. (1957/72) *Intention*. Second Edition. Oxford: Basil Blackwell

ARGYLE M. (1976) Personality and social behaviour. In: Harré R. (Ed.), *Personality*. Oxford: Blackwell

ARIETI S. (1972) *The Will to Be Human*. New York: Quadrangle Books (NYT)

ASCHENBACH G., BILLMANN-MAHECHA E., STRAUB J., WERBIK H. (1983) Das Problem der Konsensbildung und die Krise der „nomothetischen" Psychologie. In: Jüttemann G. (1983)

ASCHENBACH G., BILLMANN-MAHECHA E., ZITTERBARTH W. (1985) Kulturwissenschaftliche Aspekte qualitativer psychologischer Forschung. In: Jüttemann G. (1985)

ASCHOFF J. (1954) Zeitgeber der tierischen Tagesperiodik. *Naturwiss.*, *41*, 49-56

ASCHOFF J. (1955) Exogene und endogene Komponenten der 24-Stunden-Periodik bei Tier und Mensch. *Naturwiss.* *42*, 569-575

AUF DER MAUR F. (1987) Ein Tag mit 100000 Sekunden. *Brückenbauer* 15.4.1987
AUGÉ M. (1986/88) *Ein Ethnologe in der Metro*. Edition Qumran. Frankfurt a.M.: Campus
BAKAN D. (1967/73) *On Method*. Toward a Reconstruction of Psychological Investigation. San Francisco: Jossey-Bass
BARKER R.G. (Ed., 1963) *The Stream of Behavior*. Explorations of its Structure and Content. New York: Appleton-Century-Crofts
BARKER R.G. (1968) *Ecological Psychology*. Concepts and Methods for Studying the Environment of Human Behavior. Stanford: Stanford University Press
BARKER R.G. and Associates (1978) *Habitats, Environments, and Human Behavior*. Studies in Ecological Psychology and Eco-Behavioral Science from the Midwest Psychological Field Station, 1947-1972. San Francisco: Jossey-Bass
BARKER R.G. (1979) Settings of a professional lifetime. *Journal of Personality and Social Psychology 37*, 2137-2157
BARKER R.G. (1984) *Prospecting in Environmental Psychology*. Vervielfältigung
BARKER R.G., WRIGHT H.F. (1951) *One Boy's Day*. A Specimen Record of Behavior. New York: Harper
BARKER R.G., WRIGHT H.F. (1955/71) *Midwest and Its Children*. The Psychological Ecology of an American Town. Hamden, Conn.: Archon Books
BÄSCHLIN D.L. (1983) *Wehrwille und grüne Kraft*. Die Verteidigung der heimatlichen Substanz. Bern: Zytglogge Verlag
BATTISTA J.R. (1978) The science of consciousness. In: Pope K.S., Singer J.L. (1978)
BAUMGARTNER C., GEHRIG B. (1969/72) *Elektronische Datenverarbeitung*. Einführung für Kaufleute. Zürich: Verlag des Schweizerischen Kaufmännischen Vereins
BECK-GERNSHEIM E. (1976/81) *Der geschlechtsspezifische Arbeitsmarkt*. Zur Ideologie und Realität von Frauenberufen. Frankfurt: Campus
BENESCH H. (1984) *„Und wenn ich wüßte, daß morgen die Welt unterginge..."* Zur Psychologie der Weltanschauungen. Weinheim: Beltz
BERCHTOLD J.A. (1865) *Das Massensystem der Natur und die daraus entwickelten Verhältnisse zwischen Zeit und Raum*. Herausgegeben von J. Baumgartner. Berlin: Julius Springer
BERELSON B., STEINER G.A. (1964) *Human Behavior*. An Inventory of Scientific Findings. New York: Harcourt, Brace & World
BERGER P.L. (1963/75) Sociological perspectives – society as drama. In: Brissett D., Edgley C. (1975)
BERTAUD J.-P. (1983/89) *Alltagsleben während der Französischen Revolution*. Freiburg i.Br.: Ploetz
BESEMS T. (1980/83) Gesellschaft und Arbeit als Schwerpunkte der Therapie – Konsequenzen und psychotherapeutische Strategien. In: Petzold H., Heinl H. (1983)
BIBERSTEIN B. (1984) Vom Charme des selber praktizierten Milizsystems: Die AGAB/ASOU als Berufs- und Interessenverband. In: Renggli G., Schucan L. (1984)
BIELANDER A., BISCHOF I., GRAF P., MEYER-OTT R. (1976) *Untersuchungen über die Beschäftigungschancen von Neuabsolventen der Universität Bern*. Eine Befragung der Absolventen 1974 der juristischen und der philosophisch-naturwissenschaftlichen Fakultät. Bern: Akademische Berufsberatung

BLÜMEL J. (1958) *Sitzungen, Konferenzen, Versammlungen* vorbereiten, leiten, aktiv teilnehmen, protokollieren. 2.A. Zürich: Verlag Organisator AG

BOCHENSKI I.M. (1947) *Europäische Philosophie der Gegenwart*. Sammlung Dalp Band 50. Bern: Francke

BOESCH E.E. (1963/71) Die diagnostische Systematisierung. In: Heiss R. (Hrsg.) *Psychologische Diagnostik*. Handbuch der Psychologie, 6.Band. 3.A. Göttingen: Hogrefe

BOESCH E.E. (1976) *Psychopathologie des Alltags*. Zur Ökopsychologie des Handelns und seiner Störungen. Bern: Huber

BOESCH E.E. (1980) *Kultur und Handlung*. Einführung in die Kulturpsychologie. Bern: Huber

BOESCH E.E. (1986) Verhaltensort und Handlungsbereich. In: Kaminski (1986)

BOLLNOW O.F. (1936/55) *Dilthey*. Eine Einführung in seine Philosophie. 2.A. Stuttgart: Kohlhammer

BRACKHANE R. (1980) Merkmalsdimensionen sportlichen Handelns. In: Thomas A., Brackhane R. (1980)

BRAEM H. (1988) *Selftiming*. Über den Umgang mit der Zeit. München: Wirtschaftsverlag Langen Müller/Herbig

BRANDT L.W., BRANDT E.P. (1974) Der Psychologe und der Mensch. *Psychologische Rundschau 25*, 255-266

BRANDTSTÄTTER H. (1977) Wohlbefinden und Unbehagen. In: Tack W.H. *Bericht über den 30. Kongress der Deutschen Gesellschaft für Psychologie in Regensburg 1976*. Band 2. Göttingen: Hogrefe

BRANDTSTÄTTER H. (1981) Time sampling of subjective wellbeing. In: Hartmann H., Molt W., Stringer P. *Advances in economic psychology*. Heidelberg: Meyn

BRATFISCH O. (1970) Time estimations of the main activities of university students. *Reports from the Institute of Applied Psychology*, University of Stockholm

BRENNENSTUHL W. (1975) *Handlungstheorie und Handlungslogik*. Vorbereitungen zur Entwicklung einer sprachadäquaten Handlungslogik. Kronberg/Ts.: Scriptor Verlag

BRISSETT D., EDGLEY C. (Eds., 1975) *Life as Theater*. A Dramaturgical Sourcebook. Chicago: Aldine

BROCKHAUS (1954) *Der Große Brockhaus*. 16.A. Vierter Band. Wiesbaden: Brockhaus

BROMME R., HÖMBERG E. (1980) Methodische Probleme und Möglichkeiten der Untersuchung sprachlich gefaßter handlungsregulierender Kognitionen. In: Volpert W. (1980)

BRONFENBRENNER U. (1979/81) *Die Ökologie der menschlichen Entwicklung*. Natürliche und geplante Experimente. Hrsg. von Lüscher K. Stuttgart: Klett-Cotta

BUDE H. (1988) Der soziale Typ „Aufsteiger". *Der Alltag*, Nr. 3/88

BÜHLER C. (1921/29) *Das Seelenleben des Jugendlichen*. Versuch einer Analyse und Theorie der psychischen Pubertät. 5.A. Jena: Fischer

BÜHLER C. (1925) Die Bedeutung des Tagebuchs für die Jugendpsychologie. In: Bühler C. (Hrsg.) *Zwei Knabentagebücher*. Quellen und Studien zur Jugendkunde, Heft 3. Jena: Fischer

BÜHLER C. (1928/31) *Kindheit und Jugend*. Genese des Bewußtseins. Leipzig: Hirzel

BÜHLER C. (1933) *Der menschliche Lebenslauf als psychologisches Problem.* Leipzig: Hirzel
BÜHLER C. (1959) *Der menschliche Lebenslauf als psychologisches Problem.* Zweite völlig veränderte Auflage. Göttingen: Hogrefe
BÜHLER C., MASSARIK F. (Eds., 1968) *The Course of Human Life.* A Study of Goals in the Humanistic Perspective. New York: Springer
BÜHLER K. (1918/30) *Die geistige Entwicklung des Kindes.* 6.A. Jena: Fischer
BÜHLER K. (1927/29) *Die Krise der Psychologie.* 2.A. Jena: Fischer
BULLENS H. (Hrsg., 1990) *Zukunft der Arbeit.* Analysen, Prognosen, Strategien. Heidelberg: Asanger
BURGDORFF S. (1984a) „Wir sind alle Sklaven der Arbeit". Arbeitszeitverkürzung und Beschäftigungspolitik. In: Burgdorff S., Meyer-Larsen W. (1984)
BURGDORFF S. (1984b) „Einfach mehr Freizeit haben". Die veränderte Einstellung zur Arbeit. In: Burgdorff S., Meyer-Larsen W. (1984)
BURGDORFF S., MEYER-LARSEN W. (Hrsg., 1984) *Weniger Arbeit.* Überlebenschance der Industriegesellschaft. Spiegel-Buch. Reinbeck bei Hamburg: Rowohlt Taschenbuch Verlag
BÜRGI A. (1976) *Die Analyse von Berufen und Berufsanforderungen* unter Berücksichtigung der Problemstellungen in der Berufsberatung. Hrsg. vom Schweizerischen Verband für Berufsberatung. Stuttgart: Kohlhammer
BURLOUD A. (1938) *Principes d'une psychologie des tendances.* Paris
CALVINO I. (1979/83) *Wenn ein Reisender in einer Winternacht.* München: Hanser
ČAPEK M. (1966) Time in relativity theory: arguments for a philosophy of becoming. In: Fraser J.T. (1966)
CARNAP R. (1928) *Der logische Aufbau der Welt.* Berlin-Schlachtensee: Weltkreis-Verlag
CARUS C.G. (1846/1937) *Psyche.* Zur Entwicklungsgeschichte der Seele. Kröners Taschenausgabe Band 98. Leipzig: Kröner
CHEIN I. (1972) *The Science of Behavior and the Image of Man.* New York: Basic Books
CLARKE D.D. (1982) The sequential analysis of action structure. In: Cranach M.v., Harré R. (1982)
CONDRAU G. (1988) Das anankastische Weltverhältnis. In: Kull E. (Hrsg.) *Gebot und Freiheit.* Das Bild vom Menschen. Engadiner Kolloquium 1987. Zürich: M & T Verlag
COOPER J.D. (?/1986) *So schafft man mehr in weniger Zeit.* Landsberg am Lech: Moderne Verlagsgesellschaft mvg
CRANACH M. von (1982) The psychological study of goal-directed action: basic issues. In: Cranach M.v., Harré R. (1982)
CRANACH M. von, HARRÉ R. (Eds., 1982) *The Analysis of Action.* Recent Theoretical and Empirical Advances. Cambridge: Cambridge University Press
CRANACH M. von, KALBERMATTEN U., INDERMÜHLE K., GUGLER B. (1980) *Zielgerichtetes Handeln.* Bern: Huber
CRANACH M. von, KALBERMATTEN U. (1982) Ordinary interactive action: theory, methods and some empirical findings. In: Cranach M.v., Harré R. (1982)
CRONBACH L.J. (1949/70) *Essentials of Psychological Testing.* Third Edition. New York: Harper & Row
CRONBACH L.J., GLESER G.C. (1957/65) *Psychological Tests and Personnel Decisions.* Urbana: University of Illinois Press

CSEH-SZOMBATHY L. (1972) International differences in the types and frequencies of social contacts. In: Szalai A. (1972)
DANTO A.C. (1978) Basishandlungen und Basisbegriffe. In: Lenk H. (Hrsg.) *Handlungstheorien interdisziplinär*. Band II, 1. Halbband. München: Wilhelm Fink
DARNTON R. (1984/89) *Das große Katzenmassaker*. Streifzüge durch die französische Kultur vor der Revolution. München: Hanser
DAVIS M.S. (1973) *Intimate Relations*. New York: The Free Press
DeGREENE K.B. (1970) Systems analysis technique. In: DeGreene K.B. (Ed.) *Systems Psychology*. New York: McGraw-Hill
DICKMAN H.R. (1963) The perception of behavioral units. In: Barker R.G. (1963)
DIETERICH R. (1981) *Integrale Persönlichkeitstheorie*. Chancen und Zielsetzungen einer pädagogisch-psychologischen Anthropologie. Paderborn: Schöningh
DIETERICH R., PLAUM E. (1988) Psychologischer Eklektizismus – Bedürfnisse und Bedingungen. In: Plaum E. (1988)
DILTHEY W. (1927) *Der Aufbau der geschichtlichen Welt in den Geisteswissenschaften*. Gesammelte Schriften, VII. Band. Leipzig: B.G. Teubner
DÖRNER D. (1983) Empirische Psychologie und Alltagsrelevanz. In: Jüttemann G. (1983)
DORSCH F. (1959) *Psychologisches Wörterbuch*. Sechste, völlig revidierte Auflage unter Mitarbeit von W. TRAXEL. Hamburg: Meiner / Bern: Huber
DOTTERWEICH J., HÖLZLE C., KÖSTER W., OFFE H. (1980) Die Bedeutung der Handlungstheorie für die Untersuchung der Stellensuche von aktuell und potentiell arbeitslosen Jugendlichen. In: Volpert W. (1980)
DOYLE Sir A.C. (1887/1977) *Sherlock Holmes*. Erzählungen 1. Frankfurt a.M.: Ullstein
DUMAZEDIER J. (1974) *Sociologie empirique du loisir*. Paris
DÜRRENMATT F. (1986) *Der Auftrag* oder Vom Beobachten des Beobachters der Beobachter. Novelle. Zürich: Diogenes
ERISMANN T. (1958) *Allgemeine Psychologie* I. Grundprobleme. Zweite, neubearbeitete Auflage. Sammlung Göschen Band 831. Berlin: de Gruyter
EWERT O. (1979) Zur Psychologie der Selbstkonzepte. In: Montada L. (Hrsg.) *Brennpunkte der Entwicklungspsychologie*. Stuttgart: Kohlhammer
FAB (Fachvereinigung der Berufsberater der deutschen und rätoromanischen Schweiz. 1982/83) Richtlinien und Empfehlungen für den Ausbau und die Organisation von Berufsberatungsstellen der allgemeinen Berufsberatung. Ausgearbeitet von der FAB aufgrund einer quantitativen Analyse der Berufsberaterarbeit. *Berufsberatung und Berufsbildung 68*, 75-83
FACAOARU C. (1985) *Kreativität in Wissenschaft und Technik*. Operationalisierung von Problemlösefähigkeiten und kognitiven Stilen. Bern: Huber
FANKHAUSER G. (1962) *Das Entwicklungsmodell der Spirale und die Jugendentwicklung*. Bern: Paul Haupt
FAULCONER J.E., WILLIAMS R.N. (1985) Temporality in human action. An alternative to positivism and historicism. *American Psychologist 40*, 1179-1188.
FORGAS J.P. (1979) *Social Episodes*. The Study of Interaction Routines. London: Academic Press
FRAISSE P. (1957/85) *Psychologie der Zeit*. Konditionierung, Wahrnehmung, Kontrolle, Zeitschätzung, Zeitbegriff. München: Reinhardt
FRANKLIN R.L. (1968) *Freewill and Determinism*. A Study of Rival Conceptions of Man. London: Routledge & Kegan Paul

FRASER J.T. (Ed., 1966) *The Voices of Time*. A cooperative survey of man's views of time as expressed by the sciences and by the humanities. New York: George Braziller

FRENKEL E., WEISSKOPF E. (1937) *Wunsch und Pflicht im Aufbau des menschlichen Lebens*. Psychologische Forschungen über den Lebenslauf, Band 1. Wien: Gerold

FRESE M. (1985) Arbeit. In: Herrmann T., Lantermann E.-D. (1985)

FREUD S. (1930) *Das Unbehagen in der Kultur*. Gesammelte Werke, Band XIV. London: Imago

FRIELING E., HOYOS C. Graf (Hrsg., 1969/78) *Fragebogen zur Arbeitsanalyse* (FAA). Deutsche Bearbeitung des „Position Analysis Questionnaire" (PAQ). Handbuch. Bern: Huber

FRIELING E., SONNTAG K. (1987) *Lehrbuch Arbeitspsychologie*. Bern: Huber

FRISCHKNECHT E. (1985) *Die Berufsberater, ihre Tätigkeit und Arbeitssituation*. Eine repräsentative Untersuchung über die Allgemeine, öffentliche Berufsberatung in der deutschsprachigen Schweiz. Herausgegeben vom Schweizerischen Verband für Berufsberatung. Zürich: SVB

GAULD A., SHOTTER J. (1977) *Human Action and Its Psychological Investigation*. London: Routledge & Kegan Paul

GEHLEN A. (1940) *Der Mensch*. Seine Natur und seine Stellung in der Welt. Berlin: Junker & Dünnhaupt

GOFFMAN E. (1971) *Relations in Public*. Microstudies of the Public Order. New York: Basic Books

GORZ A. (1986/88) Jenseits von Arbeitsutopie und Arbeitsmoral. In: Zoll R. (1988)

GORZ A. (1989) *Kritik der ökonomischen Vernunft*. Sinnfragen am Ende der Arbeitsgesellschaft. Berlin: Rotbuch Verlag

GRAF P. (1984) Akademische Studien- und Berufsberatung in der Deutschschweiz heute. In: Renggli G., Schucan L. (1984)

GRAF P., BIELANDER A., BISCHOF I., DEGEN M. (1976) *Die Beschäftigungssituation der Berner Hochschulabsolventen*. Ergebnisse einer Befragung des Absolventenjahrgangs 1975 der Universität Bern. Vervielfältigung. Bern: Akademische Berufsberatung

GRAUMANN C.F. (1969) *Motivation*. Band 1 der Reihe: Einführung in die Psychologie. Frankfurt a.M.: Akademische Verlagsgesellschaft, Bern: Huber

GRAWE K. (1980) Die diagnostisch-therapeutische Funktion der Gruppeninteraktion in verhaltenstherapeutischen Gruppen. In: Grawe K. (Hrsg.) *Verhaltenstherapie in Gruppen*. München: Urban & Schwarzenberg

GRIMM J., GRIMM W. (1922/84) *Deutsches Wörterbuch*. Band 27. München: Deutscher Taschenbuch Verlag

HÄBERLIN P. (1924) *Der Geist und die Triebe*. Eine Elementarpsychologie. Basel: Kober C.F. Spittelers Nachfolger

HABERMAS J. (1958) Soziologische Notizen zum Verhältnis von Arbeit und Freizeit. In: Funke G. (Hrsg.), *Konkrete Vernunft*, Festschrift für E. Rothacker. Bonn

HACKER W. (1971/78) *Allgemeine Arbeits- und Ingenieurpsychologie*. Psychische Struktur und Regulation von Arbeitstätigkeiten. 2.A. Bern: Huber

HACKER W. (1982) Objective and subjective organization of work activities. In: Cranach M.v., Harré R. (1982)

HACKMAN J.R. (1970) Tasks and task performance in research on stress. In: McGrath J.E. (Hrsg.) *Social and Psychological Factors in Stress*. New York: Holt, Rinehart & Winston

HÄGERSTRAND T. (1970) What about people in Regional Science? Ninth European Congress-RSA Copenhagen 1969. *Regional Science Association Papers XXIV*, 7-21
HALBERG F. (1959) Physiologic 24-hour periodicity; general and procedural considerations with reference to the adrenal cycle. *Zeitschrift für Vitamin-, Hormon- und Fermentforschung 10*, 225-296
HALLER G. (1980/88) *Frauen und Männer*. Bern: Zytglogge
HARRÉ R. (1984) *Personal Being*. A Theory for Individual Psychology. Cambridge, Mass.: Harvard University Press
HARRÉ R., SECORD P.F. (1972) *The Explanation of Social Behaviour*. Oxford: Blackwell
HARTMANN N. (1935/48) *Zur Grundlegung der Ontologie*. 3.A. Meisenheim am Glan: Anton Hain
HARTMANN N. (1938/66) *Möglichkeit und Wirklichkeit*. 3.A. Berlin: de Gruyter
HAUSER A. (1987) *Was für ein Leben*. Schweizer Alltag vom 15. bis 18. Jahrhundert. Zürich: Neue Zürcher Zeitung
HAUSER R., REHBERG J. (1980) *Strafrecht I*. Verbrechenslehre. Vorlesungsskriptum. 2.A. Zürich: Schulthess
HAWKING S.W. (1988) *Eine kurze Geschichte der Zeit*. Die Suche nach der Urkraft des Universums. Reinbek bei Hamburg: Rowohlt
HECKHAUSEN H. (1974) *Leistung und Chancengleichheit*. Motivationsforschung, Band 2. Göttingen: Hogrefe
HECKHAUSEN H. (1980) *Motivation und Handeln*. Lehrbuch der Motivationspsychologie. Berlin: Springer
HEHLMANN W. (1974) *Wörterbuch der Psychologie*. 11.A. Kröners Taschenausgabe Band 269. Stuttgart: Kröner
HEIDER F. (1958) *The Psychology of Interpersonal Relations*. New York: Wiley. – Deutsch: (1977) Psychologie der interpersonalen Beziehungen. Konzepte der Humanwissenschaften. Stuttgart: Klett
HEIDER F. (1983/84) *Das Leben eines Psychologen*. Eine Autobiographie. Bern: Huber
HELWIG P. (1958) *Dramaturgie des menschlichen Lebens*. Stuttgart: Klett
HERRMANN T. (1979) *Psychologie als Problem*. Stuttgart: Klett-Cotta
HERRMANN T., LANTERMANN E.-D. (Hrsg., 1985) *Persönlichkeitspsychologie*. Ein Handbuch in Schlüsselbegriffen. München: Urban & Schwarzenberg
HEYDE L. (1954) Freizeit. In: Karrenberg F. (Hrsg.) *Evangelisches Soziallexikon*. Stuttgart: Enke
HILDEBRANDT G. (1967) Die Koordination rhythmischer Funktionen beim Menschen. *Verh. Dtsch. Ges. Inn. Med. 73*, 922-941
HILLESUM E. (1981/85) *Das denkende Herz*. Die Tagebücher 1941-1943. Herausgegeben von J.G. Gaarlandt. Reinbek bei Hamburg: Rowohlt Taschenbuch
HOCKEL M. (1984) Was ist und was kann ein Psychologe? *Bulletin der Schweizer Psychologen 6*, 70-74
HOFF E.-H. (1986) *Arbeit, Freizeit und Persönlichkeit*. Wissenschaftliche und alltägliche Vorstellungsmuster. Bern: Huber
HOFFMEISTER J. (1955) *Wörterbuch der philosophischen Begriffe*. 2.A. Hamburg: Felix Meiner
HOFMANN C. (1982) *Familienalltag*. Vergleichende Untersuchungen über mikrostrukturelle Sozialisationsprozesse in Familien von Gesamt-, Grund- und Sonderschülern. Giessen: Focus-Verlag

HOFSTADTER D.R. (1979/85) *Gödel, Escher, Bach.* Ein endloses geflochtenes Band. Stuttgart: Klett-Cotta
HOHNER H.-U. (1987) *Kontrollbewußtsein und berufliches Handeln.* Motivationale und identitätsbezogene Funktionen subjektiver Kontrollkonzepte. Bern: Huber
HOLZ-EBELING F. (1989) *Alltagspsychologisches Denken.* Reihe „Forschung Psychologie". Heidelberg: Asanger
HOLZKAMP K. (1983) *Grundlegung der Psychologie.* Frankfurt a.M.: Campus
HOLZSCHUHER L. von (1949) *Praktische Psychologie.* Die Primitivperson im Menschen. Seebruck am Chiemsee: Heering-Verlag
HOWARD G.S. (1985) The role of values in the science of psychology. *American Psychologist 40*, 255-265
HOYOS C. Graf (1974) *Arbeitspsychologie.* Urban-Taschenbücher Band 186. Stuttgart: Kohlhammer
HOYOS C. Graf, FRIELING E. (1977) Die Methodik der Arbeits- und Berufsanalyse. In: Seifert K.H. (1977)
HÜLSHOFF F., KALDEWEY R. (1976/77) *Training Rationeller lernen und arbeiten.* 3.A. Stuttgart: Klett
ICHHEISER G. (1970) *Appearances and Realities.* Misunderstanding in Human Relations. San Francisco: Jossey-Bass
JAEGGI E. (1983) *Wir Menschenbummler.* Autobiographie einer Psychotherapeutin. Weinheim: Beltz
JAEGGI E. (1984) Macht die Psychologie (wieder) interessant! Plädoyer einer Professorin. *Psychologie heute 11*, 64-69
JAEHNER D. (1930) Zwei Tage aus dem Leben dreier Geschwister. Beiheft 51 zur *Zeitschrift für angewandte Psychologie.* Leipzig: J.A. Barth
JAMES W. (1890) *The Principles of Psychology.* New York: Holt, London: Macmillan
JAMES W. (1893/1909) *Psychologie.* Leipzig: Quelle & Meyer
JASPERS K. (1919/54) *Psychologie der Weltanschauungen.* 4.A. Berlin: Springer
JENNI A. (1988) *Adami.* Erzählungen. Zürich: Benziger/Ex Libris
JÜTTEMANN G. (1981) Komparative Kasuistik als Strategie psychologischer Forschung. *Zeitschrift für klinische Psychologie 29*, 101-118
JÜTTEMANN G. (1983) Psychologie am Scheideweg: Teilung oder Vervollständigung? In: Jüttemann G. (Hrsg., 1983)
JÜTTEMANN G. (Hrsg., 1983) *Psychologie in der Veränderung.* Perspektiven für eine gegenstandsangemessenere Forschungspraxis. Weinheim: Beltz
JÜTTEMANN G. (1985) Induktive Diagnostik als gegenstandsangemessene psychologische Grundlagenforschung. In: Jüttemann G. (Hrsg., 1985)
JÜTTEMANN G. (Hrsg., 1985) *Qualitative Forschung in der Psychologie.* Grundfragen, Verfahrensweisen, Anwendungsfelder. Weinheim: Beltz, 2.A. (1989) Heidelberg: Asanger
JÜTTEMANN G., THOMAE H. (Hrsg., 1987) *Biographie und Psychologie.* Berlin: Springer
KAILA E. (1951) Gefühl, Wille, Persönlichkeit. In: Katz D. (Hrsg.) *Handbuch der Psychologie.* Basel: Benno Schwabe
KAMINSKI G. (1970) *Verhaltenstheorie und Verhaltensmodifikation.* Entwurf einer integrativen Theorie psychologischer Praxis am Individuum. Stuttgart: Klett
KAMINSKI G. (1982) What beginner skiers can teach us about actions. In: Cranach M.v., Harré R. (1982)

KAMINSKI G. (Hrsg., 1986) *Ordnung und Variabilität im Alltagsgeschehen*. Göttingen: Hogrefe
KAMLAH W. (1973/84) *Philosophische Anthropologie*. Sprachkritische Grundlegung und Ethik. Mannheim: Bibliographisches Institut
KELLER W. (1954) *Psychologie und Philosophie des Wollens*. München: Reinhardt
KELLER W. (1974) *Dasein und Freiheit*. Abhandlungen und Vorträge zur philosophischen Anthropologie und Psychologie. Bern: Francke
KELLY G.A. (1955) *The Psychology of Personal Constructs*. Volume One: A Theory of Personality. New York: W.W.Norton
KELLY J.R. (1972) Work and leisure: a simplified paradigm. *Journal of Leisure Research 4*, 50-62
KIENER U. (1984) *Studienführer Universität Zürich*. Herausgeber Studien- und Berufsberatung des Kantons Zürich in Zusammenarbeit der Universität Zürich. Ausgabe 1984/85
KIMBLE G.A. (1984) Psychology's two cultures. *American Psychologist 39*, 833-839
KIMMEL D.C. (1974) *Adulthood and Aging*. An Interdisciplinary, Developmental View. New York: Wiley
KLAGES L. (1921) *Vom Wesen des Bewußtseins*. Aus einer lebenswissenschaftlichen Vorlesung. Leipzig: J.A. Barth
KLINGER E. (1971) *Structure and Functions of Fantasy*. New York: Wiley
KLINGER E. (1977) *Meaning and Void*. Inner Experience and the Incentives in People' s Lives. Minneapolis: University of Minnesota Press
KLINGER E. (1978) Modes of normal conscious flow. In: Pope K.S., Singer J.L. (1978)
KLIX F. (1980/83) *Erwachendes Denken*. Eine Entwicklungsgeschichte der menschlichen Intelligenz. 2.A. Berlin: Deutscher Verlag der Wissenschaften
KNAUTH P., KIESSWETTER E., RUTENFRANZ J. (1981/83) Rhythmen im Leben. In: Stoll F. (1981/83), Band 2
KOCH J.-J. (1986) Behavior Setting und Forschungsmethodik Barkers: Einleitende Orientierung und einige kritische Anmerkungen. In: Kaminski G. (1986)
KOCH S. (1981) The nature and limits of psychological knowledge. Lessons of a century qua „science". *American Psychologist 36*, 257-269
KÖHLER W. (1933) *Psychologische Probleme*. Berlin: Julius Springer
KRAPP A. (1979) *Prognose und Entscheidung*. Zur theoretischen Begründung und Differenzierung der pädagogisch-psychologischen Prognose. Weinheim: Beltz
KRAPPMANN L., OEVERMANN U., KREPPNER K. (1976) Was kommt nach der schichtspezifischen Sozialisationsforschung? In: *Verhandlungen des 17. deutschen Soziologentages*. Stuttgart
KRUSE L. (1980) *Privatheit als Problem und Gegenstand der Psychologie*. Bern: Huber
KUHN T.S. (1978) *Die Entstehung des Neuen*. Studien zur Struktur der Wissenschaftsgeschichte. Suhrkamp Taschenbuch Wissenschaft 236. Frankfurt a.M.: Suhrkamp
KÜMMEL F. (1966) Time as succession and the problem of duration. In: Fraser J.T. (1966)
LAERMANN K. (1975) Alltags-Zeit. Bemerkungen über die unauffälligste Form sozialen Zwangs. *Kursbuch 41*, 87-105

LALIVE D'EPINAY C. (1988) Die soziale Ambivalenz der Freizeit. In: Zoll R. (1988)
LANDOLF P. (1985) Was Ratsuchende von einer hilfreichen Beratung erwarten. Ergebnisse einer Klientenbefragung der Studentenberatung der Universität Bern. *Berufsberatung und Berufsbildung 70*, 324-336
LANG A. (1978) Einige Überlegungen zur Rechtfertigung psychodiagnostischer Tätigkeit in der Beratung. In: Pulver U., Lang A., Schmid F.W. (1978)
LANG J. (1986) *Zielorientiert auf Zielsuche.* Analyse von Berufsberatungsgesprächen und Skizze einer Beratungstheorie. 2 Bände, vervielfältigt, Bern
LANGENHEDER W. (1975) *Theorie menschlicher Entscheidungshandlungen.* Sozialisation und Kommunikation Band 3. Stuttgart: Enke
LAUCKEN U. (1974) *Naive Verhaltenstheorie.* Stuttgart: Klett
LAUCKEN U. (1985) Anmerkungen zur Ordnung in der Welt. Einführung zu: Tacke G. (1985) *Alltagsdiagnostik.* Theorien und empirische Befunde zur Personenwahrnehmung. Weinheim: Beltz
LEE D. (1950/73) Codifications of reality: lineal and nonlineal. In: Ornstein R.E. (Ed., 1973) *The Nature of Human Consciousness.* New York: Viking Press
LEFEBVRE G. (1939/89) *1789. Das Jahr der Revolution.* München: Deutscher Taschenbuch Verlag
LEHR U. (1961/68) Veränderungen der Daseinsthematik der Frau im Erwachsenenalter. In: Thomae H., Lehr U. (Hrsg.) *Altern. Probleme und Tatsachen.* Frankfurt a.M.: Akademische Verlagsgesellschaft
LEMPERT W. (1986) Zu Übereinstimmungen und Unterschieden zwischen wissenschaftlichen und alltäglichen Vorstellungen. Nachwort zu: Hoff E.-H. (1986)
LEONT'EV A.N. (1975/77) *Tätigkeit, Bewußtsein, Persönlichkeit.* Stuttgart: Klett
LERSCH P. (1938/62) *Aufbau der Person.* 8.A. München: J.A. Barth
LEVINE M. (1974) Scientific method and the adversary model. Some preliminary thoughts. *American Psychologist 29*, 661-677
LEVINSON D.J. (1978) *The Seasons of a Man's Life.* New York: Alfred A. Knopf
LEWIN K. (1938) *The Conceptual Representation and the Measurement of Psychological Forces.* Durham N.C.: Duke University Press
LIEBERMAN D.A. (1979) Behaviorism and the mind. A (limited) call for a return to introspection. *American Psychologist 34*, 319-333
LINSCHOTEN J. (1959/61) *Auf dem Wege zu einer phänomenologischen Psychologie.* Die Psychologie von William James. Berlin: de Gruyter
LITTLE B.R. (1983) Personal projects. A rationale and method for investigation. *Environment and Behavior 15*, 273-309
LITTMAN R.A., ROSEN E. (1950/54) The molar-molecular distinction. In: Marx M.H. (Ed., 1951/54) *Psychological Theory.* Contemporary Readings. New York: Macmillan
LÖSEL F. (1985) Zur Kontroverse um eine gegenstandsangemessene psychologische Forschung – Bemerkungen aus der Sicht der Forschungspraxis. In: Kugemann W.F., Preiser S., Schneewind K.A. (Hrsg.) *Psychologie und komplexe Lebenswirklichkeit.* Festschrift zum 65. Geburtstag von W. Toman. Göttingen: Hogrefe
LOUCH A.R. (1966/69) *Explanation and Human Action.* Berkeley: University of California Press
MACH E. (1886/1906) *Die Analyse der Empfindungen* und das Verhältnis des Physischen zum Psychischen. 5.A. Jena: Fischer

MADDI S.R. (1968) *Personality Theories.* A Comparative Analysis. Homewood, Ill.: Dorsey Press
MADSEN K.B. (1959) *Theories of Motivation.* A Comparative Study of Modern Theories of Motivation. Copenhagen: Munksgaard
MANN T. (1935-36/1978) *Tagebücher 1935-1936.* Frankfurt a.M.: S. Fischer
MANNS M., SCHULTZE J., HERRMANN C., WESTMEYER H. (1987) *Beobachtungsverfahren in der Verhaltensdiagnostik.* Salzburg: Otto Müller
MARCH J.G., SIMON H.A. (1958) *Organizations.* New York: Wiley
MARTI K. (1972/84) Phantasie als Produktivkraft. In: Pulver E. (Red.,1984)
MASLOW A.H. (1946) Problem-centering vs. means-centering in science. *Philosophy of Science 13*, 326-331
MASSARIK F. (1968) „Today" as an integrating factor. In: Bühler C., Massarik F. (1968)
MATSON F.W. (1976) *The Idea of Man.* New York: Delacorte Press
MAYER A., HERWIG B. (Hrsg., 1961) *Betriebspsychologie.* Handbuch der Psychologie, 9. Band. Göttingen: Hogrefe
MAYRING P. (1985) Qualitative Inhaltsanalyse. In: Jüttemann G. (1985)
MEAD G.H. (?/1969) *Philosophie der Sozialität.* Frankfurt a.M.: Suhrkamp
MEIER G. (1976) *Der Besuch.* Roman. Bern: Zytglogge
MEIER-SEETHALER C. (1988) *Ursprünge und Befreiungen.* Eine dissidente Kulturtheorie. Zürich: Arche
MEILI R. (1951) *Lehrbuch der psychologischen Diagnostik.* Bern: Huber
MEILI R. (1981) *Struktur der Intelligenz.* Faktorenanalytische und denkpsychologische Untersuchungen. Bern: Huber
MERCIER A. (1967) *Fugit irreparabile tempus.* Rektoratsrede 1967. Bern: Paul Haupt
MEYER J.E. (1979) *Todesangst und das Todesbewußtsein der Gegenwart.* Berlin: Springer
MICHEL K.M. (1975) Unser Alltag: Nachruf zu Lebzeiten. *Kursbuch 41*, 1-40
MILLER G.A., GALANTER E., PRIBRAM K.H. (1960) *Plans and the Structure of Behavior.* New York: Holt, Rinehart & Winston. – Deutsch: (1973) Strategien des Handelns. Pläne und Strukturen des Verhaltens. Konzepte der Humanwissenschaften. Stuttgart: Klett
MILLER R.B. (1962) Task description and analysis. In: Gagné R.M. (Ed.) *Psychological Principles in System Development.* New York: Holt, Rinehart & Winston
MINTZBERG H. (1976) Was Manager wirklich tun. *Manager Magazin 7/76*, 53-59
MORGENSTERN C. (1910/65) *Gesammelte Werke in einem Band.* München: Piper
MORGENTHALER B. (Sachb., 1980) Die Beschäftigungssituation der Neuabsolventen der Schweizer Hochschulen 1979. Hrsg. AGAB. *Wissenschaftspolitik*, Beiheft 23
MORGENTHALER B. (Sachb., 1982) Die Beschäftigungssituation der Neuabsolventen der Schweizer Hochschulen 1981. Hrsg. AGAB. *Wissenschaftspolitik*, Beiheft 29
MÜLLER-FREIENFELS R. (1929) *Die Hauptrichtungen der gegenwärtigen Psychologie.* Wissenschaft & Bildung Nr. 254. Leipzig: Quelle & Meyer
MÜLLER-FREIENFELS R. (1931) *Tagebuch eines Psychologen.* Leipzig: E.A. Seemann
MÜLLER-FREIENFELS R. (1940/51) *Menschenkenntnis und Menschenbehandlung.* Eine praktische Psychologie für jedermann. Berlin: Tempelhof

MÜLLER H., KÜHNE K. (1974) *Zur Analyse interaktiver Episoden.* Streit um ein Objekt bei Kindergartenkindern. Lizentiatsarbeit Universität Bern
MURRAY H.A. (1938/67) *Explorations in Personality.* A Clinical and Experimental Study of Fifty Men of College Age. New York: Science Editions
MURRAY H.A. (1951/67) Toward a classification of interactions. In: Parsons T., Shils E.A. (1951/67)
NAEF R.D. (1971/77) *Rationeller Lernen lernen.* Ratschläge und Übungen für alle Wissbegierigen. 9.A. Weinheim: Beltz
NAEF R.D. (Sachb., 1971) *Was tun eigentlich die Pfarrer?* Eine Untersuchung über die Tätigkeit der Pfarrer in der evangelisch-reformierten Landeskirche des Kantons Zürich. Bearbeitet vom Institut für Arbeitspsychologie der ETH; hrsg. vom Kirchenrat des Kantons Zürich. Zürich: Theologischer Verlag
NEWTSON D. (1976) Foundations of attribution: the perception of ongoing behavior. In: Harvey J.H., Ickes W.J., Kidd R.F. (Eds.) *New Directions in Attribution Research.* Volume I. Hillsdale, N.J.: Erlbaum
NIETZSCHE F. (1874/1906) *Vom Nutzen und Nachteil der Historie für das Leben.* Unzeitgemäße Betrachtung II. Leipzig: Naumann
NISBETT R.E., WILSON T.D. (1977) Telling more than we can know: verbal reports on mental processes. *Psychological Review 84*, 231-259
NORDSIECK F. (1969) Ablaufdiagramm. In: Grochla (Hrsg.) *Handwörterbuch der Organisation.* Stuttgart: Poeschel
NORMAN D.A. (1981) Categorization of action slips. *Psychological Review 88*, 1-15
NUTTIN J. (1956) *Psychoanalyse und Persönlichkeit.* Arbeiten zur Psychologie, Pädagogik und Heilpädagogik, Band 10. Freiburg (CH): Universitätsverlag
NUTTIN J. (1980a) *Motivation et Perspectives d'Avenir.* Louvain: Presses Universitaires
NUTTIN J. (1980b) *Théorie de la Motivation Humaine.* Du besoin au projet d'action. Paris: Presses Universitaires de France
NUTZHORN H. (1964) *Leitfaden der Arbeitsanalyse.* Bad Harzburg: Verlag für Wissenschaft, Wirtschaft & Technik
OCHSNER M. (1987) *Persönliche Arbeitstechnik.* Zeit- und Selbstmanagement als Weg zum bewußteren, produktiveren Leben und Arbeiten. Die Orientierung, Nr 91. Bern: Schweizerische Volksbank
OPASCHOWSKI H.W. (1972) Freizeitprobleme und Freizeitpädagogik. In: Dt. Ges. f. Freizeit (Hrsg.) *Freizeitpädagogik.* Düsseldorf: Dt. Ges. f. Freizeit
OSGOOD C.E. (1963) On understanding and creating sentences. *American Psychologist 18*, 735-751
OSTNER I. (1978/79) *Beruf und Hausarbeit.* Die Arbeit der Frau in unserer Gesellschaft. Frankfurt: Campus
PARIS R. (1975) Befreiung vom Alltag? *Kursbuch 41*, 107-114
PARSONS T., SHILS E.A. (Eds., 1951/67) *Toward a General Theory of Action.* Cambridge, Mass.: Harvard University Press
PAULEIKHOFF B. (1965) Die Rolle des Tageslaufs in der Persönlichkeits- und Ganzheitspsychologie. *Archiv für die gesamte Psychologie 117*, 67-77
PERVIN L.A. (1976) A free-response description approach to the study of person-situation interaction. *Journal of Personality and Social Psychology 34*, 465-474
PETERS R.S. (1958/67) *The Concept of Motivation.* London: Routledge & Kegan Paul
PETZOLD H., HEINL H. (Hrsg., 1983) *Psychotherapie und Arbeitswelt.* Reihe

„Innovative Psychotherapie und Humanwissenschaften", Band 23. Paderborn: Junfermann-Verlag
PLAUM E. (1988) Voraussetzungen einer eklektischen Orientierung in der Psychologie. Der „unendliche" eklektische Prozess. In: Plaum E. (Hrsg., 1988)
PLAUM E. (Hrsg., 1988) *Eklektizismus in der Psychologie.* Aktuelle Diskussionsbeiträge. Heidelberg: Asanger
POLANYI M. (1958/73) *Personal Knowledge.* Towards a Post-Critical Philosophy. London: Routledge & Kegan Paul
POPE K.S., SINGER J.L. (Eds., 1978) *The Stream of Consciousness.* Scientific Investigations into the Flow of Human Experience. New York: Plenum Press
POPITZ H., BAHRDT H.P., JURES E.A., KESTING H. (1954) *Technik und Industriearbeit.* Dortmund
POWERS W.T. (1973) *Behavior: The Control of Perception.* Chicago: Aldine
PREISER S. (1989) *Zielorientiertes Handeln.* Ein Trainingsprogramm zur Selbstkontrolle. Heidelberg: Asanger
PULVER E. (1974/80) Die deutschsprachige Literatur der Schweiz seit 1945. In: *Die zeitgenössischen Literaturen der Schweiz I*, Hrsg. Gsteiger M., Kindlers Literaturgeschichte der Gegenwart. Frankfurt a.M.: Fischer Taschenbuch Verlag
PULVER E. (Red., 1984) *Fluggras.* Ein Berner Lesebuch 1969-1982. Bern: Zytglogge Verlag
PULVER E., ZIMMERMANN A. (Red., 1984) *Robert Walser.* Pro Helvetia Dossier. Bern: Zytglogge Verlag
PULVER U. (Red., 1966) *Auf dem Weg zum Studium.* Betrachtungen über Aufgaben, Methoden und Probleme der akademischen Berufsberatung in der Schweiz. Hrsg. von der AGAB. Zürich: Zentralsekretariat für Berufsberatung
PULVER U. (1975a) Die Krise der psychologischen Diagnostik – eine Koartationskrise. *Schweiz. Z. für Psychol. 34*, 212-221
PULVER U. (1975b) Bildungsberatung in der Schweiz. In: Heller K. (Hrsg.) *Handbuch der Bildungsberatung*, Band I. Stuttgart: Klett
PULVER U. (1976) *Die Struktur des menschlichen Tageslaufes.* Einführung in Zielsetzungen, Methoden und vorläufige Ergebnisse einer Studie in empirischer Selbstbeobachtung. Vervielfältigung, Bern
PULVER U. (1978) Von der Mannigfaltigkeit psychologischer Erfassungsmittel in der Beratung. In: Pulver U., Lang A., Schmid F.W. (1978)
PULVER U., LANG A., SCHMID F.W. (Hrsg., 1978) *Ist Psychodiagnostik verantwortbar?* Wissenschaftler und Praktiker diskutieren Anspruch, Möglichkeiten und Grenzen psychologischer Erfassungsmittel. Bern: Huber
RAMMSTEDT O. (1975) Alltagsbewußtsein von Zeit. *Kölner Z. für Soziologie und Sozialpsychologie 27*, 47-63
RAPAPORT D. (1959/o.J.) *Die Struktur der psychoanalytischen Theorie.* Beiheft zur „Psyche". Stuttgart: Klett
RATH M. (1988) Philosophische Vorüberlegungen. Systempurismus contra strukturale Eklektik? Zu den psychologischen Folgen eines ontologischen Entwurfs. In: Plaum E. (1988)
REHBEIN J. (1977) *Komplexes Handeln.* Elemente zur Handlungstheorie der Sprache. Stuttgart: J.B. Metzler, C.E. Poeschel
REICHENBACH H. (1938) *Experience and Prediction.* Chicago: University of Chicago Press
REIGROTZKI E. (1956) *Soziale Verflechtungen in der Bundesrepublik.* Tübingen: Universitäts-Verlag

REMPLEIN H. (1948/1966) *Die seelische Entwicklung des Menschen im Kindes- und Jugendalter.* Grundlagen, Erkenntnisse und pädagogische Folgerungen der Kindes-und Jugendpsychologie. 14. A. München: Reinhardt
RENGGLI G., SCHUCAN L. (Red., 1984) *AGAB/ASOU 1959-1984.* Zürich: AGAB. (Schweizerische Arbeitsgemeinschaft für akademische Berufs- und Studienberatung)
RICKERT H. (1898/1926) *Kulturwissenschaft und Naturwissenschaft.* 7.A. Tübingen: Mohr/Siebeck
RICKERT H. (1902/29) *Die Grenzen der naturwissenschaftlichen Begriffsbildung.* Eine logische Einleitung in die historischen Wissenschaften. 5.A. Tübingen: Mohr/Siebeck
ROBINSON J.P., CONVERSE P.E., SZALAI A. (1972) Everyday life in twelve countries. In: Szalai A. (1972)
ROHMERT W., LANDAU K. (1979) *Das Arbeitswissenschaftliche Erhebungsverfahren zur Tätigkeitsanalyse* (AET). Handbuch. Bern: Huber
ROHRACHER H. (1946/88) *Einführung in die Psychologie.* 13.A. München: Psychologie Verlags Union
ROSCH E. (1978) Principles of categorization. In: Rosch E., Lloyd B.B. (1978)
ROSCH E., LLOYD B.B. (Eds., 1978) *Cognition and Categorization.* Hillsdale, N.J.: Erlbaum
ROTHACKER E. (1938/69) *Die Schichten der Persönlichkeit.* 8.A. Bonn: Bouvier
RUBINSTEIN S.L. (1940/73) *Grundlagen der allgemeinen Psychologie.* Berlin: Volk und Wissen, Volkseigener Verlag
SACHER H. (1978) *Regulierungspsychologie.* Regeltheoretische Analysen menschlicher Verhaltensweisen und Erlebensformen. Wien: Wilhelm Maudrich
SCHALTENBRAND G. (1969/88) Bewußtsein und Zeit. In: Zoll R. (1988)
SCHARMANN T. (1977) Wesen, Entstehung und Wandlung der Berufe. In: Seifert K.H. (1977)
SCHEFF T. (1968/75) Negotiating reality: notes on power in the assessment of responsibility. In: Brissett D., Edgley C. (1975)
SCHEUCH E.K. (1972) The time-budget interview. In: Szalai A. (1972)
SCHILLING R. (Hrsg., 1983) *Ein Tag im Leben von.* 100 Selbstdarstellungen aus dem Tages-Anzeiger-Magazin, abgefaßt von Mitarbeitern des TAM. Zürich: Edition C
SCHMID F.W. (1978) Zur Logik der Psychodiagnostik. In: Pulver U., Lang A., Schmid F.W. (1978)
SCHMITZ-SCHERZER R. (1983a) Psychologie der Freizeit. In: Stoll F. (1981/83), Band 2
SCHMITZ-SCHERZER R. (1983b) Pensionierung und Freizeit. In: Stoll F. (1981/83), Band 2
SCHMITZ-SCHERZER R., TOKARSKI W. (1985) Persönlichkeit und Freizeit. In: Herrmann T., Lantermann E.-D. (1985)
SCHNEIDER H.J. (1975) *Viktimologie.* Wissenschaft vom Verbrechensopfer. Uni Taschenbücher 447 Tübingen: Mohr/Siebeck
SCHOGGEN M., BARKER L.S., BARKER R.G. (1963) Structure of the behavior of American and English children. In: Barker R.G. (1963)
SCHOGGEN P. (1963) Environmental forces in the everyday lives of children. In: Barker R.G. (1963)
SCHUSTER P. (1975) Würde man meine Schwiegermutter fragen... Alltag aus (nichtalltäglicher) rumänischer Sicht. *Kursbuch 41*, 173-188

SCHÜTZ A., LUCKMANN T. (1979) *Strukturen der Lebenswelt*. Band I. Suhrkamp Taschenbuch Wissenschaft 284. Frankfurt a.M.: Suhrkamp
SCHWARTZ L. (1951) *Die Neurosen und die dynamische Psychologie von Pierre Janet*. Basel: Benno Schwabe
SCHWARZ H. (1970) *Arbeitsplatzbeschreibungen*. Freiburg i.Br.: Haufe
SCHWEMMER O. (1983) Empirie ohne Experiment. Plädoyer für einen methodischen „Zwischenschritt" bei unserer wissenschaftlichen Erfahrungsbildung. In: Jüttemann G. (1983)
SCHWENDTER R. (1983) Therapie und Arbeit. In: Petzold H., Heinl H. (1983)
SCHWENKMEZGER P. (1987) Tagesablauf und Persönlichkeit. Abschlußbericht eines von der Deutschen Forschungsgemeinschaft geförderten Forschungsprojektes; vervielfältigt. Trier: *Trierer Psychologische Berichte*, Band 14, Heft 5
SEIFERT K.H. (1977) Einführung in das Aufgabengebiet der Berufspsychologie. In: Seifert (Hrsg., 1977)
SEIFERT K.H. (Hrsg., 1977) *Handbuch der Berufspsychologie*. Göttingen: Hogrefe
SEILER T.B. (Hrsg., 1973) *Kognitive Strukturiertheit*. Theorien, Analysen, Befunde. Kohlhammer Skripten Psychologie. Stuttgart: Kohlhammer
SEILER T.B. (1987) Engagiertes Plädoyer für ein erweitertes Empirieverständnis in der Psychologie. In: Jüttemann G., Thomae H. (1987)
SELLS S.B. (1969) Ecology and the science of psychology. In: Willems E.P., Raush H.L. (1969)
SENECA L.A. *Briefe an Lucilius*. Übersetzt von Bartels K. (Zitiert nach: Neue Zürcher Zeitung, 14./15.2.1981)
SGANZINI C. (1940/51) Vom grundsätzlichen Gebrauche des Gesichtspunktes „Vorwegnahme" (Antizipation). In: Sganzini C. (1951)
SGANZINI C. (1951) *Ursprung und Wirklichkeit*. Beiträge zur Philosophie, Psychologie und Pädagogik. Hrsg. von Ryffel H., Fankhauser G. Bern: Paul Haupt
SHK (Schweizerische Hochschulkonferenz. 1974) Die Beratung der Mittelschüler und Studierenden im Rahmen der Beratungsdienste im schweizerischen Erziehungs- und Ausbildungswesen. Schlußbericht der von der SHK eingesetzten Kommission für akademische Berufsberatung. *Wissenschaftspolitik*, Beiheft 5.
SIEGERT M.T., CHAPMAN M. (1985) Entstehung von Individualität. In: Herrmann T., Lantermann E.-D. (1985)
SIMMEL G. (1908/68) *Soziologie*. Untersuchungen über die Formen der Vergesellschaftung. 5.A. Berlin: Duncker & Humblot
SKINNER B.F. (1987) Whatever happened to psychology as the science of behavior? *American Psychologist 42*, 780-786
SKJP (Vereinigung Schweizerischer Kinder- und Jugendpsychologen. 1983) *Die Tätigkeiten der Kinder- und Jugendpsychologen in der Schweiz*. Arbeitsbericht der SKJP-Kommission „Tätigkeitsfelder und Richtlinien" (Burri H., Gamper H., Gwerder F., Hochstrasser F., Mäder C., Schmid P., Vatter M.)
SMITH M. (1943/52) *An Introduction to Industrial Psychology*. London: Cassell
SOLSCHENIZYN A. (1963) *Ein Tag im Leben des Iwan Denissowitsch*. Erzählung. Berlin-Grunewald: Non Stop-Bücherei, F.A. Herbig
SOSKIN W.F., JOHN V.P. (1963) The study of spontaneous talk. In: Barker R.G. (1963)
SPERLING H. J. (1988) Pausen: Zur Innenansicht der Arbeitszeit. In: Zoll R. (1988)
SPIEGEL J.P., MACHOTKA P. (1974) *Messages of the Body*. New York: The Free Press

STAUDINGER H. (1982) *Die Frankfurter Schule*. Würzburg
STAUDINGER H., BEHLER W. (1984) *Grundprobleme menschlichen Nachdenkens*. Eine Einführung in modernes Philosophieren. Freiburg i.Br.: Herder
STEPHENSON W. (1953/68) *The Study of Behavior*. Q-Technique and Its Methodology. Chicago: University of Chicago Press
STERN E. (1955) *Der Mensch in der zweiten Lebenshälfte*. Psychologie des Alterns und des Alters. Zürich: Rascher
STERN W. (1935/50) *Allgemeine Psychologie auf personalistischer Grundlage*. Haag: Martinus Nijhoff
STERNE L. (1759-67/1950) *The Life and Opinions of Tristram Shandy*. New York: Random House
STOLL F. (1983) Der arbeitende Mensch: Bezugssystem und Kriterien. In: Stoll F. (Hrsg., 1981/83), Band 1
STOLL F. (Hrsg., 1981/83) *Arbeit und Beruf*. 2 Bände. Kindlers „Psychologie des 20. Jahrhunderts". Weinheim: Beltz
STOOSS F. (1977) Die Systematik der Berufe und der beruflichen Tätigkeiten. In: Seifert K. H. (1977)
STRZEMIŃSKA H. (1972) Educational status and time-budget. In: Szalai A. (1972)
SUTER J. (1942) *Psychologie*. Grundlagen und Aufbau. Frauenfeld: Huber
SZALAI A. (Ed., 1972) *The Use of Time*. Daily activities of urban and suburban populations in twelve countries. The Hague: Mouton
TAYLOR C. (1964/70) *The Explanation of Behaviour*. London: Routledge & Kegan Paul
THOMAE H. (1960) *Der Mensch in der Entscheidung*. München: J.A. Barth
THOMAE H. (1968) *Das Individuum und seine Welt*. Eine Persönlichkeitstheorie. Göttingen: Hogrefe
THOMAE H. (1985) *Dynamik des menschlichen Handelns*. Ausgewählte Schriften zur Psychologie 1944-1984, hrsg. von Lehr U.M., Weinert F.E. Bonn: Bouvier
THOMAE H. (1988) *Das Individuum und seine Welt*. Eine Persönlichkeitstheorie. 2., völlig neu bearbeitete A. Göttingen: Hogrefe
THOMAS A. (Hrsg., 1976) Psychologie der Handlung und Bewegung. *Psychologia Universalis*, Band 32. Meisenheim am Glan: Anton Hain
THOMAS A., BRACKHANE R. (Hrsg., 1980) *Wahrnehmen, Urteilen, Handeln*. Forschungen im Spannungsfeld von Allgemeiner und Angewandter Psychologie. Bern: Huber
TOLMAN E.C. (1932) *Purposive Behavior in Animals and Men*. New York: Appleton-Century-Crofts
TOLMAN E.C. (1951/67) A psychological model. In: Parsons T., Shils E.A. (1951/67)
TOMASZEWSKI T. (1978) *Tätigkeit und Bewußtsein*. Beiträge zur Einführung in die polnische Tätigkeitspsychologie. Weinheim: Beltz
TREBECK R. (1961) Die Arbeitsanalyse als Grundlage der Arbeitsgestaltung, der Auswahl und Ausbildung von Mitarbeitern und der Arbeitsbewertung. In: Mayer A., Herwig B. (1961)
TUMARKIN A. (1929) *Die Methoden der Psychologischen Forschung*. Leipzig: Teubner
TUNNELL G.B. (1977) Three dimensions of naturalness: an expanded definition of field research. *Psychological Bulletin 84*, 426–437

TURNER R.H. (1962/75) Role-taking: process versus conformity. In: Brissett D., Edgley C. (1975)
ULICH E. (1961) Periodische Einflüsse auf die Arbeit (Jahres-, Wochen- und Tagesschwankungen) In: Mayer A., Herwig B. (1961)
ULICH E. (1984) Psychologie der Arbeit. In: *Management Enzyklopädie*. Das Managementwissen unserer Zeit, Band 7, 914–929
UNGRICHT J. (1955) Der „Sohn-Aufsatz" als psychodiagnostisches Hilfsmittel. *Schweiz. Z. für Psychol. 14*, 27-45
USLAR D. von (1969) *Die Wirklichkeit des Psychischen*. Leiblichkeit, Zeitlichkeit. Pfullingen: Günther Neske
VOLPERT W. (1974) *Handlungsstrukturanalyse* als Beitrag zur Qualifikationsforschung. Sport Arbeit Gesellschaft, Band 5. Köln: Pahl-Rugenstein
VOLPERT W. (Hrsg., 1980) *Beiträge zur Psychologischen Handlungstheorie*. Schriften zur Arbeitspsychologie Nr. 28. Bern: Huber
VOLPERT W. (1983) Das Modell der hierarchisch-sequentiellen Handlungsorganisation. In: Hacker W., Volpert W., Cranach M.v. (Hrsg.) *Kognitive und motivationale Aspekte der Handlung*. Bern: Huber
WATSON J.B. (1913) Psychology as the behaviorist views it. *Psychological Review 20*, 158-177
WATZLAWICK P., WEAKLAND J.H., FISCH R. (1974) *Lösungen*. Zur Theorie und Praxis menschlichen Wandels. Bern: Huber
WEBER E. (1963) *Das Freizeitproblem*. München: Reinhardt
WEBER M. (1921/56) *Wirtschaft und Gesellschaft*. Grundriß der verstehenden Soziologie. 4. A., besorgt von J. Winkelmann. Tübingen: Mohr/Siebeck
WEBER P. (1986) Räumliche Bedingungen des Verhaltens in der Geographie. In: Kaminski G. (1986)
WEGNER D.M.; VALLACHER R.R. (1977) *Implicit Psychology*. An Introduction to Social Cognition. New York: Oxford University Press
WEIZENBAUM J. (1984) *Kurs auf den Eisberg* oder Nur das Wunder wird uns retten, sagt der Computerexperte. Zürich: Pendo-Verlag
WERBIK H. (1978) *Handlungstheorien*. Stuttgart: Kohlhammer
WERLEN B. (1987) *Gesellschaft, Handlung und Raum*. Grundlagen handlungstheoretischer Sozialgeographie. Stuttgart: Franz Steiner
WESTMEYER H. (1972) *Logik der Diagnostik*. Grundlagen einer normativen Diagnostik. Stuttgart: Kohlhammer
WHITE R., LIPPITT R. (1960) *Autocracy and Democracy*. New York: Harper
WILLEMS E.P., RAUSH H.L. (Eds., 1969) *Naturalistic Viewpoints in Psychological Research*. New York: Holt, Rinehart & Winston
WISWEDE G. (1977) *Rollentheorie*. Urban-Taschenbücher Band 259. Stuttgart: Kohlhammer
WISWEDE G. (1980) *Motivation und Arbeitsverhalten*. Organisationspsychologische und industriesoziologische Aspekte der Arbeitswelt. München: Reinhardt (UTB)
WITTGENSTEIN L. (1953) *Philosophical Investigations*. New York: Macmillan
WITTMANN L. (1981) *Verhaltenstherapie und Psychodynamik*. Weinheim: Beltz
WOLMAN B.B. (Ed., 1973) *Handbook of General Psychology*. Englewood Cliffs, N.J.: Prentice-Hall
WRIGHT G.H. von (1968/72) An Essay in Deontic Logic and the General Theory of Action. *Acta Philosophica Fennica XXI*. Amsterdam: North-Holland Publishing Company

WRIGHT G.H. von (1971/74) *Erklären und Verstehen.* Frankfurt a.M.: Athenäum Fischer
WRIGHT H.F. (1967) *Recording and Analyzing Child Behavior* with Ecological Data from an American Town. New York: Harper & Row
WRIGHT H.F., BARKER R.G. (1950) *Methods in Psychological Ecology.* A Progress Report. Vervielfältigung. Lawrence, KS: University of Kansas
YOUNG P.T. (1936) *Motivation of Behavior.* New York: Wiley
ZOLL R. (Hrsg., 1988) *Zerstörung und Wiederaneignung von Zeit.* Frankfurt a.M.: Suhrkamp
ZURHORST G. (1987) Die Dimension der Subjektivität in der Biographieforschung. In: Jüttemann G., Thomae H. (1987)

Namenregister

Sachregister